Braun/Jantsch/Klante

Abgeordnetengesetz

des Bundes – unter Einschluß des
Europaabgeordnetengesetzes und der
Abgeordnetengesetze der Länder

Kommentar

von
Werner Braun
Monika Jantsch
Elisabeth Klante

Walter de Gruyter · Berlin · New York 2002

Werner Braun, Ministerialrat in der Verwaltung des Deutschen Bundestages, Berlin
Monika Jantsch, Regierungsdirektorin in der Verwaltung des Deutschen Bundestages, Berlin
Elisabeth Klante, Richterin am Bundespatentamt, München

Zitiervorschlag z. B. Braun/Jantsch/Klante AbgG, § 11 Rn 31

♾ Gedruckt auf säurefreiem Papier,
das die US-ANSI-Norm über Haltbarkeit erfüllt.

Die Deutsche Bibliothek – CIP-Einheitsaufnahme

Braun, Werner:
Abgeordnetengesetz : des Bundes – unter Einschluß des Europaabgeordnetengesetzes und der Abgeordnetengesetze der Länder : Kommentar / von Werner Braun ; Monika Jantsch ; Elisabeth Klante. – Berlin ; New York : de Gruyter, 2002
  (De-Gruyter-Kommentar)
  ISBN 3-11-015726-8

© Copyright 2001 by Walter de Gruyter GmbH & Co. KG, D-10785 Berlin

Dieses Werk einschließlich aller seiner Teile ist urheberrechtlich geschützt. Jede Verwertung außerhalb der engen Grenzen des Urheberrechtsgesetzes ist ohne Zustimmung des Verlages unzulässig und strafbar. Das gilt insbesondere für Vervielfältigungen, Übersetzungen, Mikroverfilmungen und die Einspeicherung und Verarbeitung in elektronischen Systemen.

Printed in Germany
Einbandgestaltung: Christopher Schneider, Berlin
Datenkonvertierung: jürgen ullrich typosatz, Nördlingen
Druck und Bindung: Hubert & Co., Göttingen

Braun/Jantsch/Klante
Abgeordnetengesetz

de Gruyter Kommentar

Braun/Jantsch/Klante

Abgeordnetengesetz

des Bundes – unter Einschluß des Europaabgeordnetengesetzes und der Abgeordnetengesetze der Länder

Kommentar

von
Werner Braun
Monika Jantsch
Elisabeth Klante

Walter de Gruyter · Berlin · New York 2002

Werner Braun, Ministerialrat in der Verwaltung des Deutschen Bundestages, Berlin
Monika Jantsch, Regierungsdirektorin in der Verwaltung des Deutschen Bundestages, Berlin
Elisabeth Klante, Richterin am Bundespatentamt, München

Zitiervorschlag z. B. *Braun/Jantsch/Klante* AbgG, § 11 Rn 31

⊗ Gedruckt auf säurefreiem Papier,
das die US-ANSI-Norm über Haltbarkeit erfüllt.

Die Deutsche Bibliothek – CIP-Einheitsaufnahme

Braun, Werner:
Abgeordnetengesetz : des Bundes – unter Einschluß des Europaabgeordnetengesetzes und der Abgeordnetengesetze der Länder : Kommentar / von Werner Braun ; Monika Jantsch ; Elisabeth Klante. – Berlin ; New York : de Gruyter, 2002
  (De-Gruyter-Kommentar)
  ISBN 3-11-015726-8

© Copyright 2001 by Walter de Gruyter GmbH & Co. KG, D-10785 Berlin

Dieses Werk einschließlich aller seiner Teile ist urheberrechtlich geschützt. Jede Verwertung außerhalb der engen Grenzen des Urheberrechtsgesetzes ist ohne Zustimmung des Verlages unzulässig und strafbar. Das gilt insbesondere für Vervielfältigungen, Übersetzungen, Mikroverfilmungen und die Einspeicherung und Verarbeitung in elektronischen Systemen.

Printed in Germany
Einbandgestaltung: Christopher Schneider, Berlin
Datenkonvertierung: jürgen ullrich typosatz, Nördlingen
Druck und Bindung: Hubert & Co., Göttingen

Vorwort

Das Gesetz über die Rechtsverhältnisse der Mitglieder des Deutschen Bundestages (Abgeordnetengesetz – AbgG) vom 18. Februar 1977 (BGBl. I S. 297) ist am 1. April 1977 in Kraft getreten. Ein knappes Vierteljahrhundert blieb es unkommentiert. Über die Gründe hierfür mögen andere spekulieren. Nur soviel sei gesagt: Es wird wohl nicht daran gelegen haben, dass dieses Gesetz sich selbst erklärt.

Die jetzt vorgelegte Kommentierung erläutert erstmals umfassend das gesamte Statusrecht der Bundes- und Landtagsabgeordneten sowie der in Deutschland gewählten Mitglieder des Europäischen Parlaments. Sie berücksichtigt die aktuelle Rechtslage einschließlich des Dreiundzwanzigsten Gesetzes zur Änderung des Abgeordnetengesetzes. Dieses Gesetz hat der Deutsche Bundestag am 5. Juli 2001 beschlossen; es war im Zeitpunkt der Drucklegung aber noch nicht verkündet. Rechtsprechung und Literatur sind bis Herbst 2001 einbezogen.

Systematische Grundlage ist das Abgeordnetengesetz des Bundes, dem das Landesrecht vielfach noch entspricht. Das Europaabgeordnetengesetz und die Abgeordnetengesetze der Länder sind synoptisch gegenübergestellt und werden immer dann eingehender betrachtet, wenn Abweichungen und Besonderheiten dies nahe legen. Ein weiterer Schwerpunkt ist das Recht der Fraktionen, soweit es seine Grundlage in den Abgeordnetengesetzen oder – wie bei einigen Bundesländern der Fall – in besonderen Fraktionsgesetzen hat. Damit werden zwei zentrale Bereiche der staatlichen Politikfinanzierung erstmals im Zusammenhang analysiert.

Das Für und Wider der bestehenden Regelungen und alternativer Modelle wird in klar formulierter Auseinandersetzung mit Rechtsprechung und Literatur diskutiert, wobei Parlamentspraxis und Praxisrelevanz bei der Betrachtung stets im Vordergrund stehen. Die Autoren wollen so einen Beitrag zur Versachlichung der Diskussion über das Statusrecht der Abgeordneten und der Fraktionen – insbesondere auch über ihre finanzielle Ausstattung – leisten und zusammenführen, was sich in der Gesetzgebung und Parlamentspraxis von Bund und Ländern teilweise auseinander entwickelt hat.

Der Kommentar richtet sich an die Abgeordneten der deutschen Parlamente, Europaabgeordnete, sowie an alle Interessenten in Wissenschaft, Praxis und Politik, die mit den hier angesprochenen statusrechtlichen Fragen befasst sind.

Berlin und München, Oktober 2001

Werner Braun
Monika Jantsch
Elisabeth Klante

Inhaltsübersicht

	Seite
Vorwort	V
Inhaltsverzeichnis	IX
Abkürzungsverzeichnis	XXVII
Literaturverzeichnis	XXXIII

Erster Abschnitt
Erwerb und Verlust der Mitgliedschaft im Bundestag 1

Zweiter Abschnitt
Mitgliedschaft im Bundestag und Beruf 26

Dritter Abschnitt
Rechtsstellung der in den Bundestag gewählten Angehörigen des öffentlichen Dienstes ... 50

Vierter Abschnitt
Leistungen an Mitglieder des Bundestages 80

Fünfter Abschnitt
Leistungen an ehemalige Mitglieder des Bundestages und ihre Hinterbliebenen 191

Sechster Abschnitt
Zuschuss zu den Kosten in Krankheits-, Geburts- und Todesfällen, Unterstützungen .. 291

Siebenter Abschnitt
Anrechnung beim Zusammentreffen mehrerer Bezüge aus öffentlichen Kassen 310

Achter Abschnitt
Gemeinsame Vorschriften 341

Neunter Abschnitt
Übergangsregelungen 377

Zehnter Abschnitt
Unabhängigkeit der Abgeordneten 408

Elfter Abschnitt
Fraktionen 487

Zwölfter Abschnitt
Geltungsbereich, Inkrafttreten 560

Sachregister 563

Inhaltsverzeichnis

Seite

Erster Abschnitt
Erwerb und Verlust der Mitgliedschaft im Bundestag

§ 1 Erwerb und Verlust der Mitgliedschaft im Bundestag

1.	Vorbemerkung	3
2.	Erwerb der Mitgliedschaft im Bundestag	3
2.1	Einleitung	3
2.2	Wählbarkeit	4
2.2.1	Positive Wählbarkeitsvoraussetzungen	4
2.2.2	Negative Wählbarkeitsvoraussetzungen	4
2.2.2.1	Ausschluss vom Wahlrecht nach § 13 BWG	4
2.2.2.2	Verlust der Wählbarkeit oder der Fähigkeit zur Bekleidung öffentlicher Ämter	6
2.2.2.3	Ausschlagung der deutschen Staatsangehörigkeit	7
2.3	Kandidatur	7
2.3.1	Kreiswahlvorschläge	7
2.3.1.1	Vorschriften für alle Kreiswahlvorschläge	7
2.3.1.2	Kreiswahlvorschläge von Parteien	8
2.3.1.2.1	Kreiswahlvorschläge „neuer" Parteien i.S.d. § 18 BWG	8
2.3.1.2.2	Vorschriften für die Kreiswahlvorschläge aller Parteien	9
2.3.1.3	Andere Kreiswahlvorschläge (unabhängige Bewerber)	11
2.3.2	Landeslisten (Landeswahlvorschläge)	11
2.3.2.1	Besondere Vorschriften für „neue" Parteien i.S.d. § 18 Abs. 2 BWG	12
2.3.2.2	Vorschriften für alle Parteien	12
2.4	Wahl	14
2.4.1	Wahl der Wahlkreisabgeordneten	14
2.4.2	Wahl nach Landeslisten	14
2.5	Feststellung des Wahlergebnisses	16
2.6	Sonderfälle	16
2.7	Annahmeerklärung	17
2.8	Rechtsfolgen des Mandatserwerbs	19
3.	Verlust der Mitgliedschaft im Bundestag	19
3.1.	Einleitung	19
3.1.1	Übersicht Verlustgründe	19
3.1.2	Eintritt des Mandatsverlusts	20
3.1.3	Unvereinbarkeiten (Inkompatibilitäten)	20
3.2	Mandatsverlust gemäß §§ 46 und 47 BWG	21
3.2.1	Ungültigkeit des Erwerbs der Mitgliedschaft	21
3.2.2	Neufeststellung des Wahlergebnisses	22
3.2.3	Wegfall einer Voraussetzung der jederzeitigen Wählbarkeit	22
3.2.4	Verzicht	23
3.2.5	Feststellung der Verfassungswidrigkeit	24
4.	Parallelregelungen für die Abgeordneten des EP und der Länder	25

Seite

Zweiter Abschnitt
Mitgliedschaft im Bundestag und Beruf

§ 2 Schutz der freien Mandatsausübung

1.	Einleitung	27
1.1	Entstehungsgeschichte	27
1.2	Verhältnis zu Art. 48 Abs. 2 GG	27
1.3	Ratio der Vorschrift	28
2.	Zeitlicher und persönlicher Schutzbereich	29
2.1	Beginn des Schutzes	29
2.2	Ende des Schutzes	30
2.3	Geschützter Personenkreis	31
2.3.1	Abgeordnete und Mandatsbewerber	31
2.3.2	Abhängig Beschäftigte und Freiberufler	31
3.	Sachlicher Schutzbereich	32
3.1	Behinderungsverbot (Abs. 1)	32
3.2.	Benachteiligungsverbot (Abs. 2)	36
3.3	Kündigungs- und Entlassungsschutz (Abs. 3)	37
4.	Anspruchsverpflichtete und Durchsetzung des Anspruchs	38
5.	Parallelregelungen für Abgeordnete des EP und der Länder	39

§ 3 Wahlvorbereitungsurlaub

1.	Einleitung	40
1.1	Entstehungsgeschichte	40
1.2	Verhältnis zu Art. 48 Abs. 1 GG	41
2.	Anspruchsberechtigte	41
2.1	Bewerber um einen Sitz im Bundestag	41
2.2	Beschäftigte in einem persönlichen Abhängigkeitsverhältnis	42
3.	Anspruchsverpflichtete	43
4.	Inhalt des Anspruchs	44
4.1	Urlaubszweck	44
4.2	Dauer des Urlaubs	44
4.3	Unbezahlter Urlaub	44
5.	Durchsetzung des Anspruchs	45
5.1	Gewährung durch den Arbeitgeber / Dienstherrn	45
5.2	Rechtsweg	46
6.	Parallelregelungen für Abgeordnete des EP und der Länder	46

§ 4 Berufs- und Betriebszeiten

1.	Allgemeines	47
2.	Anmerkungen	48

Dritter Abschnitt
Rechtsstellung der in den Bundestag gewählten Angehörigen des öffentlichen Dienstes

§ 5 Ruhen der Rechte und Pflichten aus einem öffentlich-rechtlichen Dienstverhältnis

1.	Allgemeines	51
2.	Ruhen der Rechte und Pflichten aus dem Dienstverhältnis eines aktiven Beamten (Abs. 1)	54
3.	Ruhen der Rechte und Pflichten eines in ein Beamtenverhältnis berufenen Mitglieds des Bundestages (Abs. 1 Satz 2)	56

		Seite
4.	Ruhen der Rechte und Pflichten aus dem Dienstverhältnis eines in den einstweiligen Ruhestand versetzten Beamten (Abs. 2)	56
5.	In den Bundestag gewählte Beamte auf Widerruf im Vorbereitungsdienst (Abs. 3)	56
6.	EuAbgG	57
6.1	Nationales Recht	57
6.2	Europäisches Recht	57
7.	Landesrecht	58

§ 6 Wiederverwendung nach Beendigung des Mandats

1.	Allgemeines	60
2.	Wiederverwendung auf Antrag des Beamten (Abs. 1)	61
3.	Wiederverwendung von Amts wegen (Abs. 2)	62
4.	EuAbgG	64
5.	Landesrecht	64

§ 7 Dienstzeiten im öffentlichen Dienst

1.	Allgemeines	65
2.	Hinausschieben des Besoldungsdienstalters (Abs. 1)	66
3.	Hinausschieben des Versorgungsdienstalters im Falle der Nichtwiederverwendung (Abs. 2)	67
4.	Mandatszeit und Dienstzeit im Sinne des Versorgungsrechts (Abs. 3)	67
5.	Anrechnung der Mandatszeit auf laufbahnrechtliche Dienstzeiten (Abs. 4)	67
6.	Anrechnung der Mandatszeit auf Dienst- und Beschäftigungszeiten von Arbeitnehmern des öffentlichen Dienstes (Abs. 5)	68
7.	EuAbgG	68
8.	Landesrecht	69

§ 8 Beamte auf Zeit, Richter, Soldaten und Angestellte des öffentlichen Dienstes

1.	Allgemeines	70
2.	Entsprechende Anwendung der §§ 5 bis 7 auf Richter, Soldaten, Beamte und Soldaten auf Zeit (Abs. 1)	70
3.	Ruhen der Rechte und Pflichten aus dem Dienstverhältnis eines Soldaten oder Beamten auf Zeit (Abs. 2)	71
4.	Sinngemäße Anwendung des Abs. 2 und der §§ 5 bis 7 Abs. 1 bis 4 auf Angestellte des öffentlichen Dienstes (Abs. 3)	72
5.	EuAbgG	73
6.	Landesrecht	73

§ 9 Professoren

1.	Allgemeines	75
2.	Wiederverwendung in den Bundestag gewählter Professoren nach dem Ausscheiden aus dem Mandat (Abs. 1)	76
3.	Kompatible Tätigkeiten von Professoren neben dem Mandat (Abs. 2)	77
4.	Anwendung der für Bundesbeamte geltenden Vorschriften (Abs. 2 Satz 4)	77
5.	EuAbgG	77
6.	Landesrecht	77

§ 10 Wahlbeamte auf Zeit

	Anmerkungen	78

Seite

Vierter Abschnitt
Leistungen an Mitglieder des Bundestages

§ 11 Abgeordnetenentschädigung

1.	Allgemeines	84
1.1	Historie	84
1.1.1	Einführung	84
1.1.2	Begriff der „Entschädigung"	87
1.2	Achtzehntes Gesetz zur Änderung des AbgG	89
1.2.1	Gesetzgebungsverfahren im Bundestag	89
1.2.2	Beteiligung des Bundesrates	93
1.2.3	Verfassungsrechtliche Kritik	94
1.3	Neunzehntes Gesetz zur Änderung des AbgG	97
1.4	Zwanzigstes Gesetz zur Änderung des AbgG	99
1.5	Zweiundzwanzigstes Gesetz zur Änderung des AbgG	101
1.6	Dreiundzwanzigstes Gesetz zur Änderung des AbgG	101
2.	Abgeordnetenentschädigung (§ 11 Abs. 1)	101
2.1	Maßstab der „Angemessenheit" (Satz 1)	101
2.2	Gestaffelte Annäherung an die Orientierungsgröße (Satz 2)	103
2.3	Alimentationsgrundsatz	104
2.4	Formalisierter Gleichheitssatz	105
2.5	Entscheidung in eigener Sache	107
2.6	Entstehen des Anspruchs auf Abgeordnetenentschädigung	109
3.	Amtszulagen (§ 11 Abs. 2)	109
3.1	Amtszulage für den Präsidenten und seine Stellvertreter	109
3.2	Amtszulage für andere parlamentarische Funktionsträger	110
3.2.1	Ausschussvorsitzende	113
3.2.2	Fraktionsvorsitzende und Parlamentarische Geschäftsführer	113
4.	Kürzung der Abgeordnetenentschädigung in Ansehung der zu den Kosten in Pflegefällen nach § 27 gewährten Zuschüsse (§ 11 Abs. 3)	116
5.	EuAbgG	116
6.	Landesrecht	119
7.	Steuerliche Behandlung der Abgeordnetenentschädigung	123
8.	Status der Abgeordneten in der Sozialversicherung	126
9.	Status der Abgeordneten in der Arbeitslosenversicherung	128
10.	Kindergeld für Abgeordnete	130
11.	Rechtsweg bei Streitigkeiten über die Abgeordnetenentschädigung	131
12.	Sanktionsmöglichkeiten bei Nichtausübung des Mandats	132

§ 12 Amtsausstattung

1.	Allgemeines	137
2.	Amtsausstattung als Aufwandsentschädigung (Abs. 1)	138
3.	Kostenpauschale als Geldleistung (Abs. 2)	139
3.1	Aufwandsentschädigung als Monatspauschale ohne Einzelnachweis	139
3.2	Katalog der Aufwendungen (Satz 1)	143
3.2.1	Bürokosten (Nr. 1)	143
3.2.2	Mehraufwendungen am Sitz des Bundestages/Mandatsreisen (Nr. 2)	145
3.2.3	Mandatsfahrten innerhalb der Bundesrepublik (Nr. 3)	146
3.2.4	Sonstige mandatsbedingte Kosten (Nr. 4)	146
3.3	Jährliche Anpassung der Kostenpauschale (Satz 2)	146
3.4	Ausführungsbestimmungen des Ältestenrates zur Kostenpauschale (Satz 3)	147

		Seite
3.5	Unterhaltsrechtliche Behandlung der Kostenpauschale	148
4.	Ersatz von Aufwendungen für die Beschäftigung von Mitarbeitern (Abs. 3)	149
4.1	Allgemeines	149
4.2	Nachweispflicht (Satz 1)	150
4.3	Beschäftigungszweck (Satz 1)	150
4.4	Übertragbarkeit des Anspruches (Satz 2)	151
4.5	Von einer Beschäftigung gegen Aufwandsentschädigung ausgenommene Personengruppen (Sätze 3 und 4)	151
4.6	Ergänzende Regelungen im Haushaltsgesetz und in Ausführungsbestimmungen des Ältestenrates (Satz 5)	152
4.6.1	Haushaltsgesetz	152
4.6.2	Ausführungsbestimmungen des Ältestenrates	153
4.7	Rechtsbeziehungen zwischen Abgeordneten, Mitarbeitern und Bundestag (Sätze 6 bis 9)	154
5.	Amtsausstattung als Sachleistung (Abs. 4 Satz 1 Nr. 1 bis 3 und 5)	154
6.	Bereitstellung und Nutzung des gemeinsamen Informations- und Kommunikationssystems des Bundestages als Teil der Amtsausstattung (Abs. 4 Satz 1 Nr. 4)	155
7.	Amtsaufwandsentschädigung des Präsidenten und seiner Stellvertreter (Abs. 5)	157
8.	Kürzung der Kostenpauschale bei der Nutzung personengebundener Dienstwagen (Abs. 6)	157
9.	Entstehen der Ansprüche auf Amtsausstattung	158
10.	Sanktionsmöglichkeiten bei zweckwidriger Verwendung der Amtsausstattung	159
11.	Amtsausstattung schwerbehinderter Abgeordneter	160
12.	EuAbgG	161
12.1	Leistungen des Bundestages	161
12.2	Leistungen des Europäischen Parlaments	162
13.	Landesrecht	163
14.	Steuerliche Behandlung der Amtsausstattung	166
14.1	Leistungen nach deutschem Recht	166
14.2	Leistungen nach europäischem Recht	166

§ 13 Wegfall des Anspruchs auf Aufwandsentschädigungen

Anmerkungen 168

§ 14 Kürzung der Kostenpauschale

1.	Allgemeines	170
2.	Kürzung der Kostenpauschale bei unterlassener Eintragung in die Anwesenheitsliste (Abs. 1)	171
2.1	Anwesenheitsliste und Sitzungstage (Sätze 1 und 2)	173
2.2	Alternative Anwesenheitsnachweise (Satz 7)	173
2.3	Regelabzug bei unterlassener Eintragung in die Anwesenheitsliste (Satz 3)	175
2.4	Reduzierter Abzug in Sonderfällen (Sätze 4 und 5)	175
2.5	Erhöhter Abzug bei unterlassener Eintragung in die Anwesenheitsliste an Plenarsitzungstagen (Satz 6)	176
3.	Kürzung der Kostenpauschale bei Nichtteilnahme an einer namentlichen Abstimmung oder einer Wahl mit Namensaufruf	177
3.1	Namentliche Abstimmung oder Wahl mit Namensaufruf (Satz 1)	177
3.2	Ausnahmen von der Kürzung (Satz 2)	178

		Seite
4.	EuAbgG	179
5.	Landesrecht	180

§ 15 Bezug anderer Tage- oder Sitzungsgelder

Anmerkungen ... 181

§ 16 Freifahrtberechtigung und Erstattung von Fahrkosten

Anmerkungen ... 183

§ 17 Dienstreisen

1.	Allgemeines	186
2.	Begriff der Dienstreise und Zustimmungspflichtigkeit (Abs. 1)	187
3.	Inlandsdienstreisen (Abs. 2)	188
4.	Auslandsdienstreisen (Abs. 3)	189
5.	Abgrenzung zu Mandatsreisen	189
6.	Wegstreckenentschädigung statt Fahrkostenerstattung (Abs. 4)	190
7.	Ausführungsrichtlinien des Ältestenrates und Anwendung der Vorschriften des Bundesreisekostengesetzes (Abs. 5)	190
8.	Entstehen der Ansprüche nach § 17	190
9.	EuAbgG	190
10.	Landesrecht	190

Fünfter Abschnitt
Leistungen an ehemalige Mitglieder des Bundestages und ihre Hinterbliebenen

§ 18 Übergangsgeld

1.	Allgemeines	193
1.1	Zweck des Übergangsgeldes	193
1.2	Geschichtliche Entwicklung	194
2.	Anspruchsvoraussetzungen (Abs. 1 Satz 1)	194
3.	Anspruchshöhe (Abs. 1 Satz 2 bis 4)	195
3.1	Neues Recht	195
3.2	Übergangsrecht für Mitglieder, die am 22. Dezember 1995 dem Bundestag angehörten (altes Recht)	197
4.	Anrechnungsbestimmungen (Abs. 2)	197
4.1	Neues Recht	197
4.2	Übergangsrecht für Mitglieder, die am 22. Dezember 1995 dem Bundestag an gehörten	199
5.	Zahlungsmodalitäten (Abs. 3)	200
6.	Auswirkungen bei Wiedereintritt in den Bundestag (Abs. 4)	201
7.	Tod des Anspruchsberechtigten (Abs. 5)	201
8.	Fälligkeit des Anspruchs (Abs. 6)	201
9.	Konkurrenz von Übergangsgeld und Altersentschädigung	202
10.	Verlust des Anspruches bei Verlust der Wählbarkeit (Abs. 7)	202
11.	EuAbgG	203
11.1	Nationales Recht	203
11.2	Europäisches Recht	203
12.	Landesrecht	205
13.	Steuerliche und sozialversicherungsrechtliche Behandlung des Übergangsgeldes	207

§ 19 Anspruch auf Altersentschädigung

| 1. | Geschichtliche Entwicklung | 208 |

		Seite
2.	Verfassungsrechtliche Grundlagen	210
3.	Anspruch auf Altersentschädigung	214
3.1	Berechnung der Mitgliedszeiten (Sätze 3 und 4)	215
3.2	Vorverlegung des Bezugszeitpunktes (Satz 2)	216
4.	EuAbgG	216
4.1	Nationales Recht	216
4.2	Europäisches Recht	216
5.	Landesrecht	219
6.	Steuerliche Behandlung der Altersentschädigung	220
7.	Überlegungen zu einer Reform der Altersversorgung für Abgeordnete	220
7.1	Hauptpunkte der Kritik	220
7.2	Reform-Optionen	221
7.2.1	Abschaffung der Altersversorgung für Abgeordnete	221
7.2.2	Überführung der Altersversorgung für Abgeordnete in die gesetzliche Rentenversicherung	221
7.2.3	Private Altersversorgung für Abgeordnete auf Versicherungsbasis	222
7.2.4	Versorgungswerk für Abgeordnete	222
7.2.5	Optimierung des bestehenden Alterssicherungssystems für Abgeordnete	223

§ 20 Höhe der Altersentschädigung

1.	Anwendungsbereich der Norm und Übergangsregelungen	226
1.1	Anwendungsbereich der aktuellen Gesetzesfassung	226
1.2	Übergangsrecht für (ehemalige) Mitglieder, die dem Deutschen Bundestag am 22. Dezember 1995 angehört haben	227
1.3	Übergangsrecht für (ehemalige) Mitglieder, die die Voraussetzungen der Mitgliedschaftsdauer für eine Altersversorgung nach dem AbgG vor Inkrafttreten des Elften Änderungsgesetzes (20. Dezember 1990) erfüllt haben	227
2.	Bemessungsgröße der Altersentschädigung (Satz 1)	227
2.1	Aktuelles Recht	227
3.	Steigerungssatz (Satz 2)	228
3.1	Aktuelles Recht	228
3.2	Übergangsrecht	229
4.	Berücksichtigung der Zeit der Wahrnehmung der Ämter des Präsidenten und seiner Stellvertreter (Satz 3)	230
5.	Rundungsvorschriften (Satz 4)	231
6.	EuAbgG	231
6.1	Nationales Recht	231
6.2	Europäisches Recht	231
7.	Landesrecht	232

§ 21 Berücksichtigung von Zeiten in anderen Parlamenten

1.	Allgemeines	234
2.	Berücksichtigung von Landtagszeiten dem Grunde nach (Abs. 1)	235
3.	Höhe der Altersentschädigung (Abs. 2)	235
4.	Beginn des Anspruches auf Altersentschädigung	235
5.	Berücksichtigung von Zeiten der Mitgliedschaft in der Volkskammer der ehemaligen Deutschen Demokratischen Republik (Abs. 3)	236
5.1	Entstehungsgeschichte	236
5.2	Berücksichtigungsfähige Mitgliedszeiten (Satz 1)	237
5.3	Antragserfordernis und Frist (Satz 1)	237
5.4	Rundungsvorschrift (Satz 2)	237

		Seite
5.5	Rechtsfolgen der Anerkennung	238
5.6	Rückabwicklung von Rentenanwartschaften und -ansprüchen (Satz 3)	238
6.	EuAbgG	238
7.	Landesrecht	239

§ 22 Gesundheitsschäden

1.	Allgemeines	240
2.	Berufs- und Mandatsunfähigkeit während der Zugehörigkeit zum Bundestag (Abs. 1)	242
2.1	Regelfall (Satz 1)	242
2.1.1	Berufs- und Mandatsunfähigkeit	243
2.1.2	Verschulden	244
2.1.3	Dispens von den in § 19 vorgesehenen Voraussetzungen	244
2.1.4	Höhe der Altersentschädigung	244
2.1.5	Entstehen des Anspruches	245
2.2	Unfallbedingter Gesundheitsschaden (Satz 2)	245
3.	Berufsunfähigkeit nach dem Ausscheiden aus dem Bundestag (Abs. 2)	246
4.	Nachweis der Gesundheitsschädigung (Abs. 3)	246
5.	Übergangsrecht	247
6.	EuAbgG	247
7.	Landesrecht	248

§ 23 Versorgungsabfindung

1.	Allgemeines	250
2.	Versorgungsabfindung (Abs. 1)	251
2.1	Anspruchsvoraussetzungen (Satz 1)	251
2.2	Höhe der Versorgungsabfindung (Satz 2)	252
3.	Nachversicherung (Abs. 2)	253
3.1	Nachversicherung in der gesetzlichen Rentenversicherung	253
3.2	Nachversicherung in einem berufsständischen Versorgungswerk	254
4.	Nachversicherung bei einer zusätzlichen Alters- und Hinterbliebenenversorgung (Abs. 3)	254
5.	Ausschluss der Nachversicherung (Abs. 4)	254
6.	Berücksichtigung der Mitgliedszeit als Dienstzeit (Abs. 5)	254
7.	Berechnung der Mitgliedszeiten bei Wiedereintritt in den Bundestag nach Versorgungsabfindung (Abs. 6)	255
8.	Ansprüche der Hinterbliebenen (Abs. 7)	255
9.	Entsprechende Anwendung der Absätze 2 und 4 auf Landtagsabgeordnete (Abs. 8 und 9)	256
10.	EuAbgG	256
11.	Landesrecht	257

§ 24 Überbrückungsgeld für Hinterbliebene

1.	Allgemeines	259
2.	Ansprüche Hinterbliebener eines Mitglieds des Bundestages und sonstiger Personen (Abs. 1)	260
2.1	Fällige, noch nicht abgerechnete Leistungen nach diesem Gesetz (Satz 1)	260
2.2	Überbrückungsgeld (Sätze 2 und 3)	261
2.2.1	Anspruchsberechtigte Hinterbliebene	261
2.2.2	Höhe des Überbrückungsgeldes	261
2.2.3	Anrechnung	262
2.3	Bestimmung des Leistungsempfängers	262
2.4	Sonstige Anspruchsberechtigte (Satz 5)	262

		Seite

3. Ansprüche Hinterbliebener eines ehemaligen Mitglieds des Bundestages und sonstiger Personen (Abs. 2) 263
4. EuAbgG 263
4.1 Nationales Recht 263
4.2 Europäisches Recht 263
5. Landesrecht 264

§ 25 Hinterbliebenenversorgung

1. Allgemeines 266
2. Hinterbliebenenversorgung des überlebenden Ehegatten eines (ehemaligen) Mitglieds des Bundestages mit Anspruch auf Altersentschädigung (Abs. 1) (Witwengeld) 268
3. Hinterbliebenenversorgung des überlebenden Ehegatten eines (ehemaligen) Mitglieds des Bundestages mit Anwartschaft auf Altersentschädigung (Abs. 2) (Witwengeld) 268
4. Hinterbliebenenversorgung der Kinder eines (ehemaligen) Mitglieds des Bundestages (Abs. 3) (Waisengeld) 268
5. Mindesthinterbliebenenversorgung (Abs. 4) 269
6. Übergangsrecht (§ 35 a) 270
7. Beginn und Ende der Ansprüche 272
8. Anrechnung beim Zusammentreffen mehrerer Bezüge aus öffentlichen Kassen 272
9. Unterhaltsbeitrag für frühere Ehegatten (§§ 26 AbgG, 22 BeamtVG) 272
10. Anwendung sonstiger Vorschriften des BeamtVG 273
11. EuAbgG 274
12. Landesrecht 275

§ 25 a Versorgungsausgleich

1. Allgemeines 277
2. Versorgungsausgleich bei Ehescheidungen von Abgeordneten 279
3. Durchführung des Versorgungsausgleichs 281
3.1 Öffentlich-rechtlicher Versorgungsausgleich 281
3.2 Schuldrechtlicher Versorgungsausgleich 281
3.3 Abänderung der Entscheidung über den Versorgungsausgleich 282
4. Zahlungen aufgrund des öffentlich-rechtlichen Versorgungsausgleichs 282
5. Versorgungsausgleich und Anrechnung 283
6. EuAbgG 283
7. Landesrecht 283

§ 26 Anwendung beamtenrechtlicher Vorschriften

1. Allgemeines 284
2. Sinngemäße Anwendung der Vorschriften des BeamtVG (Satz 1) 285
3. Verwendung im öffentlichen Dienst (Satz 2) 288
4. EuAbgG 289
5. Landesrecht 289

Sechster Abschnitt
Zuschuss zu den Kosten in Krankheits-, Geburts- und Todesfällen, Unterstützungen

§ 27 Zuschuss zu den Kosten in Krankheits-, Geburts- und Todesfällen

1. Allgemeines 293

		Seite
2.	Beihilfe in sinngemäßer Anwendung der für Bundesbeamte geltenden Vorschriften (Abs. 1)	295
2.1	Einführung	295
2.2	Beihilfe für Mitglieder des Deutschen Bundestages (Satz 1)	296
2.2.1	Beihilfeberechtigte und berücksichtigungsfähige Personen	296
2.2.2	Regelbemessungssätze und Abweichungen davon	296
2.2.3	Beihilfefähige Aufwendungen	297
2.2.4	Jahresfrist	298
2.2.5	Festsetzungsstelle	298
2.3	Beihilfe für Versorgungsempfänger (Satz 2 und § 32 Abs. 7)	298
3.	Zuschuss zu den Kranken- und Pflegeversicherungsbeiträgen (Abs. 2 und 3)	299
3.1	Wahlanspruch	299
3.2	Höhe des Zuschusses	299
4.	Frist zur Ausübung des Wahlrechts zwischen Beihilfe und Zuschuss (Abs. 4)	300
5.	EuAbgG	301
5.1	Nationales Recht	301
5.2	Europäisches Recht	301
6.	Landesrecht	301
7.	Nachweispflicht bei der Pflegeversicherung	302

§ 28 Unterstützungen

1.	Allgemeines	303
2.	Anspruchsvoraussetzungen	304
2.1	Schäden infolge des Mandats	305
2.2	Prozesskosten	306
2.3	Notfälle	306
3.	Anspruchsberechtigte	307
4.	Anspruchsart und -höhe	307
4.1	Einmalige Unterstützungen	307
4.2	Laufende Unterhaltszuschüsse	307
5.	Ermessensentscheidung des Präsidenten	308
6.	Steuerliche Behandlung von Leistungen nach § 28	308
7.	EuAbgG	309
8.	Landesrecht	309

Siebenter Abschnitt
Anrechnung beim Zusammentreffen mehrerer Bezüge aus öffentlichen Kassen

§ 29 Anrechnung beim Zusammentreffen mehrerer Bezüge aus öffentlichen Kassen

1.	Allgemeines	314
2.	Grundsätzliches zur Anwendung des § 29	318
3.	Anrechnung beim Zusammentreffen der Abgeordnetenentschädigung mit Bezügen aus öffentlichen Kassen (Abs. 1 und 2)	319
3.1	Abgeordnetenentschädigung und aktive Bezüge aus öffentlichen Kassen	319
3.1.1	Einkommen aus einem Amtsverhältnis oder aus einer Verwendung im öffentlichen Dienst (Abs. 1 Satz 1)	319
3.1.2	Einkommen aus einem Amtsverhältnis oder einer Verwendung im öffentlichen Dienst einer zwischen- oder überstaatlichen Einrichtung (Abs. 1 Satz 2)	320
3.1.3	Entschädigung nach dem Abgeordnetengesetz eines Landes (Abs. 1 Satz 3)	320

		Seite
3.1.4	Neufassung des § 29 Abs. 1 ab Beginn der 15. Wahlperiode	321
3.1.5	Entschädigung nach dem EuAbgG (§ 9 EuAbgG)	321
3.2	Abgeordnetenentschädigung und passive Bezüge aus öffentlichen Kassen	322
3.2.1	Versorgungsansprüche aus einem Amtsverhältnis des Bundes oder aus einer Verwendung im öffentlichen Dienst (Abs. 2 Sätze 1 und 3)	322
3.2.2	Renten aus einer zusätzlichen Alters- und Hinterbliebenenversorgung für Angehörige des öffentlichen Dienstes (Abs. 2 Satz 2)	324
3.2.3	Sonstige Renten	325
3.2.4	Versorgungsbezüge aus einem Amtsverhältnis eines Landes oder aus einem Amtsverhältnis oder einer Verwendung im öffentlichen Dienst einer zwischen- oder überstaatlichen Einrichtung (Abs. 1 Satz 4 und 5)	326
3.2.5	Versorgungsansprüche nach dem AbgG	326
3.2.6	Versorgungsansprüche nach dem EuAbgG (§ 10 b Satz 3 EuAbgG)	327
3.2.7	Versorgungsansprüche aus einer Mitgliedschaft im Landtag	327
3.2.8	Verschärfung der Anrechnungsbestimmungen durch Art. 2 des Einundzwanzigsten Änderungsgesetzes	327
4.	Anrechnung beim Zusammentreffen von Versorgungsbezügen mit Bezügen aus öffentlichen Kassen	330
4.1	Versorgungsbezüge und aktive Bezüge aus öffentlichen Kassen	330
4.1.2	Einkommen aus einem Amtsverhältnis oder einer Verwendung im öffentlichen Dienst einer zwischen- oder überstaatlichen Einrichtung (Abs. 3 Satz 2)	330
4.1.3	Entschädigung aus der Mitgliedschaft im Europäischen Parlament oder im Parlament eines Landes (Abs. 5)	330
4.1.4	Abgeordnetenentschädigung nach diesem Gesetz	331
4.2	Versorgungsansprüche und passive Bezüge aus öffentlichen Kassen	331
4.2.1	Versorgungsbezüge aus einem Amtsverhältnis oder einer Verwendung im öffentlichen Dienst (Abs. 4 Satz 1)	331
4.2.2	Versorgungsbezüge aus einem Amtsverhältnis oder einer Verwendung im öffentlichen Dienst einer zwischen- oder überstaatlichen Einrichtung (Abs. 4 Satz 2)	331
4.2.3	Renten (Abs. 4 Satz 3)	331
4.2.4	Versorgungsbezüge aus der Mitgliedschaft im Parlament eines Landes (Abs. 6 Satz 1)	332
4.2.5	Versorgungsbezüge aus der Mitgliedschaft im Europäischen Parlament (Abs. 6 Satz 2)	333
4.2.6	Sonstige Versorgungsbezüge nach diesem Gesetz	333
5.	Anrechnung beim Zusammentreffen der Abgeordnetenentschädigung oder von Versorgungsansprüchen mit privaten Einkünften	334
6.	Ergänzende Hinweise zur Anwendung der Anrechnungsbestimmungen (Abs. 7)	335
7.	Berücksichtigung der Amtszulage nach § 11 Abs. 2 (Abs. 8)	336
8.	Begriff der Verwendung im öffentlichen Dienst und der zwischen- oder überstaatlichen Einrichtungen (Abs. 9)	336
9.	EuAbgG	337
9.1	Nationales Recht	337
9.2	Europäisches Recht	339
10.	Landesrecht	339

Achter Abschnitt
Gemeinsame Vorschriften

§ 30 Anpassungsverfahren

1. Allgemeines 342
2. Anpassungsverfahren nach § 30 346
3. Alternative Anpassungsverfahren 348
3.1 Diätenkommission 349
3.2 Indexierung der Abgeordnetenentschädigung 350
3.3 Koppelung der Abgeordnetenentschädigung an die Bezüge im öffentlichen Dienst 354
4. EuAbgG 355
5. Landesrecht 356

§ 31 Verzicht, Übertragbarkeit

1. Allgemeines 357
2. Verzicht (§ 31 Satz 1) 358
3. Übertragbarkeit (§ 31 Satz 2 bis 4) 359
4. EuAbgG 360
5. Landesrecht 361

§ 32 Beginn und Ende der Ansprüche, Zahlungsvorschriften

1. Allgemeines 363
2. Beginn der Ansprüche nach §§ 11, 12, 16, 27 und 28 (Abs. 1) ... 363
3. Ende der Ansprüche nach §§ 11, 12 Abs. 2 und 16 (Abs. 2) 365
4. Ende der Ansprüche nach § 12 Abs. 3 (Abs. 3) 366
5. Beginn und Ende der Ansprüche auf Altersentschädigung (Abs. 4) . 366
6. Konkurrenz von Übergangsgeld und Altersentschädigung (Abs. 5) .. 367
7. Verlust des Anspruches auf Altersentschädigung (Abs. 6) 368
8. Ende des Anspruches auf Zuschuss zu den Kosten in Krankheits-, Geburts- und Todesfällen nach § 27 bei ausscheidenden Mitgliedern (Abs. 7) 369
9. Zahlungsvorschriften (Abs. 8) 369
10. EuAbgG 369
10.1 Nationales Recht 369
10.2 Europäisches Recht 370
11. Landesrecht 371

§ 33 Aufrundung

Anmerkungen 371

§ 34 Ausführungsbestimmungen

1. Allgemeines 373
2. Ausführungsbestimmungen und allgemeine Verwaltungsvorschriften des Ältestenrates (Abs. 1 und 2) 374
3. Veröffentlichung des Betrages der Kostenpauschale (Abs. 3) 375
4. EuAbgG 375
5. Landesrecht 376

Neunter Abschnitt
Übergangsregelungen

§ 35 Übergangsregelung zum Elften Änderungsgesetz

1. Allgemeines 378

Seite

2. Versorgungsansprüche vor Inkrafttreten des Elften Änderungsgesetzes
   (Abs. 1) 379
3. Versorgungsanwartschaften vor Inkraftreten des Elften Änderungsgesetzes
   (Abs. 2) 380
4. Zusammentreffen von Versorgungsanwartschaften und -ansprüchen vor
   Inkrafttreten des Elften Änderungsgesetzes mit später erworbenen (Abs. 3) . 381
5. Vergleichsberechnung nach altem und neuem Recht (Abs. 4) 382
6. EuAbgG 382
7. Landesrecht 383

§ 35 a Übergangsregelungen zum Neunzehnten Änderungsgesetz

1. Allgemeines 384
2. Normadressaten (Abs. 1) 385
3. Fiktiver Bemessungsbetrag für Übergangsgeld und Altersentschädigung
   (Abs. 2) 386
4. Fiktiver Bemessungsbetrag bei Anwendung des § 29 auf Versorgungsansprüche nach Übergangsrecht (Abs. 3) 388
5. Wahlrecht (Abs. 4) 389
6. EuAbgG 390

§ 36 Übergangsregelung für die Angehörigen des öffentlichen Dienstes
   Anmerkungen 390

§ 37 Versorgung vor 1968 ausgeschiedener Mitglieder
   Anmerkungen 392

§ 38 Versorgung für Zeiten vor Inkrafttreten dieses Gesetzes

1. Allgemeines 394
2. Versorgung nach dem Diätengesetz 1968 für zwischen dem 1. Januar 1968
   und dem 1.April 1977 ausgeschiedene Mitglieder (Abs. 1) 395
3. Überleitung wiedergewählter Abgeordneter in die neue Altersversorgung
   (Abs. 2) 397
4. Erstattung der Eigenbeiträge statt Überleitung (Abs. 3) 397
5. Mischversorgung (Abs. 4) 398
6. Antragsfrist (Abs. 5) 399
7. EuAbgG 399

§ 38 a Anmerkungen 400

§ 38 b Hinterbliebenenversorgung bei Tod während der Mitgliedschaft im Bundestag
   Anmerkungen 401

§ 39 Anrechnung früherer Versorgungsbezüge
   Anmerkungen 402

§ 40 Gekürzte Versorgungsabfindung
   Anmerkungen 403

§ 41 Fortsetzung der Todesfallversicherung
   Anmerkungen 404

§ 42 Umwandlung oder Auflösung der Todesfallversicherung
   Anmerkungen 405

Seite

§ 43 Weiterzahlung des Übergangsgeldes

Anmerkungen 406

§ 44 Anrechnung von Zeiten für das Übergangsgeld

Anmerkungen 406

Zehnter Abschnitt
Unabhängigkeit der Abgeordneten

§ 44 a Verhaltensregeln

1.	Allgemeines	414
1.1	Einführung	414
1.2	Entstehungsgeschichte	415
2.	Bedeutung der gesetzlichen Vorschriften	417
2.1	Auftrag an den Geschäftsordnungsgeber (§ 44 a Abs. 1)	417
2.2	Rahmen für den Inhalt der Verhaltensregeln (§ 44 a Abs. 2) ..	419
3.	Ausfüllung des Gesetzesauftrags durch die Verhaltensregeln in Anlage 1 GO-BT	420
3.1	§ 1 VR – Anzeigepflichten	420
3.2	§ 2 VR – Rechtsanwälte	421
3.3	§ 3 VR – Veröffentlichung von Angaben	422
3.4	Überblick: Anzeige- und Veröffentlichungspflichten zu § 1 und 2 VR	422
3.5	§ 4 VR – Spenden und geldwerte Zuwendungen	425
3.6	Überblick: Spenden und geldwerte Zuwendungen	427
3.7	§ 5 VR – Hinweise auf die Mitgliedschaft im Bundestag	427
3.8	§ 6 VR – Interessenverknüpfung in der Ausschußarbeit	428
3.9	§§ 7 und 8 VR – Verfahren	428
3.10	§ 9 VR – Verbotene Bezüge	429
4.	Rechtsschutz	430
5.	Ausblicke	431
6.	Parallelregelungen für Abgeordnete des EP und der Länder	435

§ 44 b Überprüfung auf Tätigkeit oder politische Verantwortung für das Ministerium für Staatssicherheit / Amt für Nationale Sicherheit der ehemaligen Deutschen Demokratischen Republik

1.	Allgemeines	442
1.1	Vorläuferregelungen	442
1.1.1	Überprüfungsverfahren der Volkskammer	442
1.1.2	Präsidiumsverfahren des Bundestages	443
1.2	Entstehungsgeschichte der Vorschrift	444
1.3	Ziele der Regelung	445
1.4	Verhältnis zum Stasi-Unterlagen-Gesetz (StUG)	445
1.5	Verhältnis zum Immunitätsrecht	446
1.6	Ergebnisse der bisher durchgeführten Überprüfungen	446
2.	Überprüfung auf Antrag (§ 44 b Abs. 1)	447
2.1	Antragstellung	447
2.2	Hauptamtliche oder inoffizielle Tätigkeit oder politische Verantwortung für das MfS / AfNS	448
2.2.1	Hauptamtliche Tätigkeit	448
2.2.2	Inoffizielle Tätigkeit	448
2.2.3	Politische Verantwortung	450
2.2.4	Opfer des Staatssicherheitsdienstes	451

		Seite
2.3	Staatssicherheitsdienst der ehemaligen DDR	451
3.	Überprüfung ohne Zustimmung des Betroffenen (§ 44 b Abs. 2)	452
3.1	Keine Regelüberprüfung	452
3.2	Verfassungsmäßigkeit der Regelung	452
3.3	Feststellung konkreter Anhaltspunkte	454
4.	Zuständigkeit des Ausschusses für Wahlprüfung, Immunität und Geschäftsordnung (§ 44 b Abs. 3)	455
5.	Verfahren (§ 44 b Abs. 4)	457
5.1	Richtlinien und Absprache zur Durchführung der Richtlinien	457
5.2	Verfahrensablauf	459
5.3	Einzelheiten	463
5.3.1	Feststellungsauftrag	463
5.3.2	Beschränkung der Beweismittel	464
5.3.3	Beweisführung und Beweiswürdigung	464
5.3.4	Nichtöffentlichkeit und Vertraulichkeit des Verfahrens	468
6.	Rechtsschutz	470
7.	Parallelregelungen der Länder	473

§ 44 c Verschwiegenheitspflicht und Aussagegenehmigung

1.	Allgemeines	478
1.1	Entstehungsgeschichte	478
1.2	Aussagegenehmigung und Zeugnisverweigerungsrecht	479
1.3	Verhältnis zum Untersuchungsausschussgesetz	480
2.	Verschwiegenheitspflicht und Aussagegenehmigung (Abs. 1)	480
2.1	Notwendigkeit der Aussagegenehmigung	480
2.2	Reichweite des Genehmigungserfordernisses	482
3.	Erteilung der Genehmigung (Abs. 2)	482
3.1	Außenrepräsentanz durch den Bundestagspräsidenten	482
3.2	Verfahren innerhalb des Bundestages	483
4.	Versagungsgründe (Abs. 3)	483
4.1	Wortlaut des § 44 c Abs. 3	483
4.2	Aussagegenehmigung beim Bestehen einer gesetzlichen Zeugnispflicht	484
4.3	Aussagegenehmigung ohne gesetzliche Zeugnispflicht	486
5.	Parallelregelungen für Abgeordnete des EP und der Länder	486

Elfter Abschnitt
Fraktionen

§ 45 Fraktionsbildung

1.	Allgemeines	488
2.	Zusammenschluss von Bundestagsmitgliedern zu Fraktionen (Abs. 1)	490
3.	Regelung des Näheren in der GO-BT (Abs. 2)	491
3.	Beginn und Ende der Fraktionsmitgliedschaft	494
4.	Abgeordneter und Fraktion	495
4.1	Wirkungen der Fraktionsmitgliedschaft	495
4.2	Fraktionszwang und Fraktionsdisziplin	495
4.3	Rechtsstreitigkeiten zwischen Abgeordneten und der Fraktion	496
5.	Gruppen	497
6.	EuAbgG	498
7.	Landesrecht	498

Seite

§ 46 Rechtsstellung

1.	Allgemeines	500
2.	Fraktionen als rechtsfähige Vereinigungen (Abs. 1)	501
3.	Fraktionen als Arbeitgeber	502
4.	Fraktionen als Klägerinnen und Beklagte (Abs. 2)	504
4.1	Verfassungsgerichtliche Verfahren	504
4.2	Verwaltungsgerichtliche Verfahren	505
4.3	Verfahren vor den ordentlichen Gerichten und den Arbeitsgerichten	506
5.	Abgrenzung zur öffentlichen Verwaltung (Abs. 3)	506
6.	Landesrecht	506

§ 47 Aufgaben

1.	Allgemeines	507
2.	Mitwirkung an der Aufgabenerfüllung des Bundestages (Abs. 1)	507
3.	Zusammenarbeit mit anderen Parlamenten und parlamentarischen Einrichtungen (Abs. 2)	508
4.	Öffentlichkeitsarbeit (Abs. 3)	509
5.	Landesrecht	510

§ 48 Organisation

1.	Allgemeines	511
2.	Organisation und Arbeitsweise der Fraktionen (Abs. 1)	512
3.	Fraktionsgeschäftsordnung (Abs. 2)	513
4.	EuAbgG	513
5.	Landesrecht	514

§ 49 Geheimhaltungspflicht der Fraktionsangestellten

1.	Allgemeines	515
1.1	Entstehungsgeschichte und Parallelvorschriften aus anderen Rechtsgebieten	515
1.2	Verhältnis zum Untersuchungsausschussgesetz	516
2.	Geheimhaltungspflicht der Fraktionsangestellten (Abs. 1)	517
2.1	Verpflichteter Personenkreis	517
2.2	Umfang und Inhalt der Geheimhaltungspflicht	517
2.2.1	Grundsatz der umfassenden Verschwiegenheitspflicht	517
2.2.2	Offenkundige Tatsachen und Tatsachen, die ihrer Bedeutung nach keiner Geheimhaltung bedürfen	518
2.2.3	Mitteilungen „im dienstlichen Verkehr"	519
2.2.4	Entscheidung über den Umfang der Geheimhaltungspflicht	519
3.	Aussagegenehmigung (Abs. 2)	519
3.1	Aussagegenehmigung als punktuelle Befreiung von der Geheimhaltungspflicht	519
3.2	Zuständigkeit zur Erteilung der Genehmigung	520
3.3	Kriterien für die Erteilung der Genehmigung	521
4.	Ausnahmen von der Geheimhaltungspflicht (Abs. 3)	522
5.	Parallelregelungen im EuAbgG und in den Abgeordnetengesetzen der Länder	523

§ 50 Geld- und Sachleistungen

1.	Allgemeines	526
2.	Anspruch auf Geld- und Sachleistungen (Abs. 1)	527
3.	Geldleistungen (Abs. 2)	529
4.	Sachleistungen (Abs. 3)	531
5.	Zweckbindung der Leistungen (Abs. 4)	532

		Seite
6.	Übertragbarkeit von Geldleistungen (Abs. 5)	534
7.	Leistungen an parlamentarische Gruppen	535
8.	Leistungen an einen fraktionslosen Abgeordneten	536
9.	EuAbgG	537
10.	Landesrecht	538

§ 51 Haushalts- und Wirtschaftsführung, Buchführung

1.	Allgemeines	540
2.	Ausführungsbestimmungen des Ältestenrates zur Haushalts- und Wirtschaftsführung (Abs. 1)	540
3.	Buchführung (Abs. 2)	541
4.	Kennzeichnungs- und Inventarisierungspflicht (Abs. 3)	541
5.	Aufbewahrungspflicht (Abs. 4)	542

§ 52 Rechnungslegung

1.	Allgemeines	544
2.	Verpflichtung zur öffentlichen Rechnungslegung (Abs. 1)	545
3.	Rechenschaft über Einnahmen und Ausgaben (Abs. 2)	546
4.	Rechenschaft über Vermögen, Rücklagen, Forderungen und Verbindlichkeiten (Abs. 3)	547
5.	Abschlussprüfung der Rechnung und Vorlage an den Präsidenten (Abs. 4)	548
6.	Verzug mit der Rechnungslegung (Abs. 5)	549
7.	Landesrecht	549

§ 53 Rechnungsprüfung

1.	Allgemeines	551
2.	Prüfung durch den Bundesrechnungshof (Abs. 1)	551
2.1	Prüfung der nach § 52 erstellten Rechnung	552
2.2	Prüfung der ordnungsgemäßen und wirtschaftlichen Verwendung der Geld- und Sachleistungen	552
3.	Einschränkung der Prüfungsbefugnis (Abs. 2)	553
4.	Landesrecht	554

§ 54 Beendigung der Rechtsstellung und Liquidation

1.	Allgemeines	556
2.	Entfallen der Rechtsstellung nach § 46 (Abs. 1)	556
3.	Liquidation als Regelfall (Abs. 2)	557
4.	Durchführung der Liquidation (Abs. 3)	557
5.	Rückführung von Geld- und Sachleistungen nach §50 (Abs. 4)	558
6.	Sonstiges Vermögen (Abs. 5)	558
7.	Zeitpunkt der Vermögensrückführung oder -überlassung und Gläubigersicherung (Abs. 6)	558
8.	Ausnahme von der Liquidationsverpflichtung (Abs. 7)	559
9.	Landesrecht	559

Zwölfter Abschnitt
Geltungsbereich, Inkrafttreten

§ 55 Inkrafttreten

	Anmerkungen	560

Abkürzungsverzeichnis

A.	Ausschuß
a.A.	anderer Ansicht
aaO	am angegebenen Ort
Abg.	Abgeordnete, Abgeordneter
AbgG	Gesetz über die Rechtsverhältnisse der Mitglieder des Deutschen Bundestages (Abgeordnetengesetz)
ABl.	Amtsblatt
Abs.	Absatz
AcP	Archiv für die civilistische Praxis
AG	Aktiengesellschft
a.E.	am Ende
ÄndG	Änderungsgesetz
a.F.	alte Fassung
AFG	Arbeitsförderungsgesetz
AfNS	Amt für Nationale Sicherheit der ehemaligen DDR
AK-GG	Alternativkommentar zum Grundgesetz
a.M.	anderer Meinung
Anh.	Anhang
Anl.	Anlage
Anm.	Anmerkung
AöR	Archiv des öffentlichen Rechts
ArbGG	Arbeitsgerichtsgesetz
ArbuR	Arbeit und Recht, Zeitschrift für Arbeitsrechtspraxis
Art.	Artikel
Aufl.	Auflage
Ausf.Best.	Ausführungsbestimmungen
BAG	Bundesarbeitsgericht
BAGE	Entscheidungen des Bundesarbeitsgerichts
BAnz.	Bundesanzeiger
BadWürtt.	Baden-Württemberg
BAT	Bundes-Angestelltentarifvertrag
Bay.	Bayern
BayVBl.	Bayerische Verwaltungsblätter
BBesG	Bundesbesoldungsgesetz
BBesO	Bundesbesoldungsordnung
BBG	Bundesbeamtengesetz
Bbg.	Brandenburg
Bd.	Band
BdSt	Bund der Steuerzahler
BeamtVG	Beamtenversorgungsgesetz
Begr.	Begründung
Berl.	Berlin
BesGr.	Besoldungsgruppe

BFH	Bundesfinanzhof
BFHE	Entscheidungen des Bundesfinanzhofes
BGB	Bürgerliches Gesetzbuch
BGBl.	Bundesgesetzblatt
BGH	Bundesgerichtshof
BGHSt	Entscheidungen des Bundesgerichtshofs in Strafsachen
BHO	Bundeshaushaltsordnung
BhV	Beihilfevorschriften
BK	Bundeskanzler(amt)
BKKG	Bundeskindergeldgesetz
Bkom.	Bonner Kommentar
BLV	Verordnung über die Laufbahn der Bundesbeamten – Bundeslaufbahnverordnung
BMI	Bundesminister(ium) des Innern
Bmin.	Bundesministerin, Bundesminister
BMinG	Gesetz über die Rechtsverhältnisse der Mitglieder der Bundesregierung
BMJ	Bundesminister(ium) der Justiz
B 90/GR	Bündnis 90/DIE GRÜNEN
Bpräs.	Bundespräsident
Brem.	Bremen
Brat.	Bundesrat
Breg.	Bundesregierung
BRKG	Bundesreisekostengesetz
BRRG	Beamtenrechtsrahmengesetz
BSG	Bundessozialgericht
BSHG	Bundessozialhilfegesetz
BStU	Bundesbeauftragter für die Unterlagen des Staatssicherheitsdienstes der ehemaligen DDR
BT	Deutscher Bundestag; besonderer Teil
BT-Drs.	Bundestagsdrucksache
BT-Prot.	Sten. Berichte des Bundestages
BVerfG	Bundesverfassungsgericht
BVerfGG	Gesetz über das Bundesverfassungsgericht
BVerfGE	Entscheidungen des Bundesverfassungsgerichts
BVerwG	Bundesverwaltungsgericht
BVerwGE	Entscheidungen des Bundesverwaltungsgerichts
BWG	Bundeswahlgesetz
BWO	Bundeswahlordnung
bzw.	beziehungsweise
CDU	Christlich Demokratische Union
CSU	Christlich-Soziale-Union
DDR	Deutsche Demokratische Republik
ders./dies.	derselbe/dieselbe
d.h.	das heißt
Diss.	Dissertation
DÖV	Die öffentliche Verwaltung
DRiG	Deutsches Richtergesetz
Drs.	Drucksache
DtZ	Deutsch-Deutsche Rechts-Zeitschrift
DVBl.	Deutsches Verwaltungsblatt

EG	Europäische Gemeinschaft
EinigungsV	Einigungsvertrag
EntsR	Entsendungsrichtlinien
EP	Europäisches Parlament
Erl.	Erläuterung
EStG	Einkommensteuergesetz
EU	Europäische Union
EuAbgG	Gesetz über die Rechtsverhältnisse der Mitglieder des Europäischen Parlaments aus der Bundesrepublik Deutschland
EuGH	Gerichtshof der Europäischen Gemeinschaften
EuGRZ	Europäische Grundrechte-Zeitschrift
EuWG	Europawahlgesetz
FamRZ	Zeitschrift für das gesamte Familienrecht
F.D.P.	Freie Demokratische Partei
FGG	Gesetz über die Angelegenheiten der freiwilligen Gerichtsbarkeit
Fn.	Fußnote
FoR	Forum Recht
FraktG	Fraktionsgesetz
FZR	Freiwillige Zusatzrentenversicherung der Sozialversicherung
GG	Grundgesetz für die Bundesrepublik Deutschland
GGO	Gemeinsame Geschäftsordnung der Bundesministerien
GMBl.	Gemeinsames Ministerialblatt
GmbH	Gesellschaft mit beschränkter Haftung
GO	Geschäftsordnung
GO-BT	Geschäftsordnung des Deutschen Bundestages
GO-EP	Geschäftsordnung des Europäischen Parlaments
GoldtA	Goldtammers Archiv für Strafrecht
GSO	Geheimschutzordnung des Deutschen Bundestages
GVBl.	Gesetz- und Verordnungsblatt
GVG	Gerichtsverfassungsgesetz
G 10	Gesetz zur Beschränkung des Brief-, Post und Fernmeldegeheimnisses (Gesetz zu Art. 10 GG)
Hbg.	Hamburg
HChE	Herrenchiemseer Entwurf
HdbStR	Handbuch des Staatsrechts der Bundesrepublik Deutschland
HdbVerfR	Handbuch des Verfassungsrechts der Bundesrepublik Deutschland
Hess.	Hessen
HGB	Handelsgesetzbuch
h.M.	herrschende Meinung
HRG	Hochschulrahmengesetz
hrsg.	herausgegeben
i.d.F.	in der Fassung
i.d.R.	in der Regel
i.V.m.	in Verbindung mit
i.S.d.	im Sinne des / der
JZ	Juristenzeitung

KritV	Kritische Vierteljahresschrift für Gesetzgebung und Rechtswissenschaft
LAbgG	Landesabgeordnetengesetz
LAG	Landesarbeitsgericht
LFZG	Gesetz über die Fortzahlung des Arbeitsentgelts im Krankheitsfall (Lohnfortzahlungsgesetz)
LG	Landgericht
LKV	Landes- und Kommunalverwaltung
LPartG	Gesetz über die Eingetragene Lebenspartnerschaft
Lreg.	Landesregierung
LT	Landtag
LT.Drs.	Landtagsdrucksache
LVerf	Landesverfassung
LVerfGHG	Landesverfassungsgerichtshofgesetz
LWahlG	Landeswahlgesetz
MdB	Mitglied des Deutschen Bundestages
MdEP	Mitglied des Europäischen Parlaments
MdL	Mitglied des Landtags
MDR	Monatsschrift für Deutsches Recht
MdV	Mitglied der Volkskammer
mdl.	mündliche
m.E.	meines Erachtens
MfS	Ministerium für Staatssicherheit der ehemaligen DDR
MinPräs.	Ministerpräsident
MIP	Mitteilungen des Instituts für Deutsches und Europäisches Parteienrecht, Hagen
MV	Mitteilungsverordnung
MV.	Mecklenburg-Vorpommern
m.w.N.	mit weiteren Nachweisen
Nds.	Niedersachsen
Nds. StGH	Niedersächsicher Staatsgerichtshof
n.F.	neue Fassung
NJW	Neue Juristische Wochenschrift
NordÖR	Zeitschrift für öffentliches Recht in Norddeutschland
Nr.	Nummer
NVwZ	Neue Zeitschrift für Verwaltungsrecht
NW.	Nordrhein-Westfalen
OLG	Oberlandesgericht
OVG	Oberverwaltungsgericht
OVGE	Entscheidungen der Oberverwaltungsgerichte für das Land Nordrhein-Westfalen in Münster und für das Land Niedersachsen in Lüneburg mit Entscheidungen des Verfassungsgerichtshofes Nordrhein-Westfalen und des Niedersächsischen Staatsgerichtshofes
parl.	parlamentarisch
ParlStG	Gesetz über die Rechtsverhältnisse der Parlamentarischen Staatssekretäre
ParteiG	Parteiengesetz

PDS	Partei des demokratischen Sozialismus
PflegeVG	Pflege-Versicherungsgesetz
PKGrG	Gesetz über die parlamentarische Kontrolle nachrichtendienstlicher Tätigkeit des Bundes (Kontrollgremiumgesetz)
PlenProt.	Plenarprotokoll
Präs.	Präsidentin, Präsident, Präsidium
Prot.	Protokoll
PUAG	Gesetz zur Regelung des Rechts der Untersuchungsausschüsse des Deutschen Bundestages (Untersuchungsausschussgesetz)
Rdn.	Randnummer
RegBl.	Regierungsblatt
RGBl.	Reichsgesetzblatt
RiA	Recht im Amt
ROP	Recht und Organisation der Parlamente
RP.	Rheinland-Pfalz
Rspr.	Rechtsprechung
s.	siehe
S.	Seite
Saarl.	Saarland
Sachs.	Sachsen
SachsAnh.	Sachsen-Anhalt
SchlH.	Schleswig-Holstein
SGB	Sozialgesetzbuch
s.o.	siehe oben
sog.	Sogenannte/r/s
SoldatenG	Gesetz über die Rechtsstellung der Soldaten – Soldatengesetz
SPD	Sozialdemokratische Partei Deutschlands
st. Rspr.	ständige Rechtsprechung
Sten. Ber.	Stenographischer Bericht
Sten. Prot.	Stenographisches Protokoll
StGB	Strafgesetzbuch
StPO	Strafprozeßordnung
str.	strittig, streitig
StUG	Stasi-Unterlagen-Gesetz
s.u.	siehe unten
SÜG	Sicherheitsüberprüfungsgesetz
SV	Sachverständige(r)
Thür.	Thüringen
ThürVBl.	Thür. Verwaltungsblätter
u.a.	unter anderem
usw.	und so weiter
v.	vom, von
VAHRG	Gesetz zur Regelung von Härten im Versorgungsausgleich
VBL	Versorgungsanstalt des Bundes und der Länder
VerfGH	Verfassungsgerichtshof
VerfGHG	Verfassungsgerichtshofgesetz
VG	Verwaltungsgericht

vgl.	vergleiche
v.H.	vom Hundert
VK	Volkskammer (der ehemaligen Deutschen Demokratischen Republik)
Vorbem.	Vorbemerkung
VR	Verhaltensregeln für die Mitglieder des Deutschen Bundestages
VR	Verwaltungsrundschau
VS	Verschlusssache(n)
VSA	Verschlusssachenanweisung für die Bundesbehörden
VwGO	Verwaltungsgerichtsordnung
VwVfG	Verwaltungsverfahrensgesetz
VVDStRL	Veröffentlichungen der Vereinigung Deutscher Staatsrechtslehrer
WahlG	Wahlgesetz
WP	Wahlperiode
WPflG	Wehrpflichtgesetz
WPrüfG	Wahlprüfungsgesetz
WRT	Weimarer Reichstag
WRV	Weimarer Verfassung
z.B.	zum Beispiel
ZBR	Zeitschrift für Beamtenrecht
ZDG	Gesetz über den Zivildienst der Kriegsdienstverweigerer – Zivildienstgesetz
ZG	Zeitschrift für Gesetzgebung
Zparl	Zeitschrift für Parlamentsfragen
ZPO	Zivilprozessordnung
ZRP	Zeitschrift für Rechtspolitik
z. Zt.	zur Zeit

Literaturverzeichnis

Abelein M., Die Rechtsstellung der Abgeordneten in der Rechtsprechung des Bundesverfassungsgerichtes, in Kipp H./Mayer F./Steinkamm A., Um Recht und Freiheit, Festschrift für Friedrich August Freiherr von der Heydte, Berlin, 1977, S. 777 ff.
Achterberg N., Die Abstimmungsbefugnis des Abgeordneten bei Betroffenheit in eigener Sache, AöR 109 (1984), 505 ff.
ders., Parlamentsrecht, Tübingen, 1984
v. Arnim H. H., Das neue Abgeordnetengesetz, Forschungsinstitut für öffentliche Verwaltung bei der Hochschule für Verwaltungswissenschaften, Speyer, 1997
ders., Finanzierung der Fraktionen, Wiesbaden, 1993
ders., Entschädigung und Amtsausstattung, in: Parlamentsrecht und Parlamentspraxis in der Bundesrepublik Deutschland: ein Handbuch/hrsg. von Schneider H.-P./Zeh W., Berlin, 1989, 523 ff.
ders., Zweitbearbeitung von Art. 48 GG, 1980, in: Kommentar zum Bonner Grundgesetz (Bonner Kommentar), Heidelberg, Loseblatt
ders., Abgeordnetenentschädigung und Grundgesetz, Wiesbaden, 1975
Baddenhausen-Lange H., Pairing, Ausarbeitung der Wissenschaftlichen Dienste des Deutschen Bundestages vom 26. Mai 1997, WF I – 4/97
Badura P., Die Stellung des Abgeordneten nach dem Grundgesetz und den Abgeordnetengesetzen in Bund und Ländern, in: Parlamentsrecht und Parlamentspraxis in der Bundesrepublik Deutschland: ein Handbuch/hrsg. von Schneider H.-P./Zeh W., Berlin, 1989, 489 ff.
Bahnsen V., Entschädigungszulagen für parlamentarische Funktionsträger, NJW 1998, 1041 f.
Bartella R., Bundes-Wahlrecht: Bundeswahlgesetz, Bundeswahlordnung; Kommentar für den Praktiker, Loseblatt, Kronach, 1994
ders. (Hrsg.), Europa-Wahlrecht: Europawahlgesetz, Europawahlordnung; Kommentar für den Praktiker, Kronach, 1994
Barton St., Der Tatbestand der Abgeordnetenbestechung (§ 108 e StGB), NJW 1994, 1098 ff.
Battis U., Vergleichende Darstellung nebst Kommentierung der Anrechnung des Soldatenversorgungsgesetzes/Beamtenversorgungsgesetzes, des Bundesministergesetzes sowie des Bundesabgeordnetengesetzes, Ausarbeitung 6/93 für die Wissenschaftlichen Dienste des Deutschen Bundestages
ders., Bundesbeamtengesetz, 2. Aufl., München, 1997
Becker B., Die unzulässigen Sonderzahlungen der Abgeordneten an Fraktion und Partei, ZParl 1996, 377 ff.
Becker F., Staatliche Zuwendungen an Parlamentsfraktionen und der Vorbehalt des Gesetzes, NWVBl. 1996, 361 ff.
ders., Defizite im Fraktionsgesetz des Bundes: § 50 AbgG; ZParl 1996, 189 ff.
ders., Die Einschränkung der Prüfungsbefugnis des Bundesrechnungshofes durch das Fraktionsgesetz, ZG 1996, 260 ff.
Becker M., Korruptionsbekämpfung im parlamentarischen Bereich, Diss., Bonn, 1998
Bernzen C./Gottschalck D., Abgeordnetenstatus und Repräsentation: Anmerkungen zum „Wüppesahl-Urteil" des Bundesverfassungsgerichts, ZParl 1990, 393 ff.
Besch J. Chr., Die Rechtsstellung parlamentarischer Gruppen – Parlamentsrecht in der Entwicklung, in: Brücken bauen und begehen, Festschrift für Knut Ipsen, hrsg. von Epping V./Fischer H./von Heinegg W. H., München, 2000

Bieber R., in: von der Groeben H. / Thiesing J. / Ehlermann C.-D. (Hrsg.), Kommentar zum EU-/ EG-Vertrag, 5. Aufl., Baden-Baden, 1997, Art. 138 b EGV

Birk D., Volksinitiative und Abgeordnetengesetz, Rechtsgutachten erstattet im Auftrag des BdSt, Wiesbaden/Potsdam, 2000

ders., Rechtsgutachten über die Verfassungsmäßigkeit der Besteuerung der Abgeordnetenbezüge und die Möglichkeit einer Überprüfung durch das BVerfG, erstattet im Auftrag der Zeitschrift Capital, des BdSt. und des Deutschen Mittelstandbundes, Münster, 2000 (www.steuerzahler.de)

Böhm W. / Spiertz H. / Sponer W. / Steinherr F., Bundesangestelltentarif, BAT, Kommentar, 3. Aufl., Heidelberg, Loseblatt

Boettcher E. / Högner R., Bundeswahlgesetz, Bundeswahlordnung: Handkommentar, 13. Aufl., München, 1994

dies., Europawahlgesetz, Europawahlordnung, Handkommentar, 4. Aufl. München, 1994

Borchert H., Die Fraktion – eine eigenständige, demokratisch legitimierte Repräsentation im parteienstaatlichen System, AöR 1977, S. 210 ff.

Borth H., Versorgungsausgleich in anwaltlicher und familiengerichtlicher Praxis, 3. Aufl., Neuwied, 1998

Brockmeyer H. B., in Schmidt-Bleibtreu B., Klein F., Kommentar zum Grundgesetz, 9. Aufl., Neuwied, 1999, Art. 48 GG

Brugger W., Ein amerikanischer Vorschlag zur Kontrolle der Diätenerhöhungen, ZRP 1992, 321 ff.

Bücking H.-J., Handbuch zur Vorbereitung und Durchführung der Bundestagswahl, Vieselbach / Erfurt, 1994;

ders. Handbuch zur Vorbereitung und Durchführung der Europawahl, Vieselbach / Erfurt, 1994

Bundesbeauftragter für die Unterlagen des Staatssicherheitsdienstes der ehemaligen DDR, Das Arbeitsgebiet I der Kriminalpolizei, Berlin, 1994

Burhenne W. / Fechler B., Recht und Organisation der Parlamente, Loseblattsammlung

Butzer H.; Immunität im demokratischen Rechtsstaat, Berlin, 1991

ders., Diäten und Freifahrt im Deutschen Reichstag: der Weg zum Entschädigungsgesetz von 1906 und die Nachwirkungen dieser Regelung bis in die Zeit des Grundgesetzes, Düsseldorf, 1999

Cremer H.-J., Anwendungsorientierte Verfassungsauslegung – Der Status der Bundestagsabgeordneten im Spiegel der Rechtsprechung des Bundesverfassungsgerichts, Baden-Baden, 2000

Damm S. M., Die europäischen politischen Parteien: Hoffnungsträger europäischer Öffentlichkeit zwischen nationalen Parteien und europäischen Fraktionsfamilien, ZParl 1999, 395 ff.

Demmler W., Der Abgeordnete im Parlament der Fraktionen, Berlin, 1994

Determann L., Verfassungsrechtliche Vorgaben für die Entschädigung von Abgeordneten, BayVBl. 1997, 385 ff.

Dietrich H., Beamte als Abgeordnete und das Diäten-Urteil des Bundesverfassungsgerichts, ZBR 1976, 97 ff.

Dreier H. (Hrsg.), Grundgesetz, Kommentar, Tübingen, 1998

Drescher A., Die Neuregelung der Rechtsverhältnisse der in den Bundestag gewählten Angehörigen des öffentlichen Dienstes, RiA 1977, 51 ff.

Drysch Th., Parteienfinanzierung, Opladen, 1998

Edinger F., Indexierung der Abgeordnetenentschädigung verfassungsgemäß – Altersversorgung unangemessen hoch: Die Diäten-Entscheidung des Thüringer Verfassungsgerichtshofs vom 16.12.1998, ZParl 1999, 296 ff.

von Eichborn W., Zur angemessenen Bezahlung parlamentarischer Führungspositionen; KritV 2001, 55 ff.

Eickenboom P., Haushaltsausschuss und Haushaltsverfahren, in: Parlamentsrecht und Parlamentspraxis in der Bundesrepublik Deutschland: ein Handbuch / hrsg. von Schneider H.-P. / Zeh W., Berlin, 1989, 1183 ff.

Eisenberg U., Beweisrecht der StPO, 2. Aufl., München, 1996

Engelmann R., Zu Struktur, Charakter und Bedeutung der Unterlagen des Ministeriums für Staatssicherheit, Reihe BF informiert Nr. 3/1994

ders., Zum Quellenwert der Unterlagen des Ministeriums für Staatssicherheit, in: Henke K.-D. / Engelmann R. (Hrsg.), Aktenlage, Die Bedeutung der Unterlagen des Staatssicherheitsdienstes für die Zeitgeschichtsforschung, Berlin, 1995, S. 23 ff.

„Entscheidungen des Parlaments in eigener Sache", eine Tagung der Deutschen Vereinigung für Parlamentsfragen und der Deutschen Gesellschaft für Gesetzgebung, ZParl 2000, 401 ff.

van Essen J., Altersversorgung für Abgeordnete, Recht und Politik 1999, 81 ff.

Eyermann E., Die ewigen Diätenquerelen, ZRP 1992, 201 ff.

Fensch H.-F., Die Veranschlagung der Fraktionskostenzuschüsse im Spannungsfeld zwischen freiem Mandat und Haushaltstransparenz, ZRP 1993, 209 f.

ders., Gängelung der Fraktionen durch den Haushalt?, KritV 1996, 379 ff.

Feuchte P., Zur Geschichte und Auslegung des Behinderungsverbots in Art. 48 Abs. 2 des Grundgesetzes, AöR 111 (1986), S. 325

Fischer A., Abgeordnetendiäten und staatliche Fraktionsfinanzierung in den fünf neuen Bundesländern, Frankfurt, 1995

Fleuter R., Mandat und Status der Abgeordneten im Europäischen Parlament, Pfaffenweiler, 1991

Freytag M., Möglichkeiten und Grenzen einer Parlamentsreform für den Deutschen Bundestag, Regensburg, 1990

Freund H., Abgeordnetenverhalten: Ausübung des Mandats und persönliche Interessen, Frankfurt / Main 1986.

ders., Änderung des Verhaltensrechts für Mitglieder des Deutschen Bundestages, DÖV 1987, S. 435 ff.

Geiger H. / Klinghardt H., Stasi-Unterlagen-Gesetz mit Erläuterungen für die Praxis, Köln, 1993

Geiger W., Der Abgeordnete und sein Beruf. Eine kritische Auseinandersetzung mit folgenreichen Missdeutungen eines Urteils, ZParl 1978, S. 522 ff.

Giesen R., Gesetzliche Rentenversicherung für Abgeordnete?, DVBl. 1999, 291 ff.

Grigoleit K. J. / Kersten J., Der Ausschussvorsitz als parlamentarisches Amt, DÖV 2001, 363 ff.

Grimm D., Parlament und Parteien, in: Parlamentsrecht und Parlamentspraxis in der Bundesrepublik Deutschland: ein Handbuch / hrsg. von Schneider H.-P. / Zeh W., Berlin, 1989, § 6

Grundmann M., Zur Altersentschädigung für Abgeordnete, DÖV 1994, 329 ff.

Grünert J., Amt, Mandat und „Mehrfach-Alimentation", VR 1992, 413 ff.

Günther U., Ende einer Fraktion – Eine Reise durch juristisches Niemandsland, KJ 1993, 98 ff.

Gummer P. in: Zöller, Zivilprozessordnung – Kommentar, 22. Aufl., Köln, 2001, § 550

Hagelstein B., Die Rechtsstellung der Fraktionen im Deutschen Parlamentswesen, Frankfurt, 1992

Häberle P., Freiheit, Gleichheit und Öffentlichkeit des Abgeordnetenstatus, NJW 1976, 537 ff.

Handbuch des Scheidungsrechts / hrsg. von Schwab D., bearb. von *Borth H.*, 4 Aufl., München, 2000

Hauenschild W.-D., Wesen und Rechtsnatur der parlamentarischen Fraktionen, Diss. Berlin, 1968

Hellermann J., Von einfachen Abgeordneten und besonderen Funktionsträgern im Parlament – Bemerkungen zum Zweiten Diätenurteil des Bundesverfassungsgerichts vom 21. Juli 2000, ZG 2001, 177 ff.

Henke W., Bearbeitung von Art. 21 GG, 1991, in: Kommentar zum Bonner Grundgesetz (Bonner Kommentar)

Henke K. D. / Engelmann R. (Hrsg.), Aktenlage, Die Bedeutung der Unterlagen des Staatssicherheitsdienstes für die Zeitgeschichtsforschung, Berlin, 1995

Henkel J., Anmerkung zum „Diäten-Urteil" des BVerfG, DÖV 1975, 819 ff.

ders., Das Abgeordnetengesetz des Bundestages, DÖV 1977, 350 ff.

ders., Die Rechtsstellung der in den Bundestag gewählten Beamten, ZBR 1977, 113 ff.

ders., Amt und Mandat, Berlin / New York, 1977

Hemmrich U., in: v. Münch J. / Bryde B.-O., Grundgesetz – Kommentar, Art. 55, München, 1995

Herbertz A., Verhaltensregeln für die Mitglieder des Deutschen Bundestages, Diss. Jena, 1998
Heuer E., Kontrollauftrag gegenüber den Fraktionen, in: Finanzkontrolle im repräsentativ-demokratischen System, hrsg. von Böning W. und v. Mutius A., Heidelberg, 1990, S. 107 ff.
Hölscheidt S., Die Finanzen der Bundestagsfraktionen, DÖV 2000, 712 ff.
ders., Funktionszulagen für Abgeordnete, DVBl. 2000, 1734 ff.
ders., in: Grabitz E. / Hilf M., Das Recht der Europäischen Union, München, Loseblatt, Art. 190 EGV
ders., Das Recht der Parlamentsfraktionen, Rheinbreitbach, 2001
Holthoff-Pförtner St., Landesparlamentarismus und Abgeordnetenentschädigung, Baden-Baden, 2000
Holtmann E., Der selbstbestellte Vormund des Parlaments. Oder: Wie Rechnungshöfe den Primat der Politik unterlaufen, ZParl 2000, 116 ff.
Hospach F. J., Diäten in Deutschland: eine verfassungsgeschichtliche Studie, Diss., Tübingen, 1992
Huber P. M., Gedanken zur Verfassung des Freistaats Thüringen, ThürVBl 1993, 4 ff.
ders., Zur Diätenregelung in Thüringen, ThürVBl. 1995, 80 ff.
Isensee J./Kirchhof P. (Hrsg.) Handbuch des Staatsrechts, Band II, Heidelberg, 1987
Jäger C./Bärsch R., Dürfen Fraktionsmittel für Öffentlichkeitsarbeit eingesetzt werden? Eine Auseinandersetzung mit dem „Wüppesahl-Urteil", ZParl 1991, 204 ff.
Jahn G./Engels D., Geheimschutzordnung des Bundestages, in: Parlamentsrecht und Parlamentspraxis in der Bundesrepublik Deutschland: ein Handbuch / hrsg. von Schneider H.-P. / Zeh W., Berlin, 1989, 619 ff.
Jarass H. D., Pieroth B., Grundgesetz für die Bundesrepublik Deutschland, 5. Aufl., München, 2000
Jekewitz J., Freiheitsentzug und Abgeordnetenmandat, GoldtA 1981, S. 433 ff.
ders., Das Personal der Parlamentsfraktionen: Funktion und Status zwischen Politik und Verwaltung, ZParl 1995, 395 ff.
ders., Politische Bedeutung, Rechtsstellung und Verfahren der Bundestagsfraktionen, in: Parlamentsrecht und Parlamentspraxis in der Bundesrepublik Deutschland: ein Handbuch / hrsg. von Schneider H.-P. / Zeh W., Berlin, 1989, 1021 ff.
Kabel R., Das neue Abgeordnetengesetz vom Dezember 1976, ZParl 1977, 3 ff.
Kassing R., Das Recht der Abgeordnetengruppe, Berlin, 1988
Kissel O., Vom gerechten Lohn der Bundestagsabgeordneten, in: Festschrift für Albrecht Zeuner, Tübingen, 1994, 79 ff.
Klatt H., Die finanzielle Stellung der Abgeordneten, ZParl 1971, 344 ff.
ders., Die Altersversorgung der Abgeordneten, Ein Beitrag zur Problematik des Abgeordnetenstatus und der Parlamentsstruktur, Tübingen, 1972
ders., Plädoyer für eine Neuordnung des parlamentarischen Diätenwesens. Zum Problem der Transparenz „in eigener Angelegenheit", ZParl 1973, 407 ff.
ders., Rechtliche Möglichkeiten gegen Mandatsmissbrauch, ZParl 1979, 445 ff.
ders., Reformprojekte im Bundestag: Verkleinerung, Änderung des Abgeordnetenstatus und mehr Verfahrenstransparenz, Gegenwartskunde: Zeitschrift für Gesellschaft, Wirtschaft, Politik und Bildung 1998, 455 ff.
Klein, H. H., in Maunz-Dürig, Kommentar zum Grundgesetz, Art. 48, München 1998
ders., Status der Abgeordneten, in: Handbuch des Staatsrechts der Bundesrepublik Deutschland, hrsg. von Isensee J. und Kirchhof P., Bd. 2, Heidelberg, 1987, 367 ff.
ders., Indemnität und Immunität, in: Parlamentsrecht und Parlamentspraxis in der Bundesrepublik Deutschland: ein Handbuch / hrsg. von Schneider H.-P./Zeh W., Berlin, 1989, 555 ff.
ders., Diäten-Urteil und Diäten-Streit – Legendenbildung im Verfassungsrecht, in: Planung – Recht – Rechtsschutz, Festschrift für Willi Blümel zum 70. Geburtstag, hrsg. von Klaus Grupp und Michael Ronellenfitsch, S. 224 ff.
Kleinknecht Th. / Meyer-Goßner L., StPO, 45. Aufl., München, 2001

Kloepfer M., Diätenurteil und Teilalimentation, DVBl. 1979, 378 ff.
Knebel-Pfuhl, Chr., Mitwirkungsverbot wegen Befangenheit für Parlamentarier? Diss., Berlin, 1978
Konzen H., Gesellschafterpflicht und Abgeordnetenmandat, AcP 172 (1972), S. 317
Krehl Ch., in: Heidelberger Kommentar zur StPO, § 152, 3. Aufl., Heidelberg, 2001
Kremer K., Der Weg ins Parlament: Kandidatur zum Bundestag, 4. Aufl., Heidelberg, 1992
Kretschmer G., Wahlprüfung, in: Parlamentsrecht und Parlamentspraxis in der Bundesrepublik Deutschland: ein Handbuch / hrsg. von Schneider H.-P. / Zeh W., Berlin, 1989, 441 ff.
ders., Fraktionen – Parteien im Parlament, Heidelberg, 1992
ders., Das Diätenurteil des Bundesverfassungsgerichtes (21. Juli 2000): Vom „fehlfinanzierten" zum „fehlverstandenen" Parlament, ZParl 2000, 787 ff.
Kühne J.-D., Kündigung freiberuflich beschäftigter Mandatsbewerber, ZParl 1986, S. 347 ff.
Kürschner J., Die Statusrechte des fraktionslosen Abgeordneten, Berlin, 1984
Kürschner S., Das Binnenrecht der Bundestagsfraktionen, Berlin, 1995
Lansnicker F. / Schwirtzek Th., Der Beweiswert von Stasi-Unterlagen im Arbeitsgerichtsprozess, DtZ 1994, 162 ff.
Laubach B., Das 2. Diätenurteil des Bundesverfassungsgerichts, ZRP 2001, 159 ff.
Launhardt A., Mandat gegen Geld? Einige verfassungsrechtliche Überlegungen zum Zugriff der Parteien auf Abgeordnetengelder durch Erhebung von Sonderbeiträgen, MIP 1999, 37 ff.
Lemke M. u.a., Heidelberger Kommentar zur Strafprozessordnung, Heidelberg, 1997
Linde A., Fraktionsfinanzierung in der parlamentarischen Demokratie: empirische Befunde und theoretische Reflexionen, Frankfurt, 2000
Linck J., Kritisches zur Diätenkritik von 86 Staatsrechtslehrern, ZParl 1995, 683 ff.
ders., Zur Verfassungsmäßigkeit des Thüringer Modells einer Indexierung der Abgeordnetendiäten, ThürVBl. 1995, 104 ff.
ders., Indexierung der Abgeordnetendiäten – Das Thüringer Modell gegen den bösen Schein der Selbstbedienung, ZParl 1995, 372 ff.
ders., Zur Zulässigkeit parlamentarischer Funktionszulagen, ZParl 1976, 54 ff.
Löwe-Rosenberg, Hrsg. von Rieß P., Die Strafprozessordnung und das Gerichtsverfassungsgesetz: Großkommentar, 24. Aufl., Berlin, 1989 und 25. Aufl. 1997 ff.
Lohmann F., Neue Rechtsprechung des Bundesgerichtshofs zum Familienrecht: Unterhalt und Versorgungsausgleich, 8. Aufl., Köln, 1997
Lohr A., Die Besteuerung von Politikern, DStR 1997, 1230 ff.
Maaß W. / Rupp H.H., Verfassungsrechtliche Fragen der Abgeordnetenentschädigung in Hessen, Gutachtliche Äußerung für die vom Hessischen Landtag eingesetzte Kommission zur Überarbeitung des Hessischen Abgeordnetengesetzes, o.O., 1988
Magiera S., in: Sachs M. (Hrsg.), Grundgesetz, Kommentar, 2. Aufl., München, 1999
v. Mangoldt H. / Klein F. / Achterberg N. / Schulte M., Das Bonner Grundgesetz, Kommentar, Band 6, 3. Aufl. München, 1991
Mardini M., Die Finanzierung der Parlamentsfraktionen durch staatliche Mittel und Beiträge der Abgeordneten, Diss., Frankfurt am Main, 1990
Martin H., Staatliche Fraktionsfinanzierung in Rheinland-Pfalz, Berlin, 1995
Maunz Th., in: Maunz-Dürig, Kommentar zum Grundgesetz, Art. 47 und 137
Maunz Th. / Schmidt-Bleibtreu B. / Klein F. / Ulsamer G. / Bethge H., Bundesverfassungsgerichtsgesetz, Kommentar, Loseblatt, München
Medding J., Der Wahlvorbereitungsurlaub eines Bewerbers um einen Sitz im Deutschen Bundestag, Verwaltungsrundschau 1990, S. 161 ff.
ders., Das Verbot der Abgeordnetenbehinderung nach Art. 48 Abs. 2 GG, DÖV 1991, S. 494 ff.
Menz M., Selbstbedienungsladen Bundestag, FoR 1994, Nr. 1, 15–16
Menzel J., Freie Länder, gleiche Abgeordnete, mächtige Fraktionsvorsitzende? Das „2. Diätenurteil" des BVerfG und seine Konsequenzen, ThürVBl. 2001, S. 6 ff.
Meyer D., Zur Diätenfrage – Zielsetzungen und Gestaltungshinweise aus ökonomischer Sicht, in: Jahrbuch für Wirtschaftswissenschaften 1996, 324 ff.

ders., Abgeordnetenentschädigung – Ein Beitrag zur Rationalisierung der Diskussion aus ökonomischer Sicht, Politische Vierteljahresschrift, 1998, S. 329 – 344

Meyer H., Die Stellung der Parlamente in der Verfassungsordnung des Grundgesetzes, in: Schneider H. P. / Zeh W. , Parlamentsrecht und Parlamentspraxis, Berlin / New York, 1989, S. 117 ff.

ders., Die Fraktionen auf dem Weg zur Emanzipation von der Verfassung, in: Däubler-Gmelin H. / Kinkel K. / Meyer H. / Simon H. (Hrsg.), Gegenrede: Aufklärung – Kritik – Öffentlichkeit. Festschrift für Gottfried Mahrenholz, Baden-Baden, 1994, S. 319 ff.

ders., Das fehlfinanzierte Parlament, KritV 1995, 216 ff.

Meyer-Goßner L., Strafprozessordnung, 44. Aufl., München, 1999

Morlok M., Gesetzliche Regelung des Rechtsstatus und der Finanzierung der Bundestagsfraktion, NJW 1995, S. 29 ff.

ders., in: Dreier H., Grundgesetz, Kommentar, Art. 21, Tübingen, 1998

ders., Durchsichtige Taschen oder schwarze Koffer? Die rechtliche Regulierung der Parteifinanzen und der Fall der CDU, in: Aus Politik und Zeitgeschichte, Beil. Zur Wochenzeitung Das Parlament, Nr. 16 vom 14. April 2000, S. 6 ff.

ders., Spenden – Rechenschaft – Sanktionen, Aktuelle Rechtsfragen der Parteienfinanzierung, NJW 2000, 761 ff.

Müller U. / Albrecht S., Fraktionen und Parteien: Getrennt durch den Spendenbegriff? Zur Anwendung des Parteiengesetzes auf Fraktionszuwendungen, DVBl. 2000, S. 1315 ff.

Müller-York Chr. / Irrgang Chr., Zur Verfassungsmäßigkeit von gestaffelten Diäten und Fraktionszulagen für Funktionsträger der Fraktionen. Anmerkungen anlässlich des Urteils des Hamburgischen Verfassungsgerichtes vom 11. Juli 1997, ZParl 1998, 295 ff.

v. Münch I. / Bryde B.-O., Grundgesetz-Kommentar, Band 2, 3. Aufl., München, 1995

Neßler V., Europäische Willensbildung: die Fraktionen im Europaparlament zwischen nationalen Interessen, Parteipolitik und europäischer Integration, Schwalbach, 1997

Nierhaus M., in: Sachs M., Grundgesetz, Kommentar, Art. 55, München, 1999

Nolte D., Aussagegenehmigung für Abgeordnete des Bundestages, MDR 1989, S. 514 f.

Pazelt W., Deutschlands Abgeordnete: Profil eines Berufsstands, der weit besser ist als sein Ruf, ZParl 1996, 462 ff.

Peine F.-J., Der befangene Abgeordnete, JZ 1985, 914 ff.

Pernice J., in: Dreier H., Grundgesetz, Kommentar, Art. 55, Tübingen, 1998

Petersen S., Manager des Parlaments. Parlamentarische Geschäftsführer im Deutschen Bundestag – Status, Funktion, Arbeitsweise, Opladen, 2000

Pestalozza Chr., Die Staffeldiät oder: Das Parlament als Dunkelkammer, NJW 1987, 818 ff.

Plog E. / Wiedow A. / Beck G. / Lemhöfer B., Kommentar zum Bundesbeamtengesetz mit Beamtenversorgungsgesetz, Neuwied

Plüm J., Die arbeitsrechtliche Stellung des Abgeordneten, Diss., Köln, 1976

Pohl D., Drittzuwendungen an Bundestagsabgeordnete, ZParl 1995, 385 ff.

Prütting in: Münchner Kommentar zur ZPO, 2. Aufl., München, 2000, § 286

Ress G., Verhaltensregeln für Abgeordnete in: Sommer G. / Graf von Westpfahlen R., Staatsbürgerlexikon; München, 1999

Ritzel H. G. / Bücker J. / Schreiner H. J., Handbuch für die Parlamentarische Praxis mit Kommentar zur Geschäftsordnung des Deutschen Bundestages, Neuwied

Roll H.-A., Entschädigung und Kostenpauschale des Abgeordneten im Unterhaltsrecht, FamRZ 1980, 111 f.

ders., Verhaltensregeln für Abgeordnete, ZRP 1984, 9 ff.

ders., Der Ältestenrat, in: Parlamentsrecht und Parlamentspraxis in der Bundesrepublik Deutschland: ein Handbuch / hrsg. von Schneider H.-P., Zeh W., Berlin, 1989, 829 ff.

ders., Verhaltensregen, in: Parlamentsrecht und Parlamentspraxis in der Bundesrepublik Deutschland: ein Handbuch / hrsg. von Schneider H.-P., Zeh W., Berlin, 1989, 607 ff.

ders., Geschäftsordnung des Deutschen Bundestages, Kommentar, Baden-Baden, 2001

Rommelfanger U., Die Verfassung des Freistaats Thüringen des Jahres 1993, ThürVBl 1993, 173 ff.
Rupp H. H., Legitimation der Parlamente zur Entscheidung in eigener Sache, ZG 1992, 285 ff.
Saar St., Versorgungsausgleich und Beamtenversorgung, Baden-Baden, 1989
Sachs M., Grundgesetz, Kommentar, 2. Aufl. München, 1999
Schindler P., Datenhandbuch zur Geschichte des Deutschen Bundestages 1949 bis 1999, Band I bis III, Baden-Baden, 1999
Schlaich K. / Schreiner J., Die Entschädigung der Abgeordneten. Die neuen Abgeordnetengesetze der Länder und das Diäten-Urteil des Bundesverfassungsgerichts, NJW 1979, 673 ff.
Schlosser U., Verhaltensregeln für die Mitglieder des Deutschen Bundestages vom 25. 6. 1980, Diss., Heidelberg, 1985
Schmidt D. / Dörr E., Stasi-Unterlagen-Gesetz, Kommentar für Betroffene, Wirtschaft und Verwaltung, Köln, 1993
Schmidt-Bens W., Finanzkontrolle und Fraktionen, ZRP 1992, 281 ff.
Schmidt-Bleibtreu B. / Klein F., Kommentar zum Grundgesetz, 9. Aufl., Neuwied, 1999
Schmidt-Jorzig E. / Hansen K., Neue Rechtsgrundlagen für die Bundestagsfraktionen, NVwZ 1994, 1145 ff.
Schmitt Glaeser W., Das Bundesverfassungsgericht als „Gegengewalt" zum verfassungsändernden Gesetzgeber? – Lehren aus dem Diäten-Streit 1995, in: Verfassungsstaatlichkeit: Festschrift für Klaus Stern, hrsg. von Burmeister J., München, 1997
Schneider G. Chr., Die Finanzierung der Parlamentsfraktionen als staatliche Aufgabe, Diss., Berlin, 1997
Schneider H., Diäten und Rechtsstellung der Bundes- und Landtagsabgeordneten, ZParl 1978, 452 ff.
Schneider H.-P., Gesetzgeber in eigener Sache: zur Problematik parlamentarischer Selbstbetroffenheit im demokratischen Parteienstaat, in: Gesetzgebungstheorie und Rechtspolitik, Opladen, 1988, 327 ff.
ders. in Handbuch des Verfassungsrechts der Bundesrepublik Deutschland, hrsg. von Benda E., Maihofer W., Vogel H.-J., 2. Aufl., Berlin, 1995
ders., in: AK-GG, Band 2, 2. Aufl., Darmstadt, 1989, Art. 47 und 48
Schneider J., Zur Geschichte der Parlamentarischen Geschäftsführer in Deutschland, ZParl 1999, 5 ff.
Schönberger K., Die Rechtstellung der Parlamentsfraktionen, Diss. Tübingen, 1990
Schreiber W., Handbuch des Wahlrechts zum Deutschen Bundestag: Kommentar zum Bundeswahlgesetz unter Einbeziehung der Bundeswahlordnung, der Bundeswahlgeräteordnung und sonstiger wahlrechtlicher Nebenvorschriften, 6. Aufl., Köln, 1998.
Schröter U., Das leitende Interesse des Schreibenden als Bedingungsmerkmal der Verschriftung – Schwierigkeiten bei der Auswertung von MfS-Akten, in: Henke K.-D. / Engelmann R. (Hrsg.), Aktenlage, Die Bedeutung der Unterlagen des Staatssicherheitsdienstes für die Zeitgeschichtsforschung, Berlin, 1995, S. 40 ff.
Schütz E., Beamtenrecht des Bundes und der Länder, 5. Aufl., Heidelberg
Schulte K., Volksvertreter als Geheimnisträger – Zeugnisverweigerungsrecht und Verschwiegenheitspflicht des Abgeordneten des Deutschen Bundestages, Pfaffenweiler, 1987
Schulte M. / Zeh W., Der Ausschuss für Wahlprüfung, Immunität und Geschäftsordnung, in: Parlamentsrecht und Parlamentspraxis in der Bundesrepublik Deutschland: ein Handbuch / hrsg. von Schneider H.-P. / Zeh W., Berlin, 1989, § 43
Schulze-Fielitz H., in Dreier H. (Hrsg.), Grundgesetz-Kommentar, Bd. 2, Tübingen, 1998, Art. 48
ders., Der Fraktionslose im Bundestag: Einer gegen alle?, DÖV 1989, 829 ff.
Schwerin Th., Der Deutsche Bundestag als Geschäftsordnungsgeber, Berlin, 1998
Seifert K.-H., Bundeswahlrecht, 3. Aufl., 1976
Senge L. in: Karlsruher Kommentar zur StPO, 4. Aufl., München, 1999.
Stern K., Das Staatsrecht der Bundesrepublik Deutschland, Bd. 1, 2. Aufl., München 1994

Stevens B., Die Rechtsstellung der Bundestagsfraktionen – Eine Untersuchung auf der Grundlage des Fraktionsgesetzes, Frankfurt am Main, 2000
Stober R. in Bonner Kommentar zum Grundgesetz, Zweitbearbeitung Art. 137
Stock R., Untersuchungsrecht des Bundestages gegen „unwürdige" Abgeordnete?, ZRP 1995, 286 ff.
Stoltenberg K., Stasi-Unterlagen-Gesetz, Kommentar, Baden-Baden, 1992
Stolz W., Die persönlichen Mitarbeiter der Bundestagsabgeordneten – ein neues Feld verdeckter Parteienfinanzierung?, ZRP 1992, 372 ff.
Spoerhase D., Probleme des grundgesetzlichen Verbots der Abgeordnetenbehinderung (Art. 48 Abs. 1 und 2 GG), Diss., Saarbrücken, 1980
Suckut S./Süß W., Staatspartei und Staatssicherheit, Zum Verhältnis von SED und MfS, Berlin, 1997
Szmula V., Eine „Ehrenordnung" für den Deutschen Bundestag, Paderborner Studien 1975, 43 ff.
Troßmann H., Parlamentsrecht des Deutschen Bundestages, München 1977
ders./Roll H.-A., Parlamentsrecht des Deutschen Bundestages, Ergänzungsband, München, 1981
Trute H.-H., in: von Münch I./Bryde B.-O., Grundgesetz-Kommentar, 3. Aufl., München, 1995, Art. 48
Tsatsos D., Unvereinbarkeiten zwischen Bundestagsmandat und anderen Funktionen, in: Parlamentsrecht und Parlamentspraxis in der Bundesrepublik Deutschland: ein Handbuch / hrsg. von Schneider H.-P./Zeh W., Berlin, 1989, 701 ff.
Tschermak v. Seyenegg A., Die Fraktion im Deutschen Bundestag und ihre verfassungsrechtliche Stellung, Diss. Freiburg i. Breisgau, 1971
Umbach D.C., Artikel 47 in: Kommentar zum Bonner Grundgesetz (Bonner Kommentar)
Versteyl A., Verfassungsrechtliche Aspekte des Abgeordnetengehalts, DÖV 1972, 774 ff.
Versteyl L.-A., Beginn und Ende der Wahlperiode, Erwerb und Verlust des Mandats, in: Parlamentsrecht und Parlamentspraxis in der Bundesrepublik Deutschland: ein Handbuch / hrsg. von Schneider H.-P./Zeh W., Berlin, 1989, 467 ff.
Vetter H., Das Arbeitsverhältnis der Mitarbeiter von Bundestagsabgeordneten, Berlin, 2000
Vetter J., Abgeordneten-Überprüfung durch Untersuchungsausschüsse? Ein Beitrag zur Stasi-Diskussion in den deutschen Parlamenten, ZParl 1993, 211 ff.
Vodkuhl U./Pappai F./Niemeyer J. F., Versorgungsausgleich in der Praxis, Sankt Augustin
Vogel H.-J., Entscheidungen des Parlaments in eigener Sache, ZG 1992, 293 ff.
Waldthausen J. Chr. v., Gesetzgeberische Gestaltungsfreiheit und öffentliche Kontrolle im Verfahren zur Festsetzung der Abgeordnetenentschädigung, Berlin, 2000
Weberling J., Stasi-Unterlagen-Gesetz, Kommentar, Köln/Berlin/Bonn/München, 1993
Welti F., Die soziale Sicherung der Abgeordneten des Deutschen Bundestages, der Landtage und der deutschen Abgeordneten im Europäischen Parlament, Berlin 1998
ders., Abgeordnete und Arbeitsrecht, Arbeit und Recht 1998, 345 ff.
ders., Abgeordnete in die Sozialversicherung?, ZParl 2000, 254 ff.
ders., Die Altersversorgung in den norddeutschen Abgeordnetengesetzen, NordÖR 2000, 60 f.
Wenz E. M., Abgeordneten-Diäten, in Rechtsforschung, Rechtspolitik und Unternehmertum: Gedächtnisschrift für Prof. Edgar Michael Wenz, hrsg. von Ulrich Karpen u.a., Berlin, 1999
ders., Die Diätenhöhe ist unbedenklich – Kostenpauschalen sind Rechtsbruch im Verfassungsrang, in: Orientierungen zur Wirtschafts- und Gesellschaftspolitik, 1992, 53 ff.
Wenzel, in: Münchner Kommentar zur ZPO, 2. Aufl., München, 2000, § 550
Werberger E. M., Die staatsrechtliche Stellung der Bundestagsfraktion, Diss. Würzburg, 1959
v. Westphalen R. Graf von, Parlamentslehre, 2. Aufl., München/Wien, 1996
Wiefelspütz D., Diäten für Abgeordnete – eine unendliche Geschichte? Plädoyer für eine Indexierung der Abgeordnetenentschädigung, ZParl 2001, 33 ff.
Wolters J., Der Fraktions-Status, Baden-Baden, 1996
Wurbs R., Regelungsprobleme der Immunität und der Indemnität in der parlamentarischen Praxis, Berlin, 1987

Zängel, S., in: Fürst W., Gesamtkommentar Öffentliches Dienstrecht, Bd. I, Beamtenrecht des Bundes und der Länder, Richterrecht und Wehrrecht, Berlin, Loseblatt

Gesetz über die Rechtsverhältnisse der Mitglieder des Deutschen Bundestages (Abgeordnetengesetz – AbgG)

In der Fassung der Bekanntmachung vom 21. Februar 1996 (BGBl. I S. 326), zuletzt geändert durch Art. 3 des Gesetzes vom 16. Februar 2001 (BGBl. I S. 265)

Erster Abschnitt
Erwerb und Verlust der Mitgliedschaft im Bundestag

§ 1 Erwerb und Verlust der Mitgliedschaft im Bundestag

Erwerb und Verlust der Mitgliedschaft im Bundestag regeln sich nach den Vorschriften des Bundeswahlgesetzes.

Parallelvorschriften im EuAbgG und in den Abgeordnetengesetzen der Länder:			
EuAbgG	–		
BadWürtt.	§ 1	Nds.	§ 1
Bay.	Art. 1	NW.	§ 1
Berl.	§ 1	RP.	§ 1
Bbg.	§ 1	Saarl.	§ 1
Brem.	§ 1	Sachs.	§ 1
Hbg.	–	SachsAnh.	§ 1
Hess.	§ 1	SchlH.	§ 1
MV.	§ 1	Thür.	§ 1

Literatur: *Bartella R.*, Bundes-Wahlrecht: Bundeswahlgesetz, Bundeswahlordnung; Kommentar für den Praktiker, Loseblatt, Kronach, 1994; *ders.* (Hrsg.), Europa-Wahlrecht: Europawahlgesetz, Europawahlordnung; Kommentar für den Praktiker, Kronach, 1994; *Boettcher E./Högner R.*, Bundeswahlgesetz, Bundeswahlordnung: Handkommentar, 13. Aufl., München,1994; *dies.*, Europawahlgesetz, Europawahlordnung, Handkommentar, 4. Aufl. München 1994; *Bücking H.-J.*, Handbuch zur Vorbereitung und Durchführung der Bundestagswahl, Vieselbach / Erfurt, 1994; *ders.*, Handbuch zur Vorbereitung und Durchführung der Europawahl, Vieselbach / Erfurt, 1994; *Hemmrich U.*, in: v. Münch I. / Bryde B.-O., Grundgesetz-Kommentar, Art. 55, München, 1995; *Kremer K.*, Der Weg ins Parlament: Kandidatur zum Bundestag, 4. Aufl. Heidelberg, 1992; *Kretschmer G.*, Wahlprüfung, in: Parlamentsrecht und Parlamentspraxis in der Bundesrepublik

Erster Abschnitt
Erwerb und Verlust der Mitgliedschaft im Bundestag

Deutschland: ein Handbuch / hrsg. von Schneider H.-P. / Zeh W., Berlin, 1989, 441 ff.; *Maunz Th. / Schmidt-Bleibtreu B. / Klein F. / Ulsamer G. / Bethge H.,* Bundesverfassungsgerichtsgesetz, Kommentar, Loseblatt, München; *Morlok M.,* in: Dreier, Grundgesetz, Kommentar, Art. 21, Tübingen, 1998; *Nierhaus M.,* in: Sachs M., Grundgesetz, Kommentar, Art. 55, München, 1999; *Schindler P.,* Datenhandbuch zur Geschichte des Deutschen Bundestages 1949 bis 1999, Baden-Baden, 1999; *Schreiber W.,* Handbuch des Wahlrechts zum Deutschen Bundestag: Kommentar zum Bundeswahlgesetz, 6. Aufl., Köln, 1998; *Seifert K.-H.,* Bundeswahlrecht, 3. Aufl., 1976; *Tsatsos D.,* Unvereinbarkeiten zwischen Bundestagsmandat und anderen Funktionen, in: Parlamentsrecht und Parlamentspraxis in der Bundesrepublik Deutschland: ein Handbuch / hrsg. von Schneider H.-P. / Zeh W., Berlin, 1989, 701 ff.; *Versteyl L.-A.,* Beginn und Ende der Wahlperiode, Erwerb und Verlust des Mandats, in: Parlamentsrecht und Parlamentspraxis in der Bundesrepublik Deutschland: ein Handbuch / hrsg. von Schneider H.-P. / Zeh W., Berlin, 1989, 467 ff.

Übersicht

		Rdn.
1.	Vorbemerkung	1
2.	Erwerb der Mitgliedschaft im Bundestag	2–47
2.1	Einleitung	2
2.2	Wählbarkeit	3
2.2.1	Positive Wählbarkeitsvoraussetzungen	4
2.2.2	Negative Wählbarkeitsvoraussetzungen	5
2.2.2.1	Ausschluss vom Wahlrecht nach § 13 BWG	6–9
2.2.2.2	Verlust der Fähigkeit zur Bekleidung öffentlicher Ämter	10
2.2.2.3	Ausschlagung der deutschen Staatsangehörigkeit	11
2.3	Kandidatur	12–32
2.3.1	Kreiswahlvorschläge	14
2.3.1.1	Vorschriften für alle Kreiswahlvorschläge	15–16
2.3.1.2	Kreiswahlvorschläge von Parteien	17–25
2.3.1.2.1	Kreiswahlvorschläge „neuer" Parteien i.S.d. § 18 BWG	18–19
2.3.1.2.2	Vorschriften für die Kreiswahlvorschläge aller Parteien	20–25
2.3.1.3	Andere Kreiswahlvorschläge (unabhängige Bewerber)	26
2.3.2	Landeslisten (Landeswahlvorschläge)	27–32
2.3.2.1	Besondere Vorschriften für „neue" Parteien i.S.d. § 18 Abs. 2 BWG	28
2.3.2.2	Vorschriften für alle Parteien	29–32
2.4	Wahl	33–38
2.4.1	Wahl der Wahlkreisabgeordneten	34
2.4.2	Wahl nach Landeslisten	35–38
2.5	Feststellung des Wahlergebnisses	39
2.6	Sonderfälle	40–41
2.7	Annahmeerklärung	42–46
2.8	Rechtsfolgen des Mandatserwerbs	47
3.	Verlust der Mitgliedschaft im Bundestag	48–58
3.1	Einleitung	48
3.1.1	Übersicht Verlustgründe	49
3.1.2	Eintritt des Mandatsverlusts	50–51
3.1.3	Unvereinbarkeiten (Inkompatibilitäten)	52
3.2	Mandatsverlust gemäß §§ 46, 47 BWG	53–58
3.2.1	Ungültigkeit des Erwerbs der Mitgliedschaft	54
3.2.2	Neufeststellung des Wahlergebnisses	55
3.2.3	Wegfall einer Voraussetzung der jederzeitigen Wählbarkeit	56
3.2.4	Verzicht	57
3.2.5	Feststellung der Verfassungswidrigkeit	58
4.	Parallelregelungen für die Abgeordneten des EP und der Länder	59–60

1. Vorbemerkung

Das Abgeordnetengesetz regelt Erwerb und Verlust der Mitgliedschaft im Bundestag nicht selbst. Zwar war in dem von den Fraktionen der SPD, CDU/CSU und FDP in der 7. WP vorgelegten Entwurf eines Abgeordnetengesetzes[1] vorgesehen, alle die Rechtsverhältnisse der Mitglieder des Deutschen Bundestages betreffenden Regelungen in einem Gesetz zusammenzufassen.[2] Der mit der federführenden Beratung betraute 2. Sonderausschuss folgte dieser Konzeption auf Empfehlung des mitberatenden Innen- und des mitberatenden Rechtsausschusses jedoch nicht. Die Übernahme der Vorschriften über Erwerb und Verlust der Mitgliedschaft im Bundestag aus dem Bundeswahlgesetz (BWG) in das Abgeordnetengesetz widerspreche der deutschen Wahlrechtstradition und würde dem Bundeswahlgesetz eine entscheidende Regelung nehmen.[3] Statt dessen wurde als § 1 des neuen Abgeordnetengesetzes[4] ein Hinweis auf das Bundeswahlgesetz aufgenommen.

1

Diese Konstruktion ist seitdem inhaltlich nicht verändert worden. Erwerb und Verlust der Mitgliedschaft im Bundestag sind im BWG geregelt. Die Voraussetzungen des Mandatserwerbs sowie die Gründe für den Verlust des Mandats sollen deshalb im Folgenden nur in Form eines Überblicks zu den wesentlichen Punkten dargestellt werden. Wegen der weiteren Einzelheiten sei auf die Kommentierungen zum BWG verwiesen.[5]

2. Erwerb der Mitgliedschaft im Bundestag

2.1 Einleitung

Gemäß § 45 BWG erwirbt ein gewählter Bewerber die Mitgliedschaft im Bundestag, wenn er auf eine Benachrichtigung nach § 41 Abs. 2 oder § 42 Abs. 3 BWG erklärt, dass er die Wahl annehme. So gesehen sind zwei Voraussetzungen zu erfüllen, um Mitglied des Bundestags zu werden: Man muss gewählt werden und man muss die Wahl annehmen.

2

Das BWG sieht indes eine Reihe von Einzelschritten bzw. -voraussetzungen vor bis es dazu kommt, dass überhaupt ein „gewählter Bewerber" ermittelt werden kann, der gemäß § 41 Abs. 2 bzw. § 42 Abs. 3 BWG zu benachrichtigen ist. Dies sind im Einzelnen die Wählbarkeit (passives Wahlrecht, § 15 BWG), die Aufstellung der Kandidaten (Wahlbewerber) nach den Regeln der §§ 18–28 BWG, die Wahl als solche (§§ 1, 4–7 BWG), deren Ergebnis förmlich festzustellen ist (§§ 41, 42 BWG) sowie die Annahmeerklärung (§ 45 BWG). Allerdings ist ein Erwerb der Mitgliedschaft im Bundestag auch dann möglich, wenn gegen die genannten Vor-

---

[1] Entwurf eines Gesetzes zur Neuregelung der Rechtsverhältnisse der Mitglieder des Deutschen Bundestages, BT-Drs. 7/5525.
[2] S. die Begründung in BT-Drs. 7/5531, S. 14.
[3] S. den Bericht des Sonderausschusses in BT-Drs. 7/5903, S. 9.
[4] Vom 18. Februar 1977, BGBl. 1977 I, S. 297 ff.
[5] S. *Bartella R.*, Bundes-Wahlrecht: Bundeswahlgesetz, Bundeswahlordnung; Kommentar für den Praktiker, Loseblatt, Kronach, 1994; *Boettcher E./Högner R.*, Bundeswahlgesetz, Bundeswahlordnung: Handkommentar, 13. Aufl., München, 1994; *Bücking H.-J.*, Handbuch zur Vorbereitung und Durchführung der Bundestagswahl, Vieselbach/Erfurt, 1994; *Seifert K.-H.*, Bundeswahlrecht, 3. Aufl., 1976; *Schreiber W.*, Handbuch des Wahlrechts zum Deutschen Bundestag: Kommentar zum Bundeswahlgesetz, 6. Aufl., Köln, 1998.

Erster Abschnitt
Erwerb und Verlust der Mitgliedschaft im Bundestag

schriften verstoßen wird. Fehler und Mängel können zwar zur Ungültigkeit des Mandats führen (s. § 46 BWG); ist der Betroffene aber einmal Abgeordneter geworden, besitzt er bis zu einer förmlichen Entscheidung über den Mandatsverlust (§ 47 Abs. 2 und 3 BWG) grundsätzlich die volle Rechtsstellung eines Mitglieds des Bundestags.

Die im BWG vorgesehenen Einzelschritte zum Erwerb der Mitgliedschaft im Bundestag werden im Folgenden in ihrer zeitlichen Reihenfolge kurz skizziert.

2.2 Wählbarkeit

3 Erste Voraussetzung für eine rechtmäßige Wahl in den Bundestag ist das passive Wahlrecht (Wählbarkeit) des Kandidaten gemäß § 15 i.V.m. § 13 BWG. Wer sich als Wahlbewerber aufstellen lässt ohne wählbar zu sein, macht sich gemäß § 107 b Abs. 1 Nr. 4 StGB strafbar. Eine solche Kandidatur müsste bereits im Wahlvorbereitungsverfahren zurückgewiesen werden (§§ 26, 28 BWG);[6] eine dennoch erfolgte Wahl wäre ungültig (§§ 46 Abs. 1 Satz 1 Nr. 1, 47 Abs. 1 Nr. 1 BWG).[7]

2.2.1 Positive Wählbarkeitsvoraussetzungen

4 Gemäß § 15 Abs. 1 BWG ist wählbar, wer am Wahltag
- seit mindestens einem Jahr Deutscher im Sinne des Art. 116 Abs. 1 GG ist
- und das achtzehnte Lebensjahr vollendet hat.

Damit sind grundsätzlich alle volljährigen Deutschen zum Bundestag wählbar. Dies trägt den Prinzipien der Allgemeinheit und Gleichheit der Wahl (Art. 38 Abs. 1 GG) Rechnung aus denen folgt, dass allen Staatsbürgern das Wahlrecht in formal möglichst gleicher Weise zustehen muss.[8] Der Besitz des aktiven Wahlrechts ist dagegen außerhalb der Fälle der §§ 15 Abs. 2, 13 BWG keine Voraussetzung der Wählbarkeit; Bewerber für ein Bundestagsmandat müssen deshalb nicht im Bundesgebiet sesshaft sein.[9] Die positiven Wählbarkeitsvoraussetzungen müssen am Wahltag vorliegen; spätestens an diesem Tag muss also ein Wahlbewerber das 18. Lebensjahr vollendet haben und seit mindestens einem Jahr Deutscher sein.

2.2.2 Negative Wählbarkeitsvoraussetzungen

5 Als negative Wählbarkeitsvoraussetzungen sind in § 15 Abs. 2 BWG abschließend die Gründe aufgezählt, die ausnahmsweise der Wählbarkeit entgegenstehen.

2.2.2.1 Ausschluss vom Wahlrecht nach § 13 BWG

6 Wer gemäß § 13 BWG vom aktiven Wahlrecht ausgeschlossen ist, verliert gemäß § 15 Abs. 2 Nr. 1 BWG auch das passive. Allen Fällen des § 13 BWG ist gemeinsam, dass der Ausschluss vom Wahlrecht nur beim Vorliegen einer entsprechenden richterlichen Entscheidung eintritt. Allein das Vorliegen einzelner Voraussetzun-

---

[6] S. dazu 2.3.1.1 und 2.3.2.2.
[7] S. dazu 3.2.
[8] Näheres s. *Schreiber W.*, aaO, § 15 Rdn. 4, § 1 Rdn. 9 u. 21.
[9] Was für das aktive Wahlrecht gem. § 12 Abs. 1 Nr. 2 BWG grundsätzlich Voraussetzung ist; vgl. aber die Regelungen für „Auslandsdeutsche" in § 12 Abs. 2 BWG.

gen für den Verlust des Wahlrechts, wie z.B. Schuldunfähigkeit oder eine krankhafte psychische Störung, reicht nicht aus.

Ausgeschlossen vom Wahlrecht ist zunächst, wer infolge eines Richterspruchs das Wahlrecht nicht besitzt (§ 13 Nr. 1 BWG). Das BVerfGG und das StGB sehen eine Reihe von Fällen vor, in denen durch Richterspruch das Wahlrecht – in der Regel für einen bestimmten Zeitraum – aberkannt werden kann. Dies ist der Fall bei

- § 39 Abs. 2 i.V.m. § 13 Nr. 1 BVerfGG und Art. 18 i.V.m. Art. 93 Abs. 1 Nr. 5 GG
  (Entscheidung über die Verwirkung von Grundrechten)
- § 92a i.V.m. § 45 Abs. 5 und §§ 80 ff StGB
  (Verurteilung wegen einer Straftat nach dem 1. Abschnitt StGB BT – Friedensverrat, Hochverrat, Gefährdung des demokratischen Rechtsstaats)
- § 101 i.V.m. 45 Abs. 5 und §§ 93 ff StGB
  (Verurteilung wegen einer vorsätzlichen Straftat nach dem 2. Abschnitt StGB BT – Landesverrat und Gefährdung der äußeren Sicherheit)
- § 102 Abs. 2 i.V.m. 45 Abs. 5 StGB
  (Verurteilung wegen eines Angriffs gegen Organe und Vertreter ausländischer Staaten)
- § 108c i.V.m. § 45 Abs. 5 und §§ 107, 107a, 108, 108b StGB
  (Verurteilung wegen Wahlbehinderung, Wahlfälschung, Wählernötigung oder Wählerbestechung)
- § 108e i.V.m. § 45 Abs. 5 StGB
  (Verurteilung wegen Abgeordnetenbestechung)
- § 109i i.V.m. § 45 Abs. 5, 109e, 109f StGB
- (Verurteilung wegen Sabotage an Verteidigungsmitteln oder sicherheitsgefährdendem Nachrichtendienst).

In all diesen Fällen ist zu beachten, dass das Gericht einen Ermessensspielraum darüber hat, ob es als Nebenfolge der Tat die Aberkennung des Wahlrechts verhängt. Der Verlust des Wahlrechts tritt nur ein, wenn das Gericht die Aberkennung tatsächlich anordnet. Er wird mit der Rechtskraft des entsprechenden Urteils wirksam (§ 45a StGB).

Ausgeschlossen vom Wahlrecht ist auch derjenige, für den zur Besorgung aller seiner Angelegenheiten ein Betreuer nicht nur durch einstweilige Anordnung bestellt ist (§ 13 Nr. 2 BWG). Die Voraussetzungen für die Bestellung eines Betreuers liegen gemäß § 1896 BGB vor, wenn ein Volljähriger auf Grund einer psychischen Krankheit oder einer körperlichen, geistigen oder seelischen Behinderung seine Angelegenheiten nicht selbst besorgen kann. Die Regelung beruht auf der Überlegung, dass das Wahlrecht – das aktive wie das passive – ein höchstpersönliches Recht ist, das nur Personen zustehen soll, die rechtlich in vollem Umfang selbständig handlungsfähig sind.[10] Zu beachten ist, dass § 13 Nr. 2 BWG die Besorgung *aller* Angelegenheiten des Betreuten – mit Ausnahme der in §§ 1896 Abs. 4 und 1095 BGB bezeichneten – voraussetzt. Die Bestellung eines Betreuers nur für einen begrenzten Aufgabenkreis führt deshalb nicht zu einem Verlust des aktiven und passiven Wahlrechts. Wirksam wird die Bestellung mit der Bekanntgabe der Ent-

---

10 Dabei ist allerdings höchst fraglich, ob sie diesen Zweck auch tatsächlich erfüllt; zu den verfassungs- und wahlrechtlichen Bedenken s. *Schreiber W.*, aaO, § 13 Rdn. 9.

scheidung an den Betreuer (§ 69 a Abs. 3 FGG); in den Fällen des § 13 Nr. 2 BWG tritt damit auch der Wahlrechtsausschluss ein.

9 Schließlich ist vom Wahlrecht ausgeschlossen, wer sich aufgrund einer gerichtlichen Anordnung nach § 63 i.V.m. § 20 StGB in einem psychiatrischen Krankenhaus befindet (§ 13 Nr. 3 BWG). Es handelt sich um Fälle, in denen ein Gericht die Unterbringung in einem psychiatrischen Krankenhaus anordnet, weil der Betroffene im Zustand der Schuldunfähigkeit eine rechtswidrige Tat begangen hat und das Gericht aufgrund dessen eine Allgemeingefährlichkeit prognostiziert. Erforderlich für den Wahlrechtsausschluss ist die Rechtskraft der richterlichen Entscheidung und ihr Vollzug.

2.2.2.2 Verlust der Wählbarkeit oder der Fähigkeit zur Bekleidung öffentlicher Ämter

10 Nicht wählbar ist weiterhin, wer infolge Richterspruchs die Wählbarkeit oder die Fähigkeit zur Bekleidung öffentlicher Ämter nicht besitzt (§ 15 Abs. 2 Nr. 2 BWG). Auch dieser Verlust tritt erst mit der Rechtskraft des betreffenden Richterspruchs ein. Mögliche Fälle sind

– § 45 Abs. 1 StGB – Verurteilung wegen eines Verbrechens zu einer Freiheitsstrafe von mindestens einem Jahr. Verbrechen sind rechtswidrige Taten, die im *Mindestmaß* mit Freiheitsstrafe von einem Jahr oder darüber bedroht sind (§ 12 Abs. 1 StGB). Die Verurteilung wegen eines Vergehens, also einer rechtswidrigen Tat, die im Mindestmaß mit einer geringeren Freiheitsstrafe oder mit Geldstrafe (§ 12 Abs. 2 StGB) bedroht ist, reicht nicht aus und zwar auch dann nicht, wenn für ein Vergehen im Einzelfall eine Freiheitsstrafe von einem Jahr oder darüber verhängt wurde. Der Verlust des passiven Wahlrechts ist hier eine automatische Folge der Verurteilung, er muss also anders als in den Fällen der §§ 92 a, 101, 102 Abs. 2, 108 c, 108 e Abs. 2, 109 i und 358 StGB nicht gesondert verhängt werden. Er wird mit der Rechtskraft des betreffenden Urteils wirksam.

– eine Entscheidung bzw. Verurteilung gemäß § 39 Abs. 2 BVerfGG bzw. § 45 Abs. 2 i.V.m. §§ 92 a, 101, 102 Abs. 2, 108 c, 108 e Abs. 2, und 109 i StGB. Es sind dies die Fälle in denen als Nebenfolge der Tat nicht nur der Verlust des aktiven Wahlrechts,[11] sondern auch der Verlust der Wählbarkeit und der Verlust der Fähigkeit zur Bekleidung öffentlicher Ämter angedroht ist. Anders als in Fällen des § 45 Abs. 1 StGB muss diese Folge aber gesondert ausgesprochen werden; das Gericht besitzt ein Ermessen, ob es die Nebenfolge verhängt oder nicht.

– eine Verurteilung gemäß § 358 i.V.m. § 45 Abs. 2 und §§ 332, 335, 339, 340, 343, 344, 345 Abs. 1 und 3, §§ 348, 352 bis 353 b Abs. 1, §§ 355 und 357 StGB. § 358 StGB sieht in diesen Fällen – es handelt sich um eine Reihe von Amtsdelikten – vor, dass das Gericht als Nebenfolge den Verlust der Fähigkeit zur Bekleidung öffentlicher Ämter verhängen kann. Dies zieht gemäß § 15 Abs. 2 Nr. 2 BWG auch den Verlust des passiven Wahlrechts nach sich. Auch diese Folge muss in der betreffenden Entscheidung gesondert angeordnet werden.

---

11 Zu den einzelnen Fällen s. oben 2.2.1.1.

2.2.2.3 Ausschlagung der deutschen Staatsangehörigkeit

Nicht wählbar ist schließlich, wer – ohne die deutsche Staatsangehörigkeit zu besitzen – die Rechtsstellung als Deutscher i.S.d. Art. 116 Abs. 1 GG durch Ausschlagung der deutschen Staatsangehörigkeit nach dem Gesetz zur Regelung von Fragen der Staatsangehörigkeit vom 22. Februar 1955 (BGBl. I S. 65) erlangt hat.[12]

2.3 Kandidatur

Nächste Voraussetzung für den Erwerb der Mitgliedschaft im Bundestag ist die Kandidatur (Wahlbewerbung). An dieser Stelle können nicht die gesellschaftlichen und parteipolitischen Prozesse erläutert werden, die die Kandidatenauswahl bestimmen;[13] besprochen werden nur die rechtlichen Voraussetzungen für die im BWG so bezeichneten Wahlvorschläge.

Das BWG unterscheidet zwischen Kreiswahlvorschlägen und Landeswahlvorschlägen (Landeslisten). Über die Kreiswahlvorschläge können die Wähler mit der Erststimme Kandidaten direkt in den Bundestag wählen; mit der Zweitstimme für eine Landesliste entscheidet sich der Wähler dagegen in erster Linie für eine Partei. Die einzelnen Wahlvorschlagsträger – die politischen Parteien und die Unterzeichner parteifreier Wahlvorschläge – können frei entscheiden, in welchem Umfang sie an der Wahl teilnehmen wollen. Politische Parteien können sich „durchgängig" mit Wahlkreisvorschlägen bzw. Landeslisten im gesamten Wahlgebiet oder ausschließlich mit Wahlkreisvorschlägen oder ausschließlich mit Landeslisten oder nur mit einzelnen Wahlkreisvorschlägen bzw. nur mit einzelnen Landeslisten oder mit einer Kombination verschiedener Wahlkreis- und Landeswahlvorschläge an der Wahl beteiligen. Entsprechendes gilt für parteifreie Wahlvorschläge, bei denen sich die Variationsmöglichkeiten jedoch auf die Aufstellung von Direktkandidaten beschränken.

2.3.1 Kreiswahlvorschläge

Kreiswahlvorschläge können von Parteien und von Wahlberechtigten („andere Kreiswahlvorschläge")[14] eingereicht werden (§ 18 Abs. 1 BWG). Für beide Fälle gelten folgende Regelungen:

2.3.1.1 Vorschriften für alle Kreiswahlvorschläge

Ein Kreiswahlvorschlag darf nur den Namen eines Bewerbers enthalten. Jeder Bewerber darf nur in einem Wahlkreis und hier nur in einem Kreiswahlvorschlag benannt werden (§ 20 Abs. 1 BWG). Zulässig ist aber die gleichzeitige Kandidatur auf der Landesliste einer Partei. Der Bewerber braucht nicht im Wahlkreis, nicht einmal im Geltungsbereich des BWG zu wohnen. Der Bewerber muss schriftlich

---

12 S. dazu *Schreiber W.*, aaO, § 15 Rdn. 17 und § 12 Rdn. 6.
13 S. dazu aber *Kremer K.*, Der Weg ins Parlament: Kandidatur zum Bundestag, 4. Aufl. Heidelberg, 1992.
14 Parteiunabhängige Wahlkreisbewerber waren bisher aber nur bei der Wahl zum 1. BT erfolgreich; seither haben nur noch Kandidaten von politischen Parteien ein Bundestagsmandat errungen; s. dazu. *Schindler P.*, Datenhandbuch zur Geschichte des Deutschen Bundestages 1949 bis 1999, Band III, Baden-Baden, 1999, 284 ff.

seine Zustimmung erteilen; die Zustimmung ist unwiderruflich (§ 20 Abs. 1 BWG).[15]

In jedem Kreiswahlvorschlag sollen eine Vertrauensperson und eine stellvertretende Vertrauensperson bezeichnet werden die berechtigt sind, verbindliche Erklärungen zu dem Vorschlag abzugeben und entgegenzunehmen (§ 22 BWG).

Die Vorschläge sollen auf einem Formblatt nach dem Muster der Anlage 13 zur Bundeswahlordnung (BWO) eingereicht werden; die Verwendung dieses Formblatts ist aber nicht zwingend. Weitere Formerfordernisse, zu denen auch die Vorlage einer Bescheinigung über die Wählbarkeit des vorgeschlagenen Bewerbers gehört, sind § 34 BWO zu entnehmen.

16 Die Kreiswahlvorschläge sind dem Kreiswahlleiter bis spätestens am sechsundsechzigsten Tag vor der Wahl bis 18 Uhr schriftlich einzureichen (§ 19 BWG). Dieser hat sie auf etwaige Mängel zu prüfen; nach Ablauf der Einreichungsfrist können allerdings Mängel nur noch dann behoben werden, wenn der Kreiswahlvorschlag an sich gültig ist (§ 25 BWG). Änderung und Rücknahme von Kreiswahlvorschlägen können nur nach Maßgabe der §§ 23 und 24 BWG erfolgen.

Über die Zulassung der Kreiswahlvorschläge entscheidet der Kreiswahlausschuss am achtundfünfzigsten Tag vor der Wahl (§ 26 BWG) in öffentlicher Sitzung (§ 10 BWG), zu der die Vertrauenspersonen der Kreiswahlvorschläge zu laden sind (§ 36 Abs. 1 BWO). Der Kreiswahlausschuss prüft lediglich, ob die Vorschläge in Übereinstimmung mit den Bestimmungen des BWG und der BWO eingereicht wurden. Gegen die Entscheidung des Kreiswahlausschusses kann nach Maßgabe des § 26 Abs. 2 BWG Beschwerde an den Landeswahlausschuss eingelegt werden. Dessen Entscheidung kann dann nur noch (nach der Wahl) im Wahlprüfungsverfahren (Art. 41 GG, § 49 BWG) angefochten werden. Der Kreiswahlleiter macht die zugelassenen Kreiswahlvorschläge spätestens am achtundvierzigsten Tag vor der Wahl öffentlich bekannt (§ 26 Abs. 3 BWG).

2.3.1.2 Kreiswahlvorschläge von Parteien

17 Für die Kreiswahlvorschläge der Parteien ist zusätzlich Folgendes zu beachten:

2.3.1.2.1 Kreiswahlvorschläge „neuer" Parteien i.S.d. § 18 BWG

18 Zunächst unterscheidet das BWG danach, ob eine Partei bereits im Deutschen Bundestag oder einem Landtag seit deren letzter Wahl aufgrund eigener Wahlvorschläge mit mindestens fünf Abgeordneten vertreten war oder nicht (§ 18 Abs. 2 Satz 1 BWG). Im letzteren Fall können die sog. neuen Parteien einen Wahlvorschlag nur dann einreichen, wenn sie spätestens am neunzigsten Tag vor der Wahl dem Bundeswahlleiter unter Beachtung der Formvorschriften des § 18 Abs. 2 BWG ihre Beteiligung an der Wahl angezeigt haben und der Bundeswahlausschuss ihre Parteieigenschaft festgestellt hat (§ 18 Abs. 2 Satz 1 BWG). Diese Entscheidung, die sich inhaltlich nach § 2 des Parteiengesetzes (ParteiG) richtet, sowie auch die Feststellung, welches „alte" und welches „neue" Parteien sind, trifft der Bundeswahlaus-

---

[15] Sie hindert ihn aber nicht, später im Falle einer erfolgreichen Kandidatur die Annahme der Wahl auszuschlagen; s. dazu unten 2. 7.

schuss gemäß § 18 Abs. 4 BWG spätestens am zweiundsiebzigsten Tag vor der Wahl. Die Entscheidung des Bundeswahlausschusses ist für alle Beteiligten verbindlich und kann nur (nach der Wahl) im Wahlprüfungsverfahren angefochten werden (Art. 41 GG, § 49 BWG).

Die „neuen" Parteien benötigen sodann für ihre Kreiswahlvorschläge 200 Unterstützungsunterschriften (§ 20 Abs. 2 BWG), die auf amtlichen Formblättern gemäß Anlage 14 BWO zu erbringen sind. Die Formblätter werden auf Anforderung vom Kreiswahlleiter kostenfrei geliefert (§ 34 Abs. 4 Nr. 1 BWO). Auf ihnen müssen 200 Personen, die in dem betreffenden Wahlkreis materiell (§ 12 BWG) wahlberechtigt sind, den Wahlvorschlag persönlich und handschriftlich unterzeichnen. Die Unterzeichner brauchen keine Mitglieder der betreffenden Partei zu sein. Ihre Wahlberechtigung muss im Zeitpunkt der Unterzeichnung gegeben sein und ist bei der Einreichung des Kreiswahlvorschlags nachzuweisen. Die Gemeindebehörde stellt hierzu kostenfreie Bescheinigungen aus (§ 34 Abs. 4 Nr. 3, Abs. 6 BWO). Jeder Wahlberechtigte darf nur einen Kreiswahlvorschlag unterzeichnen (§ 34 Abs. 4 Nr. 2 und 4 BWO). Das Erfordernis der Unterstützungsunterschriften gilt nicht für Parteien nationaler Minderheiten (§ 20 Abs. 2 Satz 3 BWG).

Demgegenüber benötigen Parteien, die bereits gemäß § 18 Abs. 2 BWG im Bundestag oder in einem Landtag vertreten waren, weder eine nochmalige Anerkennung noch Unterstützungsunterschriften für ihre Wahlvorschläge.

2.3.1.2.2 Vorschriften für die Kreiswahlvorschläge aller Parteien

Für alle Parteien – „alte" wie „neue" im Sinne des § 18 Abs. 2 Satz 1 BWG – gilt, dass sie in jedem Wahlkreis nur einen Kreiswahlvorschlag einreichen dürfen (§ 18 Abs. 5 BWG). Andererseits sind die Parteien nicht verpflichtet, in *jedem* Wahlkreis einen Bewerber aufzustellen; vielmehr liegt es in ihrem Ermessen, in welchem Umfang sie sich an der Wahl beteiligen wollen.[16]

Aus Sicht des BWG muss der Bewerber nicht Mitglied der betreffenden Partei sein; er kann sogar einer anderen Partei angehören. Die Parteien können allerdings in ihrem Satzungen festlegen, dass nur Parteimitglieder nominiert werden dürfen.[17]

Der Kreiswahlvorschlag muss den Namen der einreichenden Partei und, sofern sie eine Kurzbezeichnung verwendet, auch diese enthalten (§ 20 Abs. 4 BWG). Er muss vom Vorstand des Landesverbandes oder, wenn Landesverbände nicht bestehen, von den Vorständen der nächstniedrigen Gebietsverbände (§ 7 Abs. 2 ParteiG) persönlich und handschriftlich unterzeichnet sein (§ 20 Abs. 2 S. 1 BWG).

Von besonderer Bedeutung für die Aufstellung von Parteibewerbern sind die Regelungen des § 21 BWG. Sie enthalten Mindestanforderungen, die im Hinblick auf den Grundsatz der innerparteilichen Demokratie (Art. 21 Abs. 1 Satz 3 GG) zwingend zu beachten sind. Bei Verstößen müsste ein Wahlvorschlag durch den zuständigen Kreiswahlausschuss (§ 26 BWG)[18] zurückgewiesen werden; eine dennoch erfolgte Wahl des so benannten Bewerbers wäre ungültig und anfechtbar.[19]

---

16 S. dazu oben 2.3.
17 Einzelheiten bei *Schreiber W.*, aaO, § 21 Rdn. 11.
18 S. oben 2.3.1.1.
19 S. dazu unten 3.2.1.

22 § 21 BWG bestimmt zunächst, dass die Kreiswahlbewerber der Parteien in einer Mitgliederversammlung oder in einer allgemeinen oder besonderen Vertreterversammlung der Parteien gewählt werden müssen.

Die Mitgliederversammlung besteht aus allen im Zeitpunkt ihres Zusammentritts im betreffenden Wahlkreis wahlberechtigten (§ 12 BWG) Parteimitgliedern. Wer von den Parteimitgliedern *in dem betreffenden Wahlkreis* wahlberechtigt ist, richtet sich in erster Linie nach der Hauptwohnung der einzelnen Parteimitglieder (vgl. §§ 16 ff BWO), nicht jedoch danach, in welchem Ortsverband ein Parteimitglied geführt wird. Eine Vertreterversammlung ist ein kleineres Gremium, das aus „aus der Mitte" der Mitgliederversammlung bestellt wird. Bei den Vertretern (Delegierten) muss es sich also ebenfalls um Parteimitglieder handeln, die in dem betreffenden Wahlkreis wahlberechtigt sind. Zulässig für die Wahl der Bewerber (nicht aber für die Wahl der Delegierten) ist allerdings eine gemeinsame Mitglieder- oder Vertreterversammlung in Kreisen und kreisfreien Städten, die mehrere Wahlkreise umfassen, soweit die Wahlkreise die Grenze des Kreises oder der kreisfreien Stadt nicht durchschneiden (§ 21 Abs. 2 BWO).

Wird ein Kandidat von Delegierten gewählt, kann dies gemäß § 21 Abs. 1 BWG in einer allgemeinen oder in einer besonderen Vertreterversammlung geschehen. Allgemeine Vertreterversammlung ist eine nach der Satzung der Partei allgemein für bevorstehende Wahlen von der Mitgliederversammlung bestellte Versammlung (Parteiwahlorgan). Da aber für verschiedene Wahlen (Bundestags-, Landtags- oder Kommunalwahlen) verschiedene Voraussetzungen und verschiedene Stimmbezirke gelten können, ist hier immer auf eine den Anforderungen des § 21 BWG entsprechende Zusammensetzung des Gremiums zu achten. Besondere Vertreterversammlung ist eine Versammlung, die von der Mitgliederversammlung speziell dafür bestellt wird, für die bevorstehende Bundestagswahl den Wahlkreisbewerber der Partei zu wählen. Dabei ist es zulässig, die Delegierten in für mehrere Teilgebiete des Wahlkreises getrennten Teilmitgliederversammlungen zu bestimmen. Die Bestellung der Delegierten, die den Wahlkreisbewerber wählen, muss zumindest nach h.M. nicht unmittelbar durch die Mitgliederversammlung erfolgen; es ist zulässig *eine* Delegiertenversammlung zwischenzuschalten.[20]

23 Die Wahlkreisbewerber dürfen frühestens zweiunddreißig Monate und die Delegierten der Vertreterversammlungen frühestens dreiundzwanzig Monate nach dem Beginn der Wahlperiode gewählt werden (§ 21 Abs. 3 BWG). Zusätzlich ist zu beachten, dass die Kandidatenaufstellung erst dann vorgenommen werden kann, wenn die Wahlkreisgrenzen für die bevorstehende Wahl festliegen. Denn erst dann steht fest, welche Parteimitglieder *in dem betreffenden Wahlkreis* wahlberechtigt sind und deshalb einer Mitgliederversammlung bzw. einer Vertreterversammlung angehören können. Eine vorher erfolgte Kandidatenaufstellung ist unwirksam; der Mangel kann nur durch ein neues Aufstellungsverfahren geheilt werden.[21]

24 Sowohl die Wahlkreisbewerber selbst als auch die Delegierten der Vertreterversammlungen müssen in geheimer Abstimmung gewählt werden (§ 21 Abs. 3 BWG, § 17 ParteiG). Die Delegierten sind hinsichtlich ihrer Stimmabgabe frei

---

[20] *Schreiber W.*, aaO, § 21 Rdn. 7, S. 372 und § 27 Rdn. 17.
[21] *Schreiber W.*, aaO, § 21 Rdn. 6, S. 369.

und an möglicherweise erteilte Aufträge nicht gebunden. Wählen können nur anwesende Mitglieder der jeweiligen Versammlung; eine Briefwahl ist nicht zulässig. Näheres, insbesondere über Einberufung und Beschlussfähigkeit der Versammlungen sowie über das Wahlverfahren ist in den Satzungen der Parteien zu regeln. Aus dem Erfordernis der innerparteilichen Demokratie (Art. 21 Abs. 1 S. 3 GG) sowie aus den Grundsätzen der Allgemeinheit, Freiheit und Gleichheit der Wahl (Art. 38 Abs. 1 S. 1 GG) ergibt sich aber, dass alle wahlberechtigten Parteimitglieder die Möglichkeit haben müssen, Kandidatenvorschläge zu unterbreiten, zur Diskussion und zur Abstimmung zu stellen, und dass Bewerber – wenn nicht zwingende organisatorische Probleme entgegenstehen – hinreichend Redezeit zu einer persönlichen Vorstellung und zur Darlegung ihrer programmatischen Vorstellungen haben müssen.[22]

Gegen den Beschluss einer Mitglieder- oder Delegiertenversammlung kann der Vorstand des Landes- bzw. des nächstniedrigen Gebietsverbandes (§ 7 Abs. 2 ParteiG) oder eine andere in der Parteisatzung hierfür vorgesehene Stelle nach Maßgabe des § 21 Abs. 4 BWG Einspruch erheben. Mit dem Wahlvorschlag sind die in § 21 Abs. 6 BWG bezeichneten Unterlagen beim Kreiswahlleiter einzureichen,[23] wobei der Leiter der Versammlung und zwei weitere Teilnehmer gegenüber dem Kreiswahlleiter an Eides statt zu versichern haben, dass die Wahl der Bewerber in geheimer Abstimmung erfolgt ist.

2.3.1.3 Andere Kreiswahlvorschläge (unabhängige Bewerber)

Für Kreiswahlvorschläge, die einen unabhängigen Bewerber aufstellen, gilt zusätzlich zu den oben dargelegten Bestimmungen[24] Folgendes: Jeder Vorschlag muss von 200 Wahlberechtigten des betreffenden Wahlkreises persönlich und handschriftlich unterzeichnet sein; für diese Unterstützungsunterschriften gelten dieselben Anforderungen wie bei den Unterschriften für die Kreiswahlbewerber „neuer" Parteien.[25] Der vorgeschlagene Bewerber sowie auch die Unterzeichner des Wahlvorschlags können Mitglied einer Partei bzw. verschiedener Parteien sei sein; für die Aufstellung eines „unabhängigen" Bewerbers ist dies selbst dann ohne Bedeutung, wenn diese Partei bzw. diese Parteien ebenfalls an der Wahl teilnehmen. Anders als bei Parteien bedarf es für die Aufstellung unabhängiger Bewerber keiner besonderen Wahl oder Versammlung. Dies gilt auch dann, wenn die unterschriftsleistenden Wahlberechtigten sich zu einer Wählergruppe, einer Wählervereinigung oder einem Verein zusammengefunden haben. Der Vorschlag ist mit einem Kennwort zu versehen (§ 20 Abs. 4 BWO).

2.3.2 Landeslisten (Landeswahlvorschläge)

Landeslisten können nur von Parteien eingereicht werden (§ 27 Abs. 1 S. 1 BWG).

---

22 *Schreiber W.,* aaO, § 21 Rdn. 24; Bundesverfassungsgericht, Beschluss vom 15. Februar 1978 – 2 BvR 134, 268/76 –, BVerfGE 47, 253, 282; Beschluss vom 20. Oktober 1993 – 2 BvC 2/81 –, BVerfGE 89, 243, 259 ff.
23 S. dazu oben 2.3.1.1.
24 S. oben 2.3.1.1.
25 S. oben 2.3.1.2.1.

2.3.2.1 Besondere Vorschriften für „neue" Parteien i.S.d. § 18 Abs. 2 BWG

28 „Neue" Parteien im Sinne des § 18 Abs. 2 BWG können nur dann eine Landesliste einreichen, wenn sie dem Bundeswahlleiter ihre Beteiligung an der bevorstehenden Wahl angezeigt haben und vom Bundeswahlausschuss als Partei anerkannt worden sind; insofern sind die Voraussetzungen dieselben wie beim Aufstellen von Kreiswahlvorschlägen.[26] Die Landeslisten solcher Parteien müssen außerdem von 1 vom Tausend der (bei der letzten Bundestagswahl) Wahlberechtigten des Landes, höchstens jedoch von 2000 Wahlberechtigten, persönlich und handschriftlich unterzeichnet sein (§ 27 Abs. 1 BWG). Die genauen Zahlen der erforderlichen Unterstützungsunterschriften werden für jedes Land von den Landeswahlleitern rechtzeitig vor der Wahl bekanntgegeben (§ 32 Abs. 1 S. 2 BWO). Die Unterschriften sind auf amtlichen Formblättern nach Anlage 21 zur BWO zu erbringen; die Formblätter werden auf Anforderung vom Landeswahlleiter kostenfrei geliefert (§ 39 Abs. 3 BWO). Auch hier muss die Wahlberechtigung der Unterzeichner im Zeitpunkt der Unterzeichnung gegeben sein. Sie ist beim Einreichen der Landesliste durch eine Bescheinigung nachzuweisen (§ 39 Abs. 4 Nr. 4 BWO), die von der Gemeindebehörde kostenfrei erteilt wird (§ 39 Abs. 5 i.V.m. § 34 Abs. 6 BWO). Das Erfordernis der Unterstützungsunterschriften gilt nicht für Parteien nationaler Minderheiten (§ 27 Abs. 1 S. 4 BWG).

2.3.2.2 Vorschriften für alle Parteien

29 Für alle – „alte" wie „neue" – Parteien gilt, dass sie in jedem Land nur jeweils eine Landesliste einreichen dürfen (§ 18 Abs. 5 BWG). Es muss sich aber nicht jede Partei flächendeckend in jedem Land mit einer Liste an der Wahl beteiligen, sondern die Parteien können frei entscheiden, in wie vielen Ländern sie eine Landesliste aufstellen.[27]

Die Listen müssen den Namen der einreichenden Partei und, sofern sie eine Kurzbezeichnung verwendet, auch diese enthalten (§ 27 Abs. 2 BWG).

Die Namen der Bewerber müssen in erkennbarer Reihenfolge aufgeführt sein (§ 27 Abs. 3 BWG); zweckmäßig ist die Nummerierung. Die Reihenfolge der Bewerber ist von grundlegender Bedeutung, da sich die Zuteilung der auf die verschiedenen Landeslisten entfallenden Sitze sowie die Nachfolge ausgeschiedener Abgeordneter nach dieser Reihenfolge bestimmen (§ 6 Abs. 4 S. 2, § 48 BWG).

Die Listen müssen von dem Vorstand des Landesverbandes oder, wenn Landesverbände nicht bestehen, von den Vorständen der nächstniedrigen Gebietsverbände (§ 7 Abs. 2 ParteiG), die im Bereich des Landes liegen, persönlich und handschriftlich unterzeichnet sein (§ 27 Abs. 1 BWG). Die Listen sollen nach dem Muster in Anlage 20 BWO eingereicht werden (39 Abs. 1 Satz 1 BWO); die Verwendung dieses Formblatts ist jedoch nicht zwingend. Weitere Formvorschriften, zu denen auch die Bescheinigung der zuständigen Gemeindebehörde über die Wählbarkeit des vorgeschlagenen Bewerbers gehört, sind in § 39 BWO aufgeführt.

---

[26] S. dazu oben 2.3.1.2.1.
[27] S. oben 2.3.

Ein Bewerber kann nur in einem Land und hier nur in einer Landesliste vorgeschlagen werden; zulässig ist allerdings die gleichzeitige Kandidatur in einem Kreiswahlvorschlag. Die Bewerber müssen nicht Mitglied der die Liste einreichenden Partei zu sein.[28] Es ist auch nicht erforderlich, dass sie im jeweiligen Land, nicht einmal im Bundesgebiet wohnen. Die Anzahl der Bewerber, die auf den einzelnen Landeslisten nominiert werden können, ist weder nach oben hin begrenzt, noch schreibt das Gesetz eine Mindestzahl vor. Wenn allerdings später nach dem Ergebnis der Wahl auf eine Landesliste mehr Sitze entfallen als Bewerber benannt sind, so bleiben diese Sitze unbesetzt (§§ 6 Abs. 4 Satz 4 BWG). Die Vorgeschlagenen müssen ihrer Aufstellung schriftlich zustimmen; die Zustimmung ist unwiderruflich (§ 27 Abs. 4 BWG).[29]

Die Landeslistenbewerber müssen ebenfalls von einer Mitgliederversammlung bzw. einer Vertreterversammlung der betreffenden Partei gewählt werden (§ 27 Abs. 5 i.V.m. § 21 Abs. 1, 3, 5 und 6 BWG); die oben[30] zu den Kreiswahlvorschlägen dargelegten Regeln zur Aufstellung von Parteibewerbern gelten mit Ausnahme der § 21 Abs. 2 und 4 BWG auch hier. An der Wahl zur Bestellung der Delegierten einer Landesvertreterversammlung, einer ihr vorgeschalteten regionalen Vertreterversammlung sowie an der Wahl der Landeslistenbewerber selbst können nur diejenigen Parteimitglieder teilnehmen, die *im jeweiligen Land* zum Bundestag wahlberechtigt (§§ 12, 13 BWG) sind. Die Legitimation muss im Zeitpunkt des Zusammentritts der Versammlung bestehen. Nicht maßgeblich für die Bestimmung des Teilnahmerechts sind also Gebietsgrenzen der Parteiorganisationen.

Die Fristbestimmungen des § 21 Abs. 3 BWG gelten über § 27 Abs. 5 BWG auch für die Wahl der Landeslistenbewerber; ein Zusammenhang mit dem Zeitpunkt der Festlegung der Wahlkreisgrenzen[31] besteht hier allerdings nicht. Die Wahl der Vertreter für die Vertreterversammlung, die Wahl der Bewerber und auch die Festlegung der Reihenfolge der Bewerber auf den Landesliste müssen in geheimer Abstimmung erfolgen (§ 27 Abs. 5 i.V.m. § 21 Abs. 3 BWG). Dies ist entsprechend § 21 Abs. 6 BWG gegenüber dem Landeswahlleiter an Eides Statt zu versichern.

Die Landeslisten müssen dem Landeswahlleiter spätestens am sechsundsechzigsten Tag vor der Wahl bis 18 Uhr schriftlich eingereicht werden (§ 19 BWG). Auch sie sollen eine Vertrauensperson und eine stellvertretende Vertrauensperson benennen (§ 27 Abs. 5 i.V.m. § 22 BWO). Für Zurücknahme, Änderung und Mängelbeseitigung gelten die Regelungen der §§ 23 bis 25 BWG entsprechend.

Über die Zulassung der Landeslisten entscheidet der Landeswahlausschuss am achtundfünfzigsten Tag vor der Wahl gemäß § 28 BWG in öffentlicher Sitzung (§ 10 BWG). Zu dieser Sitzung sind die Vertrauenspersonen zu laden (§ 41 Abs. 2 i.V.m. 36 Abs. 1 BWO). Für die Zulassung prüft der Landeswahlausschuss lediglich die Einhaltung der Vorschriften des BWG und der BWO. Gegen die Entscheidung

---

28 Ebenso wie hinsichtlich der Kreiswahlvorschläge können aber die Satzungen der Parteien anderes bestimmen; s. oben 2.3.1.2.2.
29 Diese Zustimmung bedeutet aber keine Verpflichtung zur Annahme der Wahl, falls die Kandidatur erfolgreich ist; s. dazu unten 2.7.
30 2.3.1.2.2.
31 S. dazu oben 2.3.1.2.2.

des Landeswahlausschusses ist nach Maßgabe des § 28 Abs. 2 BWG die Beschwerde an den Bundeswahlausschuss zulässig. Die Entscheidung des Bundeswahlausschusses ist dann für alle Beteiligten bindend und kann nur noch (nach der Wahl) im Wahlprüfungsverfahren (Art. 41 GG, § 49 BWG) angefochten werden. Der Landeswahlleiter macht die zugelassenen Landeslisten spätestens am achtundvierzigsten Tag vor der Wahl öffentlich bekannt (§ 28 Abs. 3 BWG).

2.4 Wahl

33 Die nächste und entscheidende Voraussetzung für den Erwerb der Mitgliedschaft im Bundestag ist, dass ein nach den soeben dargelegten Regeln aufgestellter Bewerber auch tatsächlich in den Bundestag gewählt wird. Jeder Wähler hat zwei Stimmen; eine Erststimme für die Wahl eines Wahlkreisabgeordneten und eine Zweitstimme für die Wahl einer Landesliste (§ 4 BWG). Vorbehaltlich von Abweichungen, die sich insbesondere in Form von Überhangmandaten ergeben können, wird die Hälfte der Abgeordneten mit der Erststimme über die Kreiswahlvorschläge und die andere Hälfte mit der Zweitstimme über die Landeslisten gewählt (§ 1 Abs. 2 BWG). Da sich das Stärkeverhältnis der im Bundestag vertretenen Parteien in erster Linie nach den abgegebenen Zweitstimmen errechnet, ist die Zweitstimme die wichtigere, die „maßgebende" Stimme.

2.4.1 Wahl der Wahlkreisabgeordneten

34 In jedem Wahlkreis wird (mit den Erststimmen) ein Abgeordneter gewählt. Bislang war das Bundesgebiet in 328 Wahlkreise eingeteilt.[32] Ab der Wahl zum 15. Deutschen Bundestag werden es nur noch 299 Wahlkreise sein.[33] Mit den Erststimmen werden also 328 bzw. 299 Mitglieder des Bundestags bestimmt. Gem. § 5 BWG ist in jedem Wahlkreis der Bewerber gewählt, der die meisten Stimmen auf sich vereinigt (Prinzip der Mehrheitswahl). Bei Stimmengleichheit entscheidet das vom Kreiswahlleiter zu ziehende Los.

2.4.2 Wahl nach Landeslisten

35 Die restlichen Mitglieder des Bundestags werden nach den Landeslisten der Parteien bestimmt. Hierzu sehen die §§ 6 und 7 BWG ein kompliziertes Verfahren vor, das im Wesentlichen zwei Ziele verfolgt: Zum einen werden die Sitze im Bundestag in erster Linie nach den Grundsätzen der Verhältniswahl vergeben, und zwar nach dem Anteil an Zweitstimmen, die die Parteien jeweils für sich errungen haben. Die einzelnen Parteien sind also in der Stärke im Bundestag vertreten, wie es ihrem Anteil an der Gesamt(zweit)stimmenzahl entspricht. Gleichzeitig wird sichergestellt, dass den nach den Grundsätzen der Mehrheitswahl gewählten Wahlkreisabgeordneten[34] in jedem Fall ihr Mandat erhalten bleibt. Im Einzelnen bedeutet dies Folgendes:

36 Zunächst wird berechnet, wie sich die Gesamtzahl der zu vergebenden Sitze (656 bzw. ab der 15. Wahlperiode 598) auf die einzelnen Parteien verteilt. Dazu werden

---

32 S. § 1 Abs. 2 BWG in der bis zum 26. Oktober 1998 geltenden Fassung.
33 § 1 Abs. 2 BWG n.F.; BGBl. 1996 I; S. 1712.
34 S. oben 2.4.1.

§ 1 Erwerb und Verlust der Mitgliedschaft im Bundestag

nur solche Parteien berücksichtigt, die mindestens 5% der abgegebenen Zweitstimmen oder mindestens drei Direktmandate errungen haben. Der Anteil der für diese Parteien abgegebenen Zweitstimmen wird nach dem Proportionalverfahren Hare-Niemeyer in Mandate „umgerechnet". Diese sog. Oberverteilung auf die Parteien ist möglich, weil die einzelnen Landeslisten der Parteien gemäß § 7 BWG als verbunden gelten und deshalb für die Oberverteilung so gerechnet werden kann, als existiere pro Partei nur eine Liste.[35] In die Berechnung werden alle im Bundestag zu vergebenden Sitze (abgesehen von den Überhangmandaten) einbezogen, nicht nur die 328 bzw. 299 Sitze die gem. § 1 Abs. 2 BWG nach den Landeslisten zu vergeben sind. Deshalb bestimmt sich die Sitzverteilung im Bundestag in erster Linie nach dem Stärkeverhältnis der Parteien. Nach diesem ersten Schritt steht – wiederum abgesehen von Überhangmandaten – also fest, welche Partei wie viele Sitze im Bundestag erhält.

In einem zweiten Schritt werden sodann die den einzelnen Parteien zustehenden Sitze auf die einzelnen Landeslisten aufgeteilt. Der Anteil an Sitzen, den eine Landesliste im Rahmen dieser sog. Unterverteilung für sich beanspruchen kann, bestimmt sich nach der Anzahl der für diese Landesliste abgegebenen Zweitstimmen. Berechnet wird auch dies nach dem Proportionalverfahren Hare-Niemeyer. Nach diesem zweiten Schritt steht also für jede Landesliste fest, wie viele Sitze auf sie entfallen; Überhangmandate wiederum noch nicht berücksichtigt.

In einem dritten Schritt wird schließlich von der für jede Landesliste ermittelten Sitzzahl die Zahl der in den Wahlkreisen des jeweiligen Landes errungenen Direktmandate dieser Partei abgerechnet. Das heißt, dass die auf die einzelnen Landeslisten entfallenden Sitze zunächst mit den in diesem Land siegreichen Wahlkreisbewerbern der betreffenden Partei[36] aufgefüllt werden. Erst dann werden die verbleibenden Liste aus der Landesliste besetzt und zwar in der dort festgelegten Reihenfolge.[37] Je höher der Platz auf der Liste, desto größer ist also die Chance des betreffenden Bewerbers, auch tatsächlich in den Bundestag einzuziehen.

Hat eine Partei in einem Land mehr Direktmandate gewonnen als der betreffenden Landesliste nach dem Zweitstimmenanteil eigentlich zustehen würden, so erhöht sich die Gesamtzahl der Sitze im Bundestag entsprechend. Diese „zusätzlichen" Mandate werden als Überhangmandate bezeichnet; ein Ausgleich für die anderen Landeslisten findet nicht statt.[38] Sie erhöhen die in § 1 BWG vorgesehene Anzahl der

---

35 Die Listenverbindung kann allerdings durch eine gemeinsame schriftliche Erklärung der Vertrauensperson und der stellvertretenden Vertrauensperson einer Landesliste gegenüber dem Bundeswahlleiter ausgeschlossen werden; §§ 7 Abs. 1, 29 BWG. Die Erklärung muss bis spätestens am vierunddreißigsten Tag vor der Wahl bis 18 Uhr abgegeben werden. Eine solche Liste würde bei der Sitzverteilung behandelt wie eine eigene Partei, d.h. sie würde nur an der Oberverteilung teilnehmen. In der Praxis haben alle im Bundestag vertretenen Parteien außer der CSU, die nur in Bayern kandidiert, ihre Landeslisten verbunden.
36 S. oben 2.4.1.
37 S. dazu oben 2.3.2.2.
38 Anderes ist teilweise in den Wahlgesetzen der Länder vorgesehen. Wegen des fehlenden Ausgleichs können Überhangmandate proporzverzerrend wirken. Dies wurde insbesondere in der 13. Wahlperiode kritisiert, als auf die CDU insgesamt 12 und auf die SPD insgesamt 4 Überhangmandate entfielen. Wären die Sitze rein nach den Grundsätzen der Verhältniswahl verteilt worden, hätte im Bundestag nur eine knappe Mehrheit von 329 Mandaten der damaligen Koalitionsfraktionen gegenüber 327 Mandaten der damaligen Oppositionsfraktionen geherrscht. Mit Hilfe der Überhangmandate konnten die Regierungsfraktionen ihren Vor-

Sitze im Bundestag.[39] Nach diesem dritten Schritt steht damit insgesamt fest, welche Kandidaten ein Mandat im Bundestag errungen haben.

2.5 Feststellung des Wahlergebnisses

39 Das nach §§ 5 bis 7 BWG zu ermittelnde Wahlergebnis[40] bedarf einer förmlichen Feststellung, die den Wahlorganen obliegt. Der Kreiswahlausschuss stellt fest, wie viel Stimmen im Wahlkreis für die einzelnen Kreiswahlvorschläge und Landeslisten abgegeben worden sind und welcher Bewerber als Wahlkreisabgeordneter gewählt ist (§ 41 Abs. 1 BWG). Der Landeswahlausschuss stellt fest, wie viel Stimmen im Land für die einzelnen Landeslisten abgegeben worden sind (§ 42 Abs. 1 BWG). Der Bundeswahlausschuss stellt fest, wie viel Sitze auf die einzelnen Landeslisten entfallen und welche Bewerber gewählt sind (§ 42 Abs. 2 BWG).

2.6 Sonderfälle

40 Die bisherigen Ausführungen beschäftigten sich mit dem „Normalfall" des Mandatserwerbs aufgrund einer bundesweit für jede Wahlperiode (Art. 39 GG) durchzuführenden Wahl im gesamten Bundesgebiet (Hauptwahl, § 16 BWG). In besonderen Fällen kann ein Bundestagsmandat auch aufgrund einer Nachwahl, einer Wiederholungswahl oder einer Ersatzwahl erworben werden. Eine Nachwahl (§ 43 BWG) findet statt, wenn in einem Wahlkreis oder einem Wahlbezirk die Wahl nicht durchgeführt wurde oder wenn ein Wahlkreisbewerber nach der Zulassung des Kreiswahlvorschlages, aber noch vor der Wahl stirbt. Eine Wiederholungswahl (§ 44 BWG) findet statt, wenn und soweit im Wahlprüfungsverfahren eine Wahl ganz oder teilweise für ungültig erklärt wurde. Sie findet außerdem statt, wenn ein Wahlkreisabgeordneter ausscheidet, weil das Bundesverfassungsgericht seine Partei gemäß Art. 21 Abs. 2 GG für verfassungswidrig erklärt hat (§ 46 Abs. 4 BWG). Eine Ersatzwahl (§ 48 Abs. 2 BWG) findet schließlich statt, wenn ein gewählter Wahlkreisbewerber oder -abgeordneter stirbt, die Annahme der Wahl ablehnt oder sonst nachträglich aus dem Bundestag ausscheidet und für seine Partei oder Wählergruppe keine Landesliste zugelassen war.

Das Ergebnis einer Nachwahl (§ 43 BWG) muss bei der Feststellung des Gesamtwahlergebnisses der Hauptwahl in vollem Umfang berücksichtigt werden. Liegt bereits eine Gesamtwahlergebnisfeststellung vor, ist eine Neufeststellung des Wahlergebnisses durch die zuständigen Wahlorgane vorzunehmen. Ebenso ist nach Durchführung einer Wiederholungswahl (§ 44 BWG) das Gesamtwahlergebnis neu festzustellen. Es ist das Ergebnis zu ermitteln und festzustellen, das sich bei fehlerfreier Wahl von Anfang an hätte ergeben müssen. Im Wege einer Ersatzwahl

---

sprung aber auf 341 Mandate gegenüber 331 Mandaten der Opposition ausbauen. Das Bundesverfassungsgericht hat in einer äußerst knappen Entscheidung mit 4:4 Richterstimmen die Überhangmandatsregelung der §§ 7 Abs. 3 Satz 2 i.V.m. 6 Abs. 5 Satz 2 BWG für verfassungsgemäß erklärt und auch eine Notwendigkeit zur Schaffung von Ausgleichsmandaten verneint (Urteil vom 10. April 1997 – 2 BvF 1/95 –, BVerfGE 95, 335 ff). Zum Diskussionsstand und zu Einzelheiten s. *Schreiber* W., aaO, § 6 Rdn. 12 ff.

39 Entfallen dagegen auf eine Landesliste mehr Sitze als Bewerber benannt sind, bleiben diese Sitze unbesetzt; dies würde die Gesamtzahl der Sitze im Bundestag verringern. Dieser im BWG vorgesehene Fall ist indes praktisch noch nie relevant geworden.

40 S. oben 2.4.

gemäß § 48 BWG wird dagegen lediglich der Wahlkreisabgeordnete neu bestimmt; sie ist ausschließlich als Erststimmenwahl im Wahlkreis (§ 5 BWG) durchzuführen. Die durchgeführte Landeslistenwahl bleibt hiervon unberührt.

Einen weiteren Sonderfall regelt schließlich § 48 Abs. 1 BWG. Er betrifft die Berufung von Listennachfolgern. Wenn ein gewählter Bewerber oder ein Abgeordneter des Bundestages stirbt, die Annahme der Wahl ablehnt oder sonst nachträglich aus dem Bundestag ausscheidet, findet nämlich normalerweise keine neue Wahl statt. Grundsätzlich wird in solchen Fällen der freigewordene Sitz aus der Landesliste derjenigen Partei besetzt, für die der Ausgeschiedene aus der Wahl aufgetreten ist.[41] Dies gilt auch, wenn es sich um einen Wahlkreisbewerber bzw. Direktmandatsträger gehandelt hat. Der Regelung liegt der Gedanke zugrunde, dass für den Fall des Ausscheidens gewählter Bewerber bzw. Abgeordneter „Ersatzleute" gleich über die Liste mitgewählt werden. § 48 Abs. 1 BWG darf aber nicht angewendet werden, wenn ein – direkt gewählter – Wahlkreisabgeordneter ausscheidet, dessen Partei in dem betreffenden Land Überhangmandate innehat.[42] Soweit § 48 Abs. 1 anzuwenden ist, trifft der Landeswahlleiter die Feststellung, wer als Listennachfolger eintritt. Technische Einzelheiten regelt § 84 BWO. **41**

2.7 Annahmeerklärung

Mit den bisherigen Ausführungen wurde dargelegt, welche Voraussetzungen zu erfüllen sind, um in den Bundestag gewählt zu werden. Mit der Wahl wird der Betroffene aber noch nicht Mitglied des Bundestages. Ein gewählter Bewerber erwirbt die Mitgliedschaft im Bundestag nämlich erst dann, wenn er entsprechend den Voraussetzungen des § 45 BWG erklärt, er nehme die Wahl an. Ein gewählter Bewerber ist völlig frei in seiner Entscheidung, ob er die Wahl annehmen will oder nicht. Insbesondere begründet die nach § 20 Abs. 1 bzw. § 27 Abs. 4 BWG gegebene Zustimmung zur Kandidatur[43] keine Pflicht, später auch die Wahl anzunehmen. **42**

Im Einzelnen knüpft § 45 BWG den Mandatserwerb an folgende Voraussetzungen: Zunächst muss es sich bei dem Erklärenden um einen gewählten Bewerber handeln. Dies sind die von den Kreiswahlausschüssen gemäß § 41 Abs. 2 BWG für gewählt erklärten Wahlkreis- und die vom Bundeswahlausschuss gemäß § 42 Abs. 2 für gewählt erklärten Landeslistenbewerber.[44] **43**

Die Annahmeerklärung muss auf die Benachrichtigung nach § 41 Abs. 2 oder § 42 Abs. 3 BWG erfolgen. Nach diesen Vorschriften haben die Landes- bzw. die Kreis-

---

41 Nur in den Ausnahmefällen, in denen eine Landesliste, aus der nachbesetzt werden könnte, nicht existiert, findet gemäß § 48 Abs. 2 BWG eine Ersatzwahl statt; s. oben 2.6.
42 Beschluss des BVerfG vom 26. Februar 1998 – 2 BvC 28/96 –, BVerfGE 97, 317 ff. Diese Entscheidung hat der bis dahin unumstritten bestehenden gegenteiligen Wahlrechtspraxis des BT und der Landeswahlleiter ein Ende bereitet. Der Gesetzgeber hat bislang die Mandatsnachfolge für Wahlkreisabgeordnete aus „Überhangländern" – etwa im Sinne einer Anordnung der Mitwahl von Ersatzleuten außerhalb der Liste – nicht geregelt. Deshalb dürfen zur Zeit solche Sitze nicht nachbesetzt werden, was im entsprechenden Fall zu einer Veränderung der Mitgliederzahl während der WP führt.
43 S. dazu oben 2.3.1.1 und 2.3.2.2.
44 S. oben 2.5. Auf die materielle Richtigkeit der Wahlergebnisfeststellung kommt es dabei nicht an. Ein gewählter Bewerber erwirbt die Mitgliedschaft im Bundestag mit der Annahmeerklärung auch dann, wenn die Möglichkeit besteht, dass der Erwerb in einem Wahlprüfungsverfahren für ungültig erklärt wird; s. *Schreiber W.*, aaO, § 45 Rdn. 3.

wahlleiter die Gewählten zu benachrichtigen und sie aufzufordern, binnen einer Woche schriftlich zu erklären, ob sie die Wahl annehmen. Eine vor Erhalt dieser Benachrichtigung abgegebene Annahmeerklärung ist unwirksam.

Die Annahmeerklärung muss gegenüber dem zuständigen Kreis- bzw. Landeswahlleiter abgegeben werden. Zuständig ist der Wahlleiter, der den Betroffenen gemäß § 41 Abs. 2 oder 42 Abs. 3 BWG benachrichtigt hat. Sie muss innerhalb einer Woche nach Zustellung (§§ 76 Abs. 7, 80 Satz 1, 87 Abs. 1 BWO) der Benachrichtigung und Erklärungsaufforderung bei dem zuständigen Wahlleiter eingehen.

Die Annahme muss schriftlich erklärt werden. Dafür ist in entsprechender Anwendung des § 126 BGB die eigenhändige Namensunterschrift des Gewählten erforderlich. Eine Erklärung per Telefax ist hierfür nicht ausreichend.[45] Die Annahmeerklärung muss vorbehaltlos abgegeben werden; andernfalls gilt sie als Ablehnung. Sie ist unwiderruflich, was allerdings einen späteren Mandatsverzicht nicht hindert.

Gibt der gewählte Bewerber keine oder keine frist- und formgerechte Annahmeerklärung ab, so gilt die Wahl mit Ablauf der Frist der §§ 41 Abs. 2 bzw. 42 Abs. 3 BWG als *angenommen* (§ 45 Satz 2 BWG).

44 Der Zeitpunkt des Mandatserwerbs ist grundsätzlich der des Eingangs der frist- und formgerechten Annahmeerklärung beim zuständigen Wahlleiter. Ist zu diesem Zeitpunkt allerdings die Wahlperiode des letzten Bundestags noch nicht abgelaufen, so erfolgt der Mandatserwerb erst mit dem Beginn der neuen Wahlperiode; also mit dem Zusammentritt des neuen Bundestags (Art. 39 Abs. 1 S. 2 GG). Hat der Gewählte eine Annahmeerklärung nicht, nicht fristgemäß oder nicht formgerecht abgegeben, so erwirbt er sein Mandat am Tag nach dem Ablauf der Erklärungsfrist der §§ 41 Abs. 2 bzw. 42 Abs. 3 BWG, also eine Woche nach Zustellung der Benachrichtigung und Erklärungsaufforderung.[46] Dies gilt aber nur, wenn zu diesem Zeitpunkt die alte Wahlperiode bereits abgelaufen ist; andernfalls erfolgt der Mandatserwerb auch in diesen Fällen erst mit dem Zusammentritt des neuen Bundestags.

45 Auf die Aufforderung nach §§ 41 Abs. 2 bzw. 42 Abs. 3 BWG kann der gewählte Bewerber auch erklären, dass er die Wahl ablehne. Auch eine solche Ablehnungserklärung ist unwiderruflich. Eine unter Vorbehalt erklärte Annahme gilt als Ablehnung. Geht beim zuständigen Wahlleiter erst nach Ablauf der Erklärungsfrist der §§ 41 Abs. 2 bzw. 42 Abs. 3 BWG eine Ablehnungserklärung ein, so hat diese keine Rechtswirkungen. Der Gewählte kann jedoch auf die Mitgliedschaft im Bundestag verzichten. Im Falle der Ablehnung oder des Verzichts ist gemäß § 48 Abs. 1 BWG ein Listennachfolger zu berufen.

46 § 45 BWG gilt entsprechend bei der Berufung von Listennachfolgern (§ 48 Abs. 1 Satz 5 BWG), bei Ersatzwahlen (§ 48 Abs. 2 Satz 6 BWG) und für die nachträgliche Berufung eines Bewerbers auf Grund einer Neufeststellung des Wahlergebnisses

---

45 § 126 Abs. 1 BGB lautet: „Ist durch Gesetz schriftliche Form vorgeschrieben, so muss die Urkunde von dem Aussteller eigenhändig durch Namensunterschrift oder mittels notariell beglaubigten Handzeichens unterzeichnet werden." Bei der Übersendung eines Telefaxes erhält der Empfänger aber kein eigenhändig unterschriebenes Schriftstück, sondern nur eine Kopie der Unterschrift. Dies bietet keine hinreichende Gewähr für die Prüfung der Echtheit der Unterschrift.
46 Für die Fristberechnung gelten §§ 187 Abs. 1, 188 Abs. 2 BGB entsprechend.

nach Wiederholungswahlen (§ 44 Abs. 4 Satz BWG). Im letzteren Fall erfolgt der Mandatserwerb nicht vor dem Ausscheiden des nach dem ursprünglichen Wahlergebnis gewählten Abgeordneten.

2.8 Rechtsfolgen des Mandatserwerbs

An den Erwerb der Mitgliedschaft im Bundestag sind eine Reihe von Rechten geknüpft, insbesondere die Immunität (Art. 46 Abs. 2 bis 4 GG), die Indemnität (Art. 46 Abs. 1 GG), das Zeugnisverweigerungsrecht (Art. 47 GG) und der Anspruch auf Abgeordnetenentschädigung (§ 11). Die Rechte aus Art. 46 und Art. 47 GG entstehen zum Zeitpunkt des Mandatserwerbs, u. U. also erst mit dem Zusammentritt des neugewählten Bundestages.[47] Für die Rechte aus § 11 sowie auch für die Rechtsstellung der in den Bundestag gewählten Angehörigen des öffentlichen Dienstes, Richter und Soldaten (§§ 5 bis 8) kommt es dagegen immer auf den Tag der Annahme der Wahl an.[48]

47

3. Verlust der Mitgliedschaft im Bundestag

3.1. Einleitung

Auch zum Verlust der Mitgliedschaft im Bundestag verweist § 1 auf das BWG; einschlägig sind hier die §§ 46 und 47 BWG. Die Aufzählung der Verlustgründe in § 46 Abs. 1 BWG ist allerdings nicht ganz vollständig.

48

3.1.1 Übersicht Verlustgründe

Gründe für den Verlust der Mitgliedschaft im Bundestag sind

49

- die Ungültigkeit des Erwerbs der Mitgliedschaft; § 46 Abs. 1 Nr. 1 BWG,
- die Neufeststellung des Wahlergebnisses; § 46 Abs. 1 Nr. 2 BWG,
- der Wegfall einer Voraussetzung der jederzeitigen Wählbarkeit; § 46 Abs. 1 Nr. 3 BWG,
- der Verzicht; § 46 Abs. 1 Nr. 4 BWG,
- die Feststellung der Verfassungswidrigkeit der Partei oder Teilorganisation einer Partei, der der Betroffene angehört, durch das Bundesverfassungsgericht nach Art. 21 Abs. 2 Satz 2 GG; § 46 Abs. 1 Nr. 5 BWG

und außerhalb der Regelungen des BWG

- der Tod eines Abgeordneten,
- der Ablauf der Wahlperiode; vgl. Art. 39 Abs. 1 Satz 2 GG,
- die Auflösung des Bundestags; vgl. Art. 63 Abs. 4 Satz 3, 68 Abs. 1, 39 Abs. 1 Satz 4 GG,
- die Ernennung zum Bundesverfassungsrichter; Art. 94 Abs. 1 Satz 3 GG, § 3 Abs. 3 Satz 2 BVerfGG,
- die Wahl zum Bundespräsidenten; vgl. Art. 55 Abs. 1 GG.[49]

---

[47] S. dazu oben 2.7.
[48] S. dazu näher die Anmerkung zu den einzelnen Bestimmungen und zu § 32.
[49] Streitig, s. hierzu unten 3.1.2.

Außerhalb dieser Tatbestände gibt es keine Möglichkeit des Mandatsverlusts. Das freie Mandat des Art. 38 Abs. 1 Satz 2 GG verleiht den Mitgliedern des Bundestags eine Rechtsstellung, die grundsätzlich nur vom Wähler wieder entzogen werden kann. Die Herleitung von Verlustgründen aus allgemeinen Rechtsprinzipien wie etwa „Verstoß gegen die guten Sitten" oder „Verstoß gegen Abgeordnetenpflichten" ist deshalb nicht möglich. Insbesondere führt ein Austritt oder Ausschluss aus der Partei bzw. Fraktion nicht zum Verlust des Mandats. Sofern das betroffene Mitglied des Bundestags deswegen nicht von sich aus ausscheidet, bleiben ihm alle Rechte und Pflichten aus dem Mandat ungeschmälert erhalten. Es gehört dann dem Bundestag entweder als fraktionsloses Mitglied an oder kann sich einer anderen Fraktion anschließen.[50]

3.1.2 Eintritt des Mandatsverlusts

50 Nach der Systematik der §§ 46 und 47 BWG führt allein das Vorliegen eines Verlustgrundes i.S.d. § 46 BWG noch nicht zum Ausscheiden aus dem Bundestag. Hinzu kommen muss gemäß § 47 BWG eine ausdrückliche Entscheidung des Bundestags, des Bundestagspräsidenten oder des Ältestenrats. Solange diese nicht vorliegt, bleibt der Betroffene mit allen Rechten und Pflichten in der Rechtsstellung eines Mitglieds des Bundestags.

51 Bei den Verlustgründen außerhalb des BWG führt der Ablauf der Wahlperiode bzw. die Auflösung des Bundestages automatisch zum Mandatsverlust.[51] Im Fall der Ernennung eines Mitglieds des Bundestages zum Bundesverfassungsrichter ordnet § 3 Abs. 2 Satz 2 BVerfGG den gleichzeitigen Verlust des Mandats ausdrücklich an. Bei Art. 55 GG ist umstritten, ob ein zum Bundespräsidenten gewählter Abgeordneter sein Mandat mit der Annahme der Wahl bzw. mit dem Amtsantritt automatisch verliert, oder ob ihn lediglich eine Pflicht zum Verzicht auf das Mandat trifft.[52]

3.1.3 Unvereinbarkeiten (Inkompatibilitäten)

52 Neben den soeben aufgeführten Verlustgründen existiert eine Reihe von sog. Inkompatibilitäten, d.h. Unvereinbarkeiten bestimmter öffentlicher Ämter und Funktionen mit dem Mandat. Dies betrifft Beamte, Wahlbeamte auf Zeit, Richter, Mitglieder des Bundesrechnungshofs, Soldaten, Professoren, Angestellte in einem

---

50 Eine Liste aller Fraktionswechsel bis zur 13. WP findet sich bei *Schindler P.*, aaO, Bd. I, S. 907 ff. Als Beispiele aus der jüngeren Zeit sind zu nennen der Ausschluss des Abgeordneten Kurt Neumann aus der SPD-Fraktion; der Abgeordnete blieb bis zum Ablauf der 13. Wahlperiode fraktionsloses Mitglied des Bundestages, der Wechsel der Abgeordneten Vera Lengsfeld von der Fraktion Bündnis 90 / DIE GRÜNEN zur CDU / CSU-Fraktion in der 13. WP und in der 14. WP der Wechsel des Abgeordneten Uwe Hiksch von der SPD zur PDS.
51 Die Wahlperiode endet mit dem Zusammentritt eines neuen Bundestags, der spätestens am 30. Tag nach der Wahl erfolgen muss; Art. 39 Abs. 1 Satz 2 und Abs. 2 GG.
52 Vgl. hierzu *Schreiber W.*, aaO, § 46 Rdn. 1; *Versteyl L.-A.*, Beginn und Ende der Wahlperiode, Erwerb und Verlust des Mandats, in: Parlamentsrecht und Parlamentspraxis in der Bundesrepublik Deutschland: ein Handbuch / hrsg. von Schneider H.-P. / Zeh W., Berlin, 1989, § 14 Rdn. 25; *Pernice I.*; in: Dreier H., Grundgesetz, Kommentar, Tübingen, 1998; Art. 55 Rdn. 10; *Nierhaus M.* in: Sachs M., Grundgesetz, Kommentar, München, 1999, Art. 55 Rdn. 6; *Hemmrich U.*, in: v. Münch I. / Bryde B.-O. Grundgesetz-Kommentar, München, 1995, Art. 55 Rdn. 7 m.w.N.

öffentlich-rechtlichen Dienstverhältnis, den Wehrbeauftragten des Bundestages und den Bundesbeauftragten für Datenschutz. Diese Personen sind jedoch zum Bundestag wählbar und können auch rechtswirksam gewählt werden. Sie müssen sich nur dann entscheiden, ob sie ihr Amt oder ihr Mandat ausüben wollen.[53]

3.2 Mandatsverlust gemäß §§ 46 und 47 BWG

Für die im BWG geregelten Verlustgründe gilt im Einzelnen folgendes:

3.2.1 Ungültigkeit des Erwerbs der Mitgliedschaft

Ein Abgeordneter verliert die Mitgliedschaft im Bundestag bei Ungültigkeit des Erwerbs der Mitgliedschaft (§ 46 Abs. 1 Nr. 1 BWG). Ein Mandat ist ungültig erworben, wenn eine wesentliche rechtliche Voraussetzung zum Erwerb gefehlt hat.[54] Dies ist insbesondere der Fall, wenn der Betroffene bereits am Wahltag nicht im Besitz des passiven Wahlrechts (Wählbarkeit, § 15 BWG) war.[55] Ein ungültiger Mandatserwerb liegt auch vor bei einer unrichtigen Feststellung des Wahlergebnisses durch die Wahlorgane (§§ 41, 42 BWG) oder bei einer unrichtigen Berufung eines Listennachfolgers (§ 48 BWG). Ebenso können Fehler bei der Vorbereitung und Durchführung der Wahl zur Ungültigkeit der Wahl eines Wahlkreis- oder Landeslistenabgeordneten führen.

Die Entscheidung über den Mandatsverlust in diesen Fällen erfolgt im Wahlprüfungsverfahren[56], § 47 Abs. 1 Nr. 1 BWG. Anders als beispielsweise das EP (vgl. § 6 GO-EP) führt der Bundestag zu Beginn einer Wahlperiode keine allgemeine Mandatsprüfung durch, sondern ein Wahlprüfungsverfahren findet nur auf einen entsprechenden Einspruch hin statt.[57] Erst im Rahmen des Wahlprüfungsverfahrens wird festgestellt, ob der Mandatserwerb tatsächlich unter Verstoß gegen die §§ 15, 41, 42 oder 48 BWG erfolgt ist bzw. ob Fehler, die bei der Vorbereitung und Durchführung der Wahl vorgekommen sein mögen, tatsächlich zur Ungültigkeit der Wahl führen.[58]

---

53 S. dazu *Schreiber W.*, aaO, § 46 Rdn. 2; *Tsatsos D.*, Unvereinbarkeiten zwischen Bundestagsmandat und anderen Funktionen, in: Parlamentsrecht und Parlamentspraxis in der Bundesrepublik Deutschland: ein Handbuch / hrsg. von Schneider H.-P. / Zeh W., Berlin, 1989, § 23; zur Vereinbarkeit von Amt und Mandat s. die Anmerkungen zu den §§ 5 ff.
54 *Schreiber W.*, aaO, § 46 Rdn. 5.
55 Zu den Wählbarkeitsvoraussetzungen s. oben 2.2. Fällt dagegen eine Wählbarkeitsvoraussetzung erst nachträglich weg, so ist § 46 Abs. 1 Nr. 3 BWG einschlägig; s. dazu unten 3.2.3.
56 Zum Wahlprüfungsverfahren s. *Kretschmer G.*, Wahlprüfung, in: Parlamentsrecht und Parlamentspraxis in der Bundesrepublik Deutschland: ein Handbuch / hrsg. von Schneider H.-P. / Zeh W., Berlin, 1989, § 13; *Schreiber W.*, aaO, § 49; *Schmidt-Bleibtreu B.*, in: Maunz Th. / Schmidt-Bleibtreu B. / Klein F. / Ulsamer G. / Bethge H., Bundesverfassungsgerichtsgesetz, Kommentar, Loseblatt, München, § 48.
57 § 2 WPrüfG, für den Fall der Zweifel an der Wählbarkeit eines Abgeordneten zum Zeitpunkt der Wahl s. § 14 WPrüfG.
58 Nach der Rechtsprechung des BVerfG (Beschluss vom 18. September 1952 – 1 BvC 5 / 52 –, BVerfGE 1, 430, 433; Beschluss vom 21. Dezember 1955 – 1 BvC 2 / 54 –, BVerfGE 4, 370, 372 f) sowie der ständigen Spruchpraxis des Wahlprüfungsausschusses können nur solche Wahlfehler zur Ungültigkeit der Wahl führen, die auf die Mandatsverteilung von Einfluss sind oder hätten sein können.

Die Wahlprüfung ist gemäß Art. 41 Abs. 1 GG Sache des Bundestags, er entscheidet auf der Grundlage von Empfehlungen des Wahlprüfungsausschusses. Das Verfahren ist im Wahlprüfungsgesetz geregelt. Gegen die Entscheidung des Bundestages ist nach Maßgabe des § 48 BVerfGG die Beschwerde zum Bundesverfassungsgericht zulässig (Art. 41 Abs. 2 GG, § 13 Nr. 3 BVerfGG). Stellt der Bundestag den Verlust des Mandats fest, so behält der betroffene Abgeordnete seine Rechte und Pflichten bis zur Rechtskraft der Entscheidung; der Bundestag kann jedoch beschließen, dass der Abgeordnete solange nicht an der Arbeit des Bundestags teilnehmen kann (§ 16 WPrüfG). Erst mit der Rechtskraft der Entscheidung über den Verlust der Mitgliedschaft scheidet der Abgeordnete aus dem Bundestag aus (§ 47 Abs. 2 BWG).

3.2.2 Neufeststellung des Wahlergebnisses

55 Ein Abgeordneter kann die Mitgliedschaft im Bundestag auch bei Neufeststellung des Wahlergebnisses verlieren (§ 46 Abs. 1 Nr. 2 BWG). Dieser Verlustgrund bezieht sich auf eine neue förmliche Feststellung des Wahlergebnisses infolge der Einbeziehung neuer Wahlakte z.B. bei einer Nachwahl (§ 43 BWG) oder einer Wiederholungswahl (§ 44 BWG). Die Korrektur einer unrichtigen Wahlergebnisfeststellung ist dagegen keine „Neufeststellung".[59]

Die Entscheidung über den Verlust trifft in diesem Fall der Ältestenrat des Deutschen Bundestages (§ 47 Abs. 1 Nr. 2 BWG) unverzüglich und von Amts wegen (§ 47 Abs. 3 Satz 2 BWG). Wird der Verlust des Mandats festgestellt, scheidet der Abgeordnete mit dieser Entscheidung aus dem Bundestag aus (§ 47 Abs. 3 Satz 1 BWG). Die Entscheidung des Ältestenrats ist dem Betroffenen schriftlich nach den Vorschriften des Verwaltungszustellungsgesetzes zuzustellen (§ 47 Abs. 3 Satz 4 BWG).[60] Dieser kann innerhalb von zwei Wochen nach der Zustellung die Entscheidung des Bundestages im Wahlprüfungsverfahren beantragen (§ 47 Abs. 3 Satz 3 BWG); gegen die (Plenar-) Entscheidung des Bundestags ist dann wiederum die Beschwerde an das Bundesverfassungsgericht zulässig (Art. 41 Abs. 2 GG, §§ 13 Nr. 3, 48 BVerfGG).

3.2.3 Wegfall einer Voraussetzung der jederzeitigen Wählbarkeit

56 Die Mitgliedschaft im Bundestag geht außerdem verloren bei dem Wegfall einer Voraussetzung der jederzeitigen Wählbarkeit (§ 46 Abs. 1 Nr. 3 BWG). Die in § 15 BWG aufgezählten Wählbarkeitsvoraussetzungen[61] müssen nicht nur am Wahltag, sondern während der ganzen Wahlperiode vorliegen. § 46 Abs. 1 Nr. 3 erfasst jeden Wegfall einer positiven Wählbarkeitsvoraussetzung (§ 15 Abs. 1 BWG) und jeden Eintritt einer negativen Wählbarkeitsvoraussetzung (§ 15 Abs. 2 BWG) vom Tag nach der Wahl an.[62]

Die Entscheidung über den Verlust trifft der Ältestenrat des Bundestages,[63] wenn der Verlust der Wählbarkeit durch rechtskräftigen Richterspruch eingetreten ist

---

59 *Schreiber W.*, aaO, § 46 Rdn. 6.
60 S. a. *Schreiber W.*, aaO, § 47 Rdn. 10.
61 S. dazu oben 2.2.
62 Liegen eine oder mehrere Wählbarkeitsvoraussetzungen bereits am Wahltag nicht vor, so handelt es sich um einen ungültigen Mandatserwerb i.S.d. § 46 Abs. 1 Nr. 1 BWG, s. dazu oben 3.2.1.
63 S. § 6 GO-BT.

(§ 47 Abs. 1 Nr. 3 BWG). Ein strafrechtliches Urteil, das den Verlust des Wahlrechts, der Wählbarkeit oder der Fähigkeit zur Bekleidung öffentlicher Ämter anordnet oder nach sich zieht, führt also für sich allein noch nicht zum Verlust des Mandats; zusätzlich erforderlich ist in jedem Fall die entsprechende Entscheidung des Ältestenrats. Diese dient im Wesentlichen dazu, die richterliche Entscheidung zur Kenntnis zu nehmen, ihre Rechtskraft zu überprüfen und den Zeitpunkt des Ausscheidens aus dem Bundestag festzulegen. Eine Nachprüfung der richterlichen Entscheidung findet dagegen nicht statt.[64] Ebenso wie im Fall einer Neufeststellung des Wahlergebnisses scheidet der betroffene Abgeordnete mit der Entscheidung des Ältestenrats aus dem Bundestag aus (§ 47 Abs. 3 Satz 1 BWG). Die zu beachtenden Formalien sowie die Beschwerdemöglichkeiten sind die gleichen wie im Fall der Neufeststellung des Wahlergebnisses.[65]

In den übrigen Fällen des Wegfalls einer Wählbarkeitsvoraussetzung, insbesondere beim Wegfall der Deutscheneigenschaft (§ 15 Abs. 1 Nr. 1 BWG), ist die Entscheidung über den Verlust der Mitgliedschaft im Bundestag im Wahlprüfungsverfahren zu treffen (§ 47 Abs. 1 Nr. 3 BWG).[66] Der Abgeordnete scheidet mit der Rechtskraft der Entscheidung aus dem Bundestag aus (§ 47 Abs. 2 BWG).

3.2.4 Verzicht

Ein Abgeordneter verliert weiterhin die Mitgliedschaft im Bundestag durch Verzicht (§ 46 Abs. 1 Nr. 4 BWG) – „Niederlegung des Mandats". Die Möglichkeit des Mandatsverzichts gehört als Bestandteil des freien Mandats zu den sich aus Art. 38 Abs. 1 Satz 2 und Art. 48 Abs. 2 Satz 1 GG ergebenden Statusrechten des Abgeordneten.[67] Er kann also jederzeit frei darüber entscheiden, ob er sein Mandat fortführen oder niederlegen will. Wegen ihrer weitreichenden Bedeutung bindet allerdings § 46 Abs. 3 BWG die Verzichtserklärung an bestimmte Formerfordernisse: Der Verzicht ist nur wirksam, wenn er zur Niederschrift des Bundestagspräsidenten, eines seiner Stellvertreter (s. Art. 40 Abs. 1 GG, § 2 GO-BT), eines deutschen Notars mit Sitz im Bundesgebiet oder eines zur Vornahme von Beurkundungen ermächtigten Bediensteten einer deutschen Auslandsvertretung erklärt wird. Der Verzicht kann nicht widerrufen werden.

Auch die Verzichtserklärung ist nicht aus sich heraus wirksam. Über den Verlust der Mitgliedschaft entscheidet vielmehr der Bundestagspräsident in der Form der Erteilung einer Bestätigung über die Verzichterklärung (§ 47 Abs. 1 Nr. 4 BWG). Der Bundestagspräsident hat zu überprüfen, ob der Verzicht formgerecht erklärt worden ist. Darüber hinaus wird in der Literatur teilweise die Ansicht vertreten, dem Präsidenten stehe auch die Prüfungskompetenz darüber zu, ob die Verzichtserklärung materiell verfassungsrechtlich wirksam abgegeben worden sei. Eine rechtswirksame Verzichtsäußerung liege nur vor, wenn die Erklärung auf freiem Willensentschluss beruhe.[68]

---

64 *Schreiber W.*, aaO, § 47 Rdn. 6; *Versteyl L.-A.*, aaO, § 14 Rdn. 32.
65 S. dazu oben 3.2.2.
66 Zum Verfahren und zu den Beschwerdemöglichkeiten s. oben 3.2.1.
67 *Versteyl L.-A.*, aaO, § 14 Rdn. 3, *Schreiber W.*, aaO, § 46 Rdn. 8.
68 Ob eine solche Freiwilligkeit vorlag, wurde insbesondere im Zusammenhang mit den Mandatsverzichten von Mitgliedern der GRÜNEN in der 10. WP aufgrund von Rotations-

Die Entscheidung des Präsidenten ist gemäß § 47 Abs. 3 Satz 4 BWG dem Betroffenen nach den Vorschriften des Verwaltungszustellungsgesetzes zuzustellen. Dieser kann binnen zwei Wochen die Entscheidung des Bundestags im Wahlprüfungsverfahren beantragen; gegen diese Entscheidung wiederum ist die Beschwerde an das Bundesverfassungsgericht zulässig (§ 47 Abs. 3 BWG).[69]

3.2.5 Feststellung der Verfassungswidrigkeit

58 Ein Abgeordneter verliert schließlich die Mitgliedschaft im Bundestag bei Feststellung der Verfassungswidrigkeit der Partei oder der Teilorganisation einer Partei, der er angehört, durch das BVerfG nach Art. 21 Abs. 2 Satz 2 GG (§ 46 Abs. 1 Nr. 5 BWG). Der Mandatsverlust ist also eine vom BWG angeordnete Folge der Entscheidung des BVerfG nach Art. 21 Abs. 2 Satz 2 GG i.V.m. Art. 93 Abs. 1 Nr. 5 GG, §§ 13 Nr. 2, 46 BVerfGG.[70] Die Verbotsentscheidung des BVerfG muss nicht unbedingt die Gesamtpartei betreffen; sie kann sich auch auf eine Teilorganisation, d.h. einen rechtlich oder organisatorisch selbständigen Teil einer Partei (§ 46 Abs. 2 BVerfGG) beschränken. Unter den Voraussetzungen des § 33 Abs. 2 ParteiG verlieren auch Mitglieder verbotener Ersatzorganisationen der verfassungswidrigen Partei ihre Mitgliedschaft im Bundestag.

§ 46 Abs. 4 BWG konkretisiert die Regelungen des § 46 Abs. 1 Nr. 5 BWG dahingehend, dass der Mandatsverlust nur für diejenigen Abgeordneten eintritt, die der verfassungswidrigen Partei oder Teilorganisation einer Partei in der Zeit zwischen der Antragstellung nach § 43 BVerfGG und der Verkündung der Entscheidung gemäß § 46 BVerfGG angehört haben. Ebenso verlieren die Listennachfolger ihre Anwartschaft auf ein Bundestagsmandat. Abgeordnete bzw. Listennachfolger, die bereits vor dem Antrag auf Feststellung der Verfassungswidrigkeit gemäß § 43 BVerfGG aus der Partei bzw. Teilorganisation ausgeschieden sind, bleiben deshalb Mitglieder des Bundestags bzw. behalten ihre Anwartschaft auf die Mitgliedschaft.

Der Mandatsverlust tritt auch in diesem Fall nicht mit dem Urteil des BVerfG ein; sondern die Entscheidung über den Verlust der Mitgliedschaft trifft der Ältestenrat des Bundestags (§ 47 Abs. 1 Nr. 3 und Abs. 3 BWG). Das Verfahren und die Rechtsbehelfe sind genauso wie in den übrigen Anwendungsfällen des § 47 Abs. 3 BWG.[71] In der Folge dieses Mandatsverlusts sind, soweit es sich bei den ausgeschiedenen

---

beschlüssen der Partei kontrovers diskutiert; s. dazu *Schreiber W.*, aaO, § 46 Rdn. 11 und § 47 Rdn. 7 m.w.N.

69 Zu den in § 47 Abs. 3 BWG vorgesehenen Rechtsbehelfen s. bereits oben 3.2.2.

70 Bis zum SRP-Urteil des BVerfG vom 23.10.1952 war es herrschende Lehre, dass ein Parteiverbot keinen Mandatsverlust zur Folge habe. Das BVerfG hat demgegenüber entschieden, der Mandatsverlust ergebe sich zwingend aus der Feststellung der Verfassungswidrigkeit einer Partei (Urteil vom 23. Oktober 1952 – 1 BvB 1/51 –, BVerfGE 2, 1,73 f.; s.a. Urteil vom 17. August 1956 – 1 BvB 2/51 –, BVerfGE 5, 85, 392 [KPD-Urteil]). Die jetzige Fassung des § 46 BGW beruht auf dieser Rechtsprechung, wenn sie ihr auch nicht in allen Einzelheiten folgt. Das SRP-Urteil ist nicht unwidersprochen geblieben; es wird die Auffassung vertreten, die Frage des Mandatsverlusts sei im GG offengeblieben und somit in die Entscheidung des einfachen Gesetzgebers gestellt (s. dazu *Henke W.*, Bearbeitung von Art. 21 GG, 1991, in: Kommentar zum Bonner Grundgesetz [Bonner Kommentar], Art. 21 Rdn. 106 ff. m.w.N.). Teilweise wird sogar die geltende Rechtslage als mit Art. 38 Abs. 2 Satz 1 GG unvereinbar betrachtet (*Morlok M.*, in: Dreier, GG, Art. 21 Rdn. 147).

71 S. dazu oben 3.2.2.

Abgeordneten um Direktmandatsträger handelte, in den betroffenen Wahlkreisen Wiederholungswahlen durchzuführen. Soweit die ausgeschiedenen Abgeordneten nach einer Landesliste der für verfassungswidrig erklärten Partei oder Teilorganisation gewählt waren, bleiben die Sitze unbesetzt (§ 46 Abs. 4 BWG). Die Feststellung der Verfassungswidrigkeit einer Partei beseitigt aber nicht die Wählbarkeit (§ 15 BWG) für zukünftige Wahlen. Lediglich bei Wiederholungswahlen nach § 46 Abs. 4 BWG dürfen die Ausgeschiedenen nicht als Bewerber auftreten.

4. Parallelregelungen für die Abgeordneten des EP und der Länder

Anders als das Abgeordnetengesetz des Bundes enthält das Europaabgeordnetengesetz keinen Verweis auf das korrespondierende Wahlgesetz. Erwerb und Verlust der Mitgliedschaft im EP sind für die in Deutschland gewählten Mitglieder im Gesetz über die Wahl der Abgeordneten des Europäischen Parlaments aus der Bundesrepublik Deutschland (Europawahlgesetz)[72] geregelt. Zu beachten ist auch § 8 GO-EP mit seinem Verweis auf den Akt vom 20. September 1976.[73] Die Erläuterung von Einzelheiten hierzu würden den Rahmen dieser Kommentierung sprengen. Es sei deshalb auf die einschlägigen Kommentare zum Europawahlgesetz[74] verwiesen.

Die Abgeordnetengesetze der Länder[75] verweisen zum Erwerb und zum Verlust der Mitgliedschaft in den Landtagen auf die jeweiligen Landeswahlgesetze, in einigen Fällen auch auf die Landesverfassung und auf weitere Gesetze. Die in den Ländern festlegten Erwerbs- und Verlustgründe sind indes zu vielschichtig, um sie ihm Rahmen dieser Kommentierung umfassend darstellen zu können.

---

[72] BGBl. 1994 I, S. 424, zuletzt geändert durch Gesetz vom 21. Mai 1999; BGBl. I, S. 1023.
[73] ABl. EG vom 8. Oktober 1976, S. 1; s.a. die Richtlinie 93/109/EG des Rates vom 6. 12. 1993 über die Einzelheiten der Ausübung des aktiven und passiven Wahlrechts bei den Wahlen zum Europäischen Parlament für Unionsbürger mit Wohnsitz in einem Mitgliedstaat, dessen Staatsangehörigkeit sie nicht besitzen, ABl. Nr. L 329/34 vom 30. 12. 1993.
[74] *Bartella R.*, Europa-Wahlrecht, Kronach, 1994; *Boettcher E./Högner R.*, Europawahlgesetz, Europawahlordnung, Handkommentar, 4. Aufl. München 1994; *Bücking H.-J.*, Handbuch zur Vorbereitung und Durchführung der Europawahl, Vieselsbach/Erfurt, 1994.
[75] Bis auf das von Hamburg, das sich zu Erwerb und Verlust der Mitgliedschaft in der Bürgerschaft nicht äußert.

Zweiter Abschnitt
Mitgliedschaft im Bundestag und Beruf

§ 2 Schutz der freien Mandatsausübung

(1) Niemand darf gehindert werden, sich um ein Mandat im Bundestag zu bewerben, es anzunehmen oder auszuüben.

(2) Benachteiligungen am Arbeitsplatz im Zusammenhang mit der Bewerbung um ein Mandat sowie der Annahme und Ausübung eines Mandats sind unzulässig.

(3) Eine Kündigung oder Entlassung wegen der Annahme oder Ausübung des Mandats ist unzulässig. Eine Kündigung ist im Übrigen nur aus wichtigem Grunde zulässig. Der Kündigungsschutz beginnt mit der Aufstellung des Bewerbers durch das dafür zuständige Organ der Partei oder mit der Einreichung des Wahlvorschlags. Er gilt ein Jahr nach Beendigung des Mandats fort.

Parallelvorschriften im EuAbgG und in den Abgeordnetengesetzen der Länder:

EuAbgG	§ 3		
BadWürtt.	§ 2	Nds.	§ 2
Bay.	Art. 2	NW.	§ 2
Berl.	§ 2	RP.	§ 2
Bbg.	§ 2	Saarl.	§ 2
Brem.	§ 2	Sachs.	§ 2
Hbg.	§ 8	SachsAnh.	§ 2
Hess.	§ 2	SchlH.	§ 2
MV.	§ 2	Thür.	§ 2

Literatur: *v. Arnim H. H.*, Zweitbearbeitung von Art. 48 GG, 1980, in: Kommentar zum Bonner Grundgesetz (Bonner Kommentar); *Feuchte P.*, Zur Geschichte und Auslegung des Behinderungsverbots in Art. 48 Abs. 2 des Grundgesetzes, AöR 111 (1986), S. 325; *Jekewitz J.*, Freiheitsentzug und Abgeordnetenmandat, GoldtA 1981, S. 433 ff.; *Klein H. H.*, in: Maunz-Dürig, Kommentar zum Grundgesetz, Art. 48, München, 1998; *Konzen H.*, Gesellschafterpflicht und Abgeordnetenmandat, AcP 172 (1972), S. 317; *Kühne J.-D.*, Kündigung freiberuflich beschäftigter Mandatsbewerber, ZParl 1986, S. 347 ff.; *Magiera S.*, in: Sachs M. (Hrsg.), Grundgesetz, Kommentar, Art. 48, München, 1999; *v. Mangoldt H./Klein F./Achterberg N./Schulte M.*, Das Bonner Grundgesetz, Kommentar, Art. 48, München, 1991; *Medding J.*, Das Verbot der Abgeordnetenbehinderung nach Art. 48 Abs. 2 GG; DöV 1991, S. 494; *Pieroth B.*, in: Jarass H. D./Pieroth B.*, Grundgesetz für die Bundesrepublik Deutschland, Art. 48, München, 2000; *Plüm J.*, Die arbeitsrechtliche Stellung des Abgeordneten, Diss. Köln, 1976; *Schmidt-Bleibtreu B./Klein F.*, Kommentar zum Grundgesetz, Art. 48, Neuwied, 1999; *Schneider H.-P.*, in: AK-GG, Art. 48, Darmstadt, 1989, Art. 48; *Schulze-Fielitz H.*, in: Dreier H. (Hrsg.), Grundgesetz-Kommentar, Band II, Tübingen, 1998, Art. 48; *Spoerhase D.*, Probleme des grundgesetzlichen Verbots der

Abgeordnetenbehinderung (Art. 48 Abs. 1 und 2 GG), Diss. Saarbrücken, 1980; *Trute H.-H.*, in: v. Münch I. / Bryde B.-O., Grundgesetz-Kommentar Band 2, Art. 48, München, 1995; *Welti F.*, Abgeordnete und Arbeitsrecht, ArbuR 9 / 1998, S. 345 ff.; *ders.*, Die soziale Sicherung der Abgeordneten des Deutschen Bundestages, der Landtage und der deutschen Abgeordneten im Europäischen Parlament, Berlin, 1997.

Übersicht

		Rdn.
1.	Einleitung	1–5
1.1	Entstehungsgeschichte	1
1.2	Verhältnis zu Art. 48 Abs. 2 GG	2–3
1.3	Ratio der Vorschrift	4–5
2.	Zeitlicher und persönlicher Schutzbereich	6–16
2.1	Beginn des Schutzes	7
2.2	Ende des Schutzes	8–10
2.3	Geschützter Personenkreis	11–16
2.3.1	Abgeordnete und Mandatsbewerber	11–14
2.3.2	Abhängig Beschäftigte und Freiberufler	15–16
3.	Sachlicher Schutzbereich	17–29
3.1	Behinderungsverbot (Abs. 1)	17–21
3.2	Benachteiligungsverbot (Abs. 2)	22–24
3.3	Kündigungs- und Entlassungsschutz (Abs. 3)	25–29
4.	Anspruchsverpflichtete und Durchsetzung des Anspruchs	30–31
5.	Parallelregelungen für Abgeordnete des EP und der Länder	32

1. Einleitung

1.1. Entstehungsgeschichte

Die Regelungen zum „Schutz der freien Mandatsausübung" wurden im Jahr 1977 **1** als § 2 in das neue Abgeordnetengesetz[1] aufgenommen. Der Wortlaut der Vorschrift ist seither unverändert. Sie knüpft an das Behinderungsverbot in Art. 48 Abs. 2 GG an,[2] das seinerseits ohne Vorläufer in der WRV in das Grundgesetz aufgenommen wurde. Es war in Anlehnung an Art. 41 der Verfassung des Landes Baden vom Organisationsausschuss des Parlamentarischen Rates in Art. 62 HChE[3] eingefügt und von dort ins GG übernommen worden.[4]

1.2 Verhältnis zu Art. 48 Abs. 2 GG

Art. 48 Abs. 2 GG verbietet die Behinderung der Mandatsübernahme und -aus- **2** übung sowie eine Kündigung oder Entlassung aus diesem Grunde. Der Kündi-

---

[1] Gesetz zur Neuregelung der Rechtsverhältnisse der Mitglieder des Deutschen Bundestages vom 18. Februar 1977, BGBl. I, S. 297 ff.
[2] S. dazu auch die Materialien in BT-Drs. 7 / 5903, S. 5 und BT-Drs. 7 / 5531, S. 12 u. 13.
[3] Grundgesetzentwurf des Verfassungskonvents von Herrenchiemsee.
[4] Zur Entstehungsgeschichte s. *Klein H. H.* in: Maunz-Dürig, Kommentar zum Grundgesetz, Art. 48 Rdn. 16 ff. und 72 f.; *Schneider H. P.* in: AK-GG, Art. 48 Rdn. 1 und ausführlich *Feuchte P.*, Zur Geschichte und Auslegung des Behinderungsverbots in Art. 48 Abs. 2 des Grundgesetzes, AöR 111 (1986), S. 325, 326 ff.; *Welti F.*, Die soziale Sicherung der Abgeordneten des Deutschen Bundestages, der Landtage und der deutschen Abgeordneten im Europäischen Parlament, Berlin, 1997, S. 92 ff.

gungsschutz ist dabei nur ein Unterfall des allgemeineren Behinderungsverbots.[5]

3 Der Wortlaut des § 2 geht darüber hinaus. Soweit die Vorschrift auch die Bewerbung um ein Mandat im Bundestag schützt und das Behinderungs- um ein Benachteiligungsverbot erweitert, werden seine Regelungen indes lediglich als Konkretisierung dessen begriffen, was ohnehin im Sinne einer gebotenen weiten Auslegung in Art. 48 Abs. 2 GG hineinzulesen ist. Die zeitliche Vorwirkung zum Schutz der Mandatsbewerber sei vom Sinn und Zweck des Art. 48 Abs. 2 GG her erforderlich. Wäre es anders, bestünde eine kaum verständliche Disproportionalität zu Art. 48 Abs. 1 GG, der genau diese Phase im Auge habe.[6] Aus dem Wortlaut von Art. 48 Abs. 2 GG sowie aus dem Verhältnis von Satz 1 und Satz 2 liege es darüber hinaus nahe, das Behinderungsverbot im Sinne eines allgemeinen Benachteiligungsverbots auszulegen. Art. 48 GG setze ein Nebeneinander von Abgeordnetentätigkeit und Beruf voraus. Im Interesse des Parlaments sei dem Mandat eindeutig der Vorrang vor den Pflichten aus dem Dienst- oder Arbeitsverhältnis zu geben, gleichzeitig aber sei dem berufstätigen Abgeordneten seine berufliche Stellung vor, während und nach dem Mandat zu erhalten. Dieser Schutz des Parlamentsbewerbers und Abgeordneten sei aber nur dann vollständig, wenn das grundgesetzliche Behinderungsverbot auch ein Benachteiligungsverbot enthalte.[7] Abgesehen von dem erweiterten Kündigungsschutz in Abs. 3 Satz 2 besitzt § 2 gegenüber Art. 48 Abs. 2 GG deshalb keinen eigenen Schutzbereich; seine Bestimmungen haben insoweit Verfassungsrang.

1.3 Ratio der Vorschrift

4 § 2 hat das Ziel, Abgeordnete und auch Mandatsbewerber gegen Behinderungen aus der beruflichen Sphäre zu schützen. In dieser Intention korrespondiert die Vorschrift über Art. 48 Abs. 2 GG mit Art. 38 Abs. 1 GG, weil sie eine Ausprägung des auch Art. 38 Abs. 1 Satz 1 GG umfassten Schutzes des passiven Wahlrechts sowie der von Art. 38 Abs. 1 Satz 2 GG garantierten Freiheit des Mandats darstellt.[8]

5 Im Gesetzgebungsverfahren wurde allerdings die Frage erörtert, ob es dieses speziellen Schutzes gegen berufliche Beeinträchtigungen angesichts des gesellschaftspolitischen Wandels des Abgeordnetenmandats überhaupt noch bedarf. Spätestens seit dem sog. Diätenurteil des Bundesverfassungsgerichts ist anerkannt, dass die

---

5 *Klein H. H.*, aaO, Art. 48 Rdn. 100; *v. Mangold H. / Klein F. / Achterberg N. / Schulte M.*, Das Bonner Grundgesetz, Kommentar, Art. 48 Rdn. 30; *Trute H.-H.*, in: v. Münch I. / Bryde B.-O., Grundgesetz-Kommentar, Art. 48 Rdn. 13.
6 *Trute H.-H.*, aaO, Art. 48 Rdn. 11; *Klein H. H.*, aaO, Art. 48 Rdn. 75; *Medding J.*, Das Verbot der Abgeordnetenbehinderung nach Art. 48 Abs. 2 GG, DöV 1991, S. 494 f.; *v. Mangold H. / Klein F. / Achterberg N. / Schulte M.*, aaO, Art. 48 Rdn. 27; *Schulze-Fielitz H.*, in: Dreier H. (Hrsg.), Grundgesetz-Kommentar, Art. 48 Rdn. 13; ebenso LAG Hessen, Urteil vom 2. September 1975 – 5 Sa 128/75 –, NJW 1976, 1655.
7 *Medding J.*, aaO, S. 499; s.a. *Trute H. H.*, aaO , Art. 48 Rdn. 14; *v. Mangold H. / Klein F. / Achterberg N. / Schulte M.*, aaO, Art. 48 Rdn. 35 f.; *Klein H. H.*, aaO, Art. 48 Rdn. 105.
8 So zum Verhältnis zwischen Art. 48 Abs. 2 und Art. 38 Abs. 1 GG auch *Medding J.*, aaO, S. 494, *Trute H. H.*, aaO, Art. 48 Rdn. 11; *v. Mangold H. / Klein F. / Achterberg N. / Schulte M.*, aaO, Art. 48 Rdn. 28. Der Schutz des Art. 48 GG richtet sich allerdings weniger gegen den Staat, sondern reicht in den gesellschaftlichen Bereich hinein; Art. 48 Abs. 2 GG entfaltet unmittelbare Drittwirkung; s. dazu *Schneider H.-P.*, aaO, Art. 48 Rdn. 8.

Entwicklung des parlamentarischen Mandats vom Ehrenamt zum „full-time-job" auch eine Vollalimentation aus der Staatskasse erfordert.[9] Damit entfällt die Notwendigkeit, durch Aufrechterhaltung bestehender Beschäftigungsverhältnisse während des Mandats das materielle Auskommen des Abgeordneten zu sichern. Dennoch ging der Gesetzgeber aus rechtspolitischen und verfassungsrechtlichen Gründen ausdrücklich von der Zulässigkeit der Berufsausübung neben dem Mandat aus und erachtete auch die Regelungen zur Sicherung der beruflichen Existenz als notwendig. Die Bewerbung um ein Bundestagsmandat und seine Ausübung trügen erhebliche berufliche Risiken in sich. Dieses Risiko könne dem einzelnen Parlamentsbewerber nicht abgenommen werden, solle aber getragen von dem Bemühen um mehr Chancengleichheit eingegrenzt werden.[10]

Diese Sichtweise ist von Art. 48 Abs. 2 GG geboten, der ausdrücklich die Sicherung der beruflichen Stellung des Abgeordneten vor, während und nach dem Mandat im Auge hat.[11] Zutreffend wurde deshalb auch im Gesetzgebungsverfahren der 7. WP darauf hingewiesen, dass das Parlament zwar Mitglieder braucht, die sich uneingeschränkt der parlamentarischen Tätigkeit widmen. Es wird aber ebenso durch Abgeordnete bereichert, die in ihrem Beruf tätig bleiben und so ständig und unmittelbar mit dem beruflichen Alltag konfrontiert werden.[12] Der Kontakt zum bisherigen Beruf ist darüber hinaus auch deswegen wichtig, weil das Mandat nur auf Zeit verliehen wird und deswegen Regelungen erfordert, die nach Beendigung der Mitgliedschaft im Bundestag die Rückkehr ins Berufsleben erleichtern.

2. Zeitlicher und persönlicher Schutzbereich

Das Verbot der Benachteiligung am Arbeitsplatz sowie der Kündigungs- und Entlassungsschutz sind Ausprägungen des allgemeineren Behinderungsverbots.[13] Es liegt deshalb nahe, den von § 2 geschützten Personenkreis im Zusammenhang mit der zeitlichen Ausdehnung des Schutzes zu betrachten. **6**

2.1 Beginn des Schutzes

Die Abs. 1 und 2 stellen auf die Bewerbung um ein Mandat im Bundestag, die Annahme und die Ausübung des Mandats ab. Der Behinderungs- und Benachteiligungsschutz gelten also nicht erst mit dem Erwerb der Mitgliedschaft im Bundestag, sondern bereits mit der Bewerbung um ein Mandat. Einen exakteren Zeitpunkt beschreibt Abs. 3 Satz für den Kündigungs- und Entlassungsschutz: Dieser beginnt mit der Aufstellung des betreffenden Wahlbewerbers bzw. der Einreichung des betreffenden Wahlvorschlags. Wegen des Sachzusammenhangs und im Interesse einer einheitlichen Handhabung der Vorschrift bietet es sich an, zu diesem Zeitpunkt auch den Behinderungs- und Benachteiligungsschutz des Wahlbewerbers beginnen zu lassen.[14] **7**

---

9   Urteil vom 5. November 1975 – 2 BvR 193/74 –, BVerfGE 40, 296, 314.
10 S. die Materialien in BT-Drs. 7/5531, S. 9 ff., 12.
11 S. dazu bereits oben 1. 2.
12 BT-Drs. 7/5531, S. 9.
13 S. dazu oben 1.2.
14 So auch *Klein H. H.*, aaO, Art. 48 Fn. 181.

2.2 Ende des Schutzes

8 Für das Ende des Schutzes enthält lediglich Abs. 3 Satz 4 in Bezug auf den Kündigungsschutz eine Regelung. Er gilt ein Jahr nach Beendigung des Mandats fort. Dieser Gedanke lässt sich indes nicht auf den gesamten Anwendungsbereich des § 2 übertragen.

9 Eine *Behinderung* der Mandatsausübung scheidet nach Beendigung des Mandats schon denkgesetzlich aus. Entsprechendes gilt für eine Behinderung der Mandatsbewerbung nach dem Ende der Kandidatur bzw. der Mandatsannahme nach deren Vollzug. Der Behinderungsschutz erübrigt sich deshalb spätestens mit dem Verlust des Mandats. Dieser tritt in der Regel mit dem Ablauf der Wahlperiode ein, daneben existieren noch eine Reihe weiterer Verlustgründe, wobei insbesondere §§ 46 und 47 BWG zu beachten sind.[15] Der Schutz endet aber auch dann, wenn ein Kandidat nicht gewählt wird oder ein gewählter Bewerber das Mandat nicht annimmt (s. §§ 41, 42 und 45 BWG).

10 Im Gegensatz dazu können eine Kündigung bzw. Entlassung oder eine Benachteiligung wegen der Abgeordnetentätigkeit auch noch nach dem Ende des Mandats erfolgen. Art. 48 Abs. 2 GG ordnet den Schutz vor Kündigung oder Entlassung aus mandatsbedingten Gründen ohne zeitliche Begrenzung an. Entsprechendes gilt für den Schutz vor mandatsbedingten Benachteiligungen, der – in das grundgesetzliche Behinderungsverbot hineingelesen[16] – von Verfassungs wegen ebenfalls zeitlich unbegrenzt gewährt wird. Soweit der Schutzbereich des Art. 48 Abs. 2 reicht, kann eine zeitliche Begrenzung deshalb auch nicht aus § 2 Abs. 3 Satz 4 hergeleitet werden; eine solche Interpretation des Abgeordnetengesetzes wäre verfassungswidrig.

Die Fortdauer des Kündigungs- und Entlassungsschutzes für (lediglich) ein Jahr nach Beendigung des Mandats gilt deshalb nur insoweit, als § 2 Abs. 3 über den Schutzbereich des Art. 48 Abs. 2 GG hinausgeht, also für nicht mandatsbedingte Kündigungen, die gemäß Abs. 3 Satz 2 nur aus wichtigem Grund erfolgen dürfen. Die einjährige Fortdauer des Schutzes vor Kündigungen und Entlassungen aus sonstigen Gründen betrifft dabei auch nur Personen, die tatsächlich Mitglied des Bundestags werden; für die nicht gewählten Bewerber und auch für gewählte Bewerber, die das Mandat nicht annehmen, endet der Schutz mit der Feststellung des Wahlergebnisses (s. §§ 41, 42 BWG) bzw. mit der Ablehnung des Mandats (s. § 45 BWG).[17]

Im Übrigen gelten der Schutz vor Behinderungen und vor Kündigungen bzw. Entlassungen wegen der Annahme und Ausübung des Mandats bzw. wegen der Bewerbung darum zeitlich unbegrenzt. Allerdings sind solche Beeinträchtigungen nach der Beendigung des Mandats nur noch in Ausnahmefällen vorstellbar.

---

15 S. dazu 3 zu § 1.
16 S. oben 1.2.
17 S. dazu auch BT-Drs. 7/5903 S. 9.

2.3 Geschützter Personenkreis

2.3.1 Abgeordnete und Mandatsbewerber

§ 2 und auch Art. 48 Abs. 2 GG schützen die Mandatsausübung, die Mandatsübernahme sowie die Bewerbung um ein Mandat. Neben der zeitlichen Ausdehnung des Kündigungs- Behinderungs- und Benachteiligungsschutzes[18] wird damit auch der geschützte Personenkreis beschrieben: Es sind nicht nur die Abgeordneten des Deutschen Bundestags, sondern auch die Personen, die sich in den beiden Vorstufen zum Mandat befinden, nämlich die Wahlbewerber und die gewählten Bewerber. **11**

Im Einzelnen gilt hinsichtlich des geschützten Personenkreises folgendes: Der Schutz für Mandats*bewerber* bezieht sich auf Personen, die in einem Kreiswahlvorschlag oder in der Landesliste einer Partei als Kandidaten für das Amt eines Bundestagsabgeordneten aufgestellt werden.[19] In Anwendung der Bestimmung des Abs. 3 Satz 3[20] beginnt der Behinderungsschutz bei parteigebundenen Kandidaten mit der Wahl zum Wahlkreisbewerber bzw. zum Landeslistenbewerber durch die hierfür zuständige Mitglieder- oder Delegiertenversammlung der betreffenden Partei nach den Vorschriften des § 21 BWG bzw. § 27 Abs. 5 i.V.m. § 21 BWG.[21]. Bei parteifreien (Kreis)wahlbewerbern ist dagegen der Zeitpunkt maßgeblich, an dem der Wahlvorschlag gemäß §§ 18 ff BWG beim Kreiswahlleiter eingereicht wird.[22] **12**

Soweit die *Annahme* des Mandats geschützt ist, haben Art. 48 Abs. 2 GG und § 2 die sog. gewählten Bewerber im Blick. Das sind diejenigen Kreiswahl- und Landeslistenbewerber, die gemäß §§ 41 bzw. 42 von den zuständigen Wahlausschüssen für gewählt erklärt worden sind, ihr Mandat aber noch nicht angenommen haben.[23] **13**

Der Schutz der Mandats*ausübung* schließlich bezieht sich auf diejenigen Personen, die das Mandat im Bundestag bereits erworben haben. Der Mandatserwerb erfolgt gemäß § 45 BWG in der Regel mit dem frist- und formgerechten Eingang der auf die Benachrichtigung nach § 41 Abs. 2 oder § 42 Abs. 3 BWG erfolgenden Annahmeerklärung beim zuständigen Wahlleiter. Ist zu diesem Zeitpunkt die Wahlperiode des letzten Deutschen Bundestages noch nicht abgelaufen, erfolgt der Mandatserwerb mit dem Beginn der neuen Wahlperiode, d.h. mit der konstituierenden Sitzung des neuen Bundestags.[24] **14**

2.3.2 Abhängig Beschäftigte und Freiberufler

Fraglich und umstritten ist, ob das Behinderungs- und damit auch das Benachteiligungsverbot sowie der Kündigungsschutz nur für abhängig Beschäftigte gelten, oder auch für Freiberufler und Selbständige, die in den Bundestag gewählt werden bzw. sich um ein Mandat bewerben. **15**

Diese Frage wird diskutiert im Anschluss an eine Entscheidung des BGH, der über die Rechtmäßigkeit der Kündigung eines Sozietätsvertrags zweier Rechtsanwälte, **16**

---

18 S. dazu oben 2.1.
19 Zur Kandidatenaufstellung s. 2.3 zu § 1.
20 S. dazu oben 1.3.
21 S. dazu. 2.3.1.2.2 und 2.3.2.2 zu § 1.
22 S. dazu 2.3.1.1 und 2.3.1.3 zu § 1.
23 S. dazu 2.5 und 2.7 zu § 1.
24 Zu den Einzelheiten und zu Sonderfällen s. 2.7 zu § 1.

von denen der eine in den Niedersächsischen Landtag gewählt worden war, zu entscheiden hatte.[25] Der BGH hat einen verfassungsrechtlichen Kündigungsschutz verneint,[26] weil er das Arbeitsplatzrisiko für Selbständige als nicht so hoch ansah wie bei Arbeitnehmern, Beamten und anderen abhängig Beschäftigten.

Diese Sichtweise wird den heutigen Gegebenheiten des Mandats nicht gerecht, was insbesondere von *Kühne*[27] überzeugend nachgewiesen wurde. Mit der Entwicklung des Mandats zur Vollzeitbeschäftigung trifft das Risiko des Verlusts der beruflichen Existenz Selbständige und Freiberufler genauso wie abhängig Beschäftigte. Dieser Gedanke gilt nicht nur für den Kündigungs- und Entlassungsschutz des Art. 48 Abs. 2 Satz 2 GG, § 2 Abs. 3, sondern auch den allgemeineren Schutz vor Behinderungen und Benachteiligungen gemäß Art. 48 Abs. 2 Satz 1 GG bzw. § 2 Abs. 1 und 2. Das Behinderungsverbot des Art. 48 Abs. 2 ist prinzipiell dem Ziel verpflichtet, von demjenigen, der sich um ein Mandat im Bundestag bewirbt oder es ausübt, berufliche, insbesondere seine berufliche Existenz in Frage stellende Nachteile abzuwenden. Danach ist kein Grund ersichtlich, in diesem Punkt zwischen Selbständigen und abhängig Beschäftigten zu unterscheiden. Der Mandatsschutz des Art. 48 Abs. 2 GG beschränkt sich deshalb nicht auf abhängig Beschäftigte; er bezieht auch die Selbständigen mit ein.[28] Nichts anderes gilt in Ansehung des § 2.

3. Sachlicher Schutzbereich

3.1 Behinderungsverbot (Abs. 1)

17 Die Bedeutung des Begriffs „Behinderung" in Art 48 Abs. 2 GG bzw. § 2 Abs. 1 ist immer noch nicht völlig geklärt. Eine frühere Rechtsprechung des Bundesgerichtshofs ging von einem umfassenden Schutz des Mandats aus und betrachtete als Behinderung „jedes Androhen oder Inaussichtstellen irgendwelcher Nachteile, seien sie wirtschaftlicher, beruflicher, gesellschaftlicher oder sonstiger Art".[29] Unter dem Eindruck des Diätenurteils[30] hat sich mittlerweile – und insoweit auch un-

---

25 Urteil vom 2. Mai 1985 – III ZR 4/84 –, BGHZ 94, 248.
26 Die Entscheidung bezieht sich unmittelbar nur auf Art. 17 Abs. 2 der damaligen Vorläufigen Niedersächsischen Verfassung, misst aber Art. 48 Abs. 2 GG dieselbe Bedeutung bei.
27 *Kühne J.-D.*, Kündigung freiberuflich beschäftigter Mandatsbewerber, ZParl 1986, S. 347 ff.
28 So ausdrücklich *Klein H. H.*, aaO, Art. 48 Rdn. 80, der der Argumentation von *Kühne J.-D.* nachdrücklich folgt; s.a. *v. Arnim H. H.*, Zweitbearbeitung von Art. 48 GG, 1980, in: Kommentar zum Bonner Grundgesetz (Bonner Kommentar), Art. 48 Rdn. 31; *Schmidt-Bleibtreu B./Klein F.*, Kommentar zum Grundgesetz, Art. 48 Rdn. 6 b am Ende; *Trute H.-H.*, aaO, Art. 48 Rdn. 13; *Welti F.*, Abgeordnete und Arbeitsrecht, ArbuR 1998, S. 345, 349, *ders.*, Soziale Sicherung, aaO, S. 108; a.A. *Feuchte P.*, aaO, S. 350 ff. und wohl auch *v. Mangold H./Klein F./Achterberg N./Schulte M.*, aaO, Art. 48 Rdn. 30, die den Schutz des Art. 48 Abs. 2 Satz 2 GG nur auf den Fortbestand von Arbeits- und Dienstverhältnissen beziehen; *Magiera S.*, in: Sachs M. (Hrsg.), Grundgesetz, Kommentar, Art. 48 Rdn. 12 und *Schulze-Fielitz H.*, aaO, Art. 48 Rdn. 15, wollen die Kündigung von Gesellschafterverträgen wohl nicht als Kündigung i.S.d. Art. 48 Abs. 2 Satz 2 ansehen, halten aber einen Verstoß gegen das allgemeine Behinderungsverbot des Art. 48 Abs. 2 Satz 1 GG für möglich; in diese Richtung neigt auch der BGH im Urteil vom 6. Mai 1965 – II ZR 82/63 –, BGHZ 43, 384, 388. Demgegenüber weist *Klein H. H.*, aaO, Art. 48 Rdn. 100 zutreffend darauf hin, dass, da es sich bei Kündigungen und Entlassungen lediglich um Beispiele für eine Behinderung handelt, auch der persönliche Anwendungsbereich des Art. 48 Abs. 2 Satz 2 GG gegenüber demjenigen des allgemeinen Behinderungsverbots in Art. 48 Abs. 2 Satz 1 GG nicht eingeschränkt sein kann.
29 Urteil vom 6. Mai 1965 – II ZR 82/63 –, BGHZ 43, 384, 387.
30 BVerfG Urteil vom 5. November 1975 – 2 BvR 193/74 –, BVerfGE 40, 296 ff.

streitig – die Erkenntnis durchgesetzt, dass eine restriktivere Interpretation des Behinderungsverbots geboten ist.

Dies wurde erstmals in der Entscheidung des Bundesverfassungsgerichts vom 21. September 1976 deutlich. Dort ging das Gericht von der Erkenntnis aus, dass mittelbare Auswirkungen von Regelungen, die außerhalb des Parlamentsrechts liegende Interessen schützen wollen, nicht unter den Anwendungsbereich des Art. 48 Abs. 2 GG fallen. Das Passiv „niemand darf gehindert werden", lege schon sprachlich nahe, nicht von der Bedeutung auszugehen, alles was der Übernahme und der Ausübung des Abgeordnetenmandats „hinderlich" sei, sei durch Art. 48 Abs. 2 GG verboten. Erforderlich sei vielmehr ein Verhalten, das die Übernahme oder Ausübung des Abgeordnetenmandats erschweren oder unmöglich machen *solle*. Die mit dieser Intention gesetzte Erschwerung oder Verhinderung werde von Verfassungs wegen verboten, nicht aber eine in eine ganz andere Richtung zielende Handlung, die nur unvermeidlicherweise die tatsächliche Folge oder Wirkung einer Beeinträchtigung der Freiheit, das Mandat zu übernehmen und auszuüben, habe.[31]

Gegen diese als „Absichtsformel" bekanntgewordene Auslegung wird in der Literatur teilweise eingewandt, sie schränke den Anwendungsbereich des Behinderungsverbots zu sehr ein; insbesondere was den Schutz freiberuflich tätiger Abgeordneter betreffe. Das Vorliegen der höchst subjektiven Hinderungsabsicht lasse sich kaum nachweisen, wenn für eine Beeinträchtigung auch andere Gründe als die Mandatsbewerbung oder -ausübung angeführt würden, so dass der Schutz des Art. 48 Abs. 2 GG praktisch leer laufe.[32] Entscheidend sei daher, ob vernünftige und überzeugende Gründe für die jeweilige (vermeintlich behindernde) Regelung sprächen bzw. ob das fragliche Verhalten den Mandatsbewerber oder -inhaber diskriminiere.[33]

An der Absichtsformel ist richtig, dass sie nicht jede rein faktische Beeinträchtigung als von Verfassungs wegen verbotene Behinderung verstehen will und deshalb für die Anwendung des Behinderungsverbots nach einem spezifisch mandatsfeindlichen Bezug fragt. Diese Sichtweise wird auch durch Art. 48 Abs. 2 Satz 3 GG gestützt, der Kündigungen und Entlassungen – als besonders einschneidende Fälle einer Behinderung – nur dann verbietet, wenn sie „aus diesem Grunde", also wegen der Annahme oder der Ausübung des Mandats erfolgen. Anderseits darf die Reichweite des Behinderungsverbots nicht von der inneren Befindlichkeit dessen abhängig gemacht werden, vor dem das Grundgesetz bzw. das Abgeordnetengesetz

---

31 Beschluss vom 21. September 1976 – 2 BvR 350/75 –, BVerfGE 42, S. 312, 329; dem folgend BGH, Beschluss vom 26. Juni 1978 – AnwZ (B) 7/78 –, BGHZ 72, 70, 75; Urteil vom 2. Mai 1985 – III ZR 4/84, BGHZ 94, 248, 251; BVerwG, Urteil vom 29. Oktober 1981 – 1 D 50.80 –, BVerwGE 73, 263, 282; Urteil vom 10. Mai 1984 – 1 D 7.83 –, BVerwGE 76, 157, 170; Urteil vom 1. Februar 1989 – 1 D 2/86, NJW 1989, 2554, 2557; Beschluss vom 21. November 1989 – 1 DB 8.89, BVerwGE 86, 211, 216; zustimmend *Medding J.*, aaO, S. 494, 498 f.; *Feuchte P.*, aaO, S. 358; *Schmidt-Bleibtreu B./Klein F.*, aaO, Art. 48 Rdn. 6b.
32 *Schneider H.-P.*, aaO, Art. 48 Rdn. 6; *Klein H. H.*, aaO, Art. 48 Rdn. 85; *Kühne J.-D.*, aaO, S. 357; *Magiera S.*, aaO, Art. 48 Rdn. 11; *Welti F.*, Soziale Sicherung, aaO, S. 111 f.; *v. Arnim H. H.*, aaO, Art. 48 Rdn. 38.
33 *V. Arnim H. H.*, aaO, Art. 48 Rdn. 38; *Trute H.-H.*, aaO, Art. 48 Rdn. 12; *Klein H. H.*, aaO, Art. 48 Rdn. 88.

den Abgeordneten bzw. Mandatsbewerber gerade schützen wollen. Für die Abgrenzung muss deshalb auf objektive Merkmale abgestellt werden.[34]
Bei der Frage nach der Reichweite des Behinderungsschutzes führt in vielen Fällen schon der sog. Kompensationsgedanke zu richtigen Ergebnissen: Seit dem Diätenurteil des Bundesverfassungsgerichts ist anerkannt, dass die Abgeordnetenentschädigung nicht mehr lediglich die besonderen mandatsbedingten Aufwendungen abgelten will, sondern eine Alimentation des Abgeordneten und seiner Familie aus der Staatskasse geworden ist, ein Entgelt für die Inanspruchnahme aus dem zum „full-time-job" gewordenen Mandat.[35] Deshalb können Nachteile, die bereits durch die Abgeordnetenentschädigung nach Art. 48 Abs. 3 GG bzw. § 11 abgegolten sind, nicht zusätzlich als Hinderungsgründe im Sinne des Art. 48 Abs. 2 GG bzw. § 2 abgewehrt werden.[36] Im Übrigen verdient der Diskriminierungsgedanke Zustimmung; eine verbotene Behinderung im Sinne des Art. 48 Abs. 2 GG bzw. des § 2 ist nur ein solches Verhalten, das sich spezifisch gegen die Mandatsannahme oder -ausübung richtet, indem es den Mandatsbewerber bzw. -inhaber diskriminiert. Ob ein solcher mandatsfeindlicher Bezug vorliegt, ist anhand eines objektiven Maßstabs zu ermitteln, nämlich danach, ob vernünftige, nicht diskriminierende Gründe für die fragliche Maßnahme bestehen.[37]

18 Damit ist klar, dass ein Abgeordneter, soweit er seinen Pflichten aus einem bestehenden Vertrag[38] nicht mehr nachkommt, auch den Anspruch auf das vereinbarte Entgelt verliert. Ausgestattet mit einem als Vollalimentation zu verstehenden Entschädigungsanspruch aus Art. 48 Abs. 3 GG und § 11, ist es keine unzulässige Behinderung eines Abgeordneten, wenn er mangels beruflicher Leistung auch keine Bezüge von seinem Arbeitgeber oder einem sonstigen Vertragspartner erhält.[39] Andererseits aber verhindern Art. 48 Abs. 2 GG und § 2 Abs. 1 Schadensersatzansprüche des Vertragspartners eines Abgeordneten, wenn dieser sich vor Mandatsübernahme mit einer sog. Arbeitskraftklausel dazu verpflichtet hatte, seine gesamte

---

34 Zutreffend: *Kühne J. D.*, aaO, S. 357.
35 Urteil vom 5. November 1975 – 2 BvR 193 / 74 –, BVerfGE 40, 296, 314.
36 *Trute H.-H.*, aaO, Art. 48 Rdn. 12; s.a. *v. Arnim H. H.*, aaO, Art. 48 Rdn. 35; *Klein H. H.*, aaO, Art. 48 Rdn. 88; *Schneider H.-P.*, aaO, Art. 48 Rdn. 6; ausführlich zur sog. Kompensationsargumentation *Kühne J.-D.*, aaO, S. 353 f.
37 Wenig aussagekräftig ist dagegen die Formel von *Welti F.*, Soziale Sicherung, aaO, S. 112, der darauf abstellt ob „ein soziales Machtgefälle zu Lasten des Abgeordneten und seiner Familie ausgenutzt wird".
38 Für Beamte, Richter, Soldaten, aber auch für Angestellte des öffentlichen Dienstes, die in den Bundestag gewählt werden, stellt sich das Problem nicht, weil §§ 5 und 8 das Ruhen ihrer Rechte und Pflichten anordnen.
39 *Klein H. H.*, aaO, Art. 48 Rdn. 89; *Magiera S.*, aaO, Art. 48 Rdn. 14; *Schneider H.-P.*, aaO, Art. 48 Rdn. 7; *v. Arnim H. H.*, aaO, Art. 48 Rdn. 39 f.; BVerfG, Beschluss vom 21. September 1976 – 2 BvR 350 / 75 –, BVerfGE 42, 312, 328; *Pieroth B.*, in: Jarass H. D. / Pieroth B., Grundgesetz für die Bundesrepublik Deutschland, Art. 48 Rdn. 4; BverwG, Beschluss vom 21. November 1989 – 1 DB 8. 89 –, BVerwGE 86, 211, 216 f. Das Bundesverfassungsgericht hat im Diätenurteil (BVerfGE 40, 296, 319) sog. arbeitsloses Einkommen sogar für unzulässig gehalten: Unbeschadet des Art. 48 Abs. 1 und 2 GG verlangten Art. 48 Abs. 3 Satz 1 i.V.m. Art. 38 Abs. 1 Satz 2 GG Vorkehrungen dagegen, dass Abgeordnete Bezüge aus einem Angestelltenverhältnis, aus einem sog. Beratervertrag oder ähnlichem, ohne die danach geschuldeten Dienste zu leisten, nur deshalb erhielten, weil von ihnen im Hinblick auf das Mandat erwartet werde, sie würden im Parlament die Interessen des zahlenden Arbeitgebers, Unternehmers oder der zahlenden Großorganisation vertreten und nach Möglichkeit durchzusetzen versuchen. S. dazu auch 3. 10 zu § 44 a.

§ 2 Schutz der freien Mandatsausübung

Arbeitskraft „dem Geschäft" zu widmen.[40] Aus Art. 48 Abs. 2 GG und § 2 Abs. 1 ergibt sich darüber hinaus ein Anspruch des Abgeordneten auf Gewährung des zur Ausübung seines Mandats erforderlichen Urlaubs;[41] nicht jedoch ein (einseitiger) Anspruch auf Anpassung seines (privatrechtlichen) Beschäftigungsverhältnisses.[42]

19 Unbedenklich im Hinblick auf Art. 48 Abs. 2 GG sind auch Inkompatibilitätsvorschriften, soweit sie auf einer verfassungsrechtlichen Grundlage beruhen. Solche Regeln begründen deshalb auch keinen Verstoß gegen § 2 Abs. 1. Das Berufsausübungsverbot für in den Bundestag gewählte Beamte, Richter, Soldaten und Angestellte des öffentlichen Dienstes in §§ 5 und 8 findet seine Grundlage in Art. 137 Abs. 1 GG;[43] kirchliche Inkompatibilitätsregelungen rechtfertigen sich aus dem kirchlichen Selbstbestimmungsrecht gem. Art. 140 GG i.V.m. Art. 137 Abs. 3 WRV.[44] Unbedenklich sind auch völkerrechtlich veranlasste Unvereinbarkeitsregeln, die für eine Funktion oder ein Amt auf internationaler Ebene fordern, dass der Inhaber nicht gleichzeitig dem nationalen Parlament angehören darf.[45]

Dagegen haben wirtschaftliche Inkompatibilitätsregeln keinerlei Grundlage in der Verfassung. Zutreffend hat sich der Gesetzgeber auf die Überlegung gestützt, dass der Kontakt zum bisherigen Beruf gerade für die Abgeordneten besonders notwendig ist, die nach Beendigung des Mandats keinen oder nur einen zeitlich begrenzten Wiederbeschäftigungsanspruch besitzen, insbesondere also die Angehörigen selbständiger Berufe. Würde diesem Personenkreis die Möglichkeit der Berufsausübung genommen, so könnten sie das mit der Annahme des Mandats verbundene Risiko kaum noch auf sich nehmen, weil ihre Existenzgrundlage gefährdet wäre.[46] Ein Verbot der Berufstätigkeit (außerhalb des öffentlichen Dienstes) stünde deshalb der Intention des Behinderungsverbots diametral entgegen[47] und würde auch gegen die Freiheit des Mandats (Art. 38 Abs. 1 Satz 2 GG) verstoßen.

20 Es liegt auch keine Behinderung im Sinne von Art. 48 Abs. 2 GG bzw. § 2 Abs. 1 vor, wenn ein Abgeordneter sich aus straf- oder disziplinarrechtlichen Gründen zu verantworten hat.[48] Dies ergibt sich aus Art. 46 GG, der insofern Art. 48 Abs. 2

---

40 So *Klein H. H.,* aaO, Art. 48 Rdn. 90 mit ausführlicher Begründung. Das Ergebnis in dem von BGHZ 43, 384 entschiedenen Fall ist daher nach wie vor zutreffend, auch wenn die dort herangezogene Begründung nicht mehr dem zeitgemäßen Verständnis vom Status des Abgeordneten entspricht (s. dazu oben 3. 1).
41 *Klein H. H.,* aaO, Art. 48 Rdn. 99.
42 S. dazu unten 3. 3.
43 *Klein H. H.,* aaO, Art. 48 Rdn. 91; *Magiera S.,* aaO, Art. 48 Rdn. 14; *Schulze-Fielitz H.,* aaO, Art. 48 Rdn. 16; *Schneider H.-P.,* aaO, Art. 48 Rdn. 7 und 9; *Trute H.-H.,* aaO, Art. 48 Rdn. 15; *v. Mangold H./Klein F./Achterberg N./Schulte M.,* aaO, Art. 48 Rdn. 37 ff mit ausführlicher Auseinandersetzung zum Verhältnis von Art. 48 Abs. 2 zu Art. 137 Abs. 1 GG.
44 *Klein H. H.,* aaO, Art. 48 Rdn. 93, der zwischen dem Pfarramt und anderen Kirchenbeamten differenziert; *Schneider H.-P.,* aaO, Art. 48 Rdn. 9; *v. Arnim H. H.,* aaO, Art. 48 Rdn. 46; *Schmidt-Bleibtreu B./Klein F.,* aaO, Art. 48 Rdn. 6 b; *Trute H.-H.,* aaO, Art. 48 Rdn. 15; s.a. BVerfG, Beschluss vom 21. September 1976 – 2 BvR 350/75 –, BVerfGE 42, 312, 330 ff.
45 *Klein H. H.,* aaO, Art. 48 Rdn. 98; *Schneider H.-P.,* aaO, Art. 48 Rdn. 9; BVerfG, Beschluss vom 21. September 1976 – 2 BvR 350/75 –, BVerfGE 42, 312, 327.
46 S. die Materialien in BT-Drs. 7/5531, S. 9.
47 So auch *Klein H. H.,* aaO, Art. 48 Rdn. 95, s.a. *Schulze-Fielitz H.,* aaO, Art. 48 Rdn. 16, BGH, Beschluss vom 26. Juni 1978 – AnwZ(B) 7/78 –, BGHZ 72, 70, 76. Dem Gedanken von *v. Arnim H. H.,* aaO, Art. 48 Rdn. 47 kann deshalb nicht gefolgt werden.
48 *Klein H. H.,* aaO, Art. 48 Rdn. 91; *Schneider H.-P.,* aaO, Art. 48 Rdn. 9; *Magiera S.,* aaO, Art. 48 Rdn. 14; BVerfGE 42, 312, 328.

GG und mithin erst Recht § 2 Abs. 1 vorgeht. Die dort angeordneten Regeln zum Schutz der Immunität und Indemnität sind indes zu beachten.

21 Keinen Bedenken im Hinblick auf das Behinderungsverbot unterliegen schließlich Bestimmungen, die Doppelmandate, also die gleichzeitige Mitgliedschaft im Bundestag, in einem Landtag oder im EP, ausschließen. Denn das parlamentarische Mandat ist kein Beruf im Sinne der vom Behinderungsverbot verfolgten Absicht, die berufliche Existenz des Mandatsbewerbers/-inhabers möglichst unangetastet zu lassen.[49]

3.2. Benachteiligungsverbot (Abs. 2)

22 § 2 Abs. 2 ergänzt das Behinderungsverbot des Abs. 1, indem er auch Benachteiligungen am Arbeitsplatz im Zusammenhang mit der Bewerbung um ein Mandat sowie der Annahme und Ausübung eines Mandats ausdrücklich verbietet. Obgleich der Wortlaut der Vorschrift über den des Art. 48 Abs. 2 GG hinausgeht, bedeutet dies keine echte Erweiterung des verfassungsrechtlichen Schutzes, da auch das Benachteiligungsverbot im Sinne einer weiten Auslegung in Art. 48 Abs. 2 GG hineinzulesen ist.[50] § 2 ist deshalb auch im Hinblick auf das Benachteiligungsverbot als Konkretisierung des Art. 48 Abs. 2 GG aufzufassen und geht in seinem Schutzbereich nicht über den der Verfassung hinaus.

23 Als Benachteiligung ist jede Beeinträchtigung der beruflichen Stellung der Arbeitnehmer und Beamten sowie jede Schlechterstellung gegenüber anderen Arbeits- und Dienstkollegen zu verstehen, die nicht aus sachlichen oder in der Person des Betreffenden liegenden Gründen, sondern um seiner parlamentarischen Tätigkeit willen erfolgt, also mit der Wahlbewerbung, Übernahme oder Ausübung des Mandats zusammenhängt.[51] Genauso wie hinsichtlich des Behinderungsverbots[52] ist für die Reichweite des Benachteiligungsverbot der Diskriminierungsgedanke das maßgebliche Kriterium: Es gilt nur, soweit die Benachteiligung gerade ihren Grund in der Bewerbung um ein Mandat bzw. der Mandatsübernahme oder -ausübung hat und nicht durch die den Abgeordneten gemäß Art. 48 Abs. 3 GG bzw. § 11 geschuldete Entschädigung ausgeglichen wird. Beeinträchtigungen, die alle Arbeits- und Dienstkollegen gleichermaßen treffen, muss auch der Abgeordnete hinnehmen.[53]

24 Nach der Intention des Gesetzgebers soll das Benachteiligungsverbot den Arbeitgeber insbesondere daran hindern, den Parlamentsbewerber oder Abgeordneten zu versetzen, umzusetzen oder durch andere Maßnahmen, wie z.B. die Einteilung der Arbeitszeit zu benachteiligen.[54] Als Beispiele für untersagte Benachteiligungen

---

49 *Klein H.H.*, aaO, Art. 48 Rdn. 96, s.a. *Schmidt-Bleibtreu B./Klein F.*, aaO, Art. 48 Rdn. 6 b; *Schulze-Fielitz H.*, aaO, Art. 48 Rdn. 16; *Magiera S.*, aaO, Art. 48 Rdn. 14; *v. Arnim H. H.*, aaO, Art. 48 Rdn. 44; *Trute H.-H.*, aaO, Art. 48 Rdn. 15; BVerfG, Beschluss vom 21. September 1976 – 2 BvR 350/75 –, BVerfGE 42, 312, 327.
50 *Medding J.*, aaO, S. 499; *Trute H.-H.*, aaO, Art. 48 Rdn. 14; *v. Mangold H./Klein F./Achterberg N./Schulte M.*, aaO, Art. 48 Rdn. 35 f.; *Klein H. H.*, aaO, Art. 48 Rdn. 105; s. dazu auch oben 1. 2.
51 *v. Mangold H./Klein F./Achterberg N./Schulte M.*, aaO, Art. 48 Rdn. 35; *Trute H.-H.*, aaO, Art. 48 Rdn. 14; *Medding J.*, aaO, S. 500.
52 S. dazu oben 3. 1.
53 *Klein H. H.*, aaO, Art. 48 Rdn. 105; *v. Mangold H./Klein F./Achterberg N./Schulte M.*, aaO, Art. 48 Rdn. 36; *Medding J.*, aaO, S. 500.
54 BT-Drs. 7/5531 S. 14.

werden dementsprechend die Zuweisung einer weniger angenehmen Arbeit, die Versetzung oder Umsetzung auf einen schlechteren Arbeitsplatz oder einen anderen Beschäftigungs- oder Dienstort, eine verschlechterte Arbeitszeiteinteilung, der Ausschluss von Vergünstigungen oder der Ausschluss vom Aufstieg genannt.[55]

3.3 Kündigungs- und Entlassungsschutz (Abs. 3)

§ 2 Abs. 3 schützt vor Kündigung und Entlassung, worunter jede Beendigung des Beschäftigungsverhältnisses eines Abgeordneten oder Mandatsbewerbers gegen dessen Willen zu verstehen ist; eine trennscharfe Abgrenzung beider Begriffe ist kaum möglich und auch nicht notwendig.[56] Kündigung und Entlassung sind nur Beispiele für eine Behinderung im Sinne des Art. 48 Abs. 2 GG, § 2 Abs. 1.[57]

Das Grundgesetz schützt nur vor Kündigungen und Entlassungen „aus diesem Grund", also wegen der Übernahme oder Ausübung des Mandats. Dieses Verbot wird von § 2 Abs. 3 Satz 1 zunächst wiederholt. Darüber hinaus bestimmt Satz 2, dass auch „im Übrigen" Kündigungen nur aus wichtigem Grund zulässig sind. Insofern enthält Abs. 3 eine echte Erweiterung des verfassungsrechtlichen Schutzbereichs.[58]

Schlechthin verboten sind deshalb Kündigungen und Entlassungen wegen der Bewerbung um ein Mandat, der Annahme oder der Ausübung eines Mandats,[59] wobei bereits die Androhung solcher Maßnahmen unzulässig ist.[60] In diesem Sinn mandatsbezogen und damit unzulässig sind auch Kündigungen und Entlassungen, die nur mittelbar wegen der Mandatsbewerbung oder -ausübung erfolgen sollen, beispielsweise wegen der dadurch ausgelösten betrieblichen Schwierigkeiten.[61] Das Verbot von mandatsbedingten Kündigungen und Entlassungen gilt ausnahmslos und ist damit auch dem Kompensationsgedanken[62] nicht zugänglich. Zutreffend weist *Kühne*[63] darauf hin, dass der Abwehranspruch des Art. 48 Abs. 2 GG primär auf „Naturalrestitution" gerichtet ist und deswegen nicht beliebig mit einem monetären Entschädigungsanspruch getauscht werden kann. In zeitlicher Hinsicht gilt das Verbot von Kündigung und Entlassung aus mandatsbedingten Gründen unbegrenzt; die Begrenzung auf ein Jahr nach Beendigung des Mandats in § 2 Abs. 3 Satz 4 gilt nur für die Beschränkung der Kündigungsmöglichkeiten „im Übrigen" auf wichtige Gründe.[64]

Soweit der Abgeordnete oder auch bereits der Mandatsbewerber seine beruflichen Verpflichtungen nicht mehr erfüllen will oder kann, ruht das (unkündbare) Be-

---

55 *v. Mangold H./Klein F./Achterberg N./Schulte M.*, aaO, Art. 48 Rdn. 36; *Trute H.-H.*, aaO, Art. 48 Rdn. 14; *Klein H. H.*, aaO, Art. 48 Rdn. 105; *Medding J.*, aaO, S. 500.
56 So *Klein H. H.*, aaO, Art. 48 Rdn. 103; *Schneider H.-P.*, aaO, Art. 48 Rdn. 7.
57 S. dazu oben 3.1.
58 Zum Verhältnis zwischen Art. 48 Abs. 2 GG und § 2 s. oben 1.2.
59 S. dazu etwa. *v. Mangold H./Klein F./Achterberg N./Schulte M.*, aaO, Art. 48 Rdn. 31; *Trute H.-H.*, aaO, Art. 48 Rdn. 13; *Klein H. H.*, aaO, Art. 48 Rdn. 102.
60 *Schulze-Fielitz H.*, aaO, Art. 48 Rdn. 13; *Schneider H.-P.*, aaO, Art. 48 Rdn. 7.
61 *Medding J.*, aaO, S. 500; *v. Mangold H./Klein F./Achterberg N./Schulte M*, aaO, Art. 48 Rdn. 32; zustimmend *Klein H. H.*, aaO, Art. 48 Rdn. 102.
62 S. dazu bereits oben 3.1.
63 AaO, S. 354 und 358 f.; zustimmend *Klein H. H.*, aaO, Art. 48 Rdn. 100.
64 S. dazu oben 2.2.

schäftigungsverhältnis.[65] Im Bereich des öffentlichen Dienstrechts gilt dies nach Annahme des Mandats schon wegen der Inkompatibilitätsregelungen der §§ 5 und 8. Demgegenüber ist bei privatrechtlichen Beschäftigungsverhältnissen auch eine Teilzeitregelung mit entsprechender Minderung[66] des Vergütungsanspruchs denkbar. Eine solche Regelung müsste allerdings durch einvernehmliche Absprache der Vertragspartner getroffen werden;[67] die Herleitung eines einseitigen Anpassungsanspruch des weiterhin berufstätigen Abgeordneten bzw. Mandatsbewerbers direkt aus der Verfassung ist zu weitgehend.[68]

29 Gemäß § 2 Abs. 3 Satz 2 sind auch nicht mandatsbezogene Kündigungen nur aus wichtigem Grund zulässig. Dieser gegenüber dem Grundgesetz erweiterte Kündigungsschutz wird allgemein als zulässig erachtet.[69] Die Bestimmung ist eine praktisch sinnvolle Ergänzung der verfassungsrechtlichen Gewährleistungen, weil durch sie in den meisten Fällen die Notwendigkeit entfallen dürfte, den Mandatsbezug einer ausgesprochenen Kündigung nachweisen zu müssen. Dieser ergänzende Kündigungsschutz im Hinblick auf nicht mandatsbedingte Gründe gilt ein Jahr nach Beendigung des Mandats fort.[70]

4. Anspruchsverpflichtete und Durchsetzung des Anspruchs

30 Die Schutzvorschriften des § 2 Abs. und Art 48 Abs. 2 GG richten sich sowohl gegen den Staat als auch gegen Private. Sie verpflichten alle, die im sachlichen Schutzbereich der Regelungen mit Mandatsbewerbern und Mandatsinhabern durch ein Rechtsverhältnis verbunden sind und die Bewerbung um ein Mandat oder die Übernahme oder Ausübung eines Mandats zum Anlass nehmen wollen, daraus für Bewerber und Mandatsinhaber nachteilige Rechtsfolgen abzuleiten.[71] Sie vermitteln dem geschützten Personenkreis unmittelbar einen Abwehr- bzw. Unterlassungsanspruch. Absprachen, Maßnahmen und Willenserklärungen, die dem Schutzbereich des § 2 entgegenstehen, sind gemäß § 134 BGB nichtig; Art. 48 Abs. 2 GG und § 2 sind Schutzgesetze im Sinne von § 823 BGB.[72]

31 Soweit die Beeinträchtigung von staatlicher Seite ausgeht, ist der Abwehranspruch im Verwaltungsrechtsweg gelten zu machen (vgl. §§ 40 Abs. 1 Satz 1 VwGO und 126

---

[65] Vgl. *Kühne J.-D.*, aaO, S. 357; *Klein H. H.*, aaO, Art. 48 Rdn. 100.
[66] Eine ungekürzte Weiterzahlung der Bezüge ohne entsprechende Arbeitsleistung ist dagegen nach dem Diätenurteil unzulässig; s. BVerfGE 40, 296, 319.
[67] *Klein H. H.*, aaO, Art. 48 Rdn. 100.
[68] So aber *Welti F.*, Abgeordnete und Arbeitsrecht, aaO, S. 345, 347 und Soziale Sicherung, aaO, S. 242; die dort herangezogenen Argumente berücksichtigen nicht die ebenfalls schützenswerten Interessen des Vertragspartners. Es ist zwar zutreffend, dass ein fortdauernder Kontakt zum Berufsleben sich auch für die Mandatsausübung befruchtend auswirken kann und überdies dem Abgeordneten den Wiedereinstieg nach Beendigung des Mandats erleichtert. Ist jedoch der Arbeitgeber aus objektiv nachvollziehbaren Gründen mit einer Vertragsanpassung nicht einverstanden, so kann von einer Diskriminierung und damit einer verfassungswidrigen Behinderung des Abgeordneten (s. dazu oben 3. 1) nicht ausgegangen werden.
[69] Vgl. etwa *Trute H.-H.*, aaO, Art. 48 Rdn. 13; *Klein H. H.*, aaO, Art. 48 Rdn. 104; *v. Mangold H. / Klein F. / Achterberg N. / Schulte M.*, aaO, Art. 48 Rdn. 33; *Medding J.*, aaO. S. 500.
[70] Zum zeitlichen Schutzbereich s. 2.
[71] *Klein H. H.*, aaO, Art. 48 Rdn. 81.
[72] *Trute H.-H.*, aaO, Art. 48 Rdn. 15; *Magiera S.*, aaO, Art. 48 Rdn. 7; *Schulze-Fielitz H.*, aaO, Art. 48 Rdn. 17.

BRRG). Bei Beeinträchtigungen durch Dritte sind dagegen die Zivilgerichte, ggf. auch die Arbeitsgerichte zuständig. Auch das Bundesverfassungsgericht kann angerufen werden, da eine Verletzung der Rechte aus Artikel 48 Abs. 2 und auch aus Art. 38 Abs. 1 Satz 1 oder Satz 2 geltend gemacht werden kann. Richtige Klageart dürfte in der Regel die Verfassungsbeschwerde sein, die grundsätzlich allerdings erst nach Erschöpfung des Rechtswegs erhoben werden kann (§ 90 Abs. 2 BVerfGG). Dies gilt auch angesichts der Rechtsprechung des Bundesverfassungsgerichts, wonach bei der Geltendmachung von Statusrechten der Abgeordneten das Organstreitverfahren gegenüber der Verfassungsbeschwerde vorrangig ist.[73] Denn in den meisten Fällen wird es für ein Organstreitverfahren bereits an einem parteifähigen Antragsgegner fehlen. Allenfalls bei Beeinträchtigungen, die den repräsentativen Status des aktiven Abgeordneten betreffen (aber nicht den des zukünftigen) und die von einem gemäß § 63 BVerfGG parteifähigen Gegner ausgehen, kommt ein Organstreit in Betracht.[74]

5. Parallelregelungen für Abgeordnete des EP und der Länder

Die Vorschriften zum Schutz der Mandatsausübung der in Deutschland gewählten **32** Mitglieder des EP (§ 3 EuAbgG) und der Landtage[75] entsprechen im Wesentlichen denen des § 2. In Berlin, Hamburg und Sachsen besteht für die Dauer des Mandats – bei Unterschieden im Detail der Regelungen – in privatrechtlichen Arbeitsverhältnissen Anspruch auf Teilzeitarbeit oder Sonderurlaub ohne Fortzahlung der Bezüge. Berlin, Baden-Württemberg, Mecklenburg-Vorpommern, Schleswig-Holstein und Sachsen sehen darüber hinaus für Beamte, deren Amt mit dem Mandat vereinbar ist, einen Anspruch auf Reduzierung der Arbeitszeit bzw. einen Anspruch auf Urlaub ohne Besoldung vor.

§ 3 Wahlvorbereitungsurlaub

Einem Bewerber um einen Sitz im Bundestag ist zur Vorbereitung seiner Wahl innerhalb der letzten zwei Monate vor dem Wahltag auf Antrag Urlaub von bis zu zwei Monaten zu gewähren. Ein Anspruch auf Fortzahlung seiner Bezüge besteht für die Dauer der Beurlaubung nicht.

---

73 S. Urteil vom 7. März 1953 – 2 BvE 4 / 52 –, BVerfGE 2, 143, 164; Urteil vom 16. März 1955 – 2 BvK 1 / 54 –, BverfGE 4, 144, 148; Urteil vom 12. Juli 1994 – 2 BvE 3 / 92, 5 / 93, 7 / 93, 8 / 93 –, BVerfGE 90, 286, 342; Beschluss vom 21. Mai 1996 – 2 BvE 1 / 95 –, BVerfGE 94, 351, 362; Urteil vom 20. Juli 1998 – 2 BvE 2 / 98 –, BVerfGE 99, 19, 25.
74 Ausführlich zur Abgrenzung zwischen Organstreit und Verfassungsbeschwerde in diesen Fällen s. *Klein H. H.,* aaO, Art. 48 Rdn. 108.
75 S.o. Parallelvorschriften.

Parallelvorschriften im EuAbgG und in den Abgeordnetengesetzen der Länder:

EuAbgG	§ 4		
BadWürtt.	§ 3	Nds.	§ 3
Bay.	Art. 3	NW.	§ 3
Berl.	§ 3	RP.	§ 3
Bbg.	§ 3	Saarl.	§ 3
Brem.	§ 3	Sachs.	§ 3
Hbg.	–	SachsAnh.	§ 3
Hess.	§ 3	SchlH.	§ 3
MV.	§ 3	Thür.	§ 3

Literatur: *v. Arnim H. H.*, Zweitbearbeitung von Art. 48 GG, 1980, in: Kommentar zum Bonner Grundgesetz (Bonner Kommentar); *Klein, H. H.*, in Maunz-Dürig, Kommentar zum Grundgesetz, Art. 48, München, 1998; *v. Mangold H./Klein F./Achterberg N./Schulte M.*, Das Bonner Grundgesetz, Band 6, 3. Aufl., München 1991, Art. 48; *Medding J.*, Der Wahlvorbereitungsurlaub eines Bewerbers um einen Sitz im Deutschen Bundestag, Verwaltungsrundschau 1990, S. 161 ff.; *Schneider H.-P.*, in: AK-GG, Band 2, 2. Aufl., Darmstadt, 1989, Art. 48; *Spoerhase D.*, Probleme des grundgesetzlichen Verbots der Abgeordnetenbehinderung (Art. 48 Abs. 1 und 2 GG), Diss. Saarbrücken, 1980; *Trute H.-H.*, in: v. Münch I./Bryde B.-O., Grundgesetz-Kommentar, Band 2, 3. Aufl., München, 1995, Art. 48.

Übersicht

		Rdn.
1.	Einleitung	1–5
1.1	Entstehungsgeschichte	1
1.2	Verhältnis zu Art. 48 Abs. 1 GG	2–5
2.	Anspruchsberechtigte	6–9
2.1	Bewerber um einen Sitz im Bundestag	6
2.2	Beschäftige in einem persönlichen Abhängigkeitsverhältnis	7–9
3.	Anspruchsverpflichtete	10
4.	Inhalt des Anspruchs	11–13
4.1	Urlaubszweck	11
4.2	Dauer des Urlaubs	12
4.3	Unbezahlter Urlaub	13
5.	Durchsetzung des Anspruchs	14–15
5.1	Gewährung durch den Arbeitgeber/Dienstherrn	14
5.2	Rechtsweg	15
6.	Parallelregelungen für Abgeordnete des EP und der Länder	16

1. Einleitung

1.1 Entstehungsgeschichte

1 Mit dem Gesetz zur Neuregelung der Rechtsverhältnisse der Mitglieder des Bundestages[1] wurde 1977 auch eine einfachgesetzliche Regelung des Wahlvorbereitungsurlaubs als § 3 in das neue Abgeordnetengesetz aufgenommen. Verfassungsrechtlich blickt der Anspruch auf Wahlvorbereitungsurlaub allerdings auf eine längere

---

1 Vom 18. Februar 1977, BGBl. I, S. 297.

Tradition zurück. Art. 39 Abs. 2 WRV enthielt einen entsprechenden Anspruch für Beamte und Angehörige der Wehrmacht. Auf der Grundlage des Art. 62 Abs. 2 HChE wurde 1949 in Art. 48 Abs. 1 GG der Urlaubsanspruch für alle Wahlbewerber festgeschrieben.[2]

1.2 Verhältnis zu Art. 48 Abs. 1 GG

Art. 48 Abs. 1 GG statuiert für alle Bewerber um einen Sitz im Bundestag einen Anspruch auf den zur Vorbereitung der Wahl „erforderlichen" Urlaub. Demgegenüber bestimmt § 3, dass der Urlaub auf Antrag innerhalb der letzten zwei Monate vor dem Wahltag und für einen Zeitraum von bis zu zwei Monaten zu gewähren ist. § 3 regelt außerdem, dass ein Anspruch auf Fortzahlung der Bezüge für die Dauer der Beurlaubung nicht besteht.

In der Literatur werden diese Regelungen des § 3 für verfassungsrechtlich unbedenklich gehalten. Unter Berufung auf „intime Kenner der Praxis von Bundestagswahlen" geht v. Arnim[3] davon aus, dass der erforderliche Urlaub in der Regel unter der Zwei-Monats-Grenze liege. Klein[4] begründet die Verfassungsmäßigkeit dieser Grenze mit einer vertretbaren Abwägung des öffentlichen Interesses an einem Wahlkampf, der die Zielsetzungen der Wahlbewerber für den Wähler offen legt, und den Interessen der Dienstherren und Arbeitgeber an der Erbringung der ihnen zustehenden Arbeitsleistung der Bewerber. Die Zeitgrenzen des § 3 können deshalb als verfassungsgemäße einfachgesetzliche Konkretisierung des in Art. 48 Abs. 1 GG verwendeten Begriffs der Erforderlichkeit angesehen werden.

Ebenso ist es unbedenklich, dass § 3 einen Anspruch auf Fortzahlung der Bezüge für die Dauer der Beurlaubung verneint. Der Wortlaut des Art. 48 Abs. 1 lässt bezahlten Wahlvorbereitungsurlaub ebenso zu wie unbezahlten; in den Beratungen des Parlamentarischen Rates war zu dieser Frage keine Einigkeit erzielt worden, so dass sie bewusst der Entscheidung des Gesetzgebers überlassen wurde.[5]

Zusammenfassend lässt sich damit feststellen, dass der Anspruch auf Wahlvorbereitungsurlaub des Art. 48 Abs. 1 GG durch die Regelungen des § 3 in verfassungsrechtlich unbedenklicher Weise konkretisiert wird.

2. Anspruchsberechtigte

2.1 Bewerber um einen Sitz im Bundestag

Anspruch auf Wahlvorbereitungsurlaub haben Bewerber um einen Sitz im Bundestag.[6] Zum Begriff des „Bewerbers" wird in der verfassungsrechtlichen Literatur ausgeführt, hier sei ein gewisses Maß an Ernstlichkeit der Bewerbung um einen Sitz

---

[2] Ausführlich zur Entstehungsgeschichte des Art. 48 Abs. 1 GG Klein, H. H., in Maunz-Dürig, Kommentar zum Grundgesetz, Art. 48 Rdn. 7 ff.
[3] In: Kommentar zum Bonner Grundgesetz (Bonner Kommentar), Art. 48 Rdn. 22.
[4] AaO, Art. 48 Rdn. 62.
[5] S. dazu Klein, H. H., aaO, Art. 48, Rdn. 17 und 67; v. Arnim H. H., aaO, Art. 48 Rdn. 26.
[6] Zum Wahlvorbereitungsurlaub der Bewerber um ein Mandat im EP bzw. in den Landtagen s. unten 6.

im Bundestag gefordert, wofür nicht schon jede mit einer möglichen zukünftigen Wahl zusammenhängende Aktivität ausreiche.[7]

Dem ist zuzustimmen, wobei sich allerdings infolge der zeitlichen Eingrenzung des Wahlvorbereitungsurlaubs in § 3 der Kreis der ernsthaften Bewerber relativ leicht bestimmen lässt: Anspruch auf Wahlvorbereitungsurlaub besteht nur innerhalb der letzten zwei Monate vor dem Wahltag. Bereits am 66. Tag vor der Wahl müssen aber die Wahlvorschläge beim zuständigen Kreis- bzw. Landeswahlleiter vorliegen (vgl. § 19 BWG); über deren Zulassung entscheidet der zuständige Kreis- bzw. Landeswahlausschuss am 58. Tag vor der Wahl; Beschwerden müssen bis spätestens am 52. Tag vor der Wahl entschieden sein (§§ 26, 28 BWG).

Anspruch auf Wahlvorbereitungsurlaub haben deshalb zunächst nur solche Personen, die in einem beim Kreis- bzw. Landeswahlleiter eingereichten Wahlvorschlag als Bewerber für einen Sitz im Bundestag aufgestellt sind. Nach dem 58. Tag vor der Wahl sind die vom Kreis- bzw. Landeswahlausschuss nicht zugelassenen Bewerber auch vom Kreis der Urlaubsberechtigten auszuschließen, es sei denn, sie haben Beschwerde gegen die Nichtzulassung eingelegt. In diesem Fall kann während des anhängigen Beschwerdeverfahrens auch in Ansehung auf den Wahlvorbereitungsurlaub die Ernsthaftigkeit der Bewerbung nicht in Abrede gestellt werden. Nach erfolgter Entscheidung besteht aber der Urlaubsanspruch nur noch dann, wenn der Beschwerde stattgegeben wurde.

2.2 Beschäftigte in einem persönlichen Abhängigkeitsverhältnis

7 § 3 steht im Kontext mit § 2 sowie Art. 48 GG. Daraus wird deutlich, dass auch der Wahlvorbereitungsurlaub dem Schutz des Parlamentsbewerbers vor Beeinträchtigungen aus der beruflichen Sphäre dient. Anspruchsberechtigt sind deshalb solche Bewerber, die in einem öffentlich- oder privatrechtlichen Dienstverhältnis stehen; mithin Beschäftigte in einem persönlichen Abhängigkeitsverhältnis.[8] Darunter fallen Arbeitnehmer;[9] auch solche, die ihrem Arbeitgeber mitgliedschaftlich verbunden sind wie Mitglieder religiöser, karitativer oder sonst ideell ausgerichteter Vereinigungen.[10] Anspruchsberechtigt sind ferner die in einem faktischen Arbeitsverhältnis stehende Beschäftigten[11] und auch arbeitnehmerähnliche Personen im Sinne des § 12a Tarifvertragsgesetz.[12]

---

7 *Klein H. H.,* aaO, Art. 48 Rdn. 57; *Trute H.-H.,* in: v. Münch I./Bryde B.-O., Grundgesetz-Kommentar, Art. 48 Rdn. 4; *Schneider H.-P.,* in: AK-GG, Art. 48 Rdn. 3; *Medding J.,* Der Wahlvorbereitungsurlaub eines Bewerbers um einen Sitz im Deutschen Bundestag, Verwaltungsrundschau 1990, S. 161.
8 So *Klein H. H.,* aaO, Art. 48 Rdn. 49; *Trute H.-H.,* aaO, Art. 48 Rdn.5; *v. Mangold H./Klein F./Achterberg N./Schulte M.,* Das Bonner Grundgesetz, Kommentar, Art. 48 Rdn. 4.
9 Personen, die auf der Grundlage eines Arbeitsvertrages im Dienste eines anderen zur Arbeit verpflichtet sind. Das Wesen eines Arbeitsverhältnisses wird dadurch bestimmt, dass der Arbeitnehmer vom Arbeitgeber persönlich abhängig, d.h. bei seiner Arbeit im Wesentlichen an dessen Weisungen gebunden ist; BAG, Urteil vom 13. Dezember 1962 – 2 AZR 128/62 –, BAGE 14, 17, 18 f.
10 *Klein H. H.,* aaO, Art. 48 Rdn. 50; *v. Mangold H./Klein F./Achterberg N./Schulte M.,* aaO, Art. 48 Rdn. 6; *Trute H.-H.,* aaO, Art. 48 Rdn. 5.
11 Auf die Gültigkeit des Arbeitsvertrages kommt es für die Anwendbarkeit des Art. 48 Abs. 1 GG/§ 3 nicht an; vgl. *Klein H. H.,* aaO, Art. 48 Rdn. 50; *Trute H.-H.,* aaO, Art. 48 Rdn. 5; *v. Mangold H./Klein F./Achterberg N./Schulte M.,* aaO, Art. 48 Rdn. 4; *Medding J.,* aaO, S. 162.
12 Dies sind nach der gesetzlichen Definition Erwerbstätige, die wirtschaftlich abhängig und

Urlaubsberechtigt sind auch Beamte, Richter und Soldaten. Die Angehörigen des **8** öffentlichen Dienstes sind ebenfalls von den Regelungen des § 3 erfasst; spezialgesetzliche Grundlagen hierfür sind aber in den §§ 33 Abs. 1 BRRG, 89 Abs. 2 BBG, 36 Abs. 1 DRiG und 28 Abs. 6 SoldatenG enthalten. Die inhaltliche Ausgestaltung des Urlaubsanspruchs in diesen Vorschriften entspricht allerdings weitgehend der in § 3.[13] Ein Soldat, der auf Grund der Wehrpflicht Wehrdienst leistet, ist zu entlassen, wenn er seiner Aufstellung für die Wahl zum Bundestag, zu einem Landtag oder zum EP zugestimmt hat (§ 29 Abs. 1 Nr. 8 WPflG). Entsprechendes gilt gem. § 43 Abs. 1 Nr. 6 ZDG für Zivildienstleistende. Noch nicht herangezogene Wehrpflichtige und anerkannte Zivildienstleistende, die eine solche Zustimmung erteilt haben, sind bis zur Wahl zurückzustellen. Nach Annahme der Wahl können sie für die Dauer des Mandats nur auf eigenen Antrag einberufen werden (§§ 12 Abs. 3 WPflG, 11 Abs. 3 ZDG).

Nicht urlaubsberechtigt sind demgegenüber Selbständige und zwar auch dann **9** nicht, wenn sie sich durch Gesellschafts- oder Werkvertrag gegenüber Dritten zu Arbeitsleistungen verpflichtet haben.[14] Sozialhilfeempfänger haben, auch wenn sie Arbeit verrichten (§ 19 Abs. 3 BSHG) keinen Anspruch auf Wahlvorbereitungsurlaub.[15] Ebenfalls nicht urlaubsberechtigt sind Strafgefangene und Untersuchungshäftlinge.[16]

3. Anspruchsverpflichtete

Adressaten des Anspruchs auf Wahlvorbereitungsurlaub sind die jeweiligen Dienst- **10** herren der Beamten, Richter und Soldaten sowie die jeweiligen Arbeitgeber. Als Dienstherr oder Arbeitgeber sind dabei nicht nur diejenigen natürlichen oder juristischen Personen anzusehen, gegenüber denen der Dienst- oder Arbeitnehmer seine Arbeitsleistung zu erbringen hat, sondern auch diejenigen, denen vom Dienst-

---

vergleichbar einem Arbeitnehmer sozial schutzbedürftig sind, wenn sie aufgrund von Dienstoder Werkverträgen für andere Personen tätig sind, die geschuldeten Leistungen persönlich und ohne Mitarbeit von Arbeitnehmern erbringen und überwiegend für eine Person tätig sind oder ihnen von einer Person im Durchschnitt mehr als die Hälfte des Entgelts zusteht, das ihnen für die Tätigkeit insgesamt zusteht. Beispiele sind Heimarbeiter, Hausgewerbetreibende, Journalisten, Musiker, Schriftsteller, „freie" Mitarbeiter. Eingehend hierzu s. *Medding J.*, aaO, S. 162 f.; auch *Klein H. H.*, aaO, Art. 48 Rdn. 51; *v. Mangold H./Klein F./Achterberg N./Schulte M.*, aaO, Art. 48 Rdn. 5.
13 Allerdings bestimmen §§ 33 Abs. 1 BRRG, 89 Abs. 2 BBG, 36 Abs. 1 DRiG und 28 Abs. 6 SoldatenG zwingend den Wegfall der Bezüge, während § 3 lediglich den Anspruch auf Fortzahlung entfallen lässt (s. dazu unten 4. 3). Der Urlaubsanspruch aus diesen Regelungen für die Angehörigen des öffentlichen Dienstes besteht nicht nur für Bewerber um einen Sitz im Bundestag, sondern auch für Bewerber für die Wahl „zu der gesetzgebenden Körperschaft eines Landes".
14 *Klein H. H.*, aaO, Art. 48 Rdn. 50, *v. Mangold H./Klein F./Achterberg N./Schulte M.*, aaO, Art. 48 Rdn. 9; *Trute H.-H.*, aaO, Art. 48 Rdn. 5; *Medding J.*, aaO, S. 164.
15 *V. Mangold H./Klein F./Achterberg N./Schulte M.*, aaO, Art. 48 Rdn. 9; *Trute H.-H.*, aaO, Art. 48 Rdn. 6; *Medding J.*, aaO, S. 164.
16 *Klein H. H.*, aaO, Art. 48 Rdn. 53; *v. Mangold H./Klein F./Achterberg N./Schulte M.*, aaO, Art. 48 Rdn. 7; *Trute H.-H.*, aaO, Art. 48 Rdn. 5; *Medding J.*, aaO, S. 163; a.A. *Schneider H.-P.*, aaO, Art. 48 Rdn. 2.

herrn oder Arbeitgeber die Wahrnehmung von Weisungsgewalt oder Leitungsmacht gegenüber den Beschäftigten übertragen worden ist.[17]

4. Inhalt des Anspruchs

4.1 Urlaubszweck

11 Nach dem Wortlaut des Art. 48 Abs. 1 GG und § 3 ist der Urlaub dem Berechtigten „zur Vorbereitung seiner Wahl" zu gewähren. Der Parlamentsbewerber darf also die ihm gewährte Freizeit nicht beliebig nutzen, sondern nur für Wahlvorbereitungszwecke, insbesondere zum Wahlkampf.[18] Der durch diese Zweckbestimmung abgesteckte Zeitrahmen für den Wahlvorbereitungsurlaub – von der Anordnung der Wahl durch den Bundespräsidenten bis zur Eröffnung der Wahlhandlung durch die Wahlvorsteher (§ 16 BWG i.V.m. Art. 39 Abs. 1 Satz 3 GG, § 53 Abs. 1 BWO) – wird von § 3 auf den Zeitraum der letzten zwei Monate vor dem Wahltag begrenzt.

4.2 Dauer des Urlaubs

12 § 3 legt fest, dass Urlaub für einen Zeitraum von bis zu zwei Monaten beansprucht werden kann. Hierbei handelt es sich um eine Konkretisierung des Merkmals der Erforderlichkeit des Wahlvorbereitungsurlaubs in Art. 48 Abs. 1 GG.[19] Die Zwei-Monats-Frist bezeichnet lediglich die Höchstdauer des Wahlvorbereitungsurlaubs; die Dauer des tatsächlich erforderlichen Urlaubs kann also auch darunter liegen. Allerdings ist bei der Ermittlung der Erforderlichkeit allein auf die Interessen des Parlamentsbewerbers abzustellen und nicht auf die des Dienstherren oder Arbeitgebers.[20] Der Bewerber kann deshalb in erster Linie selbst bestimmen, ob er den Urlaub in vollem Umfang, nur teilweise, verteilt auf mehrere Abschnitte oder auch gar nicht in Anspruch nehmen will.

4.3 Unbezahlter Urlaub

13 § 3 Satz 2 bestimmt nunmehr ausdrücklich, dass ein Anspruch auf Fortzahlung der Bezüge für die Dauer des Wahlvorbereitungsurlaubs nicht besteht.[21] Damit ist ein diesbezüglicher Meinungsstreit genauso beseitigt wie die vor Erlass des Gesetzes zur Neuregelung der Rechtsverhältnisse der Mitglieder des Bundestages[22] bestehende Privilegierung der Angehörigen des öffentlichen Dienstes gegenüber privaten Arbeitnehmern. Das alte Recht hatte nämlich den Angehörigen des öffentlichen Dienstes einen Anspruch auf Fortzahlung ihrer Bezüge eingeräumt, während eine entsprechende Regelung für privatrechtliche Beschäftigungsverhältnisse fehlte. Nunmehr bestimmen §§ 33 Abs. 1 BRRG, 89 Abs. 2 BBG, 36 Abs. 1 DRiG

---

[17] *Klein H. H.*, aaO, Art. 48 Rdn. 55; s.a. *Medding J.*, aaO, S. 164; *v. Mangold H./Klein F./Achterberg N./Schulte M.*, aaO, Art. 48 Rdn. 10.
[18] *Medding J.*, aaO, S. 164; *v. Mangold H./Klein F./Achterberg N./Schulte M.*, aaO, Art. 48 Rdn. 11.
[19] S. dazu oben 1. 2.
[20] *Klein H. H.*, aaO, Art. 48 Rdn. 63; *v. Mangold H./Klein F./Achterberg N./Schulte M.*, aaO, Art. 48 Rdn. 12; *v. Arnim H. H.*, aaO, Art. 48 Rdn. 21; *Schneider H.-P.*, aaO, Art. 48 Rdn. 4; *Medding J.*, aaO, S. 165.
[21] Zur Vereinbarkeit dieser Regelung mit Art. 48 Abs. 1 GG s. oben 1. 2.
[22] Vom 18. Februar 1977, BGBl. I, S. 297.

und 28 Abs. 6 SoldatenG für die Angehörigen des öffentlichen Dienstes ausdrücklich, dass Wahlvorbereitungsurlaub nur unter Wegfall der Bezüge zu gewähren ist. Privatrechtlichen Arbeitgebern verbietet § 3 dagegen die Fortzahlung der Bezüge – auf freiwilliger Basis – nicht; die Vorschrift bestimmt lediglich, dass darauf kein Anspruch besteht.

Da Art. 48 Abs. 1 GG unbezahlten Wahlvorbereitungsurlaub genauso zulässt wie bezahlten,[23] hätte sich der Gesetzgeber in dieser Frage auch anders entscheiden können. Im Gesetzgebungsverfahren führten die Berichterstatter des 2. Sonderausschusses der 7. WP hierzu Folgendes aus: „Das Gesetz untersagt es allerdings den Arbeitgebern außerhalb des öffentlichen Dienstes nicht, von sich aus ihren Arbeitnehmern auch während des Wahlvorbereitungsurlaubs das Arbeitsentgelt ganz oder teilweise weiterzuzahlen. (...) Diese Folge könnte nur dadurch vermieden werden, dass die bisherige Sonderregelung für die Angehörigen des öffentlichen Dienstes auf alle Parlamentsbewerber ausgedehnt und sie alle für die Zeit des Wahlvorbereitungsurlaubs in gleicher Weise finanziell abgesichert würden. Der Ausschuss hat davon jedoch aus mehreren Gründen abgesehen. Eine Fortzahlung des Gehalts oder des Lohns könnte besonders kleinere Betriebe in unzumutbarer Weise belasten. Außerdem würde eine solche Lösung nicht die Angehörigen freier Berufe und andere Selbständige erfassen, die durch die Vorbereitung ihrer Wahl einen erheblichen Verdienstausfall erleiden können. Von daher wäre nur eine Entschädigung aus öffentlichen Mitteln als sachgerechte Lösung in Frage gekommen. Die Kosten des Gesetzes wären dadurch wesentlich angestiegen. Es bestünde auch die Gefahr, dass ein aus Bundesmitteln finanzierter Wahlvorbereitungsurlaub missbräuchlich in Anspruch genommen werden könnte. Das Gesetz sieht daher nur einen Anspruch auf unbezahlten Wahlvorbereitungsurlaub vor."[24]

Diese Überlegungen haben seit 1976 nichts von ihrer Aktualität eingebüßt. Obwohl der 2. Sonderausschuss der 7. WP die getroffene Regelung seinerzeit als noch einmal überdenkenswürdig betrachtet hatte, ist die Einführung bezahlten Wahlvorbereitungsurlaubs seither nicht mehr ernsthaft ins Auge gefasst worden.

5. Durchsetzung des Anspruchs

5.1 Gewährung durch den Arbeitgeber / Dienstherrn

§ 3 Satz 1 bestimmt, dass der Bewerber den Urlaub beantragen muss. Der Wahlvorbereitungsurlaub bedarf also der Gewährung durch den Arbeitgeber bzw. Dienstherrn. Im Rahmen der von § 3 konkretisierten Voraussetzungen des Urlaubsanspruchs verbleibt diesem verbleibt allerdings kaum ein eigener Entscheidungsspielraum.

14

Der Parlamentsbewerber ist deshalb nicht berechtigt, sich seinen Wahlvorbereitungsurlaub selbst zu bewilligen.[25]

---

23 S. dazu oben 1. 2.
24 BT-Drs. 7 / 5903, S. 7; ähnlich bereits die Materialien zur Begründung des Gesetzentwurfs, BT-Drs. 7 / 5531, S. 12 f.
25 *Klein H. H.*, aaO, Art. 48 Rdn. 66; *Trute H.-H.*, aaO, Art. 48 Rdn. 10; *v. Mangold H. / Klein F. / Achterberg N. / Schulte M.*, aaO, Art. 48 Rdn. 22; *Medding J.*, aaO, S. 168; a.A. *Spoerhase D.*, Probleme

5.2 Rechtsweg

15 Sollte die Gewährung durch den Arbeitgeber bzw. Dienstherrn unterbleiben, hat der Parlamentsbewerber den Rechtsweg zu beschreiten. Dieser richtet sich nach der Rechtsnatur des Urlaubsanspruchs, der wiederum der rechtlichen Ausgestaltung des Beschäftigungsverhältnisses folgt:[26] Beamte, die einen öffentlich-rechtlichen Urlaubsanspruch haben, müssen diesen im Streitfall nach erfolglosem Widerspruchsverfahren vor den Verwaltungsgerichten geltend machen (§§ 126 BRRG; 40 Abs. 2 VwGO). Arbeiter und Angestellte des öffentlichen Dienstes und Beschäftigte in der Privatwirtschaft müssen ihren Urlaubsanspruch vor den Arbeitsgerichten durchsetzen (§ 2 ArbGG). In dringenden Fällen steht das Verfahren des einstweiligen Rechtsschutzes zur Verfügung (§§ 123 VwGO, 940 ZPO).

6. Parallelregelungen für Abgeordnete des EP und der Länder

16 Für Bewerber um ein Mandat im EP gewährt § 4 Abs. 1 EuAbgG einen Urlaubsanspruch, der inhaltlich dem des § 3 entspricht. Ähnlich ausgestaltet sind auch die Ansprüche auf Wahlvorbereitungsurlaub in den Abgeordnetengesetzen der Länder.[27] Bemerkenswert ist, dass sich in einigen Ländern (Berlin, Brandenburg, Hessen, Mecklenburg-Vorpommern, Niedersachsen, Sachsen-Anhalt, Schleswig-Holstein und Thüringen) der Anspruch auf die Bewerber um ein Mandat in dem jeweiligen Landtag beschränkt, während in Bremen, Bayern, Baden-Württemberg, Nordrhein-Westfalen, Saarland und Rheinland-Pfalz der Anspruch auch Bewerber um einen Sitz in der gesetzgebenden Körperschaft eines anderen Landes umfasst.

Bremen, Bayern, Hessen, Mecklenburg-Vorpommern, Saarland, Sachsen-Anhalt, Schleswig-Holstein, Rheinland-Pfalz und Thüringen haben in ihren Abgeordnetengesetzen darüber hinaus spezielle Regelungen für den Wahlvorbereitungsurlaub der Angehörigen ihres öffentlichen Dienstes. Ebenso wie § 3 für die Bewerber um einen Sitz im Bundestag bestimmen die allgemeineren Regelungen für den Wahlvorbereitungsurlaub in den §§ 3 der jeweiligen Landesabgeordnetengesetze durchgängig, dass ein Anspruch auf Fortzahlung der Bezüge für die Dauer des Urlaubs nicht besteht. Und parallel zu den Regelungen in §§ 33 BRRG, 89 BBG und 36 DRiG bestimmen die speziellen Regelungen der Länder für die Angehörigen des öffentlichen Dienstes, dass der Urlaub nur unter Wegfall der Bezüge gewährt wird. Anspruchsberechtigte der landesrechtlichen Regelungen für die Angehörigen des öffentlichen Dienstes sind in den meisten Ländern die Bewerber um einen Sitz nicht nur in dem jeweiligen Landtag, sondern auch die Bewerber um einen Sitz im Bundestag oder in der gesetzgebenden Körperschaft eines anderen Landes. Einige Landesgesetze schließen bei den Regelungen für die Angehörigen ihres öffentlichen Dienstes auch die Bewerber um einen Sitz im EP mit ein.

Eine Besonderheit besteht schließlich in Niedersachsen; hier wird in § 3 LAbgG der Urlaubsanspruch ausdrücklich auf „Arbeitnehmer" beschränkt; für die Landes-

---

des grundgesetzlichen Verbots der Abgeordnetenbehinderung (Art. 48 Abs. 1 und 2 GG), Diss. Saarbrücken, 1980, S. 88, 91.
26 Zutreffend: *v. Mangold H./Klein F./Achterberg N./Schulte M.*, aaO, Art. 48 Rdn. 3.
27 Bis auf Hamburg, in dessen AbgG eine entsprechende Regelung fehlt.

beamten ergibt sich der Anspruch auf Wahlvorbereitungsurlaub aus § 33 Abs. 1 BRRG, 105 NBG.

§ 4 Berufs- und Betriebszeiten

(1) Die Zeit der Mitgliedschaft im Bundestag ist nach Beendigung des Mandats auf die Berufs- und Betriebszugehörigkeit anzurechnen.

(2) Im Rahmen einer bestehenden betrieblichen oder überbetrieblichen Altersversorgung wird die Anrechnung nach Absatz 1 nur im Hinblick auf die Erfüllung der Unverfallbarkeitsfristen des § 1 des Gesetzes zur Verbesserung der betrieblichen Altersversorgung vorgenommen.

Parallelvorschriften im EuAbgG und in den Abgeordnetengesetzen der Länder:					
EuAbgG	§ 4				
BadWürtt.	§ 4	Nds.		§ 4	
Bay.	Art. 4	NW.		§ 4	
Berl.	§ 4	RP.		§ 4	
Bbg.	§ 4	Saarl.		§ 4	
Brem.	§ 4	Sachs.		§ 4	
Hbg.	§ 8	SachsAnh.		§ 4	
Hess.	§ 4	SchlH.		§ 4	
MV.	§ 4	Thür.		§ 4	

Literatur: *Welti F.*, Die soziale Sicherung der Abgeordneten des Deutschen Bundestages, der Landtage und der deutschen Abgeordneten im Europäischen Parlament, Berlin, 1998; *ders.*, Abgeordnete und Arbeitsrecht, Arbeit und Recht 1998, 345 ff.

Übersicht

		Rdn.
1.	Allgemeines	1–2
2.	Anmerkungen	3–6

1. Allgemeines

§ 4 Abs. 1 entspricht § 6 Abs. 1 des Entwurfs eines Gesetzes zur Neuregelung der **1** Rechtsverhältnisse der Mitglieder des Deutschen Bundestages vom 29. Juni 1976.[1] Absatz 2 geht auf einen Vorschlag des 2. Sonderausschusses zurück.[2] Die letzte – allerdings nur redaktionelle – Änderung der Vorschrift erfolgte durch Art. 1 des Einundzwanzigsten Gesetzes zur Änderung des Abgeordnetengesetzes und Achtzehnten Gesetzes zur Änderung des Europaabgeordnetengesetzes vom 20. Juli 2000.[3]

---

1 BT-Drs. 7/5525, S. 4.
2 Bericht und Antrag vom 30. November 1976, BT-Drs. 7/5903, S. 10.
3 BGBl. I S. 1037.

2 Gesetzeszweck der Regelung – wie der weiterer des Abgeordnetengesetzes auch – ist die Begrenzung des beruflichen Risikos eines Bewerbers um ein Bundestagsmandat im Interesse der Chancengleichheit. § 4 soll dazu dienen, im Einzelfall die Rückkehr eines Abgeordneten in seinen vor der Annahme des Mandats ausgeübten Beruf zu erleichtern.[4]

2. Anmerkungen

3 Nach § 4 Abs. 1 ist die Zeit der Mitgliedschaft im Bundestag nach der Beendigung des Mandats auf die Berufs- und Betriebszugehörigkeit anzurechnen. Die Zeit der Berufs- und Betriebszugehörigkeit gilt betriebsintern vielfach als Voraussetzung für Ansprüche auf berufliche Förderung, Sozialbezüge im Krankheitsfall, Jubiläumszuwendungen, erweiterten Kündigungsschutz und mehr.[5] Nur im Hinblick auf solche Ansprüche soll der aus dem Mandat in seinen früheren Beruf zurückkehrende Abgeordnete nicht schlechter stehen als die übrigen Betriebsangehörigen. Dagegen ist nach dem Gesetzeszweck eine Anrechnung von Mandatszeiten auf Zeiten der Berufs- und Berufzugehörigkeit, die einer berufsnotwendigen praktischen Ausbildung dienen, ausgeschlossen.[6]

4 § 4 Abs. 2 bestimmt, dass die Anrechnung nach Abs. 1 im Rahmen einer bestehenden betrieblichen oder überbetrieblichen Altersversorgung nur im Hinblick auf die Erfüllung der Unverfallbarkeitsfristen des § 1 des Gesetzes zur Verbesserung der betrieblichen Altersversorgung[7] erfolgen darf. Damit ist gewährleistet, dass sich die Mandatszeit nicht auf die Höhe der betrieblichen oder überbetrieblichen Altersversorgung auswirkt, wohl aber bei der Berechnung der Fristen, ab denen eine Versorgungszusage auf eine betriebliche oder überbetriebliche Altersversorgung nicht mehr verfallen kann, Berücksichtigung findet.[8] Damit hat der Gesetzgeber auch hier – wie bei der Parallelregelung für den öffentlichen Dienst in §§ 7 Abs. 3 und 8 – der Gesetzessystematik einer Trennung der Lebensabschnitte von Beruf und Mandat konsequent Rechnung getragen.[9]

5 Für in Deutschland gewählte Abgeordnete des Europäischen Parlaments gilt § 4 gemäß § 4 Abs. 2 EuAbgG entsprechend. Der vom Europäischen Parlament in seiner Sitzung vom 3. Dezember 1998 angenommene Entwurf eines Statuts für die Abgeordneten des Europäischen Parlaments[10] sah keine vergleichbare Regelung vor. Nachdem das einheitliche Abgeordnetenstatut aufgrund tiefgreifender Differenzen zwischen dem Rat und dem Europäischen Parlament – der Rat hatte den Ursprungsentwurf des Parlaments in wesentlichen Bestandteilen zum Nachteil der Abge-

---

4 Vgl. Materialien zum Entwurf eines Gesetzes zur Neuregelung der Rechtsverhältnisse der Mitglieder des Deutschen Bundestages vom 30. Juni 1976, BT-Drs. 7/5531, S. 12 u. 13.
5 Vgl. auch die Beispiele bei *Welti F.*, Die soziale Sicherung der Abgeordneten des Deutschen Bundestages, der Landtage und der deutschen Abgeordneten im Europäischen Parlament, Berlin 1998, S. 256.
6 Materialien zum Entwurf eines Gesetzes zur Neuregelung der Rechtsverhältnisse der Mitglieder des Deutschen Bundestages, aaO, S. 14.
7 Vom 19. Dezember 1974, BGBl. I S. 3610, mit späteren Änderungen.
8 Vgl. auch *Welti F.*, Abgeordnete und Arbeitsrecht, Arbeit und Recht 1998, 345, 348.
9 Vgl. auch Bericht und Antrag des 2. Sonderausschusses vom 30. November 1976, Begründung zu § 4, BT-Drs. 7/5903, S. 10.
10 PV 55 PE 273.910.

ordneten verändert[11] – in der 4. Wahlperiode nicht verabschiedet werden konnte, bleibt die weitere Entwicklung in der 5. Wahlperiode abzuwarten. Sollte der europäische Gesetzgeber diese und andere Statusfragen der Europaabgeordneten künftig nicht eigenständig regeln, wäre insoweit auch in Zukunft weiter der nationale Gesetzgeber gefordert.

Die gesetzlichen Vorschriften der Abgeordnetengesetze der Länder entsprechen – von Details, deren Erwähnung an dieser Stelle nicht lohnt[12], abgesehen – § 4 des Abgeordnetengesetzes des Bundes. Auf o. Anmerkungen kann daher verwiesen werden. **6**

---

[11] DOC_DE\NT\377\377136 PE 278.414 / BUR.
[12] Vgl. *Welti F.*, aaO.

Dritter Abschnitt
Rechtsstellung der in den Bundestag gewählten Angehörigen des öffentlichen Dienstes

§ 5 Ruhen der Rechte und Pflichten aus einem öffentlich-rechtlichen Dienstverhältnis

(1) Die Rechte und Pflichten aus dem Dienstverhältnis eines in den Bundestag gewählten Beamten mit Dienstbezügen ruhen vom Tage der Annahme der Wahl für die Dauer der Mitgliedschaft mit Ausnahme der Pflicht zur Amtsverschwiegenheit und des Verbots der Annahme von Belohnungen und Geschenken. Das gleiche gilt, wenn ein Mitglied des Bundestages in ein solches Dienstverhältnis berufen wird, von dem Tage an, mit dem seine Ernennung wirksam wird. Der Beamte hat das Recht, seine Amts- oder Dienstbezeichnung mit dem Zusatz „außer Dienst" („a. D.") zu führen. Bei unfallverletzten Beamten bleiben die Ansprüche auf das Heilverfahren und einen Unfallausgleich unberührt. Satz 1 gilt längstens bis zum Eintritt oder bis zur Versetzung in den Ruhestand.

(2) Für den in den einstweiligen Ruhestand versetzten Beamten gilt Absatz 1 längstens bis zum Eintritt oder bis zur Versetzung in den dauernden Ruhestand sinngemäß.

(3) Einem in den Bundestag gewählten Beamten auf Widerruf im Vorbereitungsdienst ist auf seinen Antrag Urlaub ohne Anwärterbezüge zu gewähren. Wird der Beamte nach Bestehen der Laufbahnprüfung zum Beamten auf Probe ernannt, so ruhen seine Rechte und Pflichten aus diesem Dienstverhältnis nach Absatz 1 von dem Tage an, mit dem die Ernennung wirksam wird.

Parallelvorschriften im EuAbgG und in den Abgeordnetengesetzen der Länder:			
EuAbgG	§ 8		
BadWürtt.	§ 27	Nds.	§ 5
Bay.	Art. 30	NW.	§ 32
Berl.	§ 28	RP.	§ 30
Bbg.	§ 28	Saarl.	§ 33
Brem.	§ 29	Sachs.	§ 30
Hbg.	§ 18	SachsAnh.	§ 35
Hess.	§ 30	SchlH.	§ 35
MV.	§ 35	Thür.	§ 34

§ 5 Ruhen der Rechte und Pflichten aus einem öffentlich-rechtlichen Dienstverhältnis

Literatur: *Brockmeyer H. B.,* in: Schmidt-Bleibtreu B., Klein F., Kommentar zum Grundgesetz, 9. Aufl., Neuwied, 1999; *Dietrich H.,* Beamte als Abgeordnete und das Diäten-Urteil des Bundesverfassungsgerichts, ZBR 1976, 97 ff.; *Drescher A.,* Die Neuregelung der Rechtsverhältnisse der in den Bundestag gewählten Angehörigen des öffentlichen Dienstes, RiA 1977, 51 ff.; *Fischer A.,* Abgeordnetendiäten und staatliche Fraktionsfinanzierung in den fünf neuen Bundesländern, Frankfurt, 1995; *Fleuter R.,* Mandat und Status der Abgeordneten im Europäischen Parlament, Pfaffenweiler, 1991; *Henkel J.,* Anmerkung zum „Diäten-Urteil" des BVerfG, DÖV 1975, 819 ff.; *ders.,* Die Rechtsstellung der in den Bundestag gewählten Beamten, ZBR 1977, 113 ff.; *Kabel R.,* Das neue Abgeordnetengesetz vom Dezember 1976, ZParl 1977, 3 ff.; *Klein, H. H.,* Status der Abgeordneten, in: Handbuch des Staatsrechts der Bundesrepublik Deutschland, Heidelberg, 1987, 367 ff.; *Kloepfer M.,* Diätenurteil und Teilalimentation, DVBl. 1979, 378 ff.; *Magiera S.,* in: Sachs M., Grundgesetz, Kommentar, 2. Aufl., München 1999; *v. Mangoldt H./Klein F./v. Camphausen A.,* Das Bonner Grundgesetz, Kommentar, 3. Aufl., München 1991; *Maunz Th.,* in: Maunz-Dürig, Kommentar zum Grundgesetz, Art. 137 GG; *v. Münch I.,* Grundgesetz-Kommentar, 3. Aufl., München 1996; *Plog E./Wiedow A./Beck G./Lemhöfer B.,* Kommentar zum Bundesbeamtengesetz, Neuwied; *Schlaich K./Schreiner J.,* Die Entschädigung der Abgeordneten. Die neuen Abgeordnetengesetze der Länder und das Diäten-Urteil des Bundesverfassungsgerichts, NJW 1979, 673 ff.; *Schmidt-Bleibtreu B./Klein F.,* Kommentar zum Grundgesetz, 9. Aufl., Neuwied 1999; *Stober R.,* in: Bonner Kommentar zum Grundgesetz, Zweitbearbeitung Art. 137 GG; *Tsatsos D.,* Unvereinbarkeiten zwischen Bundestagsmandat und anderen Funktionen, in: Parlamentsrecht und Parlamentspraxis in der Bundesrepublik Deutschland: ein Handbuch/ hrsg. von Schneider H.-P./Zeh W., Berlin, 1989, 701 ff.; *Welti F.,* Die soziale Sicherung der Abgeordneten des Deutschen Bundestages, der Landtage und der deutschen Abgeordneten im Europäischen Parlament, Berlin 1998.

Übersicht

		Rdn.
1.	Allgemeines	1–5
2.	Ruhen der Rechte und Pflichten aus dem Dienstverhältnis eines aktiven Beamten (Abs. 1)	6–11
3.	Ruhen der Rechte und Pflichten eines in ein Beamtenverhältnis berufenen Mitglieds des Bundestages (Abs. 1 Satz 2)	12
4.	Ruhen der Rechte und Pflichten aus dem Dienstverhältnis eines in den einstweiligen Ruhestand versetzten Beamten (Abs. 2)	13
5.	In den Bundestag gewählte Beamte auf Widerruf im Vorbereitungsdienst (Abs. 3)	14–16
6.	EuAbgG	17–19
6.1	Nationales Recht	17
6.2	Europäisches Recht	18–19
7.	Landesrecht	20–22

1. Allgemeines

Das Gewaltenteilungsprinzip verlangt grundsätzlich, dass kein Amtsträger einer Gewalt zugleich Amtsträger einer anderen Gewalt sein darf (Inkompatibilität). Nach Art. 137 Abs. 1 GG kann deshalb die Wählbarkeit von Beamten, Angestellten des öffentlichen Dienstes, Soldaten und Richtern in Bund, Ländern und Gemeinden gesetzlich beschränkt werden. Als legitimierenden Gründe für eine Inkompatibilität werden dabei in diesem Zusammenhang neben dem Gewaltenteilungsgrundsatz meist der Grundsatz der parteipolitischen Neutralität des öffentlichen Dienstes, die hergebrachten Grundsätze des Berufsbeamtentums, der Grundsatz des freien Mandats oder die „Entbeamtung" des Parlaments genannt.[1] Seit dem In-Kraft-Treten des Gesetzes vom 11. Mai 1951[2] hat der einfache Gesetzgeber von dieser grundgesetzlichen Ermächtigung stets Gebrauch gemacht.

2 Bis zum In-Kraft-Treten des Abgeordnetengesetzes waren Beamte, Richter und Soldaten, die in den Bundestag gewählt wurden, mit der Annahme der Wahl in den Ruhestand getreten.[3] Ab diesem Zeitpunkt erhielten sie ein Ruhegehalt, das sich nach der ruhegehaltsfähigen Dienstzeit berechnete, mindestens aber 35%, höchstens 75% der ruhegehaltsfähigen Dienstbezüge betrug. Außerdem behielten sie ihren Beihilfeanspruch. Angestellte des öffentlichen Dienstes erhielten für die Dauer ihrer Mitgliedschaft im Bundestag die Hälfte ihrer früheren Vergütung. Die Geldleistungen waren als Ausgleich dafür gedacht, dass Angehörige des öffentlichen Dienstes für die Dauer ihrer Parlamentszugehörigkeit im Unterschied zu anderen Abgeordneten nicht in ihrem angestammten Beruf tätig bleiben durften. Für Beamte, Richter und Soldaten war die Mandatszeit ruhegehaltsfähig. Angestellte verblieben auch während der Mandatszeit in der gesetzlichen Rentenversicherung. Hierzu zahlte der Arbeitgeber anteilig Beiträge. Nach Beendigung des Mandats hatten alle Angehörigen des öffentlichen Dienstes einen Anspruch auf Wiederverwendung. Beamte, Richter und Soldaten konnten gegen ihren Willen aber nur bis zur Vollendung des 55. Lebensjahres reaktiviert werden. Angestellte dagegen mussten unter diesen Gegebenheiten kündigen, was regelmäßig nachteilig für die VBL-Rente war.[4]

3 Im „Diäten-Urteil" hat das Bundesverfassungsgericht die die Beamten betreffenden Regelungen als Privilegien bezeichnet, die ihre Berechtigung in dem Augenblick verloren hätten, in dem Abgeordnete angemessen alimentiert würden. Außerdem widersprächen sie dem formalisierten Gleichheitssatz. Auch durch die alleine ihnen

---

1 Dazu und zur Entstehungsgeschichte der Verfassungsnorm mit einem Überblick über geltende Inkompatibilitätsregelungen, (jeweils mit umfangreichen weiteren Nachweisen zu Rspr. und Lit.) vgl. *Klein, H. H.*, Status der Abgeordneten, in: Handbuch des Staatsrechts der Bundesrepublik Deutschland, Heidelberg, 1987, 367, 379 ff.; *Tsatsos D.*, Unvereinbarkeiten zwischen Bundestagsmandat und anderen Funktionen, in: Parlamentsrecht und Parlamentspraxis in der Bundesrepublik Deutschland: ein Handbuch / hrsg. von Schneider H.-P. / Zeh W., Berlin, 1989, 701ff; ferner: *Magiera S.*, in: Sachs M., Grundgesetz, Kommentar, 2. Aufl., München 1999, Art. 137 GG, Rd. 4; *Maunz Th.*, in: Maunz-Dürig, Kommentar zum Grundgesetz, Art. 137 GG, Rdn. 2; *v. Münch I.*, Grundgesetz-Kommentar, 3. Aufl., München 1996, Art. 137 GG, Rdn. 1 und 29 f.; *Stober R.*, in: Bonner Kommentar zum Grundgesetz, Zweitbearbeitung Art. 137 GG, Rdn. 93 ff.; *Plog E. / Wiedow A. / Beck G. / Lemhöfer B.*, Kommentar zum Bundesbeamtengesetz, Rdn. 1 zu § 57; vgl. auch Materialien zu dem Entwurf eines Gesetzes zur Neuregelung der Rechtsverhältnisse der Mitglieder des Deutschen Bundestages, BT-Drs. 7/5531, S. 15, und BVerfG, Beschluss vom 5. Juni 1998 – 2 BvL 2/97 –, BVerfGE 98, 145 ff.
2 BGBl. I S. 297.
3 §§ 1, 5 und 7 des Gesetzes über die Rechtsstellung der in den Deutschen Bundestag gewählten Angehörigen des öffentlichen Dienstes vom 4. August 1953, BGBl. I S. 777, und § 25 des Soldatengesetzes in der Fassung der Bekanntmachung vom 22. April 1969, BGBl. I S. 314; s. auch *Dietrich H.*, Beamte als Abgeordnete und das Diäten-Urteil des Bundesverfassungsgerichts, ZBR 1976, 97 f.; *Drescher A.*, Die Neuregelung der Rechtsverhältnisse der in den Bundestag gewählten Angehörigen des öffentlichen Dienstes, RiA 1977, 51, 52.
4 Vgl. auch Materialien zu dem Entwurf eines Gesetzes zur Neuregelung der Rechtsverhältnisse der Mitglieder des Deutschen Bundestages, BT-Drs. 7/5531, S. 10.; *Welti F.*, Die soziale Sicherung der Abgeordneten des Deutschen Bundestages, der Landtage und der deutschen Abgeordneten im Europäischen Parlament, Berlin 1998, S. 246.

auferlegte Unvereinbarkeit von Beruf und Mandat könne dies nicht gerechtfertigt werden.[5]

Für den Gesetzgeber waren diese Ausführungen Anlass für eine grundsätzliche Neukonzeption der Rechtsstellung der in den Bundestag gewählten Angehörigen des öffentlichen Dienstes.[6] Das Bundesverfassungsgericht hatte zwei Wege aufgezeigt, die Rechtsstellung der Angehörigen des öffentlichen Dienstes anders zu regeln: Die Beurlaubung ohne Dienstbezüge ab Annahme der Wahl für die Dauer der Mitgliedschaft oder das Ruhen der Rechte und Pflichten aus dem Dienst- oder Arbeitsverhältnis für eben diesen Zeitraum.[7] Unter Beibehaltung der umfassenden Inkompatibilität von Amt und Mandat für diesen Kreis der Abgeordneten, hat sich der Bundesgesetzgeber für das Modell des Ruhens der Rechte und Pflichten aus dem Dienst- oder Arbeitsverhältnis bei Trennung der Lebensabschnitte von Amt und Mandat entschieden.[8] Dabei fällt allerdings schon bei Betrachtung der unterschiedlichen Regelungsdichte auf, dass der Gesetzgeber den Angehörigen des öffentlichen Dienstes ein größeres Augenmerk geschenkt hat als den in der Privatwirtschaft Beschäftigten oder Selbständigen. Bei letzteren ist das Verhältnis von Mandat und Beruf nur knapp in Grundzügen, die mancherlei Fragen offen lassen, geregelt, während die Schnittstellen zwischen den Statusverhältnissen der Angehörigen des öffentlichen Dienstes und dem Statusverhältnis der Abgeordneten nach dem Abgeordnetengesetz umfassend und harmonisch aufeinander abgestimmt sind.[9] Dabei war es erklärtes Anliegen des Entwurfs gewesen, „mehr Chancengleichheit für Parlamentsbewerber aus allen Schichten und Gruppen des Volkes zu schaffen und damit eine ausgewogenere Zusammensetzung des Parlaments zu erreichen".[10]

Erst mit dem Siebzehnten Gesetz zur Änderung des Abgeordnetengesetzes vom 4. November 1994[11] wurde § 5 Abs. 1 Satz 2 in das Gesetz eingefügt. Dadurch sollte die bislang praktizierte Verfahrensweise klargestellt werden, dass die Rechte und Pflichten eines Beamten aus dem Dienstverhältnis auch dann ruhen, wenn die Ernennung zum Beamten erst nach dem Erwerb des Mandats wirksam wird.[12]

---

5 Schlussurteil vom 5. November 1975 – 2 BvR 193/74 –, BVerfGE 40, 296, 321 ff.
6 Vgl. *Kabel R.*, Das neue Abgeordnetengesetz vom Dezember 1976, ZParl 1977, 3, 6 f.
7 AaO, S. 322; kritisch zu den Vorgaben *Henkel J.*, Anmerkung zum „Diäten-Urteil" des BVerfG, DÖV 1975, 819, 820.
8 Vgl. auch Materialien zu dem Entwurf eines Gesetzes zur Neuregelung der Rechtsverhältnisse der Mitglieder des Deutschen Bundestages, BT-Drs. 7/5531, S. 11.
9 So ist es kein Zufall, wenn ein Beamter, der das Gesetzgebungsverfahren auf der Seite der Bundestagsverwaltung begleitet hat, berichtet, dass „die Wiederverwendung der aus dem öffentlichen Dienst kommenden Abgeordneten nach Beendigung der Mitgliedschaft im Bundestag im Zentrum der parlamentarischen Beratungen (lag)": *Drescher A.*, aaO, S. 53. Auch *Henkel J.*, Die Rechtsstellung der in den Bundestag gewählten Beamten, ZBR 1977, 113, 115 f., betont, dass das mit der Übernahme und Ausübung des Mandats verbundene berufliche Risiko für Beamte schon wegen des ihnen gewährleisteten Wiederverwendungsanspruchs geringer ist als für Angehörige anderer Berufsgruppen, deren Arbeitsplatz ungleich schlechter gesichert sei.
10 AaO, S. 12.; bei In-Kraft-Treten des Abgeordnetengesetzes lag der Anteil der Angehörigen des öffentlichen Dienstes (Beamte und Angestellte) unter den Mitgliedern des Bundestages bei 35,5%, in der 13. Wahlperiode bereits bei 44,3% (vgl. *Schindler P.*, Datenhandbuch zur Geschichte des Deutschen Bundestages 1949 bis 1999, Baden-Baden 1999, Band I, S. 680 f.).
11 BGBl. I S. 3346.
12 Entwurf eines Siebzehnten Gesetzes zur Änderung des Abgeordnetengesetzes, Begründung zu Art. 1 Nr. 2, BT-Drs. 12/7777, S. 8.

2. Ruhen der Rechte und Pflichten aus dem Dienstverhältnis eines aktiven Beamten (Abs. 1)

6 Mit der Annahme der Wahl scheidet der Beamte mit den in § 5 Abs. 1 näher geregelten Folgen aus dem Amt – nicht aus dem öffentlichen Dienst – aus (vgl. § 57 Satz 1 BBG). Nach § 5 Abs. 1 Satz 1 ruhen die Rechte und Pflichten aus dem Dienstverhältnis eines in den Bundestag gewählten aktiven Beamten mit Dienstbezügen vom Tage der Annahme der Wahl für die Dauer der Mitgliedschaft mit Ausnahme der Pflicht zur Amtsverschwiegenheit und des Verbots der Annahme von Belohnungen und Geschenken. Der Beamtenbegriff des Art. 137 Abs. 1 GG und des Abgeordnetengesetzes ist der (staatsrechtliche) des Beamtenrechts.[13] Bundesbeamter ist danach, wer zum Bund oder zu einer bundesunmittelbaren Körperschaft, Anstalt oder Stiftung des öffentlichen Rechts in einem öffentlich-rechtlichen Dienst- und Treueverhältnis (Beamtenverhältnis) steht (§ 2 Abs. 1 BBG). Für Landes- oder Kommunalbeamte, die ebenfalls von Art. 137 Abs. 1 GG und § 5 Abs. 1 Satz 1 erfasst werden,[14] gelten entsprechende Regelungen (vgl. § 2 Abs. 1 BRRG). In einem Beamtenverhältnis steht dabei grundsätzlich nur derjenige, dem von einer zuständigen Stelle eine Ernennungsurkunde in der vorgeschriebenen Form ausgehändigt worden ist, in der wenigstens die Worte " unter Berufung in das Beamtenverhältnis" enthalten sind (§ 6 Abs. 2 BBG, Beamter im staatsrechtlichen Sinn).[15]

7 § 5 Abs. 1 Satz 1 erfasst allerdings nur Beamte mit Dienstbezügen. Dazu zählen auch Professoren an einer Hochschule i. S. des § 43 des Hochschulrahmengesetzes[16] (zu den für sie geltenden Sonderregelungen s. § 9) und Wahlbeamte auf Zeit (s. aber § 10). Ehrenbeamte, wie sie vor allem die Gemeindeordnungen der Länder kennen, sind danach von der Regelung ausgeschlossen, denn sie dürfen keine Dienstbezüge erhalten (vgl. § 115 Abs. 2 Satz 1 BRRG).[17] Auch Beamte auf Widerruf im Vorbereitungsdienst sind nicht betroffen, denn sie erhalten nach §§ 59 ff. BBesG Anwärterbezüge, nicht aber Dienstbezüge. Ihr Widerrufsbeamtenverhältnis besteht neben dem Mandat fort (s. unten 5).

---

13 Vgl. *Maunz Th.*, aaO, Rdn. 4; *v. Münch I.*, aaO, Rdn. 5; krit. *Stober R.*, aaO, Rdn. 287 ff.
14 Vgl. „Diäten-Urteil" des BVerfG vom 5. November 1975 – 2 BvR 193/74 –, BVerfGE 40, 296, 320 (und std. Rspr.): „Diese Inkompatibilitätsregel (Art. 137 Abs. 1 GG) erfasst allerdings alle Richter, Beamte und Angestellte des Landes, einer Gemeinde, eines Gemeindeverbandes oder einer sonstigen, der Aufsicht des Landes unterstehenden Körperschaft, Anstalt oder Stiftung des öffentlichen Rechts."
15 Nach der Rechtsprechung des Bundesverfassungsgerichts kommt aber auch den Kirchen in entspr. Anwendung des Art. 137 Abs. 1 GG die Kompetenz zu, die Rechtsverhältnisse ihrer Amtsträger so zu regeln, wie dies gem. Art. 137 Abs. 1 GG bei staatlichen Beamten vorgesehen ist; vgl. BVerfG, Beschluss vom 21. September 1976 – 2 BvR 350/75 –, BVerfGE 42, 312, 341; ebenso *Schmidt-Bleibtreu B./Klein F.*; Kommentar zum Grundgesetz, Art. 137 GG, Rdn. 1 f.; *v. Münch I.*, aaO, Rdn. 8; krit. *Stober R.*, aaO, Rdn. 90 f.
16 Vgl. auch Materialien zu dem Entwurf eines Gesetzes zur Neuregelung der Rechtsverhältnisse der Mitglieder des Deutschen Bundestages, aaO , S. 15; *v. Münch I.*, aaO, Rdn. 7; *Stober R.*, aaO, Rdn. 314; zum früheren Recht: *Dietrich H.*, aaO, S. 101.
17 Vgl. Materialien zu dem Entwurf eines Gesetzes zur Neuregelung der Rechtsverhältnisse der Mitglieder des Deutschen Bundestages, aaO, S. 11; BVerfGE 18, 172, 184; zustimmend *v. Mangoldt H./Klein F./v. Camphausen A.*, Das Bonner Grundgesetz, Kommentar, 3. Aufl., München 1991, Art. 137 GG, Rdn. 23; kritisch dazu *Tsatsos D.*, weil auch Ehrenbeamte genauso bedeutsame, nach außen wirkende Staatsfunktionen ausüben könnten wie Berufsbeamte (aaO, S. 722 f.); ebenso *Stober R.*, aaO, Rdn. 317 ff.

§ 5 Ruhen der Rechte und Pflichten aus einem öffentlich-rechtlichen Dienstverhältnis

Zu den von der Anordnung des Ruhens betroffenen Rechten des Beamten zählen vor allem der Anspruch auf Besoldung, Beihilfe und andere geldwerte Leistungen. Auch kann der Beamte während der Mitgliedschaft im Bundestag nicht befördert werden[18] oder in eine höhere Laufbahn aufsteigen. An Pflichten ruhen insbesondere die Pflicht zur Unparteiischkeit und Gerechtigkeit der Amtsführung (§ 52 Abs. 1 BBG), die politische Treuepflicht (§ 52 Abs. 2 BBG), die Pflicht zur Mäßigung und Zurückhaltung bei der politischen Betätigung (§ 53 BBG) und die Pflicht zur Einholung einer Genehmigung bei einer Nebentätigkeit (§ 65 BBG).[19] Letzteres erlaubt den früheren Beamten unter den Abgeordneten, neben dem Mandat genehmigungsfrei anderen beruflichen Tätigkeiten nachzugehen. **8**

Vom Ruhen ausdrücklich ausgenommen ist nach § 5 Abs. 1 Satz 1 die Pflicht zur Amtsverschwiegenheit (§ 61 BBG) und das Verbot der Annahme von Belohnungen und Geschenken (§ 70 BBG). § 5 Abs. 1 Satz 3 begründet das Recht des in den Bundestag gewählten Beamten, seine Amts- oder Dienstbezeichnung nur mit dem Zusatz „außer Dienst" („a.D.") zu führen. Diese Fassung der Bestimmung geht auf eine Empfehlung des Innenausschusses zurück. Hierdurch soll der Eindruck vermieden werden, ein Abgeordneter sei neben dem Mandat weiterhin in der Exekutive tätig.[20] Der ursprüngliche Gesetzentwurf (dort § 7 Abs. 1) hatte diese Einschränkung noch nicht enthalten. **9**

Vom Ruhen der Rechte ausgenommen sind nach § 5 Abs. 1 Satz 4 schließlich die Ansprüche eines unfallverletzten Beamten auf das Heilverfahren (§ 33 BeamtVG) und einen Unfallausgleich (§ 35 BeamtVG). Auch diese Vorschrift geht auf eine Empfehlung des Innenausschusses zurück.[21] **10**

Beginn des Ruhens der Rechte und Pflichten eines in den Bundestag gewählten Beamten ist der Tag der Annahme der Wahl (vgl. dazu 2 zu § 32). Das Ruhen gilt grundsätzlich für die gesamte Dauer der Mitgliedschaft (zu Erwerb und Verlust der Mitgliedschaft vgl. zu § 1), längstens aber bis zum Eintritt des Ruhestandes oder bis zur Versetzung in den Ruhestand (§ 5 Abs. 1 Satz 1 und 5).[22] Auf den in den **11**

---

18 Vgl. § 8 a BBG, § 7 a BRRG, § 17 DRiG und § 4 IV SoldatenG; *Drescher A.*, aaO, S. 55 f.; *Henkel J.*, Die Rechtsstellung der in den Bundestag gewählten Beamten, aaO, S. 114. Das Beförderungsverbot besteht übrigens auch dann, wenn ein Beamter sein Mandat niederlegt und reaktiviert wird, aber bereits wieder für die kommende Wahl zum Bundestag kandidiert.
19 Vgl. Materialien zu dem Entwurf eines Gesetzes zur Neuregelung der Rechtsverhältnisse der Mitglieder des Deutschen Bundestages, BT-Drs. 7/5531, S. 15; *Drescher A.*, aaO, S. 52 f.; *Plog E./Wiedow A./Beck G./Lemhöfer B.*, aaO, Rdn. 5 und 6 zu § 57.
20 Bericht und Antrag des 2. Sonderausschusses vom 30. November 1976, Begründung zu § 5 des Gesetzentwurfs, BT-Drs. 7/5903, S. 10.
21 Bericht und Antrag des 2. Sonderausschusses vom 30. November 1976, Begründung zu § 5 des Gesetzentwurfs, aaO.
22 *Drescher A.*, aaO, S. 53 f., merkt dazu an, dass die Regelung kein Vorbild im Beamtenrecht habe. Das Beamtenrecht sehe bei Nichtfortsetzung des Beamtenverhältnisses lediglich die Entlassung vor, mit im Allgemeinen erheblich negativen Auswirkungen auf die Versorgung. Der entlassene Beamte werde zwar in der gesetzlichen Rentenversicherung nachversichert; seine (günstigeren) versorgungsrechtlichen Ansprüche aus dem Beamtenverhältnis gingen ihm aber verloren, da er nur bis zur Höhe der jeweiligen Beitragsbemessungsgrenze nachversichert werde und eine Nachversicherung in der Zusatzversorgung (VBL) nicht erfolge. Diese nachteiligen Folgen seien für den Abgeordneten ausgeschlossen. *Henkel J.*, Die Rechtsstellung der in den Bundestag gewählten Beamten, aaO, S. 115, hält dieses Privileg ebenfalls für zulässig. Auch dieses Beispiel zeigt, mit welcher Sorgfalt der Gesetzgeber das Statusrecht der Abge-

Bundestag gewählten Beamten finden also weiterhin die Bestimmungen der §§ 36– 47 BBG bzw. die entsprechenden Landesvorschriften über den Eintritt in den Ruhestand Anwendung.[23] Soweit der Eintritt in den Ruhestand Versorgungsansprüche des Beamten auslöst, ruhen diese allerdings neben der Abgeordnetenentschädigung nach Maßgabe des § 29 Abs. 2 (s. 3. 2. 1 und 3. 2. 8 zu § 29).

3. Ruhen der Rechte und Pflichten eines in ein Beamtenverhältnis berufenen Mitglieds des Bundestages (Abs. 1 Satz 2)

12 Nach Abs. 1 Satz 2 gelten die Ruhensbestimmungen des Abs. 1 für ein Mitglied des Bundestages, das in ein Beamtenverhältnis berufen wird, von dem Tag an, mit dem seine Ernennung wirksam wird. Will ein Bundestagsabgeordneter diese Rechtsfolge vermeiden, muss er sein Mandat niederlegen. Tut er es innerhalb einer von der obersten Dienstbehörde gesetzten angemessenen Frist nicht, so ist er nach § 28 Nr. 2 BBG zu entlassen.[24] Die Angemessenheit der Frist ist einzelfallabhängig zu bestimmen. Die Entlassung als Rechtsfolge ist sachgerecht, weil die Berufung in ein Beamtenverhältnis nur zu den in § 4 BBG genannten Zwecken, insbesondere der Wahrnehmung hoheitlicher Aufgaben, zulässig ist. Behält der Beamte sein Mandat, kann dieser Zweck wegen des Ruhensbefehls in § 5 Abs. 1 erkennbar nicht erreicht werden. Also ist er zu entlassen.[25] Weil § 5 Abs. 1 aber nur für Beamte mit Dienstbezügen gilt (s.o. 2), folgt daraus, dass § 28 Nr. 2 BBG auch nur auf solche Beamte Anwendung finden kann.

4. Ruhen der Rechte und Pflichten aus dem Dienstverhältnis eines in den einstweiligen Ruhestand versetzten Beamten (Abs. 2)

13 Für in den einstweiligen Ruhestand versetzte Beamte, die in den Bundestag gewählt werden, gilt Abs. 1 gemäß Abs. 2 mit der Maßgabe sinngemäß, dass das Ruhen der Rechte und Pflichten längstens bis zum Eintritt oder bis zur Versetzung in den dauernden Ruhestand dauert. Im Unterschied zu den in den Bundestag gewählten Beamten im dauernden Ruhestand verlieren sie für diese Zeit insbesondere ihre Ruhestandsbezüge.[26]

5. In den Bundestag gewählte Beamte auf Widerruf im Vorbereitungsdienst (Abs. 3)

14 Abs. 3, der die Rechtsverhältnisse eines in den Bundestag gewählten Beamten auf Widerruf im Vorbereitungsdienst regelt, wurde auf Empfehlung des Innenausordneten mit dem Statusrecht der Beamten abgestimmt hat, um den Übergang von dem einen Status zum anderen zu erleichtern.

---

23 Vgl. Materialien zu dem Entwurf eines Gesetzes zur Neuregelung der Rechtsverhältnisse der Mitglieder des Deutschen Bundestages, BT-Drs. 7/5531, S. 15; Bericht und Antrag des 2. Sonderausschusses vom 30. November 1976, Begründung zu § 5 des Gesetzentwurfs, aaO; *Plog E./Wiedow A./Beck G./Lemhöfer B.*, aaO, Rdn. 8 zu § 57.

24 Für Landesbeamte gelten entsprechende Regelungen in den Landesbeamtengesetzen; für Richter vgl. auch § 21 Abs. 2 Nr. 2 DRiG.

25 Vgl. auch *Tsatsos D.*, aaO, S. 718 f.; *Plog E./Wiedow A./Beck G./Lemhöfer B.*, aaO, Rdn. 3 zu § 28.

26 Vgl. *Henkel J.*, Die Rechtsstellung der in den Bundestag gewählten Beamten, aaO, S. 115.

schusses in das Gesetz aufgenommen. Im ursprünglichen Gesetzentwurf war diese Norm noch nicht vorgesehen.[27]

Oben (2.) wurde bereits darauf hingewiesen, dass in den Bundestag gewählte Beamte auf Widerruf im Vorbereitungsdienst nicht unter die Ruhensregelung des Abs. 1 fallen, weil sie nach §§ 59 ff. BBesG Anwärterbezüge, nicht aber Dienstbezüge erhalten. Ihr Widerrufsbeamtenverhältnis besteht neben dem Mandat als aktives fort. Sie können also weiterhin ihren Vorbereitungsdienst leisten. Nach Abs. 3 Satz 1 ist ihnen auf Antrag jedoch Urlaub ohne Anwärterbezüge zu gewähren. 15

Wird ein in den Bundestag gewählter Beamter auf Widerruf im Vorbereitungsdienst nach Bestehen der Laufbahnprüfung zum Beamten auf Probe ernannt, so ruhen gemäß Abs. 3 Satz 2 seine Rechte und Pflichten aus diesem Dienstverhältnis nach Abs. 1 von dem Tag an, mit dem die Ernennung wirksam wird. 16

6. EuAbgG

6.1 Nationales Recht

Nach § 8 Abs. 1 und 3 EuAbgG gilt § 5 für die in Deutschland gewählten Abgeordneten des Europäischen Parlaments entsprechend. Auf die Erläuterungen zu 2. bis 5. kann deshalb verwiesen werden. Grundsätzlich ruhen also auch hier die Rechte und Pflichten aus dem Dienstverhältnis eines aktiven Beamten mit Dienstbezügen ab dem Tag der Annahme der Wahl (s. dazu 10. 1 zu § 32).[28] 17

6.2 Europäisches Recht

Die gemeinschaftsrechtliche Regelung der Unvereinbarkeiten ist in Art. 6 Abs. 1 des Akts vom 20. September 1976 zur Einführung allgemeiner, unmittelbarer Wahlen der Abgeordneten des Europäischen Parlaments enthalten.[29] Sie erfasst aber nicht die Angehörigen des nationalen öffentlichen Dienstes. Der Rats-Entwurf eines Statuts für die Abgeordneten des Europäischen Parlaments verweist in Art. 2 Abs. 1 ohne jede Änderung auf diesen Akt.[30] Der vom Europäischen Parlament in seiner Sitzung vom 3. Dezember 1998 angenommene eigene Statutentwurf enthielt in Art. 3 Nr. 1 „unbeschadet der im Wahlakt aufgeführten Unvereinbarkeiten" auch weitergehende eigenständige Regelungen, die teilweise, z.B. mit der Einbeziehung der Bürgermeister von Städten über 100 000 Einwohner, mit nationalem Recht kollidierten.[31] Da das Statut bislang aber noch nicht in Kraft getreten ist, können die sich daraus ergebenden Zweifelsfragen bis auf weiteres auf sich beruhen. 18

Art. 6 Abs. 2 des Akts vom 20. September 1976 zur Einführung allgemeiner, unmittelbarer Wahlen der Abgeordneten des Europäischen Parlaments eröffnet jedem Mitgliedstaat die Möglichkeit, innerstaatlich geltende Unvereinbarkeiten festzu- 19

---

[27] Bericht und Antrag des 2. Sonderausschusses vom 30. November 1976, Begründung zu § 5 des Gesetzentwurfs, aaO.
[28] *Plog E./Wiedow A./Beck G./Lemhöfer B.*, aaO, Rdn. 11 zu § 57.
[29] Vgl. auch *Fleuter R.*, Mandat und Status der Abgeordneten im Europäischen Parlament, Pfaffenweiler, 1991, S. 106 f.
[30] DOC_DE\NT\377\377136 PE 278.414 / BUR.
[31] PV 55 PE 273.910.

legen. Das lässt Raum für Regelungen wie die in den obigen Anmerkungen erörterten des Abgeordnetengesetzes und des Europaabgeordnetengesetzes.

7. Landesrecht

20 Die vom Bundesverfassungsgericht entwickelten Grundsätze zur Unvereinbarkeit von Amt und Mandat (s.o. 1.) gelten über die Homogenitätsklausel des Art. 28 Abs. 1 Satz 1 GG grundsätzlich zwar auch für die Bundesländer. Eine rahmenrechtliche Bindung auf einfachgesetzlicher Ebene besteht aber nicht (vgl. § 33 Abs. 2 BRRG).[32] Nicht alle Länder folgen deshalb den Unvereinbarkeitsregelungen wie sie der Bundesgesetzgeber in § 5 vorgezeichnet hat. Zu denen, die weitgehend vergleichbare Bestimmungen erlassen haben, zählen Bayern (Art. 30 Bay.AbgG), Brandenburg (§§ 28 f. Bbg.AbgG), Bremen (§ 29 Brem.AbgG), Hessen (§§ 30 f. Hess.AbgG), Niedersachsen (§ 5 Nds.AbgG), Nordrhein-Westfalen (§ 32 NW.AbgG), Rheinland-Pfalz (§ 30 RP.AbgG), Saarland (§ 33 Saarl.AbgG), Sachsen-Anhalt (§§ 34 und 35 SachsAnh.AbgG) und Thüringen (§§ 34 f. Thür.AbgG).

21 Keine uneingeschränkte Inkompatibilität von Amt und Mandat kennt z.B. das Landesrecht in Baden-Württemberg. Das BW.AbgG grenzt den Kreis der inkompatiblen Ämter in § 26 ein, gewährt den betroffenen Amtsinhabern jedoch in § 27 Abs. 2 einen Ausgleichsbetrag in Höhe von 50% des im Zeitpunkt der Annahme des Mandats erdienten Ruhegehalts, der dynamisch ist, also Anpassungen des BBesG folgt. Diese Regelung erscheint bei Anlegung des strengen formalisierten Gleichheitssatzes (vgl. 2. 4 zu § 11) verfassungsrechtlich nicht unproblematisch, weil sie die Beamten unter den Abgeordneten besser stellt als die übrigen Berufsgruppen, die einen solchen Ausgleichsbetrag nicht erhalten. Deren Möglichkeit, ihren Beruf neben dem Mandat weiter auszuüben, entkräftet den Einwand nicht, weil es dort keine gesetzlichen Einkommensgarantie dieser Art gibt.[33] Auch Bremen kennt solche Ausgleichszahlungen (§ 30 Brem.AbgG) und begrenzt sie der Höhe nach auf die Abgeordnetenentschädigung. Das ändert indessen nichts an der verfassungsrechtlichen Problematik, weil der Ausgleich zusätzlich zu der Abgeordnetenentschädigung gewährt wird.

22 In den Bundesländern Berlin, Hamburg, Mecklenburg-Vorpommern, Sachsen und Schleswig-Holstein erfassen die Inkompatibilitätsregelungen ebenfalls nur einen Teil der Beamten. Beamte, deren Ämter kompatibel sind, können – mit Ausnahme von Hamburg – für die Ausübung ihres Mandats bei reduzierten Bezügen Arbeitszeitverkürzung[34] oder Urlaub unter Wegfall der Bezüge beantragen (vgl. §§ 27 und

---

32 Zur Gesetzgebungskompetenz vgl. *Tsatsos D.,* aaO, S. 708 f.
33 Kritisch auch *Fischer A.,* Abgeordnetendiäten und staatliche Fraktionsfinanzierung in den fünf neuen Bundesländern, Frankfurt, 1995, S. 58, m.w.N.; *Schlaich K./Schreiner J.,* Die Entschädigung der Abgeordneten. Die neuen Abgeordnetengesetze der Länder und das Diäten-Urteil des Bundesverfassungsgerichts, NJW 1979, 673, 679, m.w.N.; *Welti F.,* aaO, S. 214; a. M. *Kloepfer M.,* Diätenurteil und Teilalimentation, DVBl. 1979, 378, 382 f.; *Brockmeyer H. B.,* in: Schmidt-Bleibtreu B., Klein F., Kommentar zum Grundgesetz, 9. Aufl., Neuwied, 1999, Art. 48, Rdn. 11; vgl. auch BVerfG , Beschluss vom 29. Juni 1983 – 2 BvR 1546/79 – , BVerfGE 64, 301 ff. allerdings ohne Entscheidung in der Sache.
34 Besteht ein solcher Anspruch auf Arbeitszeitverkürzung und übt ein in den Landtag gewählter Beamter mit kompatiblen Amt ihn nicht aus, so kann er nach einer Entscheidung

34 b Berl.AbgG, § 18 Hbg.AbgG, §§ 34, 42 und 43 MV.AbgG, §§ 29 und 37 Sächs.-AbgG, §§ 34, 42 und 43 SchlH.AbgG).

§ 6 Wiederverwendung nach Beendigung des Mandats

(1) Nach der Beendigung der Mitgliedschaft im Bundestag ruhen die in dem Dienstverhältnis eines Beamten begründeten Rechte und Pflichten für längstens weitere sechs Monate. Der Beamte ist auf seinen Antrag, der binnen drei Monaten seit der Beendigung der Mitgliedschaft zu stellen ist, spätestens drei Monate nach Antragstellung wieder in das frühere Dienstverhältnis zurückzuführen. Das ihm zu übertragende Amt muss derselben oder einer gleichwertigen Laufbahn angehören wie das zuletzt bekleidete Amt und mit mindestens demselben Endgrundgehalt ausgestattet sein. Vom Tage der Antragstellung an erhält er die Dienstbezüge des zuletzt bekleideten Amtes.

(2) Stellt der Beamte nicht binnen drei Monaten seit der Beendigung der Mitgliedschaft im Bundestag einen Antrag nach Absatz 1, so ruhen die in dem Dienstverhältnis begründeten Rechte und Pflichten (§ 5 Abs. 1) weiter bis zum Eintritt oder bis zur Versetzung in den Ruhestand. Die oberste Dienstbehörde kann den Beamten jedoch, wenn er weder dem Bundestag mindestens zwei Wahlperioden angehört noch bei Beendigung der Mitgliedschaft im Bundestag das fünfundfünfzigste Lebensjahr vollendet hat, unter Übertragung eines Amtes im Sinne des Absatzes 1 Satz 3 wieder in das frühere Dienstverhältnis zurückführen; lehnt der Beamte die Rückführung ab oder folgt er ihr nicht, so ist er entlassen. Satz 2 ist nicht anzuwenden, wenn der Beamte während der Dauer seiner Mitgliedschaft im Bundestag Mitglied der Bundesregierung gewesen ist.

Parallelvorschriften im EuAbgG und in den Abgeordnetengesetzen der Länder:				
EuAbgG	§ 8			
BadWürtt.	§ 28	Nds.		§§ 106 ff. LBG
Bay.	Art. 31	NW.		§ 33
Berl.	§ 29	RP.		§ 31
Bbg.	§ 29	Saarl.		§ 34
Brem.	§ 31	Sachs.		§ 31
Hbg.	§ 18	SachsAnh.		§ 36
Hess.	§ 32	SchlH.		§ 36
MV.	§ 36	Thür.		§ 36

Literatur: *Drescher A.*, Die Neuregelung der Rechtsverhältnisse der in den Bundestag gewählten Angehörigen des öffentlichen Dienstes, RiA 1977, 51 ff.; *Freytag M.*, Möglichkeiten und Grenzen einer Parlamentsreform für den Deutschen Bundestag, Regensburg, 1990; *Henkel J.*, Die Rechtsstellung der in den Bundestag gewählten Beamten, ZBR 1977, 113 ff.; *Plog E. / Wiedow A. / Beck G. /*

des BVerwG (– 1 DB 8 / 89 – NVwZ 1990, 372) keine Dienstbefreiung für die Teilnahme an einer Parlamentssitzung verlangen.

Lemhöfer B., Kommentar zum Bundesbeamtengesetz, Neuwied; *Schütz E.*, Beamtenrecht des Bundes und der Länder, 5. Aufl., Heidelberg; *Tsatsos D.*, Unvereinbarkeiten zwischen Bundestagsmandat und anderen Funktionen, in: Parlamentsrecht und Parlamentspraxis in der Bundesrepublik Deutschland: ein Handbuch / hrsg. von Schneider H.-P. / Zeh W., Berlin, 1989, 701 ff.; *Welti F.*, Die soziale Sicherung der Abgeordneten des Deutschen Bundestages, der Landtage und der deutschen Abgeordneten im Europäischen Parlament, Berlin 1998.

Übersicht

		Rdn.
1.	Allgemeines	1–3
2.	Wiederverwendung auf Antrag des Beamten (Abs. 1)	4–6
3.	Wiederverwendung von Amts wegen (Abs. 2)	7–10
4.	EuAbgG	11
5.	Landesrecht	12–13

1. Allgemeines

1 § 6 regelt die Wiederverwendung in den Bundestag gewählter Beamter nach Beendigung des Mandats. Die Vorschrift sichert seine berufliche Zukunft und ermöglicht ihm so die Wahrnehmung des passiven Wahlrechts.[1] Während die Rückkehr in der Privatwirtschaft abhängig beschäftigter Abgeordneter in den früheren Beruf nach Ausscheiden aus dem Bundestag in diesem Gesetz nur insoweit ausdrücklich geregelt ist, als ihr Kündigungsschutz ein Jahr lang fortgilt (§ 2 Abs. 3 Satz 4) und auch das nur mit der Einschränkung, dass eine Kündigung aus wichtigem Grund weiterhin möglich bleibt (§ 2 Abs. 3 Satz 2), ist die Rückkehr von Beamten in den Beruf sehr viel eingehender normiert.[2]

2 Nach altem Recht (vgl. 1 zu § 5) waren Beamte nach ihrem Ausscheiden aus dem Parlament mit Ruhegehalt im Ruhestand geblieben, wenn sie nicht ihre Wiederverwendung beantragten. Im „Diäten-Urteil" hatte das Bundesverfassungsgericht die die Beamten betreffenden statusrechtlichen Regelungen als Privilegien bezeichnet, die auch durch die alleine ihnen auferlegte Unvereinbarkeit von Beruf und Mandat nicht gerechtfertigt werden könnten.[3] Änderungen waren also notwendig. In den Materialien zum Entwurf eines Gesetzes zur Neuregelung der Rechtsverhältnisse der Mitglieder des Deutschen Bundestages[4] heißt es dazu, dass Angehörige des öffentlichen Dienstes ebenso wie Arbeitnehmer aus der Privatwirtschaft nach Beendigung des Mandats in ihren Beruf zurückkehren oder ohne Bezüge ausscheiden sollten. Das mit der Annahme und Ausübung des Bundestagsmandats verbundene berufliche Risiko sei für Angehörige des öffentlichen Dienstes trotz des für alle Arbeitnehmer vorgesehenen erweiterten Kündigungsschutzes im Allgemei-

---

[1] *Tsatsos D.*, Unvereinbarkeiten zwischen Bundestagsmandat und anderen Funktionen, in: Parlamentsrecht und Parlamentspraxis in der Bundesrepublik Deutschland: ein Handbuch / hrsg. von Schneider H.-P. / Zeh W., Berlin, 1989, 701 ff., 717.
[2] Kritisch zum Wiederverwendungsgebot *Freytag M.*, Möglichkeiten und Grenzen einer Parlamentsreform für den Deutschen Bundestag, Regensburg, 1990, S. 112 ff.; zur Begünstigung der Beamten gegenüber den in der freien Wirtschaft Tätigen s. auch *Drescher A.*, Die Neuregelung der Rechtsverhältnisse der in den Bundestag gewählten Angehörigen des öffentlichen Dienstes, RiA 1977, 51, 54.
[3] Schlussurteil vom 5. November 1975 – 2 BvR 193 / 74 –, BVerfGE 40, 296, 321 ff.
[4] Vom 30. Juni 1976, BT-Drs. 7 / 5531, S. 12.

nen geringer als für Abgeordnete aus anderen Berufsgruppen. Diese Ungleichheit würde größer, wenn die Angehörigen des öffentlichen Dienstes bei Ausscheiden aus dem Parlament das Recht auf vorzeitigen Eintritt in den Ruhestand eingeräumt erhielten. Die Einräumung eines solchen Rechts sei auch verfassungsrechtlich unzulässig, Eine solche Regelung bedeute ein mit dem Mandat verbundenes Privileg, das nach dem Diäten-Urteil als verfassungswidrig zu beurteilen wäre.

Nach dem ursprünglichen Gesetzentwurf[5] (dort § 8) sollten die Rechte und Pflichten eines Beamten nach Beendigung des Mandats deshalb längstens weitere sechs Monate ruhen, es sei denn, er hätte dem Bundestag mindestens zwei Wahlperioden angehört. Dann hätte er das weitere Ruhen beantragen können. Aufgrund der Stellungnahme des Innenausschusses hat der 2. Sonderausschuss die Vorschrift (jetzt § 6) jedoch grundlegend umgestaltet, weil der Entwurf „im Einzelfall zu Härten für die Betroffenen und Schwierigkeiten für die Verwaltung (hätte) führen können".[6] Der dann Gesetz gewordene und bis heute unverändert fortgeltende Vorschlag des 2. Sonderausschusses hat indessen nicht alle Vorschläge des Innenausschusses aufgegriffen, die teilweise noch günstigere Regelungen vorsahen.[7]

2. Wiederverwendung auf Antrag des Beamten (Abs. 1)

Nach § 6 Abs. 1 Satz 1 ruhen die Rechte und Pflichten eines in den Bundestag gewählten Beamten aus seinem Dienstverhältnis nach Beendigung der Mitgliedschaft für längstens sechs weitere Monate (zum Ruhen der Rechte und Pflichten vgl. § 5, zum Ende der Mitgliedschaft s. § 1). Stellt der Beamte innerhalb von drei Monaten nach seinem Ausscheiden aus dem Bundestag einen Wiederverwendungsantrag, so ist er gemäß Abs. 1 Satz 2 spätestens drei Monate nach der Antragstellung wieder in das frühere Dienstverhältnis zurückzuführen. Der Anspruch ist zwingend. Satz 2 enthält für die Antragstellung eine gesetzliche Frist, nach deren Ablauf grundsätzlich nur noch eine Wiederverwendung von Amts wegen unter den Voraussetzungen des Abs. 2 möglich ist. War der Beamte jedoch ohne Verschulden verhindert, die Frist einzuhalten, kann er nach Maßgabe § 32 VwVfG Wiedereinsetzung in den vorigen Stand beantragen.

Das dem Beamten zu übertragende Amt muss nach Satz 3 derselben oder einer gleichwertigen Laufbahn angehören wie das vor der Mandatsannahme bekleidete Amt und es muss mit mindestens demselben Endgrundgehalt ausgestattet sein. Dem Beamten kann also das frühere oder ein anderes statusgemäßes Amt im funktionellen Sinn[8] oder ein anderes statusrechtliches Amt[9] in derselben oder einer

---

5 Vom 29. Juni 1976, BT-Drs. 7/5525, S. 4f.
6 Bericht und Antrag des 2. Sonderausschusses vom 30. November 1976, BT-Drs. 7/5903, S. 10.
7 AaO, S. 11.
8 Das Amt im funktionellen Sinn kennzeichnet den konkreten Aufgabenbereich des Beamten. Zu unterscheiden ist zwischen dem abstrakten Amt im funktionellen Sinn (dem abstrakten Aufgabenbereich des Beamten, der seiner laufbahnmäßigen Dienststellung entspricht – z.B. Sachbearbeiter, Referent) und dem konkreten Amt im funktionellen Sinn (dem konkreten, ihm übertragenen Aufgabenbereich des Beamten, seinem Dienstposten).
9 Das Amt im statusrechtlichen Sinn kennzeichnet einen abstrakten und allgemein umrissenen Aufgabenbereich, für den die Besoldungsordnungen eine Amtsbezeichnung (z.B. Amtsrat, Regierungsdirektor) vorsehen.

gleichwertigen Laufbahn mit (mindestens) demselben Endgrundgehalt nebst entsprechendem funktionellem Amt übertragen werden.[10] Amtszulagen gelten dabei als Bestandteil des Grundgehalts, nicht jedoch Stellenzulagen. Weitere Anforderungen als die genannten stellt das Gesetz an das zu übertragende Amt nicht. Es besteht kein Anspruch auf Übertragung des alten Dienstpostens.[11] Unerheblich ist insbesondere auch, ob die übertragenen Aufgaben mit gleicher oder geringerer Selbständigkeit als das frühere Amt verbunden sind oder ob der Grad der Verantwortung derselbe ist.[12] Es gibt auch keinen über den o. a. hinausgehenden Schutz leitender Funktionen oder besonderer herausgehobener Funktionsbezeichnungen.[13] Für Professoren an einer Hochschule im Sinne des § 43 HRG gelten besondere Bestimmungen (vgl. § 9 Abs. 1 und 2. zu § 9).

6 Vom Tag der Antragstellung an erhält der Beamte gemäß Abs. 1 Satz 4 die Dienstbezüge des zuletzt von ihm bekleideten Amtes.[14] Bezieht er zu diesem Zeitpunkt noch Übergangsgeld nach § 18, sind die Dienstbezüge nach Maßgabe des für ihn geltenden Rechts in voller Höhe auf das Übergangsgeld anzurechnen. Das gilt auch dann, wenn er das Übergangsgeld in einer Summe bezogen hat (vgl. 4. zu § 18).[15] Erhält er hingegen bereits eine Altersentschädigung nach diesem Gesetz, richtet sich die Anrechnung nach § 29 Abs. 4 (vgl. dort 4. 2. 1). In der Praxis kommt es vor, dass der Beamte fristgerecht den Wiederverwendungsantrag stellt, aber ausdrücklich einen späteren Dienstbeginn wünscht. Lässt sich der Dienstherr darauf ein, besteht in solchen Fällen keine Verpflichtung, die Dienstbezüge vom Tag der Antragstellung an zu zahlen. Denn hier liegt es in der Sphäre des Beamten selbst, dass sich der Dienstantritt verzögert. Abs. 1 Satz 4 will indessen nur den Beamten begünstigen, der aus Gründen, die nicht in seiner Person liegen, den Dienst nicht sogleich bei Antragstellung wieder aufnehmen kann, etwa deswegen, weil der Dienstherr zunächst organisatorische Vorkehrungen treffen muss.

3. Wiederverwendung von Amts wegen (Abs. 2)

7 Stellt ein Beamter innerhalb der Frist des Abs. 1 keinen Antrag auf Wiederverwendung, so ruhen die in seinem Dienstverhältnis begründeten Rechte und Pflichten nach Abs. 2 Satz 1 weiter bis zum Eintritt oder zur Versetzung in den Ruhestand (zum Ruhen der Rechte und Pflichten vgl. § 5). Der Eintritt in den Ruhestand vollzieht sich regelmäßig kraft Gesetzes bei Erreichen der Altersgrenze, im All-

---

10 Vgl. *Henkel J.*, Die Rechtsstellung der in den Bundestag gewählten Beamten, ZBR 1977, 113, 115.
11 *Welti F.*, Die soziale Sicherung der Abgeordneten des Deutschen Bundestages, der Landtage und der deutschen Abgeordneten im Europäischen Parlament, Berlin 1998, S. 257.
12 Dies deshalb, weil der Gesetzgeber mit der ihm alleine vorbehaltenen besoldungsmäßigen Einstufung bereits abstrakt Inhalt, Bedeutung und Verantwortung, mithin die Wertigkeit des Amtes zum Ausdruck gebracht hat.
13 Vgl. auch *Plog E./Wiedow A./Beck G./Lemhöfer B.*, Kommentar zum Bundesbeamtengesetz, Neuwied, Rdn. 9 zu § 57.
14 Zur Fortgeltung des Anspruches aus § 27 vgl. 8. zu § 32.
15 Der Innenausschuss hatte deshalb im Gesetzgebungsverfahren empfohlen, dem zur Rückkehr in das frühere Dienstverhältnis verpflichteten Angehörigen des öffentlichen Dienstes das Recht einzuräumen, diese um die Zeit hinauszuschieben, für die er Übergangsgeld nach § 18 bezieht. Der 2. Sonderausschuss ist diesem Vorschlag unter Hinweis auf Sinn und Zweck des Übergangsgeldes zu Recht nicht gefolgt (aaO, S. 10).

gemeinen also mit dem Ende des Monats, in dem der Beamte das 65. Lebensjahr vollendet (vgl. § 41 Abs. 1 Satz 1 BBG). Die Versetzung in den Ruhestand erfolgt hingegen durch Verwaltungsakt, ohne Antrag wegen Dienstunfähigkeit nach § 42 Abs. 1 BBG, mit Antrag und ohne Nachweis der Dienstunfähigkeit nach Vollendung des 60. (Schwerbehinderte) bzw. des 63. Lebensjahres nach § 42 Abs. 4 BBG.

Die oberste Dienstbehörde[16] kann den Beamten jedoch von Amts wegen durch Verwaltungsakt[17] unter Übertragung eines Amtes nach Abs. 1 Satz 3 (oben 2) gemäß Abs. 2 Satz 2 wieder in das frühere Dienstverhältnis zurückführen, wenn er dem Bundestag weder mindestens zwei Wahlperioden angehört noch bei Beendigung der Mitgliedschaft im Bundestag das 55. Lebensjahr vollendet hat.[18] Die Entscheidung über die Zurückführung ist nach pflichtgemäßem Ermessen („kann") zu treffen und als Ermessensentscheidung auch nur in den Grenzen des § 114 VwGO gerichtlich überprüfbar. Die in Satz 2 genannten Hinderungsgründe sind dabei alternativ zu verstehen. Es reicht, dass einer von ihnen vorliegt, um eine Zurückführung gegen den Willen des Beamten zu unterbinden. Das Gesetz spricht in diesem Zusammenhang nur von „zwei Wahlperioden". Es sagt nichts über deren Dauer aus. Auch die Materialien geben keine Hinweise. Insbesondere fehlen Anhaltspunkte dafür, dass die Rundungsregelungen in § 18 Abs. 1 Satz 4 und / oder § 19 Satz 4 Anwendung finden sollen. Zur Vermeidung von Abgrenzungsschwierigkeiten und im Hinblick auf den Wortlaut des Gesetzes bleibt deshalb nur eine formale Betrachtungsweise möglich. Das bedeutet, dass auch die vorzeitig, z.B. bei Auflösung des Bundestages durch den Bundespräsidenten nach Art. 68 Abs. 1 Satz 1 GG, beendete Wahlperiode als eine Wahlperiode im Sinne des § 6 Abs. 2 Satz 2 zählt.

Satz 2 (Rückführung von Amts wegen) ist gemäß Satz 3 ferner nicht anzuwenden, wenn der Beamte während der Dauer seiner Mitgliedschaft im Bundestag Mitglied der Bundesregierung gewesen ist. Nach Art. 62 GG besteht die Bundesregierung aus dem Bundeskanzler und aus den Bundesministern. Parlamentarische Staatssekretäre gehören nicht dazu. Sie sind den Mitgliedern der Bundesregierung nur beigegeben (§ 1 Abs. 1 PStG). Für sie gilt die Einschränkung in Satz 3 daher nicht.

Lehnt ein Beamter die Rückführung ab oder folgt er ihr nicht, obwohl die Voraussetzungen nach diesem Gesetz erfüllt sind, so ist er nach Abs. 2 Satz 2 2. Halbsatz zu entlassen.[19] Die Entlassung tritt kraft Gesetzes ein, ohne dass es dazu eines Verwaltungsaktes bedürfte.[20] Allerdings sind die Voraussetzungen und der Tag der Beendigung des Beamtenverhältnisse (deklaratorisch) festzustellen und dem Beamten mitzuteilen. Bei dieser Mitteilung handelt es sich um einen feststellenden Verwaltungsakt, gegen den sich der Beamte – ebenso wie gegen die Rückführungs-

---

16 Das ist die oberste Behörde seines Dienstherren, in deren Dienstbereich der Beamte ein Amt bekleidet (§ 3 Abs. 1 BBG).
17 So auch *Welti F.*, aaO, S. 257.
18 Auch hier hatte der Innenausschuss den Beamten günstigere Regelungen empfohlen, denen der 2. Sonderausschuss indessen aus rechtspolitischen und verfassungsrechtlichen Gründen nicht gefolgt ist (aaO, S. 11).
19 Zur Unerheblichkeit der Frage der Dienstfähigkeit bei der Rückführung vgl. BayVGH, Urteil vom 20. September 1984 – Nr. 3 B 84 A.54 –, in: *Schütz E.*, Beamtenrecht des Bundes und der Länder, Entscheidungssammlung, 5. Aufl., Heidelberg.
20 Vgl. auch *Plog E. / Wiedow A. / Beck G. / Lemhöfer B.*, Rdn. 11 vor § 28.

entscheidung nach Abs. 2 Satz 2 1. Halbsatz – mit Widerspruch und Anfechtungsklage wenden kann.[21]

4. EuAbgG

11 Nach § 8 Abs. 1 und 3 EuAbgG gilt § 6 für die in Deutschland gewählten Abgeordneten des Europäischen Parlaments entsprechend. Auf die Erläuterungen zu 2. und 3. wird daher verwiesen.

5. Landesrecht

12 Die Abgeordnetengesetze der Länder (s.o. Parallelregelungen) enthalten mit dem Bundesrecht weitgehend übereinstimmende Vorschriften. In Brandenburg beträgt die Ruhensfrist allerdings nur drei Monate (§ 29 Abs. 2 Bbg.AbgG).

13 Mecklenburg-Vorpommern, Sachsen-Anhalt und Schleswig-Holstein begünstigen in ihren Gesetzen abweichend vom Bundesrecht die Beamten, die während der Mandatszeit wenigstens vier Jahre lang das Amt des Präsidenten, Vizepräsidenten oder eines Fraktionsvorsitzenden ausgeübt haben (§ 36 Abs. 2 Satz 4 MV.AbgG, § 36 Abs. 2 Satz 4 SachsAnh.AbgG, § 36 Abs. 2 Satz 4 SchlH.AbgG), nicht dagegen diejenigen, die ein Regierungsamt innehatten. Die genannten parlamentarischen Funktionsträger können daher in diesen Bundesländern nicht gegen ihren Willen in das frühere Dienstverhältnis zurückgeführt werden.

§ 7 Dienstzeiten im öffentlichen Dienst

(1) Das Besoldungsdienstalter eines Beamten wird unbeschadet des § 23 Abs. 5 nach Beendigung der Mitgliedschaft im Bundestag entsprechend den allgemeinen für Bundesbeamte geltenden Vorschriften hinausgeschoben.

(2) Wird der Beamte nicht nach § 6 in das frühere Dienstverhältnis zurückgeführt, so wird das Besoldungsdienstalter um die Zeit nach Beendigung der Mitgliedschaft im Bundestag bis zum Eintritt des Versorgungsfalles hinausgeschoben.

(3) Die Zeit der Mitgliedschaft im Bundestag gilt unbeschadet der Regelung des § 23 Abs. 5 nicht als Dienstzeit im Sinne des Versorgungsrechts. Das Gleiche gilt für die Zeit nach der Beendigung der Mitgliedschaft im Bundestag, wenn der Beamte nicht nach § 6 in das frühere Dienstverhältnis zurückgeführt wird.

(4) Nach Beendigung der Mitgliedschaft im Bundestag ist die Zeit der Mitgliedschaft auf laufbahnrechtliche Dienstzeiten, mit Ausnahme der Probezeit, anzurechnen.

(5) Nach Beendigung der Mitgliedschaft im Bundestag ist die Zeit der Mitgliedschaft auf Dienst- und Beschäftigungszeiten bei Arbeitnehmern des öffentlichen Dienstes anzurechnen; im Rahmen einer bestehenden zusätzlichen Al-

---

21 Vgl. auch *Plog E. / Wiedow A. / Beck G. / Lemhöfer B.*, Rdn. 16 zu § 29.

Dritter Abschnitt 65
§ 7 Dienstzeiten im öffentlichen Dienst

ters- und Hinterbliebenenversorgung gilt dies nur im Hinblick auf Vorschriften, die die Anwartschaft oder den Anspruch dem Grunde nach regeln.

Parallelvorschriften im EuAbgG und in den Abgeordnetengesetzen der Länder:

EuAbgG	§ 8		
BadWürtt.	§ 29	Nds.	§§ 106 ff. LBG
Bay.	Art. 32	NW.	§ 34
Berl.	§ 30	RP.	§ 32
Bbg.	§ 29	Saarl.	§ 35
Brem.	§ 32	Sachs.	§ 32
Hbg.	§ 18	SachsAnh.	§ 37
Hess.	§ 33	SchlH.	§ 37
MV.	§ 37	Thür.	§ 37

Literatur: *Böhm W./Spiertz H./Sponer W./Steinherr F.*, Bundesangestelltentarif, BAT, Kommentar, 3. Aufl., Heidelberg, Loseblatt; *Drescher A.*, Die Neuregelung der Rechtsverhältnisse der in den Bundestag gewählten Angehörigen des öffentlichen Dienstes, RiA 1977, 51 ff.; *Freytag M.*, Möglichkeiten und Grenzen einer Parlamentsreform für den Deutschen Bundestag, Regensburg, 1990; *Plog E./Wiedow A./Beck G./Lemhöfer B.*, Kommentar zum Bundesbeamtengesetz, Neuwied; *Tsatsos D.*, Unvereinbarkeiten zwischen Bundestagsmandat und anderen Funktionen, in: Parlamentsrecht und Parlamentspraxis in der Bundesrepublik Deutschland: ein Handbuch / hrsg. von Schneider H.-P./Zeh W., Berlin, 1989, 701 ff.; *Welti F.*, Die soziale Sicherung der Abgeordneten des Deutschen Bundestages, der Landtage und der deutschen Abgeordneten im Europäischen Parlament, Berlin 1998.

Übersicht

		Rdn.
1.	Allgemeines	1–2
2.	Hinausschieben des Besoldungsdienstalters (Abs. 1)	3–6
3.	Hinausschieben des Besoldungsdienstalters im Falle der Nichtwiederverwendung (Abs. 2)	7
4.	Mandatzeit und Dienstzeit im Sinne des Versorgungsrechts (Abs. 3)	8–9
5.	Anrechnung der Mandatzeit auf laufbahnrechtliche Dienstzeiten (Abs. 4)	10–11
6.	Anrechnung der Mandatzeit auf Dienst- und Beschäftigungszeiten von Arbeitnehmern des öffentlichen Dienstes (Abs. 5)	12
7.	EuAbgG	13
8.	Landesrecht	14

1. Allgemeines

§ 7 des Gesetzes ist ebenfalls Ausdruck des gesetzgeberischen Anliegens einer Trennung der Lebensabschnitte von Amt und Mandat bei in den Bundestag gewählten Angehörigen des öffentlichen Dienstes (vgl. 1. zu § 5).[1] Denn nach dem bis zum In-Kraft-Treten des Abgeordnetengesetzes geltenden Recht war beispielsweise die Mandatzeit eines in den Bundestag gewählten Beamten sowohl bei der Versorgung

1

---

[1] S. auch *Drescher A.*, Die Neuregelung der Rechtsverhältnisse der in den Bundestag gewählten Angehörigen des öffentlichen Dienstes, RiA 1977, 51, 54.

aus dem Mandat als auch bei der Versorgung aus dem Dienstverhältnis – also doppelt – berücksichtigt worden.² Nach neuem Recht – dem Entwurf eines Gesetzes zur Neuregelung der Rechtsverhältnisse der Mitglieder des Deutschen Bundestages – sollte dies nicht mehr gelten. Die Mitgliedschaft im Bundestag sollte ferner nur noch zur Hälfte beim Besoldungsdienstalter berücksichtigt werden, d.h. so wie es (seinerzeit) allgemein bei außerhalb des öffentlichen Dienstes verbrachten Zeiten üblich war. Schließlich sollte die Neuregelung sicherstellen, dass ein in den Bundestag gewählter Angehöriger des öffentlichen Dienstes nicht befördert werden kann, solange er dem Parlament angehört.³

2 Mit dem Siebzehnten Gesetz zur Änderung des Abgeordnetengesetzes vom 4. November 1994⁴ wurde § 7 Abs. 1 einer Änderung des § 28 Abs. 2 BBesG folgend angepasst, um Benachteiligungen für jüngere Abgeordnete aus dem öffentlichen Dienst zu beseitigen (vgl. auch 2.).⁵

2. Hinausschieben des Besoldungsdienstalters (Abs. 1)

3 Nach § 7 Abs. 1 wird das Besoldungsdienstalter eines Beamten unbeschadet des § 23 Abs. 5 nach Beendigung der Mitgliedschaft im Bundestag entsprechend den allgemein für Bundesbeamte geltenden Vorschriften hinausgeschoben. Nach der Ursprungsfassung sollte das Besoldungsdienstalter nur um die Hälfte der Mitgliedszeit hinausgeschoben werden. Dies entsprach der alten Fassung des heutigen § 28 Abs. 2 BBesG, der die Anrechnung von außerhalb des öffentlichen Dienstes verbrachten Zeiten auf das Besoldungsdienstalter regelt. Seinerzeit wurde allgemein jede anderweit verbrachte Zeit, auch eine solche der Beurlaubung ohne Bezüge, zur Hälfte bei der Festsetzung des Besoldungsdienstalters berücksichtigt. Es handelte sich hierbei also nicht um eine Sonderregelung für Mandatsträger.⁶

4 Mit Wirkung zum 1. Januar 1990 war § 28 Abs. 2 BBesG neu gefasst worden.⁷ Danach wurden Zeiten vor Vollendung des 31. Lebensjahres, in denen kein Anspruch auf Besoldung bestand voll, bis zum vollendeten 35. Lebensjahr zu drei Vierteln und in der weiteren Zeit zur Hälfte auf das Besoldungsdienstalter angerechnet. Durch diese Änderung wurden Abgeordnete aus dem öffentlichen Dienst, die jünger als 35 Jahre alt waren, benachteiligt. Durch die Anbindung der Regelung des § 7 Abs. 1 an die allgemein für Bundesbeamte geltenden Vorschriften mit dem Siebzehnten Änderungsgesetz wurde die Gleichstellung wieder erreicht.⁸

---

2 Vgl. Materialien zum Entwurf eines Gesetzes zur Neuregelung der Rechtsverhältnisse der Mitglieder des Deutschen Bundestages, Begründung zu § 9 des Entwurfs, BT-Drs. 7/5531, S. 17.
3 AaO, S. 11.
4 BGBl. I S. 3346.
5 Vgl. Entwurf eines Siebzehnten Gesetzes zur Änderung des Abgeordnetengesetzes, Begründung zu Art. 1 Nr. 3, BT-Drs. 12/7777, S. 8.
6 Vgl. Materialien zum Entwurf eines Gesetzes zur Neuregelung der Rechtsverhältnisse der Mitglieder des Deutschen Bundestages, Begründung zu § 9 des Entwurfs, BT-Drs. 7/5531, S. 17.
7 Vgl. Fünftes Gesetz zur Änderung besoldungsrechtlicher Vorschriften vom 28. Mai 1990, BGBl. I S. 967.
8 Vgl. Entwurf eines Siebzehnten Gesetzes zur Änderung des Abgeordnetengesetzes, Begründung zu Art. 1 Nr. 3, BT-Drs. 12/7777, S. 8.

Dies hat zur Folge, dass § 28 Abs. 2 BBesG in seiner jeweils geltenden Fassung[9] **5** Anwendung findet. Danach wird der Beginn des Besoldungsdienstalters nunmehr grundsätzlich um Zeiten nach Vollendung des 31. Lebensjahres, in denen kein Anspruch auf Besoldung bestand, hinausgeschoben, und zwar um ein Viertel der Zeit bis zum vollendeten 35. Lebensjahr und um die Hälfte der weiteren Zeit. Ab dem Eingangsamt A 13 oder A 14 tritt an die Stelle des 31. das 35. Lebensjahr. Die Zeiten sind auf volle Monate abzurunden.

Scheidet ein in den Bundestag gewählter Beamter ohne Anspruch auf Altersent- **6** schädigung aus dem Mandat aus und beantragt er nach § 23 Abs. 5 die Anerkennung der Mitgliedschaft im Bundestag als Dienstzeit im Sinne des Besoldungs- und Versorgungsrechts (s. 6. zu § 23), so gilt § 7 Abs. 1 nicht („unbeschadet").

3. Hinausschieben des Versorgungsdienstalters im Falle der Nichtwiederverwendung (Abs. 2)

Wird ein Beamter nicht nach § 6 in das frühere Dienstverhältnis zurückgeführt, so **7** wird das Besoldungsdienstalter nach § 7 Abs. 2 um die Zeit nach Beendigung der Mitgliedschaft im Bundestag bis zum Eintritt des Versorgungsfalles hinausgeschoben. Die Bestimmung bewirkt, dass sich ein späterer Versorgungsanspruch des Beamten nach der Dienstaltersstufe richtet, die er bei Ausscheiden aus dem Parlament erreicht hätte.[10]

4. Mandatszeit und Dienstzeit im Sinne des Versorgungsrechts (Abs. 3)

§ 7 Abs. 3 Satz 1 bestimmt, dass die Zeit der Mitgliedschaft im Bundestag grund- **8** sätzlich nicht als Dienstzeit im Sinne des Versorgungsrechts gilt. Etwas anderes gilt nur bei Anwendung des § 23 Abs. 5. Die Anrechnung der Mandatszeit auf die Dienstzeit im Sinne des Versorgungsrechts ist also nur dann vorgesehen, wenn infolge einer relativ kurzen Mitgliedschaft im Bundestag ein Versorgungsanspruch nach diesem Gesetz nicht entstanden ist.[11]

Wird ein Beamter nicht nach § 6 in das frühere Dienstverhältnis zurückgeführt, so **9** gilt gemäß § 7 Abs. 3 Satz 2 auch die Zeit nach Beendigung der Mitgliedschaft im Bundestag nicht als Dienstzeit im Sinne des Versorgungsrechts.

5. Anrechnung der Mandatszeit auf laufbahnrechtliche Dienstzeiten (Abs. 4)

Nach Beendigung des Mandats ist die Zeit der Mitgliedschaft im Bundestag nach § 7 **10** Abs. 4 auf laufbahnrechtliche Dienstzeiten, mit Ausnahme der Probezeit, anzurechnen. Die Anrechnung soll den Wegfall bestimmter zeitlicher Sperren für eine

---

[9] Zur Zeit in der Fassung der Bekanntmachung vom 3. Dezember 1998, BGBl. I S. 3434.
[10] Vgl. Materialien zum Entwurf eines Gesetzes zur Neuregelung der Rechtsverhältnisse der Mitglieder des Deutschen Bundestages, Begründung zu § 9 des Entwurfs, BT-Drs. 7/5531, S. 17.
[11] AaO.

Beförderung bewirken.¹² Die Vorschrift begründet jedoch keinen Anspruch auf Beförderung. Der in sein Dienstverhältnis zurückkehrende Beamte soll durch die Anrechnung der Mandatszeit den früheren Kollegen vielmehr nur gleichgestellt werden.¹³ Laufbahnrechtlich wird deshalb die Mandatszeit für Beförderung und Aufstieg angerechnet, nicht indessen auf die Statusdienstzeit eines Beamten auf Probe nach § 9 Abs. 2 BBG.¹⁴

11 Es findet insbesondere keine fiktive Laufbahnnachzeichnung statt. Die Vorschrift befreit auch nicht von der Beachtung allgemeiner Beförderungsverbote oder Beförderungsbeschränkungen. So gilt weiterhin das Verbot der sog. Sprungbeförderung (§ 24 BBG, § 12 Abs. 3 BLV). Über Ausnahmen entscheidet der Bundespersonalausschuss (§ 44 BLV). Auch die Beförderungsbeschränkungen des § 12 Abs. 5 und 6 BLV gelten fort. Danach darf im gehobenen Dienst ein Amt der Besoldungsgruppe A 13 erst nach einer Dienstzeit von acht Jahren, im höheren Dienst ein Amt der Besoldungsgruppe A 16 erst nach einer Dienstzeit von sechs Jahren (Mindestbewährungszeiten) verliehen werden. Ausnahmen hiervon kann nach Bundesrecht wiederum nur der Bundespersonalausschuss zulassen. Allerdings wird die Mandatszeit nach Abs. 4 auf die Mindestbewährungszeiten angerechnet (s.o.).

6. Anrechnung der Mandatszeit auf Dienst- und Beschäftigungszeiten von Arbeitnehmern des öffentlichen Dienstes (Abs. 5)

12 § 7 Abs. 5 1. Halbsatz ist die Parallelvorschrift zu § 4 Abs. 1 für Arbeitnehmer des öffentlichen Dienstes. Auf 2. zu § 4 wird daher verwiesen. Zwar gelten Zeiten der Mitgliedschaft im Bundestag bei Arbeitnehmern des öffentlichen Dienstes als Dienst- und Beschäftigungszeiten.¹⁵ Nach § 7 Abs. 5 2. Halbsatz darf die Mandatszeit bei Anwartschaften oder Ansprüchen, die die VBL-Rente (zusätzliche Alters- und Hinterbliebenenversorgung für Angehörige des öffentlichen Dienstes) betreffen, aber nur dem Grunde, nicht jedoch der Höhe nach berücksichtigt werden. Auch diese Bestimmung trägt also der Intention des Gesetzgebers nach konsequenter Trennung der Lebensabschnitte (oben 1.) Rechnung.

7. EuAbgG

13 Für die in Deutschland gewählten Abgeordneten des Europäischen Parlaments gilt gemäß § 8 Abs. 1 und 3 EuAbgG auch § 7 entsprechend. Auf die Anmerkungen zu 1. bis 6. wird deshalb verwiesen.

---

12 Vgl. auch *Drescher A.*, aaO, S. 55.
13 Begründung zu § 6 Abs. 2 des Entwurfs, aaO, S. 14.
14 *Plog E./Wiedow A./Beck G./Lemhöfer B.*, Kommentar zum Bundesbeamtengesetz, Neuwied, Rdn. 9 zu § 57.
15 *Böhm W./Spiertz H./Sponer W./Steinherr F.*, Bundesangestelltentarif, BAT, Kommentar, 3. Aufl., Heidelberg, Loseblatt, § 19 BAT, Rdn. 21 ff. und 70.

8. Landesrecht

Mehrheitlich verfügen auch die Abgeordnetengesetze der Länder über dem § 7 des Abgeordnetengesetz des Bundes nachgebildete oder vergleichbare Bestimmungen (s. o. Parallelregelungen). **14**

§ 8 Beamte auf Zeit, Richter, Soldaten und Angestellte des öffentlichen Dienstes

(1) Die §§ 5 bis 7 gelten für Richter, Berufssoldaten und Soldaten auf Zeit entsprechend.

(2) Die Rechte und Pflichten aus dem Dienstverhältnis eines Soldaten auf Zeit ruhen längstens für die Dauer der Verpflichtungszeit und eines Beamten auf Zeit längstens für die Zeit, für die er in das Beamtenverhältnis berufen worden ist.

(3) Absatz 2 und die Vorschriften der §§ 5, 6 und 7 Abs. 1 bis 4 gelten sinngemäß für Angestellte des öffentlichen Dienstes. Öffentlicher Dienst im Sinne dieser Vorschrift ist die Tätigkeit im Dienste des Bundes, eines Landes, einer Gemeinde oder anderer Körperschaften, Anstalten oder Stiftungen des öffentlichen Rechts oder ihrer Verbände mit Ausnahme der öffentlich-rechtlichen Religionsgesellschaften und ihrer Verbände.

Parallelvorschriften im EuAbgG und in den Abgeordnetengesetzen der Länder:			
EuAbgG	§ 8		
BadWürtt.	§ 32 f.	Nds.	–
Bay.	Art. 35 f.	NW.	§ 35, 37
Berl.	§ 33 f.	RP.	§ 35 f.
Bbg.	§ 29	Saarl.	§ 37
Brem.	§ 34 f.	Sachs.	§ 36
Hbg.	§ 19 f.	SachsAnh.	§ 41
Hess.	§ 36 f.	SchlH.	§ 41
MV.	§ 41	Thür.	§ 39 f.

Literatur: *Böhm W./Spiertz H./Sponer W./Steinherr F.*, Bundesangestelltentarif, BAT, Kommentar, 3. Aufl., Heidelberg, Loseblatt; *Dietrich H.*, Beamte als Abgeordnete und das Diäten-Urteil des Bundesverfassungsgerichts, ZBR 1976, 97 ff.; *Freytag M.*, Möglichkeiten und Grenzen einer Parlamentsreform für den Deutschen Bundestag, Regensburg, 1990; *Magiera S.*, in: Sachs M.(Hrsg.), Grundgesetz, Kommentar, 2. Aufl., München 1999; *v. Mangoldt H./Klein F./v. Camphausen A.*, Das Bonner Grundgesetz, Kommentar, 3. Aufl., München 1991; *Maunz Th.*, in: Maunz-Dürig, Kommentar zum Grundgesetz, Art. 137 GG; *v. Münch I.*, Grundgesetz-Kommentar, 3. Aufl., München 1996; *Plog E./Wiedow A./Beck G./Lemhöfer B.*, Kommentar zum Bundesbeamtengesetz, Neuwied; *Schmidt-Bleibtreu B./Klein F.*, Kommentar zum Grundgesetz, 9. Aufl., Neuwied 1999; *Stober R.*, in: Bonner Kommentar zum Grundgesetz, Zweitbearbeitung Art. 137 GG; *Tsatsos D.*, Unvereinbarkeiten zwischen Bundestagsmandat und anderen Funktionen, in: Parlamentsrecht und Parlamentspraxis in der Bundesrepublik Deutschland: ein Handbuch / hrsg. von Schneider H.-P./Zeh W., Berlin, 1989, 701 ff.; *Welti F.*, Die soziale Sicherung der Abgeordneten des Deutschen Bundestages, der Landtage und der deutschen Abgeordneten im

Europäischen Parlament, Berlin 1998; *Welti F.*, Abgeordnete und Arbeitsrecht, Arbeit und Recht 1998, 345 ff.

Übersicht

		Rdn.
1.	Allgemeines	1
2.	Entsprechende Anwendung der §§ 5 bis 7 auf Richter, Soldaten, Beamte und Soldaten auf Zeit (Abs. 1)	2–5
3.	Ruhen der Rechte und Pflichten aus dem Dienstverhältnis eines Soldaten oder Beamten auf Zeit (Abs. 2)	6
4.	Sinngemäße Anwendung des Abs. 2 und der §§ 5 bis 7 Abs. 1 bis 4 auf Angestellte des öffentlichen Dienstes (Abs. 3)	7–8
5.	EuAbgG	9
6.	Landesrecht	10

1. Allgemeines

1 § 8 erstreckt die Inkompatibilitätsregelungen dieses Gesetzes auf Beamte auf Zeit, Richter, Soldaten und Angestellte des öffentlichen Dienstes. Der Gesetzentwurf in seiner Ursprungsfassung vom 29. Juni 1976[1] hatte die Beamten auf Zeit noch nicht einbezogen. Auf Empfehlung des Innenausschusses hat der 2. Sonderausschuss den Entwurf jedoch um diese Statusgruppe erweitert. Dagegen hat es der 2. Sonderausschuss nicht für erforderlich und verfassungsrechtlich zudem für problematisch gehalten, auch die Arbeiter des öffentlichen Dienstes in die Inkompatibilitätsregelungen dieses Gesetzes mit einzubeziehen. Zur Begründung verwies der Ausschuss auf den Beschluss des Bundesverfassungsgerichts vom 21. Januar 1975, wonach Inkompatibilitäten als Beschränkungen der Wählbarkeit im weiteren Sinne anzusehen seien, die nur aufgrund und im Rahmen des Art. 137 Abs. 1 GG zulässig sein sollen.[2] Arbeiter des öffentlichen Dienstes seien unter den dort genannten Personengruppen jedoch nicht aufgeführt.[3] Die eine Inkompatibilität legitimierenden Gründen (vgl. 1. zu § 5) treffen auf diese Statusgruppe des öffentlichen Dienstes regelmäßig auch nicht zu.[4]

2. Entsprechende Anwendung der §§ 5 bis 7 auf Richter, Soldaten, Beamte und Soldaten auf Zeit (Abs. 1)

2 Nach § 8 Abs. 1 gelten die §§ 5 bis 7 für Richter, Berufssoldaten und Soldaten auf Zeit entsprechend. Beamte auf Zeit werden in Abs. 1 nicht ausdrücklich angesprochen, sind aber ebenfalls gemeint, wie sich aus der Überschrift der Norm, deren

---
[1] Vgl. § 11 des Entwurfs eines Gesetzes zur Neuregelung der Rechtsverhältnisse der Mitglieder des Deutschen Bundestages, BT-Drs. 7/5525, S. 5.
[2] – 2 BvR 193/74 –, BVerfGE 38, 326, 337 f.
[3] Bericht und Antrag des 2. Sonderausschusses vom 30. November 1976, Begründung zu § 8 des Gesetzentwurfs, BT-Drs. 7/5903, S. 11; BVerfG, Beschluss vom 4. April 1978 – 2 BvR 1108/77 –, BVerfGE 48, 65, 85; vgl. auch *Maunz Th.*, in: Maunz-Dürig, Kommentar zum Grundgesetz, Art. 137 GG. Rdn. 5; *v. Münch I.*, Grundgesetz-Kommentar, 3. Aufl., München 1996, Art. 137 GG, Rdn. 10; *Stober R.*, in: Bonner Kommentar zum Grundgesetz, Zweitbearbeitung Art. 137 GG, Rdn. 285.
[4] Vgl. aber *Dietrich H.*, Beamte als Abgeordnete und das Diäten-Urteil des Bundesverfassungsgerichts, ZBR 1976, 97, 101.

Abs. 2 und dem in den Gesetzesmaterialien dokumentierten Willen des Gesetzgebers ergibt (s.o. 1.).

Der Richterbegriff des Art. 137 Abs. 1 GG und des § 1 DRiG ist der traditionelle und umfasst sowohl die Berufsrichter als auch die ehrenamtlichen Richter.[5] Aber nur der Berufsrichter darf neben den Aufgaben der rechtsprechenden Gewalt solche der gesetzgebenden nicht wahrnehmen (vgl. §§ 4 Abs. 1, 36 Abs. 2 DRiG). Adressat des § 8 Abs. 1 und über die dortige Verweisung der §§ 5 bis 7 ist ebenfalls nur der Berufsrichter (auf Lebenszeit, auf Zeit, auf Probe oder kraft Auftrags) im Sinne des Dritten Abschnitts des DRiG als Angehöriger des öffentlichen Dienstes.[6] Seine Rechtsstellung, sei es als Richter im Bundesdienst oder als Richter im Landesdienst, nach der Wahl in den Bundestag soll hier geregelt werden, nicht die des ehrenamtlichen Richters. Abs. 1 schreibt die entsprechende Anwendung der für Beamte geltenden Regelungen vor. Auf die Anmerkungen zu den §§ 5 bis 7 kann daher verwiesen werden. 3

Das ehrenamtliche Richteramt ist hingegen als mit dem Mandat kompatibel anzusehen,[7] soweit die Gerichtsordnungen – wie z.B. § 22 VwGO oder § 19 FGO – nicht ausdrücklich Ausnahmen vorsehen. Denn die Inkompatibilitätsregelungen des DRiG gelten gem. dessen §§ 1 und 2 nicht für ehrenamtliche Richter. Der Grundsatz der Gewaltenteilung steht daher der Ausübung des Schöffenamtes durch einen Bundestagsabgeordneten nicht entgegen.[8] Allerdings kann ein Abgeordneter nach § 35 GVG die Berufung als Schöffen ablehnen. 4

Dasselbe wie für Berufsrichter gilt für Berufssoldaten (vgl. § 1 Abs. 2 Satz 2 SoldatenG), Soldaten auf Zeit und Beamte auf Zeit (bei letzteren beiden mit den Besonderheiten des Abs. 2). Soldat ist zwar auch, wer aufgrund der Wehrpflicht in einem Wehrdienstverhältnis steht. Nach dem Wortlaut des Art. 137 Abs. 1 GG sind Wehrpflichtige aber nicht mit in die Inkompatibilitätsregelungen einbezogen.[9] Zum Wehrdienst aufgrund der Wehrpflicht können Abgeordnete jedoch nur auf ihren eigenen Antrag hin eingezogen werden (§ 12 Abs. 3 Satz 2 WPflG). Nach der Aufstellung zur Wahl bzw. nach erfolgter Wahl sind Wehrpflichtige zurückzustellen. Für den Ersatzdienst gilt entsprechendes wie für den Wehrdienst.[10] 5

3. Ruhen der Rechte und Pflichten aus dem Dienstverhältnis eines Soldaten oder Beamten auf Zeit (Abs. 2)

§ 5 gilt nach Abs. 2 für den genannten Personenkreis mit der Besonderheit in zeitlicher Hinsicht, dass die Rechte und Pflichten aus dem Dienstverhältnis eines Solda- 6

---

5 *Tsatsos D.*, Unvereinbarkeiten zwischen Bundestagsmandat und anderen Funktionen, in: Parlamentsrecht und Parlamentspraxis in der Bundesrepublik Deutschland: ein Handbuch / hrsg. von Schneider H.-P. / Zeh W., Berlin, 1989, 701, 721; *Stober R.*, aaO, Rdn. 338.
6 *v. Münch I.*, aaO, Rdn. 24; *Plog E. / Wiedow A. / Beck G. / Lemhöfer B.*, Kommentar zum Bundesbeamtengesetz, Neuwied, Rdn. 16 zu § 57.
7 Str., vgl. *Magiera S.*, in: Sachs M. (Hrsg.), Grundgesetz, Kommentar, 2. Aufl., München 1999, Art. 137 GG, Rdn. 15; *v. Mangoldt H. / Klein F. / v. Camphausen A.*, Das Bonner Grundgesetz, Kommentar, 3. Aufl., München 1991, Art. 137 GG, Rdn. 31; *Maunz Th.*, aaO, Rdn. 7; *v. Münch I.*, aaO, Rdn. 16; *Stober R.*, aaO, Rdn. 338 und 351.
8 BGH, Entscheidung vom 13. Februar 1968 – 1 STR 613 / 67 –, NJW 1968, 996 f.
9 Vgl. auch *Maunz Th.*, aaO, Rdn. 6; *Stober R.*, aaO, Rdn. 335.
10 Vgl. *v. Münch I.*, aaO, Rdn. 13.

ten auf Zeit längstens für die Dauer der Verpflichtungszeit, eines Beamten auf Zeit längstens für die Zeit, für die er in das Beamtenverhältnis berufen worden ist, ruhen. Das Beamtenverhältnis verlängert sich also nicht etwa um die Dauer des Mandats.[11] Seine zeitliche Begrenzung bleibt unverändert. Mit Zeitablauf endet das Beamten- oder Soldatenverhältnis und zwar auch dann, wenn dieser Zeitpunkt in die Mandatszeit fällt. Materiell unterscheidet sich die Ruhensanordnung dagegen nicht. Zu den Beamten auf Zeit zählen typischerweise kommunale Wahlbeamte (für die aber über § 10 von § 6 abweichendes Landesrecht gelten kann, s. Erläuterungen zu § 10).[12]

4. Sinngemäße Anwendung des Abs. 2 und der §§ 5 bis 7 Abs. 1 bis 4 auf Angestellte des öffentlichen Dienstes (Abs. 3)

7 Nach § 8 Abs. 3 Satz 1 gelten Abs. 2 und die Vorschriften der §§ 5, 6 und 7 Abs. 1 bis 4 sinngemäß für Angestellte des öffentlichen Dienstes. Der Begriff des „Angestellten" wird weit ausgelegt. Angestellter des öffentlichen Dienstes ist derjenige, der ohne Arbeiter oder Beamter zu sein, in einem Dienstverhältnis zu einem öffentlich-rechtlich strukturierten Arbeitgeber steht.[13] Nach der Rechtsprechung des Bundesverfassungsgerichts sollen dabei solche Dienstverhältnisse erfasst werden, die ihrer Eigenart nach im Hinblick auf die Verwirklichung des Verfassungsprinzips der Trennung der Gewalten eine Unvereinbarkeitsregelung erfordern.[14] Voraussetzung ist stets das Bestehen eines Dienstverhältnisses im Sinne eines abhängigen, nicht selbständigen, Beschäftigungsverhältnisses, im Rahmen dessen der Angestellte bezüglich der Art und Weise seiner Tätigkeit den Weisungen des Arbeitgebers unterworfen ist. Ob diese Voraussetzungen erfüllt sind, muss gegebenenfalls im Einzelfall unter Berücksichtigung aller Umstände des Sachverhalts geprüft werden.

8 Nach Satz 2 ist öffentlicher Dienst im Sinne dieser Vorschrift die Tätigkeit im Dienst des Bundes, eines Landes, einer Gemeinde oder anderer Körperschaften, Anstalten oder Stiftungen des öffentlichen Rechts oder ihrer Verbände mit Ausnahme der öffentlich-rechtlichen Religionsgesellschaften und ihrer Verbände (vgl. dazu auch 8. zu § 29).[15] Die sinngemäße Anwendung der genannten Bestimmungen auf diesen Personenkreis bedeutet das Ruhen ihrer Rechte und Pflichten aus dem Arbeitsverhältnis.[16] Weder muss der Arbeitnehmer seine Arbeitskraft zur Verfügung stel-

---

11 Die Rechtslage entspricht derjenigen für Arbeitnehmer mit Zeitarbeitsverträgen. Auch befristete Arbeitsverträge laufen zum vereinbarten Zeitpunkt aus, selbst wenn der Arbeitnehmer dann Wahlbewerber oder Abgeordneter ist, vgl. *Welti F.*, Abgeordnete und Arbeitsrecht, Arbeit und Recht 1998, 345, 346.
12 *Plog E. / Wiedow A. / Beck G. / Lemhöfer B.*, Kommentar zum Bundesbeamtengesetz, Neuwied, Rdn. 14 zu § 5.
13 Vgl. auch *v. Mangoldt H. / Klein F.*, aaO, Rdn. 24; *v. Münch I.*, aaO, Rdn. 8; *Stober R.*, aaO, Rdn. 322 ff.
14 Beschluss vom 4. April 1978 – 2 BvR 1108/77 –, BVerfGE 48, 64, 84.
15 Leitende Angestellte eines privaten, von der öffentlichen Hand beherrschten Unternehmens werden nach der bundesgesetzlichen Regelung also nicht erfasst (anders z.B. § 37 Abs. 2 Hess.AbGG, § 37 Abs. 2 Saarl.AbG und § 40 Abs. 2 Thür.AbgG); nach der Rspr. des BVerfG (Beschluss vom 21. Januar 1975 – 2 BvR 183/74 –, BVerfGE 38, 326, 339) zählen sie jedoch zu den Angestellten im öffentlichen Dienst im Sinne des Art. 137 Abs. 1 GG; s. auch *Schmidt-Bleibtreu B. / Klein F.*, Kommentar zum Grundgesetz, 9. Aufl., Neuwied 1999, Art. 137 GG, Rdn. 1a.
16 Vgl. auch *Böhm W. / Spiertz H. / Sponer W. / Steinherr F.*, Bundesangestelltentarif, BAT, Kommentar, 3. Aufl., Heidelberg, Loseblatt, § 19 BAT, Rdn. 21 ff.

len, noch der Arbeitgeber die vereinbarte Vergütung zahlen. Die Mandatszeit gilt im Rahmen des § 7 Abs. 5 als Beschäftigungszeit,[17] grundsätzlich aber nicht als Pflichtversicherungszeit im Sinne der gesetzlichen Rentenversicherung (Ausnahme: § 23 Abs. 2) und der zusätzlichen Alters- und Hinterbliebenenversorgung (VBL-Rente). Vor der Annahme des Mandats erworbene Versorgungsansprüche oder -anwartschaften bleiben jedoch erhalten.[18] Die Rechte und Pflichten aus dem Arbeitsverhältnis ruhen ab der Annahme des Mandats grundsätzlich für dessen Dauer, aber nicht länger, als das Arbeitsverhältnis aus sich heraus besteht. Das ist vor allem bei befristeten Arbeitsverhältnissen von Bedeutung. Bei der Anwendung des § 7 Abs. 5 stellt sich in der Praxis des öfteren die Frage der Anrechnung der Mandatszeit auf tarifliche Bewährungszeiten. Hier muss dasselbe gelten wie bei der Anrechnung der Mandatszeit eines Beamten nach § 7 Abs. 4 auf laufbahnrechtliche Dienstzeiten, z.B. bei Beförderung oder Aufstieg. Die Mandatszeit ist deshalb als Bewährungszeit im Sinne der Tarifvertragsbestimmungen anzurechnen. Zum Wiederverwendungsanspruch eines Angestellten des öffentlichen Dienstes gilt das für Beamte zu § 6 Ausgeführte sinngemäß. Auf die dortigen Anmerkungen wird verwiesen.[19]

5. EuAbgG

Für die in Deutschland gewählten Abgeordneten des Europäischen Parlaments gilt gemäß § 8 Abs. 1 und 3 EuAbgG auch § 8 entsprechend. Auf die Anmerkungen 1. bis 4. wird deshalb verwiesen. **9**

6. Landesrecht

Mehrheitlich verfügen auch die Abgeordnetengesetze der Länder über dem § 8 des Abgeordnetengesetz des Bundes entsprechende oder ähnliche Bestimmungen (s.o. Parallelregelungen), wobei für Richter einerseits und Angestellte des öffentlichen Dienstes andererseits vielfach eigene Vorschriften bestehen. Inkompatibilitätsregelungen finden sich darüber hinaus auch in Landeswahlgesetzen. So bestimmt beispielsweise § 26 Abs. 1 Nr. 6 des Berliner Landeswahlgesetzes, dass die Mitglieder des zur Geschäftsführung berufenen Organs einer der Aufsicht des Landes Berlin unterstehenden Körperschaft, Anstalt oder Stiftung des öffentlichen Rechts oder eines privatrechtlichen Unternehmens, an dem das Land Berlin oder eine seiner Aufsicht unterstehende Körperschaft, Anstalt oder Stiftung des öffentlichen Rechts mit mehr als 50 vom Hundert beteiligt ist, und ihre ständigen Stellvertreter mit dem Erwerb der Mitgliedschaft im Abgeordnetenhaus aus ihrer beruflichen Position ausscheiden. Das Bundesverfassungsgericht hat die Verfassungsmäßigkeit dieser Norm ausdrücklich bestätigt, obwohl der Landesgesetzgesetzgeber in Ausübung seiner Ermächtigung aus Art. 137 Abs. 1 GG hier in einem Randbereich das Privatrecht berührt. Die Regelung verletze weder das gleiche passive Wahlrecht, noch **10**

---

17 *Böhm W./Spiertz H./Sponer W./Steinherr F.*, aaO.
18 Vgl. Materialien zum Entwurf eines Gesetzes zur Neuregelung der Rechtsverhältnisse der Mitglieder des Deutschen Bundestages, Begründung zu § 11 des Entwurfs, BT-Drs. 7/5531, S. 18.
19 Vgl. auch *Böhm W./Spiertz H./Sponer W./Steinherr F.*, Bundesangestelltentarif, BAT, Kommentar, 3. Aufl., Heidelberg, Loseblatt, § 19 BAT, Rdn. 22.

greife sie in die Freiheit des Berufs ein. Die Anordnung einer Inkompatibilität sei von der grundgesetzlichen Ermächtigung gedeckt, sofern sie gewählte Bewerber betreffe, deren berufliche Stellung die Möglichkeit von Interessen- und Entscheidungskonflikten nahe lege.[20]

§ 9 Professoren

(1) Für die Rechtsstellung der in den Bundestag gewählten Professoren an einer Hochschule im Sinne des § 43 des Hochschulrahmengesetzes findet § 6 mit der Maßgabe Anwendung, dass sie in ihrem bisherigen Amt an der gleichen Hochschule wiederverwendet werden müssen.

(2) Professoren können eine Tätigkeit in Forschung und Lehre sowie die Betreuung von Doktoranden und Habilitanden während der Mitgliedschaft im Bundestag wahrnehmen. Die Vergütung für diese Tätigkeit ist entsprechend den tatsächlich erbrachten Leistungen zu bemessen. Die Vergütung darf 25 vom Hundert der Bezüge, die aus dem Professorendienstverhältnis zu zahlen wären, nicht übersteigen. Im Übrigen sind die für Bundesbeamte geltenden Vorschriften anzuwenden.

Parallelvorschriften im EuAbgG und in den Abgeordnetengesetzen der Länder:			
EuAbgG	§ 8		
BadWürtt.	–	Nds.	§ 28
Bay.	–	NW.	–
Berl.	–	RP.	§ 33 a
Bbg.	–	Saarl.	–
Brem.	–	Sachs.	–
Hbg.	–	SachsAnh.	–
Hess.	–	SchlH.	–
MV.	–	Thür.	§ 41

Literatur: *Dietrich H.*, Beamte als Abgeordnete und das Diäten-Urteil des Bundesverfassungsgerichts, ZBR 1976, 97 ff.; *Drescher A.*, Die Neuregelung der Rechtsverhältnisse der in den Bundestag gewählten Angehörigen des öffentlichen Dienstes, RiA 1977, 51 ff.; *Freytag M.*, Möglichkeiten und Grenzen einer Parlamentsreform für den Deutschen Bundestag, Regensburg, 1990; *Plog E./Wiedow A./Beck G./Lemhöfer B.*, Kommentar zum Bundesbeamtengesetz, Neuwied; *Tsatsos D.*, Unvereinbarkeiten zwischen Bundestagsmandat und anderen Funktionen, in: Parlamentsrecht und Parlamentspraxis in der Bundesrepublik Deutschland: ein Handbuch / hrsg. von Schneider H.-P./Zeh W., Berlin, 1989, 701 ff.; *Welti F.*, Die soziale Sicherung der Abgeordneten des Deutschen Bundestages, der Landtage und der deutschen Abgeordneten im Europäischen Parlament, Berlin 1998.

---

20 BVerfG, Beschluss vom 5. Juni 1998 – 2 BvL 2/97 –, BVerfGE 98, 145 ff.

Übersicht

		Rdn.
1.	Allgemeines	1–5
2.	Wiederverwendung in den Bundestag gewählter Professoren nach dem Ausscheiden aus dem Mandat (Abs. 1)	6
3.	Kompatible Tätigkeiten von Professoren neben dem Mandat (Abs. 2)	7
4.	Anwendung der für Bundesbeamte geltenden Vorschriften (Abs. 2 Satz 4)	8
5.	EuAbgG	9
6.	Landesrecht	10–11

1. Allgemeines

Der Entwurf eines Gesetzes zur Neuregelung der Rechtsverhältnisse der Mitglieder des Deutschen Bundestages[1] schlug in seinem § 12 vor, dass die Länder durch Gesetz vorsehen können, dass einzelne Rechte und Pflichten eines in den Bundestag gewählten Professors an einer Hochschule erhalten bleiben. Dabei sollten aber die festzusetzenden Bezüge ein Drittel der bisherigen nicht übersteigen. Damit sollten im Unterschied zu § 7 des Rechtsstellungsgesetzes[2] künftig zwar auch Hochschulprofessoren der Inkompatibilität von Amt und Mandat unterliegen, gleichwohl aber einige Rechte und Pflichten aus dem Dienstverhältnis weiterbestehen können. Dabei ging es insbesondere um die Doktoranden- und Habilitandenbetreuung sowie um die Durchführung von Lehrveranstaltungen. Die Vergütung hierfür sollte nach der erbrachten – reduzierten – Leistung bemessen werden.[3]

Der 2. Sonderausschuss hatte – anders als der Innenausschuss – die Erforderlichkeit von Sonderregelungen für Professoren ebenfalls bekräftigt, wobei auch er der Auffassung war, dass es den Ländern überlassen bleiben sollte, welche Rechte und Pflichten eines in den Bundestag gewählten Professors erhalten bleiben sollten, so wie es § 12 des Entwurfs bereits vorsah.[4] Nach der Ursprungsfassung der Norm war es daher Sache der Länder, die Inkompatibilität von Amt und Mandat bei in den Bundestag gewählten Professoren näher auszugestalten.

Die Länder machten von dieser Ermächtigung jedoch nicht ausreichend Gebrauch.[5] Der Entwurf eines (Ersten) Gesetzes zur Änderung des Abgeordnetengesetzes vom 22. Mai 1980[6] gab diese Konzeption deshalb zugunsten einer einheitlichen bundesrechtlichen Regelung wieder auf. Die Rechtsstellung der in den Bundestag gewählten Hochschullehrer sei als Parlamentsrecht im Abgeordnetengesetz geregelt. Auch die weitere Ausgestaltung der Rechtsstellung solle deshalb durch den Bundesgesetzgeber vorgenommen werden.[7] Deshalb solle die bislang in § 9 enthaltene Er-

---

[1] Vom 29. Juni 1976, BT-Drs. 7/5525, S. 18.
[2] Vgl. *Dietrich H.*, Beamte als Abgeordnete und das Diäten-Urteil des Bundesverfassungsgerichts, ZBR 1976, 97, 101.
[3] AaO, Begründung zu § 12 des Entwurfs.
[4] Bericht und Antrag des 2. Sonderausschusses vom 30. November 1976, Begründung zu § 9 des Gesetzentwurfs, BT-Drs. 7/5903, S. 11 f.; *Drescher A.*, Die Neuregelung der Rechtsverhältnisse der in den Bundestag gewählten Angehörigen des öffentlichen Dienstes, RiA 1977, 51, 55.
[5] Beschlussempfehlung und Bericht des Rechtsausschusses vom 24. Juni 1980, BT-Drs. 8/4293.
[6] BT-Drs. 8/4114.
[7] AaO, S. 2.

mächtigung (des Landesgesetzgebers) durch eine materielle Regelung ersetzt werden,[8] die im Kern bereits der heute gültigen entsprach.

4 Eine Vergütung war allerdings ursprünglich nur für die Lehrtätigkeit vorgesehen. Weil sich in der Praxis Schwierigkeiten bei der Abgeltung von Forschungstätigkeiten und bei der Betreuung von Doktoranden und Habilitanden ergeben hatten,[9] sah das Siebte Gesetz zur Änderung des Abgeordnetengesetzes vom 16. Januar 1987 eine Einbeziehung auch dieser Leistungen bei gleichzeitiger Beschränkung der Gesamtvergütung auf 25 vom Hundert der früheren Professorenbezüge vor. Damit sollte einer ungerechtfertigten Privilegierung der Hochschullehrer gegenüber anderen Angehörigen des öffentlichen Dienstes vorgebeugt werden.[10]

5 Die bislang letzte Änderung des § 9 erfolgte durch Art. 1 Nr. 2 des Einundzwanzigsten Gesetzes zur Änderung des Abgeordnetengesetzes vom 20. Juli 2000.[11] Sie war nur redaktioneller Art und ersetze die bisherige statische Verweisung auf das HRG durch eine dynamische. Art. 4 des Regierungsentwurfs eines Fünften Gesetzes zur Änderung des Hochschulrahmengesetzes und anderer Vorschriften (5. HRGÄndG) (BT-Drs. 14/6853 vom 31. August 2001) sieht vor, in § 9 die Angabe „Professor" durch die Angabe „Hochschullehrer" sowie den Verweis auf § 43 HRG durch einen Verweis auf § 42 HRG zu ersetzen. Inhaltliche Änderungen des § 9 sind damit nicht verbunden. „Hochschullehrer" im Sinne des Gesetzentwurfs sind sowohl Professoren als auch Juniorprofessoren (vgl. § 42 Satz 1 HRG i.d.F. des Art. 1 Nr. 22 des Entwurfs).

2. Wiederverwendung in den Bundestag gewählter Professoren nach dem Ausscheiden aus dem Mandat (Abs. 1)

6 Für Professoren an einer Hochschule im Sinne des § 43 HRG gelten als Beamte[12] die allgemeinen Bestimmungen der §§ 5 ff. Abgeordnetengesetz (s. u. 4.) mit der Besonderheit des § 9 Abs. 1. Danach findet § 6 (Wiederverwendung nach Beendigung des Mandats) mit der Maßgabe Anwendung, dass sie in ihrem bisherigen Amt an der gleichen Hochschule wiederverwendet werden müssen. Dieses Sonderrecht ist Ausdruck der verfassungsrechtlich verbürgten Freiheit von Forschung und Lehre in Art. 5 Abs. 3 GG.[13] Es korrespondiert mit entsprechenden Regelungen des HRG, wonach beamtete Professoren grundsätzlich nur mit ihrer Zustimmung abgeordnet oder versetzt werden dürfen.[14] Diese Grundsätze sollten auch nach dem Ausscheiden aus dem Mandat gelten.

---

[8] AaO, S. 6.
[9] Entwurf eines Siebten Gesetzes zur Änderung des Abgeordnetengesetzes vom 25. Juni 1986, Begründung zu Art. 1 Nr. 1, BT-Drs. 10/5734, S. 6, und Beschlussempfehlung und Bericht des Ausschusses für Wahlprüfung, Immunität und Geschäftsordnung vom 5. Dezember 1986, BT-Drs. 10/6685, S. 10.
[10] BGBl. I S. 143.
[11] BGBl. I S. 1037.
[12] Vgl. § 46 HRG.
[13] Vgl. Materialien zum Entwurf eines Gesetzes zur Neuregelung der Rechtsverhältnisse der Mitglieder des Deutschen Bundestages vom 30. Juni 1976, Begründung zu § 8 des Entwurfs, BT-Drs. 7/5531, S. 16; *Tsatsos* D., Unvereinbarkeiten zwischen Bundestagsmandat und anderen Funktionen, in: Parlamentsrecht und Parlamentspraxis in der Bundesrepublik Deutschland: ein Handbuch/hrsg. von Schneider H.-P./Zeh W., Berlin, 1989, 701, 718.
[14] § 50 Abs. 2 Satz 1 HRG.

3. Kompatible Tätigkeiten von Professoren neben dem Mandat (Abs. 2)

Professoren können nach § 9 Abs. 2 Satz 1 während ihrer Mitgliedschaft im Bundestag eine Tätigkeit in Forschung und Lehre sowie die Betreuung von Doktoranden und Habilitanden wahrnehmen. Durch diese Bestimmung soll ihrer besonderen, von den anderen Beamten abweichenden Rechtsstellung Rechnung getragen werden.[15] Die Tätigkeiten werden während des Mandats außerhalb des ruhenden Dienstverhältnisses in einem neuen „Amt eigener Art" auf Honorarbasis erbracht. Die Vergütung hierfür ist nach Abs. 2 Satz 2 entsprechend den tatsächlich erbrachten Leistungen zu bemessen. Sie darf nach Abs. 2 Satz 3 indessen 25 vom Hundert der Bezüge, die aus dem Professorendienstverhältnis zu zahlen wären, nicht übersteigen (zu den Gründen vgl. 1.). Die Vergütung gilt grundsätzlich als Einkommen aus einer Verwendung im öffentlichen Dienst im Sinne des § 29 Abs. 1 Satz 1.[16] Sie ist deshalb auf die Abgeordnetenentschädigung anzurechnen (vgl. näher dazu 3. 1. 1 zu § 29).

7

4. Anwendung der für Bundesbeamte geltenden Vorschriften (Abs. 2 Satz 4)

Professoren an einer Hochschule im Sinne des § 43 HRG sind überwiegend (Landes-) Beamte.[17] Nach § 9 Abs. 2 Satz 4 gelten für sie bei ihrer Wahl in den Bundestag mit Ausnahme der in § 9 geregelten Besonderheiten die für Bundesbeamte geltenden Vorschriften der §§ 5 ff. Abgeordnetengesetz. Auf die dortigen Anmerkungen wird verwiesen.

8

5. EuAbgG

Nach § 8 Abs. 1 und 3 EuAbgG gilt § 9 für die in Deutschland gewählten Abgeordneten des Europäischen Parlaments entsprechend.

9

6. Landesrecht

Die wenigsten Bundesländer verfügen über eigenständige, § 9 vergleichbare Regelungen. Niedersachsen normiert in § 28 Abs. 1 Nds.AbgG den Status in den Landtag gewählter Professoren. Abs. 2 ordnet zwar die entsprechende Geltung bei der Wahl in den Bundestag an. Diese Bestimmung verstößt jedoch gegen vorrangiges Bundesrecht und kann deshalb keine Anwendung finden.

10

§ 41 Thür.AbgG regelt den Status in den Landtag gewählter Professoren ähnlich wie die bundesrechtliche Norm. § 33 a RP.AbgG lässt zwar Tätigkeiten wie das Bundes-

11

---

15 Vgl. Materialien zum Entwurf eines Gesetzes zur Neuregelung der Rechtsverhältnisse der Mitglieder des Deutschen Bundestages vom 30. Juni 1976, Begründung zu § 12 des Entwurfs, BT-Drs. 7/5531, S. 18.
16 Etwas anderes gilt für Einkünfte aus einer weisungsunabhängigen Lehrtätigkeit als Honorarprofessor. Sie sind kein „Einkommen aus einer Verwendung im öffentlichen Dienst", vgl. BVerwG, Urteil vom 22. Juli 1965 – II C 22. 64 –, BVerwGE 22, 1, 5 ff.
17 Vgl. § 46 HRG und die Beamtengesetze der Länder.

recht zu. Allerdings darf die Lehrtätigkeit in Rheinland-Pfalz vier Semesterwochenstunden nicht überschreiten. Die Vorschrift gewährt auch keinen Wiederverwendungsanspruch auf das bisherige Amt an der gleichen Hochschule.

§ 10 Wahlbeamte auf Zeit

Die Länder können durch Gesetz für Wahlbeamte auf Zeit von § 6 abweichende Regelungen treffen.

Vorschriften im EuAbgG und in den Abgeordnetengesetzen der Länder:

EuAbgG	§ 8		
BadWürtt.	§ 32	Nds.	§ 108 a LBG
Bay.	Art. 35	NW.	§ 33
Berl.	§ 33	RP.	§ 34
Bbg.	–	Saarl.	§ 36
Brem.	§ 34	Sachs.	§ 35
Hbg.	–	SachsAnh.	§ 40
Hess.	§ 32	SchlH.	§ 40
MV.	§ 36	Thür.	§ 36

Literatur: *Drescher A.*, Die Neuregelung der Rechtsverhältnisse der in den Bundestag gewählten Angehörigen des öffentlichen Dienstes, RiA 1977, 51 ff.; *Freytag M.*, Möglichkeiten und Grenzen einer Parlamentsreform für den Deutschen Bundestag, Regensburg, 1990; *Plog E./Wiedow A./Beck G./Lemhöfer B.*, Kommentar zum Bundesbeamtengesetz, Neuwied; *Tsatsos D.*, Unvereinbarkeiten zwischen Bundestagsmandat und anderen Funktionen, in: Parlamentsrecht und Parlamentspraxis in der Bundesrepublik Deutschland: ein Handbuch / hrsg. von Schneider H.-P./Zeh W., Berlin, 1989, 701 ff.; *Welti F.*, Die soziale Sicherung der Abgeordneten des Deutschen Bundestages, der Landtage und der deutschen Abgeordneten im Europäischen Parlament, Berlin 1998.

Anmerkungen

1 Wahlbeamte auf Zeit waren nach dem vor In-Kraft-Treten des Abgeordnetengesetzes geltenden Recht (Rechtsstellungsgesetz, s. 1. zu § 5) nach Bundesrecht nicht in die Inkompatibilitätsregelungen einbezogen. Vielmehr waren die Länder ermächtigt, die Inkompatibilität eigenständig zu regeln.[1] Seit dem In-Kraft-Treten des Abgeordnetengesetzes ist die Rechtsstellung der Wahlbeamten auf Zeit bei Annahme eines Bundestagsmandats bundesgesetzlich einheitlich geregelt. Betroffen sind vor allem kommunale Wahlbeamte auf Zeit wie hauptamtlichen Oberbürgermeister und Landräte, Oberstadt- und Oberkreisdirektoren sowie Beigeordnete. Bei diesen Wahlbeamten liegt ein die Inkompatibilitätsregelungen rechtfertigender Grund im Hinblick auf die zahlreichen Spannungsfelder im Verhältnis von kommunalem Wahlamt und Bundestagsmandat deswegen vor, weil der Bund über seine

---

1 *Drescher A.*, Die Neuregelung der Rechtsverhältnisse der in den Bundestag gewählten Angehörigen des öffentlichen Dienstes, RiA 1977, 51, 55.

Gesetzgebung in vielfältiger Weise auf das Kommunalrecht einwirkt und weil kommunale Wahlbeamte auf Zeit an der Ausführung von Bundesgesetzen beteiligt sind.[2]

Deshalb ist nach geltendem Recht auch das Amt eines Wahlbeamten auf Zeit mit dem Bundestagsmandat inkompatibel.[3] Für sie gelten bundeseinheitlich die §§ 5 ff. dieses Gesetzes und zwar auf Empfehlung des Innenausschusses mit der Maßgabe, dass die Länder eine von § 6 abweichende Regelung treffen können.[4] Im Entwurf eines Gesetzes zur Neuregelung der Rechtsverhältnisse der Mitglieder des Deutschen Bundestages vom 29. Juni 1976[5] war die Sonderregelung des § 10 für Wahlbeamte auf Zeit noch nicht vorgesehen. Die Vorschrift ist erst im Zuge der weiteren parlamentarischen Beratungen aufgenommen worden. **2**

§ 10 ermächtigt die Bundesländer, durch Landesgesetz Abweichungen von den Rückführungsregelungen nach Beendigung des Mandats in § 6 vorzusehen. Die Mehrzahl der Länder hat von dieser Ermächtigung auch Gebrauch gemacht (s.o. Vorschriften). Die Regelungen bestimmen mehrheitlich, dass die Amtszeit der Wahlbeamten auf Zeit als abgeleistet gilt, wenn das Mandat vor Ablauf der Amtszeit endet. In Hessen und dem folgend in Thüringen sehen die Landesabgeordnetengesetze vor, dass ein hauptamtlicher Wahlbeamter auf Zeit nach Beendigung seiner Mitgliedschaft im Parlament in den dauernden Ruhestand tritt. In Berlin ist die Anwendung des § 6 auf Wahlbeamte auf Zeit ausgeschlossen. Auch Mecklenburg-Vorpommern nimmt hauptamtliche kommunale Wahlbeamte von einer Wiederverwendung nach Beendigung des Mandats aus. In den Bundesländern, die wie Brandenburg und Hamburg die Ermächtigung in § 10 nicht genutzt haben, gilt für die Rückführung von Wahlbeamten auf Zeit nach Ausscheiden aus dem Mandat Bundesrecht (§ 6). **3**

Fällt der Ablauf der Amtszeit eines in den Bundestag gewählten Beamten auf Zeit in die Mandatszeit, so endet mit dem Dienstverhältnis zugleich das Ruhen seiner Rechte und Pflichten hieraus.[6] **4**

Für Wahlbeamte auf Zeit, die in Deutschland in das Europäische Parlament gewählt worden sind, sind nach § 8 Abs. 3 EuAbgG die auf Grund des § 10 erlassenen (Landes-)Gesetze entsprechend anzuwenden. **5**

---

2 *Tsatsos D.*, Unvereinbarkeiten zwischen Bundestagsmandat und anderen Funktionen, in: Parlamentsrecht und Parlamentspraxis in der Bundesrepublik Deutschland: ein Handbuch / hrsg. von Schneider H.-P. / Zeh W., Berlin, 1989, 720 f.; vgl. auch *Drescher A.*, Die Neuregelung der Rechtsverhältnisse der in den Bundestag gewählten Angehörigen des öffentlichen Dienstes, RiA 1977, 51, 55.
3 Das ist auf der Rechtsfolgenseite durchaus von praktischer Bedeutung. Von den 244 in der 13. Wahlperiode in den Bundestag gewählten Beamten waren 10,2% (25 Abgeordnete) kommunale Wahlbeamte (*Schindler P.*, Datenhandbuch zur Geschichte des Deutschen Bundestages 1949 bis 1999, Band I, Baden-Baden 1999, S. 715.
4 Vgl. Bericht und Antrag des 2. Sonderausschusses vom 30. November 1976, Begründung zu § 10 des Gesetzentwurfs, BT-Drs. 7/5903, S. 12.
5 BT-Drs. 7/5525.
6 S. a. § 32 Abs. 1 BadWürtt.AbgG; Art. 35 Abs. 1 Bay.AbgG; § 33 Abs. 1 Berl.AbgG; § 34 Abs. 1 Brem.AbgG; § 34 Abs. 1 RP.AbgG; § 36 Abs. 1 Saarl.AbgG; § 35 Abs. 1 Sächs.AbgG; § 40 Abs. 1 Nr. 1 SachsAnh.AbgG; § 40 Abs. 1 Nr. 1 SchlH.AbgG.

Vierter Abschnitt
Leistungen an Mitglieder des Bundestages

§ 11 Abgeordnetenentschädigung

(1) Ein Mitglied des Bundestages erhält eine monatliche Abgeordnetenentschädigung, die sich an einem Zwölftel der Jahresbezüge
- eines Richters bei einem obersten Gerichtshof des Bundes (Besoldungsgruppe R 6),
- eines kommunalen Wahlbeamten auf Zeit (Besoldungsgruppe B 6)

orientiert. Abweichend von Satz 1 beträgt die Abgeordnetenentschädigung mit Wirkung vom 1. Juli 2000 12953 Deutsche Mark, vom 1. Januar 2001 13200 Deutsche Mark, vom 1. Januar 2002 13451 Deutsche Mark (*6878 Euro*)[1] und vom 1. Januar 2003 13707 Deutsche Mark (*7009 Euro*)[2]. Für spätere Anpassungen gilt das in § 30 geregelte Verfahren.

(2) Der Präsident erhält eine monatliche Amtszulage in Höhe eines Monatsbetrages nach Absatz 1, seine Stellvertreter in Höhe der Hälfte eines Monatsbetrages nach Absatz 1.

(3) Der Auszahlungsbetrag der Abgeordnetenentschädigung und der Amtszulage vermindert sich in Ansehung der zu den Kosten in Pflegefällen nach § 27 gewährten Zuschüsse vom 1. Januar 1995 an um ein Dreihundertfünfundsechzigstel.

Parallelvorschriften im EuAbgG und in den Abgeordnetengesetzen der Länder:			
EuAbgG	§ 9		
BadWürtt.	§ 5	Nds.	§ 6
Bay.	Art. 5	NW.	§ 5
Berl.	§ 6	RP.	§ 5
Bbg.	§ 5	Saarl.	§ 5
Brem.	§ 5	Sachs.	§ 5
Hbg.	§ 2	SachsAnh.	§ 6
Hess.	§ 5	SchlH.	§ 6
MV.	§ 6	Thür.	§ 5

Literatur: *Abelein M.*, Die Rechtsstellung der Abgeordneten in der Rechtsprechung des Bundesverfassungsgerichtes, in: Kipp H. / Mayer F. / Steinkamm A., Um Recht und Freiheit, Festschrift für Friedrich August Freiherr von der Heydte, Berlin, 1977, S. 777 ff.; *Achterberg N.*, Die Abstimmungsbefugnis des Abgeordneten bei Betroffenheit in eigener Sache, AöR 109 (1984),

---

1 Ausweisung in Euro gem. Art. 1 Nr. 1 des Dreiundzwanzigsten Gesetzes zur Änderung des Abgeordnetengesetzes mit Wirkung vom 1. Januar 2002; vgl. u. 1.6.
2 S. Fn. 1.

Vierter Abschnitt
§ 11 Abgeordnetenentschädigung

505 ff.; *v. Arnim H. H.*, Das neue Abgeordnetengesetz, Forschungsinstitut für öffentliche Verwaltung bei der Hochschule für Verwaltungswissenschaften, Speyer, 1997; *ders.*, Entschädigung und Amtsausstattung, in: Parlamentsrecht und Parlamentspraxis in der Bundesrepublik Deutschland: ein Handbuch / hrsg. von Schneider H.-P. / Zeh W., Berlin, 1989, 523 ff.; *ders.*, Zweitbearbeitung von Art. 48 GG, 1980, in: Kommentar zum Bonner Grundgesetz (Bonner Kommentar); *ders.*, Abgeordnetenentschädigung und Grundgesetz, Wiesbaden, 1975; *Badura P.*, Die Stellung des Abgeordneten nach dem Grundgesetz und den Abgeordnetengesetzen in Bund und Ländern, in: Parlamentsrecht und Parlamentspraxis in der Bundesrepublik Deutschland: ein Handbuch / hrsg. von Schneider H.-P. / Zeh W., Berlin, 1989, 489 ff.; *Bahnsen V.*, Entschädigungszulagen für parlamentarische Funktionsträger, NJW 1998, 1041 f.; *Battis U.*, Vergleichende Darstellung nebst Kommentierung der Anrechnung des Soldatenversorgungsgesetzes / Beamtenversorgungsgesetzes, des Bundesministergesetzes sowie des Bundesabgeordnetengesetzes, Ausarbeitung 6 / 93 für die Wissenschaftlichen Dienste des Deutschen Bundestages; *Becker B.*, Die unzulässigen Sonderzahlungen der Abgeordneten an Fraktion und Partei, ZParl 1996, 377 ff.; *Birk D.*, Rechtsgutachten über die Verfassungsmäßigkeit der Besteuerung der Abgeordnetenbezüge und die Möglichkeit einer Überprüfung durch das BVerfG, erstattet im Auftrag der Zeitschrift Capital, des BdSt. und des Deutschen Mittelstandbundes, Münster, 2000 (www.steuerzahler.de); *Brockmeyer H. B.*, in Schmidt-Bleibtreu B., Klein F., Kommentar zum Grundgesetz, 9. Aufl., Neuwied, 1999; *Brugger W.*, Ein amerikanischer Vorschlag zur Kontrolle der Diätenerhöhungen, ZRP 1992, 321 ff.; *Butzer H.*, Diäten und Freifahrt im Deutschen Reichstag: der Weg zum Entschädigungsgesetz von 1906 und die Nachwirkungen dieser Regelung bis in die Zeit des Grundgesetzes, Düsseldorf, 1999; *Cremer H.-J.*, Anwendungsorientierte Verfassungsauslegung – Der Status der Bundestagsabgeordneten im Spiegel der Rechtsprechung des Bundesverfassungsgerichts, Baden-Baden, 2000; *Determann L.*, Verfassungsrechtliche Vorgaben für die Entschädigung von Abgeordneten, BayVBl. 1997, 385 ff.; *Drescher A.*, Die Neuregelung der Rechtsverhältnisse der in den Bundestag gewählten Angehörigen des öffentlichen Dienstes, RiA 1977, 51 ff.; *Drysch Th.*, Parteienfinanzierung, Opladen, 1998; *Edinger F.*, Indexierung der Abgeordnetenentschädigung verfassungsgemäß – Altersversorgung unangemessen hoch: Die Diäten-Entscheidung des Thüringer Verfassungsgerichtshofs vom 16. 12. 1998, ZParl 1999, 296 ff.; „Entscheidungen des Parlaments in eigener Sache", eine Tagung der Deutschen Vereinigung für Parlamentsfragen und der Deutschen Gesellschaft für Gesetzgebung, ZParl 2000, 401 ff.; *v. Eichborn W.*, Zur angemessenen Bezahlung parlamentarischer Führungspositionen; KritV 2001, 55 ff.; *Eyermann E.*, Die ewigen Diätenquerelen, ZRP 1992, 201 ff.; *Fischer V.*, Abgeordnetendiäten und staatliche Fraktionsfinanzierung in den fünf neuen Bundesländern, Frankfurt, 1995; *Fleuter R.*, Mandat und Status der Abgeordneten im Europäischen Parlament, Pfaffenweiler, 1991; *Giesen R.*, Gesetzliche Rentenversicherung für Abgeordnete?, DVBl. 1999, 291 ff.; *Grünert J.*, Amt, Mandat und „Mehrfach-Alimentation", VR 1992, 413 ff.; *Häberle P.*, Freiheit, Gleichheit und Öffentlichkeit des Abgeordnetenstatus, NJW 1976, 537 ff.; *Hellermann J.*, Von einfachen Abgeordneten und besonderen Funktionsträgern im Parlament – Bemerkungen zum Zweiten Diätenurteil des Bundesverfassungsgerichts vom 21. Juli 2000, ZG 2001, 177 ff.; *Henke W.*, Bearbeitung von Art. 21 GG, 1991, in: Kommentar zum Bonner Grundgesetz (Bonner Kommentar); *Henkel J.*, Anmerkung zum „Diäten-Urteil" des BVerfG, DÖV 1975, 819 ff.; *ders.*, Das Abgeordnetengesetz des Bundestages, DÖV 1977, 350 ff.; *Hölscheidt S.*, Die Finanzen der Bundestagsfraktionen, DÖV 2000, 712 ff.; *ders.*, Funktionszulagen für Abgeordnete, DVBl. 2000, 1734 ff.; *ders.*, in: Grabitz E. / Hilf M. Das Recht der Europäischen Union, München, Loseblatt, Art. 190 EGV; *ders.*, Das Recht der Parlamentsfraktionen, Rheinbreitbach, 2001; *Holthoff-Pförtner St.*, Landesparlamentarismus und Abgeordnetenentschädigung, Baden-Baden, 2000; *Hospach F. J.*, Diäten in Deutschland: eine verfassungsgeschichtliche Studie, Diss., Tübingen, 1992; *Huber P. M.*, Zur Diätenregelung in Thüringen, ThürVBl. 1995, 80 ff.; *Jarass H. D.*, *Pieroth B.*, Grundgesetz für die Bundesrepublik Deutschland, 5. Aufl., München, 2000; *Kabel R.*, Das neue Abgeordnetengesetz vom Dezember 1976, ZParl 1977, 3 ff.; *Kissel O.*, Vom gerechten Lohn der Bundestagsabgeordneten, in: Festschrift für Albrecht Zeuner, Tübingen, 1994, 79 ff.; *Klatt H.*, Die finanzielle Stellung der Abgeordneten, ZParl 1971, 344 ff.; *ders.*,

Plädoyer für eine Neuordnung des parlamentarischen Diätenwesens. Zum Problem der Transparenz „in eigener Angelegenheit", ZParl 1973, 407 ff.; *ders.*, Reformprojekte im Bundestag: Verkleinerung, Änderung des Abgeordnetenstatus und mehr Verfahrenstransparenz, Gegenwartskunde: Zeitschrift für Gesellschaft, Wirtschaft, Politik und Bildung 1998, 455 ff.; *Klein, H. H.*, in: Maunz-Dürig, Kommentar zum Grundgesetz, Art. 48; *ders.*, Status der Abgeordneten, in: Handbuch des Staatsrechts der Bundesrepublik Deutschland, hrsg. von Isensee J. und Kirchhof P., Bd. 2, Heidelberg, 1987, 367 ff.; *ders.*, Diäten-Urteil und Diäten-Streit – Legendenbildung im Verfassungsrecht, in: Planung – Recht – Rechtsschutz, Festschrift für Willi Blümel zum 70. Geburtstag, hrsg. von Klaus Grupp und Michael Ronellenfitsch, S. 224 ff.; *Kloepfer M.*, Diätenurteil und Teilalimentation, DVBl. 1979, 378 ff.; *Kretschmer G.*, Das Diätenurteil des Bundesverfassungsgerichtes (21. Juli 2000): Vom „fehlfinanzierten" zum „fehlverstandenen" Parlament, ZParl 2000, 787 ff.; *Laubach B.*, Das 2. Diätenurteil des Bundesverfassungsgerichts, ZRP 2001, 159 ff.; *Launhardt A.*, Mandat gegen Geld? Einige verfassungsrechtliche Überlegungen zum Zugriff der Parteien auf Abgeordnetengelder durch Erhebung von Sonderbeiträgen, MIP 1999, 37 ff.; *Linde A.*, Fraktionsfinanzierung in der parlamentarischen Demokratie: empirische Befunde und theoretische Reflexionen, Frankfurt, 2000; *Linck J.*, Kritisches zur Diätenkritik von 86 Staatsrechtslehrern, ZParl 1995, 683 ff.; *ders.*, Zur Verfassungsmäßigkeit des Thüringer Modells einer Indexierung der Abgeordnetendiäten, ThürVBl. 1995, 104 ff.; *ders.*, Indexierung der Abgeordnetendiäten – Das Thüringer Modell gegen den bösen Schein der Selbstbedienung, ZParl 1995, 372 ff.; *ders.*, Zur Zulässigkeit parlamentarischer Funktionszulagen, ZParl 1976, 54 ff.; *Lohr A.*, Die Besteuerung von Politikern, DStR 1997, 1230 ff.; *Maaß W. / Rupp H. H.*, Verfassungsrechtliche Fragen der Abgeordnetenentschädigung in Hessen, Gutachtliche Äußerung für die vom Hessischen Landtag eingesetzte Kommission zur Überarbeitung des Hessischen Abgeordnetengesetzes, o.O., 1988; *Magiera S.*, in Sachs M. (Hrsg.), Grundgesetz, Kommentar, 2. Aufl., München, 1999; *Menz M.*, Selbstbedienungsladen Bundestag, FoR 1994, Nr. 1, 15–16; *Menzel J.*, Freie Länder, gleiche Abgeordnete, mächtige Fraktionsvorsitzende? Das „2. Diätenurteil" des BVerfG und seine Konsequenzen, ThürVBl. 2001, S. 6 ff.; *Meyer D.*, Zur Diätenfrage – Zielsetzungen und Gestaltungshinweise aus ökonomischer Sicht, in: Jahrbuch für Wirtschaftswissenschaften 1996, 324 ff.; *ders.* Abgeordnetenentschädigung – Ein Beitrag zur Rationalisierung der Diskussion aus ökonomischer Sicht, Politische Vierteljahresschrift, 1998, S. 329–344; *Meyer H.*, Das fehlfinanzierte Parlament, KritV 1995, 216 ff.; *Müller-York Chr. / Irrgang Chr.*, Zur Verfassungsmäßigkeit von gestaffelten Diäten und Fraktionszulagen für Funktionsträger der Fraktionen. Anmerkungen anlässlich des Urteils des Hamburgischen Verfassungsgerichtes vom 11. Juli 1997, ZParl 1998, 295 ff.; *Petersen S.*, Manager des Parlaments. Parlamentarische Geschäftsführer im Deutschen Bundestag – Status, Funktion, Arbeitsweise, Opladen, 2000; *Pestalozza Chr.*, Die Staffeldiät oder: Das Parlament als Dunkelkammer, NJW 1987, 818 ff.; *Rupp H. H.*, Legitimation der Parlamente zur Entscheidung in eigener Sache, ZG 1992, 285 ff.; *Schindler P.*, Datenhandbuch zur Geschichte des Deutschen Bundestages 1949 bis 1999, Band III, Baden-Baden, 1999; *Schlaich K. / Schreiner J.*, Die Entschädigung der Abgeordneten. Die neuen Abgeordnetengesetze der Länder und das Diäten-Urteil des Bundesverfassungsgerichts, NJW 1979, 673 ff.; *Schmidt-Jorzig E. / Hansen K.*, Neue Rechtsgrundlagen für die Bundestagsfraktionen, NVwZ 1994, 1145 ff.; *Schmitt Glaeser W.*, Das Bundesverfassungsgericht als „Gegengewalt" zum verfassungsändernden Gesetzgeber? – Lehren aus dem Diäten-Streit 1995, in: Verfassungsstaatlichkeit: Festschrift für Klaus Stern, hrsg. Von Burmeister J., München, 1997; *Schneider H.*, Diäten und Rechtsstellung des Bundes- und Landtagsabgeordneten, ZParl 1978, 452 ff.; *Schneider H.-P.*, Gesetzgeber in eigener Sache: zur Problematik parlamentarischer Selbstbetroffenheit im demokratischen Parteienstaat, in: Gesetzgebungstheorie und Rechtspolitik, Opladen, 1988, 327 ff.; *ders.*, in: Handbuch des Verfassungsrechts der Bundesrepublik Deutschland, hrsg. von Benda E., Maihofer W., Vogel H.-J., 2. Aufl., Berlin, 1995; *Schneider J.*, Zur Geschichte der Parlamentarischen Geschäftsführer in Deutschland, ZParl 1999, 5 ff.; *Schulze-Fielitz H.*, in: Dreier H. (Hrsg.), Grundgesetz-Kommentar, Bd. 2, Tübingen, 1998; *Stern K.*, Das Staatsrecht der Bundesrepublik Deutschland, Bd. 1, 2. Aufl., München, 1984; *Troßmann H.*, Parlamentsrecht des Deutschen Bundestages, München, 1977; *Trute H.-H.*, in: von Münch I.

Vierter Abschnitt 83
§ 11 Abgeordnetenentschädigung

(Begr.), Grundgesetz-Kommentar, 3. Aufl., München, 1995; *Versteyl A.*, Verfassungsrechtliche Aspekte des Abgeordnetengehalts, DÖV 1972, 774 ff.; *Vogel H.-J.*, Entscheidungen des Parlaments in eigener Sache, ZG 1992, 293 ff.; *Waldthausen J. Chr. v.*, Gesetzgeberische Gestaltungsfreiheit und öffentliche Kontrolle im Verfahren zur Festsetzung der Abgeordnetenentschädigung, Berlin, 2000; *Welti F.*, Die soziale Sicherung der Abgeordneten des Deutschen Bundestages, der Landtage und der deutschen Abgeordneten im Europäischen Parlament, Berlin, 1998; *ders.*, Abgeordnete und Arbeitsrecht, Arbeit und Recht 1998, 345 ff.; *ders.*, Abgeordnete in die Sozialversicherung?, ZParl 2000, 254 ff.; *ders.*, Funktionszulagen im Konflikt mit Freiheit und Gleichheit der Abgeordneten? *Wenz E. M.*, Abgeordneten-Diäten, in Rechtsforschung, Rechtspolitik und Unternehmertum: Gedächtnisschrift für Prof. Edgar Michael Wenz, hrsg. von Ulrich Karpen u.a., Berlin, 1999; *ders.*, Die Diätenhöhe ist unbedenklich – Kostenpauschalen sind Rechtsbruch im Verfassungsrang, in: Orientierungen zur Wirtschafts- und Gesellschaftspolitik, 1992, 53 ff.; *Wiefelspütz, D.*, Diäten für Abgeordnete – eine unendliche Geschichte? Plädoyer für eine Indexierung der Abgeordnetenentschädigung, ZParl 2001, 33 ff.; *Wolters J.*, Der Fraktions-Status, Baden-Baden, 1996.

Übersicht

		Rdn.
1.	Allgemeines	1–55
1.1	Historie	1–11
1.1.1	Einführung	1–9
1.1.2	Begriff der „Entschädigung"	10
1.1.3	Die Entwicklung der Abgeordnetenentschädigung im Bund seit 1949	11
1.2	Achtzehntes Gesetz zur Änderung des AbgG	12–44
1.2.1	Gesetzgebungsverfahren im Bundestag	12–30
1.2.2	Beteiligung des Bundesrates	31
1.2.3	Verfassungsrechtliche Kritik	32–44
1.3	Neunzehntes Gesetz zur Änderung des AbgG	45–50
1.4	Zwanzigstes Gesetz zur Änderung des AbgG	51–53
1.5	Zweiundzwanzigstes Gesetz zur Änderung des AbgG	54
1.6	Dreiundzwanzigstes Gesetz zur Änderung des AbgG	55
2.	Abgeordnetenentschädigung (§ 11 Abs. 1)	56–78
2.1	Maßstab der „Angemessenheit" (Satz 1)	56–62
2.2	Gestaffelte Annäherung an die Orientierungsgröße (Satz 2)	63–64
2.3	Alimentationsgrundsatz	65–66
2.4	Formalisierte Gleichheitssatz	67–71
2.5	Entscheidung in eigener Sache	72–77
2.6	Entstehen des Anspruchs auf Abgeordnetenentschädigung	78
3.	Amtszulagen (§ 11 Abs. 2)	79–90
3.1	Amtszulage für den Präsidenten und seine Stellvertreter	79–82
3.2	Amtszulage für andere parlamentarische Funktionsträger	83–87
3.2.1	Ausschussvorsitzende	88
3.2.2	Fraktionsvorsitzende und Parlamentarische Geschäftsführer	89–91
4.	Kürzung der Abgeordnetenentschädigung in Ansehung der zu den Kosten in Pflegefällen nach § 27 gewährten Zuschüsse (§ 11 Abs. 3)	92–94
5.	EuAbgG	95–100
6.	Landesrecht	101–111
7.	Steuerliche Behandlung der Abgeordnetenentschädigung	112–119
8.	Status der Abgeordneten in der Sozialversicherung	120–124
9.	Status der Abgeordneten in der Arbeitslosenversicherung	125–131
10.	Kindergeld für Abgeordnete	132–133
11.	Rechtsweg bei Streitigkeiten über die Abgeordnetenentschädigung	134–138
12.	Sanktionsmöglichkeiten bei Nichtausübung des Mandats	139–142

Vierter Abschnitt
Leistungen an Mitglieder des Bundestages

1. Allgemeines

1.1 Historie

1.1.1 Einführung

1 Die geschichtliche Entwicklung der Diäten und später der Abgeordnetenentschädigung in Deutschland soll hier nicht im Detail, wohl aber in einem knappen Überblick dargestellt werden, soweit sie für das Verständnis des heute geltenden Rechts von Bedeutung ist. Denn sie ist bereits Gegenstand anderer, auch ausführlicherer Untersuchungen gewesen und kann dort nachgelesen werden.[3] Ebenso wenig ist hier der Ort für eine umfassende Kommentierung der verfassungsrechtlichen Grundlage des finanziellen Status der Abgeordneten, des Art. 48 Abs. 3 GG. Insoweit kann auf die einschlägigen Kommentierungen verwiesen werden.[4] Verfassungsrechtliche Fragen werden vielmehr jeweils im Sachzusammenhang mit den einzelnen Bestimmungen des Gesetzes, für die sie bedeutsam sind, diskutiert.

2 Ursprünglich waren Abgeordnetendiäten nichts anderes als ein Ausgleich des mit dem Mandat verbundenen besonderen Aufwands des Abgeordneten, zu dem nicht einmal zwingend dessen Verdienstausfall gehörte,[5] vielmehr in erster Linie Tagegelder („Diäten") für das als Ehrenamt verstandene Mandat. Diesem Modell folgten zunächst auch die Diätengesetze in der Bundesrepublik bis zum Inkrafttreten des AbgG am 1. April 1977.[6]

3 Schon die von den Landtagen in den Parlamentarischen Rat, der die Aufgabe hatte, ein gemeinsames Grundgesetz zu beraten und zu beschließen, gewählten Abgeordneten hatten für diese Tätigkeit auf der Grundlage entsprechender landesrechtlicher Regelungen[7] eine monatliche Aufwandsentschädigung erhalten, in Bayern z.B. in Höhe von 350,00 DM.

---

3   S. die Literaturhinweise oben, insbesondere auch *Butzer H.*, Diäten und Freifahrt im Deutschen Reichstag: der Weg zum Entschädigungsgesetz von 1906 und die Nachwirkungen dieser Regelung bis in die Zeit des Grundgesetzes, Düsseldorf, 1999; *Hospach F. J.*, Diäten in Deutschland: eine verfassungsgeschichtliche Studie, Diss., Tübingen, 1992; *Waldthausen J. Chr. v.*, Gesetzgeberische Gestaltungsfreiheit und öffentliche Kontrolle im Verfahren zur Festsetzung der Abgeordnetenentschädigung, Berlin, 2000, S. 30 ff.; *Klein, H. H.*, in: Maunz-Dürig, Kommentar zum Grundgesetz, Art. 48, Rdn. 1 ff.; *v. Arnim H. H.*, Zweitbearbeitung von Art. 48 GG, 1980, in: Kommentar zum Bonner Grundgesetz (Bonner Kommentar), 1, und BT-Drs. 7/5531 S. 2 ff.
4   S. Literaturhinweise oben.
5   So das Bundesverfassungsgericht im „Diäten-Urteil" vom 5. November 1975, – 2 BvR 193/74 –, BVerfGE 40, 296 (313); Bayerischer VerfGH, Entscheidung vom 15. Dezember 1982, – Vf. 22 – VII – 80 –, DVBl. 1983, 706, 708; s. auch *Determann L.*, Verfassungsrechtliche Vorgaben für die Entschädigung von Abgeordneten, DÖV 1997, 385 ff.; *Klatt H.*, Plädoyer für eine Neuordnung des parlamentarischen Diätenwesens. Zum Problem der Transparenz „in eigener Angelegenheit", ZParl 1973, 407, 408 f.
6   Vgl. Gesetz über die Entschädigung der Mitglieder des Bundestages vom 15. Juni 1950, BGBl. I S. 215; vom 24. Juni 1954, BGBl. I S. 637; vom 27. Mai 1958, BGBl. I S. 379; vom 15. Juni 1961, BGBl. I S. 763; vom 25. März 1964, BGBl. I S. 230 und vom 3. Mai 1968, BGBl. I S. 334.
7   Baden, Gesetz vom 6. August 1948, GVBl. 1948, S. 109; Bayern, Gesetz vom 27. August 1948, GVBl. 1948, S. 160; Bremen, Gesetz vom 17. August 1948, GVBl. 1948, S. 149; Hamburg, Gesetz vom 31. August 1948, GVBl. 1948, S. 93; Hessen, Gesetz vom 13. August 1948, GVBl. 1948, S. 94; Niedersachsen, Gesetz vom 30. September 1948, GVBl. 1948, S. 83; Rheinland-Pfalz, Gesetz vom 16. August 1948, GVBl. 1948, S. 299; Schleswig-Holstein, Gesetz vom 10. August 1948, GVBl. 1948, S. 192; Württemberg-Baden, Gesetz vom 13. August 1948, RegBl. 1948, S. 100;

§ 11 Abgeordnetenentschädigung

Reichstagsabgeordnete hingegen durften bis zum Jahr 1906 weder eine Besoldung noch eine Entschädigung erhalten. Dies entsprach der Auffassung des 19. Jahrhunderts, nach der es mit der Würde, der Unabhängigkeit und dem personalen Eigenwert der Abgeordneten als Vertreter des ganzen Volkes unvereinbar gewesen wäre, wenn sie für die Ausübung ihrer politischen Funktionen geldlich entschädigt worden wären.[8] Die Reichsverfassung von 1871 sah in Art. 32 ein ausdrückliches Verbot vor, das erst durch § 1 des Gesetzes betreffend die Änderung des Artikel 32 der Reichsverfassung vom 21. Mai 1906[9] aufgehoben wurde.

Im Grundgesetz für die Bundesrepublik Deutschland vom 23. Mai 1949 ist der Entschädigungsanspruch der Bundestagsabgeordneten in Art. 48 Abs. 3 Satz 1 verfassungsrechtlich verankert. Sie haben danach einen Anspruch „auf eine angemessene, ihre Unabhängigkeit sichernde Entschädigung". Das Nähere regelt gem. Art. 48 Abs. 3 Satz 3 GG ein Bundesgesetz, zunächst das Gesetz über die Entschädigung der Mitglieder des Bundestages, ab 1964 auch Diätengesetz genannt,[10] seit dem 1. April 1977 das AbgG.[11] Bis auf die Verpflichtung, das Nähere „durch Gesetz" zu regeln, enthält die Verfassungsnorm aber keinerlei weitergehende Vorgaben an den Gesetzgeber. Weder lässt sich ihr ein Maßstab für die Angemessenheit der Entschädigung entnehmen, noch lassen sich aus der Norm selbst qualifizierte, gesteigerte Anforderungen an das Gesetzgebungsverfahren im Sinne besonderer Verfahrensregeln ableiten.[12]

Württemberg-Hohenzollern, Gesetz vom 6. August 1948, RegBl. 1948, S. 97; Nordrhein-Westfalen hat als einziges beteiligtes Land kein Gesetz erlassen.
8 Vgl. BVerfG, Urteil vom 16. März 1955 – 2 BvK 1/54 –, BVerfGE 4, 144, 149; *Hospach F. J.*, aaO, S. 255, vertritt demgegenüber den Standpunkt, dass die „Diätenlosigkeit auf Reichsebene schließlich nicht auf eine dem Abgeordnetenmandat anhaftende Konzeption des Honoratiorenparlamentarismus, sondern neben der Einführung des allgemeinen und gleichen Wahlrechts auf die ... völlig unnachgiebige und unverrückbare Position des Fürsten Bismarck in dieser Frage zurückzuführen (ist)."; ähnlich *Butzer H.*, aaO, z.B. S. 157, der hinter dem Diätenverbot Bismarcks Intention sieht, „den idyllischen Zustand eines Honoratiorenparlaments (zu) bewahren (und) das Anwachsen der Opposition ... oder den Aufstieg der Sozialdemokraten zur stärksten Fraktion des Deutschen Reichstags (zu) verhindern."
9 RGBl. S. 468; zu den historischen Hintergründen s. *Butzer H.*, aaO, S. 247 ff.
10 S.o. Fn. 4.
11 Zur Chronik der Gesetzgebung unter der Geltung des Grundgesetzes s. auch *Schindler P.*, Datenhandbuch zur Geschichte des Deutschen Bundestages 1949 bis 1999, Band III, Baden-Baden, 1999, S. 3198 ff.
12 Vgl. auch *Abelein M.*, Die Rechtsstellung der Abgeordneten in der Rechtsprechung des Bundesverfassungsgerichtes, in: Kipp H./Mayer F./Steinkamm A., Um Recht und Freiheit, Festschrift für Friedrich August Freiherr von der Heydte, Berlin, 1977, S. 777, 789; *Klein, H. H.*, in Maunz-Dürig, Kommentar zum Grundgesetz, Art. 48, Rdn. 151 f., der auch eine erhöhte verfassungsgerichtliche Kontrolldichte mit Rücksicht auf den vermeintlich besonderen Charakter des Diätengesetzes verneint; *ders.*, „Entscheidungen des Parlaments in eigener Sache", eine Tagung der Deutschen Vereinigung für Parlamentsfragen und der Deutschen Gesellschaft für Gesetzgebung, ZParl 2000, 401 f., sowie *Isensee J.* und *Broß S.*, ebendort S. 409 bzw. S. 427; a. M. *Fischer A.*, Abgeordnetendiäten und staatliche Fraktionsfinanzierung in den fünf neuen Bundesländern, Frankfurt, 1995, S. 233 f.; vgl. auch *Waldthausen J. Chr. v.*, aaO, S. 259, der u.a. meint, auch wenn es grundsätzlich keine verfassungsrechtliche Pflicht zur Begründung von Gesetzesinitiativen gebe, müsse davon im Verfahren zur Festsetzung der Abgeordnetenentschädigung eine Ausnahme gemacht werden. Fehle also eine Begründung, sei das Gesetz nicht nach den Vorschriften des Grundgesetzes zustande gekommen und daher nichtig. Dasselbe gelte für ein unter verkürzter Beratung zustande gekommenes Gesetz (aaO, S. 262).

6 Art. 48 Abs. 3 GG ist Maßstab auch für entsprechende landesrechtliche Regelungen des Parlamentsrechts. Im Rahmen seines Regelungsgehalts (s.o.) gehört er zu den „Essentialien des demokratischen Prinzips", das in Art. 28 Abs. 1 GG als ein für die verfassungsmäßige Ordnung in den Ländern wesentlicher Bestandteil gefordert wird.[13] Die Verfassungsnorm zählt aber nicht zum „änderungsfesten Minimum" i.S.d. Art. 79 Abs. 3 GG. Sie ist also Veränderungen durch den Gesetzgeber zugänglich.[14] Gegenteiliges lässt sich auch dem „Diäten-Urteil" des Bundesverfassungsgerichts nicht entnehmen.

7 Auch die Diätengesetze des Bundes gingen noch von der tradierten Vorstellung aus, dass Abgeordnete ihr Mandat lediglich nebenberuflich ausüben. Konsequent sahen sie deshalb auch nur eine Entschädigung für mandatsbezogenen Aufwand in Form von Aufwandsentschädigung, Tagegeld, Unkostenersatz und Reisekostenersatz, jedoch kein zur Deckung des Lebensunterhaltes bestimmtes Gehalt im eigentlichen Sinne vor. War die Aufwandsentschädigung der Höhe nach zunächst noch im Diätengesetz selbst festgelegt, so wurde sie ab dem Diätengesetz 1958 durch Ankoppelung an das Amtsgehalt eines Bundesministers (zunächst 22,5% und zum Schluss 33,33% des Amtsgehalts) dynamisiert.[15] Damit hatte der Gesetzgeber an eine bereits vom Reichstag beschlossene Regelung angeknüpft, die im Gesetz über die Entschädigung der Mitglieder des Reichstages vom 25. April 1927[16] für die Aufwandsentschädigung einen Betrag in Höhe von 25% des Grundgehalts eines Reichsministers vorsah.[17]

8 Die Aufwandsentschädigung für Abgeordnete war als Entschädigung für tatsächlich entstandenen Aufwand stets einkommensteuerfrei[18], obgleich es z.B. im Zuge der parlamentarischen Beratungen über das Diätengesetz 1968 auch schon Überlegungen gab, diese Entschädigung der Steuerpflicht zu unterwerfen.[19]

9 Mit seiner Entscheidung vom 5. November 1975[20] – dem sog. „Diäten-Urteil" – gab das Bundesverfassungsgericht dann den Anstoß zu einer grundlegenden gesetzlichen Neukonzeption des Status, insbesondere auch des finanziellen Status der Abgeordneten, dem AbgG. Mit diesem Gesetz hat der Gesetzgeber der zwischenzeitlich eingetretenen Entwicklung des Abgeordnetenbildes, weg vom wirtschaftlich unabhängigen Honoratioren-Abgeordneten, hin zum Berufsparlamentarier, der durch sein zum „full-time-job" gewordenes Mandat so sehr in Anspruch ge-

---

13 BVerfGE 40, 296, 319.
14 Vgl. *Klein H. H.*, „Entscheidungen des Parlaments in eigener Sache", eine Tagung der Deutschen Vereinigung für Parlamentsfragen und der Deutschen Gesellschaft für Gesetzgebung, ZParl 2000, 402 und unten 1. 2. 3, m.N.
15 Zum finanziellen Status der Bundestagsabgeordneten vor In-Kraft-Treten dieses Gesetzes vgl. *Klatt H.*, Die finanzielle Stellung der Abgeordneten, ZParl 1971, 344 ff.
16 RGBl. II S. 323.
17 Nach *Butzer H.* war der tragende Gesichtspunkt seinerzeit die Absicht, im Verbund mit der allgemeinen Einkommensentwicklung einen kontinuierlichen Anstieg der Aufwandsentschädigung, die mittlerweile vielen Abgeordneten zum Lebensunterhalt diente, sicherzustellen. Die Absicht, die mit jeder im Plenum verhandelten Diätenerhöhung einhergehende öffentliche Debatte zu umgehen, sei eher ein willkommener Nebeneffekt gewesen (aaO, S. 422).
18 Vgl. § 3 Nr. 12 EStG.
19 Vgl. BT-Drs. V/2575 und V/2754.
20 S.o. Fn.5.; kritisch dazu zuletzt *Klein H. H.*, Diäten-Urteil und Diäten-Streit – Legendenbildung im Verfassungsrecht, in: Planung – Recht – Rechtsschutz, Festschrift für Willi Blümel zum 70. Geburtstag, hrsg. von Klaus Grupp und Michael Ronellenfitsch, S. 224 ff.

nommen wird, dass seine frühere berufliche Tätigkeit regelmäßig völlig in den Hintergrund tritt,[21] Rechnung getragen und die jetzt steuerpflichtige Abgeordnetenentschädigung entsprechend den von ihm als verpflichtend empfundenen Vorgaben des Bundesverfassungsgerichts so ausgestaltet, dass sie für den Abgeordneten und seine Familie während der Dauer der Parlamentszugehörigkeit eine ausreichende Existenzgrundlage – ein „parlamentarische Einkommen"[22] – abgibt. Als Orientierungshilfe für die Höhe der Entschädigung dienten dabei die Bezüge solcher Amtsinhaber, bei denen der Gesetzgeber davon ausging, dass sie einer vergleichbaren Verantwortung und Belastung unterliegen. Kommunale Wahlämter sollten diese Voraussetzung am ehesten erfüllen.[23]

Die Abgeordnetenentschädigung in ihrer Ausgestaltung durch das AbgG hat demnach eine doppelte Funktion. Indem sie dem Abgeordneten die Ausübung eines unabhängigen Mandates gewährleistet, sichert sie zum einen im Parlamentsinteresse als Organrecht seinen verfassungsrechtlichen Status. Zum anderen ist sie ein subjektiv-öffentliches Recht, weil sie im individuellen Interesse den Lebensunterhalt des Abgeordneten und seiner Familie sicherzustellen hat.[24]

Das „Diäten-Urteil", mit dem das Bundesverfassungsgericht in einem Kernbereich des Parlamentsrechts die Rolle des Ersatzgesetzgebers übernommen und dem eigentlichen Gesetzgeber einen nur sehr eingeschränkten Gestaltungsspielraum überlassen hat,[25] hat in der Folgezeit viel zum Ansehensverlust der Parlamente und ihrer Mitglieder beigetragen. Ursächlich hierfür war die aus dem Urteil herausgelesene ständige Verpflichtung des Gesetzgebers zur Entscheidung in eigener Sache vor den Augen der Öffentlichkeit (vgl. näher 1. 2. 3).

1.1.2 Begriff der „Entschädigung"

Heute ist der Begriff „Entschädigung", der ursprünglich der Abgrenzung vom Begriff der Besoldung diente,[26] nicht mehr zeitgemäß und auch sachlich unzutref-

---

21 Vgl. näher BVerfGE 40, 296, 312 ff.
22 Vgl. BVerfGE 40, 296, 315.
23 Vgl. *Kabel R.*, Das neue Abgeordnetengesetz vom Dezember 1976, ZParl 1977, 3, 8.
24 Vgl. *Waldthausen J. Chr. v.*, aaO, S. 60 ff., m.w.N. auch zu den sich daraus ergebenden Fragen des Rechtsweges. Zum Rechtsweg bei Streitigkeiten über die Abgeordnetenentschädigung s. auch u. 11.
25 Vgl. *Abelein M.*, aaO, S 791 f.: „Außerdem leistet das Bundesverfassungsgericht weder unserer Verfassung noch sich selbst einen Gefallen, wenn es sich unter Außerachtlassung der Prinzipien der Gewaltenteilung derart breit in Bereiche vorwagt, die nicht Sache eines Gerichtes, auch nicht eines Verfassungsgerichts, sondern dem Gesetzgeber vorbehalten sind"; *Henkel J.*, Anmerkung zum „Diäten-Urteil" des BVerfG, DÖV 1975, 819: „Das Gericht lässt ... die gerade im Bereich des Parlamentsrechts besonders gebotene richterliche Selbstbeschränkung außer acht."; kritisch auch *Schlaich K./Schreiner J.*, Die Entschädigung der Abgeordneten. Die neuen Abgeordnetengesetze der Länder und das Diäten-Urteil des Bundesverfassungsgerichts, NJW 1979, 673: „ Das Urteil wird der Reihe jener Entscheidungen des Gerichts zugerechnet, die eine Grenzverschiebung zwischen Rechtsprechung und Gesetzgebung und eine Entmachtung der Parlamente befürchten lassen."; s. auch *Schmitt Glaeser W.*, Das Bundesverfassungsgericht als „Gegengewalt" zum verfassungsändernden Gesetzgeber? – Lehren aus dem Diäten-Streit 1995, in: Verfassungsstaatlichkeit: Festschrift für Klaus Stern, hrsg. von Burmeister J., München, 1997, S. 1184; *Häberle P.*, Freiheit, Gleichheit und Öffentlichkeit des Abgeordnetenstatus, NJW 1976, 537 und 542 f.
26 Vgl. auch *Welti F.*, Die soziale Sicherung der Abgeordneten des Deutschen Bundestages, der Landtage und der deutschen Abgeordneten im Europäischen Parlament, Berlin, 1998, S. 143.

Vierter Abschnitt
Leistungen an Mitglieder des Bundestages

fend. Die Entschädigung, wie sie ab 1906 die Mitglieder des Reichstages bezogen hatten und bis 1977 auch die Mitglieder der Bundestages erhielten, galt – wie oben bereits ausgeführt – allgemein als vorweggewährter Ausgleich für den mit dem Mandat verbundenen besonderen Aufwand. Seit dem Inkrafttreten des AbgG 1977 aber ist die „Abgeordnetenentschädigung", wie sie seit dem Neunzehnten Änderungsgesetz auch in der Gesetzessprache heißt, „die Bezahlung für die im Parlament geleistete Arbeit", ein „Einkommen aus der Staatskasse".[27] Von daher wäre es nicht zuletzt für den Bürger, der sich – wie immer wiederkehrende Anfragen belegen – fragt, für was ein Abgeordneter denn eigentlich entschädigt werden müsse, verständlicher, schlicht vom Gehalt der Abgeordneten zu sprechen. Dies erleichterte auch die Abgrenzung zur Kostenpauschale, die vielfach fälschlich dem Einkommen der Abgeordneten zugerechnet wird, obwohl gerade sie tatsächlich den Ausgleich des besonderen, mandatsbezogenen Aufwandes bezweckt. Im Allgemeinen Sprachgebrauch ist der Begriff der „Entschädigung" für das Gehalt der Abgeordneten indessen weithin eingebürgert, so dass er auch im Rahmen dieser Kommentierung in der Fassung der aktuellen Gesetzessprache als „Abgeordnetenentschädigung" verwendet wird.

11 Tabelle 1. Entwicklung der steuerfreien Aufwandsentschädigung (1949 – März 1977)[28]

Jahr	DM
01.09.1949–31.05.1954	600,00
01.06.1954–31.03.1958	750,00
01.04.1958–31.05.1960	1.100,00
01.06.1960–31.12.1960	1.170,00
01.01.1961–31.12.1962	1.270,00
01.01.1963–28.02.1963	1.340,00
01.03.1963–30.09.1964	1.360,00
01.10.1964–31.12.1965	1.470,00
01.01.1966–30.09.1966	1.530,00
01.10.1966–31.12.1967	1.590,00
01.01.1968–30.06.1968	2.360,00
01.07.1968–31.03.1969	2.450,00
01.04.1969–31.12.1969	2.570,00
01.01.1970–31.12.1970	2.770,00
01.01.1971–31.12.1971	2.970,00
01.01.1972–31.12.1972	3.090,00
01.01.1973–31.12.1973	3.270,00
01.01.1974–31.12.1974	3.630,00
01.01.1975–31.12.1976	3.850,00
01.01.1977–31.01.1977	4.040,00
01.02.1977–31.03.1977	4.250,00

27 Vgl. BVerfGE 40, 296, 314.
28 Zur Entwicklung der neben der Aufwandsentschädigung gewährten Leistungen (Tagegeld, Unkostenersatz und Reisekostenersatz) vgl. *Schindler P.*, aaO, S. 3215.

Tabelle 2. Entwicklung der steuerpflichtigen Abgeordnetenentschädigung ab 1977

Jahr	DM / €[29]
01.01.1977–30.06.1983	7.500,00
01.07.1983–30.06.1984	7.820,00
01.07.1984–30.06.1985	8.000,00
01.07.1985–30.06.1986	8.224,00
01.07.1986–30.06.1987	8.445,00
01.07.1987–30.06.1988	8.729,00
01.07.1988–30.06.1989	9.013,00
01.07.1989–30.06.1990	9.221,00
01.07.1990–30.06.1991	9.664,00
01.07.1991–30.06.1992	10.128,00
01.07.1992–30.09.1995	10.366,00
01.10.1995–30.06.1997	11.300,00
01.07.1997–31.03.1998	11.825,00
01.04.1998–31.12.1998	12.350,00
01.01.1999–30.06.2000	12.875,00
01.07.2000–31.12.2000	12.953.00
01.01.2001–31.12.2001	13.200,00
01.01.2002–31.12.2002	6.878,00 €
01.01.2003–	7.009,00 €

1.2 Achtzehntes Gesetz zur Änderung des AbgG

1.2.1 Gesetzgebungsverfahren im Bundestag

§ 11 AbgG in seiner heutigen Fassung ist das „Herzstück" der 1995 gescheiterten Neustrukturierung des finanziellen Status der Mitglieder des Deutschen Bundestages bzw. das, was davon letztlich übrig geblieben ist. Gerade dieses Gesetzgebungsverfahren ist einer näheren Betrachtung wert, weil sich in ihm fast exemplarisch nahezu alle klassischen Fragen und Probleme einer Diätengesetzgebung gestellt haben. **12**

Viel ist hierüber geschrieben worden, Sachliches, Polemisches, vor allem aber Populistisches.[30] **13**

v. Arnim etwa behauptete damals: **14**

> „Die massive Aufbesserung der Finanzen der Bundestagsabgeordneten war das zeitlich erste und in den Augen der Bonner politischen Klasse offenbar wichtigste Vorhaben der ganzen Legislaturperiode. Der alles andere überragende Stellenwert dieses Vorhabens, das geschickt hinter dem vielverspre-

---

29 Ausweisung in Euro gem. Art. 1 Nr. 1 des Dreiundzwanzigsten Gesetzes zur Änderung des Abgeordnetengesetzes mit Wirkung vom 1. Januar 2002; vgl. u. Anm. 1.6.
30 Vgl. *Determann L.*, aaO, S. 391 ff. m.w.N.; immer wieder auch *v. Arnim H. H.*, z.B. „Das neue Abgeordnetengesetz – Inhalt, Verfahren, Kritik und Irreführung der Öffentlichkeit", Forschungsinstitut für öffentliche Verwaltung bei der Hochschule für Verwaltungswissenschaften Speyer, 1997; *ders.,* zuletzt in: „Fetter Bauch regiert nicht gern", München, 1997; *Klein H.H.,* Diäten-Urteil und Diätenstreit, aaO, S. 236 ff.; *Wiefelspütz, D.,* Diäten für Abgeordnete – eine unendliche Geschichte? Plädoyer für eine Indexierung der Abgeordnetenentschädigung, ZParl 2001, 33 ff. (35 ff.).

chenden Begriff „Parlamentsreform" versteckt wurde, spiegelte sich darin wieder, dass die politische Klasse bereit war, die für die ganze Parlamentsarbeit wichtigste Zeit, nämlich das Jahr unmittelbar nach den Bundestagswahlen, für die Verbesserung ihres eigenen finanziellen Status einzusetzen und damit sozusagen zu „verfrühstücken". Besonders die für die Bonner Sacharbeit so kostbaren vier Monate nach den ersten Parlamentsferien von September bis Dezember 1995 blieben dadurch für alle anderen Vorhaben blockiert".[31]

15 Die Aussage ist falsch. Im von v. Arnim angesprochenen Zeitraum von November 1994 bis Dezember 1995 hat der Bundestag 89 Gesetze verabschiedet, mehr als in entsprechenden Zeiten früherer Wahlperioden. Hiervon entfallen alleine 47 auf die „heiße" Phase der Gesetzgebung zum Achtzehnten und Neunzehnten Änderungsgesetz zum AbgG von September bis Dezember 1995. Unter den verabschiedeten Gesetzen waren umfangreiche und bedeutsame wie das Jahressteuergesetz 1996, ein Gesetz zur Änderung des Asylverfahrensgesetzes, das 32. Strafverfahrensänderungsgesetz, ein Gesetz zur Änderung wehrpflichtrechtlicher Bestimmungen, das den Auslandseinsatz der Bundeswehr betrifft und andere mehr. Auch im Vergleich zu früheren Wechseln der Wahlperioden war der Bundestag ausgesprochen fleißig: Im vergleichbaren Zeitraum der 12. Wahlperiode wurden „nur" 70 Gesetze verabschiedet, in dem der 11. Wahlperiode 54.

16 Die Kommission des Ältestenrates für die Rechtsstellung der Abgeordneten hatte im Übrigen erst im Frühjahr 1995 ihre Beratungen über die beabsichtigte Parlamentsreform begonnen, die neben der Verkleinerung des Bundestages, der Verbesserung der Struktur und Arbeitsweise des Parlaments eben auch eine Reform der finanziellen Leistungen an Abgeordnete umfassen sollte.[32]

17 Seinerzeit bestanden erhebliche Zweifel an der Angemessenheit der Abgeordnetenentschädigung. Diese kamen in allen Berichten der Präsidentin des Deutschen Bundestages nach § 30 AbgG (in der damaligen Fassung) zum Ausdruck. Zwei unabhängige Gremien, das Gremium unabhängiger Berater (1990)[33] und die Unabhängige Kommission zur Überprüfung des Abgeordnetenrechts (Kissel-Kommission (1993)[34] hatten diese Zweifel nachdrücklich bestätigt und zum Teil deutliche Anhebungen bei den finanziellen Leistungen an Abgeordnete vorgeschlagen.

18 Die Rechtsstellungskommission war sich nach intensiven, oft sehr kontroversen Beratungen mehrheitlich darin einig, dass sich eine Anpassung der Entschädigung diesmal nicht auf eine prozentuale Erhöhung beschränken durfte. Es sollte vielmehr eine wirkliche Strukturveränderung vorgenommen werden. Dabei sollten nicht die Vorschläge der Kissel-Kommission (Erhöhung der Entschädigung auf 14.000 DM zum 1. Januar 1995 bei deutlichen Abstrichen im Bereich der Altersentschädigung) zugrunde gelegt werden, sondern die Abgeordnetenentschädigung sollte sich wieder – wie bei der erstmaligen Festsetzung im AbgG 1977 – an den Jahresbezügen

---

31 v. Arnim H. H., in: „Fetter Bauch", aaO, S. 18.
32 Zu den Ergebnissen der Beratungen in der Rechtsstellungskommission vgl. BT-Drs. 13/1803.
33 BT-Drs. 11/7398.
34 BT-Drs. 12/5020.

eines hauptamtlichen Oberbürgermeisters in der Besoldungsgruppe B 6 bzw. von Richtern an obersten Bundesrichtern in der Besoldungsgruppe R 6 orientieren.

Die Einkünfte kommunaler Wahlbeamter hatten bei den Beratungen zum AbgG **19** 1977 eine besondere Rolle gespielt.[35] Und noch in seinem Bericht zum Zweiten Gesetz zur Änderung des AbgG vom 17. November 1983 hatte der Ausschuss für Wahlprüfung, Immunität und Geschäftsordnung für die vom Präsidenten nach dem damaligen § 30 zu erstattenden Berichten über die Angemessenheit der Abgeordnetenentschädigung empfohlen, weiterhin das Verhältnis der Entschädigung zu diesen kommunalen Wahlbeamten zu beachten.[36]

Die Koppelung der Entschädigung der Abgeordneten an die Besoldungsgruppe B 6 **20** ist in der deutschen Parlamentsgeschichte übrigens nicht neu. Schon der Reichstag hatte sie vorübergehend beschlossen,[37] bevor das Gehalt eines Reichsministers Bezugsgröße wurde (s.o. 1. 1. 1).

Rechnerisch ergeben sich keine Unterschiede zwischen B 6 und R 6. Der Vergleich **21** mit Richtern erschien der Rechtsstellungskommission aber eher angemessen als der mit Beamten, weil Abgeordnete bei der Ausübung ihres Mandates gem. Art. 38 GG an Aufträge und Weisungen nicht gebunden sind, so wie Richter nach Art. 97 Abs. 1 GG unabhängig und nur dem Gesetze unterworfen sind. Deshalb sollte Anknüpfungspunkt für die Abgeordnetenentschädigung die Richterbesoldung werden.

Gesetzestechnisch war vorgesehen, die Grundsatzentscheidung über den Orientierungsrahmen (R 6) in der Verfassung selbst – durch eine Ergänzung des Art. 48 - Abs. 3 GG – zu treffen. Damit sollte zum einen der Forderung des Bundesverfassungsgerichts im „Diäten-Urteil" nach Transparenz bei Entscheidungen des Parlaments in eigener Sache Rechnung getragen und eine Koppelung der Abgeordnetenentschädigung an die Entwicklung der Richterbesoldung auf einfachgesetzlicher Basis – im AbgG – verfassungsrechtlich flankiert werden.[38] Das Grundgesetz selbst sollte dazu den Rahmen für die Angemessenheit der Abgeordnetenentschädigung für jedermann offenkundig abstecken. Und zum anderen sollte der ewige Streit um die Richtigkeit eines Maßstabes für die Angemessenheit der Entschädigung auf der Ebene des Verfassungsrechts endgültig beigelegt werden.[39] Art. 48 Abs. 3 Satz 2 und 3 sollte wie folgt neu gefasst werden: **22**

---

35 Kritisch zu diesem Maßstab: *Henkel J.*, Das Abgeordnetengesetz des Bundestages, DÖV 1977, 350, 351.
36 BT-Drs. 10/615, S. 10.
37 Art. 1 Ziff. 1 des Gesetzes vom 26. Juni 1923 (RGBl. II S. 283). Danach betrug die monatliche Entschädigung 25 vom Hundert des Grundgehalts der Besoldungsgruppe B 6. Die Regelung erfolgte als Reaktion auf die damals herrschende Hyperinflation, die es nicht mehr zuließ, die Aufwandsentschädigung betragsmäßig zu fixieren. Sie konnte aber auch „dem verschämten Zwecke dienen, für die Zukunft Selbstbewilligungen, die man nicht gern vornimmt und die beim Volke leicht Anstoß erregen, durch eine automatische Beitragshöhe zu ersetzen" (zit. nach *Butzer H.*, aaO, S. 392, m.N.).
38 S. auch *Wiefelspütz D.*, aaO, S. 36.
39 *Welti F.* führt demgegenüber aus, die Rechtsprechung des Bundesverfassungsgerichts habe den Spielraum des Bundestages in Bezug auf die gebotene Gesetzestechnik derart eingeschränkt, dass der Bundestag sich veranlasst gesehen hätte, durch Grundgesetzänderung das gewünschte Ergebnis zu ermöglichen. Die gescheiterte Neufassung des Art. 48 Abs. 3 GG sei der Versuch gewesen, ein Problem der Machtverteilung zwischen Bundestag und Bundesverfassungsgericht zu lösen (Die soziale Sicherung der Abgeordneten des Deutschen Bundestages, der Landtage und der deutschen Abgeordneten im Europäischen Parlament, S. 167). Das ist Spe-

> „Die Abgeordnetenentschädigung bestimmt sich nach den Jahresbezügen eines Richters an einem obersten Bundesgericht. Das Nähere, insbesondere über die Abgeordneten- und Altersentschädigung sowie die Amtsausstattung, wird durch Bundesgesetz oder auf Grund eines Bundesgesetzes geregelt".[40]

23 Die Ergänzung des Art. 48 Abs. 3 Satz 3 GG war von der Rechtsstellungskommission vorsorglich im Hinblick auf eine Entscheidung des Verfassungsgerichtshofes für das Land Nordrhein-Westfalen vom 16. Mai 1995 – VerfGH 20/93 –[41] empfohlen worden, damit die nähere Ausgestaltung der verfassungsmäßigen Entschädigung sowohl durch Bundesgesetz als auch auf Grund eines Bundesgesetzes erfolgen konnte.

24 Die Beschlussempfehlung der Rechtsstellungskommission sah eine jährliche Anpassung der Abgeordnetenentschädigung in vier gleichen Teilbeträgen von damals 10.366 DM um 33,21% auf 13.809 DM (dies entsprach dem auf zwölf Monate umgerechneten Betrag der vor dem 1. Mai 1995 gültigen Richterbesoldung in der Besoldungsgruppe R 6)[42] vor, wobei die Zielgröße erst am 1. Januar 1998 erreicht worden wäre. Die Anschlussregelung für den Zeitraum nach 1998 war bewusst offengehalten worden, um den 14. Bundestag bei der weiteren Entwicklung der Abgeordnetenentschädigung in Richtung auf die neue (alte) Zielgröße nicht zu präjudizieren und um auf die gesamtwirtschaftliche Entwicklung flexibel reagieren zu können.

25 Die Anpassung der Abgeordnetenentschädigung sollte nach den Vorstellungen der Rechtsstellungskommission mit deutlichen Abstrichen beim Übergangsgeld und Einschnitten bei der Altersentschädigung einhergehen(vgl. dazu die Kommentierungen zu den §§ 18, 29 und 35a AbgG). Insoweit gab es also schon eine gewisse Nähe zu den Vorschlägen der Kissel-Kommission, wenn diese auch nicht in Reinform verwirklicht werden sollten,

26 Als dieser Entwurf im Juni 1995 der Öffentlichkeit vorgestellt wurde, wurde er noch nicht übermäßig kritisch aufgenommen. Die Presselage war anfänglich erstaunlich ruhig.[43] Das änderte sich mit der Einbringung des Entwurfs eines Gesetzes zur Änderung des Grundgesetzes[44] und eines Achtzehnten Gesetzes zur Änderung des Abgeordnetengesetzes und eines Fünfzehnten Gesetzes zur Änderung des Europaabgeordnetengesetzes.[45] Der Gesetzentwurf zur Änderung des AbgG sah nämlich – anders als der ursprüngliche Vorschlag der Rechtsstellungskommission – bei der

---

kulation und weder durch die Gesetzesmaterialien noch durch die seinerzeit geführte politische Diskussion zu belegen. Es ging schlicht darum, zum Wohle der parlamentarischen Demokratie, des Ansehens seines Parlaments und seiner Abgeordneten den Zwangsmechanismus der jährlichen Diätendiskussion mit allen ihren bekannten negativen Begleiterscheinungen zu durchbrechen. Es wäre dann künftig nicht mehr ganz so leicht gewesen, Abgeordnete öffentlich als „Abzocker" und „Selbstbediener" zu diffamieren, wie dies bislang bei Diätenerhöhungen regelmäßig und mit allen seinen dem Parlamentarismus und der Zusammensetzung des Parlaments überaus abträglichen Folgewirkungen der Fall war (s. auch u. 1.2.3.).

40 vgl. BT-Drs. 13/1824.
41 OVGE 45, 285 ff.
42 „Eckmann" ist der verheiratete Richter B 6 ohne Kinder, „Eckwert" sind die Jahresbezüge B 6 (Grundgehalt, Familienzuschlag, Zuschlag oberste Bundesbehörde, Sonderzuwendung).
43 Vgl. auch Welti F., Die soziale Sicherung der Abgeordneten des Deutschen Bundestages, der Landtage und der deutschen Abgeordneten im Europäischen Parlament, S. 159 f.
44 BT-Drs. 13/1824.
45 BT-Drs. 13/1825.

Anpassung der Abgeordnetenentschädigung keine konkreten DM-Beträge mehr vor, sondern wies die Erhöhungsschritte nur noch in abstrakten Prozentangaben in Bezug auf die neue Richtgröße R 6 aus. Zudem schrieb er die Anpassung der Abgeordnetenentschädigung auf 100 Prozent von R 6 bis zum 1. Januar 2000 bindend fest.

Mit dieser Änderung sollte der Anschluss an die Richterbesoldung auch über das Jahr 1998 hinaus rechtlich verbindlich sichergestellt werden.

Gesetzestechnisch war der Vorschlag elegant. Er trug der Tatsache Rechnung, dass die Entwicklung der Richterbesoldung bis zum Jahr 2000 nicht absehbar war, DM-Beträge folglich auch nicht im Gesetz festgeschrieben werden konnten. Deshalb sah der neue Entwurf des § 11 Abs. 2 abstrakte Prozentzahlen vor.

Hierin lag in Bezug auf die öffentliche Darstellung des Reformvorhabens aber zugleich seine Hauptschwäche. Weil – abweichend vom Entwurf der Rechtsstellungskommission – keine präzisen Beträge, sondern nur noch abstrakte Prozentzahlen angegeben waren, war es für den nicht mit der Materie Vertrauten überaus schwierig, die jeweilige Höhe der beabsichtigten Abgeordnetenentschädigung zu berechnen. Gleiches galt übrigens für die Altersentschädigung. Hinzu kam die Ungewissheit über die voraussichtliche Entwicklung der Richterbesoldung, die es übelmeinenden Vertretern der Presse, die unter dem Stichwort „Selbstbedienung" und „Abzocker" wieder einmal zur rituellen Hatz auf Abgeordnete geblasen hatten oder auch selbsternannten Diätenkritikern erlaubte, mit Mondzahlen zu operieren und eine gigantische Diätenerhöhung zu prognostizieren, die nicht nur völlig unangemessen, sondern auch deswegen perfide sei, weil ihr wahres Ausmaß mittels der abstrakten Prozentzahlen angeblich vor der Öffentlichkeit verschleiert werden sollte. Dabei unterschied sich dieser zweite Entwurf in seinen materiellen und haushaltsmäßigen Auswirkungen jedenfalls bis zum Jahr 1998 in Wirklichkeit in keiner Weise von den Vorschlägen der Rechtsstellungskommission.

Trotz dieser selbst für Diätendiskussionen ungewöhnlich heftigen öffentlichen Proteste wurde der Gesetzentwurf auf BT-Drs. 13/1825 in der geringfügig geänderten Fassung auf BT-Drs. 13/2340 am 21. September 1995 vom Bundestag in 2. und 3. Lesung so beschlossen,[46] wie zuvor schon das ihn begleitende Gesetz zur Änderung des Grundgesetzes auf BT-Drs. 13/1824 i.d.F. auf BT-Drs. 13/2339.

1.2.2 Beteiligung des Bundesrates

Beide Gesetzesbeschlüsse wurden anschließend dem Bundesrat zugeleitet (Art. 77 Abs. 1 Satz 2 GG). Zustimmungspflichtig war allerdings nur das das Grundgesetz ändernde Gesetz (Art. 79 Abs. 2 GG). In seiner Sitzung vom 13. Oktober 1995 hat der Bundesrat dem verfassungsändernden Gesetz nicht zugestimmt, gegen die das AbgG und das EuAbgG ändernden Gesetze indessen keine Einspruch eingelegt. Das hatte die fatale Konsequenz, dass mit dem Nichtzustandekommen der Grundgesetzänderung eine wesentliche Voraussetzung für die Novellierung des AbgG fehlte, dieses sich aber weiterhin im Gesetzgebungsverfahren befand und wirksam zu werden drohte.[47]

---

46 BT-Prot. 13/55, S. 4585 ff.
47 Vgl. auch *Klatt H.*, Reformprojekte im Bundestag: Verkleinerung, Änderung des Abge-

1.2.3 Verfassungsrechtliche Kritik

32 Der Abstimmung im Bundesrat war neben der üblichen Kampagne in den Medien ein Aufruf von zuletzt 86 Staatsrechtslehrern an den Bundesrat vorausgegangen, der Änderung von Art. 48 Abs. 3 GG die Zustimmung zu verweigern.[48] Daneben gab es in der öffentlichen Diskussion harsche Kritik aus den Reihen der Bundesländer, die sich verfassungsrechtlich gab, aber (partei-) politisch, nicht einmal verfassungspolitisch, gemeint war.[49]

33 An verfassungsrechtlichen Argumenten wurde von den Kritikern der Grundgesetzänderung im Wesentlichen vorgetragen, die vorgesehen Koppelung der Abgeordnetenentschädigung an die Richterbesoldung sei mit dem Demokratie- und Rechtsstaatsprinzip unvereinbar. Das überzeugt nicht.

34 Das Bundesverfassungsgericht hat im „Diäten-Urteil" für Entscheidungen des Parlaments in eigener Sache Grundsätze aufgestellt, die das Transparenzgebot betreffen und die sowohl bei einer Änderung des AbgG wie auch bei einer Verfassungsergänzung zu beachten waren. Im Urteil heißt es wörtlich:

> „In einer parlamentarischen Demokratie lässt es sich nicht vermeiden, dass das Parlament in eigener Sache entscheidet, wenn es um die Festsetzung der Höhe und die nähere Ausgestaltung der mit dem Abgeordnetenstatus verbundenen finanziellen Regelungen geht. Gerade in einem solchen Fall verlangt aber das demokratische und rechtsstaatliche Prinzip (Art. 20 Grundgesetz), dass der gesamte Willensbildungsprozess für den Bürger durchschaubar ist und das Ergebnis vor den Augen der Öffentlichkeit beschlossen wird. Denn dies ist die einzig wirksame Kontrolle. Die parlamentarische Demokratie basiert auf dem Vertrauen des Volkes. Vertrauen ohne Transparenz, die erlaubt zu verfolgen, was politisch geschieht, ist nicht möglich."[50]

35 Angesichts dieser Ausführungen könnte ein formal-technisches Mittel zur Bemessung der Höhe der Abgeordnetenentschädigung auch im Hinblick auf die Ausführungen des Bundesverfassungsgerichts verfassungsrechtlichen Bedenken allenfalls dann begegnen, wenn es tatsächlich dazu bestimmt und geeignet wäre, das Parlament der Notwendigkeit zu entheben, jede Veränderung in der Höhe der Entschädigung im Plenum zu diskutieren und vor den Augen der Öffentlichkeit

---

ordnetenstatus und mehr Verfahrenstransparenz, Gegenwartskunde: Zeitschrift für Gesellschaft, Wirtschaft, Politik und Bildung 1998, 455, 463 f.; *Wiefelspütz D.*, aaO, S. 40.
48 Vgl. dazu *Linck J.*, Kritisches zur Diätenkritik von 86 Staatsrechtslehrern, ZParl 1995, 683 ff. (mit dem Wortlaut des Aufrufs): „Jedem politisch wachen Zeitgenossen ist doch klar, was anstelle hehrer Motive für die Mehrheit der Bundesratsmitglieder ausschlaggebend war: Machtkämpfe in der SPD-Führung, die Berliner Wahlen am 22. Oktober 1995 und die Wahlen am 24. März 1996 in Baden-Württemberg, Rheinland-Pfalz und Schleswig-Holstein.", *Schmitt Glaeser W.*, aaO, S. 1187: „Dieser ... Aufruf ist, mit Verlaub, ebenso ‚subtil' wie ‚unsauber' formuliert. Die Begründung enthält ein nahezu undurchsichtiges Gemisch aus verfassungsrechtlichen und verfassungspolitischen Argumenten".
49 Vgl. dazu näher *Welti F.*, Die soziale Sicherung der Abgeordneten des Deutschen Bundestages, der Landtage und der deutschen Abgeordneten im Europäischen Parlament, S. 161 ff.; auch *Klein H. H.*, Diäten-Urteil und Diätenstreit, aaO, S. 236 f.
50 Schlussurteil des Zweiten Senats vom 5. November 1975 auf die mdl. Verhandlung vom 18. Juni 1975 – 2 BvR 193 / 74 – BVerfGE 40, 296, 327; zur Bedeutung der Öffentlichkeit für das Verfahren zur Festsetzung der Abgeordnetenentschädigung s.a. *Waldthausen J. Chr. v.*, aaO, S. 186 ff.

darüber als eine selbständige politische Frage zu entscheiden, also das Transparenzgebot in Frage stellte.

Problematisch ist in diesem Zusammenhang noch nicht die erstmalige Neufestsetzung der Abgeordnetenentschädigung in Ausrichtung an den Bezügen aus den Besoldungsgruppen B 6/R 6. Denn der dazu erforderliche Gesetzesbeschluss erfüllte auch unter Transparenzaspekten zweifellos alle vom Bundesverfassungsgericht genannten Anforderungen an Entscheidungen des Parlaments in eigener Sache. Kritisch könnte nur die automatische weitere Anpassung an künftige Erhöhungen der Beamten-/Richterbesoldung (Koppelung) sein. 36

Eine Koppelungsregelung im erörterten Sinn alleine im AbgG wäre bei vordergründiger Betrachtung der Ausführungen des Bundesverfassungsgerichts im „Diäten-Urteil" möglicherweise als verfassungswidrig zu beanstanden gewesen.[51] Mit einer solchen Regelung wäre nämlich gesetzlich erneut fixiert worden, was das Gericht seinerzeit schon als unzulässig verworfen hatte. 37

Streitbefangen war damals die Koppelung der Abgeordnetenentschädigung an das Amtsgehalt eines Bundesministers. Jetzt ging es um die Koppelung an die R 6-Besoldung. Ansonsten gab es keine entscheidungserheblichen Unterschiede. Das formal-technische Mittel (Koppelung) wäre identisch und auch materiell hätte dieser Vorschlag wieder zur Abhängigkeit jeder Erhöhung der Entschädigung von einer entsprechenden Erhöhung der Besoldung ohne selbständige Entscheidung des Parlaments geführt. 38

Weil sich der Gesetzgeber nicht dem Vorwurf aussetzen wollte, einem Urteil des Bundesverfassungsgerichts zuwider zu handeln, kam eine entsprechende Änderung allein des AbgG indessen von vornherein nicht in Betracht. In der Rechtsstellungskommission und auch im späteren Verlauf des parlamentarischen Verfahren bestand unter den die Entwürfe Tragenden vielmehr Einigkeit, dass eine Koppelungsregelung im AbgG verfassungsrechtlich von einer die einfachgesetzliche Regelung absichernde Grundgesetzergänzung begleitet werden müsse. 39

Verfassungsänderungen sind nichts Ungewöhnliches, betrachtet man die lange Liste der Änderungen, die das Grundgesetz seit 1949 erfahren hat. Der Verfassungsgesetzgeber darf das Grundgesetz nach Maßgabe des Art. 79 GG ändern. Grenzen werden allerdings in Art. 79 Abs. 3 GG gezogen. Danach ist eine Grundgesetzänderung u.a. dann unzulässig, wenn die in den Art. 1 und 20 GG niedergelegten Grundsätze berührt werden. 40

Dort sahen die Kritiker das Problem:[52] Zu den in Art. 20 GG niedergelegten Grundsätzen, die Art. 79 Abs. 3 GG für unantastbar erklärt, gehören das Demokratie- und das Rechtsstaatsprinzip. Zu den Essentialien des demokratischen Prinzips wiederum zählt nach den Ausführungen des Bundesverfassungsgerichts im „Diäten- 41

---

51 Vgl. auch *Klein, H. H.*, Diäten-Urteil und Diätenstreit, aaO, S. 245 f.
52 Vgl. *Determann L.*, aaO, S. 391 f., der in der vorgeschlagene Verfassungsänderung eine besonders gefährliche Attacke auf jegliche Kontrolle und einen Verstoß gegen Art. 79 Abs. 3 GG zu erblicken glaubte; differenzierend *Waldthausen J. Chr. v.*, aaO, S. 250, der eine Verfassungsänderung grundsätzlich zwar für zulässig hält, aber meint, dies brächte keinen größeren Gestaltungsspielraum als die derzeitige Ermächtigung an den einfachen Gesetzgeber in Art. 48 Abs. 3 Satz 3 GG.

Urteil" auch Art. 48 Abs. 3 GG.[53] Diese Formulierung ist missverständlich. Die Verfassungsnorm skizziert nur den finanziellen Status des Abgeordneten und begründet auf der Ebene des Verfassungsrechts einen Anspruch (Organrecht und subjektiv-öffentliches Recht) auf eine angemessene Entschädigung. Sie unterliegt aber keiner verfassungsrechtlichen Veränderungssperre. Das „änderungsfeste Minimum" des Art. 79 Abs. 3 GG wäre hier nur dann berührt worden, wenn die Verfassungsänderung das aus dem demokratischen und rechtsstaatlichen Prinzip abgeleitete Transparenzgebot, dem der Gesetzgeber bei Entscheidung in eigener Sache gleichsam als Korrektiv zur ansonsten fehlenden Kontrolle unterliegt, verletzt und insoweit Art. 20 GG tangiert hätte. Dem Grundgesetz lässt sich indessen – wie *Schmitt Glaeser W.*[54] zu Recht betont – weder ein ausdrückliches Koppelungsverbot entnehmen, noch gehört ein solches Verbot bei verfassungssystematischer Betrachtung zu den Grundsätzen des demokratischen Prinzips im Sinne des Art. 79 Abs. 3 GG.[55]

42 Die Vorverlagerung der Struktur- und Grundsatzentscheidung, als Bezugsgröße oder Zielgröße für die Angemessenheit der Abgeordnetenentschädigung die Besoldungsgruppen R 6 festzuschreiben, auf die Ebene des Verfassungsrechts, berührt das Demokratieprinzip zweifellos nicht und ist verfassungsrechtlich unbedenklich. Denn die Effizienz der öffentlichen Kontrolle über Diätenerhöhungen hätte sich nicht zum Nachteil verändert, im Gegenteil: Das Grundgesetz selbst hätte an herausgehobener Stelle für jedermann offenkundig den Rahmen für die Angemessenheit der Abgeordnetenentschädigung – nach oben wie nach unten – abgesteckt. Das ist ein erhebliches Mehr an Transparenz als der völlig offene und nichtssagende Begriff der „angemessenen" Entschädigung in Art. 48 Abs. 3 GG je zu leisten vermag. Der Präsident des Bundestages wäre überdies verpflichtet gewesen, den jeweils aktuellen Betrag der Abgeordnetenentschädigung zu veröffentlichen.[56] Das alles hätte nichts mit Verschleierung oder Aushebeln von Kontrollmechanismen zu tun gehabt, wie die Kritiker behaupteten.[57]

43 Auch der Anpassungsprozess im Einzelfall, der sich nur noch in dem vom Grundgesetz dann vorgegebenen Rahmen der Richterbesoldung hätte vollziehen können, wäre nicht der öffentlichen Kontrolle entzogen gewesen. Bekanntlich werden die Bezüge der Richter durch Gesetz (BBesG) geregelt. Eine Erhöhung deren Bezüge setzt mithin eine Änderung des BBesG voraus. Weil auch der Koppelungsmechanismus der Abgeordnetenentschädigung an die Richterbesoldung öffentlich bekannt gewesen wäre, wäre auch für jedermann offenkundig oder zumindest erkennbar gewesen, dass eine vom Bundestag beschlossene Erhöhung der Richterbezüge automatisch auch eine Erhöhung der Abgeordnetenentschädigung zur Folge hat.

---

53 A.A. *Klein, H. H.*, Diäten-Urteil und Diätenstreit, aaO, S. 242 ff.; kritisch auch *Schlaich K./Schreiner J.*, aaO, S. 677.
54 AaO, S. 1189.
55 Vgl. auch *Klein, H. H.*, in: Maunz-Dürig, Kommentar zum Grundgesetz, Art. 48, Rdn. 198 ff: „Dass es dem verfassungsändernden Gesetzgeber verwehrt sein könnte, die dem Gesetzgeber in Art. 48 Abs. 3 Satz 3 GG erteilte Ermächtigung – bei Wahrung des Transparenzgebots – zu konkretisieren, seine Regelungsmacht einzuschränken ..., ist eine Annahme, die ans Skurrile grenzt" (Rdn. 206).
56 Vgl. § 34 Abs. 3 des Entwurfs auf BT-Drs. 13/2340.
57 Keinen Verstoß gegen das Transparenzverbot sieht auch *Linck J.*, Kritisches zur Diätenkritik von 86 Staatsrechtslehrern, aaO, S. 686 f.

Was daran undemokratisch oder gar verfassungswidrig sein soll, leuchtet nicht ein. Schließlich ist auch in anderen westlichen Demokratien die Abgeordnetenentschädigung an die Beamtenbesoldung gekoppelt – so z.B. in Großbritannien und in Frankreich –,[58] ohne dass darin gleich eine Bedrohung des demokratischen Gemeinwesens durch die gewählten Volksvertreter gesehen wird.[59] Etwas aber hätte sich tatsächlich geändert und zwar zum Wohle der parlamentarischen Demokratie und des Ansehens seines Parlaments und seiner Abgeordneten: Es wäre künftig nicht mehr ganz so leicht gewesen, Abgeordnete öffentlich als „Abzocker" und „Selbstbediener" zu diffamieren, wie dies bislang bei Diätenerhöhungen regelmäßig und mit allen seinen dem Parlamentarismus und der Zusammensetzung des Parlaments überaus abträglichen Folgewirkungen[60] der Fall war.

Beizupflichten ist nach alledem letztlich dem abweichenden Votum des Richters **44** *Seuffert* zum „Diäten-Urteil", der seinerzeit bereits ausgeführt hatte:

> „Es ist bereits widersprüchlich, wenn unter C IV 6 b die Einbeziehung der Diäten in beamtenrechtliche Regelungen verlangt wird, unter C II 2 dagegen sogar die Bemessung der Höhe nach unter Bezugnahme auf Beamtenbezüge verboten wird. Richtig hat der allerdings grundlegende Unterschied zwischen Beamtengehältern und der Abgeordnetenentschädigung nichts damit zu tun, in welcher Weise die Höhe der Diäten bestimmt wird und ob sie „automatisiert" oder „dynamisiert" wird. Es gibt Gründe dafür und dagegen; es mögen im Wesentlichen dieselben sein, die für oder gegen eine Anknüpfung von „Amtsgehältern" an andere Gehälter sprechen, und dazu mögen Erwägungen treten, ob hier ein solches Verfahren politisch vertretbar und ratsam ist. Das Grundgesetz trifft jedoch keine Entscheidung darüber; ein verfassungsrechtliches Gebot, das hier eine „selbständige" Entscheidung des Parlaments verlangt, lässt sich nicht finden. Dass gesetzgeberische Entscheidungen sachlich miteinander verschränkt sind, auch dass bei vielen Entscheidungen eine Selbstbetroffenheit der Abgeordneten vorliegt, ist unvermeidlich. Es ist nicht gerechtfertigt, dem vielfach gewählten Verfahren in erster Linie die Intention zu unterschieben, eine Diskussion der Höhe der Entschädigung vor der Öffentlichkeit zu vermeiden".[61]

1.3 Neunzehntes Gesetz zur Änderung des AbgG

Nachdem das Reformvorhaben des Bundestages in eigener Sache an der verweiger- **45** ten Zustimmung des Bundesrates zur Grundgesetzänderung gescheitert war, bestand unter den den ursprünglichen Entwurf tragenden Fraktionen des Bundes-

---

58 Vgl. die weiteren Nachweise in BT-Drs. 12/5020, S. 89 (Anlage 32).
59 Vgl. auch *Klein H. H.*, Diäten-Urteil und Diätenstreit, aaO, S. 245, m.w.N.; *Schmitt Glaeser W.*, aaO, S. 1189: „Auch Frankreich, Großbritannien, Österreich und Italien sehen beispielsweise vergleichbare Ankoppelungsregelungen vor, und es wird wohl niemand ernsthaft behaupten wollen, dass diese Länder deswegen in ihrem demokratischen Kernbestand beschädigt wären."
60 Vgl. den Bericht des 1. Ausschusses zum Gesetzentwurf auf BT-Drs. 13/1824 auf BT-Drs. 13/2339 und *Klein H. H.*, Diäten-Urteil und Diätenstreit, aaO, S. 225.
61 BVerfGE 40, 296, 344; kritisch zum Koppelungsverbot auch *Welti F.*, Die soziale Sicherung der Abgeordneten des Deutschen Bundestages, der Landtage und der deutschen Abgeordneten im Europäischen Parlament, S. 190 ff.; *Klein, H. H.*, Diäten-Urteil und Diätenstreit, aaO, S. 245 f.; *Schmitt Glaeser W.*, aaO, S. 1188 f.

tages Einvernehmen, dass das mit dem Achtzehnten Änderungsgesetz beabsichtigte Gesetzgebungsvorhaben nicht weiterverfolgt werden sollte. Sie brachten daher am 28. November 1995 den Entwurf eines Gesetzes zur Neuregelung der Rechtsstellung der Abgeordneten auf BT-Drs. 13 / 3121 ein. Art. 2 dieses Gesetzes enthielt das Neunzehnte Gesetz zur Änderung des AbgG, das wesentliche Merkmale des Vorentwurfs übernahm, insbesondere an der Bezugsgröße R 6 als Orientierungswert festhielt, aber auf eine automatische Koppelung an die Entwicklung der Richterbesoldung verzichtete und statt dessen eine Erhöhung der Abgeordnetenentschädigung in vier Teilschritten bis 1998 vorsah.

46 Gesetzestechnisch und verfassungsrechtlich „ungewöhnlich" war Art. I des Neuregelungsgesetzes in seiner endgültigen Fassung. Hatte es ausgehend vom Vorschlag der Rechtsstellungskommission im ursprünglichen Entwurf auf BT-Drs. 13 / 3121 noch geheißen:

„Das Achtzehnte Gesetz zur Änderung des Abgeordnetengesetzes und das Fünfzehnte Gesetz zur Änderung des Europaabgeordnetengesetzes ... werden aufgehoben",

so lautet die vom Ausschuss für Wahlprüfung, Immunität und Geschäftsordnung empfohlene, später auch endgültige Fassung:

„Der Beschluss des Bundestages zum Achtzehnten Gesetz zur Änderung des Abgeordnetengesetzes und zum Fünfzehnten Gesetz zur Änderung des Europaabgeordnetengesetzes ... wird aufgehoben".[62]

47 Das ist ein klarer Bruch des Grundsatzes der Unverrückbarkeit des parlamentarischen Votums. Danach verliert der Bundestag mit Abschluss der dritten Beratung (dritten Lesung) die Möglichkeit, seinen Gesetzesbeschluss erneut zum Gegenstand einer Beratung zu machen oder ihn zurückzunehmen. Der Gesetzesbeschluss verpflichtet vielmehr die anderen am Gesetzgebungsverfahren beteiligten Verfassungsorgane, in angemessener Zeit diejenige Entscheidungen zu treffen, die zum Inkrafttreten des Gesetzes notwendig sind. Dies entspricht nicht nur der herrschenden Meinung,[63] sondern auch der bisherigen ständigen Gesetzgebungspraxis – bis auf einen kaum repräsentativen „Sündenfall" aus den Anfangsjahren der Bundesrepublik. Damals hatte der Bundestag in § 29 des Straffreiheitsgesetzes 1954 einen früheren Gesetzesbeschluss in derselben Sache aufgehoben.[64]

48 Dem Grundsatz der Unverrückbarkeit des parlamentarischen Votums kommt nach einer Stellungnahme des BMJ vom 12. Dezember 1973,[65] die mit der herrschenden Meinung übereinstimmt, Verfassungsrang zu. Auch das BMI hatte die Bedeutung

---

62 BT-Drs. 13 / 3240 S. 4.
63 Vgl. *Bryde B.-O.*, in v. Münch I. (hrsg.), Grundgesetz-Kommentar, 3. Aufl., München, 1996, Art. 77 Rdn. 6; *Kokott J.*, in Bonner Kommentar zum Grundgesetz, Zweitbearbeitung, Art. 77 Rdn. 25; *Maunz Th.*, in Maunz-Dürig, Kommentar zum Grundgesetz, Art. 78 Rdn. 10; *Troßmann H.*, Parlamentsrecht des Deutschen Bundestages, München, 1977, Anh A § 54.
64 BGBl. I, S. 209.
65 Abgedruckt bei *Ritzel H. G. / Bücker J. / Schreiner H. J.*, Handbuch für die Parlamentarische Praxis mit Kommentar zur Geschäftsordnung des Deutschen Bundestages, Anhang zu § 122, 3.

dieses Grundsatzes in einem Schreiben vom 30. Oktober 1973[66] ausdrücklich betont. Adressat beider Stellungnahmen war seinerzeit übrigens der 1. Ausschuss, der bei Änderungen des AbgG federführend ist. Beide Ressorts haben indessen im hier diskutierten Fall letztlich anders votiert und die schließlich vom 1. Ausschuss so beschlossene Fassung empfohlen.

Politisch hatte diese Lösung gewiss mehr Charme. Sie enthob den Bundespräsidenten nämlich seiner Verpflichtung zur Überprüfung des Achtzehnten Änderungsgesetzes auf seine Verfassungsmäßigkeit. Verfassungsrechtlich sauber wäre indessen der Vorschlag der Rechtsstellungskommission gewesen, zumal auch er zuverlässig verhindert hätte, was politisch nicht mehr gewollt war: ein Wirksamwerden der Bestimmungen des 18. Änderungsgesetzes. **49**

Versehen mit diesem verfassungsrechtlichen „Webfehler" trat das Neunzehnte Änderungsgesetz am 22. Dezember 1995 in Kraft.[67] **50**

1.4 Zwanzigstes Gesetz zur Änderung des AbgG

Das Neunzehnte Änderungsgesetz war noch kein Vierteljahr alt, als sich der Vorsitzende der F. D. P.- Bundestagsfraktion im März 1996 gegenüber Journalisten für eine Nullrunde bei den Diäten der Bundestagsabgeordneten aussprach (die nächste Erhöhung stand zum 1. Juli 1996 an). Wer von den Beschäftigten (gemeint waren die des öffentlichen Dienstes, bei denen die Tarifverhandlungen für 1996 beginnen sollten) Lohnzurückhaltung verlange, könne sich selbst nicht die Bezüge um 4,65% erhöhen.[68] Damit war er der Fraktion Bündnis 90/DIE GRÜNEN, die ihrerseits einen entsprechenden Vorschlag vorbereitet hatte und noch an einem Gesetzentwurf arbeitete, nur knapp zuvorgekommen. **51**

Das Ergebnis dieses Vorstoßes war nicht überraschend. Unter dem Druck der rasch einsetzenden Medienkampagne gaben alsbald auch die großen Fraktionen ihren anfänglichen Widerstand gegen eine „Nullrunde" bei den Diäten auf. Die Rechtsstellungskommission erhielt den Auftrag, die vorgesehene Diätenerhöhung „im Lichte der allgemeinen wirtschaftlichen und finanzpolitischen Entwicklung" zu überprüfen. So kam es, dass die Abgeordneten des Deutschen Bundestages im Frühsommer 1996 mit dem Inkrafttreten des Zwanzigsten Gesetzes zur Änderung des AbgG vom 19. Juni 1996[69] zum zehnten Mal seit dem Inkrafttreten des AbgG im April 1977 eine Gelegenheit ausließen, ihre Entschädigung (und im Zusammenhang damit auch den fiktiven Bemessungsbetrag für die Altersentschädigung nach Übergangsrecht in § 35 a Abs. 2 Satz 2) zu erhöhen. **52**

---

66 Zitiert bei *Ritzel H. G./Bücker J./Schreiner H. J.*, aaO.
67 BGBl. I 1995 S. 1718.
68 REUTER-Meldung vom 21. März 1996.
69 BGBl. I 1996 S. 843.

Vierter Abschnitt
Leistungen an Mitglieder des Bundestages

Tabelle 3. Zeiträume, in denen die Mitglieder des Bundestages auf eine Erhöhung der Abgeordnetenentschädigung verzichtet haben

Zeitabschnitt	Abgeordnetenentschädigung in DM / €
01.04.1977 – 31.03.1978	7.500,00
01.04.1978 – 31.03.1979	*7.500,00*
01.04.1979 – 31.03.1980	*7.500,00*
01.04.1980 – 31.03.1981	*7.500,00*
01.04.1981 – 31.03.1982	*7.500,00*
01.04.1982 – 31.03.1983	*7.500,00*
01.04.1983 – 31.06.1983	*7.500,00*
01.07.1983 – 30.06.1984	7.820,00
01.07.1984 – 30.06.1985	8.000,00
01.07.1985 – 30.06.1986	8.224,00
01.07.1986 – 30.06.1987	8.445,00
01.07.1987 – 30.06.1988	8.729,00
01.07.1988 – 30.06.1989	9.013,00
01.07.1989 – 30.06.1990	9.221,00
01.07.1990 – 30.06.1991	9.664,00
01.07.1991 – 30.06.1992	10.128,00
01.07.1992 – 30.06.1993	10.366,00
01.07.1993 – 30.06.1994	*10.366,00*
01.07.1994 – 30.06.1995	*10.366,00*
01.07.1995 – 30.09.1995	*10.366,00*
01.10.1995 – 30.06.1996	11.300,00
01.07.1996 – 30.06.1997	*11.300,00*
01.07.1997 – 31.03.1998	11.825,00
01.04.1998 – 31.12.1998	12.350,00
01.01.1999 – 30.06.2000	*12.875,00*
01.07.2000 – 31.12.2000	12.953,00
01.01.2001 – 31.12.2001	13.200,00
01.01.2002 – 31.12.2002	6.878,00 €
01.01.2003	7.009,00 €

53 Im Unterschied zu früheren Zeitpunkten bedurfte es hierzu allerdings erstmals einer Gesetzesänderung, um für ein Jahr auf einen gesetzlich bereits zustehenden Anspruch auf eine Erhöhung der Abgeordnetenentschädigung zu verzichten. Das Beispiel zeigt nachhaltig, dass selbst im Gesetz vorgesehene „Sicherungen" – hier die Staffelanpassungen über einen Zeitraum von vier Jahren – nur solange halten, wie der sie tragende politische Konsens fortbesteht.[70]

---

[70] Nichts anderes gilt für in der Verfassung festgeschriebene Anpassungen, wie das Beispiel Thüringen lehrt. Dort erfordert jede „Nullrunde" für die Landtagsabgeordneten eine Verfassungsänderung. Die Hürde ist hoch. Wenn der politische Spar-Wille da ist, ist offensichtlich aber auch das kein Hindernis (vgl. zuletzt Art. 105 a Thür.Verf., GVBl. 1997, S. 525).

1.5 Zweiundzwanzigstes Gesetz zur Änderung des AbgG

Die zeitlich jüngsten Erhöhungen der Abgeordnetenentschädigung erfolgten durch **54** das Zweiundzwanzigste Gesetz zur Änderung des AbgG vom 19. Dezember 2000[71] (vgl. auch 1. zu § 30). Mit ihnen wurde die Entwicklung der Diäten bis zum Jahr 2003 festgelegt. Auch diesmal orientierte sich der Gesetzgeber nicht an den in § 11 Abs. 1 Satz 1 vorgegebenen Bezugsgrößen, sondern – gemessen an der eigenen Zielen systemwidrig – an der „Projektion der Bundesregierung zur gesamtwirtschaftlichen Preisentwicklung".[72] Das ist nicht mehr als der Inflationsausgleich, wobei die prognostizierte Entwicklung der Preissteigerungen von der wirklichen bereits widerlegt worden ist.

1.6 Dreiundzwanzigstes Gesetz zur Änderung des AbgG

Das Dreiundzwanzigsten Gesetz zur Änderung des Abgeordnetengesetzes brachte **55** keine Änderung der Höhe der Abgeordnetenentschädigung. Es vollzog nur die Währungsumstellung von Deutscher Mark auf Euro zum 1. Januar 2002 für den Geltungsbereich dieses Gesetzes nach. Die bisher auf Deutsche Mark lautenden Beträge werden jetzt nach centgenauer Umrechnung und Rundung auf volle Euro in dieser gemeinsamen Europäischen Währung ausgewiesen.[73]

2. Abgeordnetenentschädigung (§ 11 Abs. 1)

2.1 Maßstab der „Angemessenheit" (Satz 1)

Die Norm konkretisiert in Satz 1 in Ausführung der verfassungsrechtlichen Er- **56** mächtigung in Art. 48 Abs. 3 GG das „Nähere" der angemessenen, die Unabhängigkeit der Abgeordneten sichernden Entschädigung i.S.d. Art. 48 Abs. 3 Satz 1 GG.

Zugleich setzt sie die Vorgaben des Bundesverfassungsgerichts im „Diäten-Urteil" **57** um. Dort heißt es unter Hinweis auf das zum „full-time-job"[74] gewandelte Mandat, soweit im hier erörterten Zusammenhang von Interesse:

> „Im Lichte der dargelegten, nicht zufälligen, sondern notwendigen und innerlich folgerichtigen, schwerlich reversiblen Entwicklung gewinnt Art. 48 Abs. 3 GG eine neue Bedeutung. Die dort für die Abgeordneten geforderte „angemessene, ihre Unabhängigkeit sichernde Entschädigung" muss für sie und ihre Familien während der Dauer ihrer Zugehörigkeit zum Parlament eine ausreichende Existenzgrundlage abgeben können. Sie muss außerdem der Bedeutung des Amtes unter Berücksichtigung der damit verbundenen Verantwortung und Belastung und des diesem Amt im Verfassungsgefüge zukommenden Rang gerecht werden".[75]

---

71 BGBl. I S. 1754.
72 Vgl. Begründung zum Entwurf eines Zweiundzwanzigsten Gesetzes zur Änderung des Abgeordnetengesetzes vom 10. Oktober 2000, BT-Drs. 14/4241.
73 Vgl. Entwurf eines Dreiundzwanzigsten Gesetzes zur Änderung des Abgeordnetengesetzes vom 19. Juni 2001 (BT-Drs. 14/6311, S. 2). Das Gesetz wurde vom Bundestag am 5. Juli 2001 beschlossen, war im Zeitpunkt der Drucklegung aber noch nicht verkündet.
74 Kritisch dazu *Schneider* H.-P., in: Handbuch des Verfassungsrechts der Bundesrepublik Deutschland, hrsg. von Benda E., Maihofer W., Vogel H.-J., 2. Aufl., Berlin 1995, S. 555.
75 BVerfGE 40, 296, 315; zu den Kriterien der Angemessenheit s. auch *v. Arnim* H. H., Zweit-

Und an anderer Stelle weiter:

> „Die Alimentation ist also so zu bemessen, dass sie auch für den, der, aus welchen Gründen immer, kein Einkommen aus einem Beruf hat, aber auch für den, der infolge des Mandats Berufseinkommen ganz oder teilweise verliert, eine Lebensführung gestattet, die der Bedeutung des Amtes angemessen ist. *Anderen Zwecken als dem der Unterhaltssicherung, beispielsweise einer Mitfinanzierung der Fraktion oder politischen Partei oder der Beteiligung an Wahlkosten, hat die Entschädigung nicht zu dienen.*"[76]

58 § 11 Abs. 1 bestimmt in Satz 1 zunächst, dass ein Mitglied des Bundestages eine monatliche Abgeordnetenentschädigung erhält, nicht etwa einen einmaligen Jahresbetrag, und legt weiter – wenn auch nur als Orientierungsrahmen – den Maßstab der Angemessenheit der Abgeordnetenentschädigung fest.

59 Orientierungsrahmen für den Monatsbetrag sind ein Zwölftel der Jahresbezüge
– eines Richters bei einem obersten Gerichtshof des Bundes (Besoldungsgruppe R 6)
– eines kommunalen Wahlbeamten auf Zeit (Besoldungsgruppe B 6).

60 Rechnerisch unterscheiden sich die Bezüge beider Referenzgruppen – von besonderen Zulagen einmal abgesehen – nicht voneinander. Das Abheben auf die Jahresbezüge erlaubt die Einbeziehung der Sonderzuwendungen nach dem Gesetz über die Gewährung einer jährlichen Sonderzuwendung („Weihnachtsgeld"). Bei formaler – und bis zum Erreichen der Orientierungsgrößen auch materieller – Betrachtung bleibt gleichwohl die Aussage richtig, dass Abgeordnete des Bundestages kein Weihnachtsgeld erhalten. Denn die Abgeordnetenentschädigung wird nur zwölfmal im Jahr ausgezahlt.[77]

61 Mit der Orientierung an den Jahresbezügen in den Besoldungsgruppen R 6 / B 6, die – was keiner näheren Darlegung bedarf – zweifellos den Angemessenheitskriterien des Bundesverfassungsgerichts im „Diäten-Urteil" (s.o.) entsprechen, hat der Gesetzgeber des Neunzehnten Änderungsgesetzes letztlich nur in den Text des Gesetzes aufgenommen, was schon bei der ersten Fassung des AbgG aus dem Jahr 1977 materiell Norminhalt war, wovon sich die realen Bezüge der Abgeordneten aufgrund mehrjähriger Verzichtspolitik aber immer weiter entfernt haben (vgl. auch oben 1. 1). Natürlich ist diese Entscheidung im Kern eine politische, weil es für die

---

bearbeitung von Art. 48 GG, 1980, in: Kommentar zum Bonner Grundgesetz (Bonner Kommentar), Anmerkung 5. 15.

76 AaO, S. 316 (Hervorhebung durch den Verfasser). Die genannten Zwecke dürfen nur bei der Bemessung der Höhe der Abgeordnetenentschädigung keine Rolle spielen. Wenn ein Abgeordneter allerdings meint, mit weniger für den persönlichen Unterhalt auszukommen, ist er rechtlich nicht gehindert, Teile der Abgeordnetenentschädigung der Fraktion oder der Partei zur Verfügung zu stellen; s. auch *Henkel* J., Anmerkung zum „Diäten-Urteil" des BVerfG, aaO, S. 821; *ders.*, Das Abgeordnetengesetz des Bundestages, DÖV 1977, 350, 354 f., m.w.N.; a.M. *Meyer* H., Das fehlfinanzierte Parlament, KritV 1995, 216, 243; *Fischer* A., aaO, S. 167 f.: „verfassungsrechtlich bedenklich".

77 Zur Sonderzuwendung s. auch *Drescher* A., Die Neuregelung der Rechtsverhältnisse der in den Bundestag gewählten Angehörigen des öffentlichen Dienstes, RiA 1977, 51, und *Maaß* W. / *Rupp* H. H., Verfassungsrechtliche Fragen der Abgeordnetenentschädigung in Hessen, Gutachtliche Äußerung für die vom Hessischen Landtag eingesetzte Kommission zur Überarbeitung des Hessischen Abgeordnetengesetzes, o.O., 1988, S. 47: „Unvereinbar mit dem besonderen Abgeordnetenstatus".

Angemessenheit der Abgeordnetenentschädigung weder objektive noch allgemein anerkannte Kriterien gibt.[78]

Zugleich wollte der Gesetzgeber der wohl niemals endenden und keinesfalls auf die Bundesrepublik beschränkten, vielmehr mit schöner Regelmäßigkeit auch in anderen Demokratien zu beobachtenden Diskussion um die Richtigkeit der Höhe der Abgeordnetenentschädigung ein Ende setzen. Ein begrüßenswerter, letztlich aber fragwürdiger und von ihm selbst mit dem Zwanzigsten und Zweiundzwanzigsten Änderungsgesetz bereits wieder konterkarierter Versuch. Denn wer kaum ein halbes Jahr nach Festsetzung dieses Maßstabes als Orientierungsgröße im Gesetz hingeht, und ihn durch einen „Lohnverzicht" gleich wieder entwertet, oder Diätenerhöhungen an prognostizierten Preissteigerungen ausrichtet, kann schwerlich erwarten, mit seinem Anspruch ernst genommen zu werden, endlich wieder die richtige Bezugsgröße für die Abgeordnetenentschädigung gefunden zu haben.[79] Sie droht vielmehr erneut beliebig zu werden und wird dadurch auch in der öffentlichen Diskussion schwerer zu rechtfertigen und argumentativ überzeugend darzustellen. 62

2.2 Gestaffelte Annäherung an die Orientierungsgröße (Satz 2)

§ 11 Abs. 1 Satz 2 enthält die gesetzlichen Vorgaben für eine gestaffelte Anpassung[80] der Abgeordnetenentschädigung nunmehr bis zum 1. Januar 2003. Danach beträgt die Abgeordnetenentschädigung ab 1. Juli 2000 12.953 DM, ab 1. Januar 2001 13.200 DM, ab 1. Januar 2002 13.451 DM (6.878 €) und ab 1. Januar 2003 13.707 63

---

78 Vgl. *Edinger F.*, Indexierung der Abgeordnetenentschädigung verfassungsgemäß – Altersversorgung unangemessen hoch: Die Diäten-Entscheidung des Thüringer Verfassungsgerichtshofs vom 16. 12. 1998, ZParl 1999, 296, 302; *Waldthausen J. Chr. v.*, aaO, S. 58; *Klein H. H.*, Diäten-Urteil und Diätenstreit, aaO, S. 250, bemerkt dazu: „Wenn die Einbeziehung verschiedener zulässiger Vergleichsgrößen den Gesetzgeber zu der Schlussfolgerung führt, die Abgeordnetenentschädigung sei in der Höhe eines Betrages festzusetzen, die derjenigen der Bezüge eines nach R 6/B 6 besoldeten Richters/Beamten entspricht, so ist verfassungsrechtlich nichts dagegen zu erinnern, dass sie auch so formuliert"; *ders.*, in: Maunz-Dürig, Kommentar zum Grundgesetz, Art. 48, Rdn. 162; *Meyer D.*, Abgeordnetenentschädigung – Ein Beitrag zur Rationalisierung der Diskussion aus ökonomischer Sicht, Politische Vierteljahresschrift, 1998, S. 329 ff., ist der Auffassung, dass Tätigkeiten, deren Entlohnung dem Markt weitgehend entzogen seien, ein dem Abgeordnetenstatus vergleichbares Legitimationsproblem hätten. Folglich handele es sich bei dem Versuch, vergleichbare Berufe zur Diätenfindung heranzuziehen, eher um eine Scheinobjektivierung, die von einer notwendigen politisch-budgetären Entscheidung ablenke (aaO, S. 335); *Wenz E. M.*, Die Diätenhöhe ist unbedenklich – Kostenpauschalen sind Rechtsbruch im Verfassungsrang, in: Orientierungen zur Wirtschafts- und Gesellschaftspolitik, 1992, 53 ff.; *Fischer A.*, aaO, S. 40 ff. (52 ff.); *Brockmeyer H. B.*, in: Schmidt-Bleibtreu, Klein F., Kommentar zum Grundgesetz, 9. Aufl., Neuwied, 1999, Art. 48, Rdn. 10.
79 Kritisch auch *Welti F.*: „Es scheint aber, dass die Deklarationen zur Ausrichtung der Entschädigung nicht wesentlich mehr Bedeutung haben werden, als wenn sie nicht in einem Gesetz fixiert wären. Dies zeigte sich im Juni 1996, als mit dem zwanzigsten Änderungsgesetz vom Stufenplan zur Anpassung der Entschädigung ... wieder abgewichen wurden ..." (Die soziale Sicherung der Abgeordneten des Deutschen Bundestages, der Landtage und der deutschen Abgeordneten im Europäischen Parlament, S. 206).
80 Zur Zulässigkeit von „Staffeldiäten" s. *Klein H. H.*, Diäten-Urteil und Diätenstreit, aaO, S. 254 f.; *ders.*, in: Maunz-Dürig, Kommentar zum Grundgesetz, Art. 48, Rdn. 155; *Maaß W./Rupp H.H.*, aaO, S. 84 f.; kritisch dagegen *Determann L.*, aaO, S. 391, der meint, Staffeldiäten stellten einen Angriff auf die einzigen Kontrollmechanismen (Rechtsprechung und Öffentlichkeit) dar; ähnlich *Pestalozza Chr.*, Die Staffeldiät oder: Das Parlament als Dunkelkammer, NJW 1987, 818 ff., der Staffeldiäten für zumindest verfassungs"feindlich" hält. *Waldthausen J. Chr. v.*, aaO, S. 284 ff., ist sogar der Meinung, Staffeldiäten seien verfassungswidrig.

DM (*7.009* €).[81] Für spätere Anpassungen gilt das in § 30 geregelte Verfahren (s. dort).

64 Der Hinweis darauf, dass die Regelung des § 11 Abs. 1 Satz 2 von Satz 1 abweicht, unterstreicht, dass die im Gesetz festgelegten Beträge der Abgeordnetenentschädigung weiterhin nicht der festgelegten Orientierungsgröße entsprechen. Dies obwohl sich aus Satz 1 und aus der Anpassungsbestimmung in § 30 eine Verpflichtung des Gesetzgebers – allerdings nur im Sinne einer politischen Selbstbindung, nicht einer gesetzlichen (vgl. 2. zu § 30) –, sich bei künftigen Erhöhungen der Abgeordnetenentschädigung den Bezügen der beiden Referenzgruppen weiter anzunähern, ableiten lässt.[82] Immerhin aber reduziert sich der Abstand zur Beamten- und Richterbesoldung in den Besoldungsgruppen B 6 / R 6 von derzeit 2.017 DM (vor dem Zweiundzwanzigsten Änderungsgesetz) auf 1.420 DM im Jahr 2003.[83]

2.3 Alimentationsgrundsatz

65 Das Bundesverfassungsgericht hat im „Diäten-Urteil" ausgeführt, die angemessene, die Unabhängigkeit sichernde Entschädigung im Sinne des Art. 48 Abs. 3 Satz 1 GG sei heute eine „Vollalimentation aus der Staatskasse".[84] Um Missverständnissen, die aus der Verwendung des beamtenrechtlichen Begriffs „Alimentation", folgen könnten, vorzubeugen, hat das Gericht jedoch klarstellend darauf hingewiesen, dass die Entschädigung damit aber nicht zu einem arbeitsrechtlichen Anspruch wird, mit dem ein Anspruch auf Erfüllung dienstlicher Obliegenheiten korrespondieren würde. Der Abgeordnete schulde keine Dienste, sondern nähme in Unabhängigkeit sein Mandat war. Die Entschädigung sei ebensowenig ein Gehalt im beamtenrechtlichen Sinn. Von den für diese Berufsgruppe geltenden Grundsätzen würde sie überhaupt nicht berührt.[85]

66 In einer späteren Entscheidung hat sich das Bundesverfassungsgericht von diesen Feststellungen teilweise wieder distanziert. Zwar sei das AbgG von der Voraussetzung ausgegangen, dass die Abgeordnetenentschädigung und -versorgung nach dem Alimentationsprinzip zu bemessen sei. Zwingend sei das aber nicht. Für den Abgeordneten kenne das Verfassungsrecht nämlich – anders als für den Beamten, der aufgrund verfassungsrechtlicher Gewährleistung regelmäßig vom Eintritt in das Beamtenverhältnis an mit einer dauernden Vollalimentation auch für den Versorgungsfall rechnen könne – keine Garantien dieser Art. Der Gesetzgeber könne

---

[81] Ausweisung in Euro gem. Art. 1 Nr. 1 des Dreiundzwanzigsten Gesetzes zur Änderung des Abgeordnetengesetzes mit Wirkung vom 1. Januar 2002; s.o. 1. 6.
[82] Eine unzureichende Entschädigungsregelung für Abgeordnete stellt allerdings noch keine Behinderung bei der Annahme oder Ausübung des Mandats i.S.d. Art. 48 Abs. 2 Satz 1 GG dar, solange sie nicht eben dies erreichen soll, vgl. BVerfG, Urteil vom 21. September 1976–2 BvR 350/75 –, BVerfGE 42, 313, 329. Ebenso wenig kann ein einzelner Abgeordneter, jedenfalls soweit er einer Fraktion oder Gruppe angehört, aus der Gewährleistung des freien Mandats (Art. 38 Abs. 1 Satz 2 GG) ein Recht auf eine bestimmte Höhe von Fraktionszuschüssen und auf die Regelung ihrer Verteilungskriterien durch den Haushaltsgesetzgeber herleiten (BVerfG, Beschluss vom 3. November 1982–2 BvH 3/80 –, BVerfGE 62, 194, 201 f.).
[83] Zugrundegelegt ist die Besoldung mit Stand 1. Januar 2001. Künftige Besoldungsanpassungen sind nicht berücksichtigt und werden den Abstand wieder vergrößern.
[84] BVerfGE 40, 296, 316.; zur Geltung der „Vollalimentation" für Landesparlamente vgl. *Fischer A.*, aaO, S. 24 ff.
[85] BVerfG, aaO.

also auch andere Regelungen treffen, denn sein Gestaltungsspielraum sei „weit bemessen".[86] Er sei erst überschritten, „wenn die ungleiche Behandlung der geregelten Sachverhalte mit Gesetzlichkeiten, die in der Natur der Sache selbst liegen, und mit einer am Gerechtigkeitsgedanken orientierten Betrachtungsweise nicht mehr vereinbar ist; mit anderen Worten, wo ein vernünftiger, einleuchtender Grund für eine Differenzierung fehlt, es sich also um Regelungen handelt, die unter keinem sachlich vertretbaren Gesichtspunkt gerechtfertigt erscheinen, so dass die Unsachlichkeit der getroffenen Regelung evident ist".[87]

2.4 Formalisierter Gleichheitssatz

Das Bundesverfassungsgericht hatte im „Diäten-Urteil" betont, die Demokratie des Grundgesetzes sei grundsätzlich eine privilegienfeindliche. Ob und wie der Gleichheitssatz Differenzierungen erlaube, richte sich nach der Natur des zu regelnden Sachbereichs. Für den Sachbereich der Wahlen sei nach der historischen Entwicklung zum Demokratisch-Egalitären hin, die für das Bundeswahlrecht in Art. 38 Abs. 1 Satz 1 GG verfassungsrechtlich verbindlich Ausdruck gefunden habe, davon auszugehen, dass jedermann seine staatsbürgerlichen Rechte in formal möglichst gleicher Weise soll ausüben können. Auch für die Mandatsausübung der Abgeordneten gelte das verfassungsrechtlich im egalitären Gleichheitssatz ausgeprägte Prinzip formalisierter Gleichbehandlung. Wahl- und Parlamentsrecht grundgesetzlicher Prägung kennten keine für den Status des Abgeordneten erheblichen besonderen, in der Person des einzelnen Abgeordneten liegenden Umstände, die eine Differenzierung innerhalb des Abgeordnetenstatus erlaubten. Alle Mitglieder des Deutschen Bundestages seien mithin einander formal gleichgestellt.[88] In der späteren Rechtsprechung hatte das Gericht den parlamentsbezogenen Grundsatz, wonach alle Mitglieder des Parlaments einander gleichgestellt seien, indessen aus Art. 38 Abs. 1 Satz 2 GG abgeleitet. Der in dieser Norm gewährleistete repräsentative Status der Abgeordneten umfasse das Recht auf gleiche Teilhabe am Prozess der parlamentarischen Willensbildung. In seiner jüngsten Entscheidung zum Statusrecht der Abgeordneten vom 21. Juli 2000 hat das Bundesverfassungsgericht, soweit die Entschädigung der Abgeordneten in Rede steht, die isolierte Bezugnahme auf jeweils einen der beiden Sätze des Art. 38 Abs. 1 GG aufgegeben. Denn diese stünden im Hinblick auf das durch sie konkretisierte Prinzip der repräsentativen Demokratie in einem unauflösbaren, sich wechselseitig bedingenden Zusammenhang. So setze sich insbesondere die Gleichheit der Wahl in der gleichen Mitwirkungsbefugnis aller Abgeordneten fort. Beide besonderen Gleichheitssätze stützten den Repräsentationsgedanken aus unterschiedlichen Richtungen. Das freie Mandat verlange,

---

86 BVerfG, Beschluss vom 30. September 1987 – 2 BvR 933/82 –, BVerfGE 76, 256, 341 ff.; *v. Arnim H. H.*, Entschädigung und Amtsausstattung, aaO, S. 528; s. auch BVerwG, Urteil vom 21. September 1979 – 7 C 36.78 –, Buchholz 120 Nr. 2; Urteil vom 28. Juli 1989 – 7 C 91/87 –, NJW 1990, 462–464; Urteil vom 16. Oktober 1997 – 2 C 30/96 –, JURIS Dok. Nr. WBRE 410004039; Bayerischer VerfGH, Entscheidung vom 15. Dezember 1982 – Vf.22-VII-80 –, DVBl. 1983, 706, 707; *Holthoff-Pförtner St.*, Landesparlamentarismus und Abgeordnetenentschädigung, Baden-Baden, 2000, S. 112 ff.; *Klein, H. H.*, in: Maunz-Dürig, Kommentar zum Grundgesetz, Art. 48, Rdn. 118.
87 So BVerwG, Urteil vom 16. Oktober 1997, aaO, m.w.N. u.a. auf BVerfG, Beschluss vom 15. Oktober 1985 – 2 BvL 4/83 –, BVerfGE 71, 39, 58.
88 BVerfGE 40, 296, 317 f.

die Abgeordneten in Statusfragen formal gleich zu behandeln, damit keine Abhängigkeiten oder Hierarchien über das für die Arbeitsfähigkeit des Parlaments unabdingbare Maß hinaus entstünden.[89]

68 Aus dem egalitären Gleichheitssatz folgt – so das Bundesverfassungsgericht –, dass jedermann ohne Rücksicht auf soziale Unterschiede, z.B. Vermögen, die gleiche Chance haben muss, Abgeordneter zu werden, ferner, dass jedem Abgeordneten eine gleich hoch bemessene Entschädigung zusteht, unabhängig davon, ob die Inanspruchnahme durch die parlamentarische Arbeit größer oder geringer ist, ob der individuelle finanzielle Aufwand oder das anderweitige berufliche Einkommen oder Vermögen verschieden hoch ist.[90]

Wörtlich heißt es weiter:

> „Die so verstandene Entschädigung mit Alimentationscharakter schließt aus den dargelegten Gründen alle weiteren, der Höhe nach differenzierten, individuellen oder pauschalierten Leistungen an einzelne Abgeordnete aus öffentlichen Mitteln aus, die nicht einen Ausgleich für sachlich begründeten, besonderen, mit dem Mandat verbundenen finanziellen Aufwand darstellen".[91]

69 Eine Ausnahme vom egalitären Gleichheitssatz im Hinblick auf die finanzielle Ausstattung der Abgeordneten hat das Bundesverfassungsgericht im „Diäten-Urteil" nur für den Parlamentspräsidenten und seine Stellvertreter zugelassen. Im Urteil vom 21. Juli 2000[92] hat das Gericht den berechtigten Personenkreis noch um die Fraktionsvorsitzenden erweitert (s.u. 3.).

70 Im Hinblick auf den egalitären Gleichheitssatz in seiner Auslegung durch das Bundesverfassungsgericht ist es wichtig, zwischen der finanziellen Ausstattung der Abgeordneten mit Alimentationscharakter und der Aufwandsentschädigung zu unterscheiden.[93] Das grundsätzliche Gleichbehandlungsgebot bezieht sich nur auf die erste Kategorie. Dazu zählt die Abgeordnetenentschädigung nach § 11 AbgG ebenso wie die Leistungen nach dem Fünften Abschnitt dieses Gesetzes (insbesondere Übergangsgeld und Altersentschädigung) oder die Zuschüsse zu den Kosten in Krankheits-, Pflege-, Geburts- und Todesfällen nach § 27 AbgG.

---

89 Urteil vom 21. Juli 2000 – 2 BvH 3/91 –, www.bverfge.de, Absatz-Nr. 56 ff., m.w.N. zur Rspr. (veröffentlicht auch in NJW 2000, 3771 ff.).
90 BVerfG aaO; s. auch Bayerischer VerfGH, Entscheidung vom 15. Dezember 1982, – Vf. 22 – VII – 80 –, DVBl. 1983, 706, 709; Bayerischer VerfGH, Urteil vom 28. Februar 1992 – Vf.54-VI-91 –, BayVBl. 1992, 304–305; zur gleichen Bemessung der Alimentation s. auch *v. Arnim* H. H., Zweitbearbeitung von Art. 48 GG, 1980, in: Kommentar zum Bonner Grundgesetz (Bonner Kommentar), 5.4.; *Cremer* H.-J., Anwendungsorientierte Verfassungsauslegung – Der Status der Bundestagsabgeordneten im Spiegel der Rechtsprechung des Bundesverfassungsgerichts, Baden-Baden, 2000, S. 77 f.; kritisch *Klein* H. H., Diäten-Urteil und Diätenstreit, aaO, S. 230 f.; *ders.*, in Maunz-Dürig, Kommentar zum Grundgesetz, Art. 48, Rdn. 168 ff.
91 BVerfGE 40, 296, 318.
92 2 BvH 3/91 –, www.bverfge.de.
93 Vgl. auch *v. Arnim* H. H., Entschädigung und Amtsausstattung, aaO, S. 535; *ders.*, Zweitbearbeitung von Art. 48 GG, 1980, in: Kommentar zum Bonner Grundgesetz (Bonner Kommentar), 4.1; *Schulze-Fielitz* H., in: Dreier H. (Hrsg.), Grundgesetz-Kommentar, Bd. 2, Tübingen, 1998, Art. 48, Rdn. 20; *Trute* H.-H., in: von Münch I. (Begr.), Grundgesetz-Kommentar, 3. Aufl., München, 1995, Art. 48, Rdn. 32.

Die Aufwandsentschädigung hingegen muss sich am tatsächlichen besonderen, mit dem Mandat verbundenen Aufwand orientieren. Trifft der Gesetzgeber hierfür keine Pauschalregelung (wie im AbgG in § 12 Abs. 2), sondern sieht er eine Kostenerstattung gegen Einzelnachweis vor, so kann die Aufwandsentschädigung individuell verschieden hoch ausfallen.[94] Entsprechendes gilt im Bereich der Sachausstattung. Auch hier kann der Gesetzgeber unterschiedliche Leistungen gewähren, sofern sachliche Gründe die Ungleichbehandlung rechtfertigen (s. Erläuterungen 7. und 12. zu § 12). 71

2.5 Entscheidung in eigener Sache

Oben (1. 2. 3) wurde bereits ausgeführt, dass das Bundesverfassungsgericht im „Diäten-Urteil" entschieden hat, dass die Ausgestaltung der mit dem Abgeordnetenstatus verbundenen finanziellen Regelungen Sache des Parlaments selbst ist.[95] Die Abgeordneten müssen also bei unveränderter verfassungsrechtlicher Ausgangsposition über die Höhe ihrer Bezüge „in eigener Sache" befinden und können diese Entscheidung nicht auf ein anderes Gremium, z.B. eine unabhängige Kommission, delegieren. Dies gilt jedenfalls dann, wenn der Entscheidung dieses Gremiums Bindungswirkung zukommen soll.[96] Unschädlich ist es hingegen, das rechtlich unverbindliche Votum eines beratenden Gremiums einzuholen, um es der Entscheidung in eigener Sache als objektivierender Maßstab zugrunde zu legen. Einige Bundesländer folgen diesem Modell und haben sogenannte „Diätenkommissionen" eingerichtet, die entweder in regelmäßigen Zeitabständen oder nach Bedarf Bericht zur Frage der Angemessenheit der Abgeordnetenentschädigung bzw. der finanziellen Ausstattung insgesamt erstatten.[97] 72

---

[94] Vgl. auch *Klein, H. H.*, in: Maunz-Dürig, Kommentar zum Grundgesetz, Art. 48, Rdn. 170.
[95] BVerfGE 40, 296, 327; Bayerischer VerfGH, Entscheidung vom 15. Dezember 1982, – Vf. 22 – VII – 80 –, DVBl. 1983, 706, 708; s. auch *Linck J.*, Indexierung der Abgeordnetendiäten – Das Thüringer Modell gegen den bösen Schein der Selbstbedienung, ZParl 1995, 372 ff.; kritisch *Klein H. H.*, Diäten-Urteil und Diätenstreit, aaO, S. 239 ff.; vgl. auch „Entscheidungen des Parlaments in eigener Sache", eine Tagung der Deutschen Vereinigung für Parlamentsfragen und der Deutschen Gesellschaft für Parlamentsfragen, ZParl 2000, 401 ff., mit Beiträgen von Klein H. H., Isensee J., und Broß S.; aus verfassungsrechtlicher Sicht zur Thematik allgemein: *Achterberg N.*, Die Abstimmungsbefugnis des Abgeordneten bei Betroffenheit in eigener Sache, AöR 109 (1984), 505 ff.; *Cremer H.-J.*, aaO, S. 193 ff.; *Schneider H.-P.*, Gesetzgeber in eigener Sache: zur Problematik parlamentarischer Selbstbetroffenheit im demokratischen Parteienstaat, in: Gesetzgebungstheorie und Rechtspolitik, Opladen, 1988, 327 ff.; *Waldthausen J. Chr. v.*, aaO, S. 111 ff.; *Vogel H.-J.*, Entscheidungen des Parlaments in eigener Sache, ZG 1992, 293 ff.; *Rupp H. H.*, Legitimation der Parlamente zur Entscheidung in eigener Sache, ZG 1992, 285 ff.; *Fischer A.*, aaO, S. 17 ff.; *Holthoff-Pföttner St.*, aaO, S. 100 ff.; zur Hüterfunktion des Bundesverfassungsgerichts bei Parlamentsentscheidungen in eigener Sache s. *Schmitt Glaeser W.*, aaO, S. 1190 ff.; *Trute H.-H.*, in: von Münch I. (Begr.), Grundgesetz-Kommentar, 3. Aufl., München, 1995, Art. 48, Rdn. 28 f. und 36 f.; *Magiera S.*, in: Sachs M. (Hrsg.), Grundgesetz, Kommentar, 2. Aufl., München, 1999, Art. 48, Rdn. 27.
[96] Vgl. *Klein, H. H.*, in: Maunz-Dürig, Kommentar zum Grundgesetz, Art. 48, Rdn. 148; auch *Welti F.*, Die soziale Sicherung der Abgeordneten des Deutschen Bundestages, der Landtage und der deutschen Abgeordneten im Europäischen Parlament, S. 187 ff. und S. 192 f.
[97] Art. 23 Bay. AbgG, § 24 Brem. AbgG, § 22 Hess. AbgG (fakultativ), § 28 MV. AbgG, § 25 Nds. AbgG, § 22 RP. AbgG, § 24 Sächs. AbgG (fakultativ), § 28 SachsAnh. AbgG, § 28 SchlH. AbgG (fakultativ).

73 Politisch löst dies das Dilemma indessen nicht. Denn weder die uneingeschränkte Annahme einer solchen Empfehlung eines Gremiums unabhängiger Berater noch ein Abweichen nach unten, erst recht nach oben, ändert etwas an der Tatsache, dass die verbindliche Letztentscheidung wieder bei den Abgeordneten liegt, sie sich also wie stets dem Vorwurf der öffentlichen Meinung ausgesetzt sehen, sich selbst zu bedienen.

74 Häufig bleiben Empfehlungen solcher Gremien trotz anderweitiger Beteuerungen auch weitgehend unbeachtet. Den Bericht der Kissel-Kommission[98] zum Beispiel ereilte dieses Schicksal. Mit viel Sorgfalt und Sachverstand erarbeitet, wurde er im politischen Tagesgeschäft anfänglich zwar oft zitiert, blieb aber bei der gesetzgeberischen Arbeit am AbgG weitgehend unberücksichtigt.

75 Solange die Verfassung hierfür keine andere Lösung vorgibt, werden die Parlamente in Bund und Ländern also nicht umhinkommen, in Fragen des finanziellen Status der Abgeordneten eigene Entscheidungen in eigener Sache zu treffen.[99] Das bedeutet aber noch lange nicht, dass auch über jede Erhöhung einer finanziellen Leistung für Abgeordnete jeweils durch eine selbständige Entscheidung im Plenum des betreffenden Parlaments beschlossen werden müsste.[100] Eine solche Forderung lässt sich auch nicht aus dem „Diäten-Urteil" ableiten. Dort heißt es zwar:

> „In einer parlamentarischen Demokratie lässt es sich nicht vermeiden, dass das Parlament in eigener Sache entscheidet, wenn es um die Festsetzung der Höhe und um die nähere Ausgestaltung der mit dem Abgeordnetenstatus verbundenen finanziellen Regelungen geht".[101]

76 Daraus folgt aber nicht, dass tatsächlich jeder einzelne Erhöhungsschritt selbständig und öffentlich beschlossen werden müsste. Das Grundgesetz enthält kein solches Gebot.[102] Die zitierte Urteilspassage darf nicht isoliert betrachtet werden. Aus dem Kontext ergibt sich nämlich, dass im Vordergrund der richterlichen Betrachtung die Wahrung der öffentlichen Kontrolle bei Entscheidungen in eigener Sache und damit das Transparenzgebot stand.[103] Das ist ein verständlicher und

---

98 BT-Drs. 12/5020.
99 Vgl. aber *Klein H. H.*, Diäten-Urteil und Diätenstreit, aaO, S. 244; zur Zulässigkeit einer Volksinitiative zur Festsetzung der Abgeordnetenentschädigung nach Landesverfassungsrecht s. *Birk D.*, Volksinitiative und Abgeordnetengesetz, Rechtsgutachten erstattet im Auftrag des BdSt, Wiesbaden/Potsdam, 2000.
100 So auch *Waldthausen J. Chr. v.*, aaO, S. 241, der die jeweils selbständige Entscheidung nur als eine mögliche Konkretisierung der (eigentlichen) Pflicht zur Beachtung des öffentlichen Kontrollbedürfnisses ansieht (aaO, S. 205 ff.).; a. M. *v. Arnim H. H.*, Entschädigung und Amtsausstattung, aaO, S. 533.
101 BVerfGE 40, 296, 327.
102 So auch die abweichende Meinung des Richters *Seuffert* in BVerfGE 40, 296, 344; auch *Welti F.*, Die soziale Sicherung der Abgeordneten des Deutschen Bundestages, der Landtage und der deutschen Abgeordneten im Europäischen Parlament, S. 190 ff. und 206, hält sowohl Koppelungs- wie auch Indexierungsregelungen für verfassungsgemäß; ebenso *Klein H. H.*, Diäten-Urteil und Diätenstreit, aaO, S. 245, 251, 253; *ders.*, in: Maunz-Dürig, Kommentar zum Grundgesetz, Art. 48, Rdn. 151; *Giesen R.*, Gesetzliche Rentenversicherung für Abgeordnete, DVBl. 1999, 291, 292 f., bejaht unter Berufung auf das Urteil des Thüringer Verfassungsgerichtshofes vom 16. Dezember 1998 – VerfGH 20/95 –, NVwZ-RR 1999, 282 ff. ebenfalls die Verfassungsmäßigkeit einer Indexregelung.
103 Vgl. *Klein H. H.*, Diäten-Urteil und Diätenstreit, aaO, S. 251.

praxisnaher Ansatz, da die öffentliche Kontrolle hier tatsächlich die einzig mögliche und wirksame ist.

Sie läuft aber nicht leer oder wird unwirksam, wenn bei finanziellen Leistungen an Abgeordnete, z.B. der Abgeordnetenentschädigung, über den Ausgangsbetrag und die Anpassungsmechanismen entsprechend den Vorgaben des Bundesverfassungsgerichts entschieden wird, künftige Erhöhungen aber an die Entwicklung statistischer Indizes gekoppelt, in anderer Weise dynamisiert oder „Staffeldiäten"[104] beschlossen werden. Denn damit wird neben dem Sockelbetrag auch die Indexierung oder Dynamisierung der finanziellen Leistung an Abgeordnete oder deren gestaffelte Erhöhung in einem festgelegten Zeitraum als Grundsatzentscheidung für die Öffentlichkeit transparent und nachvollziehbar. Das vom Gesetzgeber dann noch zu lösende Kontroll- und Transparenzproblem liegt woanders. Er muss durch geeignete gesetzliche Vorgaben sicherstellen, dass sich die kritische Öffentlichkeit in der Folgezeit immer problemlos über den aktuellen Stand der Höhe der Leistung informieren kann.

2.6 Entstehen des Anspruchs auf Abgeordnetenentschädigung

Obwohl § 11 Abs. 1 Ansprüche für Mitglieder des Bundestages begründet, entstehen sie gemäß § 32 Abs. 1 bereits mit dem Tag der Annahme der Wahl, selbst wenn die Wahlperiode des letzten Bundestages noch nicht abgelaufen ist. Bei Wahlkreisabgeordneten ist dies der Tag des Zuganges der Annahmeerklärung nach § 41 Abs. 2 Bundeswahlgesetz[105] beim Kreiswahlleiter oder im Falle des Ausbleibens oder der nicht formgerechten Abgabe der Annahmeerklärung der Tag des Ablaufs der einwöchigen Erklärungsfrist gemäß § 45 Satz 2 Bundeswahlgesetz. Direktbewerber werden unmittelbar nach Feststellung des Wahlergebnisses im Wahlkreis vom Wahlergebnis benachrichtigt (vgl. § 76 Abs. 7 Bundeswahlordnung[106]). Bei Listenbewerbern erfolgt die Benachrichtigung von ihrer Wahl zeitlich später, nämlich erst nach Bekanntmachung der endgültigen Wahlergebnisse (vgl. § 80 Bundeswahlordnung). Ansonsten gilt für sie das o. Ausgeführte gleichermaßen (§§ 42 Abs. 3, 45 Satz 2 Bundeswahlgesetz). Adressat der Annahmeerklärung ist in ihrem Fall der jeweilige Landeswahlleiter, dem auch die Benachrichtigung obliegt (vgl. zum Anspruchsbeginn auch 2. zu § 32 und zum Ende des Anspruches 3. zu § 32).

3. Amtszulagen (§ 11 Abs. 2)

3.1 Amtszulage für den Präsidenten und seine Stellvertreter

Nach § 11 Abs. 2 erhält der Präsident des Bundestages eine monatliche Amtszulage in Höhe der jeweils aktuellen Abgeordnetenentschädigung, die – derzeit vier (vgl. § 2 Abs. 1 Satz 2 GO-BT: „Jede Fraktion des Deutschen Bundestages ist durch mindestens einen Vizepräsidenten oder eine Vizepräsidentin im Präsidium vertreten") Stellvertreter jeweils die Hälfte davon.

---

104 Zur Zulässigkeit von Staffeldiäten s.o., 2.2.
105 In der Fassung der Bekanntmachung vom 23. Juli 1993, zuletzt geändert durch Gesetz vom 15. November 1996, BGBl. I S. 1712.
106 In der Fassung der Bekanntmachung vom 8. März 1994, BGBl. I S. 495.

80 In der Begründung zu § 13 des „Entwurfs eines Gesetzes zur Neuregelung der Rechtsverhältnisse der Mitglieder des Deutschen Bundestages" auf BT-Drs. 7/5525 hieß es dazu nur knapp:

> „Durch die Zahlung einer Amtszulage an den Präsidenten und seine Stellvertreter wird berücksichtigt, dass diese an der Spitze eines obersten Verfassungsorgans stehen".[107]

81 Mit dieser Regelung wird vom formalisierten Gleichheitssatz abgewichen, der verlangt, dass jedem Abgeordneten eine gleich hoch bemessene Entschädigung zusteht, unabhängig davon, ob die Inanspruchnahme durch die parlamentarische Tätigkeit größer oder geringer ist, ob der individuelle finanzielle Aufwand oder das berufliche Einkommen verschieden hoch ist. Indessen hatte das Bundesverfassungsgericht im „Diäten-Urteil" eine Ausnahme hiervon im Sinne eines zwingenden Grundes nur für den Präsidenten und seine Stellvertreter anerkannt, weil ihre angemessene Entschädigung dadurch mitbestimmt wird, dass sie an der Spitze eines obersten Verfassungsorgans stehen.[108]

82 In Übereinstimmung hiermit hat der Bundesgesetzgeber bis heute – trotz vielfältiger Vorstöße, z.B. im Rahmen der Gesetzgebung zum Achtzehnten und Neunzehnten Änderungsgesetz – davon abgesehen, den Kreis der mit einer Amtszulage Bedachten zu erweitern. Erstmals der auf der Arbeitsebene der Regierungsfraktionen bereits abgestimmte Entwurf eines Einundzwanzigsten Änderungsgesetzes sah die Einführung einer Amtszulage für Ausschussvorsitzende in Höhe von 10 vom Hundert der Abgeordneten aus den unter u. 3.2.1 genannten Erwägungen vor. Dieser Entwurf wurde indessen aus anderen politischen Gründen nicht eingebracht (vgl. 1. zu § 30). Obwohl das Bundesverfassungsgericht inzwischen auch Zulagen für Fraktionsvorsitzende für verfassungsrechtlich zulässig erklärt hat,[109] hat der Bundestag von dieser Option auf der Ebene der Gesetzgebung bislang noch keinen Gebrauch gemacht (s.u. 3.2.2).

3.2 Amtszulage für andere parlamentarische Funktionsträger

83 Die Länder sind dem Beispiel des Bundestages teilweise nicht gefolgt (s. dazu u. 6.). Nach Meinung vieler Stimmen in Rechtsprechung und Literatur ist das verfassungsrechtlich nicht zu beanstanden.[110] Amtszulagen, so auch die hier vertretene Auf-

---

[107] AaO, S. 18.
[108] BVerfGE 40, 296, 318; vgl auch *Hölscheidt S.*, Funktionszulagen für Abgeordnete, DVBl. 2000, S. 1734, 1736 ff.; kritisch dazu *Linck J.*, Zur Zulässigkeit parlamentarischer Funktionszulagen, ZParl 1976, 54 ff.; kritisch auch – nicht, was das Ergebnis, wohl aber was die Begründung des BVerfG betrifft – *Meyer H.*, aaO, S. 251 ff.
[109] Urteil vom 21. Juli 2000 – 2 BvH 3/91 –, www.bverfge.de.
[110] Vgl. *v. Arnim H. H.*, Zweitbearbeitung von Art. 48 GG, 1980, in: Kommentar zum Bonner Grundgesetz (Bonner Kommentar), 5.4; *Henkel J.*, Das Abgeordnetengesetz des Bundestags, aaO, S. 352; *Klein, H. H.*, in: Maunz-Dürig, Kommentar zum Grundgesetz, Art. 48, Rdn. 169; *Schlaich K./Schreiner J.*, aaO, S. 680 f.; *Welti F.*, Die soziale Sicherung der Abgeordneten des Deutschen Bundestages, der Landtage und der deutschen Abgeordneten im Europäischen Parlament, S. 207 ff.; *Maaß W./Rupp H. H.*, aaO, S. 52; weitere Nachweise s. *Linde A.*, Fraktionsfinanzierung in der parlamentarischen Demokratie: empirische Befunde und theoretische Reflexionen, Frankfurt, 2000, S. 182 ff. und *Fischer A.*, aaO, S. 72 in Fn. 299; auch HbgVerfG, Urteil vom 23. Juni 1997 – HVerfG 1/96 –, DÖV 1997, S. 911 ff. Das HbgVerfG kommt für das

§ 11 Abgeordnetenentschädigung

fassung, müssen – wenn sie denn politisch gewollt und sachlich geboten sind – über den Parlamentspräsidenten und seine Stellvertreter hinaus jedenfalls für solche Funktionsträger möglich sein, die sich für eine effiziente Wahrnehmung der Aufgaben und Kompetenzen eines Parlaments in einer Parteiendemokratie grundgesetzlicher Prägung als unverzichtbar erwiesen haben. Dazu zählen insbesondere Fraktionsvorsitzende und Parlamentarischen Geschäftsführer der Fraktionen.

Die Zulässigkeit von Zusatzleistungen für besondere Funktionen hat auch *Seuffert* in seinem Sondervotum zum „Diäten-Urteil" betont. Dort heißt es: **84**

> „Die gedachten Vergütungen fließen aber nicht aus dem Mandat, sondern haben ihre Grundlage durch eigene Wahl- oder Bestellungsakte des Parlaments. Diejenigen, die Ämter oder Funktionen im Parlament übernommen haben, sind in deren Ausübung nicht so frei, wie sie es bei Ausübung ihres Mandats selbst sind. Sie haben Verpflichtungen gegenüber dem Parlament zur Anwesenheit in Sitzungen und zur Erledigung von Amtsgeschäften; sie können vom Parlament mit Aufträgen versehen werden, die sie auszuführen haben, und mit Verantwortung belastet werden, für die sie einzustehen haben.....Diese Sondervergütungen, die nicht dem Mandat, sondern der inneren Organisation des Parlaments angehören, können deswegen in das Gebot, dass die Abgeordnetenentschädigung gleich sein muss, nicht mit einbezogen werden".[111]

In einer lange erwarteten – die Verfahrensdauer betrug annähernd zehn Jahre[112] – Entscheidung in einem Organstreitverfahren betreffend das Thüringische Abgeordnetengesetz ist das Bundesverfassungsgericht dem so nicht gefolgt.[113] Das Thüringer Abgeordnetengesetz regelte in § 5 a.F. Ansprüche auf eine zusätzliche Entschädigung für den Landtagspräsidenten, die Fraktionsvorsitzenden, die Vize- **85**

Hbg.AbgG allerdings deshalb zu diesem Ergebnis, weil es die dortige Regelung in § 2 mit Blick auf die besondere Ausgestaltung des Abgeordnetenstatus in der Verfassung der Freien und Hansestadt Hamburg im Sinne der Entscheidung des BVerfG „aus zwingenden Gründen (für) gerechtfertigt" hält. Dort sei nicht nur der Anspruch auf ein angemessenes, die Unabhängigkeit des Abgeordneten sicherndes Entgelt, sondern auch ein Gewährleistungsanspruch auf Vereinbarung des Abgeordnetenmandats mit einer Berufstätigkeit verankert. Dieser Gewährleistungsanspruch erfordere es, dass die in § 2 Abs. 2 Satz 1 Hbg.AbgG aufgeführten parlamentarischen Funktionsträger ein höheres Entgelt erhalten, denn anderenfalls wäre bei ihnen der Anspruch auf Vereinbarkeit von Mandat und Beruf im Hinblick auf den Umfang ihrer zusätzlichen parlamentarischen Funktionen entwertet. So erfülle erst die gestaffelte Entgeltzahlung den Anspruch auf ein angemessenes Entgelt (aaO, S. 913); kritisch dazu *Bahnsen V.*, Entschädigungszulagen für parlamentarische Funktionsträger, NJW 1998, 1041 f.; ebenso *Müller-York Chr. / Irrgang Chr.*, Zur Verfassungsmäßigkeit von gestaffelten Diäten und Fraktionszulagen für Funktionsträger der Fraktionen. Anmerkungen anlässlich des Urteils des Hamburgischen Verfassungsgerichtes vom 11. Juli 1997, ZParl 1998, 295, 303 ff.
111 BVerfGE 40, 296, 341.
112 Kritisch dazu *Menzel J.*, Freie Länder, gleiche Abgeordnete, mächtige Fraktionsvorsitzende? Das „2. Diätenurteil" des BVerfG und seine Konsequenzen, ThürVBl. 2001, S. 8 f.
113 Urteil vom 21. Juli 2000 – 2 BvH 3/91 –, www.bverfge.de, Absatz-Nr. 1–77 (veröffentlicht auch in NJW 2000, 3771 ff.); zustimmend *Hellermann J.*, Von einfachen Abgeordneten und besonderen Funktionsträgern im Parlament – Bemerkungen zum Zweiten Diätenurteil des Bundesverfassungsgerichts vom 21. Juli 2000, ZG 2001, 177 ff.; kritisch dazu *Kretschmer G.*, Das Diätenurteil des Bundesverfassungsgerichtes (21. Juli 2000): Vom „fehlfinanzierten" zum „fehlverstandenen" Parlament, ZParl 2000, 787 f.; *Welti F.*, Funktionszulagen im Konflikt mit Freiheit und Gleichheit der Abgeordneten?

präsidenten, die ersten Parlamentarischen Geschäftsführer, für Ausschussvorsitzende und grundsätzlich auch für stellvertretende Fraktionsvorsitzende. Funktionszulagen für den Präsidenten und seine Stellvertreter, wie sie auch § 11 Abs. 2 des Abgeordnetengesetzes des Bundes kennt, sind verfassungsrechtlich unbedenklich. Das hatte das Bundesverfassungsgericht bereits im „Diäten-Urteil" vom 5. November 1975 festgestellt. Mit seiner jetzigen Entscheidung hat das Gericht den Kreis derjenigen parlamentarischen Funktionsträger, die eine Zulage erhalten dürfen, um die Fraktionsvorsitzenden erweitert. Entsprechende Zulagen für die stellvertretenden Fraktionsvorsitzenden, die Parlamentarischen Geschäftsführer und die Ausschussvorsitzenden verstießen hingegen gegen die Freiheit des Mandats und den Grundsatz der Gleichbehandlung der Abgeordneten.

86 Das Gericht stellt in seiner Entscheidung zunächst fest, dass die Schaffung besonders zu entschädigender Funktionsstellen zwar grundsätzlich in den Bereich der Parlamentsautonomie falle, da das Parlament u.a. Strategien für die Koordination der politischen Willensbildung entwickeln müsse. Allerdings werde diese Autonomie durch Art. 38 Abs. 1 Satz 1 und 2 GG begrenzt, wonach zum einen die Freiheit der Mandatsausübung und zum andern die Gleichheit der Wahl gewährleistet sein müssten. Beide Grundsätze seien im Zusammenhang zu sehen und führten zu der Schlussfolgerung, dass Abgeordnete in Statusfragen formal gleich zu behandeln seien, damit keine Abhängigkeiten oder Hierarchien über das die Arbeitsfähigkeit unabdingbare Maß hinaus entstehen. Die Schaffung einer Reihe von besonders entschädigten Funktionsstellen begründe hingegen die Gefahr einer sog. „Abgeordnetenlaufbahn" (Absatz Nr. 60 der Entscheidung). Das Gericht verweist in diesem Zusammenhang auf den Verfassungsgrundsatz der Angemessenheit der regulären Abgeordnetenentschädigung. Dieser könnte längerfristig gefährdet sein, wenn aufgrund einer durch eine Vielzahl von Funktionszulagen mangelnden Bereitschaft gerade der einflussreichen, mit Funktionszulagen ausgestatteten Abgeordneten die reguläre Entschädigung den steigenden Lebenshaltungskosten nicht mehr angepasst würde. Auch dies gefährde die Freiheit des Mandats (Absatz Nr. 66 der Entscheidung). Lediglich dann, wenn die Zahl der besonders dotierten Ämter sehr gering gehalten und auf wenige Spitzenfunktionen beschränkt würde, könne davon ausgegangen werden, dass diese aus politischen Gründen und nicht aus finanziellen Gründen übernommen würden.

87 Das Gericht begründet eingehend, weshalb bei Fraktionsvorsitzenden eine besondere Zulage gerechtfertigt ist (Absatz Nr. 69 ff. der Entscheidung). Der Fraktionsvorsitz sei nämlich nach heutigem Verständnis als „Schaltstelle der Macht im Parlament" zu verstehen. Dabei müsse allerdings zwischen den Vorsitzenden der Fraktionen der Regierung und denen der Opposition differenziert werden. Während Letztere in besonderer Weise die Alternative zur Regierung repräsentierten, übernähmen die Vorsitzenden der Fraktionen der Regierung Vermittlungs- und Koordinierungsaufgaben zwischen Regierung und Parlamentsmehrheit. Im Vergleich zu diesen Positionen seien sowohl die stellvertretenden Fraktionsvorsitzenden als auch die Parlamentarischen Geschäftsführer und die Ausschussvorsitzenden in weniger herausgehobenen Ämtern tätig, und es sei nicht ersichtlich, dass hier entsprechende Zulagen für die Arbeitsfähigkeit des Parlaments unabdingbar seien (Absatz Nr. 76 der Entscheidung).

3.2.1 Ausschussvorsitzende

Die Ausschüsse und sonstigen Gremien des Deutschen Bundestages leisten den **88** quantitativ größten Beitrag zur parlamentarischen Arbeit. Sie nehmen auch qualitativ einen wesentlichen Teil der Aufgaben des Parlaments wahr und prägen so nachhaltig den gesamten Bereich der parlamentarischen Willensbildung.[114] Entsprechend groß sind Verantwortung und Belastung der Ausschussvorsitzenden, denen die GO-BT besondere Rechte und Pflichten einräumt, welche ihre Rechtsstellung von der der anderen Abgeordneten, die nicht dieses Amt ausüben, unterscheidet. Das rechtfertigt die Gewährung einer Amtszulage, deren Bemessung im Einzelnen der Gestaltungsfreiheit des Parlaments im Rahmen seiner Organisationsautonomie unterliegt.[115] Diese und weitere Gründe für eine Amtszulage für Ausschussvorsitzende waren dem Bundesverfassungsgericht im bereits erwähnten Verfahren zum Thüringer Abgeordnetengesetz vorgetragen worden. Das Gericht hat sie mit der schlichten Bemerkung abgetan, es sei insbesondere nicht erkennbar, „dass diese zusätzliche Entschädigung mit ihrer Tendenz zur gestaffelten Diät zur Erhaltung der Leistungsfähigkeit des Parlaments unabdingbar erforderlich wären".[116]

3.2.2 Fraktionsvorsitzende und Parlamentarische Geschäftsführer

Das für Ausschussvorsitzende Ausgeführte gilt erst recht für Fraktionsvorsitzende **89** und Parlamentarische Geschäftsführer: Das Grundgesetz setzt in Art. 53 a Abs. 1 Satz 2 GG die Existenz von Fraktionen ausdrücklich voraus, ebenso das AbgG in seinen §§ 45 ff. Fraktionen sind Gliederungen des Parlaments, also Teil der organisierten Staatlichkeit, und fungieren als maßgebliche Faktoren der parlamentarischen Willensbildung.[117] Die GO-BT räumt ihnen für die Mitwirkung im Parlament

---

114 Vgl. BVerfG, Urteil vom 10. Mai 1977 – 2 BvR 705 / 75 –, BVerfGE 44, 308, 318; Urteil vom 16. Juli 1991 – 2 BvE 1 / 91 –, BVerfGE 84, 304, 323; zur Amtsstellung des Ausschussvorsitzenden allgemein s. auch *Grigoleit K. J. / Kersten J.*, Der Ausschussvorsitz als parlamentarisches Amt, DÖV 2001, 363 ff.
115 Zustimmend auch *Welti F.*, Die soziale Sicherung der Abgeordneten des Deutschen Bundestages, der Landtage und der deutschen Abgeordneten im Europäischen Parlament, S. 208; a. M. war die Kissel-Kommission: " Bei den Vorsitzenden der Ausschüsse des Bundestages lässt nach Auffassung der Kommission dagegen keine so hervorgehobene Position vor, die eine Zusatzentschädigung erforderlich machen würde" (BT-Drs. 12 / 5020, S. 11); a. M. auch *Fischer A.*, aaO, S. 82 f.; Ausschussvorsitzende und ihre Stellvertreter erhalten aus Haushaltsmitteln des Bundestages derzeit nur eine Entschädigung für außergewöhnlichen Aufwand aus dienstlicher Veranlassung in besonderen Fällen (Epl. 02 Kap. 01 Titel 529. 01, Nr. 1. 4 der Erläuterungen). Sie beträgt für erstere 3.015 DM jährlich und für letztere 1.485 DM jährlich.
116 Urteil vom 21. Juli 2000 – 2 BvH 3 / 91 –, www.bverfge.de, Absatz-Nr. 76.; krit. dazu *Hölscheidt S.*, Funktionszulagen für Abgeordnete, DVBl. 2000, S. 1739: „Es fehlt aber in der Entscheidung eine adäquate Auseinandersetzung mit den Funktionen der stellvertretenden Fraktionsvorsitzenden, der Parlamentarischen Geschäftsführer und der Ausschussvorsitzenden. Sie werden zusammen in wenigen Sätzen politisch abgewertet." Damit wird auch dieses Urteil zwanglos der Reihe jener Entscheidungen des Gerichts zuzurechnen sein, die eine Grenzverschiebung zwischen Rechtsprechung und Gesetzgebung, eine Entmachtung der Parlamente sowie eine Gefährdung ihrer Funktionsfähigkeit bedeuten. Mit ihm setzt das Gericht „sein notorisches Schwanken zwischen abstrakter Prinzipienfestigkeit und politischer Weltfremdheit auf dem Themenfeld „Abgeordnete und Parteien" fort" (Die Zeit, „Prinzip statt Praxis", vom 27. Juli 2000).
117 BVerfGE 70, 324, 362 f.; vgl. auch *Schmidt-Jorzig E. / Hansen K.*, Neue Rechtsgrundlagen für die Bundestagsfraktionen, NVwZ 1994, 1145, 1146.

umfangreiche Initiativ-, Beteiligungs- und Schutzrechte ein.[118] Die Fraktionen rationalisieren wesentlich die Arbeit des Parlaments, indem sie einen fraktionsinternen Interessenausgleich herbeiführen, gemeinsame Initiativen vorbereiten, aufeinander abstimmen, sowie zur umfassenden Information ihrer Mitglieder beitragen. Auf diese Weise fassen sie unterschiedliche politische Positionen zu kommunikations- und aktionsfähigen Einheiten zusammen.[119] Sie sind die eigentlichen „Scharniere", die die Repräsentationsfunktion der Abgeordneten mit der sachlichen Arbeit des Parlaments in einer Parteiendemokratie verbindet.[120] Die Wahrnehmung von Leitungsfunktionen in den Fraktionen bedeutet ebenfalls ein im Verhältnis zum „einfachen" Abgeordneten so erheblich gesteigertes Maß an Verantwortung und Belastung, dass es rechtfertigt ist, auch den Trägern dieser Leitungsfunktionen neben Abgeordnetenentschädigung eine Amtszulage zu gewähren.[121] Die Bestimmung der Höhe einer solchen Amtszulage liegt im Gestaltungsermessen des Parlaments. Zutreffend hat deshalb das Bundesverfassungsgericht in seiner Entscheidung vom 21. Juli 2000 die Verfassungsmäßigkeit der Gewährung von Funktionszulagen an Fraktionsvorsitzende anerkannt, mit aus dem Blickwinkel der Parlamentspraxis betrachtet kaum nachvollziehbaren Erwägungen für Parlamentarische Geschäftsführer hingegen verneint.[122]

90 Das bereits wiederholt erwähnte Urteil des Bundesverfassungsgerichts vom 21. Juli 2000 wirft für Parlamente wie den Deutschen Bundestag, in denen Amts- oder Funktionszulagen für Funktionsträger der Fraktionen nicht in Gesetzesform geregelt sind, die Fraktionen selbst vielmehr im Rahmen des ihnen zustehenden Rechts zur Selbstorganisation festlegen, welchen Mitgliedern wegen der von ihnen wahrgenommenen besonderen Funktionen in der Fraktion zusätzliche Leistungen gewährt werden und in welcher Höhe, die Frage auf, ob die vom Bundesverfassungsgericht für das Abgeordnetengesetz des Freistaats Thüringen gesetzten Maßstäbe übertragen werden müssen. Die Frage ist zu verneinen.[123] Das Bundesverfassungsgericht sieht die Gefahr von „Abgeordnetenlaufbahnen" und Einkommenshierarchien immer, aber auch nur dann, wenn Funktionszulagen auf der Ebene des Gesetzes vorgeschrieben werden. Denn dann begründet bereits das bloße Inne-

---

118 Vgl. *Jekewitz J.*, Politische Bedeutung, Rechtsstellung und Verfahren der Bundestagsfraktionen, in: Parlamentsrecht und Parlamentspraxis in der Bundesrepublik Deutschland: ein Handbuch / hrsg. von Schneider H.-P. / Zeh W., Berlin, 1989. S. 1021 ff.
119 BVerfGE 80, 188, 231.
120 BVerfGE 70, 366, 374f.
121 Zustimmend auch Kissel-Kommission, BT-Drs. 12/5020, S. 11 und *Welti F.*, Die soziale Sicherung der Abgeordneten des Deutschen Bundestages, der Landtage und der deutschen Abgeordneten im Europäischen Parlament, S. 208.
122 Urteil vom 21. Juli 2000 – 2 BvH 3 / 91 –, www.bverfge.de, Absatz-Nr. 1–77; kritisch dazu *Laubach B.*, Das 2. Diätenurteil des Bundesverfassungsgerichts, ZRP 2001, 159 ff.; auch *Menzel J.*, aaO, S. 10: „Dem Gericht gelingt es ... nicht zu belegen, warum seine Lösung verfassungsmäßig sein soll, andere aber nicht." Zu Parlamentarischen Geschäftsführern s. auch *Petersen S.*, Manager des Parlaments. Parlamentarische Geschäftsführer im Deutschen Bundestag – Status, Funktion, Arbeitsweise, Opladen, 2000 (und dort zu deren Einkünften, aaO, S. 93 ff.); zur geschichtlichen Entwicklung vgl. *Schneider J.*, Zur Geschichte der Parlamentarischen Geschäftsführer in Deutschland, ZParl 1999, 5 ff.
123 A.M. *Hellermann J.*, aaO, S. 188 und *Hölscheidt S.*, Funktionszulagen für Abgeordnete, DVBl. 2000, S. 1741, m.N.: „Für die Argumentation des Gerichts ist der Rechtsgrund für die Zahlungen irrelevant. Es sieht die Gefahr der Abgeordnetenlaufbahn durch die Funktionszulagen. Entscheidend ist dafür, dass gezahlt wird, und nicht auf welcher Grundlage."

haben einer entsprechenden Position einen gesetzlichen Anspruch auf Erhalt der Bezüge, die als Bestandteil der Abgeordnetenentschädigung („Alimentation") überdies deren Rechtsnatur teilen und demzufolge nicht an eine adäquate Gegenleistung geknüpft sind. Dieser gesetzliche Automatismus schränkt die Fraktionsautonomie erheblich ein. Die Fraktionen können die Frage der besonderen Vergütung ihrer Funktionsträger, die sie zur Erfüllung ihrer Aufgaben notwendig brauchen, nicht mehr frei entscheiden. Auch solche Fraktionen, die es aus politischen oder anderen sachlichen Gründen ablehnen, ihre Funktionsträger besonders zu honorieren, müssen sich dem Gesetzesbefehl beugen. Ebenso wenig lässt sich die Höhe der Vergütung den individuellen Besonderheiten einer Fraktion (z.B. ihrer Größe) und ihrer Funktionsträger (z.B. ihrer zeitlichen Belastung) anpassen. Zulagenstrukturen gesetzlichen Zuschnitts gelten vielmehr schablonenhaft, unterschiedslos und fraktionsübergreifend für das Gesamtparlament. Das sind die typischen Merkmale einer am Beamtenstatus orientierten parlamentarischen Laufbahn- und Einkommensgestaltung.

Ganz anders sind hingegen Funktionszulagen zu bewerten, wenn Fraktionen in Ausübung ihres Organisationsermessens frei von gesetzlichen Vorgaben darüber befinden können, ob und welchen ihrer Funktionsträger – dazu zählen aber nicht etwa die Ausschussvorsitzenden – sie eine besondere finanzielle Leistung zukommen lassen wollen. Denn diese Entscheidung ist alleine Ausfluss der Fraktionsautonomie. Nicht der formale Status des Begünstigten ist für sie entscheidend, sondern Art und Umfang der konkret ausgeübten Funktion und deren einkommensmäßige Wertschätzung durch die Fraktion. Unter diesen Voraussetzungen gibt es keine (gesamt-)parlamentseinheitliche Einkommenshierarchie oder gar Laufbahnstrukturen. Jede Fraktion ist frei, ihren besonderen Gegebenheiten individuell Rechnung zu tragen, z.B. auch auf eine zusätzliche Entlohnung ganz zu verzichten.[124] Die aufgrund einer solchen Entscheidung der Fraktion gewährte Zulage steht ihrem Rechtsgrund nach in einem echten Austauschverhältnis, nicht anders als bei dem Einkommen, das ein Abgeordneter in Ausübung eines Berufs neben dem Mandat erzielt. All dies hat mit vom Bundesverfassungsgericht beanstandeten parlamentarischen Laufbahnstrukturen nichts gemein. An der verfassungsrechtlichen Zulässigkeit solcher Funktionszulagen besteht deshalb nach hiesiger Auffassung kein Zweifel.[125] Auch das Bundesverfassungsgericht hat sie in Kenntnis der Sachverhalte nicht verneint.[126] Das Abgeordnetengesetz geht deshalb in § 52 Abs. 2 Nr. 2 lit. a) mittelbar zu Recht von der Zulässigkeit solcher Leistungen „an Fraktionsmitglieder für die Wahrnehmung besonderer Funktionen in der Fraktion" aus.[127]

---

124 Die Leistungen an Fraktionsmitglieder für die Wahrnehmung besonderer Funktionen in der Fraktion betrugen im Deutschen Bundestag im Kalenderjahr 1999: SPD 1.445.635,96 DM; CDU/CSU: 2.045.650,32 DM; Bündnis 90/DIE GRÜNEN: 0,00 DM; F.D.P.: 865.795,00 DM; PDS: 240.000,00 DM (Quelle: Unterrichtung durch den Präsidenten des Deutschen Bundestages vom 4. September 2000 auf BT-Drs. 14/4040). Inzwischen erhalten auch die Fraktionsvorsitzenden und Parlamentarischen Geschäftsführer von Bündnis 90/DIE GRÜNEN besondere Leistungen aus Fraktionsmitteln (Quelle: DER SPIEGEL, Nr. 8 vom 19. Februar 2001).
125 A. M. *Menzel J.*, aaO, S. 12; *Wolters J.*, Der Fraktions-Status, Baden-Baden, 1996, S. 170.
126 Vgl. auch *Kretschmer G.*, aaO, S. 796.
127 So auch *Hölscheidt S.*, aaO, S. 718; *ders.*, Das Recht der Parlamentsfraktionen, aaO, S. 626;

4. Kürzung der Abgeordnetenentschädigung in Ansehung der zu den Kosten in Pflegefällen nach § 27 gewährten Zuschüsse (§ 11 Abs. 3)

92 Nach § 11 Abs. 3 wird der Auszahlungsbetrag der Abgeordnetenentschädigung wie auch der Amtszulage seit dem 1. Januar 1995 um jeweils ein Dreihundertfünfundsechzigstel gekürzt. Die Regelung geht auf Art. 23 Nr. 1 des Gesetzes zur sozialen Absicherung des Risikos der Pflegebedürftigkeit (Pflege-Versicherungsgesetz – PflegeVG) vom 26. Mai 1994[128] zurück.

93 Der Gesetzgeber hat für die Abgeordneten des Bundestages die Kürzung der Abgeordnetenentschädigung in genannter Höhe beschlossen, weil zum Ausgleich für die Pflegeleistungen der Beihilfe bzw. die Beitragszuschüsse zur Pflegeversicherung ein gesetzlicher Feiertag gestrichen wurde, die Abgeordnetenentschädigung indessen unabhängig von einer Dienst- oder Arbeitsleistung gewährt wird.

94 Die Kompensationsregelung des Abs. 3 findet auch dann Anwendung, wenn ein Abgeordneter aufgrund eines versicherungspflichtigen Beschäftigungsverhältnisses neben dem Mandat Mitglied in der gesetzlichen Pflegeversicherung ist, weil die Leistungen im Pflegefall nach diesem Gesetz gleichwohl beansprucht werden können, eine Kompensation also weiterhin gerechtfertigt ist..

5. EuAbgG

95 Die Entschädigung der Abgeordneten des Europäischen Parlaments ist derzeit noch Sache der Mitgliedsstaaten der Europäischen Union. Bis zu einer Entscheidung auf der Ebene der Union erhalten die Mitglieder des Europäischen Parlaments aus dem Haushalt ihres jeweiligen Herkunftsstaates ein Entgelt, das den Diäten der Abgeordneten dieses Staates entspricht. Die Bezüge der Europaabgeordneten differieren daher sehr stark. *Fleuter R.* hebt als Ursache dafür die jeweilige heimische Einkommensskala, das unterschiedliche Lebensniveau und teilweise voneinander abweichende Einschätzungen des Abgeordnetenberufs hervor.[129]

96 Dieser Zustand kann auf Dauer nicht befriedigen.[130] Ein einheitliches Statut für die Abgeordnete des Europäischen Parlaments ist überfällig, aber noch nicht in Sicht. Unter dem 14. Mai 1998 legten die Mitglieder der Arbeitsgruppe „Statut der Mitglieder" einen ersten Arbeitsentwurf vor.

97 Bemerkenswert war Artikel 12 des Entwurfs, der die Vergütungen für die Mitglieder regelt. Er sah exakt das vor, was mit dem Achtzehnten Änderungsgesetz und der dieses begleitenden Grundgesetzänderung im nationalen Bereich beabsichtigt war: Eine Koppelung der Diäten für die Europaabgeordneten an die Bezüge eines Richters am Gerichtshof der Europäischen Gemeinschaften.[131] Der Entwurf lautete:

---

a.A. *v. Eichborn W.*, Zur angemessenen Bezahlung parlamentarischer Führungspositionen, KritV 2001, 55 ff., 59; *Laubach B.*, aaO, S. 161 f.
128 BGBl. I 1994 S. 1014.
129 *Fleuter R.*, Mandat und Status der Abgeordneten im Europäischen Parlament, Pfaffenweiler, 1991, S. 121.
130 Kritisch auch *Welti F.*, Die soziale Sicherung der Abgeordneten des Deutschen Bundestages, der Landtage und der deutschen Abgeordneten im Europäischen Parlament, S. 196 f.
131 *Klein H. H.*, Diäten-Urteil und Diätenstreit, aaO, S. 245 f. gibt in diesem Zusammenhang

Vierter Abschnitt
§ 11 Abgeordnetenentschädigung

„Artikel 12   Vergütungen für die Mitglieder

Die Mitglieder des Europäischen Parlaments haben Anspruch auf eine Vergütung, die einem Anteil des Grundgehalts eines Richters am Gerichtshof der Europäischen Gemeinschaften gemäß den Bestimmungen der Verordnung (EWG) Nr. 422/67 des Rates vom 25. Juli 1967[132] über die Regelung der Amtsbezüge für den Präsidenten und die Mitglieder der Kommission sowie für den Präsidenten, die Richter, die Generalanwälte und den Kanzler des Gerichtshofs, wie nachfolgend geändert, entspricht.

Auf Antrag des Europäischen Parlaments wird der obengenannte Anteil einvernehmlich vom Europäischen Parlament und vom Rat festgesetzt.

Die Mitglieder des Europäischen Parlaments haben gemäß den in der obengenannten Verordnung festgelegten Bedingungen ferner Anspruch auf Familienzulagen und andere Zulagen."

Das Monatsgehalt eines Richters am Gerichtshof der Europäischen Gemeinschaften (ohne Aufwandsentschädigung) beträgt 112,5 vom Hundert des Grundgehalts eines Beamten der Europäischen Gemeinschaften der Besoldungsgruppe A 1 in der letzten Dienstaltersstufe. Seinerzeit (Stand: November 1998) waren das 617.755,50 Bfrs[133] oder umgerechnet ca. 31.135 DM.

Spätere Überlegungen – der vom Europäischen Parlament in seiner Sitzung vom **98** 3. Dezember 1998 angenommene Entwurf eines Statuts für die Abgeordneten des Europäischen Parlaments[134] – rückten von diesem Ansatz indessen schon wieder ab. Sie sahen vor, die Abgeordnetenentschädigung eines Mitglieds des Europäischen Parlaments für eine Übergangszeit in der 5. Wahlperiode am rechnerischen Durchschnitt der von den Mitgliedsstaaten gezahlten Entschädigungen auszurichten. Das wäre ein Betrag von 5.677,62 Euro (ca. 11.115 DM) gewesen. Alternativ sollten sich wiedergewählte Abgeordnete allerdings für diesen Zeitraum aber auch für die Beibehaltung der bisherigen nationalen Entschädigung entscheiden können. Im Laufe der 5. Wahlperiode – so lautete der Vorschlag – sollte das Europäische Parlament dann nach dem Verfahren des Art. 190 Abs. 5 des Vertrags zur Gründung der Europäischen Gemeinschaften eine für alle Abgeordneten einheitliche Regelung der Vergütung finden, die erstmalig mit Beginn der 6. Wahlperiode (2004) Anwendung finden sollte.

Nachdem das einheitliche Abgeordnetenstatut aufgrund tiefgreifender Differenzen zwischen dem Rat und dem Europäischen Parlament – der Rat hatte den Ursprungsentwurf des Parlaments in wesentlichen Bestandteilen zum Nachteil der Abge-

---

zu Recht zu bedenken, dass eine solche europäische Regelung mit Art. 23 Abs. 1 Satz 3 i.V.m. 79 Abs. 3 GG unvereinbar wäre, gehörte das Koppelungsverbot in Deutschland tatsächlich zum identitätsbestimmenden Kern des demokratischen Prinzips, nicht nur für ihn ein Ergebnis „außerhalb aller rechtspraktischen und verfassungsrechtlichen Vernunft".
[132] Abl. EG Nr. 187 vom 8. August 1967, S. 1, in der Fassung der Verordnung (EGKS, EWG, EURATOM) Nr. 1546/73 des Rates vom 4. Juni 1973, Abl. EG Nr. L 155 vom 11. Juni 1973, S. 8.
[133] Vgl. Verordnung (EGKS, EG, EURATOM) Nr. 2591/97 des Rates vom 18. Dezember 1997, Abl. EG Nr. L 351 vom 23. Dezember 1997, S. 2.
[134] PV 55 PE 273.910; zum Statutentwurf s. auch *Hölscheidt S.*, in: Grabitz E./Hilf M., Das Recht der Europäischen Union, München, Loseblatt, Art. 190 EGV, Rdn. 48 ff.

Vierter Abschnitt
Leistungen an Mitglieder des Bundestages

ordneten verändert[135] – in der 4. Wahlperiode nicht verabschiedet werden konnte, bleibt die weitere Entwicklung in der 5. Wahlperiode abzuwarten.

Tabelle 4. Die Entschädigung der Europaabgeordneten nach Herkunftsländern[136]

Land	Vergütung vor Steuer	Monatliche Vergütung in Euro
Italien	18.674.170 LIT	9.635,39
Österreich	116.666 öS	8.469,76
Deutschland	12.350 DM	6.308,00
Belgien	226.141 BEF	5.598,67
Ver. Königreich	3755,50 UKL	5.361,96
Frankreich	35.174,48 FF	5.358,69
Niederlande	11.420 HFL	5.172,73
Griechenland	1.666.000 DRA	4.937,28
Dänemark	36595 DKR	4.916,63
Luxemburg	166.470 LUF	4.121,37
Irland	3122,75 IRL	3.975,91
Portugal	717.033,33 ESC	3.568,22
Finnland	19.670,49 FIM	3.300,06
Schweden	30.300 SKR	3.230,81
Spanien	470.557 PTA	2.827,85

Unabhängige Empfehlungen zum Statut der Mitglieder stammen von der „Gruppe hochrangiger Persönlichkeiten", deren Einsetzung die Konferenz der Präsidenten in ihrer Sitzung am 17. Februar 2000 beschlossen hatte. In ihren im Juni 2000 veröffentlichten Empfehlungen[137] stellte die Gruppe drei „einfache" Grundsätze für die Bezüge der Parlamentarier auf: keine versteckten Bezüge, Transparenz und Nachvollziehbarkeit. Ausgehend hiervon stellte sie fest, dass der aus den nationalen Abgeordnetendiäten gebildete rechnerische Mittelwert inzwischen (Mai 2000) zwar auf 6.225,76 Euro gestiegen sei. Für eine bedeutende Zahl von Mitgliedern insbesondere aus den großen Mitgliedsstaaten würde dies jedoch noch immer eine Kürzung der Bezüge darstellen, was keine faire Lösung sei. Deshalb sollte der Durchschnittswert der nationalen Abgeordnetenentschädigungen in den vier größten Mitgliedsstaaten zugrundegelegt werden, der derzeit bei 7.420 Euro (ca. 14.512 DM) liege und jährlich entsprechend der für EG-Beamte geltenden Methode angepasst werden müsse.

In der unter dem 9. November 2000 vorgelegten Fassung des „Entwurfs eines Statuts für die Abgeordneten des Europäischen Parlaments" wurde in Art. 8 Abs. 1 eine monatliche Abgeordnetenentschädigung in Höhe von 8.420 Euro (ca. 16.450 DM) vorgeschlagen.[138] Der zeitlich letzte „Entwurf einer Stellungnahme mit den wesentlichen Elementen des Abgeordnetenstatuts" des Ausschusses für Recht und Binnenmarkt an die Präsidentin des Europäischen Parlaments vom 29. August 2001

---

135 DOC_DE\NT\377\377136 PE 278.414/BUR.
136 Quelle: Europäisches Parlament, DOC-DE\PR\360\360036 PE 228.308 (1 Euro = 1,95583 DM, Stand: 13. Oktober 1998).
137 Http://www.europarl.eu.int/dg3/sdp/flash/de/f000606.htm.
138 PE 298.159/BUR – DT\425154DE.doc.

schließlich sieht in Anhang A Art. 1 Abs. 2 vor, dass sich die Höhe der Entschädigung am Durchschnitt der Entschädigungen der Abgeordneten „in einigen oder allen Mitgliedstaaten" orientiert.[139]

Die Entschädigung, die die in Deutschland gewählten Mitglieder des Europäischen Parlaments nach geltendem Recht erhalten, ist identisch mit der Abgeordnetenentschädigung für die Bundestagsabgeordneten. § 9 EuAbgG sieht vor, dass die in der Bundesrepublik Deutschland gewählten Mitglieder des Europäischen Parlaments eine monatliche Entschädigung gemäß § 11 Abs. 1 und 3 AbgG erhalten. **99**

Weil eine Doppelmitgliedschaft sowohl im Deutschen Bundestag als auch im Europäischen Parlament möglich ist,[140] sieht § 13 Abs. 1 Nr. 1 EuAbgG vor, dass die nach dem EuAbgG zu zahlende Entschädigung neben der Abgeordnetenentschädigung nach dem AbgG bis zur Höhe dieser Entschädigung – weil beide identisch sind also in voller Höhe – ruht. Zusätzlich bestimmt § 9 EuAbgG, dass (nur) ein Mitglied des Europäischen Parlaments, das nicht dem Bundestag angehört, eine monatliche Entschädigung gemäß § 11 AbgG erhält. In der Praxis gibt es einen solchen Fall der Doppelmitgliedschaft zur Zeit allerdings nicht. **100**

6. Landesrecht

Die Höhe der Abgeordnetenentschädigung in den Bundesländern differiert stark. Sie liegt zwischen 4.240 DM (Hamburg) und 11.969 DM (Hessen) (Stand: Januar 2001; vgl. nachfolgende Übersicht). **101**

In den Grundzügen entsprechen die Entschädigungsregelungen der Länder in ihrer Systematik dem Bundesrecht.[141] Sie schreiben – ebenso wie § 11 Abs. 1 – eine monatliche Abgeordnetenentschädigung, also eine zwölfmalige Zahlung im Jahr vor. Weihnachtsgeld oder dreizehntes Monatsgehalt wird nirgends gezahlt.[142] **102**

Bayern und Brandenburg haben Staffeldiäten für die laufende Wahlperiode. In Brandenburg sind sie als Festbeträge im Gesetz (§ 5 Abs. 1 Bbg.AbgG) ausgewiesen. Bayern hat sich in Art. 5 Abs. 3 Bay.AbgG für eine Indexlösung entschieden, nach der zu festgelegten Terminen ein Erhöhung der Abgeordnetenentschädigung nach Maßgabe der Einkommensentwicklung in Bayern erfolgt. Auch Thüringen hat sich für eine Indexregelung entschieden (Art. 54 Abs. 2 der Landesverfassung, §§ 5 und 26 Abs. 1 Thür.AbgG).[143] **103**

---

139 PE 294.967 – PA\447058DE.doc
140 Vgl. § 1 Abs. 2 EuWG; *Tsatsos D.*, Unvereinbarkeit zwischen Bundestagsmandat und anderen Funktionen, in: Schneider / Zeh, aaO, S. 724 f.
141 Zur Rechtslage in den fünf neuen Bundesländern s. auch ausführlich *Fischer A.*, Abgeordnetendiäten und staatliche Fraktionsfinanzierung in den fünf neuen Bundesländern, Frankfurt, 1995.
142 Zutreffend weist Fischer A., aaO, S. 56 f., m.w.N., darauf hin, dass die dreizehnte Zahlung mit dem Status eines Abgeordneten nicht vereinbar ist.
143 Zu deren Verfassungsmäßigkeit vgl. Urteil des Thüringer Verfassungsgerichtshofs vom 16. Dezember 1998 – VerfGH 20/95 –, NVwZ-RR 1999, 282, 284 ff.; auch *Klein H. H.*, Diäten-Urteil und Diätenstreit, aaO, S. 253 f.; *Linck J.*, Zur Verfassungsmäßigkeit des Thüringer Modells einer Indexierung der Abgeordnetendiäten, ThürVBl. 1995, 104 ff. und Anmerkung 3.2 zu § 30.

Tabelle 5. Die Entwicklung der Abgeordnetenentschädigung in den Ländern seit 1977

	Baden-Württemb.	Bayern	Berlin	Brandenburg	Bremen	Hamburg	Hessen	Mecklenburg-Vorpommern
1977[1]	2.271 (1.2.1977) 2.391	2.189 (1.2.1977) 2.306	1.365 (1.2.1977) 1.435		(1.4.1977) 1.480	1.350	2.290 (1.2.1977) 2.410	
1978	(1.3.1978) 2.499	(1.3.1978) 2.410	(1.3.1978) 1.500 (28.10.1978) 6.750		(1.3.1978) 1.550	1.350	(1.3.1978) 2.520	
1979	(1.3.1979) 2.599	6.750	(1.4.1979) 3.750		(1.10.1979) 3.000	1.500	(1.3.1979) 4.900	
1980	(1.3.1980) 2.762 (1.6.1980) 4.800	6.750	3.750		3.000	1.500	4.900	
1981	4.800	6.750	4.000		3.190	1.650	(1.7.1981) 5.350	
1982	4.800	6.750	4.000		3.190	1.650	5.350	
1983	4.800	6.750	4.000		3.190	1.650	5.350	
1984	4.800	7.038	4.000		(1.7.1984) 3.316	1.650	5.350	
1985	5.300	7.200	4.000		3.316	1.800	5.350	
1986	(1.8.1986) 5.485	7.402	(1.10.1986) 4.300		3.316	1.920	5.600	
1987	(1.8.1987) 5.672	7.610	4.300		3.316	1.920	5.950	
1988	(1.8.1988) 5.842	7.858	4.600		(1.7.1988) 3.632	1.920	6.300	
1989	(1.8.1989) 6.017	(1.7.1989) 8.114	4.600		(1.7.1989) 3.748	1.920	(1.1.1989) 6.600 (1.11.1989) 10.200	
1990	(1.8.1990) 6.198	(1.7.1990) 8.301	(1.7.1990) 4.790	(14.10.1990) 2.900	(1.7.1990) 3.872	1.920	10.200	(14.10.1990) 3.500
1991	(1.8.1991) 6.539	8.301	4.790	(1.1.1991) 3.500 (1.10.1991) 4.875	3.872	1.920	10.200	(1.12.1991) 4.550
1992	(1.12.1992) 6.900	8.700	4.790	4.875	4.037	1.920	10.660	4.550
1993	6.900	8.700	(1.7.1993) 4.980	5.290	4.037	1.920	10.660	(1.7.1993) 5.350
1994	6.900	8.700	4.980	5.740	(1.6.1994) 4.158	1.920	(1.11.1994) 10.970	5.620
1995	(1.8.1995) 7.162	(1.7.1995) 9.590	(1.7.1995) 5.100	6.230	(1.1.1995) 4.241 (1.11.1995) 4.457	1.920	10.970	5.620
1996	(1.6.1996) 7.900	(1.7.1996) 9.965	5.100	6.230	4.457	(1.9.1996) 4.000	11.266	6.310
1997	7.900	(1.7.1997) 10.115	5.100	(1.4.1997) 6.627	4.457	4.000	11.266	6.310
1998	(1.6.1998) 8.058	(1.7.1998) 10.247	(1.12.1998) 5.162	7.086	4.457	4.000	11.266	(26.10.1998) 6.880
1999	(1.8.1999) 8.284	(1.7.1999) 10.463	(1.11.1999) 5.610	7.576	(1.8.1999) 4.660	(1.4.1999) 4.080	(1.7.1999) 11.582	6.880
2000	(1.8.2000) 8.475	(1.7.2000) 10.746	5.610	7.576	(1.7.2000) 4.735	(1.4.2000) 4.160	(1.7.2000) 11.969	6.880
2001	8.475	10.746	5.770	8.037	4.735	(1.4.2001) 4.240	11.969	7.003,84
2002		€ 5.622	€ 2.951	€ 4.351	€ 2.446	(1.1.2002) € 2.168	€ 6.257,19	
2003				€ 4.399				
2004				€ 4.448				

1 Sofern nichts anderes angegeben, gilt der jeweilige Betrag ab dem 1. Januar eines Jahres.

Vierter Abschnitt **121**

§ 11 Abgeordnetenentschädigung

Fortsetzung von Tabelle 5

	Niedersachsen	Nordrhein-Westf.	Rheinland-Pfalz	Saarland	Sachsen	Sachsen-Anhalt	Schleswig-Holst	Thüringen
1977[1]	2.500	2.800	2.100				2.020 (1.2.1977) 2.130	
1978	(1.1.1978) 3.000 (1.6.1978) 6.000	2.800	2.100				(1.3.1978) 2.220	
1979	6.000	2.940	(18.5.1979) 4.700				(29.5.1979) 4.500	
1980	6.300	(29.5.1980) 5.500	4.700	(21.5.1980) 4.900			4.500	
1981	6.300	5.500	(1.7.1981) 5.200	4.900			4.500	
1982	6.300	(1.8.1982) 5.720	(1.3.1982) 5.150	4.900			4.500	
1983	6.300	5.720	5.150	(1.8.1983) 5.025			(12.4.1983) 4.800	
1984	6.600	5.720	5.400	5.025			4.800	
1985	6.600	5.720	5.400	5.175			5.100	
1986	6.800	6.000	5.400	5.350			5.100	
1987	7.000	6.300	(1.7.1987) 5.580	(1.4.1987) 5.540			5.400	
1988	7.150	6.510	(1.1.1988) 5.917,50 (1.7.1988) 6.060,00	(1.7.1988) 5.700			5.400	
1989	7.300	6.735	(1.1.1989) 6.397,50 (1.7.1989) 6.544,64	5.700			5.400	
1990	7.500	6.958	(1.1.1990) 6.882,14 (1.7.1990) 7.123,01	(1.7.1990) 5.980	(15.10.1990) 3.500	(Okt. 1990) 4.832	(1.8.1990) 6.360	(14.10.1990) 3.500
1991	7.840	7.230	7.460,51	(1.4.1991) 7.475	3.500	4.832	6.360	3.500
1992	8.200	7.570	7.460,51	7.475	4.550	4.832	(1.11.1992) 6.680	(1.3.1992) 4.900
1993	7.833	(1.1.1993) 7.721,63 (1.4.1993) 7.829,73	7.475	(1.5.1993) 5.350	(1.1.1993) 5.252 (1.10.1993) 5.600	6.680	4.900	
1994	9.500	7.833	8.482,21	7.475	5.350	5.600	(1.7.1994) 6.930	(1.11.1994) 7.007
1995	9.700	8.165	8.779,09	(1.1.1995) 7.625 (1.5.1995) 7.869	(1.1.1995) 6.592 (1.10.1995) 6.753	(1.4.1995) 6.500	(1.10.1995) 7.150	(1.11.1995) 7.371,36
1996	9.700	8.370	8.779,09	7.869	6.753	6.500	7.150	(1.11.1996) 7.614,61
1997	9.825	8.605	8.954,67	(1.3.1997) 7.971	6.753	6.500	7.260	7.614,61
1998	9.970	(1.2.1998) 8.752	9.035,26	8.091	6.753	6.500	7.350	7.614,61
1999	9.970	8.875	9.170,79	(01.06.1999) 8.326	6.753	(1.10.1999) 7.700	7.460	(1.11.1999) 7.850,66
2000	10.160	8.875	9.345,04	8.326	7.712	7.700	7.570	(1.11.2000) 8.031,23
2001	10.160	9.053	9.345,04	8.326	7.712	7.700	7.680	8.031,23
2002					€ 3.943,08	€ 3.937		

1 Sofern nichts anderes angegeben, gilt der jeweilige Betrag ab dem 1. Januar eines Jahres.

104 Mit Ausnahme von Berlin, Brandenburg, Bremen, Hamburg, Sachsen-Anhalt und Thüringen sehen die Abgeordnetengesetze der Länder wie § 11 Abs. 3 eine Kürzung der Abgeordnetenentschädigung um ein Dreihundertfünfundsechzigstel, in Sachsen um 0,5%, im Hinblick auf die Beihilfeleistungen in Pflegefällen bzw. die Zuschüsse zur Pflegeversicherung vor.

105 Unterschiedlich sind in den einzelnen Bundesländern auch die Amtszulagen für Funktionsträger des Parlaments und der Fraktionen (als Bestandteile des „Gehalts") ausgestaltet[144] (zur Zulässigkeit von Amtszulagen s.o. 3.). Die Regelungen in Baden-Württemberg (§ 5 Abs. 2 BadWürtt.AbgG), Bayern (Art. 5 Abs. 2 Bay.AbgG), Berlin (§ 6 Abs. 2 Berl.AbgG), Brandenburg (§ 5 Abs. 2 Bbg.AbgG), Niedersachsen (§ 6 Abs. 3 Nds.AbgG), Nordrhein-Westfalen (§ 5 Abs. 2 NW.AbgG), Rheinland-Pfalz (§ 5 Abs. 2 RP.AbgG), Saarland (§ 5 Abs. 2 Saarl.AbgG) und Sachsen (§ 5 Abs. 2 Sächs.AbgG) entsprechen dem Bundesrecht in § 11 Abs. 2. Der Präsident erhält das Zweifache, ein Vizepräsident das Eineinhalbfache der Abgeordnetenentschädigung. Amtszulagen für sonstige Funktionsträger sind nicht vorgesehen.

106 In Hessen stehen dem Präsidenten des Landtages und den Fraktionsvorsitzenden eine Amtszulage in Höhe von 50 v.H. der Grundentschädigung, den Vizepräsidenten in Höhe von 25 v.H. der Grundentschädigung zu (vgl. § 5 Abs. 2 Hess.AbgG).

107 In Bremen erhält der Präsident das Dreifache, ein Vizepräsident das Zweifache der Abgeordnetenentschädigung (§ 5 Abs. 2 Brem.AbgG). So ist die Regelung auch in Hamburg (§ 2 Abs. 2 Hbg.AbgG), wo zusätzlich die Fraktionsvorsitzenden wie der Präsident, die stellvertretenden Fraktionsvorsitzenden und Gruppensprecher wie ein Vizepräsident vergütet werden.

108 Annähernd identisch in ihrer Struktur sind die Amtszulagen in den Abgeordnetengesetzen der Bundesländer Mecklenburg-Vorpommern (§ 6 Abs. 2 MV.AbgG), Sachsen-Anhalt (§ 6 Abs. 2 SachsAnh.AbgG) und Schleswig-Holstein (§ 6 Abs. 2 SchlH.AbgG) geregelt. Dort beziehen die Landtagspräsidenten und die Fraktionsvorsitzenden das Zweifache der Abgeordnetenentschädigung, in Schleswig-Holstein die Fraktionsvorsitzenden sogar das Zweieinviertelfache. Es folgen die Parlamentarischen Geschäftsführer, die in Schleswig-Holstein und in Mecklenburg-Vorpommern eine Amtszulage in Höhe von 75%, in Sachsen-Anhalt in Höhe von 60% der Abgeordnetenentschädigung erhalten. In allen drei genannten Bundesländern beträgt die Amtszulage für die Vizepräsidenten einheitlich 50% der jeweiligen Abgeordnetenentschädigung und die der stellvertretenden Fraktionsvorsitzenden 30%. Letzteres gilt in Mecklenburg-Vorpommern auch für die Ausschussvorsitzenden. In Sachsen-Anhalt und Schleswig-Holstein steht diesen parlamentarischen Funktionsträgern nur eine Amtszulage in Höhe von 20% zu, die in allen drei Bundesländern auch die Vorsitzenden der Fraktionsarbeitskreise erhalten.

109 In Thüringen schließlich bezogen der Landtagspräsident und die Fraktionsvorsitzenden eine Amtszulage in Höhe von 100% der Abgeordnetenentschädigung, die Vizepräsidenten und Parlamentarischen Geschäftsführer in Höhe von 70% sowie die stellvertretenden Fraktionsvorsitzenden und die Ausschussvorsitzenden in Höhe von 40% (§ 5 Abs. 2 Thür.AbgG). Die Zusatzentschädigungen für den Präsiden-

---

144 Vgl. dazu auch *Hölscheidt S.*, Funktionszulagen für Abgeordnete, DVBl. 2000, 1734 f.

ten, die Vizepräsidenten und Fraktionsvorsitzenden werden auch weiterhin unverändert gewährt.

Soweit die Abgeordnetengesetze der Länder jedoch über die Präsidenten, Vizepräsidenten und Fraktionsvorsitzenden hinaus Amtszulagen für sonstige Funktionsträger vorsahen, waren sie im Hinblick auf die vom Bundesverfassungsgericht im Urteil vom 21. Juli 2000[145] gesetzten Maßstäbe auf ihre Verfassungsmäßigkeit hin zu überprüfen und gegebenenfalls zu ändern. Das gilt nicht, wenn entsprechende Leistungen nicht auf Grund eines Gesetzes, sondern unmittelbar von den Fraktionen selbst gewährt werden (vgl. o. 3. 2). Der Thüringer Landtag hat gesetzgeberische Konsequenzen mit dem Sechsten Gesetz zur Änderung des Thüringer Abgeordnetengesetzes gezogen.[146] Mit ihm hat er die Regelungen über die Zusatzentschädigungen für Parlamentarische Geschäftsführer, stellvertretende Fraktionsvorsitzende und Ausschussvorsitzende aufgehoben. Je ein Parlamentarischer Geschäftsführer jeder Fraktion und die Ausschussvorsitzenden erhalten statt dessen künftig eine indexierte zusätzliche steuerfreie Aufwandsentschädigung in Höhe von derzeit 1.300 DM monatlich (§ 6 Abs. 3 Thür.AbgG). Bedenken gegen diese Regelung könnten im Hinblick auf die Höhe des Betrages allerdings deswegen bestehen, weil nach der Rechtsprechung des Bundesverfassungsgerichts nur wirklich entstandener, empirisch belegbarer Aufwand mit einer steuerfreien Aufwandsentschädigung ausgeglichen werden darf (vgl. 1. zu § 12). Ließe sich der angenommene Aufwand empirisch also nicht oder nicht hinreichend belegen, so wäre die gewährte Entschädigung ungeachtet ihrer Bezeichnung eher als – nach der Rechtsprechung des Bundesverfassungsgerichts in den genannten Fällen unzulässiges – Zusatzgehalt zu qualifizieren.[147]

Erhöhte Amtsaufwandsentschädigungen für parlamentarische Funktionsträger, darunter auch Ausschussvorsitzende, sehen auch die Abgeordnetengesetze einiger anderer Bundesländer vor (Baden-Württemberg [§ 6 Abs. 7 BadWürtt.AbgG]; Bayern [Art. 6 Abs. 6 Bay.AbgG]; Niedersachsen [§ 7 Abs. 1 Nds.AbgG]; Rheinland-Pfalz [§ 6 Abs. 6 RP.AbgG]; Saarland [§ 6 Abs. 4 Saarl.AbgG] und Sachsen [§ 6 Abs. 6 Saarl.AbgG]). Die dort gewährten Beträge sind allerdings deutlich niedriger als in Thüringen.[148]

7. Steuerliche Behandlung der Abgeordnetenentschädigung

Mit Inkrafttreten des neuen AbgG am 1. April 1977 ist auch das Steuerrecht der Abgeordneten neu geregelt worden, nachdem das Bundesverfassungsgericht im

---

145 – 2 BvH 3/91 –, www.bverfge.de, Absatz-Nr. 1–77.
146 Auch in den gleichfalls betroffenen Bundesländern Mecklenburg-Vorpommern, Sachsen-Anhalt und Schleswig-Holstein sind Gesetzesänderungen beabsichtigt. Zu deren Vorbereitung hat Schleswig-Holstein eine Unabhängige Kommission eingesetzt.
147 Die Fraktionen der SPD und der PDS hatten bereits in der Zweiten Lesung des Sechsten Gesetzes zur Änderung des Thüringer Abgeordnetengesetzes angekündigt, in dieser Sache den Thüringer Verfassungsgerichtshof anzurufen. Das ist am 28. Februar 2001 geschehen (FAZ vom 1. März 2001). Eine Entscheidung liegt noch nicht vor.
148 Ausschussvorsitzende erhalten bei den Landtagen in Baden Württemberg 660 DM, in Bayern 996 DM, in Niedersachsen 206 DM, in Rheinland-Pfalz 450 DM, im Saarland 588 DM und in Sachsen 650 DM. Ausschussvorsitzende des Deutschen Bundestages haben keinen Anspruch auf eine zusätzliche Amtsaufwandsentschädigung.

Vierter Abschnitt
Leistungen an Mitglieder des Bundestages

„Diäten-Urteil" festgestellt hatte, dass das Einkommen der Abgeordneten nach den für alle Steuerpflichtigen gleichen Grundsätzen der Besteuerung unterworfen werden müsse.[149] Wörtlich heißt es dort weiter:

> „Ein willkürliches Steuerprivileg hinsichtlich bestimmter Einkommen ist mit Art. 3 Abs. 1 GG unvereinbar. Es kann auch nicht mehr aus dem Zweck des Art. 48 Abs. 3 Satz 1 GG in Verbindung mit Art. 38 Abs. 1 Satz 2 GG hergeleitet werden. Nur die Entschädigung für wirklich entstandenen, sachlich angemessenen, mit dem Mandat verbundenen besonderen Aufwand ist daneben noch echte Aufwandsentschädigung, die auch künftig steuerfrei bleiben kann. Damit ist nicht ausgeschlossen, dass diese Aufwandsentschädigung in Orientierung am tatsächlichen Aufwand pauschaliert wird. Die Entschädigungsregelungen für Abgeordnete können sich über diese verfassungsrechtliche Schranke nicht hinwegsetzen".[150]

113 Zentrale Bestimmung des Steuerrechts der Abgeordneten ist § 22 Nr. 4 Satz 1 EStG.[151] Die Vorschrift findet auf alle dort aufgelisteten finanziellen Leistungen des Bundestages an Bundestagsabgeordnete, ehemalige Abgeordnete und Hinterbliebene Anwendung, soweit Rechtsgrundlage der Leistungen das AbgG ist. Darüber hinaus gilt sie für Leistungen an deutsche Abgeordnete des Europäischen Parlaments sowie für vergleichbare Leistungen an Landtagsabgeordnete. Bezüge, die Fraktionsvorsitzende, Parlamentarische Geschäftsführer und andere Funktionsträger von den Fraktionen erhalten, sind hingegen als sonstige Einkünfte i.S.d. § 22 Abs. 1 Nr. 1 EStG zu versteuern.[152]

114 § 22 Nr. 4 Satz 1 EStG ist eine spezialgesetzliche Regelung für die Besteuerung finanzieller Leistungen an Abgeordnete. Die Regelung ist abschließend. Finanzielle Leistungen an Abgeordnete unterliegen nur dann der Einkommensteuer, wenn sie im Katalog des § 22 Nr. 4 Satz 1 EStG aufgeführt werden. Ansonsten sind sie steuerfrei. Die Abgeordnetenentschädigung ist danach in voller Höhe zu versteuern.[153]

115 Häufig beauftragen Abgeordnete die Parlamentsverwaltung, einen Teil ihrer Entschädigung unmittelbar an ihre Fraktion / Gruppe oder Partei zu überweisen. Diese Sonderbeiträge wirken sich nicht etwa einkommensmindernd und damit steuerlich entlastend aus.[154] Das gilt selbst dann, wenn der Abgeordnete rechtlich zu einer

---

149 BVerfGE 40, 296, 328.
150 BVerfGE 40, 296, 328.
151 Vgl. auch *Lohr A.*, Die Besteuerung von Politikern, DStR 1997, 1230 ff.;
152 *Lohr A.*, aaO.
153 *Birk D.*, Rechtsgutachten über die Verfassungsmäßigkeit der Besteuerung der Abgeordnetenbezüge und die Möglichkeit einer Überprüfung durch das BVerfG, erstattet im Auftrag der Zeitschrift Capital, des BdSt. Und des Deutschen Mittelstandbundes, Münster, 2000 (www.steuerzahler.de), S. 9.
154 Zur rechtlichen Problematik der Sonderzahlungen („Parteisteuern") vgl. 5. zu § 50 und *v. Arnim H. H.*, Zweitbearbeitung von Art. 48 GG, 1980, in: Kommentar zum Bonner Grundgesetz (Bonner Kommentar), 1.4; *Becker B.*, Die unzulässigen Sonderzahlungen der Abgeordneten an Fraktion und Partei, ZParl 1996, 377 ff.; *Hölscheidt S.*, Die Finanzen der Bundestagsfraktionen, DÖV 2000, 712 ff.; *Launhardt A.*, Mandat gegen Geld? Einige verfassungsrechtliche Überlegungen zum Zugriff der Parteien auf Abgeordnetengelder durch Erhebung von Sonderbeiträgen, MIP 1999, 37 ff.; *Meyer H.*, aaO, S. 243; *Müller U. / Albrecht S.*, Fraktionen und Parteien: Getrennt durch den Spendenbegriff? Zur Anwendung des Parteiengesetzes auf Fraktionszuwendungen,

Abtretung verpflichtet ist.[155] Keine Rolle spielt es, dass die zahlende Stelle der Parlamentsverwaltung den Beitrag unmittelbar der Partei oder Fraktion überweist. Auch dann sind sie dem Abgeordneten zugeflossen (§ 11 Abs. 1 Satz 1 EStG), weil er die wirtschaftliche Verfügungsmacht erlangt hat.

116 Die Partei- und / oder Fraktionsbeiträge können auch nicht als Werbungskosten geltend gemacht werden[156]. Denn § 22 Nr. 4 Satz 2 EStG bestimmt, dass durch das Mandat veranlasste Aufwendungen nicht als Werbungskosten abgezogen werden dürfen, sofern zur Abgeltung des durch das Mandat veranlassten Aufwandes Aufwandsentschädigungen gezahlt werden (wie für Bundestagsabgeordnete nach § 12 AbgG, vgl. dort). Dies gilt unabhängig davon, ob die Aufwandsentschädigung im Einzelfall die tatsächlich entstandenen mandatsbezogenen Kosten decken soll bzw. deckt oder nicht.[157]

117 Ferner dürfen auch Wahlkampfkosten zur Erlangung eines Mandats im Bundestag, im Europäischen Parlament oder in einem Landtag nicht als Werbungskosten abgezogen werden. Dies gilt selbst dann, wenn der Bewerber um ein Mandat erfolglos geblieben ist. Zwar ist das Abzugsverbot für Wahlkampfkosten bei den Vorschriften über die Besteuerung der Einkünfte von Abgeordneten, also erfolgreichen Bewerbern, geregelt. Der Gesetzgeber wollte mit dieser Bestimmung jedoch dem Grundsatz der Chancengleichheit aller Wahlbewerber Rechnung tragen, der bei einer steuerlichen Berücksichtigung der Wahlkampfkosten wegen der je nach Einkommensverhältnissen unterschiedlichen Auswirkungen gefährdet gewesen wäre. Dieser Gedanke legt es nahe, § 22 Nr. 4 Satz 3 EStG auch auf unterlegene Wahlbewerber anzuwenden.[158]

118 Der BFH hat eine Ungleichbehandlung des erfolglosen Bewerbers im Verhältnis zu einem Wiederbewerber auch nicht darin gesehen, dass letzterer als Abgeordneter in Zeiten des Wahlkampfes eine Aufwandsentschädigung erhält. Denn diese ist nach dem Willen des Gesetzgebers gerade nicht zur Deckung von Wahlkampfkosten bestimmt, wenngleich sich – wie das Gericht zu Recht betont – in der Praxis Wahlkreisbetreuung und Wahlkampf nicht immer klar voneinander trennen lassen.[159]

119 Auf ein Sonderproblem im Zusammenhang mit der steuerlichen Behandlung der Abgeordnetenentschädigung soll an dieser Stelle noch kurz eingegangen werden,

---

DVBl. 2000, S. 1320 ff.; *Drysch Th.*, Parteienfinanzierung, Opladen, 1998, S. 93; *Henke W.*, Bearbeitung von Art. 21 GG, 1991, in: Kommentar zum Bonner Grundgesetz (Bonner Kommentar), III 3 e; *Brockmeyer H. B.*, in: Schmidt-Bleibtreu B., Klein F., Kommentar zum Grundgesetz, 9. Aufl., Neuwied, 1999, Art. 48, Rdn. 10b; die Kommission unabhängiger Sachverständiger zu Fragen der Parteienfinanzierung hält die Praxis der Bundestagsverwaltung für bedenklich und hat ihre Einstellung empfohlen (vgl. Unterrichtung durch die Kommission unabhängiger Sachverständiger zu Fragen der Parteienfinanzierung vom 19. Juli 2001, BT-Drs. 14 / 6710, S. 40).

155 Vgl. BFH, Urteil vom 8. Dezember 1987 – IX R 161 / 83 –, BFHE 152, 240.
156 BFH, Urteil vom 8. Dezember 1987, aaO; BT-Drs. 7 / 5531 S. 26.
157 Vgl. BFH, Urteil vom 29. März 1983 – VIII R 97 / 82 –, BFHE 138, 430; Urteil vom 8. Dezember 1987 – IX R 161 / 83 –, BFHE 152, 240.
158 Vgl. BFH, Urteil vom 8. Dezember 1987 – IX R 255787 –, BFHE 152, 245.
159 BFH, aaO; s. auch BT-Drs. 7 / 5531 S. 22 und 48 zu den Bemessungsgrundlagen der Kostenpauschale nach § 12 Abs. 2 AbgG, die Wahlkampfkosten nicht berücksichtigen. Zur Erstattung von Wahlkampfkosten an Parteien und Einzelbewerber vgl. auch § 18 ParteiG.

weil dies in der Vergangenheit zu Meinungsverschiedenheiten geführt hatte. Die Finanzverwaltungen der Bundesländer und der Bundesminister der Finanzen waren der Ansicht gewesen, die Verordnung über Mitteilungen an die Finanzbehörden durch andere Behörden und öffentlich-rechtliche Rundfunkanstalten (Mitteilungsverordnung – MV)[160] müsse auch auf Zahlungen an Abgeordnete Anwendung finden. Diese Auffassung war rechtsirrig. Die MV in ihrer früher geltenden Fassung gab dafür nichts her. § 2 der MV – der überhaupt nur als Rechtsgrundlage in Betracht kam – sah eine Pflicht zur allgemeinen Zahlungsmitteilung nur vor, wenn es sich um Zahlungen für Lieferungen und Leistungen handelt. Hintergrund dieser Regelung war das gesetzgeberische Ziel, aus datenschutzrechtlichen Gründen endlich eine eindeutige Rechtsgrundlage für bestimmte Kontrollmitteilungsverfahren zu schaffen, die im Interesse der Sicherung einer gleichmäßigen Besteuerung schon seit langem, insbesondere bei der öffentlichen Auftragsvergabe, von zahlreichen Stellen – früher lediglich gestützt auf Verwaltungserlasse und Verwaltungsvereinbarungen – praktiziert wurden. Die Begriffe „Lieferungen" und „Leistungen" waren dementsprechend im Sinne des bürgerlichen Rechts zu verstehen. Mitglieder des Bundestages erhalten ihre Abgeordnetenentschädigung indessen nicht als Gegenleistung für die Wahrnehmung ihres Mandats. Sie schulden rechtlich keine Dienste (s.u. 8. und 12.). Eine Anwendung der MV kam daher schon nach dem Wortlaut nicht in Betracht.

Seit dem Inkrafttreten der Zweiten Verordnung zur Änderung der Verordnung über die Mitteilungen an die Finanzbehörden durch andere Behörden und öffentlich-rechtliche Rundfunkanstalten vom 26. Mai 1999[161] ist die Rechtslage eine andere. § 2 Abs. 1 Satz 1 MV, der insoweit einschlägig ist, spricht jetzt nur noch ganz allgemein von „Zahlungen", die unter den dort näher bezeichneten Bedingungen den Finanzbehörden mitgeteilt werden müssen.[162] Darunter fallen auch Zahlungen an Abgeordnete, ehemalige Abgeordnete und deren Hinterbliebene, weil für diese von der Parlamentsverwaltung kein Steuerabzug durchgeführt wird. Mitteilungspflichtig sind allerdings nur solche Zahlungen, für die überhaupt eine Steuerpflicht besteht, nicht also die Kostenpauschale.

8. Status der Abgeordneten in der Sozialversicherung

120 Die Sozialversicherung umfasst die Kranken-, Unfall-, Renten-[163] und Arbeitslosenversicherung.[164] Auf Letztere soll unten unter 9. gesondert eingegangen werden. Die Gewährung von Leistungen aus der Sozialversicherung setzt regelmäßig eine Mitgliedschaft oder Zugehörigkeit zu den sie tragenden Institutionen, in der Regel Körperschaften des öffentlichen Rechts mit Selbstverwaltung, voraus.

---

160 Vom 7. September 1993 in der Fassung der Änderung vom 19. Dezember 1994 (BGBl. I S. 3848).
161 BGBl. I S. 1077.
162 Die Änderung ist Folge der berichteten Meinungsverschiedenheiten. In der Begründung der Bundesregierung zur Änderungsverordnung heißt es, der bisher verwandte Leistungsbegriff führe zu Auslegungsschwierigkeiten. Um diese auszuschließen, werde generell auf den Begriff der Zahlung zurückgegriffen (BR-Drs. 156/99, S. 5).
163 Vgl. § 1 Abs. 1 SGB IV.
164 Vgl. § 1 Abs. 2 SGB IV.

§ 11 Abgeordnetenentschädigung

Die Versicherungspflichtigkeit ergibt sich grundsätzlich aus § 3 Abs. 2 SGB IV. Danach sind neben Landwirten und in geschützten Einrichtungen beschäftigten Behinderten Personen, die gegen Arbeitsentgelt oder zu ihrer Berufsausbildung beschäftigt sind, in allen Zweigen der Sozialversicherung versichert. Abgeordnete fallen nicht darunter. Sie sind insbesondere nicht gegen Arbeitsentgelt „beschäftigt". Typisch für die sozialversicherungsrechtlich relevante Beschäftigung ist ihre Fremdbestimmtheit, die persönliche Abhängigkeit eines Arbeitnehmers von einem Arbeitgeber. An zwei Kriterien lässt sich dieser Tatbestand typischerweise erkennen: Der Weisungsbefugnis des Arbeitgebers und dem Arbeiten des Arbeitnehmers auf fremde Rechnung, die nämlich seines Arbeitgebers. Abgeordnete fallen eindeutig nicht in diese Kategorie. Sie sind gemäß Art. 38 Abs. 1 Satz 2 GG an Aufträge und Weisungen nicht gebunden, „schulden" rechtlich keine Dienste, sondern nehmen in Unabhängigkeit ihr Mandat wahr.[165]

121

Ihre Mitgliedschaft in den genannten Sozialversicherungszweigen ergibt sich auch nicht aus § 3 Abs. 4 SGB IV in Verbindung mit den für diese Versicherung geltenden besonderen Vorschriften, hier § 5 SGB V (gesetzliche Krankenversicherung), §§ 1 bis 3 SGB VI (gesetzliche Rentenversicherung) und § 2 SGB VII (gesetzliche Unfallversicherung). Abgeordnete lassen sich unter keine der in den einzelnen Bestimmungen aufgelisteten versicherungspflichtigen Personengruppen subsumieren.[166]

122

Daraus folgt nicht, dass Abgeordnete ohne jede soziale Absicherung wären. Das AbgG sieht hierfür vielmehr in seinem Fünften und Sechsten Abschnitt eigenständige Regelungen vor, die im Allgemeinen die Standards der Sozialversicherung deutlich übertreffen.

123

Übt ein Abgeordneter allerdings neben seinem Mandat eine sozialversicherungspflichtige Tätigkeit aus, so kann sich daraus seine gesetzliche Einbeziehung in die verschiedenen Zweige der Sozialversicherung ergeben. Diese knüpft dann aber nicht an seine Eigenschaft als Abgeordneter an, sondern an die Erfüllung des Versicherungspflichttatbestandes „abhängiges Beschäftigungsverhältnis" neben dem Mandat.

124

Entsprechendes gilt auch für ehemalige Abgeordnete, die einen Anspruch auf Altersentschädigung nach diesem Gesetz haben und nach ihrem Ausscheiden eine

---

165 Vgl. BVerfGE 40, 296, 316 und 9; s. auch BSG, Urteil vom 4. Mai 1999 – B 4 RA 55 / 98 R – Bl. 10 ff. der Ausfertigung: „Die Abgeordnetentätigkeit ist sozialrechtlich irrelevant; sie begründet weder Versicherungs- noch Beitragspflicht in der Sozialversicherung und damit auch keine Rentenanwartschaften und Rentenansprüche in der gesetzlichen Rentenversicherung." (S. 13). Für die Praxis bedeutsam ist ferner die Feststellung des BSG, dass die Abgeordnetenentschädigung kein i.S.d. § 34 Abs. 2 SGB VI „rentenschädliches" Arbeitseinkommen aus einer selbständigen Tätigkeit oder Arbeitsentgelt aus einer Beschäftigung ist, so dass eine – auch analoge – Anwendung der Vorschrift ausscheide. Ein Übersteigen der Hinzuverdienstgrenze durch Einkünfte der in Frage stehenden Art sei ausgeschlossen (aaO, S. 7 ff.). Vgl. dazu auch BSG, Urteil vom 23. Februar 2000 – B 5 RJ 26 / 99 R –, Bl. 4 ff. der Ausfertigung. Art. 2 Nr. 2 des Einundzwanzigsten Änderungsgesetzes vom 20. Juli 2000 (BGBl. I S. 1037) sieht jedoch ab Beginn der 15. Wahlperiode eine Anrechnung auch von Renten aus der gesetzlichen Rentenversicherung auf die Abgeordnetenentschädigung vor (vgl. 3. 2. 8 zu § 29).

166 Vgl. auch BSG, Urteil vom 4. Mai 1999, aaO; eine andere Frage ist die, ob ihr Status einer Einbeziehung in die Systeme der Sozialversicherung entgegensteht, vgl. dazu Welti F., Abgeordnete und Arbeitsrecht, Arbeit und Recht 1998, 345, 346; ders., Abgeordnete in die Sozialversicherung?, ZParl 2000, 254, 258. Abgeordnete sind derzeit auch nicht in die gesetzliche Förderung einer privaten, kapitalgedeckten Altersvorsorge („Riester-Rente") einbezogen.

sozialversicherungspflichtige Tätigkeit ausüben. Auf sie findet in diesem Zusammenhang insbesondere § 5 Abs. 4 Nr. 2 SGB VI keine Anwendung. Die tatbestandlichen Voraussetzungen der Norm sind nicht erfüllt. Die Altersentschädigung nach dem Abgeordnetengesetz ist keine Versorgung nach beamtenrechtlichen Vorschriften oder Grundsätzen. Deshalb müssen in diesen Fällen Beiträge zur gesetzlichen Rentenversicherung entrichtet werden.[167]

9. Status der Abgeordneten in der Arbeitslosenversicherung

125 Für Mitglieder des Bundestages werden keine Beiträge zur Arbeitslosenversicherung abgeführt. Sie sind nicht versicherungspflichtig. Das Bundestagsmandat ist nach der Rechtsprechung des Bundessozialgerichts weder eine beitragspflichtige Beschäftigung (jetzt: versicherungspflichtige Beschäftigung, vgl. §§ 24 Abs. 1 und 25 Abs. 1 SGB III) noch einer solchen nach §§ 107, 104 AFG (§§ 117 Abs. 1 Nr. 3, 123, 124 SGB III) gleichgestellt. Hierin liegt kein Verstoß gegen das Behinderungsverbot des Art 48 Abs. 2 GG oder gegen das Willkürverbot des Art 3 GG.[168] Ein Anspruch auf Arbeitslosengeld (§§ 117 ff. SGB III) kann aus der Wahrnehmung des Mandats als Bundestagsabgeordneter nicht abgeleitet werden, ebensowenig ein Anspruch auf Arbeitslosenhilfe (§§ 190 ff. SGB III).[169] Denn beide Leistungen der Arbeitsförderung (§ 3 Nr. 8 SGB III) knüpfen an vorangehende versicherungspflichtige Beschäftigungen (Versicherungspflichtverhältnisse) an.

126 Anspruch auf Arbeitslosengeld haben gem. § 117 Abs. 1 SGB III (früher § 100 Abs. 1 AFG) Arbeitnehmer, die arbeitslos sind, sich beim Arbeitsamt arbeitslos gemeldet und die Anwartschaftszeit erfüllt haben. Arbeitslos ist nach § 118 Abs. 1 SGB III ein Arbeitnehmer, der vorübergehend nicht in einem Beschäftigungsverhältnis steht und eine versicherungspflichtige Beschäftigung sucht. Die Anwartschaftszeit hat erfüllt, wer in der Rahmenfrist zwölf Monate in einem Versicherungspflichtverhältnis im Sinne des § 24 SGB III (früher § 168 AFG) gestanden hat (§ 123 Satz 1 SGB III, früher § 104 Abs. 1 Satz 1 AFG). Die dreijährige Rahmenfrist (§ 124 Abs. 1 SGB III, früher § 104 Abs. 3 AFG) geht dem ersten Tag der Arbeitslosigkeit unmittelbar voraus, an dem die sonstigen Voraussetzungen für den Anspruch auf Arbeitslosengeld erfüllt sind.

127 Ein die Versicherungspflicht begründendes Beschäftigungsverhältnis im Sinne der §§ 24, 25 SGB III (früher § 168 Abs. 1 Satz 1 AFG) setzt eine persönliche Abhängigkeit voraus, die sich in der Verfügungsbefugnis des Arbeitgebers und der Dienst-

---

[167] Für Abgeordnete, die als ehemalige Wahlbeamte Versorgungsbezüge beziehen, ist in diesem Zusammenhang ferner das Urteil des BSG vom 17. Juni 1999 – B 12 KR 18/98 R –, BSGE 84, 115–120, erheblich. Das Gericht hatte dort entschieden, dass bei einem Wahlbeamten, der nach Ablauf seiner Wahlzeit vor Erreichen einer Altersgrenze in den Ruhestand versetzt worden ist und Versorgungsbezüge erhält, bei einer anschließend ausgeübten Beschäftigung keine Versicherungsfreiheit in der gesetzlichen Rentenversicherung nach § 5 Abs. 4 Nr. 2 SGB VI besteht.
[168] Vgl. BSG, Urteil vom 26. Juli 1989 – 11/7 RAr 87/87 –, MDR 1990, 471 f.; *Welti F.*, Die soziale Sicherung der Abgeordneten des Deutschen Bundestages, der Landtage und der deutschen Abgeordneten im Europäischen Parlament, S. 278.
[169] So auch *Welti F.*, Die soziale Sicherung der Abgeordneten des Deutschen Bundestages, der Landtage und der deutschen Abgeordneten im Europäischen Parlament, S. 278; *ders.*, Abgeordnete und Arbeitsrecht, Arbeit und Recht 1998, 345, 349, m.N; *ders.*, Abgeordnete in die Sozialversicherung?, ZParl 2000, 254, 267.

bereitschaft des Arbeitnehmers dokumentiert. Wesentliches Merkmal einer abhängigen Beschäftigung ist die Unterordnung unter das Weisungsrecht eines Arbeitgebers in bezug auf Zeit, Dauer, Ort und Art der Arbeitsausführung.[170] Nichts von alledem trifft – wie oben unter 8. bereits ausgeführt – auf den Abgeordneten zu. Sein Status zeichnet sich gerade durch seine persönliche Unabhängigkeit aus. Das Grundgesetz verbürgt in Art. 38 Abs. 1 Satz 2 das freie Mandat der Mitglieder des Deutschen Bundestages. *Seuffert* hat dazu in seinem Minderheitsvotum zum „Diäten-Urteil" ausgeführt, das Grundgesetz „verbietet es geradezu, irgend jemand in irgendeiner Form einen Rechtsanspruch auf Dienste des Abgeordneten im Parlament zu gewähren".[171]

Aus der GO-BT folgt nichts anderes. Sie ist ohnehin nur eine autonome Satzung, die der geschriebenen Verfassung und den Gesetzen im Rang nachsteht.[172] Wenn es dort in § 13 Abs. 2 Satz 1 etwa heißt, dass die Mitglieder des Bundestages verpflichtet sind, an den Arbeiten des Bundestages teilzunehmen, oder in § 14, dass Urlaub durch den Präsidenten erteilt wird, so begründet dies keine Anwesenheits- und Mitwirkungsverpflichtung im Rechtssinne. Der Grundsatz des freien Mandats verbietet dies. Es ist nicht mehr als ein gut gemeinter Appell, begründet allenfalls eine moralische Verpflichtung, ein nobile officium.[173]

Auch der Anspruch auf Arbeitslosenhilfe setzt ein Versicherungspflichtverhältnis voraus (§§ 190 Abs. 1 Nr. 4, 191 Abs. 1 Nr. 2 SGB III), das beim Abgeordneten während der Mandatszeit wie dargelegt gerade nicht besteht, es sei denn, er ist neben dem Mandat sozialversicherungspflichtig beschäftigt.

Abgeordnete sind durch ihre Nichteinbeziehung in die Arbeitslosenversicherung allerdings nicht schutzlos gestellt. Bei Ausscheiden aus dem Mandat haben sie zunächst Anspruch auf Übergangsgeld nach § 18 (s. dort). Zweck des Übergangsgeldes ist gerade die Wiedereingliederung in das Berufsleben und die Überbrückung eventueller Zeiten der Arbeitslosigkeit. Reicht das Übergangsgeld nicht aus und dauert die Arbeitslosigkeit an, gewährt § 28 einen Anspruch auf Unterstützung in Notlagen (s. dort). Dieser Schutz hat sich bislang in der Praxis immer als ausreichend erwiesen. Im Übrigen haben ehemalige Abgeordnete jedenfalls einen Anspruch auf die nicht beitragsgebundenen Leistungen der Bundesanstalt für Arbeit, sofern sie die erforderlichen Mittel nicht selbst aufbringen können.[174] Dazu gehören z.B. die Teilnahme an der Arbeitsvermittlung (§§ 29–40 SGB III), ein Anspruch auf Unterstützung der Beratung und Vermittlung (§§ 45 und 46 SGB III)

---

[170] BSG, Urteil vom 4. Mai 1994 – 11 RAr 57/93 –, SozR 3-4100 § 249 c Nr. 4.
[171] BVerfGE 40, 330, 334; vgl. auch *Battis U.*, Vergleichende Darstellung nebst Kommentierung der Anrechnung des Soldatenversorgungsgesetzes/Beamtenversorgungsgesetzes, des Bundesministergesetzes sowie des Bundesabgeordnetengesetzes, Ausarbeitung 6/93 für die Wissenschaftlichen Dienste des Deutschen Bundestages, S. 19 f.
[172] BVerfG, Urteil vom 6. März 1952 2 BvE 1/51 –, BVerfGE 1, 144, 148 f.; s. auch *Ritzel H. G./ Bücker J./Schreiner H. J.*, aaO, Einleitung, S. 2.
[173] So auch *Ritzel H. G./Bücker J./Schreiner H. J.*, aaO, Anmerkung I zu § 13; a.M. *Welti F.*, Die soziale Sicherung der Abgeordneten des Deutschen Bundestages, der Landtage und der deutschen Abgeordneten im Europäischen Parlament, S. 146, der von einer Pflicht der Abgeordneten zur regelmäßigen Teilnahme an den Plenar- und Ausschusssitzungen ausgeht, die in der Geschäftsordnung normiert und durch das Führen einer Anwesenheitsliste und die Kürzung der Kostenpauschale bei Abwesenheit untermauert werde.
[174] Vgl. auch *Welti F.*, Abgeordnete in die Sozialversicherung?, ZParl 2000, 254, 267.

oder Maßnahmen zur Förderung der Aufnahme einer Beschäftigung (§§ 53 f. SGB III).[175]

131 In der Vergangenheit ist gelegentlich das Problem aufgetreten, dass ein Abgeordneter, der gleichzeitig mit dem Mandat erwerbstätig war, seine Arbeit verloren hat und sich daran anknüpfend die Frage nach dem Bezug von Arbeitslosengeld neben der Abgeordnetenentschädigung ergab.[176] Eine ähnliche Situation kann sich ergeben, wenn ein Bezieher von Arbeitslosengeld innerhalb des Anspruchszeitraumes ein Bundes- oder Landtagsmandat erwirbt.

Hier ist zwischen Vollzeit- und Teilzeitabgeordneten zu differenzieren. Ein Vollzeitabgeordneter – Abgeordnete des Deutschen Bundestages und des Europäischen Parlaments – wird regelmäßig nicht im Sinne des § 119 SGB III (früher § 103 AFG) den Vermittlungsbemühungen des Arbeitsamtes zur Verfügung stehen (Verfügbarkeit). Dafür spricht das zum „full-time-job" gewordene Mandat (vgl. o. 1.1.1). Die Verfügbarkeit ist aber gerade Anspruchsvoraussetzung nach §§ 117 Abs. 1 Nr. 1, 118 Abs. 1 Nr. 2 und 119 Abs. 1 Nr. 2 SGB III für den Bezug von Arbeitslosengeld. Die mangelnden Verfügbarkeit ist indessen eine Vermutung, die im Einzelfall widerlegbar ist.

Wird die Vermutung widerlegt oder handelt es sich bei dem Betroffenen um einen Teilzeitabgeordneten, so können im Einzelfall zwar grundsätzlich die Voraussetzungen des SGB III für den Bezug von Arbeitslosengeld erfüllt sein. In diesem Fall ruht der Anspruch auf Arbeitslosengeld jedoch gemäss § 143 Abs. 1 SGB III während der Zeit, für die der Abgeordnete Abgeordnetenentschädigung erhält. Denn nach dem „Diäten-Urteil" des Bundesverfassungsgerichts hat die Abgeordnetenentschädigung eindeutig Entgeltcharakter (vgl. o. 1.1.1), ist also in diesem Zusammenhang wie das in § 143 Abs. 1 SGB III genannte Arbeitsentgelt zu behandeln. Allein dieses Ergebnis ist akzeptabel, weil der Parallelbezug von Abgeordnetenentschädigung neben der Lohnersatzleistung Arbeitslosengeld in keinerlei Hinsicht gerechtfertigt ist,[177] rechtlich nicht, sozial nicht und im Übrigen – wie die von *Welti F.* berichteten Beispiele nachhaltig belegen – auch politisch nicht, weil er verheerend ist für das Ansehen der Parlamente und ihrer Abgeordneten.

Im Ergebnis kann deshalb der arbeitslose Abgeordnete weder als Vollzeit- noch als Teilzeitparlamentarier Arbeitslosengeld erhalten.

10. Kindergeld für Abgeordnete

132 Die Abgeordnetenentschädigung, die die Mitglieder des Bundestages nach diesem Gesetz erhalten, umfasst in Übereinstimmung mit der Rechtsprechung des Bundesverfassungsgerichts zur Geltung des formalisierten Gleichheitssatzes bei dieser finanziellen Leistung an Abgeordnete (s.o. 2.4) keine kinderbezogenen Anteile.[178]

---

175 S. auch *Welti F.*, Die soziale Sicherung der Abgeordneten des Deutschen Bundestages, der Landtage und der deutschen Abgeordneten im Europäischen Parlament, S. 278 f.
176 S. die Nachweise bei *Welti F.*, Die soziale Sicherung der Abgeordneten des Deutschen Bundestages, der Landtage und der deutschen Abgeordneten im Europäischen Parlament, S. 279 f.
177 So auch *Welti F.*, Die soziale Sicherung der Abgeordneten des Deutschen Bundestages, der Landtage und der deutschen Abgeordneten im Europäischen Parlament, S. 280.
178 Vgl. auch *Welti F.*, Die soziale Sicherung der Abgeordneten des Deutschen Bundestages,

Abgeordnete haben indessen – wie jeder andere Bürger mit Wohnsitz oder gewöhnlichem Aufenthalt im Bundesgebiet – für die bei ihnen berücksichtigungsfähigen Kinder einen Anspruch nach dem Bundeskindergeldgesetz[179] auf Kindergeld. Der Anspruch ist schriftlich geltend zu machen. Zuständig ist das Arbeitsamt – Familienkasse am Wohnort des Berechtigten, nicht die Parlamentsverwaltung. 133

11. Rechtsweg bei Streitigkeiten über die Abgeordnetenentschädigung

Bereits in einer sehr frühen Entscheidung aus dem Jahr 1955 hat das Bundesverfassungsgericht betont, dass der Anspruch des (aktiven) Abgeordneten auf Entschädigung zu seinem verfassungsrechtlichen Status gehört und dass die mit diesem Status verbundenen Rechte im Verfassungsstreit (Organstreit), nicht etwa im Verfassungsbeschwerdeverfahren, geltend gemacht werden können.[180] Dies gilt z.B. dann, wenn Verfassungsnormen, die dem Bereich des Verfassungslebens angehörige Rechte eines Beteiligten sichern, bei der inhaltlichen Gestaltung gesetzlicher Bestimmungen missachtet worden sind. In einem solchen Fall ist die Frage der Gültigkeit oder Ungültigkeit der gesetzlichen Bestimmung Gegenstand der Verfassungsstreitigkeit.[181] Der Entschädigungsanspruch gehört zum materiellen Parlamentsrecht und ist weder ein minderes Hilfsrecht noch bloßes Vermögensrecht.[182] 134

Ein Wahlbewerber kann unter diesen Umständen Verfassungsbeschwerde erheben, um sich Klarheit zu verschaffen, ob und unter welchen rechtlichen Bedingungen er für das Parlament kandidieren kann.[183] 135

Demgegenüber hat das Bundesverwaltungsgericht in einem Verfahren, in dem ein Abgeordneter sich gegen die Anrechnung von Bezügen auf seine Abgeordnetenentschädigung wandte, die Zulässigkeit des Verwaltungsrechtsweges bejaht. In Auseinandersetzung mit der Rechtsprechung des Bundesverfassungsgerichts hat das Gericht dabei die Auffassung vertreten, dass einiges für die Annahme einer nichtverfassungsrechtlichen Streitigkeit i.S.d. § 40 Abs. 1 Satz 1 VwGO spräche, wenn es nur um die Auslegung der einfachgesetzlichen Konkretisierung des verfassungsrechtlich verbürgten Anspruches auf angemessene Entschädigung im AbgG ginge. 136

---

der Landtage und der deutschen Abgeordneten im Europäischen Parlament, S. 363 und 367 f. Er hält einen Kinderzuschlag für Abgeordnete verfassungsrechtlich nicht für geboten, unter Umständen und je nach systematischer Konzeption einer Entschädigungsregelung aber für erlaubt.
179 Bundeskindergeldgesetz (BKGG) in der Fassung des Art. 2 des Jahressteuergesetzes 1996 vom 11. Oktober 1995 (BGBl. I S. 1250, 1378).
180 BVerfG, Urteil vom 16. März 1955 – 2 BvK 1/54 –, BVerfGE 4, 144, 149/151; zum Rechtsschutz für Abgeordnete vgl. auch *Klein, H. H.*, Status der Abgeordneten, in: Handbuch des Staatsrechts der Bundesrepublik Deutschland, Heidelberg, 1987, 367, 388 f.; *Stern K.*, Das Staatsrecht der Bundesrepublik Deutschland, Bd. 1, 2. Aufl., München, 1984, § 24 II. 3; *Waldthausen J. Chr. v.*, aaO, S. 62 f.; *Welti F.*, Die soziale Sicherung der Abgeordneten des Deutschen Bundestages, der Landtage und der deutschen Abgeordneten im Europäischen Parlament, S. 370 ff.
181 BVerfG, aaO, S. 148.
182 *Cremer H.-J.*, aaO, S. 62, m.w.N.; *ders.*, auch eingehend zum Verhältnis von Organstreitverfahren zu Verfassungsbeschwerden in Streitigkeiten über den Abgeordnetenstatus, aaO, S. 54 ff.
183 BVerfGE 40.296, 310.

Letztlich hat das Gericht diese Frage indessen offengelassen und die Zulässigkeit des Verwaltungsrechtswegs in durch Art. 19 Abs. 4 GG gebotener erweiternder Auslegung des § 40 Abs. 1 Satz 1 VwGO als gegeben angesehen. In der Begründung heißt es dazu, dass der Anspruch auf Abgeordnetenentschädigung zumindest auch einen personalen Bezug habe, im Unterschied zu sonstigen (bloßen) Organrechten, die seine Stellung als Abgeordneter ausmachten, weil es hier zumindest auch um die Sicherung der persönlichen Lebenshaltung des Abgeordneten, also um seine persönliche Rechtsstellung gehe. Wegen dieses personalen Bezuges falle der Entschädigungsanspruch unter den Schutz des Art. 19 Abs. 4 GG. Der danach eröffnete Rechtsweg sei der zu den Verwaltungsgerichten, nicht etwa zu den ordentlichen Gerichten.[184]

137 Dieser – auch im Ergebnis pragmatischen, weil zu einer Entlastung des Bundesverfassungsgerichts beitragenden – Auffassung ist zuzustimmen.

138 In der Parlamentspraxis spielt die Frage des Rechtsweges bei Streitigkeiten über Entschädigungsfragen allerdings eine eher nachgeordnete Rolle. Bestehende – auch rechtliche – Differenzen über die Gültigkeit oder Ungültigkeit der Entschädigungsregelung werden bei Änderungen im Gesetzgebungsverfahren politisch ausgetragen. Bisher hat noch kein aktiver Abgeordneter des Deutschen Bundestages deswegen das Bundesverfassungsgericht angerufen. Gibt es im Rahmen des Gesetzesvollzuges im Einzelfall einmal Meinungsverschiedenheiten zwischen der Parlamentsverwaltung und Abgeordneten über die Anwendung oder Auslegung des AbgG, z.B. bei der Anrechnung sonstiger Bezüge aus öffentlichen Kassen, können diese meist im Verhandlungsweg beigelegt werden, ohne dass die Gerichte bemüht werden müssten. In den Rechtsbehelfsbelehrungen der Festsetzungsbescheide über die Abgeordnetenentschädigung wird jedoch auf die Möglichkeit der Klageerhebung beim Verwaltungsgericht hingewiesen.

12. Sanktionsmöglichkeiten bei Nichtausübung des Mandats

139 In der Parlamentspraxis sehr selten, gleichwohl aber nicht völlig auszuschließen ist der Fall des Abgeordneten, der sein Mandat zwar innehat, aber in keiner Weise ausübt. Dann stellt sich die Frage, ob Sanktionsmöglichkeiten insbesondere im Bereich der finanziellen Ausstattung bestehen (zur zweckwidrigen Verwendung der Amtsausstattung s. Anmerkung 10. zu § 12).

140 Die verfassungsrechtliche Ausgangslage ist eindeutig und rasch beschrieben. Das Bundesverfassungsgericht hat sie im „Diäten-Urteil" in folgendem Kernsatz auf den Punkt gebracht:

> „... der Abgeordnete „schuldet" rechtlich keine Dienste, sondern nimmt in Unabhängigkeit sein Mandat wahr." [185]

---

184 BVerwG, Urteil vom 11. Juli 1985 – 7 C 64/83 –, NJW 1985, 2344, 2345, m.w.N.; vgl. auch OVG Hamburg, Urteil vom 19. April 1994 – OVG Bf III 103/90 –, DÖV 1984, 968; vgl. auch *Schulze-Fielitz H.*, in: Dreier H. (Hrsg.), Grundgesetz-Kommentar, Bd. 2, Tübingen, 1998, Art. 48, Rdn. 35.
185 BVerfGE 40, 296, 316.

In einer späteren Entscheidung hat das Gericht seine Auffassung wie folgt weiter bekräftigt:

„Zwischen Abgeordneten und Beamten bestehen grundlegende statusrechtliche Unterschiede. Der Abgeordnete ist – vom Vertrauen des Wählers berufen – Inhaber eines öffentlichen Amtes, Träger des ‚freien Mandats' und ‚Vertreter des ganzen Volkes'. Er hat einen repräsentativen Status und übt sein Mandat in Unabhängigkeit aus (Artikel 38 Abs. 1 Satz 2 GG). An diesem nicht nur die Rechts-, sondern auch die Pflichtenstellung des Abgeordneten bestimmenden normativen Sachverhalt hat die Mitwirkung der Parteien an der politischen Willensbildung des Volkes (Artikel 21 GG) nichts geändert. Während das Beamtenverhältnis für den Beamten die Pflicht begründet, seine volle Arbeitskraft, grundsätzlich auf Lebenszeit, dem Dienstherrn zur Verfügung zu stellen, ‚schuldet' der Abgeordnete rechtliche keine Dienste." [186]

141 Daraus folgt nicht, dass dem Abgeordneten keine Pflichten obliegen. Diese sind jedoch nicht mit rechtlichen Sanktionen bewehrt. Es ist weder eine Erzwingung der Pflichterfüllung noch eine Ahndung der Pflichtverletzung möglich.[187] Für die Abgeordnetenentschädigung bedeutet das: Weil der Abgeordnete Träger eines freien Mandats ist und ihm die Verfassung die Ausübung des Mandats in Unabhängigkeit garantiert und weil die dem Abgeordneten ebenfalls verfassungsrechtlich verbürgte angemessene Entschädigung zu nichts anderem bestimmt ist, als eben diese Unabhängigkeit zu sichern (Art. 48 Abs. 3 Satz 1 GG), darf ein Zusammenhang zwischen der Abgeordnetenentschädigung und der Art und Weise, wie ein Abgeordneter sein Mandat ausübt, in keiner Weise hergestellt werden. Auch der untätige Abgeordnete hat deshalb Anspruch auf Abgeordnetenentschädigung.[188]

142 Dass sich aus § 13 Abs. 2 Satz 1 GO-BT nichts anderes ergibt, wurde bereits oben (9.) dargelegt.[189] Die einzig mögliche Sanktion liegt im Bereich des Politischen, d.h. in der Wahrscheinlichkeit für den untätigen Abgeordneten, von den Gremien seiner Partei nicht wieder aufgestellt oder von den Wählern nicht wieder gewählt zu werden.[190]

---

186 BVerfGE 76, 256, 341.
187 *Klein, H. H.*, Status der Abgeordneten, in: Handbuch des Staatsrechts der Bundesrepublik Deutschland, aaO, S. 378; *Troßmann H.*, Parlamentsrecht des Deutschen Bundestages, München 1977, Rdn. 6. 2 vor §§ 16–22.
188 A.M. *Welti F.*, Die soziale Sicherung der Abgeordneten des Deutschen Bundestages, der Landtage und der deutschen Abgeordneten im Europäischen Parlament, S. 145 f., der von einer Leistungspflicht des Abgeordneten zur Repräsentation ausgeht, die mit seinem Einkommensanspruch korrespondiere.
189 S. auch Anmerkung 2. zu § 14.
190 Vgl. auch *Stern K.*, Das Staatsrecht der Bundesrepublik Deutschland, Bd. 1, 2. Aufl., München 1984, § 24 III. 1.

Vierter Abschnitt
Leistungen an Mitglieder des Bundestages

§ 12 Amtsausstattung

(1) Ein Mitglied des Bundestages erhält zur Abgeltung seiner durch das Mandat veranlassten Aufwendungen eine Amtsausstattung als Aufwandsentschädigung. Die Amtsausstattung umfasst Geld- und Sachleistungen.

(2) Ein Mitglied des Bundestages erhält eine monatliche Kostenpauschale für den Ausgleich insbesondere von

1. Bürokosten zur Einrichtung und Unterhaltung von Wahlkreisbüros außerhalb des Sitzes des Bundestages, einschließlich Miete und Nebenkosten, Inventar und Büromaterial, Literatur und Medien, *Porto und Telefon*,[1]
2. Mehraufwendungen am Sitz des Bundestages und bei Reisen mit Ausnahme von Auslandsdienstreisen,
3. Fahrtkosten für Fahrten in Ausübung des Mandats innerhalb der Bundesrepublik Deutschland unbeschadet der Regelungen in den §§ 16 und 17 und
4. sonstigen Kosten für andere mandatsbedingte Kosten (Repräsentation, Einladungen, Wahlkreisbetreuung usw.), die auch sonst nicht aus dem der Lebensführung dienenden beruflichen Einkommen zu bestreiten sind.

Die Kostenpauschale wird zum 1. Januar eines jeden Jahres der Entwicklung der allgemeinen Lebenshaltungsausgaben aller privaten Haushalte im vorvergangenen Kalenderjahr angepasst. Das Nähere über die Höhe der am tatsächlichen Aufwand orientierten pauschalierten Einzelansätze und die Anpassung regeln das Haushaltsgesetz und Ausführungsbestimmungen, die vom Ältestenrat zu erlassen sind.

(3) Ein Mitglied des Bundestages erhält Aufwendungen für die Beschäftigung von Mitarbeitern zur Unterstützung bei der Erledigung seiner parlamentarischen Arbeit gegen Nachweis ersetzt. Der Ersatzanspruch ist nicht auf ein anderes Mitglied des Bundestages übertragbar. Der Ersatz von Aufwendungen für Arbeitsverträge mit Mitarbeitern, die mit dem Mitglied des Bundestages verwandt, verheiratet oder verschwägert sind oder waren, ist grundsätzlich unzulässig. Entsprechendes gilt für den Ersatz von Aufwendungen für Arbeitsverträge mit Lebenspartnern oder früheren Lebenspartnern eines Mitglieds des Bundestages. Einzelheiten über den Umfang und die Voraussetzungen für den Ersatz von Aufwendungen, über nicht abdingbare Mindestvorschriften für den Arbeitsvertrag und sonstige Fragen regeln das Haushaltsgesetz und die vom Ältestenrat zu erlassenden Ausführungsbestimmungen. Die Abrechnung der Gehälter und anderen Aufwendungen für Mitarbeiter erfolgt durch die Verwaltung des Bundestages. Eine Haftung des Bundestages gegenüber Dritten ist ausgeschlossen. Die Mitarbeiter sind nicht Angehörige des öffentlichen Dienstes. Es bestehen keine arbeitsrechtlichen Beziehungen zwischen den Mitarbeitern und der Verwaltung des Bundestages.

(4) Zur Amtsausstattung gehören auch

---

[1] Die Wörter „Porto und Telefon" werden gemäß Art. 1 Nr. 2 a) des Dreiundzwanzigsten Gesetzes zur Änderung des Abgeordnetengesetzes mit Beginn der 15. Wahlperiode durch die Wörter „sowie Porto" ersetzt. Das Gesetz wurde vom Bundestag am 5. Juli 2001 beschlossen. Im Zeitpunkt der Drucklegung war es noch nicht verkündet.

1. die Bereitstellung eines eingerichteten Büros am Sitz des Bundestages,
2. die Benutzung von Verkehrsmitteln gemäß § 16,
3. die Benutzung der Dienstfahrzeuge des Bundestages,
4. die Bereitstellung und Nutzung des gemeinsamen Informations- und Kommunikationssystems des Bundestages und
5. sonstige Leistungen des Bundestages.

Das Nähere regeln das Haushaltsgesetz und Ausführungsbestimmungen, die vom Ältestenrat zu erlassen sind.

(5) Der Präsident des Bundestages erhält eine monatliche Amtsaufwandsentschädigung von 2000 Deutsche Mark (*1023 Euro*), seine Stellvertreter erhalten eine monatliche Amtsaufwandsentschädigung von 600 Deutsche Mark (*307 Euro*).[2]

(6) Ein Mitglied des Bundestages, dem ein Dienstwagen des Bundes zur ausschließlichen Verfügung steht, erhält eine um fünfundzwanzig vom Hundert verminderte Kostenpauschale.

Parallelvorschriften im EuAbgG und in den Abgeordnetengesetzen der Länder:			
EuAbgG	§ 10 a		
BadWürtt.	§ 6	Nds.	§ 7
Bay.	Art. 6	NW.	§ 6
Berl.	§ 7	RP.	§ 6
Bbg.	§ 6	Saarl.	§ 6
Brem.	§ 7	Sachs.	§ 6
Hbg.	§ 3	SachsAnh.	§ 7/8
Hess.	§ 6/7	SchlH.	§ 8/9
MV.	§ 8/9	Thür.	§ 6/7

Literatur: *v. Arnim H. H.*, Das neue Abgeordnetengesetz, Forschungsinstitut für öffentliche Verwaltung bei der Hochschule für Verwaltungswissenschaften, Speyer, 1997; *ders.*, Zweitbearbeitung von Art. 48 GG, 1980, in: Kommentar zum Bonner Grundgesetz (Bonner Kommentar); *ders.*, Entschädigung und Amtsausstattung, in: Parlamentsrecht und Parlamentspraxis in der Bundesrepublik Deutschland: ein Handbuch / hrsg. von Schneider H.-P. / Zeh W., Berlin, 1989, 523 ff.; *Birk D.*, Rechtsgutachten über die Verfassungsmäßigkeit der Besteuerung der Abgeordnetenbezüge und die Möglichkeit einer Überprüfung durch das BVerfG, erstattet im Auftrag der Zeitschrift Capital, des BdSt. und des Deutschen Mittelstandbundes, Münster, 2000 (www.steuerzahler.de); *Brockmeyer H. B.*, in Schmidt-Bleibtreu B., Klein F., Kommentar zum Grundgesetz, 9. Aufl., Neuwied, 1999; *Determann L.*, Verfassungsrechtliche Vorgaben für die Entschädigung von Abgeordneten, BayVBl. 1997, 385 ff.; *Drysch Th.*, Parteienfinanzierung, Opladen, 1998; *Eickenboom P.*, Haushaltsausschuss und Haushaltsverfahren, in: Parlamentsrecht und Parlamentspraxis in der Bundesrepublik Deutschland: ein Handbuch / hrsg. von Schneider H.-P. / Zeh W., Berlin, 1989, 1183 ff.; *Fischer A.*, Abgeordnetendiäten und staatliche Fraktionsfinanzierung in den fünf neuen Bundesländern, Frankfurt, 1995; *Fleuter R.*, Mandat und Status der Abgeordneten im Europäischen Parlament, Pfaffenweiler, 1991; *Henkel J.*, Das Abgeordnetengesetz des Bundestages, DÖV 1977, 350 ff.; *Klein, H. H.*, in Maunz-Dürig, Kommentar zum Grundgesetz, Art. 48; *Lohr A.*, Die Besteuerung von Politikern, DStR 1997, 1230 ff.; *Maaß W. / Rupp H. H.*, Verfassungsrechtliche Fragen der Abgeordnetenentschädigung in Hessen,

---

[2] Ausweisung in Euro gemäß Art. 1 Nr. 2 b) des Dreiundzwanzigsten Gesetzes zur Änderung des Abgeordnetengesetzes mit Wirkung vom 1. Januar 2002 an.

Vierter Abschnitt
Leistungen an Mitglieder des Bundestages

Gutachtliche Äußerung für die vom Hessischen Landtag eingesetzte Kommission zur Überarbeitung des Hessischen Abgeordnetengesetzes, o.O., 1988; *Meyer D.*, Abgeordnetenentschädigung – Ein Beitrag zur Rationalisierung der Diskussion aus ökonomischer Sicht, Politische Vierteljahresschrift, 1998, S. 329 ff.; *Meyer H.*, Das fehlfinanzierte Parlament, KritV 1995, 216 ff.; *Roll H.-A.*, Entschädigung und Kostenpauschale des Abgeordneten im Unterhaltsrecht, FamRZ 1980, 111 f.; *Stern K.*, Das Staatsrecht der Bundesrepublik Deutschland, Bd. 1, 2. Aufl., München 1984; *Stolz W.*, Die persönlichen Mitarbeiter der Bundestagsabgeordneten – ein neues Feld verdeckter Parteienfinanzierung?, ZRP 1992, 372 ff.; *Vetter H.*, Das Arbeitsverhältnis der Mitarbeiter von Bundestagsabgeordneten, Berlin, 2000; *Welti F.*, Die soziale Sicherung der Abgeordneten des Deutschen Bundestages, der Landtage und der deutschen Abgeordneten des Europäischen Parlaments, Berlin, 1998; *ders.*, Abgeordnete und Arbeitsrecht, Arbeit und Recht 1998, 345 ff.; *Wenz E. M.*, Abgeordneten-Diäten, in Rechtsforschung, Rechtspolitik und Unternehmertum: Gedächtnisschrift für Prof. Edgar Michael Wenz, hrsg. von Ulrich Karpen u.a., Berlin, 1999; *ders.*, Die Diätenhöhe ist unbedenklich – Kostenpauschalen sind Rechtsbruch im Verfassungsrang, in: Orientierungen zur Wirtschafts- und Gesellschaftspolitik, 1992, 53 ff.; *Wiefelspütz D.*, Diäten für Abgeordnete – eine unendliche Geschichte? Plädoyer für eine Indexierung der Abgeordnetenentschädigung, ZParl 2001, 33 ff.

Übersicht

		Rdn.
1.	Allgemeines	1–3
2.	Amtsausstattung als Aufwandsentschädigung (Abs. 1)	4–5
3.	Kostenpauschale als Geldleistung (Abs. 2)	6–38
3.1	Aufwandsentschädigung als Monatspauschale ohne Einzelnachweis	6–16
3.2	Katalog der Aufwendungen (Satz 1)	17–26
3.2.1	Bürokosten (Nr. 1)	18–22
3.2.2	Mehraufwendungen am Sitz des Bundestages / Mandatsreisen (Nr. 2)	23–25
3.2.3	Mandatsfahrten innerhalb der Bundesrepublik (Nr. 3)	26
3.2.4	Sonstige mandatsbedingte Kosten (Nr. 4)	27
3.3	Jährliche Anpassung der Kostenpauschale (Satz 2)	28
3.4	Ausführungsbestimmungen des Ältestenrates zur Kostenpauschale (Satz 3)	29–33
3.5	Unterhaltsrechtliche Behandlung der Kostenpauschale	34–38
4.	Ersatz von Aufwendungen für die Beschäftigung von Mitarbeitern (Abs. 3)	39–61
4.1	Allgemeines	39–41
4.2	Nachweispflicht (Satz 1)	42
4.3	Beschäftigungszweck (Satz 1)	43–45
4.4	Übertragbarkeit des Anspruchs (Satz 2)	46–47
4.5	Von einer Beschäftigung gegen Aufwandsentschädigung ausgenommene Personengruppen (Sätze 3 und 4)	48–51
4.6	Ergänzende Regelungen im Haushaltsgesetz und in Ausführungsbestimmungen des Ältestenrates (Satz 5)	52–58
4.6.1	Haushaltsgesetz	52–53
4.6.2	Ausführungsbestimmungen des Ältestenrates	54–58
4.7	Rechtsbeziehungen zwischen Abgeordneten, Mitarbeitern und Bundestag (Sätze 6 bis 9)	59–61
5.	Amtsausstattung als Sachleistung (Abs. 4 Nr. 1–3 und 5)	62–66
6.	Bereitstellung und Nutzung des gemeinsamen Informations- und Kommunikationssystems des Bundestages als weitere Sachleistung (Abs. 4 Nr. 4)	67–69
7.	Amtsaufwandsentschädigung des Präsidenten und seiner Stellvertreter (Abs. 5)	70–71

8.	Kürzung der Kostenpauschale bei der Nutzung personengebundener Dienstwagen (Abs. 6)	72–74
9.	Entstehen der Ansprüche auf Amtsausstattung	75
10.	Sanktionsmöglichkeiten bei zweckwidriger Verwendung der Amtsausstattung	76–81
11.	Amtsausstattung schwerbehinderter Abgeordneter	82–86
12.	EuAbgG	87–90
12.1	Leistungen des Bundestages	87–88
12.2	Leistungen des Europäischen Parlaments	89–90
13.	Landesrecht	91–95
14.	Steuerrechtliche Behandlung der Amtsausstattung	96–99
14.1	Leistungen nach deutschem Recht	96–97
14.2	Leistungen nach europäischem Recht	98–99

1. Allgemeines

Der verfassungsrechtlich verbürgte Anspruch auf eine angemessene, die Unabhängigkeit sichernde Entschädigung nach Art. 48 Abs. 3 GG umfasst neben der Abgeordnetenentschädigung auch die Erstattung des mandatsbezogenen Aufwandes. Die Abgeordnetengesetze des Bundes und der Länder gewähren den Parlamentsmitgliedern daher zusätzlich zum Entschädigungsanspruch auch das Recht auf eine Amtsausstattung, mit der dieser besondere Aufwand abgegolten wird (Aufwandsentschädigung). Zu unterscheiden sind dabei Geld- und Sachleistungen. Mit der Amtsausstattung nach § 12 wird der überwiegende Teil des Mandatsaufwandes abgegolten. Daneben bestehen spezielle Regelungen für Reisekosten (§§ 16 und 17). 1

§ 12 in seiner Grundfassung geht zurück auf § 25 des Entwurfs der Fraktionen der SPD, CDU/CSU, FDP eines Gesetzes zur Neuregelung der Rechtsverhältnisse der Mitglieder des Deutschen Bundestages auf BT-Drs. 7/5525. Das Gesetz folgt den Vorgaben des Bundesverfassungsgerichts im „Diäten-Urteil". Danach darf nur ein wirklich entstandener, sachlich angemessener, besonderer, mit dem Mandat verbundener finanzieller Aufwand ausgeglichen werden,[3] nicht auch der allgemeine Aufwand, wie er auch sonst in jedem Beruf anfällt und von dem besonderen, berufseigenen Aufwand zu unterscheiden ist. Das Bundesverfassungsgericht hat danach eine doppelte Begrenzung verfassungsrechtlicher Art der Aufwandsentschädigung der Abgeordneten festgestellt: Nur „wirklich entstandener" Aufwand – nur soweit dieser wirklich entstandene Aufwand auch „sachlich angemessen" ist und nur soweit er ein mit dem Mandat verbundener „besonderer" Aufwand ist – kann mit der steuerfreien Aufwandsentschädigung ausgeglichen werden. Und nur in diesem Rahmen wird vom Bundesverfassungsgericht auch eine gesetzliche Pauschalierung für zulässig erachtet.[4] Die strikte Begrenzung auf den Mandatsaufwand bedeutet auch, dass Leistungen im Rahmen der Amtsausstattung, seien es Sachleistungen oder Geldleistungen, nicht für andere Zwecke – private, fraktions- oder parteibezogene – genutzt werden dürfen, wenngleich die Abgrenzung gerade bei letzteren nicht immer einfach sein dürfte.[5] Insoweit gilt das, was das Bundesver- 2

---

[3] BVerfGE 40, 296, 318 und 328.
[4] BVerfG, Urteil vom 28. Juni 1978 – 2 BvR 314/77 –, BVerfGE 49, 1, 2.
[5] Ohne Zweifel unzulässig ist es allerdings, von Abgeordneten zu verlangen, 1.000 DM aus der Kostenpauschale „wegen des im Durchschnitt weniger üppigen Lebensstils als bei den anderen

fassungsgericht im „Diäten-Urteil" für die Abgeordnetenentschädigung mit folgenden Worten umschrieben hat

> „Anderen Zwecken als dem der Unterhaltssicherung, beispielsweise einer Mitfinanzierung der Fraktion oder politischen Partei oder der Beteiligung an Wahlkosten, hat die Entschädigung nicht zu dienen".[6]

für die Amtsausstattung entsprechend.

3 An der Struktur dieser Norm hat sich seit 1977 nur wenig geändert. Mit dem Siebten Gesetz zur Änderung des Abgeordnetengesetzes vom 16. Januar 1987[7] wurde die Amtsausstattung im Zuge der technischen Weiterentwicklung um die Nutzung des gemeinsamen Informations- und Kommunikationssystems am Sitz des Bundestages erweitert (vgl. unten 5. und 6.). Eine größere Korrektur erfolgte 1995 mit dem Neunzehnten Gesetz zur Änderung des Abgeordnetengesetzes[8], das die Dynamisierung der Kostenpauschale einführte (s. u. 3. 3). Mit dem Einundzwanzigsten Gesetz zur Änderung des Abgeordnetengesetzes vom 20. Juli 2000[9] wurden die gesetzlichen Voraussetzungen für eine Teilhabe der Amtsausstattung an der fortgeschrittenen Entwicklung der Informations- und Kommunikationstechniken geschaffen (s.u. 6). Mit dem Dreiundzwanzigsten Gesetz zur Änderung des Abgeordnetengesetzes[10] schließlich wurde die bislang der Kostenpauschale zugewiesene Sprachkommunikation integraler Bestandteil der Amtsausstattung nach § 12 Abs. 4 Satz 1 Nr. 4. Zugleich wurde in Absatz 5 die Währungsumstellung von Deutscher Mark auf Euro nachvollzogen. Die Einfügung des § 12 Abs. 3 Satz 4 schließlich erfolgte aufgrund des Art. 3 § 2 des Gesetzes zur Beendigung der Diskriminierung gleichgeschlechtlicher Gemeinschaften: Lebenspartnerschaften vom 16. Februar 2001[11] mit Wirkung vom 1. August 2001.

2. Amtsausstattung als Aufwandsentschädigung (Abs. 1)

4 § 12 Abs. 1 bestimmt ganz allgemein, dass ein Mitglied des Bundestages zur Abgeltung der Mandatsaufwendungen eine Amtsausstattung in Form von Geld- und Sachleistungen als Aufwandsentschädigung erhält. Die nähere Ausgestaltung der Amtsausstattung richtet sich nach den Absätzen 2 bis 6, ohne dass die dort getroffenen Regelungen abschließend wären. Ergänzende Bestimmungen finden sich

---

Parteien" an die Partei abzuführen (Der Spiegel, „Problem mit Abgeordnetenspende", vom 10. Januar 2000); vgl. auch *Meyer H.*, Das fehlfinanzierte Parlament, KritV 1995, 216, 243: „Eine Verpflichtung zur Finanzierung von Fraktionsbeiträgen durch die Amtsausstattung wäre ... schlicht gesetzwidrig... Vollends der durch die Fraktionsgesetze zum Ausdruck gekommene Wille, die Fraktionen unmittelbar durch den Staat voll zu finanzieren ... hätte Anlass geben müssen, die Fraktionsfinanzierung durch Abgeordnete gesetzlich zu unterbinden."; *Fischer A.*, Abgeordnetendiäten und staatliche Fraktionsfinanzierung in den fünf neuen Bundesländern, Frankfurt, 1995, S. 167 f.: „verfassungsrechtlich bedenklich"; *Henkel J.*, Das Abgeordnetengesetz des Bundestages, DÖV 1977, 350, 355: „Die Kostenpauschale nach § 12 Abs. 2 AbgG darf dagegen nicht für Sonderbeiträge an Partei und Fraktion herangezogen werden. Das verbietet der im Gesetz ausdrücklich festgelegte Verwendungszweck."

6 BVerfGE 40, 296, 316.
7 BGBl. I S. 143.
8 BGBl. I S. 1718.
9 BGBl. I S. 1037.
10 S. o. Fn. 1.
11 BGBl. I S. 265.

z.B. in Ausführungsrichtlinien des Ältestenrates oder im Haushaltsgesetz. Beginn und Ende der Ansprüche nach § 12 regelt § 32 (vgl. dort 2. und 3.).

§ 12 Abs. 1 in Verbindung mit Abs. 4 Satz 1 Nr. 5 kann immer dann als Auffangnorm **5** herangezogen werden, wenn finanzielle Leistungen an Abgeordnete in anderen Bestimmungen nicht ausdrücklich genannt sind. Das ist kein Freibrief, weil bei allem die vom Bundesverfassungsgericht vorgegebene Zweckbestimmung eingehalten werden muss. Stets muss es also um den Ausgleich des besonderen Mandatsaufwandes gehen. Ist diese Zweckbestimmung aber gewahrt, dürfen danach auch solche Leistungen gewährt werden, die der Gesetzgeber bei der Normgebung noch nicht hat vorhersehen können, ohne dass es hierzu der vorherigen Ergänzung des Gesetzes bedürfte. Insoweit ermöglicht Abs. 1 eine flexible, dem sich insbesondere durch die technische Entwicklung stetig verändernden Bedarf Rechnung tragende Ausgestaltung der Amtsausstattung.

3. Kostenpauschale als Geldleistung (Abs. 2)

3.1 Aufwandsentschädigung als Monatspauschale ohne Einzelnachweis

§ 12 Abs. 2 Satz 1 schreibt vor, dass ein Mitglied des Bundestages zum Ausgleich der **6** in den Ziffern 1.–4. näher beschriebenen Aufwendungen eine monatliche Kostenpauschale erhält. Sie beträgt seit dem 1. Januar 2001 6.558 DM[12] (zum Anpassungsverfahren s.o. 3. 3) und ist steuerfrei.[13]

Tabelle 1. Entwicklung der Kostenpauschale seit 1977

Jahr	DM / €
01. 04. 1977	4.500
01. 07. 1983	4.700
01. 07. 1984	4.800
01. 07. 1985	4.915
01. 07. 1986	5.003
01. 07. 1987	5.078
01. 07. 1988	5.155
01. 07. 1989	5.274
01. 07. 1990	5.443
01. 07. 1991	5.765
01. 07. 1992	5.978
01. 01. 1996	6.142
01. 01. 1997	6.251
01. 01. 1998	6.344
01. 01.1999	6.459
01. 01. 2000	6.520
01. 01. 2001	6.558
01. 01. 2002	3.417€

---

12 BAnz. vom 2. Dezember 2000, S. 22746.
13 Vgl. auch *Lohr A.*, Die Besteuerung von Politikern, DStR 1997, 1230, 1231; kritisch zur Steuerfreiheit („inhaltlich anstößige Regelung") *Isensee J.*, Entscheidungen des Parlaments in eigener Sache", eine Tagung der Deutschen Vereinigung für Parlamentsfragen und der Deutschen Gesellschaft für Gesetzgebung, ZParl 2000, 409.

Vierter Abschnitt
Leistungen an Mitglieder des Bundestages

7 Vor Einführung der einheitlichen Kostenpauschale zum 1. April 1977 gab es drei verschiedene Pauschalen als Aufwendungsersatz, eine Kostenpauschale zu Abgeltung von Bürokosten in Höhe von zuletzt 1.500 DM, eine Tagegeldpauschale zur Abgeltung sonstiger Aufwendungen im Zusammenhang mit der Mandatsausübung in Höhe von 1.500 DM sowie eine Reisekostenpauschale in Höhe von 1.050 DM.[14]

8 Mit der Kostenpauschale nach neuem Recht erhält jeder Abgeordnete eine gleichhoch bemessene Aufwandsentschädigung als Geldleistung. Verfassungsrechtlich zwingend ist das nicht. Insbesondere steht der egalitäre Gleichheitssatz einer sachlich begründeten Differenzierung – etwa bei Kostenerstattung nur gegen Einzelnachweis wie in einigen Bundesländern vorgesehen (s.u. 10.) – nicht entgegen. Der egalitäre Gleichheitssatz gilt – soweit hier von Interesse – nur für den alimentativen Teil der finanziellen Ausstattung der Abgeordneten (s. § 11 2. 4). Die Aufwandsentschädigung zählt dazu nicht.

9 Der Gesetzgeber folgte seinerzeit bei der Neuregelung des Status der Abgeordneten der Empfehlung des Beirats für Entschädigungsfragen beim Präsidium des Deutschen Bundestages, der in seinem zweiten Gutachten im Juni 1976 die Auffassung vertreten hatte, dass es dem Verfassungsgrundsatz des freien Mandats am ehesten entspricht, wenn die mandatsbedingten Aufwendungen der Abgeordneten in Form des pauschalierten Unkostenersatzes abgegolten werden.[15] Dem ist beizupflichten.

10 Die Pauschalregelung ist überdies die gerechteste und kostengünstigste Lösung.[16] Die Aufgaben- und Ausgabenschwerpunkte der Abgeordneten sind – wie die Praxis zeigt – sehr unterschiedlich. Dem trägt eine am Durchschnittsaufwand orientierte Betrachtungsweise und eine Ausgestaltung der Kostenpauschale als Gesamtpauschale – und nicht eine Aufsplittung in verschiedene Teilpauschalen – noch am ehesten Rechnung.[17] Eine Kostenerstattung gegen Einzelnachweis verursacht außerdem einen hohen Verwaltungsmehraufwand mit beträchtlichen sächlichen und personellen Folgekosten. Sie birgt schließlich ein unkalkulierbares Haushaltsrisiko in sich, weil Abgeordnete ihren Mandatsaufwand beliebig ausweiten und über Ein-

---

14 Vgl. § 13 des Gesetzes über die Entschädigung der Mitglieder des Bundestages (Diätengesetz 1968) vom 3. Mai 1968, BGBl. I S. 334.
15 BT-Drs. 7/5531, S. 44; str., zum Streitstand in der Literatur s. *Birk D.*, Rechtsgutachten über die Verfassungsmäßigkeit der Besteuerung der Abgeordnetenbezüge und die Möglichkeit einer Überprüfung durch das BVerfG, erstattet im Auftrag der Zeitschrift Capital, des BdSt. und des Deutschen Mittelstandbundes, Münster, 2000 (www.steuerzahler.de), S. 21 f.
16 Vgl. *Meyer D.*, Abgeordnetenentschädigung – Ein Beitrag zur Rationalisierung der Diskussion aus ökonomischer Sicht, Politische Vierteljahresschrift, 1998, S. 329 ff., der zu bedenken gibt, dass sich bei einer Erstattung des Ressourcenverbrauchs in Höhe der entstandenen Selbstkosten, die von dritter Seite garantiert wird (Inputorientierung), Anreize zur Verschwendung ergeben. Folglich würde ein Verwendungsnachweis die Ausschöpfung der Pauschale bis zur Kappungsgrenze begünstigen. Von daher sei weiterhin eine Kostenpauschale aus Vereinfachungsgründen bzw. zur Vermeidung von Abgrenzungsproblemen vorzuschlagen (aaO, S. 336). *Fischer A.*, aaO, S. 125 f., befürwortet grundsätzlich den Einzelnachweis, hält aber aus Gründen der Vereinfachung und der Vermeidung von Abgrenzungsschwierigkeiten eine am tatsächlichen Aufwand orientierte Pauschalierung dort für zulässig, wo es um eine Vielzahl geringerer Kosten geht.
17 Die Zusammenfassung der Kostenpauschale zu einer einheitlichen Gesamtpauschale geht zurück auf eine Empfehlung des Finanzausschusses vom 1. November 1976 mit folgendem Wortlaut: „Da die einzelnen in dem Pauschalbetrag erfassten Aufwendungen bei den einzelnen Abgeordneten in unterschiedlicher Zusammensetzung anfallen, empfiehlt der Finanzausschuss die Zusammenfassung zu einer Gesamtpauschale" (Ausschuss-Drs. Nr. 54).

zelnachweis erstattet verlangen könnten. Dem müsste dann wenigstens mit einer Deckelung beim entsprechenden Titelansatz im Haushaltsplan begegnet werden.

11 Kritiker der Pauschalregelung[18] vernachlässigen, dass das Bundesverfassungsgericht im „Diäten-Urteil" eine Pauschalierung der Aufwandsentschädigung „in Orientierung am tatsächlichen Aufwand" ausdrücklich zugelassen hat.[19] In einer späteren Entscheidung hat das Gericht die Möglichkeit einer Pauschalierung und deren Grenzen noch einmal betont: Eine Pauschalregelung ist danach zulässig. Sie muss sich aber am tatsächlichen Aufwand – wie er im „Diäten-Urteil" definiert wurde – „orientieren".[20] Aufwendungsersatz darf nicht verschleiertes Einkommen sein.[21]

12 Genau dieser Verpflichtung ist der Gesetzgeber nachgekommen.[22] In der Ursprungsfassung des AbgG aus dem Jahr 1977 betrug die Höhe der Kostenpauschale 4.500 DM.[23] In den Materialien zum Entwurf eines Gesetzes zur Neuregelung der Rechtsverhältnisse der Mitglieder des Deutschen Bundestages auf BT-Drs. 7/5531[24] waren die Einzelansätze wie folgt veranschlagt:

---

18 Vgl. *v. Arnim H. H.* Entschädigung und Amtsausstattung, in: Parlamentsrecht und Parlamentspraxis in der Bundesrepublik Deutschland: ein Handbuch / hrsg. von Schneider H.-P. / Zeh W., Berlin, 1989, 523, 550; *Meyer H.*, aaO, S. 249 f.; *Brockmeyer H. B.*, in: Schmidt-Bleibtreu B., Klein F., Kommentar zum Grundgesetz, 9. Aufl., Neuwied, 1999, Art. 48, Rdn. 8: „Die Aufwandsentschädigung darf nicht verschleiertes Einkommen sein, das leichter erhöht werden kann, um die politisch schwerer darzustellende Erhöhung der (steuerpflichtigen) Diäten zu vermeiden"; *Stern K.*, Das Staatsrecht der Bundesrepublik Deutschland, Bd. 1, 2. Aufl., München, 1984, § 24 II. 2; *Wenz E. M.*, Abgeordneten-Diäten, in: Rechtsforschung, Rechtspolitik und Unternehmertum: Gedächtnisschrift für Prof. Edgar Michael Wenz, hrsg. von Ulrich Karpen u.a., Berlin, 1999; *ders.*, Die Diätenhöhe ist unbedenklich – Kostenpauschalen sind Rechtsbruch im Verfassungsrang, in: Orientierungen zur Wirtschafts- und Gesellschaftspolitik, 1992, 53, 54.
19 BVerfGE 40, 296, 328; zur Zulässigkeit der Kostenpauschale vgl. auch Bayerischer VerfGH, Entscheidung vom 15. Dezember 1982 – Vf. 22 – VII – 80 –, DVBl. 1983, 706, 710.
20 BVerfG, Urteil vom 28. Juni 1978, aaO; auch *Fischer A.*, aaO, S. 126, m.w.N., die die Notwendigkeit einer empirischen Ermittlung aus Gründen der Transparenz besonders betont; ebenso *v. Arnim H. H.*, Zweitbearbeitung von Art. 48 GG, 1980, in: Kommentar zum Bonner Grundgesetz (Bonner Kommentar), 1.1.
21 *Klein, H. H.*, in Maunz-Dürig, Kommentar zum Grundgesetz, Art. 48, Rdn. 189.
22 In seinem Bericht vom 5. Dezember 1986 zum Siebten Änderungsgesetz hat der Ausschuss für Wahlprüfung, Immunität und Geschäftsordnung noch einmal unterstrichen, dass die „vom Bundesverfassungsgericht für zulässig erklärte Kostenpauschale bei der Verabschiedung des Abgeordnetengesetzes so bemessen worden (ist), dass ausgerichtet am repräsentativen Durchschnittsaufwand aller Mandatsträger die mandatsbedingten Aufwendungen bestritten werden können" (BT-Drs. 10/6685 S. 14); zu den Angaben der Mitglieder des Bundestages über ihre mandatsbedingten Ausgaben vgl. 2. Gutachten des Beirats für Entschädigungsfragen, BT-Drs. 7/5531, S. 45.; *Henkel J.*, aaO, S. 354, meint gleichwohl, dass die Begründung des Abgeordnetengesetzes keine überzeugende, nachvollziehbare Berechnungsgrundlage erkennen lasse; kritisch auch *Klein, H. H.*, in: Maunz-Dürig, Kommentar zum Grundgesetz, Art. 48, Rdn. 191: „Mit der nunmehr getroffenen Regelung läuft der Gesetzgeber ein nicht ganz unerhebliches verfassungsrechtliches Risiko. Die Einschätzung, dass der mandatsbedingte Aufwand sich typischerweise auf einen Betrag von gegenwärtig rund 6200,– DM/Monat belaufe, steht auf ungesicherter empirischer Basis."; *Maaß W./Rupp H. H.*, Verfassungsrechtliche Fragen der Abgeordnetenentschädigung in Hessen, Gutachtliche Äußerung für die vom Hessischen Landtag eingesetzte Kommission zur Überarbeitung des Hessischen Abgeordnetengesetzes, o.O., 1988, S. 55: „Eine verfassungsrechtlich einwandfreie Regelung setzt daher hinreichend verlässliche Informationen über die tatsächliche Höhe der den Abgeordneten entstehenden Auslagen voraus. Als Informationsquellen können dabei entweder gesicherte Erfahrungswerte oder Erhebungen bei einer repräsentativen Zahl von Abgeordneten dienen."
23 BGBl. I S. 297, 299.
24 S. 22.

Vierter Abschnitt
Leistungen an Mitglieder des Bundestages

Unterhaltung eines eingerichteten Büros im Wahlkreis	
– Miete, Heizung, Beleuchtung, Reinigung	450 DM
– Porti	150 DM
Telefonkosten im Wahlkreis	250 DM
Büromaterial in Bonn und im Wahlkreis	100 DM
Fachliteratur, Zeitungen, Zeitschriften	150 DM
Sonstige Kosten	
– Besuch von Veranstaltungen, Einladungen, Glückwünsche, Zeitungsanzeigen, Repräsentationsausgaben	350 DM
Unterhaltung einer Zweitwohnung in Bonn	600 DM
Verpflegung bei Abwesenheit vom Wohnsitz infolge des Mandats an 280 Tagen je 30 DM	700 DM
Übernachtungen bei Mandatsreisen, die nicht als Dienstreisen abgerechnet werden	200 DM
Kosten für Fahrten in Ausübung des Mandats innerhalb der Bundesrepublik	1.550 DM
	4.500 DM

13 Bei der Bemessung der Höhe der Kostenpauschale haben demnach Beiträge an die Fraktion oder an die Partei zu Recht keine Berücksichtigung gefunden.[25] Dies hätte auch den Ausführungen des Bundesverfassungsgerichts im „Diäten-Urteil" widersprochen.[26]

14 Diese Systematik wurde bei Vorschlägen zur Anpassung der Kostenpauschale in der Folgezeit fortgeschrieben, ohne dass der Gesetzgeber aber die Pauschale auch nur annähernd in demselben Umfang erhöht hat, wie es der Vergleich mit Lebenshaltungs- und Preisindex nahegelegt hätte. Ansonsten hätte die Kostenpauschale schon zum 1. Juli 1994 8.151 DM betragen müssen.[27] Der Sockelbetrag von 5.978 DM, auf dem die 1995 mit dem Neunzehnten Änderungsgesetz eingeführte Dynamisierung der Kostenpauschale (s. dazu unten 3.) aufsetzte, war demnach eher viel zu niedrig als zu hoch bemessen mit der Folge, dass der tatsächliche Aufwand der Abgeordneten heute eher nicht abgedeckt, nicht jedoch überschritten wird. Es kann daher keine Rede davon sein, dass die Kostenpauschale ein steuerfreies „Zubrot" für

---

25 Vgl. 2. Sonderausschuss, Ausschuss-Drs. Nr. 5 vom 12. Januar 1976, S. 12 f.; BT-Drs. 7/5531, S. 46; 2. Gutachten des Beirats für Entschädigungsfragen, BT-Drs. 7/5531, S. 36; Bericht und Antrag des 2. Sonderausschusses, BT-Drs. 7/5903, S. 12.
26 BVerfGE 40, 296, 316.
27 Vgl. Bericht der Präsidentin des Deutschen Bundestages nach § 30 Abgeordnetengesetz vom 7. September 1994, BT-Drs. 12/8459, S. 5 und Anlage 10.

die Abgeordneten, ein weiteres steuerfreies Zusatzeinkommen neben der steuerpflichtigen Abgeordnetenentschädigung, darstellt.

Im Einzelfall mag es einmal dazu kommen, dass ein Abgeordneter nicht alle Mittel aus der Kostenpauschale für Mandatszwecke verbraucht (vgl. dazu unten 3.5). Hieraus aber den Schluss zu ziehen, dass sei typischerweise und regelmäßig so, ist nicht gerechtfertigt und lässt sich nicht belegen. Entsprechende Nachweise sind die Kritiker der Pauschalregelung deshalb auch stets schuldig geblieben.

In jüngster Zeit ist wieder verstärkt die Verfassungsmäßigkeit der Besteuerung der finanziellen Leistungen an Abgeordnete, speziell der Kostenpauschale, in Frage gestellt worden. Es wird gerügt, Abgeordnetengesetz und Einkommensteuergesetz stellten nicht sicher, dass sich die steuerfreie Kostenpauschale und die nach allgemeinen steuerrechtlichen Grundsätzen abziehbaren Werbungskosten (§ 9 EStG) deckten. Die steuerfreie Kostenpauschale werde unabhängig davon gewährt, ob einem Abgeordneten tatsächlich Mandatsaufwendungen in dieser Höhe entstanden sind. Dies führe dazu, dass bei Abgeordneten immer ein Erwerbsaufwand in Höhe der Kostenpauschale bei der Ermittlung der Einkünfte berücksichtigt werde, auch wenn ein Abgeordneter tatsächlich keinen oder nur einen geringeren Aufwand gehabt habe. Andere Steuerpflichtige könnten demgegenüber nur tatsächlich entstandenen Erwerbsaufwand geltend machen und diesen auch nur unter den – engeren – Voraussetzungen des § 9 EStG. Damit liege auf Seiten der Abgeordneten eine einseitige „echte" Steuerbefreiung von nach allgemeinen Grundsätzen steuerpflichtigen Einkünften vor, die der vom Gesetzgeber im Einkommensteuerrecht getroffenen Systementscheidung, nach dem objektiven Nettoprinzip die Einnahmen abzüglich der Erwerbsaufwendungen vollständig zu besteuern, widerspreche. Andere Steuerpflichtige seien auch verfahrensmäßig schlechter gestellt, weil sie ihren Erwerbsaufwand gegenüber dem Finanzamt erklären und belegen müssten, während die Kostenpauschale unabhängig von jeglichem Nachweis insgesamt – nicht etwa nur ein Sockelbetrag – steuerfrei sei. Diese Ungleichbehandlung sei weder mit der Freiheit des Mandats (Art. 38 Abs. 1 Satz 2 GG) noch mit Vereinfachungsgesichtspunkten verfassungsrechtlich zu rechtfertigen.[28]

3.2 Katalog der Aufwendungen (Satz 1)

Der Katalog der in den Nr. 1. – 4. aufgeführten Aufwendungen ist nicht abschließend. Der Gesetzeswortlaut „Kostenpauschale für den Ausgleich insbesondere von ..." macht dies deutlich.

3.2.1 Bürokosten (Nr. 1)

Anders als der typische Arbeitnehmer oder Selbständige, haben Abgeordnete regelmäßig zwei Arbeitsplätze: einen am Sitz des Deutschen Bundestages in Berlin und den anderen im Wahlkreis. Den Arbeitsplatz in Berlin mit allem, was dazugehört,

---

[28] Vgl. dazu näher *Birk D.*, Rechtsgutachten über die Verfassungsmäßigkeit der Besteuerung der Abgeordnetenbezüge und die Möglichkeit einer Überprüfung durch das BVerfG, erstattet im Auftrag der Zeitschrift Capital, des BdSt. und des Deutschen Mittelstandbundes, Münster, 2000 (www.steuerzahler.de); in einem Musterverfahren sollen jetzt die in dem Gutachten aufgeworfenen Fragen gerichtlich überprüft werden (Quelle: Capital Nr. 6/2001, Capital-Aktion „Faire Steuern"):

stellt der Deutsche Bundestag (s.u. 5. und 6.). Für den Arbeitsplatz im Wahlkreis – sein Wahlkreisbüro – muss jeder Abgeordnete dagegen selbst sorgen. Er muss für Büromiete, Einrichtung, Telefon, Porto usw. aufkommen. Zur Abgeltung u.a. dieses Aufwandes dient die Kostenpauschale. Was die Telefonkosten außerhalb des Sitzes des Bundestages anbelangt, so sind diese bis zum Ende der 14. Wahlperiode jedoch nur insoweit aus der Kostenpauschale zu bestreiten, als sie die herkömmliche Sprachkommunikation über Festnetze betrifft. Denn im Zeitpunkt des Inkrafttretens des Abgeordnetengesetzes war nur diese Form der Sprachkommunikation über das Telefon verbreitet. Nichts anderes konnte und wollte der Gesetzgeber also durch Einbeziehung des „Telefons" in die Kostenpauschale regeln. Nicht aus der Kostenpauschale sind deshalb die Aufwendungen für Sprachkommunikation über Mobiltelefonnetze sowie die Kosten für die Datenkommunikation über feste oder mobile Netze zu bezahlen. Diese Leistungen sind vielmehr Bestandteil des gemeinsamen Informations- und Kommunikationssystems des Bundestages nach dem mit dem Einundzwanzigsten Änderungsgesetz vom 20. Juli 2000[29] neugefassten § 12 Abs. 4 Nr. 4 (s. dazu 6).

19 Mit Wirkung von der 15. Wahlperiode an werden auch die Kosten für Sprachkommunikation über Festnetze nicht mehr aus der Kostenpauschale zu bezahlen sein. Die technische Entwicklung, die inzwischen auch Sprachkommunikation über das Internet erlaubt, macht die Trennung zwischen Sprach- und sonstiger Kommunikation unmöglich. In Folge des Art. 1 Nr. 2 a) des Dreiundzwanzigsten Gesetzes zur Änderung des Abgeordnetengesetzes[30] wird die Sprachkommunikation über Festnetze außerhalb des Sitzes des Bundestages deshalb mit Beginn der 15. Wahlperiode integraler Bestandteil des gemeinsamen Informations- und Kommunikationssystems des Bundestages nach § 12 Abs. 4 Satz 1 Nr. 4.

20 Das Gesetz spricht in § 12 Abs. 2 Satz 1 Nr. 1 zwar von „Wahlkreisbüro". Das heißt aber nicht, dass sich das Büro des Abgeordneten außerhalb des Sitzes des Bundestages tatsächlich in seinem Wahlkreis befinden muss. Es kann auch außerhalb des Wahlkreises, aber innerhalb des Geltungsbereiches dieses Gesetzes, eingerichtet werden, wenngleich sich das politisch nicht empfehlen dürfte, weil der Wähler die Nähe zu „seinem" Abgeordneten erwartet und will.

21 Im Entwurf eines Gesetzes zur Neuregelung der Rechtsverhältnisse der Mitglieder des Deutschen Bundestages auf BT-Drs. 7/5525 war zwar auch vom „Büro im Wahlkreis" die Rede.[31] In der Erstfassung des Gesetzes vom 18. Februar 1977[32] hieß es dann aber ohne weitere Begründung nur noch „Unterhaltung eines Büros außerhalb des Sitzes des Bundestages". Diese Rechtslage bestand bis zum Inkrafttreten des Neunzehnten Änderungsgesetzes am 22. Dezember 1995[33] unverändert fort. Seither nennt das Gesetz in § 12 Abs. 2 Satz 1 Nr. 1 wieder „Wahlkreisbüros außerhalb des Sitzes des Bundestages". Eine Rechtsänderung im Sinne einer Beschränkung der Möglichkeit der Einrichtung eines Büros mit Mitteln aus der Kostenpauschale auf den jeweiligen Wahlkreis war damit indessen nicht gewollt.

---

29 BGBl. I S. 1037.
30 Vgl. Fn. 1; s. auch Entwurf eines Dreiundzwanzigsten Gesetzes zur Änderung des Abgeordnetengesetzes vom 19. Juni 2001, BT-Drs. 14/6311, S. 2.
31 AaO S. 8.
32 BGBl. I S. 297.
33 BGBl. I S. 1718.

An keiner Stelle des Gesetzgebungsverfahrens ist eine solche Änderungsabsicht auch nur andiskutiert worden. Der Begriff „Wahlkreisbüro" ist schlicht die plakative Kurzbezeichnung für das „Büro des Abgeordneten außerhalb des Sitzes des Bundestages" in Abgrenzung zum „Abgeordnetenbüro" am Sitz des Bundestages.

Ein Abgeordneter kann schließlich auch mehrere Wahlkreisbüros einrichten. Gerade in großen Flächenwahlkreisen könnte sich dies empfehlen. 22

3.2.2 Mehraufwendungen am Sitz des Bundestages / Mandatsreisen (Nr. 2)

Hierzu zählen typischerweise die Kosten für eine Zweitwohnung am Parlamentssitz sowie der mit einem Aufenthalt dort verbundene Verpflegungsmehraufwand. Wohnungskosten sind dabei nicht alleine der Mietzins und die Nebenkosten. Auch eine Zweitwohnungsteuer, wie sie das Land Berlin zum 1. Januar 1998 eingeführt hat,[34] fällt darunter. Abgeordnete können – und müssen gegebenenfalls – diese Steuer aus der Kostenpauschale bestreiten. 23

Die privaten Umzugskosten eines Mitglieds des Bundestages aus Anlass des Bezuges einer Zweitwohnung am Sitz des Parlaments sind ebenfalls vom jeweiligen Abgeordneten selbst zu bezahlen und zwar aus der Kostenpauschale (§ 12 Abs. 2 Abgeordnetengesetz). In § 12 Abs. 2 Satz 1 Nr. 1 bis 4 Abgeordnetengesetz sind die Verwendungszwecke der Kostenpauschale nur beispielhaft benannt. Dazu zählen unter anderem die Mehraufwendungen am Sitz des Bundestages (Nr. 2). Gemeint sind hiermit auch die Kosten für eine Zweitwohnung am Sitz des Bundestages. Aus der Entstehungsgeschichte des Gesetzes wird dies deutlich. Im Entwurf eines Gesetzes zur Neuregelung der Rechtsverhältnisse der Mitglieder des Deutschen Bundestages auf Drs. 7/5525, S. 22, war die Kostenpauschale in der damals vorgeschlagenen Höhe von 4.500 DM ursprünglich in Einzelansätze aufgegliedert. Der Ansatz für eine Zweitwohnung in Bonn betrug seinerzeit 600 DM. In der später Gesetz gewordenen Fassung ist die Aufgliederung in Einzelansätze zugunsten einer einheitlichen Gesamtpauschale aufgegeben worden, ohne dass die Verwendungszwecke geändert wurden. 24

In den Gesetzesmaterialien ist zwar von den „Kosten für die Unterhaltung einer Zweitwohnung in Bonn" die Rede. In der mehr als zwanzigjährigen ständigen Gesetzespraxis sind darunter aber nicht nur die Miet- und Mietnebenkosten, sondern stets auch die Umzugskosten verstanden worden, die anfielen, wenn ein Mitglied des Bundestages erstmals eine Wohnung in Bonn nahm oder wenn er später seine Wohnung wechselte oder sie mit Beendigung seines Mandats aufgab und an seinen ersten Wohnsitz zurückkehrte. Diese Gesetzesauslegung und -anwendung ist in der Vergangenheit nie auf Widerspruch gestoßen.

---

34 Gesetz zur Einführung der Zweitwohnungsteuer im Land Berlin, GVBl. Berlin 1997, 687 f.; das Niedersächsische Oberverwaltungsgericht hatte mit Urteil vom 21. April 1999 – 7 A 190/97 – für Recht erkannt, dass jedenfalls „Erwerbswohnungen", die ein verheirateter Arbeitnehmer fern von seiner Familienwohnung gemietet hat, um von dort aus seiner täglichen Arbeit nachzugehen und den Lebensunterhalt seiner Familie zu sichern, nicht mit einer Zweitwohnungsteuer belegt werden dürfen. Das BVerwG hat diese Entscheidung indessen mit Urteil vom 12. April 2000 – 11 C 12.99 – (noch nicht veröffentlicht) wieder aufgehoben; s. auch *Algermissen* M., Zur Rechtmäßigkeit der Berliner Zweitwohnungsteuer für Bundestagsabgeordnete, Ausarbeitung der Wissenschaftlichen Dienste des Deutschen Bundestages vom 28. September 2000, WF III – 167/00 (nicht veröffentlicht).

Sowohl nach dem Gesetzeszweck wie auch nach der ständigen Praxis war es deshalb folgerichtig, auch die Kosten des privaten Umzuges der Abgeordneten im Rahmen des Umzuges von Parlament und Regierung nach Berlin aus der Kostenpauschale bestreiten zu lassen. Der Anlass, aus dem sie entstanden, war zwar einzigartig und konnte vom Gesetzgeber seinerzeit gewiss nicht vorhergesehen und besonders berücksichtigt werden. Der besondere Anlass änderte aber nichts daran, dass es sich bei den in Rede stehenden Aufwendungen materiell um Umzugskosten handelte.

Nach geltendem Steuerrecht können solche Umzugskosten nicht als Werbungskosten in Abzug gebracht werden. Sie werden durch das Mandat veranlasst und für die durch das Mandat veranlassten Aufwendungen erhalten die Mitglieder des Bundestages bereits eine Aufwandsentschädigung – die Kostenpauschale –, die steuerfrei ist. Gemäß § 22 Nr. 4 Satz 2 Einkommensteuergesetz dürfen die entsprechenden Aufwendungen deshalb nicht als Werbungskosten abgezogen werden.

25 Bei Mandatsreisen – mit Ausnahme von Auslandsdienstreisen (s. dazu § 17 Abs. 3) –, die keiner Genehmigung durch den Präsidenten bedürfen, also auch keine Dienstreisen sind, gelten alle damit verbundenen Mehraufwendungen durch die Kostenpauschale als abgegolten. Auch in diesen Fällen besteht allerdings ein Anspruch auf freie Benutzung der Verkehrsmittel der Deutschen Bahn AG sowie auf Erstattung von Inlandsflugkosten (§ 16). Hier geht es also in erster Linie um Übernachtungs- und Verpflegungskosten.

3.2.3 Mandatsfahrten innerhalb der Bundesrepublik (Nr. 3)

26 Unter § 12 Abs. 2 Satz 1 Nr. 3 fallen im Wesentlichen Fahrtkosten für Fahrten in Ausübung des Mandats innerhalb der Bundesrepublik Deutschland, z.B. mit dem eigenen PKW im Wahlkreis oder Taxifahrten.

3.2.4 Sonstige mandatsbedingte Kosten (Nr. 4)

27 Hierzu gehören u.a. Kosten für den Besuch von Veranstaltungen, Einladungen, Glückwunschschreiben, Anzeigen, Repräsentationsausgaben, andere Kosten im Zusammenhang mit der Wahlkreisbetreuung etc.

3.3 Jährliche Anpassung der Kostenpauschale (Satz 2)

28 Früher erfolgte jede Erhöhung der Kostenpauschale durch eine Gesetzesänderung. Seit dem Neunzehnten Änderungsgesetz[35] ist die Kostenpauschale dynamisiert. Sie wird zum 1. Januar eines jeden Jahres der Entwicklung der allgemeinen Lebenshaltungsausgaben aller privaten Haushalte in Deutschland im vorvergangenen Kalenderjahr angepasst. Die erste dieser Erhöhungen erfolgte zum 1. Januar 1996 auf der Basis der Indexwerte für 1994.

Diese Indexierung verstieß nicht gegen § 3 WährG. Die Vorschrift fand hier schon deswegen keine Anwendung, weil sie nur für „eingegangene", also rechtsgeschäft-

---

[35] BGBl. I 1995 S. 1718; zur Indexierung der Kostenpauschale s. auch *Wiefelspütz D.*, Diäten für Abgeordnete – eine unendliche Geschichte? Plädoyer für eine Indexierung der Abgeordnetenentschädigung, ZParl 2001, 33, 40 f.

lich vereinbarte Geldschulden galt und hierfür die inflationsfördernde Anbindung an Indizes unbeschadet einer Genehmigung durch die Deutsche Bundesbank untersagte. Die Bestimmung galt aber nach ihrem eindeutigen Wortlaut nicht für gesetzliche Leistungsansprüche wie denjenigen aus § 12 Abs. 2.[36] § 3 WährG ist inzwischen mit der Einführung des Euro aufgehoben worden. An seine Stelle ist § 2 des Preisangaben- und Preisklauselgesetzes i.d.F. der Änderung durch Art. 9 § 4 des Gesetzes vom 9. Juni 1998[37] getreten. Materiell hat sich indessen nichts geändert. Auch die neue Vorschrift knüpft an „Geldschulden" an, erfasst also ebenfalls keine gesetzlichen Leistungsansprüche.

3.4 Ausführungsbestimmungen des Ältestenrates zur Kostenpauschale (Satz 3)

Der Ältestenrat des Deutschen Bundestages hat am 18. Januar 1996 „Ausführungsbestimmungen des Ältestenrates zur jährlichen Anpassung der Kostenpauschale nach § 12 Abs. 2 Abgeordnetengesetz" beschlossen, die auf einen Vorschlag der Rechtsstellungskommission zurückgehen. **29**

Die Ausführungsbestimmungen legen fest, dass der Preisindex für die Lebenshaltung aller privaten Haushalte in Deutschland die maßgebliche Bezugsgröße ist. Die Entwicklung dieser Lebenshaltungsausgaben stellt das Statistische Bundesamt fest, ebenso die jeweilige Steigerungsrate. **30**

Dem Präsidenten des Deutschen Bundestages obliegt es dann, die Veröffentlichung des neuen und auf volle Deutsche Mark aufgerundeten Betrages im Amtlichen Handbuch des Deutschen Bundestages sowie im Bundesanzeiger zu veranlassen (vgl. § 34 Abs. 3). Hierdurch sollen Transparenz und öffentliche Kontrolle gewährleistet werden, weil sich die aktuelle Höhe der Kostenpauschale nicht mehr aus dem AbgG selbst ablesen lässt.[38] **31**

Nach den Feststellungen des Statistischen Bundesamtes lag der Gesamtindex für die Lebenshaltung der privaten Haushalte in Deutschland im Jahresdurchschnitt 1995 bei 114,8 und im Jahresdurchschnitt 1996 bei 116,5. Das ergibt eine Steigerungsrate von 1,48% (Jahresdurchschnitt 1996 ./. Jahresdurchschnitt 1995 x 100 – 100). Die Kostenpauschale war deshalb zum 1. Januar 1998 von 6.251 DM (Stand: 1. Januar 1997[39]) auf 6.344 DM anzuheben.[40] **32**

Die Steigerungsrate von 1996 zu 1997 betrug 1,81%, so dass die Kostenpauschale zum 1. Januar 1999 auf 6.459 DM angehoben wurde.[41] Der Steigerungssatz von 1997 zu 1998 lag nur bei 0,93%, so dass die Kostenpauschale ab 1. Januar 2000 **33**

---

36 Vgl. auch Urteil des Thüringer Verfassungsgerichtshofes vom 16. Dezember 1998 – VerfGH 20/95 –, NVwZ-RR 1999, 282, 284, m.w.N.
37 BGBl. I S. 1242.
38 Es ist also keineswegs so, dass der jeweils aktuelle Betrag „gezielt verborgen wird", wie *Determann L.*, Verfassungsrechtliche Vorgaben für die Entschädigung von Abgeordneten, BayVBl. 1997, 385, 391, meint; irrig deshalb auch die Kritik von *Klein, H. H.*, in: Maunz-Dürig, Kommentar zum Grundgesetz, Art. 48, Rdn. 191, der die Veröffentlichungspflichten des Präsidenten schlicht ignoriert.
39 BAnz. 1997, S. 745.
40 BAnz. 1998, S. 1.
41 BAnz. 1998, S. 17517.

6.520 DM betrug.[42] Zum 1. Januar 2001 stieg sie um 0,58% auf 6.558 DM (3.353,05 €)[43]. Ab 1. Januar 2002 schließlich wird die Kostenpauschale 3.417 € (6.683 DM) betragen, weil der in Bezug genommene Preisindex im Jahresdurchschnitt 2000 gegenüber 1999 um 1,9% gestiegen ist.[44]

3.5 Unterhaltsrechtliche Behandlung der Kostenpauschale

34 In der unterhaltsrechtlichen Rechtsprechung der Familiengerichte hat sich die Auffassung durchgesetzt, dass die einem Abgeordneten nach § 12 Abs. 2 gezahlte Kostenpauschale unterhaltsrechtlich seinem für den allgemeinen Lebensbedarf frei verfügbaren Einkommen jedenfalls dann zuzurechnen ist, soweit ihr nicht mandatsbezogene Aufwendungen gegenüberstehen.[45]

35 Nach ständiger Rechtsprechung der Familiengerichte sind bei der Ermittlung der Leistungsfähigkeit des Unterhaltsschuldners zur Feststellung des unterhaltsrechtlich relevanten Einkommens grundsätzlich alle Einkünfte heranzuziehen, die dem Unterhaltsschuldner zufließen, gleich welcher Art diese Einkünfte sind und aus welchem Anlass sie im Einzelnen erzielt werden. Entscheidend ist allein, ob die entsprechenden Einkünfte tatsächlich ganz oder teilweise zur Deckung des Lebensbedarfs zur Verfügung stehen.[46]

36 Dies gilt auch für die Kostenpauschale.[47] Es liegt deshalb beim Abgeordneten selbst, im Unterhaltsprozess darzulegen und gegebenenfalls zu beweisen, dass und in welchem Umfang er die Kostenpauschale mandatsbezogen verwendet. Pflichtbeiträge, Spenden oder sonstige finanzielle Zuwendungen des Abgeordneten an seine Partei, die er aus Mitteln der Kostenpauschale bestreitet, zählen übrigens nicht zu diesen mandatsbezogenen Aufwendungen.[48] Die Darlegungs- und Beweislast betrifft allerdings nur die Ausgaben als solche. Der Abgeordnete braucht nicht Rechen-

---

42 BAnz. 1999, S. 19762.
43 BAnz. 2000, S. 22746.
44 Pressemitteilung des Statistischen Bundesamtes vom 11. Januar 2001.
45 BGH, Urteil vom 7. Mai 1986 – IVb ZR 55/85 –, NJW 1987, 898 f.; OLG Stuttgart, Urteil vom 11. November 1993 – 16 UF 235/93 –, FamRZ 1994, 1251 f.; OLG Düsseldorf, Urteil vom 6. Februar 1984 – 2 UF 151/82 –, nicht veröffentlicht; OLG Bamberg, Beschluss vom 6. August 1986 – 2 WF 126/86 –, FamRZ 1986, 1144 f.; auch BVerfG, Beschluss vom 10. Oktober 1984 – 1 BvR 342/84 –, nicht veröffentlicht.
46 BGH, aaO, m.w.N.; a.A. *Roll H.-A.*, Entschädigung und Kostenpauschale des Abgeordneten im Unterhaltsrecht, FamRZ 1980, 111 f.; das Amtsgericht Bonn hat in einer Entscheidung vom 12. Juli 1984 – 72 Cs 50 Js 70/83 – bei der Festsetzung der Höhe des Tagessatzes ebenfalls die Kostenpauschale in die Einkommensberechnung mit einbezogen.
47 Der Gesetzgeber hatte deshalb in der Vergangenheit schon einmal erwogen, ein gesetzliches Verbot der unterhaltsrechtlichen Berücksichtigung der Kostenpauschale und ihrer Berücksichtigung bei der Zumessung eines Strafmaßes zu normieren. Der Vorschlag (§ 31 Abs. 2 des Entwurfs) lautete: „Bei der Feststellung der Leistungsfähigkeit eines Mitglieds des Bundestages zur Berechnung von Unterhaltspflichten oder bei der Zumessung eines Strafmaßes werden die Ansprüche nach § 12 nicht berücksichtigt" (vgl. dazu BT-Drs. 10/5734). Aus politischen Gründen hat er hiervon aber wieder Abstand genommen. Im Bericht des 1. Ausschusses vom 5. Dezember 1986 heißt es dazu: „Der Ausschuss für Wahlprüfung, Immunität und Geschäftsordnung hält es deshalb, um auch jeden Anschein einer ungerechtfertigten Privilegierung von Abgeordneten zu vermeiden, für angebracht, bei der Verabschiedung des vorliegenden Gesetzentwurfes auf die vorgesehene Klarstellung in § 31 Abs. 2 vorerst zu verzichten" (BT-Drs. 10/6685, S. 14).
48 OLG Stuttgart, aaO.

schaft über die Notwendigkeit seiner mandatsbezogenen Aufwendungen abzulegen oder gar seine Mandatsführung zu rechtfertigen. Dies wäre mit dem Grundsatz des freien Mandats in Art. 38 Abs. 1 Satz 2 GG unvereinbar.

Weil es letztlich die eigene Entscheidung des Abgeordneten ist, wie er seine Kostenpauschale ausgibt, ist eine unterhaltsrechtliche Berücksichtigung „freier" Anteile der Pauschale auch nicht unter dem Blickwinkel des Art. 48 Abs. 3 GG verfassungsrechtlich zu beanstanden, stellt also keine verfassungswidrige Verkürzung des Anspruches auf angemessene, die Unabhängigkeit sichernde Entschädigung dar. Es steht dem Abgeordneten ja jederzeit frei, seine Ausgabenpolitik zu ändern und die Kostenpauschale ganz ihrer normativen Zweckbestimmung entsprechend zu verwenden. In dem Fall bleibt für deren unterhaltsrechtliche Berücksichtigung schon mangels tatsächlicher Verfügbarkeit zur Deckung des Lebensbedarfs kein Raum mehr. 37

Übersteigen hingegen die mandatsbezogenen Ausgaben eines unterhaltsverpflichteten Abgeordneten die Kostenpauschale, so soll ihm dies nach der Rechtsprechung der Familiengerichte nicht einkommensmindernd angerechnet werden dürfen. 38

4. Ersatz von Aufwendungen für die Beschäftigung von Mitarbeitern (Abs. 3)

4.1 Allgemeines

§ 12 Abs. 3 regelt die Erstattung von Aufwendungen der Bundestagsabgeordneten für die Beschäftigung von Mitarbeitern am Sitz des Bundestages und/oder im Wahlkreis. Die Norm selbst enthält nur die wichtigsten Grundsätze. Weitere Einzelheiten über den Umfang und die Voraussetzungen für den Ersatz von Aufwendungen, über nicht abdingbare Mindestvorschriften für die Arbeitsverträge mit den Mitarbeitern und sonstige Fragen regeln das Haushaltsgesetz (Haushaltsplan) und Ausführungsbestimmungen des Ältestenrates (zu Anspruchsbeginn und Anspruchsende s. 2. und 4. zu § 32). 39

Im Entwurf eines Gesetzes zur Neuregelung der Rechtsverhältnisse der Mitglieder des Deutschen Bundestages war ursprünglich vorgesehen, im AbgG selbst die Höhe der sog. „Mitarbeiterpauschale" festzulegen.[49] Der Haushaltsausschuss hatte dann aber vorgeschlagen, die Aufwendungen nach Maßgabe des Haushaltsgesetzes zu erstatten, um das AbgG von der Notwendigkeit von Gesetzesänderungen bei Leistungsanpassungen für die Mitarbeiter zu entlasten. Dieser Empfehlung ist der Gesetzgeber gefolgt.[50] 40

Im Haushaltsjahr 2001 liegt der Jahreshöchstbetrag für Mitarbeiteraufwendungen bei 183.800 DM je Abgeordneter.[51] Das sind monatlich 15.317 DM (7.832 €). Mit dieser Summe kann ein Abgeordneter durchschnittlich drei Mitarbeiter beschäftigen.[52] Der Höchstbetrag ist dynamisch. Nach den Erläuterungen zum Haushalts- 41

---

49 BT-Drs. 7/5525 S. 8.
50 BT-Drs. 7/5903 S. 12.
51 S. Bundeshaushaltsplan 2001, Einzelplan 02, Kapitel 02 01, Titel 411 03. Die Erläuterungen sind lt. Haushaltsvermerk verbindlich.
52 Vgl. Bericht und Empfehlung der Unabhängigen Kommission zur Überprüfung des Abgeordnetenrechts vom 3. Juni 1993, BT-Drs. 12/5020, S. 13.

vermerk in Kapitel 02 01 bei Titel 411 03 ändert er sich ab 2001 jeweils um den gleichen Vomhundertsatz, um den die Vergütungen der Angestellten im Bundesdienst durch Vergütungs-Tarifverträge durchschnittlich geändert werden.[53]

4.2 Nachweispflicht (Satz 1)

42 § 12 Abs. 3 Satz 1 bestimmt, dass die durch die Beschäftigung von Mitarbeitern entstandenen Aufwendungen nur gegen Nachweis erstattet werden dürfen (zu den Einzelheiten s.u. 4.6.2). Der in diesem Zusammenhang oft benutzte Begriff der „Mitarbeiterpauschale" ist daher irreführend, soll aber als stehender gleichwohl auch hier beibehalten werden. Denn die Formulierung „Pauschale" suggeriert, dass den Abgeordneten – wie bei der Kostenpauschale nach § 12 Abs. 2 – ein bestimmter Geldbetrag zur freien Verwendung im Rahmen der Zweckbestimmung zur Verfügung gestellt wird. Das ist aber keineswegs der Fall. Erst wenn der Abgeordnete nachweist, dass ihm Aufwendungen für die Beschäftigung von Mitarbeitern tatsächlich entstanden sind, kann er deren Erstattung bis zur Höhe der „Mitarbeiterpauschale" erstattet verlangen. Die Geldleistung wird aber auch in diesem Fall von der Bundestagsverwaltung unmittelbar an den Mitarbeiter erbracht (s.u. 4.7).

4.3 Beschäftigungszweck (Satz 1)

43 Erstattungsfähig sind Aufwendungen für Mitarbeiter nach § 12 Abs. 3 Satz 1 nur, wenn der Abgeordnete sie zur Unterstützung bei der Erledigung seiner parlamentarischen Arbeit einsetzt. Was darunter im Einzelnen zu verstehen ist, ist nirgends näher definiert und lässt sich auch nicht abstrakt fassen oder gar in Gesetzesform gießen. Schon bei der Kostenpauschale (o. 3.1) wurde darauf hingewiesen, dass jeder Abgeordnete seine Aufgabenschwerpunkte sehr unterschiedlich setzt. Der Abgeordnete selbst also ist es in erster Linie, der in Ausübung seines freien Mandats (Art. 38 Abs. 1 Satz 2 GG) und in eigener Verantwortung[54] festlegt, was zu seiner parlamentarischen Arbeit gehört und was nicht. Solange die Tätigkeit aber Mandatsbezug aufweist, dürfen Mitarbeiter zur Unterstützung eingesetzt und deren Kosten erstattet verlangt werden.

44 Unstreitig unzulässig ist zweifellos der Einsatz von aus Mitteln nach § 12 Abs. 3 bezahlten Abgeordnetenmitarbeitern für Fraktions- oder Parteiaufgaben, denn dies wäre ein Fall von verfassungswidriger verdeckter Parteienfinanzierung[55] bzw. unzulässiger Fraktionsfinanzierung (vgl. 5. zu § 50). Allerdings lassen sich Mandatsaufgaben und Parteiaufgaben in der Praxis nicht immer eindeutig voneinander unterscheiden.[56] Für die Aufgaben der Fraktionen gilt dies ebenso.

---

53 Im Zusammenhang mit der Verkleinerung des Bundestages wird die „Mitarbeiterpauschale" nach einem Beschluss des Ältestenrates vom 21. Juni 2001 mit Beginn der 15. Wahlperiode auf 17.150 DM (8.769 €) pro Monat erhöht (dpa vom 25. Juni 2001).
54 S. *Stolz W.*, Die persönlichen Mitarbeiter der Bundestagsabgeordneten – ein neues Feld verdeckter Parteienfinanzierung?, ZRP 1992, 372, 373; *Drysch Th.*, Parteienfinanzierung, Opladen, 1998, S. 213 f. und 224.
55 Vgl. *Stolz W.*, aaO, S. 374 f.
56 Vgl. auch Bericht und Empfehlung der Unabhängigen Kommission zur Überprüfung des Abgeordnetenrechts vom 3. Juni 1993, BT-Drs. 12/5020, S. 13.

Ebenso unstreitig unzulässig ist ferner die Beschäftigung von Abgeordnetenmitarbeitern für private oder gewerbliche Zwecke, z.B. im Haushalt oder in einem Wirtschaftsunternehmen des Abgeordneten oder in seiner Anwaltskanzlei.

4.4 Übertragbarkeit des Anspruches (Satz 2)

Der Anspruch auf Erstattung von Mitarbeiteraufwendungen ist nicht auf ein anderes Mitglied des Bundestages übertragbar und erst recht nicht – ohne dass dies besonders betont werden müsste – auf beliebige Dritte. Es ist also nicht möglich, dass ein Abgeordneter zugunsten eines anderen ganz oder teilweise auf seine „Mitarbeiterpauschale" verzichtet. Nimmt er sie nicht in Anspruch, verfällt sie. Ebensowenig kann er sie „ansparen" und ins nächste Haushaltsjahr übertragen. Auch dann verfällt der Anspruch.

Die Bildung eines Pools für die Beschäftigung von Mitarbeitern, die zugleich mehreren Abgeordneten zuarbeiten, wird von Satz 2 nicht erfasst.[57]

4.5 Von einer Beschäftigung gegen Aufwandsentschädigung ausgenommene Personengruppen (Sätze 3 und 4)

Stellt ein Abgeordneter Mitarbeiter ein, die mit ihm verwandt, verheiratet oder verschwägert sind oder waren, kann er nach § 12 Abs. 3 Satz 3 die Aufwendungen hierfür grundsätzlich nicht erstattet verlangen.[58] Das heißt nicht, dass ein Abgeordneter solche Personen nicht beschäftigen darf. Er muss sie nur aus eigenen Mitteln bezahlen und kann keine Erstattung verlangen. Seit dem 1. August 2001 gilt nach Satz 4 Entsprechendes für den Ersatz von Aufwendungen für Arbeitsverträge mit Lebenspartnern oder früheren Lebenspartnern eines Mitglieds des Bundestages.[59]

Sinn dieser Regelung ist die Verhinderung des Missbrauchs und der Zweckentfremdung staatlicher Gelder in Fällen, wo die Gefahr des Missbrauchs oder der Zweckentfremdung bei typisierender Betrachtung erfahrungsgemäß besonders groß ist. Zugleich soll der dem Ansehen des Parlaments in der Öffentlichkeit überaus abträgliche Eindruck vermieden werden, Abgeordnete würden durch die Beschäftigung von Familienangehörigen mit Steuergeldern das Familieneinkommen aufbessern wollen.

Früher fand sich ein entsprechendes „Beschäftigungsverbot" nur in den Ausführungsrichtlinien des Ältestenrates zu § 12 Abs. 3 (s. dazu u. 4. 6. 2). Insbesondere im Hinblick auf Fälle, in denen Abgeordnete bei ihnen beschäftigte Mitarbeiterinnen geheiratet hatten und diese nun nicht mehr gegen Erstattung deren Bezüge weiter-

---

[57] S. Beschlussempfehlung und Bericht des Ausschusses für Wahlprüfung, Immunität und Geschäftsordnung vom 6. Dezember 1995, BT-Drs. 13/3240, S. 19; vgl. auch Nr. 9 der Ausführungsbestimmungen des Ältestenrates zu § 12 Abs. 3.
[58] Zur Verfassungsmäßigkeit der Regelung vgl. *Vetter H.*, Das Arbeitsverhältnis der Mitarbeiter von Bundestagsabgeordneten, Berlin, 2000, S. 149 ff. Diese Regelung gilt nicht für die in Deutschland gewählten Mitglieder des Europäischen Parlaments. Nach europäischem Recht ist die Beschäftigung von Verwandten zulässig (s.u. 1.2.2).
[59] Satz 4 wurde mit Art. 3 § 2 des Gesetzes zur Beendigung der Diskriminierung gleichgeschlechtlicher Gemeinschaften: Lebenspartnerschaften vom 16. Februar 2001, BGBl. I S. 265 eingefügt.

beschäftigen konnten, sah sich der Gesetzgeber aus Gründen der Rechtsklarheit und Rechtssicherheit veranlasst, die Regelung mit dem Neunzehnten Änderungsgesetz in das AbgG aufzunehmen.[60] Außerdem wollte er hiermit der kurz zuvor ergangenen Entscheidung des Verfassungsgerichtshofes für das Land Nordrhein-Westfalen vom 16. Mai 1995 – VerfGH 20/93 –[61] Rechnung tragen, wonach die wesentlichen Fragen der Amtsausstattung der Abgeordneten durch Gesetz zu regeln sind.

51 In Fällen wie den soeben genannten hat die Kommission des Ältestenrates für Angelegenheiten von Mitarbeiterinnen und Mitarbeitern der Abgeordneten übrigens vorübergehend und befristet vereinzelt Ausnahmen vom Verbot der Aufwandserstattung zugelassen, um besondere soziale Härten zu vermeiden (zu den Befugnissen der Kommission s.u. 4. 6. 2).

4.6 Ergänzende Regelungen im Haushaltsgesetz und in Ausführungsbestimmungen des Ältestenrates (Satz 5)

4.6.1 Haushaltsgesetz

52 Im Einzelplan 02 des Bundeshaushaltsplans, der Anlage zum jeweiligen Haushaltsgesetz ist, legt der Gesetzgeber in Kapitel 02 01, Titel 411 03, in in einem dort ausgebrachten Haushaltsvermerk für verbindlich erklärten Erläuterungen Umfang und Art der nach § 12 Abs. 3 zulässigen und damit erstattungsfähigen Aufwendungen für die Beschäftigung von Abgeordnetenmitarbeitern fest. Der Katalog ist abschließend. Er umfasst neben dem Höchstbetrag je Abgeordneter für die Mitarbeitergehälter in Anlehnung an vergleichbare Regelungen für Tarifangestellte im öffentlichen Dienst die auch dort üblichen Lohnnebenkosten und Sozialleistungen.

53 Der Haushaltsplan selbst ist zwar kein Gesetz. Aber er wird durch Gesetz festgestellt (Art. 110 Abs. 2 Satz 1 GG) und ist als Anlage Bestandteil des jeweiligen Haushaltsgesetzes. Auch ist er Gegenstand der parlamentarischen Willensbildung, insbesondere intensiver Beratungen im Haushaltsausschuss, aber auch im Plenum des Deutschen Bundestages.[62] Der gesamte Willensbildungsprozess, der zur Feststellung des Haushaltsplanes führt, findet also in einem für die Öffentlichkeit transparenten und durchschaubaren Verfahren, dem Gesetzgebungsverfahren zum Haushaltsgesetz, statt und genügt damit den Anforderungen des demokratischen und rechtsstaatlichen Prinzips (Art. 20 GG), wie sie das Bundesverfassungsgericht im „Diäten-Urteil" bei Entscheidungen des Parlaments in eigener Sache aufgestellt hat.[63]

---

60 BGBl. 1995 I, S. 1718.
61 OVGE 45, 285 ff.
62 Vgl. *Eickenboom P.*, Haushaltsausschuss und Haushaltsverfahren, in: Parlamentsrecht und Parlamentspraxis in der Bundesrepublik Deutschland: ein Handbuch / hrsg. von Schneider H.-P. / Zeh W., Berlin, 1989, 1183 ff. (1184/1203).
63 BVerfGE 40, 296, 327; vgl. auch Bayerischer VerfGH, Entscheidung vom 15. Dezember 1982, – Vf. 22 – VII – 80 –, DVBl. 1983, 706, 710; a.M. *v. Arnim H. H.*, Entschädigung und Amtsausstattung, in: Schneider H.-P. / Zeh W., aaO, S. 548; *Drysch Th.*, aaO, S. 264 ff.; *Stolz W.*, aaO, S. 375.

4.6.2 Ausführungsbestimmungen des Ältestenrates

Ergänzende Regelungen zu § 12 Abs. 3 hat der Ältestenrat in seinen Ausführungsbestimmungen vom 19. Januar 1978, zuletzt geändert am 17. Juni 1999,[64] getroffen. Nur unter den dort, im AbgG und im Haushaltsplan genannten Voraussetzungen haben Abgeordnete einen Anspruch auf Erstattung der Aufwendungen für die Beschäftigung von Mitarbeitern zur Unterstützung bei der Erledigung ihrer parlamentarischen Arbeit.[65]

Die Ausführungsbestimmungen gehen teilweise sehr ins Detail und eignen sich nicht dafür, an dieser Stelle in allen Einzelheiten dargestellt zu werden. Deshalb soll nur auf die wichtigsten Regelungen eingegangen werden.

Der vom Gesetzgeber geforderte Nachweis der Aufwendungen wird danach durch Vorlage des Originals des Arbeitsvertrages, der den vom Ältestenrat festgelegten Mindestvorschriften entsprechen muss, bei der Bundestagsverwaltung geführt (vgl. Nr. 2 und 3 der Ausführungsbestimmungen). Ersatz wird ferner nur geleistet, soweit das Gehalt des Mitarbeiters seiner Vorbildung, Berufserfahrung und ausgeübten Tätigkeit entspricht und die Gehaltsvereinbarung den vom Ältestenrat beschlossenen Gehaltsrahmen nicht übersteigt. So ist z.B. für die Einstufung als wissenschaftlicher Mitarbeiter grundsätzlich ein Hochschulabschluss erforderlich. Für sicherheitsempfindliche Tätigkeiten wird eine – von der Zustimmung des Mitarbeiters abhängige – Überprüfung nach dem Sicherheitsüberprüfungsgesetz[66] und eine Ermächtigung zum Zugang zu Verschlusssachen vorausgesetzt (Nr. 8).

In Zweifelsfällen und über Ausnahmen von den Ausführungsbestimmungen entscheidet die Mitarbeiterkommission des Ältestenrates. Gegen deren Entscheidung ist die Anrufung des Ältestenrates zulässig (Nr. 10).

Bei einem Wechsel der Wahlperioden können die den Mindestvorschriften des Ältestenrates entsprechenden Musterarbeitsverträge dann zu Problemen führen, wenn der Abgeordnete wiedergewählt wird, er sich aber von seinen Mitarbeitern der abgelaufenen Wahlperiode trennen und neue einstellen möchte. Hier ergeben sich Überschneidungen von Anspruchzeiträumen aus dem alten und aus dem neuen Mandat. Gemäß § 5 des Musterarbeitsvertrages enden die Arbeitsverhältnisse der Mitarbeiter mit Ablauf des Monats, in dem die Wahlperiode endet.[67] Die Wahlperiode endet mit der konstituierenden Sitzung des neugewählten Bundestages. Der Anspruch auf die Mitarbeiterpauschale nach § 12 Abs. 3 aus dem neuen Mandat entsteht aber schon früher, nämlich gemäß § 32 Abs. 1 mit dem Tag der Annahme der Wahl (vgl. auch 2. zu § 32). Ab diesem Tag hat der wiedergewählte Abgeordnete Anspruch auf (anteilige) Mitarbeiterpauschale aus dem neuen Mandat und zwar auch dann, wenn er die Mitarbeiterpauschale aus dem alten Mandat für diesen Zeitraum bereits vollständig verbraucht haben sollte. Das Gesetz ist in diesem Punkt eindeutig und lässt keine andere Interpretation zu.

---

64 Abgedruckt bei *Vetter H.*, aaO, Anlage IV.
65 Kritisch zur Normsetzungsbefugnis des Ältestenrates *Vetter H.*, aaO, S. 67 ff. („verfassungswidrig").
66 Gesetz über die Voraussetzungen und das Verfahren von Sicherheitsüberprüfungen des Bundes (Sicherheitsüberprüfungsgesetz – SÜG) vom 20. April 1994, BGBl. I S. 867.
67 Zur Zulässigkeit der Befristung ausführlich *Vetter H.*, aaO, S. 179 ff.

4.7 Rechtsbeziehungen zwischen Abgeordneten, Mitarbeitern und Bundestag (Sätze 6 bis 9)

59 Arbeitsrechtliche Rechtsbeziehungen mit allen daraus erwachsenden Rechten und Pflichten kommen durch Abschluss eines Mitarbeitervertrages[68] allein zwischen dem Abgeordneten und dem Mitarbeiter zustande, nicht etwa zwischen dem Mitarbeiter und dem Deutschen Bundestag bzw. seiner Verwaltung. Satz 9 stellt dies noch einmal ausdrücklich klar.[69]

60 Die Rechtsbeziehungen zwischen Arbeitgeber (Abgeordneter) und Arbeitnehmer (Mitarbeiter) sind solche des Privatrechts (§§ 611 ff. BGB). Streitigkeiten aus dem Arbeitsverhältnis sind vor dem Arbeitsgericht auszutragen. Vorschriften des Tarifrechts für den öffentlichen Dienst können grundsätzlich nur dann herangezogen werden, wenn die Anwendung des BAT ganz oder teilweise einzelvertraglich vereinbart wurde, denn Abgeordnetenmitarbeiter sind keine Angehörigen des öffentlichen Dienstes (Satz 8).[70]

61 Die Abrechnung der Gehälter und der anderen Aufwendungen für Abgeordnetenmitarbeiter und die Auszahlung erfolgt unmittelbar durch die Verwaltung des Bundestages als Serviceleistung für die Abgeordneten (Satz 6). Der Abgeordnete selbst erhält keine Geldleistungen. Rechtliche Beziehungen bestehen auch insoweit gleichwohl nur zwischen Verwaltung und Abgeordneten, nicht im Verhältnis zwischen Verwaltung und Mitarbeitern. Eine Haftung des Bundestages gegenüber Dritten, das sind hier in erster Linie die Abgeordnetenmitarbeiter, ist in § 12 Abs. 3 Satz 7 ausdrücklich ausgeschlossen.

5. Amtsausstattung als Sachleistung (Abs. 4 Satz 1 Nr. 1 bis 3 und 5)

62 § 12 Abs. 4 Satz 1 in der Fassung des Art. 1 Nr. 3 des Einundzwanzigsten Gesetzes zur Änderung des Abgeordnetengesetzes vom 20. Juli 2000[71], der die früheren Absätze 4 und 5 zusammenführt, bestimmt ab dem 1. Januar 2000 (vgl. Art. 5 Abs. 2 des Einundzwanzigsten Änderungsgesetzes) – ergänzt von § 16 – Art und Umfang der Sachleistungen an Abgeordnete im Rahmen ihrer Amtsausstattung.

63 Hierzu zählt zunächst die Bereitstellung eines eingerichteten Büros am Sitz des Bundestages (Abs. 4 Satz 1 Nr. 1). Durch Beschluss vom 20. Juni 1991 hat der Bundestag festgestellt, dass Sitz des Deutschen Bundestages Berlin ist.

64 Die Bereitstellung eines eingerichteten Büros schließt Telefon, Diktiergerät, Fernseher und Büro- und Geschäftsbedarf mit ein. Hinzu kommt die kostenlose Benutzung von Verkehrsmitteln nach § 16 (s. dort) (Abs. 4 Satz 1 Nr. 2) und die Benutzung der Dienstfahrzeuge des Bundestages (Abs. 4 Satz 1 Nr. 3) innerhalb eines festgelegten Umkreises in und um Berlin sowie als Surrogat für diese Leistung die Nutzung des ÖPNV am Sitz des Bundestages gegen Kostenerstattung.[72] Auch die

---

[68] Zu den inhaltlichen Regelungen des Arbeitsvertrages s. *Vetter H.*, aaO, S. 34 ff.
[69] Vgl. auch *Vetter H.*, aaO, S. 148.
[70] *Stolz W.*, aaO, S. 373.
[71] BGBl. I S. 1037.
[72] Beschluss des Ältestenrates vom 30. September 1999 (nicht veröffentlicht).

kostenlose Nutzung der Fernmeldeanlagen des Bundestages in Berlin ist weiterhin Bestandteil der Amtsausstattung nach § 12 Abs. 4 Satz 1, nach der Gesetzesänderung jetzt als Bestandteil des gemeinsamen Informations- und Kommunikationsdienstes des Bundestages (Abs. 4 Satz 1 Nr. 4, s. dazu 6.). Telefonkosten für die Sprachkommunikation über Festnetze, die außerhalb des Sitzes des Bundestages, z.B. im Wahlkreis, anfallen, müssen hingegen vom Abgeordneten bis zum Ende der 14. Wahlperiode selbst aus der Kostenpauschale gezahlt werden (s.o. 3. 2. 1).

Sonstige Leistungen im Sinne des § 12 Abs. 4 Satz 1 Nr. 5 sind beispielsweise die Erstattung von Kosten für Sicherungsmaßnahmen an Wohnungen nach Maßgabe der entsprechenden Regelungen des Ältestenrates. Weiteres kann sich aus dem Haushaltsgesetz oder Ausführungsbestimmungen des Ältestenrates ergeben, wo nach § 12 Abs. 4 Satz 2 das Nähere geregelt werden kann. **65**

So hat der Haushaltsausschuss des Bundestages beispielsweise am 29. Oktober 1997 beschlossen, den Mitgliedern des Bundestages im Rahmen bestehender Haushaltsansätze – und deshalb haushaltsneutral – eine flexible Inanspruchnahme bestimmter Sachleistungen im Rahmen der Amtsausstattung zu ermöglichen. Das Flexibilisierungskonzept umfasste zunächst die Bereiche Büro- und Geschäftsbedarf, Versandt von Telegrammen, Fernschreiben und Telebriefen, Aufwendungen für Telefax- und elektronische Datenkommunikationsverbindungen im Wahlkreis, PARLAKOM-Verbrauchsmaterial und die Inanspruchnahme gebührenpflichtiger Dienste im Internet oder bei Online-Diensten wie T-Online, CompuServe, AOL u.a. Durch Beschluss des Ältestenrates vom 24. Februar 2000 sind – ebenfalls haushaltsneutral – weitere Leistungen im Zusammenhang mit dem gemeinsamen Informations- und Kommunikationssystems des Bundestages hinzugekommen. Diese „flexibilisierten" Leistungen können bis zu einem sich aus dem Haushaltsplan ergebenden Jahreshöchstbetrag in Anspruch genommen werden, wobei der einzelne Abgeordnete entsprechend seinen individuellen Aufgabenschwerpunkten auch individuelle Ausgabenschwerpunkte setzen kann. Übersteigen die Ausgaben eines Abgeordneten den Jahreshöchstbetrag, muss er die darüber hinausgehenden Kosten selbst tragen. **66**

6. Bereitstellung und Nutzung des gemeinsamen Informations- und Kommunikationssystems des Bundestages als Teil der Amtsausstattung (Abs. 4 Satz 1 Nr. 4)

Die Bereitstellung und Nutzung des gemeinsamen Informations- und Kommunikationssystems des Bundestages (PARLAKOM) umfasst neben der Nutzung der Fernmeldeanlagen des Bundestages (früher § 12 Abs. 4) bis zu drei komplett ausgestattete PC-Arbeitsplätze am Sitz des Bundestages sowie einen solchen Arbeitsplatz in den Arbeitsräumen eines Mitglieds an einem Ort seiner Wahl im Geltungsbereich des Gesetzes sowie weitere Leistungen nach Maßgabe „Ausführungsbestimmungen des Ältestenrates zu § 12 Abs. 4 Satz 1 Nr. 4 AbgG für die Bereitstellung und Nutzung des gemeinsamen Informations- und Kommunikationssystems des Bundestages" vom 24. Februar 2000. Nach Nr. 2. 4 der Ausführungsbestimmungen ist es Sache der IuK-Kommission des Ältestenrates, die Hard- und Software für PARLAKOM unter Berücksichtigung der Zielsetzung des gemeinsamen IuK-Systems nach Funktionalität, Wirtschaftlichkeit und Gewährleistung einer technischen Be- **67** treuung auszuwählen, im Rahmen verfügbarer Haushaltsmittel fortzuschreiben und der technischen Entwicklung anzupassen. Dadurch soll sichergestellt werden, dass PARLAKOM-kompatible Hard- und Software zum Einsatz kommt und zwar auch in den Bereichen, in denen die Abgeordneten nach den Ausführungsbestimmungen die Beschaffung eigenverantwortlich vornehmen.

68 Was die technische Amtsausstattung anbelangt, hatte das AbgG mit der Entwicklung lange Zeit nicht Schritt gehalten. Im hier relevanten Vierten Abschnitt unterschied der Gesetzgeber bei Sachleistungen zur Festlegung des Leistungsortes für die Amtsausstattung und bei Geldleistungen zur Bezeichnung des Ortes der Entstehung erstattungsfähiger Aufwendungen immer noch zwischen „Sitz des Bundestages" und „Wahlkreisbüro" oder den „Arbeitsräumen eines Mitglieds des Bundestages an einem Ort seiner Wahl im Geltungsbereich dieses Gesetzes". Diese starre Systematik verhinderte beispielsweise die Bereitstellung von Mobiltelefonen oder Notebooks im Rahmen der Amtsausstattung als Sachleistung nach § 12, weil sich der Einsatzort dieser fortschrittlichen Technik ihrer Zweckbestimmung nach gerade nicht auf die im Gesetz genannten Orte beschränken lässt.

69 Mit der Neufassung des § 12 Abs. 4 Satz 1 Nr. 4 durch Art. 1 des Einundzwanzigsten Gesetzes zur Änderung des Abgeordnetengesetzes vom 20. Juli 2000[73] hat der Gesetzgeber die im bisherigen § 12 Abs. 5 enthaltene Begrenzung der Bereitstellung und Nutzung des gemeinsamen Informations- und Kommunikationssystem des Bundestages auf die oben erläuterten beiden Leistungsorte aufgegeben. Das erlaubt nunmehr auch den Einsatz mobiler Informations- und Kommunikationstechnik für Abgeordnete im Rahmen ihrer Amtsausstattung nach Maßgabe der hierzu vom Ältestenrat erlassenen Ausführungsbestimmungen, die auch hier nach § 12 Abs. 4 Satz 2 das Nähere regeln. Einziger zunächst hiervon ausgenommener (obwohl aus technischer Sicht ebenfalls dazugehörender) Bereich ist bis zum Ende der 14. Wahlperiode der der herkömmlichen Telefonie über Festnetze außerhalb des Sitzes des Bundestages. Dies deshalb, weil die dort entstehenden Kosten nach dem ausdrücklichen Willen des Gesetzgebers weiterhin aus der Kostenpauschale bestritten werden sollen.[74] Weil inzwischen aber auch Sprachkommunikation über das Internet möglich ist, so dass eine Unterscheidung zwischen Sprach- und sonstiger Kommunikation technisch ausgeschlossen ist, hat der Gesetzgeber mit dem Dreiundzwanzigsten Gesetz zur Änderung des Abgeordnetengesetzes[75] ab der 15. Wahlperiode auch die Sprachkommunikation über Festnetze dem gemeinsamen Informations- und Kommunikationssystem des Bundestages nach § 12 Abs. 4 Satz 1 Nr. 4 zugeordnet.[76]

---

[73] BGBl. I S. 1037.
[74] Vgl. Begründung zum Entwurf eines Einundzwanzigsten Gesetzes zur Änderung des Abgeordnetengesetzes vom 30. November 1999, BT-Drs. 14/2235, S. 8.
[75] S. Fn. 1.
[76] Vgl. Entwurf eines Dreiundzwanzigsten Gesetzes zur Änderung des Abgeordnetengesetzes vom 19. Juni 2001, BT-Drs. 14/6311, S. 2.

7. Amtsaufwandsentschädigung des Präsidenten und seiner Stellvertreter (Abs. 5)

Der Präsident des Bundestages erhält eine monatliche Amtsaufwandsentschädigung in Höhe von 2.000 DM, die Vizepräsidenten in Höhe von 600 DM. Die Beträge wurden seit dem Inkrafttreten des AbgG am 1. April 1977 nicht verändert. Der Höhe nach entsprechen sie der dem Bundeskanzler bzw. den Bundesministern gewährten Dienstaufwandsentschädigung nach § 11 Abs. 1 lit. c BMinG.[77] Ab der Währungsumstellung von Deutscher Mark auf Euro zum 1. Januar 2002 erhält der Bundestagspräsident nach centgenauer Umrechnung und Rundung auf volle Euro eine Amtsaufwandentschädigung von 1023 Euro, seine Stellvertreter von 307 Euro.[78] Die Gewährung einer zusätzlichen Amtsaufwandsentschädigung bedeutet keinen Verstoß gegen den formalisierten Gleichheitssatz. Die Amtsausstattung gehört zum nichtalimentativen Teil der Entschädigung (s. Anmerkung 2. 4 zu § 11), so dass der Gesetzgeber hier Differenzierungen aus sachlichen Gründen vornehmen kann. Rechtfertigender Grund für die Zusatzentschädigung nach § 12 Abs. 5 ist die Ausübung des Amtes des Präsidenten bzw. Vizepräsidenten und der damit verbundene Mehraufwand.

70

Soweit ehemalige Mitglieder des Präsidiums auch nach ihrem Ausscheiden für einen begrenzten Zeitraum noch Ansprüche auf Personal- und Sachleistungen haben, gehen diese auf Präsidiumsbeschlüsse[79] zurück, die der Haushaltsausschuss zur Kenntnis genommen und durch Haushaltsvermerk abgedeckt hat.[80]

71

8. Kürzung der Kostenpauschale bei der Nutzung personengebundener Dienstwagen (Abs. 6)

Die Kostenpauschale nach § 12 Abs. 2 AbgG wird gem. Abs. 6 um 25% gekürzt, wenn dem Mitglied des Bundestages ein Dienstwagen des Bundes zur ausschließlichen Verfügung steht. Anspruch auf einen personengebundene Dienstwagen des Bundestages haben der Präsident und seine Stellvertreter.[81] Soweit Abgeordneten mit Ministeramt oder im Amt eines Parlamentarischen Staatssekretärs vom jeweiligen Ministerium ein Dienstwagen zur ausschließlichen persönlichen Nutzung zur Verfügung gestellt wird, ist ihre Kostenpauschale ebenfalls nach Maßgabe des Abs. 6 zu kürzen.

72

In § 25 Abs. 7 des Entwurfs eines Gesetzes zur Neuregelung der Rechtsverhältnisse der Mitglieder des Deutschen Bundestages hatte es geheißen, ein Mitglied des Bundestages, dem ein Dienstwagen des Bundes zur ausschließlichen Verfügung steht, also die Mitglieder des Präsidiums des Bundestages und die Mitglieder der Bundesregierung sowie die Parlamentarischen Staatssekretäre, erhält keine Reise-

73

---

77 Bundesministergesetz in der Fassung der Bekanntmachung vom 27. Juli 1971 (BGBl. I S. 1166), zuletzt geändert durch Gesetz vom 5. Dezember 1997, BGBl. I S. 2851.
78 Vgl. Entwurf eines Dreiundzwanzigsten Gesetzes zur Änderung des Abgeordnetengesetzes vom 19. Juni 2001, BT-Drs. 14/6311, S. 2 und 4.
79 Vom 16. Mai 1990, geändert am 15. Mai 1991.
80 Sitzung des Haushaltsausschusses vom 24. Juni 1992.
81 Vgl. § 3 Abs. 1 der Richtlinie für die Nutzung von Dienstkraftfahrzeugen des Deutschen Bundestages (DKfzR-BT).

kostenpauschale.[82] Nachdem die Kostenpauschale aber als einheitliche Gesamtpauschale ausgestaltet wurde, hat der Gesetzgeber in Abs. 6 einen prozentualen Abzug von der Kostenpauschale vorgesehen, der etwas höher war als die Reisekostenpauschale, aber niedriger als der Ansatz für Mandatsfahrten (s.o. 3. 1). Diese Bestimmung findet allerdings dann keine Anwendung, wenn der Berechtigte auf eine Nutzung des Dienstwagens für Mandatszwecke verzichtet.

74 Im Zusammenhang mit der Nutzung personengebundener Dienstfahrzeuge durch Mitglieder des Bundestages stellt sich in der Praxis auch immer wieder die Frage der Steuerpflichtigkeit des Nutzungsvorteils. Dazu ist folgendes anzumerken:[83]

- Die Vorteile aus der ausschließlich privaten Nutzung personengebundener Dienstfahrzeuge sind gemäß § 22 Nr. 4 EStG steuerlich zu erfassen. Als privat veranlasste Fahrten gelten dabei nur solche, die durch außerhalb des Mandats – bei Ministern und Parlamentarischen Staatssekretären auch: außerhalb des Amtes – liegende Zwecke veranlasst sind wie z.B. Urlaubsfahrten.

- Für Mandatsfahrten wird grundsätzlich die steuerfreie Kostenpauschale gemäß § 12 Abs. 2 Satz 1 Nr. 3 gewährt. Die Nutzungsmöglichkeit des personengebundenen Dienstkraftfahrzeuges tritt als Surrogat an die Stelle dieses Teils der Kostenpauschale. Dafür wird die Kostenpauschale nach § 12 Abs. 6 um 25 vom Hundert gekürzt. Weil die Überlassung eines personengebundenen Dienstkraftfahrzeuges nach § 12 Abs. 6 zu einer Kürzung der Kostenpauschale führt, bleiben Mandatsfahrten nach § 3 Nr. 12 Satz 1 EStG steuerfrei.

- Mit der Parteiarbeit zusammenhängende Fahrten auch außerhalb des Wahlkreises gelten als Mandatsfahrten. Sie bleiben deshalb ebenfalls steuerfrei.

- Fahrten zwischen Wahlkreis und Sitz des Deutschen Bundestages, die im Zusammenhang mit dem Mandat oder der Parteiarbeit stehen, sind nicht als steuerpflichtige Familienheimfahrten zu bewerten, sondern gelten als Mandatsfahrten und sind als solche steuerfrei.

- Dienstfahrten (des Präsidenten, der Vizepräsidenten, von Ministern oder Parlamentarischen Staatssekretären) sind steuerfrei.

9. Entstehen der Ansprüche auf Amtsausstattung

75 Obwohl § 12 Ansprüche für Mitglieder des Bundestages begründet, entstehen sie gemäß § 32 Abs. 1 Satz 1 bereits mit dem Tag der Annahme der Wahl, selbst wenn die Wahlperiode des letzten Bundestages noch nicht abgelaufen ist (vgl. Erläuterungen zu § 32). Bei Wahlkreisabgeordneten ist dies der Tag des Zuganges der Annahmeerklärung nach § 41 Abs. 2 Bundeswahlgesetz[84] beim Kreiswahlleiter oder im Falle des Ausbleibens oder der nicht formgerechten Abgabe der Annahmeerklärung der Tag des Ablaufs der einwöchigen Erklärungsfrist gemäß § 45 Satz 2 Bundeswahlgesetz. Direktbewerber werden unmittelbar nach Feststellung des Wahlergebnisses im Wahlkreis vom Wahlergebnis benachrichtigt (vgl. § 76 Abs. 7

---

82 BT-Drs. 7/5531, S. 8 und 23.
83 Die hier vertretene Rechtsauffassung entspricht auch der des BMF.
84 In der Fassung der Bekanntmachung vom 23. Juli 1993, zuletzt geändert durch Gesetz vom 15. November 1996, BGBl. I S. 1712.

Bundeswahlordnung[85]). Bei Listenbewerbern erfolgt die Benachrichtigung von ihrer Wahl zeitlich später, nämlich erst nach Bekanntmachung der endgültigen Wahlergebnisse (vgl. § 80 Bundeswahlordnung). Ansonsten gilt für sie das o. Ausgeführte gleichermaßen (§§ 42 Abs. 3, 45 Satz 2 Bundeswahlgesetz). Adressat der Annahmeerklärung ist in ihrem Fall der jeweilige Landeswahlleiter, dem auch die Benachrichtigung obliegt.

Mit dem Einundzwanzigsten Gesetz zur Änderung des Abgeordnetengesetzes vom 20. Juli 2000[86] hat der Gesetzgeber dem § 30 Abs. 1 den Satz 2 angefügt. Danach werden mandatsbezogene Aufwendungen, die einem gewählten Wahlkreisbewerber oder einem gewählten Landeslistenbewerber zwischen dem Wahltag und dem Tag der Annahme der Wahl entstanden sind, zumindest insoweit erstattet, als die Aufwendungen im Hinblick auf den Zusammentritt des neuen Bundestages entstanden sind. Dazu zählen beispielsweise die Übernachtungskosten aus Anlass der ersten Fraktionssitzung im Vorfeld der konstituierenden Sitzung des neugewählten Bundestages[87] (vgl. auch 2. zu § 32 und zum Ende der Ansprüche 3. zu § 32).

10. Sanktionsmöglichkeiten bei zweckwidriger Verwendung der Amtsausstattung

Die Amtsausstattung nach § 12 AbgG mit allen ihren Bestandteilen ist Teil der von Art. 48 Abs. 3 Satz 1 geforderten angemessenen, die Unabhängigkeit des Abgeordneten sichernden Entschädigung. Im Unterschied zum alimentativen Teil der Entschädigung im Sinne des Art. 48 Abs. 3 Satz 1 GG, der Abgeordnetenentschädigung, soll die Aufwandsentschädigung jedoch allein den besonderen Aufwand abdecken, der dem Abgeordneten in Ausübung seines Mandats entsteht. Hierin findet die Amtsausstattung ihre Rechtfertigung, zugleich aber auch ihre Grenzen. Für die einzelnen Leistungen nach § 12 ergeben sich daraus unterschiedliche Konsequenzen. 76

Die Kostenpauschale nach § 12 Abs. 2 ist vom Gesetzgeber bewusst als nachweisfreie Gesamtpauschale ausgestaltet worden. Er unterstellt dabei, dass die Kostenpauschale ausschließlich und vollständig mandatsbezogen verwendet wird. Ihre Zahlung darf deshalb grundsätzlich in keiner Weise von der konkreten Art und Weise der Mandatsausübung im Einzelfall abhängig gemacht werden. Einzige, weil gesetzlich so geregelte Ausnahme ist die Kürzung der Kostenpauschale in den Fällen des § 14 (s. dort). Eine Rückforderung der Kostenpauschale kommt deshalb auch dann nicht in Betracht, wenn sich herausstellt, dass sie im Einzelfall nachweislich ganz oder in Teilen zweckwidrig ausgegeben worden ist.[88] Von manchem wird dies als – weiterer – Nachteil der Pauschallösung empfunden. Dieser Teil der Amtsausstattung ist einer Empfehlung des Beirats für Entschädigungsfragen beim Präsi- 77

---

85 In der Fassung der Bekanntmachung vom 8. März 1994, BGBl. I S. 495.
86 BGBl. I S. 1037.
87 Vgl. Begründung zum Entwurf eines Einundzwanzigsten Gesetzes zur Änderung des Abgeordnetengesetzes vom 30. November 1999, BT-Drs. 14/2235, S. 8.
88 Wie z.B. bei der Abführung von Teilen der Kostenpauschale an eine Partei (Süddeutsche Zeitung, „Grünes Sündenregister im Internet", vom 12. Januar 2000. Ein rechtmäßiger Zustand kann in solchen Fällen nur dadurch wieder hergestellt werden, dass der Empfänger das Geld dem „Spender" zur bestimmungsgemäßen Verwendung zurück gibt.

dium des Deutschen Bundestages aus dem Jahr 1976 folgend allerdings gerade deswegen als pauschalierter Unkostenersatz ausgestaltet worden, weil dies dem Verfassungsgrundsatz des freien Mandats (Art. 38 Abs. 1 Satz 2 GG) am ehesten entspricht. Mit der Freiheit des Mandats korrespondiert notwendigerweise auf der einen Seite die eigene Verantwortung und auf der anderen das Fehlen von Nachweispflichten und Sanktionen bei zweckwidriger Verwendung.

78 Anders ist es bei den Sachleistungen im Rahmen der Amtsausstattung nach § 12 Abs. 4 . Sie dürfen dem Abgeordneten von der Parlamentsverwaltung vornherin nur dann zur Verfügung gestellt bzw. vom Abgeordneten selbst eigenverantwortlich beschafft werden, wenn der Mandatsbezug gegeben ist. Umgekehrt muss ein Abgeordneter im Rahmen der Amtsausstattung gewährte Sachleistungen herausgeben, wenn der Mandatsbezug später wieder entfällt (z.B. die PARLAKOM-Ausstattung im Wahlkreisbüro nach dem Ausscheiden aus dem Mandat) oder sich herausstellt, dass die Amtsausstattung entgegen den Angaben des Anspruchsberechtigten offenkundig und eindeutig zweckfremd genutzt wird.

79 Auch für die Mitarbeiterpauschale nach § 12 Abs. 3 wird im Unterschied zur Kostenpauschale jeweils im Einzelfall geprüft, ob die rechtlichen Voraussetzungen für eine Zahlung gegeben sind. Als wichtigster Einzelnachweis gilt in diesem Zusammenhang der Arbeitsvertrag, den das Mitglied des Bundestages vorlegt und der Einzelheiten über Tätigkeit, Eingruppierung und Vergütung, Arbeitszeit und Arbeitsort des Mitarbeiters enthält. Für die Prüfung werden die Angaben des Abgeordneten zugrundegelegt, der für die inhaltliche Richtigkeit auch die alleinige Verantwortung trägt.

80 Wird bei der Prüfung oder zu einem späteren Zeitpunkt offenkundig, dass der Mitarbeiter nicht zur Unterstützung bei der parlamentarischen Arbeit, sondern mandatsfremd eingesetzt wird, ist die Zahlung der Mitarbeiterpauschale zu verweigern bzw. einzustellen. Wurden bereits Zahlungen trotz fehlender Voraussetzungen geleistet, so können diese zurückgefordert werden. Die Rückerstattungspflicht ergibt sich unmittelbar aus § 12 Abs. 3 und den dazu erlassenen Ausführungsbestimmungen des Ältestenrates (Nr. 4). Hilfsweise kommt auch ein öffentlich-rechtlicher Erstattungsanspruch in analoger Anwendung der bürgerlich-rechtlichen Regelungen zum Bereicherungsrecht gemäß §§ 812 ff BGB in Betracht.

81 Weil der Begriff der Mandatsbezogenheit nicht trennscharf definiert werden kann und im Hinblick auf den verfassungsrechtlich verbürgten Status der Abgeordneten sowie auf die verfassungsrechtliche Absicherung ihrer Ansprüche, dürfen indessen an die Offenkundigkeit und Eindeutigkeit der Zweckfremdheit oder des Missbrauchs in den oben erwähnten Fällen nicht zu geringe Anforderungen gestellt werden. Bloße Vermutungen oder vage Verdachtsmomente reichen keinesfalls aus.

11. Amtsausstattung schwerbehinderter Abgeordneter

82 Das Gesetz kennt keine besonderen Bestimmungen für schwerbehinderte Abgeordnete. Als einziges Bundesland hat Sachsen-Anhalt in § 13 des dortigen Abgeordnetengesetzes eine Regelung getroffen, wonach der Präsident im Einvernehmen mit dem Ältestenrat über die Erstattung besonderer Kosten (z.B. für Begleitperso-

nen) befindet. Die Einführung einer entsprechenden Vorschrift in das AbgG wird nicht empfohlen. Sie ist entbehrlich, wie die nachfolgenden Ausführungen zeigen.

Verfassungsrechtlich dürfte außer Streit stehen, dass schwerbehinderten Abgeordneten ein Anspruch auf zusätzliche Amtsausstattung nach Art. 48 Abs. 3 i.V.m. Art. 3 Abs. 3 Satz 2 GG dann zusteht, wenn nur so ihre Chancengleichheit bei der Mandatsausübung im Verhältnis zu nichtbehinderten Abgeordneten hergestellt werden kann. Kompensatorische Zusatzleistungen stellen insoweit keine gleichheitssatzwidrige Begünstigung dar, sondern schaffen vielmehr erst – so weit überhaupt möglich – die grundgesetzlich verbürgte (Art. 38 Abs. 1 GG) und notwendige Chancengleichheit im Mandat.[89] **83**

Die Abgeordnetenentschädigung schwerbehinderter Abgeordneter darf dazu allerdings nicht erhöht werden. Für diesen alimentativen Teil der finanziellen Ausstattung gilt der formalisierte Gleichheitssatz (vgl. 2. 4 zu § 11). Danach steht jedem Abgeordneten eine gleichhoch bemessene Entschädigung zu. Individuelle Besonderheiten – auch eine Behinderung – dürfen insoweit keine Berücksichtigung finden. **84**

Etwas anderes gilt für die Amtsausstattung als Aufwandsentschädigung nach § 12. Sie gehört nicht zum alimentativen Teil der Entschädigung, so dass hier Differenzierungen möglich sind.[90] Auf die Kostenpauschale müssen sich schwerbehinderte Abgeordnete dabei nicht verweisen lassen. Sie orientiert sich am Durchschnittsaufwand eines Abgeordneten und berücksichtigt als Pauschale gerade keine individuellen Besonderheiten (vgl. o. 3. 1). Diese Systematik sollte beibehalten, die Kostenpauschale nicht für schwerbehinderte Abgeordnete erhöht werden. **85**

Ausreichende Rechtsgrundlage für kompensatorische Maßnahmen, die zur Herstellung der Chancengleichheit schwerbehinderter Abgeordneter bei der Mandatsausübung notwendig sind, ist § 12 Abs. 1 in Verbindung mit Abs. 4 Satz 1 Nr. 5 AbgG. Möglich sind danach Geld- und Sachleistungen, die den Abgeordneten in die Lage versetzen, sein Mandat überhaupt zweckentsprechend ausüben zu können. Eine Kollision mit anderen bundes- oder landesgesetzlichen Normen, die bereits besondere Hilfen für Behinderte enthalten, ist bei der Leistungsgewährung allerdings zu vermeiden, weil derselbe Aufwand nicht zweimal abgegolten werden soll. **86**

12. EuAbgG

12.1 Leistungen des Bundestages

Nach § 10 a EuAbgG erhält ein in der Bundesrepublik Deutschland gewähltes Mitglied des Europäischen Parlaments zur Abgeltung seiner durch das Mandat veranlassten Aufwendungen eine Aufwandsentschädigung. Sie umfasst die Mitbenutzung – also nicht die alleinige Nutzung – eines Büroraumes am Sitz des Bundestages (s. dazu o. 5.), die Benutzung von Verkehrsmitteln nach § 10 EuAbgG (s.u. § 16), die Benutzung der Dienstfahrzeuge und der Fernmeldeanlagen des Bundestages **87**

---

[89] Vgl. zu dieser Problematik auch *Welti F.*, Die soziale Sicherung der Abgeordneten des Deutschen Bundestages, der Landtage und der deutschen Abgeordneten des Europäischen Parlaments, Berlin, 1998, S. 224 ff.; *ders.*, Abgeordnete und Arbeitsrecht, Arbeit und Recht 1998, 345, 348 f.
[90] Vgl. 2. 4 zu § 11, m.w.N.

(s.o. 5.) sowie sonstige Sach- und Dienstleistungen des Bundestages nach Maßgabe der Ausführungsbestimmungen des Ältestenrates.

88 Zu den nach den Ausführungsbestimmungen des Ältestenrates zu § 10 a EuAbgG in der Fassung vom 14. März 1996[91] zu gewährenden Leistungen gehören u.a. die Benutzung der Hausdruckerei des Bundestages, von Dienstleistungen der Zahlstelle und der Reisestelle, der Einrichtungen der Unterabteilung Wissenschaftliche Dienste, sowie unter bestimmten, engen Voraussetzungen Sicherungsmaßnahmen an den Wohnungen der Europaabgeordneten in Deutschland.

12.2 Leistungen des Europäischen Parlaments

89 An der Amtsausstattung nach § 12 vergleichbaren Leistungen gewährt das Europäische Parlament seinen Mitgliedern auf der Grundlage der „Kostenerstattungs- und Vergütungsregelung für die Mitglieder"[92] eine allgemeine Kostenvergütung in Höhe von monatlich 3.385 Euro, eine individuell abzurechnende pauschale Reisekostenvergütung, eine jährliche Reisekostenvergütung in Höhe von bis zu 3.500 Euro, Tagegelder in Höhe von sitzungstäglich 240 Euro, eine Telematikzulage bis zu einem Höchstbetrag von 1.000 Euro jährlich sowie eine Sekretariatszulage in Höhe von bis zu 9.765 Euro[93].

90 Die allgemeine Kostenvergütung deckt z.B. Kosten für Reisen innerhalb des eigenen Mitgliedstaates, Bürounterhaltungs- und Betriebskosten, Kosten für Telefon, Porto, und EDV-Ausstattung ab, die Sekretariatszulage die Aufwendungen für die Beschäftigung von Assistenten. Im Unterschied zum nationalen Recht (§ 12 Abs. 3 Satz 3) untersagt Kapitel 4 Art. 14 Abs. 1 der „Kostenerstattungs- und Vergütungsregelung für die Mitglieder" übrigens nicht die Beschäftigung von Familienangehörigen. Rechtlich ist das also zulässig. Ob es sich politisch empfiehlt, ist eine andere Frage.[94]

Die vom Europäischen Parlament in seiner Sitzung vom 3. Dezember 1998 angenommene Entschließung zu dem Entwurf eines Statuts für die Abgeordneten des Europäischen Parlaments übernimmt in Anlage 2 zu Ziffer 7 dieser Entschließung die o. g. Beträge für die dort genannten Leistungen der Höhe nach unverändert in Euro. Ferner ist vorgesehen, Kostenpauschale und Tagegeld der allgemeinen Preisentwicklung und die Mitarbeiterzulage jährlich auf der Grundlage eines durchschnittlichen Inflationsindexes in der Europäischen Union anzupassen.[95] Nachdem das einheitliche Abgeordnetenstatut aufgrund tiefgreifender Differenzen zwischen

---

91 Nicht veröffentlicht.
92 Vom 2. Juli 2001 – PE 133.116 / QUEST / rev. XI / 7-2001 – DV\445055DE.doc.
93 Die hier angegebenen Beträge wurden vom Präsidium des Europäischen Parlaments für 2000 beschlossen (PE 285.255 / QUE). Der Berichtsentwurf über den Entwurf eines Statuts für die Abgeordneten des Europäischen Parlaments vom 20. Oktober 1998 (DOC-DE\PR\360\360036 PE 228.308) hatte diese Systematik übernommen; vgl. auch *Fleuter R.*, Mandat und Status der Abgeordneten im Europäischen Parlament, Pfaffenweiler, 1991, S. 121 ff.
94 Nach Ausagen der Vorsitzenden der SPD- bzw. der CDU / CSU-Europagruppe gegenüber der Illustrierten Stern verhalte man sich intern allerdings „wie es das Bonner Gesetz vorschreibt". Zitiert in Stern, Ausgabe vom 9. Juli 1998; vgl. auch DER SPIEGEL, „Job für die Tochter", vom 22. November 1999.
95 PV 55 PE 273.910.

dem Rat und dem Europäischen Parlament – der Rat hatte den Ursprungsentwurf des Parlaments in wesentlichen Bestandteilen zum Nachteil der Abgeordneten verändert[96] – in der 4. Wahlperiode nicht verabschiedet werden konnte, bleibt die weitere Entwicklung in der 5. Wahlperiode abzuwarten. Der jüngste „Entwurf einer Stellungnahme" des EP-Ausschusses für Recht und Binnenmarkt zu wesentlichen Elementen des Abgeordnetenstatuts vom 29. August 2001[97] regelt in Art. 16 den Anspruch auf Kostenerstattung nur dem Grunde nach und überlässt die weitere Ausgestaltung Durchführungsbestimmungen des Parlaments.

13. Landesrecht

Die Länderregelungen über die Amtsausstattung der Landtagsabgeordneten ähneln bei aller Vielfalt im Detail, die eine eingehendere Darstellung hier nicht erlaubt, in ihrer Grundsystematik und in ihrem Leistungskatalog in vielem dem AbgG. So haben auch Landtagsmitglieder typischerweise einen Anspruch auf kostenfrei Nutzung der Infrastruktur der Landtage an deren Sitz. **91**

Eine nachweisfreie Gesamtpauschale zur Abdeckung des mandatsbezogenen Aufwandes außerhalb des Parlamentssitzes wie in § 12 Abs. 2 gibt es zwar nur noch in Bayern und in Berlin. In den übrigen Bundesländern wird aber immerhin eine betragsmäßig allerdings deutlich geringere allgemeine Unkostenpauschale nachweisfrei gewährt. **92**

Die übrigen Aufwendungen hingegen – z.B. für Mehraufwendungen am Parlamentssitz, Fahrkosten, Einrichtung und Unterhaltung eines Wahlkreisbüros, Mitarbeiteraufwendungen – werden vielfach nur gegen Nachweis, teilweise je nach Entfernung des Wohnsitzes zum Sitz des Landtags gestaffelt und oft nur bis zu einem festgelegten Limit erstattet.[98] **93**

Eine funktionsbezogene besondere Amtsaufwandsentschädigung erhalten – mit Ausnahme von Bremen, Hamburg, Hessen, Mecklenburg-Vorpommern, Sachsen-Anhalt, Schleswig-Holstein und Thüringen – die Präsidiumsmitglieder der Landtage, in Baden-Württemberg, Bayern, Niedersachsen, Rheinland-Pfalz, Saarland und Sachsen zusätzlich die Ausschussvorsitzenden und in Baden-Württemberg, Saarland und Sachsen darüber hinaus auch die Fraktionsvorsitzenden.[99] **94**

Die Abgeordnetengesetze der Länder Bayern (Art. 6 Abs. 2), Hessen (§ 6 Abs. 1 Hess.AbgG), Mecklenburg-Vorpommern (§ 28 a) und Thüringen (§ 6 Abs. 2) sehen eine jährliche dynamische Anpassung der Pauschalen an die Entwicklung der Lebenshaltungskosten – vergleichbar § 12 Abs. 2 Satz 3 (s.o. 3.3 und 3.4) – vor. Art. 6 Abs. 2 Satz 5 Bay.AbgG und § 26 Abs. 3 Satz 3 Thür.AbgG verpflichten den Landtagspräsidenten, den neuen Betrag der Kostenpauschale bzw. der Aufwandsentschädigung im Gesetz- und Verordnungsblatt des jeweiligen Landes zu veröffentlichen. Hierdurch sollen Transparenz und öffentliche Kontrolle gewährleistet werden, weil sich die aktuelle Höhe der Kostenpauschale nicht mehr aus **95**

---

96 DOC_DE\NT\377\377136 PE 278.414/BUR.
97 PE 294.967 – PA\447058DE.doc.
98 Detaillier dazu *Birk D.*, aaO, S. 4 ff.
99 Zur Amtsaufwandsentschädigung für Parlamentarische Geschäftsführer und Ausschussvorsitzende nach dem neuen Thür.AbgG s. 6. zu § 11.

Vierter Abschnitt
Leistungen an Mitglieder des Bundestages

Tabelle 2. Entwicklung der allgemeinen Kostenpauschale in den Ländern seit 1977

	Baden-Württemb.	Bayern	Berlin	Brandenburg	Bremen	Hamburg	Hessen	Mecklenburg-Vorp
1977[1]		1.700	Sitzungsgeld				3.500/2.625	
1978		(28.10.1978) 3.800	Sitzungsgeld				3.500/2.625	
1979		3.800	(1.4.1979) 900		(1.10.1979) 500		(1.3.1979) 3.000 – 4.000	
1980	(1.6.1980) 1.500	3.800	900		500		3.000 – 4.000	
1981	1.500	3.800	1.000		530		3.000 – 4.000	
1982	1.500	3.800	1.000		530		3.000 – 4.000	
1983	1.500	3.800	1.000		530		3.000 – 4.000	
1984	1.500	3.962	1.000		(1.7.1984) 570		3.000 – 4.000	
1985	1.500	4.046	(1.10.1985) 1.150		570		(1.1.1985) 3.500 – 4.500	
1986	(1.8.1986) 1.530	4.144	1.150		570		3.500 – 4.500	
1987	1.530	4.219	1.200		570		3.500 – 4.500	
1988	(1.8.1988) 1.570	4.283	1.250		(1.7.1988) 650		3.500 – 4.500	
1989	(1.8.1989) 1.620	(1.7.1989) 4.348	1.300		650		(1.11.1989) 800	
1990	(1.8.1990) 1.772	(1.7.1990) 4.448	1.300	(14.10.1990) 1.100	(1.7.1990) 674		800	(14.10.1990) 1.600
1991	(1.8.1991) 1.829	4.448	1.300	(1.10.1991) 1.500	674		800	(1.12.1991) 1.920
1992	1.829	4.711	1.300	1.500	692		850	1.920
1993	1.829	4.711	(1.7.1993) 1.400	(1.1.1993) 1.580	692		850	1.920
1994	1.829	4.711	1.400	(1.1.1994) 1.664	(1.6.1994) 713		850	1.920
1995	1.829	4.711	(1.7.1995) 1.460	(1.1.1995) 1.706	(1.1.1995) 727 (1.11.1995) 769		850	1.920
1996	(1.6.1996) 1.600	(1.7.1996) 4.796	1.460	1.706	769	(1.9.1996) 600	900	1.920
1997	1.600	(1.7.1997) 4.859	1.460	1.706	769	600	900	1.920
1998	(1.6.1998) 1.632	(1.7.1998) 4.942	(1.12.1998) 1.530	1.706	792	600	900	(26.10.1998) 1.990
1999	(1.8.1999) 1.652	(1.7.1999) 4.992	(1.11.1999) 1.700	1.706	(1.8.1999) 802	600	(1.7.1999) 950	1.990
2000	(1.8.2000) 1.680	(1.7.2000) 5.027	1.700	1.706	802	600	(1.7.2000) 958	1.990
2001	1.680	(1.7.2001) 5.118	1.700	1.706	(1.7.2001) 815	650	(1.7.2001) 977	2.025,82
2002		€ 2.617	€ 870		€ 417	€ 333	€ 499,53	

1 Sofern nichts anderes angegeben, gilt der jeweilige Betrag ab dem 1. Januar eines Jahres.

§ 12 Amtsausstattung

Fortsetzung von Tabelle 2

	Nieder-sachsen	Nordrhein-Westf.	Rheinland-Pfalz	Saarland	Sachsen	Sachsen-An-halt	Schleswig-Holst	Thüringen
1977[1]		900	600				750	
1978	(1.6.1978) 1.500	1.200	600				750	
1979	1.500	1.200	(18.5.1979) 1.500				(29.5.1979) 1.800	
1980	1.750	(29.5.1980) 1.600	1.500	(21.5.1980) 1.500			1.800	
1981	1.750	1.600	(1.7.1981) 1.600	1.500			1.800	
1982	1.750	(1.8.1982) 1.800	1.600	1.500			1.800	
1983	1.750	1.800	1.600	(1.8.1983) 1.540			1.800	
1984	1.750	1.800	1.600	1.540			1.800	
1985	1.750	1.800	1.600	1.540			1.800	
1986	1.750	2.000	1.600	1.600			1.800	
1987	1.750	2.000	(1.7.1987) 1.900	(1.4.1987) 1.660			1.800	
1988	1.750	2.050	1.950	(1.7.1988) 1.710			1.800	
1989	1.750	2.050	1.950	1.710			1.800	
1990	1.750	2.081	1.950	(1.7.1990) 1.760	(15.10.1990) 1.800	(Okt. 1990) 1.600	(1.8.1990) 1.600	(14.10.1990) 1.600
1991	1.800	2.081	1.950	1.760	1.800	1.600	1.600	1.600
1992	1.800	2.158	1.950	1.760	1.800	1.800	1.600	1.600
1993	1.800	2.191	1.950	1.760	1.800	1.800	1.600	1.600
1994	1.800	2.191	1.950	1.760	1.800	1.800	1.600	1.600
1995	1.870	2.191	1.950	1.796 (1.5.1995) 1.853	2.160	1.800	1.600	(1.3.1995) 1.803,20 (1.11.1995) 1.839,26
1996	1.870	2.191	(18.5.1996) 1.950	1.853	2.160	1.800	1.600	(1.11.1996) 1.865,01
1997	1.930	(1.7.1997) 2.242	2.200	(1.3.1997) 1.877	2.160	1.800	1.600	(1.11.1997) 1.911,64
1998	1.930	(1.2.1998) 2.278	2.200	1.905	2.160	1.800	1.600	(1.11.1998) 1.919,29
1999	1.930	2.306	2.200	(1.6.1999) 1.960	2.160	(1.10.1999) 1.950	1.600	(1.11.1999) 1.926,97
2000	1.930	2.306	2.200	1.960	2.160	1.950	1.600	(1.11.2000) 1.967,44
2001	1.930	2.320	2.200	1.960	2.160	1.950	1.600	1967,44
2002					€ 1.104,39	€ 997		

1 Sofern nichts anderes angegeben, gilt der jeweilige Betrag ab dem 1. Januar eines Jahres.

dem AbgG selbst ablesen lässt (vgl. o. 3. 5). Die übrigen Länder haben statische Regelungen, müssen Anpassungen also jeweils über Gesetzesänderungen vornehmen.

14. Steuerliche Behandlung der Amtsausstattung

14.1 Leistungen nach deutschem Recht

96 Geld- und Sachleistungen im Rahmen der Amtsausstattung nach § 12 oder § 10a EuAbgG oder vergleichbaren Regelungen in den Abgeordnetengesetzen der Länder sind steuerfrei, weil die gesamte Amtsausstattung den Charakter einer Aufwandsentschädigung hat, die als solche nicht der Besteuerung unterliegt (§ 3 Nr. 12 Satz 1 EStG). Das bedeutet, steuerfrei sind außer der Kostenpauschale[100] auch alle geldwerten Vorteile, die in §§ 12 Abs. 3 ff., 16 und 10a EuAbgG genannt sind, einschließlich der „sonstigen Leistungen" i.S.d. § 12 Abs. 4 Nr. 4 (früher: § 12 Abs. 4).[101] Steuerfrei ist auch die Amtsaufwandsentschädigung für den Bundestagspräsidenten und seine Stellvertreter nach § 12 Abs. 5. Verfassungsrechtlich ist die Steuerfreiheit der Amtsausstattung solange nicht zu beanstanden, wie es sich dabei nicht um verdeckte Einkommensbestandteile handelt.[102]

97 Weil zur Abgeltung des Mandatsaufwandes steuerfreie Aufwandsentschädigungen gezahlt werden, dürfen im Gegenzug gem. § 22 Nr. 4 Satz 2 EStG die durch das Mandat veranlassten Aufwendungen auch nicht als Werbungskosten abgezogen werden (Abzugsverbot, s. auch Erläuterung 7. zu § 11). Dies gilt im Hinblick auf die Kostenpauschale unabhängig davon, ob die gewährte Pauschale im Einzelfall die tatsächlich aufgewandten Beträge der Höhe oder der Art nach deckt oder nicht. Denn § 22 Nr. 4 EStG enthält eine Sonderregelung, die in ihrem Anwendungsbereich den Abzug bestimmter Aufwendungen über das Abzugsverbot des § 3 c EStG hinaus ausschließt.[103]

14.2 Leistungen nach europäischem Recht

98 Leistungen des Europäischen Parlaments an seine deutschen Mitglieder im Rahmen der Amtsausstattung sind als Aufwandsentschädigung einkommensteuerfrei (§ 3 Nr. 12 Satz 1 EStG). Dies entspricht europäischem Recht (Art. 5 des Vertrages zur Gründung der Europäischen Gemeinschaft vom 25. März 1957, Art. 28 des Vertrages zur Einsetzung eines gemeinsamen Rates und einer Gemeinsamen Kommission der Europäischen Gemeinschaften vom 8. April 1965 und Art. 8 Abs. 1 des Protokolls über die Vorrechte und Befreiungen der Europäischen Gemeinschaften vom

---

[100] Zur Kritik an der Steuerfreiheit der Kostenpauschale s. oben 3.1.
[101] Vgl. BVerfG, Beschluss vom 28. Juni 1978 – 2 BvR 314/77 –, BVerfGE 49, 1, 5. Mit diesem Beschluss hatte das BVerfG die mit einer Verletzung des Gleichheitssatzes (Art. 3 Abs. 1 GG) begründete Verfassungsbeschwerde eines Beschwerdeführers gegen die die Aufwandsentschädigung der Abgeordneten und die Steuerfreiheit anordnenden Gesetzesvorschriften als unzulässig verworfen, weil er durch die angegriffenen gesetzlichen Regelungen nicht selbst betroffen sei; *Birk D.*, aaO, S. 9.
[102] *Klein, H. H.*, in: Maunz-Dürig, Kommentar zum Grundgesetz, Art. 48, Rdn. 197.
[103] BFH, Urteil vom 29. März 1983 – VIII R 97/82 –, BFHE 138, 430; Urteil vom 3. Dezember 1987 – IV R 41/85 –, BFHE 151, 446; Urteil vom 8. Dezember 1987 – IX R 161/83 –, BFHE 152, 240; *Birk D.*, aaO, S. 10.

8. April 1965 in der Auslegung durch den Europäischen Gerichtshof in Luxemburg). Der Gerichtshof hatte dazu in seiner Entscheidung vom 15. September 1981 ausgeführt:

> „Das Gemeinschaftsrecht verbietet es, die vom Europäischen Parlament an seine Mitglieder aus Gemeinschaftsmitteln im Wege der Erstattung von Reise- und Aufenthaltskosten gezahlten Pauschalbeträge der innerstaatlichen Steuer zu unterwerfen, sofern nicht gemäß Gemeinschaftsrecht nachgewiesen wird, dass diese pauschale Erstattung teilweise ein Entgelt darstellt".[104]

Im zu entscheidenden Fall war dies nicht der Fall, so dass es bei der Unzulässigkeit einer Besteuerung der Pauschalbeträge verblieb.

Was nach diesem Urteil für Pauschalvergütungen gilt, muss erst recht für die Erstattung von nachgewiesenen Mandatsaufwendungen gelten. Zu diesen Leistungen, die nach nationalem Recht also steuerfrei zu bleiben haben, gehören die allgemeine Kostenvergütung, die pauschale Reisekostenvergütung, die Reisekostenvergütung, Tagegelder, die Telematikzulage und die Sekretariatszulage.[105]

§ 13 Wegfall des Anspruchs auf Aufwandsentschädigungen

Ein Mitglied des Bundestages, das im letzten Vierteljahr der Wahlperiode in den Bundestag eintritt, hat keinen Anspruch auf die Leistungen nach § 12 Abs. 2 und 3, wenn der Bundestag seine Tätigkeit bereits abgeschlossen hat.

Parallelvorschriften im EuAbgG und in den Abgeordnetengesetzen der Länder:			
EuAbgG	–		
BadWürtt.	§ 8	Nds.	–
Bay.	Art. 9	NW.	§ 6
Berl.	–	RP.	
Bbg.	–	Saarl.	§ 8
Brem.	–	Sachs.	§ 7
Hbg.	§ 23	SachsAnh.	§ 15
Hess.	–	SchlH.	§ 15
MV.	§ 15	Thür.	–

---

104 Rechtssache 208/80, Sammlung der Rechtsprechung des Gerichtshofes 1981, S. 2205 ff.; vgl. auch *Birk D.*, aaO, S. 19 ff.; *Fleuter R.*, aaO, S. 122 f., m.N.
105 Vgl. auch *Birk D.*, aaO, S. 20.

Anmerkungen

1 § 13 geht zurück auf § 26 des Entwurfs eines Gesetzes zur Neuregelung der Rechtsverhältnisse der Mitglieder des Deutschen Bundestages.[1] Dieser wiederum knüpfte inhaltlich an § 14 des Diätengesetzes 1968[2] an.[3]

2 Danach erhalten Abgeordnete, die erst im letzten Vierteljahr der Wahlperiode Mitglied des Bundestages werden, die Kostenpauschale (s. Erläuterung 3. zu § 12) und die Mitarbeiterpauschale (s. Erläuterung 4. zu § 12) nicht, wenn der Bundestag seine Tätigkeit bereits abgeschlossen hat. Das ist regelmäßig mit Ablauf der letzten Sitzungswoche vor den Neuwahlen der Fall. Klarer wird dies in § 23 des Hbg.AbgG. Dort heißt es, dass Mitglieder, die ihr Mandat nach der letzten Plenarsitzung einer Wahlperiode der Bürgerschaft erworben haben, keinen Anspruch auf die entsprechende Aufwandsentschädigung haben.

3 Der Regelung liegt die Annahme zugrunde, dass mandatsbezogene Aufwendungen, die mit der Kostenpauschale und mit der Mitarbeiterpauschale abgedeckt werden sollen, nach Abschluss der Arbeiten des Bundestages typischerweise nicht mehr entstehen.

4 Die in der Bundesrepublik Deutschland gewählten Abgeordneten des Europäischen Parlaments erhalten keine Leistungen nach § 12 Abs. 2 und 3. Für sie gilt § 13 nicht. Das europäische Recht[4] kennt keine vergleichbare Regelung.

5 Einige Landesabgeordnetengesetze haben dem § 13 entsprechende Bestimmungen (§ 8 BadWürtt.AbgG, Art. 9 Bay.AbgG, § 23 Hbg.AbgG, § 15 MV.AbgG, § 6 NW.AbgG, § 8 RP.AbgG, § 8 Saarl.AbgG, § 7 Sächs.AbgG, § 15 SachsAnh.AbgG, § 15 SchlH.AbgG).

§ 14 Kürzung der Kostenpauschale

(1) An jedem Sitzungstag wird eine Anwesenheitsliste ausgelegt. Der Präsident bestimmt im Benehmen mit dem Ältestenrat, welche Tage als Sitzungstage gelten und in welcher Zeit die Anwesenheitsliste ausgelegt wird. Trägt sich ein Mitglied des Bundestages nicht in die Anwesenheitsliste ein, werden ihm 90 Deutsche Mark von der Kostenpauschale einbehalten. Der Kürzungsbetrag verringert sich auf 30 Deutsche Mark während der Mutterschutzfristen infolge Schwangerschaft oder wenn ein Aufenthalt in einem Krankenhaus oder in einem Sanatorium oder eine Arbeitsunfähigkeit ärztlich nachgewiesen wird. Dasselbe gilt für den Fall, dass ein Mitglied des Bundestages ein ärztlich nachgewiesen erkranktes, in seinem Haushalt lebendes Kind, das das 14. Lebensjahr noch nicht vollendet hat, mangels anderer im Haushalt dafür zur Verfügung

---

1 BT-Drs. 7/5525, S. 8.
2 BGBl. I S. 334.
3 Vgl. Begründung zu § 26 des Entwurfs, BT-Drs. 7/5525, S. 23.
4 „Kostenerstattungs- und Vergütungsregelungen für die Mitglieder", Kollegium der Quästoren, letzte Überarbeitung: 2. Juli 2001 – PE 133.116/QUEST/rev. XI/7-2001 – DV\445055DE.doc.

§ 14 Kürzung der Kostenpauschale

stehender Aufsichtspersonen persönlich betreuen muss. Der einzubehaltende Betrag erhöht sich auf 150 Deutsche Mark, wenn ein Mitglied an einem Plenarsitzungstag sich nicht in die Anwesenheitsliste eingetragen hat und nicht beurlaubt war. Die Eintragung in die Anwesenheitsliste wird vom Zeitpunkt der Auslegung an ersetzt durch Amtieren als Präsident oder als Schriftführer, durch protokollierte Wortmeldung in einer Sitzung des Bundestages, durch Teilnahme an einer namentlichen Abstimmung oder einer Wahl mit Namensaufruf, durch Eintragung in die Anwesenheitsliste eines Ausschusses oder des Ältestenrates oder durch eine für den Sitzungstag genehmigte und durchgeführte Dienstreise.

Ab dem 1. Januar 2002 geltende Fassung:[1]

(1) An jedem Sitzungstag wird eine Anwesenheitsliste ausgelegt. Der Präsident bestimmt im Benehmen mit dem Ältestenrat, welche Tage als Sitzungstage gelten und in welcher Zeit die Anwesenheitsliste ausgelegt wird. Trägt sich ein Mitglied des Bundestages nicht in die Anwesenheitsliste ein, werden ihm 50 Euro von der Kostenpauschale einbehalten. Der einzubehaltende Betrag erhöht sich auf 100 Euro, wenn ein Mitglied an einem Plenarsitzungstag sich nicht in die Anwesenheitsliste eingetragen hat und nicht beurlaubt war. Der Kürzungsbetrag verringert sich auf 20 Euro, wenn ein Mitglied des Bundestages einen Aufenthalt in einem Krankenhaus oder in einem Sanatorium oder die Arbeitsunfähigkeit ärztlich nachweist. Während der Mutterschutzfristen infolge Schwangerschaft oder wenn ein Mitglied des Bundestages ein ärztlich nachgewiesen erkranktes, in seinem Haushalt lebendes Kind, das das 14. Lebensjahr noch nicht vollendet hat, mangels anderer im Haushalt dafür zur Verfügung stehender Aufsichtspersonen persönlich betreuen muss, führt die Nichteintragung in die Anwesenheitsliste nicht zu einer Kürzung der Kostenpauschale. Die Eintragung in die Anwesenheitsliste wird vom Zeitpunkt der Auslegung an ersetzt durch Amtieren als Präsident oder als Schriftführer, durch protokollierte Wortmeldung in einer Sitzung des Bundestages, durch Teilnahme an einer namentlichen Abstimmung oder einer Wahl mit Namensaufruf, durch Eintragung in die Anwesenheitsliste eines Ausschusses oder des Ältestenrates oder durch eine für den Sitzungstag genehmigte und durchgeführte Dienstreise.

(2) Einem Mitglied des Bundestages, das an einer namentlichen Abstimmung oder einer Wahl mit Namensaufruf nicht teilnimmt, werden 75 Deutsche Mark von der monatlichen Kostenpauschale abgezogen. Das gilt nicht, wenn der Präsident das Mitglied beurlaubt hat oder ein Abzug nach Absatz 1 erfolgt.

Ab dem 1. Januar 2002 geltende Fassung:[2]

(2) Einem Mitglied des Bundestages, das an einer namentlichen Abstimmung oder einer Wahl mit Namensaufruf nicht teilnimmt, werden 50 Euro von der monatlichen Kostenpauschale abgezogen. Das gilt nicht, wenn der Präsident das Mitglied beurlaubt hat, ein Abzug nach Absatz 1 erfolgt oder in den Fällen des Absatz 1 Satz 6.

---

[1] Die Änderungen treten nach dem Dreiundzwanzigsten Gesetz zur Änderung des Abgeordnetengesetzes am 1. Januar 2002 in Kraft, s. Anmerkung 1.
[2] S. Fn. 1.

Vierter Abschnitt
Leistungen an Mitglieder des Bundestages

Parallelvorschriften im EuAbgG und in den Abgeordnetengesetzen der Länder:

EuAbgG			
BadWürtt.	§ 7	Nds.	-
Bay.	Art. 7	NW.	§ 7
Berl.	§ 8	RP.	§ 7
Bbg.	-	Saarl.	-
Brem.	§ 9	Sachs.	§ 8
Hbg.	§ 4	SachsAnh.	-
Hess.	-	SchlH.	-
MV.	–	Thür.	§ 8

Literatur: *Baddenhausen-Lange H.*, Pairing, Ausarbeitung der Wissenschaftlichen Dienste des Deutschen Bundestages vom 26. Mai 1997, WF I-4/97; *Birk D.*, Rechtsgutachten über die Verfassungsmäßigkeit der Besteuerung der Abgeordnetenbezüge und die Möglichkeit einer Überprüfung durch das BVerfG, erstattet im Auftrag der Zeitschrift Capital, des BdSt. und des Deutschen Mittelstandbundes, Münster, 2000 (www.steuerzahler.de); *Demmler W.*, Der Abgeordnete im Parlament der Fraktionen, Berlin, 1994; *Klein, H. H.*, Status der Abgeordneten, in: Handbuch des Staatsrechts der Bundesrepublik Deutschland, Heidelberg, 1987, 367 ff.; *Ritzel H. G./Bücker J./Schreiner H. J.*, Handbuch für die Parlamentarische Praxis mit Kommentar zur Geschäftsordnung des Deutschen Bundestages, Neuwied; *Troßmann H.*, Parlamentsrecht des Deutschen Bundestages, München 1977.

Übersicht

		Rdn.
1.	Allgemeines	1–4
2.	Kürzung der Kostenpauschale bei unterlassener Eintragung in die Anwesenheitsliste (Abs. 1)	5–33
2.1	Anwesenheitsliste und Sitzungstage (Sätze 1 und 2)	8–11
2.2	Alternative Anwesenheitsnachweise (Satz 7)	12–24
2.3	Regelabzug bei unterlassener Eintragung in die Anwesenheitsliste (Satz 3)	25
2.4	Reduzierter Abzug in Sonderfällen (Sätze 4 und 5)	26–31
2.5	Erhöhter Abzug bei unterlassener Eintragung in die Anwesenheitsliste an Plenarsitzungstagen(Satz 6)	32–34
3.	Kürzung der Kostenpauschale bei Nichtteilnahme an einer namentlichen Abstimmung oder einer Wahl mit Namensaufruf (Abs. 2)	35–47
3.1	Namentliche Abstimmung oder Wahl mit Namensaufruf (Satz 1)	36–39
3.2	Ausnahmen von der Kürzung (Satz 2)	40–47
4.	EuAbgG	48–51
5.	Landesrecht	52–56

1. Allgemeines

1 In ihren Grundzügen geht die Vorschrift auf § 27 des Entwurfs eines Gesetzes zur Neuregelung der Rechtsverhältnisse des Deutschen Bundestages[3] zurück. Dieser wiederum entspricht § 15 des Diätengesetzes 1968.[4, 5]

---

[3] BT-Drs. 7/5525, S. 8.
[4] BGBl. I S. 334.
[5] Begründung zu § 27, BT-Drs. 7/5525, S. 23.

Auch die Kürzungsbeträge in § 14 Abs. 1 Satz 2 (90 DM) und Satz 6 (150 DM) sowie in Abs. 2 Satz 1 (75 DM) stammen aus dem Entwurf. Dieser sah im Falle des Satzes 2 eine Kürzung der monatlichen Tagegeldpauschale um sechs vom Hundert, im Falle des heutigen Satzes 6 um zehn vom Hundert und im Falle des Abs. 2 um 5 vom Hundert vor. Bei einer empfohlenen Höhe der Tagegeldpauschale von 1.500 DM ergab dies die genannten Kürzungsbeträge. Durch den in Prozentwerten angegebenen Kürzungsfaktor wären die Kürzungsbeträge dynamisch gewesen. Eine Erhöhung der Tagegeldpauschale hätte automatisch eine Erhöhung der Kürzungsbeträge zur Folge gehabt.

Die Systematik des geltenden § 14 vermeidet diesen Effekt. Sie musste eine andere sein, weil der Gesetzgeber die Kostenpauschale in § 12 Abs. 2 als Gesamtpauschale (s. 3.1 zu § 12) konzipiert hat. Damit entfiel die Tagegeldpauschale als separate Bezugsgröße. Aus dem Entwurf hat er – entsprechend einer Empfehlung des Finanzausschusses und des 2. Sonderausschusses[6] – nur die sich damals rechnerisch ergebenden Kürzungsbeträge übernommen und sie der Höhe nach im Gesetz festgeschrieben. Wäre die Dynamisierung beibehalten worden, müssten die Kürzungsbeträge heute (Stand: 2001) 131 DM (statt 90 DM), 219 DM (statt 150 DM) und 109 DM (statt 75 DM) betragen.

So noch nicht im Ursprungsentwurf enthalten, war die Regelung im heutigen § 14 Abs. 1 Sätze 4 und 5. Nach § 27 Abs. 1 des Entwurfs sollte eine Kürzung bei Krankenhaus- oder Sanatoriumsaufenthalt auf Antrag gänzlich unterbleiben. § 14 Abs. 1 Satz 4 sieht demgegenüber einen auf 30 DM reduzierten Abzug von der Kostenpauschale vor. Mit Art. 1 Nr. 3 des Siebten Änderungsgesetzes vom 16. Januar 1987[7] wurden zu den dort genannten Fällen die Mutterschutzfristen infolge Schwangerschaft hinzugefügt. Satz 5 wurde erst durch Art. 1 Nr. 4 des Siebzehnten Änderungsgesetzes vom 4. November 1994[8] eingeführt. Mit dem Dreiundzwanzigsten Gesetz zur Änderung des Abgeordnetengesetzes[9] hat der Gesetzgeber einen Teil der Kürzungsbeträge unter Beibehaltung ihrer proportionalen Abstufung erstmalig moderat erhöht und von Deutscher Mark auf Euro umgestellt. Zugleich hat er die Kürzung der Kostenpauschale bei Nichteintragung in die Anwesenheitsliste innerhalb der Mutterschutzfristen und bei Betreuung eines erkrankten Kindes, abgeschafft, ebenso die Kürzung der Kostenpauschale bei Nichtteilnahme an einer namentlichen Abstimmung oder an einer Wahl mit Namensaufruf aus einem dieser genannten Gründen.[10]

2. Kürzung der Kostenpauschale bei unterlassener Eintragung in die Anwesenheitsliste (Abs. 1)

Nach § 14 Abs. 1 wird die Kostenpauschale gekürzt, wenn ein Abgeordneter sich an einem Sitzungstag nicht in die Anwesenheitsliste einträgt. Wird der Anwesenheits-

---

[6] Begründung zu § 14, BT-Drs. 7/5903, S. 13.
[7] BGBl. I S. 143.
[8] BGBl. I S. 3346.
[9] Vom Bundestag am 5. Juli 2001 beschlossen, im Zeitpunkt der Drucklegung aber noch nicht verkündet.
[10] Vgl. Entwurf eines Dreiundzwanzigsten Gesetzes zur Änderung des Abgeordnetengesetzes vom 19. Juni 2001, BT-Drs. 14/6311, S. 2.

nachweis für Sitzungstage nicht durch Eintragung in die Anwesenheitsliste oder in anderer, im Gesetz abschließend genannter zulässiger Weise geführt, gilt der betroffene Abgeordnete als abwesend, selbst wenn er den Nachweis seiner Anwesenheit auf andere Weise führen kann. Durch das vom Gesetz vorgesehene striktformelle Verfahren soll vermieden werden, dass der Präsident gegebenenfalls eine Beweiswürdigung vornehmen muss, wenn ein Mitglied seine Anwesenheit außerhalb des vorgeschriebenen Verfahrens dokumentieren will[11].

6   Die Kürzung soll keine Sanktion für fehlende Mitarbeit oder die Versäumung sonstiger Pflichten sein.[12] An anderer Stelle wurde bereits darauf hingewiesen, dass ein Abgeordneter – trotz missverständlicher Bestimmungen in der GO-BT – keine Dienste schuldet, sondern in verfassungsrechtlich verbürgter (Art. 38 Abs. 1 Satz 2 GG) Unabhängigkeit sein Mandat wahrnimmt (§ 11 2. 3 und 9.). Eine Sanktion für fehlende Mitwirkung an der parlamentarischen Arbeit wäre danach unzulässig.[13] Von Betroffenen wird sie gleichwohl meistens als solche empfunden.

7   Eigentlicher Zweck der Norm ist aber die Schaffung eines finanziellen Ausgleichs dafür, dass ein Abgeordneter an einem Sitzungstag nicht anwesend war, folglich also an diesem Tag auch keine oder nur reduzierte „Mehraufwendungen am Sitz des Bundestages" (§ 12 Abs. 2 Nr. 2) hatte. Es wird unterstellt, dass weder Aufwendungen für Unterkunft und Verpflegung noch für die Anreise zum Sitz des Bundestages anfallen. Diese ersparten Aufwendungen, die in der Gesamtpauschale enthalten sind, sollen in gewissem Umfang wieder abgeschöpft werden. Ausgehend hiervon leuchtet allerdings nicht ein, warum für die Nichteintragung an einem Sitzungstag ein geringerer Abzug erfolgt als bei einem Plenarsitzungstag. Denn es ist nicht ersichtlich, dass in beiden Fällen unterschiedliche Mehraufwendungen entstehen. Erst recht ist die Reduzierung des Kürzungsbetrages während der Mutterschutzfristen bei Schwangerschaft und bei Krankheit systematisch nicht nachvollziehbar, und schon gar nicht der künftige Wegfall der Kürzung bei Nichteintragung wegen Schwangerschaft oder der Betreuung erkrankter Kinder (s.u. 2. 4).[14] Denn wenn

---

11 Begründung zu § 27 des Entwurfs, BT-Drs. 7/5531, S. 23.

12 S. auch *Ritzel H. G. / Bücker J. / Schreiner H. J.*, Handbuch für die Parlamentarische Praxis mit Kommentar zur Geschäftsordnung des Deutschen Bundestages, Neuwied, § 13 II. 2.; anders wohl *Klein, H. H.*, Status der Abgeordneten, in: Handbuch des Staatsrechts der Bundesrepublik Deutschland, Heidelberg, 1987, 367, 378: „Genügt er dieser letztgenannten Pflicht (der zur Teilnahme an den Arbeiten des Bundestages nach § 13 Abs. 1 GO-BT) nicht, ... erfolgt eine Kürzung der Kostenpauschale." S. auch *Demmler W.*, Der Abgeordnete im Parlament der Fraktionen, Berlin, 1994, S. 52: „Durch Kürzungen der Kostenpauschale nach § 14 AbgeordnetenG ist diese Verpflichtung (zur Teilnahme an den Arbeiten des Bundestages) auch in gewisser Hinsicht sanktionsbewehrt."

13 Vgl. auch Bericht der Kissel-Kommission, BT-Drs. 12/5020, S. 12 f.; zu den in den Geschäftsordnungen der Fraktionen enthaltenen Pflichten der Abgeordneten, ihre Abwesenheit vom parlamentarischen Geschehen der Fraktion rechtzeitig vorher anzuzeigen, vgl. *Stevens B.*, Die Rechtsstellung der Bundestagsfraktionen – Eine Untersuchung auf der Grundlage des Fraktionsgesetzes, Frankfurt am Main, 2000, S. 185; dazu auch § 2 der Geschäftsordnung der Fraktion der SPD im Deutschen Bundestag i.d.F. vom 3. Juni 1997, § 18 der Arbeitsordnung der CDU/CSU-Bundestagsfraktion der 14. Wahlperiode i.d.F. vom 12. April 2000, § 3 der Geschäftsordnung der Fraktion BÜNDNIS 90/DIE GRÜNEN im Bundestag vom 28. Oktober 1998, § 1 der Geschäftsordnung der F.D.P.-Fraktion im Deutschen Bundestag vom 12. November 1991, § 16 der Geschäftsordnung der Fraktion der PDS im 14. Deutschen Bundestag vom 26. September 2000.

14 S.o. 1.

ersparte Aufwendungen am Sitz des Bundestages der Rechtfertigungsgrund für die Kürzung der Kostenpauschale sein sollen, ist es unerheblich, aus welchem Grund die Einsparungen erfolgten.[15]

2.1 Anwesenheitsliste und Sitzungstage (Sätze 1 und 2)

Nach § 14 Abs. 1 Sätze 1 und 2 wird an jedem Sitzungstag eine Anwesenheitsliste ausgelegt. Welche Tage als Sitzungstage gelten und die Auslegungszeiten der Listen, bestimmt der Präsident im Benehmen mit dem Ältestenrat. 8

Nach § 13 Abs. 2 GO-BT haben sich die Mitglieder des Bundestages in die Anwesenheitslisten einzutragen. Diese Bestimmung begründet jedoch keine rechtlich verbindliche Eintragungspflicht, zumal das AbgG alternative Anwesenheitsnachweise kennt (u. 2. 2). Es handelt sich nur um eine Ordnungsvorschrift.[16] 9

In nicht mehr ausliegende Anwesenheitslisten muss einem Abgeordneten jedenfalls dann Einsicht gewährt werden, wenn Zweifel daran bestehen, ob er sich eingetragen hat oder nicht.[17] 10

Ist ein Mitglied des Bundestages wegen gröblicher Verletzung der Ordnung gem. § 38 GO-BT von einer Sitzung für einen oder mehrere Tage ausgeschlossen worden, so darf er sich nach Abs. 5 dieser Bestimmung nicht in die Anwesenheitsliste eintragen. Da er auch nicht als beurlaubt gilt, sind die in § 14 vorgesehenen Abzüge von der Kostenpauschale vorzunehmen. 11

2.2 Alternative Anwesenheitsnachweise (Satz 7)

Nach § 14 Abs. 1 Satz 7 wird die Eintragung in die Anwesenheitsliste vom Zeitpunkt der Auslegung an ersetzt durch Amtieren als Präsident oder als Schriftführer (vgl. §§ 8 und 9 GO-BT), durch protokollierte Wortmeldung in einer Sitzung des Bundestages (s. §§ 116 ff GO-BT), durch Teilnahme an einer namentlichen Abstimmung (§ 52 GO-BT) oder einer Wahl mit Namensaufruf (§ 49 GO-BT), durch Eintragung in die Anwesenheitsliste eines Ausschusses oder des Ältestenrates oder durch eine für den Sitzungstag genehmigte und durchgeführte Dienstreise. Die im Gesetz genannten alternativen Anwesenheitsnachweise sind abschließend.[18] 12

Ist ein Abgeordneter aus anderen Gründen daran gehindert, sich in die Anwesenheitsliste einzutragen, werden diese selbst dann nicht anerkannt, wenn sie auf höherer Gewalt beruhen (Beschluss der Kommission des Ältestenrates für die Rechtsstellung der Abgeordneten vom 19. September 1991). 13

Allen genannten alternativen Anwesenheitsnachweisen ist gemeinsam, dass sie eine verlässliche Nachweisführung mittels amtlicher Unterlagen des Bundestages selbst (z.B. Plenarprotokolle), jedenfalls aber mittels unmittelbar der Verfügungsgewalt 14

---

[15] Kritisch hierzu auch *Birk D.*, Rechtsgutachten über die Verfassungsmäßigkeit der Besteuerung der Abgeordnetenbezüge und die Möglichkeit einer Überprüfung durch das BVerfG, erstattet im Auftrag der Zeitschrift Capital, des BdSt. und des Deutschen Mittelstandbundes, Münster, 2000 (www.steuerzahler.de), S. 46 f.
[16] S. auch *Ritzel/Bücker/Schreiner*, aaO, § 13 II. 1..
[17] Vgl. auch *Ritzel/Bücker/Schreiner*, aaO, § 16 2. b).
[18] Vgl. die Begründung zu § 27 des Gesetzentwurfs auf BT-Drs. 7/5531, S. 23. Dort heißt es: „Es werden die Möglichkeiten des Nachweises der Anwesenheit erschöpfend aufgezählt."

des Präsidenten unterliegenden Dokumenten (z.B. Dienstreisegenehmigungen), ohne weitere Beweiserhebung oder gar -würdigung erlauben.

15 Die Eintragung in die Anwesenheitsliste gem. § 14 Abs. 1 kann insbesondere nicht durch die Eintragung in die Anwesenheitsliste einer Fraktion oder Gruppe ersetzt werden. Dies hat die Kommission des Ältestenrates für die Rechtsstellung der Abgeordneten in ihrer Sitzung vom 26. Juni 1997 noch einmal ausdrücklich bekräftigt. Maßgeblich war dafür die Überlegung, dass diese Listen keine amtlichen Unterlagen des Bundestages sind, auf die der Präsident unmittelbar zugreifen kann. Insbesondere ist die Frage der formell richtigen Auslegung einer solchen Liste durch den Bundestag bzw. seine Verwaltung nicht überprüfbar. Eine individuelle Beweisaufnahme und Beweiswürdigung soll aber gerade vermieden werden (s.o. 2.).

16 Der Eintragung in die Anwesenheitsliste des Ältestenrates ist in der Parlamentspraxis allerdings die Eintragung in die Anwesenheitsliste von Kommissionen des Ältestenrates (z.B. Rechtsstellungskommission) sowie des Präsidiums gleichgestellt worden.

17 Die namentliche Abstimmung ist eine in § 52 GO-BT geregelte besondere Form der Abstimmung der Mitglieder des Bundestages. Weil das Ergebnis der Abstimmung als Anlage zum Stenographischen Protokoll der jeweiligen Sitzung genommen wird, lässt sich auf diese Weise der amtliche Nachweis der Anwesenheit eines Abgeordneten außerhalb der Anwesenheitslisten verlässlich und zweifelsfrei führen.

18 Keine namentliche Abstimmung ist in diesem Zusammenhang die Teilnahme eines Abgeordneten an der Feststellung der Beschlussfähigkeit im Laufe einer Kernzeit-Debatte im Verfahren nach § 52 GO-BT, weil es sich materiell eben nicht um eine namentliche Abstimmung handelt, sondern nur das dafür vorgesehene Verfahren Anwendung findet. Die Teilnahme hieran führt also nicht dazu, dass bei unterlassener Eintragung in die Anwesenheitsliste ein Abzug von der Kostenpauschale unterbleibt.

19 Eine Wahl mit Namensaufruf erfolgt nach Maßgabe des § 49 GO-BT, soweit ein Bundesgesetz oder die GO-BT eine geheime Abstimmung (mit verdeckten Stimmzetteln) vorschreibt.

20 Dienstreisen sind Reisen von Abgeordneten, die im ausschließlichen Interesse des Bundestages durchgeführt werden. Dienstreisen bedürfen gemäß § 17 Abs. 1 der vorherigen Zustimmung des Präsidenten. Nur wenn diese vorliegt, ist eine Reise als Dienstreise zu qualifizieren (s.u. § 17 2.).[19] Keine Dienstreisen in diesem Sinne sind deshalb insbesondere solche im Namen oder im Auftrag der Fraktionen.

21 „Dienstreise" im Sinne des § 14 Abs. 1 Satz 7 kann auch ein „Dienstgang" sein. Dienstreisen im Sinne des Reisekostenrechts sind Reisen zur Erledigung von Dienstgeschäften außerhalb des Dienstortes. Dienstgänge sind demgegenüber Gänge oder Fahrten am Dienstort, ebenfalls zur Erfüllung von Dienstgeschäften außerhalb der Dienststätte. Entscheidend für die Annahme eines Befreiungstatbestandes von der Kürzungsverpflichtung nach § 14 Abs. 1 Satz 7 ist die Erledigung von Dienstgeschäften, die es dem Abgeordneten unmöglich machen, gleichzeitig im Bundestag präsent zu sein. Unerheblich ist demgegenüber, ob die Dienstgeschäfte außerhalb

---

[19] Bei Dienstreisen kann unter den Voraussetzungen des § 15 ein Abzug von der Kostenpauschale erfolgen. S. dazu die dortigen Anmerkungen.

des Dienstortes oder am Dienstort außerhalb der Dienststätte wahrgenommen werden. Dieser Unterschied ist allein reisekostenrechtlich bei der Abrechnung von Reisekosten relevant, bei der hier interessierenden Fragestellung – Kürzung der Kostenpauschale ja oder nein – indessen ohne Belang. Denn es erscheint nicht sachgerecht und auch vom Zweck der Bestimmung her nicht geboten, dem Abgeordneten, der an einem Sitzungstag am Sitz des Bundestages einen genehmigten Dienstgang durchführt, im Rahmen des § 14 Abs. 1 AbgG anders zu behandeln als den Abgeordneten, der an einem solchen Tag eine genehmigte Dienstreise unternimmt.

22 Dienstreise oder Dienstgang müssen aber tatsächlich durchgeführt worden sein. Sonst bleibt es beim Abzug von der Kostenpauschale, weil die Genehmigung alleine noch keine ausreichende Rechtfertigung für den Nichtabzug darstellt.[20] Wer eine genehmigte Dienstreise nicht durchführt, kann seiner Eintragungspflicht genügen.

23 Die Genehmigung für eine Dienstreise oder einen Dienstgang kann nach der Parlamentspraxis auch nachträglich erteilt werden. Dann unterbleibt der Abzug von der Kostenpauschale.

24 Auslandsreisen, die im Rahmen des Fraktionskontingents durchgeführt werden, gelten nicht als Dienstreisen im Sinne des § 14 Abs. 1 Satz 7.[21]

2.3 Regelabzug bei unterlassener Eintragung in die Anwesenheitsliste (Satz 3)

25 Hat es ein Abgeordneter unterlassen, sich an einem Sitzungstag, an dem keine Plenarsitzung stattfindet (s. dazu u. 2. 5), in die Anwesenheitsliste einzutragen und hat er seine Anwesenheit nicht in anderer zulässiger Weise nachgewiesen, so wird seine Kostenpauschale regelmäßig um 90 DM (ab 1. Januar 2002: 50 Euro) gekürzt. Der Betrag wird von der Parlamentsverwaltung bei einer der nächsten Monatszahlungen einbehalten.

2.4 Reduzierter Abzug in Sonderfällen (Sätze 4 und 5)

26 Der Kürzungsbetrag verringert sich auf 30 DM während der Mutterschutzfristen infolge Schwangerschaft oder wenn ein Aufenthalt in einem Krankenhaus oder in einem Sanatorium oder eine Arbeitsunfähigkeit ärztlich nachgewiesen wird (§ 14 Abs. 1 Satz 4).

27 Die Bestimmung wurde mit Art. 1 Nr. 3 des Siebten Änderungsgesetzes vom 16. Januar 1987[22] eingeführt.

28 In der Beschlussempfehlung und dem Bericht des Ausschusses für Wahlprüfung, Immunität und Geschäftsordnung vom 5. Dezember 1986 heißt es, die Regelung über die Kürzung der Kostenpauschale bei Aufenthalten in einem Krankenhaus oder in einem Sanatorium habe in der Vergangenheit zu Härten geführt, weil

---

20 Vgl. auch Begründung zu Art. 1 Nr. 4 lit. c des Entwurfs des Siebzehnten Änderungsgesetzes, BT-Drs. 12/7777, S. 8.
21 So Nr. 7 Abs. 3 der Ausführungsrichtlinien des Ältestenrates für Reisen von Mitgliedern des Deutschen Bundestages in der Fassung vom 24. März 1977, zuletzt geändert durch Beschluss vom 5. Dezember 1991, nicht veröffentlicht.
22 BGBl. I S. 143.

Schwangerschaften und krankheitsbedingte Arbeitsunfähigkeiten unterschiedlich behandelt wurden, je nach dem ob und wie lange sie mit einem Krankenhausaufenthalt verbunden waren oder nicht. Es sei daher erforderlich, für eine Gleichbehandlung zu sorgen. Eine durch ärztlich nachgewiesene Arbeitsunfähigkeit oder durch Schwangerschaft bedingte Behinderung der Mandatsausübung, deren Folgen für die Kürzung der Kostenpauschale günstiger bei stationärer Behandlung im Krankenhaus und ungünstiger bei Vermeidung stationärer Krankenhausaufenthalte ausfalle, sei nicht nur sachlich unbegründet, sondern könne auch in Einzelfällen zu einer nicht unbedingt notwendigen Inanspruchnahme von Krankenhausleistungen verleiten.[23]

29 § 14 Abs. 1 Satz 5 geht auf Art. 1 Nr. 4 des Siebzehnten Änderungsgesetzes vom 4. November 1994[24] zurück. Danach vermindert sich der Regelkürzungsbetrag von 90 DM ebenfalls auf 30 DM, wenn ein Mitglied des Bundestages ein ärztlich nachgewiesen erkranktes, in seinem Haushalt lebendes Kind, das das 14. Lebensjahr noch nicht vollendet hat, mangels anderer im Haushalt dafür zur Verfügung stehender Aufsichtspersonen persönlich betreuen muss. Mit dieser Regelung sollte dieser Fall der Hinderung an der Eintragung in die Anwesenheitsliste der krankheitsbedingten Verhinderung des Abgeordneten selbst gleichgestellt werden.[25]

30 § 14 Abs. 1 Satz 5 ist eine abschließende Regelung, die einer Analogiebildung nicht zugänglich ist. Deshalb bleibt es beim Regelkürzungsbetrag von 90 DM, wenn ein Abgeordneter wegen der Pflege sonstiger erkrankter naher Angehöriger die Eintragung in die Anwesenheitsliste unterlässt. Dies entspricht jedenfalls der durchgängigen und ausnahmslosen Parlamentspraxis.

31 Ab 1. Januar 2002 unterbleibt eine Kürzung der Kostenpauschale bei Nichteintragung während der Mutterschutzfristen infolge Schwangerschaft oder wenn ein Mitglied des Bundestages ein ärztlich nachgewiesen erkranktes, in seinem Haushalt lebendes Kind, das das 14. Lebensjahr noch nicht vollendet hat, mangels anderer im Haushalt dafür zur Verfügung stehender Aufsichtspersonen persönlich betreuen muss. Der Gesetzgeber hat diese Kürzungstatbestände ohne nähere Begründung mit dem Dreiundzwanzigsten Gesetz zur Änderung des Abgeordnetengesetzes[26] gestrichen.[27]

2.5 Erhöhter Abzug bei unterlassener Eintragung in die Anwesenheitsliste an Plenarsitzungstagen (Satz 6)

32 Trägt sich ein Mitglied des Bundestages an einem Plenarsitzungstag nicht in die Anwesenheitsliste ein und war es auch nicht beurlaubt, so erhöht sich der Kürzungsbetrag auf 150 DM (ab 1. Januar 2002: 100 Euro).

33 Welche Tage Plenarsitzungstage sind, bestimmt der Präsident im Benehmen mit dem Ältestenrat (vgl. § 14 Abs. 1 Satz 2 und o. 2. 1).

---

23 Vgl. BT-Drs. 10/6685, S. 11 f.
24 BGBl. I S. 3346.
25 Vgl. auch Begründung zu Art. 1 Nr. 4 lit. a des Entwurfs des Siebzehnten Änderungsgesetzes, BT-Drs. 12/7777, S. 8.
26 S. Fn. 9.
27 Zur Kritik s.o. 2.

Den erhöhten Abzug von der Kostenpauschale vermeidet, wer sich rechtzeitig, das **34** heißt vorher, beurlauben lässt. Eine förmliche Urlaubserteilung (vgl. § 14 GO-BT) ist in der parlamentarischen Praxis nicht mehr üblich. Vielmehr entschuldigen sich Abgeordnete für ihr Fernbleiben. Die Entschuldigung wird dann auch bei Nichteintragung an einem Plenarsitzungstag als Antrag auf Beurlaubung gewertet, grundsätzlich ohne dass die hierfür angeführten Gründe vom Präsidenten einer inhaltlichen Prüfung unterzogen würden. Die Entschuldigung bewirkt, dass sich der Kürzungsbetrag nicht auf 150 DM (ab 1. Januar 2002: 100 Euro) erhöht, sondern bei 90 DM (ab 1. Januar 2002: 50 Euro) verbleibt. Das Entschuldigungsschreiben muss aber spätestens an dem Tag, für den die Entschuldigung gelten soll, eingegangen, zumindest aber telefonisch angekündigt worden sein. Wichtig ist, dass Adressat der Entschuldigung der Präsident ist. Es reicht nicht aus – wie es in der Praxis immer wieder vorkommt –, sich bei der Fraktion oder Gruppe zu entschuldigen.[28] Das Entschuldigungsschreiben kann im Parlamentssekretariat oder während der Plenarsitzung beim Sitzungsdienst abgegeben werden.

3. Kürzung der Kostenpauschale bei Nichtteilnahme an einer namentlichen Abstimmung oder einer Wahl mit Namensaufruf

Gemäß § 14 Abs. 2 Satz 1 werden in diesen Fällen grundsätzlich 75 DM (ab 1. Januar **35** 2002: 50 Euro) von der Kostenpauschale abgezogen.

3.1 Namentliche Abstimmung oder Wahl mit Namensaufruf (Satz 1)

Die namentliche Abstimmung ist eine in § 52 GO-BT geregelte besondere Form der **36** Abstimmung der Mitglieder des Bundestages. Eine Wahl mit Namensaufruf erfolgt nach Maßgabe des § 49 GO-BT, soweit ein Bundesgesetz oder die GO-BT eine geheime Abstimmung (mit verdeckten Stimmzetteln) vorschreibt.

Nimmt ein Mitglied des Bundestages an einer namentlichen Abstimmung oder an **37** einer Wahl mit Namensaufruf nicht teil, wird seine Kostenpauschale grundsätzlich um 75 DM (ab 1. Januar 2002: 50 Euro) gekürzt.

Obwohl dies nach dem Wortlaut des § 14 Abs. 2 Satz 1 nicht zwingend erscheint, **38** entspricht es der ständigen Parlamentspraxis, auch in den Fällen, in denen ein Abgeordneter mehrere namentliche Abstimmungen oder Wahlen mit Namensaufruf versäumt hat, die Kostenpauschale dennoch nur einmal um 75 DM (ab 1. Januar 2002: 50 Euro) zu kürzen. Diese Praxis ist sachgerecht. Denn wenn Sinn und Zweck der Norm der Ausgleich ersparter Aufwendungen ist (s.o. 2.), dann reicht auch bei mehrfacher Nichtteilnahme ein einmaliger Abzug, weil bei der hier gebotenen pauschalierenden Betrachtung die Minderaufwendungen bei mehrfacher Nichtteilnahme jedenfalls nicht größer sein dürften als bei nur einmaliger.

---

[28] Mit Entschuldigungsschreiben an die Fraktionen kommen die Mitglieder alleine ihre Mitgliederpflichten nach den Fraktionsgeschäftsordnungen nach (vgl. § 2 der Geschäftsordnung der Fraktion der SPD, § 18 der Arbeitsordnung der CDU/CSU-Bundestagsfraktion, § 3 der Geschäftsordnung der Fraktion BÜNDNIS 90/DIE GRÜNEN, § 1 der Geschäftsordnung der F.D.P.-Fraktion im Deutschen Bundestag, § 16 der Geschäftsordnung der Fraktion der PDS).

39 Die Wahl mit Wahlausweis – wie z.B. bei der Wahl der Mitglieder des Parlamentarischen Kontrollgremiums (PKG) – steht gemäß Beschluss der Kommission des Ältestenrates für die Rechtsstellung der Abgeordneten vom 20. Februar 1992 bezüglich der Rechtsfolgen des § 14 Abs. 2 Satz 1 der Wahl mit Namensaufruf gleich. § 14 Abs. 2 Satz 1 findet dagegen keine Anwendung, wenn ein Abgeordneter an der Feststellung der Beschlussfähigkeit im Laufe einer Kernzeit-Debatte im Verfahren nach § 52 GO-BT nicht teilnimmt, weil es sich materiell eben nicht um eine namentliche Abstimmung handelt, sondern nur das dafür vorgesehene Verfahren Anwendung findet.

3.2 Ausnahmen von der Kürzung (Satz 2)

40 Ein Abzug von der Kostenpauschale gemäß § 14 Abs. 2 Satz 1 findet immer dann nicht statt, wenn die Kostenpauschale bereits nach § 14 Abs. 1 gekürzt wird.

41 Nach § 14 Abs. 2 Satz 2 besteht im Falle des Vorliegens besonderer Gründe, die einen Abgeordneten von einer Abstimmung im Sinne des Satzes 1 abhalten, ferner die Möglichkeit, sich beurlauben (entschuldigen) zu lassen (vgl. o. 2. 5), um eine Kürzung der Kostenpauschale nach Maßgabe dieser Bestimmung zu vermeiden. Diese Beurlaubung ist nur eine Teilbeurlaubung für einen bestimmten Zeitabschnitt einer Plenarsitzung. Lässt sich zwar die Abwesenheit des Abgeordneten an einem Plenarsitzungstag absehen, nicht aber, ob an diesem Tag namentliche Abstimmungen stattfinden, so empfiehlt sich eine Eventualentschuldigung für diese Fälle.

42 Das Entschuldigungsschreiben muss bis zum Schluss der Abstimmung eingegangen, zumindest aber telefonisch angekündigt worden sein. Adressat der Entschuldigung ist auch hier wieder der Präsident, nicht etwa die Fraktion oder Gruppe. Das Entschuldigungsschreiben kann im Parlamentssekretariat oder während der Plenarsitzung beim Sitzungsdienst abgegeben werden.

43 Ein Anwendungsfall des § 14 Abs. 2 Satz 2 ist auch die Vereinbarung eines Pairings.[29] Als Pairingsvereinbarungen werden informelle Absprachen von Fraktionen bzw. Abgeordneten verschiedener Fraktionen über eine wechselseitige Nichtteilnahme an namentlichen Abstimmungen bezeichnet.[30] Mittels der Absprachen soll gewährleistet werden, dass im Falle namentlicher Abstimmungen trotz Abwesenheit einzelner Abgeordneter das Abstimmungsverhältnis erhalten bleibt, das im Falle ihrer Anwesenheit bestehen würde. Es werden also Zufallsmehrheiten verhindert. Pairing wird sowohl im Plenum wie auch in den Ausschüssen des Bundestages praktiziert. Die Pairingspartner der abwesenden Abgeordneten lassen sich beurlauben (entschuldigen), damit bei ihnen gem. § 14 Abs. 2 Satz 2 kein Abzug von der Kostenpauschale erfolgt.

44 Ein besonderes Verfahren wird bei Pairingsvereinbarungen wegen der Teilnahme an Sitzungen bestimmter internationaler Organisationen angewandt. Pairingspartner, die wegen einer Sitzung der WEU, der Parlamentarischen Versammlung des Europarats, der NAV, der IPU oder OSZE nicht an der namentlichen Abstimmung

---

[29] Vgl. Begründung des 2. Sonderausschusses zu § 14, BT-Drs. 7/5903, S. 13.
[30] Vgl. auch *Baddenhausen-Lange H.*, Pairing, Ausarbeitung der Wissenschaftlichen Dienste des Deutschen Bundestages vom 26. Mai 1997, WF I – 4/97; *Troßmann H.*, Parlamentsrecht des Deutschen Bundestages, München 1977, Anh. B § 54.

teilnehmen, werden im Stenographischen Protokoll im Anschluss an die Liste der Teilnehmer einer namentlichen Abstimmung ebenso wie die abwesenden Delegationsteilnehmer als entschuldigt (beurlaubt) aufgeführt.

Ein weiterer, im Gesetz nicht ausdrücklich geregelter, Anwendungsfall ist die erklärte Nichtteilnahme an namentlichen Abstimmungen bzw. an Abstimmungen mit Namensaufruf. § 31 Abs. 2 GO-BT räumt den Abgeordneten die Möglichkeit ein, vor einer Abstimmung zu erklären, dass sie an dieser nicht teilnehmen wollen. Damit wird die Nichtteilnahme an einer Abstimmung als eine Form der parlamentarischen Willensäußerung anerkannt, die die Abgeordneten jedoch im Wege der Erklärung der Öffentlichkeit und dem Parlament gegenüber offenzulegen haben. **45**

Ein Abzug von der Kostenpauschale darf in diesen Fällen nicht erfolgen. Denn es widerspräche dem verfassungsrechtlichen Grundsatz der Freiheit des Mandats des Abgeordneten gem. Art. 38 Abs. 1 Satz 2 GG, würde dieser über die „Sanktion" des Abzugs von der Kostenpauschale zu einem bestimmten Verhalten veranlasst, dass seiner politischen Überzeugung widerspricht. **46**

Ab in Kraft treten des Dreiundzwanzigsten Gesetzes zur Änderung des Abgeordnetengesetzes am 1. Januar 2002 unterbleibt schließlich ein Abzug nach Abs. 2 Satz 1 in den Fällen des (neuen) Abs. 1 Satz 6 (s.o. 2. 4). **47**

4. EuAbgG

In der Bundesrepublik Deutschland gewählte Abgeordnete des Europäischen Parlaments erhalten keine Kostenpauschale nach Maßgabe des § 12 (vgl. § 12 9.1). Deswegen findet § 14 auf sie keine Anwendung. **48**

Ihnen stehen jedoch vergleichbare Leistungen des Europäischen Parlaments, insbesondere eine allgemeine Kostenvergütung, zu (vgl. § 12 9. 2). Gemäß Art. 28 der „Kostenerstattungs- und Vergütungsregelung für die Mitglieder"[31] hat ein Mitglied, das während eines parlamentarischen Jahres (1. September bis 31. August) an mindestens 50% der vom Präsidium für Plenartagungen des Parlaments festgesetzten Tage nicht anwesend war, 50% der allgemeinen Kostenvergütung, die es für diesen Zeitraum erhalten hat, zu erstatten. **49**

Ist die Abwesenheit auf eine Erkrankung oder schwerwiegende familiäre Gründe zurückzuführen oder befand sich das Mitglied auf einer Dienstreise im Namen des Parlaments, kann es vom Präsidenten für diesen Zeitraum entschuldigt werden, so dass die Rückzahlungsverpflichtung nicht ausgelöst wird. **50**

Dasselbe gilt für ein Mitglied, das ein Kind erwartet oder geboren hat. Es ist drei Monate vor und sechs Monate nach der Niederkunft von der Teilnahme an den offiziellen Sitzungen des Parlaments freigestellt. **51**

---

[31] Kollegium der Quästoren, letzte Überarbeitung: 2. Juli 2001 – PE 133.116 / QUEST / rev. XI / 7-2001 – DV\445055DE.doc.

5. Landesrecht

52 Soweit in den Ländern überhaupt dem § 14 vergleichbare Bestimmungen bestehen (§ 7 BadWürtt.AbgG, Art. 7 Bay.AbgG, § 8 Berl.AbgG, § 9 Brem.AbgG, § 4 Hbg.AbgG, § 7 NW.AbgG § 7 RP.AbgG, § 8 Sächs.AbgG und § 8 Thür.AbgG), ist zwischen solchen Ländern zu differenzieren, die in ihren Abgeordnetengesetzen die Kostenpauschale als Gesamtpauschale ausgestaltet haben und anderen, die verschiedene Teilpauschalen vorsehen.

53 Bei Gesamtpauschalen wie in Bayern und in Berlin erfolgt der Abzug bei unterlassener Eintragung in die Anwesenheitsliste an Sitzungstagen oder Nichterbringung des Anwesenheitsnachweises in anderer zulässiger Weise von der Gesamtpauschale, ansonsten von der Tagegeldpauschale, der allgemeinen Unkostenpauschale oder der Pauschale für Mehraufwendungen am Sitz des Landtages. Die Kürzungsbeträge sind sehr unterschiedlich (zwischen 20 und 120 DM).

54 Die meisten Parallelvorschriften kennen auch eine Kürzung der Kostenpauschale bzw. der Tagegeld- oder sonstigen Pauschale bei Nichtteilnahme an einer namentlichen Abstimmung oder an einer Wahl mit Namensaufruf. Auch hier schwankt die Höhe der Abzüge (zwischen 30 und 50 DM).

55 Bei der Nachweisführung der Anwesenheit sind die Länderbestimmungen teilweise großzügiger. So werden beispielsweise gemäß § 7 Abs. 1 BadWürtt.AbgG auch bei den Fraktionen oder Fraktionsarbeitskreisen ausliegende Anwesenheitslisten anerkannt.

56 Bremen hat eine Kürzungsregelung getroffen, die an die für das Europäische Parlament geltende (s. o. 4.) erinnert. Nach § 9 Brem.AbgG kann die Zahlung der allgemeinen Kostenpauschale ganz oder teilweise eingestellt werden, wenn ein Abgeordneter der Bürgerschaft den Sitzungen wiederholt ohne triftige Entschuldigung fernbleibt oder er für mehr als drei Monate an der Ausübung seiner Abgeordnetentätigkeit verhindert ist.

§ 15 Bezug anderer Tage- oder Sitzungsgelder[1]

Bezieht ein Mitglied des Bundestages an einem Tag, an dem es sich in die Anwesenheitsliste des Bundestages eingetragen hat, Tage- oder Sitzungsgelder aus anderen öffentlichen Kassen, so werden 30 Deutsche Mark (*20 Euro*) von der monatlichen Kostenpauschale einbehalten, jedoch nicht mehr als die aus anderen öffentlichen Kassen geleisteten Tage- oder Sitzungsgelder. Das Gleiche gilt für Auslandsdienstreisen, die auf einen Sitzungstag fallen.

---

1 Der in Klammern angegebene Euro-Betrag gilt nach dem Dreiundzwanzigsten Gesetz zur Änderung des Abgeordnetengesetzes vom 1. Januar 2002 an. Der Bundestag hat das Gesetz am 5. Juli 2001 beschlossen. Im Zeitpunkt der Drucklegung war es noch nicht verkündet.

Parallelvorschriften im EuAbgG und in den Abgeordnetengesetzen der Länder:

EuAbgG	–		
BadWürtt.	–	Nds.	–
Bay.	Art. 8	NW.	–
Berl.	–	RP.	–
Bbg.	–	Saarl.	–
Brem.	–	Sachs.	§ 9
Hbg.	–	SachsAnh.	–
Hess.	–	SchlH.	–
MV.	–	Thür.	–

Anmerkungen

§ 15 Satz 1 geht auf § 28 des Entwurfs eines Gesetzes zur Neuregelung der Rechtsverhältnisse der Mitglieder des Deutschen Bundestages[2] zurück. Dieser knüpfte wiederum an § 16 des Diätengesetzes 1968[3] an und erweiterte die dortige Norm um Satz 2. 1

In der Ursprungsfassung sollten unter den oben genannten tatbestandlichen Voraussetzungen – ebenso wie schon nach § 16 Diätengesetz 1968 – sechs vom Hundert der monatlichen Tagegeldpauschale einbehalten werden. Das wären 90 DM gewesen. 2

Infolge der Zusammenlegung der vom Entwurf vorgesehenen Teilpauschalen zu einer Gesamtpauschale war in der dann Gesetz gewordenen Fassung eine Anknüpfung an die Tagegeldpauschale nicht mehr möglich. Der 2. Sonderausschuss hatte deshalb vorgeschlagen, die Kostenpauschale lediglich um den für den Verpflegungsmehraufwand angesetzten Betrag zu vermindern. Dieser betrug seinerzeit 30 DM je Tag.[4] Aufwendungen für fixe Kosten, z.B. die Zweitwohnung am Sitz des Bundestages, sollten dagegen nicht in die Abzüge einbezogen werden. Auch darf der Kürzungsbetrag nicht höher sein, als die tatsächlich aus anderen öffentlichen Kassen geleisteten Tage- oder Sitzungsgelder. 3

Mit dem Dreiundzwanzigsten Gesetz zur Änderung des Abgeordnetengesetzes[5] hat der Gesetzgeber den Kürzungsbetrag erstmalig moderat erhöht und zugleich von Deutscher Mark auf (20) Euro umgestellt.[6] Diese Änderung tritt am 1. Januar 2002 in Kraft. 4

Der Gesetzeszweck liegt auf der Hand. Identischer Mandatsaufwand soll nicht mehrfach aus öffentlichen Kassen vergütet werden. Dies widerspräche der Rechtsprechung des Bundesverfassungsgerichts. Nach dem „Diäten-Urteil" des Bundesverfassungsgerichts[7] darf nur ein wirklich entstandener, sachlich angemessener, 5

---

2 BT-Drs. 7/5525, S. 8.
3 BGBl. I S. 334.
4 BT-Drs. 7/5903, S. 13.
5 S. Fn. 1.
6 Vgl. Entwurf eines Dreiundzwanzigsten Gesetzes zur Änderung des Abgeordnetengesetzes vom 19. Juni 2001, BT-Drs. 14/6311, S. 2.
7 BVerfGE 40, 296, 318 und 328.

besonderer, mit dem Mandat verbundener Aufwand ausgeglichen werden und zwar einmal, nicht mehrfach.

6 Aus diesem Grund war auch § 15 Satz 2 erforderlich geworden. Denn bei Auslandsdienstreisen[8], die auf Sitzungstage fallen, werden neben der monatlich im Voraus gewährten Kostenpauschale Tage- und Übernachtungsgelder nach den Vorschriften des Bundesreisekostengesetzes für den gleichen Aufwand gezahlt (vgl. § 17 Abs. 3 Satz 1 und Abs. 6). Die Kostenpauschale muss deshalb in diesen Fällen um den im Gesetz vorgesehenen Betrag gekürzt werden.[9] Das geschieht nachträglich im Wege der Verrechnung durch Einbehaltung von der nächsten zur Auszahlung anstehenden Kostenpauschale. Von Betroffenen wird diese Regelung oft als ungerecht und hinderlich empfunden. Deshalb gab es bereits verschiedene Initiativen, sie abzuschaffen. Das kann aber aus den genannten, überzeugenden Gründen nicht empfohlen werden. Bei Inlandsdienstreisen von Abgeordneten gilt im Ergebnis übrigens Ähnliches. Allerdings ist die gesetzliche Systematik hier eine andere. Denn nach § 17 Abs. 2 Satz 1 gelten die Tagegelder in diesem Fall durch die Kostenpauschale als abgegolten. Weil von vornherein keine Tagegelder gewährt werden, bedarf es keines nachträglichen Abzuges von der Kostenpauschale mehr. Hier wie da wird aber eine doppelte Vergütung des nämlichen Aufwandes vermieden.

7 Für die Abgeordneten des Europäischen Parlaments wie auch für die Abgeordneten der meisten Länderparlamente existieren keine vergleichbaren Bestimmungen, mit Ausnahme von Bayern (Art. 8 Bay.AbgG) und Sachsen (§ 9 Sächs.AbgG), deren Regelungen dem Bundesrecht entsprechen.

§ 16 Freifahrtberechtigung und Erstattung von Fahrkosten

(1) Ein Mitglied des Bundestages hat das Recht auf freie Benutzung aller Verkehrsmittel der Deutschen Bahn AG. Benutzt es in Ausübung des Mandats im Inland Flugzeuge oder Schlafwagen, so werden die Kosten bis zur höchsten Klasse gegen Nachweis erstattet.

(2) Für die Dauer der Berechtigung zur Freifahrt darf ein Mitglied des Bundestages die Erstattung von Fahrkosten der Deutschen Bahn AG für Reisen im Inland von anderer Seite nicht annehmen. Dies gilt auch für Teilstrecken im Inland anlässlich einer Auslandsreise und wenn Kosten für die Benutzung von Flugzeugen oder Schlafwagen nach Absatz 1 erstattet werden.

---

[8] Zum Begriff der „Dienstreise" s. 2. und 4. zu § 17.
[9] Vgl. auch Begründung zu § 28 des Entwurfs, BT-Drs. 7/5531, S. 23.

§ 16 Freifahrtberechtigung und Erstattung von Fahrkosten

Parallelvorschriften im EuAbgG und in den Abgeordnetengesetzen der Länder:

EuAbgG	§ 10		
BadWürtt.	§ 6	Nds.	§ 7
Bay.	Art. 6	NW.	§ 9
Berl.	–	RP.	§ 6
Bbg.	§ 8	Saarl.	§ 6
Brem.	–	Sachs.	§ 10
Hbg.	§ 3	SachsAnh.	§ 12
Hess.	§ 6/7	SchlH.	§ 8
MV.	§ 8	Thür.	§ 9

Literatur: *Birk D.*, Rechtsgutachten über die Verfassungsmäßigkeit der Besteuerung der Abgeordnetenbezüge und die Möglichkeit einer Überprüfung durch das BVerfG, erstattet im Auftrag der Zeitschrift Capital, des BdSt. und des Deutschen Mittelstandbundes, Münster, 2000 (www.steuerzahler.de); *Butzer H.*, Diäten und Freifahrt im Deutschen Reichstag: der Weg zum Entschädigungsgesetz von 1906 und die Nachwirkungen dieser Regelung bis in die Zeit des Grundgesetzes, Düsseldorf, 1999; *Klein, H. H.*, in: Maunz-Dürig, Kommentar zum Grundgesetz, Art. 48.

Anmerkungen

Art. 48 Abs. 3 Satz 2 GG gewährt den Abgeordneten das Recht der freien Benutzung aller staatlichen Verkehrsmittel. Das sind nach allgemeiner Auffassung nur die Verkehrsmittel des Bundes und zwar unabhängig davon, in welcher Rechtsform sie geführt werden.[1] Weitere Einzelheiten regelt das AbgG in § 16. **1**

Die Vorschrift geht auf § 29 des Entwurfs eines Gesetzes zur Neuregelung der Rechtsverhältnisse der Mitglieder des Deutschen Bundestages zurück, der seinerseits an § 17 des Diätengesetzes 1968[2] anknüpfte.[3] **2**

Nach § 16 Abs. 1 Satz 1 in der ursprünglichen Fassung hatten die Mitglieder des Deutschen Bundestages als Teil ihrer Amtsausstattung das Recht auf freie Benutzung aller Verkehrsmittel der Deutschen Bundesbahn und der Deutschen Bundespost. Mit Art. 1 Nr. 3 des Dreizehnten Gesetzes zur Änderung des Abgeordnetengesetzes vom 7. Januar 1992[4] und Art. 2 Nr. 3 des Gesetzes zur Neuregelung der Rechtsstellung der Abgeordneten vom 15. Dezember 1995[5] hat der Gesetzgeber Veränderungen bei Bundesbahn und Bundespost Rechnung getragen. Die Bundespost unterhält keine eigenen Verkehrsmittel mehr. Die Bundesbahn ist privatisiert worden und firmiert jetzt als Deutsche Bahn AG. Dessen ungeachtet sollen die Mitglieder des Bundestages wegen ihres verfassungsrechtlich verbürgten Anspruches deren Verkehrsdienstleistungen weiterhin kostenfrei nutzen dürfen. Die Freifahrtberechtigung ist steuerfrei.[6] Selbstverständlich darf sie – wie auch die übrige **3**

---

1 *Klein, H. H.*, in: Maunz-Dürig, Kommentar zum Grundgesetz, Art. 48, Rdn 193.
2 BGBl. I S. 334.
3 BT-Drs. 7/5531, S. 23.
4 BGBl. I S. 2.
5 BGBl. I S. 1718.
6 *Lohr A.*, Die Besteuerung von Politikern, DStR 1997, 1230.

Vierter Abschnitt
Leistungen an Mitglieder des Bundestages

Amtsausstattung – nur mandatsbezogen, nicht aber für private oder sonstige berufliche Zwecke genutzt werden.[7]

4 § 16 Abs. 1 Satz 1 in der derzeit geltenden Fassung trägt den Veränderungen bei den Verkehrsunternehmen des Bundes Rechnung. Der in dieser Rechtsnorm gewährte Anspruch richtet sich allerdings nicht gegen die Deutsche Bahn AG selbst. Vielmehr ist der Bundestag verpflichtet, seinen Mitgliedern die Benutzung der Verkehrsmittel der Deutschen Bahn AG kostenfrei zu ermöglichen. In der Praxis geschieht dies dadurch, dass die Bundestagsverwaltung Jahresnetzkarten von der Deutschen Bahn AG erwirbt und diese kostenlos an die Abgeordneten abgibt.[8]

5 Nach § 16 Abs. 1 Satz 2 haben die Mitglieder des Bundestages einen Anspruch auf Erstattung von Inlandsflug- und / oder Schlafwagenkosten bis zur höchsten Klasse. Zwingende Voraussetzung hierfür aber ist, dass die Reise in Ausübung des Mandats erfolgt und dass die tatsächlich entstandenen Kosten nachgewiesen werden.

6 Obwohl § 16 Ansprüche für Mitglieder des Bundestages begründet, entstehen sie gemäß § 32 Abs. 1 bereits mit dem Tag der Annahme der Wahl, selbst wenn die Wahlperiode des letzten Bundestages noch nicht abgelaufen ist. Bei Wahlkreisabgeordneten ist dies der Tag des Zuganges der Annahmeerklärung nach § 41 Abs. 2 Bundeswahlgesetz[9] beim Kreiswahlleiter oder im Falle des Ausbleibens oder der nicht formgerechten Abgabe der Annahmeerklärung der Tag des Ablaufs der einwöchigen Erklärungsfrist gemäß § 45 Satz 2 Bundeswahlgesetz. Direktbewerber werden unmittelbar nach Feststellung des Wahlergebnisses im Wahlkreis vom Wahlergebnis benachrichtigt (vgl. § 76 Abs. 7 Bundeswahlordnung[10]). Bei Listenbewerbern erfolgt die Benachrichtigung von ihrer Wahl zeitlich später, nämlich erst nach Bekanntmachung der endgültigen Wahlergebnisse (vgl. § 80 Bundeswahlordnung). Ansonsten gilt für sie das o. Ausgeführte gleichermaßen (§§ 42 Abs. 3, 45 Satz 2 Bundeswahlgesetz). Adressat der Annahmeerklärung ist in ihrem Fall der jeweilige Landeswahlleiter, dem auch die Benachrichtigung obliegt (zum Anspruchsbeginn s. auch 2. zu § 32 und zum Anspruchsende 3. zu § 32).

7 § 16 Abs. 2 bestimmt, dass ein Mitglied des Bundestages für die Dauer der Freifahrtberechtigung, d.h. für die Zeit seiner Bundestagsmitgliedschaft (s.o. § 1), für die von Abs. 1 erfassten Reisen keine Fahrkostenerstattung von anderer Seite annehmen darf. Mit dieser Regelung soll unterbunden werden, dass nur einmal entstandener Mandatsaufwand mehrfach abgegolten wird und ein Abgeordneter über eine Fahrkostenerstattung durch Dritte seine Unabhängigkeit tangierende „Nebeneinkünfte" erhält.

---

7 A.A. *Klein, H. H.*, in: Maunz-Dürig, Kommentar zum Grundgesetz, Art. 48, Rdn. 197; auch *Birk D.*, Rechtsgutachten über die Verfassungsmäßigkeit der Besteuerung der Abgeordnetenbezüge und die Möglichkeit einer Überprüfung durch das BVerfG, erstattet im Auftrag der Zeitschrift Capital, des BdSt. und des Deutschen Mittelstandbundes, Münster, 2000 (www.steuerzahler.de), S. 3 und 56 ff., geht zu Unrecht davon aus, dass Fahrten aus privatem Anlass ebenfalls von § 16 erfasst würden.
8 Die Kissel-Kommission hatte im Hinblick auf die Privatisierung der Bundesbahn vorgeschlagen, die Eisenbahnkosten nur noch gegen Nachweis zu erstatten und den Erstattungsbetrag der Höhe nach auf die Kosten einer Jahresnetzkarte für das Bundesgebiet zu begrenzen (BT-Drs. 12 / 5020, S. 13). Der Gesetzgeber ist dieser Empfehlung nicht gefolgt.
9 In der Fassung der Bekanntmachung vom 23. Juli 1993, zuletzt geändert durch Gesetz vom 15. November 1996, BGBl. I S. 1712.
10 In der Fassung der Bekanntmachung vom 8. März 1994, BGBl. I S. 495.

Unter § 16 Abs. 2 fallen auch Bonusprogramme der Fluggesellschaften („Miles & **8** More" z.B.). Alle geldwerten Vergünstigungen aus solchen Bonusregelungen müssen deshalb an den Bundestag zurückfließen, sofern er nach § 16 Abs. 1 für die Kosten der Reise aufgekommen ist. Der Ältestenrat hat diese Rechtslage in mehreren Beschlüssen bestätigt und entsprechende Verfahrensregularien für die Abrechnung erlassen.

Früher konnten Bundestagsabgeordnete auch umsonst die Verkehrsmittel der Städ- **9** te Bonn und Berlin benutzen. Die jeweiligen Verkehrsbetriebe hatten diese Option eingeräumt. Mitglieder des Bundestages hatten aber keinen Rechtsanspruch auf kostenfreie Benutzung der Verkehrsmittel des ÖPNV am Sitz des Bundestages. Diese werden von § 16 nicht erfasst. Am 30. September 1999 hat der Ältestenrat jedoch beschlossen, dass die Mitglieder des Deutschen Bundestages im Rahmen des § 12 Abs. 4 für mandatsbedingte Fahrten am Sitz des Deutschen Bundestages auch Verkehrsmittel des öffentlichen Personennahverkehrs benutzen können, um den Fahrdienst zu entlasten. Konkret bedeutet dies, dass ihnen die Kosten für Einzel- und Tagesfahrkarten, Monatskarten (Standard) oder personengebundene Jahreskarten der Berliner Verkehrsbetriebe gegen Nachweis erstattet werden. Die Verkehrsmittel der S-Bahn Berlin GmbH können ohnehin mit der Jahresnetzkarte der Deutschen Bahn AG kostenfrei genutzt werden.

Für die in der Bundesrepublik Deutschland gewählten Abgeordneten des Europä- **10** ischen Parlaments gilt mit § 10 EuAbgG eine dem § 16 entsprechende Regelung. Die Kostenübernahme ist auf Reisen innerhalb des Bundesgebietes beschränkt. Ansonsten erhalten die Mitglieder des Europäischen Parlaments Reisekostenvergütung nach Maßgabe der „Kostenerstattungs- und Vergütungsregelung für die Mitglieder".[11] Die in § 10 letzter Satz EuAbgG vorgeschriebene entsprechende Anwendung des § 16 Abs. 2 führt dazu, dass Europaabgeordnete von der Freifahrtberechtigung nach dem EuAbgG keinen Gebrauch machen dürfen, wenn und soweit sie für dieselbe Reise bereits die vom Europäischen Parlament gewährte Reisekostenvergütung in Anspruch nehmen.

Soweit die Bundesländer dem § 16 vergleichbare Regelungen getroffen haben, **11** beschränken sie überwiegend den Anspruch ihrer Landtagsmitglieder auf die kostenlose Nutzung öffentlicher Verkehrsmittel, zumeist solche der Deutschen Bahn AG und zwar grundsätzlich nur für Reisen innerhalb der Landesgrenzen.

§ 17 Dienstreisen

(1) Dienstreisen bedürfen der vorherigen Zustimmung des Präsidenten.

(2) Bei Inlandsdienstreisen gelten die Tagegelder durch die Kostenpauschale als abgegolten. Ein Mitglied des Bundestages erhält jedoch in entsprechender Anwendung des Bundesreisekostengesetzes auf Antrag Übernachtungsgeld sowie Fahrkostenerstattung. Weist ein Mitglied des Bundestages

---

[11] Kollegium der Quästoren, Stand: 2. Juli 2001 – PE 133.116 / QUEST / rev. XI / 7-2001 – DV\445055DE.doc.

einen außergewöhnlichen Aufwand nach, der aus dem Übernachtungsgeld nicht gedeckt werden kann, so wird der unvermeidbare Mehrbetrag erstattet.

(3) Bei Auslandsdienstreisen erhält ein Mitglied auf Antrag Tage- und Übernachtungsgeld. Ferner werden erstattet:
- bei Benutzung der Eisenbahn die Fahrkosten von der Bundesgrenze zum Zielort und zurück sowie Schlafwagenkosten gegen Nachweis,
- bei Benutzung von Linienflugzeugen die nachgewiesenen Kosten zum Zielort und zurück,

notwendige Fahrkosten anderer Beförderungsmittel.

(4) Auf Antrag wird in den Fällen der Absätze 2 und 3 an Stelle der Fahrkostenerstattung Wegstreckenentschädigung gewährt. Sie darf die Höhe der Kosten, die bei Flugzeugbenutzung nach § 16 Abs. 1 oder § 17 Abs. 3 zu erstatten wären, nicht überschreiten. Die Höhe der Wegstreckenentschädigung wird vom Ältestenrat festgesetzt.

(5) Soweit vom Ältestenrat nichts anderes bestimmt ist, finden im Übrigen die Vorschriften des Bundesreisekostengesetzes in der jeweils gültigen Fassung sinngemäß Anwendung.

Parallelvorschriften im EuAbgG und in den Abgeordnetengesetzen der Länder:			
EuAbgG	–		
BadWürtt.	§ 9	Nds.	§ 8
Bay.	Art. 10	NW.	§ 10
Berl.	§ 9	RP.	§ 9
Bbg.	§ 9	Saarl.	§ 9
Brem.	§ 10	Sachs.	§ 11
Hbg.	§ 3	SachsAnh.	§ 9
Hess.	§ 7	SchlH.	§ 10
MV.	§ 14	Thür.	§ 10

Übersicht

		Rdn.
1.	Allgemeines	1–2
2.	Begriff der Dienstreise und Zustimmungspflichtigkeit (Abs. 1)	3–4
3.	Inlandsdienstreisen (Abs. 2)	5–9
4.	Auslandsdienstreisen (Abs. 3)	10–14
5.	Abgrenzung zu Mandatsreisen	15
6.	Wegstreckenentschädigung statt Fahrkostenerstattung (Abs. 4)	16
7.	Ausführungsrichtlinien des Ältestenrates und Anwendung der Vorschriften des Bundesreisekostengesetzes (Abs. 5)	17
8.	Entstehen der Ansprüche nach § 17	18
9.	EuAbgG	19
10.	Landesrecht	20

1. Allgemeines

1 Die Vorschrift regelt Art und Umfang der Reisekostenvergütung bei Dienstreisen der Mitglieder des Deutschen Bundestages als Bestandteil ihrer Amtsausstattung.

§ 17 Dienstreisen

Die Erstattung der Kosten für Dienstreisen ist gemäß § 3 Nr. 13 Satz 1 EStG grundsätzlich steuerfrei.[1]

§ 17 entspricht in seinen Grundzügen § 30 des Entwurfs eines Gesetzes zur Neuregelung der Rechtsverhältnisse der Mitglieder des Deutschen Bundestages. Der Entwurf seinerseits übernahm die Regelungen des § 19 des Diätengesetzes 1968.[2] Die letzte Änderung erfolgte mit dem Einundzwanzigsten Gesetz zur Änderung des Abgeordnetengesetzes vom 20. Juli 2000[3] als Folgeänderung zu einer Neuregelung des Bundesreisekostengesetzes (s.u. 3.).[4]

2. Begriff der Dienstreise und Zustimmungspflichtigkeit (Abs. 1)

Dienstreisen im Sinne des § 17 sind Reisen von Mitgliedern des Deutschen Bundestages, die im ausschließlichen Interesse des Deutschen Bundestages durchgeführt werden.[5] Auslandsdienstreisen müssen außerdem der Förderung der internationalen politischen Zusammenarbeit dienen.

Dienstreisen bedürfen nach Abs. 1 der vorherigen Zustimmung des Präsidenten. Nur wenn diese vorliegt, ist eine Reise als Dienstreise zu qualifizieren. Zur Einholung der Zustimmung genügt ein formloser Antrag, in dem darzulegen ist, dass der Reisezweck im ausschließlichen Interesse des Deutschen Bundestages liegt. Weitere Einzelheiten regelt Nr. 10 der Ausführungsrichtlinien des Ältestenrates für Reisen von Mitgliedern des Deutschen Bundestages in der Fassung vom 24. März 1977, zuletzt geändert durch Beschluss vom 5. Dezember 1991.[6] Bei Ausschussmitgliedern bedarf es zusätzlich der Zustimmung des Ausschussvorsitzenden, die in dem Antrag zum Ausdruck zu bringen ist. Soll eine Dienstreise an einem Sitzungstag (vgl. dazu § 14 2. 1) durchgeführt werden, so entspricht es der parlamentarischen Praxis, dass der Präsident seine Zustimmung nur erteilt, wenn auch das Einverständnis des Parlamentarischen Geschäftsführers der Fraktion oder der Gruppe vorliegt, der der Antragsteller angehört.[7]

---

[1] Vgl. auch *Birk D.*, Rechtsgutachten über die Verfassungsmäßigkeit der Besteuerung der Abgeordnetenbezüge und die Möglichkeit einer Überprüfung durch das BVerfG, erstattet im Auftrag der Zeitschrift Capital, des BdSt. und des Deutschen Mittelstandbundes, Münster, 2000 (www.steuerzahler.de), S. 10.
[2] Vgl. BT-Drs. 7/5531, S. 23.
[3] BGBl. I S. 1037.
[4] S. Begründung zum Entwurf eines Einundzwanzigsten Gesetzes zur Änderung des Abgeordnetengesetzes vom 30. November 1999, BT-Drs. 14/2235, S. 7.
[5] So Nr. 2 Abs. 1 der Ausführungsrichtlinien des Ältestenrates für Reisen von Mitgliedern des Deutschen Bundestages in der Fassung vom 24. März 1977, zuletzt geändert durch Beschluss vom 5. Dezember 1991, nicht veröffentlicht.
[6] S. Fn. 2.
[7] Die Geschäftsordnungen der Fraktionen legen ihren Mitgliedern in diesem Zusammenhang besondere Pflichten auf (vgl. dazu *Stevens B.*, Die Rechtsstellung der Bundestagsfraktionen – Eine Untersuchung auf der Grundlage des Fraktionsgesetzes, Frankfurt am Main, 2000, S. 185).

3. Inlandsdienstreisen (Abs. 2)

5 Die Reisekostenvergütung bei Dienstreisen umfasst typischerweise wenigstens Tagegeld, Übernachtungsgeld und Fahrkosten, so grundsätzlich auch bei Abgeordneten des Deutschen Bundestages.

6 Bei Inlandsdienstreisen von Abgeordneten gelten die Tagegelder allerdings durch die Kostenpauschale (§ 12) als abgegolten (Abs. 2 Satz 1). Das ist sachgerecht. Tagegeld ist für Mehraufwendungen für die Verpflegung des Dienstreisenden bestimmt.[8] Die Mehraufwendungen für Verpflegung bei Abwesenheit vom Wohnsitz sind jedoch bereits mit einem Pauschalansatz in die Kalkulation der Kostenpauschale eingeflossen (s.o. § 12 3.1), dürfen also nicht nochmals im Rahmen einer Einzelabrechnung nach § 17 Berücksichtigung finden.

7 Bundestagsabgeordnete haben jedoch bei Inlandsdienstreisen auf Antrag Anspruch auf Übernachtungsgeld und Fahrkostenerstattung in entsprechender Anwendung des Bundesreisekostengesetzes. Abs. 2 Satz 2 bestimmte früher, dass Übernachtungsgeld „nach der höchsten Reisekostenstufe" zu zahlen ist. Dieser Passus ist mit dem Einundzwanzigsten Änderungsgesetz gestrichen worden, weil nach der letzten Novelle zum Bundesreisekostengesetz die früher in dessen § 8 aufgeführten Reisekostenstufen entfallen sind. Das Übernachtungsgeld für eine notwendige Übernachtung ohne belegmäßigen Nachweis beträgt jetzt einheitlich 39 DM.[9] Weist ein Mitglied des Bundestages allerdings einen außergewöhnlichen Aufwand nach, der mit dieser Summe nicht gedeckt werden kann, so kann er auch den Mehraufwand erstattet verlangen, sofern dieser unvermeidbar war (Abs. 2 Satz 3).

8 Die Erstattung notwendiger Fahrkosten bei einer Inlandsdienstreise erfolgt in entsprechender Anwendung des § 5 Bundesreisekostengesetz. Dies gilt allerdings nur insoweit, als der Abgeordnete nicht von der kostenlosen Benutzung der in § 16 Abs. 1 genannten Beförderungsmittel Gebrauch gemacht hat.

9 Im Gegensatz zu § 16 enthält § 17 keine ausdrückliche Festlegung der Klasse, bis zu der Flugkosten bei Dienstreisen erstattungsfähig sind. Das eröffnet jedoch nicht den sofortigen Rückgriff auf die Vorschriften des Bundesreisekostengesetzes. Denn diese sollen nur entsprechend bzw. sinngemäß dann Anwendung finden, wenn das Abgeordnetengesetz keine eigenständige Regelung trifft. Dabei dürfen die Reisekostenregelungen dieses Gesetzes aber nicht isoliert, jede für sich betrachtet werden. Sie sind vielmehr in einer Gesamtschau zu sehen und aus der Gesetzessystematik zu interpretieren. Bei Anlegung dieser Grundsätze ergibt sich, dass die Frage, bis zu welcher Klasse Flugkosten nach § 17 erstattet werden können, nicht anders beantwortet werden kann als nach § 16: bis zur höchsten Klasse. Denn wenn schon bei Mandatsreisen, die bereits dann erstattungsfähig sind, wenn nur ein Mandatsbezug besteht, Flugkosten bis zur höchsten Klasse ersetzt werden, so muss dies erst Recht gelten, wenn ein Abgeordneter im ausschließlichen Interesse des Deutschen Bundestages, d.h. im übergeordneten Interesse des Parlaments, eine

---

8 Vgl. § 9 des Gesetzes über die Reisekostenvergütung für die Bundesbeamten, Richter im Bundesdienst und Soldaten (Bundesreisekostengesetz – BRKG) in der Fassung vom 13. November 1973, zuletzt geändert durch Art. 28 des Gesetzes vom 20. Dezember 1996 (BGBl. I S. 2049).
9 Vgl. § 10 Abs. 2 BRKG.

Flugreise unternimmt. Die Erstattung der Flugkosten bis zur höchsten Klasse erfolgt dann in sinngemäßer Anwendung des § 5 des Bundesreisekostengesetzes.

4. Auslandsdienstreisen (Abs. 3)

Auslandsdienstreisen sind Dienstreisen zwischen Inland und Ausland sowie im Ausland (vgl. § 20 Abs. 1 Bundesreisekostengesetz). Sie müssen ebenfalls ausschließlich im Interesse des Deutschen Bundestages liegen und zudem der Förderung der internationalen politischen Zusammenarbeit dienen.[10]

Bei Auslandsdienstreisen erhält ein Mitglied des Bundestages Reisekostenvergütung nach Maßgabe des § 17 Abs. 3, des Bundesreisekostengesetzes, der Auslandsreisekostenverordnung[11] sowie der Allgemeinen Verwaltungsvorschrift über die Neufestsetzung der Auslandstage- und Auslandsübernachtungsgelder vom 25. August 1995 (zum kompensatorischen Abzug von der Kostenpauschale, wenn die Auslandsdienstreise auf einen Sitzungstag fällt, s. § 15 S. 2 und die dort. Anmerkungen).

Es erhält auf Antrag Tage- und Übernachtungsgeld. Ferner werden gegen Nachweis Eisenbahnfahrkosten oder Schlafwagenkosten von der Bundesgrenze zum Bestimmungsort im Ausland erstattet, bei der Benutzung von Linienflugzeugen die nachgewiesenen Flugkosten zum Zielort und zurück sowie die notwendigen Kosten für andere Beförderungsmittel im Ausland. Zur Erstattungsfähigkeit von Flugkosten gilt das in 3. zu Inlandsdienstreisen Ausgeführte gleichermaßen.

Diese Regelungen gelten auch für Auslandsdienstreisen der deutschen Mitglieder der Parlamentarischen Versammlung des Europarates und der Westeuropäischen Union. Die für sie früher maßgebliche Sonderregelung in § 17 Abs. 4, welche eine (pauschale) Festsetzung der Reisekostenvergütung durch den Ältestenrat vorsah, ist gemäß Art. 1 Nr. 6 des Siebzehnten Änderungsgesetzes vom 4. November 1994[12] ersatzlos entfallen. Die Streichung geht auf einen Beschluss des Ältestenrates vom 5. Dezember 1991 zurück, der eine Gleichbehandlung der Abgeordneten bei der Reisekostenvergütung für Auslandsdienstreisen erreichen wollte.

Die Reisekostenvergütung bei Auslandsdienstreisen in Mitgliedstaaten der Europäischen Union richtet sich nach dem Bundesreisekostengesetz und nicht nach der Auslandsreisekostenverordnung.

5. Abgrenzung zu Mandatsreisen

Entstehen bei Reisen eines Abgeordneten innerhalb Deutschlands in Ausübung seines Mandats, die nicht Dienstreisen sind (Mandatsreisen), z.B. Fahrten zu den Sitzungen des Bundestages, der Fraktion oder Fahrten innerhalb des Wahlkreises, Kosten, so gelten die Aufwendungen für diese Reisen gemäß § 12 Abs. 2 Nr. 2 und Nr. 3 durch die monatliche Kostenpauschale als abgegolten. Reisekostenvergütung nach § 17 kann insoweit nicht verlangt werden. Auch bei Mandatsreisen besteht

---

10 Nr. 2 Abs. 2 der Ausführungsrichtlinien des Ältestenrates.
11 Vom 21. Mai 1991 (BGBl. I S. 1140), zuletzt geändert durch Verordnung vom 14. März 1997 (BGBl. I S. 468).
12 BGBl. I S. 3346.

jedoch gemäß § 16 Abs. 1 ein Anspruch auf freie Benutzung der Verkehrsmittel der Deutschen Bahn AG bzw. auf Erstattung der dort genannten Kosten für Inlandsflüge oder für die Benutzung von Schlafwagen gegen Nachweis.

6. Wegstreckenentschädigung statt Fahrkostenerstattung (Abs. 4)

16 Statt Fahrkostenerstattung können Mitglieder des Bundestages in den Fällen des § 17 Abs. 2 und 3 auf Antrag Wegstreckenentschädigung erhalten (Abs. 4). Die Wegstreckenentschädigung beträgt gemäß Beschluss des Ältestenrates vom 21. Juni 2001[13] zur Zeit 0,58 DM / km. Der Höhe nach darf die Wegstreckenentschädigung allerdings die Höhe der Kosten für die Benutzung eines Flugzeuges nach Maßgabe der §§ 16 Abs. 1 oder 17 Abs. 3 nicht übersteigen.

7. Ausführungsrichtlinien des Ältestenrates und Anwendung der Vorschriften des Bundesreisekostengesetzes (Abs. 5)

17 Der Ältestenrat hat in seinen Ausführungsrichtlinien für Reisen von Mitgliedern des Deutschen Bundestages vom 24. März 1977, zuletzt geändert durch Beschluss vom 1. Juli 1994[14], Einzelheiten der Genehmigung von Dienstreisen und der Gewährung von Vergütungen oder Zuschüsse für diese Zwecke geregelt. Sofern dort nichts anderes bestimmt ist, finden gemäß Abs. 5 die Vorschriften des Bundesreisekostengesetzes in der jeweils gültigen Fassung Anwendung.

8. Entstehen der Ansprüche nach § 17

18 § 17 begründet Ansprüche für Mitglieder des Bundestages. Das heißt, sie entstehen mit Erwerb der Mitgliedschaft (vgl. dazu o. § 1), weil § 32 insoweit keine anderweitige Regelung trifft.

9. EuAbgG

19 Für die in der Bundesrepublik Deutschland gewählten Abgeordnete des Europäischen Parlaments sieht das EuAbgG keine dem § 17 vergleichbare Norm vor. Sie erhalten jedoch Reisekostenvergütung nach Maßgabe der „Kostenerstattungs- und Vergütungsregelung für die Mitglieder".[15]

10. Landesrecht

20 In den Abgeordnetengesetzen der Länder finden sich ebenfalls Regelungen über die Reisekostenvergütung bei Dienstreisen der Landtagsabgeordneten (s.o. vor 1.). Sie verweisen in der Regel auf die einschlägigen Bestimmungen der jeweiligen Landesreisekostengesetze.

---

[13] Unveröffentlicht.
[14] Unveröffentlicht.
[15] Kollegium der Quästoren, Stand: 2. Juli 2001 – PE 133.116 / QUEST / rev. XI / 7-2001 – DV\445055DE.doc.

Fünfter Abschnitt
Leistungen an ehemalige Mitglieder des Bundestages und ihre Hinterbliebenen

§ 18 Übergangsgeld

(1) Ein ausscheidendes Mitglied mit einer Mitgliedschaft von mindestens einem Jahr erhält Übergangsgeld. Das Übergangsgeld wird in Höhe der Abgeordnetenentschädigung nach § 11 Abs. 1 für jedes Jahr der Mitgliedschaft einen Monat geleistet, höchstens jedoch 18 Monate lang. Zeiten einer früheren Mitgliedschaft im Bundestag, für die bereits Übergangsgeld gezahlt worden ist, bleiben unberücksichtigt. Eine Mitgliedschaft im Bundestag von mehr als einem halben Jahr gilt als volles Jahr bei der Berechnung nach Satz 2.

(2) Ab dem zweiten Monat nach dem Ausscheiden aus dem Bundestag werden alle Erwerbs- und Versorgungseinkünfte auf das Übergangsgeld angerechnet. Eine Anrechnung der Bezüge aus der Mitgliedschaft im Europäischen Parlament entfällt, wenn bereits seitens des Europäischen Parlaments die Anrechnung des Übergangsgeldes auf die dortigen Bezüge bestimmt ist.

(3) Auf Antrag ist das Übergangsgeld nach Absatz 1 in einer Summe oder monatlich zum halben Betrag für den doppelten Zeitraum zu zahlen. Absatz 1 Satz 3 gilt entsprechend.

(4) Tritt das ehemalige Mitglied wieder in den Bundestag ein, ruht bei monatlicher Zahlung der Anspruch nach Absatz 1. Wurde das ehemalige Mitglied in einer Summe abgefunden, ist der Betrag, der bei monatlicher Zahlung ruhen würde, zu erstatten. Der Präsident bestimmt, in welchen Teilbeträgen zu erstatten ist.

(5) Stirbt ein ehemaliges Mitglied, werden die Leistungen nach Absatz 1 an den überlebenden Ehegatten, die leiblichen Abkömmlinge sowie die als Kind angenommenen Kinder fortgesetzt oder ihnen belassen, wenn Versorgungsansprüche nach diesem Gesetz nicht entstehen.

(6) Ein ehemaliges Mitglied, das dem Europäischen Parlament angehört, kann den Anspruch auf Übergangsgeld erst nach seinem Ausscheiden aus dem Europäischen Parlament geltend machen.

(7) Absatz 1 gilt nicht, wenn das Mitglied die Mitgliedschaft im Bundestag auf Grund des § 15 Abs. 2 Nr. 2 des Bundeswahlgesetzes verliert. Der Präsident kann die Zahlungen aussetzen, wenn ein Verfahren zu erwarten ist, das die Folgen nach § 15 Abs. 2 Nr. 2 des Bundeswahlgesetzes nach sich zieht.

Parallelvorschriften im EuAbgG und in den Abgeordnetengesetzen der Länder:

EuAbgG	§ 10 b		
BadWürtt.	§ 10	Nds.	§ 16
Bay.	Art. 11	NW.	§ 11
Berl.	§ 10	RP.	§ 10
Bbg.	§ 10	Saarl.	§ 10
Brem.	§ 11	Sachs.	§ 12
Hbg.	§ 9	SachsAnh.	§ 16
Hess.	§ 8	SchlH.	§ 16
MV.	§ 16	Thür.	§ 11

Literatur: *v. Arnim H. H.*, Das neue Abgeordnetengesetz, Forschungsinstitut für öffentliche Verwaltung bei der Hochschule für Verwaltungswissenschaften, Speyer, 1997; *ders.*, Entschädigung und Amtsausstattung, in: Parlamentsrecht und Parlamentspraxis in der Bundesrepublik Deutschland: ein Handbuch / hrsg. von Schneider H.-P. / Zeh W., Berlin, 1989, 523 ff.; *ders.*, Zweitbearbeitung von Art. 48 GG, 1980, in: Kommentar zum Bonner Grundgesetz (Bonner Kommentar); *ders.*, Abgeordnetenentschädigung und Grundgesetz, Wiesbaden, 1975; *Fischer A.*, Abgeordnetendiäten und staatliche Fraktionsfinanzierung in den fünf neuen Bundesländern, Frankfurt, 1995; *Henkel J.*, Das Abgeordnetengesetz des Bundestages, DÖV 1977, 350 ff.; *Kissel O.*, Vom gerechten Lohn der Bundestagsabgeordneten, in: Festschrift für Albrecht Zeuner, Tübingen, 1994, 79 ff.; *Maaß W. / Rupp H. H.*, Verfassungsrechtliche Fragen der Abgeordnetenentschädigung in Hessen, Gutachtliche Äußerung für die vom Hessischen Landtag eingesetzte Kommission zur Überarbeitung des Hessischen Abgeordnetengesetzes, o.O., 1988; *Welti F.*, Die soziale Sicherung der Abgeordneten des Deutschen Bundestages, der Landtage und der deutschen Abgeordneten im Europäischen Parlament, Berlin, 1998.

Übersicht

		Rdn.
1.	Allgemeines	1–8
1.1	Zweck des Übergangsgeldes	1–5
1.2	Geschichtliche Entwicklung	6–8
2.	Anspruchsvoraussetzungen (Abs. 1 Satz 1)	9–10
3.	Anspruchshöhe (Abs. 1 Satz 2 bis 4)	11–18
3.1	Neues Recht	11–15
3.2	Übergangsrecht für Mitglieder, die am 22. Dezember 1995 dem Bundestag angehörten	16–18
4.	Anrechnungsbestimmungen (Abs. 2)	19–29
4.1	Neues Recht	19–24
4.2	Übergangsrecht für Mitglieder, die am 22. Dezember 1995 dem Bundestag angehörten	25–29
5.	Zahlungsmodalitäten (Abs. 3)	30–31
6.	Auswirkungen bei Wiedereintritt in den Bundestag (Abs. 4)	32–33
7.	Tod des Anspruchsberechtigten (Abs. 5)	34–36
8.	Fälligkeit des Anspruchs (Abs. 6)	37–39
9.	Konkurrenz von Übergangsgeld und Altersentschädigung	40–42
10.	Verlust des Anspruches bei Verlust der Wählbarkeit (Abs. 7)	43–45
11.	EuAbgG	46–56
11.1	Nationales Recht	46–47
11.2	Europäisches Recht	48–56
12.	Landesrecht	57–60

| 13. | Steuerliche und sozialversicherungsrechtliche Behandlung des Übergangsgeldes | 61–63 |

1. Allgemeines

1.1 Zweck des Übergangsgeldes

Übergangsgeld für Abgeordnete, aber auch für Minister und Parlamentarische Staatssekretäre, ist unter dem Reizwort „goldener Handschlag" immer wieder Gegenstand heftiger, meist undifferenzierter Kritik seitens der Öffentlichkeit.[1] Das überrascht nicht, weil stets die Fälle für Ärger sorgen, in denen zwar von Rechts wegen ein Anspruch auf Übergangsgeld besteht, der Zweck dieser Leistung aber erkennbar von vornherein verfehlt wird. Die mangelnde öffentliche Akzeptanz spricht dann nicht prinzipiell gegen die Berechtigung dieser finanziellen Leistung an Abgeordnete, durchaus aber gegen die Ausgestaltung ihrer gesetzlichen Anspruchsvoraussetzungen im Einzelfall.

1

Übergangsgeld für Abgeordnete soll in erster Linie den beruflichen Wiedereinstieg absichern. Sein Zweck ist es vornehmlich, den Abgeordneten nach dem Ausscheiden aus dem Bundestag eine Rückkehr in den angestammten Beruf oder die Aufnahme einer neuen Berufstätigkeit zu ermöglichen. Damit trägt das Übergangsgeld dazu bei, die verfassungsrechtlich verbürgte Unabhängigkeit der Abgeordneten (Art. 38 Abs. 1 Satz 2 GG) zu sichern. Diese sollen sich voll ihrem Mandat widmen können und nicht aus wirtschaftlichen Gründen gezwungen sein, sich schon während der Mandatszeit Sorgen um ihre berufliche Existenz nach dem Ausscheiden aus dem Parlament zu machen.[2]

2

Wer ein Bundestagsmandat annimmt, gibt regelmäßig für eine ungewisse Zeit seinen bis dahin ausgeübten Beruf auf. Die Mandatsausübung fällt dabei typischerweise in einen Lebensabschnitt, der bei anderen der Förderung der beruflichen Karriere dient.

3

Ein Abgeordneter verzichtet hierauf, ohne zu wissen, ob er überhaupt wiedergewählt wird. Erhält er kein neues Mandat, hat er als Arbeitnehmer zwar einen Anspruch auf Weiterbeschäftigung gegen seinen früheren Arbeitgeber (s.o. § 2) oder als Beamter auf Wiederverwendung (s.o. § 6). Existiert sein früherer Betrieb aber beispielsweise nicht mehr, geht dieser Anspruch ins Leere. Ein ehemaliger Abgeordneter hat jedoch keinen Anspruch auf Arbeitslosenunterstützung (s.o. § 11 9.). Auch für eine Umschulung gibt es keine Unterstützung durch die Arbeitsverwaltung. In diesen Fällen bildet das Übergangsgeld die Starthilfe für eine Existenzsicherung für die Zeit nach dem Mandat.

4

---

1 *v. Arnim* geht soweit, das Übergangsgeld für verfassungswidrig zu erklären, BK, Rdn. 127 zu Art. 48.
2 Vgl. auch *Fischer A.*, Abgeordnetendiäten und staatliche Fraktionsfinanzierung in den fünf neuen Bundesländern, Frankfurt, 1995, S. 86; *Maaß W./Rupp H.H.*, Verfassungsrechtliche Fragen der Abgeordnetenentschädigung in Hessen, Gutachtliche Äußerung für die vom Hessischen Landtag eingesetzte Kommission zur Überarbeitung des Hessischen Abgeordnetengesetzes, o.O., 1988, S. 64; Bayerischer VerfGH, Entscheidung vom 15. Dezember 1982, – Vf. 22 – VII – 80 –, DVBl. 1983, 706, 711.

5 Bei einem ausscheidenden Abgeordneten, der wegen seines fortgeschrittenen Lebensalters nicht mehr in den früheren Beruf zurückkehrt, aber noch nicht die Altersvoraussetzungen für eine Altersversorgung nach dem Abgeordnetengesetz oder für eine Altersversorgung aus dem früheren Beruf erreicht hat, kann das Übergangsgeld dazu beitragen, die Zeit bis zum Bezug dieser Versorgungsleistungen zu überbrücken.[3]

1.2 Geschichtliche Entwicklung

6 Übergangsgeld für Abgeordnete des Deutschen Bundestages wurde erstmals mit dem Gesetz über die Entschädigung der Mitglieder des Bundestages vom 24. Juni 1954[4] eingeführt. Dessen § 1 Abs. 3 Satz 4 gewährte Mitgliedern, die infolge des Ablaufs der Wahlperiode oder der Auflösung des Bundestages die Mitgliedschaft im Bundestag verloren und nicht wieder gewählt wurden, einen Anspruch auf Übergangsgeld in Höhe der Aufwandsentschädigung (damals: 750 DM) für drei Monate. Der Anspruchszeitraum wurde später erweitert.

7 Eine grundsätzliche Neugestaltung erfolgte mit § 18 des Gesetzes zur Neuregelung der Rechtsverhältnisse der Mitglieder des Deutschen Bundestages vom 18. Februar 1977.[5] Die Vorschrift folgte in ihren Grundzügen § 14 des Gesetzentwurfs, der wiederum teilweise Regelungen des § 2 des Diätengesetzes 1968[6] aufgriff.[7]

8 Spätere Änderungen des Abgeordnetengesetzes sahen eine Ausweitung des Anspruchszeitraumes[8] sowie der Anrechnungsbestimmungen[9] vor. Mit dem Neunzehnten Änderungsgesetz vom 15. Dezember 1995 schließlich wurden der Anspruch auf Übergangsgeld für Neumitglieder deutlich reduziert und die Anrechnungsbestimmungen nochmals verschärft.[10]

2. Anspruchsvoraussetzungen (Abs. 1 Satz 1)

9 Nach § 18 Abs. 1 Satz 1 erhält ein ausscheidendes Mitglied Übergangsgeld, wenn es dem Bundestag mindestens ein Jahr angehört hat. Wer diese Mitgliedschaftsdauer nicht nachweisen kann, hat keinen Anspruch auf Übergangsgeld. Die Vorausset-

---

3 Vgl. zu alledem Begründung zu § 14 des Entwurfs eines Gesetzes zur Neuregelung der Rechtsverhältnisse der Mitglieder des Deutschen Bundestages, BT-Drs. 7/5531, S. 18; zum Zweck des Übergangsgeldes vgl. auch *Welti F.*, Die soziale Sicherung der Abgeordneten des Deutschren Bundestages, der Landtage und der deutschen Abgeordneten im Europäischen Parlament, Berlin 1998; *Kissel O.*, Vom gerechten Lohn der Bundestagsabgeordneten, in: Festschrift für Albrecht Zeuner, Tübingen, 1994, 79, 87 f.
4 BGBl. I S. 637.
5 BGBl. I S. 297.; *Henkel J.*, Das Abgeordnetengesetz des Bundestages, DÖV 1977, 350, 353, macht in diesem Zusammenhang darauf aufmerksam, die Neuregelung wolle besonders dem Umstand Rechnung tragen, dass der aus dem Bundestag ausscheidende Beamte nicht mehr wie bisher (§ 3 Abs. 3 RStG) ein Ruhegehalt beziehen kann (§ 6 Abs. 2 AbgG), er mit Rücksicht auf sein fortgeschrittenes Alter nicht mehr in den öffentlichen Dienst zurückkehren möchte, aber noch nicht die für eine Altersversorgung aus dem Mandat oder dem Dienstverhältnis erforderlichen Voraussetzungen erfüllt.
6 BGBl. I S. 334.
7 Vgl. BT-Drs. 7/5531, aaO.
8 Art. 1 Nr. 6 des Siebten Änderungsgesetzes vom 16. Januar 1987, BGBl. I S. 143.
9 Art. 1 Nr. 6 des Siebten Änderungsgesetzes vom 16. Januar 1987, BGBl. I S. 143, und Art. 1 Nr. 7 des Siebzehnten Änderungsgesetzes vom 4. November 1994, BGBl. I S. 3346.
10 Art. 2 Nr. 5, BGBl. I S. 1718.

zung ist zwingend. Die Rundungsvorschrift des Abs. 1 Satz 4 gilt in diesem Zusammenhang nicht. Das wird häufig übersehen, obwohl der Wortlaut des Satzes 4 eindeutig ist. Er bezieht sich allein auf die Berechnung der Höhe des Übergangsgeldes nach Satz 2, nicht aber auf die in Satz 1 geforderte Mindestmitgliedszeit. Mitgliedszeiten im Deutschen Bundestag vor Inkrafttreten dieses Gesetzes sind nach § 44 zu berücksichtigen (s. dort).

10 Auch Zeiten der Mitgliedschaft im Europäischen Parlament[11] (§ 10b Satz 2 EuAbgG) und Zeiten der Mitgliedschaft in der Volkskammer der ehemaligen Deutschen Demokratischen Republik ab Annahme des Mandats nach den Wahlen bis zum 2. Oktober 1990 (§ 21 Abs. 3 Satz 1) gelten als Zeiten der Mitgliedschaft im Bundestag. Sie können also anspruchsbegründend wirken.

Schließlich werden nach § 44 Zeiten der Mitgliedschaft im Bundestag, die vor Inkrafttreten dieses Gesetzes (gem. § 55 Abs. 1 Satz 1 am 1. April 1977) liegen, bei der Berechnung des Zeitraumes, für den Übergangsgeld zu zahlen ist, berücksichtigt. Diese Vorschrift dürfte heute allerdings kaum mehr zur Anwendung kommen können.

3. Anspruchshöhe (Abs. 1 Satz 2 bis 4)

3.1 Neues Recht

11 Das Neunzehnte Änderungsgesetz vom 15. Dezember 1995[12] brachte spürbare Einschnitte bei den Leistungen an ehemalige Abgeordnete auch beim Übergangsgeld. Seither wird Übergangsgeld nach Abs. 1 Satz 2 in Höhe der Abgeordnetenentschädigung nach § 11 Abs. 1 für jedes Jahr der Mitgliedschaft nur noch einen Monat lang gewährt, höchstens jedoch 18 Monate lang. Maßgeblich ist die Abgeordnetenentschädigung in der jeweils während des Anspruchszeitraumes gültigen Höhe, so dass sich während des Bezuges Änderungen ergeben können, die zu Nachzahlungen führen. Das gilt auch für den Fall, dass sich das ehemalige Mitglied das Übergangsgeld gemäß § 18 Abs. 3 Satz 1 in einer Summe hat auszahlen lassen.

12 Gemäß Abs. 1 Satz 4 gilt eine Mitgliedschaft im Bundestag von mehr als einem halben Jahr (ab 183 Tagen) bei der Berechnung nach Satz 2 als volles Jahr. Diese Rundungsvorschrift findet auf Satz 1 keine Anwendung (s.o. 2.).

---

[11] Als Zeiten der Mitgliedschaft im Europäischen Parlament zählen auch die Zeiten der Entsendung als Beobachter aus dem Gebiet der ehemaligen Deutschen Demokratischen Republik zum Europäischen Parlament ab dem Entsendebeschluss des Deutschen Bundestages vom 21. Februar 1991. Rechtsgrundlage hierfür ist die Vereinbarung zwischen der Bundesrepublik Deutschland und der Deutschen Demokratischen Republik zur Durchführung und Auslegung des am 31. August 1990 in Berlin unterzeichneten Vertrages zwischen der Bundesrepublik Deutschland und der Deutschen Demokratischen Republik über die Herstellung der Einheit Deutschlands – Einigungsvertrag – (Gesetz vom 23. September 1990, BGBl. II S. 885, 1239; in Kraft am 29. September 1990, BGBl. II S. 1360). Art. 3 Ziffer 2 lit. f dieser Vereinbarung bestimmt, dass die von der Volkskammer der Deutschen Demokratischen Republik in das Europäische Parlament entsandten Abgeordneten für die laufende Legislaturperiode (das war die 3. WP) des Europäischen Parlaments die Rechtsstellung eines Mitglieds des Europäischen Parlaments nach dem EuAbgG erhalten. Weil Art. 136a (neu) GO-EP verlangte, dass die Benennung der Beobachter durch den Bundestag zu erfolgen hatte, ist für die Begründung der Rechtsstellung der Entsendebeschluss des Bundestages vom 21. Februar 1991 maßgeblich.
[12] BGBl. I S. 1718.

13 Zeiten einer früheren Mitgliedschaft im Bundestag, für die bereits Übergangsgeld gezahlt worden ist, bleiben nach Abs. 1 Satz 3 bei der Berechnung des Anspruches unberücksichtigt. Zeiten der Mitgliedschaft im Europäischen Parlament (§ 10b Satz 2 EuAbgG) und Zeiten der Mitgliedschaft in der Volkskammer der ehemaligen Deutschen Demokratischen Republik ab Annahme des Mandats nach den Wahlen bis zum 2. Oktober 1990 (§ 21 Abs. 3 Satz 1) gelten hingegen auch in diesem Zusammenhang als Zeiten der Mitgliedschaft im Bundestag, können also anspruchserhöhend wirken.

14 Nach ständiger Verwaltungspraxis werden alle anrechenbaren Mandatszeiten zunächst addiert. Erst dann und nur einmal kommt anschließend Abs. 1 Satz 4 zur Anwendung, sofern die Rundungsvoraussetzungen überhaupt erfüllt sind. Der Hinweis erscheint notwendig, weil vielfach rechtsirrig angenommen wird, jede Mandatszeit müsse für sich gerundet werden, bevor der Gesamtanspruch errechnet und dann nochmals gerundet wird. Dafür gibt das Gesetz indessen nichts her. Es geht ersichtlich von *einer* Mitgliedschaft im Bundestag aus, nicht von mehren, in die allerdings verschiedene Anrechnungszeiträume auch bei anderen Parlamenten einfließen können.

15 Der Gesetzgeber hat mit der Neuregelung des § 18 auf die in der Öffentlichkeit immer wieder geübte Kritik[13] an der bisherigen Ausgestaltung der Leistungen als zu großzügig reagiert und zugleich Bedenken Rechnung getragen, die von der Unabhängigen Kommission zur Überprüfung des Abgeordnetenrechts in ihrem Bericht vom 3. Juni 1993[14] geäußert worden waren. Dabei war er der Überzeugung, dass das Übergangsgeld auch in der geänderten Fassung seiner Funktion – Starthilfe für den Wiederaufbau einer beruflichen Existenz oder Sicherung des Anschlusses an eine Altersversorgung – gerecht werden würde.[15] Die nachfolgende Übersicht lässt keine Zweifel an der Richtigkeit dieser Einschätzung aufkommen. Die Leistungen liegen immer noch deutlich über dem, was die Kissel-Kommission seinerzeit für notwendig aber auch ausreichend erachtet hatte.[16]

Tabelle 1.   Übergangsgeld nach neuem Recht[17]

Mitgliedschaftsdauer	Anspruchshöhe	Kissel-Vorschlag
1 Wahlperiode	52.800 DM	39.600 DM
2 Wahlperioden	105.600 DM	79.200 DM
3 Wahlperioden	158.400 DM	118.800 DM
4 Wahlperioden	211.200 DM	118.800 DM
5 Wahlperioden	237.600 DM	118.800 DM
6 Wahlperioden	237.600 DM	118.800 DM

13   Vgl. *Fischer A.*, aaO, S. 86 f., m.w.N.
14   BT-Drs. 12/5020, S. 13 f.
15   Vgl. Begründung zu § 18 in der Fassung des Art. 2 Nr. 5 des Entwurfs eines Gesetzes zur Neuregelung der Rechtsstellung der Abgeordneten, BT-Drs. 13/3121, S. 11; s. auch Fn. 14
16   75% der Abgeordnetenentschädigung, längstens für die Dauer von zwölf Monaten, BT-Drs. 12/5020, S. 14; vgl. auch *v. Arnim H. H.*, Das neue Abgeordnetengesetz, Forschungsinstitut für öffentliche Verwaltung bei der Hochschule für Verwaltungswissenschaften, Speyer, 1997, S. 9.
17   Zugrunde gelegt ist jeweils die Abgeordnetenentschädigung nach § 11 Abs. 1 Satz 2 in der ab 1. Januar 2001 gültigen Höhe von 13.200 DM.

3.2 Übergangsrecht für Mitglieder, die am 22. Dezember 1995 dem Bundestag angehörten (altes Recht)

Ausgeschiedene Mitglieder, die dem Bundestag am 22. Dezember 1995 angehört haben, erhalten Übergangsgeld nach der bis zu diesem Tag gültigen Fassung des § 18, sofern sie sich nicht gemäß § 35 a Abs. 4 für die Anwendung des neuen Rechts entschieden haben (s.u.). 16

Das alte Recht führt bei der Berechnung der Anspruchshöhe bei identischen Anspruchsvoraussetzungen (s.o. 2.) zu deutlich günstigeren Ergebnissen. Übergangsgeld wird danach in Höhe des fiktiven „eingefrorenen"[18] Bemessungsbetrages von 10.366 DM nach § 35 a Abs. 2 Satz 2 für jedes Jahr der Mitgliedschaft für einen Monat gezahlt. Dauerte die Mitgliedschaft länger als die Hälfte einer Wahlperiode, kommen drei weitere Monate, ansonsten zwei weitere Monate hinzu. Je Wahlperiode fallen demnach bis zu sieben Monate Übergangsgeld an. Die Höchstdauer für den Bezug von Übergangsgeld beträgt nach altem Recht 36 Monate. 17

Was die Aufrundung von Mitgliedszeiten von mehr als einem halben Jahr und die Anrechnung von Mitgliedszeiten im Europäischen Parlament oder in der Volkskammer der ehemaligen Deutschen Demokratischen Republik anbelangt, gilt das zum neuen Recht Ausgeführte (s.o. 3. 1) hier gleichermaßen. 18

Tabelle 2. Übergangsgeld nach altem Recht

Mitgliedschaftsdauer	Anspruchshöhe
1 Wahlperiode	72.562 DM
2 Wahlperioden	145.124 DM
3 Wahlperioden	217.686 DM
4 Wahlperioden	290.248 DM
5 Wahlperioden	362.810 DM
6 Wahlperioden	373.176 DM

4. Anrechnungsbestimmungen (Abs. 2)

4.1 Neues Recht

Mit dem Neunzehnten Änderungsgesetz vom 15. Dezember 1995[19] hat der Gesetzgeber unter dem Eindruck der ständigen öffentlichen Kritik die Anrechnungsbestimmungen beim Übergangsgeld drastisch verschärft. Nach Abs. 2 Satz 1 werden nunmehr ab dem zweiten Monat nach dem Ausscheiden alle Erwerbs- und Versor- 19

---

18 In der Begründung zu § 35 a in der Fassung des Art. 2 Nr. 16 des Entwurfs eines Gesetzes zur Neuregelung der Rechtsstellung der Abgeordneten heißt es dazu: „Anders als beim fiktiven Bemessungsbetrag für die Altersentschädigung bleibt die Bezugsgröße für das Übergangsgeld auf den heute gültigen Betrag von 10366 Deutsche Mark eingefroren, weil es aufgrund der nach altem Recht gegebenen günstigen Struktur des Übergangsgeldes bereits heute in Einzelfällen dazu kommen kann, dass erheblich mehr an Übergangsgeld geleistet wird, als zur beruflichen Wiedereingliederung eines ausscheidenden Abgeordneten tatsächlich erforderlich ist. Angesichts dessen erschienen weitere Steigerungen des Übergangsgeldes nach Übergangsrecht nicht als vertretbar und auch aus Gründen des Vertrauensschutzes nicht als geboten" (BT-Drs. 13/3121, S. 13).
19 BGBl. I S. 1718.

gungseinkünfte – auch solche aus privaten Quellen – in voller Höhe auf das Übergangsgeld angerechnet.[20]

Erwerbseinkünfte im Sinne der Bestimmung sind Einkünfte aus selbständiger und aus nichtselbständiger Arbeit einschließlich Abfindungen, Einkünfte aus Land- und Forstwirtschaft sowie Einkünfte aus Gewerbebetrieb.[21] Einkünfte sind solche im Sinne des § 2 Abs. 1 Nr. 1 bis 4 EStG, nicht hingegen solche aus Kapitalvermögen (§ 2 Abs. 1 Nr. 5 EStG), aus Vermietung und Verpachtung (§ 2 Abs. 1 Nr. 6 EStG) oder sonstige Einkünfte im Sinne des § 22 EStG. Dabei ist es unerheblich, ob die Einkünfte innerhalb oder außerhalb des Geltungsbereich dieses Gesetzes erzielt wurden. Bei Einkünften aus nichtselbständiger Arbeit ist das tatsächlich anfallende monatliche Brutto-Einkommen abzüglich der Werbungskosten im Sinne des § 9 EStG maßgeblich. Der Nachweis wird mit dem Steuerbescheid geführt. Bei Einkünften aus Land- und Forstwirtschaft, aus Gewerbebetrieb und aus selbständiger Arbeit ist vom steuerlichen Gewinn auszugehen, dessen Höhe auch hier regelmäßig durch den Steuerbescheid nachzuweisen ist. Anzusetzen ist dabei das Erwerbseinkommen des Kalenderjahres dividiert durch zwölf Kalendermonate (vgl. § 53 Abs. 7 Satz 5 BeamtVG).[22]

20 Anrechnungsfrei bleiben im ersten Monat nach dem Ausscheiden allerdings – anders als bisher – auch Bezüge aus öffentlichen Kassen. Den befristeten Verzicht auf eine Anrechnung und eine dadurch mögliche vorübergehende Doppelalimentation glaubt der Gesetzgeber mit der Annahme rechtfertigen zu können, dass der Wiedereingliederungszweck des Übergangsgeldes im ersten Monat nach dem Ausscheiden besonders zum Tragen kommt.[23] Zu den Bezügen aus öffentlichen Kassen gehören auch die Renten im Sinne des § 55 Abs. 1 Satz 2 BeamtVG (vgl. dazu 4. 2. 2 und 6 zu § 29). Auch sie bleiben im ersten Monat nach dem Ausscheiden anrechnungsfrei, werden dann aber in die Anrechnung einbezogen. § 18 Abs. 2 selbst lässt offen, wie Renten anzurechnen sind. § 26 erlaubt deshalb die sinngemäße Anwendung der für Bundesbeamte geltenden versorgungsrechtlichen Regelungen. Dazu zählt auch § 55 Abs. 4 BeamtVG. Die Anrechnung von Renten auf das Übergangs-

---

20 Für eine Anrechnung privater Einkünfte hatte sich *Henkel J.*, aaO, S. 351, bereits 1977 ausgesprochen; *Welti F.* betont, damit sei unter ausdrücklichem Bezug auf den Normzweck der beruflichen Eingliederung eine Regelung gefunden worden, die sich weitgehend auf dessen Erfüllung beschränkt (aaO, S. 274); 1977 hatte der Gesetzgeber eine Anrechnung auch von Einkünften aus nichtöffentlichen Kassen, durch die ebenfalls die wirtschaftliche Notwendigkeit der Zahlung eines Übergangsgeldes entfiele, trotz des Vorteils größtmöglicher materieller Gerechtigkeit noch mit der Begründung abgelehnt, der praktischen Durchführung einer solchen Regelung stünden erhebliche Schwierigkeiten entgegen (vgl. Begründung zu § 14 des Entwurfs eines Gesetzes zur Neuregelung der Rechtsverhältnisse der Mitglieder des Deutschen Bundestages, BT-Drs. 7/5531, S. 18).
21 Vgl. § 53 Abs. 7 BeamtVG (in der Fassung der Änderung durch Art. 6 Nr. 24 des Gesetzes zur Umsetzung des Versorgungsberichts vom 29. Juni 1998, BGBl. I, S. 1666), der über § 26 sinngemäß anzuwenden ist, und Begründung zu § 18 in der Fassung des Art. 2 Nr. 5 des Entwurfs eines Gesetzes zur Neuregelung der Rechtsstellung der Abgeordneten, BT-Drs. 13/3121, S. 11: Erwerbseinkommen im Sinne der Bestimmung sind Arbeitsentgelte, Arbeitseinkommen und vergleichbare Einkommen.
22 Auch der Begriff der „Erwerbseinkünfte aus einer privaten Berufstätigkeit" im Sinne des § 14 Abs. 6 BMinG in der Fassung des Zweiten Gesetzes zur Änderung des Bundesministergesetzes vom 5. Dezember 1997 (BGBl. I S. 2851) ist entsprechend auszulegen.
23 Vgl. Begründung zum Gesetzentwurf, aaO.

geld nach § 18 Abs. 2 erfolgt daher im Ergebnis in gleicher Weise wie nach § 29 Abs. 2 Satz 2 oder § 29 Abs. 4 Satz 3 (s. 3. 2. 8 und 4. 2. 3 zu § 29). Anders ist es bei sonstigen Versorgungsbezügen aus öffentlichen Kassen, die ganz oder teilweise auf Eigenbeiträgen beruhen, wie z.B. beim freiwilligen Pensionsfond des Europäischen Parlaments. Hier erscheint es sachgerecht, in Anwendung des Rechtsgedankens des § 29 Abs. 7 Satz 1 aus rechtssystematischen Gründen nur den Teil in die Anrechnung mit einzubeziehen, der nicht auf eigenen Beiträgen beruht.

Ebenfalls anrechnungsfrei bleiben gemäß Abs. 2 Satz 2 Bezüge aus der Mitgliedschaft im Europäischen Parlament, wenn bereits seitens des Europäischen Parlaments die Anrechnung des Übergangsgeldes auf die dortigen Bezüge bestimmt ist. Diese mit dem Neunzehnten Änderungsgesetz 1995 eingefügte Regelung[24] trägt Rechtsänderungen bei der finanziellen Ausstattung der Mitglieder des Europäischen Parlaments Rechnung und stellt sicher, dass Doppelanrechnungen unterbleiben.[25] **21**

Weil das Gesetz in Absatz 2 Satz 1 eine Anrechnung unter den dort genannten Bedingungen zwingend und ausnahmslos vorschreibt, steht jede Übergangsgeldzahlung unter dem immanenten Vorbehalt einer Anrechnung anderer Erwerbs- und Versorgungseinkünfte. Dies gilt insbesondere auch, wenn sich ein ehemaliges Mitglied das Übergangsgeld in einer Summe hat auszahlen lassen und später – aber noch während des Anspruchszeitraumes auf Übergangsgeld – andere Einkünfte erzielt. Er muss diese dann im Wege der Selbstauskunft gegenüber der Parlamentsverwaltung angeben, um eine nachträgliche Anrechnung zu ermöglichen. **22**

Maßgeblich ist also auch hier wieder der Anspruchs- und nicht der Zahlungszeitraum. Deshalb kann ein ehemaliger Abgeordneter außerhalb des Anspruchs- aber innerhalb des nach Abs. 3 verdoppelten Zahlungszeitraumes anrechnungsfrei hinzuverdienen. **23**

Die neue Vollanrechnung ist sachgerecht.[26] Ein ehemaliger Abgeordneter, der nach seinem Ausscheiden aus dem Mandat bereits wieder andere Einkünfte erzielt, braucht keine Starthilfe für die Wiedereingliederung in das Berufsleben. Ihm das Übergangsgeld ungekürzt zu belassen, verfehlte erkennbar den Gesetzeszweck. Und nichts anderes gilt für den ehemaligen Abgeordneten mit Versorgungsbezügen. Auch er benötigt das Übergangsgeld nicht, um die Zeit bis zum Bezug einer Altersversorgung zu überbrücken. **24**

4.2 Übergangsrecht für Mitglieder, die am 22. Dezember 1995 dem Bundestag angehörten

Die Anrechnungsbestimmungen des § 18 Abs. 2 in der bis zum 22. Dezember 1995 gültigen Fassung sind deutlich milder. Angerechnet werden nur Bezüge aus öffentlichen Kassen aus der Mitgliedschaft im Europäischen Parlament, im Parlament **25**

---

24 BGBl. I S. 1718.
25 Vgl. Begründung zu § 18 in der Fassung des Art. 2 Nr. 5 des Entwurfs eines Gesetzes zur Neuregelung der Rechtsstellung der Abgeordneten, BT-Drs. 13 / 3121, S. 11.
26 Sie war deshalb auch Vorbild für eine Änderung des § 14 des Bundesministergesetzes durch Gesetz vom 5. Dezember 1997 (BGBl. I S. 2851), durch die die Vollanrechnung aller Erwerbseinkünfte aus einer privaten Berufstätigkeit ab dem zweiten Monat nach dem Ausscheiden aus dem Ministeramt vorgeschrieben wurde.

eines Landes, aus einem Amtsverhältnis, aus einer Verwendung im öffentlichen Dienst[27] und aus einer zusätzlichen Alters- und Hinterbliebenenversorgung für Angehörige des öffentlichen Dienstes (VBL-Rente). „Bezüge" im Sinne des § 18 Abs. 2 sind dabei sowohl Einkommen wie auch Versorgungsbezüge. Soweit diese Bezüge ganz oder teilweise auf Eigenbeiträgen beruhen, gilt für den Anrechnungsmodus das oben in 4.1 Ausgeführte gleichermaßen.

26 Angerechnet werden ferner Bezüge aus einem Amtsverhältnis oder einer Verwendung im öffentlichen Dienst einer zwischen- oder überstaatlichen Einrichtung. Die von dieser Vorschrift erfassten zwischen- und überstaatlichen Einrichtungen sowie die Verwendung im öffentlichen Dienst im Sinne dieser Bestimmung ergeben sich gemäß § 26 aus § 53 Abs. 5 des Beamtenversorgungsgesetzes[28] und den hierzu erlassenen Vorschriften. Der Begriff der „Bezüge" ist dabei auch hier wie oben erläutert zu verstehen.

27 Anrechnungsfrei bleiben indessen Renten im Sinne des § 55 Abs. 1 Satz 2 Beamtenversorgungsgesetz sowie sämtliche Einkünfte aus privaten Kassen.[29]

28 Anders als nach der Neufassung des § 18 (s.o. 4.1) erfolgt die Anrechnung von Bezügen aus öffentlichen Kassen auf das Übergangsgeld der ausgeschiedenen Mitglieder des Bundestages nach altem Recht sofort. Es gibt keine anrechnungsfreien Zeiten.

29 Im Übrigen gilt auch hier das oben zum immanenten Vorbehalt der Anrechnung Ausgeführte gleichermaßen: Jede Übergangsgeldzahlung nach altem Recht steht unter dem Vorbehalt, dass Einkünfte aus öffentlichen Kassen, die dem Anspruchsinhaber im Anspruchszeitraum nach § 18 Abs. 1 zufließen, angerechnet werden müssen, gegebenenfalls eben nachträglich. Das bedeutet auch hier, dass der ehemalige Abgeordnete zur Selbstauskunft verpflichtet ist und sich nicht darauf verlassen darf, dass der Parlamentsverwaltung von der anderen zahlenden Stelle eine Vergleichsmitteilung zugeleitet wird.

5. Zahlungsmodalitäten (Abs. 3)

30 Übergangsgeld wird nach § 18 Abs. 1 Satz 2 grundsätzlich monatlich gewährt. Nach Abs. 3 Satz 1 hat ein ehemaliges Mitglied des Bundestages jedoch die Möglichkeit, auf Antrag das gesamte Übergangsgeld in einer Summe zu erhalten. Alternativ kann er beantragen, dass ihm monatlich der halbe Betrag für den doppelten Anspruchszeitraum gezahlt wird.

31 Immer steht die Zahlung des Übergangsgeldes dabei unter dem immanenten Vorbehalt der Anrechnung anderer Einkünfte (s. dazu o. 4.1 und 4.2). Das kann dazu führen, dass eine endgültige Festsetzung des Übergangsgeldes erst nach Ablauf des Anspruchszeitraumes möglich wird, falls erst dann feststeht, welche zusätzlichen anrechenbaren Einkünfte im Anspruchszeitraum erzielt wurden. Ergibt sich dabei

---

27 Zur Verfassungsmäßigkeit der Vollanrechnung solcher Einkünfte vgl. auch BayVerfGH, Entscheidung vom 28. Februar 1992 – Vf. 54 – VI – 91 –, DÖV 1992, 627 f.
28 In der Fassung der Bekanntmachung vom 16. März 1999 (BGBl. I S. 322, ber. S. 847).
29 Zu den Gründen, aus denen der Gesetzgeber seinerzeit auf eine Anrechnung privater Einkünfte verzichtet hatte, s.o. Fn. 20.

eine Überzahlung des ehemaligen Abgeordneten, kann das zu erstattende Übergangsgeld durch Leistungsbescheid geltend gemacht werden.[30]

6. Auswirkungen bei Wiedereintritt in den Bundestag (Abs. 4)

Nach Abs. 4 Satz 1 ruht bei monatlicher Zahlung der Anspruch auf Übergangsgeld, wenn das ehemalige Mitglied während des Anspruchszeitraumes wieder in den Bundestag eintritt. Mit dem Ausscheiden aus dem Bundestag lebt er dann wieder auf. 32

Hat das ehemalige Mitglied das Übergangsgeld in einer Summe erhalten, so ist nach Abs. 4 Satz 2 der Betrag, der bei monatlicher Zahlung ruhte, zu erstatten, wobei der Präsident nach Satz 3 bestimmt, in welchen Teilbeträgen zu erstatten ist. Die von ihm zu treffenden Ermessensentscheidung erlaubt es, den jeweiligen Umständen des Einzelfalles gerecht zu werden und unbillige Härten zu vermeiden. Auch hier gilt, dass der Restanspruch mit dem erneuten Ausscheiden aus dem Bundestag wieder auflebt. 33

7. Tod des Anspruchsberechtigten (Abs. 5)

Stirbt ein ehemaliges Mitglied, so werden nach § 18 Abs. 5 die Leistungen nach Abs. 1 an den überlebenden Ehegatten, die leiblichen Abkömmlinge sowie die als Kind angenommenen Kinder fortgesetzt (monatliche Zahlung) oder ihnen belassen (Einmalzahlung), sofern sie keine eigenen Versorgungsansprüche nach diesem Gesetz haben (i.e. Hinterbliebenenversorgung nach § 25). 34

Haben die Hinterbliebenen jedoch einen eigenen Versorgungsanspruch nach diesem Gesetz, so werden die Leistungen nach Abs. 1 eingestellt und ist überzahltes Übergangsgeld von ihnen zu erstatten. Das gilt insbesondere für die Fälle, in denen sich das ehemalige Mitglied das Übergangsgeld in einer Summe hat auszahlen lassen und es vor Ablauf des Anspruchszeitraumes verstirbt. 35

Die Bestimmung ist Folge des Verbotes der Doppelalimentation,[31] das den Bezug von Übergangsgeld neben der Hinterbliebenenversorgung ausschließt. 36

8. Fälligkeit des Anspruchs (Abs. 6)

Übergangsgeld nach § 18 wird grundsätzlich monatlich gezahlt, es sei denn, der Anspruchsberechtigte beantragt gemäß Abs. 3 etwas anderes (s.o. 5.). Die Leistungszeit ist im Gesetz nicht ausdrücklich bestimmt. Leistungen nach § 18 werden insbesondere nicht von § 32 Abs. 8 erfasst, sind also nicht schon kraft dieses Gesetzesbefehls monatlich im Voraus zu zahlen. Die Verwaltungspraxis geht mit Blick auf den Zweck des Übergangsgeldes (s. dazu o. 1.) davon aus, dass bei monatlicher Zahlung grundsätzlich beginnend mit dem ersten Monat nach dem Ausscheiden aus dem Mandat ein Anspruch auf Auszahlung jeweils zum 1. des Monats besteht, 37

---

30 Bayr. VGH, Entscheidung vom 13. September 1990 – 5 B 88.1130 –, JURIS Dok.Nr. MWRE026 und BVerwG, Beschluss vom 21. März 1991 – 7 B 170/90 –, NVwZ 1992, 173 f.
31 Vgl. Begründung zu § 14 des Entwurfs eines Gesetzes zur Neuregelung der Rechtsverhältnisse der Mitglieder des Deutschen Bundestages, BT-Drs. 7/5531, S. 19.

auf den sich die Leistung bezieht. Wird das Übergangsgeld auf Antrag nach Abs. 3 in einer Summe gezahlt, gilt dies entsprechend. Die Leistung ist dann zum 1. des ersten Monats nach dem Ausscheiden fällig, auf den sich das Übergangsgeld bezieht.

38 Für ehemalige Mitglieder, die aus dem Bundestagsmandat ausgeschieden sind, die aber noch dem Europäischen Parlament angehören, gilt nach Abs. 6 Abweichendes. Sie können ihren Anspruch auf Übergangsgeld erst nach dem Ausscheiden aus dem Europäischen Parlament geltend machen. Übergangsgeld aus der Bundestagszeit und aus der Mandatszeit im Europäischen Parlament fließen dann zusammen, weil gemäß § 10 b Satz 2 EuAbgG Zeiten der Mitgliedschaft im Europäischen Parlament als Zeiten der Mitgliedschaft im Bundestag gelten.

39 Die Regelung ist Folge des Verbots der Doppelalimentation, wonach der gleichzeitige Bezug von Abgeordnetenentschädigung und Übergangsgeld unzulässig ist.

9. Konkurrenz von Übergangsgeld und Altersentschädigung

40 Der Anspruch auf Altersentschädigung nach dem Abgeordnetengesetz ruht gemäß § 32 Abs. 5 während der Zeit, für die ein Anspruch auf Übergangsgeld besteht (s. auch 6. zu § 32). Gemeint ist immer der Anspruchszeitraum, nicht der auf Antrag verdoppelte Zahlungszeitraum (vgl. dazu 5.). Die Altersentschädigung ruht deshalb entgegen einem häufig auftretenden Missverständnis auch dann für den vollen Anspruchszeitraum des Übergangsgeldes, wenn sich der ehemalige Abgeordnete das Übergangsgeld in einer Summe hat auszahlen lassen.

41 Auch diese Bestimmung trägt dem Verbot der Doppelalimentation Rechnung. Überzeugender wäre es indessen, wenn nicht der Anspruch auf Altersentschädigung ruhte, sondern der Anspruch auf Übergangsgeld gänzlich entfiele, sobald das ehemalige Mitglied Anspruch auf Altersentschädigung hat. Der Altersversorgung sollte in diesen Fällen Vorrang eingeräumt werden, weil hier der Zweck des Übergangsgeldes (s.o. 1. 1) erkennbar verfehlt wird.

42 Allerdings kann gemäß § 31 Satz 1 auf das Übergangsgeld verzichtet werden. Dann ruht der Anspruch auf Altersentschädigung nicht. Ein Verzicht kommt vor allem dann in Betracht, wenn sich die Zahlung von Altersentschädigung wegen der unterschiedlichen Anrechnungsbestimmungen beim Bezug anderer Einkünfte im Einzelfall als günstiger erweist (vgl. 2. zu § 31).

10. Verlust des Anspruches bei Verlust der Wählbarkeit (Abs. 7)

43 Der Anspruch auf Übergangsgeld nach Abs. 1 besteht nicht, wenn das Mitglied die Mitgliedschaft im Bundestag aufgrund des § 15 Abs. 2 Nr. 2 des Bundeswahlgesetzes[32] verliert. § 15 Abs. 2 Nr. 2 Bundeswahlgesetz regelt den Verlust der Wählbarkeit infolge Richterspruchs. Dieser wiederum bestimmt sich nach § 45 StGB. Nach dessen Abs. 1 verliert für die Dauer von fünf Jahren die Fähigkeit, Rechte aus

---

[32] In der Fassung der Bekanntmachung vom 23. Juli 1993 (BGBl. I S. 1288 / 1594), zuletzt geändert durch Art. 1 des Gesetzes vom 15. November 1996 (BGBl. I S. 1712).

öffentlichen Wahlen zu erlangen, wer wegen eines Verbrechens zu Freiheitsstrafe von mindestens einem Jahr verurteilt wird.

Gemäß § 45 a Abs. 1 StGB wird der Verlust der Wählbarkeit mit Rechtskraft des Urteils wirksam. Die Rechtsfolge tritt von selbst ein, ohne dass es dazu weiterer Maßnahmen der Strafvollstreckung bedürfte, die einer Aussetzung zugänglich wären. Dementsprechend findet hier auch § 456 StPO (begrenzter Vollstreckungsaufschub) keine Anwendung. 44

Der Übergangsgeldanspruch eines ehemaligen Mitglieds, das sich in dieser Weise als parlamentsunwürdig erwiesen hat, lebt auch nicht etwa nach Ablauf der in § 45 Abs. 1 StGB genannten Fünfjahresfrist oder bei vorzeitiger Wiederverleihung des passiven Wahlrechts nach § 45 b StGB wieder auf. Die Rechtsfolge des § 18 Abs. Abs. 7 – Nichtgeltung des Abs. 1 unter den dort genannten Voraussetzungen – ist endgültig und unwiderruflich. 45

11. EuAbgG

11.1 Nationales Recht

Auf ausgeschiedene, in der Bundesrepublik Deutschland gewählte Mitglieder des Europäischen Parlaments finden gemäß § 10 b Satz 1 EuAbgG die Vorschriften des Fünften Abschnitts des Abgeordnetengesetzes Anwendung, also auch § 18. Zeiten der Mitgliedschaft im Europäischen Parlament gelten dabei nach § 10 b Satz 2 EuAbgG als Zeiten der Mitgliedschaft im Bundestag. Auf die Anmerkungen zu § 18 wird daher verwiesen. 46

Bei den Anrechnungsbestimmungen gilt allerdings eine Besonderheit: Bezieht ein ausgeschiedenes Mitglied des Europäischen Parlaments Leistungen aus der Unfallversicherung,[33] aus der Lebensversicherung[34] oder sonstige vergleichbare Leistungen des Europäischen Parlaments, so ruht sein Anspruch auf Übergangsgeld gemäß § 10 b Satz 1 Nr. 1 EuAbgG bis zur Höhe der Leistung der Unfallversicherung, bzw. nach § 10 b Satz 1 Nr. 2 EuAbgG bis die Leistung aus der Lebensversicherung oder sonstige vergleichbare Leistung erreicht ist. Denn unter den Begriff der „Versorgung" im Sinne der genannten Bestimmungen fällt auch das Übergangsgeld nach § 18. 47

11.2 Europäisches Recht

Für Mitglieder des Europäischen Parlaments gilt daneben auch die „Regelung betreffend die Übergangsvergütung für die Mitglieder des Europäischen Parlaments beim Erlöschen des Mandats" gemäß Beschluss des Präsidiums vom 18. Mai 1988 in der Fassung der Änderung vom 16. Februar 1998.[35] 48

Nach Art. 1 Abs. 1 dieser Regelung haben Mitglieder des Europäischen Parlaments nach dreijähriger Parlamentszugehörigkeit einen Anspruch auf Übergangsvergü- 49

---

[33] Vgl. Kostenerstattungs- und Vergütungsregelung für die Mitglieder, Kapitel 5, Art. 18, vom 2. Juli 2001 – PE 133.116/QUEST/rev. XI/7-2001 – DV\445055DE.doc.
[34] Vgl. Kostenerstattungs- und Vergütungsregelung für die Mitglieder, Kapitel 5, Art. 19 (aaO).
[35] PE 133.116/QUEST/rev. XI/7-2001 – DV\445055DE.doc, Anl. V.

tung in Höhe der parlamentarischen Grundvergütung im Zeitpunkt des Ausscheidens für drei Monate, nach einer Mandatszeit von fünf Jahren oder mehr für sechs Monate.

50 Nach Art. 1 Abs. 2 der Regelung erhält ein ehemaliges direkt gewähltes Mitglied, das länger als fünf Jahre sein Mandat innehatte, ab dem siebten Monat nach dem Ausscheiden für jedes weitere Jahr der Zugehörigkeit einen weiteren Monat Übergangsvergütung, höchstens jedoch zwei Jahre lang.

51 Der Anspruch nach europäischem Recht ist jedoch subsidiär gegenüber einem gleichartigen nach nationalem Recht. Das bedeutet, dass in der Bundesrepublik Deutschland gewählte ehemalige Abgeordnete des Europäischen Parlaments regelmäßig auf ihren Übergangsgeldanspruch aus § 10 b Satz 1 EuAbgG i.V.m. § 18 AbgG verwiesen werden.

52 Art. 2 Abs. 1 der genannten Regelung sieht allerdings vor, dass in dem Fall, dass das nationale Übergangsgeld niedriger ist als das nach Art. 1 der Regelung mögliche europäische Übergangsgeld, das ehemalige Mitglied beim Europäischen Parlament einen Antrag auf Zahlung des Differenzbetrages stellen kann.

53 Diese Fallkonstellation ist bei ehemaligen deutschen Abgeordneten des Europäischen Parlaments, die am 22. Dezember 1995 diesem Parlament angehörten, stets dann gegeben, wenn sie gemäß § 10 b Satz 1 EuAbgG i.V.m. § 35 a AbgG Versorgungsleistungen nach dem bis zu diesem Stichtag geltenden alten Recht in Anspruch nehmen. Dann nämlich berechnet sich ihr Übergangsgeld nach dem in § 35 a Abs. 2 Satz 2 „eingefrorenen" fiktiven Bemessungsbetrag in Höhe von 10.366 DM, der stets niedriger ist als ihre Abgeordnetenentschädigung nach § 9 EuAbgG i.V.m. § 11 Abs. 1 im Zeitpunkt des Ausscheidens aus dem Mandat, weil er an deren Erhöhungen in den letzten Jahren nicht teilgenommen hat.

54 Obwohl danach die Voraussetzungen des Art. 2 Abs. 1 der „Regelung betreffend die Übergangsvergütung für die Mitglieder des Europäischen Parlaments beim Erlöschen des Mandats" erfüllt sind, empfiehlt es sich gleichwohl nicht, beim Europäischen Parlament einen Antrag auf Zahlung des Differenzbetrages zu stellen. Er machte keinen Sinn. Denn der Differenzbetrag würde gemäß § 10 b Satz 1 Nr. 2 EuAbgG sofort und in voller Höhe auf das nationale Übergangsgeld angerechnet. Im Ergebnis bliebe es also unverändert bei einem Übergangsgeld in Höhe von 10.366 DM.

55 Nach europäischem Recht besteht neuerdings auch die Möglichkeit, sich nach dem Ausscheiden die erworbene Übergangsvergütung in einer Summe am Ende des Anspruchszeitraumes auszahlen zu lassen. Die nationalen Anrechnungsbestimmungen werden dadurch indessen nicht gegenstandslos. Vielmehr stehen die nationalen Leistungen unter dem ausdrücklichen Vorbehalt einer nachträglichen Anrechnung auch solcher Übergangsvergütungen, soweit sich die Anspruchszeiträume überschneiden.

56 Art. 10 des Entwurfs eines Statuts für die Abgeordneten des Europäischen Parlaments, das das Europäische Parlament in seiner Sitzung vom 3. Dezember 1998 angenommen hatte,[36] i.V.m. Art. 5 des Anhangs zum Statut sah ebenfalls eine

---

36 PV 55 PE 273.910.

Übergangsgeldregelung für ausgeschiedene Europaabgeordnete vor. Der Anspruch in Höhe der Abgeordnetenentschädigung sollte für jedes Jahr der Mitgliedschaft einen Monat, mindestens sechs, höchstens aber zwölf Monate betragen.[37] Nachdem das einheitliche Abgeordnetenstatut aufgrund tiefgreifender Differenzen zwischen dem Rat und dem Europäischen Parlament – der Rat hatte den Ursprungsentwurf des Parlaments in wesentlichen Bestandteilen zum Nachteil der Abgeordneten verändert[38] – in der 4. Wahlperiode nicht verabschiedet werden konnte, bleibt die weitere Entwicklung in der 5. Wahlperiode abzuwarten.

12. Landesrecht

Die Abgeordnetengesetze aller Bundesländer sehen Übergangsgelder für die Mitglieder der Landesparlamente vor, die aus dem Mandat ausscheiden. Die nachfolgende Tabelle gibt einen Überblick über Anspruchshöhe, Anrechnungsmodalitäten[39] und Verzichtsmöglichkeiten. 57

Die Ansprüche sind der Höhe nach sehr unterschiedlich ausgestaltet. Hamburg gewährt mit Abstand die niedrigsten Übergangsgelder: Ab einem Jahr Mitgliedschaft 4240 DM monatlich höchsten drei Monate lang. Allerdings kann ein ausgeschiedenes Mitglied der Bürgerschaft auf Antrag für weitere neun Monate gemäß § 9 Abs. 2 Hbg.AbgG Übergangshilfe in Höhe der Hälfte des Übergangsgeldes erhalten. 58

Auch Mecklenburg-Vorpommern kennt eine Übergangshilfe ähnlich der Hamburgischen. Nach § 16 Abs. 1 Satz 3 MV.AbgG wird dort einem ehemaligen Landtagsmitglied, das weniger als zwei Jahre lang Übergangsgeld bezogen hat, auf Antrag zwei Drittel des Übergangsgeldes bis zu zwei Jahren gewährt, wenn es ihm bis dahin nicht möglich war, ein seiner Berufsausbildung angemessenes Arbeitsverhältnis einzugehen. Dies gilt konsequent auch nur dann, soweit ein Anspruch auf Altersentschädigung, Versorgungsbezüge und Renten nicht besteht. 59

Dort wie auch in den übrigen Bundesländern wird Übergangsgeld in Höhe der jeweiligen Abgeordnetenentschädigung ab einer Mindestmitgliedschaft von einem Jahr üblicherweise wenigstens drei Monate lang gewährt, bei längerer Mitgliedschaft für jedes weitere Jahr einen Monat mehr, maximal zwischen zwölf und 24 Monate. Die für den Höchstanspruch erforderliche Zugehörigkeitsdauer schwankt zwischen zehn und 22 Jahren. 60

---

[37] Diese Regelung ist auch in der jüngsten Fassung des Entwurfs vom 9. November 2000 in Art. 9 Abs. 2 so enthalten, vgl. PE 298.159/BUR – DT\425154DE.doc, ebenso in Art 4 des „Entwurfs einer Stellungnahme" des Ausschusses für Recht und Binnenmarkt zu wesentlichen Elementen des Abgeordnetenstatuts vom 29. August 2001 – PE 294.967 – PA\447058DE.doc.
[38] DOC_DE\NT\377\377136 PE 278.414/BUR.
[39] Zur Verfassungsmäßigkeit der Anrechnungsvorschrift des Art. 11 Abs. 3 Satz 2 Bay.AbgG vgl. Bayr. VGH, Entscheidung vom 13. September 1990 – 5 B 88.1130 –, JURIS Dok.Nr. MWRE026; BVerwG, Beschluss vom 21. März 1991 – 7 B 170/90 –, NVwZ 1992, 173 f.; Bayr. VerfGH, Entscheidung vom 28. Februar 1992 – Vf.54-VI-91 –, BayVBl. 1992, 304 f.

Fünfter Abschnitt
Leistungen an ehemalige Mitglieder des Bundestages und ihre Hinterbliebenen

Tabelle 3. Übersicht über die Höhe des Übergangsgeldes nach den Abgeordnetengesetzen der Länder

		Anspruchshöhe								
		1 Mitgliedsj.		4 Mitgliedsj.		8 Mitgliedsj.		12 Mitgliedsj.		Höchstanspruch	
	Bezugsgröße/ DM	M	Betrag	M	Betrag	M	Betrag	M	Betrag	M	Betrag	Erford. Mitgliedsjahre
Bad-Württ.	8.475	3	25.425	6	50.850	10	84.750	14	118.650	24	203.400	22
Bayern	10.746	1	10.746	4	42.984	8	85.968	12	128.952	18	193.428	18
Berlin	5.770	1	5.770	4	23.080	8	46.160	12	69.240	18	103.860	18
Bbg.	8.037	3	24.111	6	48.222	10	80.370	14	112.518	24	192.888	22
Bremen	4.735	1	4.735	4	18.940	8	37.880	12	56.820	12	56.820	12
Hamburg	4.240	3	12.720	3	12.720	3	12.720	3	12.720	3	12.720	3 Mon.
Hessen	11.969	3	35.907	6	71.814	10	119.690	12	143.628	12	143.628	10
MV	7.003,84	3	21.012	6	42.024	10	70.030	14	98.054	24	168.093	22
Nds.	10.340	3	31.020	6	62.040	10	103.400	12	124.080	12	124.080	10
NW	9.053	3	27.159	6	54.318	10	90.530	14	126.742	24	217.272	22
RP	9.522,60	3	28.568	6	57.136	10	95.226	12	114.272	12	114.272	10
Saarl.	8.476	3	25.428	6	50.856	10	84.760	14	118.664	24	203.424	22
Sachsen	7.712	3	23.136	6	46.272	10	77.120	14	107.968	24	185.088	22
Sachs-Anh.	7.700	3	23.100	6	46.200	10	77.000	14	107.800	24	184.800	22
SchlH.	7.680	3	23.040	12	92.160	24	184.320	30	230.400	30	230400	10
Thüringen	8.031,23	3	24.094	6	48.188	10	80.312	12	96.375	12	96.375	10

Stand: April 2001

13. Steuerliche und sozialversicherungsrechtliche Behandlung des Übergangsgeldes

Übergangsgelder nach § 18, nach dem EuAbgG oder den vergleichbaren Bestimmungen der Abgeordnetengesetze der Länder unterliegen als sonstige Einkünfte nach § 22 Nr. 4 Einkommensteuergesetz der Steuerpflicht, können aber zum Zwecke der Steuerberechnung auf bis zu drei Jahre verteilt werden (§ 22 Nr. 4 c i.V.m. § 34 Abs. 3 EStG).[40] **61**

Dabei ist es von Verfassungs wegen nicht zu beanstanden, dass das Übergangsgeld einkommensteuerlich nur nach Maßgabe des § 34 Abs. 3 EStG begünstigt wird.[41] **62**

Bei versicherungspflichtig beschäftigten Mitgliedern der gesetzlichen Krankenversicherung nach SGB V[42] darf das Übergangsgeld nach § 18 ebensowenig wie eine Übergangsvergütung nach europäischem Recht (o. 1.1.2) als beitragspflichtige Einnahme der Beitragsbemessung zugrundegelegt werden. Das ergibt sich aus dem eindeutigen Wortlaut des § 229 Abs. 1 Nr. 1 lit. a) SGB V, wonach lediglich übergangsweise gewährte Bezüge außer Betracht bleiben. **63**

§ 19 Anspruch auf Altersentschädigung

Ein Mitglied erhält nach seinem Ausscheiden eine Altersentschädigung, wenn es das fünfundsechzigste Lebensjahr vollendet und dem Bundestag acht Jahre angehört hat. Mit jedem weiteren Jahr bis zum achtzehnten Jahr der Mitgliedschaft im Bundestag entsteht der Anspruch auf Altersentschädigung ein Lebensjahr früher. § 18 Abs. 1 letzter Satz gilt entsprechend. Eine Wahlperiode wird mit vier Jahren angerechnet, soweit ihre Dauer über zwei Jahre hinausgeht.

Parallelvorschriften im EuAbgG und in den Abgeordnetengesetzen der Länder:			
EuAbgG	§ 10 b		
BadWürtt.	§ 11	Nds.	§ 18
Bay.	Art. 12	NW.	§ 12
Berl.	§ 11	RP.	§ 11
Bbg.	§ 11	Saarl.	§ 11
Brem.	§ 12	Sachs.	§ 13
Hbg.	§ 11	SachsAnh.	§ 17
Hess.	§ 10	SchlH.	§ 17
MV.	§ 17	Thür.	§ 13

Literatur: *v. Arnim H. H.*, Das neue Abgeordnetengesetz, Forschungsinstitut für öffentliche Verwaltung bei der Hochschule für Verwaltungswissenschaften, Speyer, 1997; *ders.*, Entschädi-

---

40 *Lohr A.*, Die Besteuerung von Politikern, DStR 1997, 1230, 1231.
41 BVerfG, Beschluss vom 22. Oktober 1992 – 1 BvR 224/89 –, StE 1992, 654.
42 Vom 20. Dezember 1988 (BGBl. I S. 2477), zuletzt geändert durch Gesetz vom 3. Januar 1998 (BGBl. I S. 38).

gung und Amtsausstattung, in: Parlamentsrecht und Parlamentspraxis in der Bundesrepublik Deutschland: ein Handbuch / hrsg. von Schneider H.-P. / Zeh W., Berlin, 1989, 523 ff.; *ders.*, Zweitbearbeitung von Art. 48 GG, 1980, in: Kommentar zum Bonner Grundgesetz (Bonner Kommentar); *ders.*, Abgeordnetenentschädigung und Grundgesetz, Wiesbaden, 1975; *Battis U.*, Vergleichende Darstellung nebst Kommentierung der Anrechnung des Soldatenversorgungsgesetzes / Beamtenversorgungsgesetzes, des Bundesministergesetzes sowie des Bundesabgeordnetengesetzes, Ausarbeitung 6 / 93 für die Wissenschaftlichen Dienste des Deutschen Bundestages; *Edinger F.*, Indexierung der Abgeordnetenentschädigung verfassungsgemäß – Altersversorgung unangemessen hoch: Die Diäten-Entscheidung des Thüringer Verfassungsgerichtshofs vom 16. 12. 1998, Zparl 1999, 296 ff.; *van Essen J.*, Altersversorgung für Abgeordnete, Recht und Politik 1999, 81 ff.; *Fischer A.*, Abgeordnetendiäten und staatliche Fraktionsfinanzierung in den fünf neuen Bundesländern, Frankfurt, 1995; *Giesen R.*, Gesetzliche Rentenversicherung für Abgeordnete?, DVBl. 1999, 291 ff.; *Grünert J.*, Amt, Mandat und „Mehrfach-Alimentation", VR 1992, 413 ff.; *Grundmann M.*, Zur Altersentschädigung für Abgeordnete, DÖV 1994, 329 ff.; *Henkel J.*, Das Abgeordnetengesetz des Bundestages, DÖV 1977, 350 ff.; *Huber P. M.*, Zur Diätenregelung in Thüringen, ThürVBl. 1995, 80 ff.; *Kissel O.*, Vom gerechten Lohn der Bundestagsabgeordneten, in: Festschrift für Albrecht Zeuner, Tübingen, 1994, 79 ff.; *Klatt H.*, Die Altersversorgung der Abgeordneten, Ein Beitrag zur Problematik des Abgeordnetenstatus und der Parlamentsstruktur, Tübingen 1972; *Schindler P.*, Datenhandbuch zur Geschichte des Deutschen Bundestages 1949 bis 1999, Band III, Baden-Baden, 1999; *Welti F.*, Die soziale Sicherung der Abgeordneten des Deutschen Bundestages, der Landtage und der deutschen Abgeordneten im Europäischen Parlament, Berlin 1998; *ders.*, Abgeordnete in die Sozialversicherung?, ZParl 2000, 254 ff.; *ders.*, Die Altersversorgung in den norddeutschen Abgeordnetengesetzen, NordÖR 2000, 60 f.

Übersicht

		Rdn.
1.	Geschichtliche Entwicklung	1–11
2.	Verfassungsrechtliche Grundlagen	12–19
3.	Anspruch auf Altersentschädigung	20–26
3.1	Berechnung der Mitgliedszeiten (Sätze 3 und 4)	21–24
3.2	Vorverlegung des Bezugszeitpunktes (Satz 2)	25–26
4.	EuAbgG	27–36
4.1	Nationales Recht	27
4.2	Europäisches Recht	28–36
5.	Landesrecht	37–40
6.	Steuerliche Behandlung der Altersentschädigung	41–42
7.	Überlegungen zu einer Reform der Altersversorgung für Abgeordnete	43–61
7.1	Hauptpunkte der Kritik	43–44
7.2	Reform-Optionen	44–61
7.2.1	Abschaffung der Altersversorgung für Abgeordnete	45
7.2.2	Überführung der Altersversorgung für Abgeordnete in die gesetzliche Rentenversicherung	46–48
7.2.3	Private Altersversorgung für Abgeordnete auf Versicherungsbasis	49–50
7.2.4	Versorgungswerk für Abgeordnete	51
7.2.5	Optimierung des bestehenden Alterssicherungssystems für Abgeordnete	52–61

1. Geschichtliche Entwicklung

1 Die historische Entwicklung der Altersversorgung für Abgeordnete soll hier nicht im Detail dargestellt werden,[1] wohl aber soweit, wie es für ein Verständnis der heute

---

1 Ausführlich dazu z.B. *Klatt H.*, Die Altersversorgung der Abgeordneten, Ein Beitrag zur

gültigen Bestimmungen und der im AbgG enthaltenen Übergangsregelungen erforderlich erscheint.

Erstmals mit Wirkung vom 1. Januar 1964 wurden in den §§ 9 und 10 des Diätengesetzes 1964[2] die gesetzlichen Grundlagen für eine Todesfallversicherung auch für ausgeschiedene Mitglieder des Bundestages als erster Schritt in Richtung auf eine Altersversorgung der Abgeordneten geschaffen.

Diese noch sehr begrenzte Absicherung nur für den Todesfall wurde mit dem Diätengesetz 1968[3] aufgegeben und durch eine eigenständige Alters- und Hinterbliebenenversorgung auf Versicherungsgrundlage abgelöst (vgl. dazu auch 2. zu § 38). Hierzu mussten die Mitglieder des Bundestages einen Eigenbeitrag in Höhe von 25 vom Hundert der Aufwandsentschädigung leisten (vgl. § 4 Diätengesetz 1968). Das waren zum Schluss – vor In-Kraft-Treten des AbgG – immerhin 1062,50 DM monatlich.

Die Versicherungslösung beruhte auf der Überlegung, dass der Abgeordnete mit der damaligen Entschädigung lediglich einen Ausgleich für seinen mandatsbedingten Aufwand erhält und deshalb auch keine Pension aus der Staatskasse beziehen kann.[4] Darüber hinaus bot sie den Vorteil, dass Leistungen der Versicherung keiner Anrechnung beim Bezug sonstiger Einkünfte aus öffentlichen Kassen unterlagen. Schließlich war sie steuerlich günstiger. Die Altersversorgung nach dem Diätengesetz ist wie eine Leibrente zu behandeln und wird deshalb gemäß § 22 Nr. 1 Satz 3 lit. a EStG nur mit ihrem Ertragsanteil besteuert.[5]

Vor dem Hintergrund des „Diäten-Urteils" des Bundesverfassungsgerichts[6] beschloss der Gesetzgeber im Zuge der Neuregelung der Rechtsverhältnisse der Mitglieder des Bundestages 1977, eine voll steuerpflichtige öffentlich-rechtliche Altersversorgung für Abgeordnete ohne eigene Beitragszahlung vorzusehen, weil die auf der bisherigen Rechtsnatur der Abgeordnetenentschädigung beruhenden Überlegungen, auf denen die Versicherungslösung basierte, nicht mehr zuträfen. Diese Altersversorgung wurde außerdem deshalb gewählt, weil es die typische und für alle anderen öffentlichen Ämter in der Bundesrepublik ebenfalls eingeführte Versorgungsform ist.[7]

Die Abgeordnetenversorgung nach geltendem Bundesrecht übernimmt wesentliche beamtenrechtliche Versorgungsprinzipien in verbesserter Form. Sie stimmt mit der Beamtenversorgung darin überein, dass sie öffentlich-rechtlich ausgestaltet ist und

---

Problematik des Abgeordnetenstatus und der Parlamentsstruktur, Tübingen 1972, S. 29 ff.; auch *Schindler P.*, Datenhandbuch zur Geschichte des Deutschen Bundestages 1949 bis 1999, Band III, Baden-Baden, 1999, S. 3235 ff.
2 BGBl. I S. 230.
3 BGBl. I S. 334.
4 Vgl. Begründung zum Entwurfs eines Gesetzes zur Neuregelung der Rechtsverhältnisse der Mitglieder des Deutschen Bundestages, BT-Drs. 7/5531, S. 7, und Bericht des 2. Sonderausschusses vom 30. November 1976, BT-Drs. 7/5903, S. 6.
5 Zur Versicherungslösung s. auch *van Essen J.*, Altersversorgung für Abgeordnete, Recht und Politik 1999, 81, 84f.
6 BVerfGE 40, 296 ff.
7 Vgl. Begründung zu § 16 des Entwurfs eines Gesetzes zur Neuregelung der Rechtsverhältnisse der Mitglieder des Deutschen Bundestages, BT-Drs. 7/5531, S. 19, und Bericht des 2. Sonderausschusses, aaO.

(bisher jedenfalls) die Begünstigten keinen Eigenbeitrag zu ihrer Altersversorgung leisten, sondern die Finanzierung ausschließlich über den Staatshaushalt erfolgt.

7 Sie unterscheidet sich indessen von der Beamtenversorgung darin, dass diese auf dem Alimentationsprinzip beruht, das durch das Lebenszeitprinzip gerechtfertigt wird, während die Versorgung der Mandatsträger von dem Gedanken geprägt wird, dass Demokratie vom Wechsel lebt, das Mandat gerade nicht auf Lebenszeit verliehen wird.

8 Dem Umstand, dass Abgeordnete ihr Mandat nicht auf Lebenszeit, sondern von vornherein nur zeitlich befristet ausüben, wird im AbgG in mehrfacher Hinsicht Rechnung getragen. So gewährt das AbgG Übergangsgelder bei einem Ausscheiden aus dem Mandat, um den Wiedereinstieg in das Berufsleben zu erleichtern, die Wartezeit auf die Altersentschädigung ist gegenüber der Beamtenversorgung erheblich verkürzt, die Altersgrenze deutlich abgesenkt. Insgesamt wird schon nach kurzer Mandatszeit ein relativ hoher Versorgungsgrad gewährleistet.

9 Ursprünglich entstand der Anspruch auf Altersentschädigung nach dem AbgG nach einer Mitgliedschaft von sechs Jahren mit Vollendung des 65. Lebensjahres und mit jedem weiteren Jahr der Mitgliedschaft bis zum 16. ein Jahr früher (frühestens also mit Vollendung des 55. Lebensjahres). Die Mindestversorgung betrug 25 vom Hundert der Abgeordnetenentschädigung, der Steigerungsfaktor für das siebte bis 16. Jahr der Mitgliedschaft fünf vom Hundert und der Höchstsatz 75 vom Hundert.[8]

10 Mit Inkrafttreten des Elften Änderungsgesetzes[9] mit Beginn der 12. Wahlperiode (20. Dezember 1990) wurde die Mindestmitgliedschaft auf acht Jahre angehoben und der Steigerungsfaktor auf vier vom Hundert abgesenkt, so dass die Höchstversorgung nicht mehr schon nach 16, sondern erst nach 18 Jahren Bundestagszugehörigkeit erreicht wurde.

11 Weitere Abstriche bei der Altersversorgung brachte das Neunzehnte Änderungsgesetz vom 15. Dezember 1995.[10] Der Steigerungssatz wurde auf drei vom Hundert je Jahr der Mitgliedschaft gekürzt, der Höchstsatz auf 69 vom Hundert. Die Mindestversorgung beträgt danach nur noch 24 vom Hundert und die Höchstversorgung kann erst nach 23 Jahren der Mitgliedschaft erreicht werden.

2. Verfassungsrechtliche Grundlagen

12 Eine angemessene Alters- und Hinterbliebenenversorgung ist wesentlicher Bestandteil einer die Unabhängigkeit der Abgeordneten sichernden angemessenen Entschädigung i.S.d. Art. 48 Abs. 3 Satz 1 GG. Die für die Ausübung des Mandats notwendige materielle Unabhängigkeit bliebe unvollständig, wäre zwar der Lebensunterhalt für den Abgeordneten und seine Familie für die Mandatsdauer sichergestellt, müsste er sich aber weiterhin Sorge im Hinblick auf sein Alter und die Situation seiner Familie im Falle seines Todes machen. Dementsprechend hat das

---

8 §§ 19 und 20 in der Fassung des Gesetzes zur Neuregelung der Rechtsverhältnisse der Mitglieder des Deutschen Bundestages vom 18. Februar 1977, BGBl. 1 S. 297.
9 BGBl. 1989 S. 2210.
10 BGBl. I S. 1718.

§ 19 Anspruch auf Altersentschädigung

Bundesverfassungsgericht schon in einer Entscheidung vom 21. Oktober 1971[11] die verfassungsrechtliche Zulässigkeit einer begrenzten Altersversorgung für Abgeordnete anerkannt. Im „Diäten-Urteil" hat das Gericht im Hinblick auf die angesichts des zum „full-time-job" gewordenen Mandats gewandelte Bedeutung der Abgeordnetenentschädigung noch einmal bekräftigt, dass eine angemessene Alterssicherung als Bestandteil der Entschädigung („Annex der Besoldung") im Sinne des Art. 48 Abs. 3 Satz 1 GG anzusehen sei.[12]

Verfassungsrechtlich steht damit außer Streit, dass es eine Alterssicherung für Abgeordnete geben muss. Es wäre auch in keiner Weise einsichtig, für die Zeit der Mandatswahrnehmung eine Versorgungslücke entstehen zu lassen. Kein Berufsstand würde das für sich akzeptieren.[13] Ohne eigene Altersversorgung für die Abgeordneten wäre das jedoch bei ihnen der Fall, denn für sie werden während der Mandatszeit keine Beiträge an die gesetzliche Rentenversicherung abgeführt (s. 8. zu § 11). Die Zeit der Mitgliedschaft im Bundestag gilt auch nicht als Dienstzeit im Sinne des Versorgungsrechts der Beamten (vgl. § 7 Abs. 3 Satz 1). Schließlich reicht die Abgeordnetenentschädigung nach § 11 nicht aus, um eine private Altersversorgung zu finanzieren. Die Höhe der Abgeordnetenentschädigung orientiert sich bekanntlich an den Bezügen in den Besoldungsgruppen R 6 / B 6. Das Neunzehnte Änderungsgesetz betont dies in § 11 Abs. 1 Satz 1 ausdrücklich (s. auch 2. 1 zu § 11). Beamte und Richter mussten zum damaligen Zeitpunkt – der Gesetzesbeschluss stammt aus dem Jahr 1995 – von ihrem Einkommen jedoch noch keine Eigenbeiträge zu ihrer Altersversorgung leisten. Wäre das bei den Abgeordneten jetzt politisch gewollt, müsste der Betrag der Altersentschädigung erst einmal deutlich angehoben werden, um den verfassungsrechtlichen Anforderungen an seine „Angemessenheit" im Sinne des Art. 48 Abs. 3 Satz 1 GG (vgl. dazu 2. 1 zu § 11) noch zu genügen.

13

Wortlaut und Sinn des Art. 48 Abs. 3 GG lassen dem Gesetzgeber für die Ausgestaltung einer Alterssicherung indessen einen erheblichen Gestaltungsspielraum.[14] Nirgends steht vor allem geschrieben, dass es beim jetzigen System der beitraglosen öffentlich-rechtlichen Altersvorsorge verbleiben muss. Sich 1977 hierfür zu ent-

14

---

11 2 BvR 367 / 69 –, BVerfGE 32, 157, 165.
12 BVerfGE 40, 296, 311; Bayerischer VerfGH, Entscheidung vom 15. Dezember 1982, – Vf. 22 – VII – 80 –, DVBl. 1983, 706, 711; vgl. auch *Battis U.*, Vergleichende Darstellung nebst Kommentierung der Anrechnung des Soldatenversorgungsgesetzes / Beamtenversorgungsgesetzes, des Bundesministergesetzes sowie des Bundesabgeordnetengesetzes, Ausarbeitung 6 / 93 für die Wissenschaftlichen Dienste des Deutschen Bundestages, S. 26; *Grundmann M.*, Zur Altersentschädigung für Abgeordnete, DÖV 1994, 329, 330; *Huber P. M.*, Zur Diätenregelung in Thüringen, ThürVBl. 1995, 80, 83; *Welti F.*, Die soziale Sicherung der Abgeordneten des Deutschen Bundestages, der Landtage und der deutschen Abgeordneten im Europäischen Parlament, Berlin 1998, S. 293.
13 Vgl. auch *Welti F.*, aaO, S. 293; differenzierend *Fischer A.*, Abgeordnetendiäten und staatliche Fraktionsfinanzierung in den fünf neuen Bundesländern, Frankfurt, 1995, S. 94: „Deswegen ist eine besondere Abgeordnetenaltersversorgung nicht geboten, sondern es würde genügen, die Entschädigung so hoch zu bemessen, dass es den Abgeordneten im Rahmen einer angemessenen Lebensführung möglich ist, Vorsorge für Arbeitsunfähigkeit und Alter zu treffen." (m.w.N.).
14 Bundesverwaltungsgericht, Urteil vom 2. März 1978 – 7 C 54. 76 –, Buchholz, Sammel- und Nachschlagewerk der Rechtsprechung des BVerwG, 120, Recht der Abgeordneten, Nr. 1, S. 10.

scheiden, lag im Gestaltungsermessen des Gesetzgebers. Das Statusrecht der Abgeordneten ist jedoch auch für andere Versorgungsregelungen offen.[15]

15 Änderungen von Alterssicherungssystemen sind verfassungsrechtlich allerdings nicht unproblematisch. Ansprüche und Anwartschaften von Abgeordneten auf Übergangsgeld und Altersentschädigung sind eigentumsrechtlich geschützte öffentlich-rechtliche Rechtspositionen i.S.d. Art. 14 Abs. 1 Satz 1 GG. Bei Anpassungen und/oder Strukturveränderungen im Bereich der Abgeordnetenversorgung muss daher den Gesichtspunkten des Bestands- und Vertrauensschutzes sowie des Rückwirkungsverbotes Rechnung getragen werden. Gleichwohl sind Änderungen von Alterssicherungssystemen verfassungsrechtlich grundsätzlich zulässig. Das Bundesverfassungsgericht hat dazu in einer grundlegenden Entscheidung vom 30. September 1987 ausgeführt:

> „Es muss dem Gesetzgeber daher grundsätzlich möglich sein, Normen, die in erheblichem Umfang an in der Vergangenheit liegende Tatbestände anknüpfen, zu erlassen, und unter Änderung der künftigen Rechtsfolgen dieser Tatbestände auf veränderte Gegebenheiten mit einer Änderung seines Normwerks zu reagieren ... Diese Grundsätze haben im Bereich der Beamtenversorgung und der Sozialversicherung besondere Bedeutung, weil dort die Beschäftigungsverhältnisse und (im Bereich der Rentenversicherung) die Beitragsverpflichtungen der Versicherten meistens erst sehr viel später zu Leistungen führen und häufig Dispositionen mit langfristigen Auswirkungen getroffen werden. Daher wird im Beamtenversorgungs- und Rentenversicherungsrecht besonderes Vertrauen auf den Fortbestand gesetzlicher Leistungen begründet. Auf der anderen Seite muss der Gesetzgeber gerade auch bei notwendigerweise langfristig angelegten Alterssicherungssystemen die Möglichkeit haben, aus Gründen des Allgemeinwohls an früheren Entscheidungen nicht mehr festzuhalten und Neuregelungen zu treffen, die den gesellschaftspolitischen und wirtschaftlichen Veränderungen sowie den damit verbundenen wechselnden Interessenlagen Rechnung tragen. Bei wesentlichen und grundlegenden Änderungen von Alterssicherungssystemen, vor allem, wenn sie erhebliche Verschlechterungen für die Leistungsempfänger mit sich bringen, gilt dies jedenfalls insoweit, als gewichtige und bedeutende Gründe dafür vorhanden sind."[16]

Ferner:

> „Um die verfassungsrechtlichen Grenzen zu bestimmen, die für ein Gesetz mit tatbestandlicher Rückanknüpfung gelten, ist das Vertrauen des Einzelnen auf den Fortbestand der geänderten gesetzlichen Regelung unter besonderer Berücksichtigung der Schutzwürdigkeit des beeinträchtigten Besitzstandes, der Schwere des Eingriffs, des Ausmaßes des Vertrauensschadens, des Grundes für das enttäuschte Vertrauen wie der Art und Weise, auf die das Vertrauen enttäuscht wurde, abzuwägen mit der Bedeutung des gesetzgeberischen Anliegens für das allgemeine Wohl, dem die auf ein gesetzlich geregeltes Dauerverhältnis nachteilig einwirkende Vorschrift dienen soll. Die rückanknüp-

---

15 So auch *Grundmann M.*, aaO; vgl. auch *Battis U.*, aaO, S. 27.
16 – 2 BvR 933/82 –, BVerfGE 76, 256, 348 ff.

fende Regelung ist mit der Verfassung vereinbar, wenn das Vertrauen in den Fortbestand der bisherigen günstigen Rechtslage nicht generell schutzwürdiger erscheint als das öffentliche Interesse an einer Änderung."[17]

Verfassungsrechtlich unbedenklich sind Eingriffe in Alterssicherungssysteme, die den oben genannten Ausführungen Rechnung tragen, insbesondere dann, wenn sie angesichts einer angespannten Haushaltslage als notwendig erscheinen, um unverhältnismäßig hohe Bezüge abzubauen und / oder die gebotenen Einschränkungen dort vorgenommen werden, wo nur schwer verständliche Vergünstigungen vorliegen.[18]

16

Die neuere verfassungsgerichtliche Rechtsprechung könnte dem Gesetzgeber Anlass geben, die Systematik und Ausgestaltung der Altersversorgung für Abgeordnete des Bundestages zu überprüfen. Der Thüringer Verfassungsgerichtshof hat mit Urteil vom 18. September 1998[19] die Vorschriften über die Altersentschädigung der Abgeordneten des Thüringer Landtages für unvereinbar mit Art. 54 Abs. 1 der Thüringer Verfassung erklärt. Die Entscheidung verdient auf der Ebene des Bundesrechts Beachtung, weil Art. 54 Abs. 1 Satz 1 der Thüringer Verfassung, der hier einschlägig ist, wortgleich mit Art. 48 Abs. 3 Satz 1 GG ist. Wegen dieser Parallele hat der Thüringer Verfassungsgerichtshof zur Auslegung konsequent die zu Art. 48 Abs. 3 GG ergangene Rechtsprechung des Bundesverfassungsgerichts herangezogen.[20] Dieses hatte – wie schon oben erwähnt – die verfassungsrechtliche Möglichkeit einer „begrenzten Altersversorgung" betont.[21] Hieraus und aus dem allein in der Verfassung benutzten Begriff der „Entschädigung" folgert der Thüringer Verfassungsgerichtshof, dass als begrenzt (nur) eine (Alters-)Entschädigung anzusehen sei, die grundsätzlich keine Vollversorgung darstellt, sondern einen bestimmten Teil des Alterseinkommens abdeckt. Damit sei diejenige Lücke in der Altersversorgung angesprochen, die für Abgeordnete dadurch entsteht, dass sie im Parlament tätig sind und für diese Zeit überwiegend ihren Beruf aufgeben müssen. Als angemessen könne nach alledem nur eine solche Altersentschädigung angesehen werden, welche die durch die Mandatstätigkeit entstehende Versorgungslücke schließt.[22] Die Gewährung einer Altersentschädigung führe hingegen dann zu einer verfassungsrechtlich nicht gewollten unangemessenen Privilegierung der Abgeordneten, wenn sie, anstatt in der Zusammenschau mit einer ansonsten erworbenen Versorgung eine angemessene Altersversorgung zu erreichen, zu einer die spätere Lebensführung allein absichernden Versorgungsleistung wird, zumal auch ein spezifisches Sicherungsbedürfnis für Abgeordnete als Rechtfertigungsgrund nicht anerkannt werden könne.[23]

17

---

17 BVerfGE 76, 256, 356.
18 Vgl. BVerfGE 76, 256, 357 f.
19 VerfGH 20 / 95, NVwZ-RR 1999, 282, 290 ff.; vgl. dazu *Edinger F.*, Indexierung der Abgeordnetenentschädigung verfassungsgemäß – Altersversorgung unangemessen hoch: Die Diäten-Entscheidung des Thüringer Verfassungsgerichtshofs vom 16. 12. 1998, Zparl 1999, 296 ff.; auch *Giesen R.*, Gesetzliche Rentenversicherung für Abgeordnete?, DVBl. 1999, 291, 293.
20 AaO, S. 289.
21 BVerfGE 32, 157, 165.
22 Thüringer Verfassungsgerichtshof, aaO, S. 290; ebenso *Grundmann M.*, aaO, S. 332.
23 Vgl. Thüringer Verfassungsgerichtshof, aaO, S. 290; nach der abweichenden Auffassung des Bayrischen Verfassungsgerichtshofes darf der Gesetzgeber durchaus berücksichtigen, dass den Abgeordneten bei einer längeren Unterbrechung der vor dem Mandat ausgeübten Berufs-

18 Bei Anlegung dieser Maßstäbe kam der Thüringer Verfassungsgerichtshof zu der Feststellung, dass die Altersentschädigung nach dem Thüringer Abgeordnetengesetz mit ihrem Regelungswerk aus Mindestversorgung, Steigerungsraten und Bezugszeitpunkt insbesondere auch im Vergleich mit Ansprüchen außerhalb der parlamentarischen Tätigkeit das Bild einer selbständigen Altersversorgung bietet und als solche sowohl gegen das Gebot einer nur begrenzten Altersversorgung als auch gegen das Verbot unangemessen hoher Entschädigungsleistungen verstößt. Auch aus dem besonderen Status der Abgeordneten ergäben sich dafür keine Rechtfertigungsgründe. Insbesondere sei ein spezifisches Sicherungsbedürfnis nicht anzuerkennen, weil Abgeordnete regelmäßig bereits vor Aufnahme der Mandatstätigkeit eine Altersversorgung erworben hätten.

19 In ihrer Systematik bestehen deutliche Parallelen zwischen der Altersentschädigung nach dem Thüringer Abgeordnetengesetz und dem des Bundes. Im Unterschied zum AbgG des Bundes, wonach die Mindestversorgung mit Vollendung des 65. Lebensjahres bezogen werden kann und der Bezugszeitpunkt ab dem 9. Jahr der Mitgliedschaft jeweils um ein Jahr vorverlegt wird, frühestens aber bis zur Vollendung des 55. Lebensjahres, kannte die Versorgung nach dem Thüringer Abgeordnetengesetz (in der Fassung, wie sie zur verfassungsgerichtlichen Überprüfung anstand) zwar nur einen einheitlichen Bezugszeitpunkt, die Vollendung des 55. Lebensjahres. Hier wie dort wird aber schon nach kurzer Mandatsdauer ein relativ hoher Versorgungsgrad erreicht, der mit den weiteren Jahren der Mitgliedschaft bis zur Höchstversorgung um Steigerungssätze wächst, die andere Alterssicherungssysteme nicht kennen. Dabei liegen die Versorgungsbezüge nach dem AbgG des Bundes noch erheblich über denen des Thüringer Abgeordnetengesetzes (vgl. § 20, TABELLEN 1–3). Bei Anlegung der Prüfmaßstäbe des Thüringer Verfassungsgerichtshofes, die nicht allein der Thüringer Verfassung sondern auch dem Grundgesetz in seiner Interpretation durch das Bundesverfassungsgericht entnommen sind, bietet also die Altersentschädigung nach dem AbgG des Bundes (altes wie neues Recht) erst recht das Bild einer selbständigen Altersversorgung, die nicht bloß die Lücke schließt, die für Abgeordnete dadurch entsteht, dass sie während der Mandatszeit überwiegend ihren Beruf aufgeben müssen (zu Reformüberlegungen s.u. 7.).

3. Anspruch auf Altersentschädigung

20 Ein Mitglied des Bundestages erhält nach seinem Ausscheiden nach § 19 Satz 1 eine Altersentschädigung, wenn es das 65. Lebensjahr vollendet und dem Bundestag acht Jahre angehört hat.[24] Beide Tatbestandsmerkmale müssen erfüllt sein, um den

---

tätigkeit Nachteile bei ihrer Altersversorgung entstehen können (BayVerfGH 35, 148, 168); ähnlich auch *Welti* F., Die Altersversorgung in den norddeutschen Abgeordnetengesetzen, NordÖR 2000, 60 f., der das Sicherungsbedürfnis aber nicht durch eine erhöhte Abgeordnetenversorgung, sondern auf andere Weise – Übergangsgeld, Abfindung, Wiedereingliederung – befriedigen möchte.

[24] Für eine linearisierte Versorgung ohne Mindestmandatszeiten *Welti* F., aaO, S. 301 f., mit der Begründung, die gegenwärtige Regelung böte einen Anreiz, sich für langjährige Parlamentskarrieren zu entscheiden und enge die Freiheit ein, die Dauer seines parlamentarischen Engagements selbst zu bestimmen. Diese Argumente wären jedoch nur stichhaltig, gäbe es die

§ 19 Anspruch auf Altersentschädigung

Anspruch zu begründen (zum Anspruchsbeginn und -ende nach § 32 Abs. 4 vgl. auch 5. zu § 32, zu den Verlustgründen nach § 32 Abs. 6 s. 7. zu § 32).

3.1 Berechnung der Mitgliedszeiten (Sätze 3 und 4)

Bei der Berechnung des Achtjahreszeitraumes findet über § 19 Satz 3 der § 18 Abs. 1 Satz 4 Anwendung. Danach gilt auch hier eine Mitgliedschaft im Bundestag von mehr als einem halben Jahr als volles Jahr. Mithin muss ein ehemaliges Mitglied dem Bundestag wenigstens sieben Jahre und 183 Tage angehört haben, um diese Anspruchsvoraussetzung zu erfüllen. Die Rundungsvorschrift kommt nur einmal zur Anwendung, gegebenenfalls erst dann, wenn die Summe aus allen berücksichtigungsfähigen Mitgliedszeiten gebildet worden ist. **21**

Landtagszeiten oder Zeiten der Mitgliedschaft in der Volkskammer der ehemaligen Deutschen Demokratischen Republik ab Annahme des Mandats nach den Wahlen zur 10. Volkskammer bis zum 2. Oktober 1990 finden in diesem Zusammenhang auf Antrag nach § 21 Abs. 1 bzw. Abs. 3 Berücksichtigung. Landtagszeiten können anspruchsbegründend wirken, wenn ein ehemaliges Mitglied unter Einrechnung solcher Zeiten den Mindestzeitraum der Zugehörigkeit erfüllt, nicht aber anspruchserhöhend. Für die Höhe des Anspruches ist ausschließlich die tatsächliche Mitgliedschaft im Bundestag entscheidend (vgl. § 21 Abs. 2). **22**

Für Volkskammerzeiten gilt etwas anderes. Sie können auf Antrag anspruchsbegründend und anspruchserhöhend wirken (s. Anmerkungen zu § 21 Abs. 3). Das trifft auch auf Zeiten der Mitgliedschaft im Europäischen Parlament[25] zu. Sie gelten für die deutschen Mitglieder des Europäischen Parlaments gemäß § 10 b Satz 2 EuAbgG als Zeiten der Mitgliedschaft im Bundestag. **23**

Eine weitere Rundungsvorschrift enthält § 19 Satz 4. Danach wird eine Wahlperiode mit vier Jahren angerechnet, soweit ihre Dauer über zwei Jahre hinausgeht. Anwendungsfall dieser Bestimmung ist aber nicht – wie vielfach rechtsirrig angenommen wird – das Ausscheiden eines Abgeordneten aus dem Parlament aufgrund eigenen Willensentschlusses oder regulärer Beendigung der Wahlperiode. Auch Nachrücker, die aus diesem Grund nicht die volle Wahlperiode dem Bundestag angehören, werden nicht erfasst. Gemeint ist vielmehr ausschließlich der Fall der **24**

Regelung des § 23 über die verschiedenen Möglichkeiten einer Versorgungsabfindung nicht (s. dort); *ders.*, Abgeordnete in die Sozialversicherung?, ZParl 2000, 254, 270.

25 Als Zeiten der Mitgliedschaft im Europäischen Parlament zählen auch die Zeiten der Entsendung als Beobachter aus dem Gebiet der ehemaligen Deutschen Demokratischen Republik zum Europäischen Parlament ab dem Entsendebeschluss des Deutschen Bundestages vom 21. Februar 1991. Rechtsgrundlage hierfür ist die Vereinbarung zwischen der Bundesrepublik Deutschland und der Deutschen Demokratischen Republik zur Durchführung und Auslegung des am 31. August 1990 in Berlin unterzeichneten Vertrages zwischen der Bundesrepublik Deutschland und der Deutschen Demokratischen Republik über die Herstellung der Einheit Deutschlands – Einigungsvertrag – (Gesetz vom 23. September 1990, BGBl. II S. 885, 1239; in Kraft am 29. September 1990, BGBl. II S. 1360). Art. 3 Ziffer 2 lit. f dieser Vereinbarung bestimmt, dass die von der Volkskammer der Deutschen Demokratischen Republik in das Europäische Parlament entsandten Abgeordneten für die laufende Legislaturperiode (das war die 3. WP) des Europäischen Parlaments die Rechtsstellung eines Mitglieds des Europäischen Parlaments nach dem EuAbgG erhalten. Weil Art. 136 a (neu) GO-EP verlangte, dass die Benennung der Beobachter durch den Bundestag zu erfolgen hatte, ist für die Begründung der Rechtsstellung der Entsendebeschluss des Bundestages vom 21. Februar 1991 maßgeblich.

vorzeitigen Beendigung einer Wahlperiode aus Gründen, die nicht in der Person des Abgeordneten liegen, z.B. bei Auflösung des Bundestages durch den Bundespräsidenten nach Art. 68 Abs. 1 Satz 1 GG. Typische Anwendungsfälle sind die 6. Wahlperiode (zwei Jahre 338 Tage) und die 9. Wahlperiode (zwei Jahre 146 Tage).

3.2 Vorverlegung des Bezugszeitpunktes (Satz 2)

25 Ab einer Mitgliedschaft im Bundestag von acht Jahren an entsteht der Anspruch auf Altersentschädigung gemäß § 19 Satz 2 mit jedem weiteren Jahr der Zugehörigkeit bis zum 18. Jahr ein Lebensjahr früher. Gehörte ein ehemaliger Abgeordneter also 18 Jahre lang dem Bundestag an, so kann er schon mit Vollendung des 55. Lebensjahres Altersentschädigung nach diesem Gesetz beziehen.

Im Bericht der unabhängigen Persönlichkeiten über die Beratung der Präsidentin bei Überprüfung der für die Mitglieder des Deutschen Bundestages bestehenden materiellen Regelungen und Bestimmungen vom 15. Juni 1990 heißt es dazu, die Altersversorgung der Abgeordneten müsse deshalb sehr viel früher ansetzen, weil die Parlamentszugehörigkeit von vornherein befristet sei und keinesfalls durch einen zu späten Beginn (der Altersversorgung) oder durch zu geringe Steigerungssätze ein Zwang zur Wiederwahl gefördert werden solle.[26]

26 Das Prinzip der Vorverlegung des Bezugszeitpunktes mit fortschreitender Dauer der Parlamentszugehörigkeit bewirkt aber, dass gerade die hohen Versorgungsbezüge aufgrund längerer Parlamentszugehörigkeit gemessen an anderen Alterssicherungssystemen und im Gegensatz zu dem dort zu verzeichnenden Trend (s.u. 6. 2. 5) schon in einem vergleichsweise „jungen" Lebensalter und damit insgesamt länger bezogen werden können, was immer wieder auf Kritik stößt.[27]

4. EuAbgG

4.1 Nationales Recht

27 Für die in der Bundesrepublik Deutschland gewählten Abgeordneten des Europäischen Parlaments gelten gemäß § 10 b Satz 1 EuAbgG die Vorschriften des Fünften Abschnitts des Abgeordnetengesetzes, also auch § 19, entsprechend. Auf die oben stehenden Anmerkungen wird daher verwiesen.

4.2 Europäisches Recht

28 Für Mitglieder des Europäischen Parlaments findet daneben Europäisches Recht Anwendung.

29 Zwei Altersversorgungen sind danach zu unterscheiden: Einmal das Ruhegehalt nach Anlage III der Kostenerstattungs- und Vergütungsregelung für die Mitglieder zur „Regelung betreffend die Übergangsvergütung für die Mitglieder des Europä-

---

26 BT-Drs. 11 / 7398, S. 6
27 Z.B. v. *Arnim* H. H., Entschädigung und Amtsausstattung, in: Parlamentsrecht und Parlamentspraxis in der Bundesrepublik Deutschland: ein Handbuch / hrsg. von Schneider H.-P. / Zeh W., Berlin, 1989, 540; auch *Welti* F., aaO, S. 304 ff. m.w.N.

ischen Parlaments beim Erlöschen des Mandats" und zum anderen das zusätzliche (freiwillige) Altersversorgungssystem nach der dortigen Anlage IX.[28]

Die Regelungen über das Ruhegehalt gelten jedoch nur subsidiär für den Fall, dass der ehemalige Europaabgeordnete nicht am nationalen Ruhegehaltssystem teilhat, nicht also für die in der Bundesrepublik Deutschland gewählten Mitglieder, die eine Altersversorgung nach Maßgabe des Abgeordnetengesetzes erwerben. Auf eine weitere Darstellung der Einzelheiten des Ruhegehalts nach europäischem Recht kann deshalb an dieser Stelle verzichtet werden.

Von Interesse ist für die in der Bundesrepublik Deutschland gewählten Mitglieder hingegen die „Regelung betreffend das zusätzliche (freiwillige) Altersversorgungssystem". Dieses Altersversorgungssystem wird mischfinanziert, zu zwei Dritteln aus dem Haushalt des Europäischen Parlaments und zu einem Drittel aus Eigenbeiträgen der Mitglieder, die monatlich in Höhe eines Zwölftels von 40 vom Hundert des Grundgehalts eines Richters beim Gerichtshof der Europäischen Gemeinschaften erhoben und in einem Pensionsfonds angelegt werden.

Wenn ein Mitglied nur drei Jahre lang freiwillige Beiträge an dieses Altersversorgungssystem entrichtet hat, so erwirbt es nach dem Ausscheiden aus dem Mandat mit Vollendung des 60. Lebensjahres einen Ruhegehaltsanspruch auf Lebenszeit (Art. 1 Nr. 1; zur Höhe s. 7. 2 zu § 20). Früher war eine Mindestbeitragszeit von fünf Jahren erforderlich.

Mitglieder, die zum Zeitpunkt der Beendigung ihres Mandats weniger als drei Jahre lang Beiträge entrichtet haben, haben nach Art. 1 Nr. 5 einen Anspruch auf Erstattung der Eigenbeiträge zuzüglich Zinseszins in Höhe von 3,5% Jahreszins. Beitragszahler mit längerer Mandatsdauer haben einen unverzinslichen Rückzahlungsanspruch nach Art. 1 Nr. 6. Nach Art. 3 ist eine Vorverlegung des Bezugszeitpunktes der Ruhegehaltszahlung frühestens bis zur Vollendung des 50. Lebensjahres bei Hinnahme eines gestaffelten Versorgungsabschlages möglich. Art. 4 Nr. 1 erlaubt schließlich die Zahlung eines Teils des Ruhegehalts (maximal 25 vom Hundert) als Pauschalbetrag, der hinterbliebenenversorgungsunschädlich ist (Art. 4 Nr. 3).

Weil aber nach § 29 Abs. 6 Satz 2, der gemäß § 10b Satz 4 EuAbgG auf deutsche Mitglieder des Europäischen Parlaments Anwendung findet, die Versorgung nach dem Abgeordnetengesetz bis zur Höhe der Versorgung des Europäischen Parlaments – unabhängig davon, ob sie monatlich ausgezahlt wird oder zum Teil als Pauschalsumme (vgl. 4. 2. 5 und 6. zu § 29) – ruht, ist eine Mitgliedschaft im freiwilligen Altersversorgungssystem des Europäischen Parlaments für dessen in der Bundesrepublik Deutschland gewählten Mitglieder grundsätzlich nur solange sinnvoll, wie sie noch keinen eigenen Anspruch auf Altersversorgung nach dem Abgeordnetengesetz erworben haben. Etwas anderes kann allerdings z.B. dann gelten, wenn das Ruhegehalt nach europäischem Recht dazu dienen soll, die Zeit bis zum Erreichen des Bezugszeitpunktes für die Altersversorgung nach nationalem Recht zu überbrücken.

Liegen solche oder andere Gründe indessen nicht vor, wird es sich regelmäßig empfehlen, gemäß Art. 1 Nr. 5 oder Nr. 6 der genannten Regelung die Erstattung

---

[28] Vom 2. Juli 2001 – PE 133.116 / QUEST / rev. XI / 7-2001 – DV\445055DE.doc, Anl. III und IX.

der Eigenbeiträge zu beantragen. Ehemalige Mitglieder können diesen Antrag nach Art. 1 Nr. 7 jederzeit vor dem Bezug der ersten Ruhegehaltszahlung stellen.

36 Der von der Arbeitsgruppe „Statut der Mitglieder" vorgelegte Arbeitsentwurf eines einheitlichen Statuts der Mitglieder des Europäischen Parlaments[29] hatte für die Zukunft folgende Regelung vorgeschlagen:

> „Artikel 14 Soziale Sicherheit und Altersversorgungssysteme
>
> Die Bestimmungen der Verordnung Nr. 422/67 des Rates über soziale Sicherheit und Altersversorgung gelten entsprechend für die Mitglieder des Europäischen Parlaments."

Der Entwurf eines Statuts für die Abgeordneten des Europäischen Parlaments, den das Europäische Parlament in seiner Sitzung vom 3. Dezember 1998 angenommen hatte,[30] übernahm dieses Model nicht. Er empfahl in Art. 10 i.V.m. Art. 6 des Anhangs zum Statut eine Pension mit Vollendung des 60. Lebensjahres, die für jedes volle Jahr der Mitgliedschaft 3,5% der Abgeordnetenentschädigung, höchstens jedoch 70% betragen sollte. Alternativ sollten wiedergewählte Abgeordnete in der 5. Wahlperiode für deren Dauer noch für die Beibehaltung der nationalen Pensionsregelungen optieren können. Der auf freiwilliger Basis eingerichtete zusätzliche Pensionsfonds sollte fortgeführt, die Beiträge hierzu künftig aber vom Europäischen Parlament und den Abgeordneten je zur Hälfte getragen werden (Art. 8 des Anhangs zum Statut). Nachdem das einheitliche Abgeordnetenstatut aufgrund tiefgreifender Differenzen zwischen dem Rat und dem Europäischen Parlament – der Rat hatte den Ursprungsentwurf des Parlaments in wesentlichen Bestandteilen zum Nachteil der Abgeordneten verändert[31] – in der 4. Wahlperiode nicht verabschiedet werden konnte, bleibt die weitere Entwicklung in der 5. Wahlperiode abzuwarten.

In der unter dem 9. November 2000 vorgelegten jüngsten Fassung des „Entwurfs eines Statuts für die Abgeordneten des Europäischen Parlaments" wird in Art. 10 Abs. ein Ruhegehalt von 3,5% der Abgeordnetenentschädigung für jedes Jahr der Mitgliedschaft, höchstens von 70% vorgeschlagen, das mit Vollendung des 65. Lebensjahres fällig werden soll. Neu ist empfohlene Möglichkeit, bei einem versicherungsmathematischen Abschlag schon ab dem 55. Lebensjahr Ruhegehalt beziehen zu können. Der Abschlag soll dabei zu 1/3 von dem Abgeordneten und zu 2/3 vom Europäischen Parlament finanziert werden.[32]

Der „Entwurf einer Stellungnahme mit den wesentlichen Elementen des Abgeordnetenstatuts" des Ausschusses für Recht und Binnenmarkt vom 29. August 2001 übernimmt diesen Ansatz nur teilweise. Er sieht in Art. 5 des Anhangs ein Ruhegehalt von 3,5% der Entschädigung für jedes Jahr der Mitgliedschaft, höchstens 70%, und einen festen Bezugszeitpunkt mit Vollendung des 60. Lebensjahres vor. Die Finanzierung des Ruhegehalts soll nach Art. 10 des Anhangs über einen

---

[29] S. 5. zu § 11.
[30] PV 55 PE 273.910.
[31] DOC_DE\NT\377\377136 PE 278.414/BUR.
[32] PE 298.159/BUR – DT\425154DE.doc.

Pensionsfond erfolgen, der zu 2/3 aus Zahlungen des Parlaments und zu 1/3 aus Zahlungen der Abgeordneten finanziert werden soll.[33]

5. Landesrecht

In den Grundstrukturen vergleichbare Alterssicherungssysteme für Abgeordnete wie nach dem Abgeordnetengesetz bestehen in allen Bundesländern.[34] Eine gewisse Ausnahme stellt insoweit Hamburg dar. Denn das Hamburgische Abgeordnetengesetz sieht in § 10 Abs. 1 eine Eigenbeteiligung der Mitglieder der Bürgerschaft an ihrer Altersversorgung vor. Sie wird als Verzicht auf einen Teil der Abgeordnetenentschädigung in Höhe der Hälfte des jeweils geltenden Beitragssatzes nach § 158 SGB VI (Rentenversicherung der Arbeiter und Angestellten) geleistet und ist zwingende Voraussetzung für den Bezug von Versorgungsleistungen. **37**

Die Anspruchsvoraussetzungen im Übrigen variieren. In den meisten Bundesländern erwirbt einen Anspruch auf Altersversorgung, wer dem Landtag acht Jahre (§ 11 BadWürtt.AbgG, Art. 12 Bay.AbgG, § 11 Bbg.AbgG, § 17 MV.AbgG, § 8 Abs. 1 Nds.AbgG, § 12 Abs. 1 NW.AbgG, § 11 Saarl.AbgG, § 13 Sächs.AbgG, § 17 SchlH.AbgG) bzw. sechs Jahre (§ 10 Hess.AbgG, § 13 Abs. 1 Thür.AbgG) angehört hat. § 11 Berl.AbgG verlangt neun Jahre und § 11 RP.AbgG zehn Jahre Mitgliedschaft. Nach § 11 Abs. 1 Hbg.AbgG genügt hingegen bereits ein Jahr, nach § 12 Brem.AbgG zwei Jahre Parlamentszugehörigkeit. Das neue Abgeordnetengesetz des Landes Sachsen-Anhalt[35] geht noch einen Schritt weiter. Sein § 17 sieht überhaupt keine Mindestmitgliedszeit mehr vor. **38**

Das Bezugsalter für die Mindestversorgung liegt überwiegend unter dem nach Bundesrecht erforderlichen. Die Vollendung des 65. Lebensjahres verlangen nur Art. 12 Bay.AbgG, § 11 Abs. 1 Hbg.AbgG, § 19 Abs. 2 Nds.AbgG, § 17 SachsAnh.-AbgG und § 17 SchlH.AbgG. In den übrigen Bundesländern kann die Mindestversorgung schon früher, mit Vollendung des 63. Lebensjahres (§ 11 Berl.AbgG und § 12 Brem.AbgG), mit Vollendung des 60. Lebensjahres (§ 11 BadWürtt.AbgG, § 17 MV.AbgG, § 12 Abs. 1 NW.AbgG, § 11 RP.AbgG, § 11 Saarl.AbgG, § 13 Sächs.AbgG; § 13 Abs. 1 Thür.AbgG), oder sogar schon mit Vollendung des 55. Lebensjahres (§ 10 Hess.AbgG) bezogen werden. Allein § 11 Bbg.AbgG knüpft an das gesetzliche Rentenalter an und zeichnet damit die dortige Entwicklung (s.u. 6. 2. 5) nach. **39**

Bis auf die Bundesländer, in denen der Bezug von Altersentschädigung generell schon mit Vollendung des 55. Lebensjahres möglich ist, kennen die Alterssicherungssysteme der meisten übrigen Bundesländer das auch dem Abgeordnetengesetz des Bundes eigene Prinzip der Vorverlegung des Bezugszeitpunktes mit zunehmender Dauer der Parlamentszugehörigkeit. Der frühestmögliche Bezugszeitpunkt ist dann regelmäßig das vollendete 55. Lebensjahr, in Berlin und Rheinland- **40**

---

33 PE 294.967 – PA\447058DE.doc.
34 Deshalb bestehen hier grundsätzlich auch dieselben Bedenken, die zur Feststellung der Verfassungswidrigkeit der entsprechenden Regelungen des Thür.AbgG durch den Thüringer Verfassungsgerichtshof geführt haben (s. dazu o. 2. a.E.); zu den Sonder-Altersversorgungen für Angehörige des 1. Landtages in den neuen Bundesländern vgl. *Fischer A.*, aaO, S. 101 ff.
35 In der Fassung des Achten Gesetzes zur Änderung des Abgeordnetengesetzes vom 12. November 1999, GVBl. S. 348.

Pfalz das 57., in Bremen das 59., in Niedersachsen das 60. Lebensjahr. In Hamburg gibt es keine Vorverlegung des Bezugszeitpunktes.

6. Steuerliche Behandlung der Altersentschädigung

41 Die Altersentschädigungen nach den Abgeordnetengesetzen des Bundes und der Länder sowie nach dem Europaabgeordnetengesetz unterliegen als sonstige Einkünfte nach § 22 Nr. 4 Einkommensteuergesetz der Steuerpflicht. Ähnlich den Einkünften aus nichtselbständiger Arbeit wird ein Versorgungsfreibetrag bis zu 6.000 DM gewährt (§ 22 Nr. 4 b i.V.m. § 19 Abs. 2 EStG).[36]

42 Weil das Einkommensteuergesetz nur Versorgungsbezüge erwähnt, die aufgrund der soeben genannten Gesetze gezahlt werden, und weil die Aufzählung im Einkommensteuergesetz abschließend ist, fällt das Ruhegeld nach dem Diätengesetz 1968[37] nicht darunter. Es wird vielmehr steuerlich wie eine Leibrente behandelt und damit nach § 22 Nr. 1 Satz 3 lit. a Einkommensteuergesetz nur mit dem Ertragsanteil zur Einkommensteuer herangezogen.[38]

7. Überlegungen zu einer Reform der Altersversorgung für Abgeordnete

7.1 Hauptpunkte der Kritik

43 Öffentliche Kritik an der Altersversorgung der Abgeordneten ist nichts Neues.[39] Meist heißt es, sie sei insgesamt zu üppig. Die Steigerungssätze seien zu hoch,[40] der Bezugszeitpunkt liege im Vergleich zu anderen Versorgungssystemen zu früh. Ein weiterer Stein des Anstoßes ist die – durchaus nicht auf Abgeordnete beschränkte – Möglichkeit des Bezuges mehrerer Versorgungsleistungen aus öffentlichen Kassen nebeneinander.

44 Neu ist hingegen, dass ein Verfassungsgericht – der Thüringer Verfassungsgerichtshof[41] – die Altersentschädigung der Abgeordneten – hier die des Thüringer Landtages – mit auch auf der Ebene des Bundesrechts beachtlichen Argumenten als verfassungswidrig bezeichnet hat, weil sie nicht allein die durch die Mandatstätigkeit entstehende Versorgungslücke schließt, sondern eine die spätere Lebensführung allein absichernde Versorgungsleistung geworden ist (vgl. oben 2. a.E.). Weil dies gleichermaßen für die Altersversorgung der Bundestagsabgeordneten nach altem wie nach neuem Recht zutrifft und sich die verfassungsrechtlichen Zulässigkeitskriterien für eine Abgeordnetenaltersversorgung im Bund und in Thüringen nicht signifikant voneinander unterscheiden, liegt auch den nachfolgenden Über-

---

36 *Lohr A.*, Die Besteuerung von Politikern, DStR 1997, 1230, 1231.
37 BGBl. I S. 334.
38 Erlass des Bundesministers der Finanzen an die obersten Finanzbehörden der Länder vom 10. Dezember 1992 – IV B 5 – S 2285–242/92; *Lohr A.*, aaO.
39 Vgl. nur *v. Arnim H. H.*, aaO, S. 538 ff.; *ders.*, Das neue Abgeordnetengesetz, Forschungsinstitut für öffentliche Verwaltung bei der Hochschule für Verwaltungswissenschaften, Speyer, 1997, S. 10 ff.; *Fischer A.*, aaO, S. 95 ff.; *Henkel J.*, Das Abgeordnetengesetz des Bundestages, DÖV 1977, 350, 353; *Welti F.*, aaO, S. 332 f.
40 Abgeordnetengesetze: 2–5%, Beamtenversorgung: 1,875%, Rentenversicherung: 1,5%.
41 Urteil vom 18. September 1998 – VerfGH 20/95 –, NVwZ-RR 1999, 282, 289 ff.

legungen das Modell einer in diesem Sinne begrenzten Altersversorgung nach dem Baustein-Prinzip zugrunde.

7.2 Reform-Optionen

7.2.1 Abschaffung der Altersversorgung für Abgeordnete

Eine ersatzlose Abschaffung der Altersversorgung für Abgeordnete kommt aus verfassungsrechtlichen Gründen nicht in Betracht. Das Bundesverfassungsgericht hatte im „Diäten-Urteil" ausgeführt, dass sich die Entschädigung zu einem Entgelt des Abgeordneten für seine Inanspruchnahme durch sein zur Hauptbeschäftigung gewordenes Mandat gewandelt habe.[42] Bei dieser Bedeutung der Abgeordnetenentschädigung sei eine angemessene Alterssicherung als Bestandteil der Entschädigung im Sinne des Art. 48 Abs. 3 Satz 1 GG anzusehen.[43] Allerdings darf es sich nur um eine „begrenzte" Altersversorgung handeln (s.o. 2.).

7.2.2 Überführung der Altersversorgung für Abgeordnete in die gesetzliche Rentenversicherung

Eine vollständige Ablösung der nach beamtenversorgungsrechtlichen Prinzipien öffentlich-rechtlich ausgestalteten Altersversorgung für Abgeordnete durch eine Einbeziehung der Mitglieder des Deutschen Bundestages allein in die gesetzliche Rentenversicherung in ihrem derzeitigen Zuschnitt dürfte ebenfalls unzulässig sein. Die dann mögliche Alterssicherung erscheint der Höhe nach nicht als „angemessen" im Sinne des Art. 48 Abs. 3 Satz 1 GG. Sie würde der Bedeutung des innegehabten Amtes, der damit verbundenen Verantwortung und Belastung und dem dem früheren Amt im Verfassungsgefüge zukommenden Rang nicht gerecht[44] und sie würde die durch die Mandatstätigkeit entstehenden Versorgungslücke nicht im notwendigen Umfang schließen.[45]

Für Männer betrug in der gesetzlichen Rentenversicherung am 1. Juli 1999 die Höhe des durchschnittlichen Rentenzahlbetrages für Versicherungsrenten 1.868 DM, für Frauen sogar nur 949 DM.[46]

Um einen angemessenen Versorgungsstandard zu erreichen, müsste die Rente also aufgestockt werden, sei es über eine zusätzliche eigenständige Altersversorgung, die – ähnlich der zusätzlichen Alters- und Hinterbliebenenversorgung im öffentlichen Dienst (VBL) – aus dem Staatshaushalt finanziert wird, sei es über eine private Altersversorgung, für deren Finanzierung die Abgeordnetenentschädigung heuti-

---

42 BVerfGE 40, 296, 311.
43 BVerfG aaO und BVerfGE 32, 157, 165.
44 Vgl. zu diesen Kriterien 2.1 zu § 11; anders *Welti F.*, aaO, S. 335 ff. m.w.N. Er ist der Ansicht, der Gesetzgeber käme mit einer Öffnung der gesetzlichen Rentenversicherung für Abgeordnete seiner Verpflichtung in hinreichender Weise nach, für eine angemessene, die Unabhängigkeit sichernde Entschädigung zu sorgen; *ders.*, Abgeordnete in die Sozialversicherung?, ZParl 2000, 254, 269 ff.
45 *Giesen R.*, Gesetzliche Rentenversicherung für Abgeordnete?, DVBl. 1999, 291, 298, nimmt ein „Sozialversicherungsverbot" für Abgeordnete aufgrund unmittelbarer Entschädigungsverpflichtung des Bundes an; a. M. *Fischer A.*, aaO, S. 95, die der Auffassung vertritt, die Altersversorgung der Abgeordneten müsse sich an den für Arbeitnehmer geltenden Rentensystemen orientieren und auch deren Leistungsschwankungen nachzeichnen.
46 Vgl. Rentenversicherungsbericht 2000 der Bundesregierung, BT-Drs. 14/4730, S. 13.

gen Zuschnitts indessen nicht ausgelegt ist. Die Abgeordnetenentschädigung müsste dann um den für die private Sicherung der Altersversorgung notwendigen Anteil erhöht werden, weil sonst eine verfassungsmäßig verbürgte angemessene, die Unabhängigkeit der Abgeordneten sichernde Entschädigung nicht mehr gewährleistet wäre. Weil aber Zusatzleistungen notwendig würden, würde auch ein solches Versorgungsmodell in der Öffentlichkeit mit Sicherheit ebenso wenig Beifall finden, wie das eigenständige Versorgungssystem für Abgeordnete. Die eigentliche Fragestellung bei der hier erörterten Alternative lautet also nicht, ob diese rechtlich zulässig wäre, sondern ob sie politisch sinnvoll und nützlich ist.[47]

7.2.3 Private Altersversorgung für Abgeordnete auf Versicherungsbasis

49 Die Überlegung, die Altersversorgung der Abgeordneten wieder in eine solche auf Versicherungsbasis umzustellen, war auch schon von der Kissel-Kommission angestellt, seinerzeit aber nach Einholung von Sachverständigengutachten verworfen worden.[48] Nach damaligem Stand (1993) hätte bei einer Versorgungszusage von beispielsweise 260 DM je Mitgliedsjahr schon ein durchschnittlicher Nettobetrag von 3.200 DM für jeden Abgeordneten im Monat aufgebracht werden müssen. Die erforderlichen Haushaltsmittel müssten dem Bundeshaushalt entnommen und der Versicherung ausgezahlt werden. Oder die Abgeordnetenentschädigung müsste um den individuellen Monatsbetrag – ergänzt um einen entsprechenden Steuerzuschlag – aufgestockt werden, was politisch schwer vermittelbar sein dürfte. In diesem Fall wäre es Sache des einzelnen Abgeordneten, der Versicherung seinen Versorgungsbeitrag zu zahlen.[49]

50 Unabhängig von den Zahlungsmodalitäten ist die Kissel-Kommission jedoch zu dem Ergebnis gelangt, dass die Versicherungslösung weder kostengünstiger wäre noch versorgungsrechtliche Vorteile böte. Es solle deshalb dabei verbleiben, dass mit Erreichen des Anspruchsalters die Versorgungsbezüge unmittelbar aus Haushaltsmitteln als steuerpflichtiges Einkommen an den ehemaligen Abgeordneten gezahlt werden.[50] Dem ist grundsätzlich beizupflichten.

7.2.4 Versorgungswerk für Abgeordnete

51 Versorgungswerke sind Zusammenschlüsse von Angehörigen bestimmter Berufsgruppen mit dem Ziel, diesen Versorgungsleistungen bei Berufsunfähigkeit, Erreichen der Altersgrenze oder Tod zu sichern. Dazu müssen zunächst Vermögen angesammelt werden, die die individuellen Ansprüche und Anwartschaften dek-

---

[47] Die „systemübergreifende Gleichheit", für die *Welti F.*, Abgeordnete in die Sozialversicherung?, ZParl 2000, 254, 260, mit Verve wirbt, wird so jedenfalls nicht zu erreichen sein.
[48] BT-Drs. 12/5020, S. 15 f. sowie dortige Anlagen 26 und 27.
[49] Aus der Sicht der F.D.P. hat sich zuletzt *van Essen J.* für die Versicherungslösung ausgesprochen (aaO). Er ist der Ansicht, die Abgeordnetenentschädigung müsse so bemessen sein, dass sich jeder Abgeordnete zu gleichen Beiträgen in einem Sicherungssystem absichern könne, das ihm ungeachtet seiner außerhalb des Mandats erworbenen Versorgungsposition für die Mandatszeit eine mit der der anderen Abgeordneten identische Versorgungsanwartschaft garantiere (aaO, S. 90). Auf die Höhe der dazu notwendigen Beiträge geht er wohlweislich nicht ein. Vgl. auch den Entwurf eines Gesetzes zur Einsetzung einer unabhängigen Sachverständigenkommission zur Festsetzung der Abgeordnetenentschädigung der Fraktion der F.D.P. vom 6. Oktober 1999 auf BT-Drs. 14/1732.
[50] BT-Drs. 12/5020, S. 16.

ken. Die Finanzierungsproblematik ist der der Versicherungslösung (o. 7. 2. 3) vergleichbar. Deshalb wird hier eine Ablösung der bisherigen Altersversorgung der Abgeordneten durch ein Versorgungswerk ebenso wenig befürwortet wie von der Kissel-Kommission.[51]

7.2.5 Optimierung des bestehenden Alterssicherungssystems für Abgeordnete

Kommen andere Systeme der Alterssicherung aus den oben erläuterten, verschiedensten Gründen nach alledem eher weniger in Betracht, so könnte es sich zumindest empfehlen, die bestehende Altersversorgung der Abgeordneten systemimmanent zu optimieren. Unter Optimierung wird dabei einerseits eine Annäherung an die Entwicklung verstanden, die sich bei anderen großen Systemen der Alterssicherung in Deutschland bereits abzeichnet, und andererseits der Versuch einer Bereinigung des bisherigen Systems um die Hauptpunkte der öffentlichen und der verfassungsgerichtlichen Kritik. 52

In dem Zusammenhang erschiene es wünschenswert, die Alterssicherungssysteme der Amts- und Mandatsträger in Bund und Ländern gleichermaßen soweit zu harmonisieren, wie dies angesichts der unterschiedlichen Strukturen sachgerecht und möglich erscheint, die Optimierungsbemühungen also nicht auf das Abgeordnetenrecht des Bundes zu beschränken. Angesichts der Vielfalt divergierender Interessenlagen dürfte dies allerdings schwerlich zu realisieren sein. Vermutlich wird es deshalb bei Einzellösungen bleiben.[52] 53

Die Optimierungsbestrebungen beim AbgG des Bundes könnten sich in erster Linie an der jüngsten verfassungsgerichtlichen Rechtsprechung (o. 2. a.E. und 7. 1) orientieren. Danach wäre vorrangig eine Eingrenzung der Leistungen auf das zur Schließung der mandatsbedingten Versorgungslücke tatsächlich Erforderliche anzustreben.[53] Hier könnte der Vorschlag der Kissel-Kommission aus dem Jahr 1993 neue Aktualität erlangen, mit einer linearisierten Versorgungszusage ohne Mindestmitgliedszeiten auf deutlich niedrigerem Niveau einen versorgungsrechtlichen Baustein zu schaffen, der zusammen mit den in anderen Erwerbsberufen erworbenen Anwartschaften oder Ansprüchen im Alter die Gesamtversorgung des einzelnen ergibt.[54] Die Kissel-Kommission hatte seinerzeit eine Versorgungszusage von 2,5% der Abgeordnetenentschädigung je Jahr der Mitgliedschaft empfohlen. Die Höchstversorgung sollte auf 60% begrenzt werden, die nach 24 Mandatsjahren erreicht 54

---

51 AaO; vgl. auch *Welti F.*, aaO, S. 334; *Fischer A.*, aaO, S. 101, befürwortet eine als Körperschaft des öffentlichen Rechts organisierte Hilfskasse mit Eigenbeteiligung der Abgeordneten.
52 NRW und Bayern haben im Frühjahr 1999 eine gemeinsame Versorgungsreformkommission („Berger-Kommission") einberufen, die die Altersversorgung der Minister novellieren soll (Die Welt, vom 14. Januar 1999). Eine Beteiligung des Bundes und der übrigen Länder war nicht beabsichtigt. Die Kommission hat ihren Bericht im August 2000 vorgelegt. Sie hat eine Altersversorgung für Amtsträger in Anlehnung an Rentenversicherung und private Vorsorge ohne Eigenbeteiligung vorgeschlagen. Der fehlende „Arbeitnehmeranteil" sollte jedoch bei der Bemessung der künftigen Amtsbezüge mindernd berücksichtigt werden (S. 32 f. des Berichts, nicht veröffentlicht).
53 Vgl. auch *Edinger F.*, aaO, S. 302; *Fischer A.*, aaO, S. 94 f., m.w.N.
54 Vgl. Bericht und Empfehlungen der Unabhängigen Kommission zur Überprüfung des Abgeordnetenrechts vom 3. Juni 1993, BT-Drs. 12 / 5020, S. 15; *Kissel O.*, Vom gerechten Lohn der Bundestagsabgeordneten, in: Festschrift für Albrecht Zeuner, Tübingen, 1994, 79, 88.

werden. Jegliche Anrechnung anderweitiger Versorgungsbezüge sollte aber entfallen, was nach dem Baustein-Prinzip auch systemgerecht wäre.

55 Zu den weiteren möglichen Optimierungsmaßnahmen gehörte ferner eine Anpassung an Entwicklungstrends in anderen Alterssicherungssystemen. Die gestiegene Lebenserwartung der Bevölkerung beeinflusst die Laufzeit der Leistungen und damit auch die Kosten der gängigen Alterssicherungssysteme ganz entscheidend. Das gilt auch für die Altersversorgung der Abgeordneten. Eine Option, dem entgegenzuwirken, ist es, den Trend zu „Frühpensionierungen" zu stoppen. Das Beamtenrecht sieht dementsprechend vor, dass ein Beamter im Allgemeinen Verwaltungsdienst künftig nur noch unter Inkaufnahme eines Versorgungsabschlages vor dem 65. Lebensjahr aus dem Dienst ausscheiden kann. Die Antragsaltersgrenze ist auf 63 Lebensjahre angehoben worden.

56 Ähnliches gilt für die gesetzliche Rentenversicherung. Ab dem Jahr 2012 soll die Altersrente frühestens ab dem 62. Lebensjahr bezogen werden können. Die Regelaltersgrenze liegt bei 65 Lebensjahren.

57 Das Abgeordnetengesetz sieht demgegenüber in § 19 vor, dass ein ehemaliges Mitglied Altersentschädigung grundsätzlich zwar erst mit Vollendung des 65. Lebensjahres beziehen kann (Mindestversorgung), der Anspruch aber ab dem neunten Jahr der Mitgliedschaft mit jedem weiteren Jahr bis zum 18. Jahr der Mitgliedschaft ein Jahr früher entsteht. Altersentschädigung nach dem AbgG kann damit günstigstenfalls schon mit Vollendung des 55. Lebensjahres ohne jeden Versorgungsabschlag bezogen werden.

58 Hier könnte erwogen werden, den regelmäßigen Bezugszeitpunkt für die Altersentschädigung auf das vollendete 65. Lebensjahr festzusetzen, eine Antragsaltersgrenze mit Vollendung des 63. Lebensjahres einzuführen und einen Versorgungsabschlag von 3,6% für jedes Jahr, das ein ehemaliger Abgeordnete früher Altersversorgung bezieht, vorzusehen.[55] Die Höhe des Versorgungsabschlages entspricht der im Rentenrecht und im Beamtenversorgungsrecht[56] üblichen.

59 Vielfach wird auch gefordert, einen Eigenbeitrag der Abgeordneten zu ihrer Altersversorgung einzuführen. Damit mag zwar der Neiddiskussion insoweit ein wenig der Boden entzogen werden. Dafür flammte sie an anderer Stelle wieder auf, weil in dann die Abgeordnetenentschädigung zunächst um den vorgesehenen Eigenanteil angehoben werden müsste, anderenfalls sie nicht mehr angemessen wäre (s.o. 7.2.2).[57]

60 Weil in der Öffentlichkeit immer wieder beanstandet wird, dass ehemalige Abgeordnete Übergangsgeld erhalten können, obwohl sie im Zeitpunkt des Ausscheidens bereits einen Anspruch auf Altersentschädigung haben, das Übergangsgeld seinen Zweck (berufliche Wiedereingliederung) also erkennbar verfehlt, könnte der

---

55 Für eine Heraufsetzung des Bezugsalters bei langjähriger Parlamentsmitgliedschaft auch *Grundmann M.*, aaO, S. 333; für einen vorgezogenen Ruhestand bei Abstrichen am Einkommensniveau *Welti F.*, aaO, S. 306.
56 Vgl. etwa § 14 Abs. 3 BeamtVG.
57 Bundesminister und Parlamentarische Staatssekretäre leisten inzwischen einen eigenen Beitrag zu ihrem Ruhegehalt. Da ihr Amtsgehalt und Ortszuschlag mit der Beamtenbesoldung verknüpft ist, werden auch sie vom Gesetz über eine Versorgungsrücklage des Bundes erfasst (§ 6 Abs. 1 dieses Gesetzes vom 9. Juli 1998, BGBl. I S. 1800).

Altersentschädigung ferner gesetzlich Vorrang vor dem Übergangsgeld eingeräumt werden (vgl. auch 1. und 9. zu § 18). Zu diesem Zweck müsste § 32 Abs. 5 dahin abgeändert werden, dass der Anspruch auf Übergangsgeld gänzlich entfällt, wenn das Mitglied zum Zeitpunkt des Ausscheidens aus dem Mandat bereits einen Anspruch auf Altersentschädigung nach diesem Gesetz hat.

Schließlich bedürfte noch ein weiterer Hauptpunkt der öffentlichen Kritik der Reform: der Mehrfachbezug von Versorgungsleistungen aus öffentlichen Kassen. Bekanntlich ist es nach den geltenden bundes- und landesrechtlichen Bestimmungen (Beamtenversorgungsgesetz, Abgeordneten- und Ministergesetze) bei Versorgungsleistungen aus einer Verwendung im öffentlichen Dienst, aus einem Amt oder aus einem Mandat derzeit noch möglich, dass in einer Person mehrere dieser Ansprüche zusammentreffen, ohne dass durch die vorhandenen Anrechnungs- oder Ruhensbestimmungen eine Kumulation vollständig verhindert wird.

61

Anders als bei Beamten, Bundesministern und Parlamentarischen Staatssekretären werden auch noch keine sonstigen Erwerbseinkommen auf die Altersentschädigung angerechnet, solange der Versorgungsempfänger das 65. Lebensjahr nicht vollendet hat.[58]

Würde der Kissel-Vorschlag umgesetzt (s.o.), wäre dieses Problem aus der Sicht des Statutsrechts der Bundestagsabgeordneten allerdings auf andere Weise gelöst.

§ 20 Höhe der Altersentschädigung

Die Altersentschädigung bemisst sich nach der monatlichen Abgeordnetenentschädigung (§ 11 Abs. 1). Der Steigerungssatz beträgt für jedes Jahr bis zum 23. Jahr der Mitgliedschaft je 3 vom Hundert der Abgeordnetenentschädigung nach § 11 Abs. 1. Die Zeit der Wahrnehmung der Ämter des Präsidenten und seiner Stellvertreter wird der Berechnung der Altersentschädigung nach den Sätzen 1 und 2 mit der Abgeordnetenentschädigung nach § 11 Abs. 1 einschließlich der Amtszulage zugrunde gelegt. § 18 Abs. 1 Satz 4 und § 19 Satz 4 gelten entsprechend.

Parallelvorschriften im EuAbgG und in den Abgeordnetengesetzen der Länder:			
EuAbgG	§ 10 b		
BadWürtt.	§ 12	Nds.	§ 20
Bay.	Art. 13	NW.	§ 13
Berl.	§ 12	RP.	§ 12
Bbg.	§ 12	Saarl.	§ 12
Brem.	§ 13	Sachs.	§ 14
Hbg.	§ 11	SachsAnh.	§ 18
Hess.	§ 11	SchlH.	§ 18
MV.	§ 18	Thür.	§ 14

---

[58] Vgl. § 53 a Abs. 1 BeamtVG, § 20 Abs. 5 BMinG, § 7 ParlStG.

Fünfter Abschnitt
Leistungen an ehemalige Mitglieder des Bundestages und ihre Hinterbliebenen

Literatur: *v. Arnim H. H.*, Das neue Abgeordnetengesetz, Forschungsinstitut für öffentliche Verwaltung bei der Hochschule für Verwaltungswissenschaften, Speyer, 1997; *ders.*, Entschädigung und Amtsausstattung, in: Parlamentsrecht und Parlamentspraxis in der Bundesrepublik Deutschland: ein Handbuch / hrsg. von Schneider H.-P. / Zeh W., Berlin, 1989, 523 ff.; *ders.*, Zweitbearbeitung von Art. 48 GG, 1980, in: Kommentar zum Bonner Grundgesetz (Bonner Kommentar); *ders.*, Abgeordnetenentschädigung und Grundgesetz, Wiesbaden, 1975; *Grundmann M.*, Zur Altersentschädigung für Abgeordnete, DÖV 1994, 329 ff.; *Klatt H.*, Die Altersversorgung der Abgeordneten, Ein Beitrag zur Problematik des Abgeordnetenstatus und der Parlamentsstruktur, Tübingen 1972; *Welti F.*, Die soziale Sicherung der Abgeordneten des Deutschen Bundestages, der Landtage und der deutschen Abgeordneten im Europäischen Parlament, Berlin 1998; *ders.*, Abgeordnete in die Sozialversicherung?, ZParl 2000, 254 ff.

Übersicht

		Rdn.
1.	Anwendungsbereich der Norm und Übergangsregelungen	1–3
1.1	Anwendungsbereich der aktuellen Gesetzesfassung	1
1.2	Übergangsrecht für (ehemalige) Mitglieder, die dem Deutschen Bundestag am 22. Dezember 1995 angehört haben	2
1.3	Übergangsrecht für (ehemalige) Mitglieder, die die Voraussetzungen der Mitgliedschaftsdauer für eine Altersversorgung nach dem AbgG vor dem Inkrafttreten des Elften Änderungsgesetzes (20. Dezember 1990) erfüllt haben	3
2.	Bemessungsgröße der Altersentschädigung (Satz 1)	4–6
2.1	Aktuelles Recht	4
2.2	Übergangsrecht	5–6
3.	Steigerungssatz (Satz 2)	7–15
3.1	Aktuelles Recht	8–12
3.2	Übergangsrecht	13–15
4.	Berücksichtigung der Zeit der Wahrnehmung der Ämter des Präsidenten und seiner Stellvertreter (Satz 3)	16–18
5.	Rundungsvorschriften (Satz 4)	19
6.	EuAbgG	20–22
6.1	Nationales Recht	20
6.2	Europäisches Recht	21–22
7.	Landesrecht	23–27

1. Anwendungsbereich der Norm und Übergangsregelungen

1.1 Anwendungsbereich der aktuellen Gesetzesfassung

1 § 20 in der oben wiedergegebenen Fassung gilt erst für einen noch kleinen Kreis von Abgeordneten. Er erfasst nur diejenigen, die nach dem 22. Dezember 1995 die Mitgliedschaft im Deutschen Bundestag erworben haben oder Abgeordnete, die zwar bereits an diesem Stichtag dem 13. Deutschen Bundestag angehörten, sich aber beim Ausscheiden gemäß § 35 a Abs. 4 Satz 1 für eine Anwendung der Regelungen des Fünften Abschnitts in der Fassung des Neunzehnten Änderungsgesetzes[1] – das ist die aktuelle – entscheiden. Weil die alten Versorgungsregeln im Regelfall deutlich günstiger sind, werden wohl nur wenige Mitglieder – vornehmlich solche, die

---

[1] BGBl. I S. 1718.

dem Bundestag besonders lange angehört haben – von diesem Wahlrecht Gebrauch machen.

1.2 Übergangsrecht für (ehemalige) Mitglieder, die dem Deutschen Bundestag am 22. Dezember 1995 angehört haben

Für sie gilt § 20 gemäß § 35 a Abs. 1 in der bis zum Inkrafttreten des Neunzehnten Änderungsgesetzes am 22. Dezember 1995 gültigen Fassung,[2] die folgenden Wortlaut hatte:

> „§ 20 Höhe der Altersentschädigung
>
> Die Altersentschädigung beträgt bei einer Mitgliedschaft von acht Jahren fünfunddreißig vom Hundert der Entschädigung nach § 11 Abs. 1. Sie erhöht sich für jedes weitere Jahr der Mitgliedschaft bis zum achtzehnten Jahr um vier vom Hundert. Die Zeit der Wahrnehmung der Ämter des Präsidenten und seiner Stellvertreter wird der Berechnung der Altersentschädigung nach Satz 1 und 2 mit der Entschädigung nach § 11 einschließlich der Amtszulage zugrunde gelegt. § 18 Abs. 1 letzter Satz gilt entsprechend."

1.3 Übergangsrecht für (ehemalige) Mitglieder, die die Voraussetzungen der Mitgliedschaftsdauer für eine Altersversorgung nach dem AbgG vor Inkrafttreten des Elften Änderungsgesetzes (20. Dezember 1990) erfüllt haben

Für Anspruchsberechtigte, die zu diesem Personenkreis zählen, gilt gemäß § 35 der § 20 in der bis zum 20. Dezember 1990 gültigen Fassung,[3] die wie folgt lautete:

> „§ 20 Höhe der Altersentschädigung
>
> Die Altersentschädigung beträgt bei einer Mitgliedschaft von sechs Jahren fünfundzwanzig vom Hundert der Entschädigung nach § 11 Abs. 1. Sie erhöht sich für jedes weitere Jahr der Mitgliedschaft bis zum sechzehnten Jahr um fünf vom Hundert. Die Zeit der Wahrnehmung der Ämter des Präsidenten und seiner Stellvertreter wird der Berechnung der Altersentschädigung nach Satz 1 und 2 mit der Entschädigung nach § 11 einschließlich der Amtszulage zugrunde gelegt. § 18 Abs. 1 letzter Satz gilt entsprechend."

2. Bemessungsgröße der Altersentschädigung (Satz 1)

2.1 Aktuelles Recht

Nach § 20 Satz 1 bemisst sich die Altersentschädigung nach der monatlichen Abgeordnetenentschädigung in § 11 Abs. 1 (seit dem 1. Januar 2001 13.200 DM, s. dazu 2. 2 zu § 11). Über diese Koppelungsregelung nehmen die Versorgungsempfänger an allen Entwicklungen der Abgeordnetenentschädigung in vollem Umfang

---

[2] I.e. die des Elften Änderungsgesetzes vom 18. Dezember 1989, BGBl. I S. 2210.
[3] I.e. die Ursprungsfassung des Gesetzes zur Neuregelung der Rechtsverhältnisse der Mitglieder des Deutschen Bundestages vom 18. Februar 1977, BGBl. I S. 297.

teil. Jede Erhöhung der Abgeordnetenentschädigung wirkt sich damit unmittelbar auch bei den Versorgungsempfängern aus.

2.2 Übergangsrecht

5 Für Anspruchsberechtigte, deren Altersversorgung sich nach Übergangsrecht bestimmt (oben 1.2 und 1.3) gilt gemäß § 35 a Abs. 2 Satz 1 statt der Abgeordnetenentschädigung nach § 11 ein fiktiver Bemessungsbetrag. Dieser beträgt nach § 35 a Abs. 2 Satz 2 seit dem 1. Januar 2001 11.868 DM (vgl. dazu näher 3. zu § 35 a).

6 Weil auch dieser fiktive Bemessungsbetrag für die Altersentschädigung nicht statisch ist, nehmen die nach Übergangsrecht Versorgungsberechtigten ebenfalls an der Entwicklung der finanziellen Ausstattung der Abgeordneten teil, wenn auch nicht mehr in vollem Umfang, wie dies noch vor Einführung des § 35 a mit dem Neunzehnten Änderungsgesetz nach § 20 Satz 1 in der bis zum 20. Dezember 1990 bzw. bis zum 22. Dezember 1995 geltenden Fassung der Fall war, sondern zunächst nur annähernd zur Hälfte,[4] seit dem Zweiundzwanzigsten Gesetz zur Änderung des Abgeordnetengesetzes vom 19. Dezember 2000 wieder zu 75 vom Hundert[5] (s. 3. zu § 35 a).[6]

3. Steigerungssatz (Satz 2)

7 Die Höhe der Altersentschädigung hängt von der Dauer der Parlamentszugehörigkeit ab. In diesem Grundprinzip unterscheiden sich aktuelles Recht und Übergangsregelungen nicht, wohl aber in der Ausgestaltung der Steigerungssätze und der daraus resultierenden höchstmöglichen Versorgung.

3.1 Aktuelles Recht

8 Nach § 20 Satz 2 beträgt der Steigerungssatz für jedes Jahr bis zum 23. Jahr der Mitgliedschaft drei vom Hundert der Abgeordnetenentschädigung nach § 11 Abs. 1.[7] Daraus errechnet sich eine Mindestversorgung von 24 vom Hundert und eine Höchstversorgung von 69 vom Hundert.

9 Diese mit dem Neunzehnten Änderungsgesetz eingeführte Neuregelung ist Bestandteil der im Hinblick auf die vielfache öffentliche Kritik an einer „Überversorgung" der Abgeordneten[8] beschlossenen Einschnitte, die allerdings nur den in 1.1 genannten Adressatenkreis erfassen.

---

4 Vgl. Begründung zu § 35 a in der Fassung des Art. 2 Nr. 16 des Entwurfs eines Gesetzes zur Neuregelung der Rechtsstellung der Abgeordneten, BT-Drs. 13/3121, S. 13.
5 Vgl. Entwurf eines Zweiundzwanzigsten Gesetzes zur Änderung des Abgeordnetengesetzes vom 10. Oktober 2000, Begründung zu § 35 a, BT-Drs. 14/4241, S. 4.; BGBl. I S. 1754.
6 Die nur noch hälftige Teilhabe von Versorgungsempfängern nach dem Übergangsrecht an der Entwicklung der Abgeordnetenentschädigung war Gegenstand einer vom Verwaltungsgericht Köln rechtskräftig abgewiesenen Klage (Urteil vom 21. April 1999 – 3 K 1797/96 –, nicht veröffentlicht).
7 Kritisch zur Höhe des Steigerungssatzes *Welti F.*, Die soziale Sicherung der Abgeordneten des Deutschen Bundestages, der Landtage und der deutschen Abgeordneten im Europäischen Parlament, Berlin 1998, S. 309 ff., m.w.N. Ein sachlicher Grund für über 2,5% liegende Steigerungssätze sei nicht erkennbar.
8 Vorlage der Rechtsstellungskommission vom 16. Juni 1995 an den Ältestenrat, BT-Drs. 13/1803, Anlage 2, S. 13; vgl. dazu auch oben 7.1 zu § 19.

In der Begründung zum Gesetzentwurf heißt es dazu nur knapp: **10**

„§ 20 Satz 2 der Neufassung sieht eine lineare Steigerung der Altersentschädigung um 3 vom Hundert der Abgeordnetenentschädigung nach § 11 je Jahr der Mitgliedschaft bis zum 23. Jahr der Mitgliedschaft vor.

Diese Regelung folgt der von der Unabhängigen Kommission (Drucksache 12/5020, S. 15 und 25) empfohlenen Systematik und stellt andere denkbare Modelle, wie zum Beispiel solche mit degressiver Steigerung, zurück."[9]

Der Vorschlag einer linearen Steigerung geht tatsächlich auf die Empfehlung der **11** Kissel-Kommission zurück. Diese hatte indessen einen Steigerungssatz von nur 2,5 vom Hundert je Mitgliedsjahr bis zum 24. Jahr der Mitgliedschaft empfohlen. Die Höchstversorgung hätte danach bei 60 vom Hundert gelegen. Mit dieser Empfehlung hatte die Kissel-Kommission verschiedenen Aspekten Rechnung tragen wollen. Zum einen der Entwicklung in anderen Versorgungssystemen, weil auch dort 75 vom Hundert der Bezüge auch von Inhabern von Spitzenpositionen zunehmend selten erzielt würden. Und zum anderen sollten die Einschnitte dazu beitragen, der Gefahr einer Überalterung des Parlaments und der Verfestigung einer „Laufbahn" der Berufsparlamentarier vorzubeugen.[10]

Die Vorschläge der Kissel-Kommission zu Kürzungen bei der Altersversorgung der **12** Abgeordneten waren im Gesetzgebungsverfahren zum Neunzehnten Änderungsgesetz in Reinform nicht mehrheitsfähig. Sie gingen zu weit. Das, was im Gesetz schließlich seinen Niederschlag fand, ist eine Kompromisslösung und als solche auch nur bedingt geeignet, einer Überalterung des Parlaments oder der Verfestigung einer „Laufbahn" der Berufsparlamentarier wirksam vorzubeugen. Die nachstehenden Zahlen belegen eher, dass es unter Versorgungsaspekten zumal im Vergleich mit anderen Alterssicherungssystemen immer noch „lohnt", dem Parlament möglichst lange anzugehören.

Tabelle 1. Ansprüche auf Altersentschädigung nach aktuellem Recht

Mandatsdauer (Jahre)	8*	12	23**
01. 01. 2001	3.168 DM	4.752 DM	9.108 DM
01. 01. 2002	3.229 DM	4.843 DM	9.282 DM
01. 01. 2003	3.290 DM	4.935 DM	9.458 DM

* Mindestversorgung
** Höchstversorgung

3.2 Übergangsrecht

Für (ehemalige) Mitglieder, die dem Deutschen Bundestag am 22. Dezember 1995 **13** angehört haben (oben 1. 2) beträgt der Steigerungssatz bei ihrer Altersentschädigung in den ersten acht Jahren (rechnerisch) 4,375 vom Hundert[11] und ab dem

---

9 BT-Drs. 13/3121, S. 11f.
10 BT-Drs. 12/5020, S. 15.
11 Kritisch zur Sockelbetragsregelung und den anfänglichen Steigerungssätzen *Welti F.*, aaO, S. 307 f., m.w.N.

neunten bis zum 18. Jahr der Mitgliedschaft vier vom Hundert. Daraus ergibt sich eine Höchstversorgung von 75 vom Hundert.

14 Obwohl die Altersversorgung nach diesem Übergangsrecht an den fiktiven Bemessungsbetrag in § 35 a Abs. 2 anknüpft (oben 2. 2), der – jedenfalls nach dem geltenden Gesetz[12] – niedriger ist als die Abgeordnetenentschädigung, ergeben sich aufgrund der günstigeren Strukturen (höhere Steigerungssätze) nach Übergangsrecht bei kürzerer Mitgliedszeit zumeist deutlich höhere Versorgungsansprüche als nach neuem Recht, wie die nachfolgende Tabelle 2 im Vergleich zu Tabelle 1 belegt. Bei der Höchstversorgung allerdings nähern sich die Werte an. Inzwischen liegt die Höchstversorgung nach neuem Recht sogar über der nach Übergangsrecht.

Tabelle 2. Ansprüche auf Altersentschädigung nach Übergangsrecht

Mandatsdauer (Jahre)	8*	12	16/18**
01. 01. 2001	4.154 DM	6.053 DM	8.901 DM
01. 01. 2002	4.220 DM	6.150 DM	9.043 DM
01. 01. 2003	4.288 DM	6.247 DM	9.187 DM

* Mindestversorgung
** Höchstversorgung (16 Mitgliedsjahre für die Anspruchsberechtigten nach Anm. 1.3, 18 Mitgliedsjahre für diejenigen i.S.d. Anm. 1.2)

15 Für die (ehemaligen) Mitglieder, die die Voraussetzungen für eine Altersversorgung nach dem AbgG vor Inkrafttreten des Elften Änderungsgesetzes (20. Dezember 1990) erfüllt haben (oben 1. 3), gilt das oben Ausgeführte mit der Maßgabe entsprechend, dass bei ihnen der Steigerungssatz in den ersten sechs Jahren (rechnerisch) 4,16 vom Hundert und vom siebten bis zum 16. Jahr der Mitgliedschaft fünf vom Hundert beträgt. Daraus ergibt sich ebenfalls eine Höchstversorgung von 75 vom Hundert, allerdings schon nach 16 und nicht erst nach 18 Jahren der Mitgliedschaft.

4. Berücksichtigung der Zeit der Wahrnehmung der Ämter des Präsidenten und seiner Stellvertreter (Satz 3)

16 In allen eingangs zitierten Gesetzesfassungen des § 20 ist in Satz 3 bestimmt, dass die Zeit der Wahrnehmung der Ämter des Präsidenten und seiner Stellvertreter bei der Berechnung der Altersentschädigung mit der Abgeordnetenentschädigung (§ 11 Abs. 1) einschließlich der Amtszulage (§ 11 Abs. 2) zugrunde zu legen ist.

17 Der Anspruch eines ehemaligen Präsidenten oder Vizepräsidenten des Deutschen Bundestages auf Altersentschädigung setzt sich somit aus zwei Bestandteilen zusammen, der „normalen" Altersentschädigung als Abgeordneter (oben 2. und 3.)

---

[12] Der Ausschuss für Wahlprüfung, Immunität und Geschäftsordnung hat in seiner Beschlussempfehlung und seinem Bericht vom 6. Dezember 1995 zum Neunzehnten Änderungsgesetz bereits empfohlen, ab dem 1. Januar 1999 den fiktiven Bemessungsbetrag für die Altersentschädigung nach Übergangsrecht wieder in vollem Umfang an den Steigerungen der Abgeordnetenentschädigung teilnehmen zu lassen (BT-Drs. 13/3240, S. 20). Dem ist der Gesetzgeber mit dem Zweiundzwanzigsten Gesetz zur Änderung des Abgeordnetengesetzes vom 19. Dezember 2000 (BGBl. I S. 1754), das eine Teilhabe zu 75 vom Hundert vorsieht, ein Stück gefolgt.

zuzüglich eines Betrages, der sich daraus bei anteiliger Berücksichtigung der Amtsjahre als Präsident nach der Formel

$$\frac{\text{Anzahl der Amtsjahre} \times \text{Altersentschädigung als Abgeordneter}}{\text{Anzahl der Mitgliedsjahre}}$$

oder als Vizepräsident nach der Formel **18**

$$\frac{\text{Anzahl der Amtsjahre} \times \text{Altersentschädigung als Abgeordneter}}{\text{Anzahl der Mitgliedsjahre}} : 2$$

ergibt.

5. Rundungsvorschriften (Satz 4)

§ 20 Satz 4 erklärt ebenso wie § 19 Satz 3 die Rundungsvorschrift des § 18 Abs. 1 **19** letzter Satz für entsprechend anwendbar. Das zu § 19 in 3. 1 Ausgeführte, auf das verwiesen wird, gilt deshalb auch hier. Außerdem gilt bei der Berechnung der Höhe der Altersentschädigung § 19 Satz 4 entsprechend (vgl. ebenfalls 3. 1 zu § 19).

6. EuAbgG

6.1 Nationales Recht

Gemäß § 10 b Satz 1 EuAbgG finden die Vorschriften des Fünften Abschnitts des **20** AbgG auf die Mitglieder des Europäischen Parlaments, die in der Bundesrepublik Deutschland gewählt worden sind, Anwendung. Das gilt auch für § 20. Auf die Anmerkungen 1. bis 6. kann deshalb Bezug genommen werden.

6.2 Europäisches Recht

Für Mitglieder des Europäischen Parlaments gilt neben dem nationalen auch eu- **21** ropäisches Recht. Für die in der Bundesrepublik Deutschland gewählten Europaabgeordneten ist in diesem Zusammenhang allerdings nur die zusätzliche freiwillige Altersversicherung nach der Anlage IX zur Kostenerstattungs- und Vergütungsregelung für die Mitglieder von Belang[13] (s.o. § 19 4. 2). Deshalb soll an dieser Stelle auch nur darauf eingegangen werden.[14]

Nach Art. 2 Abs. 1 der in Anlage IX niedergelegten „Regelung betreffend das zu- **22** sätzliche (freiwillige) Altersversorgungssystem" beträgt das Ruhegehalt für jedes vollständige Mandatsjahr 3,5% von 40% des Grundgehalts eines Richters beim Gerichtshof der Europäischen Gemeinschaften und für jeden vollen Monat 1/12 dieses Betrages. Der Höchstbetrag beläuft sich gemäß Art. 2 Abs. 2 auf 70%, der Mindestbetrag auf 10,5% von 40% des Grundgehalts eines Richters beim Gerichtshof der Europäischen Gemeinschaften. Nach Art. 2 Abs. 3 wird das Ruhegehalt in Euro berechnet und ausgezahlt. Art. 4 Nr. 1 sieht auch die Möglichkeit einer Einmalzahlung in Höhe von höchstens 25 vom Hundert des Ruhegehalts vor.[15]

---

13 Vom 2. Juli 2001 – PE 133.116 / QUEST / rev. XI / 7-2001 – DV\445055DE.doc, Anl. IX.
14 Zu den Reformüberlegungen im Zusammenhang mit der Schaffung eines einheitlichen Statuts für die Abgeordneten des Europäischen Parlaments vgl. 4. 2 zu § 19.
15 Zu den Anrechnungsbestimmungen beim Zusammentreffen von Versorgungsleistungen nach nationalem und nach europäischem Recht s.o. § 19 4. 2 und 4. 2. 5 und 6. zu § 29.

7. Landesrecht

23 Auch bei der Altersentschädigung der Landtagsabgeordneten ist Bemessungsgröße regelmäßig die Abgeordnetenentschädigung. Der Prozentsatz hiervon, der die Mindestversorgung darstellt, variiert zwischen 25% (Niedersachsen) und 35% (s.u. Tabelle 3).

Tabelle 3. Ansprüche der Landtagsabgeordneten auf Altersentschädigung[16]

Land	Mindestversorgung	Steigerungssatz*	Höchstversorgung
BadWürtt.	2.543 DM (30%)	3,5%	5.933 DM (70%)
Bay.	3.762 DM (35%)	4%	8.060 DM (75%)
Berl.[17]	2.020 DM (35%)	3%	3.982 DM (69%)
Bbg.	2.653 DM (33%)	3,5%	6.028 DM (75%)
Brem.	285 DM (6%)	3%	3.552 DM (75%)
Hbg.	85 DM (2%)	2%	**
Hess.	3.472 DM (29%)	3%	8.977 DM (75%)
MV.	2.452 DM (35%)	4%	5.253 DM (75%)
Nds.	2.585 DM (25%)	3,5%	7.755 DM (75%)
NW.	2.988 DM (33%)	3,5%	6.790 DM (75%)
RP.	3.143 DM (33%)	3,5%	6.476 DM (68%)
Saarl.	2.967 DM (35%)	4%	6.375 DM (75%)
Sachs.	2.700 DM (35%)	4%	5.784 DM (75%)
SachsAnh.	231 DM (3%)	3%	5.313 DM (69%)
SchlH.	2.688 DM (35%)	4%	5.760 DM (75%)
Thür.	2.089 DM (26%)	3%	6.024 DM (75%)

* je Jahr der weiteren Mitgliedschaft nach Erreichen der Mindestversorgung
** keine Regelung

24 Hamburg, Bremen und Sachsen-Anhalt stellen insoweit Ausnahmen dar. In Hamburg beträgt die Mindestmitgliedszeit für den Bezug von Altersentschädigung gemäß § 11 Abs. 1 Hbg.AbgG nur ein Jahr. In Verbindung mit dem Steigerungssatz nach § 11 Abs. 2 Hbg.AbgG ergibt sich daraus eine „Mindestversorgung" von 2% der Abgeordnetenentschädigung. In Bremen beträgt die Mindestmitgliedszeit nach § 12 Brem.AbgG zwei Jahre, so dass bei einem Steigerungssatz von 3% im Jahr der niedrigste Versorgungssatz bei 6% der Abgeordnetenentschädigung liegt. In Sachsen-Anhalt genügt theoretisch bereits ein Tag der Mitgliedschaft zum Erwerb des Mindestanspruches auf Altersversorgung in Höhe von 3% der Abgeordnetenentschädigung (§§ 17 und 18 SachsAnh.AbgG).

25 Die Steigerungssätze, um die sich die Ansprüche der Landtagsabgeordneten mit jedem weiteren Jahr der Mitgliedschaft bis zum Erreichen der Höchstversorgung erhöhen, reichen von 2% je Jahr (Hamburg) bis 4% je Jahr (Bayern, Mecklenburg-Vorpommern, Saarland, Sachsen und Schleswig-Holstein) (zu den übrigen Ländern vgl. o. Tabelle 3).

26 Danach sind Höchstversorgungen von überwiegend bis zu 75% der Abgeordnetenentschädigung erreichbar. Niedriger ist die Höchstversorgung nur in Baden-Würt-

---

16 Stand: April 2001.
17 Neues Recht ab der 14. Wahlperiode.

temberg (70%), Berlin und Sachsen-Anhalt (69%) und Rheinland-Pfalz (68%). Allein das Hbg.AbgG trifft keine Regelung zur Höchstversorgung. Sie erscheint auch entbehrlich, denn nach § 11 Abs. 2 Satz 1 Hbg.AbgG steigt der Anspruch auf Altersentschädigung zwar ohne zeitliche Limitierung, aber mit jedem Jahr der Mitgliedschaft nur um 2%.

Die bei Höchstversorgung erreichbaren Auszahlungsbeträge liegen – mit Ausnahme von Hessen – noch deutlich unter den Versorgungsbezügen der Abgeordneten des Deutschen Bundestages (s.o. Tabelle 3). 27

§ 21 Berücksichtigung von Zeiten in anderen Parlamenten

(1) Zeiten der Mitgliedschaft im Parlament eines Landes der Bundesrepublik Deutschland gelten auf Antrag als Zeiten der Mitgliedschaft im Sinne des § 19. Werden dadurch die Voraussetzungen für einen Anspruch nach diesem Gesetz erfüllt, so wird Altersentschädigung gezahlt.

(2) Für die Höhe der Altersentschädigung gilt § 20 für jedes Jahr der tatsächlichen Mitgliedschaft im Bundestag entsprechend.

(3) Zeiten der Mitgliedschaft in der Volkskammer der ehemaligen Deutschen Demokratischen Republik ab Annahme des Mandats nach den Wahlen zur 10. Volkskammer bis zum 2. Oktober 1990 gelten auf Antrag, der bis zum 30. Juni 1996 bei dem Präsidenten des Bundestages eingegangen sein muss (Ausschlussfrist), als Mitgliedszeit im Bundestag. § 18 Abs. 1 Satz 4 gilt entsprechend. Bei einer Antragstellung nach Satz 1 sind die während der dort genannten Zeit der Volkskammerzugehörigkeit aufgrund dieser Mitgliedschaft begründeten Rentenanwartschaften und -ansprüche rückabzuwickeln.

Parallelvorschriften im EuAbgG und in den Abgeordnetengesetzen der Länder:			
EuAbgG	§ 10 b		
BadWürtt.	§ 13	Nds.	§ 18
Bay.	Art. 14	NW.	§ 14
Berl.	§ 13	RP.	§ 13
Bbg.	§ 13	Saarl.	§ 13
Brem.	§ 14	Sachs.	§ 15
Hbg.	–	SachsAnh.	–
Hess.	§ 12	SchlH.	§ 19
MV.	§ 19	Thür.	§ 15

Übersicht

		Rdn.
1.	Allgemeines	1–3
2.	Berücksichtigung von Landtagszeiten dem Grunde nach (Abs. 1)	4–5
3.	Höhe der Altersentschädigung (Abs. 2)	6–7
4.	Beginn des Anspruches auf Altersentschädigung	8

5.	Berücksichtigung von Zeiten der Mitgliedschaft in der Volkskammer der ehemaligen Deutschen Demokratischen Republik (Abs. 3)	9–22
5.1	Entstehungsgeschichte	9–13
5.2	Berücksichtigungsfähige Mitgliedszeiten (Satz 1)	14–15
5.3	Antragserfordernis und Frist (Satz 1)	16
5.4	Rundungsvorschrift (Satz 2)	17
5.5	Rechtsfolgen der Anerkennung	18–19
5.6	Rückabwicklung von Rentenanwartschaften und -ansprüchen (Satz 3)	20–22
6.	EuAbgG	23
7.	Landesrecht	24–25

1. Allgemeines

1 Vorgängervorschrift des heutigen § 21 war § 7 a des Diätengesetzes 1968 in der Fassung des Art. I Nr. 2 des Gesetzes vom 22. Juni 1972.[1] So wie schon jene Bestimmung des Diätengesetzes 1968 soll § 21 denjenigen Parlamentariern, die die zeitlichen Voraussetzungen für eine Altersentschädigung nach diesem Gesetz (noch) nicht erfüllen, die aber außer ihren Mitgliedszeiten im Bundestag[2] auch Mitgliedszeiten im Parlament eines Bundeslandes nachweisen können, den Erwerb eines Anspruchs auf Altersentschädigung nach diesem Gesetz durch Anrechnung eben dieser Mitgliedszeiten auf Antrag ermöglichen.

2 In der Begründung zu § 19 des Entwurfs eines Gesetzes zur Neuregelung der Rechtsverhältnisse der Mitglieder des Deutschen Bundestages hieß es seinerzeit, dass in der Bestimmung der Grundgedanke zum Ausdruck komme, dass die Parlamentszeit in Land und Bund versorgungsrechtlich als Einheit gesehen werde, was konsequenterweise auch in den Anrechnungsbestimmungen zum Ausdruck komme.[3]

3 § 21 Abs. 3 wurde erst 1995 mit dem Neunzehnten Änderungsgesetz[4] angefügt, die Überschrift mit dem Zwanzigsten Änderungsgesetz vom 19. Juni 1996[5] neu gefasst.

---

1 BGBl. I S. 993.
2 Als Zeiten der Mitgliedschaft im Bundestag gelten gemäß § 10 b Satz 2 EuAbgG die Zeiten der Mitgliedschaft in Europäischen Parlament. Dazu zählen auch die Zeiten der Entsendung als Beobachter aus dem Gebiet der ehemaligen Deutschen Demokratischen Republik zum Europäischen Parlament ab dem Entsendebeschluss des Deutschen Bundestages vom 21. Februar 1991. Rechtsgrundlage hierfür ist die Vereinbarung zwischen der Bundesrepublik Deutschland und der Deutschen Demokratischen Republik zur Durchführung und Auslegung des am 31. August 1990 in Berlin unterzeichneten Vertrages zwischen der Bundesrepublik Deutschland und der Deutschen Demokratischen Republik über die Herstellung der Einheit Deutschlands – Einigungsvertrag – (Gesetz vom 23. September 1990, BGBl. II S. 885, 1239; in Kraft am 29. September 1990, BGBl. II S. 1360). Art. 3 Ziffer 2 lit. f dieser Vereinbarung bestimmt, dass die von der Volkskammer der Deutschen Demokratischen Republik in das Europäische Parlament entsandten Abgeordneten für die laufende Legislaturperiode (das war die 3. WP) des Europäischen Parlaments die Rechtsstellung eines Mitglieds des Europäischen Parlaments nach dem EuAbgG erhalten. Weil Art. 136 a (neu) GO-EP verlangte, dass die Benennung der Beobachter durch den Bundestag zu erfolgen hatte, ist für die Begründung der Rechtsstellung der Entsendebeschluss des Bundestages vom 21. Februar 1991 maßgeblich.
3 Vgl. BT-Drs. 7/5531, S. 20.
4 BGBl. I S. 1718.
5 BGBl. I S. 843.

2. Berücksichtigung von Landtagszeiten dem Grunde nach (Abs. 1)

Nach § 21 Abs. 1 Satz 1 gelten Zeiten der Mitgliedschaft im Parlament eines Landes der Bundesrepublik Deutschland auf Antrag als Mitgliedszeiten im Sinne des § 19. Die Berücksichtigung dieser Zeiten als Mitgliedszeiten im Bundestag erfolgt also nicht von Amts wegen. Die Anerkennung setzt vielmehr einen förmlichen Antrag voraus. Antragsberechtigt ist auch nur der jeweilige Abgeordnete selbst, weil dieser Anspruch ein höchstpersönlicher ist. Er kann insbesondere nicht von Hinterbliebenen nachträglich geltend gemacht werden. Es empfiehlt sich daher, sofern die tatbestandlichen Voraussetzungen vorliegen, den Antrag schon vorsorglich zu einem möglichst frühen Zeitpunkt zu stellen.

4

Die Anerkennung der Mitgliedszeiten im Landtag als Mitgliedszeiten im Bundestag kann nach Satz 2 zweierlei bewirken: Zum einen kann die Anerkennung dazu führen, dass der Abgeordnete nunmehr in zeitlicher Hinsicht die Mindestvoraussetzungen für einen Anspruch auf Altersentschädigung nach diesem Gesetz erfüllt. Dann hilft die Anerkennung über die „Achtjahreshürde" in § 19 Satz 1 hinweg. Die Anerkennung von Landtagszeiten kann aber auch zugleich zu einer Vorverlegung des Bezugszeitpunktes der Altersentschädigung nach § 19 Satz 2 beitragen. Nur eines bewirkt sie nie: Eine Veränderung der Höhe des Anspruches (s. dazu 3.).

5

3. Höhe der Altersentschädigung (Abs. 2)

Nach § 21 Abs. 2 gilt bei der Berechnung der Altersentschädigung im Falle der Anerkennung von Landtagszeiten § 20 für jedes Jahr der tatsächlichen Mitgliedschaft im Bundestag entsprechend. Die Höhe der Altersentschädigung bemisst sich also ausschließlich nach der Dauer der tatsächlichen Mitgliedschaft im Bundestag und diese muss wenigstens ein Jahr betragen. Ansonsten kommt ein Anspruch auf Altersentschädigung nicht in Betracht.

6

Nach neuem Recht gilt für die tatsächliche Mitgliedschaft im Bundestag der Steigerungssatz von drei vom Hundert der Abgeordnetenentschädigung (s.o. § 20 4. 1) je Jahr der tatsächlichen Mitgliedschaft, nach Übergangsrecht in den ersten acht Jahren von 4,375 und ab dem neunten Jahr von vier vom Hundert des fiktiven Bemessungsbetrages nach § 35 a Abs. 2 Satz 3 (vgl. § 20 4. 2).

7

4. Beginn des Anspruches auf Altersentschädigung

Gemäß § 32 Abs. 4 wird die Altersentschädigung vom Ersten des auf das anspruchsbegründende Ereignis folgenden Monats gewährt. Regelmäßig wird anspruchsbegründendes Ereignis die Vollendung des nach § 19 erforderlichen Lebensjahres sein. Ist hingegen diese Voraussetzung erfüllt und fehlt zum Entstehen des Anspruches nur noch der Anerkennungsantrag nach § 21 Abs. 1, so ist die Antragstellung anspruchsbegründendes Ereignis und wird Altersentschädigung vom Ersten des auf die Antragstellung folgenden Monats gewährt.

8

5. Berücksichtigung von Zeiten der Mitgliedschaft in der Volkskammer der ehemaligen Deutschen Demokratischen Republik (Abs. 3)

5.1 Entstehungsgeschichte

9 § 21 Abs. 3 wurde erst 1995 mit dem Neunzehnten Änderungsgesetz[6] in das Gesetz eingefügt. Der Gesetzgeber wollte mit dieser Bestimmung, die im Gesetzentwurf noch nicht enthalten war,[7] der historisch einmaligen Situation, in der die Abgeordneten der ersten freigewählten Volkskammer der ehemaligen Deutschen Demokratischen Republik den Weg zur Deutschen Einheit beschritten haben, durch Anerkennung dieser Mandatszeit als Mitgliedszeit im Deutschen Bundestag Rechnung tragen.[8]

10 Die Vorschrift, so wie sie schließlich Gesetz geworden ist, stellt den kleinsten gemeinsamen Nenner dar, auf den man sich im Zuge der Gesetzgebungsverfahren zum (gescheiterten) Achtzehnten und Neunzehnten Änderungsgesetz hat verständigen können. Schon im Zusammenhang mit den Überlegungen zum Achtzehnten Änderungsgesetz hatte die Kommission des Ältestenrates für die Rechtsstellung der Abgeordneten dafür plädiert, eine Sonderregelung bei der Altersentschädigung für ehemalige Mitglieder des Deutschen Bundestages einzuführen, die der letzten (10.) Volkskammer der ehemaligen DDR angehört haben. Da der Gesetzentwurf selbst hierzu noch keinen Vorschlag enthielt,[9] hatte die Rechtsstellungskommission angeregt, die Ausgestaltung einer solchen Regelung dem Geschäftsordnungsausschuss zu überlassen und zwar mit der ausdrücklichen Empfehlung, eine maßvolle, das Gesamtkonzept nicht in Frage stellende Regelung zu finden.

11 Die Botschaft ist zunächst anders verstanden worden. Jedenfalls sah die im Geschäftsordnungsausschuss beschlossene Regelung vor, dass ehemalige Mitglieder, die sowohl dem 12. Deutschen Bundestag als auch der 10. Volkskammer der DDR angehört hatten, bereits nach fünf Jahren Mandatszeit eine Altersentschädigung in Höhe von rund 22 vom Hundert des fiktiven Bemessungsbetrages nach § 35 a Abs. 2 Satz 3 erwerben sollten. Zum damaligen Zeitpunkt hätte dies einer Summe von annähernd 2.400 DM entsprochen.

12 Die öffentliche Reaktion hierauf erfolgte prompt. In den Medien wurde vehement gegen die „2400 Mark Extra-Rente für ehemalige Ost-Abgeordnete" zu Felde gezogen.[10] Ebenso rasch zog daraufhin der Geschäftsordnungsausschuss seinen Vorschlag zurück. In der Beschlussempfehlung und dem Bericht vom 19. September 1995 war er bereits nicht mehr enthalten.[11]

---

6 BGBl. I S. 1718.
7 Vgl. Entwurf eines Gesetzes zur Neuregelung der Rechtsstellung der Abgeordneten der Fraktionen der CDU/CSU und SPD, BT-Drs. 13/3121.
8 So die Beschlussempfehlung und der Bericht des Ausschusses für Wahlprüfung, Immunität und Geschäftsordnung vom 6. Dezember 1995, BT-Drs. 13/3240, S. 19.
9 Vgl. Entwurf eines Achtzehnten Gesetzes zur Änderung des Abgeordnetengesetzes und eines Fünfzehnten Gesetzes zur Änderung des Europaabgeordnetengesetzes der Fraktionen der CDU/CSU und SPD, BT-Drs. 13/1825.
10 Vgl. nur Süddeutsche Zeitung Nr. 211, S. 2 vom 12. September 1995.
11 Vgl. BT-Drs. 13/2340.

Fünfter Abschnitt
§ 21 Berücksichtigung von Zeiten in anderen Parlamenten

Nach dem Scheitern des Achtzehnten Änderungsgesetzes fand das vor allem von 13 Abgeordneten aus den neuen Bundesländern auch weiterhin verfolgte Anliegen bei den Überlegungen zu einem Neunzehnten Änderungsgesetz zunächst kein Gehör. Erst im Zuge der Beratungen im Geschäftsordnungsausschuss am 5. Dezember 1995 – drei Tage vor der Zweiten und Dritten Lesung des Gesetzentwurfes – wurde schließlich zuletzt doch noch Übereinstimmung erzielt, eine Regelung vorzuschlagen, wie sie dann auch ohne größere Aussprache im Plenum[12] Gesetz geworden ist.

5.2 Berücksichtigungsfähige Mitgliedszeiten (Satz 1)

Gemäß § 21 Abs. 3 Satz 1 sind Zeiten der Mitgliedschaft in der Volkskammer der 14 ehemaligen Deutschen Demokratischen Republik ab Annahme des Mandats nach den Wahlen zur 10. Volkskammer bis zum 2. Oktober 1990, dem Tag des Beitritts, berücksichtigungsfähig.

Da das seinerzeit in der DDR gültige Wahlrecht[13] eine „Annahme der Wahl" – wie 15 sie das Bundeswahlgesetz vorsieht – nicht kannte, sondern die Rechte und Pflichten der Volkskammerabgeordneten mit der Feststellung ihrer Wahl zur Volkskammer begannen[14], wurde statt dessen in der Verwaltungspraxis des Bundestages der Tag der Feststellung des endgültigen Wahlergebnisses durch die Wahlkommission der DDR, der 23. März 1990, als einheitlicher Stichtag für den Beginn der anrechenbaren Zeiten zugrunde gelegt.

5.3 Antragserfordernis und Frist (Satz 1)

Das Gesetz sieht in Satz 1 einen Antrag als Voraussetzung für die Berücksichtigung 16 von Volkskammerzeiten vor, der fristgebunden ist. Er musste bis zum 30. Juni 1996 beim Präsidenten des Bundestages eingegangen sein (Ausschlussfrist). In der Praxis wurde bei Versäumung der Frist, vor allem in Fällen höherer Gewalt, allerdings wiederholt unter Anlegung eines großzügigen Maßstabes Nachsicht gewährt. Antragsbefugt waren alle 409 Abgeordneten der 10. Volkskammer.[15]

5.4 Rundungsvorschrift (Satz 2)

Nach § 21 Abs. 3 Satz 2 gilt § 18 Abs. 1 Satz 4 entsprechend. Das bedeutet, dass eine 17 Mitgliedschaft in der Volkskammer in dem genannten Zeitraum von mehr als einem halben Jahr wie ein Jahr Mitgliedschaft im Bundestag angerechnet wird. Diese bundesgesetzliche Vorschrift bindet auch die Länder. Soweit dort auf Antrag Mitgliedszeiten im Deutschen Bundestag oder im Europäischen Parlament als Mitgliedszeiten im Landtag anerkannt werden (s. u. 6.), ist die in § 21 Abs. 3 Satz 1 genannte Volkskammerzeit nach Anerkennung als einjährige Mitgliedszeit im Deutschen Bundestag zu berücksichtigen. Eine Doppelanrechnung der Volkskammerzeit darf dabei allerdings nicht erfolgen (s. dazu u. Rdn. 25).

---

12 Vgl. Sten.Ber. 78. Sitzung vom 8. Dezember 1995, S. 6883 und 6885 f.
13 Gesetz über die Wahlen zur Volkskammer der Deutschen Demokratischen Republik am 18. März 1990 vom 20. Februar 1990, Gesetzblatt Teil I Nr. S. 60.
14 Vgl. § 41 Abs. 1 Satz 1 dieses Gesetzes.
15 S. auch *Hausmann Ch.*, Biographisches Handbuch der 10. Volkskammer der DDR 1990, Köln/Weimar, 1999.

Fünfter Abschnitt
Leistungen an ehemalige Mitglieder des Bundestages und ihre Hinterbliebenen

5.5 Rechtsfolgen der Anerkennung

18 (Nur-)Mitglieder der 10. Volkskammer haben nach erfolgter Anerkennung ihrer Mitgliedszeiten Anspruch auf Versorgungsabfindung nach Maßgabe des § 23. Sie sind außerdem berechtigt, Anträge auf Unterstützung im Rahmen des § 28 zu stellen.

19 Bei ehemaligen Mitgliedern der 10. Volkskammer, die später auch Mitglied des Bundestages wurden, können sich abhängig von der Dauer der Bundestagszugehörigkeit neben den genannten Ansprüchen auch solche auf Übergangsgeld und Altersentschädigung ergeben. Im Unterschied zu den Landtagszeiten, können Volkskammerzeiten in diesem Zusammenhang sowohl anspruchsbegründend als auch anspruchserhöhend wirken (zum Entstehen des Anspruches auf Altersentschädigung s.o. 4.).

5.6 Rückabwicklung von Rentenanwartschaften und -ansprüchen (Satz 3)

20 Die Mitglieder der 10. Volkskammer waren gemäß § 9 Abs. 1 des Gesetzes über Rechtsverhältnisse der Abgeordneten der Volkskammer der Deutschen Demokratischen Republik vom 31. Mai 1990[16] für die Dauer ihrer Mitgliedschaft in der Sozialversicherung der Arbeiter und Angestellten und in der freiwilligen Zusatzrentenversicherung der Sozialversicherung – FZR – versichert. Die Gesamtbeiträge hierfür übernahm die Volkskammer. Für die nach § 21 Abs. 3 relevante Zeitspanne vom 23. März 1990 bis zum 2. Oktober 1990 wurden demnach mit öffentlichen Geldern zugunsten der Volkskammerabgeordneten Rentenanwartschaften begründet.

21 Weil Renten aus der gesetzlichen Rentenversicherung nach der Rechtsprechung des Bundesverfassungsgerichts Leistungen aus öffentlichen Kassen sind,[17] sind sie nach § 21 Abs. 3 Satz 3 bei erfolgter Anerkennung der Volkskammerzeiten rückabzuwickeln, weil sonst derselbe Zeitraum gleich zweimal bei Versorgungsleistungen aus öffentlichen Kassen Berücksichtigung fände, bei der Rente und bei Versorgungsleistungen nach dem AbgG. Dies aber hätte dem Verbot der Doppelalimentation widersprochen.[18]

22 Im Zuge der Rückabwicklung wird das ehemalige Mitglied der Volkskammer rentenrechtlich so gestellt, als habe in dem genannten Zeitraum keine Sozialversicherungspflicht bestanden und seien keine Beitragszahlungen hierfür erfolgt.[19]

6. EuAbgG

23 Gemäß § 10b Satz 1 EuAbgG finden die Vorschriften des Fünften Abschnitts des AbgG auf die Mitglieder des Europäischen Parlaments, die in der Bundesrepublik

---

[16] Gesetzblatt Teil I Nr. 30 S. 274.
[17] Vgl. Beschluss des BVerfG vom 30. September 1987 – 2 BvR 933 / 82 –, BVerfGE 76, 257, 343.
[18] Vgl. dazu BVerfG aaO.
[19] Das Verfahren im Einzelnen ist zwischen der Verwaltung des Deutschen Bundestages und dem Verband Deutscher Rentenversicherungsträger auf der Grundlage eines Vermerks vom 2. April 1996 (nicht veröffentlicht) abgestimmt worden.

Deutschland gewählt worden sind, Anwendung. Das gilt auch für § 21. Auf die Anmerkungen 1. bis 4. kann deshalb verwiesen werden.

7. Landesrecht

In den meisten Bundesländern – mit Ausnahme von Hamburg und Sachsen-Anhalt – gibt es dem § 21 vergleichbare Regelungen. Dort werden auf Antrag jedenfalls Mitgliedszeiten im Deutschen Bundestag oder im Parlament eines anderen Bundeslandes anerkannt, überwiegend auch Mitgliedszeiten im Europäischen Parlament. Letzteres gilt allerdings nicht in den Bundesländern Mecklenburg-Vorpommern und Schleswig-Holstein. Hier sollte das Landesrecht angepasst werden.

24

Die Mitgliedszeit in der 10. Volkskammer der DDR wird ausdrücklich anerkannt in den Abgeordnetengesetzen der Bundesländer Mecklenburg-Vorpommern, Sachsen, Sachsen-Anhalt und Thüringen. Hier wird darauf zu achten sein, dass keine Doppelanrechnung in den Fällen erfolgt, in denen ein früherer Volkskammerabgeordneter diese Mandatszeit bereits als Bundestagszeit hat anerkennen lassen. Soweit die Länder insoweit keine eigenständige Regelung getroffen haben, können Mitgliedszeiten in der 10. Volkskammer aber jedenfalls nach erfolgter Anerkennung als Bundestagszeit als solche berücksichtigt werden (vgl. auch o. Rdn. 17).

25

§ 22 Gesundheitsschäden

(1) Hat ein Mitglied während seiner Zugehörigkeit zum Bundestag ohne sein grobes Verschulden Gesundheitsschäden erlitten, die seine Arbeitskraft dauernd und so wesentlich beeinträchtigen, dass es sein Mandat und bei seinem Ausscheiden aus dem Bundestag die bei seiner Wahl zum Bundestag ausgeübte oder eine andere zumutbare Tätigkeit nicht mehr ausüben kann, so erhält es unabhängig von den in § 19 vorgesehenen Voraussetzungen auf Antrag vom Monat der Antragstellung an eine Altersentschädigung, deren Höhe sich nach § 20 richtet, mindestens jedoch dreißig vom Hundert der Abgeordnetenentschädigung nach § 11 Abs. 1. Ist der Gesundheitsschaden infolge eines Unfalls eingetreten, so erhöht sich der Bemessungssatz nach § 20 um zwanzig vom Hundert bis höchstens neunundsechzig vom Hundert.

(2) Erleidet ein ehemaliges Mitglied des Bundestages, das unabhängig vom Lebensalter die Voraussetzung der Mitgliedschaftsdauer nach § 19 erfüllt, Gesundheitsschäden im Sinne des Absatzes 1, so erhält es Altersentschädigung, deren Höhe sich nach § 20 richtet.

(3) Die Gesundheitsschädigung ist durch das Gutachten einer öffentlich-rechtlichen Krankenanstalt nachzuweisen. Das Gutachten wird ersetzt durch den Bescheid über Rente wegen Erwerbsminderung, Berufs- oder Erwerbsunfähigkeit oder durch den Bescheid über Dienstunfähigkeit im Sinne des Beamtenrechts.

240 Fünfter Abschnitt
Leistungen an ehemalige Mitglieder des Bundestages und ihre Hinterbliebenen

Parallelvorschriften im EuAbgG und in den Abgeordnetengesetzen der Länder:			
EuAbgG	§ 10 b		
BadWürtt.	§ 14	Nds.	§ 20 a
Bay.	Art. 15	NW.	§ 15
Berl.	§ 14	RP.	§ 14
Bbg.	§ 14	Saarl.	§ 14
Brem.	§ 15	Sachs.	§ 16
Hbg.	§ 12	SachsAnh.	§ 20
Hess.	§ 13	SchlH.	§ 20
MV.	§ 20	Thür.	§ 16

Literatur: *Welti F.*, Die soziale Sicherung der Abgeordneten des Deutschen Bundestages, der Landtage und der deutschen Abgeordneten im Europäischen Parlament, Berlin, 1998.

Übersicht

		Rdn.
1.	Allgemeines	1–8
2.	Berufs- und Mandatsunfähigkeit während der Zugehörigkeit zum Bundestag (Abs. 1)	9–25
2.1	Regelfall (Satz 1)	9–22
2.1.1	Berufs- und Mandatsunfähigkeit	10–15
2.1.2	Verschulden	16
2.1.3	Dispens von den in § 19 vorgesehenen Voraussetzungen	17
2.1.4	Höhe der Altersentschädigung	18–20
2.1.5	Entstehen des Anspruches	21–22
2.2	Unfallbedingter Gesundheitsschaden (Satz 2)	23–25
3.	Berufsunfähigkeit nach dem Ausscheiden aus dem Bundestag (Abs. 2)	26–28
4.	Nachweis der Gesundheitsschädigung (Abs. 3)	29–30
5.	Übergangsrecht	31–34
6.	EuAbgG	35–40
7.	Landesrecht	41

1. Allgemeines

1 § 22 in seiner heutigen Fassung geht im Wesentlichen auf § 20 in der Fassung des Entwurfs eines Gesetzes zur Neuregelung der Rechtsverhältnisse der Mitglieder des Deutschen Bundestages[1] und § 22 in der Fassung des Vorschlags des 2. Sonderausschusses[2] zurück.

2 Die Regelung trat an die Stelle der bis dahin geltenden Unfallversicherung nach § 11 des Diätengesetzes 1968.[3] Die bisherige Unfallversicherung sollte entfallen, weil neben der Alimentation kein Raum mehr für eine Versicherung gesehen wurde.[4] Dabei war übrigens zunächst nicht vorgesehen, auch solche Gesundheitsschäden zu erfassen, die nicht während der Mitgliedszeit im Bundestag eintreten. Dies deshalb, weil die Mitgliedschaft im Bundestag aufgrund ihrer Eigenart bei der Versorgung

---

1 BT-Drs. 7/5525, S. 6.
2 BT-Drs. 7/5903, S. 32.
3 Vgl. Begründung zu § 20 des Gesetzentwurfs, BT-Drs. 7/5531, S. 20.
4 Vgl. Begründung des 2. Sonderausschusses zu § 22, BT-Drs. 7/5903, S. 13.

als besonderer Abschnitt gegenüber anderen Berufsabschnitten behandelt werden sollte.[5] Der 2. Sonderausschuss griff dann aber den Vorschlag auf, wie nach § 8 Abs. 2 des Diätengesetzes 1968 auch bei Eintritt eines Gesundheitsschadens nach dem Ausscheiden aus dem Bundestag Altersentschädigung zu gewähren.[6]

Die um 20 vom Hundert höhere Altersentschädigung bei der Unfallhinterbliebenenversorgung orientiert sich an den um denselben Faktor höheren Sätzen der Unfallversorgung des damaligen § 140 BBG (heute § 36 Abs. 3 Satz 1 BeamtVG).[7]   3

Abs. 3 wurde dem Gesetz mit dem Siebten Änderungsgesetz vom 16. Januar 1987[8]   4
angefügt. Bis zu diesem Zeitpunkt beruhte das Verfahren für die Feststellung von Gesundheitsschäden auf einer Anordnung des Präsidenten vom 30. Oktober 1968. In der Begründung des Gesetzentwurfs eines Siebten Änderungsgesetzes hieß es, das Verfahren solle jetzt im Gesetz geregelt werden, um (nicht näher erläuterte) Schwierigkeiten in der praktischen Durchführung zu vermeiden.[9] Der Nachweis der Gesundheitsschädigung auch durch den Bescheid über Rente wegen Erwerbsminderung – neben den anderen im Gesetz genannten – wurde in Angleichung an Änderungen im Recht der Sozialversicherung – mit Wirkung vom 1. Januar 2001 eingeführt.[10]

Die letzte größere inhaltliche Korrektur des § 22 erfolgte mit dem Neunzehnten   5
Gesetz zu Änderung des Abgeordnetengesetzes vom 15. Dezember 1995.[11] Mit dieser Gesetzesänderung wurde § 22 der neuen Struktur der Altersentschädigung nach § 20 angepasst.[12]

Nach Übergangsrecht (§ 35 a Abs. 1) gilt die Norm jedoch auch in ihrer alten Fassung   6
fort, die folgenden Wortlaut hat:

„§ 22   Gesundheitsschäden

(1) Hat ein Mitglied während seiner Zugehörigkeit zum Bundestag ohne sein grobes Verschulden Gesundheitsschäden erlitten, die seine Arbeitskraft dauernd und so wesentlich beeinträchtigen, dass es sein Mandat und bei seinem Ausscheiden aus dem Bundestag die bei seiner Wahl zum Bundestag aus-

---

5   So die Begründung zu § 20 des Gesetzentwurfs, BT-Drs. 7/5531, S. 20.
6   Vgl. Begründung des 2. Sonderausschusses zu § 22, BT-Drs. 7/5903, S. 14.
7   Vgl. Begründung zu § 20 des Gesetzentwurfs, BT-Drs. 7/5531, S. 20.
8   BGBl. I S. 143.
9   Vgl. Begründung zum Entwurf eines Siebten Gesetzes zur Änderung des Abgeordnetengesetzes, BT-Drs. 10/5734, S. 7.
10   Die Geschichte dieser Gesetzesänderung sagt einiges über die Qualität der Gesetzgebung im Sozialrecht aus. Zunächst sah Art. 18 des Gesetzes vom 16. Dezember 1997, BGBl. I S. 2998, die Rechtsänderung vor. Mit Art. 1 § 1 des Gesetzes zu Korrekturen in der Sozialversicherung und zur Sicherung der Arbeitnehmerrechte vom 19. Dezember 1998, BGBl. I S. 3843 wurde der Zeitpunkt des In-Kraft-Tretens auf den 1. Januar 2001 verschoben. Mit Art. 22 des Gesetzes zur Reform der Renten wegen verminderter Erwerbsfähigkeit vom 20. Dezember 2000, BGBl. I S. 1827, wurde Art. 18 des zuerst genannten Gesetzes zunächst aufgehoben. Weil dieses Ergebnis materiell offenbar aber nicht gewollt war, hat der Gesetzgeber den gerade erst aufgehobenen Gesetzesbefehl in Art. 13 des Gesetzes vom 20. Dezember 2000 erneut ausgesprochen. Auch der Tag des In-Kraft-Tretens – 1. Januar 2001 – ist nach Art. 24 Abs. 1 dieses Gesetzes unverändert geblieben.
11   BGBl. I S. 1718.
12   Vgl. Begründung zum Entwurf eines Gesetzes zur Neuregelung der Rechtsstellung der Abgeordneten, BT-Drs. 13/3121, S. 12.

geübte oder eine andere zumutbare Tätigkeit nicht mehr ausüben kann, so erhält es unabhängig von den in § 19 vorgesehenen Voraussetzungen auf Antrag vom Monat der Antragstellung an eine Altersentschädigung, deren Höhe sich nach § 20 richtet, mindestens jedoch fünfunddreißig vom Hundert der Entschädigung nach § 11 Abs. 1. Ist der Gesundheitsschaden infolge eines Unfalls eingetreten, so erhöht sich der Bemessungssatz nach § 20 um zwanzig vom Hundert bis höchstens fünfundsiebzig vom Hundert.

(2) Erleidet ein ehemaliges Mitglied des Bundestages, das unabhängig vom Lebensalter die Voraussetzung der Mitgliedschaftsdauer nach § 19 erfüllt, Gesundheitsschäden im Sinne des Absatzes 1, so erhält es Altersentschädigung, deren Höhe sich nach § 20 richtet.

(3) Die Gesundheitsschädigung ist durch das Gutachten einer öffentlich-rechtlichen Krankenanstalt nachzuweisen. Das Gutachten wird ersetzt durch den Bescheid über Rente wegen Berufs- oder Erwerbsunfähigkeit oder durch den Bescheid über Dienstunfähigkeit im Sinne des Beamtenrechts."

7 Die Altersentschädigung wegen Gesundheitsschadens war auch Gegenstand der Überprüfungen durch die Kissel-Kommission gewesen. Diese hat das derzeitige System der Absicherung gegen Berufs- und Mandatsunfähigkeit als sachgerecht begrüßt und empfohlen, es beizubehalten.[13]

8 Weil Abgeordnete nicht in die allgemeinen sozialen Sicherungssysteme eingebunden sind, haben sie keinen Anspruch auf Versicherungsschutz bei Dienst- und Wegeunfällen in Ausübung des Mandats.[14] Gesundheitsschäden, die nicht bei Fremdverschulden vom Schädiger oder dessen Versicherung zu erstatten sind, müssen über die eigene Krankenversicherung ggf. zusätzlich über die Beihilfe abgegolten werden. Für Auslandsreisen empfiehlt sich daher der Abschluss einer Auslandskrankenversicherung, deren Kosten bei Dienstreisen im Rahmen der Reisekostenabrechnung erstattet werden können. Sachschäden, für die kein Dritter aufzukommen hat, können in bestimmten Fällen über § 28 ersetzt werden.[15]

2. Berufs- und Mandatsunfähigkeit während der Zugehörigkeit zum Bundestag (Abs. 1)

2.1 Regelfall (Satz 1)

9 Nach § 22 Abs. 1 Satz 1 erhält ein Mitglied des Bundestages unabhängig von den in § 19 vorgesehenen Voraussetzungen auf Antrag vom Monat der Antragstellung an eine Altersentschädigung, deren Höhe sich nach § 20 richtet, mindestens jedoch dreißig vom Hundert der Abgeordnetenentschädigung nach § 11 Abs. 1, wenn es ohne grobes Verschulden Gesundheitsschäden erlitten hat, die seine Arbeitskraft so wesentlich beeinträchtigen, dass es sein Mandat und bei seinem Ausscheiden aus

---

[13] Vgl. Bericht und Empfehlung der Unabhängigen Kommission zur Überprüfung des Abgeordnetenrechts vom 3. Juni 1993, BT-Drs. 12/5020, S. 16.
[14] Vgl. auch *Welti F.*, Die soziale Sicherung der Abgeordneten des Deutschen Bundestages, der Landtage und der deutschen Abgeordneten im Europäischen Parlament, Berlin, 1998, S. 339.
[15] Ausführlich dazu Informationen für Abgeordnete, „Betrifft: Leistungen an Abgeordnete in Schadensfällen", hrsg. Deutscher Bundestag – Verwaltung, Referat ZA 1.

dem Bundestag die bei seiner Wahl zum Bundestag ausgeübte oder eine andere zumutbare Tätigkeit nicht mehr ausüben kann. Die bloße Mandatsunfähigkeit reicht zur Anspruchsbegründung also nicht aus. Es muss zusätzlich der Nachweis erbracht werden, dass aus gesundheitlichen Gründen der frühere Beruf oder eine andere zumutbare Tätigkeit nicht mehr ausgeübt werden können. Ein mandatsunfähiger Abgeordneter, der seinen früheren oder einen anderen zumutbaren Beruf aus anderen als gesundheitlichen Gründen, z.B. wegen Erreichens der Altersgrenze, nicht mehr ausüben kann, wird von § 22 Abs. 1 nicht erfasst.

2.1.1 Berufs- und Mandatsunfähigkeit

Erste Voraussetzung ist also ein während der Mitgliedschaft im Bundestag eingetretener Gesundheitsschaden, der so erheblich ist, dass er die Mandats-, Berufs- und Erwerbsunfähigkeit bzw. Erwerbsminderung des Abgeordneten zur Folge hat. Die Beweislast hierfür liegt beim Antragsteller. 10

Das Gesetz selbst sagt in Abs. 1 nichts darüber aus, wann diese Tatbestandsmerkmale erfüllt sind. Weil aber nach Abs. 3 der Nachweis u.a. durch die im dortigen Satz 2 genannten Bescheide geführt werden kann, ist es nahe liegend, jedenfalls für die Frage der Berufs- und Erwerbsunfähigkeit bzw. der Erwerbsminderung an die hierfür im Sozialversicherungsrecht geltenden Maßstäbe anzuknüpfen.[16] 11

Mandatsunfähig ist ein Abgeordneter, wenn er die mit seinem Amt typischerweise und regelmäßig verbundenen politischen Aufgaben vielfältigster Art im Parlament und seinen Untergliederungen, in der Fraktion und Partei sowie im Wahlkreis nicht mehr in ausreichendem Umfang wahrnehmen kann. Bei der gutachtlichen Bewertung dieses Sachverhaltes wird auch zu berücksichtigen sein, dass der Umfang der Inanspruchnahme eines Abgeordneten durch das Mandat so stark gewachsen ist, dass er seine Verpflichtungen keinesfalls mit der im Arbeitsleben sonst üblichen Regelarbeitszeit bewältigen kann.[17] 12

Berufsunfähig ist ein Abgeordneter, dessen Erwerbsfähigkeit wegen Krankheit oder Behinderung auf weniger als die Hälfte derjenigen von körperlich, geistig und seelisch gesunden Arbeitnehmern mit ähnlicher Ausbildung und gleichwertigen Kenntnissen und Fähigkeiten gesunken ist, wobei Maßstab für die Erwerbsfähigkeit auch die Tätigkeiten sind, die ihm seinem Leistungsvermögen, seinen Fähigkeiten und seinem beruflichen Werdegang nach zumutbar sind (vgl. § 43 Abs. 2 SGB VI). Dieser Aspekt wird in Abs. 1 Satz 1 durch den Hinweis auf „andere zumutbare Tätigkeiten" besonders betont. 13

Erwerbsunfähigkeit liegt vor, wenn der Abgeordnete wegen Krankheit oder Behinderung auf nicht absehbare Zeit außerstande ist, eine Erwerbstätigkeit in gewisser Regelmäßigkeit auszuüben oder ein mehr als nur geringfügiges Arbeitsentgelt oder Arbeitseinkommen zu erzielen (vgl. § 44 Abs. 2 SGB VI). Weil viele Abgeordnete vor ihrer Wahl in den Bundestag eine selbständige Tätigkeit ausgeübt haben, erscheint der Hinweis angebracht, dass die Ausübung einer selbständigen Tätigkeit der Annahme der Erwerbsunfähigkeit entgegensteht (§ 44 Abs. 2 Satz 2 SGB VI). 14

---

16 Anders *Welti F.*, aaO, S. 340.
17 Vgl. BVerfGE 40, 296, 312.

15 Der zur Berufs- und Mandatsunfähigkeit führende Gesundheitsschaden muss *während* der Zugehörigkeit zum Bundestag eingetreten sein. Abs. 1 Satz 1 schreibt dies zwingend vor. Gesundheitsschäden, die erst nach dem Ausscheiden aus dem Parlament eintreten, sind ausschließlich nach Maßgabe des Abs. 2 zu beurteilen. Nicht entscheidend ist hingegen in diesem Zusammenhang der Zeitpunkt der Feststellung des Gesundheitsschadens. Auch ein Gesundheitsschaden, der während der Zugehörigkeit zum Bundestag eingetreten ist, aber erst nach dem Ausscheiden des Mitglieds in der von Abs. 3 verlangten Form festgestellt wird, kann gleichwohl zu einem Anspruch nach Abs. 1 führen, sofern dessen materielle Voraussetzungen erfüllt sind. Insbesondere gegen Ende einer Wahlperiode sind solche Fallkonstellationen denkbar.

2.1.2 Verschulden

16 Der Gesundheitsschaden, der die Mandats-, Berufs- und Erwerbsunfähigkeit oder Erwerbsminderung zu Folge hat, darf ferner nicht auf ein grobes Verschulden des Betroffenen zurückzuführen sein. Ansonsten scheidet ein Anspruch nach § 22 aus. Verschulden ist auch in diesem Zusammenhang der Oberbegriff der Schuldformen Vorsatz und Fahrlässigkeit. Vorsatz, das Wissen und Wollen des gesundheitsschädigenden Erfolges einer Handlung, ist in jedem Fall als grobes Verschulden zu werten. Dasselbe gilt für grobe Fahrlässigkeit. Mangels anderweitiger Anhaltspunkte liegt es nahe, auch hier auf die herkömmliche Definition grober Fahrlässigkeit als Verletzung der im Verkehr erforderlichen Sorgfalt in besonders schwerem Maße[18] zurückzugreifen. Sie ist immer dann anzunehmen, wenn schon einfachste, ganz naheliegende Überlegungen nicht angestellt werden und nicht das beachtet wird, was im gegebenen Fall jedem einleuchten musste.[19]

2.1.3 Dispens von den in § 19 vorgesehenen Voraussetzungen

17 Wer die tatbestandlichen Voraussetzungen des § 22 Abs. 1 Satz 1 erfüllt, hat wegen der erlittenen Gesundheitsschäden unabhängig von den in § 19 normierten Voraussetzungen einen Anspruch auf Altersentschädigung. § 22 Abs. 1 gewährt damit eine Altersentschädigung, die weder ein bestimmtes Lebensalter noch eine bestimmte Mindestmitgliedszeit im Bundestag verlangt.

2.1.4 Höhe der Altersentschädigung

18 Im Regelfall bemisst sich die Höhe der Altersentschädigung wegen Gesundheitsschäden nach § 20, ist also grundsätzlich abhängig von dem vom Betroffenen bis zu dem schädigenden Ereignis erworbenen eigenen Anspruch auf Altersentschädigung.

19 Um für erforderlich gehaltene Mindeststandards nicht zu unterschreiten, sieht das Gesetz jedoch eine Mindestversorgung in Höhe von 30 vom Hundert der Abge-

---

[18] Vgl. *Heinrichs H.*, in: Palandt, Bürgerliches Gesetzbuch, 59. Aufl., München, 2000, § 277 Rdn. 2; *Hanau P.*, in: Münchener Kommentar zum Bürgerlichen Gesetzbuch, hrsg. von Rebmann K./Säcker F. J., 3. Aufl., München, 1994, C zu § 276; *Löwisch M.*, in: v. Staudinger J., Kommentar zum Bürgerlichen Gesetzbuch, 13. Bearbeitung, Berlin, 1995, § 276 Rn 83, jeweils m.w.N.
[19] Vgl. *Heinrichs H.*, aaO, m.w.N.

ordnetenentschädigung vor, was bei dem in § 20 Satz 1 enthaltenen Steigerungssatz einer Mitgliedszeit von zehn Jahren entspricht.

Der Vom-Hundert-Satz geht auf das Gesetzgebungsverfahren zum (gescheiterten) Achtzehnten Änderungsgesetz zurück. Ursprünglich sollte die Mindestversorgung nur 24 vom Hundert der Abgeordnetenentschädigung betragen, was der in § 19 Satz 1 vorgesehenen Mindestmitgliedschaft von acht Jahren entsprochen hätte.[20] Der Gesetzgeber des Neunzehnten Änderungsgesetzes hielt dies im Hinblick auf den mit der Bestimmung verfolgten sozialen Aspekt der Absicherung bei Berufs- und Mandatsunfähigkeit nicht für ausreichend und hat die Mindestversorgung unter Berufung auf einen entsprechenden Vorschlag der Kissel-Kommission[21] auf 30 vom Hundert angehoben.[22]

2.1.5 Entstehen des Anspruches

Nach § 22 Abs. 1 Satz 1 wird die Altersentschädigung wegen Gesundheitsschäden – abweichend von § 32 Abs. 4 – vom Monat der Antragstellung an gezahlt, da es sich um eine monatlich zu gewährende Leistung handelt, also vom ersten Tag des Monats der Antragstellung an. Der Gesundheitsschaden muss aber *während* der Zugehörigkeit des Mitglieds zum Bundestag eingetreten sein. Die Feststellung des Gesundheitsschadens kann gegebenenfalls auch später im Antragsverfahren erfolgen (s.o. 2.1.1). In diesem Fall wird die Altersentschädigung wegen Gesundheitsschäden nach der Feststellung des Gesundheitsschadens rückwirkend ab dem genannten Zeitpunkt gewährt.

Hat der mandatsunfähig gewordene Abgeordnete allerdings noch Anspruch auf Übergangsgeld nach § 18, so erhält er zunächst dieses. Der Anspruch auf Altersentschädigung nach § 22 ruht dann gemäß § 32 Abs. 5 während der Zeit, für die der Anspruch auf Übergangsgeld besteht.

2.2 Unfallbedingter Gesundheitsschaden (Satz 2)

Ist der zur Berufs- und Mandatsunfähigkeit führende Gesundheitsschaden infolge eines Unfalls eingetreten, so erhöht sich der Bemessungssatz nach Satz 2 um 20 vom Hundert, aber höchstens bis 69 vom Hundert.

Ein Unfall ist in diesem Zusammenhang ein auf äußerer Einwirkung beruhendes, plötzlich aufgetretenes, örtlich und zeitlich bestimmbares Ereignis, das die Gesundheitsschädigung verursacht hat. Das Abgeordnetengesetz des Bundes verlangt – im Unterschied zu manchem Landesabgeordnetengesetz – nicht, dass der Unfall in Ausübung oder infolge des Mandats eingetreten ist.

Bei unfallbedingter Gesundheitsschädigung erhält der Betroffene einen Bemessungsbetrag von der Abgeordnetenentschädigung, der um 20 vom Hundert höher ist als die bis dahin erworbene Altersentschädigung bzw. als die Mindestversorgung

---

20 Vgl. Begründung zu § 22 des Entwurfs eines Achtzehnten Gesetzes zur Änderung des Abgeordnetengesetzes und eines Fünfzehnten Gesetzes zur Änderung des Europaabgeordnetengesetzes, BT-Drs. 13/1825, S. 5f.
21 Vgl. BT-Drs. 12/5020, S. 16.
22 Vgl. Begründung zu § 22 des Entwurfs eines Gesetzes zur Neuregelung der Rechtsstellung der Abgeordneten, BT-Drs. 13/3121, S. 12.

von 30 vom Hundert nach Satz 1, insgesamt aber höchstens 69 vom Hundert, weil auch in einem solchen Fall der nach dem Gesetz mögliche Satz der Höchstversorgung (vgl. § 20 Satz 2) nicht überschritten werden soll.

3. Berufsunfähigkeit nach dem Ausscheiden aus dem Bundestag (Abs. 2)

26 Wenn ein ehemaliges Mitglied des Bundestages – nach seinem Ausscheiden – einen Gesundheitsschaden im Sinne des Abs. 1 (vgl. o. 2. 1. 1 und 2. 1. 2) erleidet, so erhält es unabhängig von seinem Lebensalter eine Altersentschädigung nur dann, wenn es die Voraussetzungen der Mitgliedschaftsdauer nach § 19 erfüllt, es also wenigstens einen Anspruch auf die Mindestaltersversorgung nach diesem Gesetz erworben hat. Es muss dem Bundestag deshalb regelmäßig wenigstens sieben Jahre und 183 Tage angehört haben, wobei Zeiten der Mitgliedschaft im Europäischen Parlament wie auch Zeiten der Mitgliedschaft in der 10. Volkskammer der ehemaligen Deutschen Demokratischen Republik, nicht aber Landtagszeiten, berücksichtigt werden können (vgl. dazu näher 3. 1 und 3. 2 zu § 19).

27 Liegen diese Voraussetzungen vor, so erhält das ehemalige Mitglied unabhängig von seinem Lebensalter ausschließlich die von ihm in der aktiven Mandatszeit erworbene Altersentschädigung, deren Höhe sich nach § 20 richtet. Erhöhte Mindestsätze wie nach Abs. 1 Satz 1 oder einen Zuschlag für unfallbedingte Gesundheitsschäden wie nach Abs. 1 Satz 2 gibt es für Ehemalige nicht. Das kann dazu führen, dass ein berufsunfähiges ehemaliges Mitglied des Bundestages mit der Mindestversorgung in Höhe von 24 vom Hundert der Abgeordnetenentschädigung auskommen muss, während das mandats- und berufsunfähige aktive Mitglied wenigstens 30 vom Hundert, bei Unfall sogar 50 vom Hundert der Abgeordnetenentschädigung erhält. Die Unfallfürsorge der Ehemaligen ist also deutlich schlechter.

28 Zum Entstehen des Anspruches nach Abs. 2 in zeitlicher Hinsicht gilt das oben in 2. 1. 5 zu Abs. 1 Ausgeführte gleichermaßen.

4. Nachweis der Gesundheitsschädigung (Abs. 3)

29 Der Nachweis der Gesundheitsschädigung ist sowohl in den Fällen des Abs. 1 als auch in den Fällen des Abs. 2 in der in Abs. 3 vorgeschriebenen Weise zu erbringen, in erster Linie also durch das Gutachten einer öffentlich-rechtlichen Krankenanstalt. Maßgeblich ist allein die Rechtsform der Krankenanstalt, für die der medizinische Gutachter tätig ist und nicht etwa – wie in der Praxis gelegentlich irrig angenommen wird –, ob der Gutachter sein Gutachten für einen Privatpatienten oder für einen gesetzlich Versicherten erstellt.

30 Das Gutachten kann nur durch die in Satz 2 aufgeführten Bescheide über Rente wegen Erwerbsminderung, Berufs- oder Erwerbsunfähigkeit oder bei Beamten durch den Bescheid über die Feststellung der Dienstunfähigkeit ersetzt werden. Andere Nachweismöglichkeiten sieht das Gesetz nicht vor.

5. Übergangsrecht

Nach § 35 a Abs. 1 gilt für Mitglieder, die am 22. Dezember 1995 dem Bundestag angehörten, und für ehemalige Mitglieder § 22 in der bis zu diesem Stichtag gültigen alten Fassung (s.o. 1.) fort. **31**

Die Vorschrift unterscheidet sich von der Neufassung im Wesentlichen in den Bemessungssätzen für die Mindest- und für die Höchstversorgung nach Abs. 1, weil sie an die Strukturen der Altersversorgung nach Übergangsrecht (vgl. dazu 4. 2 zu § 20) anknüpft. **32**

Die Mindestversorgung nach Abs. 1 a.F. beträgt danach 35 vom Hundert und der bei unfallbedingter Gesundheitsschädigung mögliche Höchstsatz 75 vom Hundert des fiktiven Bemessungsbetrages nach § 35 a Abs. 2 Satz 2. **33**

Im Übrigen kann auf die obigen Anmerkungen zum aktuellen Recht verwiesen werden. **34**

6. EuAbgG

Gemäß § 10 b Satz 1 EuAbgG finden die Vorschriften des Fünften Abschnitts des AbgG auf die Mitglieder des Europäischen Parlaments, die in der Bundesrepublik Deutschland gewählt worden sind, Anwendung. Das gilt auch für § 22. Auf die Anmerkungen 1. bis 5. kann deshalb verwiesen werden. **35**

Mitglieder des Europäischen Parlaments haben daneben einen Anspruch auf Ruhegehalt wegen Dienstunfähigkeit nach Maßgabe der Anlage II zur „Kostenerstattungs- und Vergütungsregelung für die Mitglieder".[23] **36**

Die Höhe des Ruhegehalts bestimmt sich nach Art. 1 der Anlage II. Sie beträgt 30 vom Hundert des Grundgehalts eines Richters am Gerichtshof der Europäischen Gemeinschaften, wobei sich das gezahlte Ruhegehalt für jedes unterhaltsberechtigte Kind um einen Betrag in Höhe von fünf vom Hundert erhöht. **37**

Der vorübergehende oder dauernde Bezug von Ruhegehalt setzt allerdings die Anerkennung der vollen Dienstunfähigkeit des Mitglieds durch den Invaliditätsausschuss voraus. Außerdem werden von dem Betrag des Ruhegehalts wegen Dienstunfähigkeit nach dieser Regelung die Beträge eines auf nationaler Ebene wegen Dienstunfähigkeit gezahlten Ruhegehalts (z.B. die Altersentschädigung wegen Gesundheitsschadens nach § 22 AbgG) abgezogen. Doppelleistungen sind damit ausgeschlossen (vgl. auch § 29 Abs. 6 Satz 2). **38**

Für Mitglieder des Europäischen Parlaments gelten ferner die Bestimmungen des Kapitel 5 Artikel 17 der „Kostenerstattungs- und Vergütungsregelung für die Mit- **39**

---

[23] Letzte Überarbeitung: 2. Juli 2001 – PE 133.116/QUEST/rev. XI/7-2001 – DV\ 445055DE.doc. Auch der gescheiterte Entwurf eines Statuts für die Abgeordneten des Europäischen Parlaments sah in Art. 10 i.V.m. Art 9 des Anhangs zum Statut eine Regelung für den Fall der Invalidität während der Mandatszeit vor, der die Niederlegung des Mandats voraussetzte. Danach sollte dem ehemaligen Abgeordneten eine Pension in der bis dahin erworbenen Höhe, wenigstens aber in Höhe von 35 v.H. der Abgeordnetenentschädigung zustehen (PV 55 PE 273.910). Der „Entwurf einer Stellungnahme mit den wesentlichen Elementen des Abgeordnetenstatuts" des Ausschusses für Recht und Binnenmarkt vom 29. August 2001 greift in Art. 7 des Anhangs diesen Vorschlag auf (PE 294.967 – PA\447058DE.doc).

glieder". Danach schließt der Generalsekretär zugunsten aller Mitglieder u.a. eine Versicherung gegen Unfälle, die den Mitgliedern in Ausübung ihres Mandats oder im Privatleben zustoßen, sowie eine Lebensversicherung ab. Für die Mitglieder ist der Versicherungsschutz kostenlos. Alle Prämien hierfür gehen zu Lasten des Parlaments. Weitere Einzelheiten der Versicherungen regeln die Art. 18 und 19 des Kapitel 5.

40 Im Leistungsfall bestimmt § 10 b Satz 1 EuAbgG allerdings in Ziffer 1, dass der Versorgungsanspruch nach diesem Gesetz (also auch der nach § 22 AbgG) bis zur Höhe der Versicherungsleistung ruht, wenn Leistungen aus der Unfallversicherung des Europäischen Parlaments in Anspruch genommen werden. Für Versicherungsleistungen aus der Lebensversicherung enthält Ziffer 2 eine entsprechende Regelung.

7. Landesrecht

41 Die Bundesländer haben in den Eingangs aufgeführten Parallelvorschriften Regelungen getroffen, die bei zum Teil abweichenden Bemessungssätzen in ihrer Systematik weitgehend mit dem Bundesrecht übereinstimmen. In etlichen Bundesländern werden daneben noch Unfallversicherungen zugunsten der Landtagsmitglieder abgeschlossen.

§ 23 Versorgungsabfindung

(1) Ein Mitglied, das bei seinem Ausscheiden weder eine Anwartschaft noch einen Anspruch auf Altersentschädigung nach den §§ 19 bis 22 erworben hat, erhält für die Zeit der Zugehörigkeit zum Bundestag auf Antrag eine Versorgungsabfindung. Sie wird für jeden angefangenen Monat der Mitgliedschaft im Bundestag in Höhe des für diesen Monat jeweils geltenden Höchstbeitrages zur Rentenversicherung der Angestellten zuzüglich zwanzig vom Hundert dieses Höchstbeitrages gezahlt.

(2) Mitglieder, die die Voraussetzungen des Absatzes 1 erfüllen, können an Stelle der Versorgungsabfindung auch beantragen, in sinngemäßer Anwendung der Vorschriften des Sechsten Buches Sozialgesetzbuch über die Nachversicherung für die Dauer ihrer Mitgliedschaft im Bundestag nachversichert zu werden.

(3) Der Absatz 2 gilt entsprechend für eine zusätzliche Alters- und Hinterbliebenenversorgung.

(4) Der Absatz 2 ist nicht anzuwenden, wenn und soweit die Zeit der Mitgliedschaft im Bundestag in einer öffentlich-rechtlichen Versicherung oder in einer Versorgung nach dienstrechtlichen Grundsätzen berücksichtigt ist oder berücksichtigt wird.

(5) Anstelle der Versorgungsabfindung nach Absatz 1 wird die Zeit der Mitgliedschaft im Bundestag auf Antrag als Dienstzeit im Sinne des Besoldungs- und Versorgungsrechts der Beamten, Richter und Soldaten berücksichtigt.

(6) Hat ein Mitglied einen Antrag nach Absatz 1 bis 3 oder Absatz 5 gestellt, so beginnen im Falle des Wiedereintritts in den Bundestag die Fristen für die Mitgliedschaftsdauer nach § 19 erneut zu laufen.

(7) Hat ein ausgeschiedenes Mitglied bis zu seinem Tod keinen Antrag auf Versorgungsabfindung gestellt, können sein überlebender Ehegatte oder, soweit ein solcher nicht vorhanden ist, die leiblichen oder die als Kind angenommenen Kinder einen Antrag nach Absatz 1 stellen.

(8) Die Absätze 2 und 4 gelten entsprechend für ein ausscheidendes Mitglied des Parlaments eines Landes, soweit landesrechtliche Vorschriften eine Versorgungsabfindung im Sinne des Absatzes 1 vorsehen.

(9) Verliert ein Mitglied des Parlaments eines Landes die Mitgliedschaft, ohne dass für die Zeit der Mitgliedschaft Anspruch oder Anwartschaft auf eine einmalige oder laufende Versorgung auf Grund seiner Parlamentszugehörigkeit besteht, so gelten die Absätze 2 und 4 entsprechend.

Parallelvorschriften im EuAbgG und in den Abgeordnetengesetzen der Länder:

EuAbgG	§ 10 b		
BadWürtt.	§ 15	Nds.	§ 21
Bay.	Art. 16	NW.	§ 16
Berl.	§ 15	RP.	§ 15
Bbg.	§ 15	Saarl.	§ 15
Brem.	§ 16	Sachs.	§ 17
Hbg.	§ 13	SachsAnh.	§ 21
Hess.	§ 14	SchlH.	§ 21
MV.	§ 21	Thür.	§ 17

Literatur: *Giesen R.*, Gesetzliche Rentenversicherung für Abgeordnete?, DVBl. 1999, 291 ff.; *Welti F.*, Die soziale Sicherung der Abgeordneten des Deutschen Bundestages, der Landtage und der deutschen Abgeordneten im Europäischen Parlament, Berlin, 1998.

Übersicht

		Rdn.
1.	Allgemeines	1–6
2.	Versorgungsabfindung (Abs. 1)	7–11
2.1	Anspruchsvoraussetzungen (Satz 1)	7–8
2.2	Höhe der Versorgungsabfindung (Satz 2)	9–11
3.	Nachversicherung (Abs. 2)	12–15
3.1	Nachversicherung in der gesetzlichen Rentenversicherung	14
3.2	Nachversicherung in einem berufsständischen Versorgungswerk	15
4.	Nachversicherung bei einer zusätzlichen Alters- und Hinterbliebenenversorgung (Abs. 3)	16
5.	Ausschluss der Nachversicherung (Abs. 4)	17–18
6.	Berücksichtigung der Mitgliedszeit als Dienstzeit (Abs. 5)	19–22
7.	Berechnung der Mitgliedszeiten bei Wiedereintritt in den Bundestag nach Versorgungsabfindung (Abs. 6)	23–24
8.	Ansprüche der Hinterbliebenen (Abs. 7)	25
9.	Entsprechende Anwendung der Absätze 2 und 4 auf Landtagsabgeordnete (Abs. 7 und 8)	26–27

| 10. | EuAbgG | 28–30 |
| 11. | Landesrecht | 31–33 |

1. Allgemeines

1 Die Vorschrift regelt im Wege der Abfindung in verschiedenen Varianten die versorgungsmäßige Absicherung von Mitgliedern des Bundestages, die ohne eigenen Anspruch auf Altersentschädigung nach §§ 19 ff. ausscheiden. Die in ihr begründeten Ansprüche sind solche auf Abfindung und deshalb trotz ihrer systematischen Stellung im Fünften Abschnitt des Gesetzes materiell keine „Versorgungsansprüche nach diesem Gesetz" im Sinne des § 29.

2 Vor dem Inkrafttreten des AbgG bestand nach § 6 des Diätengesetzes 1968[1] für ein aus dem Bundestag ausscheidendes Mitglied die Möglichkeit, aus der Altersversorgung auf Versicherungsgrundlage auszutreten. In diesem Fall wurden die eigenen Beiträge zur Alters- und Hinterbliebenenversorgung (25 vom Hundert der Aufwandsentschädigung) zinslos erstattet. Der Erstattungsbetrag stand dem ausgeschiedenen Mitglied zur freien Verfügung, etwa zur Aufstockung einer anderweitig schon bestehenden Altersversorgung. Der Austritt aus der Altersversorgung mit Erstattung der eigenen Beiträge nach § 6 Satz 1 und 2 des Diätengesetzes 1968 führte zum Verlust sämtlicher Versorgungsansprüche.[2]

3 Der ursprüngliche Entwurf eines Gesetzes zur Neuregelung der Rechtsverhältnisse der Mitglieder des Deutschen Bundestages schrieb in § 17 diese Möglichkeit fort, orientierte sich bei den Abfindungsbeträgen aber am Höchstbeitrag zur gesetzlichen Rentenversicherung zuzüglich eines Aufschlages von 20 vom Hundert für eventuell bestehende Zusatzversorgungen.[3] Alternativ zu dieser Option sah der Entwurf die Möglichkeit einer Nachversicherung in der gesetzlichen Rentenversicherung oder eine Anrechnung der Mandatszeit als Dienstzeit im Sinne des Versorgungsrechts als „sinnvolle und organische Vervollständigung und Ergänzung"[4] einer bisherigen Versorgung vor.

4 Auf Empfehlung des gutachtlich beteiligten Ausschusses für Arbeit und Sozialordnung schlug der 2. Sonderausschuss im weiteren Gesetzgebungsverfahren neben anderen Ergänzungen des Entwurfs indessen vor, die Wahlmöglichkeit zwischen Versorgungsabfindung und Anrechnung der Mandatszeit als Dienstzeit Beamten, Richtern und Soldaten vorzubehalten. Andere Arbeitnehmer sollten statt dessen die Möglichkeit erhalten, freiwillige Beiträge für die Zeit der Mitgliedschaft im Bundestag, die noch nicht mit Beiträgen zur gesetzlichen Rentenversicherung belegt ist, nachzuentrichten.[5] Die erste Gesetzesfassung des § 23[6] entsprach diesem Vorschlag. Bei Vorliegen der Voraussetzungen des § 23 Abs. 1 konnte sich ein ehemaliges Mitglied also die Versorgungsabfindung auszahlen lassen und hiervon gemäß

---

[1] BGBl. I S. 334.
[2] Vgl. BVerwG, Urteil vom 2. März 1978 – 7 C 54.76 –, Buchholz 120 Recht der Abgeordneten Nr. 1.
[3] Vgl. Begründung zu § 17 des Gesetzentwurfs, BT-Drs. 7/5531, S. 19.
[4] Vgl. Begründung zu § 17 des Gesetzentwurfs, aaO.
[5] Vgl. Bericht und Antrag des 2. Sonderausschusses, Begründung zu § 23 des Gesetzentwurfs, BT-Drs. 7/5903, S. 14.
[6] BGBl. 1977 I S. 297.

§ 23 Abs. 2 Beiträge für die Zeit seiner Mitgliedschaft in die gesetzliche Rentenversicherung nachentrichten.[7]

Wegen geänderter Anspruchsvoraussetzungen für Berufs- und Erwerbsunfähigkeitsrente in der gesetzlichen Rentenversicherung erwies sich die Nachentrichtung von freiwilligen Beiträgen zur Rentenversicherung in der Folgezeit als problematisch.[8] Mit dem Siebten Änderungsgesetz vom 16. Januar 1987[9] wurde dieses Modell der nachträglichen Aufstockung der Beiträge zur Rentenversicherung deshalb durch eine Nachversicherung auf Antrag durch den Deutschen Bundestag bis zu den Höchstbeiträgen abgelöst. Gewollter Nebeneffekt: Die dafür geleisteten Beträge unterlagen nicht mehr der Einkommensteuer.[10]

Redaktionell war die Neufassung des § 23 Abs. 2 durch das Siebte Änderungsgesetz nicht gänzlich gelungen. Es fehlte die Klarstellung, dass eine Nachversicherung nach Abs. 2 nur an Stelle einer Versorgungsabfindung nach Abs. 1 gewählt werden kann. Mit dem Siebzehnten Änderungsgesetz vom 4. November 1994[11] wurde dies nachgeholt. Das Einundzwanzigste Änderungsgesetz vom 20. Juli 2000[12] führte schließlich erstmals einen abgeleiteten Anspruch auf Versorgungsabfindung für Hinterbliebene ein, um eine ansonsten bestehende Versorgungslücke zu schließen (s. u. 8.).

2. Versorgungsabfindung (Abs. 1)

2.1 Anspruchsvoraussetzungen (Satz 1)

Gemäß § 23 Abs. 1 Satz 1 erhält ein Mitglied, das bei seinem Ausscheiden weder eine Anwartschaft noch einen Anspruch auf Altersentschädigung nach den §§ 19 bis 22 erworben hat, für die Zeit seiner Zugehörigkeit zum Bundestag auf Antrag eine Versorgungsabfindung.

Anspruchsberechtigt ist nach dieser Bestimmung der Parlamentarier, der dem Bundestag weniger als sieben Jahre und 183 Tage angehört hat und auch über keine sonstigen berücksichtigungsfähigen Zeiten in anderen Parlamenten verfügt, die anspruchsbegründend für eine Altersentschädigung nach diesem Gesetz sein könnten (vgl. 3. 1 zu § 19). Für ihn entstünde eine Versorgungslücke, weil er einerseits keinen Anspruch auf Teilhabe am Alterssicherungssystem der Abgeordneten hat, er andererseits aber auch in sonstigen Alterssicherungssystemen während der Mandatszeit keine Berücksichtigung gefunden hat. Diese Versorgungslücke schließt § 23 mit seinen verschiedenen Varianten der Versorgungsabfindung, in

---

[7] Die Vorschrift war eine Nach*entrichtungs*-, keine Nach*versicherungs*regelung. Den Betroffenen wurde alleine das Recht eingeräumt, über die zeitlichen Begrenzungen des damals geltenden § 140 AVG hinaus nachträglich freiwillige Beiträge in die gesetzliche Rentenversicherung einzuzahlen. Diese mit freiwilligen Rentenversicherungsbeiträgen belegten Zeiten stehen den mit Pflichtbeiträgen belegten rentenrechtlich nicht gleich (zur heutigen Rechtslage siehe dagegen 3. 1).
[8] Vgl. näher die Begründung zum Entwurf eines Siebten Gesetzes zur Änderung des Abgeordnetengesetzes, BT-Drs. 10/5734, S. 7. Die eigentliche Problematik lag freilich woanders: s. Fn. 7.
[9] BGBl. I S. 143.
[10] Vgl. Begründung zum Entwurf eines Siebten Gesetzes zur Änderung des Abgeordnetengesetzes, BT-Drs. 10/5734, S. 7.
[11] BGBl. I S. 3346.
[12] BGBl. I S. 1037.

Abs. 1 mit der Einmalzahlung einer Abfindungssumme. Sie soll es dem ehemaligen Mitglied ermöglichen, die Versorgungslücke nach eigenem Ermessen (z.B. durch den Abschluss einer Lebensversicherung) zu schließen, ist letztlich aber nicht zweckgebunden. Die Versorgungsabfindung ist steuerpflichtig, kann aber zum Zwecke der Steuerberechnung auf bis zu drei Jahre verteilt werden (§ 22 Nr. 4 c i.V.m. § 34 Abs. 3 EStG).[13]

2.2 Höhe der Versorgungsabfindung (Satz 2)

9 Nach Satz 2 wird die Versorgungsabfindung für jeden angefangenen Monat der Mitgliedschaft in Höhe des für diesen Monat[14] jeweils geltenden Höchstbeitrages zur Rentenversicherung der Angestellten zuzüglich zwanzig vom Hundert dieses Höchstbetrages gezahlt.

10 Der jeweilige Höchstbeitrag zur Rentenversicherung der Angestellten ergibt sich aus der Rechtsverordnung der Bundesregierung nach § 160 SGB VI (früher § 112 AVG). Die nachfolgende Übersicht dokumentiert seine Entwicklung seit 1990. Die Rechengrößen der Sozialversicherung werden vom Bundesministerium für Arbeit und Sozialordnung im Bundesanzeiger und im Bundesarbeitsblatt bekanntgemacht. Die danach berechnete Versorgungsabfindung für ein ehemaliges Mitglied, das nur dem 13. Deutschen Bundestag angehört hat, beträgt z.B. 90.945 DM.

Tabelle 1. Entwicklung der Höchstbeiträge zur Rentenversicherung der Angestellten seit 1990

Jahr	Höchstbeitrag	20 v. H. Zuschlag	Zahlbetrag
1990	1.178,00 DM	235,60 DM	1.413,60 DM
1991*	1.216,00 DM	243,20 DM	1.459,20 DM
1991**	1.151,00 DM	230,20 DM	1.381,20 DM
1992	1.203,60 DM	240,72 DM	1.444,32 DM
1993	1.260,00 DM	252,00 DM	1.512,00 DM
1994***	1.459,20 DM	291,84 DM	1.751,04 DM
1995	1.450,80 DM	290,16 DM	1.740,96 DM
1996	1.536,00 DM	307,20 DM	1.843,20 DM
1997	1.664,60 DM	332,92 DM	1.997,52 DM
1998	1.705,20 DM	341,04 DM	2.046,24 DM
1999****	1.725,50 DM	345,10 DM	2.070,60 DM
1999*****	1.657,50 DM	331,50 DM	1.989,00 DM
2000*****	1.661,70 DM	332,34 DM	1.994,04 DM

```
*      01.01.–31. 03. 1991
**     01.04.–31. 12. 1991
***    ab 01.04.1994
****   01.01.–31. 03. 1999
*****  ab 01.04.1999
*****  ab 01.01.2001
```

---

13 *Lohr A.*, Die Besteuerung von Politikern, DStR 1997, 1230, 1231.
14 Falsch ist insoweit die Feststellung bei *Welti F.*, Die soziale Sicherung der Abgeordneten des Deutschen Bundestages, der Landtage und der deutschen Abgeordneten im Europäischen Parlament, Berlin 1998, S. 327, Orientierungsgröße sei der zum Zeitpunkt des Ausscheidens gültige monatliche Höchstbeitrag der Rentenversicherung der Angestellten.

Der Zuschlag in Höhe von 20 vom Hundert des Höchstbetrages war ursprünglich **11**
für eventuell bestehende Zusatzversorgungen des ausscheidenden Mitglieds – z.B.
in der VBL – gedacht.[15] Er wird aber unabhängig vom Bestehen einer Zusatzversorgung gewährt. Seine eigentliche Rechtfertigung findet der Zuschlag heute daher
eher darin, dass er einen Ausgleich dafür schafft, dass die Versorgungsabfindung
nach Abs. 1 gem. § 22 Nr. 4 EStG in voller Höhe einkommensteuerpflichtig ist[16], die
im Rahmen einer Nachversicherung nach Abs. 2 und 3 geleisteten Beträge hingegen
nicht.

3. Nachversicherung (Abs. 2)

Mitglieder des Bundestages, die die Voraussetzungen des Abs. 1 erfüllen (vgl. o. **12**
2.1), können nach Abs. 2 an Stelle der Versorgungsabfindung auch beantragen, in
sinngemäßer Anwendung der Vorschriften des Sechsten Buches Sozialgesetzbuch
über die Nachversicherung (§§ 8, 181 ff. SGB VI) für die Dauer ihrer Mitgliedschaft
im Bundestag nachversichert zu werden. Das AbgG erweitert insoweit den Kreis der
nach § 8 Abs. 2 SGB VI Nachversicherungsberechtigten.

Mit der Formulierung „an Stelle der Versorgungsabfindung" stellt Abs. 2 unmiss- **13**
verständlich klar, dass eine Nachversicherung nur alternativ zur Versorgungsabfindung beantragt werden kann, nicht aber kumulativ.

3.1 Nachversicherung in der gesetzlichen Rentenversicherung

Klassischer Nachversicherungsfall ist der in der gesetzlichen Rentenversicherung.[17] **14**
§ 23 Abs. 2 erweitert insoweit als spezialgesetzliche Nachversicherungsvorschrift
den Kreis der nach § 8 Abs. 2 SGB VI Nachversicherungsberechtigten um ehemalige
Abgeordnete, die ohne Versorgungsanspruch aus dem Bundestag ausgeschieden
sind. Der erfasste Personenkreis wird insoweit den Pflichtversicherten in der Rentenversicherung gleichgestellt. Maßgeblich für die Durchführung einer Nachversicherung sind die Vorschriften der §§ 181 ff. SGB VI. Danach erfolgt die Berechnung der Beiträge nach den Bestimmungen, die im Zeitpunkt der Zahlung gelten.
Beitragsbemessungsgrundlage sind die beitragspflichtigen Einnahmen aus der Beschäftigung im Nachversicherungszeitraum bis zur jeweiligen Beitragsbemessungsgrenze (vgl. § 181 Abs. 2 Satz 1 SGB VI). Ehemalige Abgeordnete werden
danach regelmäßig zu den im Nachversicherungszeitraum jeweils geltenden
Höchstbeiträgen – nicht etwa allein nach dem zum Zeitpunkt des Ausscheidens
gültigen Höchstbeitrag – nachversichert. Die Beiträge zahlt der Deutsche Bundestag
unmittelbar an den Träger der Rentenversicherung (vgl. §§ 181 Abs. 5 Satz 1 und
185 Abs. 1 Satz 1 SGB VI). Sie gelten gemäß § 185 Abs. 2 Satz 1 SGB VI als rechtzeitig
gezahlte Pflichtbeiträge. Der Nachversicherte wird vom Träger der Rentenversicherung anschließend über die Änderungen seines Versicherungskontos aufgrund der
Nachversicherung informiert (§ 185 Abs. 4 SGB VI). Für ein ehemaliges Mitglied,

---

15 S.o. 1. m.N. in Fn. 2.
16 Jedoch mit der Möglichkeit einer ermäßigten Besteuerung unter den Voraussetzungen der
§§ 22 Nr. 4 Satz 4 lit. c, 34 Abs. 3 EStG.
17 Abgeordnete sind nicht in die gesetzliche Förderung einer kapitalgedeckten Altersvorsorge
(„Riester-Rente") einbezogen. § 23 deckt diesen Bereich der Altersvorsorge daher nicht ab.

das dem Deutschen Bundestag nur in der 13. Wahlperiode angehört hat, sind z.B. rd. 79.450 DM an Nachversicherungsbeiträgen zu entrichten.

3.2 Nachversicherung in einem berufsständischen Versorgungswerk

15 Weil eine Nachversicherung gemäß Abs. 2 in sinngemäßer Anwendung der Vorschriften des SGB VI erfolgt, gilt auch dessen § 186. Das eröffnet den ohne Versorgungsansprüchen aus dem Bundestag ausscheidenden Abgeordneten auch die Möglichkeit einer Nachversicherung bei einer berufsständischen Versorgungseinrichtung unter den im Gesetz näher bezeichneten Voraussetzungen.[18]

4. Nachversicherung bei einer zusätzlichen Alters- und Hinterbliebenversorgung (Abs. 3)

16 Abs. 3 lässt die Nachversicherung in einer zusätzlichen Alters- und Hinterbliebenenversorgung – z.B. bei der VBL – zu, falls diese eine solche Möglichkeit vorsieht.[19] Abs. 2 und Abs. 3 des § 23 sind nebeneinander anwendbar. So ist beispielsweise ein nachzuversichernder Angestellter des Bundes, auf den beide Absätze zutreffen, sowohl bei der BfA wie auch bei der VBL nachzuversichern. § 17 Abs. 2 in der Fassung des Entwurfs eines Gesetzes zur Neuregelung der Rechtsverhältnisse der Mitglieder des Deutschen Bundestages machte dies sprachlich deutlicher. Dort hieß es noch „Anstelle der Versorgungsabfindung wird die Zeit der Mitgliedschaft auf Antrag in der gesetzlichen Rentenversicherung *und* in der zusätzlichen Alters- und Hinterbliebenversorgung nachversichert".[20]

5. Ausschluss der Nachversicherung (Abs. 4)

17 Nach Abs. 4 findet eine Nachversicherung gemäß Abs. 2 des ohne Versorgungsansprüche aus dem Bundestag ausscheidenden Mitglieds nicht statt, wenn und soweit die Zeit der Mitgliedschaft im Bundestag in einer öffentlich-rechtlichen Versicherung oder in einer Versorgung nach dienstrechtlichen Grundsätzen berücksichtigt ist oder wird.

18 Die Bestimmung will eine Doppelsicherung in der gesetzlichen Rentenversicherung und zusätzlich in einem anderen öffentlich-rechtlich ausgestalteten Alterssicherungssystem (z.B. in einer berufsständischen Versorgung) ausschließen.[21]

6. Berücksichtigung der Mitgliedszeit als Dienstzeit (Abs. 5)

19 Abs. 5 regelt einen Sonderfall der Versorgungsabfindung für Beamte, Soldaten und Richter unter den Abgeordneten. Er setzt also systematisch voraus, dass schon vor dem Erwerb der Mitgliedschaft im Bundestag ein Beamten-, Soldaten oder Richterdienstverhältnis bestanden hat, an das bei der Berechnung der Dienstzeit im Sinne

---

18 Vgl. auch *Welti F.*, aaO, S. 329 f.
19 Vgl. Bericht und Antrag des 2. Sonderausschusses, Begründung zu § 23 des Gesetzentwurfs, BT-Drs. 7/5903, S. 14.
20 Vgl. BT-Drs. 7/5525, S. 6.
21 Vgl. Bericht und Antrag des 2. Sonderausschusses, Begründung zu § 23 des Gesetzentwurfs, BT-Drs. 7/5903, S. 14.

des Besoldungs- und Versorgungsrechts angeknüpft werden kann. Gemäß § 7 Abs. 3 Satz 1 gilt die Zeit der Mitgliedschaft im Bundestag grundsätzlich nicht als Dienstzeit im Sinne des Versorgungsrechts. Die Vorschrift beruht auf dem Grundgedanken einer Trennung der Lebensabschnitte von Amt und Mandat. Anders als nach früherem Recht sollte nach dem AbgG nicht mehr dieselbe Zeit sowohl für die Versorgung aus dem Mandat als auch aus dem Dienstverhältnis Berücksichtigung finden.[22]

§ 23 Abs. 5 weicht von diesem Grundsatz nur insoweit ab, als die Mandatszeit auf Antrag ausnahmsweise dann als Dienstzeit im Sinne des Versorgungsrechts berücksichtigt wird, wenn der Betreffende infolge einer relativ kurzen Mitgliedschaft im Bundestag einen Versorgungsanspruch nach diesem Gesetz nicht erworben hat.

Abs. 5 schreibt ferner vor, dass die Zeit der Mitgliedschaft nur dann versorgungsrechtlich berücksichtigt werden darf, wenn keine Versorgungsabfindung nach Abs. 1 in Anspruch genommen wird.

Liegen die genannten Voraussetzungen aber vor, ergänzt § 23 Abs. 5 als lex specialis für die ehemaligen Bundestagsabgeordneten unter den Beamten, Richtern und Soldaten die Bestimmungen über die Berechnung der ruhegehaltsfähigen Dienstzeit nach Maßgabe der §§ 6 ff. BeamtVG.

7. Berechnung der Mitgliedszeiten bei Wiedereintritt in den Bundestag nach Versorgungsabfindung (Abs. 6)

Hat ein Mitglied des Bundestages bei seinem Ausscheiden eine Versorgungsabfindung nach Abs. 1 erhalten, oder ist es nach Maßgabe der Abs. 2 und / oder 3 nachversichert worden, oder ist seine Mitgliedszeit nach Abs. 5 als Dienstzeit im Sinne des Versorgungsrechts berücksichtigt worden, so beginnen im Falle seines Wiedereintritts in den Bundestag die Fristen für die Mitgliedschaftsdauer nach § 19 erneut zu laufen. Das bedeutet, der wiedergewählte Abgeordnete wird versorgungsrechtlich so gestellt, als habe er nie zuvor dem Bundestag angehört.

Die Praxis zeigt, dass beim Ausscheiden aus den unterschiedlichsten Gründen vielfach offen ist, ob ein ehemaliger Abgeordneter zu einem späteren Zeitpunkt wieder ein Mandat anstrebt und erhält oder nicht. Bei wem diese Ungewissheit besteht, der sollte sorgfältig abwägen, ob und wann er einen Antrag auf Versorgungsabfindung in ihren unterschiedlichen Varianten stellt. Der Antrag ist nicht fristgebunden. Er kann also auch noch Jahre nach dem Ausscheiden gestellt werden. Die Abfindungssumme nach Abs. 1 wird mangels gesetzlicher Ermächtigungsgrundlage allerdings nicht verzinst. Wird der Antrag aber gestellt und wird ihm entsprochen, so ist er mit dem in Abs. 6 genannten Ergebnis irreversibel. Ein Widerruf oder eine Anfechtung der Antragserklärung sind rechtlich ausgeschlossen.

8. Ansprüche der Hinterbliebenen (Abs. 7)

Absatz 7 in dieser Fassung wurde erst mit dem Einundzwanzigsten Gesetz zur Änderung des Abgeordnetengesetzes vom 20. Juli 2000[23] in das Gesetz eingefügt.

---

[22] Vgl. Begründung zu § 9 des Entwurfs eines Gesetzes zur Neuregelung der Rechtsverhältnisse der Mitglieder des Deutschen Bundestages, BT-Drs. 7/5531, S. 17.
[23] BGBl. I S. 1037.

Nach früherem Recht war der Anspruch eines ausgeschiedenen Mitglieds des Bundestages auf Versorgungsabfindung, der ein höchstpersönlicher ist, verfallen, wenn er nicht bis zum Tode geltend gemacht worden war. Weil aber mit der Versorgungsabfindung eine ansonsten bestehende Versorgungslücke geschlossen werden soll, erschien dem Gesetzgeber dieses Ergebnis im Hinblick auf etwaige Hinterbliebene nicht sachgerecht. Die Gesetzesänderung belässt dem überlebenden Ehegatten bzw. den Kindern oder als Kind angenommenen Kindern deshalb den Anspruch auf Versorgungsabfindung nach Abs. 1 (s.o. 2.).[24]

9. Entsprechende Anwendung der Absätze 2 und 4 auf Landtagsabgeordnete (Abs. 8 und 9)

26 Abs. 8 eröffnet auch ausscheidenden Mitgliedern eines Landesparlaments das Recht auf Nachversicherung nach Abs. 2 bis 4, wenn ihnen aufgrund landesrechtlicher Vorschriften eine Versorgungsabfindung entsprechend der nach Abs. 1 gezahlt wird. Für sie gilt dann auch das Verbot der Doppelsicherung nach Abs. 4.[25] Die Nachversicherungsmöglichkeit nach diesem Gesetz ist materiell eine Ergänzung des § 8 SGB VI, die nur auf der Grundlage von Bundes- nicht von Landesrecht zulässig war.[26]

27 Abs. 9 findet auf Landtagsabgeordnete Anwendung, die die Mitgliedschaft im Landtag verlieren, ohne dass sie für die Zeit der Mitgliedschaft einen Anspruch oder eine Anwartschaft auf einmalige oder laufende Versorgung haben. Für sie gelten kraft Bundesrecht die Abs. 2 bis 4 ebenfalls entsprechend. Dabei spielt es keine Rolle, aus welchen Gründen der Verlust der Mitgliedschaft im Landtag eintritt. Vielmehr können alle nach Landesrecht vorgesehenen Verlustgründe die Rechtsfolgen des Abs. 9 auslösen.

10. EuAbgG

28 Gemäß § 10b Satz 1 EuAbgG finden die Vorschriften des Fünften Abschnitts des AbgG auf die Mitglieder des Europäischen Parlaments, die in der Bundesrepublik Deutschland gewählt worden sind, Anwendung. Das gilt auch für § 23. Auf die Anmerkungen 1. bis 8. kann deshalb verwiesen werden. Ein in Deutschland gewähltes Mitglied des Europäischen Parlaments, das diesem während der 4. Wahlperiode angehört hatte, erhielt danach beispielsweise eine Versorgungsabfindung in Höhe von 116.210 DM.

29 Das Europäische Abgeordnetenrecht kennt hingegen keine dem § 23 direkt vergleichbare Regelung. Die auch bei den in Deutschland gewählten Abgeordneten des Europäischen Parlaments bei Nichterfüllung der Mitgliedszeiten nach § 10b Satz 1 EuAbgG in Verbindung mit § 19 AbgG mögliche Versorgungslücke (s.o. 2. 1) kann

---

24 Vgl. Begründung zum Entwurf eines Einundzwanzigsten Gesetzes zur Änderung des Abgeordnetengesetzes vom 30. November 1999, BT-Drs. 14/2235, S. 7.
25 Vgl. dazu Bericht und Antrag des 2. Sonderausschusses, Begründung zu § 23 des Gesetzentwurfs, BT-Drs. 7/5903, S. 14.
26 *Giesen R.*, Gesetzliche Rentenversicherung für Abgeordnete?, DVBl. 1999, 291, 296.

von ihnen aber noch auf andere Weise, durch Beitritt zum zusätzlichen (freiwilligen) Altersversorgungssystem[27] geschlossen werden (vgl. dazu näher 4.2 zu § 19).

Neuere Überlegungen – der vom Europäischen Parlament in seiner Sitzung vom 3. Dezember 1998 angenommene Entwurf eines Statuts für die Abgeordneten des Europäischen Parlaments[28] – sahen ebenfalls keine § 23 vergleichbare Regelungen vor. Das war auch entbehrlich, weil der Erwerb eines Pensionsanspruches nach dem Statutentwurf keine § 19 Satz 1 entsprechenden Mindestmitgliedszeiten voraussetzte. Eine durch eine Versorgungsabfindung zu schließende Versorgungslücke hätte also gar nicht erst entstehen können. **30**

Nachdem das einheitliche Abgeordnetenstatut aufgrund tiefgreifender Differenzen zwischen dem Rat und dem Europäischen Parlament – der Rat hatte den Ursprungsentwurf des Parlaments in wesentlichen Bestandteilen zum Nachteil der Abgeordneten verändert[29] – in der 4. Wahlperiode nicht verabschiedet werden konnte, bleibt die weitere Entwicklung in der 5. Wahlperiode abzuwarten.

11. Landesrecht

Die Mehrzahl der Bundesländer hat für ihre Regelungsbereiche – d.h. mit Ausnahme der Nachversicherung (s.o. 9.) – dem Bundesrecht mit gewissen Abweichungen vergleichbare Normen geschaffen. So kennen das Hess.AbgG (§ 14 Abs. 1 Satz 2) und das Thür.AbgG (§ 17 Abs. 1 Satz 2) die fristgebundene Möglichkeit einer Rückzahlung der Versorgungsabfindung bei erneuter Mitgliedschaft im Landtag. Dasselbe gilt für das Nds.AbgG (§ 21 Abs. 4 S. 2) und das RP.AbgG (§ 15 Abs. 5 Satz 1). Dort ist die Versorgungsabfindung allerdings mit Zinsen zurückzuzahlen. Die Abgeordnetengesetze dieser beiden Länder lassen darüber hinaus auch einen Widerruf der Anrechnung der Mandatszeit als Dienstzeit zu. **31**

Als einziges Bundesland hatte bislang Nordrhein-Westfalen in § 16 Abs. 5 NW.AbgG eine Abs. 7 ähnliche Regelung für den Fall getroffen, dass ein ausgeschiedener Abgeordneter bis zu seinem Tod sein Wahlrecht im Rahmen der Versorgungsabfindung nicht ausgeübt hat. Danach kann die Versorgungsabfindung oder die Berücksichtigung der Mandatszeit als Dienstzeit im Sinne des Versorgungsrechts auch noch vom hinterbliebenen Ehegatten oder den Kindern des Verstorbenen geltend gemacht werden. Die Ansprüche verfallen mit dem Tod des Berechtigten also nicht. Inzwischen hat auch das Land Brandenburg sein Abgeordnetengesetz um eine Bestimmung ergänzt, die Abs. 7 des Bundesrechts entspricht.[30] **32**

Weil das Abgeordnetengesetz des Landes Sachsen-Anhalt keine Mindestmitgliedszeiten als Anspruchsvoraussetzung für die Gewährung von Altersversorgung kennt, so dass bereits ein Tag der Mitgliedschaft genügt, um einen Versorgungsanspruch in Höhe von 3% der Abgeordnetenentschädigung zu erwerben (s. 5. zu § 19), be- **33**

---

27 Kollegium der Quästoren, Kostenerstattungs- und Vergütungsregelung für die Mitglieder, vom 2. Juli 2001 – PE 133.116/QUEST/rev. XI/7-2001 – DV\445055DE.doc, Anl. IX.
28 PV 55 PE 273.910.
29 DOC_DE\NT\377\377136 PE 278.414/BUR.
30 § 15 Abs. 7 Bbg.AbgG i.d.F. des Fünften Gesetzes zur Änderung des Abgeordnetengesetzes vom 15. März 2001, GVBl. I S. 50.

Fünfter Abschnitt
Leistungen an ehemalige Mitglieder des Bundestages und ihre Hinterbliebenen

schränkt sich die dortige Regelung der Versorgungsabfindung in § 21 SachsAnh.-AbgG konsequent auf den Fall des Mandatsverlustes wegen Verlustes der Wählbarkeit.

§ 24 Überbrückungsgeld für Hinterbliebene

(1) Die Hinterbliebenen eines Mitglieds des Bundestages erhalten die noch nicht abgerechneten Leistungen nach diesem Gesetz, soweit sie im Zeitpunkt des Todes fällig waren. Der überlebende Ehegatte und die Abkömmlinge erhalten ein Überbrückungsgeld in Höhe einer Abgeordnetenentschädigung nach § 11 Abs. 1. Das Überbrückungsgeld beträgt bei einer Dauer der Mitgliedschaft von mehr als acht Jahren oder von mehr als zwei Wahlperioden das Eineinhalbfache der Abgeordnetenentschädigung nach § 11 Abs. 1. Sind Hinterbliebene im Sinne des Satzes 2 nicht vorhanden, wird sonstigen Personen, die die Kosten der letzten Krankheit oder der Bestattung getragen haben, das Überbrückungsgeld bis zur Höhe ihrer Aufwendungen gewährt.

(2) Das gleiche gilt beim Tod eines ehemaligen Mitglieds des Bundestages, das die Voraussetzungen der Mitgliedschaftsdauer nach § 19 erfüllt und noch keine Altersentschädigung erhält.

Parallelvorschriften im EuAbgG und in den Abgeordnetengesetzen der Länder:			
EuAbgG	§ 10 b		
BadWürtt.	§ 16	Nds.	§ 22
Bay.	Art. 17	NW.	§ 17
Berl.	–	RP.	§ 16
Bbg.	§ 16	Saarl.	§ 16
Brem.	§ 17	Sachs.	§ 18
Hbg.	§ 14	SachsAnh.	§ 22
Hess.	–	SchlH.	§ 22
MV.	§ 22	Thür.	§ 18

Literatur: *Welti F.*, Die soziale Sicherung der Abgeordneten des Deutschen Bundestages, der Landtage und der deutschen Abgeordneten im Europäischen Parlament, Berlin, 1998.

Übersicht

		Rdn.
1.	Allgemeines	1–8
2.	Ansprüche Hinterbliebener eines Mitglieds des Bundestages und sonstiger Personen (Abs. 1)	9–15
2.1	Fällige, noch nicht abgerechnete Leistungen nach diesem Gesetz (Satz 1)	9–11
2.2	Überbrückungsgeld (Sätze 2 und 3)	12–13
2.2.1	Anspruchsberechtigte Hinterbliebene	12
2.2.2	Höhe des Überbrückungsgeldes	13
2.2.3	Anrechnung	14
2.3	Bestimmung des Leistungsempfängers	15
2.4	Sonstige Anspruchsberechtigte (Satz 4)	16

3.	Ansprüche Hinterbliebener eines ehemaligen Mitglieds des Bundestages und sonstiger Personen (Abs. 2)	17–20
4.	EuAbgG	21–24
4.1	Nationales Recht	21
4.2	Europäisches Recht	22–24
5.	Landesrecht	25–26

1. Allgemeines

§ 24 gewährt den Hinterbliebenen verstorbener Mitglieder des Bundestages oder ehemaliger Mitglieder des Bundestages einen Anspruch auf die noch nicht abgerechneten, im Zeitpunkt des Todes aber fälligen Leistungen nach dem AbgG sowie auf Überbrückungsgeld. **1**

Finanzielle Leistungen ähnlich dem von § 24 gewährten Überbrückungsgeld kannten schon die Gesetze über die Entschädigung der Mitglieder des Bundestages von 1950,[1] 1954,[2] 1958[3] und die Diätengesetze von 1964[4] und 1968.[5] **2**

§ 24 in seiner heutigen Fassung geht im Kern auf § 15 des Entwurfs eines Gesetzes zur Neuregelung der Rechtsverhältnisse der Mitglieder des Deutschen Bundestages[6] zurück. Seinerzeit hieß die in dieser Bestimmung gewährte finanzielle Leistung allerdings noch „Sterbegeld"[7] und wurde in Höhe der zweifachen Abgeordnetenentschädigung gezahlt. **3**

Abs. 2 wurde auf Empfehlung des 2. Sonderausschusses angefügt. Dieser hielt die Vorschrift für erforderlich, weil sich die Witwe eines ehemaligen Abgeordneten, der wegen Fehlens der Altersvoraussetzung noch keine Altersentschädigung bezogen hatte, in gleichem Maße an die veränderten Lebensverhältnisse anpassen müsse und die Kosten der letzten Krankheit und der Beerdigung zu tragen habe wie die eines verstorbenen Abgeordneten, der bereits Altersentschädigung bezogen habe.[8] **4**

Mit dem Elften Änderungsgesetz vom 18. Dezember 1989[9] trat an die Stelle des Begriffs „Sterbegeld" die Bezeichnung „Überbrückungsgeld". Zugleich wurden die Leistungen reduziert. Regelmäßig sollte das Überbrückungsgeld nur noch in Höhe einer Abgeordnetenentschädigung gezahlt werden und erst ab einer Mitgliedschaft von mehr als acht Jahren oder mehr als zwei Wahlperioden in Höhe des Eineinhalbfachen einer Abgeordnetenentschädigung. In der Begründung des Gesetzentwurfes hieß es dazu, die Regelung erfolge „in Anlehnung an tarifvertragliche Regelungen".[10] **5**

---

1 BGBl. I S. 215 (§ 8).
2 BGBl. I S. 637 (§ 8).
3 BGBl. I S. 379 (§ 9).
4 BGBl. I S. 230 (§ 11).
5 BGBl. I S. 334 (§ 3).
6 BT-Drs. 7/5525, S. 6.
7 So auch schon seit dem Gesetz über die Entschädigung der Mitglieder der Bundestages von 1958 (vgl. Fn. 3).
8 So die Begründung zu § 24 in der vom 2. Sonderausschuss vorgeschlagenen Fassung (BT-Drs. 7/5903, S. 14); vgl. auch *Welti F.*, Die soziale Sicherung der Abgeordneten des Deutschen Bundestages, der Landtage und der deutschen Abgeordneten im Europäischen Parlament, Berlin 1998, S. 344 ff.
9 BGBl. I S. 2210.
10 Vgl. BT-Drs. 11/5408, S. 5.

6 Die Weiterzahlung von Bezügen über den Todeszeitpunkt des ursprünglich Berechtigten hinaus an die Hinterbliebenen ist in der Tat keine Besonderheit des AbgG. Sie gibt es z.B. im Rentenrecht,[11] bei der Mehrzahl der tarifvertraglich geregelten Beschäftigungsverhältnisse, überwiegend auch bei außertariflichen Arbeitsverhältnissen sowie im Beamtenversorgungsrecht.[12] Die Zahlungen dienen typischerweise der Deckung der Kosten der letzten Krankheit, der Beerdigung sowie vor allem der wirtschaftlichen Erleichterung der Umstellung der Hinterbliebenen auf die neue Lebens- und Einkommenssituation.

7 Damit sind sie nicht vergleichbar mit dem freiwillig gezahlten Sterbegeld zur Deckung (nur) der Bestattungskosten, wie es im Zuge der Strukturreform im Gesundheitswesen 1988 aus dem Leistungskatalog der gesetzlichen Krankenversicherungen herausgenommen wurde.[13] Weil dies in der Öffentlichkeit aber oft verwechselt wurde, setzte das Elfte Änderungsgesetz den Begriff „Überbrückungsgeld" an die Stelle der bisherigen Bezeichnung „Sterbegeld".

8 Überbrückungsgeld nach § 24 ist gemäß § 22 Nr. 4 EStG steuerpflichtig.

2. Ansprüche Hinterbliebener eines Mitglieds des Bundestages und sonstiger Personen (Abs. 1)

2.1 Fällige, noch nicht abgerechnete Leistungen nach diesem Gesetz (Satz 1)

9 Nach Abs. 1 Satz 1 erhalten die Hinterbliebenen eines Mitglieds des Bundestages die noch nicht abgerechneten Leistungen nach diesem Gesetz, soweit sie im Zeitpunkt des Todes fällig waren, d.h., soweit sie der Verstorbene zu diesem Zeitpunkt verlangen durfte. Anspruchsberechtigt nach Satz 1 sind nur die Hinterbliebenen eines Abgeordneten, nicht „sonstige Personen" nach Satz 5. Deren Ansprüche beziehen sich allenfalls – sofern Hinterbliebene nicht vorhanden sind – auf das Überbrückungsgeld nach Satz 2 und 3.

10 Das AbgG selbst enthält in den Sätzen 2 und 5 eine mittelbare Definition des Begriffs „Hinterbliebene". Satz 2 benennt den überlebenden Ehegatten und die Abkömmlinge und Satz 5 bezeichnet diese Angehörigen als „Hinterbliebene". Hinterbliebene im Sinne des AbgG sind danach der überlebende Ehegatte eines Abgeordneten oder ehemaligen Abgeordneten sowie dessen Abkömmlinge, wobei der Begriff „Abkömmlinge" für den Regelungsbereich des AbgG wiederum nur die leiblichen und als Kind angenommenen Kinder einschließt, nicht aber wie nach dem Sprachgebrauch des BGB sämtliche Verwandte absteigender Linie (vgl. dazu unten 2. 2. 1).

11 In der Praxis bedeutet die Regelung nach Satz 1, dass den Hinterbliebenen regelmäßig die Abgeordnetenentschädigung und die Kostenpauschale für den Sterbemonat belassen wird. Anschließend wird deren Zahlung eingestellt. Ferner können sie z.B. die Auszahlung beantragter, aber noch nicht abgerechneter Beihilfen oder Reisekosten etc. verlangen (zur Kostenpauschale s. 3. zu § 32).

---

11 Vgl. § 67 Nr. 6 SGB VI.
12 Vgl. § 18 BeamtVG.
13 Vgl. aber die Übergangsregelung in § 58 SGB V.

2.2 Überbrückungsgeld (Sätze 2 und 3)

2.2.1 Anspruchsberechtigte Hinterbliebene

Der überlebende Ehegatte eines verstorbenen Abgeordneten und die Abkömmlinge **12** erhalten ein Überbrückungsgeld. Abkömmlinge im Sinne dieser Bestimmung sind anders als im Sprachgebrauch des BGB, das unter Abkömmlingen sämtliche Verwandte absteigender Linie, also auch die Kindeskinder versteht,[14] nur die leiblichen und die als Kind angenommenen Kinder. Das AbgG sagt dies nicht zwar nicht ausdrücklich. Seine Systematik legt diese engere Auslegung aber nahe. Denn wenn an anderer Stelle des Gesetzes, in den §§ 18 Abs. 5 und 25 („*Hinterbliebenen*versorgung"), Regelungen für den Tod des Abgeordneten oder des ehemaligen Abgeordneten getroffen werden, so werden als begünstigte Hinterbliebene neben dem überlebenden Ehegatten ebenfalls und ausnahmslos nur die leiblichen und die als Kind angenommenen Kinder, nicht etwaige Kindeskinder oder gar Urenkel etc., genannt. Das gilt vor allem für die Kernbestimmung der Hinterbliebenenversorgung nach dem AbgG, den § 25. Sie begünstigt in Abs. 2 von den Abkömmlingen des verstorbenen ehemaligen Mitglieds unter bewusster Ausgrenzung der Kindeskinder seit dem Siebzehnten Änderungsgesetz ausnahmslos die leiblichen und die als Kind angenommenen Kinder (vgl. dazu 1. zu § 25). Es gibt überhaupt keinen sachlichen Grund, dies im Rahmen des § 24 anders, weiter zu sehen. Enkel sind bei dieser Auslegung im Übrigen nicht von jeglichen Ansprüchen ausgeschlossen. Auch sie können nach Satz 5 Überbrückungsgeld erhalten, allerdings nur dann, wenn keine Hinterbliebenen (überlebender Ehegatte, leibliche oder als Kind angenommene Kinder) vorhanden sind und sie die Kosten der letzten Krankheit oder der Bestattung getragen haben. Das ist angemessen, aber auch ausreichend.

2.2.2 Höhe des Überbrückungsgeldes

Die Höhe des Überbrückungsgeldes ist von zwei Faktoren abhängig, zum einen von **13** der Dauer der Mitgliedschaft des Verstorbenen im Bundestag und zum anderen von der Frage, welches Versorgungsrecht auf ihn zur Anwendung kommt.

Grundsätzlich erhalten die Hinterbliebenen nach Satz 2 Überbrückungsgeld in Höhe einer Abgeordnetenentschädigung nach § 11 Abs. 1. Gehörte der Verstorbene dem Bundestag mehr als acht Jahre oder mehr als zwei Wahlperioden an, so beträgt das Überbrückungsgeld nach Satz 3 das Eineinhalbfache der Abgeordnetenentschädigung. Weil es sich um eine (Versorgungs-)Regelung des Fünften Abschnitts handelt, wird die Dauer der Mitgliedschaft bei der Anwendung des § 24 ebenso wie in § 19 vorgeschrieben berechnet (s. 3. 1 zu § 19).

Statt der Abgeordnetenentschädigung nach § 11 Abs. 1 gilt gem. § 35 a Abs. 2 Satz 1 in den Fällen des § 35 a Abs. 1 ein fiktiver Bemessungsbetrag, der niedriger ist als die Abgeordnetenentschädigung. Denn § 35 a Abs. 1 ordnet an, dass für Mitglieder, die am 22. Dezember 1995 dem Bundestag angehörten, ehemalige Mitglieder und ihre Hinterbliebenen die Regelungen des Fünften Abschnitts in der bis zu diesem Tag geltenden Fassung fortgelten. Das gilt auch für § 24 mit der genannten Folge der Geltung des fiktiven Bemessungsbetrages aus § 35 a Abs. 2 Satz 1. Da ein aktives

---

[14] Vgl. *Diederichsen U.*, in: Palandt, Bürgerliches Gesetzbuch, 59. Aufl., München, 2000, Übbl v § 1589, 4.

Mitglied des Bundestages, auf den § 35 a Abs. 1 Anwendung findet, regelmäßig sein Wahlrecht nach § 35 a Abs. 4 Satz 1 noch nicht ausgeübt haben wird, dürfte in diesen Fällen meist § 35 a Abs. 4 Satz 3 eingreifen, wonach das Gesetz in seiner jeweils günstigeren Fassung Anwendung findet. Die Entscheidung darüber trifft die Verwaltung.

2.2.3 Anrechnung

14 Das im Fünften Abschnitt geregelte Überbrückungsgeld nach § 24 zählt systematisch zu den „Versorgungsansprüchen nach diesem Gesetz" im Sinne des § 29 (vgl. auch 4. 1 zu § 29). Treffen also beispielsweise Überbrückungsgeld nach § 16 a BMinG und Überbrückungsgeld nach § 24 zusammen, ruht letzteres nach Maßgabe des § 29 Abs. 4 Satz 1.

2.3 Bestimmung des Leistungsempfängers

15 Nach dem mit dem Einundzwanzigsten Gesetz zur Änderung des Abgeordnetengesetzes[15] gestrichenen früheren Satz 4 bestimmte der Präsident, an wen die Leistungen (nach Satz 1 und 2) zu zahlen sind. Das entsprach schon lange nicht mehr der Praxis. Denn regelmäßig ist es allein die Bundestagsverwaltung, die – als einfaches Geschäft der laufenden Verwaltung, das nicht dem Präsidenten vorbehalten bleiben muss – den Empfänger der Leistung feststellt und Auszahlungen an diesen veranlasst. Die Gesetzesänderung wollte dieser Praxis Rechnung tragen.[16]

Sind mehrere berechtigte Personen vorhanden, gilt für die Bestimmung des oder der Leistungsempfänger über § 26 der § 18 Abs. 4 BeamtVG sinngemäß. Danach ist das Überbrückungsgeld in der Reihenfolge der Aufzählung in § 24 Abs. 1 Satz 2 zu zahlen. Bei Vorliegen eines wichtigen Grundes ist es allerdings auch möglich, die Leistung aufzuteilen.

2.4 Sonstige Anspruchsberechtigte (Satz 5)

16 Nur wenn Hinterbliebene nach Satz 2 nicht vorhandenen sind, können auch sonstige Personen Überbrückungsgeld erhalten. Voraussetzung hierfür ist aber, dass sie die Kosten der letzten Krankheit und/oder der Bestattung getragen haben. Der Höhe nach ist das Überbrückungsgeld für diesen Personenkreis zum einen begrenzt durch die Höhe ihrer tatsächlichen Aufwendungen für die letzte Erkrankung des Verstorbenen und/oder für dessen Bestattung und zum anderen durch die Regelungen in Satz 2 und 3 (s.o. 2. 2). Weil sonstige Personen nach Hinterbliebenen nur subsidiär anspruchsberechtigt sind, versteht es sich von selbst, dass ihre Ansprüche nicht weiter gehen können als die der Hinterbliebenen.

---

15 Vom 20. Juli 2000, BGBl. I S. 1037.
16 S. Begründung zum Entwurf eines Einundzwanzigsten Gesetzes zur Änderung des Abgeordnetengesetzes vom 30. November 1999, BT-Drs. 14/2235, S. 7.

3. Ansprüche Hinterbliebener eines ehemaligen Mitglieds des Bundestages und sonstiger Personen (Abs. 2)

Nach Abs. 2 gilt das Gleiche wie nach Abs. 1 beim Tod eines ehemaligen Mitglieds des Bundestages, das die Voraussetzungen der Mitgliedschaftsdauer nach § 19 erfüllt (s. dazu 3.1 zu § 19), aber – aufgrund seines Lebensalters oder während des Bezuges von Übergangsgeld gemäß § 32 Abs. 5 wegen Ruhens des Anspruches auf Altersentschädigung – noch keine Altersentschädigung erhält. 17

Schwierigkeiten bereitet in diesen Fällen gelegentlich die Anwendung des Abs. 1 Satz 1, wenn der verstorbene ehemalige Abgeordnete das ihm zustehende Übergangsgeld nach § 18 Abs. 3 Satz 1 in einer Summe erhalten hat, der Anspruchszeitraum im Zeitpunkt des Todes aber noch nicht verstrichen war. Dem überlebenden Ehegatten und den leiblichen oder als Kind angenommenen Kindern verbleibt dann zwar das Übergangsgeld bis zum Ende des Sterbemonats. Der darüber hinausgehende Betrag muss indessen zurückgezahlt werden, weil § 18 Abs. 5, der Gegenteiliges bestimmt, nur dann gilt, wenn keine Versorgungsansprüche nach diesem Gesetz bestehen. Nach § 24 Abs. 2 anspruchsberechtigte Hinterbliebene haben indessen einen Anspruch auf Hinterbliebenenversorgung. Bei der Vereinbarung der Rückzahlungsmodalitäten im Zuge des Verwaltungsverfahrens wird allerdings Rücksicht auf das individuelle wirtschaftliche Leistungsvermögen der Schuldner genommen. 18

Bezog der verstorbene ehemalige Abgeordnete bereits Altersversorgung nach diesem Gesetz, so haben die Hinterbliebenen oder sonstige Personen keinen Anspruch nach § 24 auf Überbrückungsgeld, sondern gemäß § 26 i.V.m. § 18 BeamtVG auf Sterbegeld nach Maßgabe der dortigen Bestimmungen. 19

Diese gewähren Hinterbliebenen ein Sterbegeld in Höhe des Zweifachen der Altersentschädigung des Verstorbenen. Soweit aber § 18 BeamtVG in Abs. 2 Nr. 1 den Kreis der Berechtigten mit Anspruch auf ein nicht durch die Höhe der Aufwendungen begrenztes Sterbegeld weiter fasst als das AbgG, gilt dies im Rahmen der sinngemäßen Anwendung nach § 26 nicht. Die in § 18 Abs. 2 Nr. 1 BeamtVG Genannten gelten vielmehr als „sonstige Personen" im Sinne des § 24 Abs. 1 Satz 5, denen das Sterbegeld nur unter den dort genannten Bedingungen und nur bis zur Höhe ihrer Aufwendungen gezahlt wird. 20

4. EuAbgG

4.1 Nationales Recht

Für die in der Bundesrepublik Deutschland gewählten Abgeordneten des Europäischen Parlaments gelten gemäß § 10 b Satz 1 EuAbgG die Vorschriften des Fünften Abschnitts des Abgeordnetengesetzes, also auch § 24, entsprechend. Auf die oben stehenden Anmerkungen wird daher verwiesen. 21

4.2 Europäisches Recht

Die Kostenerstattungs- und Vergütungsregelung für die Mitglieder des Kollegiums der Quästoren[17] enthält in Anlage V „Regelungen betreffend die Übergangsvergü- 22

---

[17] Vom 2. Juli 2001 – PE 133.116 / QUEST / rev. XI / 7-2001 – DV\445055DE.doc.

tung für die Mitglieder des Europäischen Parlaments beim Erlöschen des Mandats". Diese sehen in Art. 4 vor, dass beim Tod eines ehemaligen Mitglieds, das Übergangsvergütung erhält, der überlebende Ehegatte oder anderenfalls die unterhaltsberechtigten Kinder Anspruch auf 60% der noch ausstehenden Vergütung haben. Hat der überlebende Ehegatte unterhaltsberechtigte Kinder, so erhält er für jedes unterhaltsberechtigte Kind weitere 5% der noch ausstehenden Vergütung, höchstens aber 100%.

23 Der Anspruch nach europäischem Recht ist jedoch subsidiär gegenüber einem gleichartigen nach nationalem Recht. Das bedeutet, dass in der Bundesrepublik Deutschland gewählte ehemalige Abgeordnete des Europäischen Parlaments regelmäßig auf ihren Übergangsgeldanspruch aus § 10 b Satz 1 EuAbgG i.V.m. § 18 AbgG verwiesen werden (vgl. dazu 1.1.2 zu § 18) mit der Folge, dass auch ihre Hinterbliebenen keinen Anspruch aufgrund der o. Bestimmung haben.

24 Sonstige Regelungen, die mit denen des § 24 vergleichbar wären, kennt das Europäische Recht nicht.

5. Landesrecht

25 Die Abgeordnetengesetze der Länder Berlin und Hessen haben keine § 24 vergleichbare Regelung.

Die Bestimmungen der übrigen Bundesländer ähneln in ihrer Systematik und in ihrem Regelungsinhalt dem Bundesrecht. Die Leistung wird hier jedoch noch häufig als „Sterbegeld" bezeichnet. Baden-Württemberg (§ 16 BadWürtt.AbgG), Bayern (Art. 17 Bay.AbgG) und das Saarland (§ 16 Saarl.AbgG) gewähren den Hinterbliebenen Überbrückungsgelder, deren Höhe sich wie nach Bundesrecht nach der Dauer der Mitgliedschaft des Verstorbenen im Landtag bemisst, grundsätzlich also in Höhe der einfachen Abgeordnetenentschädigung, bei einer Mitgliedschaft von mehr als acht Jahren in Höhe der eineinhalbfachen Abgeordnetenentschädigung.

In Brandenburg (§ 16 Bbg.AbgG), Bremen (§ 17 Brem.AbgG), Hamburg (§ 14 Hbg.AbgG), Mecklenburg-Vorpommern (§ 22 MV.AbgG), Niedersachsen (§ 22 Nds.AbgG), Nordrhein-Westfalen (§ 17 NW.AbgG), Rheinland-Pfalz (§ 16 RP.AbgG), Sachsen (§ 18 Sächs.AbgG), Sachsen-Anhalt (§ 22 SachsAnh.AbgG), Schleswig-Holstein (§ 22 SchlH.AbgG) und in Thüringen (§ 18 Thür.AbgG) gibt es diese Abstufung nicht. Hier wird das Überbrückungsgeld für die Hinterbliebenen aktiver Landtagsabgeordneter unterschiedslos in zweifacher Höhe der Abgeordnetenentschädigung gezahlt.

26 Anders als nach Bundesrecht tritt indessen in allen Bundesländern, die über entsprechende Normen verfügen, bei der Berechnung des Überbrückungsgeldes für Hinterbliebene ehemaliger Landtagsabgeordneter an die Stelle der Abgeordnetenentschädigung stets die Altersentschädigung. Das erscheint konsequent und systemgerecht, weil hier an die finanzielle Leistung angeknüpft wird, die dem in erster Linie Berechtigten, vom dem die Hinterbliebene ihre Rechte ableiten, zustand oder im Erlebensfall zugestanden hätte.

§ 25 Hinterbliebenenversorgung

(1) Der überlebende Ehegatte eines Mitgliedes oder ehemaligen Mitgliedes des Bundestages erhält sechzig vom Hundert der Altersentschädigung, sofern der Verstorbene im Zeitpunkt seines Todes Anspruch auf Altersentschädigung hatte oder die Voraussetzungen für die Gewährung einer Altersentschädigung erfüllte.

(2) Der überlebende Ehegatte eines Mitglieds oder ehemaligen Mitglieds des Bundestages, das unabhängig vom Lebensalter die Voraussetzung der Mitgliedschaftsdauer nach § 19 erfüllt, erhält sechzig vom Hundert der Altersentschädigung, deren Höhe sich nach § 20 bestimmt.

(3) Die leiblichen und die als Kind angenommenen Kinder eines ehemaligen Mitglieds, das zur Zeit seines Todes Altersentschädigung erhalten hätte, eines verstorbenen Mitglieds oder eines verstorbenen Empfängers von Altersentschädigung erhalten Waisengeld. Es beträgt für die Vollwaise zwanzig und die Halbwaise zwölf vom Hundert der Altersentschädigung nach den Absätzen 1 und 2.

(4) Beim Tode eines Mitglieds des Bundestages, das dem Bundestag weniger als vierzehn Jahre angehört hat, erhalten der überlebende Ehegatte 60 vom Hundert, die Vollwaise zwanzig vom Hundert und die Halbwaise zwölf vom Hundert der Altersentschädigung für eine Mitgliedschaft von dreizehn Jahren.

Parallelvorschriften im EuAbgG und in den Abgeordnetengesetzen der Länder:			
EuAbgG	§ 10 b		
BadWürtt.	§ 17	Nds.	§ 23
Bay.	Art. 18	NW.	§ 18
Berl.	§ 17	RP.	§ 17
Bbg.	§ 17	Saarl.	§ 17
Brem.	§ 18	Sachs.	§ 19
Hbg.	§ 15	SachsAnh.	§ 23
Hess.	§ 15	SchlH.	§ 23
MV.	§ 23	Thür.	§ 19

Literatur: *Welti F.*, Die soziale Sicherung der Abgeordneten des Deutschen Bundestages, der Landtage und der deutschen Abgeordneten im Europäischen Parlament, Berlin, 1998.

Übersicht

		Rdn.
1.	Allgemeines	1–7
2.	Hinterbliebenenversorgung des überlebenden Ehegatten eines (ehemaligen) Mitglieds des Bundestages mit Anspruch auf Altersentschädigung (Abs. 1) (Witwengeld)	8
3.	Hinterbliebenenversorgung des überlebenden Ehegatten eines (ehemaligen) Mitglieds des Bundestages mit Anwartschaft auf Altersentschädigung (Abs. 2) (Witwengeld)	9
4.	Hinterbliebenenversorgung der Kinder eines (ehemaligen) Mitglieds des Bundestages (Abs. 3) (Waisengeld)	10

Fünfter Abschnitt
Leistungen an ehemalige Mitglieder des Bundestages und ihre Hinterbliebenen

5.	Mindesthinterbliebenenversorgung (Abs. 4)	11–13
6.	Übergangsrecht (§ 35 a)	14–18
7.	Beginn und Ende der Ansprüche	19–23
8.	Anrechnung beim Zusammentreffen mehrerer Bezüge aus öffentlichen Kassen	24
9.	Unterhaltsbeitrag für frühere Ehegatten (§§ 16 AbgG, 22 BeamtVG)	25
10.	Anwendung sonstiger Vorschriften des BeamtVG	26–30
11.	EuAbgG	31–35
12.	Landesrecht	36–39

1. Allgemeines

1 § 25 gewährt dem überlebenden Ehegatte, den leiblichen und den als Kind angenommenen Kindern eines (ehemaligen) Abgeordneten, der verstirbt, eine Hinterbliebenenversorgung als Ausgleich für die ausbleibende, auch dem Familienunterhalt dienende (s.o. 2. 1 zu § 11) Abgeordnetenentschädigung. Das ist nichts besonderes. Auch andere Alterssicherungssysteme kennen eine Hinterbliebenenversorgung, etwa die gesetzliche Rentenversicherung (§§ 46 und 48 SGB VI) oder die Beamtenversorgung (§§ 19 ff. BeamtVG). Die Hinterbliebenenversorgung nach diesem Gesetz ähnelt in ihrer Struktur derjenigen der Beamten, allerdings bei einem durchgängig höheren Leistungsniveau.[1]

2 Die Vorschrift geht auf § 9 des Diätengesetzes 1968[2] zurück, verwendet aber statt des Begriffes „Ruhegeld" entsprechend der neuen Terminologie des Abgeordnetengesetzes den Begriff „Altersentschädigung".[3]

In der Fassung des Entwurfs eines Gesetzes zur Neuregelung der Rechtsstellung der Mitglieder des Deutschen Bundestages vom 29. Juni 1976[4] zählten zu den anspruchsberechtigten Hinterbliebenen neben dem überlebenden Ehegatten „die leiblichen und die als Kind angenommenen Kinder". In der späteren Gesetzesfassung ist hingegen in § 25 Abs. 4 von den „Abkömmlingen" die Rede, ohne dass in den Gesetzesmaterialien auf diese Erweiterung des Kreises der Anspruchsberechtigten eingegangen worden wäre.[5] Denn zu den Abkömmlinge gehören im Sprachgebrauch des BGB sämtliche Verwandte absteigender Linie, also auch die Kindeskinder.[6] Erst mit dem Siebzehnten Änderungsgesetz vom 4. November 1994 wurde die Zahlung von Waisengeld auf leibliche und als Kind angenommene Kinder beschränkt. Enkelkinder etc. waren damit ausgeschlossen.[7]

---

1 S. den kritischen Vergleich bei *Welti F.*, Die soziale Sicherung der Abgeordneten des Deutschen Bundestages, der Landtage und der deutschen Abgeordneten im Europäischen Parlament, Berlin 1998, S. 359 ff.
2 BGBl. I S. 334.
3 Vgl. auch die Begründung zum Entwurf eines Gesetzes zur Neuregelung der Rechtsverhältnisse der Mitglieder des Deutschen Bundestages, BT-Drs. 7/5531, S. 20.
4 Vgl. BT-Drs. 7/5525, § 21 Abs. 4 des Entwurfs.
5 Vgl. BT-Drs. 7/5903, S. 14 (Begründung zu § 25).
6 Vgl. *Diederichsen U.*, in: Palandt, Bürgerliches Gesetzbuch, 59. Aufl., München, 2000, Übbl v § 1589, 4.
7 Vgl. BGBl. I S. 3345 und Begründung zum Entwurf eines Siebzehnten Gesetzes zur Änderung des Abgeordnetengesetzes und eines Vierzehnten Gesetzes zur Änderung des Europaabgeordnetengesetzes vom 1. Juni 1994, BT-Drs. 12/7777, S. 9.

Die Mindesthinterbliebenenversorgung wurde ursprünglich nur in Höhe von 60 vom Hundert der Mindestaltersentschädigung nach § 20 (i.e. 35 vom Hundert der Abgeordnetenentschädigung) gewährt.[8] Mit dem Siebten Änderungsgesetz vom 16. Januar 1987[9] trat der heutige Abs. 4 an die Stelle dieser Regelung. Er erhöhte den Bemessungssatz für die Hinterbliebenenversorgung von 35 vom Hundert der Abgeordnetenentschädigung auf 47 vom Hundert, was einer (angenommenen) Mitgliedschaft von elf Jahren im Deutschen Bundestag entspricht.

3

In der Beschlussempfehlung und dem Bericht des Ausschusses für Wahlprüfung, Immunität und Geschäftsordnung vom 5. Dezember 1986 heißt es dazu, es habe sich herausgestellt, dass die Hinterbliebenenversorgung beim Tod eines Abgeordneten während der Mitgliedschaft im Bundestag im Vergleich zu einer Mitgliedschaft im Europäischen Parlament zu niedrig angesetzt sei, so dass es im Interesse der Hinterbliebenen vonnöten gewesen sei, eine angemessene Bemessungsgrundlage zu finden, hier diejenige, die der durchschnittlichen statistischen Verweildauer von Abgeordneten im Deutschen Bundestag entspreche. Um Ungerechtigkeiten für die Vergangenheit zu vermeiden, bedürfe es schließlich auch einer Übergangsregelung, wie sie in § 38 b vorgesehen sei.[10]

4

Mit dem Neunzehnten Änderungsgesetz vom 15. Dezember 1995[11] wurde der Bemessungssatz für die Mindesthinterbliebenenversorgung erneut geändert, diesmal auf eine Altersentschädigung beruhend auf einer Mitgliedschaft von 13 Jahren. Das sind nach dem neuen Recht 39 vom Hundert der Abgeordnetenentschädigung. Mit dieser Neuregelung sollte der besonderen sozialen Situation der Hinterbliebenen im Hinblick auf die Struktureinschnitte bei der Altersentschädigung, die das Neunzehnte Änderungsgesetz einführte, in angemessener Weise Rechnung getragen werden.[12] Denn ohne diese Änderung hätte der Bemessungssatz nach der neuen Struktur der Altersentschädigung nur 33 vom Hundert (für eine Mitgliedschaft von elf Jahren) betragen. Das erschien zu gering.

5

Die Kissel-Kommission hatte in ihrem Bericht vom 3. Juni 1993 zur Hinterbliebenenversorgung angemerkt, dass die Sätze von 60 vom Hundert für den überlebenden Ehegatten und von zwölf vom Hundert für Halbwaisen bzw. 20 vom Hundert für Vollwaisen auch dem in anderen Versorgungssystemen Üblichen entsprächen. Für den Fall des Todes eines aktiven Abgeordneten hatte sie empfohlen, die Hinterbliebenenversorgung zumindest von der Mindestversorgung in Höhe von 30 vom Hundert der Entschädigung zu berechnen.[13]

6

Leistungen nach § 25 sind gemäß § 22 Nr. 4 EStG einkommensteuerpflichtig.

7

---

8 Vgl. § 25 Abs. 3 in der Ursprungsfassung des Gesetzes vom 18. Februar 1977, BGBl. I S. 297.
9 BGBl. I S. 143.
10 BT-Drs. 10/6685, S. 12.
11 BGBl. I S. 1718.
12 Vgl. Beschlussempfehlung und Bericht des Ausschusses für Wahlprüfung, Immunität und Geschäftsordnung vom 6. Dezember 1995, BT-Drs. 13/3240, S. 20.
13 Vgl. BT-Drs. 12/5020, S. 16.

2. Hinterbliebenenversorgung des überlebenden Ehegatten eines (ehemaligen) Mitglieds des Bundestages mit Anspruch auf Altersentschädigung (Abs. 1) (Witwengeld)

8 Der überlebende Ehegatte eines Mitglieds oder ehemaligen Mitglieds des Bundestages erhält gemäß Abs. 1 60 vom Hundert dessen Altersentschädigung, wenn der Verstorbene im Zeitpunkt des Todes Anspruch auf Altersentschädigung hatte oder die Voraussetzungen (des § 19) für die Gewährung von Altersentschädigung erfüllte. Letztere Fallvariante ist beispielsweise dann gegeben, wenn der Verstorbene aktiver Abgeordneter war oder er als ehemaliger Abgeordneter Altersentschädigung nur deswegen nicht erhalten hat, weil sein Anspruch hierauf während der Zeit des Bezuges von Übergangsgeld gemäß § 32 Abs. 5 ruhte. Hier wie da ist Bemessungsgröße für die Hinterbliebenenversorgung die vom Verstorbenen „erdiente" Altersentschädigung, deren Höhe nach § 20 mit einem Vomhundertsatz der Abgeordnetenentschädigung berechnet wird. Von dieser Altersentschädigung erhält der überlebende Ehegatte 60%.

Tabelle 1. Ansprüche auf Hinterbliebenenversorgung nach aktuellem Recht (überlebender Ehegatte)

Mandatsdauer* (Jahre)	8**	12	23***
01. 01. 2001	1.901 DM	2.852 DM	5.465 DM
01. 01. 2002	1.938 DM	2.906 DM	5.570 DM
01. 01. 2003	1.974 DM	2.961 DM	5.675 DM

* des Verstorbenen
** Mindestversorgung
*** Höchstversorgung

3. Hinterbliebenenversorgung des überlebenden Ehegatten eines (ehemaligen) Mitglieds des Bundestages mit Anwartschaft auf Altersentschädigung (Abs. 2) (Witwengeld)

9 Nichts anderes gilt gemäß Abs. 2 für den überlebenden Ehegatten eines verstorbenen (ehemaligen) Abgeordneten mit Anwartschaft auf Altersentschädigung. Das sind (ehemalige) Mitglieder, die bis auf das erforderliche Lebensalter die Voraussetzungen des § 19 für einen Anspruch auf Altersentschädigung erfüllen. Auch hier ist Bemessungsgröße für die Hinterbliebenenversorgung die bis dahin erworbene Altersentschädigung des Verstorbenen, deren Höhe nach § 20 berechnet wird (s.o. Tabelle 1).

4. Hinterbliebenenversorgung der Kinder eines (ehemaligen) Mitglieds des Bundestages (Abs. 3) (Waisengeld)

10 Die leiblichen oder die als Kind angenommenen Kinder eines (ehemaligen) Abgeordneten erhalten gemäß Abs. 3 Waisengeld, wenn der Verstorbene einen Anspruch oder eine Anwartschaft auf Altersentschädigung erworben hatte. Ausgangsgröße ist auch hier wieder der „erdiente" Anspruch, die erworbene Anwartschaft des Verstorbenen. Dies folgt aus dem Verweis auf die Altersentschädigung nach den Abs. 1 und 2 in Abs. 3 Satz 2. Nach dieser Regelung erhält ein Vollwaise 20 vom Hundert und ein Halbwaise zwölf vom Hundert der Altersentschädigung als Waisengeld.

Tabelle 2. Ansprüche auf Hinterbliebenenversorgung nach aktuellem Recht (Vollwaisen)

Mandatsdauer* (Jahre)	8**	12	23***
01. 01. 2001	634 DM	951 DM	1.822 DM
01. 01. 2002	646 DM	969 DM	1.857 DM
01. 01. 2003	658 DM	987 DM	1.892 DM

* des Verstorbenen
** Mindestversorgung
*** Höchstversorgung

Tabelle 3. Ansprüche auf Hinterbliebenenversorgung nach aktuellem Recht (Halbwaisen)

Mandatsdauer* (Jahre)	8**	12	23***
01. 01. 2001	381 DM	571 DM	1.093 DM
01. 01. 2002	388 DM	582 DM	1.114 DM
01. 01. 2003	395 DM	593 DM	1.135 DM

* des Verstorbenen
** Mindestversorgung
*** Höchstversorgung

5. Mindesthinterbliebenenversorgung (Abs. 4)

Stirbt ein aktives Mitglied des Bundestages, das diesem weniger als vierzehn Jahre angehört hat, kommt gemäß Abs. 4 die Gewährung der Mindesthinterbliebenenversorgung in Betracht. Die Norm setzt weder eine bestimmte Mindestmitgliedschaft voraus, noch dass der Verstorbene bereits einen eigenen Anspruch oder eine Anwartschaft auf Altersentschädigung erworben hatte. Sie gilt auch und gerade dann, wenn er selbst noch nicht die Voraussetzungen des § 19 erfüllt hat und sichert den Hinterbliebenen in diesem Fall eine Mindestversorgung.[14] Hatte der Verstorbene einen Anspruch oder eine Anwartschaft auf Altersentschädigung, so verbessert Abs. 4 den Versorgungsanspruch der Hinterbliebenen in den Fällen, in den das verstorbene aktive Mitglied dem Bundestag weniger als 14 Jahre angehört hat. **11**

Die Vorschrift des Abs. 4 gilt nach ihrem klaren und unmissverständlichen Wortlaut nicht für die Hinterbliebenen verstorbener ehemaliger Abgeordneter. Diese erhalten eine Hinterbliebenenversorgung ausschließlich nach Maßgabe der Abs. 1 bis 3. Die Hinterbliebenen eines verstorbenen ehemaligen Abgeordneten ohne eigenen Anspruch oder Anwartschaft auf Altersentschädigung gehen danach leer aus. **12**

Der Vomhundertsatz des Witwen- und Waisengeldes im Rahmen der Mindesthinterbliebenenversorgung ist identisch mit dem in den Abs. 1 bis 3 genannten. Er setzt **13**

---

[14] Vgl. auch Welti F., aaO, S. 353, und Begründung des Entwurfs eines Siebten Gesetzes zur Änderung des Abgeordnetengesetzes, BT-Drs. 10/5734, S. 7.

Fünfter Abschnitt
Leistungen an ehemalige Mitglieder des Bundestages und ihre Hinterbliebenen

allerdings auf einer Altersentschädigung für eine Mitgliedschaft von 13 Jahren auf. Das sind gemäß § 20 nach aktuellem Recht 39 vom Hundert der Abgeordnetenentschädigung. Hiervon erhalten ein überlebender Ehegatte 60, ein Vollwaise 20 und ein Halbwaise 12 vom Hundert.

Tabelle 4. Ansprüche auf Mindesthinterbliebenenversorgung nach aktuellem Recht*

	Ehegatte	Vollwaise	Halbwaise
01. 01. 2001	3.089 DM	1.030 DM	618 DM
01. 01. 2002	3.148 DM	1.050 DM	630 DM
01. 01. 2003	3.208 DM	1.070 DM	642 DM

* Bemessungsgröße: 39 vom Hundert der jeweils gültigen Abgeordnetenentschädigung

6. Übergangsrecht (§ 35 a)

14 § 35 a Abs. 1 bestimmt, dass für Mitglieder, die am 22. Dezember 1995 dem Bundestag angehörten, ehemalige Mitglieder und ihre Hinterbliebenen die Regelungen des Fünften Abschnitts in der bis dahin gültigen Fassung fortgelten und zwar gemäß § 35 a Abs. 2 Satz 1 mit der Maßgabe, dass statt der Abgeordnetenentschädigung ein fiktiver Bemessungsbetrag gilt, der ab dem 1. Januar 1999 zunächst auf 11.625 DM festgesetzt wurde (zur weiteren Entwicklung s. 3. zu § 35 a).

15 In diesen Fällen knüpft die Hinterbliebenenversorgung also an die Altersentschädigung der Abgeordneten nach dem Übergangsrecht an, die sich nach einem Vomhundertsatz des genannten fiktiven Bemessungsbetrages berechnet (vgl. dazu 3. 2 und 4. 2 zu § 20). Hiervon erhalten die Hinterbliebenen unter den in den Abs. 1 bis 3 aufgeführten Voraussetzungen eine Versorgung in Höhe von 60 (überlebender Ehegatte), 20 (Vollwaise) bzw. zwölf vom Hundert (Halbwaise). Insofern unterscheidet sich das Übergangsrecht nicht vom aktuellen Recht, wohl aber in der Höhe der Leistungen:

Tabelle 5. Ansprüche auf Hinterbliebenenversorgung nach Übergangsrecht (überlebender Ehegatte)

Mandatsdauer* (Jahre)	8**	12	18***
01. 01. 2001	2.493 DM	3.632 DM	5.341 DM
01. 01. 2002	2.532 DM	3.690 DM	5.426 DM
01. 01. 2003	2.573 DM	3.749 DM	5.513 DM

* des Verstorbenen
** Mindestversorgung
*** Höchstversorgung

Tabelle 6. Ansprüche auf Hinterbliebenenversorgung nach Übergangsrecht (Vollwaise)

Mandatsdauer* (Jahre)	8**	12	18***
01. 01. 2001	831 DM	1.211 DM	1.781 DM
01. 01. 2002	844 DM	1.230 DM	1.809 DM
01. 01. 2003	858 DM	1.250 DM	1.838 DM

* des Verstorbenen
** Mindestversorgung
*** Höchstversorgung

Tabelle 7. Ansprüche auf Hinterbliebenenversorgung nach Übergangsrecht (Halbwaise)

Mandatsdauer* (Jahre)	8**	12	18***
01. 01. 2001	499 DM	727 DM	1.069 DM
01. 01. 2002	507 DM	738 DM	1.086 DM
01. 01. 2003	515 DM	750 DM	1.103 DM

* des Verstorbenen
** Mindestversorgung
*** Höchstversorgung

Auch bei der Mindesthinterbliebenenversorgung gibt es Abweichungen. Abs. 4 in der bis zum In-Kraft-Treten des Neunzehnten Änderungsgesetzes gültigen Fassung hatte folgenden Wortlaut: **16**

> „(4) Beim Tode eines Mitglieds des Bundestages, das dem Bundestag weniger als zwölf Jahre angehört hat, erhalten der überlebende Ehegatte 60 vom Hundert, die Vollwaise zwanzig vom Hundert und die Halbwaise zwölf vom Hundert der Altersentschädigung für eine Mitgliedschaft von elf Jahren."

Das bedeutet, dass sich beim Tod eines aktiven Abgeordneten, der unter § 35 a Abs. 1 fällt und der dem Bundestag weniger als zwölf Jahre angehört hat, die genannten Vomhundertsätze der Mindesthinterbliebenenversorgung nach einer Altersentschädigung in Höhe von 47% des fiktiven Bemessungsbetrages berechnen. **17**

Tabelle 8. Ansprüche auf Mindesthinterbliebenenversorgung nach Übergangsrecht*

	Ehegatte	Vollwaise	Halbwaise
01. 01. 2001	3.347 DM	1.116 DM	670 DM
01. 01. 2002	3.401 DM	1.134 DM	681 DM
01. 01. 2003	3.456 DM	1.152 DM	691 DM

* Bemessungsgröße: 47 vom Hundert des jeweils gültigen fiktiven Bemessungsbetrages

Hat das verstorbene aktive Mitglied des Bundestages sein Wahlrecht nach § 35 a Abs. 4 bis zu seinem Tod noch nicht ausgeübt, findet auf die Hinterbliebenen gemäß § 35 a Abs. 4 Satz 2 die jeweils günstigere Gesetzesfassung Anwendung. **18**

7. Beginn und Ende der Ansprüche

19 Das Abgeordnetengesetz regelt Beginn und Ende der Ansprüche auf Hinterbliebenenversorgung nicht selbst, sondern verweist über § 26 auf die Bestimmungen des BeamtVG.

20 Gemäß § 27 Abs. 1 Satz 1 BeamtVG beginnt die Zahlung des Witwen- bzw. des Waisengeldes mit dem Ablauf des Sterbemonats, bei Kindern, die erst nach diesem Zeitpunkt geboren werden gemäß § 27 Abs. 1 Satz 2 BeamtVG mit dem Ersten des Geburtsmonats.

21 Die Ansprüche erlöschen gemäß § 61 Abs. 1 BeamtVG für jeden Berechtigten mit dem Ende des Monats, in dem er stirbt (Nr. 1), für die Witwe außerdem mit dem Ende des Monats, in dem sie sich verheiratet (Nr. 2) (zum Anspruch auf Witwenabfindung nach § 21 BeamtVG s. 10.), für jede Waise grundsätzlich außerdem mit dem Endes des Monats der Vollendung des 18. Lebensjahres (Nr. 3) und schließlich für jeden Berechtigten unter den in § 61 Abs. 1 Nr. 4 BeamtVG genannten Voraussetzungen bei Verurteilung zu einer der dort aufgeführten Straftaten mit Rechtskraft des Urteils.[15]

22 Auf Antrag wird das Waisengeld nach § 61 Abs. 2 BeamtVG auch über die Vollendung des 18. Lebensjahres hinaus gewährt, sofern die Voraussetzungen für den Bezug von Kindergeld nach dem Bundeskindergeldgesetz gegeben sind, d.h. bei entsprechender Schul- oder Berufsausbildung längstens jedoch bis zum 27. Lebensjahr. Im Falle einer körperlichen, geistigen oder seelischen Behinderung der Waise kann das Waisengeld unter den in § 61 Abs. 2 BeamtVG genannten Voraussetzungen allerdings auch noch länger gezahlt werden.

23 Der nach § 61 Abs. 1 Nr. 2 BeamtVG erloschene Versorgungsanspruch der Witwe lebt gemäß Abs. 3 dieser Bestimmung wieder auf, wenn die (neue) Ehe aufgelöst oder für nichtig erklärt wird.

8. Anrechnung beim Zusammentreffen mehrerer Bezüge aus öffentlichen Kassen

24 Leistungen an Hinterbliebene nach § 25 sind „Versorgungsansprüche nach diesem Gesetz" oder „Versorgungsbezüge nach diesem Gesetz" im Sinne des § 29. Die dort genannten Anrechnungs- bzw. Ruhensregelungen finden also auf sie Anwendung und zwar auch die Kappungsgrenzen, die in der Höhe unverändert auch für Hinterbliebene gelten.

9. Unterhaltsbeitrag für frühere Ehegatten
(§§ 26 AbgG, 22 BeamtVG)

25 Stirbt ein zum schuldrechtlichen Versorgungsausgleich nach § 1587 f Nr. 2 BGB verpflichtetes (ehemaliges) Mitglied des Bundestages mit einem Anspruch oder einer Anwartschaft auf Altersentschädigung, so kann dem geschiedenen Ehegatten auf Antrag gemäß §§ 26 AbgG, 22 Abs. 2 BeamtVG ein Unterhaltsbeitrag gewährt

---

[15] Kritisch dazu *Welti* F., aaO, S. 357 f.

werden, solange er berufs- oder erwerbsunfähig im Sinne des SGB VI ist oder mindestens ein waisengeldberechtigtes Kind erzieht oder wenn er das 60. Lebensjahr vollendet hat. Der Unterhaltsbeitrag darf fünf Sechstel des um den Versorgungsausgleich nach § 57 Abs. 3 BeamtVG gekürzten Witwengeldes nicht übersteigen (§§ 26 AbgG, 22 Abs. 2 Satz 4 BeamtVG).[16]

10. Anwendung sonstiger Vorschriften des BeamtVG

26 Ausweislich der Begründung zu § 23 des Entwurfs eines Gesetzes zur Neuregelung der Rechtsverhältnisse der Mitglieder des Deutschen Bundestages vom 29. Juni 1976 auf Drucksache 7/5531[17] sollten zur Vermeidung einer Ausweitung des Gesetzes vorwiegend folgende Paragraphen des Bundesbeamtengesetzes über eine Verweisungsnorm entsprechende Anwendung finden (die heute geltenden Bestimmungen sind jeweils in Klammern angegeben):

§ 122 BBG	Sterbegeld	(§ 18 BeamtVG)
§ 123 BBG	Witwengeld	(§ 19 BeamtVG)
§ 124a BBG	Witwenabfindung	(§ 21 BeamtVG)
§ 125 BBG	Unterhaltsbeitrag	(§ 22 BeamtVG)
§ 126 BBG	Waisengeld	(§ 23 BeamtVG)
§ 128 BBG	Höchstgrenze der Hinterbliebenenversorgung	(§ 25 BeamtVG)
§ 129 BBG	Kürzung des Witwengeldes	(§ 20 BeamtVG)
§ 132 BBG	Anspruch des Witwers	(§ 28 BeamtVG)
§ 133 BBG	Bezüge bei Verschollenheit	(§ 29 BeamtVG)
§ 164 BBG	Erlöschen des Anspruchs auf Hinterbliebenenversorgung	(§ 61 BeamtVG)
§ 165 BBG	Anzeigepflicht	(§ 62 BeamtVG)

27 An dieser Stelle sollen jedoch nur die Bestimmungen des BeamtVG erläutert werden, die im Zusammenhang mit einer Anwendung des § 25 bedeutsam werden können. Im Übrigen wird auf die Anmerkungen zu § 26 verwiesen. Auf § 22 BeamtVG (Unterhaltsbeitrag) und § 61 BeamtVG (Beginn und Ende der Ansprüche) wurde oben (7. bzw. 9.) bereits eingegangen.

28 Im Zusammenhang mit dem Beginn und dem Ende der Ansprüche auf Hinterbliebenenversorgung (7.) wurde erwähnt, dass die Wiederheirat des überlebenden Ehegatten gemäß § 26 i.V.m. § 61 Abs. 1 Nr. 2 BeamtVG zum Erlöschen seiner Versorgungsbezüge führt. Dafür steht ihm jedoch gemäß § 21 BeamtVG eine sog. Witwenabfindung in Höhe des Vierundzwanzigfachen der monatlichen Hinterbliebenenversorgung zu. Die Regelung soll einen Anreiz zur Wiederheirat von Hinterbliebenen schaffen und nichtehelichen Lebensgemeinschaften unter Fortbezug der Hinterbliebenenversorgung entgegenwirken.[18]

---

16 Zum Unterhaltsbeitrag nach altem Recht (§ 10 Diätengesetz 1968) hatte das BVerwG entschieden, dass die Berücksichtigung einer Geschiedenenwitwenrente bei der Bemessung des Unterhaltsbeitrages für die geschiedene Ehefrau eines verstorbenen ehemaligen Bundestagsabgeordneten nicht ausgeschlossen sei (Urteil vom 25. März 1982 – 2 C 35. 81 –, Buchholz, Sammel- und Nachschlagewerk der Rechtsprechung des BVerwG, 232 § 125 Nr. 33).
17 AaO, S. 22.
18 So *Welti F.*, aaO, S. 357.

29 Wegen seiner besonderen Praxisrelevanz ist auch § 25 BeamtVG zu erwähnen. Nach dieser Bestimmung dürfen Witwen-, Waisengeld und Unterhaltsbeitrag weder einzeln noch zusammen den Betrag der ihrer Berechnung zugrundeliegenden Altersentschädigung übersteigen. Anderenfalls werden diese Leistungen im gleichen Verhältnis gekürzt. Über § 26 gilt diese Bestimmung auch für die entsprechenden Leistungen nach diesem Gesetz.

30 Anders ist dies bei Vorschriften des BeamtVG, die mit dem besonderen Status des Abgeordneten nicht in Einklang stehen oder für die das Abgeordnetengesetz eigene Regelungen enthält. So finden z.B. nach der Praxis des Bundestages die leistungseinschränkenden Bestimmungen der §§ 19 und 20 BeamtVG keine Anwendung, weil § 25 für überlebende Ehegatten eine umfassende eigenständige Regelung enthält, die eine Differenzierung nach dem Zeitpunkt der Eheschließung und dem Alter des Ehegatten nicht kennt, und überdies im Hinblick auf die besonderen Altersgrenzen in § 19 Abs. 1 Nr. 2 BeamtVG, die mit dem Abgeordnetenstatus unvereinbar ist, eine sinngemäße Anwendung nicht in Betracht kommen kann. Nach dem Abgeordnetengesetz steht deshalb weder das Eingehen einer Versorgungsehe noch das Eingehen einer Nachehe im Sinne des Beamtenversorgungsgesetzes dem Bezug von Hinterbliebenenversorgung entgegen. Ebensowenig kennt es eine Kürzung der Hinterbliebenenversorgung bei erheblichem Altersunterschied der Ehegatten und Kinderlosigkeit der Ehe, wie § 20 Abs. 2 Nr. 2 BeamtVG sie vorschreibt. Nicht anwendbar ist ferner § 23 Abs. 2 Satz 1 BeamtVG (späte Annahme an Kindes statt), weil auch diese Norm bei der Begründung des Kindschaftsverhältnisses auf das Lebensalter des Beamten abstellt, eine Einschränkung, die für Abgeordnete aufgrund ihres besonderen Status eben nicht gelten kann.[19]

11. EuAbgG

31 Für die in der Bundesrepublik Deutschland gewählten Abgeordneten des Europäischen Parlaments gelten gemäß § 10 b Satz 1 EuAbgG die Vorschriften des Fünften Abschnitts des Abgeordnetengesetzes, also auch § 25, entsprechend. Auf die oben stehenden Anmerkungen 1. bis 10. wird daher verwiesen.

32 Neben die nationalen Bestimmungen treten eigenständige Regelungen der Hinterbliebenenversorgung des Europäischen Parlaments. Rechtsgrundlage ist zum einen Anlage I der „Kostenerstattungs- und Vergütungsregelung für die Mitglieder".[20] Deren Art. 1 bestimmt, dass bis zur Errichtung eines gemeinschaftlichen Entgelt- und Versorgungssystems für die Mitglieder der überlebende Ehegatte und die unterhaltsberechtigten Kinder eines Mitglieds, das während seiner Mandatszeit oder während der Zeit, in der es ein Ruhegehalt wegen Dienstunfähigkeit bezog, verstorben ist, Anspruch auf Hinterbliebenenbezüge hat.

33 Gemäß Art. 2 entspricht die Höhe dieser Versorgung einem bestimmten Prozentsatz des Grundgehalts eines Mitglieds des Gerichtshofs der Europäischen Gemeinschaften, und zwar für den überlebenden Ehegatten 25%, für Vollwaisen 10% und für Halbwaisen 5%.

---

[19] A.A. *Welti F.*, aaO, S. 354 f.
[20] Vom 2. Juli 2001 – PE 133.116 / QUEST / rev. XI / 7-2001 – DV\445055DE.doc.

Bei den Hinterbliebenen eines während der Mandatszeit verstorbenen Mitglieds **34** werden gemäß Art. 4 die Leistungen der nationalen Hinterbliebenenversorgung voll von dem Betrag nach Art. 2 abgezogen. Im Übrigen gelten nach nationalem Recht die Anrechnungsbestimmungen der §§ 10 b Satz 4 EuAbgG, 29 Abs. 6 Satz 2 AbgG. Es handelt sich jeweils um Vollanrechnungen. Doppelleistungen sind damit ausgeschlossen.

Europäisches und nationales Recht sind in diesem Fall nicht harmonisiert. Nach europäischem Recht ist gewollt – ohne dass dies in Art. 4 hinreichend deutlich wird –, dass zunächst der Anspruch der Hinterbliebenen nach nationalem Recht greift. Nach europäischem Recht soll dann nur noch der Differenzbetrag gezahlt werden, sofern sich nach dem dortigen Versorgungssystem höhere Ansprüche ergeben. Diese Rechnung geht indessen nicht auf, weil der Differenzbetrag nach nationalem Recht sofort wieder angerechnet werden muss, so dass es im Ergebnis zu einer gemischten nationalen / europäischen Hinterbliebenenversorgung kommt, deren Höhe sich infolge der notwendigen Anrechnung ausschließlich nach nationalem Recht richtet.

Rechtsgrundlage einer Hinterbliebenenversorgung europäischen Rechts ist zum **35** anderen die „Regelung betreffend das zusätzliche (freiwillige) Altersversorgungssystem".[21] Hier ist die Systematik eine andere. Die in den Art. 5 ff. geregelte Versorgung der Hinterbliebenen ehemaliger Mitglieder des Europäischen Parlaments knüpft nicht an ein aktives Gehalt (wie oben Rdn. 30) an, sondern an das Ruhegehalt des ursprünglich Berechtigten. Überlebende Ehegatten erhalten danach 60% des Ruhegehalts, unterhaltsberechtigte Kinder 12%. Dieser Betrag verdoppelt sich bei Waisen, wenn eine Ehegatte mit Anspruch auf Hinterbliebenenrente nicht hinterlassen wird. Für die Hinterbliebenen eines ehemaligen Mitglieds mit weniger als drei Beitragsjahren und für die Hinterbliebenen eines während des Mandats verstorbenen Mitglieds gelten in Art. 6 teilweise abweichende Regelung. Von einer näheren Darstellung wird hier abgesehen, weil für die in Deutschland gewählten Mitglieder des Europäischen Parlaments aufgrund der nationalen Versorgungsregelungen eine Mitgliedschaft in der freiwilligen Altersversorgung des Europäischen Parlaments nur unter bestimmten Voraussetzungen und meist nur befristet (vgl. 4. 2 zu § 19) sinnvoll erscheint.[22]

12. Landesrecht

Alle Bundesländer haben in ihren Abgeordnetengesetzen Regelungen für die Ver- **36** sorgung Hinterbliebener, die im Kern denjenigen des Bundes entsprechen. Üblich sind ein Witwengeld in Höhe von 60 vom Hundert der Altersentschädigung des verstorbenen (ehemaligen) Landtagsmitglieds und ein Waisengeld in Höhe von 20 vom Hundert für Vollwaisen bzw. 12 vom Hundert für Halbwaisen. Von letzterem

---

21 Anlage IX der „Kostenerstattungs- und Vergütungsregelung für die Mitglieder", vom 2. Juli 2001 – PE 133.116 / QUEST / rev. XI / 7-2001 – DV\445055DE.doc.
22 Der – gescheiterte – Entwurf eines Statuts für die Abgeordneten des Europäischen Parlaments sah in Art. 10 i.V.m. Art. 10 des Anhangs zum Statut eine Hinterbliebenenversorgung für den Ehegatten in Höhe von 60 v.H., mindestens aber in Höhe von 21 v.H. des Pensionsanspruches des Verstorbenen vor. Leistungen an Kinder sollten im Rahmen ihrer gesetzlichen Unterhaltsansprüche erfolgen (PV 55 PE 273.910).

weichen nur Mecklenburg-Vorpommern und Sachsen-Anhalt ab, die Halbwaisen 13 vom Hundert gewähren (§ 23 Abs. 4 Satz 2 MV.AbgG bzw. § 23 Abs. 4 Satz 2 SachsAnh.AbgG).

37 Das Bremische Abgeordnetengesetz enthält in § 18 Abs. 5 ebenfalls eine Besonderheit. Nach dieser Bestimmung wird beim Tod eines (aktiven) Abgeordneten die bis zum Ende der Wahlperiode verbleibende Zeit bei der Prüfung von Anspruchsgrund und Anspruchshöhe als Mandatszeit hinzugerechnet.

38 Die Mindesthinterbliebenenversorgung in den Ländern[23] geht überwiegend von der Mindestaltersversorgung aus und zwar auch dann, wenn der Verstorbene – wegen zu kurzer Mandatszeiten – keinen eigenen Anspruch oder eine Anwartschaft auf Altersentschädigung erworben hatte. Die entspricht der Regelung im Bund bis zum Inkrafttreten des Neunzehnten Änderungsgesetzes. Soweit die Bundesländer eine Mindesthinterbliebenenversorgung vorsehen, gilt diese wie beim Bund nur für die Hinterbliebenen von aktiven Abgeordneten.

Anders in Thüringen: Gemäß § 19 Abs. 2 Satz 1 Thür.AbgG haben grundsätzlich auch die Hinterbliebenen ehemaliger Abgeordneter Anspruch auf eine Mindestversorgung, es sei denn, der Verstorbene hatte Anspruch auf Versorgungsabfindung oder Nachversicherung (Satz 2).

39 Fast allen landesrechtlichen Regelungen gemeinsam ist schließlich die ergänzenden Anwendung der für Beamte geltenden versorgungsrechtlichen Bestimmungen. Die Praxis der Landtage stimmt dabei aber nicht immer mit der des Bundestages überein.

§ 25 a Versorgungsausgleich

(1) Bei der Ermittlung des Wertunterschiedes im Sinne des § 1587 a Abs. 2 des Bürgerlichen Gesetzbuchs wird die Altersentschädigung zugrunde gelegt, die sich aus den anrechenbaren Mandatszeiten bis zum Zeitpunkt des Eintritts der Rechtshängigkeit des Scheidungsantrages ergibt (Gesamtzeit). Maßgebender Wert der Versorgung ist der Teil der Altersentschädigung, der dem Verhältnis der in die Ehezeit fallenden Mandatszeit zur Gesamtzeit entspricht. Die Versorgung nach diesem Gesetz ist als dynamisch anzusehen.

(2) Besteht im Zeitpunkt des Eintritts der Rechtshängigkeit des Scheidungsantrages noch kein Anspruch auf eine Altersentschädigung, so ist für jedes Jahr der Mitgliedschaft im Bundestag der entsprechende Steigerungssatz nach § 20 Satz 2 zu berücksichtigen.

(3) Die Absätze 1 und 2 gelten sinngemäß für die Versorgungsleistungen nach den Abgeordnetengesetzen der Länder. Für Absatz 2 gilt dies mit der Maßgabe, dass in den Fällen, in denen nach dem Abgeordnetengesetz eines Landes eine

---

[23] § 17 Abs. 3 BadWürtt.AbgG, Art. 18 Abs. 3 Bay.AbgG, § 17 Abs. 3 Berl.AbgG, § 17 Abs. 3 Bbg.AbgG, § 18 Abs. 3 Brem.AbgG, § 15 Abs. 2 Satz 2 Hess.AbgG, § 23 Abs. 2 MV.AbgG, § 18 Abs. 3 NW.AbgG, § 17 Abs. 3 RP.AbgG, § 17 Abs. 3 Saarl.AbgG, § 19 Abs. 3 Sächs.AbgG, § 23 Abs. 2 SachsAnh.AbgG, § 23 Abs. 2 SchlH.AbgG, § 19 Abs. 1 Satz 3 Thür.AbgG.

Mindestmitgliedszeit für einen Anspruch auf Altersentschädigung verlangt wird und diese noch nicht erreicht ist, für jedes Jahr der Mitgliedschaft im Landtag entweder der entsprechende Anteil der Mindestversorgung oder – soweit die Abgeordnetengesetze der Länder einen solchen vorsehen – der entsprechende Steigerungssatz nach dem Landesrecht zu berücksichtigen ist.

Parallelvorschriften im EuAbgG und in den Abgeordnetengesetzen der Länder:			
EuAbgG	§ 10 b		
BadWürtt.	–	Nds.	–
Bay.	–	NW.	–
Berl.	–	RP.	–
Bbg.	–	Saarl.	–
Brem.	–	Sachs.	–
Hbg.	–	SachsAnh.	–
Hess.	–	SchlH.	–
MV.	–	Thür.	-

Literatur: *Borth H.*, Versorgungsausgleich in anwaltlicher und familiengerichtlicher Praxis, 3. Aufl., Neuwied, 1998; *Lohmann F.*, Neue Rechtsprechung des Bundesgerichtshofs zum Familienrecht: Unterhalt und Versorgungsausgleich, 8. Aufl., Köln, 1997; Handbuch des Scheidungsrechts / hrsg. von Schwab D., bearb. von *Borth H.*, 4. Aufl., München 2000; *Saar St.*, Versorgungsausgleich und Beamtenversorgung, Baden-Baden 1989; *Vodkuhl U. / Pappai F. / Niemeyer J. F.*, Versorgungsausgleich in der Praxis, Sankt Augustin; *Welti F.*, Die soziale Sicherung der Abgeordneten des Deutschen Bundestages, der Landtage und der deutschen Abgeordneten im Europäischen Parlament, Berlin, 1998.

Übersicht

		Rdn.
1.	Allgemeines	1–8
2.	Versorgungsausgleich bei Ehescheidungen von Abgeordneten	9–17
3.	Durchführung des Versorgungsausgleichs	18–22
3.1	Öffentlich-rechtlicher Versorgungsausgleich	18
3.2	Schuldrechtlicher Versorgungsausgleich	19
3.3	Abänderung der Entscheidung über den Versorgungsausgleich	20–22
4.	Zahlungen aufgrund des öffentlich-rechtlichen Versorgungsausgleichs	23–24
5.	Versorgungsausgleich und Anrechnung	25
6.	EuAbgG	26–27
7.	Landesrecht	28

1. Allgemeines

§ 25 a enthält im Wesentlichen nur eine besondere Bewertungsvorschrift für Versorgungsanwartschaften nach den Abgeordnetengesetzen des Bundes und der Länder bei der Durchführung des Versorgungsausgleichs in Scheidungsverfahren. Der Versorgungsausgleich selbst ist an anderer Stelle geregelt (§§ 1587 bis 1587 p BGB, Gesetz zur Regelung von Härten im Versorgungsausgleich).[1]

1

---

[1] VAHRG, vom 21. Februar 1983, BGBl. I S. 105.

2 Die Norm wurde erst durch das Siebte Änderungsgesetz vom 16. Januar 1987[2] in das Abgeordnetengesetz eingefügt. Probleme bei der Durchführung des Versorgungsausgleichs in Scheidungsverfahren von Abgeordneten hatten den Anlass hierfür gegeben. So enthält das BGB keine Vorschrift zur Bewertung der Versorgungsanwartschaft nach dem Abgeordnetengesetz. In diesem Fall bestimmte das Familiengericht die auszugleichende Versorgung nach billigem Ermessen in sinngemäßer Anwendung der Bewertungsvorschriften des BGB für andere Versorgungsanwartschaften. In der Praxis kamen die Familiengerichte dabei zu unterschiedlichen Ergebnissen, so dass die Aufnahme eines einheitlichen Bewertungsmaßstabes in das Abgeordnetengesetz angezeigt erschien.

3 Ferner ist die Altersentschädigung der Abgeordneten dynamisch angelegt (vgl. § 30). Auch dies sollte im Gesetz ausdrücklich noch einmal klargestellt werden (Abs. 1 Satz 3).

4 Schließlich galt es, die Ermittlung der Versorgungsanwartschaft für die Fälle zu regeln, in denen die Mindestmitgliedszeit für die Altersentschädigung noch nicht erfüllt war.[3]

Abs. 2 enthielt dazu ursprünglich folgende Bestimmung:

„(2) Besteht im Zeitpunkt des Eintritts der Rechtshängigkeit des Scheidungsantrages noch kein Anspruch auf eine Altersentschädigung, so ist für jedes Jahr der Mitgliedschaft im Bundestag der entsprechende Anteil der Mindestaltersversorgung zu berücksichtigen."

5 Der Ausschuss für Wahlprüfung, Immunität und Geschäftsordnung hatte sich seinerzeit im Hinblick auf Abs. 3 mit der Frage befasst, ob diese Bestimmung mit den Vorschriften des Grundgesetzes über die Verteilung der Gesetzgebungszuständigkeiten zwischen dem Bund und den Ländern vereinbar ist. Er ist dabei zu dem zutreffenden Ergebnis gelangt, dass sich die konkurrierende Gesetzgebungsbefugnis des Bundes hier aus Art. 74 Nr. 1 GG (bürgerliches Recht) herleiten lasse. Anstelle einer Ergänzung von § 1587 a BGB werde in einer Sondervorschrift ein Berechnungsverfahren auch für Abgeordnete gesetzlich vorgeschrieben.[4]

6 Im Zuge der Neustrukturierung der Altersentschädigung für Abgeordnete mit dem Neunzehnten Gesetz zur Änderung des Abgeordnetengesetzes vom 15. Dezember 1995,[5] die eine Linearisierung des Steigerungsfaktors mit sich brachte (vgl. 4. 1 zu § 20), musste Abs. 2 der Bestimmung entsprechend dem heutigen Wortlaut angepasst werden, weil der Sockelbetrag der Mindestaltersentschädigung (35 vom Hundert der Abgeordnetenentschädigung) entfiel.[6]

7 Für Bundesländern, die wie z.B. Bayern oder Nordrhein-Westfalen (vgl. Art. 13 Satz 1 Bay.AbgG und § 13 NW.AbgG), keine durchgängige lineare Steigerung der

---

2 BGBl. I S. 143.
3 Vgl. zu alledem Begründung zum Entwurf eines Siebten Gesetzes zur Änderung des Abgeordnetengesetzes, BT-Drs. 10/5734, S. 7 f.
4 Vgl. Beschlussempfehlung und Bericht des Ausschusses für Wahlprüfung, Immunität und Geschäftsordnung vom 5. Dezember 1986, BT-Drs. 10/6685, S. 13.
5 BGBl. I S. 1718.
6 Vgl. Begründung des Entwurfs eines Gesetzes zur Neuregelung der Rechtsstellung der Abgeordneten vom 28. November 1995, BT-Drs. 13/3121, S. 12.

Altersentschädigung mit jedem Jahr der Mitgliedschaft kennen, war der Wortlaut und der Gesetzesbefehl des Abs. 2 Satz 1, der in den Ländern gemäß Abs. 3 ebenso sinngemäß anzuwenden ist wie Abs. 1, offenbar nicht deutlich genug, zumal der Gesetzgeber des Neunzehnten Änderungsgesetzes dort tatsächlich keine andere Gesetzesanwendung als bisher beabsichtigt hatte. Sinngemäße Anwendung des Abs. 2 bedeutet für Bundesländern mit linearer Steigerung der Altersentschädigung der Abgeordneten, dass unter den in Abs. 2 genannten Voraussetzungen für jedes Jahr der Mitgliedschaft im Landtag der entsprechende landesrechtliche Steigerungssatz zu berücksichtigen ist. Für Bundesländer mit Sockelbeträgen bei der Mindestaltersentschädigung – wie die oben beispielhaft genannten – soll in den Fällen des Abs. 2 jedoch auch weiterhin für jedes Jahr der Mitgliedschaft im Landtag der entsprechende Anteil der Mindestaltersentschädigung nach dem Abgeordnetengesetz dieses Landes berücksichtigt werden.

Um dieses Missverständnis auszuräumen, hat der Gesetzgeber mit dem Einundzwanzigsten Gesetz zur Änderung des Abgeordnetengesetzes vom 20. Juli 2000[7] den dies klarstellenden Satz 2 in Abs. 3 des Gesetzes eingefügt.[8] **8**

2. Versorgungsausgleich bei Ehescheidungen von Abgeordneten

Das Verfahren des Versorgungsausgleichs bei Ehescheidung ist Gegenstand vielfältiger und umfassender Darstellungen an anderer Stelle.[9] Im Rahmen dieser Kommentierung kann es nur skizziert werden, um einen Überblick und Einstieg in die Problematik zu vermitteln. Ausführlicher soll allerdings auf die Besonderheiten eingegangen werden, die bei der Ehescheidung von Abgeordneten zu beachten sind.[10] **9**

Ein Versorgungsausgleich zwischen geschiedenen Eheleuten findet gemäß § 1587 Abs. 1 BGB dann statt, wenn zumindest von einem der Ehegatten in der Ehezeit Anwartschaften oder Aussichten auf eine Versorgung begründet oder aufrechterhalten worden sind. **10**

Die für den Versorgungsausgleich maßgebliche Ehezeit ist dabei gemäß § 1587 Abs. 2 BGB die Zeit vom Beginn des Monats der Eheschließung bis zum Ende des Monats, der dem Eintritt der Rechtshängigkeit des Scheidungsantrages (Einreichung des Scheidungsantrages beim Familiengericht durch einen dort zugelassenen Anwalt) vorausgeht. **11**

Die Ausgleichspflicht besteht zu Lasten des Ehegatten mit den werthöheren Anwartschaften oder Aussichten auf eine auszugleichende Versorgung. Dem berech- **12**

---

7 BGBl. I S. 1037.
8 Vgl. Begründung zum Entwurf eines Einundzwanzigsten Gesetzes zur Änderung des Abgeordnetengesetzes vom 30. November 1999, BT-Drs. 14/2235, S. 7.
9 Vgl. die BGB-Kommenare zu §§ 1587 ff. BGB, ferner u.a. *Borth H.*, Versorgungsausgleich in anwaltlicher und familiengerichtlicher Praxis, 3. Aufl., Neuwied, 1998; *Lohmann F.*, Neue Rechtsprechung des Bundesgerichtshofs zum Familienrecht: Unterhalt und Versorgungsausgleich, 8. Aufl., Köln, 1997; Handbuch des Scheidungsrechts/hrsg. von Schwab D., bearb. Von Borth H., 4 Aufl., München 2000; *Vodkuhl U./Pappai F./Niemeyer J. F.*, Versorgungsausgleich in der Praxis, Sankt Augustin.
10 S. dazu auch *Saar St.*, Versorgungsausgleich und Beamtenversorgung, Baden-Baden 1989, S. 344 ff.

tigten Ehegatten steht als Ausgleich die Hälfte des Wertunterschiedes zu (§ 1587 a Abs. 1 BGB). Hierdurch soll auch dem Ehegatten, der während der Ehezeit nur geringere Anwartschaften oder Aussichten erworben hat, für diesen Zeitraum eine angemessene Versorgung gesichert werden. In bestimmten, in § 1587 c BGB näher bezeichneten Fällen, etwa bei grober Unbilligkeit, ist ein Versorgungsausgleich allerdings ausgeschlossen.

13 Bei (ehemaligen) Abgeordneten wird bei der Ermittlung des Wertunterschiedes im Sinne des § 1587 a Abs. 2 BGB gemäß § 25 a Abs. 1 Satz 1 die Altersentschädigung zugrundegelegt, die sich aus den anrechenbaren Mandatszeiten bis zum Eintritt der Rechtshängigkeit des Scheidungsantrages ergibt, sog. Gesamtzeit. Berücksichtigungsfähiger Anteil der Versorgung ist aber nur der Teil der Altersentschädigung, der dem Verhältnis der in die Ehezeit fallenden Mandatszeit zur Gesamtzeit entspricht (§ 25 a Abs. 1 Satz 2). Die Altersentschädigung nach diesem Gesetz ist dabei nach § 25 a Abs. 1 Satz 3 als dynamisch anzusehen.[11]

14 Eine Besonderheit besteht bei denjenigen Mitgliedern des Bundestages, auf die § 35 a Abs. 1 Anwendung findet, weil sie sich gem. § 35 a Abs. 4 bis zu ihrem Ausscheiden aus dem Bundestag für eine Altersentschädigung nach Übergangsrecht oder nach neuem Recht entscheiden können (vgl. 1. zu § 20). Wegen der unterschiedlichen Steigerungssätze (vgl. 4. zu § 20) können sich z. T. deutliche Abweichungen in der Höhe der auszugleichenden Versorgungsanwartschaften ergeben, je nachdem für welches Recht der Ausgleichspflichtige optiert. Die Entscheidung nach § 35 a Abs. 4 muss aber nicht im laufenden Versorgungsausgleichsverfahren getroffen werden. Es gibt keine gesetzliche Verpflichtung hierzu. Gegebenenfalls muss die vom Familiengericht getroffenen Entscheidung über den Versorgungsausgleich eben später korrigiert werden (s.u. 3.3).

15 Hat der Abgeordnete im Zeitpunkt des Eintritts der Rechtshängigkeit des Scheidungsantrages noch keinen Anspruch auf Altersentschädigung, weil er die Mindestmitgliedschaftsdauer nach § 19 nicht erfüllt (s. dazu näher 3.1 zu § 19), so ist nach § 25 a Abs. 2 in der aktuellen Fassung für jedes Jahr der Mitgliedschaft im Bundestag der entsprechende Steigerungssatz nach § 20 Satz 2 (drei vom Hundert je Jahr der Mitgliedschaft) zu berücksichtigen. Nach § 25 a Abs. 2 alter Fassung (s.o. 1.), der in den Fällen des § 35 a Abs. 1 zur Anwendung kommt, ist für jedes Jahr der Mitgliedschaft der entsprechende Anteil der Mindestaltersversorgung zu berücksichtigen, bei einem Jahr z.B. ein Achtel der Mindestversorgung von 35 vom Hundert des fiktiven Bemessungsbetrages gemäß § 35 a Abs. 2 Satz 3. Auch hier kann sich die Notwendigkeit einer späteren Änderung des Entscheidung des Familiengerichts über den Versorgungsausgleich ergeben (s.u. 3.3)

16 Die Entscheidung über den Versorgungsausgleich trifft das Familiengericht, es sei denn, die Ehepartner haben in einem Ehevertrag den Versorgungsausgleich ausdrücklich ausgeschlossen oder sie haben eine notariell beurkundete, vom Familiengericht genehmigte eigene Vereinbarung über einen Ausgleich ihrer Anrechte oder Anwartschaften auf eine Versorgung geschlossen (§ 1587 o BGB).

---

[11] Vgl. auch BGH, Entscheidung vom 16. Dezember 1987 – IVb ZB 149/84 –, FamRZ 1988, 380 ff.

Es sind zwei Arten des Versorgungsausgleichs zu unterscheiden, der öffentlich- 17
rechtliche Versorgungsausgleich (§§ 1587 a ff. BGB) und der schuldrechtliche Versorgungsausgleich (§§ 1587 f ff. BGB). Bei ersterem begründet das Familiengericht eigene Anrechte bzw. Anwartschaften des ausgleichsberechtigten Ehegatten auf eine Versorgung gegenüber dem Versorgungsträger des zum Ausgleich verpflichteten Ehegatten. Bei letzterem erwirbt der ausgleichsberechtigte Ehegatte einen Zahlungsanspruch auf Versorgungsleistungen unmittelbar gegen den ausgleichsverpflichteten Ehegatten.

3. Durchführung des Versorgungsausgleichs

3.1 Öffentlich-rechtlicher Versorgungsausgleich

Das Familiengericht erstellt auf der Basis der von den verschiedenen Versorgungs- 18
trägern eingeholten Auskünfte über bestehende Versorgungen bzw. Versorgungsanwartschaften eine Ausgleichsbilanz, aus der sich ergibt, welcher Ehegatte ausgleichsberechtigt und welcher ausgleichsverpflichtet wird. Der Wertausgleich hängt dann davon ab, bei welchen Versorgungsträgern Versorgungsanwartschaften bestehen.

Bestehen zugunsten des Ausgleichspflichtigen auszugleichende Versorgungsanwartschaften in der gesetzlichen Rentenversicherung, so werden diese Rentenanwartschaften in Höhe des halben Wertunterschiedes im Wege des sog. „Splitting" nach § 1587 b Abs. 1 BGB auf den ausgleichsberechtigten Ehegatten übertragen.

Verbleibt danach noch ein auszugleichender Wertunterschied von Anwartschaften und ist die Obergrenze nach § 1587 b Abs. 5 BGB noch nicht erreicht, so sind gegebenenfalls vorhandene Versorgungsanwartschaften nach beamtenrechtlichen Vorschriften, aus der Höherversicherung in der gesetzlichen Rentenversicherung und nach dem Abgeordnetengesetz in dieser Reihenfolge im Wege des sog. „Quasisplittings" nach § 1 Abs. 3 VAHRG in derselben Weise durch die Begründung von weiteren Rentenanwartschaften in der gesetzlichen Rentenversicherung bis zu der genannten Obergrenze auszugleichen. Da es sich bei der Abgeordnetenversorgung nicht um eine Versorgung nach beamtenrechtlichen Vorschriften oder Grundsätzen im Sinne von BGB §§ 1587 a Abs. 2 Nr. 1, 1587 b Abs. 2 handelt, richtet sich die Ausgleichsform nach den Vorschriften des VAHRG. Ebenso wie der frühere BGB § 1587 b Abs. 3 Satz 1 kommen auch die Regelungen des VAHRG nur wegen des Ausgleichsbetrages in Betracht, der nach dem vorrangigen Ausgleich von gesetzlichen Rentenanwartschaften und Beamtenversorgungen gemäß BGB § 1587 b Abs. 1 und Abs. 2 im Hinblick auf die Altersversorgung der Abgeordneten noch verbleibt.[12]

3.2 Schuldrechtlicher Versorgungsausgleich

In den Fällen, in denen ein öffentlich-rechtlicher Versorgungsausgleich z.B. wegen 19
Erreichens der Obergrenze nach § 1587 b Abs. 5 BGB nicht mehr möglich ist, werden weitergehende ausgleichspflichtige Anwartschaften auf Antrag im Wege

---

[12] OLG Celle, Urteil vom 4. Februar 1987 – 18 UF 126/86 –, FamRZ 1987, 715 ff., m.w.N; auch BGH, Entscheidung vom 16. Dezember 1987 – IVb ZB 149/84 –, FamRZ 1988, 380 ff.

des schuldrechtlichen Versorgungsausgleichs nach §§ 1587 f bis 1587 n BGB, § 2 VAHRG ausgeglichen. Der ausgleichsberechtigte Ehegatte erhält dann vom Ausgleichsverpflichteten eine Geldrente in Höhe des dem schuldrechtlichen Versorgungsausgleich unterliegenden Anteils des Wertausgleichs, die aber erst unter den in § 1587 g Abs. 1 BGB genannten Voraussetzungen verlangt werden kann.

3.3 Abänderung der Entscheidung über den Versorgungsausgleich

20 Auf Antrag eines oder beider Ehegatten ändert das Familiengericht seine Entscheidung über den Versorgungsausgleich ab, wenn sich wesentliche Änderungen ergeben haben, aufgrund derer die frühere Entscheidung über den Versorgungsausgleich unrichtig geworden ist (§ 10 a VAHRG).

21 Bei Abgeordneten kommt dies insbesondere dann in Betracht, wenn sie aus dem Bundestag ausscheiden, bevor sie die Mindestmitgliedschaft für den Erwerb einer Anwartschaft auf Altersentschädigung erworben haben und demzufolge nur eine Versorgungsabfindung nach Maßgabe des § 23 verlangen können. In diesen Fällen ist der auf der Grundlage des § 25 a Abs. 2 berechnete Versorgungsausgleich unrichtig geworden, weil der Abgeordnete keine Anwartschaft auf Altersentschädigung erworben hat. Das Familiengericht hat dann den Versorgungsausgleich unter Berücksichtigung der Ansprüche des Abgeordneten aus § 23 erneut durchzuführen.

22 Dasselbe gilt, wenn ein Abgeordneter, der unter § 35 a Abs. 1 fällt, bei seinem Ausscheiden für das neue Versorgungsrecht optiert. Nach § 35 a Abs. 4 besteht dieses Wahlrecht bis zum Ausscheiden aus dem Deutschen Bundestag, wann immer dies sein mag. Es gibt keine rechtliche Verpflichtung des Abgeordneten, sich früher zu entscheiden, auch nicht im Hinblick auf einen Versorgungsausgleich. Oft gehen die Familiengerichte hier deshalb vom Regelfall des § 35 a Abs. 1 aus und stellen in den Versorgungsausgleich die Versorgungsanwartschaften des Abgeordneten nach dem Übergangsrecht ein. Entscheidet sich der Abgeordnete dann später für das neue Recht, muss die Entscheidung des Familiengerichts nach § 10 a VAHRG korrigiert werden.

4. Zahlungen aufgrund des öffentlich-rechtlichen Versorgungsausgleichs

23 Nach § 26 i.V.m. § 57 Abs. 1 Satz 1 BeamtVG wirkt sich die Kürzung der Altersentschädigung des geschiedenen Abgeordneten um die zugunsten des Ausgleichsberechtigten begründeten Rentenanwartschaften grundsätzlich erst mit dem tatsächlichen Bezug der Altersentschädigung aus. Das gilt nach § 5 VAHRG aber nicht, wenn der Ausgleichsberechtigte gegenüber dem Verpflichteten einen Anspruch auf Unterhalt hat und er selbst noch keine Rente bezieht. In diesen Fällen unterbleibt zunächst eine Kürzung der Altersentschädigung, um den Unterhaltsanspruch nicht zu schmälern, solange der Ausgleichsberechtigte aus den ihm übertragenen Versorgungsanwartschaften noch keine Vorteile zieht.[13]

---

[13] Vgl. *Diederichsen*, in: Palandt, Bürgerliches Gesetzbuch, 59. Auflage, München 2000, 1. zu § 5 VAHRG.

Bezog der Ausgleichsverpflichtete im Zeitpunkt der Wirksamkeit der Entscheidung 24
des Familiengerichts über den Versorgungsausgleich bereits Altersentschädigung,
so wird diese nach § 26 i.V.m. § 57 Abs. 1 Satz 2 BeamtVG erst dann gekürzt, wenn
aus der Versicherung des berechtigten Ehegatten eine Rente zu gewähren ist.

5. Versorgungsausgleich und Anrechnung

Nach § 26 i.V.m. § 57 Abs. 1 Satz 1 BeamtVG erfolgt eine Kürzung der Altersent- 25
schädigung im Hinblick auf den Versorgungsausgleich erst nach Anwendung von
Ruhens-, Kürzungs- und Anrechnungsvorschriften. Das gilt auch für § 29.

6. EuAbgG

Für die in der Bundesrepublik Deutschland gewählten Abgeordneten des Europä- 26
ischen Parlaments gelten gemäß § 10 b Satz 1 EuAbgG die Vorschriften des Fünften
Abschnitts des Abgeordnetengesetzes entsprechend. Das gilt auch für § 25 a. Für
Versorgungsanwartschaften nach nationalem Recht und deren Einbeziehung in den
Versorgungsausgleich wird daher auf die Anmerkungen 1. bis 5. verwiesen.

Für Versorgungsanwartschaften und Aussichten nach europäischem Recht (vgl. 4. 2 27
zu § 19 und 7. 2 zu § 20) gilt § 25 a nicht. Das Europäische Parlament als Versorgungsträger unterliegt auch nicht der Jurisdiktion der Gerichte der Bundesrepublik
Deutschland. Ebensowenig kann es aufgrund nationaler Gesetze zu Leistungen an
Ausgleichsberechtigte verpflichtet werden. In diesen Fällen kommt deshalb nur ein
schuldrechtlicher Versorgungsausgleich gegen den Ausgleichsverpflichteten, gegebenenfalls auch als verlängerter schuldrechtlicher Versorgungsausgleich nach Maßgabe des § 3 a Abs. 5 VAHRG gegen dessen Witwe oder Witwer, in Betracht.[14]

7. Landesrecht

Es gibt keine landesrechtlichen Bestimmungen. Gemäß § 25 a Abs. 3 gelten die 28
Abs. 1 und 2 für die Versorgungsleistungen nach den Abgeordnetengesetzen der
Länder entsprechend. Insoweit hat der Bund von seiner konkurrierenden Gesetzgebungsbefugnis nach Art. 74 Nr. 1 GG Gebrauch gemacht. Auf die Anmerkungen 1. bis 5. zum Bundesrecht wird verwiesen, zur Anwendung des § 25 a Abs. 2 in
seiner aktuellen Fassung insbesondere auch auf Rdn. 6 und 7.

§ 26 Anwendung beamtenrechtlicher Vorschriften

Soweit in diesem Gesetz nichts anderes bestimmt ist, sind die für die Bundesbeamten geltenden versorgungsrechtlichen Vorschriften sinngemäß anzuwenden. Für den Begriff der Verwendung im öffentlichen Dienst im Sinne dieses
Abschnitts gilt § 53 Abs. 8 des Beamtenversorgungsgesetzes entsprechend.

---

[14] Vgl. *Diederichsen*, aaO, 6 zu § 3 a VAHRG.

Parallelvorschriften im EuAbgG und in den Abgeordnetengesetzen der Länder:

EuAbgG	§ 10 b		
BadWürtt.	§ 18	Nds.	§ 23
Bay.	Art. 19	NW.	§ 19
Berl.	§ 18	RP.	§ 18
Bbg.	§ 18	Saarl.	§ 19
Brem.	§ 19	Sachs.	§ 20
Hbg.	§ 10	SachsAnh.	§ 24
Hess.	§ 26	SchlH.	§ 24
MV.	§ 24	Thür.	§ 30

Literatur: *Plog E./Wiedow A./Beck G./Lemhöfer B.*, Kommentar zum Bundesbeamtengesetz mit Beamtenversorgungsgesetz, Neuwied; *Welti F.*, Die soziale Sicherung der Abgeordneten des Deutschen Bundestages, der Landtage und der deutschen Abgeordneten im Europäischen Parlament, Berlin, 1998.

Übersicht

		Rdn.
1.	Allgemeines	1–5
2.	Sinngemäße Anwendung der Vorschriften des BeamtVG (Satz 1)	6–13
3.	Verwendung im öffentlichen Dienst (Satz 2)	14
4.	EuAbgG	15
5.	Landesrecht	16–17

1. Allgemeines

1 § 26 ist eine Auffangnorm, die einen Rückgriff auf die für Bundesbeamte geltenden versorgungsrechtlichen Vorschriften in sinngemäßer Anwendung dann erlaubt, wenn das Abgeordnetengesetz selbst nichts anderes bestimmt.

2 § 26 Satz 1 geht auf § 23 des Entwurfs eines Gesetzes zur Neuregelung der Rechtsverhältnisse der Mitglieder des Deutschen Bundestages vom 29. Juni 1976 zurück.[1] Diese Vorschrift wiederum entsprach dem letzten Satz des § 10 des Diätengesetzes 1968.[2]

3 Ausweislich der Begründung zu § 23[3] sollten zur Vermeidung einer Ausweitung des Gesetzes vorwiegend folgende Paragraphen des Bundesbeamtengesetzes über die Verweisungsnorm entsprechende Anwendung finden (die heute geltenden Bestimmungen sind jeweils in Klammern angegeben):

§ 122 BBG	Sterbegeld	(§ 18 BeamtVG)
§ 123 BBG	Witwengeld	(§ 19 BeamtVG)
§ 124a BBG	Witwenabfindung	(§ 21 BeamtVG)
§ 125 BBG	Unterhaltsbeitrag	(§ 22 BeamtVG)
§ 126 BBG	Waisengeld	(§ 23 BeamtVG)
§ 128 BBG	Höchstgrenze der Hinterbliebenenversorgung	(§ 25 BeamtVG)

---

1 BT-Drs. 7/5525.
2 BGBl. I S. 334.
3 BT-Drs. 7/5531, S. 22.

§ 129 BBG	Kürzung des Witwengeldes	(§ 20 BeamtVG)
§ 132 BBG	Anspruch des Witwers	(§ 28 BeamtVG)
§ 133 BBG	Bezüge bei Verschollenheit	(§ 29 BeamtVG)
§ 164 BBG	Erlöschen des Anspruchs auf Hinterbliebenenversorgung	(§ 61 BeamtVG)
§ 165 BBG	Anzeigepflicht	(§ 62 BeamtVG)

Mehr als diesen pauschalen, undifferenzierten Hinweis enthalten die Gesetzesmaterialien nicht. Die Auswirkungen einer Anwendung der beamtenrechtlichen Normen auf im Abgeordnetengesetz geregelte Sachverhalte im Einzelfall werden überhaupt nicht erörtert. Deshalb ist nicht erkennbar, ob sie auch tatsächlich bedacht und mit allen Konsequenzen vom Willen des Gesetzgebers umfasst wurden.

Die Definition des Begriffs „Verwendung im öffentlichen Dienst" in Satz 2 wurde auf Vorschlag des Innenausschusses erst mit dem Bericht und Antrag des 2. Sonderausschusses vom 30. November 1976 eingefügt.[4]

§ 53 BeamtVG, auf dessen Abs. 5 § 26 Satz 2 verweist, ist durch Art. 6 des Gesetzes zur Umsetzung des Versorgungsberichts vom 29. Juni 1998[5] geändert worden. Die Definition des Begriffs „Verwendung im öffentlichen Dienst" enthält jetzt § 53 Abs. 8. Mit dem Einundzwanzigsten Gesetz zur Änderung des Abgeordnetengesetzes vom 20. Juli 2000 hat der Gesetzgeber das Abgeordnetengesetz dieser Rechtsänderung angepasst.[6]

2. Sinngemäße Anwendung der Vorschriften des BeamtVG (Satz 1)

Nach § 26 Satz 1 sind die für die Bundesbeamten geltenden versorgungsrechtlichen Vorschriften, das sind heute die des BeamtVG, sinngemäß anzuwenden, soweit in diesem Gesetz nichts anderes bestimmt ist. Eigenständige Regelungen des Abgeordnetengesetzes genießen also Vorrang. Das BeamtVG gilt nur subsidiär.

Aber auch dann, wenn das Abgeordnetengesetz seinem Wortlaut nach nichts oder nichts anderes bestimmt, können die Normen des BeamtVG nicht unkritisch übernommen und auf vom Status des Abgeordneten nach dem Grundgesetz geprägte Lebenssachverhalte angewandt werden. Vielmehr ist stets zu prüfen, ob eine sinngemäße Anwendung des BeamtVG im Hinblick auf diesen besonderen Status des Abgeordneten, wie er von Art. 38 Abs. 1 GG verfassungsrechtlich garantiert wird, sachgerecht erscheint oder nicht.

Denn das Bundesverfassungsgericht hatte zur Abgrenzung des Abgeordneten vom Beamten betont:

> „Zwischen Abgeordneten und Beamten bestehen grundlegende statusrechtliche Unterschiede. Der Abgeordnete ist – vom Vertrauen des Wählers berufen – Inhaber eines öffentlichen Amtes, Träger des ‚freien Mandats' und ‚Vertreter des ganzen Volkes'. Er hat einen repräsentativen Status und übt sein Mandat in Unabhängigkeit aus (Artikel 38 Abs. 1 Satz 2 GG)."[7]

---

[4] Vgl. BT-Drs. 7/5903, S. 15.
[5] BGBl. I S. 1666.
[6] BGBl. I S. 1037.
[7] Beschluss vom 30. September 1987 – 2 BvR 933/82 –, BVerfGE 76, 256, 341.

Diesen grundlegenden statusrechtlichen Unterschieden ist auch bei der Anwendung des BeamtVG Rechnung zu tragen.

8 Des weiteren hat sich eine sinngemäße Anwendung der Vorschriften des BeamtVG an Art. 48 Abs. 3 GG zu orientieren. Denn eine angemessene Alters- und Hinterbliebenenversorgung ist wesentlicher Bestandteil einer die Unabhängigkeit der Abgeordneten sichernden angemessenen Entschädigung i.S.d. Art. 48 Abs. 3 Satz 1 GG (vgl. 2. zu § 19). Eine Anwendung des BeamtVG etwa, die zu einer unangemessenen Kürzung der Abgeordnetenversorgung führte, wäre mit Art. 48 Abs. 3 GG unvereinbar.[8]

9 Außerdem gibt es strukturelle Unterschiede zwischen der Beamtenversorgung und der Altersversorgung der Abgeordneten. Letztere unterscheidet sich von der Beamtenversorgung darin, dass diese auf dem Alimentationsprinzip beruht, das durch das Lebenszeitprinzip gerechtfertigt wird, während die Versorgung der Mandatsträger von dem Gedanken geprägt wird, dass Demokratie vom Wechsel lebt, das Mandat gerade nicht auf Lebenszeit verliehen wird (vgl. auch 1. zu § 19). Auch diesen strukturellen Unterschieden ist bei der sinngemäßen Anwendung des BeamtVG Rechnung zu tragen.

10 Aus systematischen Gründen werden die einzelnen Normen des BeamtVG, auf die das Abgeordnetengesetz verweist, überwiegend nicht an dieser Stelle erläutert, sondern jeweils im Sachzusammenhang mit den besonderen Vorschriften des Abgeordnetengesetzes, die sie ergänzen:

§ 18 BeamtVG	(Sterbegeld)	Anm. 2.3 und 3. zu § 24
§ 19 BeamtVG	(Witwengeld)	Anm. 10 zu § 25
§ 21 BeamtVG	(Witwenabfindung)	Anm. 10 zu § 25
§ 22 BeamtVG	(Unterhaltsbeitrag)	Anm. 9 zu § 25
§ 23 BeamtVG	(Waisengeld)	Anm. 10 zu § 25
§ 25 BeamtVG	(Höchstgrenze der Hinterbliebenenversorgung)	Anm. 10 zu § 25
§ 20 BeamtVG	(Kürzung des Witwengeldes)	Anm. 10 zu § 25
§ 28 BeamtVG	(Anspruch des Witwers)	Anm. 2 zu § 26
§ 29 BeamtVG	(Bezüge bei Verschollenheit)	Anm. 2 zu § 26
§ 61 BeamtVG	(Erlöschen des Anspruchs auf Hinterbliebenenversorgung)	Anm. 7 zu § 25
§ 62 BeamtVG	(Anzeigepflicht)	Anm. 2 zu § 26

Nur auf die allgemeineren Bestimmungen oder solche, die sich Normen des Abgeordnetengesetzes materiell nicht direkt zuordnen lassen, soll hier eingegangen werden.

11 § 28 BeamtVG (Witwerversorgung) ist über § 26 für das Versorgungsrecht nach dem Abgeordnetengesetz nur insoweit von Bedeutung, als das BeamtVG, auf das er-

---

[8] Beim Zusammentreffen von Altersentschädigung nach dem AbgG mit privaten Erwerbs- oder Erwerbsersatzeinkommen vor Vollendung des 65. Lebensjahres ist es daher ausgeschlossen, über § 26 Satz 1 die Anrechnungsbestimmung des § 53 BeamtVG heranzuziehen (vgl. hierzu auch 5. zu § 29 und Materialien zu dem von den Fraktionen der SPD, CDU/CSU, FDP eingebrachten Entwurf eines Gesetzes zur Neuregelung der Rechtsverhältnisse der Mitglieder des Deutschen Bundestages, BT-Drs. 7/5531, S. 7 f.

gänzend zurückgegriffen wird, bei der Hinterbliebenenversorgung für überlebende Ehegatten immer noch primär die Witwenversorgung regelt und deshalb in § 28 den Witwer einer verstorbenen Beamtin oder Ruhestandsbeamtin der Witwe versorgungsrechtlich ausdrücklich gleichstellen muss. Soweit das Abgeordnetengesetz eigenständige Regelungen enthält, bedarf es dieser Vorschrift nicht, weil dieses Gesetz nicht nach Witwen oder Witwern differenziert, sondern – beide Personengruppen umfassend – vom „überlebenden Ehegatten" spricht.

§ 26 verweist auch auf § 29 BeamtVG, der die Zahlung von Bezügen bei Verschollenheit regelt. Mit gewissen Modifikationen, die aus ihrem besonderen Status und abweichenden eigenen Bestimmungen des Abgeordnetengesetzes resultieren, findet die Norm auch auf Mitglieder des Deutschen Bundestages Anwendung. In der Praxis des Bundestages hat sie allerdings noch keine Rolle gespielt.[9]

12

Der Begriff der Verschollenheit stammt aus § 1 des Verschollenheitsgesetzes vom 15. Januar 1951.[10] Verschollen ist danach, wessen Aufenthalt längere Zeit unbekannt ist, ohne dass Nachrichten darüber vorliegen, ob er in dieser Zeit noch gelebt hat oder gestorben ist, sofern nach den Umständen hierdurch ernstliche Zweifel an seinem Fortleben begründet werden.

Nach §§ 26 AbgG, 29 Abs. 1 BeamtVG erhält ein verschollenes Mitglied des Bundestages, ehemaliges Mitglied oder Hinterbliebener die ihm zustehende Abgeordnetenentschädigung, Altersentschädigung oder Hinterbliebenenversorgung bis zum Ablauf des Monats, in dem der Präsident des Deutschen Bundestages feststellt, dass sein Ableben mit Wahrscheinlichkeit anzunehmen ist. Für verschollene Abgeordnete gilt dies mit der Maßgabe, dass die Abgeordnetenentschädigung längstens bis zum Ende des Monats gezahlt wird, in dem sie mit Ablauf der Wahlperiode aus dem Bundestag ausgeschieden sind (§ 32 Abs. 2).

Gemäß §§ 26 AbgG, 29 Abs. 2 BeamtVG erhalten die Personen, die im Falle des Todes des Verschollenen Hinterbliebenenversorgung nach § 25 oder einen Unterhaltsbeitrag nach §§ 26 AbgG, 22 BeamtVG erhalten würden, vom Ersten des anschließenden Monats an diese Leistungen. § 24 und § 32 Abs. 2 gelten nicht.

Kehrt der Verschollene zurück, so leben seine Ansprüche nach § 29 Abs. 3 BeamtVG wieder auf. Für Abgeordnete gilt dies hinsichtlich der Abgeordnetenentschädigung allerdings nur insoweit, als die Rückkehr während der Wahlperiode erfolgt, für die er in den Deutschen Bundestag gewählt worden ist.

§ 29 Abs. 4, wonach der Verschollene die nach Abs. 2 gewährten Leistungen bei „schuldhaftem Fernbleiben vom Dienst" zurückzuzahlen hat, findet keine Anwendung, weil Abgeordnete keine Dienste schulden, sondern in verfassungsrechtlich verbürgter Unabhängigkeit ihr Mandat wahrnehmen (vgl. 2. 3 und 9. zu § 11).

Nach Todeserklärung des Verschollenen ist die Hinterbliebenenversorgung nach Maßgabe des § 29 Abs. 5 BeamtVG neu festzusetzen.

Für die Praxis von größerer Bedeutung ist § 62 BeamtVG (Anzeigepflicht). Die Bestimmung soll den ordnungsgemäßen Gesetzesvollzug, vor allem im Hinblick

13

---

9 In der Geschichte des Bundestages gab es bislang nur einen Fall eines verschollenen Abgeordneten: Kurt Müller (KPD) im Jahr 1950.
10 BGBl. I S. 63.

auf die Anrechnung beim Zusammentreffen mehrerer Bezüge aus öffentlichen Kassen nach § 29, sicherstellen. Zu diesem Zweck begründet sie in Abs. 1 Anzeigepflichten von Körperschaften, Anstalten, Stiftungen des öffentlichen Rechts und ihrer Verbände, die einen nach dem Abgeordnetengesetz Versorgungsberechtigten beschäftigen (Beschäftigungsstellen). Dabei ist unerheblich, ob die Beschäftigung im Beamten- oder im Angestelltenverhältnis oder in anderer Rechtsform erfolgt. Die Anzeigepflicht erstreckt sich auf die Tatsache der Beschäftigung, die Art der Beschäftigung, die Höhe der gewährten Bezüge und auf spätere Änderungen.

Entsprechende, im Gesetz näher bezeichnete Anzeigepflichten begründet § 62 Abs. 2 BeamtVG für den Versorgungsempfänger selbst. Anzeigepflichtig sind danach insbesondere Einkommen aus einem Amtsverhältnis, einer Verwendung im öffentlichen Dienst (auch einer zwischen- oder überstaatlichen Einrichtung), Versorgungsbezüge aus solchen Verwendungen oder Amtsverhältnissen, Renten aus der gesetzlichen Rentenversicherung, Abgeordnetenentschädigung aus der Mitgliedschaft im Europäischen Parlament oder im Parlament eines Landes und aus solchen Mitgliedschaften bezogene Versorgungsleistungen.

3. Verwendung im öffentlichen Dienst (Satz 2)

14 Nach § 26 Satz 2 bestimmt sich der Begriff der Verwendung im öffentlichen Dienst, der vornehmlich bei Anwendung des § 29 von Bedeutung ist, nach § 53 Abs. 5 BeamtVG, heute gemäß Art. 6 Nr. 24 des Gesetzes zur Umsetzung des Versorgungsberichts vom 29. Juni 1998[11] nach § 53 Abs. 8 BeamtVG.[12]

Verwendung im öffentlichen Dienst ist danach jede Beschäftigung im Dienste von Körperschaften, Anstalten und Stiftungen des öffentlichen Rechts im Bundesgebiet oder ihrer Verbände. Ausgenommen sind öffentlich-rechtliche Religionsgesellschaften und ihre Verbände. Gleichgestellt sind zwischenstaatliche oder überstaatliche Einrichtungen, an der eine der eingangs genannten Körperschaften oder Verbände durch Zahlung von Beiträgen oder Zuschüssen beteiligt ist. Die Entscheidung darüber trifft in Zweifelsfällen der für das Versorgungsrecht der Beamten zuständige Bundesminister des Innern.

Körperschaften sind zunächst die Gebietskörperschaften (Bund, Länder, Gemeinden und Gemeindeverbände). Sonstigen Körperschaften des öffentlichen Rechts (z.B. Bundesanstalt für Arbeit, Industrie- und Handwerkskammern, Rechtsanwalts-, Notar-, Ärzte-, Zahnärzte-, Tierärzte-, Apotheker- und Architektenkammern) muss diese Eigenschaft durch Hoheitsakt verliehen worden sein. Auch Anstalten und Stiftungen des öffentlichen Rechts (z.B. Krankenkassen, Versicherungsanstalten, Berufsgenossenschaften, BfA, Alexander-von-Humboldt-Stiftung) bedürfen der Verleihung dieser Eigenschaft durch Gesetz oder sonstigen Hoheitsakt. Verbände öffentlich-rechtlicher Körperschaften sind z.B. die kommunalen Spitzenverbände. Eine Übersicht über Körperschaften, Anstalten und Stiftungen des

---

[11] BGBl. I S. 1666.
[12] Vgl. dazu näher die Kommentierungen zu § 53 bei *Plog E./Wiedow A./Beck G./Lemhöfer B.*, Kommentar zum Bundesbeamtengesetz mit Beamtenversorgungsgesetz.

öffentlichen Rechts enthalten – allerdings ohne Bindungswirkung für § 53 Abs. 8 BeamtVG – die Verzeichnisse des BMI zu § 20 BAT.[13]

Gleichgestellt ist nach § 53 Abs. 8 BeamtVG die Verwendung bei einer zwischen- oder überstaatlichen Einrichtung, an der eine Körperschaft usw. durch Zahlung von Beiträgen, Zuschüssen oder in anderer Weise beteiligt ist. Hierunter fallen alle in der Anlage zu den sog. „Entsendungsrichtlinien"[14] genannten Organisationen und Einrichtungen, unabhängig davon, in welcher Rechtsform die Verwendung erfolgt (Arbeitsvertrag oder Dienstverhältnis).[15]

In Zweifelsfällen entscheidet der Bundesminister des Innern, ob die Voraussetzungen für eine Gleichstellung erfüllt sind.

Unstreitig keine Verwendung im öffentlichen Dienst ist jedenfalls die Beschäftigung bei einer Fraktion des Deutschen Bundestages. Kein Einkommen aus einer Verwendung im öffentlichen Dienst ist ferner die Ehrenbeamten gewährte Aufwandsentschädigung.[16]

4. EuAbgG

Gemäß § 10 b EuAbgG gilt § 26 AbgG auch bei Leistungen an ehemalige, in der Bundesrepublik Deutschland gewählte Mitglieder und ihre Hinterbliebenen. Auf die obigen Anmerkungen kann deshalb verwiesen werden.

5. Landesrecht

Art. 19 Bay.AbgG, § 10 Abs. 3 Hbg.AbgG und § 24 SachsAnh.AbgG verweisen für die Versorgung für in den dortigen Gesetzen selbst nicht geregelte Fälle pauschal auf das Beamtenversorgungsgesetz des Bundes. Es gelten daher o. Anmerkungen entsprechend. Niedersachsen nimmt in § 20 Abs. 5 und 23 Abs. 4 Nds.AbgG jeweils im Einzelnen aufgeführte Bestimmungen des Beamtenversorgungsgesetzes des Bundes in Bezug. In den Abgeordnetengesetzen der übrigen Bundesländer werden für die Versorgung die für die Landesbeamten geltenden Vorschriften (ganz oder teilweise) sinngemäß angewandt (§ 18 BadWürtt.AbgG, § 18 Berl.AbgG, § 18 Bbg.AbgG, § 19 Brem.AbgG, § 26 Abs. 1 Hess.AbgG, § 24 MV.AbgG, § 19 NW.AbgG, § 18 RP.AbgG, § 19 Saarl.AbgG, § 20 Sächs.AbgG, § 24 SchlH.AbgG und § 30 Abs. 1 Thür.AbgG). Das sind wiederum diejenigen des BeamtVG, weil sich der Geltungsbereich des Beamtenversorgungsgesetz des Bundes gemäß § 1 Abs. 1 BeamtVG auch auf die Landesbeamten erstreckt. Der Bundesgesetzgeber

---

[13] Rdschr. Des BMI vom 23. Dezember 1994 – D III 2 – 220 217115 –, abgedruckt bei *Böhm W./Spiertz H./Sponer W./Steinherr F.*, Bundesangestelltentarif, BAT, Kommentar, 3. Aufl., Heidelberg, Loseblatt, Anhang Nr. 1 zu § 20 BAT.
[14] Richtlinien für die Entsendung von Bundesbediensteten in öffentliche zwischenstaatliche oder überstaatliche Organisationen (Entsendungsrichtlinien – EntsR) vom 15. August 1989 (GMBl. S. 498).
[15] Gemeinhin wird davon ausgegangen, dass alle in den EntsR aufgeführten Organisationen den Anforderungen des § 53 Abs. 8 BeamtVG automatisch genügen, es also keiner besonderen Einzelfallprüfung mehr bedarf. So OVG NW, Urteil vom 30. April 1997 – 12 A 2547 / 95 –, Bl. 23 der Ausfertigung (nicht veröffentlicht).
[16] Vgl. BVerwG, Urteil vom 10. März 1994 – 2 C 11. 93 –, RiA 1994, 298f.

hat insoweit von der ihm nach Art. 74 a GG übertragenen Kompetenz umfassend Gebrauch gemacht.[17] Auch für die Abgeordnetengesetze dieser Bundesländer gilt deshalb das oben Gesagte entsprechend.

17 § 30 Abs. 4 Thür.AbgG enthält insofern noch eine Besonderheit, als die Norm als den Begriff des „Einkommen aus einer Verwendung im öffentlichen Dienst" weiter fasst. Darunter fällt hier auch das Einkommen aus einer Beschäftigung bei einer juristischen Person und sonstigen Organisation des öffentlichen oder privaten Rechts, an denen juristische Personen des öffentlichen Rechts mit mehr als 50 vom Hundert beteiligt sind, wobei eine Beteiligung am Stimmrecht genügt. Bei Anwendung des § 53 Abs. 8 BeamtVG gilt dies nach h.M. nicht, weil immer dann, wenn die Einrichtung eine eigene Rechtspersönlichkeit hat, z.B. als AG oder GmbH, sie kein integraler Bestandteil der Gebietskörperschaft mehr ist, eine Verwendung bei ihr also auch keine Verwendung im öffentlichen Dienst darstellt.[18]

---

17 Plog E./Wiedow A./Beck G./Lemhöfer B., aaO, I.1. zu § 1.
18 Vgl. Plog E./Wiedow A./Beck G./Lemhöfer B., aaO, III. 3. a) zu § 53.

Sechster Abschnitt
Zuschuss zu den Kosten in Krankheits-, Geburts- und Todesfällen, Unterstützungen

§ 27 Zuschuss zu den Kosten in Krankheits-, Geburts- und Todesfällen

(1) Die Mitglieder des Bundestages erhalten einen Zuschuss zu den notwendigen Kosten in Krankheits-, Pflege-, Geburts- und Todesfällen in sinngemäßer Anwendung der für Bundesbeamte geltenden Vorschriften. Das gilt auch für Versorgungsempfänger nach diesem Gesetz, soweit nicht auf Grund eines Dienstverhältnisses oder der Mitgliedschaft in einer anderen gesetzgebenden Körperschaft ein Anspruch auf Beihilfe besteht und auf den Anspruch nach diesem Gesetz gegenüber dem Bundestag schriftlich verzichtet wurde. Auch das Überbrückungsgeld nach § 24 ist eine auf die Erstattung der Bestattungskosten anrechenbare Leistung im Sinne dieser Vorschriften.

(2) Anstelle des Anspruchs auf den Zuschuss nach Absatz 1 erhalten die Mitglieder und Versorgungsempfänger einen Zuschuss zu ihren Krankenversicherungsbeiträgen, wenn der Arbeitgeber keine Beiträge nach § 249 des Fünften Buches des Sozialgesetzbuches zahlt oder kein Anspruch auf einen Beitragszuschuss nach § 257 des Fünften Buches des Sozialgesetzbuches besteht. Mitglieder der gesetzlichen Krankenversicherung, die eine Rente aus der gesetzlichen Rentenversicherung beziehen und entweder den darauf entfallenden Krankenversicherungsbeitrag nach § 249a des Fünften Buches Sozialgesetzbuch nur zur Hälfte tragen oder gemäß § 106 des Sechsten Buches Sozialgesetzbuch einen Beitragszuschuss beziehen, erhalten für diesen rentenbezogenen Krankenversicherungsbeitrag keinen Zuschuss. Als Zuschuss ist die Hälfte des aus eigenen Mitteln geleisteten Krankenversicherungsbeitrages zu zahlen. Besteht die Mitgliedschaft nicht ausschließlich in einer gesetzlichen Krankenkasse gemäß § 4 des Fünften Buches Sozialgesetzbuch, beträgt der Zuschuss höchstens die Hälfte des Höchstbetrages der im Falle der Versicherungspflicht zuständigen Allgemeinen Ortskrankenkasse.

(3) Der Anspruch auf den Zuschuss zu den Krankenversicherungsbeiträgen nach Absatz 2 schließt ein den Anspruch auf einen Zuschuss in Höhe der Hälfte des aus eigenen Mitteln geleisteten Pflegeversicherungsbeitrages, höchstens jedoch die Hälfte des Höchstbetrages der sozialen Pflegeversicherung.

(4) Die Entscheidung darüber, ob das Mitglied anstelle der Leistungen nach Absatz 1 den Zuschuss nach Absatz 2 in Anspruch nehmen will, ist innerhalb von vier Monaten nach Annahme des Mandats dem Präsidenten des Bundes-

tages mitzuteilen; die Entscheidung ist für die Dauer der Wahlperiode unwiderruflich. Versorgungsempfänger haben die Entscheidung innerhalb von vier Monaten nach Zustellung des Versorgungsbescheides dem Präsidenten mitzuteilen; sie bleiben an diese Entscheidung gebunden.

Parallelvorschriften im EuAbgG und in den Abgeordnetengesetzen der Länder:			
EuAbgG	§ 11		
BadWürtt.	§ 19	Nds.	§ 13
Bay.	Art. 20	NW.	§ 20
Berl.	§ 19	RP.	§ 19
Bbg.	§ 19	Saarl.	§ 20
Brem.	§ 20	Sachs.	§ 21
Hbg.	§ 5	SachsAnh.	§ 25
Hess.	§ 16	SchlH.	§ 25
MV.	§ 25	Thür.	§ 20

Literatur: *Kabel R.*, Das neue Abgeordnetengesetz vom Dezember 1976, ZParl 1977, 3 ff.; *Plog E./Wiedow A./Beck G./Lemhöfer B.*, Kommentar zum Bundesbeamtengesetz mit Beamtenversorgungsgesetz, Neuwied; *Welti F.*, Die soziale Sicherung der Abgeordneten des Deutschen Bundestages, der Landtage und der deutschen Abgeordneten im Europäischen Parlament, Berlin, 1998.

Übersicht

		Rdn.
1.	Allgemeines	1–7
2.	Beihilfe in sinngemäßer Anwendung der für Bundesbeamte geltenden Vorschriften (Abs. 1)	8–22
2.1	Einführung	8–12
2.2	Beihilfe für Mitglieder des Deutschen Bundestages (Satz 1)	13–19
2.2.1	Beihilfeberechtigte und berücksichtigungsfähige Personen	14
2.2.2	Regelbemessungssätze und Abweichungen davon	15
2.2.3	Beihilfefähige Aufwendungen	16–17
2.2.4	Jahresfrist	8
2.2.5	Festsetzungsstelle	19
2.3	Beihilfe für Versorgungsempfänger (Satz 2 und § 32 Abs. 7)	20–22
3.	Zuschuss zu den Kranken- und Pflegeversicherungsbeiträgen (Abs. 2 und 3)	23–28
3.1	Wahlanspruch	23–25
3.2	Höhe des Zuschusses	26–28
4.	Frist zur Ausübung des Wahlrechts zwischen Beihilfe und Zuschuss (Abs. 4)	29–30
5.	EuAbgG	31–34
5.1	Nationales Recht	31
5.2	Europäisches Recht	32–34
6.	Landesrecht	35
7.	Nachweispflicht bei der Pflegeversicherung	36

§ 27 Zuschuss zu den Kosten in Krankheits-, Geburts- und Todesfällen

1. Allgemeines

Die Entschädigungs- bzw. Diätengesetze des Bundes einschließlich des Diätengesetzes 1968[1] kannten keine dem heutigen § 27 vergleichbare Regelung. Die Vorsorge in Krankheits-, Geburts- und Todesfällen war früher alleine Sache des Abgeordneten gewesen. Das galt jedenfalls für die Abgeordneten, die zuvor nicht Angehörige des öffentlichen Dienstes waren. Letztere traten bis dahin mit der Annahme der Wahl in den Ruhestand, bezogen Ruhegehalt und hatten als Versorgungsempfänger einen Anspruch auf Beihilfe in Krankheits-, Geburts- und Todesfällen gegen ihren Dienstherrn. Erstmals der Entwurf eines Gesetzes zur Neuregelung der Rechtsverhältnisse der Mitglieder des Deutschen Bundestages sah im dortigen § 24 Abs. 1 einen eigenen Anspruch auf Erstattung von Heilbehandlungskosten für Mitglieder des Bundestages, Versorgungsempfänger und ihre Familienangehörigen vor.[2] Danach sollten 50 vom Hundert dieser Kosten ersetzt werden. **1**

Der Vorschlag zur Einführung einer Erstattung der Heilbehandlungskosten beruhte zum einen auf der Überlegung, dass zu der mit der Neuregelung der Rechtsverhältnisse der Bundestagsabgeordneten beabsichtigten Umstellung der Abgeordnetenentschädigung auf eine Vollalimentierung aus der Staatskasse auch die Krankenvorsorge gehöre.[3] Zum anderen sah der Entwurf eines Gesetzes zur Neuregelung der Rechtsverhältnisse der Mitglieder des Deutschen Bundestages einen grundlegenden Wandel in der Rechtsstellung der in den Bundestag gewählten Angehörigen des öffentlichen Dienstes vor. Sie sollten nicht mehr wie bisher in den Ruhestand treten, sondern ihre Rechte und Pflichten aus dem Dienstverhältnis sollten künftig ruhen. Das betraf auch die Beihilfeansprüche. Mit der Neuregelung verloren also ca. 40 vom Hundert der Mitglieder des Bundestages ihren Beihilfeanspruch. Hierfür sollte ein Ausgleich geschaffen werden, wobei sich der Bemessungssatz von 50 vom Hundert an dem Anteil orientierte, den ein Arbeitnehmer als Arbeitgeberanteil zu seiner Krankenversicherung erhält. Die Einbeziehung der Versorgungsempfänger in die Erstattungsregelung folgte dem beamtenrechtlichen Vorbild.[4] **2**

Im 2. Sonderausschuss wurde der Entwurf der Vorschrift Anregungen des Innen-, des Haushalts- und des Ausschusses für Arbeit und Sozialordnung folgend noch einmal grundlegend umgestaltet. Ziel war es, eine familiengerechte Vorsorgeregelung zu finden, was durch die sinngemäße Anwendung der für Beamte geltenden Beihilfebestimmungen erreicht wurde. Die Schaffung eines eigenständigen Beihilfeanspruches nach diesem Gesetz hatte zur Folge, dass für Versorgungsempfänger eine Konkurrenzregelung beim Zusammentreffen mehrerer Beihilfeansprüche vorgesehen werden musste. Das Verbleiben von Abgeordneten in der gesetzlichen Krankenversicherung sollte daneben aber auch weiterhin möglich bleiben. Deswegen schlug der 2. Sonderausschuss die Wahlmöglichkeit vor, anstelle des Beihilfeanspruches einen Zuschuss zu den Krankenversicherungsbeiträgen zu erhalten.[5] **3**

---

1 BGBl. I S. 334.
2 BT-Drs. 7/5525 S. 7.
3 Vgl. *Kabel R.*, Das neue Abgeordnetengesetz vom Dezember 1976, ZParl 1977, 3, 9.
4 Vgl. zu alledem Begründung zu § 24 des Gesetzentwurfs, BT-Drs. 7/5531, S. 22.
5 Vgl. Bericht und Antrag des 2. Sonderausschusses, Begründung zu § 27 des Entwurfs, BT-Drs. 7/5903, S. 15.

Der Zuschuss sollte die Hälfte des Krankenversicherungsbeitrages, höchstens aber 180 DM monatlich, betragen.

4   Mit dem Siebten Gesetz zur Änderung des Abgeordnetengesetzes vom 16. Januar 1987[6] wurde die Höhe des Zuschusses an den Höchstbeitrag der für den Wohnort des Abgeordneten zuständigen AOK gekoppelt. Damit wurde der bisherige Höchstbeitrag von 180 DM um durchschnittlich 100 DM erhöht und in seiner Entwicklung dynamisiert. Zugleich wurden Versorgungsempfänger mit eigenen Beiträgen zur Krankenversicherung in die Zuschussregelung einbezogen.[7]

5   Das Elfte Gesetz zur Änderung des Abgeordnetengesetzes vom 18. Dezember 1989[8] brachte eine redaktionelle Überarbeitung des Absatzes 1 und eine Klarstellung in dessen Satz 3, dass Abgeordnete im Ergebnis grundsätzlich keine Aufwendungen im Todesfall (Bestattungskosten) erhalten.[9]

6   Zuletzt wurde § 27 durch das Siebzehnte Gesetz zur Änderung des Abgeordnetengesetzes[10] vom 14. November 1994 novelliert. Mit diesem Gesetz wurde den Übergangsgeld- und Versorgungsempfängern die Möglichkeit eingeräumt, zugunsten nachrangiger Beihilfeansprüche auf das Beihilferecht nach § 27 Abs. 1 zu verzichten. Zugleich wurde klargestellt, dass auch die Aufwendungen für die Pflegeversicherung zu den beihilfe- bzw. zuschussfähigen Leistungen zählen. Ferner sah der geänderte Wortlaut zu § 27 Abs. 2 vor, dass der hälftige, vom Mitglied der Krankenversicherung der Rentner zu tragende Beitrag künftig bei der Bemessung der Zuschüsse nicht mehr berücksichtigt wird, um diese Personengruppe nicht länger gegenüber den nicht zuschussberechtigten Mitgliedern der gesetzlichen Rentenkrankenversicherung zu begünstigen. Schließlich bestimmte die Gesetzesnovelle, dass sich der Zuschuss zu den Krankenversicherungsbeiträgen künftig nicht mehr nach der Höhe der Beiträge für den Wohnort, sondern nach den Beiträgen der zuständigen AOK richten sollte. Ziel dieser Änderung war es, insbesondere den Abgeordneten aus den neuen Bundesländern die Möglichkeit zu eröffnen, Mitglied einer gesetzlichen Krankenversicherung am Sitz des Bundestages zu werden, ohne dafür den Nachteil in Kauf nehmen zu müssen, nur die Hälfte des (in der Regel niedrigeren) Beitragssatzes der AOK ihres Wohnortes als Zuschuss zu erhalten, was eine Schlechterstellung gegenüber den Abgeordneten aus den alten Bundesländern bedeutete.[11]

7   Beginn und Ende der Ansprüche aus § 27 regelt § 32 (vgl. 2. und 9. zu § 32 und unten 2. 3).

---

6 BGBl. I S. 143.
7 Vgl. auch Begründung zu § 27 Abs. 2 in der Fassung des Entwurfs eines Siebten Gesetzes zur Änderung des Abgeordnetengesetzes vom 25. Juni 1986, BT-Drs. 10/5734, S. 8, und Beschlussempfehlung und Bericht des Ausschusses für Wahlprüfung, Immunität und Geschäftsordnung vom 5. Dezember 1986, BT-Drs. 10/6685, S. 13.
8 BGBl. I S. 2210.
9 Vgl. Begründung zu § 27 Abs. 1 in der Fassung des Entwurfs eines Elften Gesetzes zur Änderung des Abgeordnetengesetzes vom 18. Oktober 1989, BT-Drs. 11/5408, S. 5.
10 BGBl. I S. 3346.
11 Vgl. Begründung zu § 27 in der Fassung des Entwurfs eines Siebzehnten Gesetzes zur Änderung des Abgeordnetengesetzes vom 1. Juni 1994, BT-Drs. 12/7777, S. 9 f.

2. Beihilfe in sinngemäßer Anwendung der für Bundesbeamte geltenden Vorschriften (Abs. 1)

2.1 Einführung

Gemäß § 27 Abs. 1 Satz 1 erhalten Mitglieder des Bundestages einen Zuschuss zu den notwendigen Kosten in Krankheits-, Geburts- und Todesfällen in sinngemäßer Anwendung der für Bundesbeamte geltenden Vorschriften. Dieser Zuschuss („Beihilfe") ist die Regelleistung nach § 27. Sie erhält jedes Mitglied, das nicht ausdrücklich innerhalb der Frist des Abs. 4 (s.u. 4.) von der Wahlmöglichkeit des Abs. 2 (s.u. 3.1) Gebrauch gemacht hat. **8**

Die für Bundesbeamte geltenden Bestimmungen sind die der Beihilfevorschriften (BhV).[12] Sie sind sinngemäß anzuwenden. Das heißt, Abweichungen sind immer dann zulässig, wenn im Status des Abgeordneten begründete Unterschiede dies nahelegen. So wird z.b. bei den im Rahmen der Beihilfe berücksichtigungsfähigen Kindern nicht auf die Gewährung des kinderbezogenen Anteils im Familienzuschlag nach dem Bundesbesoldungsgesetz abgestellt, den es bei Abgeordneten nicht gibt, sondern auf die Gewährung von Kindergeld. **9**

Wegen der nur sinngemäßen Anwendung kann der Ältestenrat andere Regelungen treffen, auch solche, die über die Leistungspalette der Beihilfevorschriften hinausgehen. In einigen Fällen hat er dies getan. So findet beispielsweise gemäß Beschluss vom 3. Februar 1994 § 5 Abs. 4 Nr. 8 der Beihilfevorschriften aus Gründen des Vertrauensschutzes keine Anwendung bei der Zuschussgewährung nach § 27 Abs. 1, wenn der Zuschussberechtigte sich bereits vor dem 1. Januar 1993 für die Regelleistung nach Abs. 1 entschieden hat, in der gesetzlichen Krankenversicherung pflichtversichert war und bisher nachweislich anstelle von Sachleistungen seitens seiner Krankenversicherung Kostenerstattung erhalten hat. Beihilfeberechtigte, die von diesem Beschluss erfasst werden, haben also weiterhin die Möglichkeit, in dem Falle, dass ihnen von der Krankenversicherung die Möglichkeit der Kostenerstattung eingeräumt wird, wegen der nicht gedeckten Kosten einen Beihilfezuschuss zu erhalten. **10**

Ferner sind gemäß Beschluss des Ältestenrates vom 17. Januar 1985 bei stationärer Krankenhausbehandlung von Mitgliedern des Bundestages die Kosten der ersten Pflegeklasse zuschussfähig. **11**

Zu den Bestimmungen, die im hier erörterten Zusammenhang auf Abgeordnete wegen ihres anderen Status keine Anwendung finden, zählt § 5 Abs. 5 der Beihilfevorschriften. Nach Abs. 4 Nr. 4 dieser Vorschrift sind Aufwendungen u.a. insoweit nicht beihilfefähig, als Schadensersatz von einem Dritten erlangt werden kann. Typischer Fall hierfür ist der von einem Dritten verschuldete Verkehrsunfall mit Körperschäden als Unfallfolge. § 5 Abs. 5 BhV enthält eine Rückausnahme insoweit, wie die Aufwendungen auf einem Ereignis beruhen, das nach § 87a BBG zum Übergang des gesetzlichen Schadensersatzanspruches auf den Dienstherrn führt. Eine Anwendung der genannten Beihilfevorschrift ist ausgeschlossen, weil § 87a **12**

---

12 Allgemeine Verwaltungsvorschrift für Beihilfen in Krankheits-, Pflege-, Geburts- und Todesfällen (Beihilfevorschriften – BhV) in der Fassung vom 10. Juli 1995 (GMBl. S. 470), zuletzt geändert durch die Allgemeine Verwaltungsvorschrift zur Änderung der Beihilfevorschriften vom 8. Juli 1998 (GMBl. S. 542).

BBG für Abgeordnete nicht gilt. § 26 ist nicht einschlägig. § 87 a BBG ist keine Norm des Beamtenversorgungsrechts (BeamtVG). Die in § 26 vorgesehene sinngemäße Anwendung beamtenversorgungsrechtlicher Vorschriften bezieht sich im Übrigen ausschließlich auf die in diesem Abschnitt des Abgeordnetengesetzes geregelten Versorgungsleistungen an ehemalige Abgeordnete und ihre Hinterbliebenen. Sie umfasst aber nicht die erst in dem darauffolgenden Abschnitt normierten Bestimmungen wie z.B. § 27. Der dort in Abs. 1 Satz 1 enthaltene Hinweis auf die sinngemäße Anwendung der für Bundesbeamte geltenden Vorschriften betrifft lediglich, wie oben bereits ausgeführt, die Anwendung der Beihilfevorschriften des Bundes. Einer Anwendung des § 87 a BBG stehen schließlich die grundlegenden statusrechtlichen Unterschiede zwischen Beamten und Abgeordneten entgegen.[13] Abgeordnete haben keinen Dienstherrn. Insbesondere ist der Deutsche Bundestag kein solcher. Sie üben vielmehr ihr Mandat gemäß Art. 38 Abs. 1 Satz 2 GG in Unabhängigkeit aus und sind an Weisungen nicht gebunden. Im Ergebnis haben Abgeordnete deshalb keinen Anspruch auf Beihilfe für Aufwendungen, für die sie Schadensersatz von einem Dritten verlangen können. Ist ungewiss, ob ein Schadensersatzanspruch besteht oder realisiert werden kann, so kann Beihilfe allerdings gegebenenfalls zunächst unter dem Vorbehalt der Rückforderung bewilligt werden.

2.2 Beihilfe für Mitglieder des Deutschen Bundestages (Satz 1)

13 Die Beihilfeansprüche der Mitglieder des Deutschen Bundestages, die sich – wie ausgeführt – nach den für Bundesbeamte geltenden Vorschriften in sinngemäßer Anwendung richten, sollen hier nicht im Detail erörtert werden. Auf Besonderheiten, die sich aus dem Status des Abgeordneten ergeben bzw. auf Beschlüssen des Ältestenrates beruhen wurde oben (2. 1) bereits hingewiesen. Die Beihilfevorschriften des Bundes im Übrigen sind an anderer Stelle ausführlich kommentiert,[14] so dass sich die Darstellung hier auf einen kurzen Überblick beschränken kann.

2.2.1 Beihilfeberechtigte und berücksichtigungsfähige Personen

14 Beihilfeberechtigt sind die Abgeordneten selbst, wobei für die Abwicklung der Erstattungsverfahren auch Dritte, z.B. Mitarbeiter, bevollmächtigt werden können. Bei der Beihilfe berücksichtigungsfähige weitere Personen sind der Ehegatte, wenn dessen Einkünfte (§ 2 Abs. 3 EStG) im vorvergangenen Jahr 35.000 DM nicht überstiegen haben,[15] Kinder, für die der Beihilfeberechtigte Anspruch auf Kindergeld hat, sowie die Mutter eines nichtehelichen Kindes des Beihilfeberechtigten für die Aufwendungen der Geburt.[16]

2.2.2 Regelbemessungssätze und Abweichungen davon

15 Der Regelbemessungssatz beträgt für den Beihilfeberechtigten 50 vom Hundert der Aufwendungen, für einen Beihilfeberechtigten mit mindestens zwei zum Bezug

---

13 Vgl. auch Urteil des Verwaltungsgerichts Köln vom 23. Okt. 2000 – 3 K 11300/97 –, Bl. 4 der Ausfertigung, nicht veröffentlicht.
14 Vgl. u.a. *Schröder/Beckmann/Weber*, Beihilfevorschriften des Bundes und der Länder, Kommentar, Stuttgart; *Mildenberger*, Beihilfevorschriften Bund/Länder, Kommentar, München.
15 S. § 5 Abs. 4 Nr. 3 BhV.
16 S. § 3 Abs. 1 Satz 2 BhV.

von Kindergeld berechtigenden Kindern 70 vom Hundert, für den berücksichtigungsfähigen Ehegatten ebenfalls 70 vom Hundert und für ein berücksichtigungsfähiges Kind 80 vom Hundert.[17]

Bei Privatversicherten, die einen Beitragszuschuss von wenigstens 80 DM aufgrund von Rechtsvorschriften oder aus einem Beschäftigungsverhältnis erhalten, ist der Bemessungssatz für den Beihilfeberechtigten um 20 vom Hundert reduziert.[18]

Bei freiwilligen Mitgliedern einer gesetzlichen Krankenkasse erhöht sich der Bemessungssatz auf 100 vom Hundert der beihilfefähigen Aufwendungen, die nach Abzug der Kassenleistungen verbleiben. Das gilt nicht mit der Folge der Anwendung der Regelbemessungssätze, wenn die Krankenkasse keine Leistungen gewährt hat oder wenn von dritter Seite ein Zuschuss zu den Krankenversicherungsbeiträgen in Höhe von mindestens 40 DM monatlich gezahlt wird. Zahlen freiwillige Mitglieder einer gesetzlichen Krankenversicherung nur die Hälfte des allgemeinen Beitragssatzes gemäß § 248 SGB V, so ist in diesen Fällen eine Anhebung des Bemessungssatzes auf 100 vom Hundert der Aufwendungen ebenfalls nicht möglich.[19]

Pflichtversicherte in der gesetzlichen Krankenversicherung erhalten zu den beihilfefähigen Aufwendungen nach Abzug der Kassenleistung Beihilfe nach den Regelbemessungssätzen. Dieser Personenkreis wird jedoch grundsätzlich auf Sachleistungen verwiesen.

2.2.3 Beihilfefähige Aufwendungen

16 Zu den beihilfefähigen Aufwendungen gehören im Wesentlichen ärztliche und zahnärztliche Leistungen nach dem jeweils gültigen Gebührenrahmen, Leistungen eines Heilpraktikers und eines Psychotherapeuten, Arznei- und Verbandsmittel (ggf. abzüglich eines Eigenanteils), Heilbehandlungen, Hilfsmittel, Krankenhausbehandlung, Beförderungskosten, Sanatoriumsbehandlung und Heilkur, Leistungen bei dauernder Pflegebedürftigkeit sowie Leistungen in Geburts- und Todesfällen.[20] Für Mitglieder der gesetzlichen Krankenversicherung ergeben sich aus den Beihilfevorschriften bestimmte Einschränkungen bei den Beihilfeleistungen. Generell darf die Beihilfe zusammen mit den aus demselben Anlass gewährten Leistungen einer Krankenversicherung die dem Grunde nach beihilfefähigen Aufwendungen nicht übersteigen.[21]

17 Gemäß § 12 Abs. 1 Satz 2 BhV in Verbindung mit § 27 Abs. 1 Satz 3 ist eine Erstattung von Aufwendungen in Todesfällen allerdings ausgeschlossen, wenn der Beihilfeberechtigte zugleich Anspruch auf Überbrückungsgeld nach § 24 hat, weil dieses regelmäßig den in § 12 Abs. 1 Satz 2 BhV genannten Höchstbetrag von 4.000 DM übersteigt (vgl. 2.2.2 zu § 24). § 27 Abs. 1 Satz 3 stellt das Überbrückungsgeld nach § 24 den in § 12 Abs. 1 Satz 2 BhV aufgeführten Sterbe- oder Bestattungsgeldern ausdrücklich gleich.

---

[17] S. § 14 Abs. 1 BhV.
[18] S. § 14 Abs. 5 BhV.
[19] Vgl. § 14 Abs. 4 BhV.
[20] Vgl. §§ 6 ff. BhV.
[21] S. § 15 Abs. 1 BhV.

2.2.4 Jahresfrist

18 Beihilfe muss innerhalb eines Jahres nach Entstehen der Aufwendungen, spätestens jedoch innerhalb eines Jahres nach der ersten Rechnungsstellung beantragt werden.[22] War der Beihilfeberechtigte ohne Verschulden verhindert, diese Frist einzuhalten, kann ihm auf Antrag unter den Voraussetzungen des § 32 VwVfG Wiedereinsetzung in den vorigen Stand gewährt werden.[23]

2.2.5 Festsetzungsstelle

19 Die Beihilfe für Abgeordnete wird grundsätzlich von der Verwaltung des Deutschen Bundestages festgesetzt. Das gilt jedoch nicht für solche Mitglieder, die zugleich Bundesminister oder Parlamentarischer Staatssekretär sind. Deren Beihilfe wird aufgrund einer Vereinbarung zwischen dem Deutschen Bundestag und der Bundesregierung vom 4. Juli 1980 vom jeweils zuständigen Ministerium für den Deutschen Bundestag festgesetzt.[24]

2.3 Beihilfe für Versorgungsempfänger (Satz 2 und § 32 Abs. 7)

20 Stets muss es sich hierbei um Versorgungsempfänger nach diesem Gesetz handeln. Empfänger von Ruhegeld nach dem Diätengesetz 1968[25] gehören nicht dazu. Beihilfeberechtigt sind nach Satz 2 Empfänger von Altersentschädigung und Personen mit Anspruch auf Hinterbliebenenversorgung. § 32 Abs. 7 erweitert den Kreis der Anspruchsberechtigten auf die Bezieher von Übergangsgeld für die Dauer des Anspruchszeitraumes,[26] mindestens jedoch für die Dauer von sechs Monaten.[27]

21 Der Regelbemessungssatz für Versorgungsempfänger beträgt 70 vom Hundert, der für Waisen 80 vom Hundert.[28] Im Übrigen gelten die Ausführungen zu 2.2 entsprechend.

---

22 S. § 17 Abs. 9 Satz 1 BhV.
23 Die Kommission des Ältestenrates für die Rechtsstellung der Abgeordneten hat es in einem Beschluss aus dem Jahr 1999 abgelehnt, von dem Erfordernis der Einhaltung der Jahresfrist mit Rücksicht auf die besonderen mandatsbedingten Belastungen der Abgeordneten generell abzusehen.
24 S. auch Erläuterungen zu Einzelplan 02, Kapitel 01, Titel 411 04: „Zuschüsse nach § 27 Abs. 1 und 3 des Abgeordnetengesetzes an den Bundeskanzler, an Bundesminister, Staatsminister und Parlamentarische Staatssekretäre werden aus Tit. 441 01 des jeweiligen Kapitels gezahlt, aus dem dieser Personenkreis Bezüge erhält."
25 BGBl. I S. 334.
26 Der Anspruchszeitraum ist entscheidend, nicht der hiervon möglicherweise abweichende Zahlungszeitraum des Übergangsgeldes (s. dazu 5. zu § 18).
27 Der Gesetzgeber hat § 32 Abs. 7 als Folgeregelung zu den §§ 6 und 18 konzipiert (vgl. Bericht und Antrag des 2. Sonderausschusses vom 30. November 1976, Begründung zu § 32, BT-Drs. 7/5903, S. 16). Deswegen stimmt die Sechsmonatsfrist in § 32 Abs. 7 mit derjenigen in § 6 Abs. 1 Satz 1 betr. den spätesten Zeitpunkt der Wiederverwendung eines Beamten nach dem Ausscheiden aus dem Mandat überein. Dadurch sollte sichergestellt werden, dass das ehemalige Mitglied bis zu seiner Reaktivierung Leistungen nach § 27 beanspruchen kann. Voraussetzung hierfür dürfte sein, dass er überhaupt Anspruch auf Übergangsgeld hat, dem Bundestag also wenigstens ein Jahr angehört hat. Zumindest legt der Wortlaut des § 32 Abs. 7 dies nahe. Die Verwaltungspraxis ist indes eine andere. Danach wird eine Anspruch nach § 27 für die Dauer von sechs Monaten auch dem Mitglied des Bundestages gewährt, das ohne Anspruch auf Übergangsgeld ausscheidet.
28 S. § 14 Abs. 1 Nr. 2 und Nr. 4 BhV.

§ 27 Zuschuss zu den Kosten in Krankheits-, Geburts- und Todesfällen

Der Beihilfeanspruch nach diesem Gesetz geht bei Versorgungsempfängern, die auf Grund eines Dienstverhältnisses oder der Mitgliedschaft in einer anderen gesetzgebenden Körperschaft einen konkurrierenden Anspruch auf Beihilfe haben, vor,[29] es sei denn, sie haben auf den Anspruch nach diesem Gesetz gegenüber dem Bundestag verzichtet. Die Verzichtserklärung bedarf der Schriftform. Der Verzicht ist an das Bestehen des konkurrierenden Beihilfeanspruchs geknüpft. Entfällt dieser zu einem späteren Zeitpunkt nach Erklärung des Verzichts, wird der Verzicht gegenstandslos und der Beihilfeanspruch nach diesem Gesetz lebt wieder auf. Seinem Wortlaut nach regelt Satz 2 nur die Konkurrenz von Beihilfeansprüchen von Versorgungsempfängern nach diesem Gesetz, die aus einem aktiven Dienstverhältnis oder einer aktiven Mitgliedschaft in einer anderen gesetzgebenden Körperschaft einen weiteren Beihilfeanspruch haben. Weil konkurrierende Beihilfeansprüche indessen auch aus Versorgungsansprüchen ehemaliger Beamter oder ehemaliger Landtagsabgeordneter erwachsen können und der Anspruchskonflikt in gleicher Weise einer Lösung bedarf, ist die Vorschrift auf diese Fälle sinngemäß anzuwenden.

3. Zuschuss zu den Kranken- und Pflegeversicherungsbeiträgen (Abs. 2 und 3)

3.1 Wahlanspruch

Anstelle des Anspruchs auf Beihilfe nach Absatz 1 erhalten die Mitglieder und Versorgungsempfänger nach Abs. 2 einen Zuschuss zu ihren Krankenversicherungsbeiträgen und nach Abs. 3 einen Zuschuss zu ihren Pflegeversicherungsbeiträgen. Der Anspruch besteht nur nachrangig zum Regelanspruch nach Abs. 1. Wer ihn geltend machen will, muss dies deshalb ausdrücklich innerhalb der Frist des Abs. 4 (s.u. 4.) erklären. Ansonsten verbleibt es beim Regelanspruch auf Beihilfe.

Der Anspruch ist nach Abs. 2 Satz 1, zweiter Halbsatz ausgeschlossen, wenn der Arbeitgeber eines in der gesetzlichen Krankenversicherung versicherungspflichtig beschäftigten Berechtigten Beiträge nach § 249 SGB V zahlt oder ein freiwillig in der gesetzlichen Krankenversicherung versicherter Berechtigter, der nur wegen Überschreitens der Jahresarbeitsentgeltgrenze versicherungsfrei ist, einen Anspruch auf Beitragszuschuss nach § 257 SGB V gegen seinen Arbeitgeber hat.

Nach Abs. 2 Satz 2 ist der Anspruch auf Zuschuss ferner teilweise ausgeschlossen bei Mitgliedern der gesetzlichen Krankenversicherung, die eine Rente aus der gesetzlichen Rentenversicherung beziehen und entweder den darauf entfallenden Krankenversicherungsbeitrag nach § 249a SGB V nur zur Hälfte tragen oder gemäß § 106 SGB VI einen Beitragszuschuss beziehen. In diesen Fällen entfällt der Zuschuss zum rentenbezogenen Krankenversicherungsbeitrag.[30]

3.2 Höhe des Zuschusses

Gemäß § 27 Abs. 2 Satz 3 wird bei einer Mitgliedschaft ausschließlich in der gesetzlichen Krankenversicherung die Hälfte des aus eigenen Mitteln geleisteten

---
29 Vgl. auch § 2 Abs. 4 Nr. 3 BhV.
30 Zu den Gründen s.o. 1.

Krankenversicherungsbeitrages als Zuschuss gezahlt. Besteht die Mitgliedschaft hingegen nicht in einer gesetzlichen Krankenkasse im Sinne des § 4 SGB V, so beträgt der Zuschuss nach § 27 Abs. 2 Satz 4 höchstens die Hälfte des Höchstbeitrages[31] der im Falle der Versicherungspflicht zuständigen Allgemeinen Ortskrankenkasse.[32]

27 Nach § 27 Abs. 3 schließt der Anspruch auf Zuschuss nach Abs. 2 einen Zuschuss in Höhe der Hälfte des aus eigenen Mitteln geleisteten Pflegeversicherungsbeitrages, höchstens jedoch die Hälfte des Höchstbetrages der sozialen Pflegeversicherung[33] mit ein.

28 Die Zuschüsse nach Abs. 2 und 3 sind steuerfrei (vgl. §§ 22 Nr. 4, 3 Nr. 62 EStG).[34]

4. Frist zur Ausübung des Wahlrechts zwischen Beihilfe und Zuschuss (Abs. 4)

29 Die Frist zur Ausübung des Wahlrechts zwischen Beihilfe nach Abs. 1 und Zuschuss nach Abs. 2 beträgt nach Abs. 4 vier Monate. Bei dieser Frist handelt es sich um eine gesetzliche Ausschlussfrist.[35] Mitglieder des Bundestages müssen ihre Entscheidung innerhalb von vier Monaten nach Annahme des Mandats[36] mitteilen, Versorgungsempfänger innerhalb von vier Monaten nach Zustellung des Versorgungsbescheides. Für Empfänger von Übergangsgeld beginnt die Frist mit der Zustellung des Bescheides über die Festsetzung des Übergangsgeldes. Erklärungsempfänger ist in allen diesen Fällen der Präsident des Bundestages. War der Berechtigte ohne Verschulden verhindert, diese Frist einzuhalten, z.B. in Fällen höherer Gewalt, so kann ihm auf Antrag entsprechend § 32 VwVfG als Ausdruck eines allgemeinen Rechtsgedankens Wiedereinsetzung in den vorigen Stand (Nachsicht) gewährt werden. Dies entspricht jedenfalls der ständigen Verwaltungspraxis.

30 Wer sich für den Zuschuss nach Abs. 2 entscheidet, bleibt an diese Entscheidung gebunden. Für Mitglieder des Bundestages gilt die Bindungswirkung nach Abs. 4 Satz 1 für die Dauer der Wahlperiode. Zu Beginn einer neuen Wahlperiode können sie sich wieder neu entscheiden. Übergangsgeldempfänger bleiben für den Anspruchszeitraum auf Übergangsgeld an die Entscheidung gebunden, Versorgungsempfänger für die gesamte Dauer des Bezuges von Versorgungsbezügen (vgl. § 27 Abs. 4 Satz 2, letzter Halbsatz).

---

31 Dieser wird in der Satzung der Krankenkasse festgesetzt (vgl. § 241 Satz 1 SGB V).
32 Gemäß § 173 Abs. 2 Nr. 1 SGB V in der ab 1. Januar 1996 gültigen Fassung können Versicherungspflichtige und Versicherungsberechtigte zwischen der Ortskrankenkasse des Beschäftigungsortes oder derjenigen des Wohnortes wählen.
33 Vgl. § 55 SGB XI.
34 Vgl. auch Lohr A., Die Besteuerung von Politikern, DStR 1997, 1230, 1231.
35 Vgl. Verwaltungsgericht Köln, Gerichtsbescheid vom 17. August 1998 – 3 K 8998/95 –, Bl. 5 der Ausfertigung, nicht veröffentlicht.
36 Vgl. § 45 BWG.

5. EuAbgG

5.1 Nationales Recht

Gemäß § 11 EuAbgG finden die Vorschriften des Sechsten Abschnitts des Abgeordnetengesetzes Anwendung. Dazu zählt auch § 27. Auf die Anmerkungen zu dieser Bestimmung (o. 1. bis 4.) wird verwiesen. **31**

5.2 Europäisches Recht

Nach Kapitel 5, Artikel 21 der „Kostenerstattungs- und Vergütungsregelung für die Mitglieder"[37] haben Mitglieder des Europäischen Parlaments, ihre Ehegatten und ihre unterhaltsberechtigten Kinder Anspruch auf Erstattung von Arztkosten und damit zusammenhängender Ausgaben nach Maßgabe der „Regelung zur Anwendung von Artikel 21".[38] Der Anspruch, der auf jährlich 30.000 Euro begrenzt ist, soll nach Art. 21 Nr. 3 aber nur subsidiär gelten, so dass hier von einer näheren Darstellung der Regelung abgesehen wird. Denn bevor ein Erstattungsantrag beim Europäischen Parlament eingereicht werden kann, ist nach Anlage IV, Ziffer 3 ein Antrag auf Erstattung durch eine nationale Versicherung oder ein anderes Krankenversicherungssystem zu stellen. Dazu zählt auch das nach § 27, so dass im Grunde von in Deutschland gewählten Mitgliedern des Europäischen Parlaments nur noch solche Kosten geltend gemacht werden können, die die eigene Krankenversicherung und / oder die Beihilfe nach § 27 Abs. 1 nicht erstattet haben. **32**

Hier zeigt sich indessen wieder, dass nationales und europäisches Recht nicht genügend aufeinander abgestimmt sind. Denn nach § 13 Abs. 3 EuAbgG werden auf Leistungen nach diesem Gesetz Leistungen des Europäischen Parlaments mit gleicher Zweckbestimmung in voller Höhe angerechnet. Das bedeutet, dass z.B. eine gewährte Beihilfe nachträglich wieder um die vom Europäischen Parlament gezahlten Erstattungsbeträge gekürzt werden muss. Angesichts dessen dürfte es sich empfehlen, bis auf weiteres nur die nationalen Erstattungsmöglichkeiten in Anspruch zu nehmen. **33**

Auch der vom Europäischen Parlament in seiner Sitzung vom 3. Dezember 1998 angenommene Entwurf eines Statuts für die Abgeordneten des Europäischen Parlaments hatte in Art. 12 einen Anspruch der Abgeordneten und Pensionsberechtigten auf Erstattung der Kosten, die durch Krankheit, Schwangerschaft oder die Geburt eines Kindes entstehen, vorgesehen.[39] **34**

6. Landesrecht

In den meisten Bundesländern haben die Mitglieder der Landesparlamente und die Versorgungsempfänger nach den dortigen Abgeordnetengesetzen einen Anspruch auf Beihilfe in sinngemäßer Anwendung der für Landesbeamte geltenden Vorschriften.[40] Die Abgeordnetengesetze von Berlin, Brandenburg und Hamburg kennen **35**

---

37 Stand: 2. Juli 2001 – PE 133.116 / QUEST / rev. XI / 7-2001 – DV\445055DE.doc.
38 PE 133.116 / QUE / rev. X / 7-99, DOC-DE\DV\379\379744, Anlage IV.
39 PV 55 PE 273.910. Zum Scheitern dieses Statuts s. 5. zu § 11.
40 § 19 Abs. 1 BadWürtt.AbgG; Art. 20 Abs. 1 Bay.AbgG; § 20 Abs. 1 Brem.AbgG; § 16 Abs. 1 Hess.AbgG; § 25 Abs. 1 MV.AbgG; §§ 13 Abs. 2 und 24 Abs. 1 Nds.AbgG; § 20 Abs. 1 NW.AbgG;

diese Leistungen nicht. Dort besteht nur ein Anspruch auf Zuschuss zu den Kranken- und Pflegeversicherungsbeiträgen,[41] der in den übrigen Bundesländern mit Ausnahme von Bremen als Wahlanspruch gewährt wird.[42] In Niedersachsen ist der Anspruch auf Zuschuss zu den Kranken- und Pflegeversicherungsleistungen[43] der Regel- und der Beihilfeanspruch der Wahlanspruch. Vielfach bestimmen die Landesgesetze, dass die dort normierten Ansprüche subsidiär sind gegenüber vergleichbaren Ansprüche aufgrund anderer bundes- oder landesrechtlicher Bestimmungen.

7. Nachweispflicht bei der Pflegeversicherung

36 Nach § 24 SGB XI sind Mitglieder des Bundestages, des Europäischen Parlaments (soweit sie in Deutschland gewählt wurden) und der Parlamente der Länder verpflichtet, gegenüber dem jeweiligen Parlamentspräsidenten nachzuweisen, dass sie sich gegen das Risiko der Pflegebedürftigkeit versichert haben. Das gleiche gilt für Versorgungsempfänger nach dem Abgeordnetengesetz des Bundes und denen der Länder.

§ 28 Unterstützungen

Der Präsident kann in besonderen Fällen einem Mitglied des Bundestages einmalige Unterstützungen, einem ausgeschiedenen Mitglied und seinen Hinterbliebenen einmalige Unterstützungen und laufende Unterhaltszuschüsse gewähren.

Parallelvorschriften im EuAbgG und in den Abgeordnetengesetzen der Länder:			
EuAbgG	§ 11		
BadWürtt.	§ 20	Nds.	§ 13
Bay.	Art. 21	NW.	§ 21
Berl.	§ 20	RP.	§ 20
Bbg.	§ 20	Saarl.	–
Brem.	§ 21	Sachs.	§ 22
Hbg.	§ 7	SachsAnh.	§ 26
Hess.	§ 17	SchlH.	§ 26
MV.	§ 26	Thür.	§ 21

Literatur: *Welti F.*, Die soziale Sicherung der Abgeordneten des Deutschen Bundestages, der Landtage und der deutschen Abgeordneten im Europäischen Parlament, Berlin, 1998.

---

§ 19 Abs. 1 RP.AbgG; § 20 Abs. 1 Saarl.AbgG; § 21 Abs. 1 Sächs.AbgG; § 25 Abs. 1 SachsAnh.-AbgG; § 25 Abs. 1 SchlH.AbgG; § 20 Abs. 1 Thür.AbgG.
41 § 19 Abs. 1 Berl.AbgG; § 19 Abs. 1 Bbg.AbgG; § 5 Abs. 1 Hbg.AbgG.
42 § 19 Abs. 2 BadWürtt.AbgG; Art. 20 Abs. 2 Bay.AbgG; § 16 Abs. 3 Hess.AbgG; § 25 Abs. 2 MV.AbgG; § 20 Abs. 3 NW.AbgG; § 19 Abs. 2 RP.AbgG; § 20 Abs. 3 Saarl.AbgG; § 21 Abs. 2 Sächs.AbgG; § 25 Abs. 2 SachsAnh.AbgG; § 25 Abs. 2 SchlH.AbgG; § 20 Abs. 1 Thür.AbgG.
43 §§ 13 Abs. 1 und 24 Abs. 1 Nds.AbgG.

Übersicht

		Rdn.
1.	Allgemeines	1–3
2.	Anspruchsvoraussetzungen	4–12
2.1	Schäden infolge des Mandats	6–9
2.2	Prozesskosten	10–11
2.3	Notfälle	12
3.	Anspruchsberechtigte	13
4.	Anspruchsart und -höhe	14–19
4.1	Einmalige Unterstützungen	14–15
4.2	Laufende Unterhaltszuschüsse	16–19
5.	Ermessensentscheidung des Präsidenten	20–21
6.	Steuerliche Behandlung von Leistungen nach § 28	22
7.	EuAbgG	23–24
8.	Landesrecht	25

1. Allgemeines

Die Praxis der Zahlung von Unterstützungen in Notfällen reicht weit zurück. **1** Haushaltsmittel für „Sonderversicherung und Hinterbliebenenhilfe" waren erstmals 1956 zur Verfügung gestellt worden. Ab 1962 wurde die Mittelvergabe durch Richtlinien für die Gewährung von Unterhaltszuschüssen an ausgeschiedene Abgeordnete und Hinterbliebene geregelt.[1] Anspruchsberechtigt waren danach ehemalige Abgeordnete, sofern sie wenigstens acht Jahre lang dem Bundestag angehört hatten. Bei ehemaligen Abgeordneten, die aus gesundheitlichen Gründen ihr Mandat niederlegen mussten, genügte ein Jahr Parlamentszugehörigkeit. Auf Antrag konnten sie einen Unterhaltszuschuss erhalten, der den Höchstsatz einer Rente in der Angestelltenversicherung nicht überschreiten durfte. Eigenes Einkommen ab einer bestimmten Größenordnung wurde angerechnet. Ferner wurde in angemessenem Rahmen etwa vorhandenes Vermögen berücksichtigt. Hier wurde erwartet, dass ein Antragsteller auch die Substanz seines Vermögens angreift, bevor er eine finanzielle Unterstützung aus öffentlichen Kassen erhält. Nachrangig anspruchsberechtigt waren auch der hinterbliebene Ehegatte sowie Halb- und Vollwaisen.

Eine gesetzliche Grundlage zur Zahlung von Unterstützungen an Abgeordnete, **2** Ehemalige und ihre Hinterbliebenen in Notfällen wurde erstmals mit § 12 des Diätengesetzes 1964 geschaffen.[2] Dieser Vorschrift entsprach auch § 12 des Diätengesetzes 1968,[3] der später unverändert mit § 28 in das AbgG übernommen wurde, um im Einzelfall in besonderen Härtefällen Unterstützungen in Ergänzung zu den Leistungen nach diesem Gesetz gewähren zu können.[4] Das Bundesverwaltungsgericht sieht in § 28 sogar einen Ausdruck des Sozialstaatsprinzips,[5] eine Auffassung, die man wirklich nicht teilen muss. Es stellt sich im Gegenteil mit Blick auf Art. 3

---

[1] Unveröffentlicht.
[2] BGBl. I S. 230.
[3] BGBl. I S. 334.
[4] Vgl. Begründung zu § 24 Abs. 2 des Entwurfs eines Gesetzes zur Neuregelung der Rechtsverhältnisse der Mitglieder des Deutschen Bundestages, BT-Drs. 7/5525, S. 22.
[5] BVerwG, Urteil vom 21 September 1979 – 7 C 36. 78 –, Buchholz, Sammel- und Nachschlagewerk der Rechtsprechung des BVerwG, 120 Nr. 2.

Abs. 1 GG viel eher die Frage nach der verfassungsrechtlichen Rechtfertigung dieses Sonderrechts neben den für alle geltenden Regelungen des Sozialstaats.

3 Die nähere Ausgestaltung der Unterstützungsleistungen, deren Gewährung im Ermessen des Präsidenten steht, beruht vielfach auf Beschlüssen des Ältestenrates. So stimmte er mit Beschluss vom 9. Dezember 1971 einer Empfehlung zu, Sachschäden bei Ausübung des Mandats durch Zahlung einer Unterstützung gem. § 12 Diätengesetz nach Billigkeit zu ersetzen. Mit Beschluss vom 20. März 1975 billigte der Ältestenrat eine jährliche Anpassung der laufenden Unterstützungsleistungen entsprechend der Entwicklung der Sozialversicherungsrenten. Seit dem Beschluss des Ältestenrates vom 6. November 1975 wird bei der Gewährung laufender Unterstützungen von der durchschnittlichen Rente in der Angestelltenversicherung ausgegangen. Soweit Leistungen nach § 28 dem Unterhalt dienen (insbesondere in den Fällen u. 4. 2), sind sie nach § 850 b Abs. 1 Nr. 2 ZPO (bedingt) unpfändbar.

2. Anspruchsvoraussetzungen

4 Nach § 28 kann ein Mitglied des Bundestages einmalige Unterstützungen, ein ausgeschiedenes Mitglied und seine Hinterbliebenen ebenfalls einmalige Unterstützungen aber auch laufende Unterhaltszuschüsse erhalten (zum Anspruchsbeginn für Abgeordnete s. 2. zu § 32). Voraussetzung hierfür ist immer das Vorliegen eines „besonderen Falles".

Das Gesetz selbst enthält keine Hinweise darauf, was unter diesem unbestimmten Rechtsbegriff zu verstehen ist. Das macht hier durchaus Sinn, weil jede Präzisierung zugleich eine Einschränkung bedeuten könnte.[6] Die Materialien zu § 28[7] geben indessen die Richtung für die Gesetzesanwendung vor. Gesetzeszweck ist es danach, im Einzelfall in besonderen Härtefällen Unterstützungen in Ergänzung zu den Leistungen nach diesem Gesetz gewähren zu können. Daraus und mit Blick auf den Verfassungsauftrag aus Art. 48 Abs. 3 Satz 1 GG (Gewährleistung einer angemessenen, die Unabhängigkeit sichernden Entschädigung) lässt sich ableiten: 1. Es muss ein Härte- oder Notfall vorliegen, der entweder zeitlich befristet oder auf Dauer die finanzielle Unabhängigkeit des Abgeordneten gefährdet. 2. Das Gesetz darf für diesen Fall an anderer Stelle keine oder jedenfalls keine in diesem Notfall ausreichende Leistung vorsehen. 3. Die Entscheidung, ob Unterstützung zur Behebung des Notfalles gewährt wird, ist unter Berücksichtigung der besonderen Umstände jedes Einzelfalles – nach Ermessen – zu treffen. Über § 28 gewährte Leistungen können dann zwar immer noch von denjenigen abweichen, die das soziale Netz an anderer Stelle vorsieht. Diese Ungleichbehandlung findet jedoch ihre verfassungsrechtliche Rechtfertigung – zugleich aber auch ihre Schranken – in Art. 48 Abs. 3 Satz 1 GG.

5 § 28 kommt also eine Auffangfunktion zu, die angesichts des Art. 48 Abs. 3 GG immer dann greift, wenn die Unabhängigkeit eines aktiven Abgeordneten aus im AbgG selbst nicht vorhergesehenen Gründen materiell gefährdet ist. Weil eine

---

[6] Die Kissel-Kommission hatte in ihrem Bericht vom 19. Mai 1993 (BT-Drs. 12/5020, S. 17) betont, sie halte es zur Sicherstellung einer Gleichbehandlung ähnlicher Fälle für wünschenswert, dass der Ältestenrat nach § 34 Ausführungsrichtlinien zu § 28 erlässt.
[7] S. Fn. 4.

angemessene Alters- und Hinterbliebenenversorgung wesentlicher Bestandteil einer die Unabhängigkeit der Abgeordneten sichernden angemessenen Entschädigung i.S.d. Art. 48 Abs. 3 Satz 1 GG ist (vgl. 2. zu § 19), wird die Ansicht vertreten, es sei ausgehend hiervon konsequent und sachgerecht, diese Auffangfunktion auch auf ausgeschiedene Mitglieder und ihre Hinterbliebenen zu erstrecken. Überzeugend erscheint das aber nicht. Zumindest sollte die Unterstützung bei diesen Personengruppen auf die eher seltenen Fälle beschränkt bleiben, in denen die Notlage nachweislich fortwirkenden Mandatsbezug hat. Denn grundsätzlich sind ehemalige Abgeordnete und ihre Hinterbliebenen mit Ansprüchen auf Versorgung nach dem AbgG ausreichend versorgt. Solche, die ohne Versorgung aus dem Parlament ausgeschieden sind, haben Übergangsgeld nach § 18 und eine Versorgungsabfindung nach § 23 erhalten, um die ansonsten entstehende Versorgungslücke zu schließen. Gerät dieser Personenkreis gleichwohl in eine unverschuldete Notlage, kann Art. 48 Abs. 3 Satz 1 GG die Andersstellung gegenüber Dritten in vergleichbaren sozialen Notlagen nur dann rechtfertigen, wenn die Notlage in kausalem Zusammenhang mit dem früheren Mandat steht. Das wird allerdings eher selten der Fall sein.

Leistungen nach § 28 sollten sich ferner an der Systematik des Abgeordnetengesetzes orientieren, also an dem, was das Gesetz selbst für vergleichbare Lebenssituationen an Leistungen vorsieht. Denn soweit es solche Vergleichsleistungen gibt, wäre es nicht einsichtig, wenn über eine Auffangnorm mehr gewährt würde, als das Gesetz für den Regelfall vorsieht.

Da § 28 nur subsidiär gilt, ist von dem Betroffenen auch grundsätzlich zu erwarten, dass er die Notlage zunächst aus eigener Kraft bewältigt, z.B. durch die Verwertung eventuell vorhandenen Vermögens, bevor er öffentliche Mittel hierfür in Anspruch nimmt.

In der Praxis haben sich im Wesentlichen drei Gruppen „besonderer Fälle" herausgebildet, auf die im Folgenden näher eingegangen werden soll.

2.1 Schäden infolge des Mandats

Sie machen das Gros der Leistungen nach § 28 aus, wobei Sachschäden an Gebäuden (Wohnhaus des Abgeordneten/Wahlkreisbüro) zahlenmäßig vor Sachschäden an der Bekleidung oder an Autos von Abgeordneten liegen. **6**

Aufgrund des Beschlusses des Ältestenrates vom 9. Dezember 1971 noch zu § 12 des Diätengesetzes 1968 werden in ständiger Praxis Sachschäden, die infolge des Mandats entstehen, grundsätzlich erstattet. Ein Schaden – auch ein Vermögensschaden – ist infolge des Mandats eingetreten, wenn ihn der Abgeordnete nur wegen seiner Mitgliedschaft im Bundestag oder wegen seiner konkreten Mandatsausübung erlitten hat (typischer Fall: Farbbeutelwurf gegen das Wahlkreisbüro). Liegen diese Voraussetzungen vor, bedarf es nach ständiger Bewilligungspraxis nicht noch des Nachweises einer finanziellen Notlage. **7**

Anderes gilt für einen Schaden, der nur gelegentlich der Mandatsausübung oder in der Privatsphäre des Abgeordneten oder in einem neben dem Mandat ausgeübten Beruf eingetreten ist. Kausale Folge des Schadens, den der Abgeordnete nicht selbst vorsätzlich oder grob fahrlässig herbeigeführt haben darf, muss in diesen Fällen eine Notlage sein, die geeignet ist, die Unabhängigkeit des Abgeordneten bei seiner **8**

Mandatsausübung zu beeinträchtigen. Alle finanziellen Leistungen nach dem AbgG verfolgen letztlich das eine Ziel, die Unabhängigkeit der Mitglieder des Bundestages bei der Ausübung ihres Mandats zu gewährleisten. Das gilt auch für Leistungen nach § 28. Bagatellschäden sind deshalb nicht erstattungsfähig, weil sie die Unabhängigkeit der Mandatswahrnehmung zu gefährden ungeeignet sind. Der Schadensbetrag ist dabei in Relation zur Höhe der Abgeordnetenentschädigung nach § 11 zu setzen.

9   Trotz Vorliegens der genannten Voraussetzungen wird nach ständiger Entscheidungspraxis ein Schadensausgleich nach § 28 nicht gewährt, wenn die Kosten bereits durch andere Leistungen nach dem AbgG abgegolten sind oder hätten abgedeckt werden können. So geht bei Personenschäden beispielsweise die Beihilfeleistung nach § 27 vor. Hätte sich der Abgeordnete durch den Abschluss einer allgemein üblichen Versicherung aus Mitteln der Kostenpauschale gegen den Schadensfall versichern können (z.B. Haftpflichtversicherung, Kaskoversicherung oder Hausrats- und Gebäudeversicherung), so wird eine Unterstützung nach § 28 ebenfalls nicht gewährt. Schließlich ist stets die Inanspruchnahme des Schädigers vorrangig, sofern ein solcher überhaupt feststeht und die Durchsetzung des Schadensersatzanspruches nicht von vornherein als aussichtslos erscheint.

2.2   Prozesskosten

10 Unterliegt ein Abgeordneter in einem gerichtlichen Verfahren, so hat er wie jedermann die ihm auferlegten Kosten grundsätzlich selbst zu tragen. Eine volle oder teilweise Übernahme der Kosten nach § 28 kommt allenfalls nach den oben dargestellten Kriterien in Betracht, wenn der Betreffende dadurch unverschuldet in eine finanzielle Notlage gerät, aus der er sich mit eigenen Mitteln nicht befreien kann und deren Fortbestand die Unabhängigkeit seiner Mandatsausübung ernsthaft zu gefährden geeignet ist.

11 Ohne diese Voraussetzungen wurden in der Praxis Prozesskosten im Rahmen des § 28 jedoch dann erstattet, wenn der Rechtsstreit über Grundsatzfragen des Parlamentsrechts geführt wurde oder der Abgeordnete in einer besonderen Parlamentsfunktion (z.B. als Ausschussvorsitzender) betroffen war. Das rechtfertigt sich aus der Überlegung, dass der Abgeordnete in diesen Fällen keine Eigeninteressen, sondern in erster Linie übergeordnete Interessen des Parlaments als Ganzes, sei es wegen der über den Einzelfall hinausgehenden Bedeutung der Rechtsfrage, sei es wegen der Betroffenheit in einer Parlamentsfunktion wahrgenommen hat. Mangels anderweitiger Regelungen im AbgG blieb hier nur die Möglichkeit einer Kostenübernahme nach § 28.

2.3   Notfälle

12 Mit Notfällen sind solche finanziellen Situationen gemeint, in die der Betroffene ohne eigenes Verschulden geraten ist und die er mit eigenen Mitteln nicht bewältigen kann. Bei Mitgliedern des Deutschen Bundestages ist dies gegeben, wenn die finanzielle Notsituation ihre Unabhängigkeit bei der Mandatsausübung zu beeinträchtigen geeignet ist. Das ist nach ständiger Bewilligungspraxis der Fall, wenn eine im Verhältnis zum verfügbaren Einkommen unter Berücksichtigung bestehen-

der Verpflichtungen besondere, das Normalmaß erheblich übersteigende Belastung vorliegt.

3. Anspruchsberechtigte

Nach § 28 anspruchsberechtigt sind Mitglieder des Bundestages, ausgeschiedene Mitglieder und deren Hinterbliebene. Der Hinterbliebenenbegriff ist bei § 28 derselbe wie bei den §§ 24 und 25 (vgl. 2. 2. 1 zu § 24). Da § 28 nur eine Auffangfunktion hat (s.o. 2.), die in „besonderen Fällen" greift, soweit das Gesetz selbst keine speziellen Regelungen trifft, spricht nichts dafür, hier den Kreis der Anspruchsberechtigten anders, weiter zu fassen als in den gesetzlich ausdrücklich geregelten Fällen. „Hinterbliebene" sind deshalb auch im Sinne des § 28 nur der überlebende Ehegatte sowie die leiblichen und die als Kind angenommenen Kinder eines ehemaligen Mitglieds. Bei einer künftigen Gesetzesänderung könnte erwogen werden, den Kreis der Anspruchsberechtigten auf aktive Abgeordnete zu begrenzen. In einer privilegienfeindlichen Demokratie ist es nur schwer vermittelbar, dass ehemalige Mitglieder des Bundestages und auch noch deren Hinterbliebene in Notlagen einen umfassenderen sozialen Schutz genießen als andere, zumal der Mandatsbezug der Leistung als Rechtfertigungsgrund nach dem Ausscheiden aus dem Bundestag bei Ehemaligen regelmäßig entfallen ist und bei Hinterbliebenen ohnehin nie bestanden hat. 13

4. Anspruchsart und -höhe

4.1 Einmalige Unterstützungen

Mitgliedern des Bundestages, ehemaligen Mitgliedern und ihren Hinterbliebenen kann in besonderen Fällen eine einmalige Unterstützung gewährt werden. Das sind meist Geldzahlungen als „verlorene Zuschüsse", in geeigneten Fällen, wenn zu erwarten ist, dass der Betroffene zu einem späteren Zeitpunkt wieder in der Lage sein wird, die Notlage mit eigenen Mitteln zu bewältigen, aber auch in Form von Darlehn. Die Höhe einer einmaligen Unterstützung hängt dabei stets von den besonderen Umständen des Einzelfalles ab. 14

§ 28 sieht für aktive Abgeordnete ausdrücklich nur einmalige Unterstützungen vor. Das ist Ausfluss des egalitären Gleichheitssatzes, aus dem folgt, dass jedem Abgeordneten eine gleich hoch bemessene Entschädigung zusteht, unabhängig davon, wie sich im Einzelfall seine persönlichen Lebensumstände gestalten (vgl. 2. 4 zu § 11). Zwar können einmalige Unterstützungen – auch aus demselben Anlass – gegebenenfalls wiederholt geleistet werden. Sie dürfen dadurch aber nicht die Qualität laufender Unterhaltszuschüsse erhalten, die neben der Abgeordnetenentschädigung unzulässig sind. 15

4.2 Laufende Unterhaltszuschüsse

Anspruch auf laufende Unterhaltszuschüsse haben nicht die aktiven Mitglieder des Bundestages, sondern nur ehemalige und ihre Hinterbliebenen (s.o. 3.). 16

Seit dem Beschluss des Ältestenrates vom 6. November 1975 wird bei laufenden Unterhaltszuschüssen von einem monatlichen Sockelbetrag für den Haushaltsvor- 17 stand – das ist regelmäßig der anspruchsberechtigte ehemalige Abgeordnete bzw. dessen überlebender Ehegatte – in Höhe der durchschnittlichen Rente in der Angestelltenversicherung ausgegangen. Dieser Sockelbetrag beträgt zur Zeit 1.543,65 DM.[8] Er erhöht sich für jeden weiteren im Haushalt lebenden Familienangehörigen um einen Zuschlag in Höhe von derzeit 438,49 DM.[9]

18 Sockelbetrag und Zuschlag bzw. Zuschläge ergeben den Richtwert. Unterschreiten die Gesamteinkünfte des ehemaligen Mitglieds und berücksichtigungsfähiger Familienmitglieder unter Anrechnung etwaigen verwertbaren Vermögens nach Abzug außergewöhnlicher Belastungen den Richtwert, so kann ein laufender Unterhaltszuschuss in Höhe des Differenzbetrages gewährt werden.

19 Ob und in welchem Umfang Aufwendungen als „außergewöhnliche Belastungen" anerkannt werden können, entzieht sich einer generalisierenden Bewertung und kann nur nach den Umständen des jeweiligen Einzelfalles entschieden werden. Typischerweise fallen darunter solche Belastungen, die über das Maß der allgemein üblichen finanziellen Aufwendungen von Personen mit vergleichbaren Einkommen hinausgehen oder die auf besonderen Lebensumständen beruhen.

5. Ermessensentscheidung des Präsidenten

20 Nach § 28 *kann* der Präsident eine einmalige Unterstützung oder laufende Unterhaltszuschüsse gewähren. Die Entscheidung steht also grundsätzlich in seinem freien Ermessen. Wegen des grundgesetzlich verbürgten Gleichheitssatzes (Art. 3 Abs. 1 GG) ist er bei der Ausübung seines Ermessens allerdings an die auf Beschlüssen des Ältestenrates oder auf ständigen eigenen Entscheidungen beruhende Praxis gebunden (Selbstbindung).

21 Die Vorbereitung der Entscheidung des Präsidenten obliegt der Verwaltung. Sie ersucht den Antragsteller in diesem Zusammenhang, die antragsbegründenden Lebenssachverhalte in geeigneter Weise zu belegen. Art und Umfang der dazu notwendigen Auskünfte und Nachweise hängen von den Umständen des jeweiligen Einzelfalles ab.

6. Steuerliche Behandlung von Leistungen nach § 28

22 Leistungen nach § 28 sind steuerfrei. Sie werden von der für Abgeordnete bzw. ehemalige Abgeordnete geltenden abschließenden Regelung in § 22 Nr. 4 EStG nicht erfasst. Das gilt auch für entsprechende Leistungen an in Deutschland gewählte Abgeordnete des Europäischen Parlaments und an Abgeordnete von Landesparlamenten.

---

8 Stand: 1. Juli 2000.
9 Stand: 1. Juli 2000. Der Zuschlag orientierte sich der Höhe nach ursprünglich an der damaligen durchschnittlichen Waisenrente. Dieser Betrag wurde seither um die jährlichen Steigerungsraten in der gesetzlichen Rentenversicherung der Angestellten fortgeschrieben.

7. EuAbgG

Gemäß § 11 EuAbgG finden die Vorschriften des Sechsten Abschnitts des AbgG auf die in Deutschland gewählten Abgeordneten des Europäischen Parlaments entsprechend Anwendung. Das gilt auch für § 28, so dass auf 1. bis 6. verwiesen werden kann.

Das Europäische Recht kennt keine vergleichbare Bestimmung.[10]

8. Landesrecht

Bis auf das Saarland enthalten alle Abgeordnetengesetze der Bundesländer Vorschriften, die mehr oder weniger der des § 28 entsprechen. Statt der offenen Formulierung „in besonderen Fällen" heißt es dort aber zumeist, dass „in besonderen wirtschaftlichen Notfällen" für aktive Abgeordnete eine Unterstützung, für ehemalige und Hinterbliebene auch laufende Unterhaltszuschüsse gewährt werden können. Nur nach dem Bremischen Abgeordnetengesetz sind laufende Unterhaltszuschüsse auch an aktive Abgeordnete möglich. Das Niedersächsische Abgeordnetengesetz sieht dagegen keinerlei Leistungen an ehemalige Abgeordnete und ihre Hinterbliebenen vor. Die Entscheidungszuständigkeit liegt überwiegend wie nach Bundesrecht beim Präsidenten, in Bremen beim Vorstand der Bürgerschaft. In Berlin hat der Präsident seine Entscheidung im Einvernehmen mit dem Präsidium zu treffen, in Hessen und Thüringen im Benehmen mit den Vizepräsidenten.

---

[10] Das gilt auch für den vom Europäischen Parlament in seiner Sitzung vom 3. Dezember 1998 angenommenen Entwurf eines Statuts für die Abgeordneten des Europäischen Parlaments (PV 55 PE 273.910). Zu dessen Scheitern s. 5. zu § 11.

Siebenter Abschnitt
Anrechnung beim Zusammentreffen mehrerer Bezüge aus öffentlichen Kassen

§ 29 Anrechnung beim Zusammentreffen mehrerer Bezüge aus öffentlichen Kassen

(1) Hat ein Mitglied des Bundestages neben der Abgeordnetenentschädigung nach § 11 Anspruch auf Einkommen aus einem Amtsverhältnis oder aus der Verwendung im öffentlichen Dienst, so wird die Abgeordnetenentschädigung nach § 11 um fünfzig vom Hundert gekürzt; der Kürzungsbetrag darf jedoch dreißig vom Hundert des Einkommens nicht übersteigen. Entsprechendes gilt für ein Einkommen aus einem Amtsverhältnis oder einer Verwendung im öffentlichen Dienst einer zwischen- oder überstaatlichen Einrichtung. Die Abgeordnetenentschädigung ruht in voller Höhe neben einer Entschädigung nach dem Abgeordnetengesetz eines Landes. Hat ein Mitglied des Bundestages neben der Abgeordnetenentschädigung nach § 11 Anspruch auf Versorgungsbezüge aus einem Amtsverhältnis eines Landes oder aus einem Amtsverhältnis beziehungsweise einer Verwendung im öffentlichen Dienst einer zwischen- oder überstaatlichen Einrichtung, so wird die Abgeordnetenentschädigung nach § 11 um fünfzig vom Hundert dieser Versorgungsbezüge, höchstens jedoch um fünfzig vom Hundert der Abgeordnetenentschädigung nach § 11 Abs. 1 gekürzt. Eine Berücksichtigung der in den Sätzen 2 bis 4 genannten Bezüge entfällt dann, wenn die Anrechnung der Bezüge beziehungsweise das Ruhen der Entschädigung für die Ausübung des Landtagsmandats bereits durch landesrechtliche Vorschriften oder seitens der zwischen- oder überstaatlichen Einrichtung bestimmt wird.

Ab der 15. Wahlperiode geltende Fassung:

(1) Hat ein Mitglied des Bundestages neben der Abgeordnetenentschädigung nach § 11 Anspruch auf Einkommen aus einem Amtsverhältnis oder aus der Verwendung im öffentlichen Dienst, so wird die Abgeordnetenentschädigung nach § 11 um fünfzig vom Hundert gekürzt; der Kürzungsbetrag darf jedoch dreißig vom Hundert des Einkommens nicht übersteigen. Entsprechendes gilt für ein Einkommen aus einem Amtsverhältnis oder einer Verwendung im öffentlichen Dienst einer zwischen- oder überstaatlichen Einrichtung. Die Abgeordnetenentschädigung ruht in voller Höhe neben einer Entschädigung nach dem Abgeordnetengesetz eines Landes. Eine Berücksichtigung der in den Sätzen 2 und 3 genannten Bezüge entfällt dann, wenn die Anrechnung der Bezüge beziehungsweise das Ruhen der Entschädigung für die Ausübung des Landtagsmandats bereits durch landesrechtliche Vorschriften oder seitens der zwischen- oder überstaatlichen Einrichtung bestimmt wird.

Siebenter Abschnitt
§ 29 Anrechnung beim Zusammentreffen mehrerer Bezüge aus öffentlichen Kassen

(2) Versorgungsansprüche aus einem Amtsverhältnis des Bundes oder aus einer Verwendung im öffentlichen Dienst ruhen neben der Abgeordnetenentschädigung nach § 11 um fünfzig vom Hundert, höchstens jedoch um fünfzig vom Hundert der Abgeordnetenentschädigung nach § 11 Abs. 1. Entsprechendes gilt für Renten aus einer zusätzlichen Alters- und Hinterbliebenenversorgung für Angehörige des öffentlichen Dienstes; § 55 Abs. 3 und 4 des Beamtenversorgungsgesetzes ist sinngemäß anzuwenden. Das nach Anwendung sonstiger Anrechnungs- und Ruhensvorschriften verbleibende Übergangsgeld nach dem Gesetz über die Rechtsverhältnisse der Mitglieder der Bundesregierung und nach dem Gesetz über die Rechtsverhältnisse der Parlamentarischen Staatssekretäre ruht neben der Abgeordnetenentschädigung nach § 11 ab dem zweiten Monat nach dem Ausscheiden aus dem Amt, soweit der Anspruch auf Übergangsgeld nach dem 26. Juli 2000 fällig geworden ist.

Ab der 15. Wahlperiode geltende Fassung:

(2) Versorgungsansprüche aus einem Amtsverhältnis oder aus einer Verwendung im öffentlichen Dienst ruhen neben der Abgeordnetenentschädigung nach § 11 Abs. 1 um 80 vom Hundert, höchstens jedoch in Höhe der Abgeordnetenentschädigung nach § 11 Abs. 1 und 3. Entsprechendes gilt für Renten im Sinne des § 55 Abs. 1 Satz 2 des Beamtenversorgungsgesetzes mit Ausnahme von Renten aus einer freiwilligen Pflichtversicherung auf Antrag gemäß § 4 Abs. 2 des Sechsten Buches Sozialgesetzbuch; § 55 Abs. 3 und 4 des Beamtenversorgungsgesetzes ist sinngemäß anzuwenden. Das nach Anwendung sonstiger Anrechnungs- und Ruhensvorschriften verbleibende Übergangsgeld nach dem Gesetz über die Rechtsverhältnisse der Mitglieder der Bundesregierung und nach dem Gesetz über die Rechtsverhältnisse der Parlamentarischen Staatssekretäre ruht neben der Abgeordnetenentschädigung nach § 11 ab dem zweiten Monat nach dem Ausscheiden aus dem Amt. Beruht ein Versorgungsanspruch nach Satz 1 oder 2 auf Landesrecht, so tritt an die Stelle des Ruhens des Versorgungsanspruches das Ruhen der Abgeordnetenentschädigung um den sich aus Satz 1 ergebenden Betrag. Entsprechendes gilt für Versorgungsansprüche aus einem Amtsverhältnis beziehungsweise einer Verwendung im öffentlichen Dienst einer zwischen- oder überstaatlichen Einrichtung.

(3) Versorgungsansprüche nach diesem Gesetz ruhen neben dem Einkommen aus einem Amtsverhältnis oder einer Verwendung im öffentlichen Dienst um fünfzig vom Hundert des Betrages, um den sie und das Einkommen die Abgeordnetenentschädigung nach § 11 Abs. 1 übersteigen. Entsprechendes gilt für ein Einkommen aus einem Amtsverhältnis oder einer Verwendung im öffentlichen Dienst einer zwischen- oder überstaatlichen Einrichtung.

(4) Versorgungsansprüche nach diesem Gesetz ruhen neben Versorgungsbezügen aus einem Amtsverhältnis oder aus einer Verwendung im öffentlichen Dienst um fünfzig vom Hundert des Betrages, um den sie und die Versorgungsbezüge aus dem Amtsverhältnis oder der Verwendung im öffentlichen Dienst die Abgeordnetenentschädigung nach § 11 Abs. 1 übersteigen. Entsprechendes gilt beim Bezug einer Versorgung aus einem Amtsverhältnis oder einer Verwendung im öffentlichen Dienst einer zwischen- oder überstaatlichen Einrichtung. In gleicher Weise angerechnet werden Renten im Sinne des § 55 Abs. 1 Satz 2 des Beamtenversorgungsgesetzes mit Ausnahme von Renten aus einer freiwilligen Pflichtversicherung auf Antrag gemäß § 4 Abs. 2 des Sechsten Bu-

ches Sozialgesetzbuch; § 55 Abs. 1 Satz 4 und 5, Abs. 3, 4 und 8 des Beamtenversorgungsgesetzes gilt entsprechend.

(5) Versorgungsbezüge nach diesem Gesetz ruhen neben der Entschädigung aus der Mitgliedschaft im Bundestag, im Europäischen Parlament oder im Parlament eines Landes in Höhe des Betrages, um den diese Bezüge die Abgeordnetenentschädigung nach § 11 Abs. 1 übersteigen.

(6) Versorgungsbezüge nach diesem Gesetz ruhen neben Versorgungsbezügen aus der Mitgliedschaft im Bundestag oder im Parlament eines Landes in Höhe des Betrages, um den diese Bezüge die Höchstversorgungsbezüge nach diesem Gesetz übersteigen. Versorgungsbezüge nach diesem Gesetz ruhen bis zur Höhe der Versorgung des Europäischen Parlaments, soweit nicht bereits seitens des Europäischen Parlaments die Anrechnung der Versorgung nach diesem Gesetz auf die dortige Versorgung bestimmt ist.

(7) Die Versorgungsbezüge mit Ausnahme der Renten gemäß Absatz 4 Satz 3 werden nur mit dem Teil in die Anrechnung einbezogen, der nicht auf eigenen Beiträgen beruht. Die Absätze 1 bis 4 sind nicht auf Leistungen nach dem Gesetz über die Gewährung einer jährlichen Sonderzuwendung oder entsprechende Leistungen auf Grund tariflicher Regelungen anzuwenden. Bei Anwendung der Absätze 1 bis 4 sind Aufwandsentschädigungen, Unfallausgleich, Urlaubsgelder und einmalige Zahlungen außer Betracht zu lassen.

(8) Bei den Anrechnungsgrenzen der Absätze 3 bis 6 wird die Amtszulage nach § 11 Abs. 2 entsprechend berücksichtigt.

(9) Die Verwendung im öffentlichen Dienst und die nach dieser Vorschrift erfassten zwischen- oder überstaatlichen Einrichtungen bestimmen sich nach § 53 Abs. 8 des Beamtenversorgungsgesetzes und den hierzu erlassenen Vorschriften.

Parallelvorschriften im EuAbgG und in den Abgeordnetengesetzen der Länder:			
EuAbgG	§ 10 b, 13		
BadWürtt.	§ 21	Nds.	§ 14, 20
Bay.	Art. 22	NW.	§ 22
Berl.	§ 21	RP.	§ 21
Bbg.	§ 21	Saarl.	§ 21
Brem.	§ 23	Sachs.	§ 23
Hbg.	§ 16 f.	SachsAnh.	§ 27
Hess.	§ 18 ff.	SchlH.	§ 27
MV.	§ 27	Thür.	§ 22 ff.

Literatur: *Battis U.*, Vergleichende Darstellung nebst Kommentierung der Anrechnungsregelungen des Soldatenversorgungsgesetzes / Beamtenversorgungsgesetzes, des Bundesministergesetzes sowie des Bundesabgeordnetengesetzes, Gutachten vom 3. Dezember 1992 für den Deutschen Bundestag; *Fischer A.*, Abgeordnetendiäten und staatliche Fraktionsfinanzierung in den fünf neuen Bundesländern, Frankfurt, 1995; *Giesen R.*, Gesetzliche Rentenversicherung für Abgeordnete?, DVBl. 1999, 291 ff.; *Henkel J.*, Die Rechtsstellung der in den Bundestag gewählten Beamten, ZBR 1977, 113 ff.; *Welti F.*, Die soziale Sicherung der Abgeordneten des Deutschen

§ 29 Anrechnung beim Zusammentreffen mehrerer Bezüge aus öffentlichen Kassen

Bundestages, der Landtage und der deutschen Abgeordneten im Europäischen Parlament, Berlin, 1998.

Übersicht

		Rdn.
1.	Allgemeines	1–17
2.	Grundsätzliches zur Anwendung des § 29	18–19
3.	Anrechnung beim Zusammentreffen der Abgeordnetenentschädigung mit Bezügen aus öffentlichen Kassen (Abs. 1 und 2)	20–37
3.1	Abgeordnetenentschädigung und aktive Bezüge aus öffentlichen Kassen	20–24
3.1.1	Einkommen aus einem Amtsverhältnis des Bundes oder aus einer Verwendung im öffentlichen Dienst (Abs. 1 Satz 1)	20
3.1.2	Einkommen aus einem Amtsverhältnis oder einer Verwendung im öffentlichen Dienst einer zwischen- oder überstaatlichen Einrichtung (Abs. 1 Satz 2)	21
3.1.3	Entschädigung nach dem Abgeordnetengesetz eines Landes (Abs. 1 Satz 3)	22
3.1.4	Neufassung des § 29 Abs. 1 ab Beginn der 15. Wahlperiode	23
3.1.5	Entschädigung nach dem EuAbgG (§ 9 EuAbgG)	24
3.2	Abgeordnetenentschädigung und passive Bezüge aus öffentlichen Kassen	25–38
3.2.1	Versorgungsansprüche aus einem Amtsverhältnis des Bundes oder aus einer Verwendung im öffentlichen Dienst (Abs. 2 Sätze 1 und 3)	25–28
3.2.2	Renten aus einer zusätzlichen Alters- und Hinterbliebenenversorgung für Angehörige des öffentlichen Dienstes (Abs. 2 Satz 2)	29–30
3.2.3	Sonstige Renten	31
3.2.4	Versorgungsansprüche aus einem Amtsverhältnis eines Landes oder aus einer Verwendung im öffentlichen Dienst einer zwischen- oder überstaatlichen Einrichtung (Abs. 1 Satz 4 und 5)	32
3.2.5	Versorgungsansprüche nach diesem Gesetz	33
3.2.6	Versorgungsansprüche nach dem EuAbgG (§ 10 b Satz 3 EuAbgG)	34
3.2.7	Versorgungsansprüche aus einer Mitgliedschaft im Landtag	35
3.2.8	Verschärfungen der Anrechnungsbestimmungen durch Art. 2 des Einundzwanzigsten Änderungsgesetzes	36–40
4.	Anrechnung beim Zusammentreffen von Versorgungsansprüchen nach diesem Gesetz mit Bezügen aus öffentlichen Kassen	41–53
4.1	Versorgungsansprüche und aktive Bezüge aus öffentlichen Kassen	41–45
4.1.1	Einkommen aus einem Amtsverhältnis oder einer Verwendung im öffentlichen Dienst des Bundes oder eines Landes (Abs. 3 Satz 1)	41
4.1.2	Einkommen aus einem Amtsverhältnis oder einer Verwendung im öffentlichen Dienst einer zwischen- oder überstaatlichen Einrichtung (Abs. 3 Satz 2)	42
4.1.3	Entschädigung aus der Mitgliedschaft im Europäischen Parlament oder im Parlament eines Landes (Abs. 5)	43–44
4.1.4	Abgeordnetenentschädigung nach diesem Gesetz	45
4.2	Versorgungsansprüche und passive Bezüge aus öffentlichen Kassen	46–53
4.2.1	Versorgungsbezüge aus einem Amtsverhältnis oder einer Verwendung im öffentlichen Dienst (Abs. 4 Satz 1)	46
4.2.2	Versorgungsbezüge aus einem Amtsverhältnis oder einer Verwendung im öffentlichen Dienst einer zwischen- oder überstaatlichen Einrichtung (Abs. 4 Satz 2)	47
4.2.3	Renten	48–50
4.2.4	Versorgungsbezüge aus der Mitgliedschaft im Parlament eines Landes (Abs. 6 Satz 1)	51

4.2.5	Versorgungsbezüge aus der Mitgliedschaft im Europäischen Parlament (Abs. 6 Satz 2)	52
4.2.6	Sonstige Versorgungsbezüge nach diesem Gesetz	53
5.	Anrechnung beim Zusammentreffen der Abgeordnetenentschädigung oder von Versorgungsbezügen mit privaten Einkünften	54–57
6.	Ergänzende Hinweise zur Anwendung der Anrechnungsbestimmungen (Abs. 7)	58–59
7.	Berücksichtigung der Amtszulage nach § 11 Abs. 2 (Abs. 8)	60–62
8.	Begriff der Verwendung im öffentlichen Dienst und der zwischen- oder überstaatlichen Einrichtungen (Abs. 9)	63–66
9.	EuAbgG	67–73
9.1	Nationales Recht	67–71
9.2	Europäisches Recht	72–73
10.	Landesrecht	74–79

1. Allgemeines

1 Die früheren Gesetze über die Entschädigung der Mitglieder des Bundestages kannten noch keine Anrechnungsbestimmungen. Sie finden sich erstmals im Diätengesetzes 1968[1], dort allerdings mit einer gänzlich anderen Zielrichtung als das heute geltende Recht. § 10 des Diätengesetzes 1968 verbot nämlich ausdrücklich eine Anrechnung von Einkommen oder Versorgungsbezügen aus einer Verwendung im öffentlichen oder einem ähnlichen Dienst oder von Renten aus den gesetzlichen Rentenversicherungen oder aus einer zusätzlichen Alters- und Hinterbliebenenversorgung für Angehörige des öffentlichen Dienstes auf das Ruhegeld und die Hinterbliebenenversorgung nach dem Diätengesetz. Das Gleiche galt für die Anrechnung des Ruhegeldes und der Hinterbliebenenversorgung nach dem Diätengesetz auf Versorgungsbezüge aus einer Verwendung im öffentlichen oder einem ähnlichen Dienst. Auch sie war unzulässig.

2 Eine solche Regelung war aber nur solange folgerichtig gewesen, wie die Abgeordnetenentschädigung tatsächlich noch eine echte Entschädigung für den mit der Ausübung des Mandats verbundenen Aufwand war (vgl. 1.1.1 zu § 11). Das Bundesverfassungsgericht hat dazu ausgeführt:

> „Im Zuge der Entwicklung von der liberalen parlamentarisch-repräsentativen Demokratie zu der mehr radikal-egalitären parteienstaatlichen Demokratie, wie sie durch Art. 21 GG auch verfassungsrechtlich geprägt ist, hat sich aber der Status des Abgeordneten und hiermit auch der Charakter der den Abgeordneten gewährten Zuwendungen in Bund und Ländern grundsätzlich gewandelt: Je mehr nämlich die Abgeordneten von ihrem früheren repräsentativen Status eingebüßt haben, um so weniger kann die Aufwandsentschädigung ihren ursprünglichen Sinn erfüllen, die Unabhängigkeit des einzelnen Abgeordneten sicherzustellen. Es ist daher kein Zufall, dass sich die Aufwandsentschädigung mehr und mehr einem Entgelt für die im Parlament geleisteten Dienste angenähert hat und mehr und mehr den Charakter einer Besoldung oder eines Gehalts annimmt."[2]

---

[1] BGBl. I S. 334.
[2] Beschluss vom 21. Oktober 1971 – 2 BvR 367/69 –, BVerfGE 32, 157, 164.

§ 29 Anrechnung beim Zusammentreffen mehrerer Bezüge aus öffentlichen Kassen

Vor diesem Hintergrund hat das Gericht zu einer § 10 Diätengesetz 1968 entsprechenden Regelung des hessischen Landesrechts unter Hinweis auf abweichende, eine Anrechnung vorschreibende Bestimmungen im Beamtenrecht festgestellt:

> „Durch § 12 Sätze 1 und 2 HessAbgEntschG werden u.a. ausgeschlossen die Anrechnung von Einkommen oder Versorgungsbezügen aus einer Verwendung im öffentlichen oder einem ähnlichen Dienst auf das Abgeordnetenruhegeld und die entsprechende Hinterbliebenenversorgung oder die Anrechnung der letztgenannten Bezüge auf Versorgungsbezüge aus einer Verwendung im öffentlichen oder einem ähnlichen Dienst. Dieses Privileg lässt sich angesichts der Entwicklung, die sich im Bereich der Stellung sowie der finanziellen Ausstattung der Abgeordneten vollzogen hat, nicht einfach mit der Erwägung rechtfertigen, dass die herkömmlichen Entschädigungen im Sinne des Art. 48 Abs. 3 Satz 1 GG oder Diäten unverzichtbar, unübertragbar und unpfändbar waren und allen Abgeordneten – unbeschadet ihres individuellen finanziellen Aufwandes und ihres Vermögens und Einkommens – grundsätzlich in gleicher Höhe zustanden. Werden dem Abgeordneten heutiger Prägung Vorrechte hinsichtlich der Bezahlung seiner Tätigkeit eingeräumt, bedarf es jeweils der Prüfung, ob ihnen ein konkreter legitimierender Grund zur Seite steht.
>
> …
>
> Die Annahme liegt nahe, dass die durch den Gleichheitssatz begrenzte gesetzgeberische Gestaltungsfreiheit im Falle des § 12 HessAbgEntschG insbesondere hinsichtlich der Angehörigen des öffentlichen Dienstes überschritten ist."[3]

Im „Diäten-Urteil" hat das Bundesverfassungsgericht diese Annahme kurz und bündig bestätigt:

> „Bei der Neuregelung wird zu beachten sein, dass nun in einer Person zwei Bezüge aus öffentlichen Kassen mit Alimentationscharakter zusammentreffen können: die Abgeordnetenentschädigung und beispielsweise das Gehalt eines Hochschullehrers, eines Parlamentarischen Staatssekretärs, eines Ministers. Die Alimentationsverpflichtung der öffentlichen Hand geht in einem solchen Fall nicht notwendig auf eine doppelte Aufbringung des angemessenen Lebensunterhalts. Es fehlt jedenfalls an jedem sachlich zureichenden Grund, diesen Fall anders als entsprechend den gegenwärtig im Beamtenrecht geregelten Grundsätzen zu behandeln und den Abgeordneten zu privilegieren. Das wäre unvereinbar mit dem Gleichheitssatz."[4]

Beim Entwurf eines Gesetzes zur Neuregelung der Rechtsverhältnisse der Mitglieder des Deutschen Bundestages waren diese verfassungsgerichtlichen Vorgaben zu berücksichtigen. Das Gesetz beruht in seinen Anrechnungsbestimmungen auf einer Abwägung einerseits des Grundsatzes, dass beim Zusammentreffen von meh-

---

[3] BVerfG, aaO, S. 165f.
[4] BVerfG, Schlussurteil vom 5. November 1975 – 2 BvR 193/74 –, BVerfGE 40, 296, 329f.; Bayerischer VerfGH, Entscheidung vom 15. Dezember 1982, – Vf. 22 – VII – 80 –, DVBl. 1983, 706, 710

reren öffentlichen Bezügen in der Person eines Abgeordneten die Grundsätze der Anrechnung zu berücksichtigen sind, und andererseits der Regelungen der Chancengleichheit der Mandatsbewerber und der gleich hohen Entschädigung für alle Abgeordneten. Aus dem vom Bundesverfassungsgericht betonten grundsätzlichen Verbot der Doppelalimentation hat der Gesetzgeber gefolgert, dass dem Abgeordneten andere Bezüge aus öffentlichen Kassen nicht uneingeschränkt neben der Abgeordnetenentschädigung belassen werden dürfen (Höchstgrenze). Aus dem Grundsatz der Chancengleichheit der Mandatsbewerber und dem Gebot einer gleich hoch bemessenen Entschädigung für alle Abgeordneten hat er abgeleitet, dass die Abgeordnetenentschädigung nicht voll auf andere Bezüge aus öffentlichen Kassen angerechnet werden dürfe (Mindestgrenze).[5]

6 Ausgehend hiervon sah der ursprüngliche Gesetzentwurf in § 22 folgende Regelungen vor: Beim Zusammentreffen von Abgeordnetenentschädigung mit Bezügen aus einem kompatiblen öffentlichen Amt (z.B. Minister) sollten Letztere zu einem Drittel ruhen, beim Zusammentreffen von Abgeordnetenentschädigung und öffentlichen Versorgungsbezügen letztere um die Hälfte. Beim Zusammentreffen von Altersentschädigung eines ehemaligen Abgeordneten mit Verwendungseinkommen im öffentlichen Dienst oder mit öffentlichen Versorgungsbezügen sollte die Altersentschädigung um die Hälfte des Betrages ruhen, um den die Summe der Bezüge die Abgeordnetenentschädigung übersteigt.

7 In der Begründung zu § 22 des Entwurfs heißt es, beim Zusammentreffen von Abgeordnetenentschädigung und anderen aktiven Bezügen müsse mit Rücksicht auf den formalisierten Gleichheitssatz die Entschädigung in voller Höhe erhalten bleiben. In diesen Fällen könne nur das teilweise Ruhen der anderen Bezüge vorgesehen werden. Die vorgeschlagene Kürzung betreffe insbesondere Mitglieder der Bundesregierung und Parlamentarische Staatssekretäre. Bei der Festsetzung deren Bezüge sei die Entschädigung als Abgeordneter bereits berücksichtigt.[6]

8 Die im Vergleich zu beamtenrechtlichen Regelungen günstigere Ruhensregelung beim Zusammentreffen von Entschädigung und Versorgungsbezügen aus öffentlichen Kassen sei besonders mit Rücksicht auf den Grundsatz der Chancengleichheit der Mandatsbewerber berechtigt und geboten, da Mandatsbewerber mit außerhalb des öffentlichen Dienstes erworbenen Versorgungsbezügen diese voll neben der Entschädigung behalten können. Eine stärkere Kürzung würde den Grundsatz der Chancengleichheit zu Ungunsten der Bewerber aus dem öffentlichen Dienst beeinträchtigen.[7]

9 Beim Zusammentreffen der Abgeordnetenversorgung mit Bezügen aus einer Verwendung im öffentlichen Dienst oder aus einem öffentlich-rechtlichen Amts- oder

---

[5] Vgl. Materialien zum Entwurf eines Gesetzes zur Neuregelung der Rechtsverhältnisse der Mitglieder des Deutschen Bundestages, BT-Drs. 7/5531, S. 8.
[6] Vgl. BT-Drs. 7/5531, S. 21. Plausibel erscheint das nicht, weil das Bundesministergesetz nicht voraussetzt, dass ein Mitglied der Bundesregierung zugleich auch dem Deutschen Bundestag angehört. Inzwischen muss selbst ein Parlamentarischer Staatssekretär nicht mehr zwingend dem Bundestag angehören, wenn er dem Bundeskanzler beigegeben ist (vgl. § 1 Abs. 1 Satz 1, 2. Halbsatz PStG – „lex Naumann").
[7] Vgl. BT-Drs. 7/5531, S. 21; auch *Henkel J.*, Die Rechtsstellung der in den Bundestag gewählten Beamten, ZBR 1977, 113, 116; ebenso Bayerischer VerfGH, Entscheidung vom 15. Dezember 1982 – Vf. 22 – VII – 80 –, DVBl. 1983, 706, 710.

Dienstverhältnis sei wiederum zu beachten, dass Einkünfte aus einer Beschäftigung außerhalb des öffentlichen Dienstes nicht auf die Abgeordnetenversorgung angerechnet werden können. Der Grundsatz der Chancengleichheit der Mandatsbewerber und der Gleichbehandlung der Abgeordneten rechtfertige und gebiete daher die vorgesehene, im Vergleich zum Beamtenrecht auch hier günstigere Regelung.[8]

Schließlich sei auch beim Zusammentreffen von Abgeordnetenversorgung und anderen Versorgungsbezügen aus öffentlichen Kassen zu berücksichtigen, dass außerhalb des öffentlichen Dienstes erworbene Versorgungsbezüge keiner Anrechnung unterlägen.[9]

In seiner endgültigen Fassung folgte der Gesetzentwurf in § 29 einer gegenüber dem ursprünglichen Entwurf teilweise veränderten Anrechnungssystematik. Er sah vor, dass beim Zusammentreffen der Entschädigung mit Bezügen aus einem kompatiblen Amt nicht letztere, sondern die Entschädigung selbst grundsätzlich um die Hälfte gekürzt wird.[10] Dies deshalb, weil das Schwergewicht der Tätigkeit bei Mitgliedern der Bundesregierung und Parlamentarischen Staatssekretären in der Exekutive liege. Der Kürzungssatz – fünfzig vom Hundert – trage der besonderen Stellung der Betroffenen Rechnung. Mit Rücksicht auf die Bezieher relativ niedriger Bezüge neben dem Mandat sei es allerdings erforderlich, den Kürzungsbetrag auf dreißig vom Hundert des Einkommens zu begrenzen.[11]

Auch für das Zusammentreffen von Entschädigung und Versorgungsansprüchen sah § 29 in der endgültigen Fassung eine gegenüber dem ursprünglichen Entwurf günstigere Anrechnung vor. Die Versorgungsansprüche sollten danach nicht mehr generell zur Hälfte, sondern höchstens in Höhe der Hälfte der Entschädigung ruhen. Dafür wurden Renten aus einer zusätzlichen Alters- und Hinterbliebenenversorgung für Angehörige des öffentlichen Dienstes und Versorgungsbezüge aus einer Verwendung im öffentlichen Dienst einer zwischen- oder überstaatlichen Einrichtung in die Anrechnung mit einbezogen.[12]

Letzteres galt auch für das Zusammentreffen von Versorgungsansprüchen nach diesem Gesetz mit anderen Versorgungsansprüchen. Auch hier wurde der Kreis der einzubeziehenden Versorgungsbezüge entsprechend erweitert.

Mit dem Siebten Gesetz zur Änderung des Abgeordnetengesetzes vom 16. Januar 1987[13] wurde zu den vorhandenen Anrechnungsbestimmungen zusätzlich die Vollanrechnung beim Zusammentreffen von Mandatsbezügen aus Bundestags- und Landtagszugehörigkeit eingeführt. Bei einem Doppelmandat sollte jeweils nur eine Entschädigung aus einem Haushalt gezahlt werden und zwar entweder aus dem Landeshaushalt oder aus dem Bundeshaushalt.[14] Ferner wurden die An-

---

8 Vgl. BT-Drs. 7/5531, S. 21.
9 Vgl. BT-Drs. 7/5531, S. 21.
10 Vgl. Bericht und Antrag des 2. Sonderausschusses vom 30. November 1976, BT-Drs. 7/5903, S. 6 f.
11 Vgl. Bericht und Antrag des 2. Sonderausschusses vom 30. November 1976, Begründung zu § 29, BT-Drs. 7/5903, S. 15.
12 Vgl. Bericht und Antrag des 2. Sonderausschusses vom 30. November 1976, Begründung zu § 29, aaO.
13 BGBl. I S. 143.
14 Vgl. Beschlussempfehlung und Bericht des Ausschusses für Wahlprüfung, Immunität und Geschäftsordnung vom 5. Dezember 1986, BT-Drs. 10/6685, S. 13.

rechnungsbestimmungen mit diesem Gesetz auch auf Bezüge aus einer Verwendung oder Versorgung im öffentlichen Dienst einer zwischen- oder überstaatlichen Einrichtung und auf Versorgungsbezüge des Europäischen Parlaments ausgedehnt. Einmalzahlungen (z.B. Weihnachtsgeld), Aufwandsentschädigungen, Unfallausgleich und Urlaubsgelder sollten hingegen künftig nicht mehr angerechnet werden. Hinsichtlich der Versorgungsbezüge ehemaliger Präsidenten und Vizepräsidenten des Bundestages legte das Gesetz schließlich fest, dass künftig bei den Anrechnungsgrenzen der Abs. 3–6 die Amtszulage nach § 11 Abs. 2 entsprechend zu berücksichtigen sei. Seither sind für diesen Personenkreis höhere anrechnungsfreie Hinzuverdienste aus öffentlichen Kassen möglich, als für den „einfachen" ehemaligen Abgeordneten.

15 Das Elfte Gesetz zur Änderung des Abgeordnetengesetzes vom 18. Dezember 1989[15] brachte die Anrechnung von Renten aus der gesetzlichen Rentenversicherung auf Versorgungsansprüche nach diesem Gesetz.

16 Das Siebzehnte Gesetz zur Änderung des Abgeordnetengesetzes vom 4. November 1994[16] sah für § 29 vielfältige, allerdings meist nur redaktionelle Änderungen vor, mit denen Unklarheiten, die bei der Gesetzesanwendung aufgetreten waren, Rechnung getragen werden sollte.[17] Weitere Modifikationen erfolgten mit dem Neunzehnten Änderungsgesetz vom 15. Dezember 1995.[18] Auch sie waren zumeist redaktioneller Art und ließen die Systematik der Anrechnungsbestimmungen unberührt.

17 Mit dem Einundzwanzigsten Gesetz zur Änderung des Abgeordnetengesetzes vom 20. Juli 2000[19] hat der Gesetzgeber mit sofortiger Wirkung die Anrechnungsvorschriften beim Bezug von Übergangsgeld nach dem BMinG bzw. nach dem PStG neben der Abgeordnetenentschädigung verschärft (s. 3.2.1). Ab Beginn der 15. Wahlperiode sollen ferner strengere Anrechnungsvorschriften auch beim Zusammentreffen von Abgeordnetenentschädigung mit sonstigen Versorgungsansprüchen aus öffentlichen Kassen gelten (s. 3.2.8).

2. Grundsätzliches zur Anwendung des § 29

18 Für die Anwendung der Anrechnungs- oder Ruhensbestimmungen des § 29[20] gilt generell, dass bei einem Zusammentreffen der dort aufgeführten Bezüge aus öffentlichen Kassen die Anwendbarkeit jedes Absatzes der Norm in der Reihenfolge seiner Aufzählung zu prüfen ist. Ein nachfolgender Absatz findet dabei jeweils auf den nach Anwendung des vorhergehenden Absatzes verbleibenden Zahlbetrag Anwendung, um Doppelanrechnungen zu vermeiden. Das gilt für die Abgeordnetenentschädigung oder Altersentschädigung, falls diese nach § 29 zu kürzen sind. Gleiches gilt aber auch für andere Bezüge aus öffentlichen Kassen, sofern diese nach § 29

---

15 BGBl. I S. 2210.
16 BGBl. I S. 3346.
17 Vgl. Entwurf eines Siebzehnten Gesetzes zur Änderung des Abgeordnetengesetzes und eines Vierzehnten Gesetzes zur Änderung des Europaabgeordnetengesetzes vom 1. Juni 1994, BT-Drs. 12/7777, S. 1, 8 und 10f.
18 Art. 2 des Gesetzes zur Neuregelung der Rechtsstellung der Abgeordneten, BGBl. I S. 1718.
19 BGBl. I S. 1037.
20 Die das BVerfG in einem Beschluss vom 11. Oktober 1977 – 2 BvR 407/76 –, BVerfGE 46, 97, 111, wörtlich als „großzügige Regelungen" bezeichnet hat.

§ 29 Anrechnung beim Zusammentreffen mehrerer Bezüge aus öffentlichen Kassen

ruhen. Bezieht z.B. ein Mitglied des Bundestages neben der Abgeordnetenentschädigung Versorgungsbezüge aus einem Amtsverhältnis eines Landes (ehemaliger Landesminister) und einem des Bundes (ehemaliger Bundesminister), so wird zunächst die Abgeordnetenentschädigung in Ansehung der Landesministerversorgung nach § 29 Abs. 1 Satz 4 gekürzt. Maßgeblich ist dabei der Zahlbetrag der Landesministerversorgung, der nach Anwendung eventueller sonstiger Anrechnungsbestimmungen (außerhalb des Abgeordnetengesetzes) verbleibt. Sodann kommt § 29 Abs. 2 zur Anwendung und zwar wiederum auf den Zahlbetrag der Bundesministerversorgung, der nach Anwendung eventueller sonstiger Anrechnungsbestimmungen (außerhalb des Abgeordnetengesetzes) dem Berechtigten verbleibt. Der Zahlbetrag der Bundesministerversorgung ruht dann in Ansehung der Abgeordnetenentschädigung um fünfzig vom Hundert, höchstens jedoch um fünfzig vom Hundert der Abgeordnetenentschädigung.

Treffen verschiedene anrechenbare Bezüge zusammen, die nach demselben Absatz des § 29 anzurechnen sind, so ist die Summe dieser Bezüge, die dem Empfänger nach Anwendung eventueller sonstiger Anrechnungs- und Ruhensvorschriften verbleibt (Zahlbetrag) zu bilden und sodann die Anrechnung nach dem betreffenden Absatz des § 29 durchzuführen.

Ist in Anrechnungsfällen von Versorgungsbezügen ein Versorgungsausgleich zu berücksichtigen, so ist zu beachten, dass der im Versorgungsausgleich bestimmte Kürzungsbetrag erst *nach* der Anwendung der Ruhens-, Kürzungs- oder Anrechnungsvorschriften vom verbleibenden Zahlbetrag in Abzug zu bringen ist. Bei der Anwendung des § 29 ist also – ebenso wie bei § 57 Abs. 1 BeamtVG – stets von den ungekürzten Versorgungsbezügen auszugehen.

Ferner ist zu beachten, dass Leistungen aus öffentlichen Kassen dann nicht oder nur teilweise zur Anrechnung kommen, soweit sie ganz oder teilweise auf eigenen Beiträgen des Anspruchsberechtigten beruhen. Die auf Eigenbeiträgen beruhenden Leistungen bleiben unberücksichtigt, weil für sie Sinn und Zweck des Verbots der Doppelalimentation nicht gilt. Sie stammen nämlich nur formal, nicht aber materiell aus öffentlichen Kassen (s. aber unten 4.1 und 4.2.3 zu Pflichtbeiträgen). 19

3. Anrechnung beim Zusammentreffen der Abgeordnetenentschädigung mit Bezügen aus öffentlichen Kassen (Abs. 1 und 2)

3.1 Abgeordnetenentschädigung und aktive Bezüge aus öffentlichen Kassen

3.1.1 Einkommen aus einem Amtsverhältnis oder aus einer Verwendung im öffentlichen Dienst (Abs. 1 Satz 1)

Die Anrechnung beim Zusammentreffen der Abgeordnetenentschädigung mit aktiven Bezügen aus öffentlichen Kassen regelt grundsätzlich § 29 Abs. 1. Hat ein Mitglied des Bundestages neben der Abgeordnetenentschädigung nach § 11 Anspruch auf Einkommen aus einem Amtsverhältnis (z.B. als Bundes- oder Landesminister oder als Parlamentarischer Staatssekretär)[21] oder aus einer Verwendung im 20

---

21 Zu den anzurechnenden Amtsbezügen eines Bundesministers gehört auch die Entschädigung bei Unmöglichkeit der Verlegung des eigenen Hausstandes an den Sitz der Bundesregierung nach § 11 Abs. 1 lit. d) BMinG.

öffentlichen Dienst (s. dazu u. 8.), so wird die Abgeordnetenentschädigung nach § 11 grundsätzlich um fünfzig vom Hundert gekürzt. Der Kürzungsbetrag darf jedoch dreißig vom Hundert nicht übersteigen (§ 29 Abs. 1 Satz 1). In der Praxis ist also eine Vergleichsberechnung vorzunehmen. Fällt die Kürzung der Abgeordnetenentschädigung um dreißig vom Hundert des anderweitigen Einkommens niedriger aus als diejenige um die Hälfte der Abgeordnetenentschädigung, so kommt nur der niedrigere Kürzungsbetrag zum Abzug. Andernfalls ruht die Abgeordnetenentschädigung zur Hälfte. Letzteres gilt beispielsweise für Bundesminister, ersteres für Parlamentarische Staatssekretäre oder für Mitglieder des Bundestages, die als Professoren von der Möglichkeit einer Tätigkeit in Forschung und Lehre neben dem Mandat nach § 9 Abs. 2 Gebrauch machen und hierfür auf Honorarbasis eine Vergütung im dort genannten Rahmen beziehen.[22]

Einkommen aus einer Verwendung im öffentlichen Dienst werden oft aus Gründen der Inkompatibilität solcher Tätigkeiten mit dem Mandat (vgl. §§ 5, 8 und 9) nicht in Betracht kommen.[23] Handelt es sich aber um kompatible Tätigkeiten, so ist eine Anrechnung der daraus erzielten Einkommen auf die Abgeordnetenentschädigung verfassungsrechtlich zumindest solange zulässig, wie die Entschädigung nach dem Alimentationsprinzip bemessen ist. Denn sieht der Gesetzgeber hier eine Anrechnung vor, so liegt ihr das Motiv zugrunde, die öffentliche Hand, die als Einheit gesehen wird, nicht durch den Unterhalt des Einkommensbeziehers und seiner Familie doppelt zu belassen. Dieses Regelungsmotiv rechtfertigt dann nicht nur die Anrechnung überhaupt, sondern beschränkt zugleich die Anrechnungsmöglichkeiten auf Einkommen aus anderen öffentlichen Kassen.[24]

3.1.2 Einkommen aus einem Amtsverhältnis oder einer Verwendung im öffentlichen Dienst einer zwischen- oder überstaatlichen Einrichtung (Abs. 1 Satz 2)

21 Entsprechendes – Ruhen der Abgeordnetenentschädigung um fünfzig vom Hundert, maximal aber um dreißig vom Hundert des anderweitigen Einkommens – gilt nach § 29 Abs. 1 Satz 2 für Einkommen aus einem Amtsverhältnis oder einer Verwendung im öffentlichen Dienst einer zwischen- oder überstaatlichen Einrichtung (s. dazu u. 8.), es sei denn, die Anrechnung der Bezüge wird bereits seitens dieser Einrichtung bestimmt (§ 29 Abs. 1 Satz 5). Dann tritt die Anrechnung nach diesem Gesetz zurück.

3.1.3 Entschädigung nach dem Abgeordnetengesetz eines Landes (Abs. 1 Satz 3)

22 Bezieht ein Mitglied des Bundestages, das zugleich Mitglied eines Landtages ist, eine Entschädigung nach dem Abgeordnetengesetz eines Landes, so ruht die Abgeordnetenentschädigung nach § 11 gemäß § 29 Abs. 1 Satz 3 in voller Höhe. Auch hier tritt aber die Anrechnung nach diesem Gesetz zurück, wenn eine Anrechnung bereits durch landesrechtliche Vorschriften bestimmt wird (§ 29 Abs. 1 Satz 5).[25]

---

22 Dies zeigt die Bandbreite der Bezieher „relativ niedriger Bezüge neben dem Mandat" auf, die der Gesetzgeber mit dieser Bestimmung hatte schützen wollen (s.o. 1.).
23 Vgl. auch *Fischer A.*, Abgeordnetendiäten und staatliche Fraktionsfinanzierung in den fünf neuen Bundesländern, Frankfurt, 1995, S. 111.
24 So BVerwG, Urteil vom 28. Juli 1989 –7 C 91/87 –, NJW 1990, 462 ff., m.w.N.
25 Vgl. § 21 Abs. 5 BadWürtt.AbgG, Art. 22 Abs. 5 Bay.AbgG, § 5 Abs. 3 Brem.AbgG, § 16

3.1.4 Neufassung des § 29 Abs. 1 ab Beginn der 15. Wahlperiode

Nach Art. 2 Nr. 1 des Einundzwanzigsten Änderungsgesetzes vom 20. Juli 2000[26] erhält § 29 Abs. 1 mit Beginn der 15. Wahlperiode nachfolgende Fassung:

> „(1) Hat ein Mitglied des Bundestages neben der Abgeordnetenentschädigung nach § 11 Anspruch auf Einkommen aus einem Amtsverhältnis oder aus der Verwendung im öffentlichen Dienst, so wird die Abgeordnetenentschädigung nach § 11 um fünfzig vom Hundert gekürzt; der Kürzungsbetrag darf jedoch dreißig vom Hundert des Einkommens nicht übersteigen. Entsprechendes gilt für ein Einkommen aus einem Amtsverhältnis oder einer Verwendung im öffentlichen Dienst einer zwischen- oder überstaatlichen Einrichtung. Die Abgeordnetenentschädigung ruht in voller Höhe neben einer Entschädigung nach dem Abgeordnetengesetz eines Landes. Eine Berücksichtigung der in den Sätzen 2 und 3 genannten Bezüge entfällt, wenn die Anrechnung der Bezüge beziehungsweise das Ruhen der Entschädigung für die Ausübung des Landtagsmandats bereits durch landesrechtliche Vorschriften oder seitens der zwischen- oder überstaatlichen Einrichtung bestimmt wird."

§ 29 Abs. 1 AbgG regelt also künftig nur noch das Zusammentreffen von Abgeordnetenentschädigung mit aktiven Bezügen aus öffentlichen Kassen. Soweit dort bislang – regelungstechnisch unsystematisch – auch Versorgungsansprüche genannt waren (Satz 4 a.F.), werden diese jetzt von § 29 Abs. 2 AbgG mit erfasst (vgl. 3.2.8 zu § 29). Im Übrigen gilt die Bestimmung inhaltlich unverändert fort.

3.1.5 Entschädigung nach dem EuAbgG (§ 9 EuAbgG)

Zu den aktiven Bezügen aus öffentlichen Kassen zählt zweifellos auch die Entschädigung nach dem EuAbgG für in Deutschland gewählte Mitglieder des Europäischen Parlaments. In der Praxis kommen Doppelmandate im Europäischen Parlament und im Bundestag zwar nicht mehr vor. Rechtlich sind sie aber noch zulässig.[27] Für diesen Fall bestimmt § 9 EuAbgG, dass nur ein Mitglied des Europäischen Parlaments, das nicht dem Bundestag angehört, eine monatliche Entschädigung gemäß § 11 Abs. 1 und 3 AbgG erhält. Die Regelung in § 13 Abs. 1 Nr. 1 EuAbgG,

---

Hbg.AbgG, § 18 Abs. 3 Hess.AbgG, § 27 Abs. 2 MV.AbgG, § 14 Abs. 1 Nds.AbgG, § 28 NW.AbgG, § 21 Abs. 5 RP.AbgG, § 21 Abs. 5 Saarl.AbgG, § 23 Abs. 1 Sächs.AbgG, § 27 Abs. 3 SachsAnh.AbgG, § 27 Abs. 5 SchlH.AbgG und § 22 Abs. 3 Thür.AbgG. In Brandenburg kann ein Landtagsmandat neben einem Bundestagsmandat nicht ausgeübt werden (§ 27 Bbg.AbgG), so dass sich aus diesem Grund die Anrechnungsfrage hier nicht stellt. Über keine eigenen Anrechnungsregeln für die Inhaber von Doppelmandaten verfügen die Bundesländer Bremen und Niedersachsen. Hier gilt deshalb Bundesrecht. Zur Frage der Verfassungsmäßigkeit einer Vollanrechnung bei Doppelmandaten vgl. auch BVerfG, Urteil vom 16. März 1955 – 2 BvK 1/54 –, BVerfGE 4, 144, 155 ff. und Urteil vom 21. September 1976 – 2 BvR 350/75 –, BVerfGE 42, 313, 327.

26 BGBl. I S. 1037.
27 Vgl. Art 138 Abs. 1 EWG-Vertrag (jetzt Art. 190 Abs. 1 des Vertrages zur Gründung der Europäischen Gemeinschaft vom 7. Februar 1992 in der Fassung vom 2. Oktober 1997 (Vertrag von Amsterdam), BGBl. 1998 II S. 387 (456)) und Art. 1, 5 und 6 Direktwahlakt.; auch *Tsatsos, D. Th.*, Unvereinbarkeiten zwischen Bundestagsmandat und anderen Funktionen, in: Parlamentsrecht und Parlamentspraxis in der Bundesrepublik Deutschland: ein Handbuch/hrsg. von Schneider H.-P./Zeh W., Berlin, 1989, 724 f.; *Klein H. H.*, Status der Abgeordneten, in: Handbuch des Staatsrechts der Bundesrepublik Deutschland, hrsg. von Isensee J. und Kirchhof P., Bd. 2, Heidelberg, 1987, S. 381.

wonach die Entschädigung nach dem EuAbgG neben einer Abgeordnetenentschädigung nach dem Abgeordnetengesetz des Bundes bis zur Höhe dieser Entschädigung ruht, ist deshalb eigentlich überflüssig. So oder so ist aber sichergestellt, dass die Mandatsbezüge nur einmal gezahlt werden.

3.2 Abgeordnetenentschädigung und passive Bezüge aus öffentlichen Kassen

3.2.1 Versorgungsansprüche aus einem Amtsverhältnis des Bundes oder aus einer Verwendung im öffentlichen Dienst (Abs. 2 Sätze 1 und 3)

25 Das Zusammentreffen von Abgeordnetenentschädigung und passiven Bezügen aus öffentlichen Kassen (Versorgungsbezügen) richtet sich in erster Linie nach § 29 Abs. 2. Satz 1 der Bestimmung sieht vor, dass Versorgungsansprüche aus einem Amtsverhältnis des Bundes (Bundesminister, Parlamentarischer Staatssekretär) oder aus einer Verwendung im öffentlichen Dienst (zu diesem Begriff s.o. 8.; zu den Arten der Versorgung vgl. § 2 BeamtVG) neben der Abgeordnetenentschädigung um fünfzig vom Hundert, höchstens jedoch um fünfzig vom Hundert der Abgeordnetenentschädigung ruhen. Auch hier ist also eine Vergleichsberechnung vorzunehmen und der jeweils niedrigere Betrag der Ruhensregelung zugrunde zu legen. Hat ein Abgeordneter mehrere solcher Versorgungsbezüge, bezieht er z.B. Übergangsgeld und Ruhegeld nach dem BMinG nebeneinander, was nach geltendem Recht möglich ist, so ist § 29 Abs. 2 Satz 1 auf die Summe dieser Ansprüche (die aus den nach Anwendung sonstiger Anrechnungs- oder Ruhensvorschriften verbleibenden Zahlbeträgen zu bilden ist) anzuwenden.

26 Nicht nur im Rahmen einer Anrechnung nach Abs. 2, sondern auch nach den anderen einschlägigen Absätzen des § 29 ist bei der Anrechnung in Fällen des Versorgungsausgleichs nach Ehescheidung stets von den ungekürzten Versorgungsbezügen auszugehen, denn die Kürzung der Versorgungsbezüge erfolgt – wie nach § 57 Abs. 1 BeamtVG auch[28] – erst nach Anwendung der Ruhens- oder Anrechnungsvorschriften.

27 Versorgungsbezug im Sinne der Anrechnungsbestimmungen ist auch das Übergangsgeld nach § 14 BMinG.[29] Behält ein Bundesminister oder ein Parlamentarischer Staatssekretär nach seinem Ausscheiden aus dem Amt, z.B. bei einem Regierungswechsel, sein Mandat bei und bezieht er zur gleichen Zeit Übergangsgeld nach dem BMinG, so ist § 29 Abs. 2 die spezialgesetzliche Anrechnungsvorschrift, die zur Anwendung kommt, nicht dagegen die Anrechnungsbestimmungen nach dem BMinG. Die früher hierfür geltende Regelung in § 29 Abs. 2 Satz 1 privilegierte die Abgeordneten unter den ehemaligen Amtsinhabern. Ihr Übergangsgeld ruhte höchstens um die Hälfte der Abgeordnetenentschädigung. Sonstige Einkünfte aus öffentlichen Kassen werden dagegen voll angerechnet (vgl. § 20 BMinG), private Einkünfte ab dem zweiten Monat nach dem Ausscheiden ebenfalls (vgl. § 14 Abs. 6 BMinG).[30] Mit dem Einundzwanzigsten Gesetz zur Änderung des Abgeordneten-

---

28 Vgl. nur *Fürst W.*, Gesamtkommentar Öffentliches Dienstrecht, Berlin, § 57 BeamtVG Rdn. 25; *Plog E./Wiedow A./Beck G./Lemhöfer B.*, Kommentar zum Bundesbeamtengesetz, Neuwied, § 57 BeamtVG Rdn. 42.
29 Zum Zusammentreffen von Abgeordnetenentschädigung und Übergangsgeld nach § 18 vgl. 6. zu § 18.
30 In der Fassung des Zweiten Gesetzes zur Änderung des Bundesministergesetzes vom 5. Dezember 1977, BGBl. S. 2851.

gesetzes vom 20. Juli 2000[31] hat der Gesetzgeber dies bereinigt. Auch bei ehemaligen Bundesministern und Parlamentarischen Staatssekretären, die nach dem Ausscheiden aus dem Amt ihr Bundestagsmandat beibehalten, ruht das Übergangsgeld gemäß § 29 Abs. 2 Satz 3 ab dem zweiten Monat nach dem Ausscheiden jetzt neben der Abgeordnetenentschädigung in voller Höhe. Diese Regelung entspricht Sinn und Zweck des Übergangsgeldes (s. dazu die 1.1 zu § 18) viel eher als die bisherige Regelung. Aus Gründen des Vertrauensschutzes war es allerdings notwendig, für frühere Mitglieder der Bundesregierung und diesen beigegebene Parlamentarische Staatssekretäre, die im Zeitpunkt des Inkrafttretens des Einundzwanzigsten Änderungsgesetzes am 26. Juli 2000 bereits Übergangsgeld bezogen, die alte Regelung fortgelten zu lassen.[32]

Wenn es in § 29 Abs. 2 Satz 3 heißt, das nach Anwendung sonstiger Anrechnungs- und Ruhensvorschriften *verbleibende* Übergangsgeld ruht, so bedeutet dies nicht, dass die Vorschrift nur greift, wenn im Einzelfall tatsächlich schon sonstige Anrechnungs- oder Ruhensvorschriften zur Anwendung gekommen sind, das Übergangsgeld also bereits gekürzt ist. Sie gilt nach dem oben erläuterten Gesetzeszweck natürlich erst recht, wenn noch keine anderweitige Kürzung stattgefunden hat.

28 In diesem Zusammenhang stellte sich in der Parlamentspraxis die Frage, ob Leistungen der Fraktionen für die Wahrnehmung besonderer Funktionen an solche Mitglieder, die als ehemalige Mitglieder der Bundesregierung oder als ehemalige Parlamentarische Staatssekretäre Übergangsgeld beziehen, unter die Anrechnungsvorschrift des § 14 Abs. 6 BMinG oder die des § 29 Abs. 2 fallen. Nach § 14 Abs. 6 BMinG werden ab dem zweiten Monat nach dem Ausscheiden aus dem Amt alle Erwerbseinkünfte aus einer privaten Berufstätigkeit auf das nach Anwendung sonstiger Anrechnungs- und Ruhensvorschriften verbleibende Übergangsgeld angerechnet. Nach der Begründung zum Gesetzentwurf ist unter „privater Berufstätigkeit" jede berufliche Erwerbstätigkeit im privaten Sektor, also außerhalb eines Dienst-, Amts- oder Arbeitsverhältnisses in Körperschaften, Anstalten oder Stiftungen öffentlichen Rechts oder ihren Verbänden und außerhalb des öffentlichen Dienstes einer zwischen- oder überstaatlichen Einrichtung, die mit deutschen öffentlichen Mitteln mitfinanziert wird, zu verstehen. Dabei sollte der Terminus „Berufstätigkeit" Tätigkeiten ausschließen, die nur gelegentlich ausgeübt werden.[33]

Fraktionen sind zwar dem privaten Sektor i. S. der Gesetzesbegründung zuzurechnen. § 46 bestimmt ihre Rechtsstellung als rechtsfähige Vereinigungen, die nicht Teil der öffentlichen Verwaltung sind und keine öffentliche Gewalt ausüben. Auch üben die Funktionsträger der Fraktionen ihre Tätigkeit berufsmäßig aus, weil sie nicht nur gelegentlich gegen Entgelt für die Fraktionen tätig sind. Angesichts dessen könnte einiges dafür sprechen, Leistungen der Fraktionen an ihre Mitglieder für die Wahrnehmung besonderer Funktionen als anrechnungspflichtige Einkünfte i. S. des § 14 Abs. 6 BMinG anzusehen.

---

31 BGBl. I S. 1037.
32 Vgl. Begründung zum Entwurf eines Einundzwanzigsten Änderungsgesetzes vom 30. November 1999, BT-Drs. 14/2235, S. 7.
33 Vgl. BT-Drs. 13/7554, S. 4.

Diese allein am BMinG orientierte Betrachtungsweise vernachlässigt indessen Besonderheiten, die sich aus dem AbgG ergeben und die eine andere Bewertung nahelegen:

Fraktionen wirken gemäß § 47 Abs. 1 an der Erfüllung der Aufgaben des Deutschen Bundestages mit. Das ist in erster Linie die Aufgabe der Funktionsträger, um deren Fraktionsbezüge es hier geht. Zur Erfüllung ihrer Aufgaben erhalten die Fraktionen Geld- und Sachleistungen aus dem Bundeshaushalt (§ 50 Abs. 1). Die Leistungen sind zweckgebunden. Sie dürfen nur für Aufgaben verwendet werden, die den Fraktionen nach dem Grundgesetz, dem AbgG und der GO-BT obliegen (§ 50 Abs. 4 Satz 1). Leistungen an Fraktionsmitglieder für die Wahrnehmung besonderer Funktionen in der Fraktion sind solche Aufgaben. In den Bestimmungen über die Rechnungslegung (§ 52 Abs. 2 Nr. 2 lit. a) werden sie ausdrücklich erwähnt. Es handelt sich mithin um Leistungen, die im Regelungszusammenhang mit dem AbgG stehen. Ihrer Zweckbestimmung nach entsprechen sie den Amtszulagen für den Präsidenten und seine Stellvertreter nach § 11 Abs. 2. Eine ganze Reihe von Bundesländern hat deshalb die Zulagen für die Funktionsträger der Fraktionen nicht nur dem Grunde (wie das AbgG des Bundes), sondern auch der Höhe nach in den Abgeordnetengesetzen selbst geregelt (vgl. 6. zu § 11).[34] Das AbgG des Bundes folgt diesem Beispiel in Anerkennung des Selbstorganisationsrechtes der Fraktionen, das auch beinhaltet, dass die Fraktionen über die Gewährung von Funktionszulagen in eigener Zuständigkeit entscheiden, nicht.

Dass die Funktionszulagen der Fraktionen nur dem Grunde, nicht aber der Höhe nach im AbgG selbst erwähnt werden, legt es indessen nicht nahe, sie in Anrechnungsfragen anders zu behandeln als die Amtszulagen, die das AbgG in § 11 Abs. 2 dem Grunde und der Höhe nach festsetzt. Für Letztere gilt das BMinG nicht. Lex specialis ist vielmehr das AbgG. Hier – in § 29 – ist geregelt, ob und wie eine Anrechnung beim Zusammentreffen von Bezügen nach dem AbgG mit anderen Bezügen aus öffentlichen Kassen zu erfolgen hat.

Für das Zusammentreffen von Übergangsgeld nach dem BMinG, Abgeordnetenentschädigung und Amtszulage nach § 11 Abs. 2 AbgG gilt § 29 Abs. 2 und 8 AbgG. Nach Abs. 2 Satz 3 ruht das Übergangsgeld neben der Abgeordnetenentschädigung ab dem zweiten Monat nach dem Ausscheiden aus dem Amt in voller Höhe. Die Amtszulage nach § 11 Abs. 2 bleibt gemäß § 29 Abs. 8 indessen unberücksichtigt und anrechnungsfrei. Nichts anderes sollte für die Leistungen der Fraktionen an ihre Mitglieder für die Wahrnehmung besonderer Funktionen in der Fraktion gelten. Auch für sie sollte insoweit nur das AbgG – nicht das BMinG – Anwendung finden und danach bleiben sie anrechnungsfrei.

3.2.2 Renten aus einer zusätzlichen Alters- und Hinterbliebenenversorgung für Angehörige des öffentlichen Dienstes (Abs. 2 Satz 2)

29 Bei einem Zusammentreffen der Abgeordnetenentschädigung mit Renten aus einer zusätzlichen Alters- und Hinterbliebenenversorgung für Angehörige des öffentlichen Dienstes (VBL-Rente) gilt das oben zu den Versorgungsansprüchen aus einem Amtsverhältnis des Bundes oder aus einer Verwendung im öffentlichen Dienst

---

[34] Zur umstrittenen Zulässigkeit dieser Leistungen vgl. 3.2 zu § 11.

Ausgeführte gleichermaßen. Auch hier ruht die Rente nach § 29 Abs. 2 Satz 2, 1. Halbsatz, um fünfzig vom Hundert, höchstens aber um fünfzig vom Hundert der Abgeordnetenentschädigung.

Nach § 29 Abs. 2 Satz 2, 2. Halbsatz, ist § 55 Abs. 3 und 4 BeamtVG in diesem Zusammenhang sinngemäß anzuwenden (vgl. dazu auch 3.2.8).

3.2.3 Sonstige Renten

Andere als die in 3.2.2 aufgeführten Renten, wie z.B. solche aus den gesetzlichen Rentenversicherungen, bleiben neben der Abgeordnetenentschädigung bis zum Inkrafttreten des Art. 2 des Einundzwanzigsten Änderungsgesetzes vom 20. Juli 2000[35] mit Beginn der 15. Wahlperiode anrechnungsfrei.[36] Das AbgG enthielt für diese Fallkonstellationen bisher keine § 29 Abs. 4 Satz 3 vergleichbare Bestimmung. Dabei hatte das Bundesverfassungsgericht bereits in seiner Entscheidung vom 30. September 1987 festgestellt, dass es sich bei Renten aus der gesetzlichen Rentenversicherung – obwohl hierbei ein Teil des Kapitalzuflusses bei wirtschaftlicher Betrachtungsweise aus dem eigenen Vermögen des Rentenempfängers stammt – um eine Leistung aus einer öffentlichen Kasse handelt, so dass es nahe liegt, „dass der Gesetzgeber, sofern er es bei der bisherigen Konzeption von Entschädigung und Versorgung der Abgeordneten belässt, auch eine Anrechnung von Renten aus der gesetzlichen Rentenversicherung vorsieht".[37] Das Elfte Gesetz zur Änderung des Abgeordnetengesetzes vom 18. Dezember 1989[38] führte daraufhin zwar die Anrechnung von Renten aus der gesetzlichen Rentenversicherung auf Versorgungsansprüche nach diesem Gesetz ein, nicht aber die Anrechnung auf die Abgeordnetenentschädigung. Erst mit dem Einundzwanzigsten Änderungsgesetz hat der Gesetzgeber dies nun nachgeholt (s.u. 3.2.8).[39]

---

35 BGBl. I S. 1037.
36 Für die Praxis bedeutsam ist in diesem Zusammenhang die Feststellung des BSG, dass die Abgeordnetenentschädigung kein i.S.d. § 34 Abs. 2 SGB VI „rentenschädliches" Arbeitseinkommen aus einer selbständigen Tätigkeit oder Arbeitsentgelt aus einer Beschäftigung ist, so dass eine – auch analoge – Anwendung der Vorschrift ausscheide. Ein Übersteigen der Hinzuverdienstgrenze durch Einkünfte der in Frage stehenden Art sei ausgeschlossen (aaO, S. 7 ff.). Vgl. dazu auch BSG, Urteil vom 23. Februar 2000 – B 5 RJ 26/99 R –, Bl. 4 ff. der Ausfertigung. Die Rechtsprechung des BSG hat Überlegungen auf der Ressortebene ausgelöst, die Abgeordneten des Bundes und der Länder in die Regelungen der §§ 34 und 96a SGB VI betreffend die Hinzuverdienstgrenzen einzubeziehen, weil ansonsten „Abgeordnete in einem sozial nicht vertretbarem Umfang begünstigt" würden. Im Lichte des § 29 Abs. 2 in der Fassung des Art. 3 des Einundzwanzigsten Änderungsgesetzes ist das bezogen auf Abgeordnete des Bundes rechtsirrig. Die Auffassung verkennt, dass die Abgeordneten unter den Rentnern die einzige Berufsgruppe sind, die sich nach Vollendung des 65. Lebensjahres ein Ruhen der Regelaltersrente um 80 vom Hundert neben dem Einkommen aus aktiver Berufstätigkeit (Diäten) gefallen lassen müssen. Angesichts dieses Nachteils dürfte die „Vergünstigung", dass Abgeordnete mit vorgezogener Altersrente neben den Diäten zwei Jahre lang (vom 63. bis zum 65. Lebensjahr) 20 vom Hundert der vorgezogenen Altersrente behalten dürfen, während anderen Rentenberechtigten mit Einkünften in entsprechender Höhe wegen der Hinzuverdienstgrenzen regelmäßig keine Rentenzahlungen erhalten, wohl kaum das Gerede von einer „Gerechtigkeitslücke" rechtfertigen.
37 Beschuss des Zweiten Senats – 2 BvR 933/82 –, BVerfGE 76, 256, 299 f. u. 343.
38 BGBl. I S. 2210.
39 Vgl. Begründung zum Entwurf eines Einundzwanzigsten Änderungsgesetzes vom 30. November 1999, BT-Drs. 14/2235, S. 8.

3.2.4 Versorgungsbezüge aus einem Amtsverhältnis eines Landes oder aus einem Amtsverhältnis oder einer Verwendung im öffentlichen Dienst einer zwischen- oder überstaatlichen Einrichtung (Abs. 1 Satz 4 und 5)

32 Hat ein Mitglied des Bundestages neben der Abgeordnetenentschädigung Anspruch auf Versorgungsbezüge aus einem Amtsverhältnis eines Landes oder aus einem Amtsverhältnis oder einer Verwendung im öffentlichen Dienst einer zwischen- oder überstaatlichen Einrichtung (zu diesem Begriff vgl. 8.), so wird die Abgeordnetenentschädigung nach § 29 Abs. 1 Satz 4 um fünfzig vom Hundert dieser Versorgungsbezüge, höchstens aber um fünfzig vom Hundert der Abgeordnetenentschädigung gekürzt. Nach § 29 Abs. 1 Satz 5 gilt dies indessen nicht, wenn die Anrechnung der Versorgungsbezüge bereits durch landesrechtliche Vorschriften oder seitens der zwischen- oder überstaatlichen Einrichtung bestimmt wird. In diesem Zusammenhang reicht es aus, dass das Landesrecht oder das für die zwischen- oder überstaatliche Einrichtung geltende Recht Anrechnungsbestimmungen enthält. Ob sie im Einzelfall greifen und eine Kürzung tatsächlich erfolgt, ist nicht entscheidend. Mit Beginn der 15. Wahlperiode wird § 29 Abs. 1 Satz 4 aufgehoben. Der bislang dort geregelte Anrechnungstatbestand findet sich ab diesem Zeitpunkt in geänderter Form in § 29 Abs. 2 (s. 3. 2. 8 zu § 29).

3.2.5 Versorgungsansprüche nach dem AbgG

33 Im Gesetz noch nicht ausdrücklich und klar geregelt war bisher die Frage eines Zusammentreffens von Abgeordnetenentschädigung mit Versorgungsansprüchen nach diesem Gesetz, seien es selbst erworbene (im Falle der Wiederwahl nach einem früheren Ausscheiden), seien es Ansprüche aus der Hinterbliebenenversorgung. Bei der eigenen Altersversorgung konnte man noch auf den Wortlaut des § 19 Satz 1 verweisen, wonach ein Mitglied „nach seinem Ausscheiden" unter den dort genannten Voraussetzungen Anspruch auf Altersentschädigung hat. Daraus und aus der Systematik des Gesetzes ließ sich ableiten, dass aktive Mandatsinhaber neben der Abgeordnetenentschädigung keine Altersversorgung nach diesem Gesetz erhalten sollen. Bei der Hinterbliebenenversorgung nach § 25 war eine solche Deduktion schon nicht mehr möglich. Der Wortlaut der Norm bot keine Anknüpfungspunkte. In der Sache stand indessen außer Streit, dass zur Wahrung des Verbots der Doppelalimentation auch hier eine Anrechnung stattfinden muss.[40] Sachgerecht ist eine Vollanrechnung der Versorgungsbezüge auf die Abgeordnetenentschädigung. Mit dem durch Art. 1 des Einundzwanzigsten Änderungsgesetzes vom 20. Juli 2000[41] neugefassten § 29 Abs. 5 hat der Gesetzgeber dem jetzt Rechnung getragen und eine auch insoweit klare Anrechnungsbestimmung geschaffen. Danach ruhen Versorgungsbezüge nach diesem Gesetz neben der Entschädigung aus der Mitgliedschaft im Bundestag in Höhe des Betrages, um den diese Bezüge – Abgeordnetenentschädigung und Versorgungsbezug – die Abgeordnetenentschädigung nach § 11 Abs. 1 übersteigen. Regelmäßig ruhen die Versorgungsbezüge – zu denen auch die der Hinterbliebenenversorgung rechnen – also in voller Höhe.

---

40 S. auch Begründung zum Entwurf eines Einundzwanzigsten Gesetzes zur Änderung des Abgeordnetengesetzes vom 30. November 1999, BT-Drs. 14 / 2235, S. 8.
41 BGBl. I S. 1037.

3.2.6 Versorgungsansprüche nach dem EuAbgG (§ 10b Satz 3 EuAbgG)

Versorgungsansprüche nach dem EuAbgG ruhen gemäß § 10b Satz 3 EuAbgG 34
neben einer Abgeordnetenentschädigung nach § 11 in vollem Umfang.

3.2.7 Versorgungsansprüche aus einer Mitgliedschaft im Landtag

Das AbgG selbst enthält keine Anrechnungsbestimmungen für ein Zusammentreffen 35
von Abgeordnetenentschädigung und Versorgungsansprüchen aus einer Mitgliedschaft im Landtag. Das heißt aber nicht, dass in diesen Fällen keine Anrechnung stattfände. Sie richtet sich jedoch nach dem jeweiligen Landesrechts, das in einigen Fällen wieder auf das Bundesrecht zurückverweist.[42]

3.2.8 Verschärfung der Anrechnungsbestimmungen durch Art. 2 des Einundzwanzigsten Änderungsgesetzes

Am Tag der ersten Sitzung des 15. Deutschen Bundestages treten gemäß Art. 2 und Art. 4 Abs. 3 Satz 1 des Einundzwanzigsten Änderungsgesetzes vom 20. Juli 2000[43] weitere Änderungen des Abgeordnetengesetzes, die das Zusammentreffen von Abgeordnetenentschädigung mit Versorgungsbezügen aus öffentlichen Kassen regeln, in Kraft. § 29 Abs. 1 Satz 4 wird dann mit § 29 Abs. 2 zusammengefasst, der folgenden Wortlaut erhält:

> „(2) Versorgungsansprüche aus einem Amtsverhältnis oder aus einer Verwendung im öffentlichen Dienst ruhen neben der Abgeordnetenentschädigung nach § 11 Abs. 1 um achtzig vom Hundert, höchstens jedoch in Höhe der Abgeordnetenentschädigung nach § 11 Abs. 1 und 3. Entsprechendes gilt für Renten im Sinne des § 55 Abs. 1 Satz 2 des Beamtenversorgungsgesetzes mit Ausnahme von Renten aus einer freiwilligen Pflichtversicherung auf Antrag gemäß § 4 Abs. 2 des Sechsten Buches Sozialgesetzbuch; § 55 Abs. 3 und 4 des Beamtenversorgungsgesetzes ist sinngemäß anzuwenden. Das nach Anwendung sonstiger Anrechnungs- und Ruhensvorschriften verbleibende Übergangsgeld nach dem Gesetz über die Rechtsverhältnisse der Mitglieder der Bundesregierung und nach dem Gesetz über die Rechtsverhältnisse der Parlamentarischen Staatssekretäre ruht neben der Abgeordnetenentschädigung nach § 11 ab dem zweiten Monat nach dem Ausscheiden aus dem Amt. Beruht ein Versorgungsanspruch nach Satz 1 oder 2 auf Landesrecht, so tritt an die Stelle des Ruhens des Versorgungsanspruches das Ruhen der Abgeordnetenentschädigung um den sich aus Satz 1 ergebenden Betrag. Entsprechendes gilt für Versorgungsansprüche aus einem Amtsverhältnis beziehungsweise einer Verwendung im öffentlichen Dienst einer zwischen- oder überstaatlichen Einrichtung."

Damit gilt mit Wirkung von der 15. Wahlperiode an für die in § 29 Abs. 2 zusam- 36
mengefassten Versorgungsbezüge aus öffentlichen Kassen – darunter erstmals auch

---

[42] Vgl. § 21 Abs. 6 BadWürtt.AbgG, Art. 22 Abs. 6 Bay.AbgG, § 21 Abs. 6 Berl.AbgG, § 21 Abs. 5 Bbg.AbgG, § 17 Hbg.AbgG, § 19 Abs. 2 Hess.AbgG, § 27 Abs. 4 MV.AbgG, § 19 Abs. 3 Nds.AbgG, § 2 Abs. 5 NW.AbgG, § 21 Abs. 6 RP.AbgG, § 21 Abs. 6 Saarl.AbgG, § 23 Abs. 5 Sächs.AbgG, § 27 Abs. 5 SachsAnh.AbgG, § 27 Abs. 6 SchlH.AbgG und § 23 Abs. 2 Thür.AbgG.
[43] BGBl. I S. 1037.

Renten aus der gesetzlichen Rentenversicherung –, die ein Abgeordneter neben der Abgeordnetenentschädigung bezieht, eine Anrechnung bzw. ein Ruhen in Höhe von achtzig vom Hundert dieser Versorgungsbezüge. Das Verbot der Doppelalimentation wird künftig also wesentlich strenger als bisher umgesetzt.[44] Der Gesetzgeber hat sich dabei von der Überlegung leiten lassen, dass grundsätzlich bereits die Abgeordnetenentschädigung im Hinblick auf das Verfassungsgebot in Art. 48 Abs. 3 GG so bemessen sein muss, dass sie „angemessen" ist, also eine ausreichende Existenzgrundlage für den Abgeordneten und seine Familie abgibt. Ausgehend von dieser Prämisse, die natürlich nur solange Gültigkeit haben kann, wie das Abgeordnetengesetz weiterhin von der Voraussetzung ausgeht, dass die Abgeordnetenentschädigung nach dem Alimentationsprinzip zu bemessen ist,[45] hat der Gesetzgeber eine Kürzung der sonstigen, ebenfalls dem Unterhalt dienenden Versorgungsbezüge aus öffentlichen Kassen während der Mandatszeit auf zwanzig vom Hundert nicht für unverhältnismäßig gehalten. Eine vollständige Anrechnung der Versorgungsbezüge hielt er demgegenüber nicht für sachgerecht. Schließlich beruhten sie auf eigenständigen beruflichen Leistungen des Versorgungsempfängers, die er außerhalb des Abgeordnetenmandats erbracht habe. Die Früchte dieser Arbeit aus anderen Lebensabschnitten stünden ebenfalls unter dem Schutz der Verfassung. Hier gelte es deshalb abzuwägen zwischen ihrer Bewahrung und dem Verbot der Doppelalimentation. Die Grenze sei dort zu ziehen, wo eine Überversorgung beginne. Bei zwanzig vom Hundert Mindestbehalt anderweitiger Versorgungsbezüge – neben der Abgeordnetenentschädigung – sei sie noch nicht erreicht. Vergleichbare Regelungen fänden sich aus ähnlichen Gründen auch im Beamtenversorgungsrecht.[46]

37 Mit der Frage der Einbeziehung der Renten aus der gesetzlichen Rentenversicherung in die Anrechnungsbestimmungen des Abs. 2 hat sich der Ausschuss für Wahlprüfung, Immunität und Geschäftsordnung in seiner Beschlussempfehlung und dem Bericht vom 10. Februar 2000[47] ausführlich befasst. Er hat bei dieser Gelegenheit noch einmal darauf hingewiesen, dass diese Rechtsänderung auf die Rechtsprechung des Bundesverfassungsgerichts zurückgeht. Das Gericht hatte nämlich in seinem Beschluss vom 30. September 1987 festgestellt, dass es sich bei Renten aus der gesetzlichen Rentenversicherung, obwohl hierbei ein Teil des Kapitalzuflusses bei wirtschaftlicher Betrachtungsweise aus dem eigenen Vermögen des Rentenempfängers stammt, um eine Leistung aus einer öffentlichen Kasse handelt, so dass es nahe liegt, *„dass der Gesetzgeber, sofern er es bei der bisherigen Konzeption von Entschädigung und Versorgung der Abgeordneten belässt, auch eine Anrechnung von Renten aus der gesetzlichen Rentenversicherung vorsieht".*[48] Der auf Pflichtbeiträgen beruhende Teil der Rente ist danach in voller Höhe anzurechnen, auch wenn sie zum Teil vom Versicherungspflichtigen erbracht wurden (s.u. 4. 2. 3).

---

44 Das BVerfG hatte die Anrechnungsbestimmungen des § 29 bereits in einem Beschluss vom 11. Oktober 1977 – 2 BvR 407 / 76 –, BVerfGE 46, 97, 111, wörtlich als „großzügige Regelungen" bezeichnet.
45 Vgl. dazu BVerfG, Beschluss vom 30. September 1987 – 2 BvR 933 / 82 –, BVerfGE 76, 256, 341 ff.
46 So die Begründung zum Entwurf eines Einundzwanzigsten Gesetzes zur Änderung des Abgeordnetengesetzes vom 30. November 1999, BT-Drs. 14 / 2235, S. 8 f.
47 BT-Drs. 14 / 2660, S. 12 ff.
48 Beschluss des Zweiten Senats – 2 BvR 933 / 82 –, BVerfGE 76, 256, 299 f. u. 343.

§ 29 Anrechnung beim Zusammentreffen mehrerer Bezüge aus öffentlichen Kassen

38 Wie bei der Anwendung des § 29 Abs. 4 Satz 3 Abgeordnetengesetz, der für das Zusammentreffen von Altersentschädigung nach diesem Gesetz und Renten bereits eine der jetzt vorgeschlagenen entsprechende Regelung enthält, ist über den Verweis auf das Beamtenversorgungsgesetz (§ 55 Abs. 4) jedoch auch hier sichergestellt, dass bei der Anrechnung der Teil der Rente außer Ansatz bleibt, der 1. dem Verhältnis der Versicherungsjahre auf Grund freiwilliger Weiterversicherung oder Selbstversicherung zu den gesamten Versicherungsjahren oder, wenn sich die Rente nach Werteinheiten berechnet, dem Verhältnis der Werteinheiten für freiwillige Beiträge zu der Summe der Werteinheiten für freiwillige Beiträge, Pflichtbeiträge, Ersatzzeiten und Ausfallzeiten oder, wenn sich die Rente nach Entgeltpunkten berechnet, dem Verhältnis der Entgeltpunkte für freiwillige Beiträge zu der Summe der Entgeltpunkte für freiwillige Beiträge, Pflichtbeiträge, Ersatzzeiten, Zurechnungszeiten und Anrechnungszeiten entspricht, 2. auf einer Höherversicherung beruht. Dies gilt dann nicht, wenn der Arbeitgeber mindestens die Hälfte der Beiträge oder Zuschüsse in dieser Höhe geleistet hat. Ferner gilt auch in diesem Zusammenhang § 29 Abs. 7 Satz 1, wonach die Versorgungsbezüge mit Ausnahme der VBL-Rente nur mit dem Teil in die Anrechnung einbezogen werden, der nicht auf eigenen Beiträgen beruht (s.u. 6.).

39 Die Neuregelungen in § 29 Abs. 2 Satz 4 und 5 stellen die Einheitlichkeit des Maßstabes der Anrechnung beim Zusammentreffen von Abgeordnetenentschädigung mit Versorgungsbezügen aus öffentlichen Kassen, soweit sie auf Landesrecht bzw. zwischen- oder überstaatlichem Recht beruhen, für alle Abgeordneten sicher. Während bislang die Anrechnungsbestimmung in § 29 Abs. 1 Satz 4 a.F. oft deswegen nicht zur Anwendung kam, weil wegen § 29 Abs. 1 Satz 5 a.F. insbesondere Landesrecht vorging, das vielfach mildere Anrechnungen vorsah, gilt nun auch hier einheitlich der Anrechnungsschlüssel des § 29 Abs. 2 Satz 1. Gesetzestechnisch war dies im Hinblick auf kompetenzrechtliche Vorstellungen des Bundesrates, derentwegen er sogar den Vermittlungsausschuss bemüht hatte[49], nur dadurch möglich, dass in diesen Fällen die Abgeordnetenentschädigung um achtzig vom Hundert der Versorgungsbezüge ruht.

40 Weil die Rahmenbedingungen, unter denen die Mitglieder des 14. Bundestages sich um ihr Mandat beworben haben, aus Gründen des Vertrauensschutzes nicht schon während der laufenden Wahlperiode einschneidend verändert werden sollten, treten die beschriebenen Neuregelungen erst mit Beginn der 15. Wahlperiode in Kraft, gelten dann aber unterschiedslos für wiedergewählte wie für erstmals gewählte Mitglieder des Bundestages.[50]

---

[49] BR-Drs. 97/00 (Beschluss), BT-Drs. 14/3046 und BT-Drs. 14/3526.
[50] Vgl. Begründung zum Entwurf eines Einundzwanzigsten Gesetzes zur Änderung des Abgeordnetengesetzes vom 30. November 1999, aaO, S. 9; Ausschuss für Wahlprüfung, Immunität und Geschäftsordnung, Beschlussempfehlung und Bericht vom 10. Februar 2000, BT-Drs. 14/2660, S. 14.

4. Anrechnung beim Zusammentreffen von Versorgungsbezügen mit Bezügen aus öffentlichen Kassen

4.1 Versorgungsbezüge und aktive Bezüge aus öffentlichen Kassen

41 Versorgungsansprüche nach diesem Gesetz ruhen neben dem Einkommen aus einem Amtsverhältnis oder einer Verwendung im öffentlichen Dienst gemäß § 29 Abs. 3 Satz 1 um fünfzig vom Hundert des Betrages, um den sie und das Einkommen die Abgeordnetenentschädigung nach § 11 Abs. 1 übersteigen. „Versorgungsansprüche nach diesem Gesetz" sind grundsätzlich sämtliche im Fünften Abschnitt des Gesetzes geregelten Ansprüche für ehemalige Mitglieder des Bundestages und ihre Hinterbliebenen, wobei die Ruhensberechnung für jeden Anspruchsberechtigten gesondert vorzunehmen ist. Der Anspruch auf Übergangsgeld nach § 18 zählt allerdings nicht dazu. Für ihn gelten eigene Anrechnungsbestimmungen (vgl. 4. zu § 18). Auch die in § 23 begründeten Ansprüche sind trotz ihrer systematischen Stellung im Fünften Abschnitt keine Versorgungsansprüche, denn sie begründen gerade keine Ansprüche auf Versorgung, vielmehr nur auf Abfindung. § 29 Abs. 3 Satz 1 erfasst die genannten Einkommen, soweit sie beim Bund oder bei einem Land erzielt werden (zum Begriff der Verwendung im öffentlichen Dienst s. 8.). Kappungsgrenze, ab der das sonstige Einkommen neben der Altersentschädigung zur Hälfte auf diese angerechnet wird, ist grundsätzlich die Abgeordnetenentschädigung nach § 11 Abs. 1. An ihre Stelle tritt in den Versorgungsfällen nach den Übergangsregelungen zum Neunzehnten Änderungsgesetz gemäß § 35a Abs. 3 der (niedrigere) fiktive Bemessungsbetrag nach § 35a Abs. 2 Satz 3.

4.1.2 Einkommen aus einem Amtsverhältnis oder einer Verwendung im öffentlichen Dienst einer zwischen- oder überstaatlichen Einrichtung (Abs. 3 Satz 2)

42 Treffen Versorgungsansprüche und Einkommen aus einem Amtsverhältnis oder einer Verwendung im öffentlichen Dienst einer zwischen- oder überstaatlichen Einrichtung zusammen, so gilt gemäß § 29 Abs. 3 Satz 2 das o. in 3.1.1 Ausgeführte gleichermaßen (zum Begriff der zwischen- und überstaatlichen Einrichtung s. 8.).

4.1.3 Entschädigung aus der Mitgliedschaft im Europäischen Parlament oder im Parlament eines Landes (Abs. 5)

43 Versorgungsbezüge nach diesem Gesetz – also auch solche aus der Hinterbliebenenversorgung – ruhen neben der Entschädigung aus der Mitgliedschaft im Europäischen Parlament oder im Parlament eines Landes gemäß § 29 Abs. 5 in Höhe des Betrages, um den die Summe aus allen diesen sonstigen Bezügen die Abgeordnetenentschädigung nach § 11 Abs. 1 übersteigen. An die Stelle der Abgeordnetenentschädigung tritt in den Versorgungsfällen nach den Übergangsregelungen zum Neunzehnten Änderungsgesetz gemäß § 35a Abs. 3 der (niedrigere) fiktive Bemessungsbetrag nach § 35a Abs. 2 Satz 3. § 29 Abs. 5 ist mit Art. 1 des Einundzwanzigsten Gesetzes zur Änderung des Abgeordnetengesetzes vom 20. Juli 2000[51] sprach-

---

[51] BGBl. I S. 1037.

lich neu gefasst worden, hat aber im Hinblick auf die hier erläuterten Anrechnungstatbestände keine materielle Änderung erfahren.

Das Zusammentreffen von Versorgungsbezügen nach diesem Gesetz mit der Entschädigung aus der Mitgliedschaft im Europäischen Parlament wird auch in § 13 Abs. 1 Nr. 2 EuAbgG geregelt. Danach ruht die Entschädigung bis zur Höhe der Versorgung. Diese Bestimmung findet aber keine Anwendung, weil das Abgeordnetengesetz des Bundes eine anderweitige Regelung (§ 29 Abs. 5) getroffen hat. **44**

4.1.4 Abgeordnetenentschädigung nach diesem Gesetz

Zum Zusammentreffen von Versorgungsbezügen nach diesem Gesetz mit Abgeordnetenentschädigung nach diesem Gesetz s.o. 3. 2. 5. **45**

4.2 Versorgungsansprüche und passive Bezüge aus öffentlichen Kassen

4.2.1 Versorgungsbezüge aus einem Amtsverhältnis oder einer Verwendung im öffentlichen Dienst (Abs. 4 Satz 1)

Treffen Versorgungsansprüche nach diesem Gesetz mit Versorgungsbezügen aus einem Amtsverhältnis oder einer Verwendung im öffentlichen Dienst (zu diesem Begriff s. 8.) zusammen, so ruhen sie gemäß § 29 Abs. 4 Satz 1 um fünfzig vom Hundert des Betrages, um den sie und die Versorgungsbezüge aus dem Amtsverhältnis oder der Verwendung im öffentlichen Dienst die Abgeordnetenentschädigung übersteigen. Es ist also zunächst der Gesamtbetrag der verschiedenen passiven Bezüge zu ermitteln und sodann der Differenzbetrag zwischen dieser Summe und der Abgeordnetenentschädigung. Um die Hälfte des Differenzbetrages wird anschließend die Altersentschädigung nach diesem Gesetz gekürzt. Dabei macht es keinen Unterschied, ob es sich bei den hinzukommenden passiven Bezügen um solche des Bundes oder eines Landes handelt. **46**

An die Stelle der Abgeordnetenentschädigung tritt in den Versorgungsfällen nach den Übergangsregelungen zum Neunzehnten Änderungsgesetz gemäß § 35 a Abs. 3 der (niedrigere) fiktive Bemessungsbetrag nach § 35 a Abs. 2 Satz 3.

4.2.2 Versorgungsbezüge aus einem Amtsverhältnis oder einer Verwendung im öffentlichen Dienst einer zwischen- oder überstaatlichen Einrichtung (Abs. 4 Satz 2)

Das zu 4. 2. 1 Ausgeführte gilt hier entsprechend (§ 29 Abs. 4 Satz 2). Zum Begriff der zwischen- oder überstaatlichen Einrichtung s. 8. **47**

4.2.3 Renten (Abs. 4 Satz 3)

Die in 4. 2. 1 erläuterten Ruhensbestimmungen gelten gemäß § 29 Abs. 4 Satz 3, 1. Halbsatz, auch beim Zusammentreffen von Versorgungsansprüchen nach diesem Gesetz mit Renten im Sinne des § 55 Abs. 1 Satz 2 BeamtVG mit Ausnahme von Renten aus einer freiwilligen Pflichtversicherung auf Antrag gemäß § 4 Abs. 2 SGB VI. Zu den im BeamtVG genannten Renten zählen Renten aus den gesetzlichen Rentenversicherungen, Renten aus einer zusätzlichen Alters- oder Hinterbliebenenversorgung für Angehörige des öffentlichen Dienstes (VBL-Rente) und Leistungen **48** aus einer berufsständischen Versorgungseinrichtung oder aus einer befreienden Lebensversicherung, zu denen der Arbeitgeber auf Grund eines Beschäftigungsverhältnisses im öffentlichen Dienst mindestens die Hälfte der Beiträge oder Zuschüsse in dieser Höhe geleistet hat.

49 Auf Antrag versicherungspflichtig sind gemäß § 4 Abs. 2 SGB VI Personen, die nicht nur vorübergehend selbständig tätig sind, wenn sie die Versicherungspflicht innerhalb von fünf Jahren nach der Aufnahme der selbständigen Tätigkeit oder dem Ende der Versicherungspflicht aufgrund dieser Tätigkeit beantragen. Da die von ihnen erworbenen Rentenansprüche vollständig auf eigenen Beiträgen beruhen, bleiben sie nach § 29 Abs. 4 Satz 3 anrechnungsfrei.

50 Bei der Anrechnung der übrigen in § 55 Abs. 1 Satz 2 BeamtVG genannten Renten gilt gemäß § 29 Abs. 4 Satz 3, 2. Halbsatz, § 55 Abs. 1 Sätze 4 und 5, Abs. 3, 4 und 8 BeamtVG entsprechend. Diese Bestimmungen gestalten die Anrechnung von Renten näher aus. Über den Verweis auf § 55 Abs. 4 BeamtVG ist sichergestellt, dass bei der Anrechnung der Teil der Rente außer Ansatz bleibt, der 1. dem Verhältnis der Versicherungsjahre auf Grund freiwilliger Weiterversicherung oder Selbstversicherung zu den gesamten Versicherungsjahren oder, wenn sich die Rente nach Werteinheiten berechnet, dem Verhältnis der Werteinheiten für freiwillige Beiträge zu der Summe der Werteinheiten für freiwillige Beiträge, Pflichtbeiträge, Ersatzzeiten und Ausfallzeiten oder, wenn sich die Rente nach Entgeltpunkten berechnet, dem Verhältnis der Entgeltpunkte für freiwillige Beiträge zu der Summe der Entgeltpunkte für freiwillige Beiträge, Pflichtbeiträge, Ersatzzeiten, Zurechnungszeiten und Anrechnungszeiten entspricht, 2. auf einer Höherversicherung beruht. Dies gilt dann nicht, wenn der Arbeitgeber mindestens die Hälfte der Beiträge oder Zuschüsse in dieser Höhe geleistet hat. Für die Beurteilung, ob ein Rententeil im Sinne von § 55 Abs. 4 Satz 1 Nr. 1 und Nr. 2 BeamtVG auf freiwilligen Beiträgen zur Rente oder auf einer Höherversicherung beruht, ist der Rentenbescheid maßgeblich.[52] Soweit die Rente auf Pflichtbeiträgen – auch den eigenen des Rentenversicherungspflichtigen – beruht, wird sie in voller Höhe angerechnet, denn § 29 Abs. 7 Satz 1 findet auf Renten gem. Abs. 4 Satz 3 gerade keine Anwendung.

4.2.4 Versorgungsbezüge aus der Mitgliedschaft im Parlament eines Landes (Abs. 6 Satz 1)

51 Treffen Versorgungsbezüge nach diesem Gesetz mit solchen aus der Mitgliedschaft im Parlament eines Landes zusammen, so ruht der Versorgungsanspruch nach diesem Gesetz gemäß § 29 Abs. 6 Satz 1 in Höhe des Betrages, um den beide Versorgungsbezüge die Höchstversorgungsbezüge nach diesem Gesetz übersteigen. Es ist also der Differenzbetrag zwischen der Summe der zusammentreffenden Versorgungsbezüge aus den Mandaten und der Höchstversorgung nach diesem Gesetz (69 vom Hundert der Abgeordnetenentschädigung nach § 11 Abs. 1 gemäß §§ 19 und 20 bzw. 75 vom Hundert des fiktiven Bemessungsbetrages nach § 35 a Abs. 2 Satz 3 in den Versorgungsfällen nach den Übergangsregelungen zum Neunzehnten Änderungsgesetz) zu ermitteln. Die Höchstversorgung nach diesem Gesetz ist im Übrigen unabhängig davon maßgeblich, ob der Betroffene sie im Einzelfall

---

[52] VGH Baden-Württemberg, Urteil vom 29. August 1989 – 4 S 1393/88-, ZBR 1990, 330 f.; BVerwG, Urteil vom 21. Februar 1991 – 2 C 32.88 –, ZBR 1991, 348.

auch tatsächlich erhält. In Höhe dieses Differenzbetrages ruht dann die Altersentschädigung nach diesem Gesetz.

§ 29 Abs. 6 Satz 1 ist mit Art. 1 des Einundzwanzigsten Gesetzes zur Änderung des Abgeordnetengesetzes vom 20. Juli 2000[53] redaktionell neu gefasst worden, hat aber im Hinblick auf den hier erläuterten Anrechnungstatbestand keine materielle Änderung erfahren.

4.2.5 Versorgungsbezüge aus der Mitgliedschaft im Europäischen Parlament (Abs. 6 Satz 2)

Nach § 29 Abs. 6 Satz 2 ruht die Versorgung nach diesem Gesetz bis zur Höhe der Versorgung des Europäischen Parlaments, soweit nicht bereits seitens des Europäischen Parlaments die Anrechnung der Versorgung nach diesem Gesetz auf die dortige Versorgung bestimmt ist. Die Änderung, die die Norm durch Art. 1 des Einundzwanzigsten Gesetzes zur Änderung des Abgeordnetengesetzes vom 20. Juli 2000[54] erfahren hat, ist auch hier nur redaktioneller Art.

Von dieser Bestimmung wird also weiterhin nur die eigenständige Versorgung seitens des Europäischen Parlaments erfasst, vor allem also Leistungen aus dem freiwilligen Altersversorgungssystem (Pensionsfonds, s. dazu 4. 2 zu § 19) und zwar auch bei Zahlung eines Teils des Ruhegehalts als Pauschalsumme (vgl. unten 6.), nicht aber die Altersentschädigung nach Maßgabe des EuAbgG (s. dazu 4. 1 zu § 19). Bei letzterer kann es zu der hier diskutierten Anrechnungskonstellation nicht kommen. Denn nach § 10 b Satz 2 EuAbgG gelten Zeiten der Mitgliedschaft im Europäischen Parlament als Zeiten der Mitgliedschaft im Bundestag. Beide Mitgliedszeiten werden also zusammengefasst und auf dieser Grundlage wird die einheitliche Versorgung nach Maßgabe des Abgeordnetengesetzes festgesetzt. Bei der Anrechnung von Leistungen aus dem Pensionsfonds ist zu beachten, dass sie zu einem Drittel auf Eigenbeiträgen des ehemaligen Abgeordneten und zu zwei Dritteln auf Beiträgen aus dem Haushalt des Europäischen Parlaments beruhen (vgl. 4. 2 zu § 19). Nach § 29 Abs. 7 Satz 1 darf nur der Teil der Leistungen angerechnet werden, der nicht auf eigenen Beiträgen beruht.

4.2.6 Sonstige Versorgungsbezüge nach diesem Gesetz

Das Zusammentreffen von mehreren Versorgungsbezügen nach diesem Gesetz aus unterschiedlichen Anspruchsgrundlagen war bisher nicht geregelt. In der Praxis kommt es jedoch gelegentlich vor, dass zu der eigenen Altersentschädigung nach den §§ 19 ff. eine Hinterbliebenenversorgung nach § 25 tritt. Hier war es sach- und systemgerecht, § 29 Abs. 6 Satz 1 dahin zu ergänzen, dass auch in diesen Fällen die Versorgungsbezüge aus der Mitgliedschaft im Bundestag in Höhe des Betrages ruhen, um den die Summe der Versorgungsbezüge die Höchstversorgungsbezüge nach diesem Gesetz übersteigt. Mit der Neufassung der Bestimmung durch Art. 1 des Einundzwanzigsten Änderungsgesetzes vom 20. Juli 2000[55] hat der Gesetz-

---

53 BGBl. I S. 1037.
54 BGBl. I S. 1037.
55 BGBl. I S. 1037.

geber diese Gesetzeslücke geschlossen.[56] § 29 Abs. 6 Satz 1 stellt jetzt klar, dass beim Zusammentreffen verschiedener Versorgungsbezüge nach diesem Gesetz in der Person eines Anspruchsberechtigten in der Summe maximal der Betrag der Höchstversorgungsbezüge gezahlt werden darf.

5. Anrechnung beim Zusammentreffen der Abgeordnetenentschädigung oder von Versorgungsansprüchen mit privaten Einkünften

54 Die Zulässigkeit der Anrechnung von privaten Einkünften auf die Abgeordnetenentschädigung oder auf Versorgungsansprüche nach diesem Gesetz ist umstritten (zur gesetzlich vorgesehenen Anrechnung auf das Übergangsgeld s. 4. 1 zu § 18). Es wird die Auffassung vertreten, eine Anrechnung privater Einkünfte aus Tätigkeiten, die neben dem Mandat ausgeübt werden, komme nach den Ausführungen des Bundesverfassungsgerichts in der Entscheidung vom 30. September 1987[57] nicht in Betracht. Danach berühre das aus einer kompatiblen Tätigkeit erzielte private Einkommen die Abgeordnetenentschädigung nicht. Das Bundesverwaltungsgericht hat dazu in seiner Entscheidung vom 28. Juli 1989 ausgeführt, dass das hinter den Anrechnungsbestimmungen stehende Regelungsmotiv des Gesetzgebers, öffentliche Kassen nicht doppelt mit der Alimentation des Berechtigten und seiner Familie zu belasten, einerseits die Anrechnung verfassungsrechtlich rechtfertige, andererseits aber auch auf Einkünfte aus öffentlichen Kasse beschränke.[58]

55 Auch die Kissel-Kommission ist in ihrem Bericht vom 3. Juni 1993 zu der Überzeugung gelangt, dass die geldwerte Gegenleistung für eine neben dem Mandat tatsächlich erbrachte Arbeitsleistung nicht beschnitten werden könne. Auch eine mittelbare Beschneidung in der Form der Anrechnung privater Erwerbseinkünfte auf die Abgeordnetenentschädigung scheide aus. Für die Bezüge aus der Wahrnehmung von Aufsichtsrats- und Vorstandspositionen in Wirtschaftsunternehmen könne dabei nichts anderes gelten.[59]

56 Nach anderer Auffassung[60], die die Vertretbarkeit gegenteiliger Meinungen allerdings ausdrücklich einräumt, verletzt eine Anrechnung von Einkünften, die der Abgeordnete aus einer Tätigkeit außerhalb des öffentlichen Dienstes erzielt, auf die ihm zustehende Abgeordnetenentschädigung das Verfassungsgebot der Gewährung einer angemessenen, die Unabhängigkeit sichernden Entschädigung nicht, sofern dem Mandatsinhaber auch nach Anrechnung noch ein Betrag verbleibt, der ihm und seiner Familie eine dem Amt angemessene Lebensführung ermöglicht. Das sei immer dann der Fall, wenn der Betrag der Abgeordnetenentschädigung durch

---

56 S. auch Begründung zum Entwurf eines Einundzwanzigsten Gesetzes zur Änderung des Abgeordnetengesetzes vom 30. November 1999, BT-Drs. 14/2235, S. 8.
57 2 BvR 933/82 –, BVerfGE 76, 256, 341 ff.
58 BVerwG, Urteil vom 28. Juli 1989 – 7 C 91/87 –, NJW 1990, 462 ff., m.w.N.
59 BT-Drs. 12/5020, S. 19.
60 *Battis U.*, Vergleichende Darstellung nebst Kommentierung der Anrechnungsregelungen des Soldatenversorgungsgesetzes/Beamtenversorgungsgesetzes, des Bundesministergesetzes sowie des Bundesabgeordnetengesetzes, Gutachten vom 3. Dezember 1992 für den Deutschen Bundestag, S. 27 ff.; *Welti F.*, Die soziale Sicherung der Abgeordneten des Deutschen Bundestages, der Landtage und der deutschen Abgeordneten im Europäischen Parlament, Berlin 1998, S. 211 f.

§ 29 Anrechnung beim Zusammentreffen mehrerer Bezüge aus öffentlichen Kassen

die Anrechnung nicht unterschritten wird und eine Kürzung zwei Drittel des angerechneten Einkommens nicht übersteigt.

Der Staat schulde nämlich von Verfassungs wegen keine Vollalimentation. Seine Verpflichtung beschränke sich darauf, dem Abgeordneten eine angemessene Entschädigung zu belassen. Eine Verpflichtung des Staates, diese selbst zu gewähren, und zwar unabhängig davon, ob der Abgeordnete in der Lage ist, seinen Lebensunterhalt aus eigenen Mitteln zu bestreiten, könne dem Grundgesetz nicht entnommen werden. Art. 48 Abs. 3 Satz 1 GG stehe deshalb auch unter Beachtung des formalisierten Gleichheitssatzes (vgl. dazu 2. 4 zu § 11) einer partiellen Anrechnung privater Einkünfte nicht entgegen, wenn man in der Vermeidung von Doppel- und Mehrfacheinkommen einen besonderen rechtfertigenden, einen zwingenden sachlichen Grund für eine Ausnahme von der formalisierten Gleichbehandlung sehe.

Letzteres dürfte kaum überzeugen. Die Vermeidung von Mehrfacheinkommen von Abgeordneten mag politisch gewollt sein und von der öffentlichen Meinung begrüßt werden. Sachlich zwingend ist sie deshalb noch nicht. Dementsprechend sehen die Abgeordnetengesetze des Bundes und der Länder eine Anrechnung von privaten Einkünften auf Abgeordnetenentschädigung oder Altersentschädigung bislang mehrheitlich auch nicht vor. Das Bay.AbgG (Art. 22 Abs. 3 Satz 2), das Hess.AbgG (§ 26 Abs. 4) und das SachsAnh.AbgG (§ 32 Abs. 2) enthalten nur scheinbare Abweichungen. Soweit die dortigen Bestimmungen zur Anrechenbarkeit von privaten Einkünften führen, erfolgt dies nur deshalb, weil es sich um Einkommen aus einer Beschäftigung in einem von der öffentlichen Hand beherrschten Unternehmen handelt und die Tätigkeit dort der im öffentlichen Dienst gleichgestellt wird. Allein § 27 Abs. 4 lit. b) SachsAnh.AbgG bestimmt, dass Versorgungsbezüge nach diesem Gesetz neben Einkommen aus einem bestehenden Arbeitsverhältnis um 30 vom Hundert des Betrages ruhen, um den die Summe der Einkünfte die Grundentschädigung übersteigt.[61]

6. Ergänzende Hinweise zur Anwendung der Anrechnungsbestimmungen (Abs. 7)

§ 29 Abs. 7 Satz 1 bestimmt, dass Versorgungsbezüge – mit Ausnahme der in Abs. 4 Satz 3 genannten Renten (s. dazu o. 4. 2. 3) – nur mit dem Anteil in die Anrechnung einbezogen werden, der nicht auf eigenen, sondern auf fremden Beiträgen beruht. Praxisrelevant ist das vor allem bei der Anrechnung von Leistungen aus dem Pensionsfonds des Europäischen Parlaments (s.o. 4. 2. 5). Nach Satz 2 und 3 dieser Regelung sind ferner die Absätze 1 bis 4 auf das Weihnachtsgeld, Aufwandsentschädigungen, Unfallausgleich, Urlaubsgelder und einmalige Zahlungen nicht anzuwenden. Diese finanziellen Leistungen aus öffentlichen Kassen bleiben also anrechnungsfrei. Das gilt – anders als nach § 53 BeamtVG – auch für Abfindungen, weil sie unter den Begriff der „einmaligen Zahlungen" zu subsumieren sind. Insoweit ist die Rechtslage nach § 29 Abs. 7 also eine andere als nach § 18 Abs. 2. Auf das Übergangsgeld nach § 18 sind nämlich auch Abfindungen anzurechnen, weil nach

---

[61] Giesen R., Gesetzliche Rentenversicherung für Abgeordnete?, DVBl. 1999, 291, 295, hält diese Regelung für verfassungswidrig.

§ 26 die für Bundesbeamte geltenden versorgungsrechtlichen Vorschriften – mithin auch § 53 BeamtVG – sinngemäß anzuwenden sind.

59 Die Zahlung eines Teils des Ruhegehalts als Pauschalsumme nach Art. 3 Nr. 1 der „Regelung betreffend das zusätzliche (freiwillige) Altersversorgungssystem" für Mitglieder des Europäischen Parlaments[62] ist keine „„einmalige Leistung" im Sinne des § 29 Abs. 7 Satz 3. Dieses Alterssicherungssystem gewährt seinen berechtigten Mitgliedern in Art. 1 Nr. 1 einen Anspruch auf ein Ruhegehalt auf Lebenszeit, also gerade keine einmalige, sondern eine wiederkehrende Leistung. An der Rechtsqualität „Ruhegehalt" ändert sich aber nichts dadurch, dass ein Teil davon gem. Art. 3 Nr. 1 als Pauschalsumme vorab gewährt werden kann. Abgesehen davon sind einmalige Zahlungen nach § 29 Abs. 7 Satz 3 nur bei der Anwendung der Abs. 1 bis 4 außer Betracht zu lassen, nicht aber bei der Anwendung des in erster Linie einschlägigen Abs. 6, der die Anrechnung beim Zusammentreffen von nationalen mit europäischen Versorgungsbezügen für ehemalige Abgeordnete regelt.

7. Berücksichtigung der Amtszulage nach § 11 Abs. 2 (Abs. 8)

60 § 29 Abs. 8 schreibt vor, dass bei den Anrechnungsgrenzen der Absätze 3 bis 6 (nicht Absätze 1 und 2) die Amtszulage nach § 11 Abs. 2 entsprechend berücksichtigt wird. Das hat Auswirkungen auf die Kappungsgrenzen in Anrechnungsfällen beim Präsidenten und seinen Stellvertretern. Diese sind höher als üblich. Soweit das Gesetz in § 29 Abs. 3, 4 und 5 als Kappungsgrenze die Abgeordnetenentschädigung nach § 11 Abs. 1 nennt, ist diese im gleichen Verhältnis zu erhöhen, in dem die Mandatszeit zur Zeit des Bezuges der Amtszulage nach § 11 Abs. 2 steht. Ein Beispiel: Beträgt die Mandatszeit zwölf Jahre und die Zeit der Präsidentschaft vier Jahre davon, so ist die Abgeordnetenentschädigung als Kappungsgrenze um den Faktor 4/12 zu erhöhen. Bei einem Vizepräsidenten beträgt der Erhöhungsfaktor in diesem Beispiel 4/12 : 2, weil er nur die Hälfte der Abgeordnetenentschädigung als Amtszulage erhält.

61 Eine entsprechende Berechnung ist vorzunehmen, soweit das Gesetz in § 29 Abs. 6 Satz 1 die Höchstversorgungsbezüge nach diesem Gesetz zur Kappungsgrenze bestimmen. Auch hier ist die Höchstversorgung – wie im Beispiel gezeigt – anteilig zu erhöhen.

62 Nichts anderes gilt, soweit nach § 35 a Abs. 2 Satz 1 bei den Übergangsregelungen zum Neunzehnten Änderungsgesetz an die Stelle der Abgeordnetenentschädigung der fiktive Bemessungsbetrag nach § 35 a Satz 3 tritt.

8. Begriff der Verwendung im öffentlichen Dienst und der zwischen- oder überstaatlichen Einrichtungen (Abs. 9)

63 Nach § 29 Abs. 9 bestimmen sich die Verwendung im öffentlichen Dienst und die nach dieser Vorschrift erfassten zwischen- oder überstaatlichen Einrichtungen nach § 53 Abs. 8 BeamtVG (früher: § 53 Abs. 5 BeamtVG[63]) und den hierzu erlassenen Vorschriften.

---

[62] Stand: 13. Juli 1999 – PE 133.116/QUE/rev. X/7-99, DOC-DE\DV\379\379744, Anl. IX.
[63] Zur Verfassungsmäßigkeit des § 53 Abs. 5 BeamtVG vgl. BVerwG, Urteil vom 28. Juli 1989 – 7 C 91/87 –, NJW 1990, 462 ff., m.w.N.

§ 29 Anrechnung beim Zusammentreffen mehrerer Bezüge aus öffentlichen Kassen

Gemäß § 53 Abs. 8 Satz 2 BeamtVG ist eine Verwendung im öffentlichen Dienst jede Beschäftigung im Dienst von Körperschaften, Anstalten und Stiftungen des deutschen öffentlichen Rechts oder ihrer Verbände. Ausgenommen hiervon ist die Beschäftigung bei öffentlich-rechtlichen Religionsgesellschaften oder ihren Verbänden. Der Begriff der „Verwendung" umfasst jede Art der Beschäftigung, sei es als Beamter in einem öffentlich-rechtlichen Dienstverhältnis, sei es als Arbeitnehmer in einem privatrechtlichen Arbeitsverhältnis. Die Beschäftigung muss allerdings in einem Abhängigkeitsverhältnis von einem Dienstherren oder Arbeitgeber ausgeübt werden. Nach der Rechtsprechung des Bundesverwaltungsgerichts ist dafür zweierlei kennzeichnend, einmal die Verpflichtung zur Ausübung einer bestimmten Tätigkeit und zum anderen die Weisungsabhängigkeit vom Dienstherrn oder Arbeitgeber bei der Art und Weise der Aufgabenerledigung.[64] **64**

Die an Ehrenbeamte gewährte Aufwandsentschädigung ist kein Einkommen aus einer Verwendung im öffentlichen Dienst im Sinne der Anrechnungsbestimmungen. Ihre steuerliche Behandlung ist in dem Zusammenhang unerheblich.[65] **65**

Der Verwendung im öffentlichen Dienst steht nach § 53 Abs. 8 Satz 3 BeamtVG die Verwendung im öffentlichen Dienst einer zwischen- oder überstaatlichen Einrichtung gleich, an der eine Körperschaft oder ein Verband im Sinne des § 53 Abs. 8 Satz 2 BeamtVG durch Zahlung von Beiträgen oder Zuschüssen oder in anderer Weise beteiligt ist. Ob diese Voraussetzungen zutreffen, entscheidet das Bundesministerium des Innern als das für das Versorgungsrecht zuständige Ministerium oder die von ihm bestimmte Stelle (§ 53 Abs. 8 Satz 4 BeamtVG). Hierunter fallen alle in der Anlage zu den „Entsendungsrichtlinien"[66] genannten Organisationen und sonstige entsprechende Einrichtungen. Dabei ist es auch hier unerheblich, ob die Verwendung im Einzelfall auf einem öffentlich-rechtlichen Dienstverhältnis oder auf einem privatrechtlichen Arbeitsvertrag beruht. Auch eine Tätigkeit als Kommissionsmitglied der Europäischen Gemeinschaften unterfällt dem Begriff der „Verwendung im öffentlichen Dienst einer zwischenstaatlichen oder überstaatlichen Einrichtung" im Sinne des § 29 Abs. 4 S 2. Aus dem Steuerrecht nach Art. 13 i.V.m. 20 des Protokolls über die Vorrechte und Befreiungen der Europäischen Gemeinschaften vom 8. April 1965 lässt sich für die Zulässigkeit innerstaatlicher Anrechnungsbestimmungen nach Art des § 29 nichts herleiten.[67] **66**

9. EuAbgG

9.1 Nationales Recht

Für in Deutschland gewählte Mitglieder des Europäischen Parlaments enthält das EuAbgG eigenständige Anrechnungsbestimmungen, die z. T. auf Anrechnungsvor- **67**

---

64 BVerwG, Urteil vom 7. Januar 1980, BVerwGE 110, 78; *Plog E./Wiedow A./Beck G./Lemhöfer B.*, Kommentar zum Bundesbeamtengesetz, § 53 BeamtVG, Rdn. 14.
65 BVerwG, Urteil vom 10. März 1994 – 2 C 11.93 –, RiA 1994, 298 f.
66 Richtlinien für die Entsendung von Bundesbediensteten in öffentliche zwischenstaatliche oder überstaatliche Organisationen vom 15. August 1989, GMBl. S. 498.
67 Vgl. OVG NW, Urteil vom 30. April 1997 – 12 A 2547/97 – JURIS Dok.Nr. MWRE445 (entschieden im Falle eines ehemaligen Mitglieds der Hohen Behörde der EGKS und späteren Vizepräsidenten der EG-Kommission).

schriften des AbgG verweisen, z. T. hinter Anrechnungsbestimmungen des AbgG des Bundes oder eines Landes zurücktreten.

68 § 13 EuAbgG regelt in Abs. 1 das Zusammentreffen von Entschädigung nach dem EuAbgG mit sonstigen aktiven oder passiven Einkünften aus öffentlichen Kassen. Soweit darunter Leistungen nach dem AbgG des Bundes sind, wurde hierauf schon in den vorstehenden Anmerkungen näher eingegangen. Generell gilt in diesem Zusammenhang, dass die Anrechnungsvorschriften der Abgeordnetengesetze des Bundes oder eines Landes dem § 13 Abs. 1 EuAbgG vorgehen. Die Norm gilt nur subsidiär.

69 § 13 Abs. 2 EuAbgG erklärt § 29 Abs. 1, 2, 6, 7 und 9 AbgG mit der Maßgabe für entsprechend anwendbar, dass auch die Bezüge oder Versorgungsbezüge eines anderen Mitgliedstaates der Europäischen Union, die aufgrund eines vergleichbaren Amtsverhältnisses oder einer entsprechenden Verwendung im öffentlichen Dienst gewährt werden, anzurechnen sind. Auf die entsprechenden Anmerkungen zu § 29 wird im Übrigen verwiesen. Soweit der Gesetzgeber mit dem Einundzwanzigsten Änderungsgesetz vom 20. Juli 2000[68] für die Bundestagsabgeordneten ab Beginn der 15. Wahlperiode verschärfte Anrechnungsbestimmungen eingeführt hat (s.o. 3. 2. 8), gelten diese gemäß Art 5 Abs. 3 Satz 2 dieses Gesetzes bei Anwendung des Europaabgeordnetengesetzes jedoch erst vom Tag der ersten Sitzung des 6. Europäischen Parlaments an. Damit soll auch für die in Deutschland gewählten Abgeordneten des Europäischen Parlaments aus Gründen des Vertrauensschutzes sichergestellt werden, dass Veränderungen ihres Status, die bei ihrer Bewerbung um ein Mandat für die 5. Wahlperiode des Europäischen Parlaments noch nicht absehbar waren, nicht bereits während der laufenden Wahlperiode eintreten.[69]

70 § 13 Abs. 3 EuAbgG enthält eine Auffangvorschrift für spezialgesetzlich noch nicht geregelte Fälle des Zusammentreffens von Leistungen aus öffentlichen Kassen. Danach sind Leistungen des Europäischen Parlaments generell und in voller Höhe auf Leistungen nach dem EuAbgG mit gleicher Zweckbestimmung anzurechnen.

71 § 10 b EuAbgG trifft besondere Regelungen für Leistungen an ehemalige Mitglieder des Europäischen Parlaments und ihre Hinterbliebenen. Nach Satz 1 Nr. 1 gilt, dass der Versorgungsanspruch nach diesem Gesetz neben Leistungen aus der Unfallversicherung des Europäischen Parlaments bis zur Höhe der Versicherungsleistung ruht. Dasselbe gilt nach Satz 1 Nr. 2 beim Bezug von Versicherungsleistungen aus der Lebensversicherung oder von sonstigen vergleichbaren Leistungen des Europäischen Parlaments. Auch hier ruht die Versorgung nach diesem Gesetz, bis diese anderen Leistungen erreicht sind.

Satz 3 der Bestimmung regelt das Zusammentreffen von Versorgungsansprüchen nach dem EuAbgG mit der Abgeordnetenentschädigung nach § 11 AbgG. Die Versorgungsansprüche ruhen danach in voller Höhe.

Satz 4 schließlich erklärt § 29 Abs. 3 bis 9 AbgG für entsprechend anwendbar, so dass auf die Erläuterungen dazu verwiesen werden kann.

---

68 BGBl. I S. 1037.
69 Vgl. Beschlussempfehlung und Bericht des Ausschusses für Wahlprüfung, Immunität und Geschäftsordnung vom 10. Februar 2000, BT-Drs. 14/2660, S. 14.

9.2 Europäisches Recht

Die „Kostenerstattungs- und Vergütungsregelung für die Mitglieder" des Europäischen Parlaments[70] sieht ebenfalls einige Anrechnungsbestimmungen vor, die indessen bei weitem nicht so umfassend sind wie die nationalen Regelungen. Sie betreffen im Wesentlichen das Zusammentreffen von Leistungen des Europäischen Parlaments mit zweckgleichen nationalen Leistungen, so z.B. in Anlage I (Hinterbliebenenversorgung) Art. 4, Anlage II (Ruhegehalt wegen Dienstunfähigkeit) Art. 2 und Anlage V (Übergangsvergütung) Art. 2.

Auch der vom Europäischen Parlament in seiner Sitzung vom 3. Dezember 1998 angenommene Entwurf eines Statuts für die Abgeordneten des Europäischen Parlaments[71] enthielt einige Anrechnungsvorschriften, z. T. aber – und das richtet sich vor allem gegen die nationalen Anrechnungsvorschriften nach deutschem Recht – auch ausdrückliche Anrechnungsverbote. Art. 6 Ziffer 4 und Art. 8 Ziffer 4 des Anhangs zum Statut untersagten z.B. die Anrechnung anderer Pensionen auf die Altersentschädigung bzw. auf Leistungen aus dem Pensionsfonds. Träten diese Bestimmungen in Kraft, gingen sie dem nationalen Recht mit der Folge vor, dass eine Anrechnung unterbleiben müsste. Um dem Verbot der Doppelalimentation weiterhin Rechnung zu tragen und um die politische Diskussion um eine Mehrfachversorgung von Abgeordneten nun nicht auch noch auf europäischer Ebene führen zu müssen, dürfte sich als nationale Reaktion die Einführung einer Übergangsregelung in das EuAbgG empfehlen, wonach ein Anspruch auf nationale Leistungen nicht besteht, soweit das europäische Recht Leistungen mit derselben Zweckbestimmung vorsieht. Nachdem das einheitliche Abgeordnetenstatut aufgrund tiefgreifender Differenzen zwischen dem Rat und dem Europäischen Parlament – der Rat hatte den Ursprungsentwurf des Parlaments in wesentlichen Bestandteilen zum Nachteil der Abgeordneten verändert[72] – in der 4. Wahlperiode nicht verabschiedet werden konnte, bleibt die weitere Entwicklung in der 5. Wahlperiode abzuwarten.

10. Landesrecht

Die Abgeordnetengesetze der Länder sehen für ein Zusammentreffen der Abgeordnetenentschädigung der Landtagsabgeordneten oder der Altersentschädigung mit sonstigen Einkünften aus einer aktiven Berufstätigkeit oder mit sonstigen Versorgungsbezügen überwiegend ebenfalls Anrechnungs- oder Ruhensbestimmungen vor, wobei aber sowohl die erfassten Tatbestände als auch die Höchstgrenzen, ab denen eine Anrechnung oder ein Ruhen bestimmt wird, landesspezifisch variieren.[73] Im Folgenden soll deshalb nur auf einige Besonderheiten eingegangen werden.[74]

---

[70] Stand: 2. Juli 2001 – PE 133.116 / QUEST / rev. XI / 7-2001 DV\445055DE.doc.
[71] PV 55 PE 273.910.
[72] DOC_DE\NT\377\377136 PE 278.414 / BUR.
[73] § 21 BadWürtt.AbgG; Art. 22 Bay.AbgG; § 21 Berl.AbgG; § 21 Bbg.AbgG; § 23 Brem.AbgG; §§ 16, 17 Hbg.AbgG; §§ 18–21 Hess.AbgG; § 27 MV.AbgG; §§ 14, 20 Nds.AbgG; § 22 NW.AbgG; § 21 RP.AbgG; § 21 Saarl.AbgG; § 23 Sächs.AbgG; § 27 SachsAnh.AbgG; § 27 SchlH.AbgG; §§ 22–25 Thür.AbgG.
[74] Zu den Anrechnungsbestimmungen der fünf neuen Bundesländer vgl. ausführlich *Fischer A.*, aaO, S. 111 ff.

75 So bestimmt das Bay.AbgG in Art. 22 Abs. 9, dass als Einkommen aus einer Verwendung im öffentlichen Dienst auch Entschädigungen an Kommunale Wahlbeamte im Ehrenbeamtenverhältnis gelten.

76 § 21 Abs. 8 Berl.AbgG begründet eine Mitteilungspflicht der Betroffenen über anrechnungsrelevante Sachverhalte. In den übrigen Abgeordnetengesetzen der Länder findet sich solch eine ausdrückliche Verpflichtung nicht. Hier muss die Mitwirkungspflicht der Betroffenen aus einem Verweis auf § 26 BeamtVG oder den Gesetzesbefehlen zur Anrechnung abgeleitet werden. Mangels Ermächtigungsgrundlage ist das Unterlassen einer Mitwirkung hier aber nicht sanktionsbewehrt.[75]

77 In Übereinstimmung mit der Rechtsprechung des Bundesverfassungsgerichts (s.o. 2.2.3) sehen die Abgeordnetengesetze der Bundesländer Hessen, Niedersachsen, Saarland und Thüringen eine Anrechnung von Renten aus der gesetzlichen Rentenversicherung auf die Abgeordnetenentschädigung vor.[76] In den übrigen Bundesländern fehlt eine solche Regelung ebenso wie bis zum In-Kraft-Treten des Art. 2 des Einundzwanzigsten Änderungsgesetzes vom 20. Juli 2000[77] beim Bund. In Nordrhein-Westfalen werden Renten aus der gesetzlichen Rentenversicherung darüber hinaus nicht einmal auf die Altersentschädigung angerechnet.

78 Atypisch ist in den Bundesländern Bremen und Hamburg die Anrechnung beim Zusammentreffen von Versorgungsbezügen ehemaliger Senatoren mit der Entschädigung nach dem Landesabgeordnetengesetz geregelt. Die entsprechende Norm ist nicht etwa in letzterem, sondern im jeweiligen Senatsgesetz geregelt.[78]

79 Private Einkünfte werden auch in den Bundesländern grundsätzlich nicht angerechnet (s.o. 4.). Das Bay.AbgG (Art. 22 Abs. 3 Satz 2), das Hess.AbgG (§ 26 Abs. 4) und das SachsAnh.AbgG (§ 32 Abs. 2) enthalten nur scheinbare Abweichungen. Soweit die dortigen Bestimmungen zur Anrechenbarkeit von privaten Einkünften führen, erfolgt dies nur deshalb, weil es sich um Einkommen aus einer Beschäftigung in einem von der öffentlichen Hand beherrschten bzw. überwiegend unterhaltenen Unternehmen handelt und die Tätigkeit dort der im öffentlichen Dienst gleichgestellt wird. Nur in Sachsen-Anhalt ruhen Versorgungsansprüche nach dem dortigen Landesabgeordnetengesetz neben Einkommen aus einem bestehenden Arbeitsverhältnis um 30 vom Hundert des Betrages, um den beide Einkommen die Grundentschädigung übersteigen.[79]

---

[75] Zur Frage der Rückerstattung überzahlter Bezüge bei Verletzung der Mitwirkungspflicht vgl. auch BVerwG, Urteil vom 28. Juli 1989 – 7 C 91/87 –, NJW 1990, 464 ff.
[76] § 19 Abs. 1 Hess.AbgG; § 14 Abs. 3 Satz 2 Nds.AbgG; § 21 Abs. 2 Saarl.AbgG; § 23 Abs. 1 Thür.AbgG:
[77] BGBl. I S. 1037.
[78] Vgl. § 15 Abs. 4 Brem.SenatsG und § 16 Abs. 4 Satz 3 Hbg.SenatsG.
[79] § 27 Abs. 4 lit. b SachsAnh.AbgG.

Achter Abschnitt
Gemeinsame Vorschriften

§ 30 Anpassungsverfahren

Der Bundestag beschließt innerhalb des ersten Halbjahres nach der konstituierenden Sitzung über die Anpassung der Abgeordnetenentschädigung nach § 11 Abs. 1 Satz 1 und des fiktiven Bemessungsbetrages für die Altersentschädigung nach § 35 a Abs. 2 mit Wirkung für die gesamte Wahlperiode. Der Präsident leitet den Fraktionen den entsprechenden Gesetzesvorschlag zu. Für die 15. Wahlperiode findet Satz 1 mit der Maßgabe Anwendung, dass der Bundestag in Ansehung des § 11 Abs. 1 Satz 2 und des § 35 a Abs. 2 Satz 3 über die Anpassung mit Wirkung für die übrige Dauer der Wahlperiode beschließt.

Parallelvorschriften im EuAbgG und in den Abgeordnetengesetzen der Länder:			
EuAbgG	–		
BadWürtt.	§ 21 a	Nds.	§ 25
Bay.	Art. 5	NW.	§ 23
Berl.	§ 22	RP.	§ 22
Bbg.	§ 22	Saarl.	§ 22
Brem.	§ 24	Sachs.	§ 24
Hbg.	§ 21	SachsAnh.	§ 28
Hess.	§ 5	SchlH.	§ 28
MV.	§ 28 a	Thür.	§ 26

Literatur: *Abelein M.*, Die Rechtsstellung der Abgeordneten in der Rechtsprechung des Bundesverfassungsgerichtes, in: Kipp H. / Mayer F. / Steinkamm A., Um Recht und Freiheit, Festschrift für Friedrich August Freiherr von der Heydte, Berlin, 1977, S. 777 ff.; *v. Arnim H. H.*, Das neue Abgeordnetengesetz, Forschungsinstitut für öffentliche Verwaltung bei der Hochschule für Verwaltungswissenschaften, Speyer, 1997; *ders.*, Entschädigung und Amtsausstattung, in: Parlamentsrecht und Parlamentspraxis in der Bundesrepublik Deutschland: ein Handbuch / hrsg. von Schneider H.-P. / Zeh W., Berlin, 1989, 523 ff.; *ders.*, Zweitbearbeitung von Art. 48 GG, 1980, in: Kommentar zum Bonner Grundgesetz (Bonner Kommentar); *ders.*, Abgeordnetenentschädigung und Grundgesetz, Wiesbaden, 1975; *Birk D.*, Volksinitiative und Abgeordnetengesetz, Rechtsgutachten erstattet im Auftrag des BdSt, Wiesbaden / Potsdam, 2000; *Brugger W.*, Ein amerikanischer Vorschlag zur Kontrolle von Diätenerhöhungen, ZRP 1992, 321 ff.; *Determann L.*, Verfassungsrechtliche Vorgaben für die Entschädigung von Abgeordneten, BayVBl. 1997, 385 ff.; *Edinger F.*, Indexierung der Abgeordnetenentschädigung verfassungsgemäß – Altersversorgung unangemessen hoch: Die Diäten-Entscheidung des Thüringer Verfassungsgerichtshofs vom 16. 12. 1998, ZParl 1999, 296 ff.; *van Essen J.*, Altersversorgung für Abgeordnete, Recht und Politik 1999, 81 ff.; *Eyermann E.*, Die ewigen Diätenquerelen, ZRP 1992, 201 ff.; *Fischer A.*, Abgeordnetendiäten und staatliche Fraktionsfinanzierung in den fünf neuen Bundesländern, Frankfurt, 1995; *Grünert J.*, Amt, Mandat und „Mehrfach-Alimentation", VR 1992, 413 ff.;

Achter Abschnitt
Gemeinsame Vorschriften

Henkel J., Das Abgeordnetengesetz des Bundestages, DÖV 1977, 350 ff.; *Holthoff-Pförtner St.*, Landesparlamentarismus und Abgeordnetenentschädigung, Baden-Baden, 2000; *Klein, H. H.*, in: Maunz-Dürig, Kommentar zum Grundgesetz, Art. 48; *Kissel O.*, Vom gerechten Lohn der Bundestagsabgeordneten, in: Festschrift für Albrecht Zeuner, Tübingen, 1994, 79 ff.; *Klein H. H.*, Diäten-Urteil und Diäten-Streit – Legendenbildung im Verfassungsrecht, in: Planung – Recht – Rechtsschutz, Festschrift für Willi Blümel zum 70. Geburtstag, hrsg. von Klaus Grupp und Michael Ronellenfitsch, S. 224 ff.; *Huber P. M.*, Gedanken zur Verfassung des Freistaats Thüringen, ThürVBl 1993, B 4 ff.; *ders.*, Zur Diätenregelung in Thüringen, ThürVBl. 1995, 80 ff.; *Linck J.*, Kritisches zur Diätenkritik von 86 Staatsrechtslehrern, ZParl 1995, 683 ff.; *ders.*, Zur Verfassungsmäßigkeit des Thüringer Modells einer Indexierung der Abgeordnetendiäten, ThürVBl. 1995, 104 ff.; *ders.*, Indexierung der Abgeordnetendiäten – Das Thüringer Modell gegen den bösen Schein der Selbstbedienung, ZParl 1995, 372 ff.; *Magiera S.*, in: Sachs M. (Hrsg.), Grundgesetz, Kommentar, 2. Aufl., München, 1999; *Pestalozza Chr.*, Die Staffeldiät oder: Das Parlament als Dunkelkammer, NJW 1987, 818 ff.; *Rommelfanger U.*, Die Verfassung des Freistaats Thüringen des Jahres 1993, ThürVBl 1993, 173 ff.; *Rupp H. H.*, Legitimation der Parlamente zur Entscheidung in eigener Sache, ZG 1992, 285 ff.; *Stern K.*, Das Staatsrecht der Bundesrepublik Deutschland, Bd. 1, 2. Aufl., München, 1984; *Trute H.-H.*, in: von Münch I. (Begr.), Grundgesetz-Kommentar, 3. Aufl., München, 1995; *Vogel H.-J.*, Entscheidungen des Parlaments in eigener Sache, ZG 1992, 293 ff.; *Waldthausen J. Chr. v.*, Gesetzgeberische Gestaltungsfreiheit und öffentliche Kontrolle im Verfahren zur Festsetzung der Abgeordnetenentschädigung, Berlin, 2000; *Welti F.*, Die soziale Sicherung der Abgeordneten des Deutschen Bundestages, der Landtage und der deutschen Abgeordneten im Europäischen Parlament, Berlin, 1998; *ders.*, Abgeordnete in die Sozialversicherung?, ZParl 2000, 254 ff.; *Wiefelspütz D.*, Diäten für Abgeordnete – eine unendliche Geschichte? Plädoyer für eine Indexierung der Abgeordnetenentschädigung, ZParl 2001, 33 ff.

Übersicht

		Rdn.
1.	Allgemeines	1–11
2.	Anpassungsverfahren nach § 30	12–17
3.	Alternative Anpassungsverfahren	18–36
3.1	Diätenkommission	20–22
3.2	Indexierung der Abgeordnetenentschädigung	23–33
3.3	Koppelung der Abgeordnetenentschädigung an die Bezüge im öffentlichen Dienst	34–36
4.	EuAbgG	37–40
5.	Landesrecht	41–44

1. Allgemeines

1 Schon seit der Änderung des Art. 32 der Reichsverfassung im Jahr 1906 wurde die Aufwandsentschädigung für die Reichstagsabgeordneten ebenso wie durch Folgegesetze später die Abgeordnetenentschädigung für die Bundestagsabgeordneten von Fall zu Fall durch ein Parlamentsgesetz festgelegt. Ein besonderes Anpassungsverfahren war nicht vorgesehen.[1]

2 Erstmals mit dem Abgeordnetengesetz vom 1. April 1977[2] wurde der Präsident in § 30 der Ursprungsfassung verpflichtet, dem Bundestag im Benehmen mit dem

---
1 Vgl. dazu auch *Waldthausen J. Chr. v.*, Gesetzgeberische Gestaltungsfreiheit und öffentliche Kontrolle im Verfahren zur Festsetzung der Abgeordnetenentschädigung, Berlin, 2000, S. 82 ff.
2 BGBl. I S. 297.

Ältestenrat in Abständen von längstens zwei Jahren einen Bericht über die Angemessenheit der Entschädigung im Sinne des Art. 48 Abs. 3 des Grundgesetzes zu erstatten. Zur Begründung heißt es in den Materialien zum Gesetzentwurf, es sei in regelmäßigen Abständen zu prüfen, ob die Entschädigung nach den vom 2. Sonderausschuss entwickelten Kriterien noch angemessen ist. Eine solche Untersuchung solle längstens im Abstand von zwei Jahren durchgeführt werden, um vom Arbeitsrhythmus des Parlaments her zu Beginn und in der Mitte der Wahlperiode eine Anpassung der Entschädigung an die allgemeine wirtschaftliche Entwicklung zu ermöglichen.³

Schon damals also hatte der Gesetzgeber zum einen erkannt, dass das Ende einer Wahlperiode mit Vorwahlkampf und Wahlkampf ein denkbar ungünstiger, weil politisch heikler Zeitpunkt für eine Erhöhung der Abgeordnetenentschädigung ist. Und zum anderen hat er mit der „Anpassung der Entschädigung an die allgemeine wirtschaftliche Entwicklung" eine missliche und – gemessen an den eigenen Zielen – systemwidrige Weichenstellung vorgegeben, die in den Folgejahren neben anderen Faktoren jedenfalls mit dazu beigetragen hat, dass sich die Schere zwischen Abgeordnetenentschädigung und der ursprünglich für richtig erkannten Referenzgröße der Bezüge eines kommunalen Wahlbeamten in der Besoldungsgruppe B 6 (vgl. 1. 2. 1 zu § 11) immer weiter öffnen konnte, weil der eigentliche Bezugspunkt aus dem Blick geriet.   3

Der zweijährige Überprüfungsrhythmus und die Ausrichtung an der wirtschaftlichen Entwicklung gingen auf eine Empfehlung des Beirates für Entschädigungsfragen in seinem zweiten Gutachten zur Neuregelung der Diäten der Mitglieder des Bundestages vom Juni 1976 zurück. Dort hatte der Beirat die Auffassung vertreten, dass die Höhe des Mandatsgehalts und der Kostenpauschale im Zusammenhang mit der allgemeinen Einkommens- und Preisentwicklung stehen müsse. Steigende Preise und höhere Löhne hätten Auswirkungen auf die Diäten der Abgeordneten. Bei der gegenwärtigen Einkommens- und Preisentwicklung würde sich eine Überprüfung im Abstand von zwei Jahren empfehlen.⁴   4

§ 30 in der Ursprungsfassung bewährte sich nach eigener Einschätzung des Gesetzgebers nicht. Zwar kam der Präsident jeweils seiner Berichtspflicht nach. Auswirkungen auf die Diätengesetzgebung hatten diese Berichte indessen nicht. Von 1977 bis 1983 blieb die Abgeordnetenentschädigung in Höhe von 7.500 DM unverändert. Erstmals mit dem Zweiten Änderungsgesetz vom 22. Dezember 1983⁵ wurde sie erhöht. Mit diesem Gesetz kam zugleich eine Änderung des § 30. Der Präsident wurde verpflichtet, künftig jährlich bis zum 31. Mai einen Bericht über die Angemessenheit der Entschädigung zu erstatten und zugleich einen Anpassungsvorschlag vorzulegen. Über diesen Anpassungsvorschlag sollte der Bundestag dann mit Wirkung vom 1. Juli desselben Jahres beraten und beschließen.   5

In der Begründung zum Gesetzentwurf hieß es, die fehlende Verpflichtung, den Bericht mit einem konkreten Anpassungsvorschlag abzuschließen, habe in der Vergangenheit mit dazu beigetragen, dass die Entschädigung seit 1977 nicht ent-   6

---

3 BT-Drs. 7/5531, S. 23 f.
4 BT-Drs. 7/5531, S. 50 f.
5 BGBl. I S. 1513.

sprechend der Entwicklung der allgemeinen wirtschaftlichen und finanziellen Verhältnisse angepasst worden sei.[6]

7 In der Gesetzesbegründung wurden auch die Parameter und deren Gewichtung festgelegt, an denen sich der Präsident künftig bei der Bewertung der Entwicklung der allgemeinen wirtschaftlichen und finanziellen Verhältnisse ausrichten sollte. Dazu zählten (Gewichtung nach Stärkeverhältnis jeweils in Klammern):
1. Durchschnittliche Bruttostundenverdienste der Arbeiter in der Industrie (25,5%)
2. Durchschnittliche Bruttomonatsverdienste der Angestellten in Industrie und Handel (21,7%)
3. Dienst- und Versorgungsbezüge im Öffentlichen Dienst (5,9% und 2,6%)
4. Vergütungen der Angestellten und Löhne der Arbeiter im Öffentlichen Dienst (Mittelwert) (4,4%)
5. Renten der gesetzlichen Rentenversicherung (33,6%)
6. Arbeitslosengeld (2, 3%)
7. Arbeitslosenhilfe (0,7%)
8. Sozialhilfe (3,3%).[7]

8 Dass mit solchen Vorgaben der Abkoppelung der Abgeordnetenentschädigung von der Entwicklung der Bezüge kommunaler Wahlbeamter eher Vorschub geleistet wurde, liegt auf der Hand. Die Relevanz des jährlichen Aufwuchses z.B. der Renten, des Arbeitslosengeldes oder der Sozialhilfeleistungen – alles erkennbar keine auch nur ansatzweise vergleichbaren „Einkünfte" aus einer aktiven Berufs- oder Erwerbstätigkeit – für die Entwicklung der Abgeordnetenentschädigung lässt sich allenfalls politisch-populistisch begründen.[8] Die so vorgezeichnete Entwicklung der Abgeordnetenentschädigung im Vergleich zu den Bezügen kommunaler Wahlbeamter ist mit wenigen Zahlen beschrieben: Betrug der Abstand 1983 vor der ersten Erhöhung schon 2.550 DM,[9] so lag er 1995 bereits bei rund 3.400 DM.

---

[6] Entwurf eines Zweiten Gesetzes zur Änderung des Abgeordnetengesetzes und des Europaabgeordnetengesetzes vom 11. Oktober 1983, BT-Drs. 10/470, S. 11.
[7] Entwurf eines Zweiten Gesetzes zur Änderung des Abgeordnetengesetzes und des Europaabgeordnetengesetzes vom 11. Oktober 1983, BT-Drs. 10/470, S. 8 f.; vgl. auch Beschlussempfehlung und Bericht des Ausschusses für Wahlprüfung, Immunität und Geschäftsordnung vom 17. November 1983, BT-Drs. 10/615, S. 7. Der Ausschussbericht enthielt immerhin noch den Hinweis, dass der Präsident zusätzlich auch das Verhältnis der Entschädigung zu den Gehältern der mit den Abgeordneten vergleichbaren Amtsinhabern beachten müsse, wie es bei der ursprünglichen Festsetzung der Entschädigung berücksichtigt und zum Vergleich herangezogen worden ist (aaO, S. 10).
[8] S. auch *Linck J.*, Zur Verfassungsmäßigkeit des Thüringer Modells einer Indexierung der Abgeordnetendiäten, ThürVBl. 1995, 104, 105: „Abgeordnete befinden sich in einem Rechtsverhältnis, das eine größere Nähe zum Erwerbstätigen, als zum Rentner, Sozialhilfe- oder BAFöG-Empfänger aufweist."; a. M. *Fischer A.*, Abgeordnetendiäten und staatliche Fraktionsfinanzierung in den fünf neuen Bundesländern, Frankfurt, 1995, S. 50: „Ein geeignetes Kriterium für die Bemessung der Abgeordnetendiäten ist das allgemeine Einkommensgefüge und seine Entwicklung unter Berücksichtigung auch der Sozialhilfesätze und Renten"; *Wiefelspütz D.*, Diäten für Abgeordnete – eine unendliche Geschichte? Plädoyer für eine Indexierung der Abgeordnetenentschädigung, ZParl 2001, 33, 51, spricht sich ebenfalls für eine Berücksichtigung der Entwicklung der Renten, der Sozialhilfe und des Arbeitslosengeldes aus. Dieser Ansatz ist systemwidrig und sollte nicht verfolgt werden.
[9] Vgl. Beschlussempfehlung und Bericht des Ausschusses für Wahlprüfung, Immunität und Geschäftsordnung vom 17. November 1983, aaO, S. 6.

§ 30 Anpassungsverfahren

Das war die Ausgangssituation, die der Gesetzgeber 1995 vorfand, als im Rahmen einer wesentlich umfassenderen Parlamentsreform auch über den finanziellen Status der Abgeordneten neu befunden werden sollte. Als sich der ursprüngliche Plan, die Abgeordnetenentschädigung bis zum 1. Januar 2000 wieder an die Bezüge in den Besoldungsgruppen R 6 / B 6 heranzuführen und bei erreichtem Gleichstand direkt an deren Entwicklung anzukoppeln, nicht verwirklichen ließ (vgl. 1. 2 zu § 11), beschloss der Gesetzgeber mit dem Neunzehnten Änderungsgesetz vom 15. Dezember 1995[10] ein vierstufiges Anpassungsprogramm zunächst bis zum 1. Januar 1998 (vgl. 1. 3 zu § 11) und im Zusammenhang damit eine weitere Änderung des § 30. Danach soll der Bundestag innerhalb des ersten halben Jahres nach der konstituierenden Sitzung über die Anpassung der Abgeordnetenentschädigung nach § 11 Abs. 1 Satz 1 und des fiktiven Bemessungsbetrages für die Altersentschädigung nach § 35 a Abs. 2 mit Wirkung für die gesamte Wahlperiode entscheiden. Der Präsident soll den Fraktionen dazu den entsprechenden Gesetzesvorschlag zuleiten. Im Gesetzgebungsverfahren zu § 30 war übrigens auch diskutiert worden, dem US-amerikanischen Beispiel folgend, eine Anpassung der Abgeordnetenentschädigung immer erst zur nächsten Wahlperiode wirksam werden zu lassen,[11] um den Eindruck der Selbstbegünstigung abzuschwächen. Der Vorschlag ist indessen nicht zuletzt deswegen wieder verworfen worden, weil die Abgeordnetenfluktuation von der einen auf die andere Wahlperiode im statistischen Mittel nicht groß genug ist, um diesem Argument Überzeugungskraft zu verleihen. Die Wiedergewählten – und das ist stets die große Mehrheit – hätten eben doch in eigener Sache entschieden.[12]

Zu Beginn der 14. Wahlperiode kam dieses neue Verfahren erstmals zur Anwendung. Der Präsident des Deutschen Bundestages leitete den Vorsitzenden der im Bundestag vertretenen Fraktionen im April 1999 ein Schreiben mit seinen Vorschlägen zur Anpassung von Abgeordnetenentschädigung und fiktivem Bemessungsbetrag zu.[13] Auf Arbeitsebene hatten sich die Fraktionen der SPD, CDU / CSU und Bündnis 90 / DIE GRÜNEN bis zum 1. Juni 1999 auf den Entwurf eines Einundzwanzigsten Gesetzes zur Änderung des Abgeordnetengesetzes und eines Achtzehnten Gesetzes zur Änderung des Europaabgeordnetengesetzes verständigt. Bei der Anpassung der Abgeordnetenentschädigung übernahm der Gesetzentwurf den Vorschlag des Präsidenten. Der fiktive Bemessungsbetrag für die Altersentschädigung hingegen sollte nach den Vorstellungen der Fraktionen stärker angehoben werden als bisher (statt hälftiger Teilhabe an der Anpassung der Abgeordnetenentschädigung Teilhabe zu 75 vom Hundert). Am 3. Juni 1999 beschloss die Fraktion der SPD jedoch, angesichts der bevorstehenden Kürzung der Bundesausgaben zur Konsolidierung des Haushalts auf eine Erhöhung gänzlich zu verzichten.[14] Der Gesetzentwurf (Einundzwanzigstes Änderungsgesetz) wurde daraufhin ohne diese

---

10 BGBl. I S. 1718.
11 Vgl. *Brugger W.*, Ein amerikanischer Vorschlag zur Kontrolle von Diätenerhöhungen, ZRP 1992, 321 ff.; *Fischer A.*, aaO, S. 234 f.; *Stern K.*, Das Staatsrecht der Bundesrepublik Deutschland, Bd. 1, 2. Aufl., München 1984, § 24 II.2; *Waldthausen J. Chr. v.*, aaO, S. 198 ff. und 274 ff.
12 So auch *Linck J.*, Kritisches zur Diätenkritik von 86 Staatsrechtslehrern, ZParl 1995, 683, 688; *Vogel H.-J.*, Entscheidungen des Parlaments in eigener Sache, ZG 1992, 293, 300.
13 Einzelheiten dazu berichtet *Wiefelspütz D.*, aaO, S. 43.
14 FAZ vom 4. Juni 1999, „Wenn alle sparen, tun wir das auch".

Anpassungsvorschläge eingebracht und auch so beschlossen.[15] Mit der 1999 beschlossenen letzten Erhöhung der Beamten- und Richterbezüge vergrößerte sich damit der Abstand der Abgeordnetenentschädigung zu den Bezügen in den Besoldungsgruppen R 6 / B 6 von 1.646 DM auf 2.017 DM.[16]

11 Erst das Zweiundzwanzigste Gesetz zur Änderung des Abgeordnetengesetzes vom 19. Dezember 2000[17] sah wieder Erhöhungen der Abgeordnetenentschädigung und des fiktiven Bemessungsbetrages für die Altersversorgung vor, die in vier Stufen bis zum 1. Januar 2003 reichen. Den Gesetzesänderungen ging kein erneuter Vorschlag des Bundestagspräsidenten voraus. Ihnen lag vielmehr ein von den Fraktionen der SPD und von Bündnis 90 / DIE GRÜNEN gemeinsam eingebrachter Entwurf zugrunde.[18] Allerdings haben die Regierungsfraktionen aus dem Präsidentenvorschlag vom April 1999 die gesteigerte Teilhabe des fiktiven Bemessungsbetrages für die Altersversorgung (75 statt 50 vom Hundert) übernommen. Die Gesetz gewordenen Erhöhungen der Abgeordnetenentschädigung (vgl. zu 1. 5 und 2. 2 § 11) werden den Abstand zwischen der Abgeordnetenentschädigung und den Orientierungsgrößen R 6 / B 6 bis zum Jahr 2003 auf 1.420 DM verringern.[19]

2. Anpassungsverfahren nach § 30

12 § 30 in seiner neuen Fassung systematisiert und strukturiert das Anpassungsverfahren für die Abgeordnetenentschädigung nach § 11 Abs. 1 Satz 1 und den fiktiven Bemessungsbetrag für die Altersentschädigung nach § 35 a Abs. 2. Anpassungszeitraum ist immer eine gesamte Wahlperiode.[20] Satz 1 schreibt dies vor. Satz 3 ist insoweit eine Ausnahme und war in seiner zeitlichen Geltung zunächst ausdrücklich auf die 14. Wahlperiode begrenzt. Satz 3 war seinerzeit notwendig geworden, weil der Gesetzgeber mit dem Zwanzigsten Änderungsgesetz abweichend von den Vorgaben des Neunzehnten Änderungsgesetzes eine „Nullrunde" beschlossen und die im Neunzehnten Änderungsgesetz bereits festgelegten Erhöhungstermine für die Jahre 1996, 1997 und 1998 um jeweils ein Jahr – bis in die 14. Wahlperiode hinein – verschoben hat (s. 1. 4 zu § 11). Dieselbe Problematik stellte sich mit dem Zweiundzwanzigsten Änderungsgesetz vom 19. Dezember 2000,[21] dessen letzter Erhöhungsschritt in die 15. Wahlperiode (1. Januar 2003) reicht. Die mit diesem Gesetz beschlossene Änderung des Satzes 3 trägt dem Rechnung.

13 Der Begriff „Anpassung" in Satz 1 ist bewusst neutral gefasst. Er bedeutet nicht notwendig Erhöhung.[22] Die Norm muss allerdings im Zusammenhang mit § 11

---

15 Einundzwanzigstes Gesetz zur Änderung des Abgeordnetengesetzes vom 20. Juli 2000, BGBl. I S. 1037.
16 Mit Wirkung vom 1. Januar 2000.
17 BGBl. I S. 1754.
18 Vom 10. Oktober 2000, BT-Drs. 14 / 4142.
19 Stand der Beamten- und Richterbesoldung: 1. Januar 2001. Künftige Erhöhungen werden den Abstand wieder vergrößern.
20 Zur verfassungsrechtlichen Unbedenklichkeit dieser Regelung vgl. *Klein H.H.*, Diäten-Urteil und Diätenstreit – Legendenbildung im Verfassungsrecht, in: Planung – Recht – Rechtsschutz, Festschrift für Willi Blümel zum 70. Geburtstag, hrsg. von Klaus Grupp und Michael Ronellenfitsch, S. 255; a.M. (verfassungswidrig) *Waldthausen J. Chr. v.*, aaO, S. 291.
21 BGBl. I S. 1754.
22 So auch *Klein H. H.*, aaO, S. 247.

Abs. 1 Satz 1 und 2 gesehen werden. Solange die Abgeordnetenentschädigung noch nicht den in § 11 Abs. 1 Satz 1 festgelegten Orientierungsgrößen R 6 / B 6 entspricht, was § 11 Abs. 1 Satz 2 für die geltende Rechtslage ausdrücklich unterstreicht („abweichend von Satz 1"), ist der Gesetzgeber im Sinne einer politischen Selbstbindung gehalten, die Abgeordnetenentschädigung entsprechend dem Gesetzesauftrag weiter den Bezügen der beiden Referenzgruppen anzunähern, d.h. die Abgeordnetenentschädigung zu erhöhen (vgl. auch § 11 2. 2).[23] Natürlich verfügt er dabei über einen vor allem von den jeweils aktuellen politischen und wirtschaftlichen Rahmenbedingungen geprägten Gestaltungsspielraum. Dies gilt vor allem für das „Wie" einer Anpassung, weniger aber für das „Ob", jedenfalls solange, wie der Abstand zwischen Referenzgrößen und Abgeordnetenentschädigung so groß ist wie zur Zeit. Keinesfalls aber kann aus dem Gesetz eine rechtliche Verpflichtung des Gesetzgebers abgeleitet werden. Denn nach Art. 20 Abs. 3 GG ist der Gesetzgeber nur an die verfassungsmäßige Ordnung, nicht aber an die Gesetze gebunden. Lassen die politischen Rahmenbedingungen eine Erhöhung nicht zu, obwohl der Orientierungssatz in § 11 sie nahelegt, ist es dem Gesetzgeber indessen unbenommen, den Konflikt zu den eigenen Zielvorgaben durch eine Streichung des § 11 Abs. 1 Satz 1 auflösen.

14 Satz 2 verpflichtet den Präsidenten, den Fraktionen einen Gesetzesvorschlag zuzuleiten. Das Gesetz spricht in Satz 2 vom „Gesetzesvorschlag". Es verwendet ausdrücklich nicht den technischen Begriff „Gesetzentwurf". Denn die Einbringung eines Gesetzentwurfes sollte den Fraktionen vorbehalten bleiben. Seiner Rechtsqualität nach ist der Vorschlag des Präsidenten nur eine Empfehlung, die keinerlei rechtliche Bindungswirkung entfaltet.

15 Weil der Bundestag seinen Beschluss nach Satz 1 innerhalb des ersten Halbjahres nach der konstituierenden Sitzung fassen soll, muss der Präsident seinen Vorschlag so rechtzeitig unterbreiten, dass dem Bundestag die fristgerechte Beschlussfassung bis hin zu einem Gesetzesbeschluss möglich ist. In Satz 1 ist zwar eine zeitliche Vorgabe für den vom Bundestag zu fassenden Beschluss enthalten. Ihre Missachtung durch den Bundestag ist aber sanktionslos und hindert den Gesetzgeber letztlich nicht, abweichend davon auch nach Fristablauf in einem späteren Stadium der Wahlperiode noch einen Gesetzesbeschluss zu fassen. Das Zweiundzwanzigste Gesetz zur Änderung des Abgeordnetengesetzes vom 19. Dezember 2000[24] ist ein Beispiel hierfür.

16 Das weitere Verfahren nach Zuleitung der Vorschläge durch den Präsidenten liegt in den Händen der Fraktionen. Greifen sie die Vorschläge des Präsidenten unverändert oder in modifizierter Form auf und bringen sie einen entsprechenden Gesetzentwurf ein, so kommt damit das Gesetzgebungsverfahren in Gang. Weil die die Unabhängigkeit der Abgeordneten sichernde Entschädigung nach Art. 48 Abs. 3 Satz 3 GG durch Gesetz zu regeln und in Übereinstimmung damit in diesem Gesetz normiert ist, muss jede Änderung von Abgeordnetenentschädigung und fiktivem

---

23 S. auch *Klein H. H.*, Diäten-Urteil und Diätenstreit, aaO, S. 250, der der Auffassung ist, die Vorgabe einer Orientierungslinie in § 11 binde ausschließlich den Bundestagspräsidenten bei der Vorlage seines Vorschlages, nicht aber den Gesetzgeber selbst; ferner *Welti F.*, Abgeordnete in die Sozialversicherung?, ZParl 2000, 254, 259, FN 42, der meint, die Orientierung bleibe deklaratorisch.
24 BGBl. I S. 1754.

Bemessungsbetrag für die Altersentschädigung nach dem Grundgesetz in seiner derzeitigen Fassung durch ein (Änderungs-) Gesetz erfolgen. Bei diesem vom Parlament zu beschließenden Gesetz handelt es sich um ein Einspruchsgesetz i.S.d. Art. 77 Abs. 3 GG.

17 Bleibt der Gesetzgeber also schlicht untätig oder beschließt der Bundestag ausdrücklich, keine Anpassung vorzunehmen, so gelten Abgeordnetenentschädigung und fiktiver Bemessungsbetrag für die Altersentschädigung in ihrer im Gesetz festgelegten Höhe unverändert fort.

3. Alternative Anpassungsverfahren

18 Die erste „Bewährungsprobe" des neugefassten § 30 im Jahr 1999 zeigte, dass auch diese Regelung mit ihren sehr präzisen zeitlichen und verfahrensmäßigen Vorgaben keine automatische Diätenanpassung garantiert. Der Schwachpunkt ist stets die verfassungsrechtlich vorgegebene – so jedenfalls das Bundesverfassungsgericht im „Diäten-Urteil"[25] – Notwendigkeit der öffentlichen Entscheidung der Abgeordneten in eigener Sache (s. dazu aber 2.5 zu § 11).

19 Diese von der nach wie vor herrschenden Meinung[26] aus dem „Diäten-Urteil" abgeleitete Verpflichtung der Abgeordneten, über jede Änderung ihres finanziellen Status vor den Augen der Öffentlichkeit zu diskutieren und zu beschließen, hat dem Ansehen des Parlaments und seiner Mitglieder in hohem Maße geschadet und viel dazu beigetragen, Sozialneid zu schüren und Vorurteile gegenüber Abgeordneten zu nähren.[27] Immer wieder wurden und werden deshalb Überlegungen angestellt, diesen Zwangsmechanismus zur Selbstentscheidung zu durchbrechen. Folgende Alternativkonzepte werden dabei regelmäßig diskutiert: 1. Einschaltung von Diätenkommissionen oder -beiräten, 2. Indexierung der Abgeordnetenentschädigung und 3. Koppelung der Abgeordnetenentschädigung an die Bezüge im öffentlichen Dienst. Eines ist allen diesen alternativen Anpassungsverfahren gemeinsam: Keines von ihnen enthebt das Parlament der Verpflichtung, eine Erhöhung der Abgeordnetenentschädigung gegenüber der Öffentlichkeit politisch zu verantworten und zu rechtfertigen.[28]

---

25 BVerfGE 40, 296; s. auch *Linck J.*, Indexierung der Abgeordnetendiäten – Das Thüringer Modell gegen den bösen Schein der Selbstbedienung, ZParl 1995, 372 ff.; kritisch *Klein H. H.*, aaO, S. 225 ff.; *Abelein M.*, Die Rechtsstellung der Abgeordneten in der Rechtsprechung des Bundesverfassungsgerichtes, in: Kipp H. / Mayer F. / Steinkamm A., Um Recht und Freiheit, Festschrift für Friedrich August Freiherr von der Heydte, Berlin, 1977, S. 777, 789.
26 Allen voran immer wieder *v. Arnim H. H.*, Das neue Abgeordnetengesetz, Forschungsinstitut für öffentliche Verwaltung bei der Hochschule für Verwaltungswissenschaften, Speyer, 1997; *ders.*, Entschädigung und Amtsausstattung, in: Parlamentsrecht und Parlamentspraxis in der Bundesrepublik Deutschland: ein Handbuch / hrsg. von Schneider H.-P. / Zeh W., Berlin, 1989, 523, 530 ff.; *ders.*, Zweitbearbeitung von Art. 48 GG, 1980, in: Kommentar zum Bonner Grundgesetz (Bonner Kommentar); *ders.*, Abgeordnetenentschädigung und Grundgesetz, Wiesbaden, 1975.
27 So auch *Klein H. H.*, aaO; *Kissel O.*, Vom gerechten Lohn der Bundestagsabgeordneten, in: Festschrift für Albrecht Zeuner, Tübingen, 1994, 79, 85 f., und Bericht des 1. Ausschusses zum Achtzehnten Änderungsgesetz auf BT-Drs. 13 / 2339.
28 Anders bei einer – nach Bundesrecht nicht möglichen – Änderungen des Abgeordnetengesetzes aufgrund eines Volksbegehrens oder Volksentscheids: Zur Zulässigkeit einer Volksinitiative zur Festsetzung der Abgeordnetenentschädigung nach Landesverfassungsrecht s. *Birk*

3.1 Diätenkommission

Die Befassung von Kommissionen oder Beiräten ist ein beliebtes Instrument zur **20** Verlagerung politischer Verantwortung aus dem Bereich unmittelbarer demokratischer Legitimation auf die Ebene allenfalls mittelbar demokratisch legitimierter sachverständiger Experten.[29] Deren Unabhängigkeit leidet allerdings – zumindest in der Außenwahrnehmung – oft darunter, dass sie von eben denen berufen werden, die sie beraten und/oder für die sie entscheiden sollen. Eine beim Bundespräsidenten angesiedelte Diätenkommission nach dem Vorbild der Kommission unabhängiger Sachverständiger nach § 18 Abs. 6 ParteienG[30] vermiede diesen Mangel, weil sie nicht vom Parlament, sondern vom Bundespräsidenten als neutralen Dritten einberufen würde.[31]

Hätte diese Kommission aber nur beratende Funktion, so änderte sich nichts daran, **21** dass das Parlament eine Entscheidung über den Kommissionsvorschlag letztlich doch wieder selbst treffen müsste. Der böse Schein der „Selbstbedienung" würde nur dadurch gemildert, dass sie – anders als früher – unter sachverständiger Anleitung erfolgte. Der politische Nutzen einer unabhängigen Kommission ohne Entscheidungskompetenz darf also füglich bezweifelt werden.

Eine unabhängige Diätenkommission beim Bundespräsidenten mit eigener Ent- **22** scheidungsbefugnis begegnet jedoch verfassungsrechtlichen Bedenken zumindest solange, wie Rechtsprechung und herrschende Meinung in der Literatur an der berichteten Verfassungsinterpretation des Diäten-Urteils festhalten. Deshalb hatte sich zuletzt noch im Jahr 1993 die Gemeinsame Verfassungskommission von Bundestag und Bundesrat[32] gegen die Übertragung der Entscheidung über die Höhe der Diäten durch ein verfassungsänderndes Gesetz auf ein parlamentsexternes Gre-

---

D., Volksinitiative und Abgeordnetengesetz, Rechtsgutachten erstattet im Auftrag des BdSt, Wiesbaden/Potsdam, 2000; zur Festsetzung der Abgeordnetenentschädigung mit volksunmittelbarer Beteiligung s. auch *Waldthausen J. Chr. v.*, aaO, S. 278 ff.
29 Kritisch auch *Henkel J.*, Das Abgeordnetengesetz des Bundestages, DÖV 1977, 350, 356; *Rupp H. H.*, Legitimation der Parlamente zur Entscheidung in eigener Sache, ZG 1992, 285, 291: „Im Grunde wird eine über die Angemessenheit der Abgeordnetenbezüge urteilende Sachverständigenkommission nicht nur erfordert, sondern gerät zum Alibi politischer Entscheidungsschwäche. Wenn schon dem Parlament die Entscheidung in eigener Sache aufgebürdet ist, dann muss es sich ohne Ausflüchte dieser Entscheidung stellen, die volle Verantwortung tragen und darf sich nicht hinter Sachverständigenäußerungen verstecken. Alles andere ist Augenwischerei."; *Grünert J.*, Amt, Mandat und „Mehrfach-Alimentation", VR 1992, 413: „Flucht aus der parlamentarischen Verantwortung".
30 Wie sie seit langem von der F. D. P. gefordert wird (vgl. zuletzt van Essen J., Altersversorgung für Abgeordnete, Recht und Politik 1999, 81, und Entwurf eines Gesetzes zur Änderung des Grundgesetzes (Art. 48 Abs. 3) (BT-Drs. 14/4127) sowie Entwurf eines Gesetzes zur Änderung des Abgeordnetengesetzes (BT-Drs. 14/4128), jeweils vom 26. September 2000; für eine unabhängige beratende Kommission auch *Fischer A.*, aaO, S. 223 ff. (232), m.w.N.
31 Allerdings nimmt die Autorität einer unabhängigen Kommission ab, wenn ihre Vorschläge nicht angenommen werden. 1999 hatte die Parteienfinanzierungskommission eine Erhöhung der staatlichen Parteienfinanzierung von 230 Millionen um knapp 14,5 Millionen DM empfohlen. Der Bundestag hatte diesen Betrag dann auf 15 Millionen DM (auf insgesamt 245 Millionen DM) aufgerundet. Der Bundespräsident hat dies zum Anlass genommen, in einem Schreiben an den Bundestagspräsidenten nachdrücklich die Einhaltung der Empfehlungen der Sachverständigenkommission anzumahnen (AFP-Bericht vom 28. Februar 1999).
32 Gem. Beschlüssen des Bundestages auf BT-Drs. 12/1590 und 12/1670 und des Bundesrates auf BR-Drs. 741/93.

mium ausgesprochen.³³ Zuvor hatte schon die Unabhängige Kommission zur Überprüfung des Abgeordnetenrechts aus den nämlichen Gründen ein entsprechendes Votum abgegeben.³⁴ Würde aber in der Verfassung selbst dieser Weg eröffnet, entfiele dieser rechtliche Einwand gegen die Zulässigkeit einer entscheidungsbefugten Expertenkommission.³⁵ Die politische Verantwortung bliebe gleichwohl beim Parlament.

3.2 Indexierung der Abgeordnetenentschädigung

23 Regelungen zur Indexierung der Abgeordnetenentschädigung finden sich im Länderbereich (Bayern, Hessen, Mecklenburg-Vorpommern und Thüringen). Solche Anpassungsmodelle sind überhaupt erst dann zu empfehlen, wenn der Sockelbetrag der Abgeordnetenentschädigung, auf dem die Indexierung aufsetzt, angemessen ist. Ist das der Fall, muss sorgfältig erwogen werden, an welche Einkommensentwicklungen angeknüpft wird. Für den Bereich des Bundes wäre es z.B. inkonsequent und systemwidrig, in § 11 an der Orientierungsgröße der Besoldungsgruppen R 6/B 6 festzuhalten und sobald diese erreicht ist, eine Indexierung nach Maßgabe der allgemeinen Einkommensentwicklung vorzusehen³⁶, weil von vornherein absehbar ist, dass letztere nicht der Entwicklung der Orientierungsgrößen entsprechen wird.

24 Im Zusammenhang mit der Konzipierung einer Indexlösung stellt sich oft das praktische Problem, dass öffentliche Stellen die Einkommensentwicklung bei Selbständigen und Freiberuflern statistisch nicht erfassen.³⁷ Die Einbeziehung dieser (höheren) Einkünfte muss daran jedoch nicht scheitern. Denn private Unternehmensberatungen verfügen aus langjährigen Marktbeobachtungen über aussagekräftige und verlässliche Daten.³⁸

25 Weder das Bay.AbgG noch das Hess.AbgG, das MV.AbgG oder das Thür.AbgG berücksichtigen solche Einkommen.³⁹ Nach Art. 5 Abs. 3 Bay.AbgG beispielsweise

---

33 Vgl. Bericht der Gemeinsamen Verfassungskommission vom 5. November 1993, BT-Drs. 12/6000, S. 88 f.
34 Vgl. Bericht der Unabhängigen Kommission zur Überprüfung des Abgeordnetenrechts vom 3. Juni 1993, BT-Drs. 12/5020, S. 22; kritisch auch die Kommission unabhängiger Sachverständiger zur Parteienfinanzierung, Unterrichtung vom 19. Februar 1993, BT-Drs. 12/4425, S. 45 f.; s. auch *Linck J.*, Indexierung der Abgeordnetendiäten – Das Thüringer Modell gegen den bösen Schein der Selbstbedienung, aaO, S. 373; *Fischer A.*, aaO, S. 231.
35 Vgl. *Klein, H. H.*, in Maunz-Dürig, Kommentar zum Grundgesetz, Art. 48, Rdn. 147; *Pestalozza Chr.*, Die Staffeldiät oder: Das Parlament als Dunkelkammer, NJW 1987, 818, 821; *Hasselbach B.*, Zur Zulässigkeit einer Verfassungsänderung mit dem Ziel, die Festlegung der Höhe und Ausgestaltung der Abgeordnetenentschädigung einer unabhängigen Kommission zu übertragen, Ausarbeitung Der Wissenschaftlichen Dienste des deutschen Bundestages vom 12. Oktober 2000, WF III – 158/00, nicht veröffentlicht; *Wiefelspütz D.*, aaO, S. 48 f., m.w.N.; a.M. *Hölscheidt S.*, Das Recht der Parlamentsfraktionen, Rheinbreitbach, 2001, S. 582; *Waldthausen J. Chr. v.*, aaO, S. 324 ff.
36 So ein Vorschlag von Mitgliedern der SPD-Fraktion im Jahr 1999.
37 Vgl. Thüringer Verfassungsgerichtshof, Urteil vom 16. Dezember 1998 – VerfGH 20/95 –, NVwZ-RR 1999, 282, 289; *Linck J.*, Zur Verfassungsmäßigkeit des Thüringer Modells einer Indexierung der Abgeordnetendiäten, aaO, S. 105.
38 Die Unabhängige Kommission zur Überprüfung des Abgeordnetenrechts z.B. hatte seinerzeit auf Vergütungsstudien der Kienbaum-Unternehmensberatung zurückgegriffen (Vgl. Anlagen 8–10 zum Bericht vom 3. Juni 1993, BT-Drs. 12/5020, S. 40 f.).
39 Der Thüringer Verfassungsgerichtshof hält eine Nachbesserung durch den Gesetzgeber für angezeigt (Urteil vom 16. Dezember 1998, aaO, S. 289).

ist Maßstab für die Anpassung der Abgeordnetenentschädigung die Veränderung einer gewogenen Maßzahl der Einkommensentwicklung in Bayern, die sich zusammensetzt aus der Entwicklung

- des durchschnittlichen Bruttowochenverdienstes der Arbeiter im produzierenden Gewerbe,
- des durchschnittlichen Bruttomonatsverdienstes der Angestellten im produzierenden Gewerbe, Handel, Kredit- und Versicherungsgewerbe,
- des Lohnes/Gehalts/der Bezüge der Arbeiter, Angestellten und Beamten im öffentlichen Dienst.

Die hessische Regelung (§ 5 Abs. 3 Hess.AbgG) ist der in Bayern gültigen nachgebildet.

Dabei fällt auf, dass die Löhne der Arbeiter im produzierenden Gewerbe mit dem zweithöchsten Anteil (39,3 v.H.) (Hessen: 33,1 v.H., § 5 Abs. 3 Hess.AbgG) in die Gewichtung eingestellt werden,[40] ferner, dass auch im Übrigen schwerpunktmäßig untere bis mittlere Einkommensgruppen berücksichtigt werden. Politisch mag es geschickt sein, die Anpassung der Abgeordnetenentschädigung in dieser Weise an der so verstandenen allgemeinen Einkommensentwicklung auszurichten. Denn was dem Durchschnitt der erwerbstätigen Bevölkerung statistisch gebührt, wird auch den Mandatsträgern in der öffentlichen Diskussion nicht verwehrt werden können. In der Tendenz führt ein solches nivellierendes Anpassungsmodell aber dazu, dass mit der Zeit mit der Höhe der Abgeordnetenentschädigung auch das Berufsbild des Abgeordneten (weiter) an Attraktivität verliert.[41] Das gilt insbesondere für Angehörige solcher Berufsgruppen, die über höhere Einkommen verfügen – wie Selbständige und Freiberufler – und die schon heute in den Parlamenten unterrepräsentiert sind.[42]

26

Aber selbst wenn es gelänge, statistisch alle wesentlichen Einkommensgruppen annähernd repräsentativ einzubeziehen, bliebe eine Indexregelung problematisch. Denn nur mit dem Sockelbetrag, auf dem die Indexierung aufsetzt, könnte noch den vom Bundesverfassungsgericht vorgegebenen Angemessenheitsmaßstäben (vgl. 2. 1 zu § 11) Rechnung getragen werden, nicht aber mehr mit den indexbestimmten Anpassungen, die ihren eigenen (statistischen) Gesetzmäßigkeiten folgten.[43] Dann

27

---

40 Bay.AbgG i.d.F. der Änderung vom 26. Juli 1999, GVBl. S. 332. Zuvor lag der Anteil sogar bei 42,7 v.H.)
41 Die Erhöhungsschritte in Bayern betrugen 1996 3,9%, 1997 1,5% und 1998 1,3%; *Linck J.*, Indexierung der Abgeordnetendiäten – Das Thüringer Modell gegen den bösen Schein der Selbstbedienung, aaO, S. 379, sieht angesichts der vielfachen Nullrunden bei Diätenerhöhungen den Vorteil der Indexierung darin, dass wenigstens erreicht würde, dass Abgeordnete bei der Anpassung ihrer Bezüge mit den sonstigen Einkommensbeziehern gleichgestellt würden. Bei den gewählten Parametern ist das aber eine Gleichstellung auf eher bescheidenem Niveau.
42 Die bayerische Index-Regelung ist zeitlich begrenzt. Der letzte Anpassungsschritt ist nach Art. 5 Abs. 3 Satz 1 Bay.AbgG zum 1. Juli 2003 vorgesehen. Anschließend gilt der dem Bundesrecht nachgebildete Art. 5 Abs. 5 Bay.AbgG. Danach beschließt der Bayerische Landtag innerhalb des ersten Halbjahres nach der konstituierenden Sitzung mit Wirkung für die gesamte Wahlperiode über die Anpassung der Entschädigung.
43 Vgl. auch *Eyermann E.*, Die ewigen Diätenquerelen, ZRP 1992, 201, 202: „Einen ‚Durchschnittsberufsstand' zu konstruieren ... (liefe darauf hinaus), die Entschädigung vornehmlich auf wirtschaftliche Erwägungen zu stützen und dabei die Bedeutung des Amts zu vernachlässigen."

bliebe es dem Gesetzgeber nicht erspart, gegebenenfalls wieder selbst korrigierend eingreifen zu müssen.

28 Während andere Index-Modelle noch mit einer einfachgesetzlichen Regelung auskommen, hat der Thüringer Gesetzgeber das Anpassungsverfahren zusätzlich in der Landesverfassung verankert. Deren Art. 54 Abs. 2 bestimmt, dass sich die Höhe der Entschädigung jährlich auf der Grundlage der jeweils letzten Festsetzung nach Maßgabe der allgemeinen Einkommensentwicklung im Freistaat verändert.[44] Die Verfassungsnorm wird durch § 26 Abs. 1 und 3 Thür.AbgG näher konkretisiert. Abs. 1 sieht vor, dass sich die Höhe der Grundentschädigung jährlich entsprechend dem Durchschnitt der Veränderung der Bruttoverdienste von abhängig Beschäftigten nach Maßgabe von Abs. 3 verändert. Abs. 3 wiederum enthält die Vorgaben für das Landesamt für Statistik, nach denen es diese Einkommensentwicklung zu ermitteln hat.[45] Die oben an der bayerischen Lösung geübte Kritik gilt auch hier. Der Thüringer Verfassungsgerichtshof sieht die in § 26 Abs. 3 Thür.AbgG genannten Einkommensbereiche allerdings als „hinreichend repräsentativ" an, meint aber, dass Verbesserungen der statistischen Erhebungsmethoden dem Gesetzgeber Anlass geben könnten, das geltende Recht im Wege der Nachbesserung zu überprüfen.[46]

29 In seiner bereits mehrfach erwähnten Entscheidung vom 16. Dezember 1998[47] hat der Thüringer Verfassungsgerichtshof die Verfassungsmäßigkeit der Thüringer Indexlösung in eingehender Auseinandersetzung mit der Rechtsprechung des Bundesverfassungsgerichts ausdrücklich bestätigt.[48] Prüfmaßstab waren zwar „allein die Vorschriften der Thüringer Verfassung". Das Gericht hat aber im Hinblick auf die Homogenitätsanforderungen des Art. 28 Abs. 1 GG immer wieder auch das Grundgesetz in seiner Auslegung durch das Bundesverfassungsgericht vor allem im „Diäten-Urteil"[49] herangezogen. Dabei kommt das Gericht zu dem Ergebnis, dass die Indexlösung insbesondere dem vom Bundesverfassungsgericht aus dem Demokratieprinzip abgeleiteten Transparenzgebot bei Entscheidungen des Gesetzgebers in eigener Sache[50] genügt. In diesem Zusammenhang – so betonte der Verfassungsgerichtshof – sei es von Bedeutung, dass die Regelung in der Thüringer Verfassung gegenüber der bundesverfassungsrechtlichen Regelung den Vorteil

---

44 Das bedeutet, dass jede „Nullrunde" für die Landtagsabgeordneten eine Verfassungsänderung erfordert. Die Hürde ist hoch. Wenn der politische Spar-Wille da ist, ist offensichtlich aber auch das kein Hindernis (vgl. zuletzt Art. 105 a Thür.Verf., GVBl. 1997, S. 525).
45 Die Grundentschädigung in Thüringen wurde 1995 um 5,2% und 1996 um 3,3% angehoben.
46 Thüringer Verfassungsgerichtshof, Urteil vom 16. Dezember 1998, aaO, S. 289.
47 VerfGH 20/95 –, NVwZ-RR 1999, 282, 284ff.
48 Zustimmend *Edinger F.*, Indexierung der Abgeordnetenentschädigung verfassungsgemäß – Altersversorgung unangemessen hoch: Die Diäten-Entscheidung des Thüringer Verfassungsgerichtshofs vom 16. 12. 1998, ZParl 1999, 296 ff.; vgl. auch *Determann L.*, Verfassungsrechtliche Vorgaben für die Entschädigung von Abgeordneten, BayVBl. 1997, 385, 392; *Linck J.*, Zur Verfassungsmäßigkeit des Thüringer Modells einer Indexierung der Abgeordnetendiäten, aaO, S. 104 ff.; *ders.*, Indexierung der Abgeordnetendiäten – Das Thüringer Modell gegen den bösen Schein der Selbstbedienung, aaO, S. 376 ff.; zur Zulässigkeit von Index-Regelungen s. auch *Waldthausen J. Chr. v.*, aaO, S. 300 ff.; a.M. *Fischer A.*, aaO, S. 236 ff.
49 Urteil vom 5. November 1975 – 2 BvR 193/74 –, BVerfGE 40, 296 ff.
50 Vgl. auch 1. 2. 3 und 2. 5 zu § 11.

aufweise, dass das Volk letztendlich über Art. 54 Abs. 2 Thür.Verf. entschieden habe.[51]

Im Hinblick auf das Verfahren der Diätenanpassung verschiebe sich das Problem der Entscheidung in eigener Sache damit von der verfassungsrechtlichen Ebene auf die Ausgestaltung der Indizes durch das Thür.AbgG. Notwendig sei eine hinreichend transparente Regelung durch Gesetz. Dabei müsse das Verfahren der Entscheidungsfindung so gestaltet sein, dass sowohl die Grundentscheidung über Art und Umfang der Entschädigung, wie auch die sich auf sie beziehenden Folgeentscheidungen der Öffentlichkeit transparent gemacht werden und Gegenstand einer öffentlichen Diskussion sein können.[52] Das Thür.AbgG genüge auch diese Anforderungen. Das Indexierungsverfahren sei eine bloß formal-technische Umsetzung der verfassungsgesetzlichen Vorgaben, mit der das Parlament sich nicht seiner Verantwortung über die Diätenanpassung entziehe und sie Dritten übertrage. Das Anpassungsverfahren entspreche schließlich auch darin dem Transparenzgebot, dass es ein Außenstehender in seiner Gestaltung überblicken und seine Ergebnisse kritisch würdigen könne.[53] 30

Das Indexierungsverfahren nach Thüringer Landesrecht stehe auch mit Blick auf § 3 WährG nicht im Widerspruch zum Bundesrecht. Denn diese Vorschrift betreffe ausweislich ihres Wortlauts nur „eingegangene", also rechtsgeschäftlich vereinbarte Geldschulden, nicht aber gesetzlich zuerkannte Leistungsansprüche.[54] 31

Auch *Klein H. H.*[55] hält die Thüringer Indexregelung für verfassungsgemäß. Die Vorschrift des § 26 Thür.AbgG entspreche dem Gesetzesvorbehalt und das in dessen Abs. 3 vorgeschriebene Verfahren gebiete und ermögliche die jederzeitige Feststellbarkeit der Höhe der Entschädigung.[56] Zutreffend betont *Klein H. H.* in diesem Zusammenhang, dass auch eine Indexierung den Gesetzgeber nicht der Pflicht enthebt, den jeweiligen Anpassungsschritt politisch in der Öffentlichkeit zu rechtfertigen.[57] 32

Das Indexmodell des Landes Mecklenburg-Vorpommern in § 28a Abs. 1 und 3 MV.AbgG entspricht auf der einfachgesetzlichen Ebene strukturell dem des Landes 33

---

51 AaO, S. 284 ff.; vgl. auch *Huber P. M.*, Zur Diätenregelung in Thüringen, ThürVBl. 1995, 80, 81.
52 AaO, S. 283.
53 AaO, S. 287.
54 AaO, S. 284, m.w.N.; ebenso *Huber P. M.*, Zur Diätenregelung in Thüringen, aaO; mit der Einführung des Euro zum 1. Januar 1999 wurde § 3 WährG aufgehoben. Die Zulässigkeit von Indexierungen regelt jetzt § 2 Preisangaben- und Preisklauselgesetz i.d.F. der Änderung durch Art. 9 § 4 des Gesetzes vom 9. Juni 1998 (BGBl. I S. 1242).
55 *Klein H. H.*, aaO, S. 253 f.; ebenso *Huber P. M.*, Gedanken zur Verfassung des Freistaats Thüringen, ThürVBl 1993, B 4, B 13; *Rommelfanger U.*, Die Verfassung des Freistaats Thüringen des Jahres 1993, ThürVBl 1993, 173, 183; auch *Wiefelspütz D.* plädiert für eine Indexierung der Diäten, präferiert dabei aber das bayerische Modell (aaO, S. 49 f.).
56 § 26 Abs. 3 Satz 3 Thür.AbgG verpflichtet den Landtagspräsidenten, den Landtag in einer Drucksache und die Öffentlichkeit im Gesetz- und Verordnungsblatt für den Freistaat Thüringen über Veränderungen der Entschädigung zu unterrichten. Auch Art. 5 Abs. 3 Satz 4 Bay.AbgG bestimmt, dass der Landtagspräsident jeweils den neuen Betrag der Entschädigung im Gesetz- und Verordnungsblatt zu publizieren hat.
57 AaO, S. 254; so auch die Kommission unabhängiger Sachverständiger zur Überprüfung des Abgeordnetenrechts in ihrem Bericht vom 3. Juni 1993, BT-Drs. 12/5020, S. 22, und *Edinger F.*, aaO, S. 301.

Thüringen, ist aber anders als dieses nicht in der Landesverfassung verankert. Auch ist der Index nicht die allgemeine Einkommensentwicklung (Bruttoverdienste von abhängig Beschäftigten), sondern seit dem Neunten Gesetz zur Änderung des Gesetzes über die Rechtsverhältnisse der Mitglieder des Landtages von Mecklenburg-Vorpommern vom 18. Dezember 2000[58] die Entwicklung der Lebenshaltungskosten aller privaten Haushalte, der dann zugleich für die Anpassung der Kostenpauschale Anwendung findet.

3.3 Koppelung der Abgeordnetenentschädigung an die Bezüge im öffentlichen Dienst

34 Eine direkte Koppelung der Abgeordnetenentschädigung an die Entwicklung der Bezüge der Beamten und / oder Richter im öffentlichen Dienst steht seit dem „Diäten-Urteil" des Bundesverfassungsgerichts im Ruf der Verfassungswidrigkeit. Dass diese Auffassung nicht geteilt wird, wurde bereits an anderer Stelle näher dargelegt (1. 2. 3 zu § 11). Das gilt aus den dort genanntem Gründen zumindest für die Lösung, die der Gesetzgeber 1995 im Zusammenhang mit dem gescheiterten Achtzehnten Änderungsgesetz einzuführen beabsichtigt hatte und nach der die Grundentscheidung über den Maßstab der Angemessenheit der Abgeordnetenentschädigung auf der Ebene des Verfassungsrechts, die Ausgestaltung im Detail aber – einschließlich der Koppelung an die Beamten- und Richterbesoldung – einfachgesetzlich normiert werden sollten (vgl. 1. 2. 1 zu § 11).[59]

35 Dieses Anpassungsmodell ist aber nur solange in sich schlüssig und systematisch überzeugend, wie auch der Maßstab für die Angemessenheit der Abgeordnetenentschädigung im Bereich des öffentlichen Dienstes gesucht und gefunden wird. Denn noch weist das Abgeordnetenrecht des Bundes starke Bezüge zum Statusrecht der Beamten auf. Das gilt nicht nur für die Entschädigung (§ 11 Abs. 1 Satz 1), sondern auch für die Versorgung und für die Unterstützung in Krankheits-, Geburts-, Pflege- und Todesfällen.

36 Auch eine direkte Koppelung der Abgeordnetenentschädigung an die Entwicklung der Beamten- und Richterbesoldung entbindet den Gesetzgeber indessen nicht von der Verpflichtung, jeden damit verbundenen Anpassungsschritt gegenüber der Öffentlichkeit politisch zu verantworten. Sie ist deshalb ebensowenig wie andere Anpassungsverfahren Garant für eine automatische Diätenerhöhung. Bestes Beispiel für die Richtigkeit dieser Annahme ist das BMinG. Über dessen § 11 nehmen die Amtsbezüge des Bundeskanzlers und der Bundesminister grundsätzlich unmittelbar an der Entwicklung der Beamtenbesoldung in der Besoldungsgruppe B 11 teil. Gleichwohl hat die Entwicklung der Ministerbezüge einen anderen Verlauf genommen als die der Beamtenbezüge, weil die Teilhabe an der Entwicklung der Besoldungsgruppe B 11 mit Rücksicht auf die gesellschaftlichen und wirtschaft-

---

58 GVOBl. M-V S. 550.
59 Auch *Eyermann E.*, aaO, S. 202 f. befürwortet die Ausrichtung der Grundentschädigung an der Beamtenbesoldung; vgl. auch *Klein, H. H.*, in: Maunz-Dürig, Kommentar zum Grundgesetz, Art. 48, Rdn. 161, und *Waldthausen J. Chr. v.*, aaO, S. 312 ff.: „Trotz verfassungsrechtlicher Bedenken ist eine Koppelung der Abgeordnetenentschädigung (an die Richter- bzw. Beamtenbesoldung) folglich verfassungsrechtlich zulässig" (S. 318.).

lichen Rahmenbedingungen im jeweiligen Besoldungs- und Versorgungsanpassungsgesetz wiederholt ausgesetzt oder verschoben worden ist.

4. EuAbgG

Die Anpassungsproblematik bei der Entschädigung der in Deutschland gewählten Mitglieder des Europäischen Parlaments ist die nämliche wie die oben zu § 30 des nationalen Abgeordnetengesetzes beschriebene, weil § 9 EuAbgG ihnen eine Entschädigung gemäß § 11 Abs. 1 und 3 des Abgeordnetengesetzes gewährt. In Deutschland gewählte Europaabgeordnete erhalten zur Zeit also noch dieselben Bezüge wie Bundestagsabgeordnete, allerdings ohne auf deren Entwicklung Einfluss nehmen zu können oder diese politisch verantworten zu müssen. 37

Der in der 4. Wahlperiode des Europäischen Parlaments gescheiterte Entwurf eines Statuts für die Abgeordneten des Europäischen Parlaments[60] sah in Art. 1 Abs. 1 Satz 2 des Anhangs zum Statut übergangsweise eine Indexregelung für die Anpassung der Abgeordnetenentschädigung vor. Danach sollte die Abgeordnetenentschädigung dem jährlich aktualisierten Durchschnitt der Abgeordnetenentschädigungen, die sämtliche Abgeordnete zum Zeitpunkt der Annahme des Statuts von den nationalen Parlamenten erhalten, entsprechen. 38

Nach Buchstabe E Nr. 2 der Entschließung des Parlaments zum Statutentwurf sollten später externe und unabhängige Experten die Tätigkeit eines Abgeordneten des Europäischen Parlaments nach objektiven Kriterien bewerten. Auf der Basis dieser Studie sollte die Abgeordnetenentschädigung für die späteren Wahlperioden festgelegt werden. 39

Der Statutentwurf in der Rats-Fassung, die das Europäische Parlament abgelehnt hat,[61] schlug in Art. 8 Abs. 8 vor, die neue einheitliche Abgeordnetenentschädigung für alle Mitglieder des Europäischen Parlaments einmal jährlich auf der Grundlage der allgemeinen Preisentwicklung in der Europäischen Union, wie sie vom Statistischen Amt der Europäischen Gemeinschaften ermittelt wird, zu verändern. Die möglichen Nachteile einer solchen reinen Wertsicherungsklausel wurden oben (3. 2) bereits dargelegt. 40

Die unter dem 9. November 2000 vorgelegte überarbeitete Fassung des „Entwurfs eines Statuts für die Abgeordneten des Europäischen Parlaments" sieht in Art. 8 Abs. 2 vor, dass das Plenum auf Vorschlag des Präsidiums gegen Ende einer Wahlperiode den Betrag der Entschädigung für die nächste Wahlperiode festlegt. Die jährliche Anpassung soll auf der Grundlage der Entwicklung der Abgeordnetenentschädigungen der Parlamente der Mitgliedsstaaten erfolgen.[62] Der „Entwurf einer Stellungnahme mit den wesentlichen Elementen des Abgeordnetenstatuts" des Ausschusses für Recht und Binnenmarkt vom 29. August 2001 votiert in Art. 1 Abs. 4 des Anhangs für eine jährliche Anpassung der Entschädigung an die allgemeine Preisentwicklung durch Entscheidung der Verwaltung.[63]

---

60 In der in der Sitzung vom 3. Dezember 1998 angenommenen Fassung, PV 55 PE 273.910.
61 DOC-DE\NT\377\377136.
62 PE 298.159 / BUR – DT\425154DE.doc.
63 PE 294.967 – PA\447058DE.doc.

5. Landesrecht

41 Die (Index-)Anpassungsverfahren in den Bundesländern Bayern, Hessen, Mecklenburg-Vorpommern und Thüringen wurden schon oben in 3. 2 dargestellt.

42 In den übrigen Bundesländern gibt es „konventionelle" Anpassungsverfahren. Jede Erhöhung der Abgeordnetenentschädigung erfolgt dort wie nach dem Abgeordnetengesetz des Bundes auch durch ein Änderungsgesetz. Überwiegend ist es Aufgabe des Landtagspräsidenten, dem Parlament einen Bericht über die Angemessenheit der Entschädigung, gegebenenfalls verbunden mit einem Anpassungsvorschlag, vorzulegen. Die Abgeordnetengesetze der Bundesländer Bremen, Hamburg, Niedersachsen und Sachsen-Anhalt schreiben die Einschaltung von Diätenkommissionen hierbei zwingend vor.[64] Die Kommissionen haben allerdings nur beratende Funktion. Fakultativ ist die Einbindung von Diätenkommissionen in das Anpassungsverfahren in den Ländern Brandenburg, Sachsen und Schleswig-Holstein.[65] In Rheinland-Pfalz ist der Präsident verpflichtet, eine gutachtliche Stellungnahme des Statistischen Landesamtes über die allgemeine Entwicklung der Einkommens- und Preisverhältnisse einzuholen.[66]

43 In Sachsen ist dem Bericht des Präsidenten der Durchschnitt der Entschädigungen der westdeutschen Flächenländer (ohne Hessen) als Maßstab zugrunde zu legen und ein Anpassungsabschlag vorzuschlagen, in dessen Höhe dieser Maßstab abzusenken ist, um den unterschiedlichen Einkommensverhältnissen Rechnung zu tragen.[67]

44 In Nordrhein-Westfalen sind Grundlage des Vorschlags des Landtagspräsidenten die vom Präsidenten des Landesamtes für Datenverarbeitung und Statistik zu übermittelnden Feststellungen über die allgemeine Lohn- und Gehaltsentwicklung und die Veränderung der Lebenshaltungskosten und Einzelhandelspreise im vorausgegangenen Jahr.[68]

§ 31 Verzicht, Übertragbarkeit

Ein Verzicht auf die Abgeordnetenentschädigung nach § 11 und auf die Leistungen nach § 12 sowie nach dem Fünften Abschnitt mit Ausnahme des § 18 ist unzulässig. Die Ansprüche aus § 12 sind nicht übertragbar. Der Anspruch auf Abgeordnetenentschädigung nach § 11 ist nur zur Hälfte übertragbar. Im Übrigen gelten die Vorschriften der §§ 850 ff. der Zivilprozessordnung.

---

[64] § 24 Brem.AbgG; § 21 Hbg.AbgG; § 25 Nds.AbgG; § 28 SachsAnh.AbgG.
[65] § 22 Bbg.AbgG; § 24 Sachs.AbgG; § 28 SchlH.AbgG.
[66] § 22 Satz 2 RP.AbgG.
[67] § 24 Abs. 1 Satz 2 Sachs.AbgG
[68] § 23 NW.AbgG.

Parallelvorschriften im EuAbgG und in den Abgeordnetengesetzen der Länder:

EuAbgG	§ 12		
BadWürtt.	§ 23	Nds.	§ 27
Bay.	Art. 26	NW.	§ 27
Berl.	§ 25	RP.	§ 25
Bbg.	§ 26	Saarl.	§ 26
Brem.	§ 26	Sachs.	§ 25
Hbg.	§ 25	SachsAnh.	§ 30 a
Hess.	§ 25	SchlH.	–
MV.	§ 30	Thür.	§ 29

Literatur: *Butzer H.*, Diäten und Freifahrt im Deutschen Reichstag: der Weg zum Entschädigungsgesetz von 1906 und die Nachwirkungen dieser Regelung bis in die Zeit des Grundgesetzes, Düsseldorf, 1999.

Übersicht

		Rdn.
1.	Allgemeines	1–7
2.	Verzicht (§ 31 Satz 1)	8–10
3.	Übertragbarkeit (§ 31 Satz 2 bis 4	11–15
4.	EuAbgG	16–17
5.	Landesrecht	18

1. Allgemeines

Bereits das Gesetz über die Entschädigung der Mitglieder des Reichstages vom 10. Juli 1920[1] bestimmte in seinem § 6, dass ein Verzicht auf die Aufwandsentschädigung unzulässig sei und sowohl der Anspruch auf freie Eisenbahnfahrt als auch der Anspruch auf Aufwandsentschädigung nicht übertragen werden dürften.[2] **1**

Das erste Gesetz über die Entschädigung der Mitglieder des Bundestages vom 15. Juni 1950[3] übernahm diese Regelung in § 7 in modifizierter Form. Danach war der Verzicht auf die Aufwandsentschädigung ebenfalls unzulässig. Die Übertragbarkeit war für sämtliche Ansprüche nach diesem Gesetz ausgeschlossen. Bis zum Diätengesetz 1964 vom 25. März 1964[4] einschließlich galt das Gesetz in dieser Weise fort (vgl. § 13 Diätengesetz 1964). Mit der Einführung einer eigenständigen Altersversorgung für Abgeordnete und ihre Hinterbliebenen mit dem Diätengesetz 1968 vom 3. Mai 1968[5] wurde das Verzichtsverbot im dortigen § 25 auch auf die Versorgungsansprüche ausgedehnt. **2**

Der Entwurf eines Gesetzes zur Neuregelung der Rechtsverhältnisse der Mitglieder der Deutschen Bundestages vom 29. Juni 1976[6] entsprach in § 43 dem § 25 Diäten- **3**

---
[1] RGBl. S. 1437.
[2] Ebenso § 7 des Gesetzes über die Entschädigung der Mitglieder des Reichstages vom 25. April 1927, RGBl. S. 75).
[3] BGBl. I S. 215.
[4] BGBl. I S. 230.
[5] BGBl. I S. 334.
[6] BT-Drs. 7/5525, S. 10.

gesetz 1968. In der Begründung zum Gesetzentwurf hieß es, dass wie bisher auch künftig die Entschädigung und andere Ansprüche nach diesem Gesetz nicht übertragbar und damit gemäß § 851 Abs. 1 der Zivilprozessordnung auch nicht pfändbar seien. Die Vorschrift diene damit der durch Art. 48 Abs. 3 GG gebotenen Sicherung der Unabhängigkeit der Abgeordneten.[7]

4 § 31 in der Fassung des Berichts des 2. Sonderausschusses vom 30. November 1976 untersagte den Verzicht auf die Entschädigung, auf die Amtsausstattung sowie auf Versorgungsbezüge mit Ausnahme des Übergangsgeldes und auf Leistungen nach dem Sechsten Abschnitt dieses Gesetzes. Die Ansprüche auf Amtsausstattung nach § 12 durften auch nicht, der Anspruch auf Entschädigung nach § 12 nur bis zur Hälfte übertragen werden.[8]

5 Gegen den weitergehenden ursprünglichen Entwurf in § 43 hatte der Rechtsausschuss verfassungsrechtliche Bedenken erhoben und vorgeschlagen, die Übertragbarkeit von Leistungen nach diesem Gesetz nur insoweit auszuschließen, als dies zur Sicherung der Unabhängigkeit der Abgeordneten tatsächlich erforderlich sei. Der 2. Sonderausschuss hat sich diese Bedenken zu eigen gemacht und die Übertragbarkeit nur für den Anspruch auf Amtsausstattung und die Hälfte der Entschädigung ausgeschlossen. Die Möglichkeit eines Verzichts auf das Übergangsgeld hat der 2. Sonderausschuss jedoch im Hinblick auf § 32 Abs. 5 beibehalten, damit in geeigneten Fällen sofort Altersentschädigung gezahlt werden kann, wenn dies wegen der unterschiedlichen Anrechnungsbestimmungen beim Zusammentreffen mit anderen Bezügen im Einzelfall günstiger sein sollte.[9]

6 Mit dem Siebten Gesetz zur Änderung des Abgeordnetengesetzes vom 16. Januar 1987[10] entfiel das Verbot des Verzichts auf Leistungen nach dem Sechsten Abschnitt (Zuschuss zu den Kosten in Krankheits-, Geburts- und Todesfällen, Unterstützungen). Ferner wurde eine Regelung für die Übertragbarkeit des Übergangsgeldes, der Versorgung und der Versorgungsabfindung eingeführt. Die Vorschriften der ZPO sollten hier künftig entsprechend Anwendung finden.[11]

7 Die jüngste und letzte Änderung des § 31 durch das Neunzehnte Änderungsgesetz vom 15. Dezember 1995[12] war nur redaktioneller Natur. Inhaltlich brachte sie keine Neuerungen.

2. Verzicht (§ 31 Satz 1)

8 Ein Verzicht auf die Abgeordnetenentschädigung nach § 11 und auf Leistungen nach § 12 (Amtsausstattung) sowie nach dem Fünften Abschnitt mit Ausnahme des § 18 ist gemäß § 31 Satz 1 unzulässig. Damit kann ein Abgeordneter auf die ihm zustehenden zentralen Leistungen nach dem Abgeordnetengesetz wie Abgeordnetenentschädigung, Amtsausstattung einschließlich der Kostenpauschale und Versorgungsleistungen nach dem Fünften Abschnitt nicht verzichten. Mit dieser Re-

---

[7] Vgl. BT-Drs. 7/5531, S. 25 f.
[8] Vgl. BT-Drs. 7/5903, S. 37 f.
[9] Vgl. Begründung zu § 31 des Gesetzentwurfs, BT-Drs. 7/5903, S. 15 f.
[10] BGBl. I S. 143.
[11] Vgl. Begründung zum Entwurf eines Siebten Gesetzes zur Änderung des Abgeordnetengesetzes vom 25. Juni 1986, BT-Drs. 10/5734, S. 9.
[12] BGBl. I S. 1718.

gelung wollte der Gesetzgeber die verfassungsrechtlich in Art. 48 Abs. 3 Satz 1 GG verbürgte finanzielle Unabhängigkeit der Mitglieder des Bundestages flankieren.[13] Das Verzichtsverbot soll gewährleisten, dass die in Satz 1 aufgeführten Leistungen tatsächlich dem Abgeordneten zukommen. Es findet also – ebenso wie die Einschränkungen bei der Übertragbarkeit und der Pfändbarkeit – seine Rechtfertigung letztlich im repräsentativen Status der Abgeordneten.[14]

Eine Sonderrolle kommt in diesem Zusammenhang dem Übergangsgeld nach § 18 zu. Denn das Übergangsgeld ist ausdrücklich vom Verzichtsverbot ausgenommen. Dies aber nur deshalb, um einem ausgeschiedenen Mitglied des Bundestages, das aufgrund seines Lebensalters und der Dauer seiner Zugehörigkeit zum Bundestag im Zeitpunkt des Ausscheidens bereits einen Anspruch auf Altersentschädigung hat, den sofortigen Bezug seiner Altersversorgung zu ermöglichen. Denn nach der Systematik des Abgeordnetengesetzes geht das Übergangsgeld der Altersentschädigung grundsätzlich vor. § 32 Abs. 5 bestimmt deshalb, dass der Anspruch auf Altersentschädigung während der Zeit ruht, für die ein Anspruch auf Übergangsgeld besteht. **9**

Beim Zusammentreffen mehrerer Ansprüche aus öffentlichen Kassen kann es für den ausgeschiedenen Abgeordneten indessen vorteilhafter sein, gleich die Altersentschädigung zu wählen, weil die für sie geltenden Anrechnungsbestimmungen des § 29 deutlich günstiger sind als die in § 18 Abs. 2 vorgesehene Vollanrechnung.[15] Erst recht steht sich ein ehemaliger Abgeordneter, der Anspruch auf Übergangsgeld und Altersentschädigung nach neuem Recht neben sonstigen Einkünften aus privaten Kassen hat, günstiger, wenn er auf das Übergangsgeld verzichtet und sofort die Altersentschädigung beziehen kann. Denn private Einkünfte werden auf die Altersentschädigung überhaupt nicht angerechnet,[16] während § 18 Abs. 2 die Vollanrechnung solcher Einkünfte auf das Übergangsgeld ab dem zweiten Monat nach dem Ausscheiden zwingend vorsieht.

Der Möglichkeit des Verzichts auf das Übergangsgeld bedürfte es allerdings nicht, entschlösse sich der Gesetzgeber, die Konkurrenz zwischen Übergangsgeld und Altersentschädigung im Sinne eines Vorranges der Altersentschädigung zu regeln, was Sinn und Zweck des Übergangsgeldes auch weitaus besser entspräche, als das geltende Recht.[17] **10**

3. Übertragbarkeit (§ 31 Satz 2 bis 4)

Gemäß § 31 Satz 2 sind die Ansprüche aus § 12 nicht übertragbar. Der Anspruch auf Amtsausstattung in seinem in § 12 festgelegten Umfang ist mithin insoweit der Dispositionsbefugnis des einzelnen Abgeordneten entzogen, als er ihn nicht auf beliebige Dritte übertragen kann. Damit ist sichergestellt, dass die Amtsausstattung nach § 12 nur und ausschließlich den Mitgliedern des Deutschen Bundestages zugute kommt. Das ist konsequent und sachgerecht, weil die Amtsausstattung die spezifischen Aufwendungen abdecken soll, die durch das Mandat veranlasst **11**

---

[13] S.o. 1. und Fn. 7.
[14] Vgl. BVerfG, Urteil vom 16. März 1955 – 2 BvK 1/54 –, BVerfGE 4, 144, 150 f.
[15] Vgl. auch Gesetzesbegründung zu § 31, BT-Drs. 7/5903, S. 15 f.
[16] Vgl. 5. zu § 29.
[17] Vgl. 9. zu § 18.

sind. Die als Geld- und Sachleistung gewährte Amtsausstattung soll deshalb auch nur den Mandatsträgern zustehen.

12 Weil die Ansprüche nach § 12 nicht übertragbar sind, ist zugleich ihre Pfändbarkeit ausgeschlossen. Insbesondere ist auch der Anspruch auf die steuerfreie Kostenpauschale gemäß § 12 Abs. 2 der Pfändung nicht unterworfen. Das ergibt sich aus § 851 Abs. 1 ZPO, auf den (u.a.) § 31 Satz 4 verweist. Nach § 851 Abs. 1 ZPO ist eine Forderung in Ermangelung besonderer Vorschriften der Pfändung nur insoweit unterworfen, als sie übertragbar ist (absolute Unpfändbarkeit). Die im Abgeordnetengesetz bestimmte fehlende Übertragbarkeit der Forderung schließt deshalb zugleich ihre Pfändbarkeit aus.

13 Das zu den Ansprüchen nach § 12 Ausgeführte gilt gemäß § 31 Satz 3 für den Anspruch auf Abgeordnetenentschädigung nach § 11 ebenso, allerdings mit der Maßgabe, dass dieser Anspruch bis zur Hälfte übertragbar und damit in diesem Umfang grundsätzlich auch pfändbar ist. Weil § 31 Satz 3 den Anspruch auf Abgeordnetenentschädigung nach § 11 pauschal benennt, gilt diese Regelung sowohl für die Abgeordnetenentschädigung nach § 11 Abs. 1 als auch für die Amtszulage für die Mitglieder des Präsidiums nach § 11 Abs. 2. Die Vorschrift ist kein Abgeordnetenprivileg, sondern soll die verfassungsrechtlich gebotene finanzielle Unabhängigkeit der Abgeordneten sichern (s.o. 1.). In der Praxis hat sich die Norm durchaus bewährt.

14 Nach § 31 Satz 4 finden im Übrigen die Vorschriften der §§ 850 ff. ZPO Anwendung. Von besonderer Bedeutung sind dabei die Schutzvorschriften der §§ 850 a bis 850 k ZPO, die gemäß § 850 Abs. 1 ZPO bei der Pfändung von Arbeitseinkommen zu beachten sind. Arbeitseinkommen im Sinne dieser Bestimmung sind u.a. die Abgeordnetenentschädigung, das Übergangsgeld und die Altersentschädigung nach dem Fünften Abschnitt. Die Schutzvorschriften sind von Amts wegen zu beachten. Ein Verzicht auf den Pfändungsschutz oder eine Vereinbarung zu Ungunsten des Schuldners ist unzulässig.

15 Soweit der Anspruch auf Abgeordnetenentschädigung, Übergangsgeld oder Altersentschädigung nach §§ 850 ff ZPO aus den dort im Einzelnen genannten Gründen nicht der Pfändung unterworfen ist, kann er gemäß § 400 BGB auch nicht abgetreten werden.

4. EuAbgG

16 Nach § 12 Abs. 4 EuAbgG finden die Bestimmungen des § 31 sinngemäße Anwendung auf die Leistungen nach dem EuAbgG. Das oben in 2. und 3. Gesagte gilt daher auch insoweit für die in Deutschland gewählten Abgeordneten des Europäischen Parlaments.

17 Für Leistungen des Europäischen Parlaments nach der „Kostenerstattungs- und Vergütungsregelung für die Mitglieder"[18] gibt es keine entsprechende Norm. Der in der 4. Wahlperiode des Europäischen Parlaments vorgelegte Entwurf eines Statuts für die Abgeordneten des Europäischen Parlaments[19] bestimmte dagegen in Art. 10

---

[18] Vom 2. Juli 2001 – PE 133.116 / QUEST / rev. XI / 7-2001 – DV\445055DE.doc.
[19] PV 55 PE 273.910.

Nr. 2 jedenfalls, dass Vereinbarungen über die Verwendung der Abgeordnetenentschädigung, des Übergangsgeldes oder der Pension zu anderen als privaten Zwecken nichtig sei.

5. Landesrecht

Bis auf Schleswig-Holstein verfügen alle Abgeordnetengesetze der Bundesländer über Bestimmungen, die ganz oder doch in ihren wesentlichen Zügen dem § 31 entsprechen.[20] Niedersachsen hebt den Regelungszweck der Norm – die Sicherung der Unabhängigkeit der Abgeordneten – bereits in der Überschrift der Bestimmung besonders hervor. Anders als beim Bund wird bei den Landesgesetzen die Altersversorgung der Abgeordneten allerdings häufig nicht vom Verzichtsverbot umfasst. Das erscheint jedoch unbedenklich, weil die finanzielle Unabhängigkeit der Abgeordneten während ihrer aktiven Mandatszeit hiervon nicht berührt wird.

18

§ 32 Beginn und Ende der Ansprüche, Zahlungsvorschriften

(1) Die in den §§ 11, 12, 16, 27 und 28 geregelten Ansprüche entstehen mit dem Tag der Annahme der Wahl, auch wenn die Wahlperiode des letzten Bundestages noch nicht abgelaufen ist. Mandatsbezogene Aufwendungen, die einem gewählten Wahlkreisbewerber bzw. einem gewählten Landeslistenbewerber zwischen dem Wahltag und dem Tag der Annahme der Wahl im Hinblick auf den Zusammentritt des neuen Bundestages entstehen, werden ebenfalls erstattet.

(2) Ausgeschiedene Mitglieder erhalten die Abgeordnetenentschädigung nach § 11 bis zum Ende des Monats, in dem sie ausgeschieden sind, und die Geldleistungen nach § 12 Abs. 2 bis zum Ende des darauf folgenden Monats. Die Rechte nach § 16 erlöschen vierzehn Tage nach dem Ausscheiden aus dem Bundestag.

(3) Die Aufwendungen für die Beschäftigung von Mitarbeitern werden bis zum Ende des Monats ersetzt, in dem die Wahlperiode endet. Scheidet ein Mitglied während der Wahlperiode aus, werden die Aufwendungen für die Beschäftigung von Mitarbeitern längstens bis zum Ende des fünften Monats nach dem Ausscheiden ersetzt, es sei denn, das Arbeitsverhältnis wird zu einem früheren Zeitpunkt beendet.

(4) Die Altersentschädigung wird vom Ersten des auf das anspruchsbegründende Ereignis folgenden Monats bis zum Ablauf des Monats gewährt, in dem der Berechtigte stirbt.

---

20 Vgl. § 23 BadWürtt.AbgG; Art. 26 Bay.AbgG; § 25 Berl.AbgG; § 26 Bbg.AbgG; § 26 Brem.AbgG; § 25 Hbg.AbgG; § 25 Hess.AbgG; § 30 MV.AbgG; § 27 Nds.AbgG; § 27 NW.AbgG; § 25 RP.AbgG; § 26 Saarl.AbgG; § 25 Sächs.AbgG; § 30 a SachsAnh.AbgG; § 30 Thür.AbgG.

(5) Der Anspruch auf Altersentschädigung ruht während der Zeit, für die ein Anspruch auf Übergangsgeld besteht.

(6) Altersentschädigung nach diesem Gesetz wird nicht gezahlt, wenn das Mitglied oder das ehemalige Mitglied seine Mitgliedschaft im Bundestag auf Grund des § 15 Abs. 2 Nr. 2 des Bundeswahlgesetzes verliert oder verlieren würde. Für die Zeit der Mitgliedschaft im Bundestag gilt § 23.

(7) Für Mitglieder, die nach Inkrafttreten dieses Gesetzes aus dem Bundestag ausscheiden, gilt § 27 für die Dauer des Anspruchs auf Übergangsgeld nach § 18, mindestens jedoch für die Dauer von sechs Monaten.

(8) Die Abgeordnetenentschädigung nach § 11 und die Geldleistungen nach § 12 Abs. 2 und §§ 20 bis 27 werden monatlich im Voraus gezahlt. Ist nur ein Teil zu leisten, so wird für jeden Kalendertag ein Dreißigstel gezahlt; § 33 gilt entsprechend.

Parallelvorschriften im EuAbgG und in den Abgeordnetengesetzen der Länder:			
EuAbgG	§ 12		
BadWürtt.	§ 22	Nds.	§ 6
Bay.	Art. 24	NW.	§ 25
Berl.	§ 23	RP.	§ 23
Bbg.	§ 24	Saarl.	§ 24
Brem.	§ 25	Sachs.	§ 26
Hbg.	§ 22	SachsAnh.	§ 29
Hess.	§ 23	SchlH.	§ 29
MV.	§ 29	Thür.	§ 27

Literatur: *Fleuter R.*, Mandat und Status des Abgeordneten im Europäischen Parlament, Pfaffenweiler, 1991; *Schreiber W.*, Handbuch des Wahlrechts zum Deutschen Bundestag: Kommentar zum Bundeswahlgesetz unter Einbeziehung der Bundeswahlordnung, der Bundeswahlgeräteordnung und sonstiger wahlrechtlicher Nebenvorschriften, 6. Aufl., 1998; *Vetter H.*, Das Arbeitsverhältnis der Mitarbeiter von Bundestagsabgeordneten, Berlin, 2000.

Übersicht

		Rdn.
1.	Allgemeines	1–3
2.	Beginn der Ansprüche nach §§ 11, 12, 16, 27 und 28 (Abs. 1)	4–8
3.	Ende der Ansprüche nach §§ 11, 12 Abs. 2 und 16 (Abs. 2)	9–10
4.	Ende der Ansprüche nach § 12 Abs. 3 (Abs. 3)	11–12
5.	Beginn und Ende der Ansprüche auf Altersentschädigung (Abs. 4)	13–16
6.	Konkurrenz von Übergangsgeld und Altersentschädigung (Abs. 5)	17–19
7.	Verlust des Anspruches auf Altersentschädigung (Abs. 6)	20–24
8.	Ende des Anspruches auf Zuschuss zu den Kosten in Krankheits-, Geburts- und Todesfällen nach § 27 (Abs. 7)	25–26
9.	Zahlungsvorschriften (Abs. 8)	27–28
10.	EuAbgG	29–33
10.1	Nationales Recht	29–32
10.2	Europäisches Recht	33
11.	Landesrecht	34

1. Allgemeines

§ 32 regelt Beginn und Ende der Ansprüche nach diesem Gesetz und enthält weitere Zahlungsvorschriften. In ihren Grundzügen geht die Norm auf § 41 des Entwurfs eines Gesetzes zur Neuregelung der Rechtsverhältnisse der Mitglieder des Bundestages vom 29. Juni 1976[1] zurück. § 41 des Entwurfs seinerseits war ebenfalls keine Neuregelung. Die Bestimmung fasste im Wesentlichen die Vorschriften der §§ 2 Abs. 2, 17 Abs. 1 Sätze 3 bis 5 und § 23 des Diätengesetzes 1968 vom 3. Mai 1968[2] zusammen.[3] Seine endgültige, Gesetz gewordene Fassung erhielt § 32 durch den 2. Sonderausschuss.[4]

Das Siebte Gesetz zur Änderung des Abgeordnetengesetzes vom 16. Januar 1987[5] brachte nur eine redaktionelle Änderung des § 32. Mit dem Dreizehnten Gesetz zur Änderung des Abgeordnetengesetzes vom 7. Januar 1992[6] wurde Absatz 2 Satz 2 novelliert. Danach erloschen die Rechte nach § 16 (Freifahrtberechtigung und Erstattung von Fahrkosten) nicht mehr vierzehn Tage nach dem Ablauf der Wahlperiode, sondern vierzehn Tage nach dem Ausscheiden aus dem Bundestag. Diese Regelung trug der Tatsache Rechnung, dass eine Beendigung der Mitgliedschaft nicht zwingend mit dem Ablauf der Wahlperiode zusammenfallen muss, sondern auch während der laufenden Wahlperiode erfolgen kann, z.B. bei einem Verzicht auf das Mandat. In diesen Fällen sollte der Anspruch nach § 16 ebenfalls vierzehn Tage nach dem Ausscheiden erlöschen, weil kein sachlicher Grund dafür erkennbar war, den Fall der vorzeitigen Mandatsbeendigung abweichend von dem der regulären zu behandeln.

Mit dem Einundzwanzigsten Gesetz zur Änderung des Abgeordnetengesetzes vom 20. Juli 2000[7] wurde § 30 Abs. 1 Satz 2 in das Gesetz eingefügt und erhielt § 30 Abs. 3 seine heute gültige Fassung.

2. Beginn der Ansprüche nach §§ 11, 12, 16, 27 und 28 (Abs. 1)

Nach § 32 Abs. 1 Satz 1 entstehen die in den §§ 11, 12, 16, 27 und 28 geregelten Ansprüche mit dem Tag der Annahme der Wahl, auch wenn die Wahlperiode des letzten Bundestages noch nicht abgelaufen ist. Das sind die Ansprüche auf Abgeordnetenentschädigung, Amtsausstattung, Freifahrtberechtigung und Fahrkostenerstattung, Zuschuss zu den Kosten in Krankheits-, Geburts- und Todesfällen sowie Unterstützung in besonderen Fällen.

Die Annahme der Wahl richtet sich nach den Vorschriften des Bundeswahlgesetzes[8]

---

1 BT-Drs. 7/5525.
2 BGBl. I S. 334.
3 Vgl. Begründung zu § 41 des Gesetzentwurfs, BT-Drs. 7/5531, S. 25.
4 Vgl. Bericht und Antrag des 2. Sonderausschusses vom 30. November 1976, BT-Drs. 7/5903, S. 16.
5 BGBl. I S. 143.
6 BGBl. I S. 2; s. dazu Beschlussempfehlung und Bericht des Ausschusses für Wahlprüfung, Immunität und Geschäftsordnung vom 30. Oktober 1991, BT-Drs. 12/1398, S. 6.
7 BGBl. I S. 1037.
8 In der Fassung der Bekanntmachung vom 23. Juli 1993, BGBl. I S. 1288, zuletzt geändert durch Art. 1 des Gesetzes vom 20. April 1998, BGBl. I S. 706.

und der Bundeswahlordnung.⁹ Nach § 41 Abs. 2 Bundeswahlgesetz benachrichtigt der Kreiswahlleiter den gewählten Wahlkreisabgeordneten und fordert ihn auf, binnen einer Woche schriftlich zu erklären, ob er die Wahl annimmt. Beim Listenbewerber verfährt der Landeswahlleiter nach § 42 Abs. 3 Bundeswahlgesetz entsprechend. Der Tag des Einganges der schriftlichen Annahmeerklärung beim zuständigen Kreis- oder Landeswahlleiter ist maßgeblich für den Beginn der oben genannten Ansprüche. Gibt der Gewählte innerhalb der Frist keine oder keine formgerechte Erklärung ab, so gilt die Wahl gemäß § 45 Satz 2 Bundeswahlgesetz mit Fristablauf als angenommen. Für das Entstehen der in § 32 Abs. 1 Satz 1 genanten Ansprüche ist dann dieser Zeitpunkt maßgeblich. In dem einen wie in dem anderen Fall wird der Präsident des Deutschen Bundestages vom jeweils zuständigen Wahlleiter von Amts wegen informiert (§§ 76 Abs. 7, 80 Satz 2 und 3 Bundeswahlordnung).

6 Weil die von § 32 Abs. 1 Satz 1 erfassten Ansprüche auch dann bereits mit dem Tag der Annahme der Wahl entstehen, wenn die Wahlperiode des letzten Bundestages noch nicht abgelaufen ist, erwerben die Gewählten die Anspruchsberechtigung regelmäßig schon vor Beginn ihrer Mitgliedschaft im Deutschen Bundestag. Anspruchsberechtigung und Mitgliedschaft fallen also vorübergehend auseinander. Denn der Erwerb der Mitgliedschaft setzt neben der Annahmeerklärung bzw. dem Fristablauf nach Benachrichtigung noch den Ablauf der Wahlperiode des letzten Deutschen Bundestages voraus (§ 45 Satz 1 Bundeswahlgesetz). Die Wahlperiode endet nach Art. 39 Abs. 1 Satz 2 GG mit dem Zusammentritt eines neuen Bundestages (konstituierende Sitzung). Gemäß Art. 39 Abs. 2 GG muss die konstituierende Sitzung des neugewählten Bundestages spätestens am dreißigsten Tag nach der Wahl stattfinden. Erst mit der konstituierenden Sitzung erwerben die Gewählten den vollen Abgeordnetenstatus.

7 Die Gewährung finanzieller Ansprüche an erfolgreiche Wahlbewerber schon vor Beginn der eigentlichen Mitgliedschaft ist sachgerecht. Denn schon im Vorfeld der konstituierenden Sitzung üben sie faktisch ihr Mandat im Hinblick auf den neugewählten Bundestag aus. Auch entstehen ihnen bereits mandatsbedingte Kosten, z.B. durch die Teilnahme an Fraktionssitzungen zur Vorbereitung der konstituierenden Sitzung. Der gesetzliche Anspruchsbeginn – Tag der Annahme der Wahl – war noch zu restriktiv. Das galt besonders für die Listenbewerber, die in aller Regel erst später als die Wahlkreisbewerber von ihrer Wahl erfahren und deren Annahme erklären können, obwohl ihre Anlaufkosten dieselben sind wie bei den Wahlkreisbewerbern. Um diese Lücke zu schließen, hat der Gesetzgeber mit dem Einundzwanzigsten Gesetz zur Änderung des Abgeordnetengesetzes vom 20. Juli 2000¹⁰ dem § 30 Abs. 1 den Satz 2 angefügt. Danach werden mandatsbezogene Aufwendungen, die einem gewählten Wahlkreisbewerber oder einem gewählten Landeslistenbewerber zwischen dem Wahltag und dem Tag der Annahme der Wahl entstanden sind, zumindest insoweit erstattet, als die Aufwendungen im Hinblick auf den Zusammentritt des neuen Bundestages entstanden sind. Dazu zählen beispielsweise die Übernachtungskosten aus Anlass der ersten Frak-

---

9 In der Fassung der Bekanntmachung vom 8. März 1994, BGBl. I S. 495, Anlagen geändert durch Verordnung vom 25. Mai 1998, BGBl. I S. 1134.
10 BGBl. I S. 1037.

tionssitzung im Vorfeld der konstituierenden Sitzung des neugewählten Bundestages.[11]

Die Regelung des § 32 Abs. 1 Satz 1 gilt nur für die dort ausdrücklich genannten Ansprüche. Angesichts ihres eindeutigen Wortlauts kann sie auf andere Statusrechte auch nicht entsprechend angewandt werden. Das gilt z.B. für die Ansprüche nach § 17 Abs. 2 bis 4. Sie stehen nur einem *Mitglied* des Bundestages zu, werden also frühestens von der konstituierenden Sitzung an gewährt. Etwas anderes gilt allenfalls über § 32 Abs. 1 Satz 2 unter den dort genannten Voraussetzungen. **8**

3. Ende der Ansprüche nach §§ 11, 12 Abs. 2 und 16 (Abs. 2)

Gemäß § 32 Abs. 2 Satz 1 erhalten ausgeschiedene Mitglieder des Bundestages die Abgeordnetenentschädigung nach § 11 bis zum Ende des Monats, in dem sie ausgeschieden sind. Die Geldleistungen nach § 12 Abs. 2 – das ist die Kostenpauschale –, erhalten sie noch einen Monat länger, nämlich bis zum Ende des auf den Monat des Ausscheidens folgenden Monat. Diese sog. Abwicklungspauschale dient in erster Linie der Abdeckung der Kosten, die aus der Abwicklung des Mandats entstehen. Dazu gehören beispielsweise die Kosten für die Auflösung des Wahlkreisbüros oder die der Aufgabe der Zweitwohnung am Sitz des Parlaments. Verstirbt ein aktives Mitglied des Bundestages, so haben seine Hinterbliebenen keinen Anspruch auf die Abwicklungspauschale. Zum einen ist schon zweifelhaft, ob ein verstorbenes Mitglied dem „ausgeschiedenen" i.S.d. § 32 Abs. 2 Satz 1 gleichgestellt werden kann. Ihm persönlich entstehen schließlich keine nachwirkenden Mandatsaufwendungen mehr. Zum anderen spricht § 24 Abs. 1 Satz 1 gegen eine Anspruchsberechtigung der Hinterbliebenen, denn die Leistung war im Zeitpunkt des Todes noch nicht fällig. Allenfalls wurde sie mit dem Tod fällig. **9**

Die Rechte nach § 16 erlöschen abweichend hiervon nach § 32 Abs. 2 Satz 2 bereits vierzehn Tage nach dem Ausscheiden aus dem Bundestag. Seine Freifahrtberechtigung für die Verkehrsmittel der Deutschen Bahn AG darf ein ausgeschiedenes Mitglied also nur noch während dieses Zeitraumes benutzen. Anschließend ist sie bei der Bundestagsverwaltung abzugeben. Benutzt ein ausgeschiedenes Mitglied im Zusammenhang mit dem beendeten Mandat im Geltungsbereich dieses Gesetzes Flugzeuge oder Schlafwagen, so werden ihm auch die dadurch entstehenden Kosten erstattet, sofern sie bis zu vierzehn Tage nach dem Ausscheiden entstanden sind. Die Rechte nach § 16 bleiben deswegen für vierzehn Tage nach dem Ausscheiden erhalten, damit Verpflichtungen im Zusammenhang mit dem (bisherigen) Mandat noch abgewickelt werden können.[12] **10**

---

11 Vgl. Begründung zum Entwurf eines Einundzwanzigsten Gesetzes zur Änderung des Abgeordnetengesetzes vom 30. November 1999, BT-Drs. 14/2235, S. 8.
12 Vgl. Begründung zu § 41 Abs. 2 des Entwurfs eines Gesetzes zur Neuregelung der Rechtsverhältnisse der Mitglieder des Deutschen Bundestages, BT-Drs. 7/5531, S. 25; zur Anspruchsbeendigung durch ersatzlosen Wegfall des Mandats als Folge einer Entscheidung des BVerfG nach Art. 21 Abs. 2 GG s. Urteil des BVerfG vom 23. Oktober 1952–1 BvB 1/51 –, BVerfGE 2, 1, 75 ff.

4. Ende der Ansprüche nach § 12 Abs. 3 (Abs. 3)

11 Die Aufwendungen für die Beschäftigung von Mitarbeitern (vgl. § 12 Abs. 3) wurden gemäß § 32 Abs. 3 in seiner bisherigen Fassung längstens bis zum Ende des fünften Monats nach dem Monat des Ausscheidens ersetzt, es sei denn, das Arbeitsverhältnis wird zu einem früheren Zeitpunkt beendet. Letzteres war indessen regelmäßig der Fall. Denn der Ältestenrat hatte in einem Musterarbeitsvertrag, dessen Verwendung nach den Ausführungsbestimmungen zu § 12 Abs. 3 vom 19. Januar 1978, zuletzt geändert am 25. April 1996,[13] Voraussetzung für die Erstattungsfähigkeit der Aufwendungen für Mitarbeiter ist, festgelegt, dass die Aufwendungen für die Beschäftigung von Mitarbeitern nur bis zum Ende des Monats ersetzt werden, in dem die Wahlperiode endet.[14] Im Regelfall endeten die Ansprüche nach § 12 Abs. 3 deshalb (spätestens) mit dem Ende der Wahlperiode. Nur wenn ein Abgeordneter bereits während der laufenden Wahlperiode aus dem Bundestag ausscheidet, können ihm Aufwendungen für die Beschäftigung von Mitarbeitern noch längstens bis zum Ende des fünften Monats nach dem Monat des Ausscheidens ersetzt werden.

12 In der Praxis führte der Wortlaut des § 32 Abs. 3 immer wieder zu Missverständnissen, weil häufig angenommen wurde, die Regelung gelte auch für den Fall der Beendigung der Mitgliedschaft infolge des Ablaufs der Wahlperiode. Das war aber wegen der abweichenden Vorgaben im Musterarbeitsvertrag, der regelmäßig zwischen Abgeordnetem und Mitarbeiter abgeschlossen wird, nicht so (s. o.). Der Gesetzgeber hat dies aus Gründen der Rechtssicherheit und -klarheit inzwischen im neugefassten § 32 Abs. 3[15] richtiggestellt. Nach dessen Satz 1 werden die Aufwendungen für die Beschäftigung von Mitarbeitern (nur) bis zum Ende des Monats ersetzt, in dem die Wahlperiode endet. Und Satz 2 bestimmt, dass (nur) beim Ausscheiden eines Mitglieds während der Wahlperiode die Mitarbeiteraufwendungen längstens bis zum Ende des fünften Monats nach dem Ausscheiden ersetzt werden, es sei denn, das Arbeitsverhältnis wird zu einem früheren Zeitpunkt beendet. Letzteres wird regelmäßig der Fall sein, weil nach § 5 Abs. 4 des Mustervertrages das Arbeitsverhältnis eines Abgeordnetenmitarbeiters bei Ausscheiden des Abgeordneten während der Wahlperiode mit einer Frist von sechs Wochen zum Ende des Kalendervierteljahres endet.[16]

5. Beginn und Ende der Ansprüche auf Alterserntschädigung (Abs. 4)

13 Ein Mitglied des Bundestages erhält nach seinem Ausscheiden nach § 19 Satz 1 eine Alterserntschädigung, wenn es das 65. Lebensjahr vollendet und dem Bundestag acht Jahre angehört hat. Beide Tatbestandsmerkmale müssen erfüllt sein, um den Anspruch zu begründen (vgl. 3. 1 zu § 19). Bei längerdauernder Mitgliedschaft entsteht

---

13 Nicht veröffentlicht.
14 Zur Zulässigkeit der Befristung der Arbeitsverträge s. ausführlich *Vetter H.*, Das Arbeitsverhältnis der Mitarbeiter von Bundestagsabgeordneten, Berlin, 2000, S. 179 ff.
15 In der Fassung des Art. 1 des Einundzwanzigsten Gesetzes zur Änderung des Abgeordnetengesetzes vom 20. Juli 2000, BGBl. I, S. 1837; s. auch Begründung zum Entwurf eines Einundzwanzigsten Gesetzes zur Änderung des Abgeordnetengesetzes vom 30. November 1999, BT-Drs. 14/2235, S. 8.
16 Zur Zulässigkeit der auflösenden Bedingung s. *Vetter H.*, aaO, S. 199 ff.

der Anspruch auf Altersentschädigung gemäß § 19 Satz 2 mit jedem weiteren Jahr der Zugehörigkeit bis zum 18. Jahr ein Lebensjahr früher (vgl. 3. 2 zu § 19). Die Altersentschädigung wird dann gemäß § 32 Abs. 4, erster Halbsatz vom Ersten des auf das anspruchsbegründende Ereignis folgenden Monats an gewährt. Anspruchsbegründendes Ereignis in diesem Sinne kann entweder die Vollendung des für die Anspruchsentstehung erforderlichen Lebensjahres oder das Ausscheiden aus dem Bundestag sein.

Der Beginn des Anspruches auf Altersentschädigung wegen Gesundheitsschäden nach § 22 ist gesondert geregelt. Die Altersentschädigung wegen Gesundheitsschäden wird gemäß § 22 Abs. 1 Satz 1 bereits vom Monat der Antragstellung an gezahlt, da es sich um eine monatlich zu gewährende Leistung handelt, also vom ersten Tag des Monats der Antragstellung an (vgl. 2. 1. 5 zu § 22). **14**

Der Anspruch auf Altersentschädigung nach §§ 19, 20 wie auch nach § 22 endet mit Ablauf des Monats, in dem der Berechtigte stirbt (§ 32 Abs. 4, zweiter Halbsatz). Der Anspruch auf Altersentschädigung endet aber (zunächst) auch dann, wenn der Anspruchsberechtigte nach seinem Ausscheiden erneut ein Bundestagsmandat erwirbt. Das Gesetz regelt diesen Fall nicht ausdrücklich, weil die Rechtsfolge nach der Gesetzessystematik selbstverständlich ist. Aktive Abgeordnete beziehen Abgeordnetenentschädigung und nur *ausgeschiedene* Mitglieder haben Anspruch auf Altersentschädigung (§ 19 Satz 1), so wie die Leistungen nach dem Fünften Abschnitt generell nur *ehemaligen* Mitgliedern und ihren Hinterbliebenen zustehen. **15**

Beginn und Ende der Ansprüche auf Hinterbliebenenversorgung nach § 25 ist nicht in diesem Gesetz geregelt. Insoweit gelten die Vorschriften des BeamtVG entsprechend (vgl. 7. zu § 25). **16**

6. Konkurrenz von Übergangsgeld und Altersentschädigung (Abs. 5)

Nach § 32 Abs. 5 ruht der Anspruch auf Altersentschädigung während der Zeit, für die ein Anspruch auf Übergangsgeld besteht. Gemeint ist immer der Anspruchszeitraum, nicht der auf Antrag verdoppelte Zahlungszeitraum (vgl. dazu 5. zu § 18). Die Altersentschädigung ruht deshalb entgegen einem häufig auftretenden Missverständnis auch dann für den vollen Anspruchszeitraum des Übergangsgeldes, wenn sich der ehemalige Abgeordnete das Übergangsgeld in einer Summe hat auszahlen lassen. **17**

Auch diese Bestimmung trägt dem Verbot der Doppelalimentation Rechnung. Überzeugender wäre es indessen, wenn nicht der Anspruch auf Altersentschädigung ruhte, sondern der Anspruch auf Übergangsgeld gänzlich entfiele, sobald das ehemalige Mitglied Anspruch auf Altersentschädigung hat. Der Altersversorgung sollte in diesen Fällen Vorrang eingeräumt werden, weil hier der Zweck des Übergangsgeldes (s.o. 1. 1 zu § 18) erkennbar verfehlt wird. **18**

Allerdings kann gemäß § 31 Satz 1 auf das Übergangsgeld verzichtet werden. Dann ruht der Anspruch auf Altersentschädigung nicht. Ein Verzicht könnte sich empfehlen, wenn sich die Zahlung von Altersentschädigung wegen der unterschiedlichen Anrechnungsbestimmungen beim Bezug anderer Einkünfte im Einzelfall als günstiger erweist (vgl. 2. zu § 31). **19**

7. Verlust des Anspruches auf Altersentschädigung (Abs. 6)

20 Altersentschädigung nach diesem Gesetz wird gemäß § 32 Abs. 6 Satz 1 nicht gezahlt, wenn das Mitglied oder das ehemalige Mitglied seine Mitgliedschaft im Bundestag auf Grund des § 15 Abs. 2 Nr. 2 des Bundeswahlgesetzes verliert oder verlieren würde. Weil die Bestimmung nur das Mitglied oder das ehemalige Mitglied des Bundestages anspricht, wird von ihr nur die Altersentschädigung für diesen Personenkreis, nicht aber die Hinterbliebenenversorgung (§ 25) erfasst. Die Vorschrift ist § 59 BeamtVG nachgebildet.[17]

21 Die Zahlung der Altersentschädigung wird eingestellt oder gar nicht erst aufgenommen, wenn das Mitglied oder ehemalige Mitglied seine Mitgliedschaft nach § 15 Abs. 2 Nr. 2 Bundeswahlgesetz verliert oder verlieren würde. § 15 Abs. 2 Nr. 2 Bundeswahlgesetz betrifft den Fall der Nichtwählbarkeit bzw. des Verlustes der Fähigkeit zur Bekleidung öffentlicher Ämter durch Richterspruch. Den Verlust der Wählbarkeit, der in diesem Zusammenhang von Bedeutung ist, regelt wiederum § 45 StGB. Nach dessen Abs. 1 verliert für die Dauer von fünf Jahren die Fähigkeit, öffentliche Ämter zu bekleiden oder Rechte aus öffentlichen Wahlen zu erlangen, wer wegen eines Verbrechens zu Freiheitsstrafe von mindestens einem Jahr verurteilt wird. Zwei tatbestandliche Voraussetzungen müssen also erfüllt sein: 1. Bei dem Straftatbestand, der zu der Verurteilung geführt hat, muss es sich um ein Verbrechen i.S.d. § 12 Abs. 1 StGB handeln. Die rechtswidrige Tat muss deshalb im Mindestmaß mit Freiheitsstrafe von einem Jahr oder darüber bedroht sein. 2. Das Mitglied oder ehemalige Mitglied muss wegen des Verbrechens zu einer Freiheitsstrafe von mindestens einem Jahr verurteilt worden sein.

22 Auch nach § 45 Abs. 2 StGB kann das Gericht dem Verurteilten für die Dauer von zwei bis fünf Jahren die oben bezeichneten Fähigkeiten absprechen. Dann muss ein Gesetz diese Nebenfolge aber ausdrücklich vorsehen.

23 In beiden Fällen tritt der Verlust der Wählbarkeit nach § 45a Abs. 1 StGB mit Rechtskraft des Urteils von selbst ein. Es bedarf keiner weiteren Maßnahmen der Strafvollstreckung mehr, die einer Aussetzung zugänglich wären. Dementsprechend findet auch § 456 StPO (begrenzter Vollstreckungsaufschub) keine Anwendung.

24 Ab Rechtskraft des Urteils ist die Zahlung der Altersentschädigung einzustellen. Überzahlte Beträge sind zurückzufordern. Das bedeutet indessen nicht, dass das Mitglied oder ehemalige Mitglied für die Zeit seiner Mitgliedschaft gänzlich ohne Versorgung bliebe. Denn nach § 32 Abs. 6 Satz 2 gilt für die Zeit seiner Mitgliedschaft § 23. An die Stelle des Anspruches auf Altersentschädigung tritt also der Anspruch auf Versorgungsabfindung. Daraus ergibt sich zugleich, dass der Anspruch auf Altersentschädigung mit Wiedererlangung der Wählbarkeit nach Ablauf der Fünfjahresfrist nicht etwa wieder auflebt, denn an seine Stelle ist (unumkehrbar) die Versorgungsabfindung getreten.

---

[17] Das Diätengesetz 1968 enthielt in § 7 Abs. 4 eine vergleichbare Regelung. Allerdings eröffnete sie nicht die Möglichkeit der Versorgungsabfindung. Statt dessen sah das Gesetz die zinslose Erstattung der eigenen Beiträge zur Altersversorgung vor.

8. Ende des Anspruches auf Zuschuss zu den Kosten in Krankheits-, Geburts- und Todesfällen nach § 27 bei ausscheidenden Mitgliedern (Abs. 7)

Für Mitglieder, die nach Inkrafttreten dieses Gesetzes[18] aus dem Bundestag ausscheiden, gilt der Anspruch auf Leistungen nach § 27 gemäß § 32 Abs. 7 für die Dauer des Anspruches auf Übergangsgeld nach § 18. (gemeint ist also der Anspruchszeitraum, nicht der hiervon möglicherweise abweichende Zahlzeitraum, vgl. dazu 3. zu § 18), mindestens jedoch für die Dauer von sechs Monaten. Das bedeutet, dass auch ein Abgeordneter, der dem Bundestag weniger als ein Jahr angehört und deshalb noch keinen Anspruch auf Übergangsgeld erworben hat (vgl. 2. zu § 18), nach seinem Ausscheiden noch sechs Monate lang Anspruch auf Leistungen nach § 27 hat.

Der Mindestzeitraum ist im systematischen Zusammenhang mit § 6 Abs. 1 zu sehen, wonach die im Dienstverhältnis eines Beamten begründeten Rechte und Pflichten nach Beendigung der Mitgliedschaft im Bundestag längstens für weitere sechs Monate ruhen.[19] Eben diesen Zeitraum, der nach § 8 für Beamte auf Zeit, Richter, Soldaten und Angestellte des öffentlichen Dienstes entsprechend gilt, deckt § 32 Abs. 7 ab, ein weiterer Beleg für die überaus harmonische Abstimmung der Schnittstellen zwischen den beiden Statusrechten.

9. Zahlungsvorschriften (Abs. 8)

Die wesentlichen Geldleistungen nach diesem Gesetz sind gemäß § 32 Abs. 8 Satz 1 monatlich im Voraus zu zahlen. Hierzu gehören die Abgeordnetenentschädigung nach § 11, die Kostenpauschale, die Altersentschädigung und Hinterbliebenenversorgung nach den §§ 20 ff. sowie der Zuschuss zu den Kosten in Krankheits-, Geburts- und Todesfällen nach § 27 Abs. 2 (Zuschuss zu den Kranken- und Pflegeversicherungsbeiträgen). Auch die Amtsaufwandsentschädigung nach § 12 Abs. 6 wird monatlich im Voraus gezahlt, obwohl das Gesetz dies nicht ausdrücklich vorsieht.

Besteht ein Anspruch auf eine der genannten Leistungen nur für einen Teil des Monats, wird nach § 32 Abs. 8 Satz 2 für jeden Kalendertag ein Dreißigstel gezahlt. Dabei sind die Leistungen entsprechend § 33 auf volle Deutsche Mark aufzurunden.

10. EuAbgG

10.1 Nationales Recht

Das EuAbgG enthält in § 12 eigenständige Regelungen über Beginn und Ende der Ansprüche nach diesem Gesetz und Zahlungsvorschriften. Nach Abs. 1 dieser Bestimmung entstehen die Ansprüche auf Entschädigung nach § 9 sowie auf Freifahrtberechtigung und Fahrkostenerstattung nach § 10 mit dem Tag der Annahme der Wahl. Das ist der Tag des Einganges der Annahmeerklärung nach § 19 Abs. 1

---

[18] Gemäß § 55 Abs. 1 Satz 1 am 1. April 1977.
[19] Vgl. auch Bericht und Antrag des 2. Sonderausschusses vom 30. November 1976, Begründung zu § 32 des Gesetzentwurfs, BT-Drs. 7/5903, S. 16.

Europawahlgesetz beim Bundeswahlleiter bzw. der Tag nach Ablauf der Wochenfrist des § 19 Abs. 2 Europawahlgesetz.

30 Gemäß § 12 Abs. 3 erhalten in Deutschland gewählte ausgeschiedene Mitglieder des Europäischen Parlaments die Entschädigung nach § 9 bis zum Ende des Monats, in dem sie ausgeschieden sind. Der Anspruch auf Freifahrt und Fahrkostenerstattung erlischt vierzehn Tage nach dem Ausscheiden aus dem Europäischen Parlament. Hinsichtlich der Beendigung sonstiger finanzieller Ansprüche gilt wegen des Verweises in § 10 b Satz 1 EuAbgG auf § 32 Abs. 4 bis 8 das Abgeordnetenrecht des Bundes. Insoweit wird auf die Anmerkungen 5. bis 8. Bezug genommen.

31 Die Zahlungsvorschriften des § 12 Abs. 3 EuAbgG sind § 32 Abs. 8 nachgebildet, so dass insoweit auf die Ausführungen in 9. verwiesen werden kann. § 12 EuAbgG enthielt bisher keine § 33 vergleichbare Rundungsvorschrift. Mit Art. 3 Nr. 2 des Einundzwanzigsten Gesetzes zur Änderung des Abgeordnetengesetzes und Achtzehnten Gesetzes zur Änderung des Europaabgeordnetengesetzes vom 20. Juli 2000[20] wurde § 12 Abs. 4 daher geändert. Danach findet nunmehr auch § 33 auf Leistungen nach dem EuAbgG sinngemäß Anwendung.

32 Die sonstigen, in § 10 a EuAbgG und den dazu ergangenen Ausführungsbestimmungen des Ältestenrates erwähnten Leistungen stehen nur *Mitgliedern* des Europäischen Parlaments zu. Sie sind also an das Bestehen der Mitgliedschaft geknüpft und enden mit deren Erlöschen. Maßgeblich sind insoweit die Vorschriften des Europawahlgesetzes in § 22 über Ende und Verlust der Mitgliedschaft im Europäischen Parlament und die dort bzw. in § 23 Europawahlgesetz genannten Zeitpunkte der Beendigung der Mitgliedschaft.

10.2 Europäisches Recht

33 Die in den „Kostenerstattungs- und Vergütungsregelung für die Mitglieder" des Europäischen Parlaments[21] erwähnten Leistungen knüpfen an die Mitgliedschaft im Europäischen Parlament an. Nach § 21 Abs. 1 Europawahlgesetz erwirbt ein in Deutschland gewählter Bewerber die Mitgliedschaft im Europäischen Parlament nach Annahme der Wahl (s. dazu 10..1) mit der Eröffnung der ersten Sitzung des Europäischen Parlaments nach der Wahl.[22] Für Nachrücker gilt § 21 Abs. 2 Europawahlgesetz. Grundsätzlich besteht also ein Anspruch der Europaabgeordneten auf finanzielle Leistungen des Europäischen Parlaments ab dem Tage des Erwerbs der Mitgliedschaft bis zum Erlöschen der Mitgliedschaft. Das Mandat erlischt regelmäßig durch Zeitablauf der Wahlperiode, also mit Eröffnung des neugewählten Paralments (§ 22 Abs. 1 EuWG).[23] Die von diesem Grundsatz abweichenden Einzelheiten und Übergangsregularien bei einem Wechsel der Wahlperioden werden jeweils in „Finanzbestimmungen für die neugewählten, wiedergewählten und ausscheidenden Mitglieder des Parlaments" des Kollegiums der Quästoren festgelegt.[24]

---

20 BGBl. I S. 1037.
21 Stand: 2. Juli 2001 – PE 133.116 / QUEST / rev. XI / 7-2001 – DV\445055DE.doc.
22 Vgl. auch *Fleuter R.*, Mandat und Status des Abgeordneten im Europäischen Parlament, Pfaffenweiler, 1991, S. 38 f.
23 *Fleuter R.*, aaO, S. 39.
24 Anlässlich der Wahlen im Juni 1999 vgl. DOC_DE\CM\375\375419 PE 168.158 / QUE.

11. Landesrecht

Die Abgeordnetengesetze der Länder enthalten im Kern mit dem § 32 überein- **34**
stimmende, nur im Detail gelegentlich abweichende Regelungen, so dass von Anmerkungen hierzu abgesehen wird.[25]

§ 33 Aufrundung

Die Leistungen des Fünften und Sechsten Abschnitts werden auf volle Deutsche Mark *(Euro)* aufgerundet.[1]

Parallelvorschriften im EuAbgG und in den Abgeordnetengesetzen der Länder:			
EuAbgG	§ 12		
BadWürtt.	–	Nds.	–
Bay.	Art. 25	NW.	§ 26
Berl.	§ 24	RP.	§ 24
Bbg.	§ 25	Saarl.	§ 25
Brem.	–	Sachs.	§ 27
Hbg.	§ 24	SachsAnh.	§ 30
Hess.	§ 24	SchlH.	§ 30
MV.	§ 31	Thür.	§ 28

Anmerkungen

§ 41 des Entwurfs eines Gesetzes zur Neuregelung der Rechtsverhältnisse der Mit- **1**
glieder des Deutschen Bundestages vom 29. Juni 1976[2] hatte eine Aufrundung der Versorgungsleistungen auf volle zehn Deutsche Mark vorgesehen. Der Vorschlag knüpfte an § 24 des Diätengesetzes 1968 vom 3. Mai 1968 an.[3] Auf Vorschlag des Innenausschusses und des 2. Sonderausschusses wurde die Aufrundung in der Gesetz gewordenen Fassung des § 33 auf volle eine Deutsche Mark reduziert, zugleich aber auf Leistungen nicht nur nach dem Fünften (Leistungen an ehemalige Mitglieder des Bundestages und ihre Hinterbliebenen), sondern auch nach dem Sechsten Abschnitt (Zuschuss zu den Kosten in Krankheits-, Geburts-, und Todesfällen, Unterstützungen) ausgedehnt.[4] Gesetzeszweck ist die Vereinfachung der Abrech-

---

25 Vgl. § 22 BadWürtt.AbgG; Art. 24 Bay.AbgG; § 23 Berl.AbgG; § 24 Bbg.AbgG; § 25 Brem.AbgG; § 22 Hbg.AbgG; § 23 Hess.AbgG; § 29 MV.AbgG; § 6 ff Nds.AbgG; § 25 NW.AbgG; § 23 RP.AbgG; § 24 Saarl.AbgG; § 26 Sächs.AbgG; § 29 SachsAnh.AbgG; § 29 SchlH.AbgG; § 27 Thür.AbgG.
1 Nach Art. 1 Nr. 5 des Dreiundzwanzigsten Gesetzes zur Änderung des Abgeordnetengesetzes werden die Leistungen ab dem 1. Januar 2002 auf volle Euro aufgerundet. Das vom Bundestag am 5. Juli 2001 beschlossene Gesetz war im Zeitpunkt der Drucklegung noch nicht verkündet.
2 BT-Drs. 7/5525.
3 BGBl. I S. 334.
4 Vgl. Bericht und Antrag des 2. Sonderausschusses vom 30. November 1976, Begründung zu § 33, BT-Drs. 7/5903, S. 16.

nung,⁵ ein im Zeitalter der elektronischen Datenverarbeitung heute nicht mehr unbedingt zwingendes Argument.

2   Im Zuge der Währungsumstellung von Deutscher Mark auf Euro zum 1. Januar 2002 hat der Gesetzgeber mit dem Dreiundzwanzigsten Gesetz zur Änderung des Abgeordnetengesetzes eine Aufrundung der Leistungen des Fünften und Sechsten Abschnitts auf volle Euro beschlossen.⁶

3   Die Mehrheit der Bundesländer ist in ihren Abgeordnetengesetzen dem Beispiel des Bundes in § 33 gefolgt. Mecklenburg-Vorpommern rundet allerdings nur nach dem kaufmännischen Prinzip auf.⁷ In Sachsen-Anhalt und Schleswig-Holstein werden die Leistungen dagegen abgerundet.⁸

4   Für die in Deutschland gewählten Abgeordneten des Europäischen Parlaments fehlten im EuAbgG bisher Verweise auf § 33. Soweit § 10 b Satz 1 EuAbgG § 32 Abs. 8 in Bezug nimmt, der wiederum § 33 für entsprechend anwendbar erklärt, galt die dadurch eröffnete Aufrundungsmöglichkeit aber nur in den Fällen, wo die Leistungen an ausgeschiedene Mitglieder des Europäischen Parlaments und ihre Hinterbliebenen nicht für den vollen Kalendermonat gezahlt wird. Mit Art. 3 Nr. 2 des Einundzwanzigsten Gesetzes zur Änderung des Abgeordnetengesetzes und Achtzehnten Gesetzes zur Änderung des Europaabgeordnetengesetzes vom 20. Juli 2000⁹ hat der Gesetzgeber § 12 Abs. 4 EuAbgG dahin ergänzt, dass nunmehr § 33 uneingeschränkt auf Leistungen nach dem EuAbgG Anwendung findet.

5   Das Europäische Recht, die „Kostenerstattungs- und Vergütungsregelung für die Mitglieder"¹⁰ kennt trotz der verschiedenen Auszahlungsmodalitäten (in Euro, in der Landeswährung des jeweiligen Mitglieds oder in benannten sonstigen Währungen, vgl. Art. 26 der Regelung) und der sich daraus ergebenden Umrechnungsprobleme keine Rundungsvorschriften. Dasselbe gilt für den vom Europäischen Parlament in seiner Sitzung am 3. Dezember 1998 angenommenen Entwurf eines Statuts für die Abgeordneten des Europäischen Parlaments.¹¹

§ 34 Ausführungsbestimmungen

(1) Soweit durch Bundesgesetz dazu ermächtigt, kann der Ältestenrat Ausführungsbestimmungen zur Rechtsstellung der Mitglieder des Bundestages erlassen, die vom Präsidenten im Amtlichen Handbuch des Deutschen Bundestages veröffentlicht werden.

---

5   Vgl. Begründung zu § 41 des Entwurfs eines Gesetzes zur Neuregelung der Rechtsverhältnisse der Mitglieder des Deutschen Bundestages vom 29. Juni 1976, BT-DRs. 7/5531, S. 25.
6   S. Fn. 1 und Entwurf eines Dreiundzwanzigsten Gesetzes zur Änderung des Abgeordnetengesetzes vom 19. Juni 2001, BT-Drs. 14/6311, S. 2.
7   Vgl. § 31 MV.AbgG.
8   Vgl. § 30 SachsAnh.AbgG und § 30 SchlH.AbgG.
9   BGBl. I S. 1037.
10 Stand: 2. Juli 2001 – PE 133.116/QUEST/rev. XI/7-2001 – DV\445055DE.doc.
11 PV 55 PE 273.910. Zum Scheitern des Entwurfs s. 5. zu § 11.

(2) Der Ältestenrat kann allgemeine Verwaltungsvorschriften zu diesem Gesetz erlassen.

(3) Der Präsident veröffentlicht in einer Anlage zum Abgeordnetengesetz im Amtlichen Handbuch des Deutschen Bundestages den Betrag der Kostenpauschale.

Parallelvorschriften im EuAbgG und in den Abgeordnetengesetzen der Länder:			
EuAbgG	–		
BadWürtt.	–	Nds.	–
Bay.	–	NW.	–
Berl.	–	RP.	§ 44
Bbg.	§ 31	Saarl.	§ 46
Brem.	–	Sachs.	–
Hbg.	–	SachsAnh.	§ 31
Hess.	§ 40	SchlH.	§ 31
MV.	§ 58	Thür.	§ 60

Literatur: *Ritzel H. G. / Bücker J. / Schreiner H. J.*, Handbuch für die Parlamentarische Praxis mit Kommentar zur Geschäftsordnung des Deutschen Bundestages, Neuwied, 1998; *Roll H.-A.*, Der Ältestenrat, in: Parlamentsrecht und Parlamentspraxis in der Bundesrepublik Deutschland: ein Handbuch / hrsg. von Schneider H.-P., Zeh W., Berlin, 1989, 829 ff.

Übersicht

		Rdn.
1.	Allgemeines	1–2
2.	Ausführungsbestimmungen und allgemeine Verwaltungsvorschriften des Ältestenrates (Abs. 1 und 2)	3–5
3.	Veröffentlichung des Betrages der Kostenpauschale (Abs. 3)	6
4.	EuAbgG	7–8
5.	Landesrecht	9

1. Allgemeines

Das Gesetz über die Entschädigung der Mitglieder des Bundestages vom 27. Mai 1958[1] ermächtigte in seinem § 11 noch den Präsidenten, im Benehmen mit dem Ältestenrat Ausführungsbestimmungen zu diesem Gesetz zu erlassen. Mit § 26 des Diätengesetzes 1968[2] ging diese Befugnis auf den Vorstand des Bundestages über und mit dessen Ablösung durch den Ältestenrat im Rahmen der Geschäftsordnungsreform 1969[3] auf diesen.[4] § 44 des Entwurfs eines Gesetzes zur Neuregelung der Rechtsverhältnisse der Mitglieder des Deutschen Bundestages sah ebenfalls die

---

[1] BGBl. I, S. 379.
[2] BGBl. I, S. 334.
[3] Vgl. dazu *Roll H.-A.*, Der Ältestenrat, in: Parlamentsrecht und Parlamentspraxis in der Bundesrepublik Deutschland: ein Handbuch / hrsg. Von Schneider H.-P., Zeh W., Berlin 1989, 810, m.w.N.
[4] Das Gesetz zur Änderung des Gesetzes über die Entschädigung der Mitglieder des Bundestages vom 22. Juni 1972 (BGBl. I, S. 993) trug dieser Änderung in Art. I Nr. 11 Rechnung.

Befugnis für den Ältestenrat vor, Ausführungsbestimmungen zu diesem Gesetz zu erlassen.[5] § 34 des Gesetzes in seiner Ursprungsfassung übernahm diesen Vorschlag wortgleich.[6]

2   Seine heutige Fassung erhielt § 34 mit dem Neunzehnten Gesetz zur Änderung des Abgeordnetengesetzes vom 15. Dezember 1995.[7] Der Entwurf hierzu entstand im Ausschuss für Wahlprüfung, Immunität und Geschäftsordnung im Gesetzgebungsverfahren zum nicht in Kraft getretenen Achtzehnten Änderungsgesetz.[8] Er wurde später unverändert in das Neunzehnte Änderungsgesetz übernommen.

2. Ausführungsbestimmungen und allgemeine Verwaltungsvorschriften des Ältestenrates (Abs. 1 und 2)

3   Soweit durch Bundesgesetz ermächtigt, kann der Ältestenrat gemäß § 34 Abs. 1, 1. Halbsatz, Ausführungsbestimmungen zur Rechtsstellung der Mitglieder des Bundestages und nach § 34 Abs. 2 allgemeine Verwaltungsvorschriften erlassen. Dem Ältestenrat kommt diese Aufgabe zu, weil er das Lenkungsorgan der parlamentarischen Selbstverwaltung ist und in dieser Eigenschaft über die inneren Angelegenheiten des Bundestages – parlamentarische wie administrative – zu befinden hat.[9]

4   Die mit dem Neunzehnten Änderungsgesetz eingeführte Änderung des § 34 ist vor dem Hintergrund der Entscheidung des Verfassungsgerichtshofs für das Land Nordrhein-Westfalen vom 16. Mai 1995 – VerfGH 20/93 – zu sehen.[10] Das Gericht hatte dort betont, dass aus dem Grundsatz der parlamentarischen Demokratie folge, dass das Parlament verpflichtet sei, in grundlegenden normativen Bereichen alle wesentlichen Entscheidungen selbst zu treffen und die Festsetzung wesentlicher Teile der Abgeordnetenentschädigung nicht auf den Ältestenrat delegieren dürfe.[11] Soweit der Ältestenrat des Deutschen Bundestages von seiner Regelungskompetenz Gebrauch gemacht hat, ist diese Grenze jedenfalls nicht überschritten. Die bislang erlassenen Ausführungsbestimmungen füllen nur den Rahmen aus, den das Gesetz in den wesentlichen Teilen selbst vorgibt. Das gilt für die Ausführungsbestimmungen des Ältestenrates zur Anpassung der Kostenpauschale (vgl. 3. 4 zu § 12), die Ausführungsbestimmungen zur Mitarbeiterbeschäftigung (4. 6. 2 zu § 12), die Ausführungsbestimmungen des Ältestenrates zu § 12 Abs. 4 Satz 1 Nr. 4 AbgG für die Bereitstellung und Nutzung des gemeinsamen Informations- und Kommunikationssystems des Bundestages (6. zu § 12), die Ausführungsbestimmungen des Ältestenrates zur Nutzung der Versendemöglichkeiten von Telegrammen, Fern-

---

5   Vgl. Begründung zu § 44 des Entwurfs, BT-Drs. 7/5531, S. 26.
6   BGBl. 1977 I, S. 297.
7   BGBl. I, S. 1718.
8   Vgl. Beschlussempfehlung und Bericht vom 19. September 1995, BT-Drs. 13/2340, S. 14.
9   Vgl. *Roll H.-A.*, aaO, S. 815 und 823; *Ritzel H. G./Bücker J./Schreiner H. J.*, Handbuch für die Parlamentarische Praxis mit Kommentar zur Geschäftsordnung des Deutschen Bundestages, Neuwied, 1998, § 6 III 1. b).
10 Vgl. Entwurf eines Gesetzes zur Neuregelung der Rechtsstellung der Abgeordneten vom 28. November 1995, Begründung zu § 34, BT-Drs. 13/3121, S. 12 f.; das Urteil ist abgedruckt als Anhang 1 zur Vorlage der Kommission des Ältestenrates für die Rechtsstellung der Abgeordneten vom 16. Juni 1995, BT-Drs. 13/1803, S. 15 ff. und OVGE 45, 285 ff.
11 AaO, S. 18 f.

schreiben und Telebriefen vom 21. Oktober 1993 und für die Reiserichtlinien des Ältestenrates (7. zu § 17). Verwaltungsvorschriften, wie § 34 Abs. 2 sie vorsieht, hat der Ältestenrat bisher nicht erlassen.

§ 34 Abs. 1, 2. Halbsatz, bestimmt, dass Ausführungsbestimmungen des Ältestenrates vom Präsidenten im Amtlichen Handbuch des Deutschen Bundestages zu veröffentlichen sind. Der Gesetzgeber wollte damit dem für Rechtsvorschriften geltenden Publizitätsgrundsatz Rechnung tragen.[12] Ohne dies im Gesetz selbst vorzuschreiben, hat der Gesetzgeber in diesem Zusammenhang die Erwartung geäußert, dass Ausführungsbestimmung des Ältestenrates auch im Bundesanzeiger veröffentlicht werden, der einem breiteren Leserkreis zugänglich ist. Durch die Veröffentlichung sollen auch Transparenz und öffentliche Kontrolle im Hinblick auf die finanzielle Ausstattung der Abgeordneten gewährleistet werden.[13]

3. Veröffentlichung des Betrages der Kostenpauschale (Abs. 3)

Weil die Kostenpauschale nach § 12 Abs. 2 jährlich nach dem Preisindex für die Lebenshaltung aller privaten Haushalte in Deutschland angepasst wird, lässt sich der jeweils aktuelle Betrag nicht mehr dem Gesetz selbst entnehmen. Dem Präsidenten des Deutschen Bundestages obliegt es deshalb, die Veröffentlichung des neuen und auf volle Deutsche Mark aufgerundeten Betrages im Amtlichen Handbuch des Deutschen Bundestages sowie – so die Ausführungsbestimmungen des Ältestenrates zu § 12 Abs. 2 (vgl. 3. 4 zu § 12) – im Bundesanzeiger zu veranlassen. Regelungszweck ist auch hier die Herstellung von Transparenz und die Ermöglichung von öffentlicher Kontrolle bei der finanziellen Ausstattung der Mitglieder des Bundestages.

4. EuAbgG

Das für die in Deutschland gewählten Abgeordneten des Europäischen Parlaments geltende Recht kennt keine § 34 vergleichbare Bestimmung. Allerdings hat der Ältestenrat des Deutschen Bundestages für sie geltende Ausführungsbestimmungen zu § 10 a EuAbgG über die Inanspruchnahme von Leistungen des Deutschen Bundestages erlassen (vgl. 12. zu § 12). Rechtsgrundlage für diese Ausführungsbestimmungen ist die gesetzliche Ermächtigung in § 10 a Satz 2 EuAbgG.

Der vom Europäischen Parlament in seiner Sitzung vom 3. Dezember 1998 angenommene Entwurf eines Statuts für die Abgeordneten des Europäischen Parlaments sah in Art. 16 vor, dass die Beratungen und Beschlüsse der zuständigen Organe über die Durchführung dieses Statuts in öffentlicher Sitzung zu erfolgen hätten. Art. 11 des Anhangs zum Statut bestimmte ergänzend, dass Beschlüsse über die Durchführung dieses Anhangs von dem nach der Geschäftsordnung zuständigen Organ des Europäischen Parlaments gefasst würden.[14]

---

12 Vgl. Entwurf eines Gesetzes zur Neuregelung der Rechtsstellung der Abgeordneten vom 28. November 1995, Begründung zu § 34, BT-Drs. 13 / 3121, S. 12 f.
13 AaO, S. 13.
14 PV 55 PE 273.910. Zum Scheitern des Entwurfs s. 5. zu § 11.

5. Landesrecht

9 Die Hälfte der Abgeordnetengesetze der Bundesländer ermächtigen zum Erlass von Ausführungsbestimmungen. In Brandenburg und im Saarland ist das Präsidium hierzu befugt (§ 31 Bbg.AbgG; § 46 Saarl.AbgG), in Mecklenburg-Vorpommern, Sachsen-Anhalt und Schleswig-Holstein der Präsident (§ 58 MV.AbgG; § 31 Sachs-Anh.AbgG; § 31 SchlH.AbgG), in Rheinland-Pfalz der Präsident im Einvernehmen mit dem Ältestenrat (§ 44 RP.AbgG), sowie in Hessen und Thüringen der Ältestenrat (§ 40 Hess.AbgG; § 60 Thür.AbgG).

Neunter Abschnitt
Übergangsregelungen

§ 35 Übergangsregelung zum Elften Änderungsgesetz

(1) Versorgungsansprüche und Versorgungsanwartschaften, die vor dem Inkrafttreten des Elften Änderungsgesetzes entstanden sind, bleiben unberührt. § 29 Abs. 4 findet Anwendung. Die Sätze 1 und 2 gelten entsprechend für die Hinterbliebenen eines Empfängers von Altersentschädigung, wenn dieser nach Inkrafttreten des Elften Änderungsgesetzes verstirbt.

(2) Versorgungsansprüche und Versorgungsanwartschaften ehemaliger Mitglieder des Bundestages, die die Voraussetzungen der Mitgliedschaftsdauer vor Inkrafttreten des Elften Änderungsgesetzes erfüllen, und ihrer Hinterbliebenen richten sich nach bisherigem Recht. § 29 Abs. 4 findet Anwendung. Die Sätze 1 und 2 gelten entsprechend für Mitglieder des Bundestages, die vor Inkrafttreten des Elften Änderungsgesetzes dem Bundestag oder einem Landtag angehören, sowie für ihre Hinterbliebenen.

(3) Ehemalige Mitglieder des Bundestages, die nach Inkrafttreten des Elften Änderungsgesetzes erneut in den Bundestag eintreten und die Voraussetzungen der §§ 19 und 21 in der bisherigen Fassung erfüllen, erhalten Altersentschädigung nach bisherigem Recht mit der Maßgabe, dass für jedes Jahr der Mitgliedschaft nach Inkrafttreten des Elften Änderungsgesetzes vier vom Hundert der Entschädigung nach § 11 Abs. 1 bis zum Erreichen der Höchstaltersentschädigung gewährt werden. § 29 Abs. 4 findet Anwendung. Die Sätze 1 und 2 gelten für Hinterbliebene entsprechend.

(4) Die sich nach Absatz 1 bis 3 ergebende Versorgungsanwartschaft nach bisherigem Recht wird der Berechnung des Versorgungsanspruchs zugrunde gelegt, wenn sie höher ist als die Versorgungsanwartschaft, die sich nach diesem Gesetz ergibt.

Übersicht

		Rdn.
1.	Allgemeines	1–2
2.	Versorgungsansprüche vor Inkrafttreten des Elften Änderungsgesetzes (Abs. 1)	3–9
3.	Versorgungsanwartschaften vor Inkrafttreten des Elften Änderungsgesetzes (Abs. 2)	10–13
4.	Zusammentreffen von Versorgungsanwartschaften und -ansprüchen vor Inkrafttreten des Elften Änderungsgesetzes mit später erworbenen (Abs. 3)	14–18
5.	Vergleichsberechnung nach altem und neuem Recht (Abs. 4)	19–20
6.	EuAbgG	21
7.	Landesrecht	22

Neunter Abschnitt
Übergangsregelungen

1. Allgemeines

1 § 35 in seiner Ursprungsfassung regelte übergangsweise den Ersatz der Aufwendungen für Mitarbeiter bis zur Verkündung des Haushaltsgesetzes 1977.[1] Ab diesem Zeitpunkt war die Bestimmung gegenstandslos.

2 1990 wurden neue Übergangsregelungen erforderlich. Denn mit Inkrafttreten des Elften Änderungsgesetzes vom 18. Dezember 1989[2] mit Beginn der 12. Wahlperiode (20. Dezember 1990) hat der Gesetzgeber erstmals Einschnitte bei der Altersversorgung der Abgeordneten vorgenommen. Ursprünglich entstand der Anspruch auf Altersentschädigung nach dem AbgG nach einer Mitgliedschaft von sechs Jahren mit Vollendung des 65. Lebensjahres und mit jedem weiteren Jahr der Mitgliedschaft bis zum 16. ein Jahr früher (frühestens also mit Vollendung des 55. Lebensjahres). Die Mindestversorgung betrug 25 vom Hundert der Abgeordnetenentschädigung, der Steigerungsfaktor für das siebte bis 16. Jahr der Mitgliedschaft fünf vom Hundert und der Höchstsatz 75 vom Hundert.[3] Mit dem Elften Änderungsgesetz wurde „in Anpassung an die Beamtenversorgungsänderung"[4] die Mindestmitgliedschaft auf acht Jahre angehoben und der Steigerungsfaktor auf vier vom Hundert abgesenkt, so dass die Höchstversorgung nicht mehr schon nach 16, sondern erst nach 18 Jahren Bundestagszugehörigkeit erreicht wurde (s. auch 1. zu § 19). Die Übergangsregelung im neugefassten § 35 sollte sicherstellen, dass Versorgungsansprüche und -anwartschaften, die vor Inkrafttreten des Elften Änderungsgesetzes erworben wurden, erhalten bleiben. Das sollte für ehemalige Mitglieder gelten und ferner für diejenigen, die dem nächsten (12.) Bundestag angehörten.[5] Auf Vorschlag des Ausschusses für Wahlprüfung, Immunität und Geschäftsordnung wurde die Vorschrift noch um den Abs. 4 ergänzt. Dadurch sollte sichergestellt werden, dass eine Berechnung des Versorgungsanspruches nach den Abs. 1 und 3 nicht erfolgt, wenn die Versorgungsanwartschaft nach neuem Recht zu einem höheren Versorgungsanspruch führt.[6] Ihre heute gültige Fassung erhielt die Vorschrift mit dem Einundzwanzigsten Änderungsgesetz vom 20. Juli 2000[7], das geringfügige Korrekturen an Abs. 1 und Abs. 4 vornahm.

---

[1] BGBl. 1977 I, S. 297.
[2] BGBl. 1989 I, S. 2210.
[3] §§ 19 und 20 in der Fassung des Gesetzes zur Neuregelung der Rechtsverhältnisse der Mitglieder des Deutschen Bundestages vom 18. Februar 1977, BGBl. 1 S. 297.
[4] So die Begründung des Entwurfs eines Elften Gesetzes zur Änderung des Abgeordnetengesetzes vom 18. Oktober 1989, BT-Drs. 11/5408, S. 5. Gemäß Beschlussempfehlung und Bericht des Ausschusses für Wahlprüfung, Immunität und Geschäftsordnung vom 27. Oktober 1989, BT-Drs. 11/5499, S. 9, sollten die Versorgungsregelungen der Entwicklung angepasst werden, die durch das Gesundheitsreformgesetz, das gleichzeitig beratene Rentenreformgesetz 1992 sowie die Änderung des Beamtenversorgungsgesetzes und sonstiger dienst- und versorgungsrechtlicher Vorschriften eingetreten ist.
[5] So die Begründung des Gesetzentwurfs, aaO.
[6] Vgl. Beschlussempfehlung und Bericht des Ausschusses für Wahlprüfung, Immunität und Geschäftsordnung vom 27. Oktober 1989, BT-Drs. 11/5499, S. 11.
[7] BGBl. I S. 1037.

2. Versorgungsansprüche vor Inkrafttreten des Elften Änderungsgesetzes (Abs. 1)

§ 35 Absätze 1 und 2 sind handwerklich missglückt. Nach ihrem Wortlaut ist nicht klar, welche Fallgruppen wo geregelt werden sollen. Bei vordergründiger Betrachtung werden in beiden Absätzen – die Hinterbliebenen einmal ausgenommen – die Versorgungsansprüche und -anwartschaften ehemaliger und amtierender Mitglieder des Bundestages geregelt, mit dem einzigen Unterschied, dass Abs. 2 die Anwendung des alten Rechts bis zum Inkrafttreten des Einundzwanzigsten Änderungsgesetzes auf solche Versorgungsfälle beschränkte, die vor dem 1. Januar 2002 eintreten, während Abs. 1 eine solche Befristung nicht kennt. Die Gesetzesmaterialien geben dazu keinerlei Aufschluss. Insbesondere erhellen sie nicht, was der Gesetzgeber unter „Versorgungsanspruch" und „Versorgungsanwartschaft" verstanden wissen wollte. Die Begriffe scheinen recht beliebig gesetzt.

Ein Anspruch auf Altersentschädigung besteht, wenn der Abgeordnete dem Bundestag wenigstens die für die Mindestversorgung notwendige Anzahl von Jahren angehört hat, er ferner je nach Dauer seiner Parlamentszugehörigkeit die maßgebliche Altersgrenze erreicht hat und er aus dem Parlament ausgeschieden ist. Eine Versorgungsanwartschaft ist dann gegeben, wenn der Abgeordnete wenigstens die für die Mindestversorgung notwendige Anzahl von Mandatsjahren nachweisen kann, er aber die für ihn maßgebliche Altersgrenze noch nicht erreicht hat und/ oder noch nicht aus dem Parlament ausgeschieden ist. Denn erst ab diesem Zeitpunkt hat er eine gesicherte Rechtsposition auf den späteren Bezug von Altersentschädigung. Zuvor hat er nur eine Anwartschaft auf Versorgungsabfindung. Versorgungsansprüche und Versorgungsanwartschaften sind eigentumsrechtlich geschützte öffentlich-rechtliche Rechtspositionen im Sinne des Art. 14 Abs. 1 Satz 1 GG und genießen als solche nach Maßgabe dieser Verfassungsnorm Bestandsschutz. Eben diesem Zweck dienen Übergangsregelungen wie § 35.

Ausgehend von diesem Verständnis von „Versorgungsanspruch" und „Versorgungsanwartschaft" ist das Tatbestandsmerkmal „Erfüllung der Voraussetzungen der Mitgliedschaftsdauer vor Inkrafttreten des Elften Änderungsgesetzes" in Abs. 2 nur eine Wiederholung dessen, was mit „Versorgungsanwartschaft" schon gesagt wird. Eine eindeutige Eingrenzung des Adressatenkreises der Norm ist hierüber nicht möglich.

Erkennbar aber wollte der Gesetzgeber das alte Versorgungsrecht in seiner zeitlichen Geltung grundsätzlich limitieren. Deshalb hatte er in Abs. 2 (bis zur Korrektur durch das Einundzwanzigste Änderungsgesetz, s.u. 3.) bestimmt, dass solche Versorgungsfälle spätestens bis zu 1. Januar 2002 eingetreten sein müssen. Abs. 2 sollte also offenbar die noch nicht eingetretenen Versorgungsfälle regeln, wobei ein Versorgungsfall dann „eintritt", wenn die letzte zum Erstarken der Anwartschaft zum Vollrecht notwendige tatbestandliche Voraussetzung erfüllt wird. In diesem Lichte betrachtet, macht Abs. 1 nur dann Sinn, wenn man seinen Anwendungsbereich – Hinterbliebene ausgenommen – in Abgrenzung zu Abs. 2 auf die bis zum Inkrafttreten des Elften Änderungsgesetzes bereits erworbenen Versorgungsansprüche reduziert, obwohl der Wortlaut dafür nichts hergibt.[8] So betrachtet, wahrt

---

[8] Unter Abs. 1 fallen danach auch die Mitglieder des 11. Bundestages, die zum Ende dieser

Abs. 1 dann den rechtlichen Bestand ehemaliger Mitglieder des Bundestages, die vor Inkrafttreten des Elften Änderungsgesetzes (20. Dezember 1990) bereits einen Anspruch auf Altersentschädigung erworben hatten, während Abs. 2 den ehemaligen oder amtierenden Mitgliedern des Bundestages mit Versorgungsanwartschaft nach altem Recht Bestandsschutz insoweit gewährt, als ihr Versorgungsfall vor dem 1. Januar 2002 eintritt. Von dieser Norm werden also alle diejenigen Mitglieder oder ehemaligen Mitglieder des Bundestages begünstigt, die dem Parlament am 20. Dezember 1990 bereits wenigstens fünf Jahre und 183 Tage angehört haben bzw. hatten.[9]

7 Die mit dem Elften Änderungsgesetz eingeführte Anrechnung der Renten nach § 29 Abs. 4 auf die Altersversorgung (vgl. 1. zu § 29) gilt nach § 35 Abs. 1 Satz 2 aber auch für die von der Übergangsregelung nach Abs. 1 Satz 1 Erfassten, denn Renten sollten ab Inkrafttreten der Gesetzesänderung generell auf die Altersentschädigung angerechnet werden.[10] Die Formulierung " § 29 Abs. 4 findet Anwendung" ist hier wie auch in den übrigen Absätzen des § 35 so zu verstehen, dass der Gesetzgeber dies mit Blick auf die Gesetzesänderung ausdrücklich betonen wollte, ohne aber die Anwendung der Anrechnungsbestimmungen unter Ausschluss der übrigen auf diese Vorschrift zu begrenzen.

8 § 35 Abs. 1 Satz 3 erstreckt den Anwendungsbereich der Sätze 1 und 2 auch auf die Hinterbliebenen eines Empfängers von Altersentschädigung, wenn dieser erst nach Inkrafttreten des Elften Änderungsgesetzes verstorben ist, aber zuvor schon einen Anspruch auf Altersentschädigung erworben hatte.

9 Die Gewährung einer Alters- bzw. Hinterbliebenenversorgung nach altem Recht nach Maßgabe des Absatzes 1 steht nach Abs. 4 unter dem Vorbehalt, dass eine Berechnung nach neuem Recht nicht zu höheren Versorgungsbezügen führt. Ist das der Fall, findet das neue Recht Anwendung (s. u. 5.).

3. Versorgungsanwartschaften vor Inkrafttreten des Elften Änderungsgesetzes (Abs. 2)

10 § 35 Abs. 2 Satz 1 in seiner ursprünglichen Fassung bestimmte, dass sich Versorgungsansprüche und Versorgungungsanwartschaften ehemaliger Mitglieder des Bundestages, die die Voraussetzungen der Mitgliedschaftsdauer vor Inkrafttreten des Elften Änderungsgesetzes erfüllen und ihrer Hinterbliebenen nach bisherigem Recht richten, sofern der Versorgungsfall vor dem 1. Januar 2002 eintritt. Oben (1.) wurde bereits dargestellt, dass hiermit in Abgrenzung zum Adressatenkreis nach Abs. 1 diejenigen ehemaligen Mitglieder des Bundestages gemeint sein dürften, die

---

Wahlperiode mit Versorgungsanspruch aus dem Bundestag ausgeschieden sind. Der Bezug von Übergangsgeld nach dem Ausscheiden steht dem nicht entgegen, weil der Anspruch auf Altersentschädigung während der Zeit, für die Anspruch auf Übergangsgeld besteht, nur ruht (vgl. § 32 Abs. 5).

9 Diese Zugehörigkeitsdauer ergibt sich aus den Rundungsvorschriften in § 20 Satz 4 i.V.m. § 18 Abs. 1 letzter Satz des Gesetzes in seiner Ursprungsfassung vom 18. Februar 1977, BGBL. I, S. 297. Besonderheiten wegen der Mitgliedschaft in einem Landtag sind dabei nicht berücksichtigt. Vgl. dazu 2. zu § 21.

10 Vgl. Entwurf eines Elften Gesetzes zur Änderung des Abgeordnetengesetzes vom 18. Oktober 1989, Begründung zu § 35, BT-Drs. 11/5408, S. 5.

dem Parlament am 20. Dezember 1990 wenigstens fünf Jahre und 183 Tage angehört hatten, aber noch keinen Anspruch auf Altersentschädigung hatten, weil sie das für sie maßgebliche Lebensalter noch nicht erreicht hatten.

Satz 3 erweitert erweitert den Kreis der nach Satz 1 Berechtigten um die Mitglieder des Bundestages, die bis zum Inkrafttreten des Elften Änderungsgesetzes eine Versorgungsanwartschaft nach altem Recht erworben hatten und sowohl vor wie auch unmittelbar nach dem Inkrafttreten des Elften Änderungsgesetzes dem Bundestag oder einem Landtag angehörten und ihre Hinterbliebenen. 11

Auch für sie galt das alte Versorgungsrecht zunächst mit der Maßgabe fort, dass der Versorgungsfall vor dem 1. Januar 2002 eintreten muss und Renten nach Satz 2 i.V.m. § 29 Abs. 4 angerechnet werden. 12

Mit der Änderung des Abs. 1 Satz 1 durch Art. 1 Nr. 12 des Einundzwanzigsten Gesetzes zur Änderung des Abgeordnetengesetzes vom 20. Juli 2000[11] ist die zeitliche Begrenzung – Eintritt des Versorgungsfalles vor dem 1. Januar 2002 – entfallen. Die Änderung war notwendig geworden, weil ehemalige Mitglieder des Bundestages mit einer Anwartschaft auf eine Altersversorgung nach altem Recht, deren Versorgungsfall erst nach diesem Zeitpunkt eintritt, ansonsten – bis auf eine Versorgungsabfindung nach neuem Recht – leer ausgegangen wären. Weil aber Versorgungsanwartschaften eigentumsrechtlich geschützte öffentlich-rechtliche Rechtspositionen im Sinne des Art. 14 Abs. 1 Satz 1 GG sind und als solche nach Maßgabe dieser Verfassungsnorm Bestandsschutz genießen, bedurfte es aus verfassungsrechtlicher Sicht zur Rechtswahrung der Gesetzesänderung.[12] 13

4. Zusammentreffen von Versorgungsanwartschaften und -ansprüchen vor Inkrafttreten des Elften Änderungsgesetzes mit später erworbenen (Abs. 3)

Nach § 35 Abs. 3 Satz 1 sollen ehemalige Mitglieder des Bundestages, die nach Inkrafttreten des Elften Änderungsgesetzes erneut in den Bundestag eintreten und die Voraussetzungen der §§ 19 und 21 in der bisherigen Fassung erfüllen, Altersentschädigung nach bisherigem Recht mit der Maßgabe erhalten, dass für jedes Jahr der Mitgliedschaft nach Inkrafttreten des Elften Änderungsgesetzes vier vom Hundert der Entschädigung nach § 11 Abs. 1 bis zum Erreichen der Höchstaltersgrenze gewährt werden. 14

In Abgrenzung zu den Regelungen in Abs. 1 und in Abs. 2 bleibt als Anwendungsfall für Abs. 3 Satz 1 nur dasjenige Mitglied der Bundestages, das vor Inkrafttreten des Elften Änderungsgesetzes bereits einen Versorgungsanspruch- oder eine Versorgungsanwartschaft nach altem Recht erworben hatte, spätestens mit Ablauf der 11. Wahlperiode aus dem Bundestag ausgeschieden und nicht unmittelbar wiedergewählt worden, sondern erst zu einem späteren Zeitpunkt erneut in den Bundestag eingetreten ist. 15

---

11 BGBl. I S. 1037.
12 Vgl. auch Beschlussempfehlung und Bericht des Ausschusses für Wahlprüfung, Immunität und Geschäftsordnung vom 10. Februar 2000, BT-Drs. 14/2660, S. 12.

16 Für diese Mitglieder des Bundestages gilt eine „Mischversorgung" die sich – was den Steigerungssatz anbetrifft – aus Elementen des alten und neuen Versorgungsrechts zusammensetzt. Für die alten Versorgungsanwartschaften und -ansprüche gilt der Steigerungssatz von fünf vom Hundert der Entschädigung, für die später erworbenen der Steigerungssatz von vier vom Hundert der Entschädigung. Die mit dem Elften Änderungsgesetz eingeführte Anrechnung der Renten nach § 29 Abs. 4 auf die Altersversorgung (vgl. 1. zu § 29) gilt nach § 35 Abs. 3 Satz 2 auch in diesen Fällen.

17 Die Gewährung einer Mischversorgung nach Maßgabe des Absatzes 3 steht nach Abs. 4 wiederum unter dem Vorbehalt, dass eine Berechnung nach neuem Recht nicht zu höheren Versorgungsbezügen führt. Ist das der Fall, findet das neue Recht Anwendung (s.u. 5.)

18 Satz 3 erweitert den Anwendungsbereich des Abs. 3 auf die Hinterbliebenen eines ehemaligen Mitglieds des Bundestages.

5. Vergleichsberechnung nach altem und neuem Recht (Abs. 4)

19 Abs. 4 wurde auf Vorschlag des Ausschusses für Wahlprüfung, Immunität und Geschäftsordnung eingeführt. Durch diese Bestimmung sollte sichergestellt werden, dass eine Berechnung des Versorgungsanspruches nach den Abs. 1 und 3 nicht erfolgt, wenn sich nach neuem Recht ein höherer Versorgungsanspruch ergibt.[13] Es ist also jeweils eine Vergleichsberechnung vorzunehmen und das Recht anzuwenden, das den höheren Versorgungsanspruch ergibt. Entscheidungserheblicher Zeitpunkt für die Beurteilung der Frage, welches Recht günstiger ist, ist der des Fälligwerdens des Anspruches. Dieser ist der Festsetzung zugrunde zu legen und zwar auch dann, wenn sich zu einem späteren Zeitpunkt das andere Recht als günstiger erweisen sollte.

20 Aus Gründen, die sich systematisch nicht nachvollziehen lassen, wurden die Anwendungsfälle nach Abs. 2 von Abs. 4 dem Wortlaut der Bestimmung nach zunächst nicht erfasst. Mit Art. 1 Nr. 12 des Einundzwanzigsten Änderungsgesetzes vom 20. Juli 2000[14] hat der Gesetzgeber dies korrigiert. Abs. 4 findet jedoch weiterhin keine Anwendung auf Versorgungsempfänger, die zum Zeitpunkt des In-Kraft-Tretens des Elften Änderungsgesetzes bereits Leistungen nach dem Fünften Abschnitt des Gesetzes bezogen. Denn die Intention des Gesetzgebers war es nicht, das neue Recht auch für diese Altfälle zu öffnen.

6. EuAbgG

21 Nach § 10 b Satz 1 EuAbgG findet § 35 auf ausgeschiedene Mitglieder des Europäischen Parlaments und ihre Hinterbliebenen Anwendung. Auf die Anmerkungen 1. bis 5. wird deshalb verwiesen.

---

13 Vgl. Beschlussempfehlung und Bericht des Ausschusses für Wahlprüfung, Immunität und Geschäftsordnung vom 27. Oktober 1989, BT-Drs. 11 / 5499, S. 11.
14 BGBl. I S. 1037.

7. Landesrecht

Die Abgeordnetengesetze der Länder kennen wie das Abgeordnetengesetz des Bundes aufgrund wiederholter Gesetzesänderungen zahlreiche Übergangsregelungen, die wegen ihrer Fülle im Detail in diesem Rahmen nicht dargestellt werden können. **22**

§ 35 a Übergangsregelungen zum Neunzehnten Änderungsgesetz

(1) Für Mitglieder, die am 22. Dezember 1995 dem Bundestag angehören, ehemalige Mitglieder des Bundestages und ihre Hinterbliebenen gelten die Regelungen des Fünften und des Neunten Abschnitts in der bis zum 22. Dezember 1995 geltenden Fassung fort.

(2) Statt der Abgeordnetenentschädigung nach § 11 gilt in den Fällen des Absatzes 1 ein fiktiver Bemessungsbetrag. Für das Übergangsgeld wird der Bemessungsbetrag mit Wirkung vom 1. Oktober 1995 auf 10 366 Deutsche Mark (*5301 Euro*)[1] festgesetzt. Der fiktive Bemessungsbetrag für die Altersentschädigung wird mit Wirkung vom 1. Juli 2000 auf 11 683 Deutsche Mark, vom 1. Januar 2001 auf 11 868 Deutsche Mark, vom 1. Januar 2002 auf 12 057 Deutsche Mark (*6165 Euro*)[2] und vom 1. Januar 2003 auf 12 249 Deutsche Mark (*6263 Euro*)[3] festgesetzt. Für spätere Anpassungen gilt das in § 30 geregelte Verfahren.

(3) Bei der Anwendung des § 29 auf Versorgungsansprüche nach diesem Gesetz wird in den Fällen des Absatzes 1 statt der Abgeordnetenentschädigung nach § 11 ebenfalls der fiktive Bemessungsbetrag für die Altersentschädigung nach Absatz 2 zugrunde gelegt.

(4) Mitglieder des 13. Deutschen Bundestages, auf die Absatz 1 Anwendung findet, können sich bis zu ihrem Ausscheiden aus dem Bundestag für eine Anwendung der Regelungen des Fünften Abschnitts in der Fassung des Neunzehnten Änderungsgesetzes entscheiden. Die Entscheidung ist bindend. Verstirbt das Mitglied vor Ausübung des Wahlrechts, findet die jeweils günstigere Fassung Anwendung.

Literatur: *Welti F.*, Die soziale Sicherung der Abgeordneten des Deutschen Bundestages, der Landtage und der deutschen Abgeordneten im Europäischen Parlament, Berlin, 1998.

Übersicht

		Rdn.
1.	Allgemeines	1–3
2.	Normadressaten (Abs. 1)	4–9

---

[1] Ausweisung in Euro gem. Art. 1 Nr. 6 des Dreiundzwanzigsten Gesetzes zur Änderung des Abgeordnetengesetzes mit Wirkung vom 1. Januar 2002; das vom Bundestag am 5. Juli 2001 beschlossene Gesetz war im Zeitpunkt der Drucklegung noch nicht verkündet.
[2] S. Fn. 1.
[3] S. Fn. 1.

3.	Fiktiver Bemessungsbetrag für Übergangsgeld und Altersentschädigung (Abs. 2)	10–14
4.	Fiktiver Bemessungsbetrag bei Anwendung des § 29 auf Versorgungsansprüche nach Übergangsrecht (Abs. 3)	15
5.	Wahlrecht (Abs. 4)	16–19
6.	EuAbgG	20

1. Allgemeines

1 § 35 a wurde mit dem Neunzehnten Änderungsgesetz vom 15. Dezember 1995[4] in das Gesetz eingefügt. Mit dem Neunzehnten Änderungsgesetz sollten strukturelle Änderungen bei der Altersentschädigung der Abgeordneten vorgenommen werden, nämlich zum einen die erreichbare Höchstversorgung reduziert und zum anderen der Zeitraum, in dem der Anspruch auf die neue Höchstversorgung erworben werden kann, verlängert werden (vgl. dazu 1. zu § 19 und zu § 20). Diese Einschnitte erforderten aus verfassungsrechtlichen Gründen (vgl. 2. zu § 19) eine Übergangsregelung.

2 Mit den Regelungen in § 35 a wollte der Gesetzgeber aus Gründen des Vertrauens- und Bestandsschutzes im Hinblick auf den grundgesetzlich geschützten Charakter der Leistungen (eigentumsrechtlich geschützte öffentlich-rechtliche Rechtspositionen i.S.d. Art. 14 Abs. 1 Satz 1 GG) die nach bisherigem Recht bestehenden Ansprüche und Anwartschaften von Abgeordneten und ihren Hinterbliebenen auf Leistungen nach dem Fünften Abschnitt unberührt lassen. Ferner wollte er das Vertrauen der Abgeordneten der 13. Wahlperiode schützen, die bei ihrer Bewerbung um ein Mandat davon ausgehen konnten, dass sie später Versorgungsleistungen nach altem Recht erhalten würden.[5]

3 Änderungen des § 35 a stehen zumeist im Zusammenhang mit Erhöhungen der Abgeordnetenentschädigung. Dies gilt auch für die zuletzt mit dem Zweiundzwanzigsten Gesetz zur Änderung des Abgeordnetengesetzes vom 19. Dezember 2000[6] erfolgten Modifikationen des Absatzes 2 (s.u. 3.). Das Dreiundzwanzigsten Gesetz zur Änderung des Abgeordnetengesetzes brachte allerdings keine Änderung der Höhe der Bemessungsbeträge. Es vollzog nur die Währungsumstellung von Deutscher Mark auf Euro zum 1. Januar 2002 für den Geltungsbereich dieses Gesetzes nach. Die bisher auf Deutsche Mark lautenden Bemessungsbeträge werden jetzt nach centgenauer Umrechnung und Rundung auf volle Euro in dieser gemeinsamen Europäischen Währung ausgewiesen.[7]

---

[4] Art. 2 des Gesetzes zur Neuregelung der Rechtsstellung der Abgeordneten vom 15. Dezember 1995, BGBl. I S. 1718.
[5] Vgl. Begründung zu § 35 a des Entwurfs eines Neunzehnten Gesetzes zur Änderung des Abgeordnetengesetzes vom 28. November 1995, BT-Drs. 13/3121, S. 3 und 13.
[6] BGBl. I S. 1754.
[7] Vgl. Entwurf eines Dreiundzwanzigsten Gesetzes zur Änderung des Abgeordnetengesetzes vom 19. Juni 2001 (BT-Drs. 14/6311, S. 2).

2. Normadressaten (Abs. 1)

§ 35 a Abs. 1 bestimmt, dass (nur) für die Mitglieder, die am 22. Dezember 1995 **4** (dem Zeitpunkt des Inkrafttretens des Neunzehnten Änderungsgesetzes) dem Bundestag angehörten, ehemalige Mitglieder und ihre Hinterbliebenen (die diesen Status zu diesem Zeitpunkt bereits innehatten) die Regelungen des Fünften und des Neunten Abschnitts in der bis zum 22. Dezember 1995 geltenden Fassung fortgelten. Mitglieder des 13. Deutschen Bundestages oder seiner Nachfolger, die erst nach diesem Stichtag ein Mandat erworben haben, fallen also nicht darunter. Ihre Versorgungsansprüche und diejenigen ihrer Hinterbliebenen beurteilen sich alleine nach neuem Recht. Dagegen sind „Ehemalige Mitglieder" im Sinne des Abs. 1 beispielsweise auch solche, für die die Übergangsregelungen des § 35 gelten. Auch in diesen Fällen tritt also nach Abs. 2 Satz 1 bei der Berechnung der Altersentschädigung an die Stelle der Abgeordnetenentschädigung nach § 11 der fiktive Bemessungsbetrag nach Abs. 2 Satz 3 (vgl. dazu 3.).

Ein (ehemaliger) Abgeordneter mit Versorgungsanspruch oder Versorgungsanwart- **5** schaft (zu den Begriffen s. 2. zu § 35) nach altem Recht, der vom Tatbestand des § 35 a Abs. 1 erfasst wird und nach seinem Ausscheiden aus dem Bundestag zu einem späteren Zeitpunkt erneut die Mitgliedschaft erwirbt, erhält eine Mischversorgung. Seine bisherigen Ansprüche bzw. Anwartschaften richten sich weiterhin nach altem Recht (sofern er nicht nach Abs. 4 ausdrücklich für das neue Recht optiert hat), die neuerworbenen hingegen ausschließlich nach neuem Recht. Dies folgt unmittelbar aus dem Normgehalt des § 35 a Abs. 4 (s. dazu unten 5.). Denn nach dieser Bestimmung müssen Normadressaten des Abs. 1 bei ihrem Ausscheiden aus dem Bundestag einmalig eine bindende Entscheidung darüber treffen, ob für die bis dahin erworbenen Versorgungsansprüche oder -anwartschaften altes oder neues Recht gelten soll. Dieses Wahlrecht lebt bei einem späteren Wiedereintritt in den Bundestag nicht wieder auf.

Gehörte ein Abgeordneter dem 13. Deutschen Bundestag am 22. Dezember 1995 an **6** (Normadressat nach Abs. 1) und schied er später nach einer Mitgliedschaft von weniger als sieben Jahren und 183 Tagen (vgl. dazu 3. 1 zu § 19) aus dem Bundestag aus, ohne von seinem Anspruch auf Versorgungsabfindung nach § 23 Gebrauch zu machen, so erhält er bei einer erneuten Mitgliedschaft ebenfalls eine Mischversorgung. Seine Versorgung berechnet sich dann zeitanteilig nach altem und nach neuem Recht, es sein denn, er hat sich bei seinem erstmaligen Ausscheiden aus dem Bundestag nach § 35 Abs. 4 für das neue Recht entschieden. Dann gilt einheitlich neues Recht. Insofern steht der Betreffende nicht schlechter aber auch nicht besser als ein Normadressat nach Abs. 1, der mit einem Versorgungsanspruch oder einer Versorgungsanwartschaft ausgeschieden ist und zu einem späteren Zeitpunkt erneut ein Mandat erwirbt. Hatte er aber eine Versorgungsabfindung nach § 23 erhalten, so gilt für ihn ausschließlich das neue Versorgungsrecht, weil nach § 23 Abs. 6 die Fristen für die Mitgliedschaftsdauer nach § 19 in diesem Fall erneut zu laufen beginnen (vgl. 7. zu § 23).

Auch ein ehemaliger Abgeordneter, der vor dem 22. Dezember 1995 ohne Versor- **7** gungsanspruch oder -anwartschaft aus dem Bundestag ausgeschieden ist, ohne seinen Anspruch auf Versorgungsabfindung nach § 23 geltend zu machen, und der zu einem späteren Zeitpunkt erneut die Mitgliedschaft erwirbt, erhält eine Mischversorgung zeitanteilig nach altem und neuem Recht.

8 Mischversorgungen der beschriebenen Art werfen in zweierlei Hinsicht Zweifelsfragen auf, die aber aus der Systematik des Gesetzes zu beantworten sind. Die Mischversorgung könnte theoretisch dazu führen, dass wegen der Kumulation von Ansprüchen nach altem und Ansprüchen nach neuem Recht eine Höchstversorgung erreicht wird, die in der Summe diejenige übersteigt, die sich bei Anwendung allein des alten oder nur des neuen Rechts ergibt. Dieses Ergebnis ist erkennbar nicht gewollt. Der Gesetzgeber hat sich stets von der Überlegung leiten lassen, dass ein ehemaliger Abgeordneter aus eigenem Anspruch die Versorgung nur einmal und zwar höchstens bis zu der im Gesetz festgelegten Obergrenze erhalten darf. § 35 Abs. 4 aber auch § 38 Abs. 4 bringen dieses Grundprinzip klar zum Ausdruck. § 35 Abs. 4 zeigt zugleich die Lösung des Problems auf. Auch bei den hier erörterten Mischversorgungen ist also nach der Berechnung der individuellen Versorgung eine vergleichende Betrachtung vorzunehmen: Ist im Zeitpunkt des Fälligwerdens des Versorgungsanspruches (zum entscheidungserheblichen Zeitpunkt s. auch § 35 Anmerkung 5.) der Höchstversorgungsbetrag nach altem Recht günstiger, so bildet dieser die Obergrenze für die Mischversorgung, anderenfalls der Höchstbetrag nach neuem Recht. Nur dieses Ergebnis ist sachgerecht und bei rechtssystematischer Betrachtung gesetzeskonform.

9 Bei der Anrechnung von Bezügen aus öffentlichen Kassen auf die Mischversorgung stellt sich die vergleichbare Frage, welche Kappungsgrenze denn gelten soll, die in § 29 genannte (Abgeordnetenentschädigung nach § 11 Abs. 1) oder die für Versorgungsansprüche nach altem Recht gültige (fiktiver Bemessungsbetrag nach § 35 a Abs. 2 Satz 3). Hier führt die mandatszeitanteilige Berücksichtigung der einen und der anderen Kappungsgrenze (vergleichbar dem § 29 Abs. 8 zugrundeliegenden Prinzip, s. dort 7.) zu einem gerechten und systematisch überzeugenden Ergebnis.[8]

3. Fiktiver Bemessungsbetrag für Übergangsgeld und Altersentschädigung (Abs. 2)

10 § 35 a Abs. 2 Satz 1 schließt für die Anwendungsfälle des Abs. 1 die Abgeordnetenentschädigung nach § 11 als Bezugsgröße aus und führt statt ihrer andere, niedrigere fiktive Bemessungsbeträge ein. Die mit § 35 a Abs. 2 verfolgten Regelungsabsichten des Gesetzgebers werden in der Begründung zum Gesetzentwurf nur verhalten erläutert. Zum fiktiven Bemessungsbetrag für das Übergangsgeld heißt es, er werde auf 10.366 DM (die damalige Höhe der Abgeordnetenentschädigung) eingefroren, weil es aufgrund der nach altem Recht gegebenen günstigen Struktur des Übergangsgeldes bereits heute in Einzelfällen dazu kommen könne, dass erheblich mehr an Übergangsgeld geleistet werde, als zur beruflichen Wiedereingliederung eines ausscheidenden Abgeordneten tatsächlich erforderlich sei. Angesichts dessen erschienen weitere Steigerungen des Übergangsgeldes nach Übergangsrecht nicht

---

8 Beruhen also die Versorgungsansprüche eines ehemaligen Abgeordneten beispielsweise zu vier Jahren auf altem Recht und zu sechs Jahren auf neuem Recht, so ergibt sich die individuell errechnete Kappungsgrenze aus der Addition von 4/10 des fiktiven Bemessungsbetrages und 6/10 der Abgeordnetenentschädigung. Absolute Obergrenze der auf diese Weise individuell berechneten Kappungsgrenze ist hier der Betrag der Abgeordnetenentschädigung.

als vertretbar und auch aus Gründen des Vertrauensschutzes nicht als geboten.[9] Im Kern ging es schlicht darum, die im Vergleich zum neuen Recht ohnehin schon großzügig bemessenen Übergangsgeldansprüche nach altem Recht (vgl. die Übersichten in 3. zu § 18) nicht noch weiter ansteigen zu lassen, was zwangsläufig geschehen wäre, wenn Maßstab hierfür weiterhin die Abgeordnetenentschädigung geblieben wäre, für die das Neunzehnte Änderungsgesetz bereits vier Anpassungsschritte vorsah. Zur Umsetzung dieses Sparzieles war das gesetzestechnisch geeignete Mittel die Einführung eines in seiner Höhe von 10.366 DM (ab 1. Januar 2002: 5.301 Euro)[10] feststehenden fiktiven Bemessungsbetrages für das Übergangsgeld nach Übergangsrecht in Abs. 2 Satz 2.

Ähnliche Überlegungen galten auch für den mit Abs. 2 Satz 3 eingeführten fiktiven **11** Bemessungsbetrag für die Altersentschädigung. Auch diese Norm geht auf Vorschläge der Rechtsstellungskommission und den Entwurf eines Achtzehnten Gesetzes zur Änderung des Abgeordnetengesetzes zurück. Dort hatte es in der Gesetzesbegründung noch geheißen, dadurch werde der von der Rechtsstellungskommission für erforderlich gehaltene Ausschluss unangemessener Begünstigungen sichergestellt.[11] Nach der Begründung zum Neunzehnten Änderungsgesetz sollte die Alters- und Hinterbliebenenversorgung nach altem Recht an der Entwicklung der Abgeordnetenentschädigung nach neuem Recht nur noch in begrenztem Umfang (hälftig) teilhaben, damit deutlich werde, dass trotz nominell steigender Bezugsgröße auch die Altersentschädigung der ehemaligen und der amtierenden Mitglieder des Bundestages einem strukturellen Einschnitt unterliege.[12] Der Steigerungssatz der in Abs. 2 Satz 3 festgelegten vier Anpassungsstufen betrug daher bis 1999 im Schnitt nur rund 50 vom Hundert des für die Abgeordnetenentschädigung vorgesehenen.[13] Der Ausschuss für Wahlprüfung, Immunität und Geschäftsordnung hatte in seiner Beschlussempfehlung und dem Bericht vom 6. Dezember 1995 allerdings empfohlen, den fiktiven Bemessungsbetrag für die Altersentschädigung nach Übergangsrecht bei späteren Anpassungen wieder in vollem Umfang an den Steigerungen der Abgeordnetenentschädigung teilnehmen zu lassen.[14]

Das Verwaltungsgericht Köln hat die Verfassungsmäßigkeit des § 35 a Abs. 2 in Bezug auf den fiktiven Bemessungsbetrag für die Altersentschädigung inzwischen unter Hinweis auf die „verhältnismäßig weite Gestaltungsfreiheit des Gesetzgebers" ausdrücklich bestätigt. Die Norm verstoße insbesondere nicht gegen den Gleichheitssatz (Art. 3 Abs. 1 GG).[15]

---

9 Begründung zu § 35 a des Gesetzentwurfs, BT-Drs. 13/3121, S. 13. Vgl. auch Kommission des Ältestenrates für die Rechtsstellung der Abgeordneten, Vorlage an den Ältestenrat vom 16. Juni 1995, Anlage 1 zu Beschlussempfehlung und Bericht des Ältestenrates vom 26. Juni 1995 auf BT-Drs. 13/1803, S. 13 f.
10 Umstellung auf Euro ab 1. Januar 2002 gemäß Art. 1 Nr. 6 a) des Dreiundzwanzigsten Gesetzes zur Änderung des Abgeordnetengesetzes, s.o. Fn. 1.
11 Entwurf eines Achtzehnten Gesetzes zur Änderung des Abgeordnetengesetzes vom 28. Juni 1995, Begründung zu § 35 a, BT-Drs. 13/1825, S. 6.
12 Begründung zu § 35 a des Gesetzentwurfs, BT-Drs. 13/3121, S. 13.
13 Vgl. auch *Welti F.*, Die soziale Sicherung der Abgeordneten des Deutschen Bundestages, der Landtage und der deutschen Abgeordneten im Europäischen Parlament, Berlin, 1998, S. 311 f.
14 BT-Drs. 13/3240, S. 14. Damit folgte er einem Vorschlag des mitberatenden Rechtsausschusses.
15 VG Köln, Urteil vom 21. April 1999 – 3 K 1797/96 –, nicht veröffentlicht (rechtskräftig).

12 Ursprünglich sollten die in Abs. 2 Satz 3 genannten Erhöhungen des fiktiven Bemessungsbetrages für die Altersentschädigung – von der zum 1. Oktober 1995 abgesehen – jeweils ein Jahr früher erfolgen. Die Verschiebung um ein Jahr beruht auf dem Zwanzigsten Gesetz zur Änderung des Abgeordnetengesetzes vom 19. Juni 1996.[16] Danach erfolgte die letztmalige Anpassung des Bemessungsbetrages auf 11.625 DM zum 1. Januar 1999.

13 Im Zusammenhang mit dem im April 1999 vom Bundestagspräsidenten unterbreiteten Vorschlag nach § 30 Satz 2 zur Anhebung der Abgeordnetenentschädigung (vgl. 1. zu § 30) war auch eine Erhöhung des fiktiven Bemessungsbetrages für die Altersentschädigung vorgesehen. Abs. 2 Satz 4 regelt dieses Verfahren durch Verweis auf § 30. Der fiktive Bemessungsbetrag für die Altersentschädigung sollte sogar zu 75 vom Hundert an den Steigerungen der Abgeordnetenentschädigung teilhaben, statt wie bisher nur zu 50 vom Hundert. Am 3. Juni 1999 beschloss die Fraktion der SPD jedoch, angesichts der bevorstehenden Kürzung der Bundesausgaben zur Konsolidierung des Haushalts auf Erhöhungen gänzlich zu verzichten.[17] Bis zum Zweiundzwanzigsten Änderungsgesetz galt deshalb der Bemessungsbetrag von 11.625 DM fort.

14 Der Gesetzgeber hat mit dem Zweiundzwanzigsten Gesetz zur Änderung des Abgeordnetengesetzes vom 19. Dezember 2000[18] vier Erhöhungsschritte (11.683 DM zum 1. Juli 2000, 11.868 DM zum 1. Januar 2001, 12.057 DM (6.165 Euro)[19] zum 1. Januar 2002 und 12.249 DM (6.263 Euro) zum 1. Januar 2003 beschlossen. Dabei hielt er es für angemessen, die Versorgungsempfänger nach dem Übergangsrecht künftig zu 75 vom Hundert an der Entwicklung der Abgeordnetenentschädigung teilhaben zu lassen. Dies sei insbesondere auch im Hinblick auf die ehemaligen Abgeordneten, die kein Wahlrecht nach § 35 a Abs. 4 hatten, sachgerecht, „weil sich die Abgeordnetenentschädigung bisher nicht in dem Maße den Referenzgrößen R 6 / B 6 angenähert hat, wie es noch bei Einführung des § 35 a erwartet worden war".[20]

4. Fiktiver Bemessungsbetrag bei Anwendung des § 29 auf Versorgungsansprüche nach Übergangsrecht (Abs. 3)

15 Abs. 3 trägt systematischen Überlegungen Rechnung, in dem er bestimmt, dass bei der Anwendung des § 29 auf Versorgungsansprüche nach diesem Gesetz in den Fällen des Abs. 1 statt der Abgeordnetenentschädigung nach § 11 ebenfalls der fiktive Bemessungsbetrag für die Altersentschädigung nach Abs. 2 zugrunde zu legen ist.[21] Denn wenn sich die Höhe der Versorgung in diesen Fällen nach einem vom Hundertsatz bezogen auf den fiktiven Bemessungsbetrag errechnet, ist es

---

[16] BGBl. I S. 843; zu den Hintergründen vgl. 1. 4 zu § 11.
[17] Vgl. FAZ vom 4. Juni 1999, „Wenn alle sparen, tun wir das auch" und 1. zu § 30.
[18] BGBl. I S. 1754.
[19] Umstellung auf Euro zum 1. Januar 2002 gemäß Art. 1 Nr. 6 b) des Dreiundzwanzigsten Gesetzes zur Änderung des Abgeordnetengesetzes, s.o. Fn. 1.
[20] Vgl. Entwurf eines Zweiundzwanzigsten Gesetzes zur Änderung des Abgeordnetengesetzes vom 10. Oktober 2000, Begründung zu § 35 a, BT-Drs. 14 / 4142, S. 4.
[21] Vgl. auch Entwurf eines Gesetzes zur Neuregelung der Rechtsstellung der Abgeordneten vom 28. November 1995, Begründung zu § 35 a, BT-Drs. 13 / 3121, S. 14.

konsequent und schlüssig, den fiktiven Bemessungsbetrag auch als Kappungsgrenze im Rahmen der Anwendung der Anrechnungsvorschrift des § 29 zugrunde zu legen (vgl. dort 4. und zur Berechnung des Kappungsbetrages bei Mischversorgungen o. 2.).

5. Wahlrecht (Abs. 4)

Gemäß § 35 a Abs. 1 findet auf Versorgungsansprüche der dort Genannten regelmäßig das alte Recht Anwendung. Nach § 35 a Abs. 4 Satz 1 können sich die Mitglieder des 13. Deutschen Bundestages, auf die Abs. 1 Anwendung findet, jedoch bis zu ihrem Ausscheiden aus dem Bundestag für eine Anwendung der Regelungen des Fünften Abschnitts in der Fassung des Neunzehnten Änderungsgesetzes entscheiden. Bei besonders langer Mitgliedschaft im Bundestag macht das Sinn, weil das neue Recht dann zu höheren Versorgungsbezügen führt (vgl. Tabellen 1 und 2 zu § 20). Treten zu der besonders langen Mitgliedschaft im Bundestag auch noch sonstige Versorgungsbezüge aus öffentlichen Kassen, so ist die Ausübung des Optionsrechtes nach Abs. 4 auch im Hinblick auf das Übergangsgeld günstiger, weil das Übergangsgeld nach neuem Recht jedenfalls im ersten Monat nach dem Ausscheiden anrechnungsfrei bleibt (vgl. § 18 Abs. 2 Satz 1), während nach altem Recht sofort angerechnet wird.

16

Der Kreis der Normadressaten des Abs. 1 wurde bereits oben beschrieben (2.). Mit „Ausscheiden aus dem Bundestag" ist hier das erstmalige Ausscheiden nach dem Inkrafttreten des Neunzehnten Änderungsgesetzes am 22. Dezember 1995 zu einem beliebigen Zeitpunkt, also auch nach Ablauf der 13. Wahlperiode, gemeint. Das Recht, für die Anwendung des neuen Versorgungsrechtes auch für die Vergangenheit zu optieren, lebt also bei einem Wiedereintritt in den Bundestag und späterem nochmaligen Ausscheiden nicht wieder auf (vgl. auch oben 2.).

17

Das Optionsrecht nach Abs. 4 kann im Übrigen bezüglich Altersversorgung und Übergangsrecht nur einheitlich ausgeübt werden, denn die „Regelungen des Fünften Abschnitts in der Fassung des Neunzehnten Änderungsgesetzes" umfassen beide Leistungen. Es ist also nicht möglich zu splitten, und Altersversorgung nach altem Recht und Übergangsgeld nach neuem oder umgekehrt zu beziehen. Die einheitlich zu treffenden Entscheidung ist nach Abs. 4 Satz 2 bindend. Sie kann auch im Falle eines Wiedereintritts in den Bundestag nicht revidiert werden.

18

§ 35 a Abs. 4 Satz 3 ist auf Empfehlung des Ausschusses für Wahlprüfung, Immunität und Geschäftsordnung in das Gesetz aufgenommen worden.[22] Danach findet das jeweils günstigere Recht Anwendung, wenn das Mitglied vor Ausübung des Wahlrechts verstirbt. Die Entscheidung trifft die Verwaltung aufgrund einer Vergleichsberechnung. Entscheidungserheblicher Zeitpunkt für die Beurteilung der Frage, welches Recht günstiger ist, ist hier der des Ausscheidens des Mitglieds durch Todesfall.

19

---

22 Vgl. Beschlussempfehlung und Bericht vom 6. Dezember 1995, BT-Drs. 13/3240, S. 14.

6. EuAbgG

20 Nach § 10 b Satz 1 EuAbgG findet § 35 a auf in Deutschland gewählte ausgeschiedene Mitglieder des Europäischen Parlaments und ihre Hinterbliebenen Anwendung. Die obigen Ausführungen gelten deshalb auch für sie.

§ 36 Übergangsregelung für die Angehörigen des öffentlichen Dienstes

(1) Der auf Grund des Gesetzes über die Rechtsstellung der in den ersten Deutschen Bundestag gewählten Angehörigen des öffentlichen Dienstes vom 11. Mai 1951 (BGBl. I S. 297) oder des Gesetzes über die Rechtsstellung der in den Deutschen Bundestag gewählten Angehörigen des öffentlichen Dienstes vom 4. August 1953 (BGBl. I S. 777), zuletzt geändert durch das Gesetz vom 21. August 1961 (BGBl. I S. 1557), sowie einer entsprechenden Regelung eines Landes in den Ruhestand getretene Beamte, der in den achten Bundestag gewählt worden ist oder in einen späteren Bundestag gewählt wird, gilt mit dem Tage der Annahme der Wahl, frühestens jedoch mit dem Inkrafttreten dieses Gesetzes, wieder als in das Beamtenverhältnis unter gleichzeitigem Ruhen der Rechte und Pflichten (§ 5 Abs. 1) berufen, sofern er die allgemeinen Voraussetzungen für die Berufung in das Beamtenverhältnis noch erfüllt. Im Übrigen bleiben die bis zum Inkrafttreten dieses Gesetzes nach den §§ 4 und 4a letzter Satz des Gesetzes über die Rechtsstellung der in den Deutschen Bundestag gewählten Angehörigen des öffentlichen Dienstes vom 4. August 1953 begründeten Ansprüche erhalten.

(2) Absatz 1 gilt entsprechend für Richter, Berufssoldaten und Soldaten auf Zeit sowie sinngemäß für Angestellte des öffentlichen Dienstes.

(3) Für ehemalige Mitglieder des Bundestages bleiben die nach dem Gesetz über die Rechtsstellung der in den Deutschen Bundestag gewählten Angehörigen des öffentlichen Dienstes vom 4. August 1953 begründeten Rechte erhalten.

Anmerkungen

1 § 36, dessen aktuelle Bedeutung gering ist, geht auf § 10 des Entwurfs eines Gesetzes zur Neuregelung der Rechtsverhältnisse der Mitglieder des Deutschen Bundestages vom 29 Juni 1976[1] zurück. Auslöser für die Neuregelung auch der Rechtsstellung der in den Bundestag gewählten Angehörigen des öffentlichen Dienstes war das „Diäten-Urteil" des Bundesverfassungsgerichts.[2] Das Gericht hatte in dieser Entscheidung beanstandet, dass die bisherige Rechtsstellung der Angehörigen des öffentlichen Dienstes im Parlament im Vergleich zu den übrigen Abgeordneten ein

---

1 BT-Drs. 7/5525, S. 5.
2 Schlussurteil des Zweiten Senats vom 5. November 1975 auf die mdl. Verhandlung vom 18. Juni 1975 – 2 BvR 193/74 – BVerfGE 40, 296, 321 ff.

§ 36 Übergangsregelung für die Angehörigen des öffentlichen Dienstes

Privileg sei, das dem formalisierten Gleichheitssatz (vgl. dazu 2.4 zu § 11) widerspreche und nicht durch die allein ihnen auferlegte Unvereinbarkeit von Beruf und Mandat gerechtfertigt werden könne. Die dem hergebrachten Grundsatz des Berufsbeamtentum gemäße Regelung sei es, dass der Beamte, der Mitglied des Parlaments wird und nicht mehr im öffentlichen Dienst tätig ist, für die Dauer dieser Mitgliedschaft ohne Bezüge beurlaubt wird oder dass für diese Zeit das Ruhen seiner Rechte und Pflichten aus dem Beamtenverhältnis angeordnet wird.[3]

Nach dem bis dahin geltenden Recht[4] traten Angehörige des öffentlichen Dienstes 2 mit der Annahme der Wahl zum Bundestag in den Ruhestand. Sie erhielten ein Ruhegehalt, das wenigstens 35 vom Hundert der ruhegehaltsfähigen Dienstbezüge betrug. Nach Beendigung des Mandats konnten Beamte, Richter und Soldaten im Ruhestand verbleiben und weiterhin Ruhegehalt beziehen. Eine Reaktivierung gegen ihren Willen war nach Vollendung des 55. Lebensjahres nicht möglich. Angestellte des öffentlichen Dienstes waren demgegenüber verpflichtet, nach Beendigung des Mandats ihren Dienst wieder aufzunehmen. Anderenfalls mussten sie kündigen.[5]

Im Rahmen der Neuregelung der Rechtsstellung der in den Bundestag gewählten 3 Angehörigen des öffentlichen Dienstes hat sich der Gesetzgeber für ein Ruhen deren Rechte und Pflichten ausgesprochen (§ 5 Abs. 1) und in § 36 entsprechende Übergangsregelungen für den Wechsel vom alten zum neuen Statusrecht geschaffen.

§ 36 geht im Kern auf § 10 des Entwurfs eines Gesetzes zur Neuregelung der 4 Rechtsverhältnisse der Mitglieder des Deutschen Bundestages vom 29. Juni 1976[6] zurück. Abs. 1 Satz 1 enthält eine Übergangsregelung für die Angehörigen des öffentlichen Dienstes, die nach bisherigem Recht mit Mandatsannahme in den Ruhestand getreten und erneut in den (achten) Bundestag gewählt worden waren. Sofern sie die allgemeinen Voraussetzungen für die Berufung in das Dienstverhältnis erfüllten, wurden sie unter Aufhebung des Ruhestandes wieder in das aktive Dienstverhältnis berufen. Zugleich wurde nach § 5 Abs. 1 das Ruhen ihrer Rechte und Pflichten aus dem aktiven Dienstverhältnis angeordnet. Die Regelung sollte sicherstellen, dass alle Angehörigen des öffentlichen Dienstes unter den Mitgliedern des achten Deutschen Bundestages, auch die wiedergewählten, einheitlich nach neuem Recht behandelt werden. Abs. 1 Satz 2 gewährleistet, dass bei den wiedergewählten Angehörigen des öffentlichen Dienstes die Mandatszeit vor In-Kraft-Treten des Abgeordnetengesetzes als Dienstzeit im Sinne des Versorgungsrechts erhalten bleibt.[7]

---

3 BVerfG, aaO, S. 322; vgl. ausführlich die Erläuterungen zum Dritten Abschnitt.
4 Vgl. Gesetz über die Rechtsstellung der in den Deutschen Bundestag gewählten Angehörigen des öffentlichen Dienstes vom 4. August 1953, BGBl. I S. 777, zuletzt geändert durch Gesetz vom 21. August 1961, BGBl. I S. 1557.
5 Vgl. auch Materialien zu dem von den Fraktionen der SPD, CDU/CSU, FDP eingebrachten Entwurf eines Gesetzes zur Neuregelung der Rechtsverhältnisse der Mitglieder des Deutschen Bundestages, BT-Drs. 7/5531, S. 10 f.
6 BT-Drs. 7/5525, S. 16.
7 Vgl. Begründung zu § 10 des Entwurfs eines Gesetzes zur Neuregelung der Rechtsverhältnisse der Mitglieder des Deutschen Bundestages, BT-Drs. 7/5531, S. 17; *Henkel J.*, Die Rechtsstellung der in den Bundestag gewählten Beamten, ZBR 1977, 113, 117.

5 § 36 Abs. 2 ist eine sich aus der Umstellung des Gesetzestextes von der Entwurfsfassung zur später beschlossenen Endfassung ergebende redaktionelle Folgeänderung.[8] Danach gilt Abs. 1 auch für Richter, Berufssoldaten, Soldaten auf Zeit, sowie – sinngemäß – für Angestellte des öffentlichen Dienstes.

6 Nach § 36 Abs. 3 bleiben für ehemalige Mitglieder des Bundestages die nach dem Gesetz über die Rechtsstellung der in den Deutschen Bundestag gewählten Angehörigen des öffentlichen Dienstes vom 4. August 1953 begründeten Rechte erhalten. Die vor In-Kraft-Treten des Abgeordnetengesetzes ausgeschiedenen Angehörigen des öffentlichen Dienstes unter den Abgeordneten sollten also weiterhin nach bisherigem Recht behandelt werden. Sie sollten insbesondere unter den Voraussetzungen des § 3 des Rechtsstellungsgesetzes im Ruhestand verbleiben und somit auch schon vor Erreichen der allgemein für den Ruhestand vorgesehenen Altersgrenze ein Ruhegehalt beziehe.[9]

§ 37 Versorgung vor 1968 ausgeschiedener Mitglieder

Der Präsident gewährt auf Antrag einem ehemaligen Mitglied, das vor dem 1. Januar 1968 aus dem Bundestag ausgeschieden ist, sowie seinen Hinterbliebenen vom Ersten des Monats der Antragstellung an Leistungen aus der Alters- und Hinterbliebenenversorgung nach dem Diätengesetz 1968 vom 3. Mai 1968 (BGBl. I S. 334), zuletzt geändert durch Artikel VIII des Gesetzes vom 18. Februar 1977 (BGBl. I S. 297).

Anmerkungen

1 Die Vorschrift entspricht weitgehend § 34 des Entwurfs eines Gesetzes zur Neuregelung der Rechtsverhältnisse der Mitglieder des Deutschen Bundestages vom 29 Juni 1976.[1] Sie sichert die Versorgung vor dem 1. Januar 1968 ausgeschiedener Mitglieder des Bundestages und ihrer Hinterbliebenen auch unter der Geltung des Abgeordnetengesetzes, aber nach Maßgabe des Diätengesetzes 1968.

2 Die Nichteinbeziehung der vor seinem Inkrafttreten ausgeschiedenen Abgeordneten in die Alterentschädigung nach dem Abgeordnetengesetz und ihr Verweis auf die ungünstigere Altersversorgung nach dem Diätengesetz 1968 verstößt dabei nach einer Entscheidung des Bundesverwaltungsgerichts weder gegen den Gleichheitssatz (Art. 3 Abs. 1 GG) noch gegen Art. 48 Abs. 3 GG. Denn Wortlaut und Sinn des Art. 48 Abs. 3 GG lassen dem Gesetzgeber für die Ausgestaltung der Entschädigung einen erheblichen Spielraum. Im Rahmen dieser Gestaltungsfreiheit war er befugt, die gesetzliche Regelung wie beschrieben zu treffen. Sachlicher Rechtfertigungsgrund für diese differenzierende Regelung war die Neuregelung der Ab-

---

8 Vgl. Begründung zu § 36, BT-Drs. 7/5903, S. 16.
9 Materialien zu dem von den Fraktionen der SPD, CDU/CSU, FDP eingebrachten Entwurf eines Gesetzes zur Neuregelung der Rechtsverhältnisse der Mitglieder des Deutschen Bundestages, BT-Drs. 7/5531, S. 12.
10 BT-Drs. 7/5525, S. 5.

geordnetenentschädigung und Altersversorgung durch das Abgeordnetengesetz, durch die den Mitgliedern des Bundestages eine unabhängige Mandatsausübung ermöglicht werden sollte. Dieser Regelungszweck ließ sich für vorher bereits ausgeschiedene Mitglieder nicht mehr verwirklichen.[2]

Mit dem Diätengesetz 1968[3] war erstmals eine eigenständige Alters- und Hinterbliebenenversorgung auf Versicherungsgrundlage für die Mitglieder des Bundestages geschaffen worden. Hierzu mussten die Abgeordneten einen Eigenbeitrag in Höhe von 25 vom Hundert der Aufwandsentschädigung leisten (vgl. § 4 Diätengesetz 1968 und 1. zu § 19). Durch die Übergangsregelung in § 22 Diätengesetz 1968 erhielten ehemalige Mitglieder, die vor dem Inkrafttreten des Diätengesetzes am 1. Januar 1968 aus dem Bundestag ausgeschieden waren, die Möglichkeit, Versorgungsleistungen nach dem Diätengesetz 1968 zu beantragen. Ihre Versorgungsbezüge wurden dann unmittelbar aus dem Bundeshaushalt gezahlt. Obwohl die Versorgungsbezüge ohne eigene Beitragsleistung voll aus dem Bundeshaushalt bezahlt werden, sind sie – wie Versorgungsleistungen nach §§ 5 ff. Diätengesetz 1968 (vgl. 1. zu § 19) – aus sachlichen Billigkeitsgründen nach § 22 Nr. 1 Satz 3 lit. a EStG nur mit dem Ertragsanteil zur Einkommensteuer heranzuziehen.[4] Auf ehemalige Mitglieder des Bundestages, die erst nach dem Inkrafttreten des Diätengesetzes aus dem Bundestag ausgeschieden sind, war dessen § 22 nicht anwendbar. Die dem § 22 Diätengesetz 1968 entsprechende Vorschrift des § 37 ist ebenfalls auf vor dem 1. Januar 1968 aus dem Bundestag ausgeschiedene Mitglieder beschränkt.[5]

3

Gesetzeszweck des § 37 ist die Erhaltung solcher Anwartschaften, bei denen nur die Altersvoraussetzungen für einen Versorgungsanspruch noch nicht erfüllt waren.[6]

4

§ 38 Versorgung für Zeiten vor Inkrafttreten dieses Gesetzes

(1) Ein Mitglied des Bundestages, das in der Zeit vom 1. Januar 1968 bis zum Inkrafttreten dieses Gesetzes ausgeschieden ist, und seine Hinterbliebenen erhalten Versorgung nach dem Diätengesetz 1968.

(2) Ein Mitglied des Bundestages, das dem Bundestag bereits vor Inkrafttreten dieses Gesetzes angehört hat und erst nach seinem Inkrafttreten aus dem Bundestag ausscheidet, erhält Altersentschädigung nach diesem Gesetz; dabei wird die Zeit der Mitgliedschaft vor Inkrafttreten dieses Gesetzes berücksichtigt.

---

2 BVerwG, Urteil vom 2. März 1978 – 7 C 54. 76 –, Buchholz, Sammel- und Nachschlagewerk der Rechtsprechung des BVerwG, 120 Nr. 1.
3 BGBl. I S. 334.
4 Rundschreiben des Bundesministers der Finanzen – IV B 5 – S 2285 – 242/92 – vom 10. Dezember 1992 an die Obersten Finanzbehörden der Länder.
5 BVerwG, Urteil vom 2. März 1978 – 7 C 54. 76 –, Buchholz, Sammel- und Nachschlagewerk der Rechtsprechung des BVerwG, 120 Nr. 1.
6 Vgl. Materialien zu dem von den Fraktionen der SPD, CDU/CSU, FDP eingebrachten Entwurf eines Gesetzes zur Neuregelung der Rechtsverhältnisse der Mitglieder des Deutschen Bundestages, BT-Drs. 7/5531, S. 24.

(3) Anstelle der Altersentschädigung nach Absatz 2 werden auf Antrag die nach § 4 des Diätengesetzes 1968 geleisteten eigenen Beiträge zur Alters- und Hinterbliebenenversorgung zinslos erstattet. In diesem Falle bleiben die Zeiten der Mitgliedschaft im Bundestag vor Inkrafttreten dieses Gesetzes bei der Festsetzung der Altersentschädigung nach diesem Gesetz unberücksichtigt. Im Falle des § 23 wird nur die halbe Versorgungsabfindung gezahlt.

(4) Anstelle der Altersentschädigung nach Absatz 2 erhält ein Mitglied des Bundestages, das die Voraussetzungen des § 5 Abs. 1 und des § 7a Abs. 1 des Diätengesetzes 1968 erfüllt, für die Zeit der Mitgliedschaft im Bundestag vor Inkrafttreten dieses Gesetzes auf Antrag Ruhegeld nach dem Diätengesetz 1968; für die Zeit nach Inkrafttreten dieses Gesetzes wird Altersentschädigung nach diesem Gesetz mit der Maßgabe gewährt, dass für jedes Jahr der Mitgliedschaft fünf vom Hundert der Entschädigung nach § 11 Abs. 1 gezahlt werden. Die anrechenbaren Zeiten vor und nach Inkrafttreten dieses Gesetzes dürfen sechzehn Jahre nicht übersteigen. Das gleiche gilt für Hinterbliebene.

(5) Der Antrag gemäß den Absätzen 3 und 4 ist innerhalb von sechs Monaten nach Inkrafttreten dieses Gesetzes beim Präsidenten des Bundestages zu stellen.

Literatur: *Kabel R.*, Das neue Abgeordnetengesetz vom Dezember 1976, ZParl 1977, 3 ff.

Übersicht

		Rdn.
1.	Allgemeines	1
2.	Versorgung nach dem Diätengesetz 1968 für zwischen dem 1. Januar 1968 und dem 1. April 1977 ausgeschiedene Mitglieder (Abs. 1)	2–7
3.	Überleitung wiedergewählter Abgeordneter in die neue Altersversorgung (Abs. 2)	8
4.	Erstattung von Eigenbeiträgen statt Überleitung (Abs. 3)	9–10
5.	Mischversorgung (Abs. 4)	11–15
6.	Antragsfrist (Abs. 5)	16–17
7.	EuAbgG	18

1. Allgemeines

1 Auch durch diese Übergangsregelung sollte gewährleistet werden, dass die Rechte der vor Inkrafttreten des Abgeordnetengesetzes ausgeschiedenen Mitglieder unberührt bleiben, die Vorschriften des Abgeordnetengesetzes jedoch im Grundsatz bereits für alle Mitglieder des 8. Deutschen Bundestages in gleicher Weise gelten sollten, unabhängig davon, ob sie neu- oder wiedergewählt waren.[1] § 38 geht in seinen beiden ersten Absätzen auf § 39 des Entwurfs eines Gesetzes zur Neuregelung der Rechtsverhältnisse der Mitglieder des Deutschen Bundestages vom 29. Juni 1976 zurück.[2] Abs. 3 bis 5 wurden später auf Vorschlag des 2. Sonderaus-

---

1 Vgl. Bericht und Antrag des 2. Sonderausschusses vom 30. November 1976, BT-Drs. 7/5903, S. 2 f.
2 Vgl. Materialien zu dem von den Fraktionen der SPD, CDU/CSU, FDP eingebrachten Entwurf eines Gesetzes zur Neuregelung der Rechtsverhältnisse der Mitglieder des Deutschen Bundestages, BT-Drs. 7/5531, S. 25.

schusses unter Einbeziehung von Anregungen des Innenausschusses in das Gesetz eingefügt.[3]

2. Versorgung nach dem Diätengesetz 1968 für zwischen dem 1. Januar 1968 und dem 1. April 1977 ausgeschiedene Mitglieder (Abs. 1)

Mitglieder des Bundestages, die in der Zeit vom 1. Januar 1968 bis zum Inkrafttreten dieses Gesetzes (gem. § 55 Abs. 1 Satz 1 am 1. April 1977) ausgeschieden sind, und ihre Hinterbliebenen erhalten nach § 38 Abs. 1 Versorgung nach dem Diätengesetz 1968 und zwar was die materiellen Ansprüche anbelangt ausschließlich nach den Vorschriften dieses Gesetzes, nicht nach denen des Abgeordnetengesetzes.[4] Die Grundzüge des Versorgungsrechts nach dem Diätengesetz 1968 sollen deshalb an dieser Stelle im Überblick kurz skizziert werden, soweit sie heute noch relevant sein können.

Erstmals mit Wirkung vom 1. Januar 1964 war in den §§ 9 und 10 des Diätengesetzes 1964[5] die gesetzlichen Grundlagen für eine Todesfallversicherung auch für ausgeschiedene Mitglieder des Bundestages als erster Schritt in Richtung auf eine Altersversorgung der Abgeordneten geschaffen worden. Diese noch sehr begrenzte Absicherung nur für den Todesfall wurde mit dem Diätengesetz 1968[6] aufgegeben und durch eine eigenständige Alters- und Hinterbliebenenversorgung auf Versicherungsgrundlage abgelöst. Hierzu mussten die Mitglieder des Bundestages einen Eigenbeitrag in Höhe von 25 vom Hundert der Aufwandsentschädigung leisten (vgl. § 4 Diätengesetz 1968). Das waren zum Schluss – vor Inkrafttreten des AbgG – immerhin 1062,50 DM monatlich.

Die Versicherungslösung beruhte auf der Überlegung, dass der Abgeordnete mit der damaligen Entschädigung lediglich einen Ausgleich für seinen mandatsbedingten Aufwand erhält und deshalb auch keine Pension aus der Staatskasse beziehen kann.[7] Darüber hinaus bot sie den Vorteil, dass Leistungen der Versicherung keiner Anrechnung beim Bezug sonstiger Einkünfte aus öffentlichen Kassen unterlagen. Schließlich war sie steuerlich günstiger. Die Altersversorgung nach dem Diätengesetz – das Ruhegeld, §§ 5 ff. Diätengesetz 1968 – ist wie eine Leibrente zu behandeln und wird deshalb gemäß § 22 Nr. 1 Satz 3 lit. a EStG nur mit ihrem Ertragsanteil besteuert.

Nach § 5 Diätengesetz 1968 erhalten Mitglieder des Bundestages nach ihrem Ausscheiden ein Ruhegeld, wenn sie 1. das fünfundsechzigste Lebensjahr vollendet und dem Bundestag mindestens acht Jahre angehört oder 2. das sechzigste Lebensjahr

---

[3] Vgl. Bericht und Antrag des 2. Sonderausschusses vom 30. November 1976, BT-Drs. 7/5903, S. 16.
[4] Vgl. Materialien zu dem von den Fraktionen der SPD, CDU/CSU, FDP eingebrachten Entwurf eines Gesetzes zur Neuregelung der Rechtsverhältnisse der Mitglieder des Deutschen Bundestages, BT-Drs. 7/5531, S. 25; vgl. aber § 38 a.
[5] BGBl. I S. 230.
[6] BGBl. I S. 334.
[7] Vgl. Begründung zum Entwurfs eines Gesetzes zur Neuregelung der Rechtsverhältnisse der Mitglieder des Deutschen Bundestages, BT-Drs. 7/5531, S. 7, und Bericht des 2. Sonderausschusses vom 30. November 1976, BT-Drs. 7/5903, S. 6.

vollendet und dem Bundestag mindestens zwölf Jahre angehört oder 3. das fünfundfünfzigste Lebensjahr vollendet und dem Bundestag mindestens sechzehn Jahre angehört haben. Eine Mitgliedschaft von mehr als einem halben Jahr gilt dabei als volles Jahr. Zeiten der Mitgliedschaft im Bundestag vor Inkrafttreten des Diätengesetzes 1968 werden gemäß § 21 berücksichtigt. Die Höhe des Ruhegeldes beträgt nach § 7 Abs. 1 nach der Mindestmitgliedschaft von acht Jahren 35 vom Hundert der Aufwandsentschädigung nach § 1[8] und steigt mit jedem weiteren Jahr der Mitgliedschaft um 5 vom Hundert bis maximal 75 vom Hundert. Nach § 7 Abs. 2 Diätengesetz 1968 wird das Ruhegeld vom ersten des auf das anspruchsbegründende Ereignis folgenden Monats bis zum Ablauf des Monats gewährt, in dem der Berechtigte stirbt. Mit dem Gesetz zur Änderung des Gesetzes über die Entschädigung der Mitglieder des Bundestages vom 22. Juni 1972[9] wurde § 7 a in das Diätengesetz 1968 eingefügt. Danach konnten (vergleichbar dem § 21 Abgeordnetensetz) Zeiten der Mitgliedschaft im Parlament eines deutschen Bundeslandes dem Grunde – nicht der Höhe nach – bei der Berechung der Mitgliedszeiten im Bundestag nach § 5 Abs. 1 Diätengesetz als Zeiten der Mitgliedschaft im Bundestag anerkannt werden.

6 Die Hinterbliebenenversorgung nach dem Diätengesetz 1968 regelt dessen § 9. Die Struktur entspricht derjenigen des Abgeordnetengesetzes. Nach § 9 Abs. 1 Diätengesetz 1968 erhält der überlebende Ehegatte eines (ehemaligen) Mitglieds des Bundestages 60 vom Hundert des Ruhegeldes, sofern der Verstorbene im Zeitpunkt seines Todes Anspruch auf Ruhegeld hatte oder die Voraussetzungen für die Gewährung eines Ruhegeldes erfüllte. Der überlebende Ehegatte eines (ehemaligen) Mitglieds des Bundestages, das unabhängig vom Lebensalter die Voraussetzungen der Mitgliedschaftsdauer nach § 5 Abs. 1 erfüllt, erhält nach § 9 Abs. 2 Diätengesetz 1968 60 vom Hundert des nach § 7 Abs. 1 errechneten Ruhegeldes. Vollwaisen schließlich erhalten nach Abs. 4 20 vom Hundert, Halbwaisen 12 vom Hundert des Ruhegeldes nach Abs. 1 bzw. 2.

7 Die Anrechnungsbestimmungen nach dem Diätengesetz 1968, die über § 38 fortgelten, unterscheiden sich wesentlich von denjenigen des Abgeordnetengesetzes. § 10 Diätengesetz 1968 bestimmt in Satz 1, dass die Anrechnung von Einkommen oder Versorgungsbezügen aus einer Verwendung im öffentlichen oder einem ähnlichen Dienst oder von Renten aus der gesetzlichen Rentenversicherung oder aus einer zusätzlichen Alters- und Hinterbliebenenversorgung für Angehörige des öffentlichen Dienstes nach diesem Gesetz ausgeschlossen ist.[10] Das Gleiche gilt nach Satz 2 für die Anrechnung des Ruhegeldes und der Hinterbliebenenversorgung nach diesem Gesetz auf Versorgungsbezüge aus einer Verwendung im öffentlichen oder einem ähnlichen Dienst. Im Übrigen werden gemäß Satz 3 die für

---

8 § 1 Diätengesetz 1968 laute soweit hier von Interesse: „Die Mitglieder des Bundestages haben Anspruch auf eine monatliche Aufwandsentschädigung. Sie beträgt dreiunddreißigeindrittel vom Hundert des Amtsgehalts eines Bundesministers." Bezugsgröße für die Berechnung des Ruhegeldes nach dem Diätengesetz ist also jeweils das aktuelle Amtsgehalt eines Bundesministers.
9 BGBl. I S. 983.
10 Zur Begründung s. Schriftlicher Bericht des Vorstandes des Deutschen Bundestages über den von den Fraktionen der CDU/CSU, SPD, FDP eingebrachten Entwurf eines Gesetzes zur Änderung und Ergänzung des Diätengesetzes 1964, BT-Drs. V/2754, S. 3.

§ 38 Versorgung für Zeiten vor Inkrafttreten dieses Gesetzes

Bundesbeamte geltenden versorgungsrechtlichen Vorschriften auf das Ruhegeld und die Hinterbliebenenversorgung sinngemäß angewandt, sofern sich aus diesem Gesetz nichts anderes ergibt. Weitere Besonderheiten gelten nach § 39 des Abgeordnetengesetzes (vgl. die dortigen Anmerkungen).

3. Überleitung wiedergewählter Abgeordneter in die neue Altersversorgung (Abs. 2)

Abs. 2 sieht vor, dass in den 8. Deutschen Bundestag (oder einen späteren) wiedergewählte Abgeordnete grundsätzlich (zu den Ausnahmen s. § 38 Abs. 2 und 3 sowie 4. und 5.) in die neue Altersversorgung übergeleitet werden.[11] Dabei werden Zeiten der Mitgliedschaft vor Inkrafttreten des Abgeordnetengesetzes dem Grunde und der Höhe nach voll berücksichtigt. Im Regelfall ist der Versorgungsanspruch nach neuem Recht höher als der nach dem Diätengesetz 1968.[12] Deswegen sieht das Gesetz grundsätzlich die Überleitung vor.[13]

8

4. Erstattung der Eigenbeiträge statt Überleitung (Abs. 3)

Anstelle der Altersentschädigung nach Abs. 2 konnte sich ein Mitglied des 8. Deutschen Bundestages gemäß § 38 Abs. 3 Satz 1 auf Antrag (innerhalb der Frist des Abs. 5) die nach § 4 des Diätengesetzes 1968 geleisteten eigenen Beiträge zur Alters- und Hinterbliebenenversorgung zinslos erstatten lassen. Die Vorschrift geht auf eine Empfehlung des Innenausschusses zurück. Dieser hatte zur Vermeidung verfassungsrechtlicher Risiken im Hinblick auf die Eigentumsgarantie des Art. 14 GG eine Option auf Kapitalisierung der vor Inkrafttreten der Neuregelung eingezahlten Beiträge vorgeschlagen, die der 2. Sonderausschuss aufgriff.[14] Den Antragstellern wurden in diesen Fällen die gesetzlich vorgeschriebenen Eigenbeiträge in Höhe von 25 v.H. der steuerfreien Aufwandsentschädigung nach dem Diätengesetz 1968 erstattet. Die vom Bundestag geleisteten Beiträge in Höhe von 75 v.H. verblieben jeweils bei der Versicherung. Sie wurden in die jährliche Gewinn- und Verlustrechnung eingestellt und führten so vorübergehend zu einer Verminderung der Nachschusspflicht des Bundestages und zu einer Entlastung des Bundeshaushalts.

9

Nach Abs. 3 Satz 2 blieben in diesen Fällen konsequenterweise auch die Zeiten der Mitgliedschaft im Bundestag vor Inkrafttreten des Abgeordnetengesetzes unberücksichtigt.[15] Denn diese waren durch Rückzahlung der Eigenleistungen „abgefunden". Auch wurde gemäß Abs. 3 Satz 3 im Falle des § 23 aus den nämlichen Gründen nur die halbe Versorgungsabfindung gezahlt.

10

---

11 *Kabel R.*, Das neue Abgeordnetengesetz vom Dezember 1976, ZParl 1977, 3, 10.
12 So ausdrücklich die Begründung zu § 39 des Entwurfs eines Gesetzes zur Neuregelung der Rechtsverhältnisse der Mitglieder des Deutschen Bundestages, BT-Drs. 7/5531, S. 25.
13 Zu der nachträglich in das Gesetz eingefügten Möglichkeit, die Mischversorgung nach § 38 Abs. 4 zu wählen, vgl. zu § 38 a.
14 Vgl. Bericht und Antrag des 2. Sonderausschusses vom 30. November 1976, BT-Drs. 7/5903, S. 16; *Kabel R.*, aaO.
15 Vgl. auch BVerwG, Urteil vom 2. März 1978 – 7 C 54.76 –, Buchholz, Sammel- und Nachschlagewerk der Rechtsprechung des BVerwG, 120 Nr. 1.

5. Mischversorgung (Abs. 4)

11 Anstelle der Altersentschädigung nach Abs. 2 (infolge der Überleitung ausschließlich nach dem Abgeordnetengesetz, vgl. 3.) erhält ein Mitglied des Bundestages, das die Voraussetzungen des § 5 Abs. 1 und des § 7 a Abs. 1 des Diätengesetzes 1968 (vgl. dazu oben 2.) erfüllt, für die Zeit der Mitgliedschaft vor Inkrafttreten dieses Gesetzes auf Antrag gemäß § 38 Abs. 4 Satz 1 Ruhegeld nach dem Diätengesetz 1968; für die Zeit nach Inkrafttreten dieses Gesetzes wird dann Altersentschädigung nach dem Abgeordnetengesetz mit der Maßgabe gewährt, dass für jedes Jahr der Mitgliedschaft fünf vom Hundert der Entschädigung nach § 11 Abs. 1 gezahlt werden (Mischversorgung).[16]

12 Was ihre tatbestandlichen Voraussetzungen anbelangt, ist die Regelung recht unpräzise formuliert. Nach dem Wortlaut der Norm ist offen, zu welchem Zeitpunkt die Voraussetzungen der §§ 5 und 7 a Diätengesetz 1968 erfüllt sein müssen, um einem Mitglied des Bundestages einen Anspruch auf Mischversorgung nach Abs. 4 zu vermitteln. In der Begründung zum Gesetzentwurf heißt es, dass nach Abs. 4 Zeiten unter der Geltungsdauer des Diätengesetzes 1968 und dieses Gesetzes zusammengezählt werden. Werden unter Berücksichtigung dieser Zeiten die Voraussetzungen des § 5 Abs. 1 und des § 7 a Abs. 1 Diätengesetz 1968 erfüllt, so wird Teilversorgung in Höhe des Ruhegeldes nach den §§ 7 und 7 a Abs. 2 und 3 des Diätengesetzes 1968 für Zeiten vor Inkrafttreten dieses Gesetzes gewährt.[17] Dies spricht dafür, dass die für den Bezug von Ruhegeld notwendigen Mindestmitgliedszeiten nach dem Diätengesetz (mindestens acht Jahre) nicht zwingend schon vor Inkrafttreten des Abgeordnetengesetzes am 1. April 1977 erfüllt gewesen sein müssen, sondern dass die Zeiten nach Inkrafttreten des Abgeordnetengesetzes hierauf angerechnet („zusammengezählt") werden dürfen. Aus der auf sechs Monate ab In-Kraft-Treten des Gesetzes befristeten Antragsbefugnis in Abs. 5 folgt nicht zwingend etwas anderes. Denn weder dem Wortlaut des Gesetzes noch den Materialien hierzu lässt sich entnehmen, dass ein Antrag „auf Vorrat" unzulässig sein sollte. Nur die Grundsatzentscheidung für oder gegen die Mischversorgung sollte innerhalb der Frist fallen.[18]

13 Hat sich ein Mitglied des Bundestages fristgerecht gemäß Abs. 4 für die Mischversorgung entschieden, so erhält er für die Zeit vor Inkrafttreten des Abgeordnetengesetzes Ruhegeld nach dem Diätengesetz (Besteuerung nur des Ertragsanteils / eingeschränkte Anrechnung, vgl. oben 2.) und für die Zeit danach Altersentschädigung nach dem Abgeordnetengesetz. Die Teilversorgung nach dem Abgeordnetengesetz wird für jedes Jahr der Mitgliedschaft in Höhe von fünf vom Hundert der Entschädigung nach § 11 Abs. 1 gezahlt und in voller Höhe der Besteuerung und der Anrechnung unterworfen.[19]

---

[16] Zum Anspruch auf Mischversorgung nach § 38 Abs. 4 s. auch § 38 a Abs. 2 und die dortigen Anmerkungen.
[17] Vgl. Bericht und Antrag des 2. Sonderausschusses vom 30. November 1976, BT-Drs. 7/5903, S. 16.
[18] Vgl. Bericht und Antrag des 2. Sonderausschusses vom 30. November 1976, BT-Drs. 7/5903, S. 16.
[19] Vgl. Bericht und Antrag des 2. Sonderausschusses vom 30. November 1976, BT-Drs. 7/5903, S. 16.

Nach § 38 Abs. 4 Satz 2 dürfen die anrechenbaren Zeiten für die Mischversorgung 14
vor und nach Inkrafttreten des Gesetzes insgesamt sechzehn Jahre nicht übersteigen. Mit der Begrenzung der anrechenbaren Mitgliedszeiten sollte sichergestellt werden, dass der Berechnung der Mischversorgung nicht mehr anrechenbare Jahre zugrundegelegt werden als bei der Berechnung der Altersentschädigung nach dem Abgeordnetengesetz. § 20 in der ursprünglichen Fassung sah nämlich vor, dass für die Höhe der Altersentschädigung nur die Zeiten bis zum sechzehnten Jahr der Mitgliedschaft berücksichtigungsfähig waren. Dieses Schema übertrug § 38 Abs. 4 Satz 2 auf die Mischversorgung. Das bedeutet beispielsweise für ein ehemaliges Mitglied mit zehn anrechenbaren Mitgliedsjahren nach dem Diätengesetz 1968, dass von weiteren Mitgliedsjahren unter der Geltung des Abgeordnetengesetzes nur noch sechs berücksichtigt werden können und zwar auch dann, wenn der Betreffende dem Bundestag noch länger angehört hat.

Für Hinterbliebene gilt gemäß § 38 Abs. 4 Satz 3 das Gleiche. Auf o. Anmerkungen 15
kann daher verwiesen werden.

6. Antragsfrist (Abs. 5)

Anträge nach Abs. 3 und 4 waren gemäß § 38 Abs. 5 innerhalb von sechs Monaten 16
nach Inkrafttreten dieses Gesetzes beim Präsidenten des Bundestages zu stellen. Die Frist ist längst verstrichen.

Abgeordnete, die seinerzeit innerhalb der Frist einen Antrag nach § 38 Abs. 4 auf 17
Mischversorgung gestellt hatten und die dem Bundestag am 22. Dezember 1995 (In-Kraft-Treten des Neunzehnten Änderungsgesetzes) angehörten, können sich bis zu ihrem Ausscheiden nach § 35 a Abs. 4 für eine Anwendung der Regelungen des Fünften Abschnitts in der Fassung des Neunzehnten Änderungsgesetzes entscheiden. Die zugunsten einer Mischversorgung getroffene Entscheidung wird davon nicht berührt. Das Wahlrecht betrifft nur die Anwendung alten oder neuen Versorgungsrechts auf die Zeit der Mitgliedschaft nach In-Kraft-Treten des Abgeordnetengesetzes.

7. EuAbgG

Für die in Deutschland gewählten Abgeordneten des Europäischen Parlaments gilt 18
gemäß § 10 b Satz 1 EuAbgG nur § 38 Abs. 1 entsprechend, nicht aber die übrigen Absätze der Norm.

§ 38 a

(1) Versorgungsempfänger nach den §§ 37 und 38 Abs. 1 erhalten anstelle ihrer bisherigen Versorgung auf Antrag Versorgung nach dem Fünften Abschnitt. Das Gleiche gilt für ehemalige Mitglieder, die dem Bundestag vor Inkrafttreten dieses Gesetzes mindestens sechs Jahre angehört haben und ihre Hinterbliebenen. § 18 Abs. 1 letzter Satz gilt entsprechend.

(2) Für ehemalige Mitglieder, die vor dem 1. April 1977 aus dem Bundestag ausgeschieden sind und danach wieder eintreten, gilt § 38 Abs. 4 entsprechend. Der Antrag ist innerhalb von sechs Monaten nach dem Wiedereintritt in den Deutschen Bundestag beim Präsidenten des Bundestages zu stellen. Das Gleiche gilt für Hinterbliebene.

Anmerkungen

1 § 38 a ist mit Art. I des (Ersten) Gesetzes zur Änderung des Abgeordnetengesetzes und des Europaabgeordnetengesetzes vom 22. September 1980[1] in das Gesetz eingefügt worden. Zweck der Bestimmung war es in erster Linie, Versorgungsberechtigten nach dem Diätengesetz 1968 durch Ergänzung des Abgeordnetengesetzes die Möglichkeit einzuräumen, sich innerhalb einer bestimmten Frist für eine Vorsorgung nach dem Abgeordnetengesetz zu entscheiden.[2]

2 § 38 a Abs. 1 Satz 1 bestimmt deshalb, dass Versorgungsempfänger nach den §§ 37 und 38 Abs. 1 anstelle ihrer bisherigen Versorgung (Ruhegeld nach dem Diätengesetz 1968) auf Antrag Versorgung nach dem Fünften Abschnitt (Altersentschädigung nach dem Abgeordnetengesetz) erhalten. Das gleiche gilt nach Satz 2 für ehemalige Mitglieder, die dem Bundestag vor Inkrafttreten dieses Gesetzes mindestens sechs Jahre angehört haben und ihre Hinterbliebenen. Dabei gewährleistet der Verweis in Satz 3 auf § 18 Abs. 1 letzter Satz, dass bereits eine Mandatszeit von fünf Jahren und 183 Tagen für einen Versorgungsanspruch nach diesem Gesetz ausreicht.[3]

3 Normadressaten des § 38 a Abs. 2 sind Abgeordnete, die vor dem Inkrafttreten dieses Gesetzes am 1. April 1977 aus dem Bundestag ausgeschieden sind, noch keine Versorgung erhalten und nach Inkrafttreten des Abgeordnetengesetzes erneut in den Bundestag eingetreten sind.[4] Ohne § 38 a hätten sie gemäß § 38 Abs. 2 nur die Versorgung nach dem Abgeordnetengesetz (s. 3. zu § 38) erhalten können. Abs. 2 räumte diesen Abgeordneten und ihren Hinterbliebenen nun nachträglich die Möglichkeit ein, die Mischversorgung nach § 38 Abs. 4 (s. 5. zu § 38) zu beantragen. Nach § 38 a Abs. 2 Satz 2 musste der Antrag innerhalb von sechs Monaten nach dem Wiedereintritt in den Deutschen Bundestag beim Präsidenten gestellt werden.

---

1 BGBl. I S. 1752.
2 Vgl. Entwurf eines Gesetzes zur Änderung des Abgeordnetengesetzes vom 22. Mai 1980, BT-Drs. 8/4114, S. 2 und 7, sowie Beschlussempfehlung und Bericht des Rechtsausschusses vom 24. Juni 1980, BT-Drs. 8/4293, S. 2.
3 Vgl. Entwurf eines Gesetzes zur Änderung des Abgeordnetengesetzes vom 22. Mai 1980, BT-Drs. 8/4114, S. 7.
4 Vgl. Entwurf eines Gesetzes zur Änderung des Abgeordnetengesetzes vom 22. Mai 1980, aaO.

§ 38 b Hinterbliebenenversorgung bei Tod während der Mitgliedschaft im Bundestag

Hinterbliebene nach § 25 Abs. 4, deren Versorgungsfall in der Zeit vom 1. April 1977 bis zum Inkrafttreten des Siebten Änderungsgesetzes eingetreten ist, erhalten auf Antrag vom Ersten des Monats der Antragstellung an Versorgung nach § 25 Abs. 4.

Anmerkungen

§ 38 b ist mit Art. I des Siebten Gesetzes zur Änderung des Abgeordnetengesetzes vom 16. Januar 1987[1] in das Gesetz eingefügt worden. Die Vorschrift war im Gesetzentwurf der Fraktionen der CDU/CSU, SPD und FDP auf BT-Drs. 10/5734 noch nicht enthalten. Sie erscheint erstmals in der Beschlussempfehlung und dem Bericht des Ausschusses für Wahlprüfung, Immunität und Geschäftsordnung vom 5. Dezember 1986.[2]

§ 38 b ist eine Übergangsregelung zur Mindesthinterbliebenenversorgung nach § 25 Abs. 4. Die Mindesthinterbliebenenversorgung wurde ursprünglich nur in Höhe von 60 vom Hundert der Mindestaltersentschädigung nach § 20 (i.e. 35 vom Hundert der Abgeordnetenentschädigung) gewährt.[3] Mit dem Siebten Änderungsgesetz vom 16. Januar 1987 trat der heutige Abs. 4 an die Stelle dieser Regelung. Er erhöhte den Bemessungssatz für die Hinterbliebenenversorgung von 35 vom Hundert der Abgeordnetenentschädigung auf 47 vom Hundert, was einer (angenommenen) Mitgliedschaft von elf Jahren im Deutschen Bundestag entspricht.

In der Beschlussempfehlung und dem Bericht des Ausschusses für Wahlprüfung, Immunität und Geschäftsordnung vom 5. Dezember 1986 heißt es dazu, es habe sich herausgestellt, dass die Hinterbliebenenversorgung beim Tod eines Abgeordneten während der Mitgliedschaft im Bundestag im Vergleich zu einer Mitgliedschaft im Europäischen Parlament zu niedrig angesetzt sei, so dass es im Interesse der Hinterbliebenen vonnöten gewesen sei, eine angemessene Bemessungsgrundlage zu finden, hier diejenige, die der durchschnittlichen statistischen Verweildauer von Abgeordneten im Deutschen Bundestag entspreche. Um Ungerechtigkeiten für die Vergangenheit zu vermeiden, bedürfe es schließlich auch einer Übergangsregelung, wie sie in § 38 b vorgesehen sei.[4]

Nach § 38 b konnten nur solche Hinterbliebenen die erhöhte Mindestversorgung nach dem neuen § 25 Abs. 4 beantragen, deren Versorgungsfall in der Zeit vom 1. April 1977 bis zum Inkrafttreten des Siebten Änderungsgesetzes (21. Januar 1987) eingetreten ist. Neue Ansprüche können deshalb hiernach nicht mehr entstehen.

---

1 BGBl. I S. 143.
2 BT-Drs. 10/6685, S. 8.
3 Vgl. § 25 Abs. 3 in der Ursprungsfassung des Gesetzes vom 18. Februar 1977, BGBl. I S. 297.
4 BT-Drs. 10/6685, S. 12.

§ 39 Anrechnung früherer Versorgungsbezüge

(1) Versorgungsbezüge nach dem Diätengesetz 1968 werden gemäß § 10 Diätengesetz 1968 nicht in die Anrechnung nach § 29 Abs. 3 und 4 einbezogen.

(2) Versorgungsbezüge nach dem Diätengesetz 1968 werden neben einer Entschädigung oder einer Versorgung aus der Mitgliedschaft in einem Landtag (§ 29 Abs. 5 und 6) nur mit dem Teil in die Anrechnung einbezogen, der nicht auf eigenen Beiträgen beruht. Angerechnete Zeiten nach § 21 des Diätengesetzes 1968 gelten als Beitragszeiten.

Anmerkungen

1 § 39 entspricht inhaltlich weitgehend § 38 des Entwurfs eines Gesetzes zur Neuregelung der Rechtsverhältnisse der Mitglieder des Deutschen Bundestages vom 29. Juni 1976.[1] Die Vorschrift regelt das Verhältnis von Versorgungsbezügen nach dem Diätengesetz 1968 zu den Anrechnungsbestimmungen nach dem Abgeordnetengesetz.

2 Nach § 38 Abs. 1 werden Versorgungsbezüge nach dem Diätengesetz 1968 (Ruhegeld, vgl. 2. zu § 38) gemäß § 10 Diätengesetz 1968 nicht in die Anrechnung nach § 29 Abs. 3 und 4 einbezogen.[2] Die Rechtslage nach § 10 Diätengesetz 1968 wird insoweit fortgeschrieben. § 10 Diätengesetz 1968 bestimmt in Satz 1, dass die Anrechnung von Einkommen oder Versorgungsbezügen aus einer Verwendung im öffentlichen oder einem ähnlichen Dienst oder von Renten aus der gesetzlichen Rentenversicherung oder aus einer zusätzlichen Alters- und Hinterbliebenenversorgung für Angehörige des öffentlichen Dienstes nach diesem Gesetz ausgeschlossen ist.[3] Das Gleiche gilt nach Satz 2 für die Anrechnung des Ruhegeldes und der Hinterbliebenenversorgung nach diesem Gesetz auf Versorgungsbezüge aus einer Verwendung im öffentlichen oder einem ähnlichen Dienst. Im Übrigen werden gemäß Satz 3 die für Bundesbeamte geltenden versorgungsrechtlichen Vorschriften auf das Ruhegeld und die Hinterbliebenenversorgung sinngemäß angewandt, sofern sich aus diesem Gesetz nichts anderes ergibt.

3 § 39 Abs. 2 regelt das Zusammentreffen von Versorgungsbezügen nach dem Diätengesetz 1968 mit einer Entschädigung oder mit einer Versorgung aus der Mitgliedschaft in einem Landtag. Diese werden nach Satz 1 in Abweichung von § 29 Abs. 5 und 6 nur mit dem Teil in die Anrechnung einbezogen, der nicht auf eigenen Beiträgen beruht. Der aus öffentlichen Kassen finanzierte Teil hingegen wird nach Maßgabe dieser Bestimmungen angerechnet.[4] Die Differenzierung ist sachgerecht und entspricht der Systematik des § 29.

4 Nach § 39 Abs. 2 Satz 2 gelten nach § 21 Diätengesetz 1968 angerechnete Zeiten als Beitragszeiten. Dabei handelt es sich um Zeiten der Mitgliedschaft im Bundestag

---

1 BT-Drs. 7/5525.
2 Vgl. auch Begründung zu § 38 des Gesetzentwurfs, BT-Drs. 7/5525, S. 25.
3 Zur Begründung s. Schriftlicher Bericht des Vorstandes des Deutschen Bundestages über den von den Fraktionen der CDU/CSU, SPD, FDP eingebrachten Entwurf eines Gesetzes zur Änderung und Ergänzung des Diätengesetzes 1964, BT-Drs. V/2754, S. 3.
4 Vgl. auch Begründung zu § 38 des Gesetzentwurfs, BT-Drs. 7/5525, S. 25.

vor Inkrafttreten des Diätengesetzes 1968. Obwohl vor Inkrafttreten des Diätengesetzes 1968 keine Eigenbeiträge zur Altersversorgung gezahlt wurden (vgl. 2. zu § 38), gelten diese Zeiten also gleichwohl als Beitragszeiten.

§ 40 Gekürzte Versorgungsabfindung

Für Zeiten der Mitgliedschaft unter der Geltung des Diätengesetzes 1968 wird die halbe Versorgungsabfindung nach § 23 gezahlt. In diesem Falle werden eigene Beiträge zur Versicherung nach § 4 des Diätengesetzes 1968 auf Antrag erstattet.

Anmerkungen

§ 40 geht auf § 37 des Entwurfs eines Gesetzes zur Neuregelung der Rechtsverhältnisse der Mitglieder des Deutschen Bundestages vom 29. Juni 1976[1] zurück und ist durch den 2. Sonderausschuss nur redaktionell, nicht aber inhaltlich geändert worden.[2] **1**

Die Vorschrift, die heute in Ermangelung von Normadressaten gegenstandslos ist, bestimmt in Satz 1, dass für Zeiten der Mitgliedschaft unter der Geltung des Diätengesetzes 1968 nur die halbe Versorgungsabfindung nach § 23 gezahlt wird. Gemeint ist hierbei die Versorgungsabfindung nach § 23 Abs. 1 (Einmalzahlung). In diesem Fall werden eigene Beiträge zur Versicherung nach § 4 Diätengesetz 1968 auf Antrag erstattet. **2**

In der Begründung zum Gesetzentwurf heißt es, diese Übergangsregelung sei für Mitglieder des Bundestages geschaffen worden, die schon vor In-Kraft-Treten des neuen Gesetzes dem Parlament angehört haben und nach In-Kraft-Treten ohne Versorgungsanspruch ausscheiden. Sofern ein solcher Abgeordneter sich nicht nachversichern oder seine Mandatszeit auf die Ruhegehaltsfähige Dienstzeit anrechnen lasse, erhalte er eine Versorgungsabfindung nach § 23 Abs. 1. Weil er aber für die Mandatszeit unter der Geltung des Diätengesetzes 1968 einen Anspruch auf Erstattung der von ihm gezahlten Beiträge zur Alters- und Hinterbliebenenversorgung (vgl. 2. zu § 38) habe, werde für diese Zeit die Versorgungsabfindung nur zur Hälfte gezahlt.[3] **3**

§ 41 Fortsetzung der Todesfallversicherung

Die bei In-Kraft-Treten dieses Gesetzes bestehende Todesfallversicherung wird mit der Maßgabe fortgesetzt, dass die zu zahlende Altersentschädigung und

---

1 BT-Drs. 7/5525.
2 Vgl. Bericht und Antrag des 2. Sonderausschusses vom 30. November 1976, BT-Drs. 7/5903, S. 41.
3 BT-Drs. 7/5525, S. 24 f.

das Witwengeld entsprechend der Zahl und der Höhe der seit dem 1. Januar 1968 geleisteten monatlichen Beiträge der Versicherungsnehmerin zu der Todesfallversicherung gekürzt werden.

Anmerkungen

1 § 41 entspricht § 32 des Entwurfs eines Gesetzes zur Neuregelung der Rechtsverhältnisse der Mitglieder des Deutschen Bundestages vom 29. Juni 1976[1] und ist vom 2. Sonderausschuss nur redaktionell, nicht aber inhaltlich geändert worden.[2]

2 In der Begründung zum Gesetzentwurf heißt es, diese dem Inhalt des § 20 Abs. 1 des Diätengesetzes 1968 (das mit In-Kraft-Treten des Abgeordnetengesetzes auch insoweit außer Kraft getreten ist) entsprechende Vorschrift müsse (als Rechtsgrundlage) erhalten bleiben, damit bei Fortsetzung der Todesfallversicherung auf Bundeskosten auch unter der Geltung des Abgeordnetengesetzes die Versorgungsleistungen um die vom Bund als Versicherungsnehmer gezahlten Beiträge gekürzt werden können. Nach der Begründung zum Gesetzentwurf sollte der vom Abgeordneten, der sich für eine Fortsetzung der Todesfallversicherung entschieden hatte, während der Fortdauer seiner Mitgliedschaft in dieser Versicherung gezahlte Eigenanteil von monatlich 60 DM bei der Kürzung jedoch unberücksichtigt bleiben.[3]

3 Das Diätengesetz 1968 hatte erstmals eine eigenständige Alters- und Hinterbliebenenversorgung eingeführt (vgl. 2. zu § 28). Damit hatte sich die im Jahre 1963 abgeschlossenen Todesfallversicherung mit einer Versicherungssumme von 50.000 DM eigentlich erübrigt. Für die bei In-Kraft-Treten des Diätengesetzes 1968 bereits versicherten Abgeordneten war seinerzeit aber mit § 20 Diätengesetz 1968 eine Übergangsregelung geschaffen worden, die u.a. vorsah, dass die Todesfallversicherung auf Bundeskosten wie bisher fortgesetzt werden konnte und die Versorgungsleistungen um die Beiträge des Bundes seit 1. Januar 1968 gekürzt wurden. Die Entscheidung war seinerzeit innerhalb von drei Monaten nach dem In-Kraft-Treten des Diätengesetzes 1968 zu treffen. Neue Anwendungsfälle des § 41 sind damit ausgeschlossen, laufende auf dieser Rechtsgrundlage hingegen weiterzuführen.

4 Eine weitere Übergangsregelung zur Todesfallversicherung enthält § 42 (s. die dortigen Anm.).

§ 42 Umwandlung oder Auflösung der Todesfallversicherung

(1) Ein Mitglied oder ehemaliges Mitglied des Bundestages, das sich nach § 20 des Diätengesetzes 1968 für die Fortsetzung der Versicherung auf Bundeskos-

---

1 BT-Drs. 7/5525.
2 Vgl. Bericht und Antrag des 2. Sonderausschusses vom 30. November 1976, BT-Drs. 7/5903, S. 41.
3 Vgl. zu alledem Begründung zu § 32 des Entwurfs eines Gesetzes zur Neuregelung der Rechtsverhältnisse der Mitglieder des Deutschen Bundestages vom 29. Juni 1976, BT-Drs. 7/5525, S. 24.

ten entschieden hat, kann die Todesfallversicherung umwandeln oder auflösen.

(2) Im Falle der Umwandlung besteht die Möglichkeit der Fortsetzung auf eigene Kosten oder der beitragsfreien Versicherung mit der Maßgabe, dass die zu zahlende Altersentschädigung und das Witwengeld entsprechend der Zahl und der Höhe der von der Versicherungsnehmerin in der Zeit vom 1. Januar 1968 bis zum Ablauf des Monats der Umwandlung oder bis zur Gewährung von Altersentschädigung geleisteten Beiträge gekürzt wird.

(3) Bei Auflösung der Versicherung wird dem Versicherten der auf eigenen Beiträgen beruhende Rückkaufswert erstattet.

Anmerkungen

§ 42 stimmt inhaltlich mit § 33 des Entwurfs eines Gesetzes zur Neuregelung der Rechtsverhältnisse der Mitglieder des Deutschen Bundestages vom 29. Juni 1976 überein.[1] Die Vorschrift schreibt materiell die Regelung des § 20a Diätengesetz 1968 unter der Geltung des Abgeordnetengesetzes fort. Der Gesetzgeber hatte die danach gegebenen Möglichkeiten auch für die Zukunft ausdrücklich offen halten wollen.[2]   **1**

Es handelt sich um eine weitere Übergangsregelung zur Todesfallversicherung (vgl. dazu auch die Anmerkungen zu § 41). Das Gesetz zur Änderung des Gesetzes über die Entschädigung der Mitglieder des Bundestages vom 22. Juni 1972[3] hatte den Mitgliedern und ehemaligen Mitgliedern, die sich für die Fortsetzung der Todesfallversicherung entschieden hatten, mit Einfügung des § 20a in das Diätengesetz 1968 in dessen Abs. 1 ohne Einhaltung einer Frist erneut die Möglichkeit eingeräumt, die Todesfallversicherung in eine Einzelversicherung auf eigene Kosten umzuwandeln oder die Versicherung beitragslos zu stellen. § 42 Abs. 1 übernimmt diese Regelung. Die Versorgungsleistungen werden dann – ebenso wie in den Fällen nach § 41 – um die vom 1. Januar 1968 bis zur Umwandlung oder bis zum Eintritt des Versorgungsfalles vom Bund gezahlten Beiträge gekürzt. § 42 Abs. 2 schreibt dies wie schon § 20a Abs. 2 Diätengesetz 1968 vor.   **2**

Nach § 42 Abs. 3 wird den Versicherten im Falle der Auflösung der Versicherung der auf eigenen Beiträgen beruhende Rückkaufswert erstattet. Diese Regelung entspricht dem früheren § 20a Abs. 3 Diätengesetz 1968.   **3**

---

1 BT-Drs. 7/5525.
2 Vgl. dazu und zum Folgenden die Begründung zu § 33 des Entwurfs eines Gesetzes zur Neuregelung der Rechtsverhältnisse der Mitglieder des Deutschen Bundestages, BT-Drs. 7/5531, S. 24.
3 BGBl. I S. 993.

§ 43 Weiterzahlung des Übergangsgeldes

Ein ehemaliges Mitglied des Bundestages, das beim In-Kraft-Treten dieses Gesetzes Aufwandsentschädigung nach dem Diätengesetz 1968 bezieht, behält diesen Anspruch.

Anmerkungen

1 § 43 ist inhaltlich identisch mit § 35 des Entwurfs eines Gesetzes zur Neuregelung der Rechtsverhältnisse der Mitglieder des Deutschen Bundestages vom 29. Juni 1976.[1]

2 Die Vorschrift ist heute gegenstandslos und könnte gestrichen werden. Sie stellte bei In-Kraft-Treten des Abgeordnetengesetzes sicher, dass der Anspruch auf Aufwandsentschädigung nach § 2 Diätengesetz 1968 (i.e. Übergangsgeld im heutigen Sinn) den ehemaligen Mitgliedern des Deutschen Bundestages erhalten blieb. Erfasst wurden Abgeordnete, die vor In-Kraft-Treten des Abgeordnetengesetzes ausgeschieden waren und bereits Leistungen nach § 2 Diätengesetz 1968 bezogen, Abgeordnete, die mit dem Ende der 7. Wahlperiode ausschieden und Hinterbliebene, an die diese Leistungen nach § 2 Abs. 3 Diätengesetz 1968 weitergezahlt wurden.

3 Die Fortschreibung der alten Ansprüche war seinerzeit auch deswegen von Interesse, weil das Übergangsgeld nach altem Recht steuerfrei war und eine Anrechnung beim Zusammentreffen mit sonstigen Bezügen aus öffentlichen Kassen nicht stattfand.[2]

§ 44 Anrechnung von Zeiten für das Übergangsgeld

Zeiten der Mitgliedschaft im Bundestag, die vor In-Kraft-Treten dieses Gesetzes liegen, werden bei der Berechnung des Zeitraumes, für den Übergangsgeld zu zahlen ist, berücksichtigt.

Anmerkungen

1 § 44 entspricht § 36 des Entwurfs eines Gesetzes zur Neuregelung der Rechtsverhältnisse der Mitglieder des Deutschen Bundestages vom 29. Juni 1976.[1]

2 Die Vorschrift gilt für Abgeordnete, die dem Bundestag bereits vor der 8. Wahlperiode (also vor dem 14. Dezember 1976) angehörten, aber erst nach In-Kraft-Treten des Abgeordnetengesetzes ausgeschieden sind bzw. ausscheiden werden. Sie sollen einen Anspruch auf Übergangsgeld ausschließlich nach neuem Recht –

---

1 BT-Drs. 7/5525.
2 Vgl. dazu die Begründung zu § 35 des Entwurfs eines Gesetzes zur Neuregelung der Rechtsverhältnisse der Mitglieder des Deutschen Bundestages, BT-Drs. 7/5531, S. 24.
1 BT-Drs. 7/5525.

dem Abgeordnetengesetz – haben. Die vor In-Kraft-Treten des Gesetzes liegenden Mitgliedszeiten sind deshalb anzurechnen.[2]

---

[2] Vgl. dazu die Begründung zu § 36 des Entwurfs eines Gesetzes zur Neuregelung der Rechtsverhältnisse der Mitglieder des Deutschen Bundestages, BT-Drs. 7/5531, S. 24.

Zehnter Abschnitt
Unabhängigkeit der Abgeordneten

§ 44 a Verhaltensregeln

(1) Der Bundestag gibt sich Verhaltensregeln.

(2) Die Verhaltensregeln müssen Bestimmungen enthalten über

1. die Pflicht der Mitglieder des Bundestages zur Anzeige ihres Berufs sowie ihrer wirtschaftlichen oder anderen Tätigkeiten, die auf für die Ausübung des Mandats bedeutsame Interessenverknüpfungen hinweisen können, unterschieden nach Tätigkeiten vor und nach der Übernahme des Mandats einschließlich ihrer Änderungen während der Ausübung des Mandats;

2. die Fälle einer Pflicht zur Anzeige der Art und Höhe der Einkünfte, wenn ein festgelegter Mindestbetrag überstiegen wird;

3. die Pflicht zur Rechnungsführung und Anzeige von Spenden, wenn ein festgelegter Mindestbetrag überstiegen wird;

4. die Unzulässigkeit einer Annahme von Zuwendungen, die das Mitglied des Bundestages, ohne die danach geschuldeten Dienste zu leisten, nur deshalb erhält, weil von ihm in Hinblick auf sein Mandat erwartet wird, dass es im Bundestag die Interessen des Zahlenden vertreten und nach Möglichkeit durchsetzen wird;

5. die Veröffentlichung von Angaben im Amtlichen Handbuch;

6. das Verfahren sowie die Befugnisse und Pflichten des Präsidenten bei Verstößen gegen die Verhaltensregeln.

§ 18 GO-BT Verhaltensregeln

Die vom Bundestag gemäß § 44 a des Gesetzes über die Rechtsverhältnisse der Mitglieder des Deutschen Bundestages (Abgeordnetengesetz) zu beschließenden Verhaltensregeln sind Bestandteil dieser Geschäftsordnung (Anlage 1).

Anlage 1 GO-BT Verhaltensregeln für Mitglieder des Deutschen Bundestages

§ 1 Anzeigepflicht

(1) Ein Mitglied des Bundestages ist verpflichtet, dem Präsidenten aus der Zeit vor seiner Mitgliedschaft im Bundestag schriftlich anzuzeigen

1. seinen Beruf, in Fällen einmaligen oder mehrfachen Wechsels der Berufstätigkeit seine zuletzt ausgeübte Tätigkeit;

2. Tätigkeiten als Mitglied eines Vorstandes, Aufsichtsrates, Verwaltungsrates, Beirates oder eines sonstigen Gremiums einer Gesellschaft oder eines in einer anderen Rechtsform betriebenen Unternehmens;

3. Tätigkeiten als Mitglied eines Vorstandes, Aufsichtsrates, Verwaltungsrates, Beirates oder eines sonstigen Gremiums einer Körperschaft oder Anstalt des öffentlichen Rechts;
4. Vereinbarungen, wonach dem Mitglied des Bundestages während oder nach Beendigung der Mitgliedschaft bestimmte Tätigkeiten übertragen oder Vermögensvorteile zugewendet werden sollen.

(2) Ein Mitglied des Bundestages ist zusätzlich verpflichtet, dem Präsidenten schriftlich die folgenden Tätigkeiten, die während der Mitgliedschaft im Bundestag ausgeübt oder aufgenommen werden, anzuzeigen:

1. seinen Beruf, soweit er nicht im Hinblick auf die Mitgliedschaft im Bundestag ruht oder soweit er von der Anzeige nach Absatz 1 Nr. 1 abweicht;
2. Tätigkeiten als Mitglied eines Vorstandes, Aufsichtsrates, Verwaltungsrates, Beirates oder sonstigen Gremiums einer Gesellschaft oder eines in einer anderen Rechtsform betriebenen Unternehmens;
3. Tätigkeiten als Mitglied eines Vorstandes, Aufsichtsrates, Verwaltungsrates, Beirates oder eines sonstigen Gremiums einer Körperschaft oder Anstalt des öffentlichen Rechts;
4. Tätigkeiten als Mitglied eines Vorstandes oder eines sonstigen leitenden Gremiums eines Vereins oder einer Stiftung mit nicht ausschließlich lokaler Bedeutung;
5. Funktionen in Verbänden oder ähnlichen Organisationen;
6. Verträge über die Beratung, Vertretung oder ähnliche Tätigkeiten; soweit diese nicht in Ausübung eines bereits angezeigten Berufes erfolgen;
7. Tätigkeiten, die neben dem Beruf und dem Mandat ausgeübt werden, insbesondere die Erstattung von Gutachten, sowie publizistische und Vortragstätigkeiten;
8. der Abschluss von Vereinbarungen, wonach dem Mitglied des Bundestages während oder nach Beendigung der Mitgliedschaft bestimmte Tätigkeiten übertragen oder Vermögensvorteile zugewendet werden sollen;
9. das Halten und die Aufnahme von Beteiligungen an Kapital- oder Personengesellschaften, wenn dadurch ein wesentlicher wirtschaftlicher Einfluss auf das Unternehmen begründet wird.

(3) Bei Tätigkeiten und Verträgen, die während der Mitgliedschaft im Bundestag aufgenommen werden und gemäß Absatz 2 Nr. 2 bis 8 anzeigepflichtig sind, ist auch die Höhe der Einkünfte anzugeben, wenn ein vom Präsidenten festgelegter Mindestbetrag überstiegen wird. Die Höhe der Einkünfte ist bei Tätigkeiten gemäß Absatz 2 Nr. 2 bis 4 und 7, die seit der Aufstellung als Wahlbewerber für den Bundestag aufgenommen worden sind, ab Beginn der Mitgliedschaft im Bundestag anzugeben. Die Höhe der Einkünfte ist auch ab Beginn der Mitgliedschaft im Bundestag anzugeben bei Tätigkeiten und Verträgen, die vor der Mitgliedschaft im Bundestag aufgenommen worden und gemäß Absatz 2 Nr. 5, 6 und 8 anzeigepflichtig sind. Die Anzeigepflicht für die Erstattung von Gutachten, für publizistische und Vortragstätigkeiten gemäß Absatz 2 Nr. 7 entfällt, wenn das Entgelt einen vom Präsidenten festgelegten Mindestbetrag nicht übersteigt. Die Grenzen der Anzeigepflicht von Beteiligungen gemäß Absatz 2 Nr. 9 legt der Präsident fest. Der Präsident erlässt oder ändert die vorgeschriebenen und zusätzlichen Ausführungsbestimmungen über Inhalt und Umfang der Anzeigepflicht, nachdem er das Präsidium und die Fraktionsvorsitzenden unterrichtet hat.

(4) Die Anzeigepflicht umfasst nicht die Mitteilung von Tatsachen über Dritte, für die der Abgeordnete gesetzliche Zeugnisverweigerungsrechte oder Verschwiegenheitspflichten geltend machen kann.

§ 2 Rechtsanwälte

(1) Mitglieder des Bundestages, die gegen Entgelt gerichtlich oder außergerichtlich für die Bundesrepublik Deutschland auftreten, haben dem Präsidenten die Übernahme der Vertretung anzuzeigen, wenn das Honorar einen vom Präsidenten festgelegten Mindestbetrag übersteigt.

(2) Mitglieder des Bundestages, die gegen Entgelt zur Besorgung fremder Angelegenheiten gerichtlich oder außergerichtlich gegen die Bundesrepublik Deutschland auftreten, haben dem Präsidenten die Übernahme der Vertretung anzuzeigen, wenn das Honorar einen vom Präsidenten festgelegten Mindestbetrag übersteigt.

(3) Absätze 1 und 2 gelten entsprechend bei gerichtlichem oder außergerichtlichem Auftreten insbesondere für oder gegen bundesunmittelbare Körperschaften, Anstalten oder Stiftungen des öffentlichen Rechts.

§ 3 Veröffentlichung

Die Angaben nach § 1 Abs. 1 Nr. 1 und Abs. 2 Nr. 1 bis 5 sowie § 4 Abs. 3 werden im Amtlichen Handbuch veröffentlicht.

§ 4 Spenden

(1) Ein Mitglied des Bundestages hat über Geldspenden und geldwerte Zuwendungen aller Art (Spenden), die ihm für seine politische Tätigkeit zur Verfügung gestellt werden, gesondert Rechnung zu führen.

(2) Eine Spende, deren Wert in einem Kalenderjahr 10.000 Deutsche Mark übersteigt, ist unter Angabe des Namens und der Anschrift des Spenders sowie der Gesamthöhe dem Präsidenten anzuzeigen.

(3) Spenden sind, soweit sie in einem Kalenderjahr einzeln oder bei mehreren Spenden desselben Spenders zusammen den Wert von 20.000 Deutsche Mark übersteigen, vom Präsidenten unter Angabe ihrer Höhe und Herkunft zu veröffentlichen.

(4) Für Geldspenden an ein Mitglied des Bundestages finden § 25 Abs. 1 und 3 des Gesetzes über die politischen Parteien entsprechende Anwendung.

(5) Geldwerte Zuwendungen sind wie Geldspenden zu behandeln mit der folgenden Maßgabe:

a) Geldwerte Zuwendungen aus Anlass der Wahrnehmung interparlamentarischer oder internationaler Beziehungen oder zur Teilnahme an Veranstaltungen zur Darstellung der Standpunkte des Deutschen Bundestages oder seiner Fraktionen gelten nicht als Spenden im Sinne dieser Vorschrift; sie sind jedoch entsprechend Absatz 2 anzuzeigen.

b) Geldwerte Zuwendungen, die ein Mitglied des Bundestages als Gastgeschenk in bezug auf sein Mandat erhält, müssen dem Präsidenten angezeigt und ausgehändigt werden; das Mitglied kann beantragen, das Gastgeschenk gegen Bezahlung des Gegenwertes an die Bundeskasse zu behalten. Einer Anzeige bedarf es nicht, wenn der materielle Wert des Gastgeschenks einen Betrag nicht übersteigt, der in den Ausführungsbestimmungen des Präsidenten festgelegt wird (§ 1 Abs. 3).

(6) Der Präsident entscheidet im Benehmen mit dem Präsidium über die Verwendung angezeigter Gastgeschenke und rechtswidrig angenommener Spenden.

§ 5 Hinweise auf Mitgliedschaft

Hinweise auf die Mitgliedschaft im Bundestag in beruflichen oder geschäftlichen Angelegenheiten sind unzulässig.

§ 6 Interessenverknüpfung im Ausschuss

Ein Mitglied des Bundestages, das beruflich oder auf Honorarbasis mit einem Gegenstand beschäftigt ist, der in einem Ausschuss des Bundestages zur Beratung ansteht, hat als

Mitglied dieses Ausschusses vor der Beratung eine Interessenverknüpfung offenzulegen, soweit sie nicht aus den gemäß § 3 veröffentlichten Angaben ersichtlich ist.

§ 7 Rückfrage

In Zweifelsfragen ist das Mitglied des Bundestages verpflichtet, sich durch Rückfragen beim Präsidenten über den Inhalt seiner Pflichten aus diesem Abschnitt zu vergewissern.

§ 8 Verfahren

(1) Bestehen Anhaltspunkte dafür, dass ein Mitglied des Bundestages seine Pflichten gemäß §§ 1 bis 6 verletzt hat, ermittelt der Präsident, nachdem er das betroffene Mitglied angehört hat. Er kann von dem betroffenen Mitglied ergänzende Auskünfte zur Erläuterung seiner Anzeige verlangen. Er kann den Vorsitzenden der Fraktion, der das betroffene Mitglied angehört, um eine Stellungnahme bitten.

(2) Stellt der Präsident fest, dass ein Mitglied des Bundestages seine Pflichten gemäß §§ 1 bis 6 verletzt hat, unterrichtet er das Präsidium und die Fraktionsvorsitzenden in einer gemeinsamen vertraulichen Sitzung; die Fraktionsvorsitzenden können sich durch einen stellvertretenden Fraktionsvorsitzenden vertreten lassen. Wird der Feststellung des Präsidenten widersprochen, setzt er seine Ermittlungen fort. Gegen die abschließende Feststellung des Präsidenten ist ein Widerspruch nicht zulässig.

(3) Die Feststellung des Präsidenten, dass ein Mitglied des Bundestages seine Pflichten gemäß §§ 1 bis 6 verletzt hat, wird als Drucksache veröffentlicht. Die Feststellung, dass eine Verletzung nicht vorliegt, kann der Präsident veröffentlichen; sie wird veröffentlicht, falls das betroffene Mitglied des Bundestages es verlangt.

(4) Bestehen Anhaltspunkte gegen ein Mitglied des Präsidiums oder gegen einen Fraktionsvorsitzenden, nimmt das betroffene Mitglied des Bundestages an Sitzungen gemäß Absatz 1 nicht teil. Anstelle eines betroffenen Fraktionsvorsitzenden wird sein Stellvertreter gemäß Absatz 1 angehört und gemäß Absatz 2 unterrichtet. Bestehen Anhaltspunkte dafür, dass der Präsident seine Pflichten gemäß §§ 1 bis 6 verletzt hat, hat sein Stellvertreter nach den Vorschriften der Absätze 1 bis 3 zu verfahren.

§ 9 Unzulässige Bezüge

(1) Ein Mitglied des Bundestages darf für die Ausübung des Mandats keine anderen als die gesetzlich vorgesehenen Zuwendungen oder andere Vermögensvorteile annehmen.

(2) Bestehen Anhaltspunkte dafür, dass ein Verstoß gegen Absatz 1 vorliegt, findet § 8 Abwendung.

Ausführungsbestimmungen zu den Verhaltensregeln für Mitglieder des Bundestages[1]

1. Anzeigen gemäß Verhaltensregeln sind innerhalb einer Frist von drei Monaten nach Erwerb der Mitgliedschaft im Deutschen Bundestag dem Präsidenten einzureichen. Dabei soll das entsprechende Formblatt verwendet werden. Angaben, die nicht zur Veröffentlichung vorgesehen sind, können auch in Briefform gemacht werden.

   Alle Änderungen und Ergänzungen während der Wahlperiode sind spätestens vier Wochen nach ihrem Eintritt mitzuteilen.

2. Bei einer Anzeige der Berufstätigkeit gemäß § 1 Abs. 1 Nr. 1 und Abs. 2 Nr. 1 der Verhaltensregeln sind bei unselbständigen Tätigkeiten genaue Angaben über den Arbeitgeber (Name und Anschrift) sowie über Art und Umfang der Tätigkeit mit-

---

[1] Vom 26. 6. 1987, BGBl. I, S. 1757, geändert gemäß Bekanntmachung vom 14. 12. 1995, BGBl. 1996 I, S. 50. Die Ausführungsbestimmungen sind gemäß § 1 Abs. 3 VR vom Präsidenten des Bundestages zu erlassen.

zuteilen, bei selbständigen Tätigkeiten als Gewerbetreibender die Art des Gewerbes sowie Name und Sitz der Firma und bei freien Berufen und sonstigen selbständigen Berufen eine genaue Bezeichnung des Berufs sowie Ort oder Sitz der Berufsausübung.

3. Bei einer Anzeige gemäß § 1 Abs. 1 Nr. 2 und 3 und Abs. 2 Nr. 2 bis 5 der Verhaltensregeln sind die Art der Tätigkeit sowie Name und Anschrift des Unternehmens oder der Organisation mitzuteilen. Soweit es sich nicht um allgemein bekannte Unternehmen oder Organisationen handelt, ist eine kurze Angabe zu ihrem Tätigkeitsbereich erforderlich.

4. Tätigkeiten gemäß § 1 Abs. 1 Nr. 2 und 3 der Verhaltensregeln, die bei Erwerb der Mitgliedschaft im Deutschen Bundestag seit mindestens zwei Jahren nicht mehr ausgeübt werden, bleiben bei der Anzeigepflicht unberücksichtigt.

5. Bei einer Anzeige gemäß § 1 Abs. 1 Nr. 4 und Abs. 2 Nr. 8 der Verhaltensregeln ist der wesentliche Inhalt der Vereinbarung mitzuteilen.

6. In Anzeigen gemäß § 1 Abs. 2 Nr. 6 der Verhaltensregeln sind Name und Anschrift des Vertragspartners sowie der Gegenstand der Tätigkeit mitzuteilen.

7. In Anzeigen gemäß § 1 Abs. 2 Nr. 7 der Verhaltensregeln sind die Art der Tätigkeit sowie Name und Anschrift des Auftraggebers mitzuteilen.

   Die Anzeigepflicht für die Erstattung von Gutachten, für publizistische und Vortragstätigkeiten entfällt, wenn das Entgelt 5.000 DM im Monat oder 30.000 DM im Jahr nicht übersteigt.

8. Eine Beteiligung an einer Kapital- oder Personengesellschaft ist anzeigepflichtig, wenn dem Mitglied des Deutschen Bundestages mehr als 25% der Stimmrechte zustehen.

   Unabhängig davon ist eine Beteiligung an einer Personengesellschaft immer dann anzeigepflichtig, wenn der nach den Grundsätzen des Bewertungsgesetzes festgestellte Wert der Beteiligung den Jahresbetrag der Abgeordnetenentschädigung gemäß § 11 Abs. 1 des Abgeordnetengesetzes übersteigt.

9. Soweit die Verhaltensregeln die Anzeige der Höhe der Einkünfte vorsehen, sind die entsprechenden Brutto-Bezüge (einschließlich z.B. von Aufwandsentschädigungen, Gratifikationen, Tantiemen und Sachzuwendungen) mitzuteilen.

10. Einkünfte aus Tätigkeiten gemäß § 1 Abs. 2 Nr. 2 bis 8 der Verhaltensregeln sind anzuzeigen, wenn sie aus einer oder mehreren Tätigkeiten 5.000 DM im Monat oder 30.000 DM im Jahr übersteigen. Bei der Anzeige ist die Höhe der Einkünfte für jede einzelne anzeigepflichtige Tätigkeit mitzuteilen.

11. Die Anzeigepflicht für Rechtsanwälte gemäß § 2 der Verhaltensregeln entfällt, wenn das Honorar den Betrag von 5.000 DM nicht übersteigt.

12. Mehrere Spenden desselben Spenders sind anzeigepflichtig, wenn sie im Jahr den Betrag von 10.000 DM übersteigen.

    Einer Anzeige bei Gastgeschenken bedarf es nicht, wenn der materielle Wert des Gastgeschenkes 300 DM nicht übersteigt.

13. Eine Spende, die ein Mitglied des Deutschen Bundestages nachweislich an seine Partei weiterleitet, ist nicht anzeigepflichtig. Die Rechenschaftspflicht der Partei bleibt in diesem Fall unberührt.

14. Anzeigen gemäß Verhaltensregeln, die ein Mitglied des Deutschen Bundestages eingereicht hat, werden fünf Jahre nach seinem Ausscheiden aus dem Deutschen Bundestag aufbewahrt und danach dem ehemaligen Mitglied überlassen oder vernichtet.

15. Ermittlungen gemäß § 8 Abs. 1 der Verhaltensregeln werden vom Präsidenten nach pflichtgemäßem Ermessen oder auf Verlangen des betroffenen Mitglieds des Deutschen Bundestages durchgeführt.

Parallelvorschriften für Abgeordnete des des EP und der Länder:			
Eur.	Art. 9 i.V.m. Anlage 1 GO-EP		
BadWürtt.	§ 8a i.V.m. Anlage 1 GO-LT	Nds.	§ 27 Abs. 2 bis 4 AbgG, Anlage zur GO-LT
Bay.	Art. 4 a AbgG, § 124 i.V.m Anlage 5 GO-LT	NW.	§ 24 AbgG, § 5 Abs. 2 i.V.m. Anlage 6 GO-LT
Berl.	§ 1 Abs. 1 i.V.m. Anlage 1 GO-LT	RP.	§ 1 a AbgG, § 15 i.V.m. Anlage 1 GO-LT
Bbg.	§ 30 AbgG, § 4 Abs. 2 i.V.m. Anlage 1 GO-LT	Saarl.	§ 23 AbgG, § 3 a i.V.m. Anlage 1 GO-LT
Brem.	§ 46 AbgG, Anlage 1 GO-LT	Sachs.	§ 11 i.V.m. Anlage 1 GO-LT
Hbg.	§ 26 AbgG	SachsAnh.	§ 46 AbgG, § 1 Abs. 3 i.V.m. Anlage 1 GO-LT
Hess.	§ 4 a AbgG, Verhaltensregeln für die Mitglieder des Hessischen Landtags	SchlH.	§ 47 AbgG, Verhaltensregeln für Mitglieder des Schleswig-Holsteinischen Landtages[2]
MV.	§ 47 AbgG, Anlage 3 GO-LT	Thür.	§ 42 AbgG, § 14 i.V.m. Anlage 1 GO-LT

Literatur: *Achterberg N.*, Die Abstimmungsbefugnis des Abgeordneten bei Betroffenheit in eigener Sache, AöR 109 (1984), S. 505 ff.; *v. Arnim H. H.*, Zweitbearbeitung von Art. 48 GG, 1980, in: Kommentar zum Bonner Grundgesetz (Bonner Kommentar); *Badura P.*, Die Stellung des Abgeordneten nach dem Grundgesetz und den Abgeordnetengesetzen in Bund und Ländern, in: Parlamentsrecht und Parlamentspraxis in der Bundesrepublik Deutschland: ein Handbuch / hrsg. von Schneider H.-P. / Zeh W., Berlin, 1989, § 15; *Barton St.*, Der Tatbestand der Abgeordnetenbestechung (§ 108 e StGB), NJW 1994, 1098 ff.; *Becker M.*, Korruptionsbekämpfung im parlamentarischen Bereich, Diss. jur. Bonn 1998; *Burhenne W. / Fechler B.*, Recht und Organisation der Parlamente, Loseblattsammlung; *Freund H.*, Abgeordnetenverhalten: Ausübung des Mandats und persönliche Interessen, Frankfurt / Main 1986; *ders.*, Änderung des Verhaltensrechts für Mitglieder des Deutschen Bundestages, DÖV 1987, S. 435 ff.; *Geiger W.*, Der Abgeordnete und sein Beruf. Eine kritische Auseinandersetzung mit den folgenreichen Missdeutungen eines Urteils, ZParl 1978, S. 522 ff.; *Grimm D.*, Parlament und Parteien, in: Parlamentsrecht und Parlamentspraxis in der Bundesrepublik Deutschland: ein Handbuch / hrsg. von Schneider H.-P. / Zeh W., Berlin, 1989, § 6; *Henkel J.*, Amt und Mandat, Berlin / New York, 1977; *Herbertz A.*, Verhaltensregeln für die Mitglieder des Deutschen Bundestages, Diss. Jena, 1998; *Klatt H.*, Rechtliche Möglichkeiten gegen Mandatsmissbrauch, ZParl 1979, S. 445 ff.; *Klein H. H.*, Status der Abgeordneten, in: Handbuch des Staatsrechts der Bundesrepublik Deutschland, hrsg. von Isensee J. und Kirchhof P., Band 2, Heidelberg, 1987, § 41; *Knebel-Pfuhl Chr.*, Mitwirkungsverbot wegen Befangenheit für Parlamentarier? Diss. Berlin 1978; *Kretschmer G.*, Wahlprüfung, in: Parlamentsrecht und Parlamentspraxis in der Bundesrepublik Deutschland: ein Handbuch / hrsg. von Schneider H.-P. / Zeh W., Berlin, 1989, § 9; *v. Mangold H. / Klein F. / Achterberg N. / Schulte M.*, Das Bonner Grundgesetz, Kommentar, Band 6, 3. Aufl. München, 1991, Art. 38; *Patzelt W.*, Deutschlands Abgeordnete: Profil eines Berufsstands, der weit besser ist als sein Ruf, ZParl 1996 Heft 3, S. 462 ff.; *Peine F.-J.*, Der befangene Abgeordnete, JZ 1985,

---

[2] Vom 12. November 1992 (GVOBl. S.507) i.d.F. vom 1. Februar 1995 (GVOBl. S. 63).

914 ff.; *Pohl D.,* Drittzuwendungen an Bundestagsabgeordnete, ZParl 1995, S. 385 ff.; *Ress G.,* Verhaltensregeln für Abgeordnete in: Sommer G. / Graf von Westpahlen R., Staatsbürgerlexikon; München 1999, S. 965 f.; *Ritzel H. / Bücker J. / Schreiner H.-J.,* Handbuch für die Parlamentarische Praxis mit Kommentar zur Geschäftsordnung des Deutschen Bundestages, Loseblattsammlung, Neuwied; *Roll H.-A.,* Verhaltensregeln für Abgeordnete, ZRP 1984, S. 9 ff.; *ders.,* Verhaltensregeln, in: Parlamentsrecht und Parlamentspraxis in der Bundesrepublik Deutschland: ein Handbuch / hrsg. von Schneider H.-P., Zeh W., Berlin, 1989, *ders.,* Geschäftsordnung des Deutschen Bundestages, Kommentar, Baden-Baden, 2001, § 18; § 19; *Schindler, P.,* Datenhandbuch zur Geschichte des Deutschen Bundestages 1949 bis 1999, Band I bis III, Baden-Baden, 1999; *Schlosser U.,* Verhaltensregeln für die Mitglieder des Deutschen Bundestages vom 25. 6. 1980, Diss. jur. Heidelberg 1985; *Schwerin Th.,* Der Deutsche Bundestag als Geschäftsordnungsgeber, Berlin 1998; *Szmula V.,* Eine „Ehrenordnung" für den Deutschen Bundestag, Paderborner Studien 1975 Heft 1, S. 43 ff.; *Troßmann H.,* Parlamentsrecht des Deutschen Bundestages, München 1977, § 22; *Troßmann H. / Roll H.- A.,* Parlamentsrecht des Deutschen Bundestages, Ergänzungsband, München 1981, § 18; *Tsatsos D.,* Unvereinbarkeiten zwischen Bundestagsmandat und anderen Funktionen, in: Parlamentsrecht und Parlamentspraxis in der Bundesrepublik Deutschland: ein Handbuch / hrsg. von Schneider H.-P. / Zeh W., Berlin, 1989, § 23; *Welti F.;* Die soziale Sicherung der Abgeordneten des Deutschen Bundestages, der Landtage und der deutschen Abgeordneten im Europäischen Parlament, Berlin, 1998.

Übersicht

		Rdn.
1.	Allgemeines	1–6
1.1	Einführung	1
1.2	Entstehungsgeschichte	2–6
2.	Bedeutung der gesetzlichen Vorschriften	7–12
2.1	Auftrag an den Geschäftsordnungsgeber (§ 44 a Abs. 1)	7–10
2.2	Rahmen für den Inhalt der Verhaltensregeln (§ 44 a Abs. 2)	11–12
3.	Ausfüllung des Gesetzgebungsauftrags durch die Verhaltensregeln in Anlage 1 GO-BT	13–29
3.1	§ 1 VR – Anzeigepflichten	14–17
3.2	§ 2 VR – Rechtsanwälte	18
3.3	§ 3 VR – Veröffentlichung von Angaben	19
3.4	Überblick: Anzeige- und Veröffentlichungspflichten zu § 1 und 2 VR	20
3.5	§ 4 VR – Spenden und geldwerte Zuwendungen	21–22
3.6.	Überblick: Spenden und geldwerte Zuwendungen	23
3.7	§ 5 VR – Hinweise auf die Mitgliedschaft im Bundestag	24
3.8	§ 6 VR – Interessenverknüpfung in der Ausschussarbeit	25
3.9	§§ 7 und 8 VR – Verfahren	26–27
3.10	§ 9 VR – Verbotene Bezüge	28–29
4.	Rechtsschutz	30
5.	Ausblicke	31–36
6.	Parallelregelungen für Abgeordnete des EP und der Länder	37–40

1. Allgemeines

1.1 Einführung

1 § 44 a ist die Grundlage der Verhaltensregeln (VR) für Mitglieder des Deutschen Bundestages, die ihrerseits aber nicht im Gesetz, sondern in Anlage 1 GO-BT festgeschrieben sind. Sie wurden eingeführt, weil ein Abgeordneter bei der Ausübung seines Mandats in Einzelfällen in einen Konflikt mit seinen privaten beruflichen oder finanziellen Interessen geraten kann.³ Dabei begründen die Verhaltensregeln allerdings keine Mitwirkungsverbote, wie etwa Abstimmungsverbote bei Befangenheit oder Selbstbetroffenheit,⁴ oder gar eine generelle Unvereinbarkeit von Berufstätigkeit und Mandat.⁵ Sie enthalten vielmehr in erster Linie Anzeige- und Veröffentlichungspflichten betreffend die neben dem Mandat ausgeübten Tätigkeiten und die neben der Abgeordnetenentschädigung erzielten Einkünfte. Die Verhaltensregeln beruhen also auf dem Gedanken der Transparenz von finanziellen und beruflichen Interessen, die die Kontrolle der Mandatsträger durch die Öffentlichkeit ermöglichen soll. Außerdem sollen sie als Instrument zur „parlamentarischen Selbstkontrolle", zur „Selbstregulierung des Verhaltens der Mitglieder des Parlaments"⁶ dienen.

1.2 Entstehungsgeschichte⁷

Die Entstehungsgeschichte der Verhaltensregeln reicht zurück bis in die Weimarer Republik. Bereits dort wurde die Einführung einer „Ehrenordnung" für Abgeordnete diskutiert, ohne dass es allerdings zum Erlass eines solchen Regelwerks kam.⁸ Auch der Bundestag konnte zu dieser Frage zunächst keine Einigung erzielen.⁹ In der Geschäftsordnung vom 6. Dezember 1951¹⁰ wurde als § 22 lediglich die Bestimmung aufgenommen: „Der Bundestag kann sich eine Ehrenordnung geben." Aber erst am 21. September 1972 unter dem Eindruck der Affäre um den Abgeordneten Geldner¹¹ beschloss der Bundestag als Anlage 1 seiner Geschäftsordnung – bei unveränderter Beibehaltung des § 22 GO-BT – erstmals Verhaltensregeln für seine Mitglieder.¹²

Weiterer Handlungsbedarf entstand 1975 durch das „Diäten-Urteil",¹³ in welchem das Bundesverfassungsgericht u.a. gesetzliche Vorkehrungen gegen sog. Interessentenzahlungen gefordert hatte.¹⁴ Die Umsetzung dieser Vorgabe wurde jedoch in der 7. Wahlperiode bei den Beratungen eines Gesetzes zur Neuregelung der Rechtsverhältnisse der Mitglieder des Deutschen Bundestages zunächst ausgeklammert.¹⁵

---

3 Ausführlich: *Klatt H.*, Rechtliche Möglichkeiten gegen Mandatsmissbrauch, ZParl 1979, S. 445 ff.
4 S. dazu auch unten 6. am Ende.
5 Grundsätzlich kann jeder Abgeordnete neben seinem Mandat auch eine berufliche Tätigkeit ausüben; Einschränkungen gelten nur für Angehörige des öffentlichen Dienstes (§§ 5 ff.).
6 PlenProt. 10/255 vom 10.12.1986, S. 19849 C und 19854 C.
7 Ein ausführlicher Rückblick kann bei *Ritzel H./Bücker J./Schreiner H.-J.*, Handbuch für die Parlamentarische Praxis mit Kommentar zur Geschäftsordnung des Deutschen Bundestages, Loseblattsammlung, Neuwied, vor § 18 I, und bei *Szmula V.*, Eine „Ehrenordnung" für den Deutschen Bundestag, Paderborner Studien 1975 Heft 1, S. 43 ff. nachgelesen werden.
8 S. dazu 2. WP, Drs. Nr. 484 WRT; 3. WP, Drs. Nr. 995 und 3452 WRT, Sten. Ber. Bd. 333, S. 10828.
9 S. dazu den Bericht des 3. Ausschusses der 1. WP auf Drs. Nr. 2550 und zu Drs. Nr. 2550.
10 BGBl. 1952 II, S. 389, 391.
11 Der Scheinübertritt des FDP-Abgeordneten Karl Geldner zur CSU wurde mit einem Beratervertrag in Verbindung gebracht; s. *Schindler, P.*, Datenhandbuch zur Geschichte des Deutschen Bundestages 1949 bis 1999, Band I bis III, Baden-Baden, 1999, S. 3651.
12 S. dazu BT-Drs. VI/3807; PlenProt. 6/198 vom 21.09.1972, S. 11698 ff.; BGBl. 1972 I, S. 2065 f.
13 BVerfG Urteil vom 5. November 1975 – 2 BvR 193/74 –, BVerfGE 40, 296 ff.
14 S. dazu unten 3.10.
15 S. dazu den Bericht des 2. Sonderausschusses auf BT-Drs. 7/5903, S. 7.

Zehnter Abschnitt
Unabhängigkeit der Abgeordneten

Im Zusammenhang mit der Geschäftsordnungsreform im Jahr 1980 erhielt das Verhaltensrecht dann aber die Struktur, die bis heute fortbesteht: Mit dem Gesetz zur Änderung des Abgeordnetengesetzes vom 22. September 1980 wurde § 44 a eingefügt.[16] Damit erhielten die Verhaltensregeln erstmals eine gesetzliche Grundlage. Mit ihr verpflichtete der Bundestag sich selbst zum Erlass von Verhaltensregeln und gab gleichzeitig für den Inhalt dieser Regeln einen allgemeinen Rahmen vor. Der ehemalige § 22 GO-BT erhielt als § 18 GO-BT seine bis heute geltende Fassung und auch die Verhaltensregeln selbst in Anlage 1 GO-BT wurden in mehreren Punkten geändert.[17] In dieser Fassung verpflichteten sie die Mitglieder des Bundestages, ihre beruflichen Tätigkeiten sowie entgeltliche Tätigkeiten als Mitglied eines Vorstandes, Aufsichtsrates oder Verwaltungsrates anzuzeigen; diese Angaben wurden im Amtlichen Handbuch des Deutschen Bundestages veröffentlicht. Die Verhaltensregeln 1980 enthielten außerdem u.a. eine Reihe von internen Anzeigepflichten gegenüber dem Präsidium des Bundestages, die Pflicht zur gesonderten Rechnungsführung über Spenden, die Pflicht zur Offenlegung von Interessenverknüpfungen in den Ausschüssen, das Verbot der Entgegennahme von Interessentenzahlungen sowie ein Verfahren bei Verstößen gegen die Verhaltensregeln.

4   Neuer Diskussionsstoff entstand im Zusammenhang mit der Flick-Affäre, so dass der Ältestenrat im Oktober 1984 seine Rechtsstellungskommission mit der Überprüfung der Verhaltensregeln beauftragte. Im Sommer 1985 legten dann die Fraktionen der CDU/CSU und FDP[18] einerseits und die Fraktion der SPD[19] andererseits Gesetzentwürfe vor, die beide eine umfassende Neuregelung des Verhaltensrechts vorsahen. Nach beiden Konzeptionen sollte es künftig vollständig im Abgeordnetengesetz geregelt werden. Inhaltlich wollten beide Entwürfe eine Erweiterung der Anzeigepflichten für neben dem Mandat ausgeübte Tätigkeiten sowie der daraus erzielten Einkünfte erreichen. Der federführende Ausschuss für Wahlprüfung, Immunität und Geschäftsordnung (1. Ausschuss), der zu dem Thema auch eine Sachverständigenanhörung durchgeführt hatte, übernahm diese Vorstellungen jedoch nur teilweise. Er empfahl die Beibehaltung der Trennung von gesetzlichen Regelungen und Regelungen in der Geschäftsordnung, wobei er allerdings die gesetzlichen Vorgaben des § 44 a erheblich konkretisierte. Für die Verhaltensregeln – weiterhin als Anlage 1 der Geschäftsordnung – empfahl der 1. Ausschuss eine Ausweitung der Anzeigepflichten für wirtschaftliche Betätigungen neben dem Mandat; dabei sollte zwischen Tätigkeiten vor und nach Übernahme des Mandats unterschieden werden sollte. Er empfahl auch eine Ausweitung der Anzeigepflichten betreffend die Höhe erzielter Einnahmen und eine Ausweitung der Veröffentlichungspflichten.[20] Diesen Empfehlungen stimmte der Bundestag in seiner Sitzung am 10. Dezember 1986 zu.[21]

---

16 S. dazu BT-Drs. 8/4114, 8/4293, 8/4262; PlenProt. 8/225 vom 25.6.1980 S.18291 f.; BGBl. 1980 I, S.1752.
17 BT-Drs. 8/3460, 8/4127, 8/4262; PlenProt. 8/225 vom 25.06.1980, S. 18267 ff.; BGBl. 1980 I, S. 1237 ff.
18 BT-Drs. 10/3544.
19 BT-Drs. 10/3557.
20 BT-Drs. 10/6687.
21 PlenProt. 10/255 vom 10.12.1986, S. 19845 ff.; BGBl. 1987 I, S. 142 und S. 147 f.

In der 13. Wahlperiode gab eine Entscheidung des Bundesverfassungsgerichts zu **5**
Spenden an Abgeordnete und an politische Parteien[22] erneut Anlass zu Änderungen des Verhaltensrechts. Daraufhin wurden im Jahr 1995 die in den Verhaltensregeln enthaltenen Bestimmungen über Spenden umfassend überarbeitet; geändert wurde außerdem die Regelung zur Anzeige beratender Tätigkeiten.[23]

Die weitere Diskussion in der 13. Wahlperiode beschäftigte sich in der Hauptsache **6**
mit Vorschlägen zur Einführung von Veröffentlichungspflichten für Einkünfte, die Abgeordnete neben ihren Diäten aus Nebentätigkeiten oder neben dem Mandat ausgeübten Berufen erhalten.[24] Der Bundestag hatte den 1. Ausschuss in diesem Zusammenhang beauftragt, „die Verhaltensregeln für Mitglieder des Deutschen Bundestages (Anlage 1 GO-BT) dahingehend zu überprüfen, ob und inwieweit die Regelungen über die Anzeigepflichten von Tätigkeiten und der aus diesen Tätigkeiten gezogenen Einkünfte im Hinblick auf die Einschätzung potentieller Interessenkonflikte aus Gründen der Transparenz der Ergänzung bedürfen".[25] Dazu lagen ein Antrag von Abgeordneten verschiedener Fraktionen[26] sowie Anträge bzw. Entwürfe der SPD,[27] von Bündnis 90 / Die Grünen[28] sowie der PDS[29] vor, die – in jeweils unterschiedlichem Umfang – erweiterte Offenlegungspflichten forderten. Diese Vorschläge fanden indes in der 13. Wahlperiode keine Mehrheit; der 1. Ausschuss empfahl vielmehr die unveränderte Beibehaltung der Verhaltensregeln.[30] Auch in der 14. WP ist bislang keine Änderung des Verhaltensrechts erfolgt.

2. Bedeutung der gesetzlichen Vorschriften

2.1 Auftrag an den Geschäftsordnungsgeber (§ 44 a Abs. 1)

Absatz 1 verpflichtet das Parlament, sich Verhaltensregeln zu geben. Damit hat der **7**
Bundestag als Gesetzgeber dem Bundestag als Geschäftsordnungsgeber einen Auftrag erteilt, der durch die Regeln in Anlage 1 GO-BT erfüllt wird. Hintergrund dieser merkwürdig anmutenden Konstruktion ist die Unsicherheit über den „richtigen" Weg zur Verankerung der Verhaltensregeln. Einerseits haben sie eine große Nähe zum Geschäftsordnungsrecht in seiner Funktion als „Innenrecht" des Bundestages, das dieser selbständig und ohne die Mitwirkung anderer Verfassungsorgane für sich selbst erlassen kann. Andererseits betrifft das Verhaltensrecht auch das Statusrecht sowie die persönliche Rechtsstellung der Abgeordneten und geht damit über die Regelungsbereiche der Geschäftsordnungsautonomie des Bundestages (Art. 40 Abs. 1 GG)[31] – parlamentarisches Verfahren, innere Parlamentsorganisation

---

22 Urteil vom 9. April 1992 – 2 BvE 2/89 –, BVerfGE 85, 264 ff.
23 BT-Drs. 13/834, PlenProt. 13/55 vom 21.09.1995, S. 4584 ff., BGBl. 1995 I, S. 1246, 1247; s. dazu auch unten 3.5.
24 S. dazu unten 5.
25 BT-Drs. 13/3281, PlenProt. 13/78 vom 8.12.1995, S. 6900.
26 BT-Drs. 13/2343.
27 BT-Drs. 13/3241 und 13/8677.
28 BT-Drs. 13/3137 und 13/9616.
29 BT-Drs. 13/3284.
30 BT-Drs. 13/9517; s.a. PlenProt. 13/216 vom 5.2.1998.
31 S. dazu Bundesverfassungsgericht, Urteil vom 6. März 1952 – 2 BvE 1/51 –, BVerfGE 1, 144, 148; Beschluss vom 10. Mai 1957 – 2 BvR 705/75 –, BVerfGE 44, 308, 314; Urteil vom 14. Januar 1986 – 2 BvE 14/83 u. 4/84 –, BVerfGE 70, 324, 360.

und Disziplin – hinaus. Aus diesem Grund war bereits vor der Einführung des § 44 a die Forderung nach einer gesetzlichen Grundlage für die Verhaltensregeln bzw. die Ehrenordnung erhoben worden.[32] Auch heute sieht die überwiegende Literatur die Rechtsgrundlage der Verhaltensregeln nicht in Artikel 40 Abs. 1, sondern in Artikel 38 Abs. 1 Satz 2 GG.[33]

8 Im Gesetzgebungsverfahren der Jahre 1985 / 86 hatte ursprünglich die Intention bestanden, das Verhaltensrecht vollständig in die Gesetzesform zu überführen.[34] Demgegenüber empfahl jedoch der federführende 1. Ausschuss, die Zweiteilung zwischen Gesetzes- und Geschäftsordnungsrecht beizubehalten.[35] Gegen eine Neuordnung des Verhaltensrechts allein in Gesetzesform führte der Ausschuss – in seiner Beschlussempfehlung allerdings nicht näher erläuterte – Bedenken ins Feld, die von Sachverständigen im Rahmen einer öffentlichen Anhörung zu den Ausschussberatungen vorgetragen worden waren. Der 1. Ausschuss begründete sodann die von ihm vorgeschlagene Konstruktion, der der Bundestag schließlich zustimmte, mit „dem Grundsatz der Unabhängigkeit des Mandats und der daraus folgenden Verpflichtung des Parlaments zur Selbstregulierung des Verhaltens seiner Mitglieder".

9 So bestimmt § 18 GO-BT weiterhin, dass die Verhaltensregeln Bestandteil der Geschäftsordnung sind. Ob dies tatsächlich zutrifft, oder ob es sich bei den Verhaltensregeln um eine besondere Form des Parlamentsrechts handelt, ist indes heftig umstritten.[36] An diesen Meinungsstreit knüpft sich die Frage, ob die Verhaltensregeln (als Geschäftsordnungsrecht) dem Grundsatz der Diskontinuität sowie der Auslegungsbefugnis des 1. Ausschusses gemäß § 127 Abs. 1 Satz 2 GO-BT unterliegen und ob gemäß § 126 GO-BT im Einzelfall auch Abweichungen von den

---

32 *Troßmann H.*, Parlamentsrecht des Deutschen Bundestages, München 1977, § 22 Rdn. 2.
33 *Freund H.*, Abgeordnetenverhalten: Ausübung des Mandats und persönliche Interessen, Frankfurt / Main 1986, S. 405; *Schlosser U.*, Verhaltensregeln für die Mitglieder des Deutschen Bundestages vom 25. 6. 1980, Diss. jur. Heidelberg 1985, S. 6 und 55 f.; *Ritzel H. / Bücker J. / Schreiner H.-J.*, aaO, § 18 d; *Roll H.-A.*, Verhaltensregeln für Abgeordnete, ZRP 1984, S. 9 und 11; *ders.*, Geschäftsordnung des Deutschen Bundestages, Kommentar, § 18 Rdn. 3; *Troßmann H. / Roll H.- A.*, Parlamentsrecht des Deutschen Bundestages, Ergänzungsband, München 1981, § 22 Rdn. 2.
34 S. die Gesetzentwürfe der Fraktionen der CDU / CSU und FDP sowie der SPD-Fraktion auf BT-Drs. 10 / 3544 und 10 / 3557.
35 BT-Drs. 10 / 6687.
36 S. dazu *Badura P.*, Die Stellung des Abgeordneten nach dem Grundgesetz und den Abgeordnetengesetzen in Bund und Ländern, in: Parlamentsrecht und Parlamentspraxis in der Bundesrepublik Deutschland: ein Handbuch / hrsg. von Schneider H.-P. / Zeh W., Berlin, 1989, § 15 Rdn. 72; *Becker M.*, Korruptionsbekämpfung im parlamentarischen Bereich, Diss. jur. Bonn 1998, S. 114 ff.; *Freund H.*, Änderung des Verhaltensrechts für Mitglieder des Deutschen Bundestages, DÖV 1987, S. 435, 436; *ders.*, in Abgeordnetenverhalten: Ausübung des Mandats und persönliche Interessen, Frankfurt / Main 1986, S. 406; *Kretschmer G.*, Wahlprüfung, in: Parlamentsrecht und Parlamentspraxis in der Bundesrepublik Deutschland: ein Handbuch / hrsg. von Schneider H.-P. / Zeh W., Berlin, 1989, § 9 Rdn. 57; *Pohl D.*, Drittzuwendungen an Bundestagsabgeordnete, ZParl 1995, 391; *Ress G.*, Verhaltensregeln für Abgeordnete in: Sommer G. / Graf von Westpahlen R., Staatsbürgerlexikon; München 1999, S. 966; *Ritzel H. / Bücker J. / Schreiner H.-J.*, aaO, § 18 d; *Roll H.-A.*, Verhaltensregeln für Abgeordnete, ZRP 1984, S. 9, 11; *ders.*, Verhaltensregeln, in: Schneider / Zeh, Parlamentsrecht, § 19 Rdn. 21; *Schwerin Th.*, Der Deutsche Bundestag als Geschäftsordnungsgeber, Berlin 1998, S. 53 ff.; *Schlosser U.*, Verhaltensregeln für die Mitglieder des Deutschen Bundestages vom 25. 6. 1980, Diss. jur. Heidelberg 1985, S. 29 ff.

Regeln beschlossen werden dürfen. Die praktische Bedeutung dessen ist allerdings gering. Die Frage nach dem Grundsatz der Diskontinuität verliert an Bedeutung durch die in Absatz 1 verankerte Verpflichtung zum Erlass von Verhaltensregeln sowie durch die ständig geübte Praxis des Bundestages, die Geschäftsordnung des vorangegangenen Bundestages und damit ganz selbstverständlich auch die Verhaltensregeln zu Beginn der WP zu übernehmen. Ebenso selbstverständlich hat der 1. Ausschuss bisher auch hinsichtlich der Verhaltensregeln von seiner Auslegungskompetenz Gebrauch gemacht.[37] Die Frage nach der Anwendbarkeit des § 126 ist schließlich bisher – soweit ersichtlich – noch nicht relevant geworden.

Darüber hinaus macht ein Teil der Literatur unter formalen Gesichtspunkten verfassungsmäßige Bedenken gegen die in § 44 a vorgenommene Delegation der Rechtsetzungsgewalt für die Verhaltensregeln auf den Bundestag als Geschäftsordnungsgeber geltend.[38] Überwiegend wird jedoch in der Literatur § 44 a als zulässige Ausführungsregelung im Sinne des Art. 38 Abs. 3 GG gesehen.[39]

2.2 Rahmen für den Inhalt der Verhaltensregeln (§ 44 a Abs. 2)

Absatz 2 legt den Rahmen für den Regelungsinhalt des Verhaltensrechts fest. Damit soll – ausgehend von dem Gedanken, dass es sich bei den Verhaltensregeln um Geschäftsordnungsrecht handelt, das der Diskontinuität unterliegt[40] – erreicht werden, dass „diese Grundsätze über die Wahlperioden hinweg in Kraft bleiben. An sie hat sich der Geschäftsordnungsgeber zu halten, um Abgeordneten Pflichten zur Offenlegung im Bereich denkbarer Interessenkollisionen zwischen Mandat und wirtschaftlicher Betätigung aufzuerlegen und ein geordnetes Kontroll- und Sanktionsverfahren einzurichten."[41]

Dabei wird die Vorgabe des § 44 a Nr. 1 – Pflicht zur Anzeige des Berufs und anderer Tätigkeiten, die auf für die Ausübung des Mandats bedeutsame Interessenverknüpfungen hinweisen können durch § 1 Abs. 1, 2 und § 2 VR,[42] die Vorgabe des § 44 a Nr. 2 – Pflicht zur Anzeige von Einkünften – durch § 1 Abs. 3 VR,[43] die Vorgabe des § 44 a Nr. 3 – Pflicht zur Rechnungsführung und Anzeige von Spenden durch § 4 VR,[44] die Vorgabe des § 44 a Nr. 4 – verbotene Bezüge – durch § 9 VR,[45] die Vorgabe des § 44 a Nr. 5 – Veröffentlichung von Angaben – durch §§ 3 und 4 Abs. 3 VR[46] und

---

37 S. Auslegungsentscheidungen 10/7, 10/21, 11/24, 12/19 und 13/5, abgedruckt bei *Burhenne W./Fechler B.*, ROP, Band 2.
38 So *Schwerin Th.*, aaO, S. 57 ff. Der vom 1. Ausschuss als Sachverständiger angehörte Dr. *Morlok* bezeichnete § 44 a unter Gesichtspunkten der Wesentlichkeitstheorie als „glatt verfassungswidrig", weil für die Verhaltensregeln keine hinreichende gesetzliche Grundlage bestehe; s. das Protokoll der öffentlichen Anhörung vom 12. 6. 1996, S. 14 und 65.
39 *Freund H.*, Abgeordnetenverhalten, aaO, S. 414; *Ress G.*, aaO, S. 966; *Roll H.-A.*, in: Schneider/Zeh, Parlamentsrecht, § 19 Rdn. 21; *ders.*, Geschäftsordnung, § 18 Rdn. 3; *Schlosser U.*, aaO, S. 65 ff.
40 S. dazu oben 2. 1.
41 So der Bericht des 1. Ausschusses auf BT-Drs. 10/6687 Rdn. 5.
42 S. dazu unten 3. 1.
43 S. dazu unten 3. 1.
44 S. dazu unten 3. 5.
45 S. dazu unten 3. 10.
46 S. dazu unten 3. 3 ff.

die Vorgabe des § 44a Nr. 6 – Verfahren bei Verstößen gegen die Verhaltensregeln – durch § 8 VR[47] ausgefüllt.

3. Ausfüllung des Gesetzesauftrags durch die Verhaltensregeln in Anlage 1 GO-BT

13 Die Verhaltensregeln stellen keine allgemeinen Grundsätze für das „Wohlverhalten" von Abgeordneten auf – was angesichts der Freiheit des Mandats auch nur schwerlich möglich wäre. Die Regeln beschränken sich deshalb auf klar umrissene Pflichtenkataloge, die nicht den Anspruch erheben, alle denkbaren Interessenkonflikte zu erfassen. Ihre Adressaten sind allein die Mitglieder des Bundestags, nicht ihre Ehepartner, Kinder oder Dritte.

Den Schwerpunkt der Verhaltensregeln bilden Anzeigepflichten, die sich auf neben dem Mandat ausgeübte Tätigkeiten und neben der Abgeordnetenentschädigung bezogene Einkünfte beziehen. Diese Pflichten sind überwiegend intern ausgestaltet, d.h. die Anzeige hat zunächst nur gegenüber dem Präsidenten des Bundestages zu erfolgen. Lediglich für ein Teil der anzeigepflichtigen Tatbestände ist auch eine Veröffentlichung im Amtlichen Handbuch des Deutschen Bundestages vorgeschrieben. Die Verhaltensregeln enthalten außerdem drei Verbotstatbestände sowie ein Verfahren im Falle von Pflichtverstößen.

3.1 § 1 VR – Anzeigepflichten

14 Die anzeigepflichtigen Tatbestände sind in den Katalogen des § 1 VR abschließend – aber teilweise äußerst unübersichtlich – geregelt. § 1 VR unterscheidet zwischen ausgeübten Tätigkeiten und daraus bezogenen Einkünften einerseits und andererseits zwischen Tätigkeiten / Einkünften aus der Zeit *vor* und aus der Zeit *während* der Mitgliedschaft im Bundestag.

15 § 1 Abs. 1 VR ordnet in vier Fällen eine Anzeigepflicht für Tätigkeiten aus der Zeit vor der Mitgliedschaft im Bundestag an und § 1 Abs. 2 VR in neun Fällen für Tätigkeiten, die während der Mitgliedschaft im Bundestag ausgeübt oder aufgenommen werden. In der zweiten Fallgruppe entsteht die Anzeigepflicht, „wenn zu Beginn oder im Laufe der Ausübung des Mandats einer der in den neun Fallgruppen aufgeführten Tatbestände eintritt".[48] Unter den weiter gefassten Anwendungsbereich des § 1 Abs. 2 VR fallen somit auch die sogenannten mitgebrachten Tätigkeiten, also solche, die bereits vor der Mitgliedschaft im Bundestag vorlagen und während der Mandatszeit weiterhin ausgeübt werden. Dies ebnet die scheinbar so deutlich vorgenommene Trennung zwischen „alten" und „neuen" Tätigkeiten zu großen Teilen wieder ein, wobei die praktische Relevanz des § 1 Abs. 1 VR zusätzlich dadurch vermindert wird, dass die Pflicht zur Anzeige der dort genannten Tätigkeiten außer dem Beruf entfällt, wenn sie seit mindestens zwei Jahren nicht mehr ausgeübt werden (Nr. 4 Ausf.Best.).

16 Größere Bedeutung erlangt die Trennung zwischen „alt" und „neu" hingegen im Hinblick auf die Pflicht zur Anzeige von Einkünften. § 1 Abs. 3 VR ordnet zwar

---

[47] S. dazu unten 3.9.
[48] Bericht des 1. Ausschusses auf BT-Drs. 10/6687, Rdn. 7.

einerseits eine solche Anzeigepflicht für den größten Teil der Einkünfte aus den in § 1 Abs. 2 aufgelisteten Tätigkeiten an; ausgenommen sind lediglich die Einkünfte aus Berufstätigkeit und aus der Beteiligung an Kapital- oder Personengesellschaften. Gleichzeitig beschränkt § 1 Abs. 3 VR aber seinen Anwendungsbereich von vorn herein auf diejenigen Tätigkeiten und Verträge „die während der Mitgliedschaft im Bundestag aufgenommen werden". Damit sind vom Grundsatz her die Einkünfte aus den sogenannten mitgebrachten Tätigkeiten von der Anzeigepflicht ausgenommen.

Dieser Grundsatz wird allerdings in den komplizierten und unübersichtlichen Detailvorschriften des § 1 Abs. 3 VR sogleich wieder relativiert, indem in zwei unterschiedlichen Fallgruppen Anzeigepflichten doch wieder auch für Einkünfte aus Tätigkeiten angeordnet werden, die bereits vor der Mitgliedschaft im Bundestag bestanden. In der einen Fallgruppe wird der maßgebliche Zeitpunkt – Aufnahme der Tätigkeit aus der die anzuzeigenden Einkünfte gewonnen werden – vorverlagert auf die Zeit ab Aufstellung als Wahlbewerber für den Bundestag. In der anderen Fallgruppe umfasst die Anzeigepflicht generell auch die Einkünfte aus den mitgebrachten Tätigkeiten. In beiden Fallgruppen ist jedoch die Höhe der Einkünfte erst ab dem Beginn der Mitgliedschaft im Bundestag anzuzeigen.

Zusätzlich relativiert wird die Pflicht zur Anzeige bestimmter Einkünfte dadurch, dass sie erst oberhalb bestimmter Mindestbeträge eingreift, die – je nach Fallgruppe unterschiedlich – vom Präsidenten des Bundestages festgelegt werden (s. Nr. 7 bis 10 Ausf.Best.).

Die Trennung der Anzeigepflichten in (Einkünfte aus) Tätigkeiten aus der Zeit vor **17** und nach Mitgliedschaft im Bundestag beruht auf dem Gedanken, dass das, „was der einzelne Abgeordnete an beruflicher Lebensleistung oder an sonstigen Tätigkeiten sozusagen in den Bundestag mitbringt, (...) eigentlich nicht zu einer Interessenkollision führen" könne.[49] Ob dies aber tatsächlich zutrifft, kann schon vom Ansatz her bezweifelt werden. Die konkret vorgenommene Ausformung der Anzeigepflichten hält sowieso die Trennung nicht konsequent durch und ist bereits von der Sprache her nur schwer verständlich. Im Sinne einer konsequenten Offenlegung möglicher Interessenkonflikte von Mitgliedern des Bundestages wären klare, verständliche und in sich schlüssige Regelungen wünschenswert.

3.2 § 2 VR – Rechtsanwälte

Besondere Anzeigepflichten stellt § 2 VR für Rechtsanwälte auf. Sie müssen es dem **18** Präsidenten des Bundestages mitteilen, wenn sie für oder gegen die Bundesrepublik Deutschland bzw. für oder gegen bundesunmittelbare Körperschaften, Anstalten und Stiftungen des öffentlichen Rechts auftreten. Dies Pflicht besteht allerdings nur, wenn das Honorar den Betrag von 5.000 DM übersteigt (Nr. 11 Ausf.Best.) Mitglieder von Anwaltssozietäten müssen nur die von ihnen selbst bearbeiteten Rechtsstreitigkeiten anzeigen. Standesrechtliche Schweigepflichten treten gegenüber dieser Anzeigepflicht zurück.[50]

---

49 S. PlenProt.. 10/255 vom 10.12.1986, S. 19849 D und 19858 B.
50 *Roll H.-A.*, in: Schneider/Zeh, Parlamentsrecht, § 19 Rdn. 14, *Ress G.*, aaO, S. 967.

3.3 § 3 VR – Veröffentlichung von Angaben

19 Nur ein Teil der nach §§ 1 und 2 anzeigepflichtigen Tatbestände wird der Öffentlichkeit zugänglich gemacht. § 3 VR ordnet lediglich für den Beruf und einen Teil der in § 1 Abs. 2 genannten Tätigkeiten eine Veröffentlichung im Amtlichen Handbuch des Bundestages an. Eine Pflicht zur Veröffentlichung der von den Mitgliedern des Bundestages neben der Abgeordnetenentschädigung erzielten Einkünfte besteht dagegen nach geltender Rechtslage nicht.[51]

Jeder Abgeordnete kann allerdings freiwillig seine Einkünfte in einer ihm geeignet erscheinenden Weise der Öffentlichkeit zugänglich machen. Eine freiwillige Veröffentlichung im Amtlichen Handbuch des Bundestages käme dabei jedoch nur dann in Betracht, wenn der Bundestag dies ausdrücklich zuließe. Andernfalls würde es in das Ermessen einzelner Abgeordneter gestellt, welche Angaben im Amtlichen Handbuch publiziert würden, was nicht mit dem Charakter des Handbuchs als amtlichem Verkündungsorgan des Bundestags zu vereinbaren wäre.

20 3.4 Überblick: Anzeige- und Veröffentlichungspflichten zu § 1 und 2 VR

I. Tätigkeiten / Verträge / Vereinbarungen

Tätigkeiten aus der Zeit *vor der Mitgliedschaft im Bundestag*		
Art	Anzeige-pflicht*	Veröffentlichung im Amtlichen Handbuch (Teil 2)
1. **Beruf** (§ 1 Abs. 1 Nr. 1 VR i.V.m. Nr. 2 Ausf.Best.)	ja	ja
2. Tätigkeiten in Gremien von **Unternehmen** (§ 1 Abs 1 Nr. 2 VR i.V.m. Nr. 3 u. 4 Ausf.Best.)**	ja	nein
3. Tätigkeiten in Gremien von **Körperschaften oder Anstalten des öffentlichen Rechts** (§ 1 Abs. 1 Nr. 3 VR i.V.m. Nr. 3 u.4 Ausf.Best.)**	ja	nein
4. **Vereinbarungen** über die **Übertragung von Tätigkeiten** oder die **Zuwendung von Vermögensvorteilen** (§ 1 Abs. 1 Nr. 4 VR i.V.m. Nr. 5 Ausf.Best.)	ja	nein

*   Die Anzeigepflicht umfasst nicht die Mitteilung von Tatsachen über Dritte, für die der Abgeordnete gesetzliche Zeugnisverweigerungsrechte oder Verschwiegenheitspflichten geltend machen kann (§ 1 Abs. 4 VR)

** Tätigkeiten zu **Nr. 2 und 3**, die bei Erwerb der Mitgliedschaft seit mindestens 2 Jahren nicht mehr ausgeübt werden, bleiben unberücksichtigt (Nr. 4 Ausf.Best.)

---

51 S. dazu aber die in 5. dargestellte Diskussion.

§ 44 a Verhaltensregeln

Tätigkeiten, die *während der Mitgliedschaft im Bundestag* ausgeübt oder aufgenommen werden		
Art	Anzeige-pflicht*	Veröffent-lichung im Amtlichen Handbuch (Teil 2)
1. **Beruf** (§ 1 Abs. 2 Nr. 1 VR i.V.m. Nr. 2 Ausf.Best.)	ja	ja
2. Tätigkeiten in Gremien von **Unternehmen** (§ 1 Abs. 2 Nr. 2 VR i.V.m. Nr. 3 Ausf.Best.)	ja	ja
3. Tätigkeiten in Gremien von **Körperschaften** oder **Anstalten des öffentlichen Rechts** (§ 1 Abs. 2 Nr. 3 VR i.V.m. Nr. 3 Ausf.Best.)	ja	ja
4. Tätigkeiten als Mitglied eines **Vorstandes** oder sonstigen leitenden **Gremiums** eines **Vereins** oder einer **Stiftung** mit nicht ausschließlich lokaler Bedeutung (§ 1 Abs. 2 Nr. 4 VR i.V.m. Nr. 3 Ausf.Best.)	ja	ja
5. **Funktionen** in **Verbänden** oder ähnlichen **Organisationen** (§ 1 Abs. 2 Nr. 5 VR i.V.m. Nr. 3 Ausf.Best.)	ja	ja
6. Verträge über die **Beratung, Vertretung** oder ähnliche Tätigkeiten, soweit diese nicht in Ausübung des angezeigten Berufes erfolgen (§ 1 Abs. 2 Nr. 6 VR i.V.m. Nr. 6 Ausf.Best.)	ja	nein
7. Tätigkeiten neben dem Beruf und dem Mandat, insbesondere Erstattung von **Gutachten, publizistische und Vortragstätigkeiten** (§ 1 Abs. 2 Nr. 7 VR i.V.m. Nr. 7 Ausf.Best.)	ja**	nein
8. Vereinbarungen über die **Übertragung von Tätigkeiten** oder die **Zuwendung von Vermögensvorteilen** (§ 1 Abs. 2 Nr. 8 VR i.V.m. Nr. 5 Ausf.Best.)	ja	nein
9. **Beteiligungen an Kapital- oder Personengesellschaften**, wenn dadurch ein wesentlicher wirtschaftlicher Einfluss auf das Unternehmen begründet wird (§ 1 Abs. 2 Nr. 9 VR i.V.m. Nr. 8 Ausf.Best.)	ja***	nein
10. **Anwaltliche Vertretung** gegen Entgelt für oder gegen die Bundesrepublik Deutschland, bundesunmittelbare Körperschaften, Anstalten oder Stiftungen des öffentlichen Rechts (§ 2 VR i.V.m. Nr. 11 Ausf.Best.)	ja****	nein

* Die Anzeigepflicht umfasst nicht die Mitteilung von Tatsachen über Dritte, für die der Abgeordnete gesetzliche Zeugnisverweigerungsrechte oder Verschwiegenheitspflichten geltend machen kann (§ 1 Abs. 4 VR).

** Die Anzeigepflicht für die Erstattung von Gutachten, für publizistische und Vortragstätigkeiten entfällt, wenn das Entgelt 5.000 DM im Monat oder 30.000 DM im Jahr nicht übersteigt (Nr. 7 Abs. 2 Ausf.Best.).

*** Bei einer Beteiligung von mehr als 25% der Stimmrechte oder einem Wert von mehr als einem Jahresbetrag der Abgeordnetenentschädigung (Nr. 8 Ausf.Best.).

**** Die Anzeigepflicht entfällt, wenn das Honorar den Betrag von 5.000 DM nicht übersteigt (Nr. 11 Ausf.Best.).

II. Einkünfte

Einkünfte aus	Anzeigepflicht*	Veröffentlichung im Amtlichen Handbuch (Teil 2)
1. **Beruf** (§ 1 Abs. 2 Nr. 1 VR)	nein	nein
2. Tätigkeiten in Gremien von **Unternehmen** (§ 1 Abs. 2 Nr. 2, Abs. 3 VR)	ja,** bei Tätigkeiten, die aufgenommen wurden – während der Mitgliedschaft – seit der Aufstellung als Wahlbewerber	nein
3. Tätigkeiten in Gremien von **Körperschaften oder Anstalten des öffentlichen Rechts** (§ 1 Abs. 2 Nr. 3, Abs. 3 VR)	ja,** bei Tätigkeiten, die aufgenommen wurden – während der Mitgliedschaft – seit der Aufstellung als Wahlbewerber	nein
4. Tätigkeiten als Mitglied eines **Vorstandes oder sonstigen leitenden Gremiums** eines **Vereins oder einer Stiftung** mit nicht ausschließlich lokaler Bedeutung (§ 1 Abs. 2 Nr. 4, Abs. 3 VR)	ja,** bei Tätigkeiten, die aufgenommen wurden – während der Mitgliedschaft – seit der Aufstellung als Wahlbewerber	nein
5. Funktionen in **Verbänden oder ähnlichen Organisationen** § 1 Abs. 2 Nr. 5, Abs. 3 VR)	ja,** bei Tätigkeiten, die aufgenommen wurden – während der Mitgliedschaft – vor der Mitgliedschaft	nein
6. Verträgen über die **Beratung, Vertretung** oder ähnliche Tätigkeiten, soweit diese nicht in Ausübung des angezeigten Berufs erfolgen (§ 1 Abs. 2 Nr. 6, Abs. 3 VR)	ja,** bei Tätigkeiten, die aufgenommen wurden – während der Mitgliedschaft – vor der Mitgliedschaft	nein
7. Tätigkeiten neben dem Beruf und dem Mandat, insbesondere Erstattung von **Gutachten, publizistische und Vortragstätigkeiten** (§ 1 Abs. 2 Nr. 7, Abs. 3 VR)	ja,** bei Tätigkeiten, die aufgenommen wurden – während der Mitgliedschaft – seit der Aufstellung als Wahlbewerber	nein
8. Vereinbarungen über die **Übertragung von Tätigkeiten** oder die **Zuwendung von Vermögensvorteilen** (§ 1 Abs. 2 Nr. 8, Abs. 3 VR)	ja,** bei Vereinbarungen, die abgeschlossen wurden – während der Mitgliedschaft – vor der Mitgliedschaft	nein

Einkünfte aus	Anzeigepflicht*	Veröffentlichung im Amtlichen Handbuch (Teil 2)
9. Beteiligungen an **Kapital- oder Personengesellschaften**, wenn dadurch ein wesentlicher Einfluss auf das Unternehmen begründet wird (§ 1 Abs. 2 Nr. 9 VR)	nein	nein
10. **Anwaltlicher Vertretung** gegen Entgelt für oder gegen die Bundesrepublik Deutschland, bundesunmittelbare Körperschaften, Anstalten oder Stiftungen des öffentlichen Rechts (§ 2 VR)	nein	nein
* Sofern Einkünfte aus Tätigkeiten, die bereits vor Aufnahme des Mandats aufgenommen wurden, anzuzeigen sind, gilt die Anzeigepflicht ab Beginn der Mitgliedschaft (§ 1 Abs. 3 VR i.V.m. Nr. 9 und 10 Ausf.Best.).		
** Die Anzeigepflicht bei Einkünften aus den unter Nr. 2 bis 8 genannten Tätigkeiten setzt ein, wenn die Einkünfte aus einer oder mehreren Tätigkeiten 5.000 DM im Monat oder 30.000 DM im Jahr übersteigen. Dabei ist die Höhe der Einkünfte für jede einzelne anzeigepflichtige Tätigkeit mitzuteilen (Nr. 10 Ausf.Best.).		

3.5 § 4 VR – Spenden und geldwerte Zuwendungen

§ 4 VR trifft besondere Regelungen für Spenden und geldwerte Zuwendungen an Mitglieder des Bundestages. Sie müssen dem Präsidenten des Bundestags angezeigt werden, wenn ihr Wert in einem Kalenderjahr 10.000 DM übersteigt; dies gilt auch, wenn mehrere Spenden desselben Spenders diese Grenze übersteigen (Nr. 12 Ausf.Best.) Nicht anzeigepflichtig sind dagegen Spenden, die das Mitglied des Bundestages nachweislich an seine Partei weiterleitet (Nr. 13 Ausf.Best.). Außerdem verbietet § 4 Abs. 4 die Annahme von Spenden, die gemäß § 25 Abs. 1 ParteiG[52] auch

---

[52] Die Vorschrift hat folgenden Wortlaut:
„Parteien sind berechtigt, Spenden anzunehmen. Ausgenommen hiervon sind:
1. Spenden von politischen Stiftungen, Parlamentsfraktionen und -gruppen,
2. Spenden von Körperschaften, Personenvereinigungen und Vermögensmassen, die nach der Satzung, dem Stiftungsgeschäft oder der sonstigen Verfassung und nach der tatsächlichen Geschäftsführung ausschließlich und unmittelbar gemeinnützigen, mildtätigen oder kirchlichen Zwecken dienen (§§ 51 bis 68 der Abgabenordnung),
3. Spenden von außerhalb des Geltungsbereiches dieses Gesetzes, es sei denn, dass
   a) diese Spenden aus dem Vermögen eines Deutschen im Sinne des Grundgesetzes, eines Bürgers der Europäischen Union oder eines Wirtschaftsunternehmens, dessen Anteile sich zu mehr als 50 vom Hundert im Eigentum von Deutschen im Sinne des Grundgesetzes befinden, unmittelbar einer Partei zufließen,
   b) es sich um Spenden an Parteien nationaler Minderheiten in ihrer angestammten Heimat handelt, die diesen aus Staaten zugewendet werden, die an die Bundesrepublik Deutsch-

einer Partei nicht zugewendet werden dürfen. Solche unzulässigen Spenden sind an das Präsidium des Bundestages weiterzuleiten (§ 4 Abs. 3 VR i.V.m. § 25 Abs. 3 ParteiG).

Geldwerte Zuwendungen an Mitglieder des Bundestages sind gemäß § 4 Abs. 5 VR grundsätzlich genauso zu behandeln wie Spenden. Eine Ausnahme besteht zunächst für Zuwendungen aus Anlass der Außenrepräsentation des Bundestages (§ 4 Abs. 5 lit. a VR). Ohne diese Regelung hätte es nämlich das über § 4 Abs. 4 VR anwendbare Verbot der Annahme von Auslandsspenden des § 25 Abs. 1 Nr. 3 ParteiG erfordert, Einladungen von ausländischen Regierungen oder sonstigen ausländischen Veranstaltern zu Kongressen, Tagungen, Podiumsdiskussionen o. ä. unter Hinweis auf die Unzulässigkeit der Übernahme von Reise- und Aufenthaltskosten abzulehnen. Hierin wurde eine der „politisch notwendigen Außendarstellung des Parlaments äußerst abträgliche Folge"[53] gesehen. Solche Zuwendungen sind deshalb nicht dem Annahmeverbot der Spendenregelung unterworfen; sie müssen lediglich dem Präsidenten angezeigt werden.

Eine besondere Regelung besteht auch für erhaltene Gastgeschenke. Sie müssen gemäß § 4 Abs. 5 lit. b VR i.V.m. Nr. 12 Ausf.Best. angezeigt und abgeliefert werden, wenn ihr Wert 300 DM übersteigt. Diese Bestimmung orientiert sich an § 5 Abs. 3 BMinG und ist von der Überlegung bestimmt, dass Abgeordnete ähnlich wie Minister und Beamte die Gelegenheit zur Durchführung von Dienstreisen nur aufgrund ihres Amtes erhalten. Um einem aufgrund der konkreten Umstände des Empfangs des Geschenkes möglicherweise entstandenen Interesse Rechnung zu tragen, können sie allerdings beantragen, das Geschenk gegen Bezahlung des Gegenwertes an die Bundeskasse behalten zu dürfen. Die Entscheidung über diesen Antrag sowie über die Verwendung der abgelieferten Gastgeschenke obliegt dem Präsidenten, der hierüber das Benehmen mit dem Präsidium sicherzustellen hat.[54]

22 Spenden und geldwerte Zuwendungen im Wert von mehr als 20.000 DM im Kalenderjahr – einzeln oder mehrere Spenden desselben Spenders zusammen – sind gemäß § 4 Abs. 3 i.V.m. § 3 VR im Amtlichen Handbuch des Bundestags zu veröffentlichen. Diese in auffälligem Unterschied zu den sonstigen Bereichen der Verhaltensregeln recht großzügig ausgestaltete Veröffentlichungspflicht beruht ebenso wie die Gleichstellung von Spenden und geldwerten Zuwendungen auf der Entscheidung des Bundesverfassungsgerichts zur Parteienfinanzierung aus dem Jahr 1992.[55] Das Gericht hatte in dieser Entscheidung[56] u.a. festgestellt, dass

---

land angrenzen und in denen Angehörige ihrer Volkszugehörigkeit leben,
c) es sich um eine Spende eines Ausländers von nicht mehr als 1.000 Deutsche Mark handelt,
4. Spenden von Berufsverbänden, die diesen mit der Maßgabe zugewandt wurden, sie an eine politische Partei weiterzuleiten,
5. Spenden, soweit sie im Einzelfall mehr als 1.000 Deutsche Mark betragen und deren Spender nicht feststellbar sind, oder bei denen es sich erkennbar um die Weiterleitung einer Spende eines nicht genannten Dritten handelt,
6. Spenden, die erkennbar in Erwartung eines bestimmten wirtschaftlichen oder politischen Vorteils gewährt werden."

53 S. hierzu ausführlich den Bericht des 1. Ausschusses auf BT-Drs. 13/834, S. 5 ff.
54 Bericht des 1. Ausschusses auf BT-Drs. 13/843, S. 7.
55 Urteil vom 9. April 1992 – 2 BvE 2/89 –, BVerfGE 85, 264 ff.
56 S. 320 ff.

die Anhebung der sog. Publizitätsgrenze des § 25 Abs. 2 ParteiG auf 40.000 DM gegen die in Art. 21 Abs. 1 Satz 4 GG festgelegte Verpflichtung der Parteien, über die Herkunft und Verwendung ihrer Mittel sowie über ihr Vermögen öffentlich Rechenschaft zu geben, verstößt. Bereits bei einer Spende von über 20.000 DM müsse von Verfassungs wegen der Name des Spenders im Rechenschaftsbericht verzeichnet werden, wobei als Spende auch geldwerte Zuwendungen aller Art wie die unentgeltliche Bereitstellung von sächlichen Mitteln, Personal oder vorhandenen Organisationsstrukturen anzusehen seien. Diese Grundsätze hat das Gericht auch auf Spenden an einzelne Abgeordnete übertragen. Dies verlange Art. 38 Abs. 1 Satz 2 GG, der die Unabhängigkeit der Abgeordneten gewährleiste, schon im Blick auf Art. 21 Abs. 1 Satz 4 GG, dessen Umgehung sonst Vorschub geleistet würde. Es müssen deshalb von Verfassungs wegen Geldspenden und andere geldwerte Zuwendungen an die Mitglieder des Bundestages, die diesen für ihre politische Tätigkeit zur Verfügung gestellt werden, nach erfolgter Anzeige beim Präsidenten des Bundestages von diesem unter Benennung des Spenders veröffentlicht werden, soweit sie im Kalenderjahr den Wert von 20.000 DM übersteigen und nicht – nach Weiterleitung – im Rechenschaftsbericht einer Partei nach ihrer Herkunft verzeichnet werden.[57] Diesen Vorgaben hat der Bundestag durch die geltende Fassung der Verhaltensregeln Rechnung getragen.

3.6 Überblick: Spenden und geldwerte Zuwendungen

Anzeigepflicht	Veröffentlichungspflicht
Spenden und geldwerte Zuwendungen, deren Wert im Kalenderjahr 10.000 DM übersteigt (§ 4 Abs. 2 und 5 VR i.V.m. Nrn. 12 und 13 Ausf.Best.)*	Spenden und geldwerte Zuwendungen, deren Wert im Kalenderjahr 20.000 DM übersteigt (§ 4 Abs. 3 und 5 VR)
Geldwerte Zuwendungen aus Anlass der Wahrnehmung interparlamentarischer oder internationaler Beziehungen etc., deren Wert im Einzelfall 10.000 DM in einem Kalenderjahr übersteigt (§ 4 Abs. 5 lit. a VR)	
Gastgeschenke, deren materieller Wert 300 DM übersteigt (§ 4 Abs. 5 lit. b VR i.V.m. Nr. 12 Abs. 2 Ausf.-Best.)	

* Mehrere Spenden desselben Spenders sind anzeigepflichtig, wenn sie im Jahr den Betrag von 10.000 DM übersteigen. Eine Spende, die ein Mitglied des Deutschen Bundestages nachweislich an seine Partei weiterleitet, ist nicht anzeigepflichtig (Nrn. 12 Abs. 1 und 13 Ausf.Best.)

3.7 § 5 VR – Hinweise auf die Mitgliedschaft im Bundestag

§ 5 VR verbietet in beruflichen oder geschäftlichen Angelegenheiten Hinweise auf die Mitgliedschaft im Bundestag. In diesem Zusammenhang ist besonders der Gebrauch von Briefköpfen mit Bundesadler durch Mitglieder des Bundestages

---

[57] Urteil vom 9. April 1992 – 2 BvE 2/89 –, BVerfGE 85, 264, 325 f.

relevant. Hierzu hat der 1. Ausschuss am 10. Oktober 1996 folgende Auslegungsentscheidung getroffen:

„1. Der Bundesadler darf bei mandatsbezogenen Angelegenheiten benutzt werden. Mandatsbezogen sind nicht nur Tätigkeiten, die parlamentarische Verhandlungsgegenstände betreffen; es fallen darunter beispielsweise auch solche im Rahmen der parlamentarischen Öffentlichkeitsfunktion. Als mandatsbezogen kann auch die Werbung für politische Auffassungen und Positionen angesehen werden.

2. In privaten Angelegenheiten eines Mitgliedes des Bundestages dürfen Briefköpfe mit dem Bundesadler nicht verwandt werden. Um auch in Einzelfällen einen falschen Eindruck zu vermeiden, empfehlen sich organisatorische Vorkehrungen in jedem Abgeordnetenbüro am Sitz des Bundestages und im Wahlkreis, die eine versehentliche Verwendung von Briefköpfen mit Bundesadler in nichtmandatsbezogenen Angelegenheiten ausschließen."

3.8 § 6 VR – Interessenverknüpfung in der Ausschussarbeit

25 Eine besondere Offenlegungspflicht ordnet § 6 VR für die Arbeit in den Ausschüssen an. Jeder Abgeordnete, der sich beruflich oder auf Honorarbasis mit Vorgängen beschäftigt, mit denen er auch als Mitglied eines Ausschusses befasst ist, hat dieses in dem Ausschuss offenlegen. Dies bedeutet nicht etwa, dass der Betroffene an den weiteren Ausschussberatungen wegen „Befangenheit" nicht mehr teilnehmen dürfte. Die Regelung dient lediglich dazu, dass die Diskussionsbeiträge dieses Abgeordneten und auch seine Abstimmung von den übrigen Sitzungsteilnehmern im Lichte seiner Interessenverknüpfung gewürdigt werden können.[58]

3.9 §§ 7 und 8 VR – Verfahren

26 §§ 7 und 8 VR enthalten schließlich Regelungen zum Verfahren. § 7 VR verpflichtet die Mitglieder des Bundestages, sich in Zweifelsfällen beim Präsidenten über den Umfang der ihnen obliegenden Pflichten zu vergewissern. § 8 regelt das Verfahren im Falle der Nichtbeachtung von Verhaltensregeln. Beim Vorliegen entsprechender Anhaltspunkte hat zunächst der Präsident zu ermitteln. Dabei ist das betroffene Mitglied des Bundestags anzuhören; der Vorsitzende der Fraktion dieses Mitglieds kann Gelegenheit zur Stellungnahme erhalten. Letzteres dient insbesondere dazu, der betroffenen Fraktion Gelegenheit zu internen Selbstreinigungsmaßnahmen zu geben. Vor der abschließenden Feststellung einer Pflichtverletzung sind das Präsidium und die Fraktionsvorsitzenden zu beteiligen. Dieses ad-hoc-Gremium kann der beabsichtigten Feststellung zunächst widersprechen; letztendlich entscheidet jedoch der Präsident.

Das Verfahren endet mit einer abschließenden Feststellung des Präsidenten. Voraussetzung für die Feststellung einer Pflichtverletzung ist dabei ein schuldhaftes Handeln oder Unterlassen des betroffenen Abgeordneten. Für solche Fälle besteht die Sanktion darin, den Regelverstoß als Bundestagsdrucksache zu veröffentlichen; das Verfahren baut damit in erster Linie auf seine „Prangerwirkung". Das betroffene Mitglied des Bundestages behält also in diesem Fall sein Mandat und alle daraus

---

58 *Roll H.-A.*, in: Schneider/Zeh, Parlamentsrecht, § 19 Rdn. 11; *ders.*, in: ZRP 1984, S. 9, 11.

erwachsenden Rechte und Pflichten. Außer in den Fällen des § 4 Abs. 4 VR i.V.m. § 25 Abs. 3 PartG (unzulässige Spenden) werden unstatthafte Zuwendungen auch nicht eingezogen. Konsequenzen können sich für den Betroffenen aber auch dann ergeben, wenn er aufgrund einer solchen Veröffentlichung nicht mehr gewählt oder bereits von seiner Partei für die nächst Wahl nicht wieder nominiert wird.

Auch die Feststellung, dass eine Pflichtverletzung *nicht* vorliegt kann der Präsident veröffentlichen, hierüber hat er nach pflichtgemäßem Ermessen zu entscheiden. Er ist in solchen Fällen allerdings dann zur Veröffentlichung verpflichtet, wenn das betroffene Mitglied des Bundestages es verlangt.

Die Regelung in § 8 VR ist das Vorbild für die Überprüfungsverfahren nach § 44 b, **27** die ähnliche Veröffentlichungsfolgen für Feststellungen zur Tätigkeit oder politischen Verantwortung für den Staatssicherheitsdienst der ehemaligen DDR vorsehen.[59] Im Gegensatz zu diesen Überprüfungen hat das Verfahren gem. § 8 VR bislang jedoch noch in keinem Fall zur Feststellung einer schuldhaften Verletzung der Verhaltensregeln geführt.

3.10 § 9 VR – Verbotene Bezüge

§ 9 VR konkretisiert das Verbot von Interessentenzahlungen, das bereits im Ge- **28** setzestext (Abs. 2 Nr. 4) seinen Niederschlag gefunden hat. Auch diese Regelung beruht auf einer Entscheidung des Bundesverfassungsgerichts, dem sog. Diätenurteil.[60] Das Gericht hat sich in dieser Entscheidung aus dem Jahr 1975 umfassend mit der Rechtsstellung der Abgeordneten auseinandergesetzt und unter anderem festgestellt, dass Art. 48 Abs. 3 Satz 1 i.V.m. Art. 38 Abs. 1 Satz 2 GG „gesetzliche Vorkehrungen dagegen [verlangt], dass Abgeordnete Bezüge aus einem Angestelltenverhältnis, aus einem sog. Beratervertrag oder ähnlichem, ohne die danach geschuldeten Dienste zu leisten, nur deshalb erhalten, weil von ihnen im Hinblick auf ihr Mandat erwartet wird, sie würden im Parlament die Interessen des zahlenden Arbeitgebers, Unternehmers oder der zahlenden Großorganisation vertreten und nach Möglichkeit durchzusetzen versuchen."[61] Diese Forderung wurde im Jahr 1980 nahezu wortgleich in § 44 a aufgenommen.

Um unzulässige Zuwendungen oder Vermögensvorteile handelt es sich dann, wenn **29** Zahlungen für eine Vertretung der Interessen des Zahlenden im Bundestag geleistet werden und nicht als Gegenleistung für Tätigkeiten, die der Abgeordnete außerhalb des Bundestages tatsächlich erbringt.[62] Zuwendungen i.S.d. § 9 VR sind nur materielle – einmalige oder wiederkehrende – Leistungen, nicht jedoch immaterielle Vorteile. Es ist jedoch nicht erforderlich, dass sie in Geld bestehen, es muss sich lediglich um geldwerte Leistungen handeln. Deshalb kann auch die Gewährung von Gebrauchsvorteilen, wie die Überlassung einer Wohnung, oder von Dienstleistungen, wie die Bereitstellung eines Fahrers, die Voraussetzungen des Verbotstatbestands erfüllen.[63] Als Sanktion bei Verstößen sieht § 8 VR ebenso wie bei allen

---

59 S. hierzu 5. 2 zu § 44 b.
60 Urteil vom 5. November 1975 – 2 BvR 193/74 –, BVerfGE 40, 296 ff.
61 Urteil vom 5. November 1975 – 2 BvR 193/74 –, BVerfGE 40, 296, 318 f.
62 *Roll H.-A.*, in: Schneider/Zeh, Parlamentsrecht, § 19 Rdn. 18; *Troßmann H./Roll H.-A.*, aaO, § 18 Rdn. 11.
63 *Troßmann H./Roll H.-A.*, aaO, § 18 Rdn. 13.

anderen Verstößen gegen die Verhaltensregeln lediglich eine Veröffentlichung in einer Bundestagsdrucksache vor.[64] Im Übrigen steht nur § 108 e StGB (Abgeordnetenbestechung) zur Verfügung, der den „Kauf" oder „Verkauf" von Abgeordnetenstimmen unter Strafe stellt.[65]

Weitere Detailfragen zum Verbot der Interessentenzahlungen sind umstritten. So wird in der Literatur überwiegend angenommen, als subjektives Tatbestandsmerkmal des § 9 VR sei zusätzlich erforderlich, dass die fraglichen Bezüge in der *Absicht* einer unzulässigen Einflussnahme auf die Mandatsausübung gewährt werden.[66] Fraglich ist darüber hinaus, ob bereits minimale Tätigkeiten für den Zahlenden ausreichen, um den Verbotstatbestand auszuschließen, oder ob eine Zuwendung solange unzulässig bleibt, als Leistung und Gegenleistung nicht in einem angemessenen Verhältnis zueinander stehen.[67] Teilweise wird aus dem Diätenurteil auch gefolgert, es bedürfe einer *gesetzlichen* Regelung über die Rechtsfolgen verbotener Interessentenzahlungen, insbesondere über die Frage der Sanktionen.[68] Eine Spruchpraxis des Bundestagspräsidenten oder Entscheidungen des Bundesverfassungsgerichts liegen zu diesen Fragen bislang nicht vor.

4. Rechtsschutz

30   Bislang hat noch kein Mitglied des Bundestages im Zusammenhang mit den Verhaltensregeln Rechtsschutz geltend gemacht; es liegt daher auch keine einschlägige Rechtsprechung vor. Zulässig dürfte aber eine Organklage des betroffenen Abgeordneten vor dem Bundesverfassungsgericht sein,[69] denn es kommt eine Verletzung seiner Rechtsstellung aus Art. 38 GG in Betracht. Hinsichtlich des Angriffsziels einer solchen Klage ist zu differenzieren: Zulässig ist sicherlich eine Klage gegen ein belastendes Feststellungsergebnis, zumindest gegen die Veröffentlichung einer solchen Feststellung. Möglich erscheint aber auch, dass bereits einzelne Verhaltenspflichten die Rechtsstellung eines Abgeordneten verletzen. Deshalb müsste grundsätzlich auch eine Klage gegen diese Pflichten an sich zulässig sein. Für den Beginn der Sechsmonatsfrist des § 64 Abs. 3 BVerfGG, innerhalb der die Klage erhoben werden muss, dürfte in diesem Fall auf die konstituierende Sitzung des Bundestages abzustellen sein, in der nach ständiger Praxis mit der Geschäftsordnung auch die Verhaltensregeln für die neue Wahlperiode übernommen werden.[70] Richtet sich die Klage dagegen gegen eine konkrete Maßnahme des Präsidenten, etwa gegen die

---

64   S. dazu oben 3.9.
65   S. hierzu *Barton St.*, Der Tatbestand der Abgeordnetenbestechung (§ 108 e StGB), NJW 1994, S. 1098 ff.
66   *Troßmann H./Roll H.-A.*, aaO, § 18 Rdn. 11; *Henkel J.*, Amt und Mandat, Berlin/New York, 1977, S. 83; *ders.*, Das Abgeordnetengesetz des Bundestages, DÖV 1977, S. 355; *Becker M.*, aaO, S. 127; a.A. *v. Arnim H. H.*, Zweitbearbeitung von Art. 48 GG, 1980, in: Kommentar zum Bonner Grundgesetz (Bonner Kommentar), Art. 48, Rdn. 150 ff.
67   Für Letzteres *Ress G.*, aaO, S. 968.
68   *v. Arnim H. H.*, aaO, Rdn. 152, *Geiger W.*, Der Abgeordnete und sein Beruf. Eine kritische Auseinandersetzung mit folgenreichen Missdeutungen eines Urteils, ZParl 1978, S. 532.
69   Allg. M.; s. *Troßmann H./Roll H.-A.*, aaO, § 18 Rdn. 30; *Schlosser U.*, aaO, S. 180 ff.; *Ress G.*, aaO, S. 968.
70   S. dazu oben 2.1.

Aufforderung, Angaben gemäß den Verhaltensregeln zu machen, so kommt es auf das Bekanntwerden dieser Maßnahme an.

Unzulässig wäre dagegen eine Verfassungsbeschwerde, und zwar auch dann, wenn ein Mitglied des Bundestages nicht nur eine Verletzung seiner organschaftlichen Rechtsstellung aus Art. 38 GG, sondern auch eine Grundrechtsverletzung geltend macht. Nach der Rechtsprechung des Bundesverfassungsgerichts ist ein Abgeordneter für die Auseinandersetzung mit dem Parlament auf den Rechtsbehelf des Organstreits beschränkt.[71] Auch der Rechtsweg zu den Verwaltungsgerichten kann nicht beschritten werden, da § 40 Abs. 1 VwGO dies für verfassungsrechtliche Streitigkeiten ausschließt.

5. Ausblicke

Die jüngste Diskussion zum Thema Verhaltensregeln dreht sich vor allem um die Frage der Offenlegung von Einkünften, die Abgeordnete zusätzlich zu den Diäten aus Nebentätigkeiten oder neben dem Mandat ausgeübten Berufen erzielen.[72] Nach der bisherigen Rechtslage unterliegen solche Einkünfte keinerlei Veröffentlichungspflichten; sie müssen lediglich dem Präsidenten des Bundestages angezeigt werden, und dies auch nur zum Teil.[73] Eine Veröffentlichungspflicht gilt gemäß § 4 Abs. 3 VR lediglich bei Spenden oder geldwerten Zuwendungen, deren Wert im Kalenderjahr 20.000 DM übersteigt.

Diese Rechtslage stößt auf Kritik. Es wird argumentiert, demokratische Verhältnisse erforderten eine transparentere Gestaltung der Einkommensverhältnisse von Abgeordneten. Nur bei einer Kenntnis der neben dem Mandat ausgeübten Tätigkeiten und der daraus erzielten Einnahmen könne sich der Bürger ein zutreffendes Bild über mögliche Interessenverknüpfungen von Abgeordneten machen und dieses seiner Wahlentscheidung zugrunde legen. Außerdem wiesen Nebeneinkünfte auf eine Mehrfachbelastung von Abgeordneten hin, die diese unter Umständen an der gebotenen Wahrnehmung ihrer Mandate hindern könnten. Nur durch eine Veröffentlichung von Nebeneinkünften könne erreicht werden, dass ein nach dem „Diätenurteil" des Bundesverfassungsgerichts[74] verbotenes „arbeitsloses Einkommen" von Abgeordneten auch als solches erkannt werde. Schließlich würde die Veröffentlichung solcher Einkünfte auch dazu beitragen, das Ansehen des Parlaments in der Öffentlichkeit zu verbessern.[75]

---

71 Beschluss vom 14. Dezember 1976 – 2 BvR 802/75, BVerfGE 43, 142, 148; Beschluss vom 29. Juni 1983 – 2 BvR 1546/79, BVerfGE 64, 301, 312; Urteil vom 20. Juli 1998 – 2 BvE 2/98 –, BVerfGE 99, 19, 29; s.a. *Schlosser U.*, aaO, S. 187 ff. und 203 ff.
72 Weitergehende Forderungen werden insbesondere in der Literatur erhoben, so z.B. die Einführung von Sanktionen im Falle der Verletzung von Verhaltensregeln und die Schaffung eines unabhängigen Gremiums zur Feststellung solcher Verletzungen; s. dazu etwa *Becker M.*, aaO, S. 177 f.
73 S. dazu oben 3.1 und 3.3.
74 Urteil vom 5. November 1975 – 2 BvR 193/74 –, BVerfG E 40, 296, 318 f.; s. dazu oben 3.10.
75 S. die Begründungen der Anträge und Gesetzentwürfe auf BT-Drs. 13/2343, 13/3137, 13/3241, 13/3284, 13/8677 und 13/9616 sowie den Beitrag der vom 1. Ausschuss als Sachverständige angehörten Prof. Dr. Christine *Landfried* im Protokoll der öffentlichen Anhörung vom 12.06.1996; s.a. *Becker M.*, aaO, S. 120 f.; differenzierend *Welti F.*; Die soziale Sicherung der Abgeordneten des Deutschen Bundestages, der Landtage und der deutschen Abgeordneten im Europäischen Parlament, Berlin, 1998, S. 281 ff.

33 In der 13. Wahlperiode wurden mehrere parlamentarische Initiativen ergriffen, mit denen Abgeordnete von Bündnis 90/Die Grünen, der PDS und der SPD eine Änderung der Verhaltensregeln erreichen wollten. Ziel dieser Initiativen war neben einer Ausweitung der Anzeigepflichten und der Absenkung der Veröffentlichungsgrenze bei Spenden in erster Linie die Veröffentlichung der Nebeneinkünfte von Abgeordneten. Die dazu vorgelegten Vorschläge reichten von einer Veröffentlichungspflicht nur für Einkünfte aus öffentlichen Kassen[76] bis hin zu einer Veröffentlichung aller Einkünfte im Sinne des § 2 EStG.[77] Noch weitergehende Forderungen betrafen eine Genehmigungspflicht für Nebentätigkeiten und eine Anrechnung von Nebeneinkünften, zumindest der aus öffentlichen Kassen, auf die Abgeordnetenentschädigung.[78]

Einschränkend wurde in einem Teil dieser Entwürfe vorgeschlagen, dass Nebeneinkünfte nur insoweit angezeigt bzw. veröffentlicht werden sollten, als sie auf für die Ausübung des Mandats bedeutsame Interessenverknüpfungen hinweisen könnten.[79] Eine weitere Einschränkung sah vor, dass eine Veröffentlichung gänzlich unterbleiben sollte, soweit überwiegende schutzwürdige Interessen des betroffenen Abgeordneten oder Dritter entgegenstünden.[80] Einige Initiativen griffen auch eine Anregung der Sachverständigen Dr. Landfried[81] auf und schlugen vor, die Veröffentlichungen nicht (nur) wie bisher im Amtlichen Handbuch des Bundestages, sondern (auch) in einer Bundestagsdrucksache vorzunehmen.[82]

34 Demgegenüber hatte sich die in der 12. Wahlperiode eingesetzte Unabhängige Kommission zur Überprüfung des Abgeordnetenrechts (sog. Kissel-Kommission) gegen die Forderung nach dem „gläsernen Abgeordneten" gewandt und dabei insbesondere darauf hingewiesen, dass die Veröffentlichung von Einkommenszahlen der selbständigen und freiberuflich tätigen Abgeordneten deren Konkurrenten Wettbewerbsvorteile bringen würde. Außerdem sei die Angabe von Einkommenszahlen ohnehin nur beschränkt aussagefähig. Geldwerte Zuwendungen könnten nur dann Rückschlüsse auf Abhängigkeiten verläßlich zulassen, wenn die individuelle Finanzsituation des Empfängers bekannt sei.[83]

35 Eine vom 1. Ausschuss im Sommer 1996 vorgenommene Sachverständigenanhörung[84] ergab, dass eine Veröffentlichung der Nebeneinkünfte von Abgeordneten rechtlich nicht von vornherein ausgeschlossen ist. Die Sachverständigen wiesen aber auf Probleme – auch tatsächlicher Art – hin und machten die verfassungsrechtlichen Grenzen von Offenlegungsregelungen deutlich.

---

76 BT-Drs. 13/8677.
77 BT-Drs. 13/2343, 13/3137, 13/3241, 13/3284.
78 BT-Drs. 13/3137 und 13/3284. Diese Vorschläge stoßen allerdings unter verfassungsrechtlichen Gesichtspunkten auf Bedenken; s. dazu unten 5.
79 BT-Drs. 13/3241 und BT-Drs. 13/9616.
80 BT-Drs. 13/9616. Damit wurden Bedenken aus der vom 1. Ausschuss am 12.6.1996 durchgeführten Sachverständigenanhörung aufgegriffen.
81 S. deren Beitrag im Protokoll der öffentlichen Anhörung vom 12.6.1996.
82 BT-Drs. 13/8677 und 13/9616.
83 S. den Bericht der Kommission auf BT-Drs. 12/5020, S. 19 f.
84 S. das Protokoll der öffentlichen Anhörung vom 12.06.1996. Als Sachverständige angehört wurden Prof. Dr. Christine Landfried, Prof. Dr. Martin Morlok, Prof. Dr. Heinrich Oberreuter, Prof. Dr. Meinhard Schröder und RiBVerfGG a. D. Ernst Träger.

So wurde auf den bereits bestehenden Hang zum „Beamtenparlament" hingewiesen.[85] Die diskutierten Offenlegungspflichten könnten Angehörige von Berufsgruppen außerhalb des öffentlichen Dienstes von einer Kandidatur für den Bundestag abschrecken. Der Bundestag leide aber bereits jetzt unter einer Unterrepräsentation dieser Berufsgruppen und des damit verbundenen Sachverstandes. Wünschenswert sei es, die Abgeordnetenrekrutierung so zu verändern, dass das Mandat finanziell nicht nur für die Angehörigen des öffentlichen Dienstes und der Bezieher unterer und mittlerer Einkommen attraktiv sei.

Die Verpflichtung zur Offenlegung von Einkommen bedeute darüber hinaus einen Eingriff in die Grundrechte der Berufsfreiheit und der informationellen Selbstbestimmung. Die Sachverständigen wiesen darauf hin, dass ein solcher Eingriff bereits formell nur dann verfassungsmäßig sein könne, wenn er von einem Gesetz getragen werde. Während die Sachverständigen Dr. Morlok, Dr. Landfried und Dr. Schröder dazu neigten, die Verhaltensregeln vollständig in die Gesetzesform zu überführen, hielt der Sachverständige Träger die bisherige Systematik für ausreichend. Es müsse lediglich die gesetzliche Ermächtigungsgrundlage in § 44 a so ergänzt werden, dass sie auch zusätzliche Regelungsinhalte abdecken könne.

Materiellrechtlich könne möglicherweise bereits der Status der Öffentlichkeit der Abgeordneten Eingriffe in deren Grundrechte rechtfertigen. Aufgrund des Artikels 38 GG und des Demokratieprinzips müsse ein Abgeordneter ein Mehr an Öffentlichkeit hinnehmen als Privatpersonen. Allerdings lägen zu dieser Frage bislang wenig gesicherte Erkenntnisse vor.

Die Sachverständigen betonten außerdem, dass stets der Verhältnismäßigkeitsgrundsatz beachtet werden müsse. SV Träger hielt deshalb die Forderung, sämtliche Einkünfte im Sinne des § 2 EStG offen zu legen, für zu weitgehend. Die Pflicht zur Offenlegung von Einkommen, das üblicherweise ohne eigene Arbeitsleistung erzielt werde, wie Einkommen aus Kapitalvermögen, Vermietung und Verpachtung liefe auf eine nicht gerechtfertigte Ausforschung der privaten Vermögensverhältnisse der Abgeordneten hinaus. SV Dr. Morlok äußerte Bedenken hinsichtlich einer Veröffentlichungspflicht für alle Einkünfte aus öffentlichen Kassen. Soweit es um eine angemessene Lösung für das Problem des Zusammentreffens mehrerer Einkünfte aus öffentlichen Kassen oder um eine Begrenzung übermäßiger Versorgungsleistungen gehe, liege der zunächst zu ergreifende Ansatzpunkt in einer Änderung der einschlägigen gesetzlichen Vorschriften. Damit könne das Problem weitaus effektiver behoben werden, als lediglich durch das Ermöglichen einer öffentlichen Diskussion über die Einkünfte, die in der Person eines Abgeordneten kumulierten.

Unter dem Gesichtspunkt der Berufsfreiheit beständen besondere Probleme bei den freiberuflich und selbständig Tätigen. Aus veröffentlichten Angaben über die Höhe der aus einer solchen Tätigkeit bezogenen Einkünfte könnten Wettbewerbsnachteile entstehen, da sie Konkurrenten weitgehende Einblicke in die Rentabilität des Unternehmens ermöglichen. Dies könne – im Lichte der Berufsfreiheit betrachtet – zu einer Unzumutbarkeit von Offenlegungspflichten führen.

---

85 Zur Berufsstruktur des Bundestags s. *Patzelt W.*, Deutschlands Abgeordnete: Profil eines Berufsstands, der weit besser ist als sein Ruf, ZParl 1996, S. 462, 464 f. und *Schindler P.*, aaO, S. 678 ff.

Es bestünden auch datenschutzrechtliche Probleme, wenngleich das Datenschutzgesetz selbst wegen seiner Subsidiaritätsklausel nicht einschlägig sei. Die diskutierten Änderungen der Verhaltensregeln würden aber eine Ausnahme von der bestehenden datenschutzrechtlichen Doktrin erfordern. Kernpunkt des Datenschutzes sei, dass Daten nicht aus dem Verwendungszusammenhang, für den sie legitimerweise erhoben würden, herausgerissen und in andere Verwendungszusammenhänge gebracht werden dürften. Mit der Publikation von Daten sei die rechtfertigungskritische Spezifität des Verwendungszwecks jedoch nicht zu gewährleisten. Sollten aber nicht alle Arten von Offenlegungspflichten von vornherein ausgeschlossen sein, so müsste die dargestellte datenschutzrechtliche Dogmatik umgestaltet werden. Das strikte Verlangen nach einer Verhinderung von Zweckentfremdungen könne hier nicht aufrecht erhalten werden. Der dennoch gebotene Schutz der informationellen Selbstbestimmung sei in diesen Fällen durch das Aufstellen besonders strikter Maßstäbe, welche Daten einer Publikationspflicht unterlägen, zu gewährleisten.

Außerdem sei auch der Schutz der Grundrechte Dritter zu beachten. Diese könnten bereits berührt sein, wenn parlamentarische Offenlegungspflichten zu einem Bekanntwerden eines – etwa geschäftlichen – Kontakts zu einem Abgeordneten führten. Spätestens aber dort, wo die Tatsache des Kontaktes zu einem Abgeordneten in seinem Beruf unter ein Berufsgeheimnis fiele, seien Grenzen der Offenlegungspflichten zu ziehen. Es müsse also sichergestellt werden, dass in Fällen, in denen ein Abgeordneter beispielsweise als Arzt oder als Rechtsanwalt tätig werde, die Namen der Auftraggeber nicht bekannt würden.

Grenzen für Verhaltensregeln ergäben sich auch aus den Bestimmungen über den Status der Abgeordneten in Art. 38 und 39 GG. Ein Abgeordneter schulde keine Dienste. Es obliege ihm allein, nach seinem Gewissen zu befinden, wie weit er neben dem Mandat eine kompatible Tätigkeit ausüben könne. Ein gänzliches Verbot von Berufs- und Erwerbstätigkeit neben dem Mandat sei deshalb bereits aus diesem Grund verfassungsrechtlich bedenklich; in diesem Bereich könne letztlich nur das Votum des Wählers als Korrektiv wirken.

Darüber hinaus folge aus dem Grundsatz des freien Mandats und dem Recht auf einen für alle Wahlberechtigten gleichen Zugang zum Mandat das Verbot, einzelne Berufsgruppen in einer Weise zu belasten, die einer faktischen Zugangssperre gleichkäme. Ein Verbot von Nebentätigkeiten würde sich aber für einen erheblichen Teil der selbständig Tätigen als solche Sperre auswirken. Im Blick auf die zeitliche Befristung des Mandats und das Fehlen einer ausreichenden Entschädigung für die Folgezeit wäre der Verlust eines Mandanten-, Patienten- oder Kundenstamms eine Folge, die die Übernahme des Mandats unzumutbar erscheinen ließe.

Außerdem stelle Artikel 39 GG klar, dass das Mandat keine Position auf Dauer vermittele, sondern auf die jeweilige Wahlperiode beschränkt sei. Das Mandat dürfe deshalb nicht so ausgestaltet werden, dass die von der Verfassung als Regelfall vorausgesetzte Rückkehr des Abgeordneten in das Berufsleben für bestimmte Berufsgruppen erschwert würde. Während bei Beamten der Wechsel vom Mandat zum Beruf ohne weiters möglich sei, ergäben sich bei Selbständigen oft erhebliche Schwierigkeiten. Diese Schieflage dürfe nicht durch Offenlegungspflichten weiter verschärft werden. Es wäre deshalb unzulässig, von einem beruflich Selbständigen Angaben über seinen Kunden- oder Mandantenstamm zu verlangen.

Aus Artikel 38 Absatz 1 Satz 2 GG sei schließlich für die Stellung des Abgeordneten auch das Prinzip der formalisierten Gleichbehandlung abzuleiten. Deshalb stehe jedem Abgeordneten eine gleichhohe Entschädigung zu, unabhängig vom Maß der Inanspruchnahme durch die Mandatsausübung und unabhängig vom konkreten finanziellen Aufwand und dem beruflichen Einkommen. Die Anrechnung von Bezügen aus Nebentätigkeiten würde bewirken, dass Abgeordnete unterschiedliche Einkünfte aus dem Mandatsverhältnis erhielten. Dies widerspräche den verfassungsrechtlichen Grundsätzen, die nach der Rechtsprechung des Bundesverfassungsgerichts für das Abgeordnetenrecht maßgebend seien. Eine Anrechnungsmöglichkeit habe das Gericht nur für die Fälle der Bezüge aus öffentlichen Kassen bejaht.

Die diskutierten Vorschläge zu einer Erweiterung der Anzeige- und Offenlegungspflichten fanden indes in der 13. Wahlperiode keine Mehrheit. Der Bundestag hatte zwar den 1. Ausschuss im Dezember 1995 beauftragt, die Verhaltensregeln dahingehend zu überprüfen, „ob und inwieweit die Regelungen über die Anzeigepflichten von Tätigkeiten und der aus diesen Tätigkeiten gezogenen Einkünfte im Hinblick auf die Einschätzung potentieller Interessenkonflikte aus Gründen der Transparenz einer Ergänzung bedürfen."[86] Letztlich folgte er aber mit der Mehrheit seiner Stimmen der Empfehlung des 1. Ausschusses, die geltende Rechtslage unverändert beizubehalten.[87]

6. Parallelregelungen für Abgeordnete des EP und der Länder

Für das EP bestimmt Artikel 9 seiner Geschäftsordnung, dass das Parlament sich Verhaltensregeln geben kann. Von dieser Möglichkeit hat es Gebrauch gemacht; die „Bestimmungen zur Durchführung von Artikel 9 Abs. 1 – Transparenz und finanzielle Interessen der Mitglieder" sind der GO-EP als Anlage 1 beigefügt. Im Vergleich zu den Bestimmungen für die Mitglieder des Bundestags muten die Verhaltensregeln des EP einfach und überschaubar an. Sie legen Mitgliedern, die an einem Beratungsgegenstand ein unmittelbares finanzielles Interesse haben, die Pflicht auf, dies mündlich mitzuteilen, bevor sie dazu im Plenum oder in einem der Gremien das Wort ergreifen. Außerdem wird ein Register geführt, für das alle Mitglieder ihre beruflichen oder sonst gegen Entgelt ausgeübten Funktionen oder Tätigkeiten sowie jegliche finanzielle, personelle oder materielle Unterstützung angeben müssen, die ihnen zusätzlich zu den vom Parlament bereitgestellten Mitteln im Rahmen ihrer politischen Tätigkeit von Dritten gewährt wird. Die Identität dieser Dritten ist offenzulegen. Das Register ist öffentlich und wird einmal im Jahr aktualisiert. Schließlich sind die MdEPs gehalten, sich „bei der Ausübung ihres Mandats" der Annahme aller Geschenke und Zuwendungen zu enthalten.

Die Verhaltensregeln des EP enthalten keine Sanktionen für Verstöße gegen die den Mitgliedern obliegenden Offenbarungspflichten. Allerdings können Ordnungsmaßnahmen bis zum vorübergehenden Ausschluss des betroffenen Mitglieds ver-

---

86 BT-Drs. 13/3281, PlenProt. 13/78 vom 8.12.1995.
87 BT-Drs. 13/9517, PlenProt. 13/216 vom 5.2.1998, S. 19792 ff.

hängt werden, wenn es seiner Pflicht zur Abgabe der für das Register erforderlichen Erklärungen nicht nachkommt.

38 Auch die Landtage haben mit Ausnahme des Saarlands für ihre Abgeordneten eigene Verhaltensregeln erlassen. Diese ähneln mehr oder weniger den Regeln des Bundestages und sind auch untereinander zu weiten Teilen vergleichbar. Allerdings sind die Verhaltensregeln der Landtage im Vergleich zu denen des Bundestags durchweg leichter lesbar und weniger mit komplizierten Detailregelungen überfrachtet. Die Konstruktion ist oft ähnlich wie die beim Bund mit einer Rahmenbestimmung im jeweiligen Landesabgeordnetengesetz (Bayern, Brandenburg, Hessen, Mecklenburg-Vorpommern, Rheinland-Pfalz, Saarland, Sachsen-Anhalt, Schleswig-Holstein und Thüringen) und einer davon getrennten Regelung des eigentlichen Verhaltensrechts an anderer Stelle, meist als Anlage zur jeweiligen Geschäftsordnung. In Hamburg ist das gesamte Verhaltensrecht in einer Vorschrift des Landesabgeordnetengesetzes geregelt. In den Abgeordnetengesetzen von Bremen, Niedersachsen, Nordrhein-Westfalen und dem Saarland ist das Verbot der Interessentenzahlungen ausdrücklich angeordnet[88]; die Regelungen in Niedersachsen und im Saarland sehen sogar vor, dass verbotene Zuwendungen an das Land abzuführen sind.

39 Inhaltlich sehen die meisten dieser Verhaltensregeln Anzeigepflichten zu neben dem Mandat ausgeübten Tätigkeiten – insbesondere beruflichen – vor, die in den Handbüchern der jeweiligen Landtage veröffentlicht werden. Weitere Tatbestände sind lediglich intern gegenüber den jeweiligen Präsidenten anzuzeigen. Meist existieren auch besondere Regelungen für Spenden und sonstigen Zuwendungen an Abgeordnete; in der Regel ist hier die Pflicht zur gesonderten Rechnungsführung sowie zur Anzeige an den jeweiligen Landtagspräsidenten, in einigen Fällen auch die Veröffentlichung vorgesehen. Darüber hinaus enthalten die meisten Regelwerke die Pflicht zur Offenlegung von Interessenverknüpfungen in der Ausschussarbeit, das Verbot von Interessentenzahlungen, soweit dies nicht bereits in dem jeweiligen Abgeordnetengesetz enthalten ist, das Verbot, in beruflichen oder geschäftlichen Angelegenheiten auf die Mitgliedschaft im Landtag hinzuweisen sowie ein Verfahren im Falle von Verstößen.

40 Besonders hinzuweisen ist auf ein Detail im Verhaltensrecht der Bremischen Bürgerschaft: Nr. III der bremischen Verhaltensregeln enthält ein Mitwirkungsverbot bei Beratungen oder Entscheidungen, die dem Mitglied der Bürgerschaft oder seinen Verwandten „unmittelbaren Vorteil oder Nachteil bringen können". Dies entspricht der Befangenheitsvorschrift in Artikel 84 der bremischen Verfassung. Diese Regel ist im Verhaltensrecht der deutschen Parlamente einzigartig.[89] Ob hierin ein für das Parlamentsrecht verallgemeinerungsfähiger Gedanke liegt, kann bezweifelt werden; die überwiegende Literatur steht einem Mitwirkungsverbot für Abgeordnete wegen Befangenheit kritisch gegenüber.[90]

---

88 S. dazu oben 3. 10.
89 S. aber § 141 der GO des Bayerischen Landtags.
90 S. dazu *Achterberg N.*, Die Abstimmungsbefugnis des Abgeordneten bei Betroffenheit in eigener Sache, AöR 109 (1984), 505 ff.; *Grimm D.*, Parlament und Parteien, in: Parlamentsrecht und Parlamentspraxis in der Bundesrepublik Deutschland: ein Handbuch / hrsg. von Schneider H.-P. / Zeh W., Berlin, 1989, § 6 Rdn. 36 ff.; *Klein H. H.*, Status der Abgeordneten, in: Handbuch des Staatsrechts der Bundesrepublik Deutschland, hrsg. von Isensee J. und Kirchhof P., Bd. 2,

§ 44 b Überprüfung auf Tätigkeit oder politische Verantwortung für das Ministerium für Staatssicherheit / Amt für Nationale Sicherheit der ehemaligen Deutschen Demokratischen Republik

(1) Mitglieder des Bundestages können beim Präsidenten schriftlich die Überprüfung auf eine hauptamtliche oder inoffizielle Tätigkeit oder politische Verantwortung für den Staatssicherheitsdienst der ehemaligen Deutschen Demokratischen Republik beantragen.

(2) Eine Überprüfung findet ohne Zustimmung statt, wenn der Ausschuss für Wahlprüfung, Immunität und Geschäftsordnung das Vorliegen von konkreten Anhaltspunkten für den Verdacht einer solchen Tätigkeit oder Verantwortung festgestellt hat.

(3) Das Verfahren wird in den Fällen der Absätze 1 und 2 vom Ausschuss für Wahlprüfung, Immunität und Geschäftsordnung durchgeführt.

(4) Das Verfahren zur Feststellung einer Tätigkeit oder Verantwortung für das Ministerium für Staatssicherheit / Amt für Nationale Sicherheit der ehemaligen Deutschen Demokratischen Republik legt der Deutsche Bundestag in Richtlinien fest.

Richtlinien
zur Überprüfung auf eine Tätigkeit oder politische Verantwortung für das Ministerium für Staatssicherheit / Amt für Nationale Sicherheit der ehemaligen Deutschen Demokratischen Republik

Gemäß § 44 b des Abgeordnetengesetzes werden die folgenden Richtlinien erlassen:

1. Der Ausschuss für Wahlprüfung, Immunität und Geschäftsordnung (1. Ausschuss) ist zuständig für Überprüfungen gemäß § 44 b des Abgeordnetengesetzes.

   Dem 1. Ausschuss sind die Mitteilungen des Bundesbeauftragten für die Unterlagen des Staatssicherheitsdienstes der ehemaligen Deutschen Demokratischen Republik (Bundesbeauftragter) und sonstige Unterlagen zur Überprüfung eines Mitgliedes des Bundestages unmittelbar zuzuleiten.

   Er kann aus seiner Mitte Mitglieder mit der Durchsicht von Unterlagen beauftragen.

   Entscheidungen nach § 44 b Abs. 2 des Abgeordnetengesetzes, Entscheidungen über Ersuchen um zusätzliche Auskünfte des Bundesbeauftragten und Entscheidungen zur Feststellung des Prüfungsergebnisses trifft der 1. Ausschuss mit einer Mehrheit von zwei Dritteln seiner Mitglieder.

2. Das betroffene Mitglied kann Einsicht in die beim 1. Ausschuss befindlichen Unterlagen verlangen. Es kann sich einer Vertrauensperson bedienen.

Heidelberg, 1987, § 41 Rdn. 31; *v. Mangold H. / Klein F. / Achterberg N. / Schulte M.*, Das Bonner Grundgesetz, Kommentar, Band 6, 3. Aufl. München, 1991, § 38 Rdn. 59; *Peine F.-J.*, Der befangene Abgeordnete, JZ 1985, 914 ff. Umfassend: *Knebel-Pfuhl Chr.*, Mitwirkungsverbot wegen Befangenheit für Parlamentarier, Diss. Berlin, 1978. S.a. den Zwischenbericht der Enquete-Kommission Verfassungsreform der 6. Wahlperiode, BT-Drs. VI / 3829, S. 64.

Im Übrigen dürfen Einsicht in die zu den Überprüfungsverfahren geführten Akten des 1. Ausschusses nur die Ausschussmitglieder sowie die mit der Bearbeitung der Vorgänge befassten Sekretariatsmitarbeiter nehmen.

Bei den Beratungen des 1. Ausschusses zu den Überprüfungsverfahren ist das Zutrittsrecht für Mitglieder des Bundestages auf die ordentlichen Ausschussmitglieder und deren Stellvertreter beschränkt. Der 1. Ausschuss kann im Einzelfall Ausnahmen beschließen.

3. Der Präsident des Bundestages ersucht den Bundesbeauftragten um Mitteilung von Erkenntnissen aus seinen Unterlagen über ein Mitglied des Bundestages und um Akteneinsicht, falls dieses Mitglied des Bundestages es verlangt.

Er ersucht den Bundesbeauftragten auch, falls der 1. Ausschuss konkrete Anhaltspunkte für den Verdacht einer hauptamtlichen oder inoffiziellen Tätigkeit oder politischen Verantwortung eines Mitgliedes des Bundestages für das Ministerium für Staatssicherheit / Amt für Nationale Sicherheit (MfS / AfNS) der ehemaligen Deutschen Demokratischen Republik festgestellt hat.

Das Mitglied des Bundestages ist über das Ersuchen in Kenntnis zu setzen.

4. Der 1. Ausschuss trifft auf Grund der Mitteilungen des Bundesbeauftragten und auf Grund sonstiger ihm zugeleiteter oder von ihm beigezogener Unterlagen die Feststellung, ob eine hauptamtliche oder inoffizielle Mitarbeit oder eine politische Verantwortung für das Ministerium für Staatssicherheit / Amt für Nationale Sicherheit (MfS / AfNS) der ehemaligen Deutschen Demokratischen Republik als erwiesen anzusehen ist.

5. Vor Abschluss der Feststellungen gemäß Nummer 4 sind die Tatsachen dem betroffenen Mitglied des Bundestages zu eröffnen und mit ihm zu erörtern.

Der Vorsitzende des 1. Ausschusses unterrichtet den Präsidenten des Bundestages und den Vorsitzenden derjenigen Fraktion oder Gruppe, der das betroffene Mitglied des Bundestages angehört, über die beabsichtigte Feststellung des 1. Ausschusses.

6. Die Feststellung des 1. Ausschusses über ein Mitglied des Bundestages wird unter Angabe der wesentlichen Gründe als Bundestagsdrucksache veröffentlicht. In die Bundestagsdrucksache ist auf Verlangen eine Erklärung des betroffenen Mitgliedes des Bundestages in angemessenem Umfang aufzunehmen.

Absprache zur Durchführung der Richtlinien gemäß § 44 b AbgG

1. Einzelfallüberprüfung

Die Einzelfallüberprüfung übernehmen Berichterstattergruppen.

Die Berichterstattergruppen bestehen jeweils aus dem Vorsitzenden und seinem Stellvertreter sowie je einem Mitglied der Fraktionen und Gruppen.

Es werden vier Berichterstattergruppen gebildet. Die Zuweisung der Überprüfungsvorgänge an die einzelnen Gruppen nimmt der Ausschussvorsitzende vor.

Jedes Mitglied des Ausschusses kann sich an der Akteneinsicht beim Bundesbeauftragten beteiligen.

Den Bericht der Berichterstattergruppe und den Entwurf des Entscheidungsvorschlages für den Einzelfall an den Ausschuss legt der Vorsitzende vor.

Die Feststellung des Ausschusses wird vom Vorsitzenden ausgefertigt.

2. Anhörung des Betroffenen

Termin und Ort bestimmt der Vorsitzende, er gibt dies in einer Ausschusssitzung bekannt.

§ 44 b Stasi-Überprüfung

Die Anhörung wird von der Berichterstattergruppe durchgeführt; jedes Ausschussmitglied kann teilnehmen.

Die Einladung erfolgt schriftlich mit dem Hinweis, dass das betroffene Mitglied des Bundestages vorher Einsicht in die Akten des Ausschusses nehmen kann.

Das betroffene Mitglied des Bundestages kann nach Ende der Anhörung dem Ausschuss eine schriftliche Stellungnahme zuleiten. Ob und inwieweit diese Stellungnahme für die Antragstellung gemäß Ziff. 5 der Richtlinien bewertet wird, muss zum Zeitpunkt der Abfassung der Beschlussempfehlung entschieden werden.

3. Überprüfung von Amts wegen

Die Überprüfung von Mitgliedern des Bundestages gem. § 44 b Abs. 2 AbgG kann von jedem Ausschussmitglied beantragt werden.

Dem Antrag sind Belegmaterialien beizufügen.

Der Vorsitzende unterrichtet den Ausschuss über Anregungen anderer Mitglieder des Bundestages.

4. Aktenaufbewahrung und Akteneinsicht

Die Originale bleiben im Sekretariat. Sie können dort von jedem Ausschussmitglied eingesehen werden.

Für das Überprüfungsverfahren werden grundsätzlich nur zwei Kopien gezogen, die ebenfalls im Sekretariat verbleiben. Der Ausschuss kann beschließen, den Berichterstattern für ihre Arbeit außerhalb der Sekretariatsräume jeweils eine weitere Kopie zur Verfügung zu stellen.

Einsicht in die Akten des Ausschusses wird dem betroffenen Mitglied des Bundestages nur in den Räumen des Ausschusses gewährt. Bei der Einsichtnahme müssen der Vorsitzende oder von ihm beauftragte Mitglieder des Ausschusses oder des Sekretariats anwesend sein. Anonymisierte Kopien werden dem betroffenen Mitglied des Bundestages auf Verlangen ausgehändigt. Aufzeichnungen kann sich das betroffene Mitglied des Bundestages anfertigen.

5. Öffentlichkeit

Die Mitglieder des Ausschusses sind zur Verschwiegenheit über schutzwürdige persönliche Daten überprüfter Abgeordneter verpflichtet.

Presseerklärungen über die inhaltliche Bewertung von Einzelfällen werden nicht abgegeben.

Hörfunk- und Fernsehaufzeichnungen im Sitzungssaal während der Sitzungen und Gespräche sind unzulässig.

6. Feststellungskriterien

Feststellungskriterien für den Ausschuss sind:

A. hauptamtliche Tätigkeit für das MfS / AfNS (vgl. § 6 Abs. 4 Nr. 1 StUG);

B. inoffizielle Tätigkeit für das MfS / AfNS (vgl. § 6 Abs. 4 Nr. 2 StUG);

von dieser kann in der Regel insbesondere dann ausgegangen werden,

I. wenn eine unterzeichnete Verpflichtungserklärung vorliegt, es sei denn, es liegt Geringfügigkeit („Bagatellfall") nach § 19 Abs. 8 Nr. 2 StUG vor oder ein tatsächliches Tätigwerden kann wegen fehlender Unterlagen nicht festgestellt werden,

II. wenn nachweislich Berichte oder Angaben über Personen außerhalb offizieller Kontakte geliefert wurden,

III. wenn ein Tätigwerden für das MfS / AfNS auf sonstige Weise zweifelsfrei belegt wird; Indizien hierfür sind beispielsweise

a) die nachgewiesene Entgegennahme von Zuwendungen, Vergünstigungen, Auszeichnungen oder Vergleichbarem,

b) eine nachgewiesene Eintragung in den Karteien, insbesondere
- falls unterschiedliche Registriernachweise miteinander korrelieren,
- korrelierende Registriernachweise auf eine längere Zeit der inoffiziellen Zusammenarbeit hindeuten,
- oder während der Dauer der Erfassung die Führungsoffiziere wechselten;

IV. von dieser Indizwirkung kann in der Regel dagegen nicht ausgegangen werden, wenn Hinweise darauf bestehen, dass Unterlagen zu Lasten Betroffener manipuliert worden sind;

C. politische Verantwortung für das MfS / AfNS oder seine Mitarbeiter und Mitarbeiterinnen.

D. Sind durch eine Tätigkeit oder politische Verantwortung für das MfS / AfNS Einzelpersonen nachweislich weder mittelbar noch unmittelbar belastet oder benachteiligt worden, ist dies in die Feststellungen aufzunehmen.

Parallelvorschriften der Länder:			
MV.	§ 48 AbgG	SachsAnh.	§ 46 a AbgG
Nds.	§ 27 a AbgG	Thür.	Thüringer Gesetz zur Überprüfung von Abgeordneten
Sachs.	Art. 118 Verf. § 1 AbgG, § 44 WahlG		

Literatur: *Achterberg N.*, Die Abstimmungsbefugnis des Abgeordneten bei Betroffenheit in eigener Sache, AöR 1984 (109), S. 505 ff.; Bundesbeauftragter für die Unterlagen des Staatssicherheitsdienstes der ehemaligen DDR, Das Arbeitsgebiet I der Kriminalpolizei, Berlin 1994; *Burhenne W. / Fechler B.*, Recht und Organisation der Parlamente, Loseblattsammlung; *Butzer H.*, Immunität im demokratischen Rechtsstaat, Berlin 1991; *Eisenberg U.*, Beweisrecht der StPO, 2. Aufl. München 1996; *Engelmann R.*, Zu Struktur, Charakter und Bedeutung der Unterlagen des Ministeriums für Staatssicherheit, Reihe BF informiert Nr. 3 / 1994; *ders.*, Zum Quellenwert der Unterlagen des Ministeriums für Staatssicherheit, in: Henke K.-D. / Engelmann R. (Hrsg.), Aktenlage, Die Bedeutung der Unterlagen des Staatssicherheitsdienstes für die Zeitgeschichtsforschung, Berlin, 1995, S. 23 ff.; *Geiger H. / Klinghardt H.*, Stasi-Unterlagen-Gesetz mit Erläuterungen für die Praxis, Köln 1993; *Gummer P.* in: Zöller, Zivilprozessordnung, Kommentar, 22. Aufl. Köln, 2001, § 550; *Grimm D.*, Parlament und Parteien, in: Parlamentsrecht und Parlamentspraxis in der Bundesrepublik Deutschland: ein Handbuch / hrsg. von Schneider H-.P. / Zeh W., Berlin, 1989, § 6; *Klein H. H.*, Indemnität und Immunität, in: Parlamentsrecht und Parlamentspraxis in der Bundesrepublik Deutschland: ein Handbuch / hrsg. von Schneider H.-P., Zeh W., Berlin, 1989, § 17; *ders.*, Status der Abgeordneten, in: Handbuch des Staatsrechts der Bundesrepublik Deutschland, hrsg. von Isensee J. und Kirchhof P., Bd. 2, Heidelberg, 1987, § 41; *Kleinknecht Th. / Meyer-Goßner L.*, Strafprozessordnung, 45. Aufl. München 2001; *Krehl Ch.* in: Heidelberger Kommentar zur StPO, 3. Aufl. Heidelberg, 2001 § 152; *Lansnicker F. / Schwirtzek Th.*, Der Beweiswert von Stasi-Unterlagen im Arbeitsgerichtsprozess, DtZ 1994, S. 162 ff.; *v. Mangold H. / Klein F. / Achterberg N. / Schulte M.*, Das Bonner Grundgesetz, Band 6, 3. Aufl. München 1991; *Peine F.-J.*, Der befangene Abgeordnete, JZ 1985, S. 914 ff.; *Prütting H.*, in: Münchner Kommentar zur ZPO, 2. Aufl. München 2000, § 286; *Rieß P.*, in: Löwe-Rosenberg, Die Strafprozessordnung und das Gerichtsverfassungsgesetz, 24. Aufl. Berlin 1989, § 152; *Schmidt D. /*

§ 44 b Stasi-Überprüfung

Dörr E., Stasi-Unterlagen-Gesetz, Kommentar für Betroffene, Wirtschaft und Verwaltung, Köln 1993; *Schröter U.*, Das leitende Interesse des Schreibenden als Bedingungsmerkmal der Verschriftung – Schwierigkeiten bei der Auswertung von MfS-Akten, in: Henke K.-D. / Engelmann R. (Hrsg.), Aktenlage, Die Bedeutung der Unterlagen des Staatssicherheitsdienstes für die Zeitgeschichtsforschung, Berlin, 1995, S. 40 ff.; *Schulte M. / Zeh W.*, Der Ausschuss für Wahlprüfung, Immunität und Geschäftsordnung, in: Parlamentsrecht und Parlamentspraxis in der Bundesrepublik Deutschland: ein Handbuch / hrsg. von Schneider H.-P. / Zeh W., Berlin, 1989, § 43; *Schwerin Th.*, Der Bundestag als Geschäftsordnungsgeber, Berlin 1998; *Stock R.*, Untersuchungsrecht des Bundestages gegen „unwürdige" Abgeordnete?, ZRP 1995, S. 286 ff.; *Stoltenberg K.*, Stasi-Unterlagen-Gesetz, Kommentar, Baden-Baden 1992; *Suckut S. / Süß W.*, Staatspartei und Staatssicherheit, Zum Verhältnis von SED und MfS, Berlin, 1997; *Vetter J.*, Abgeordneten-Überprüfung durch Untersuchungsausschüsse? Ein Beitrag zur Stasi-Diskussion in den deutschen Parlamenten, ZParl 1993, S. 211 ff.; *Wenzel*, in: Münchner Kommentar zur ZPO, 2. Aufl. München 2000 § 550; *Weberling J.*, Stasi-Unterlagen-Gesetz, Kommentar, Köln / Berlin / Bonn / München 1993; *Wurbs W.*, Regelungsprobleme der Immunität und der Indemnität in der parlamentarischen Praxis, Berlin 1987.

Übersicht

		Rdn.
1.	Allgemeines	1–14
1.1	Vorläuferregelungen	1–6
1.1.1	Überprüfungsverfahren der Volkskammer	2–3
1.1.2	Präsidiumsverfahren des Bundestages	4–6
1.2	Entstehungsgeschichte der Vorschrift	7
1.3	Ziele der Regelung	8–9
1.4	Verhältnis zum Stasi-Unterlagen-Gesetz	10
1.5	Verhältnis zum Immunitätsrecht	11
1.6	Ergebnisse der bisher durchgeführten Überprüfungen	12–14
2.	Überprüfung auf Antrag (§ 44 b Abs. 1)	15–24
2.1	Antragstellung	15–17
2.2	Hauptamtliche oder inoffizielle Tätigkeit oder politische Verantwortung für das MfS / AfNS	18–23
2.2.1	Hauptamtliche Tätigkeit	19
2.2.2	Inoffizielle Tätigkeit	20–21
2.2.3	Politische Verantwortung	22
2.2.4	Opfer des Staatssicherheitsdienstes	23
2.3	Staatssicherheitsdienst der ehemaligen DDR	24
3.	Überprüfung ohne Zustimmung des Betroffenen (§ 44 b Abs. 2)	25–28
3.1	Keine Regelüberprüfung	25
3.2	Verfassungsmäßigkeit der Regelung	26
3.3	Feststellung konkreter Anhaltspunkte	27–28
4.	Zuständigkeit des Ausschusses für Wahlprüfung, Immunität und Geschäftsordnung (§ 44 b Abs. 3)	29–32
5.	Verfahren (§ 44 b Abs. 4)	33–49
5.1	Richtlinien und Absprache zur Durchführung der Richtlinien	33–35
5.2	Verfahrensablauf	36
5.3	Einzelheiten	37–49
5.3.1	Feststellungsauftrag	38–39
5.3.2	Beschränkung der Beweismittel	40–43
5.3.3	Beweisführung und Beweiswürdigung	44–47
5.3.4	Nichtöffentlichkeit und Vertraulichkeit des Verfahrens	48–49
6.	Rechtsschutz	50–53
7.	Parallelregelungen der Länder	54–61

1. Allgemeines

1.1 Vorläuferregelungen

1 § 44 b wurde durch das Vierzehnte Gesetz zur Änderung des Abgeordnetengesetzes vom 20. Januar 1992 eingefügt.[1] Überprüfungen auf eine etwaige Zusammenarbeit mit dem Staatssicherheitsdienst der ehemaligen DDR wurden aber auch schon vorher durchgeführt, und zwar sowohl von der Volkskammer der noch existierenden DDR als auch vom Bundestag.

1.1.1 Überprüfungsverfahren der Volkskammer

2 Die Volkskammer hatte am 12. April 1990 zur Überprüfung ihrer Mitglieder einen Zeitweiligen Überprüfungsausschuss eingesetzt. Dieser war beauftragt, Mitgliedern der Volkskammer, die als hauptamtliche oder inoffizielle Mitarbeiter des Ministeriums für Staatssicherheit (MfS) / Amts für Nationale Sicherheit (AfNS) „auf Grund einer Verpflichtungserklärung oder gegen Geld zum Nachteil von Mitbürgern für das MfS / AfNS tätig gewesen sind," den Rücktritt zu empfehlen.[2] Grundlage dieses Auftrags war ein Antrag aller in der Volkskammer vertretenen Fraktionen, der in der Sitzung am 12. April 1990 einstimmig bei drei Enthaltungen angenommen worden war.[3] Der Zeitweilige Überprüfungsausschuss überprüfte diejenigen Mitglieder der Volkskammer, bei denen aufgrund einer Erstüberprüfung der Verdacht einer Tätigkeit für den Staatssicherheitsdienst bestand. Die Erstüberprüfungen waren überwiegend durch die Fraktionen in Form einer Karteikarteneinsicht in der MfS-Zentrale erfolgt. Der Überprüfungsausschuss hatte nun die Befugnis, Akten und sonstige Unterlagen des MfS / AfNS beizuziehen und konnte auch Sachverständige befragen. Die Behörden und Dienststellen der DDR waren verpflichtet, dem Ausschuss Akten und sonstige Beweismittel zur Verfügung zu stellen.

3 Der Vorsitzende des Überprüfungsausschusses erstattete dem Plenum am 28. September 1990 einen Abschlussbericht.[4] Danach waren 56 der Überprüften in der Zentralkartei des MfS als inoffizielle Mitarbeiter geführt worden. In 15 dieser Fälle, darunter auch drei Minister, wurde eine Empfehlung zur sofortigen Mandatsniederlegung bzw. zum sofortigen Rücktritt ausgesprochen. Diese Empfehlung hatte jedoch keinerlei rechtliche Verbindlichkeit. Die Namen dieser 15 Belasteten wurden nicht genannt.

1.1.2 Präsidiumsverfahren des Bundestages

4 Der Deutsche Bundestag führte erstmals in der 11. Wahlperiode am 31. Oktober 1990 eine Überprüfung seiner Mitglieder auf eine eventuelle Stasi-Vergangenheit ein.[5] Dieser Beschluss wurde am 20. Dezember 1990 auch für die 12. Wahlperiode vorläufig übernommen.[6] Er sah vor, dass das Präsidium ermitteln solle, falls „gegen

---

1 BGBl 1992 I, S. 67 ff.
2 Protokoll der 2. Tagung am 12. April 1990, S. 24; Drs. Nr. 5 der 10. Volkskammer.
3 Protokoll der 2. Tagung am 12. April 1990, S. 27.
4 Protokoll der 37. Tagung am 28. September 1990, S. 1811.
5 PlenProt. 11 / 234 vom 31. Oktober 1990, S. 18693. Der Beschluss beruhte auf einer Empfehlung des Ältestenrats vom 30. Oktober 1990, BT-Drs. 11 / 8386.
6 PlenProt. 12 / 1 vom 20. Dezember 1990, S. 13.

ein Mitglied des Bundestages Vorwürfe erhoben und Behauptungen aufgestellt [werden], die geeignet sind, das Ansehen dieses Mitglieds zu beeinträchtigen oder das Ansehen des Bundestages zu beschädigen." Dieses Verfahren war an die Zustimmung des Betroffenen gebunden. Eine Überprüfung fand nur statt, wenn ein Mitglied des Bundestages einer Mitarbeit oder politischen Verantwortung für den Staatssicherheitsdienst der ehemaligen DDR verdächtigt wurde, nicht jedoch, wenn es selbst eine entsprechende Überprüfung beantragte. Im Falle belastender Feststellungen wurde das Ermittlungsergebnis in einer Bundestagsdrucksache veröffentlicht. Im anderen Fall sollte eine Veröffentlichung nur auf Verlangen des Betroffenen erfolgen.

Zur Unterstützung des Präsidiums berief die damalige Präsidentin des Bundestages im April 1991 ein Gremium aus sechs externen Beratern. Aufgabe dieses Gremiums war es, die durch den Sonderbeauftragten der Bundesregierung[7] und andere Stellen gewonnenen Erkenntnisse zu bewerten und Kriterien zu entwickeln, mit denen Vorwürfe und Verantwortlichkeiten angesichts der besonderen Umstände in der ehemaligen DDR besser eingeschätzt werden können sollten. Außerdem sollte das Beratergremium dem Präsidium für die Feststellung und Formulierung des in einer Bundestagsdrucksache zu veröffentlichenden Ermittlungsergebnisses Empfehlungen geben. Das Beratergremium tagte indes nur zweimal, ohne zu konkreten Ergebnissen zu kommen. Mit der Verabschiedung des 14. Gesetzes zur Änderung des Abgeordnetengesetzes am 5. Dezember 1991 erledigte sich sein Auftrag.

Insgesamt wurden auf der Grundlage des Beschlusses vom 31. Oktober 1990 bzw. 20. Dezember 1990 sieben Überprüfungsverfahren durchgeführt. Davon wurden zwei vom Präsidium nicht mehr abgeschlossen und später vom Ausschuss für Wahlprüfung, Immunität und Geschäftsordnung (1. Ausschuss) zur Prüfung gemäß § 44 b übernommen. In zwei Fällen stellte das Präsidium eine „Mitverantwortung an den Maßnahmen des staatlichen Unterdrückungssystems" fest. Es betonte gleichzeitig, dass vierzig Jahre SED-Regime der historisch-politischen Aufarbeitung und einer längerfristigen Auseinandersetzung mit allen Verflechtungen des Partei- und Staatsapparates bedürften.[8] In drei weiteren Fällen kam das Präsidium zu dem Ergebnis, Erkenntnisse über eine Mitarbeit beim Staatssicherheitsdienst der ehemaligen DDR lägen nicht vor.[9] In einem Fall konnte eine Überprüfung nicht durchgeführt werden. Der betroffene Abgeordnete hatte hierzu seine Zustimmung verweigert, nachdem er bereits von der Bundesregierung überprüft worden war. Das Präsidium berichtete diesen Sachverhalt ebenfalls in einer Drucksache.[10]

1.2 Entstehungsgeschichte der Vorschrift

Die ursprünglich getroffenen Regelungen für eine Überprüfung der Mitglieder des Bundestages auf eventuelle Stasi-Verstrickungen[11] wurden als unbefriedigend emp-

---

[7] Sonderbeauftragter der Bundesregierung für die personenbezogenen Unterlagen des ehemaligen Staatssicherheitsdienstes, der Vorläufer des Bundesbeauftragten für die Unterlagen des Staatssicherheitsdienstes der ehemaligen DDR; die Behörde wird nach dem Namen des damaligen Amtsinhabers, Joachim Gauck, auch als Gauck-Behörde bezeichnet.
[8] BT-Drs. 12/1626 und 12/1627.
[9] BT-Drs. 11/8501.
[10] BT-Drs. 12/619.
[11] S. dazu oben 1.1.2.

funden. Sie erlaubten weder eine Überprüfung ohne Zustimmung des Betroffenen noch – sofern nicht Verdächtigungen oder konkrete Anhaltspunkte vorlagen – eine Überprüfung auf Antrag des Betroffenen. Der Bundestag überwies daher am 17. Oktober 1991 dem 1. Ausschuss drei Vorlagen mit Vorschlägen zu einer Änderung des Verfahrens zur Beratung.[12] Ein gemeinsamer Gesetzentwurf der Fraktionen der CDU/CSU, SPD und FDP vom 16. Oktober 1991[13] sah im Wesentlichen die Regelungen vor, die später auch tatsächlich Gesetz wurden: grundsätzlich eine freiwillige Überprüfung auf Antrag des Betroffenen und nur beim Vorliegen konkreter Anhaltspunkte für den Verdacht einer Stasi-Verstrickung eine Überprüfung auch ohne Zustimmung des betroffenen Mitgliedes des Bundestages. Weiter ging der Entwurf der Abgeordneten Ingrid Köppe und der Gruppe Bündnis 90/Die Grünen vom 15. Oktober 1991.[14] Danach sollten alle Mitglieder des Bundestages und der Bundesregierung sowie die Parlamentarischen Staatssekretäre einer obligatorischen Überprüfung auf eine mögliche Stasi-Zusammenarbeit unterzogen werden. Dies baute auf einem bereits im Mai 1991 vorgelegten Entschließungsantrag der Abgeordneten Ingrid Köppe und der Gruppe Bündnis 90/Die Grünen[15] auf. Zur Begründung wurde dort ausgeführt, ehemalige Mitarbeiter der Staatssicherheit sollten nicht erneut in führenden Positionen der Politik arbeiten dürfen. Die Öffentlichkeit habe ein Recht zu erfahren, ob und welche Abgeordneten und Regierungsmitglieder mit dem ehemaligen MfS/AfNS zusammengearbeitet hätten. Einen weiteren Antrag hatten mit Datum vom 17. September 1991 die Abgeordnete Ulla Jelpke und die Gruppe der PDS/Linke Liste vorgelegt.[16] Hiernach sollten alle Mitglieder des Bundestages und der Bundesregierung auf mögliche Kontakte mit dem MfS/AfNS, dem Bundesnachrichtendienst, dem Militärischen Abschirmdienst sowie dem Bundesamt bzw. den Landesämtern für Verfassungsschutz überprüft werden. Zur Begründung hieß es, Politik und geheimdienstliche Tätigkeit seien untrennbar miteinander verknüpft. Um die bundesrepublikanische Politik von dieser Geheimdienstbelastung zu befreien, genüge eine Überprüfung auf eine MfS-Mitarbeit nicht. Moralisch und politisch sei es nicht zu vertreten, die einseitige Abrechnung mit der Geschichte zu Lasten der Bürger und Bürgerinnen der ehemaligen DDR fortzusetzen.

1.3 Ziele der Regelung

8 § 44 b AbgG regelt nunmehr die Überprüfung der Mitglieder des Bundestages auf Zusammenarbeit mit oder Verantwortung für den Staatssicherheitsdienst der ehemaligen DDR. Charakteristisch ist dabei, dass auch im Fall eines belastenden Prüfungsergebnisses keine Rechtsfolgen vorgesehen sind: Der mit dem Verfahren betraute 1. Ausschuss begnügt sich damit, seine Feststellungen als Bundestagsdrucksache zu veröffentlichen. Eine Aberkennung parlamentarischer Rechte des betroffenen Mitglieds oder gar eine Verpflichtung zur Mandatsniederlegung ist damit nicht verbunden. Die Beurteilung der getroffenen Feststellungen soll vielmehr der

---

12 PlenProt.. 12/50 vom 17. Oktober 1991, S. 4168; s.a. Amtliches Protokoll der 50. Sitzung, S. 9 f.
13 BT-Drs. 12/1324.
14 BT-Drs. 12/1325.
15 BT-Drs. 12/586.
16 BT-Drs. 12/1148.

Öffentlichkeit, den Wählern, vorenthalten bleiben.[17] Allerdings bestand im Gesetzgebungsverfahren die Erwartung, dass die Fraktionen bzw. Gruppen des Bundestages einem belasteten Mitglied den Mandatsverzicht nahelegen und ihn aus der Fraktion bzw. Gruppe ausschließen würden.[18]

Der Einführung der Regelung lag überwiegend die Vorstellung zugrunde, dass eine Mitarbeit oder politische Verantwortung für den Staatssicherheitsdienst der ehemaligen DDR nicht mit einer Mitgliedschaft im Bundestag zu vereinbaren sei. Ehemalige Mitarbeiter des MfS bzw. des AfNS sollten nicht (erneut) in führenden Positionen der Politik arbeiten dürfen. Die Überprüfung auf eine Tätigkeit oder politische Verantwortung für den Staatssicherheitsdienst der ehemaligen DDR sei ein Akt der Selbstreinigung des Parlaments. Gleichzeitig habe sie auch eine Schutzfunktion für dessen Mitglieder, weil es ihnen nunmehr möglich sei, sich in einem geordneten Verfahren gegen ungerechtfertigte Vorwürfe zur Wehr zu setzen. Außerdem sollte die Öffentlichkeit über Stasi-Verstrickungen der Mitglieder des Bundestages aufgeklärt werden, um dadurch das Vertrauen der Bürger in den Staat und die ihn repräsentierenden Abgeordneten zu stärken und gleichzeitig einen Beitrag zur Aufarbeitung der SED- und der Stasi-Vergangenheit der DDR zu leisten.[19] Eine Vertreterin der PDS sah demgegenüber in dem vorgesehenen Verfahren den Versuch einer einseitigen Abrechnung mit dem alten DDR-System.[20]

1.4 Verhältnis zum Stasi-Unterlagen-Gesetz (StUG)

§ 44 b korrespondiert mit § 21 Abs. 1 Nr. 6 b StUG.[21] Diese Vorschrift erlaubt die Herausgabe von Unterlagen aus den Beständen des Staatssicherheitsdienstes der ehemaligen DDR zum Zweck der Überprüfung von Abgeordneten auf eine hauptamtliche oder inoffizielle Tätigkeit für das MfS/AfNS. Damit richtet sich der Gesetzesbefehl des StUG lediglich an den Bundesbeauftragten für die Unterlagen des Staatssicherheitsdienstes der ehemaligen DDR (Bundesbeauftragter),[22] der diese Unterlagen verwahrt. Die Modalitäten, unter denen die vom StUG vorausgesetzte Überprüfung der Abgeordneten dann tatsächlich stattfindet, sind dagegen im AbgG geregelt. Im Übrigen bleiben die im StUG geregelten Rechte auf Auskunft, Akteneinsicht und -herausgabe von einer Überprüfung nach § 44 b unberührt und können auch während eines laufenden Verfahrens nach dieser Vorschrift beim Bundesbeauftragten geltend gemacht werden.

---

[17] So der damalige Vorsitzende des 1. Ausschusses, Abg. Dieter Wiefelspütz, PlenProt.. 12/64 vom 5. Dezember 1991, S. 5469.
[18] So der damalige Vorsitzende des 1. Ausschusses, Abg. Dieter Wiefelspütz, PlenProt.. 12/50 vom 17. Oktober 1991, S. 4163.
[19] S. dazu PlenProt. 12/50 vom 17. Oktober 1991, S. 4162 ff. und PlenProt. 12/64 vom 5. Dezember 1991, S. 5468 ff sowie die Beschlussempfehlung und den Bericht des 1. Ausschusses auf BT-Drs. 12/1737.
[20] PlenProt. 12/64 vom 5. 12. 1991, S. 5475.
[21] BGBl. 1991 I, S. 2272, zuletzt geändert durch Gesetz vom 17. Juni 1999, BGBl. I, S. 1334.
[22] Zu Rechtsstellung, Aufgaben und Befugnissen des Bundesbeauftragten s. §§ 35 ff. StUG.

1.5 Verhältnis zum Immunitätsrecht

11 Die Überprüfung von Mitgliedern des Bundestages nach § 44 b AbgG hat nichts mit deren parlamentarischer Immunität zu tun. Insbesondere führt eine Überprüfung auf eine eventuelle Stasi-Vergangenheit nicht zu einer „Aufhebung der Immunität". Das Immunitätsrecht gemäß Art. 46 GG besagt im Wesentlichen, dass die Mitglieder des Bundestages nur mit Genehmigung des Bundestages in ihrer persönlichen Freiheit beschränkt oder wegen einer mit Strafe bedrohten Handlung verfolgt werden dürfen.[23] Das Immunitätsrecht schützt das Ansehen und die Arbeitsfähigkeit des Parlaments und richtet sich gegen die Untersuchungsorgane der Exekutive und Judikative. Seine Bestimmungen kommen zumeist im Bereich von Strafverfahren zum Tragen, die von den zuständigen Staatsanwaltschaften und den Gerichten durchgeführt werden. Eine Überprüfung gemäß § 44 b AbgG ist demgegenüber ein rein parlamentsinternes Verfahren, das lediglich auf die Feststellung zielt, ob ein Mitglied des Bundestages für den Staatssicherheitsdienst der DDR tätig geworden ist oder für ihn politische Verantwortung trug. Eine Ermittlung von Straftatbeständen oder gar eine Beschränkung der persönlichen Freiheit von Abgeordneten ist damit nicht verbunden. Sofern eine im Verfahren nach § 44 b festgestellte Tätigkeit für das MfS/AfNS gleichzeitig strafrechtliche Relevanz hat, müsste dies in einem gesonderten Strafverfahren überprüft werden, für dessen Durchführung allerdings die Genehmigung des Bundestages erforderlich wäre.[24]

1.6 Ergebnisse der bisher durchgeführten Überprüfungen

12 Auf der Grundlage des § 44 b Abs. 1 beantragten in der 12. Wahlperiode insgesamt 324 Abgeordnete ihre Überprüfung auf Tätigkeit oder politische Verantwortung für das MfS/AfNS. Von diesen Überprüfungen wurden 322 abgeschlossen, ein Verfahren erledigte sich durch zwischenzeitigen Mandatsverzicht, ein weiteres wurde nicht zu Ende geführt. In keinem dieser Verfahren stellte der 1. Ausschuss eine hauptamtliche/inoffizielle Tätigkeit oder politische Verantwortung für den Staatssicherheitsdienst der ehemaligen DDR fest. In einigen Fällen ermittelte er Kontakte, die jedoch nicht zu einer Zusammenarbeit mit dem Staatssicherheitsdienst geführt hatten. In einem Fall existierte eine Verpflichtungserklärung, ohne dass ein entsprechendes Tätigwerden für das MfS festgestellt werden konnte.[25]

Ohne Zustimmung der Betroffenen führte der 1. Ausschuss in der 12. Wahlperiode auf der Grundlage des § 44 b Abs. 2 zwei Überprüfungen durch. Dabei stellte er in einem Fall eine inoffizielle Tätigkeit und in dem anderen eine politische Verantwortung für das MfS fest.[26]

---

23 Ausführlich zum Immunitätsrecht: *Klein H. H.*, Indemnität und Immunität, in: Parlamentsrecht und Parlamentspraxis in der Bundesrepublik Deutschland: ein Handbuch/hrsg. von Schneider H.-P./Zeh W., Berlin, 1989, § 17; *Butzer H.*, Immunität im demokratischen Rechtsstaat, Berlin 1991; *Wurbs W.*, Regelungsprobleme der Immunität und der Indemnität in der parlamentarischen Praxis, Berlin, 1987.
24 Zum Verhältnis von Immunitätsrecht und parlamentarischer Prüfung auf eventuelle Stasi-Verstrickungen nach Berliner Landesrecht s. *Vetter J.*, Abgeordneten-Überprüfung durch Untersuchungsausschüsse? Ein Beitrag zur Stasi-Diskussion in den deutschen Parlamenten, ZParl 1993, 211, 216 ff.
25 BT-Drs. 12/4613, 12/6655.
26 BT-Drs. 12/4613, 12/5976.

In der 13. Wahlperiode beantragten 178 Abgeordnete ihre Überprüfung nach § 44 b **13**
Abs. 1. Auch in diesen Fällen traf der 1. Ausschuss keine belastenden Feststellungen.
Wiederum in einem Fall stieß er auf eine Verpflichtungserklärung, ohne dass ein
entsprechendes Tätigwerden für das MfS festgestellt werden konnte.[27]

Gemäß § 44 b Abs. 2 wurden in der 13. Wahlperiode drei Überprüfungen ohne
Zustimmung der Betroffenen durchgeführt. In allen drei Fällen stellte der 1. Ausschuss eine inoffizielle Tätigkeit für das MfS fest.[28]

In der 14. Wahlperiode haben bislang 150 Abgeordnete ihre Überprüfung nach **14**
§ 44 b Abs. 1 beantragt. In keinem von diesen Fällen traf der 1. Ausschuss belastende
Feststellungen im Sinne der Feststellungskriterien. Er stieß erneut in einem Fall auf
eine Verpflichtungserklärung, ohne dass er ein entsprechendes Tätigwerden für das
MfS feststellte. In einem weiteren Fall hatte das MfS einen sog. IM-Vorlauf angelegt,
der jedoch nach zwei Kontaktgesprächen mit der Betroffenen archiviert wurde. In
einem dritten Fall schließlich hatte der Betroffene seinen aktiven Wehrdienst in der
Art „Dienst auf Zeit" beim Wachregiment Berlin „Feliks Dzierzynski" abgeleistet.
Dieses Wachregiment war eine Struktureinheit des Staatssicherheitsdienstes, weshalb formal während der dreijährigen Ableistung des „Dienstes auf Zeit" ein Dienstverhältnis zum MfS bestand.[29]

In zwei Fällen beschloss der 1. Ausschuss in der 14. Wahlperiode eine Überprüfung
ohne Zustimmung der Betroffenen gem. § 44 b Abs. 2. In beiden Fällen wurde eine
inoffizielle Tätigkeit für das MfS festgestellt.[30]

2. Überprüfung auf Antrag (§ 44 b Abs. 1)

2.1 Antragstellung

§ 44 b unterscheidet zwischen einer freiwilligen Überprüfung (Abs. 1) und einer **15**
Überprüfung ohne Zustimmung des Betroffenen (Abs. 2). Absatz 1 regelt den Normalfall der freiwilligen Überprüfung. Dies setzt einen schriftlichen Antrag des zu
Überprüfenden an den Präsidenten voraus. Im Übrigen ist der Antrag formfrei und
an keinerlei Fristen gebunden. Auch inhaltlich bestehen keinerlei Zulässigkeitsvoraussetzungen; die Antragstellung liegt ausschließlich im Ermessen des Betroffenen.

Ein Antrag auf Überprüfung kann mehrfach gestellt werden; dies gilt auch inner- **16**
halb einer laufenden Wahlperiode. Primäre Erkenntnisquelle für die Überprüfungsverfahren sind die Auskünfte des Bundesbeauftragten. Diese stehen regelmäßig
unter dem Vorbehalt, dass die Rechercheergebnisse lediglich auf den bisher erschlossenen Unterlagen beruhen. Ein erneuter Antrag verpflichtet den Präsidenten
gemäß Nr. 2 der Richtlinien in jedem Fall zu einem erneuten Ersuchen an den
Bundesbeauftragten um Mitteilung von Erkenntnissen aus dessen Unterlagen. Ein
erneut durchgeführtes Überprüfungsverfahren kann daher durchaus zu neuen
Ergebnissen führen. Sofern der 1. Ausschuss keinen Beschluss nach Absatz 2 fasst,

---

[27] BT-Drs. 13 / 2994, 13 / 4478.
[28] BT-Drs. 13 / 10498, 13 / 10893, 13 / 11104.
[29] BT-Drs. 14 / 1900, 14 / 3228.
[30] BT-Drs. 14 / 3145, 14 / 6694.

liegt es auch insoweit ausschließlich im Ermessen des Betroffenen, wie oft er ein Überprüfungsverfahren in Gang setzen will.

17 Die gesetzlich vorgesehene Beteiligung des Präsidenten ist rein formaler Natur. Als primus inter pares nimmt er die Anträge der Mitglieder des Bundestages entgegen und vertritt den Bundestag nach außen gegenüber dem Bundesbeauftragten. Eine Kompetenz zur sachlichen Prüfung hat der Präsident in den Verfahren jedoch nicht. Sie obliegt gemäß Absatz 3 ausschließlich dem 1. Ausschuss.

2.2 Hauptamtliche oder inoffizielle Tätigkeit oder politische Verantwortung für das MfS / AfNS

18 Die Überprüfung zielt auf eine hauptamtliche oder inoffizielle Tätigkeit[31] oder eine politische Verantwortung für das MfS / AfNS. § 44 b AbgG verzichtet auf eine eigene Bestimmung dieser Begriffe; darüber wurde – soweit ersichtlich – nicht einmal diskutiert. Aus dem Verweis auf § 6 StUG in den Feststellungskriterien des 1. Ausschusses[32] wird aber deutlich, dass offenbar ganz selbstverständlich die Legaldefinitionen des StUG zugrunde gelegt werden sollen. Die „Tätigkeit" für das MfS / AfNS im Sinne des § 44 b ist also gleichbedeutend mit den vom StUG benutzten Begriffen der „Mitarbeiter" des MfS / AfNS zu verstehen.

2.2.1 Hauptamtliche Tätigkeit

19 Hauptamtliche Mitarbeiter des MfS / AfNS sind gemäß § 6 Abs. 4 Nr. 1 StUG Personen, die in einem offiziellen Arbeits- oder Dienstverhältnis des Staatssicherheitsdienstes gestanden haben, und Offiziere des Staatssicherheitsdienstes im besonderen Einsatz. Zu den hauptamtlichen Mitarbeitern gehören alle ehemaligen militärischen Dienstgrade des Staatssicherheitsdienstes, die hauptamtlichen inoffiziellen Mitarbeiter sowie das zivile Personal; außerdem die Unbekannten Mitarbeiter und die Männer, die den Wehrdienst beim Staatssicherheitsdienst abgeleistet haben.[33]

2.2.2 Inoffizielle Tätigkeit

20 Inoffizielle Mitarbeiter des MfS / AfNS sind gemäß § 6 Abs. 4 Nr. 2 StUG Personen, die sich zur Lieferung von Informationen an den Staatssicherheitsdienst bereiterklärt haben.

Diese Definition ist sehr weit, sie erfasst jede bewusste und gewollte Zusammenarbeit mit dem MfS bzw. dem AfNS. Unerheblich ist dagegen, ob jemand sich ausdrücklich schriftlich oder mündlich gegenüber dem Staatssicherheitsdienst verpflichtet hatte, ob er beim MfS offiziell als Inoffizieller Mitarbeiter geführt wurde,

---

31 Zum weiter gefassten Begriff der Tätigkeit für das MfS / AfNS i.S.d. Art. 118 Abs. 2 Sächs-Verf. s. den Beschluss des sächsischen Verfassungsgerichtshofs vom 6. November 1998 – 16 IX 98 –, S. 23.
32 Nr. 6 der oben abgedruckten Absprache zur Durchführung der Richtlinien gemäß § 44 b AbgG.
33 S. hierzu *Geiger H. / Klinghardt H*. Stasi-Unterlagen-Gesetz mit Erläuterungen für die Praxis, Köln 1993, § 6 Rdn. 17 u. 18; *Schmidt D. / Dörr E.*, Stasi-Unterlagen-Gesetz, Kommentar für Betroffene, Wirtschaft und Verwaltung, Köln 1993, § 6 Rdn. 18; *Stoltenberg K.*, Stasi-Unterlagen-Gesetz, Kommentar, Baden-Baden 1992, § 6 Rdn. 19; *Weberling J.*, Stasi-Unterlagen-Gesetz, Kommentar, Köln / Berlin / Bonn / München 1993, § 6 Rdn. 7.

aus welcher Motivation heraus die Bereitschaft zur Lieferung von Informationen erklärt wurde, welchen Umfang die Tätigkeit hatte, ob personen- oder nur sachbezogene Informationen geliefert wurden und wie lange diese Tätigkeit zurückliegt.[34]

Dieser weite IM-Begriff ist für die Überprüfungsverfahren nach § 44 b nahezu uneingeschränkt zugrunde zu legen. Zwar hat der Thüringer Verfassungsgerichtshof[35] für eine Überprüfung der Abgeordneten des Thüringer Landtages festgestellt, es müssten Regelungen über die Verwertung der Erkenntnisse unter Berücksichtigung des Zeitfaktors getroffen werden. Das insoweit eindeutige Bundesrecht enthält jedoch keine solche Regelung und das Bundesverfassungsgericht hat eine dahingehende Forderung nicht erhoben. Auch die mit dem Dritten Gesetz zur Änderung des StUG[36] eingeführten Beschränkungen der Auskunftserteilung greifen nicht auf die Verfahren nach § 44 b durch. Dem Bundesbeauftragten ist nunmehr in bestimmten Fällen die Auskunftserteilung sowie die Herausgabe von oder Einsichtsgewährung in Stasi-Unterlagen untersagt, wenn keine Hinweise auf eine inoffizielle Tätigkeit für den Staatssicherheitsdienst nach dem 31. Dezember 1975 vorliegen. Diese Neuregelung gilt aber nicht für Inhaber von bzw. Bewerber für besonders herausgehobene Funktionen, wozu auch die Abgeordneten des Bundestages gehören. Eine zeitliche Beschränkung der Überprüfungsmöglichkeiten ergibt sich lediglich aus § 20 Abs. 1 Nr. 6 StUG, wonach auch zur Überprüfung von Abgeordneten Unterlagen nicht verwendet werden dürfen, die sich auf Tätigkeiten für den Staatssicherheitsdienst vor Vollendung des 18. Lebensjahres beziehen.

Auch aus Ziff. B der Feststellungskriterien des 1. Ausschusses[37] lässt sich jedenfalls direkt keine Beschränkung des Begriffs des Inoffiziellen Mitarbeiters herleiten. Allerdings legt Ziff. B. I. die Annahme nahe, dass ein bloßes Sich-Bereit-Erklären im Sinne des § 6 Abs. 4 Nr. 2 StUG für eine belastende Feststellung in den Verfahren nach § 44 b nicht ausreichen soll, sondern dass es darüber hinaus auch auf die tatsächliche Lieferung von Informationen an den Staatssicherheitsdienst ankommt. Bereits das Unterzeichnen einer Verpflichtungserklärung könnte nämlich als ein Bereiterklären im Sinne des § 6 Abs. 4 Nr. 2 StUG angesehen werden; somit wäre ein Fall der Inoffiziellen Mitarbeit gegeben. Die Feststellungskriterien behandeln indes das Vorliegen einer Verpflichtungserklärung nur als Indiz für eine inoffizielle Tätigkeit, dessen Wirkung entfällt, wenn Informationen entweder nachweislich nicht geliefert wurden (Fall des § 19 Abs. 8 Nr. 2 StUG) oder die Lieferung von Informationen jedenfalls nicht beweisbar ist. Es ist aber zu beachten, dass die Feststellungskriterien lediglich die Intention haben, dem Ausschuss ohne Anspruch auf Vollständigkeit Hinweise an die Hand zu geben, unter welchen Voraussetzun-

---

34 Zum Begriff des Inoffiziellen Mitarbeiters s. zunächst *Geiger H./Klinghardt H.*, aaO, § 6 Rdn. 20; *Schmidt D./Dörr E.*, aaO, § 6 Rn. 19 ff.; *Stoltenberg K.*, aaO, § 6 Rn. 20 ff.; *Weberling J.*, aaO, § 6 Rn. 8. Einen Überblick zu den verschiedenen Kategorien Inoffizieller Mitarbeiter geben *Geiger H./Klinghardt H.*, aaO, Einleitung, Rdn. 6 ff und *Engelmann R.*, Zu Struktur, Charakter und Bedeutung der Unterlagen des Ministeriums für Staatssicherheit, Reihe BF informiert Nr. 3 / 1994, S. 25. Ausführlich: Richtlinie Nr. 1/79 vom 8. 12. 1979 des Ministerrats der Deutschen Demokratischen Republik, abgedruckt in der vom BStU herausgegebenen Reihe Dokumente, Die Inoffiziellen Mitarbeiter, Band 2.
35 Urteil vom 17. Oktober 1997 – VerfGH 18/95 –, S. 20.
36 BGBl. 1996 I, S. 2026 f.
37 Nr. 6 der oben abgedruckten Absprache zur Durchführung der Richtlinien gemäß § 44b.

gen „in der Regel" auf eine inoffizielle Tätigkeit für den Staatssicherheitsdienst geschlossen werden kann. Sie regeln dagegen nicht, wann eine solche Tätigkeit auszuschließen ist. Darüber hinaus sind sie als Teil der lediglich ausschussinternen Absprache zur Durchführung der Überprüfungsverfahren nicht in der Lage, die gesetzlichen Regelungen des § 44 b zu modifizieren.

21 Diese weite Ausdehnung des IM-Begriffs mag für das StUG seine Berechtigung haben, denn dieses Gesetz regelt lediglich den Umgang mit Stasi-Unterlagen, insbesondere Auskunfts- und Einsichtsrechte. Da sich hiervon aber die Zielsetzung der Überprüfungsverfahren nach § 44 b erheblich unterscheidet, wäre eine Einschränkung der Überprüfungs- und Feststellungsmöglichkeiten sachgerecht gewesen. Die geltende Rechtslage führt nämlich dazu, dass auch in Fällen geringfügiger oder unter Druck oder lediglich pro forma übernommener Zusammenarbeit der Betroffene mit dem Stigma des Stasi-Spitzels und damit der Parlamentsunwürdigkeit belegt werden kann.

2.2.3 Politische Verantwortung

22 Weder im AbgG noch im StUG definiert ist der Begriff der politischen Verantwortung. Im Gesetzgebungsverfahren wurde die Einführung dieser Überprüfungsmöglichkeit damit begründet, dass man sich auch mit denjenigen befassen müsse, die aufgrund ihrer Position im System der DDR die „Auftraggeber", die „Kommandeure" des Staatssicherheitsdienstes gewesen seien.[38] In § 6 Abs. 5 Nr. 1 StUG findet sich eine Regelung mit ähnlicher Zielsetzung, nämlich der Gleichstellung der „Hintermänner" mit den MfS-Mitarbeitern. Das StUG grenzt allerdings den betroffenen Personenkreis auf diejenigen ein, „die gegenüber den Mitarbeitern des Staatssicherheitsdienstes hinsichtlich deren Tätigkeit für den Staatssicherheitsdienst rechtlich oder faktisch weisungsbefugt waren". Dies betrifft aufgrund der Rolle des MfS als „Schild und Schwert der Partei" vor allem die höheren Funktionäre der SED, wie Politbüromitglieder und die Sekretäre der Bezirks- und Parteileitungen.[39]

Die Formulierung in § 44 b ist weiter gefasst als die des StUG. Politische Verantwortung liegt unzweifelhaft vor bei Personen, die rechtlich oder faktisch gegenüber dem Staatssicherheitsdienst der DDR weisungsbefugt waren. Welche Fallgruppen aber darüber hinaus noch erfasst sein sollen, lassen Wortlaut und Entstehungsgeschichte des § 44 b völlig unklar. Im bislang einzigen einschlägigen Fall konnte der 1. Ausschuss ein Weisungsverhältnis gegenüber dem MfS nicht feststellen und ließ „faktische Einflussmöglichkeiten" gegenüber der Staatssicherheit genügen.[40]

Dies erscheint bedenklich. Der konturenlose Begriff der politischen Verantwortung ermöglicht letztlich eine willkürliche Handhabung des Gesetzes, in der die Anforderungen für eine belastende Feststellung im Einzelfall je nach politischer Inte-

---

38 PlenProt. 12 / 50 vom 17. Oktober 1991, S. 4164 und 12 / 64 vom 5. Dezember 1991, S. 5477.
39 S. die Begründungen der Gesetzentwürfe auf BT-Drs. 12 / 723, S. 20 und BT-Drs. 12 / 1093, S. 21 sowie die Kommentierungen bei *Geiger H./Klinghardt H.*, aaO, § 6 Rdn. 22; *Schmidt D./Dörr E.*, aaO, § 6 Rdn. 23; *Weberling J.*, aaO, § 6 Rdn. 10. Zum Verhältnis von SED und MfS s.a. den Bericht der Enquete-Kommission „Aufarbeitung von Geschichte und Folgen der SED-Diktatur", BT-Drs. 12 / 7820, S. 27 ff sowie weiterführend *Suckut S./Süß W.*, Staatspartei und Staatssicherheit, Zum Verhältnis von SED und MfS, Berlin, 1997.
40 BT-Drs. 12 / 5976.

ressenlage einer (qualifizierten) Ausschussmehrheit festgelegt werden. Es ist daher eine einschränkende Auslegung geboten, die eine politische Verantwortung für das MfS / AfNS nur in solchen Fällen annimmt, die auch jenseits von rechtlichen und faktischen Weisungsverhältnissen den Charakter eines Über- / Unterordnungsverhältnisses tragen. Politische Verantwortung für das MfS / AfNS liegt also nicht schon bei einer Zusammenarbeit bzw. Hilfeleistung auf der Ebene der Gleichberechtigung vor. Es muss vielmehr anhand konkreter Vorkommnisse nachweisbar sein, dass der Betroffene in der Lage war, den Staatssicherheitsdienst zumindest in Teilbereichen nach seinen Wünschen arbeiten zu lassen.

2.2.4 Opfer des Staatssicherheitsdienstes

Nicht Gegenstand der Überprüfungsverfahren nach § 44 b ist die Frage, ob ein Mitglied des Bundestages Opfer des Staatssicherheitsdienstes der ehemaligen DDR gewesen ist oder ob sonstige personenbezogene Unterlagen in den vom Bundesbeauftragten verwahrten Akten enthalten sind. Die Rechte Betroffener und Dritter auf Auskunft, Akteneinsicht und -herausgabe richten sich ausschließlich nach dem StUG; die Entscheidung liegt beim Bundesbeauftragten.

2.3 Staatssicherheitsdienst der ehemaligen DDR

Auf der Grundlage des § 44 b können nur Kontakte zum Staatssicherheitsdienst der DDR überprüft werden. Damit sind, wie auch aus der Gesetzesüberschrift hervorgeht, das Ministerium für Staatssicherheit und seine Nachfolgeorganisation, das Amt für Nationale Sicherheit gemeint, nicht jedoch das Ministerium des Innern, das Ministerium für Nationale Verteidigung oder andere Ministerien der DDR. Auch soweit sich diese Regierungsstellen geheimdienstlicher Methoden und Inoffizieller Mitarbeiter bedienten, ist eine Anwendung des § 44 b ausgeschlossen. Die Entstehungsgeschichte der Vorschrift zeigt, dass diese Bereiche bewusst ausgeschlossen werden sollten. Es war im Gesetzgebungsverfahren bekannt, dass in den genannten Ministerien zumindest teilweise parallele Strukturen bestanden. Dies zeigen § 6 Abs. 5 StUG, der die Regelungen über Mitarbeiter des Staatssicherheitsdienstes auch für Inoffizielle Mitarbeiter des Arbeitsgebietes 1 der Kriminalpolizei der Volkspolizei[41] anwendbar erklärt und § 6 Abs. 1 StUG, der zu den Unterlagen des Staatssicherheitsdienstes auch die des Arbeitsgebietes 1 der Kriminalpolizei der Volkspolizei zählt. Dennoch wurden entsprechende Regelungen nicht auch in § 44 b aufgenommen. Dementsprechend sah auch der 1. Ausschuss in einem Bericht vom 23. März 1993 Tätigkeiten für das Ministerium des Innern oder das Ministerium für Nationale Verteidigung nicht als von seinem Überprüfungsauftrag erfasst an.[42]

---

[41] Näher hierzu: Bundesbeauftragter, Das Arbeitsgebiet I der Kriminalpolizei der Volkspolizei.
[42] BT-Drs. 12 / 4613, S. 2.

3. Überprüfung ohne Zustimmung des Betroffenen (§ 44 b Abs. 2)

3.1 Keine Regelüberprüfung

25 Eine Überprüfung ohne Zustimmung des Betroffenen findet gemäß Absatz 2 nur dann statt, wenn der 1. Ausschuss konkrete Anhaltspunkte für den Verdacht einer Stasi-Verstrickung feststellt. Damit wird auf eine Regelüberprüfung aller Abgeordneten verzichtet. Die Überprüfung auf eine Tätigkeit oder politische Verantwortung für den Staatssicherheitsdienst der DDR soll grundsätzlich freiwillig erfolgen; die Überprüfung ohne Zustimmung bildet lediglich die Ausnahme. Im Gesetzgebungsverfahren war überwiegend die Ansicht vertreten worden, eine Zwangsüberprüfung aller Abgeordneten verstieße gegen das von der Verfassung garantierte freie Mandat (Art. 38 Abs. 1 Satz 2 GG).[43] Dies entspricht auch dem Standpunkt des Niedersächsischen Staatsgerichtshofs.[44] Demgegenüber haben die Landesverfassungsgerichte von Thüringen und Mecklenburg-Vorpommern generelle, verdachts- und anlassunabhängige Überprüfungen grundsätzlich für mit dem Abgeordnetenstatus vereinbar gehalten.[45] Ebenso wie die Überprüfungen auf Antrag zielt die Überprüfung nach Absatz 2 auf eine hauptamtliche oder inoffizielle Tätigkeit oder politische Verantwortung für das MfS / AfNS.[46]

3.2 Verfassungsmäßigkeit der Regelung

26 Auch die gewählte Regelung des § 44 b Abs. 2 wirft die Frage nach ihrer Vereinbarkeit mit Art. 38 Abs. 1 Satz 2 GG auf.[47] Das Bundesverfassungsgericht hat die Verfassungsmäßigkeit der Vorschrift bejaht, dabei aber das Spannungsverhältnis zwischen dem freien Mandat des betroffenen Abgeordneten einerseits und dem Interesse des Bundestages an der Durchführung der Überprüfung andererseits betont. Der verfassungsrechtliche Status eines Abgeordneten sei berührt, wenn die Legitimität seines Mandats im Rahmen einer Kollegialenquete in Abrede gestellt werde. Zwar ziele die Überprüfung möglicher Kontakte zum MfS nicht auf den Verlust des Abgeordnetenmandats. Das Überprüfungsverfahren beruhe aber auf der Prämisse, dass die frühere Tätigkeit eines Abgeordneten für die Staatssicherheit diesem die Legitimität nehme, Mitglied des Bundestags zu sein. Art. 38 Abs. 1 GG schütze nicht nur den Bestand und die tatsächliche Ausübung des Mandats. Die Norm gewährleiste darüber hinaus, dass die durch die Wahl erworbene Legitimation des Abgeordneten, das Volk im Parlament zu vertreten, von den anderen Verfassungsorganen respektiert werde. Es könne dem Bundestag deshalb nur in

---

[43] S. dazu die Debattenbeiträge in PlenProt. 12 / 50 vom 17. Oktober 1991, S. 4162 ff und 12 / 64 vom 5. Dezember 1991, S. 5469 ff. Eine Regelüberprüfung hatten Bündnis 90 / DIE GRÜNEN sowie die PDS gefordert; s. dazu oben 1. 2. Im Gegensatz dazu hatten die Abgeordneten Peter Conradi und Otto Schily die Auffassung vertreten, auch eine freiwillige Überprüfung sei mit dem freien Mandat nicht vereinbar; s. PlenProt. 12 / 64 vom 5. Dezember 1991, S. 5481 f und 5484 f.
[44] OVGE 43, 481, 496 f.
[45] Thüringer VerfGH, Urteil vom 17. Oktober 1997 – VerfGH 18 / 95 –, S. 19; Landesverfassungsgericht Mecklenburg-Vorpommern, Urteil vom 11. Juli 1996 – LVerfGH 1 / 96 –, LKV 1997, S. 94, 97 ff.
[46] S. dazu oben 2. 2.
[47] Kritisch: *Stock R.*, Untersuchungsrecht des Bundestages gegen „unwürdige" Abgeordnete?, ZRP 1995, S. 286 ff.; s.a. *Vetter J.*, aaO, S. 219 f.

besonderen Ausnahmefällen gestattet sein, über die Wahlprüfung hinaus die Legitimität seiner Mitglieder in Zweifel zu ziehen.

Die Freiheit des Mandats sei jedoch nicht schrankenlos gewährleistet, sondern könne durch andere Rechtsgüter von Verfassungsrang begrenzt werden. Die Repräsentations- und die Funktionsfähigkeit des Parlaments seien als solche Rechtsgüter anerkannt. Es liege deshalb in der besonderen Situation des Übergangs von der Diktatur zur Demokratie in den neuen Ländern der Bundesrepublik ein Ausnahmefall vor, der die Untersuchung eines der Wahl vorausliegenden Verhaltens von Abgeordneten rechtfertige. Das Ministerium für Staatssicherheit sei ein zentraler Bestandteil des totalitären Machtapparates der DDR gewesen. Es habe als Instrument der politischen Kontrolle und Unterdrückung der gesamten Bevölkerung fungiert und insbesondere dazu gedient, politisch Andersdenkende oder Ausreisewillige zu überwachen, abzuschrecken und auszuschalten. Diese Tätigkeit des Sicherheitsorgans der DDR habe auf eine Verletzung der Freiheitsrechte gezielt, die für eine Demokratie konstituierend seien. Seien Abgeordnete in den Deutschen Bundestag gewählt worden, bei denen im Sinne des § 44 b Abs. 2 besondere Verdachtsmomente einer Tätigkeit für das MfS / AfNS aufgetaucht seien, so könne der Bundestag ein öffentliches Untersuchungsinteresse annehmen und davon ausgehen, dass das Vertrauen in das Repräsentationsorgan in besonderer Weise gestört wäre, wenn ihm Repräsentanten angehörten, bei denen der Verdacht bestehe, dass sie in der beschriebenen Weise eine Diktatur unterstützt und Freiheitsrechte der Bürger verletzt hätten.[48]

Der verfassungsrechtliche Status des betroffenen Abgeordneten werde durch das Recht des Parlaments, eine Überprüfung auf eine frühere Tätigkeit für den Staatssicherheitsdienst durchzuführen, allerdings nicht vollständig überlagert. Beide Rechte seien soweit wie möglich zur Geltung zu bringen.[49] Diesen Gedanken hat auch der Thüringer Verfassungsgerichtshof herangezogen um die Verfassungswidrigkeit der thüringischen Regelung, die die Möglichkeit einer Mandatsaberkennung durch den Landtag vorsah, zu begründen.[50]

---

[48] Beschluss vom 21. Mai 1996 – 2 BvE 1 / 95 –, BVerfGE 94, 351, 366 ff.; Urteil vom 20. Juni 1998 – 2 BvE 2 / 98 –, BVerfGE 99, 19, 32; ähnlich Thüringer VerfGH, Urteil vom 17. Oktober 1997 – VerfGH 18 / 95 –, S. 18 und Landesverfassungsgericht Mecklenburg-Vorpommern, Urteil vom 11. Juli 1996 – LVerfGH 1 / 96 –, LKV 1997, S. 94, 97; s.a. Nds. StGH, OVGE 43, 481, 492 f.
[49] BVerfGE 99, 19, 32.
[50] Urteil vom 25. Mai 2000 – VerfGH 2 / 99 –. Der Thüringer VerfGH hat diese Entscheidung in erster Linie darauf gestützt, dass in der Thüringer Verfassung keine ausreichende Grundlage für die in Frage stehende Regelung vorhanden sei (s. dazu unten 7.). Unter Bezugnahme auf die Rechtsprechung des BVerfG hat der Gerichtshof aber auch betont, die Erwägungen zur Integrität und politischen Vertrauenswürdigkeit des Parlaments, mit denen er und das BVerfG die Abgeordnetenüberprüfung gerechtfertigt hätten, ließen sich auf die Regelung des Mandatsverlusts nicht übertragen. Der besondere politische und historische Anlass als Folge des Übergangs von der Diktatur zur Demokratie in den neuen Bundesländern vermöge zwar das Überprüfungsverfahren, nicht jedoch den Mandatsverlust zu rechtfertigen. Damit bleibe die anerkannte Prämisse, die frühere Tätigkeit eines Parlamentariers für die Staatssicherheit könne diesem die Legitimität nehmen, Abgeordneter zu sein, ohne rechtliche Sanktion, aber nicht notwendigerweise ohne Konsequenzen. Die hierfür erforderlichen Würdigungen hätten jedoch – wie auch im Bund und anderen Ländern – die Fraktionen und Gruppen und die Thüringer Öffentlichkeit zu treffen.

3.3 Feststellung konkreter Anhaltspunkte

27 Voraussetzung für ein Überprüfungsverfahren ohne Zustimmung des Betroffenen sind zunächst konkrete Anhaltspunkte für den Verdacht einer Tätigkeit oder politischen Verantwortung für das MfS/AfNS. Ähnlich wie beim Anfangsverdacht im Strafprozess[51] müssen konkrete Tatsachen vorliegen, die Stasi-Verstrickung eines Abgeordneten als möglich erscheinen lassen. Dazu genügen auch Indizien; nicht jedoch bloße Vermutungen, Gerüchte oder Behauptungen. Der 1. Ausschuss kann vor der Entscheidung über die Eröffnung eines Verfahrens nach Absatz 2 in einem „Vorverfahren" prüfen, ob tatsächlich konkrete Anhaltspunkte vorliegen und dafür auch den Bundesbeauftragten um Akteneinsicht ersuchen.

Konkrete Anhaltspunkte liegen unzweifelhaft vor, wenn der Bundesbeauftragte von sich aus mitteilt, er habe eine Tätigkeit für den Staatssicherheitsdienst der ehemaligen DDR festgestellt (§§ 27 Abs. 1 Nr. 1 i.V.m. 21 Abs. 1 Nr. 6 b StUG). Auch Hinweise Dritter, insbesondere von Opfern oder ehemaligen MfS-Mitarbeitern, können einen Anfangsverdacht begründen, wenn sie durch konkrete Indizien, wie etwa aufgefundene Aktenstücke, gestützt werden. Liegt allein die Aussage eines Dritten vor, muss im Einzelfall entschieden werden, ob die Äußerung als ernsthaft angesehen werden kann.

28 Weitere Voraussetzung für ein Verfahren nach Absatz 2 ist, dass der 1. Ausschuss das Vorliegen von konkreten Anhaltspunkten im soeben beschriebenen Sinne feststellt; allein das Vorhandensein solcher Anhaltspunkte ist also nicht ausreichend. Diese Entscheidung bedarf gemäß Nr. 1 Abs. 3 der Richtlinien einer Mehrheit von zwei Dritteln der Ausschussmitglieder. Der Antrag auf Einleitung eines Überprüfungsverfahrens kann von jedem Ausschussmitglied gestellt werden (Nr. 3 Abs. 1 der Absprache zur Durchführung der Richtlinien).[52]

Aus dem Erfordernis einer gesonderten Feststellung wird deutlich, dass hinsichtlich der Eröffnung eines Überprüfungsverfahrens ohne Zustimmung des Betroffenen ein Entscheidungsspielraum besteht. Selbst wenn konkrete Anhaltspunkte für den Verdacht einer Stasi-Verstrickung vorliegen, kann der 1. Ausschuss zulässigerweise entscheiden, das Verfahren nicht zu eröffnen.[53] Das Gesetz gibt insoweit keine Kriterien vor, so dass die Entscheidung nach politischen Erwägungen zu treffen ist. Eine Grenze bildet lediglich der Grundsatz der Gleichbehandlung aller Abgeordneten, der im Rahmen der Überprüfungsverfahren nach § 44 b aber keine formale Gleichbehandlung erzwingt, sondern lediglich willkürliche Unterscheidungen verbietet.[54]

---

51 S. dazu *Kleinknecht Th./Meyer-Goßner L.*, Strafprozessordnung, 45. Aufl. München 2001, § 152 Rdn. 4; *Krehl Ch.*, in: Heidelberger Kommentar zur StPO, 3. Aufl. Heidelberg 2001, § 152, Rdn. 7 ff.; *Rieß P.*, in: Löwe-Rosenberg, StPO, 24. Aufl. Berlin 1989, § 152 Rdn. 21 ff.
52 S. dazu auch unten 5. 2 Ziff. 1.
53 Insofern unterscheidet sich das Verfahren nach § 44 b Abs. 2 ganz wesentlich vom Strafprozess, in dem das Legalitätsprinzip gilt; s. § 152 Abs. 2 StPO.
54 Zum formalisierten Gleichheitssatz s. 6.7 ff. zu § 11 und BVerfG, Urteil vom 5. November 1975 – 2 BvR 193/74 –, BVerfGE 40, 296, 318 und Urteil vom 13. Juni 1989 – 2 BvE 1/88 –, BVerfGE 80, 188, 220. Für die Verfahren nach § 44 b hat das BVerfG (E 99, 19, 30) ausgeführt, es liege in der Natur der Sache, dass die Überprüfung nicht stets nach dem gleichen Muster erfolge, die betroffenen Abgeordneten also nicht im formalen Sinne gleichbehandelt werden müssten. Eine Verletzung des Grundsatzes der Gleichbehandlung komme allenfalls dann in Betracht, wenn der 1. Ausschuss Abgeordnete ohne ersichtlichen Grund unterschiedlich behandele.

4. Zuständigkeit des Ausschusses für Wahlprüfung, Immunität und Geschäftsordnung (§ 44 b Abs. 3)

Absatz 3 stellt die Durchführung der Überprüfungsverfahren in die Zuständigkeit des Ausschusses für Wahlprüfung, Immunität und Geschäftsordnung (1. Ausschuss). Dieser Ausschuss ist einer der ständigen Ausschüsse des Bundestages gemäß § 54 GO-BT.[55] Allein der Ausschuss trägt die Verantwortung für die verfahrensmäßig und inhaltlich korrekte Durchführung der Verfahren. Dem Präsidenten des Bundestages stehen keinerlei Aufsichts- oder Weisungsrechte zu.

Mit dieser Bestimmung hat sich der Bundestag auf ein parlamentsinternes[56] Verfahren festgelegt, was jedoch im Hinblick auf die Schutzbedürfnisse der überprüften Abgeordneten erhebliche Probleme aufwirft. Verfassungsrechtlicher Anknüpfungspunkt der Überprüfungsverfahren ist Art. 38 GG. In diesem Rahmen stehen sich das Untersuchungsinteresse des Bundestages einerseits und die Statusrechte des überprüften Abgeordneten andererseits gegenüber. Darüber hinaus ist ein überprüfter Abgeordneter aber auch in seiner persönlichen Rechtsstellung betroffen, insbesondere in seinem Recht auf persönliche Ehre und in seinem Recht auf informationelle Selbstbestimmung.[57]

Das Bundesverfassungsgericht hat sich in seinen bisherigen Entscheidungen nur mit den organschaftlichen Aspekten auseinandergesetzt. Das Überprüfungsverfahren beruhe auf der Prämisse, dass die frühere Tätigkeit eines Abgeordneten für die Staatssicherheit diesem die Legitimität nehme, Abgeordneter des Deutschen Bundestages zu sein. Damit werde nicht seine Ehre im Sinne eines personalen Rechtsguts in Frage gestellt, sondern seine „Würdigkeit", das Volk im Parlament zu vertreten.[58] Zwar findet sich im abweichenden Votum von vier Richtern zum Urteil vom 20. Juli 1998[59] der Hinweis, dass Aussagen des Bundestages, die sich mit dem Verhalten des Abgeordneten außerhalb der Mandatsausübung und vor der Wahl befassen, nicht nur in seine grundrechtliche Stellung, sondern zugleich auch in seine Stellung als Mandatsträger eingreifen können. Das Gericht hat es aber in derselben Entscheidung – einstimmig – für nicht erforderlich gehalten, sich mit der Frage auseinanderzusetzen, „ob in Fällen, in denen eine Maßnahme, die auf den Status des Abgeordneten zielt, in besonderen Ausnahmefällen in dessen grundrechtlich geschützte Privatsphäre eingreifen kann und ob dann das einschlägige Grundrecht neben dem verfassungsrechtlichen Abgeordnetenrecht in irgendeiner Weise Beachtung finden muss". Denn die hier durchgeführte Kollegialenquete beschränke sich in ihrer unmittelbaren Wirkung auf den Abgeordnetenstatus.[60]

---

55 Ausführlich zum Ausschuss für Wahlprüfung, Immunität und Geschäftsordnung: *Schulte M. / Zeh W.*, in: Parlamentsrecht und Parlamentspraxis in der Bundesrepublik Deutschland: ein Handbuch / hrsg. von Schneider H.-P., Zeh W., Berlin, 1989, § 43; s.a. *Jantsch M.*, in: Sommer / v. Westphalen, Staatsbürgerlexikon, S. 50.
56 Für das Thüringer Landesrecht hat es der Thüringer VerfGH im Urteil vom 17. Oktober 1997 – VerfGH 18 / 95 –, S. 24 für erforderlich gehalten, dass das Prüfungsgremium auf Wunsch des Betroffenen und nach dessen Wahl um ein nicht stimmberechtigtes, beratendes Mitglied erweitert werden muss, das nicht Abgeordneter des Landtags zu sein braucht.
57 S. dazu auch BGH, Urteil vom 16. Juni 1998 – VI ZR 205 / 97 –, NJW 1998, 3047, 3048 (Fall Stolpe) und Nds. StGH, OVGE 43, 481, 490 und 495 f.
58 BVerfGE 94, 351, 366.
59 BVerfGE 99, 19, 43.
60 BVerfGE 99, 19, 29.

Dieser Sichtweise ist zuzugestehen, dass die Zielstellung der Verfahren nach § 44 b zunächst natürlich nur die Legitimitätsfrage im Auge hat. Bei einer Überprüfung auf Zusammenarbeit mit dem Staatssicherheitsdienst der ehemaligen DDR lässt sich indes die persönliche Rechtsstellung eines Abgeordneten nicht von seiner organschaftlichen trennen. Dies wird insbesondere daran deutlich, dass jedenfalls bei der Überprüfung prominenter Abgeordneter das Verfahren von einem hohen öffentlichen Interesse begleitet wird und die Prüfungsergebnisse durch ihre Veröffentlichung als Bundestagsdrucksache – die jedenfalls bei einem belastenden Prüfungsergebnis zwingend vorgesehen ist[61] – zum Gegenstand der öffentlichen Diskussion werden können. Das rein nach parlamentsrechtlichen Regularien verlaufende Verfahren nach § 44 b berücksichtigt jedoch nahezu ausschließlich die organschaftlichen Aspekte. Es ist deshalb nicht in der Lage, dem betroffenen Abgeordneten die verfahrensmäßigen Sicherungen zu gewährleisten, die nach rechtsstaatlichen Grundsätzen sonst zur Verfügung stehen, wenn staatliche Stellen in die persönliche Rechtsstellung von Bürgern eingreifen.

31 Dies betrifft insbesondere die Verfahrensführung durch einen Ausschuss des Bundestages. Damit wird auf eine Prüfung durch ein außenstehendes, neutrales Gremium, wie etwa ein Gericht, verzichtet.[62] Um dennoch die Gefahr eines parteipolitisch motivierten Vorgehens auszuschließen, wurde in Nr. 1 Abs. 4 der Richtlinien das Erfordernis einer Zweidrittelmehrheit für die Eröffnung eines Überprüfungsverfahrens ohne Zustimmung des Betroffenen, für Ersuchen um zusätzliche Auskünfte des Bundesbeauftragten sowie für die Feststellung des Prüfungsergebnisses angeordnet.[63]

Diese Regelung ist indes zur Erfüllung des angestrebten Zwecks offensichtlich untauglich. Sie schließt die Bildung „großer Koalitionen" zur Herstellung politisch erwünschter Ergebnisse nicht aus. Insbesondere besteht bei der Überprüfung von Angehörigen kleiner Oppositionsfraktionen und -gruppen die Gefahr, dass die Mehrheit – auch eine qualifizierte Mehrheit von zwei Dritteln der Ausschussmitglieder – ihre Festellungen nach politischer Interessenlage trifft und so zum politischen Meinungskampf missbraucht.[64] Andererseits belässt ein intern durchgeführtes Verfahren der Mehrheit die Möglichkeit, Umfang und Intensität der Ermittlungen sowie der Berichterstattung darüber entsprechend der politischen Interessenlage zu steuern und damit u.U. eigene Leute zu schützen.

32 Mitglieder des 1. Ausschusses können im Verfahren nach § 44 b auch nicht wegen Befangenheit abgelehnt werden. Dies hat der Ausschuss in einer Auslegungsentscheidung vom 26. September 1997 festgestellt.[65] Die Entscheidung entspricht einer ganz überwiegend vertretenen Auffassung, wonach ein Mitwirkungsverbot

---

61 S. dazu unten 5.2 Ziff. 11.
62 Auf die Gefahr, dass durch parlamentsinterne Gremien die Überprüfungsverfahren als Mittel der politischen Auseinandersetzung missbraucht werden können, weist auch das Landesverfassungsgericht Mecklenburg-Vorpommern, LKV 1997, S. 94, 98 hin.
63 So der Bericht des 1. Ausschusses auf BT-Drs. 12/1737, S. 8.
64 Vgl. dazu etwa die Vorwürfe des PDS-Abgeordneten Dr. Gregor Gysi in dessen Stellungnahme zu seinem Überprüfungsverfahren der 13. Wahlperiode, BT-Drs. 13/10893.
65 Auslegungsentscheidung Nr. 13/20, abgedruckt bei *Burhenne W./Fechler B.*, Recht und Organisation der Parlamente, Loseblattsammlung, Band 2. Auslegungsentscheidungen des 1. Ausschusses sind bindendes Parlamentsrecht, falls nicht der Bundestag eine anderslautende Entscheidung trifft, vgl. § 127 GO-BT.

für Abgeordnete des Bundestages wegen Befangenheit nicht besteht.[66] Auch persönlich betroffene Abgeordnete dürfen deshalb an dem Überprüfungsverfahren mitwirken[67] – ebenfalls eine Folge der rein parlamentsrechtlichen Verfahrensgestaltung.

5. Verfahren (§ 44 b Abs. 4)

5.1 Richtlinien und Absprache zur Durchführung der Richtlinien

Die Regelungen zum Verfahrensablauf sind nicht im Gesetz selbst, sondern in den gemäß Absatz 4 erlassenen Richtlinien enthalten. Der Bundestag hat die oben abgedruckten „Richtlinien zur Überprüfung auf eine Tätigkeit oder politische Verantwortung für das Ministerium für Staatssicherheit / Amt für Nationale Sicherheit der ehemaligen Deutschen Demokratischen Republik" erstmals zusammen mit dem Gesetz in der 12. Wahlperiode verabschiedet;[68] eine Überarbeitung erfolgte in der 14. Wahlperiode.[69] Es handelt sich dem Rang nach um besondere Geschäftsordnungsvorschriften (Sondergeschäftsordnung). Damit unterliegen die Richtlinien – anders als der Gesetzestext – der Diskontinuität. Sie werden ergänzt durch die „Absprache zur Durchführung der Richtlinien gemäß § 44 b AbgG"[70]. Diese Absprache enthält Verfahrensgrundsätze, die sich der 1. Ausschuss für die Abwicklung der Überprüfungsverfahren gegeben hat. Sie unterliegt ebenfalls der Diskontinuität und ist gegenüber den gesetzlichen Regelungen und den Richtlinien nachrangig.

33

Diese Mischung aus gesetzlichen, geschäftsordnungsrechtlichen und ausschussinternen Regelungen erklärt sich vor dem Hintergrund, dass die in Art. 40 Abs. 1 S. 2 GG gewährleistete Geschäftsordnungsautonomie keine ausreichende Grundlage für die Überprüfungsverfahren bietet.[71] Regelungsbereiche der Geschäftsord-

34

---

[66] S. dazu *Achterberg* N., Die Abstimmungsbefugnis des Abgeordneten bei Betroffenheit in eigener Sache, AöR 109 (1984), 505 ff.; *Grimm* D., Parlament und Parteien, in: Parlamentsrecht und Parlamentspraxis in der Bundesrepublik Deutschland: ein Handbuch / hrsg. von Schneider H.-P. / Zeh W., Berlin, 1989, § 6 Rdn. 36 ff.; *Klein* H. H., Status der Abgeordneten, in: Handbuch des Staatsrechts der Bundesrepublik Deutschland, hrsg. von Isensee J. und Kirchhof P., Bd. 2, Heidelberg, 1987, § 41 Rdn. 31; *v. Mangold* H. / *Klein* F. / *Achterberg* N. / *Schulte* M., Das Bonner Grundgesetz, 3. Aufl., München, 1991, § 38 Rdn. 59; kritisch: *Peine* F.-J., Der befangene Abgeordnete, JZ 1985, S. 914 ff.; s.a. den Zwischenbericht der Enquete-Kommission Verfassungsreform der 6. Wahlperiode, BT-Drs. VI / 3829, S. 64.
[67] Dies kann beispielsweise der Fall sein, wenn Mitglieder des 1. Ausschusses gleichzeitig Familienangehörige des Betroffenen sind oder wenn sie selbst Opfer des Staatssicherheitsdienstes waren.
[68] Bekannt gemacht in BGBl. 1992 I, S. 76. Der 13. und zunächst auch der 14. Deutsche Bundestag haben jeweils in ihren konstituierenden Sitzungen am 10. November 1994 bzw. 26. Oktober 1988 die Übernahme dieser Richtlinien beschlossen (PlenProt. 13 / 1, S. 7 ff., PlenProt. 14 / 1, S. 10 ff.).
[69] S. BT-Drs. 14 / 1698, PlenProt. 14 / 59 vom 1. Oktober 1999, S. 5275 A, BGBl. 1999 I, S. 2072.
[70] Erstmals für die 12. Wahlperiode am 30. April 1992 beschlossen (Amtliche Mitteilung des Deutschen Bundestages vom 22. Mai 1992), am 19. Januar 1995 für die 13. WP und am 19. November 1998 für die 14. WP übernommen (Amtliche Mitteilung des Bundestages vom 7. Februar 1995 bzw. 8. Dezember 1998). Am 16. September 1999 beschloss der 1. Ausschuss einige Änderungen der Absprache, insbesondere der Feststellungskriterien in Nr. 6; s. BT-Drs. 14 / 1698 sowie die Amtliche Mitteilung des Bundestages vom 5. November 1999.
[71] Ausführlich zum Erfordernis einer gesetzlichen Regelung: Thüringer VerfGH, Urteil vom

nungsautonomie sind traditionell die inneren Angelegenheiten des Parlaments, insbesondere das parlamentarische Verfahren, die innere Parlamentsorganisation und die Maßnahmen zur Aufrechterhaltung der Disziplin.[72] Anknüpfungspunkt für die Überprüfungsverfahren nach § 44 b ist aber das der Wahl vorausliegende Verhalten von Abgeordneten, weshalb die Voraussetzungen für die Überprüfung in einem Gesetz geregelt werden mussten. Die Art und Weise der Durchführung der Überprüfung hingegen ist eine Frage des parlamentarischen Verfahrens und daher in der Form der Geschäftsordnung regelbar.[73]

35 Das Bundesverfassungsgericht hat in seiner Entscheidung vom 21. Mai 1996[74] die Ausgestaltung des Überprüfungsverfahrens durch die Richtlinien und die Absprache für verfassungsgemäß erklärt. Es hat dabei betont, wenn ausnahmsweise – wie im vorliegenden Fall – eine Kollegialenquete gestattet sei, so müsse das Verfahren von Verfassungs wegen Sicherungen zum Schutz des Abgeordnetenstatus enthalten. Vor allem müssten dem betroffenen Abgeordneten Beteiligungsrechte am Verfahren eingeräumt sein, die nicht nur das rechtliche Gehör gewährleisteten, sondern ihm auch gestatteten, aktiv an der Herstellung des Beweisergebnisses mitzuwirken. Die abschließende Auskunft über den ermittelten Sachverhalt müsse der Eigenart des gewählten Verfahrens sowie der zugelassenen Beweismittel Rechnung tragen. Das Verfahren müsse Regelungen enthalten, die eine korrekte Wiedergabe des Umfangs der Ermittlungen gewährleisteten.[75]

Verfahrensregelungen, die dem Schutz des betroffenen Abgeordneten dienen, sind also von Verfassungs wegen erforderlich und können deshalb nicht im Einzelfall gemäß § 126 GO-BT oder – soweit es sich um Bestimmungen der Absprache handelt – per Ausschussbeschluss außer Kraft gesetzt werden. Allenfalls zulässig wäre eine solche Entscheidung, wenn sie mit Zustimmung des Betroffenen erfolgt. Zu den solchermaßen unabdingbaren Regelungen gehören das Recht des Betroffenen, dem Ausschuss eigene Unterlagen zuzuleiten (Nr. 4 der Richtlinien; „sonstige" Unterlagen), das Anhörungsrecht (Nr. 5 Abs. 1 der Richtlinien), das Recht, dem Ausschuss geschlossene eigene Darstellungen des maßgeblichen Sachverhalts in Schriftform zu überreichen (Nr. 2 Abs. 4 der Absprache), das Akteneinsichtsrecht des Betroffenen (Nr. 2 Abs. 1 der Richtlinien), das Recht, sich einer Vertrauensperson zu bedienen (Nr. 2 Abs. 1 der Richtlinien), das Recht, eine Erklärung zum Ausschussbericht abzugeben (Nr. 6 der Richtlinien), die Regelungen zur Wahrung der Vertraulichkeit (Nr. 2 Abs. 2 und 3 der Richtlinien sowie Nrn. 4 und 5 der Absprache)[76] sowie das Erfordernis einer Zweidrittelmehrheit für grundlegende Verfahrensentscheidungen (Nr. 1 Abs. 4 der Richtlinien).

---

17. Oktober 1997 – VerfGH 18/95 –, S. 25 ff.; offen gelassen wird die Frage dagegen vom Landesverfassungsgericht Mecklenburg-Vorpommern, LKV 1997, S. 94, 96.
72 S. dazu BVerfG, Urteil vom 6. März 1952 – 2 BvE 1/51 –, BVerfGE 1, 144, 148; Beschluss vom 10. Mai 1977 – 2 BvE 705/75 –, BVerfGE 44, 308, 314; Urteil vom 9. Juli 1985 – 2 BvE 14/83 und 4/84 –, BVerfGE 70, 324, 360.
73 Unzutreffend insoweit *Schwerin Th.*, aaO, S. 64.
74 BVerfGE 94, 351, 369 ff.
75 BVerfGE 94, 351, 369; BVerfGE 99, 19, 33; ähnlich Thüringer VerfGH, Urteil vom 17. Oktober 1997 – VerfGH 18/95 –, S. 20.
76 S. dazu auch unten 5.3.4.

5.2 Verfahrensablauf

Aus den Richtlinien und der Absprache lässt sich zunächst der Ablauf des Verfahrens **36** entnehmen, wenngleich die getroffenen Regelungen unübersichtlich und unvollständig sind:

1. Einleitung des Verfahrens
   [§ 44 b Abs. 1 und 2; Nr. 3 der Absprache]

   Die Überprüfung erfolgt auf Antrag des Betroffenen (§ 44 b Abs. 1) oder aufgrund eines Beschlusses des 1. Ausschusses (§ 44 b Abs. 2). In den Fällen des Absatz 1 ist der Antrag an den Präsidenten zu richten. In den Fällen des Abs. 2 bedarf der Beschluss einer Mehrheit von zwei Dritteln der Ausschussmitglieder (Nr. 1 Abs. 4 der Richtlinien). Ein Antrag auf Durchführung eines Überprüfungsverfahrens ohne Zustimmung des Betroffenen kann nur von Ausschussmitgliedern gestellt werden, dem Antrag sind Belegmaterialien beizufügen (Nr. 3 der Absprache). „Anträge" anderer Mitglieder des Bundestages werden lediglich als Anregungen behandelt.[77]

2. Ersuchen des Präsidenten an den Bundesbeauftragten
   [Nr. 3 der Richtlinien]

   Wichtigste Erkenntnisquelle für die Überprüfungsverfahren sind die Auskünfte des Bundesbeauftragten nebst Auszügen aus den Stasi-Unterlagen. Der Präsident als nach außen handelnder Vertreter des Bundestages ersucht deshalb den Bundesbeauftragten um Mitteilung von Erkenntnissen über das betroffene Mitglied. Verlangt der Betroffene in den Fällen des Absatz 1 Akteneinsicht, so ist auch dies in das Ersuchen an den Bundesbeauftragten aufzunehmen. In den Fällen des Absatz 2 ist das betroffene Mitglied von dem Ersuchen in Kenntnis zu setzen. In allen Fällen wird der Präsident nur auf Veranlassung des in der Sache zuständigen 1. Ausschusses tätig.[78]

3. Prüfungsphase in Berichterstattergruppen
   [Nrn. 1 und 4 Abs. 1 und 2 der Absprache]

   Auf Anregung der Berichterstatter kann der Ausschuss beschließen, den Bundesbeauftragten um Gewährung von Akteneinsicht zu bitten, und/oder ihn um zusätzliche Auskünfte zu ersuchen. Letzteres bedarf einer Mehrheit von zwei Dritteln der Ausschussmitglieder (Nr. 1 Abs. 4 der Richtlinien). Die Berichterstatter können auch empfehlen, sonstige Unterlagen hinzuzuziehen.

   Die Berichterstatter dürfen grundsätzlich ebenso wie die anderen Ausschussmitglieder lediglich in den Räumen des Sekretariats mit dem vorhandenen Aktenmaterial arbeiten. Diese strikte, im Interesse des Vertrauensschutzes getroffene Regelung hat sich jedoch für Verfahren mit umfangreichem Aktenmaterial in der Praxis als kaum handhabbar erwiesen. Bei der Überarbeitung in der 14. Wahlperiode wurde sie deshalb dahingehend gelockert, dass die Berichterstatter – nicht aber die anderen Ausschussmitglieder – jeweils eine Kopie der Akten für ihre Arbeit außerhalb der Sekretariatsräume zur Verfügung gestellt bekommen, wenn der Ausschuss dies für das jeweilige Überprüfungsverfahren beschließt.

---

77 S. dazu auch oben 2.1 und 3.3.
78 S. dazu auch oben 2.1 und 4.

4. Akteneinsichtsrecht des Betroffenen
[Nr. 2 Abs. 1 der Richtlinien, Nrn. 2 Abs. 3 und 4 Abs. 3 der Absprache]

Der Betroffene kann Einsicht in die Ausschussakten sowie zumindest in umfangreicheren Verfahren die Aushändigung anonymisierter Kopien verlangen.[79] Er kann sich einer Vertrauensperson bedienen. Über diese Rechte verfügt der Betroffene während der gesamten Dauer des Überprüfungsverfahrens, er kann von ihnen auch mehrfach Gebrauch machen. Auf sein Akteneinsichtsrecht ist er (spätestens) mit der Einladung zur Anhörung schriftlich hinzuweisen. Die Akteneinsicht findet in den Räumen des Sekretariats statt; hierbei müssen der Vorsitzende oder von ihm beauftragte Mitglieder des Ausschusses oder des Sekretariats anwesend sein.

5. Anhörung des Betroffenen
[Nr. 5 Abs. 1 der Richtlinien, Nr. 2 der Absprache]

Die Anhörung wird von der Berichterstattergruppe durchgeführt, wobei jedes Ausschussmitglied teilnehmen kann. Termin und Ort werden vom Vorsitzenden bestimmt und in einer Ausschusssitzung bekanntgegeben. Das betroffene Mitglied des Bundestages ist hierzu schriftlich einzuladen. Die Anhörung hat „vor Abschluss der Feststellungen" zu erfolgen. Da sichergestellt werden muss, dass ihre Ergebnisse in das Prüfungsergebnis einfließen, sollte sie vor der Zuleitung eines Entscheidungsvorschlags der Berichterstattergruppe an den Ausschuss erfolgen. Sie muss auf jeden Fall vor der (vorläufigen) Feststellung des Prüfungsergebnisses durch den 1. Ausschuss stattgefunden haben. Eine zweite Anhörung des Betroffenen in der Phase zwischen vorläufiger und endgültiger Feststellung des Prüfungsergebnisses ist dagegen nicht erforderlich.[80]

6. Stellungnahme des Betroffenen
[Nr. 2 Abs. 4 der Absprache]

Das betroffene Mitglied des Bundestages kann im gesamten Verlauf des Überprüfungsverfahrens dem 1. Ausschuss schriftliche Stellungnahmen zuleiten. Entgegen dem Wortlaut der Absprache ist es hierbei nicht auf den Zeitraum „nach dem Ende der Anhörung" beschränkt. Das Recht zur Stellungnahme ist vielmehr ein Ausfluss der dem Betroffenen zum Schutz seinen Status aus Art. 38 GG zustehenden Beteiligungsrechte. Diese müssen nicht nur das rechtliche Gehör gewährleisten, sondern ihm auch die Möglichkeit geben, aktiv an der Herstellung des Beweisergebnisses mitzuwirken.[81] Um von diesen Rechten effektiven Gebrauch machen zu können, müssen sie dem Betroffenen von Beginn des

---

79 Der Aushändigung solcher Kopien steht insbesondere nicht § 29 StUG entgegen der bestimmt, dass die vom BStU an öffentliche Stellen übermittelten personenbezogenen Informationen grundsätzlich nur für die Zwecke verarbeitet und genutzt werden dürfen, für die sie übermittelt worden sind. Denn die Durchführung von Überprüfungsverfahren gem. § 44 b ist ein von § 21 Abs. 1 Nr. 6 b StUG vorgesehener Zweck, der sich nicht allein durch die Übermittlung der Unterlagen an den 1. Ausschuss erfüllen lässt. Zumindest bei umfangreicheren Materialien ist nämlich auch die Weiterleitung in anonymisierter Form an den Betroffenen für die Durchführung der Überprüfungsverfahren notwendig, da dieser sonst seine Beteiligungsrechte, deren verfassungsrechtliche Notwendigkeit das BVerfG (E 94, 351, 369; s. dazu oben 5. 1) besonders betont hat, nicht ausüben könnte.
80 S. dazu unten Ziff. 8.
81 BVerfGE 94, 351, 369; s. dazu auch oben 5. 1.

Verfahrens an, also in den Fällen des Absatz 1 seit Antragstellung und in denen des Absatz 2 seit der Beschlussfassung des 1. Ausschusses über die Verfahrenseröffnung, zur Verfügung stehen.

7. Bericht und Entscheidungsvorschlag der Berichterstattergruppe
   [Nr. 1 Abs. 5 der Absprache]

   Die Berichterstatter erarbeiten einen Bericht mit Entscheidungsvorschlag, den der Vorsitzende dem 1. Ausschuss vorlegt.

8. Vorläufige Feststellung des Prüfungsergebnisses
   [Nr. 4 i.V.m. Nr. 5 Abs. 2 der Richtlinien]

   Die Konstruktion des Verfahrensablaufs in den Richtlinien erfordert eine doppelte Beschlussfassung über das Prüfungsergebnis, da zunächst der Präsident des Bundestages sowie der Vorsitzende der Fraktion oder Gruppe, der das überprüfte Mitglied angehört, über die „beabsichtigte Feststellung" des 1. Ausschusses unterrichtet werden müssen. Dies dient zunächst der vorrangigen Informationsübermittlung an die genannten Amtsinhaber. In erster Linie soll jedoch der jeweils betroffenen Fraktion bzw. Gruppe die Gelegenheit gegeben werden zu entscheiden, ob sie einem belasteten Mitglied den Mandatsverzicht nahe legt oder es aus der Fraktion bzw. Gruppe ausschließt.[82] Im Falle des Mandatsverzichts kommt eine Veröffentlichung eines belastenden Prüfungsergebnisses nicht mehr in Betracht. Ebenso wie die endgültige bedarf die vorläufige Feststellung des Prüfungsergebnisses einer Mehrheit von zwei Dritteln der Ausschussmitglieder (Nr. 1 Abs. 4 der Richtlinien).

   Nicht erforderlich hingegen ist es, die vorläufige Feststellung nochmals zum Gegenstand einer gesonderten Anhörung des Betroffenen zu machen. Die – mündlichen und schriftlichen – Einlassungen des Betroffenen müssen von den Ausschussmitgliedern in ihre Entscheidungsfindung einbezogen werden. Dies ist nur möglich, wenn sie sie berücksichtigen, *bevor* sie sich ihr endgültiges Urteil bilden, also vor der Feststellung des Prüfungsergebnisses. Eine nochmalige Erörterung der bereits gewonnenen Überzeugung mit dem Betroffenen ist dagegen sinnlos.

9. Endgültige Feststellung des Prüfungsergebnisses
   [Nr. 4 i.V.m. Nr. 1 Abs. 4 der Richtlinien]

   Auch die endgültige Feststellung des Prüfungsergebnisses muss mit einer Mehrheit von zwei Dritteln der Ausschussmitgliedern getroffen werden. Der Zeitraum zwischen der vorläufigen und der endgültigen Feststellung muss im Falle eines belastenden Prüfungsergebnisses so bemessen sein, dass er den Beratungsbedarf der betroffenen Fraktion bzw. Gruppe hierzu berücksichtigt. Dies hängt von den konkreten Umständen des jeweiligen Einzelfalls ab.

10. Erklärung des Betroffenen
    [Nr. 6 der Richtlinien]

    Der Betroffene hat das Recht, der Feststellung des 1. Ausschusses eine eigene Erklärung beizufügen, die zusammen mit dem Prüfungsergebnis veröffentlicht

---

[82] So der Abgeordnete Dieter Wiefelspütz, PlenProt. 12/50 vom 17. Oktober 1991, S. 4163; s.a. oben 1.3.

wird. Hierzu ist es notwendig, ihm nach der endgültigen Feststellung des Prüfungsergebnisses, aber vor dessen Veröffentlichung, eine angemessene Frist zur Abgabe der Erklärung einzuräumen, deren Länge mit Rücksicht auf die Komplexität des jeweiligen Verfahrens zu bestimmen ist.

11. Veröffentlichung des Prüfungsergebnisses
[Nr. 6 der Richtlinien]

Eine belastende Feststellung, also die Feststellung, dass eine Mitarbeit oder politische Verantwortung für den Staatssicherheitsdienst der ehemaligen DDR als erwiesen anzusehen ist, ist in einer Bundestagsdrucksache zu veröffentlichen. Die Veröffentlichung unterbleibt allerdings, wenn der Betroffene vorher sein Mandat niederlegt. Demgegenüber ist die Feststellung, dass eine Mitarbeit oder politische Verantwortung *nicht* als erwiesen anzusehen ist, nur dann zu veröffentlichen, wenn das betroffene Mitglied es verlangt. Diese Handhabung ergibt sich zwar nicht zwingend aus dem Wortlaut des Richtlinientextes, geht jedoch aus dessen Entstehungsgeschichte hervor.[83]

Mit dem Prüfungsergebnis sind auch die wesentlichen Gründe zu veröffentlichen, die zu der getroffenen Feststellung geführt haben.[84] Nicht zulässig ist dagegen die Veröffentlichung der abweichenden Auffassungen einzelner oder mehrerer Ausschussmitglieder, die sich bei der Feststellung des Prüfungsergebnisses nicht durchsetzen konnten.[85] Soweit das Prüfungsergebnis *nicht* zu veröffentlichen ist, kann der 1. Ausschuss in seinem Bericht einen Überblick über die wesentlichen Erkenntnisse des Verfahrens geben, der dann allerdings keine Rückschlüsse auf die Identität des Betroffenen zulassen darf. Ein solches Verfahren bietet sich insbesondere bei zusammenfassenden Berichten über mehrere Überprüfungen an.[86]

Auf dessen Verlangen muss schließlich in die Drucksache auch eine Gegenerklärung des Betroffenen aufgenommen werden. Es handelt sich hierbei um eines der mit Verfassungsrang ausgestatteten Schutzrechte des Betroffenen, von dem nicht im Einzelfall nach § 126 GO-BT abgewichen werden darf.[87] Allerdings braucht die Gegenerklärung nur in einem „angemessenen Umfang" mit in die Veröffentlichung des 1. Ausschusses aufgenommen werden. Auch hier bestimmt sich die Angemessenheit nach der Lage des Falles; maximal kann eine „angemessene" Gegenerklärung denselben Umfang haben wie der Bericht des 1. Ausschusses.

Mit der Veröffentlichung des Prüfungsergebnisses endet das Verfahren. Zwar kann der Bericht des 1. Ausschusses gem. § 75 GO-BT auf die Tagesordnung des Bundestages gesetzt werden und auch Gegenstand einer Aussprache sein; eine Beschlussfassung des Plenums findet jedoch nicht statt. Die Feststellungen des 1. Ausschusses

---

83 S. den Bericht des 1. Ausschusses auf BT-Drs. 12/1737, S. 9.
84 Näher dazu s. unten 5.3.3.
85 Die Entstehungsgeschichte des § 44 b lässt darauf schließen, dass sich der Gesetzgeber bewusst gegen die Möglichkeit von Minderheitenvoten entschieden hat, da eine entsprechende Anregung der Gruppe BÜNDNIS 90/DIE GRÜNEN im Gesetzgebungsverfahren nicht aufgegriffen wurde; s. den Entwurf eines Stasi-Überprüfungsgesetzes auf BT-Drs. 12/1325, Artikel 1, § 44 b Abs. 4 Nr. 6.
86 Beispiele finden sich auf BT-Drs. 12/4613, 13/2994 und 14/1900.
87 S. dazu oben 5.1.

ziehen keine rechtlichen Folgen nach sich, vielmehr bleiben die parlamentarischen Rechte des betroffenen Abgeordneten unberührt.

5.3 Einzelheiten

Auf einige Aspekte des so skizzierten Verfahrens ist im Folgenden näher einzugehen: 37

5.3.1 Feststellungsauftrag

Der gemäß Nr. 5 der Richtlinien zu veröffentlichende Bericht[88] muss die getroffene 38 Feststellung sowie eine Begründung enthalten. Die zulässigen Inhalte des Berichts bestimmen sich nach dem durch § 44 b und die Richtlinien begrenzten Feststellungsauftrag des 1. Ausschusses.[89] Tenor der Entscheidung kann nur die Aussage sein, ob eine hauptamtliche oder inoffizielle Tätigkeit oder politische Verantwortung des Betroffenen für den Staatssicherheitsdienst der ehemaligen DDR als erwiesen anzusehen ist oder nicht. Der dazu gegebene Bericht darf nur diejenigen Aussagen enthalten, die zur Begründung dieses Prüfungsergebnisses notwendig sind. Zweifelsfrei gehört hierzu der Sachverhalt, der zur Überzeugung des Ausschusses eine Zusammenarbeit mit dem bzw. eine Einflussnahme auf das MfS beweist. Der Sachverhalt umfasst auch innere Tatsachen wie z.B. Vorsatz oder Absicht, die ein bewusstes und gewolltes Handeln belegen. Darüber hinaus muss der 1. Ausschuss diese Beweise würdigen und das Beweisergebnis begründen.[90]

Unzulässig ist dagegen eine politische Bewertung der getroffenen Feststellung 39 durch den 1. Ausschuss. Dies folgt nach der Rechtsprechung des Bundesverfassungsgerichts bereits aus dem Ausnahmecharakter der Kollegialenquete, die es dem Bundestag nur in besonderen Ausnahmefällen gestattet, über die Wahlprüfung hinaus die Legitimität seiner Mitglieder in Zweifel zu ziehen.[91] Darüber hinaus ist die Bewertung der festgestellten Sachverhalte nach der Zielsetzung des Überprüfungsverfahrens den Fraktionen und der Öffentlichkeit vorbehalten.[92] Eine solch unzulässige Bewertung liegt nach zutreffender Ansicht vor, wenn mit dem Sachverhalt, der eine Tätigkeit für den Staatssicherheitsdienst belegt, auch die damit von dem Betroffenen nach Ansicht des 1. Ausschusses verfolgten Handlungsziele dargestellt werden.[93]

---

[88] Zu Voraussetzungen und Umfang der Veröffentlichungspflicht s. oben 5.2 Ziff. 11.
[89] S. dazu BVerfGE 99, 19, 33.
[90] BVerfGE 94, 350, 371; BVerfGE 99, 19, 33.
[91] BVerfGE 99, 19, 33, 34.
[92] S. dazu oben 1.3.
[93] Das Bundesverfassungsgericht konnte in seinem Urteil vom 20. Juli 1998 – 2 BvE 2/98 – (BVerfGE 99, 19, 37 ff.) zu dieser Frage keine Einigung erzielen. Der 1. Ausschuss hatte in der Schlusspassage seines Berichts zur Verstrickung des Abgeordneten Dr. Gregor Gysi (BT-Drs. 13/1098, S. 50) u.a. ausgeführt, Dr. Gysi habe seine herausgehobene berufliche Stellung als einer der wenigen Rechtsanwälte in der DDR genutzt, um als Anwalt auch international bekannter Oppositioneller die politische Ordnung der DDR vor seinen Mandanten zu schützen. Hierin sahen vier der Richter des 2. Senats eine im Rahmen des Feststellungsverfahrens untersagte Teilnahme an der kontroversen Auseinandersetzung im politisch-parlamentarischen Raum. Die anderen vier Richter sahen dagegen die fragliche Passage als vom Feststellungsauftrag des § 44 b gedeckt an, da die Sachverhaltsfeststellung allein nicht immer eine hinreichende Grundlage für die Beurteilung des Legitimität des Mandats abgebe. Wegen der Stimmengleich-

5.3.2 Beschränkung der Beweismittel

40 Charakteristisch für die Überprüfungsverfahren nach § 44 b ist die Beschränkung der Beweismittel. Nr. 4 der Richtlinien ordnet an, dass der 1. Ausschuss seine Feststellungen „auf Grund der Mitteilungen des Bundesbeauftragten und auf Grund sonstiger ihm zugeleiteter oder von ihm beigezogener Unterlagen" trifft. In Abgrenzung zum parlamentarischen Untersuchungsverfahren wird damit auf die Beweismittel des Zeugen- und des Sachverständigenbeweises verzichtet; die Feststellung des Sachverhaltes stützt sich lediglich auf die Aktenlage.[94]

41 Beweismittel sind daher in erster Linie die Mitteilungen des Bundesbeauftragten mit den einschlägigen Unterlagen aus den Beständen des ehemaligen Staatssicherheitsdienstes der DDR. Der 1. Ausschuss kann den Bundesbeauftragten in jeder Lage des Verfahrens um zusätzliche Auskünfte oder Recherchen ersuchen.

Der Ausschuss kann auch alle sonstige Unterlagen hinzuziehen, die ihm zur Feststellung seines Prüfungsergebnisses erforderlich scheinen. Gleichermaßen kann er Unterlagen einbeziehen, die ihm von dritter Seite zugeleitet werden. Daneben ist er verpflichtet, auch die von dem betroffenen Abgeordneten vorgelegten Unterlagen gleichermaßen wie das beigezogene oder ihm anderweitig zugeleitete Material zu berücksichtigen.[95]

42 Demgegenüber ist es unzulässig, zum Nachweis einer Stasi-Verstrickung des überprüften Abgeordneten Zeugen zu vernehmen oder Sachverständige zu bestellen. Das Bundesverfassungsgericht hat allerdings in seinen Entscheidungen vom 21. Mai 1996 und vom 20. Juli 1998 die Hinzuziehung einer vom Bundesbeauftragten erstellten „Gutachterlichen Stellungnahme" unbeanstandet gelassen.[96]

43 Anderes muss jedoch im Hinblick auf entlastende Gesichtspunkte gelten. Mit rechtsstaatlichen Anforderungen wäre es nicht vereinbar, wenn entlastende Umstände wegen der Beschränkung der Beweismittel nicht ermittelt und damit nicht berücksichtigt werden könnten. Der 1. Ausschuss muss daher entweder bei der Feststellung des Prüfungsergebnisses den in Frage stehenden entlastenden Umstand als wahr zugrunde legen oder er muss den Beweis erheben, auch wenn es sich um einen Zeugen- oder Sachverständigenbeweis handelt.

5.3.3 Beweisführung und Beweiswürdigung

44 Die Feststellung des Prüfungsergebnisses ist eine Entscheidung 1. Ausschusses, die gemäß Nr. 1 Abs. 4 der Richtlinien mit einer Mehrheit von zwei Dritteln der Ausschussmitglieder zu treffen ist. Ihr zugrunde liegt die liegt die Überzeugung, die sich jedes einzelne Ausschussmitglied zu dem jeweiligen Fall bilden muss. Hierfür müssen allerdings nicht alle Ausschussmitglieder in allen Ausschussberatungen anwesend sein; es reicht aus, wenn sie sich ihre Überzeugung anhand der schriftlichen Unterlagen und Protokolle des Ausschusses bilden können.[97] Rechtlich sind

---

heit konnte keine Verletzung der Rechte des Betroffenen aus Art. 38 Abs. 1 GG festgestellt werden.
[94] BVerfGE 94, 351; BVerfGE 99, 19, 33; Bericht des 1. Ausschusses auf BT-Drs. 12 / 1737, S. 9.
[95] BVerfGE 94, 351, 370.
[96] BVerfGE 94, 351, 365; BVerfGE 99, 19, 30.
[97] BVerfGE 99, 19, 36 f.

die Ausschussmitglieder dabei nur ihrem Gewissen unterworfen (Art. 38 Abs. 1 Satz 2 GG). Deshalb kann eine Entscheidung, die ein Ausschussmitglied gegen seine Überzeugung trifft – etwa auf Druck seiner Fraktion – gegen die Verfassung verstoßen, weil sie den überprüften Abgeordneten in seinen Rechten aus Art. 38 Abs. 1 GG verletzt.

Eine belastende Feststellung darf nur getroffen werden, wenn eine Tätigkeit oder 45 politische Verantwortung des Betroffenen für den Staatssicherheitsdienst durch die vorhandenen Erkenntnisquellen bewiesen ist. Dies setzt eine sorgfältige Würdigung aller vorliegenden zulässigen Beweismittel einschließlich der Einlassungen des Betroffenen voraus. Hierzu muss der Ausschuss von der Verstrickung des Abgeordneten eine so sichere Überzeugung gewinnen, dass auch angesichts der beschränkten Beweismöglichkeiten vernünftige Zweifel an der Richtigkeit der Feststellung ausgeschlossen sind.[98] Dies bedeutet, dass die Beweislast beim Ausschuss liegt, der Betroffene muss nicht etwa seine „Unschuld" nachweisen. In Zweifelsfällen ist zu seinen Gunsten zu entscheiden, die Feststellung kann dann nur „nicht erwiesen" lauten. Dabei steht es dem Ausschuss offen, in den Gründen die Beweislage darzustellen. Wie das Bundesverfassungsgericht ausdrücklich betont hat, sind ihm aber Mutmaßungen verwehrt.[99]

Der Ausschuss muss in seinem Bericht zu einer belastenden Feststellung die Beweise würdigen und das Beweisergebnis begründen.[100] Er muss also nachvollziehbar darlegen, wie er zu seinem Prüfungsergebnis gekommen ist. Dafür hat er alle vorhandenen Beweismittel in seine Überlegungen einzubeziehen und deutlich zu machen, warum er welche Schlüsse er aus ihnen zieht. Dazu gehört auch die Auseinandersetzung mit entlastenden Indizien. Bestreitet der betroffene Abgeordnete eine Zusammenarbeit mit dem MfS, so muss der Ausschuss, wenn er dennoch zu einer belastenden Feststellung kommen will, detailliert begründen, durch welche Tatsachen eine Tätigkeit oder politische Verantwortung für das MfS/AfNS dennoch bewiesen ist. Der pauschale Hinweis, die Darstellung des Betroffenen sei nicht überzeugend, ist hierfür nicht ausreichend.

Die Frage, wie hoch das Maß an Überzeugungskraft der Beweismittel sein muss, damit „vernünftige Zweifel" ausgeschlossen sind, lässt sich nicht in quantifizierbaren Maßeinheiten beantworten; entscheidend ist die subjektive Gewissheit jedes einzelnen Ausschussmitglieds.[101] Eine Überzeugungsbildung ist aber ausgeschlossen, wenn ihr die Gesetze der Logik oder wissenschaftlich anerkannte Erkenntnisse über die Arbeit des MfS entgegenstehen. Der Beweis muss mit lückenlosen, nachvollziehbaren Argumenten geführt werden, in sich schlüssig und frei von Willkür sein. Er darf sich ausschließlich auf Tatsachen, und nicht auf Möglichkeiten, Wahrscheinlichkeiten oder Vermutungen stützen.[102]

---

98 BVerfGE 94, 351, 370; BVerfGE 99, 19, 33; Thüringer VerfGH, Urteil vom 17. Oktober 1997 – VerfGH 18/95 –, S. 25.
99 BVerfGE 94, 351, 370; BVerfGE 99, 19, 33.
100 BVerfGE 94, 351, 370; BVerfGE 99, 19, 33.
101 Zur richterlichen Überzeugungsbildung, für die vergleichbare Kriterien gelten, s. *Eisenberg U.*, Beweisrecht der StPO, 2. Aufl. München 1996, Rdn. 89 ff.
102 Auch hier können die für das richterliche Beweisrecht entwickelten Kriterien herangezogen werden, vgl. dazu beispielhaft *Eisenberg U.*, aaO, Rdn. 97 ff.

46 Im Rahmen der Beweiswürdigung ist auch die Frage nach der Zuverlässigkeit der herangezogenen Beweismittel zu beantworten. Probleme bereitet dabei insbesondere der Beweiswert der Stasi-Unterlagen.

In Literatur und Rechtsprechung wird dieser Beweiswert kritisch beurteilt. Der BGH sieht Akten und Erkenntnisse des MfS grundsätzlich als nicht geeignet an, einen dringenden Tatverdacht i.S.d. § 112 StPO zu begründen. Vielmehr bedürften die ihnen zu entnehmenden Informationen strenger und besonders kritischer Überprüfung, weil Aufgabenstellung und Arbeitsweise des MfS den Erfordernissen rechtsstaatlicher Sachverhaltsaufklärung in keiner Weise entsprochen hätten. Außerdem ergebe sich aus rechtsstaatlichen Erfordernissen die Notwendigkeit, den Sachverhalt unter Benutzung möglichst tatnaher Beweismittel aufzuklären.[103] Verschiedene andere Gerichte weisen darauf hin, dass Stasi-Unterlagen keine Beweisurkunden i.S.d. § 414 ZPO sind; sie seien der freien Beweiswürdigung zugänglich; ihr Beweiswert erstrecke sich lediglich darauf, dass das, was dort stehe, niedergeschrieben worden sei und nicht darauf, dass es auch inhaltlich zutreffe.[104] In ähnlicher Weise vertreten auch *Lansnicker* und *Schwirtzek*[105] die Auffassung, die vom MfS geführten Unterlagen seien für sich zunächst nicht geeignet, einen Beweis für eine Tätigkeit für das MfS zu begründen, sofern sich nicht eigene und eindeutige Aufzeichnungen des mit dem Vorwurf der Stasi-Mitarbeit Belasteten darin fänden. Die Unterlagen hätten keinen eigenen, über ihre Existenz hinausgehenden Beweiswert.

Überträgt man diese Sichtweise auf die Verfahren nach § 44b AbgG so ist festzuhalten, dass die vom Bundesbeauftragten vorgelegten Stasi-Unterlagen allenfalls Indizien für eine Tätigkeit oder politische Verantwortung für den Staatssicherheitsdienst der ehemaligen DDR abgeben können. Dies ist besonders problematisch, weil diese Unterlagen – anders als in Gerichtsverfahren – nahezu die einzigen zulässigen Beweismittel sind. Um zu einem entsprechenden Nachweis zu kommen müssen die Unterlagen (Indizien) deshalb in sich stimmig sein und in dieselbe Richtung (nämlich auf eine Tätigkeit bzw. politische Verantwortung für das MfS/AfNS) weisen. Außerdem muss sichergestellt sein, dass andere Deutungsmöglichkeiten vernünftigerweise ausgeschlossen werden können. Dies wird immer dann zum Problem, wenn der Betroffene eine von den Unterlagen nahe gelegte Stasi-Mitarbeit substantiiert bestreitet.[106]

Schließlich ist in diesem Zusammenhang auch die Frage zu stellen, ob die vom MfS geführten Unterlagen überhaupt als zuverlässig betrachtet werden können oder ob mit Fälschungen und Manipulationen gerechnet werden muss. In Schriften des Bundesbeauftragten wird von einer grundsätzlichen Zuverlässigkeit der MfS-Unterlagen ausgegangen; gleichzeitig aber auf die Notwendigkeit einer quellenkritischen Interpretation hingewiesen.[107] Auch der 1. Ausschuss geht von einer grund-

---

103 BGH, Beschluss vom 5. Mai 1992 – 2 BJs 15/92 – 5 – StB 9/92, NJW 1992, 1975 f.
104 OLG Hamburg, DtZ 1993, 351; LAG Berlin vom 12. Mai 1996 – 10 Sa 96/96 –; VG Meiningen, LKV 1995, 298 ff.; VG Greifswald, DtZ 1995, 455 ff.; LG Hamburg vom 25. Januar 1994, – 324 O 768/93.
105 Der Beweiswert von Stasi-Unterlagen im Arbeitsgerichtsprozess, DtZ 1994, S. 162 ff.
106 S. dazu oben 5.3.3.
107 *Engelmann R.*, aaO; *ders.*, Quellenwert, in: Henke K.-D./Engelmann R., Aktenlage, Berlin, 1995, S. 23 ff.; *Schröter U.*, Interesse des Schreibenden, in: Henke K.-D./Engelmann R., Aktenlage, aaO, S. 40 ff.

sätzlichen Zuverlässigkeit der MfS-Unterlagen aus, wobei aber jede einzelne Unterlage nach ihrem spezifischen Gehalt zu interpretieren, zu gewichten und zu bewerten sei.[108] Demgegenüber verweisen *Lansnicker* und *Schwirtzek*[109] darauf, Fälschungen und Abweichungen von den Arbeitsrichtlinien des MfS durch die Staatssicherheit selbst würden heute allseits nicht mehr geleugnet. Eine umfassende Beantwortung dieser Frage kann indes an dieser Stelle nicht gegeben werden, da sie wissenschaftliche Untersuchungen voraussetzt, die im Rahmen dieser Kommentierung nicht geleistet werden können. Zumindest wird aber zu berücksichtigen sein, dass auch Stasi-Unterlagen von Menschen verfasst worden sind, die bestimmte Ziele verfolgten. Die subjektive Komponente kann nirgends ausgeschlossen werden, was insbesondere bei der Beurteilung der Zuverlässigkeit von Einschätzungen und Bewertungen zu berücksichtigen ist.

Als Arbeitshilfe für die Feststellung des Prüfungsergebnisses hat der 1. Ausschuss in Nr. 6 seiner Absprache zur Durchführung der Überprüfungsverfahren Feststellungskriterien vereinbart.[110] Dieser Aufgabe werden die Kriterien allerdings nur in sehr beschränktem Umfang gerecht. Zu großen Teilen wiederholen sie nur das, was sich bereits aus dem Gesetz als Feststellungsauftrag für die Überprüfungsverfahren ergibt[111] (Oberpunkte A, B und C). Oberpunkt D ergänzt dies um die Bestimmung, dass es mit in die Feststellungen aufzunehmen ist, wenn durch eine (festgestellte) Tätigkeit oder politische Verantwortung für das MfS/AfNS „Einzelpersonen nachweislich weder mittelbar noch unmittelbar belastet oder benachteiligt" wurden. Da dies lediglich eine supplementäre Feststellung und keine Bewertung des festgestellten Sachverhalts ist, begegnet diese Regel keinen verfassungsrechtlichen Bedenken.[112] Für deren Anwendung erscheint allerdings fraglich, wie der geforderte Nachweis der Unschädlichkeit in der Praxis überhaupt erbracht werden kann. 47

Für die Feststellung einer hauptamtlichen Tätigkeit bzw. einer politischen Verantwortung für den Staatssicherheitsdienst geben die Kriterien des 1. Ausschusses keine weiteren Hinweise. Lediglich für den Fall der inoffiziellen Tätigkeit wird unter B in den Unterpunkten I bis III eine Reihe von Indizien aufgezählt, während Unterpunkt IV die Indizwirkung bei bestehendem Manipulationsverdacht wieder entfallen lässt. Die Brauchbarkeit dieses Indizienkatalogs muss mit Vorsicht beurteilt werden. Es ist unbestreitbar, dass das Vorliegen einer unterzeichneten Verpflichtungserklärung[113] sowie die Lieferung von Informationen außerhalb offizieller Kontakte typische Merkmale einer IM-Tätigkeit sind. Ebenso können sich aus zentral geführten Karteien und sonstigen Aufzeichnungen Hinweise auf eine IM-Tätigkeit ergeben, wenngleich solche Indizien wesentlich schwächer sind. Der Katalog unter Punkt B der Feststellungskriterien darf aber nicht als Prüfungsschab-

---

[108] S. den Bericht auf BT-Drs. 13/10893, S. 6 f.
[109] AaO, S. 163.
[110] Die Feststellungskriterien stammen genauso wie § 44 b und die Richtlinien aus der 12. WP. In ihrer ursprünglichen Fassung (abgedruckt z. B in BT-Drs. 12/4613) waren sie allerdings sprachlich missglückt und in ihrem Bedeutungsgehalt weitgehend unklar. Erst durch ihre Überarbeitung in der 14. Wahlperiode (s. BT-Drs. 14/1698) haben sie eine nachvollziehbare Struktur erhalten.
[111] S. dazu oben 5.3.1.
[112] Zur Unzulässigkeit von Bewertungen s. oben 5.3.3.
[113] Zur Bedeutung der Ziff. B I der Feststellungskriterien s. bereits oben 2.2.

lone missverstanden werden, die man nur über die zu entscheidenden Fälle legen müsste, um zu korrekten Ergebnissen zu gelangen. Denn einerseits erhebt dieser Katalog keinen Anspruch auf Vollständigkeit. Die aufgeführten Indizien beruhen nicht auf einer wissenschaftlich-systematischen Analyse möglicher Erscheinungsformen von IM-Tätigkeit, sondern allein auf den Erfahrungen des 1. Ausschusses. Auch wenn diese durch Beratungen und Stellungnahmen des Bundesbeauftragten ergänzt worden sein mögen, können sie unvermeidlicherweise nur punktuell zu Erkenntnissen führen. Zum anderen handelt es sich bei den aufgeführten Umständen ausdrücklich nur um Indizien, also um Beweisanzeichen, die in keinem Fall mit dem bereits geführten Beweis verwechselt werden dürfen. Auch bei einer Übereinstimmung mit den Feststellungskriterien müssen deshalb in jedem Überprüfungsverfahren unter Beachtung der dargestellten Anforderungen an die Beweiswürdigung[114] die vorhandenen Indizien sorgfältig auf ihre Aussagekraft für den jeweils zu entscheidenden Einzelfall untersucht werden. Dabei ist es durchaus möglich, dass trotz des Vorliegens eines oder mehrerer Indizien aus dem Katalog der Feststellungskriterien ein Beweis im Ergebnis nicht erbracht werden kann. Ebenso ist stets die Frage nach der Zuverlässigkeit der vorhandenen Unterlagen[115] zu stellen; ein Aktenvermerk beispielsweise über die Lieferung von Berichten oder die Entgegennahme von Zuwendungen ist nicht notwendigerweise bereits ein entsprechender Nachweis.

5.3.4 Nichtöffentlichkeit und Vertraulichkeit des Verfahrens

48 Das Überprüfungsverfahren ist über seine gesamte Dauer bis zur Veröffentlichung des Prüfungsergebnisses nichtöffentlich und vertraulich durchzuführen. Der Grundsatz der Nichtöffentlichkeit und Vertraulichkeit gehört zu den von Verfassungs wegen zu beachtenden Schutzrechten des betroffenen Abgeordneten[116] und beansprucht umfassende Geltung.[117] Dem tragen die Regelungen der Richtlinie und der Absprache nunmehr[118] weitgehend Rechnung.

Alle Beratungen zu Überprüfungsfällen nach § 44 b haben in nichtöffentlichen Ausschusssitzungen zu erfolgen. Ein Beschluss zur Herstellung der Öffentlichkeit gem. § 69 Abs. 1 Satz 2 GO-BT ist ebenso ausgeschlossen wie Erweiterte öffentliche Ausschussberatungen gem. § 69 a GO-BT und öffentliche Anhörungen gem. § 70 GO-BT. Das Zutrittsrecht zu den Beratungen nach § 44 b und das Einsichtsrecht in die dazu geführten Akten ist – abgesehen von dem Betroffenen – gemäß Nr. 2 Abs. 2 und 3 der Richtlinien grundsätzlich auf die ordentlichen Mitglieder des 1. Ausschusses und deren Stellvertreter beschränkt. Da die Richtlinien im Rang von Geschäftsordnungsrecht stehen, gehen diese Bestimmungen den §§ 16 und 69 Abs. 2 GO-BT als Spezialregelungen vor.[119]

---

114 S. oben 5.3.3.
115 S. dazu oben 5.3.3.
116 S. dazu bereits oben 5.1.
117 Auch das Bundesverfassungsgericht hat den Grundsatz der Nichtöffentlichkeit des Verfahrens betont; s. BVerfGE 94, 351, 371; BVerfGE 99, 19, 30 f.; s.a. Thüringer VerfGH, Urteil vom 17. Oktober 1997 – VerfGH 18/95 –, S. 23 f.
118 Nach der Überarbeitung in der 14. Wahlperiode, vgl. BT-Drs. 14/1698.
119 Die Bestimmungen in Nr. 2 Abs. 2 und 3 der Richtlinien wurden erst in der 14. Wahlperiode eingefügt. Da der Grundsatz der Nichtöffentlichkeit und Vertraulichkeit des Verfahrens aber bereits von Verfassungs wegen Geltung beansprucht, wurde durch diese Überarbeitung der

§ 44 b Stasi-Überprüfung

Dem Schutz der Vertraulichkeit dienen weiterhin die Bestimmungen über die Aktenaufbewahrung in Nr. 4 der Absprache. Soweit den Berichterstattern gemäß Nr. 4 Abs. 2 der Absprache Kopien für ihre Arbeit auch außerhalb der Sekretariatsräume zur Verfügung gestellt werden, dient dies lediglich der Arbeitserleichterung und entbindet nicht von der Verpflichtung, diese Unterlagen vertraulich zu behandeln. Insbesondere ist es unzulässig Unterlagen, die der Ausschuss zur Prüfung einer eventuellen Stasi-Verstrickung heranzieht, zu veröffentlichen – sei es durch einzelne Abgeordnete oder infolge eines entsprechenden Ausschussbeschlusses. Dies betrifft insbesondere die vom Bundesbeauftragten übermittelten Dokumente aus den Beständen des Staatssicherheitsdienstes, aber auch vorhandene einzelfallbezogene Stellungnahmen.[120]

Schließlich sind die Ausschussmitglieder im Hinblick auf die Überprüfungsverfahren umfassend zur Verschwiegenheit verpflichtet. Auch diese Verschwiegenheitspflicht besteht von Verfassungs wegen und wird durch § 44 c sowie in einigen Aspekten durch Nr. 5 der Absprache konkretisiert. Für laufende Überprüfungsverfahren gilt sie uneingeschränkt. Die Ausschussmitglieder sind verpflichtet, alle Informationen, die Rückschlüsse auf einen konkreten Einzelfall zulassen, vertraulich zu behandeln und dürfen insbesondere keine Stellungnahmen oder Presseerklärungen in der Öffentlichkeit abgeben. Zulässig sind lediglich Informationen zum Verfahrensstand, die dem Vorsitzenden vorbehalten bleiben sollten. Deshalb müssen sich die Ausschussmitglieder im Bereich eines laufenden Überprüfungsverfahrens jeglicher Teilnahme an einer öffentlichen Diskussion enthalten. Dies gilt selbst dann, wenn der Betroffene selbst Informationen zu dem Verfahren an die Öffentlichkeit trägt und versucht, die öffentliche Meinung für sich einzunehmen. Dies mag politisch unbefriedigend sein, muss aber im Interesse eines fairen und rechtsstaatlichen Verfahrens hingenommen werden.

Die Verschwiegenheitspflicht besteht auch nach Abschluss der einzelnen Überprüfungsverfahren weiter fort. Hiervon ausgenommen sind lediglich die Informationen, die gemäß Nr. 6 der Richtlinien in einer Bundestagsdrucksache veröffentlicht wurden.

An dieser Stelle zeigt sich indes ein weiteres Defizit in der Konstruktion der Überprüfungsverfahren, denn es existieren kaum Sanktionsmöglichkeiten bei Verstößen gegen die Verschwiegenheitspflicht und den Grundsatz der Nichtöffentlichkeit. Das Parlamentsrecht sieht hier keinerlei Regelungen vor. Auch Strafvorschriften dürften im Regelfall nicht greifen. Zwar stellt § 44 StUG die öffentliche Mitteilung von personenbezogenen Informationen aus Unterlagen des Staatssicherheitsdienstes unter Strafe. Die Vorschrift bezieht sich jedoch nur auf Informationen über „Be-

49

Richtlinien keine materielle Rechtsänderung, sondern nur eine Klarstellung herbeigeführt – so ausdrücklich auch der Bericht der Abg. Hilsberg und Schmidt (Mülheim) in Drs. 14/1698.
120 In seiner Entscheidung vom 21. Mai 1998 – 2 BvE 1/95 – (BVerfGE 94, 351, 365), hat das Bundesverfassungsgericht allerdings keine Rechtsverletzung in der Veröffentlichung einer gutachterlichen Stellungnahme des Bundesbeauftragten durch den 1. Ausschuss gesehen. In diesem Fall waren allerdings schon vorher, teilweise durch den Betroffenen selbst, umfangreiche Teile der Stellungnahme an die Öffentlichkeit gelangt, so dass das Gericht zu dem Ergebnis kam, es könne nicht davon ausgegangen werden, dass etwaige Behinderungen des Betroffenen bei der Mandatsausübung erst durch die nachfolgende Veröffentlichungen des vollständigen Textes der Stellungnahme durch den 1. Ausschuss herbeigeführt worden seien.

troffene und Dritte". Sie greift dagegen nicht ein bei der Veröffentlichung von Informationen über „Mitarbeiter" und „Begünstigte" des Staatssicherheitsdienstes i.S.d. Begriffsbestimmungen in § 6 StUG, schützt also keine sog. Täterakten, die im Rahmen der Überprüfungen nach § 44 b wohl überwiegend einschlägig sind. Auch der Straftatbestand des Geheimnisverrats nach § 353 b Abs. 2 StGB kommt nur dann in Betracht, wenn ein förmlicher Geheimhaltungsbeschluss des Bundestages vorliegt. Für einen solchen reichen die Bestimmungen in Nrn. 4 und 5 der Absprache nicht aus, weil sie lediglich auf einem Ausschlussbeschluss beruhen und überdies auch keine konkrete Bezeichnung der geheimzuhaltenden Gegenstände oder Informationen enthalten. Der Betroffene ist deshalb im Wesentlichen auf eine Rüge vor dem Bundesverfassungsgericht beschränkt.[121]

6. Rechtsschutz

50 Rechtsschutz gegen Entscheidungen im Rahmen des § 44 b kann durch eine Organklage gem. Art. 93 Abs. 1 Nr. 1 GG, §§ 13 Nr. 5, 63 ff. BVerfGG vor dem Bundesverfassungsgericht geltend gemacht werden. Als vorläufiger Rechtsschutz kann gem. § 32 BVerfGG auch der Erlass einer einstweiligen Anordnung beantragt werden. Voraussetzung ist, dass der Antragsteller geltend machen kann, die angegriffene Entscheidung verletze oder gefährde ihn in seinen ihm durch das Grundgesetz übertragenen Rechten und Pflichten (§ 64 Abs. 1 BVerfGG).

Wegen der Möglichkeit einer Verletzung seiner Rechtsstellung aus Art. 38 Abs. 1 GG kann deshalb eine Organklage in erster Linie von dem überprüften Abgeordneten erhoben werden.[122] Denkbar ist auch die Organklage einer im Bundestag vertretenen Fraktion oder Gruppe.[123] Eine Klage unbeteiligter Dritter, etwa auf Durchführung einer Überprüfung, ist dagegen mangels Betroffenheit in eigenen Rechten nicht statthaft.

Im Organstreitverfahren kann der betroffene Abgeordnete nur die Verletzung seiner organschaftlichen Rechtsstellung aus Art. 38 Abs. 1 Satz 2 GG rügen, nicht jedoch die Verletzung seiner Grundrechte.[124] Eine Grundrechtsverletzung kann aber auch nicht im Wege der Verfassungsbeschwerde geltend gemacht werden; für die Auseinandersetzung mit dem Parlament ist ein Abgeordneter vielmehr auf den Rechtsbehelf des Organstreits beschränkt.[125] Ob schließlich eine Grundrechtsverletzung vor den Verwaltungsgerichten geltend gemacht werden könnte, erscheint wegen der Beschränkung des Verwaltungsrechtswegs auf nichtverfassungsrecht-

---

121 S. dazu 6.
122 Vgl. BVerfG, Beschluss vom 21. Mai 1996 – 2 BvE 1/95 –, BVerfGE 94, 351, 362; Beschluss vom 1. April 1998 – 2 BvE 1/98 –, NJW 1998, 3040, 3041; Urteil vom 20. Juli 1998 – 2 BvE 2/98 –, BVerfGE 99, 19, 28. Zu den Voraussetzungen einer einstweiligen Anordnung s. BVerfG Beschluss vom 27. Mai 1998 – 2 BvE 2/98 –, NJW 1998, 3041 f.
123 Zur Antragsbefugnis der Fraktionen und Gruppen im Organstreitverfahren s. etwa BVerfG, Urteil vom 14. Januar 1986 – 2 BvE 14/83 und 4/84 –, BVerfGE 70, 324, 350 ff.; Urteil vom 12. Juli 1994 – 2 BvE 3/92, 5/93, 7/93, 8/93 –, BVerfGE 90, 286, 336 ff.; Urteil vom 16. Juli 1991 – 2 BvE 1/91 –, BVerfGE 84, 304, 318 ff.; Beschluss vom 17. September 1997 – 2 BvE 4/95 –, BVerfGE 96, 264, 276 ff.
124 BVerfGE 94, 351, 365; BVerfGE 99, 19, 29; s.a. Landesverfassungsgericht Mecklenburg-Vorpommern, LKV 1997, S. 94, 96.
125 BVerfG Beschluss vom 14. Dezember 1976 – 2 BvR 802/75 –, BVerfGE 43, 142, 148; Beschluss vom 29. Juni 1983 – 2 BvR 1546/79 –, BVerfGE 64, 301, 312.

liche Streitigkeiten (§ 40 Abs. 1 VwGO) zweifelhaft. Gleichwohl hat das Bundesverfassungsgericht in seinem Urteil vom 20. Juli 1998 ausgeführt, der Antragsteller könne den befürchteten „Weiterungen" für seine persönliche Rechtsstellung „gegebenenfalls" vor den Fachgerichten entgegentreten.[126]

Angriffsziel einer Organklage können alle Maßnahmen und Unterlassungen sein, **51** die i.S.d. § 64 Abs. 1 BVerfGG rechtserheblich sind, also geeignet, den Antragsteller in seinen verfassungsmäßigen Rechten zu verletzen oder unmittelbar zu gefährden. Unselbständige Verfahrenshandlungen des 1. Ausschusses können dagegen nur im Rahmen eines gegen die abschließenden Feststellungen in dem jeweiligen Überprüfungsverfahren gerichteten Antrags überprüft werden.

Eine nach diesen Grundsätzen selbständig angreifbare Maßnahme ist bereits die Eröffnung eines Überprüfungsverfahren ohne Zustimmung des Betroffenen gem. § 44 b Abs. 2.[127] Das Bundesverfassungsgericht hat hierzu allerdings bereits entschieden, dass der Status eines Abgeordneten nicht durch die Schaffung eines Überprüfungsverfahrens nach § 44 b und dessen normative Ausgestaltung verletzt oder unmittelbar gefährdet wird.[128] Zulässig wäre auch eine Klage auf Durchführung einer Überprüfung, wenn der Bundestag bzw. der 1. Ausschuss in den Fällen des Abs. 1 ein Verfahren trotz des entsprechenden Antrags eines Abgeordneten nicht einleitet. Selbständig angegriffen werden kann auch eine Missachtung des Grundsatzes, dass das Überprüfungsverfahren bis zur Veröffentlichung der abschließenden Feststellungen nicht öffentlich durchgeführt wird.[129]

Rechtserheblich ist schließlich die abschließende Feststellung des 1. Ausschusses in **52** einem Überprüfungsverfahren, nicht dagegen die vorläufige Feststellung des Prüfungsergebnisses.[130] Allerdings hat das Bundesverfassungsgericht in seiner Entscheidung vom 20. Juli 1998[131] die Kontrolle der Feststellungen des 1. Ausschusses erheblich eingeschränkt. Aus Art. 38 Abs. 1 GG folge kein im Organstreitverfahren verfolgbares Recht auf eine inhaltliche Überprüfung der Richtigkeit der vom 1. Ausschuss getroffenen Feststellungen. Das Gericht hat in diesem Zusammenhang den Rechtsgedanken der Parlamentsautonomie bemüht, der es erfordere, die Balance zwischen dem autonom handelnden Parlament und dem für die Einhaltung des verfassungsrechtlichen Rahmens verantwortlichen Bundesverfassungsgericht zu wahren. Das Bundesverfassungsgericht habe das Ergebnis einer in parlamentarischer Eigenverantwortung durchgeführten Personalenquete zu respektieren und könne nicht seine Überlegungen und seine Überzeugung, ob der Abgeordnete mit dem Staatssicherheitsdienst zusammengearbeitet habe, an die Stelle derjenigen des Parlaments oder des 1. Ausschusses setzen. Die Feststellung, Würdigung und Beurteilung der Tatsachen durch das Parlament unterlägen nicht verfassungsgericht-

---

[126] BVerfGE 99, 19, 29.
[127] BVerfGE 94, 351, 364; ebenso für die Einleitung eines zwingenden, verdachts- und anlassunabhängigen Überprüfungsverfahrens Thüringer VerfGH, Urteil vom 17. Oktober 1997 – VerfGH 18/95 –, S. 16 und Landesverfassungsgericht Mecklenburg-Vorpommern, LKV 1997, S. 94, 95.
[128] BVerfGE 94, 351, 366 ff.; s. dazu auch oben 3. 2.
[129] BVerfGE 99, 19, 31.
[130] BVerfG Beschluss vom 1. April 1998 –2 BvE 1/98 –, NJW 1998, 3040, 3041; s. dazu auch oben 5. 2 Ziff 8 und 9.
[131] BVerfGE 99, 19, 34 f.

licher Kontrolle. Hingegen sei es Aufgabe des Bundesverfassungsgerichts, im Organstreitverfahren die Einhaltung der Verfahrensstandards zu überprüfen, die zur Sicherung der Rechte aus Art. 38 Abs. 1 GG von Verfassungs wegen erforderlich seien. Dies bedeute, dass das Gericht die Feststellungen des 1. Ausschusses anhand objektiver Kriterien auf eine Verletzung mandatsschützender Verfahrensvorschriften und eine Überschreitung seines Untersuchungsauftrages zu kontrollieren habe.

53 Damit hat das Gericht jegliche inhaltliche Kontrolle der Feststellungen des 1. Ausschusses abgelehnt. Dies überzeugt nicht. Zutreffend ist lediglich der Ansatzpunkt, wonach das Gericht seine eigene Überzeugung über eine eventuelle Stasi-Verstrickung eines Abgeordneten nicht an die Stelle der Überzeugung des 1. Ausschusses setzen darf. Denn die Zuständigkeit zur Durchführung der Überprüfungsverfahren und damit auch zur Feststellung des Prüfungsergebnisses weist das Gesetz allein dem 1. Ausschuss zu. Dies schließt jedoch eine Überprüfung der Sachverhaltsfeststellung und Beweiswürdigung nicht gänzlich aus. Hier drängt sich geradezu die Parallele zur Prüfungskompetenz der Revisionsgerichte auf. Auch diesen ist es untersagt, die Überzeugungsbildung der Richter in den Tatsacheninstanzen durch ihre eigene Überzeugungsbildung zu ersetzen.[132] Dennoch ist die Beweiswürdigung der Tatsacheninstanzen in einem beschränkten Umfang nachprüfbar; die dafür entwickelten Grundsätze[133] sind auf die Überprüfung von Entscheidungen nach § 44b übertragbar. Auch ohne Eingriff in die Überzeugungsbildung des 1. Ausschusses könnte deshalb das Bundesverfassungsgericht dessen Feststellungen daraufhin prüfen, ob die Beweise tatsächlich gewürdigt werden, ob das Beweisergebnis ausreichend begründet wird, ob die Beweiswürdigung Lücken aufweist, in sich widersprüchlich, unklar oder willkürlich ist oder ob sie unzulässige Mutmaßungen enthält. Überprüfbar ist auch, ob Verstöße gegen die Logik, Erfahrungssätze und wissenschaftliche Erkenntnisse vorliegen, wobei insbesondere an wissenschaftlich gesicherte Erkenntnisse des Bundesbeauftragten zur Arbeitsweise des MfS zu denken ist.

Die Verweigerung des Bundesverfassungsgerichts wiegt um so schwerer, als dadurch dem Betroffenen die einzige Chance auf eine inhaltliche Prüfung seines Falles durch eine politisch neutrale Instanz genommen wird.[134] Auch Feststellungen des 1. Ausschusses, die unter schwerwiegenden inhaltlichen Mängeln leiden, können nicht überprüft werden. Diese Entscheidung des Bundesverfassungsgerichts ist auch deswegen nur schwer nachzuvollziehen, weil zumindest vier Richter des erkennenden Senats die Vorgehensweise des 1. Ausschusses im zugrundeliegenden Fall scharf kritisiert und den Verdacht geäußert hatten, „das Überprüfungsverfahren werde als ein Mittel der politischen Auseinandersetzung gebraucht, um den betroffenen Abgeordneten politisch zu diskreditieren."[135] Gerade dies hätte

---

132 Vgl. beispielhaft BGH Beschluss vom 7. Juni 1979, BGH St 29, 18, 20; Urteil vom 10. März 1983 – 4 StR 375/82, BGH St 31, 264, 288.
133 Vgl. dazu etwa *Eisenberg U.,* aaO, Rdn. 96; *Gummer P.,* in: Zöller, Zivilprozessordnung, Kommentar, 22. Auflage, Köln, 2001, § 550 Rdn. 13; *Kleinknecht, Th./Meyer-Goßner, L.,* StPO, aaO, § 337 Rdn. 26 ff.; *Prütting,* in: Münchner Kommentar zur ZPO, § 286 Rdn. 22 und *Wenzel* in: Münchner Kommentar zur ZPO, § 550 Rdn. 15.
134 Zur Problematik eines rein parlamentsinternen Verfahrens unter rechtsstaatlichen Gesichtspunkten s. oben 4.
135 BVerfGE 99, 19, 45.

Anlass sein müssen, alle bestehenden Überprüfungsmöglichkeiten auszuschöpfen.

7. Parallelregelungen der Länder

Die fünf neuen Bundesländer, Berlin und Niedersachsen haben eigene Regelungen zur Überprüfung der Mitglieder ihrer Landtage auf eine eventuelle Stasi-Verstrickung getroffen, die sich zum Teil erheblich von denen des Bundes unterscheiden.

Grundlage für die Abgeordnetenüberprüfung in Berlin und Brandenburg sind bzw. waren lediglich Beschlüsse der jeweiligen Landtage. In Berlin trifft dieser Beschluss[136] detaillierte Verfahrensregelungen. Er sieht ein Verfahren vor, das von einem Ehrenrat geführt wird und dessen Einleitung von der schriftlichen Zustimmung des Betroffenen abhängig ist. Dem Ehrenrat, der aus dem Präsidenten des Abgeordnetenhauses, seinen Stellvertretern und den Fraktionsvorsitzenden besteht, stehen als Erkenntnisquelle primär die Mitteilungen des Bundesbeauftragten zur Verfügung. Überprüft wird eine hauptamtliche oder inoffizielle Tätigkeit oder politische Verantwortung des Betroffenen für den Staatssicherheitsdienst der ehemaligen DDR; anders als beim Bund hat das Überprüfungsgremium dabei nicht nur die Aufgabe, eine solche Tätigkeit bzw. Verantwortung festzustellen, sondern auch, sie zu bewerten und Empfehlungen abzugeben. Die Entscheidungen des Ehrenrates bedürfen einer Mehrheit von zwei Dritteln seiner Mitglieder. Stellt der Ehrenrat eine Tätigkeit oder politische Verantwortung für den Staatssicherheitsdienst der ehemaligen DDR fest und bewertet den Sachverhalt als *nicht* unbedenklich, so wird dieses Ergebnis nebst einer Empfehlung dem betroffenen Mitglied und seinem jeweiligen Fraktionsvorsitzenden mitgeteilt. Eine Aufforderung zur Mandatsniederlegung darf dabei nur erfolgen, wenn der Betroffene ein Verbrechen begangen oder gegen Grundsätze der Menschlichkeit oder Rechtsstaatlichkeit verstoßen hat. Die Entscheidung des Ehrenrates wird dem Abgeordnetenhaus durch den Präsidenten begründet. Das weitere Verfahren bleibt den Fraktionen anheimgestellt.

In Brandenburg existierte in der 2. WP ein Beschluss des Landtages, der seinen Präsidenten ermächtigte, für diejenigen Abgeordneten, die es wünschten, eine Überprüfung des Bundesbeauftragten zu beantragen.[137] Es wurden jedoch keinerlei Regelungen darüber getroffen, wie mit den entsprechenden Mitteilungen des Bundesbeauftragten (§ 21 Abs. 1 Nr. 6 b StUG) umgegangen werden sollte. In der 3. WP gab es bislang überhaupt keine parlamentarischen Initiativen oder Entscheidungen zur Stasi-Überprüfung von Abgeordneten.

In Mecklenburg-Vorpommern sind die Überprüfungsverfahren in § 48 AbgG MV und einer Richtlinie mit näheren Bestimmungen zum Verfahren geregelt. Diese Vorschriften wurden erst durch Gesetz vom 16. März 1999[138] in ihre nunmehr geltende Fassung gebracht und sehen ein Verfahren vor, das dem des Bundestages sehr angenähert ist: Grundsätzlich erfolgt die Überprüfung auf eine „hauptamtliche oder inoffizielle Tätigkeit für das oder unmittelbare Weisungsbefugnis gegenüber

---

[136] Beschluss des Abgeordnetenhauses vom 9. März 2000, PlenProt. 14/6, S. 279 f.
[137] PlenProt. 2/16, S. 1400; LT-Drs. 2/854.
[138] Gesetz vom 16. März 1999, GVBl. MV. S. 240.

dem MfS / AfNS" auf freiwilliger Basis. Nur wenn der Rechtsausschuss des Landtags konkrete Anhaltspunkte „für den Verdacht einer solchen Tätigkeit oder unmittelbaren Weisungsbefugnis" feststellt, findet die Überprüfung auch ohne Zustimmung des Betroffenen statt. Ein bedeutsamer Unterschied zum Verfahren des Bundestags besteht allerdings darin, dass in Mecklenburg-Vorpommern das Überprüfungsgremium eine externe Kommission ist. Ihre drei Mitglieder werden vom Landtag gewählt; sie dürfen weder Mitglied des Landtags noch Mitglied der Landesregierung sein. Der Kommission sollen ein Arbeitsrichter oder ein Verwaltungsrichter sowie der jeweilige Landesbeauftragte Mecklenburg-Vorpommerns für die Unterlagen des Staatssicherheitsdienstes der ehemaligen DDR angehören.

Dieses Verfahren löst in Mecklenburg-Vorpommern die generelle und verdachtsunabhängige Überprüfung der Mitglieder des Landtags ab, die durchgeführt wurde, wenn der Landtag einen entsprechenden Grundsatzbeschluss gefasst hatte.[139] In der 3. Wahlperiode wurde jedoch – vornehmlich von Mitgliedern der PDS – Kritik an der „zwangsweisen Gauckung nach Beschlussfassung durch die Mehrheit"[140] geübt und der Landtag beschloss mit der Mehrheit seiner Stimmen die Neuregelung des Überprüfungsverfahrens.[141]

58 Niedersachsen hat in § 27 a seines Abgeordnetengesetzes ebenfalls eine gesetzliche Regelung getroffen und durch Richtlinien ergänzt.[142] Das dort vorgesehene Überprüfungsverfahren entspricht im Wesentlichen dem des Bundes.

59 Sachsen besitzt ein Überprüfungsverfahren, das bis zur Aberkennung des Mandats führen kann. Es ist in Art. 118 Abs. 1 Nr. 2 und Abs. 2 Sächs. Verf sowie in § 1 Abs. 2 bis 7 Sächs. AbgG, §§ 44 Abs. 2. bis 7, 45 Abs. 1 Ziff. 6, 46 Abs. 1 Ziff. 4 Sächs. WahlG, § 73 GO-LT und § 7 Nr. 9, 37 ff. Sächs. VerfGHG geregelt. Dieses Verfahren ist zweistufig, weil über die Aberkennung des Mandats kann nur der Verfassungsgerichtshof entscheiden kann, dieser aber nur aufgrund einer Anklage des Landtages tätig wird. Vorgesehen ist eine generelle, verdachts- und anlassunabhängige Überprüfung aller Mitglieder des Landtages, die auch gegen den Willen des Einzelnen erfolgt.[143]

Der Landtag prüft zunächst, ob der dringende Verdacht besteht, dass ein Mitglied des Landtages für das MfS / AfNS der ehemaligen DDR tätig war und dass deshalb die fortdauernde Innehabung des Mandats als untragbar erscheint. Hierzu ist vorgesehen, dass der Präsident zu Beginn einer jeden Wahlperiode beim Bundesbeauftragten Mitteilungen über eine eventuelle Stasi-Verstrickung zu jedem Mitglied des Landtages einholt, die dann von einem Bewertungsausschuss gewürdigt werden. Dieser Bewertungsausschuss ist zu Beginn einer jeden Wahlperiode einzusetzen und besteht aus je zwei Mitgliedern der im Landtag vertretenen Fraktionen. Er hat dem Landtag einen Bericht zu erstellen, aus dem hervorgehen muss, ob und in welchen Fällen ein Antrag auf Anklageerhebung mit dem Ziel der Aberken-

---

139 S. dazu § 48 AbgG MV i.d.F. des Gesetzes vom 2. Dezember 1997, GVBl. MV. S. 755.
140 MdL Dr. Arnold Schoenenburg, PlenProt. 3 / 6 vom 6. Dezember 1998, S. 131.
141 Zu dieser Diskussion s. LT-Drs. 3 / 19, 3 / 56, 3 / 117, 3 / 122, 3 / 218 sowie PlenProt.. 6 / 3 vom 3. Dezember 1998, S. 130 ff., PlenProt.. 3 / 8 vom 27. Januar 1999, S. 266 ff. und PlenProt.. 3 / 10 vom 3. März 1999, S. 427 ff.
142 LT-Drs. 12 / 6214.
143 Darüber hinaus kann der Landtag wegen des Verdachts einer Stasi-Tätigkeit auch Anklage gegen ein Mitglieder der Staatsregierung erheben.

nung des Mandats empfohlen wird. Wird empfohlen, die Anklageerhebung zu beantragen, bedarf dies einer Mehrheit von zwei Dritteln der Mitglieder des Bewertungsausschusses. Der Beschluss muss in seinen Gründen darüber Auskunft geben, weshalb die fortdauernde Innehabung des Mandats als untragbar erscheint. Der Landtag berät in nichtöffentlicher Sitzung über die Empfehlungen des Bewertungsausschusses.

In den empfohlen Fällen muss dann in einem weiteren Verfahrensabschnitt zunächst von mindestens einem Drittel der Mitglieder des Landtages ein Antrag auf Erhebung der Anklage gestellt werden. Dieser Antrag ist zunächst dem Ausschuss für Geschäftsordnung, Wahlprüfung und Immunität zu überweisen, der dem Landtag die Annahme oder die Ablehnung des Antrags auf Anklageerhebung empfehlen kann. Sodann entscheidet der Landtag, wobei ein Beschluss auf Erhebung der Anklage bei Anwesenheit von mindestens zwei Dritteln der Mitglieder des Landtages eine Zweidrittelmehrheit erfordert, die jedoch mehr als die Hälfte der Mitglieder betragen muss.

Über die Anklage hat sodann der Verfassungsgerichtshof zu urteilen. Gemäß § 38 Abs. 1 SächsVerfGHG ist die Anklage nur dann zulässig, wenn sie binnen eines Jahres erhoben wird, seit der ihr zugrundeliegende Sachverhalt dem Landtag bekannt geworden ist. Dies ist nicht erst dann der Fall, wenn dem Landtag als Ganzem Erkenntnisquellen und Lebenssachverhalt förmlich zur Kenntnis gebracht wurden. Es genügt, dass der Sachverhalt in der Öffentlichkeit ist, dass die Fakten zutage liegen, so dass er den Mitgliedern des Landtags jederzeit zugänglich ist und es nur an ihnen liegt, wenn sie davon keine Kenntnis nehmen.[144]

In Sachsen-Anhalt erfolgt die Überprüfung der Mitglieder des Landtages auf der Grundlage des § 46 AbgG SachsAnh. Danach kann der Landtag durch Beschluss, der der Zustimmung von zwei Dritteln der anwesenden Mitglieder bedarf, einen Sonderausschuss einsetzen. Dieser führt die Überprüfungsverfahren durch, die eine hauptamtliche oder inoffizielle Tätigkeit nicht nur für den Staatssicherheitsdienst, sondern auch für das Arbeitsgebiet 1 der Kriminalpolizei der Deutschen Volkspolizei der ehemaligen DDR (K I) zum Gegenstand haben. Einzelheiten des Verfahrens waren in der 2. WP in einer Geschäftsordnung für den Sonderausschuss festgelegt;[145] abgesehen von der Erweiterung des Überprüfungsgegenstandes auf die K I entsprach das Verfahren in Sachsen-Anhalt im Wesentlichen dem des Bundes. In der 3. WP ist kein Sonderausschuss eingesetzt worden. **60**

Thüringen hat für die Stasi-Überprüfung von Abgeordneten ein eigenes Gesetz erlassen,[146] dessen Geltungsdauer bis zum Ablauf der dritten Wahlperiode befristet ist. Diese Regelungen werden ergänzt durch § 1 Abs. 2 Thür. AbgG (Verlust der Mitgliedschaft im Landtag). § 17 Nr. 3 Thür. WahlG schließt darüber hinaus diejenigen Thüringer Bürger von der Wählbarkeit zum Landtag aus, die gegenüber dem **61**

---

144 Aus diesem Grund hat der Sächsische Verfassungsgerichtshof mit Beschlüssen vom 6. November 1998 drei in der 2. WP erhobene Anklagen als verfristet verworfen – Verfahren 16-IX-98, 17-IX-98 und 18-XI-98.
145 LT-Drs. 2/28/1397B.
146 Thüringer Gesetz zur Überprüfung von Abgeordneten vom 26. Juni 1998, thür. GVBl. S. 205, geändert durch Gesetz vom 15. Dezember 1998, thür. GVBl. S. 423.

Landeswahlleiter eine schriftliche Erklärung zur Frage ihrer Stasi-Vergangenheit verweigern.

Kern der Regelung in Thüringen war § 8 des Gesetzes zur Überprüfung von Abgeordneten.[147] Diese Vorschrift sah ein Verfahren vor, in dessen Ergebnis der Landtag beschließen konnte, „dass der Abgeordnete sein Mandat verliert, wenn er aufgrund der Überprüfung zur gesicherten Überzeugung der Mitglieder des Landtags feststeht, dass der Abgeordnete wissentlich als hauptamtlicher oder inoffizieller Mitarbeiter mit dem MfS/AfNS zusammengearbeitet hat und deshalb unwürdig ist, dem Landtag anzugehören". Die Regelungen in Thüringen führten erstmals in der deutschen Parlamentsgeschichte zur Aberkennung eines Mandats wegen Stasi-Verstrickung: Am 29. April 1999 entzog der Thüringer Landtag der PDS-Abgeordneten Almuth Beck das Mandat.[148] Dieser Beschluss hielt allerdings einer verfassungsgerichtlichen Kontrolle nicht stand.[149]

Mit Urteil vom 25. Mai 2000[150] hatte nämlich der Thüringer Verfassungsgerichtshof in einem von der PDS-Fraktion im Landtag angestrengten Normenkontrollverfahren § 8 des Thüringer Abgeordnetenüberprüfungsgesetzes für verfassungswidrig und nichtig erklärt. Zeitgleich gab es der von der Abgeordneten Beck erhobenen Organklage statt.[151] Der durch die Wahl erworbene Status eines Abgeordneten des Thüringer Landtags ende nur aus Tatbeständen, die in der Thüringer Verfassung ausdrücklich genannt seien oder die von der Thüringer Verfassung zugelassen würden. Dies sei nicht der Fall bei einem der Wahl vorausliegenden Verhalten, das – wie eine Tätigkeit für das MfS/AfNS – möglicherweise moralisch und politisch verwerflich, nicht jedoch strafrechtlich sanktioniert sei. Ein derartiger Tatbestand schließe insbesondere die Wählbarkeit des Betroffenen nicht aus, bei deren Verlust das Mandat gemäß Art. 52 Abs. 3 der Thüringer Verfassung erlösche. Der Entzug des Abgeordnetenmandats unter den in § 8 des Thüringer Abgeordnetenüberprüfungsgesetzes genannten Voraussetzungen hätte deshalb eines verfassungsändernden Gesetzes bedurft.[152]

§ 44 c Verschwiegenheitspflicht und Aussagegenehmigung

(1) Die Abgeordneten des Deutschen Bundestages dürfen, auch nach Beendigung ihres Mandats, ohne Genehmigung weder vor Gericht noch außergerichtlich aussagen oder Erklärungen abgeben über Angelegenheiten, die auf Grund eines Gesetzes oder nach den Bestimmungen der Geschäftsordnung des Deutschen Bundestages der Verschwiegenheit unterliegen.

---

147 In der Fassung des Änderungsgesetzes vom 15. Dezember 1998, thür. GVBl. S. 423.
148 S. LT-Drs. 2/3581, 2/3582, 2/3678.
149 Thüringer Verfassungsgerichtshof, Urteil vom 25. Mai 2000 – VerfGH 4/99.
150 VerfGH 2/99.
151 Urteil vom 25. Mai 2000 – VerfGH 4/99 –.
152 In zwei abweichenden Voten haben drei Mitglieder des Gerichts eine andere Begründung vorgetragen; über das Ergebnis bestand jedoch offenbar Einigkeit.

§ 44 c Verschwiegenheitspflicht und Aussagegenehmigung

(2) Die Genehmigung erteilt der Präsident des Deutschen Bundestages. Sind Stellen außerhalb des Deutschen Bundestages an der Entstehung der geheimzuhaltenden Angelegenheiten beteiligt gewesen, kann die Genehmigung nur im Einvernehmen mit ihnen erteilt werden.

(3) Die Genehmigung darf nur versagt werden, wenn die Aussage oder Erklärung dem Wohl des Bundes oder eines Landes Nachteile bereiten oder die Erfüllung öffentlicher Aufgaben ernstlich gefährden oder erheblich erschweren würde.

Parallelvorschriften im EuAbgG und in den Abgeordnetengesetzen der Länder:			
EuAbgG	–		
BadWürtt.	–	Nds.	–
Bay.	–	NW.	–
Berl.	–	RP.	–
Bbg.	–	Saarl.	–
Brem.	–	Sachs.	–
Hbg.	–	SachsAnh.	–
Hess.	–	SchlH.	–
MV.	§ 49	Thür.	§ 43

Literatur: *Jahn G./Engels D.*, Geheimschutzordnung des Bundestages, in: Parlamentsrecht und Parlamentspraxis in der Bundesrepublik Deutschland: ein Handbuch / hrsg. von Schneider H.-P./Zeh W., Berlin, 1989, § 20; *Maunz Th.*, in: Maunz-Dürig, Kommentar zum Grundgesetz, Art. 47; *Nolte D.*, Aussagegenehmigung für Abgeordnete des Bundestages, MDR 1989, S. 514 f.; *Schneider H.-P.*, in: AK-GG, Band 2, 2. Aufl., Darmstadt, 1989, Art. 47; *Schulte K.*, Volksvertreter als Geheimnisträger – Zeugnisverweigerungsrecht und Verschwiegenheitspflicht des Abgeordneten des Deutschen Bundestages, Pfaffenweiler 1987; *Schulze-Fielitz H.*, in: Dreier H. (Hrsg.), Grundgesetz-Kommentar, Bd. 2, Tübingen, 1998, Art. 47; *Senge L.*, in: Karlsruher Kommentar zur StPO, 4. Aufl., München, 1999, § 53; *Umbach D. C.*, Artikel 47 in: Bonner Kommentar zum Grundgesetz (Bonner Kommentar), 1989; *Zängel S.*, Kommentar Bundesbeamtengesetz, § 62, in: Fürst W., Gesamtkommentar Öffentliches Dienstrecht, Loseblatt.

Übersicht

		Rdn.
1.	Allgemeines	1–4
1.1	Entstehungsgeschichte	1
1.2	Aussagegenehmigung und Zeugnisverweigerungsrecht	2–3
1.3	Verhältnis zum Untersuchungsausschussgesetz	4
2.	Verschwiegenheitspflicht und Aussagegenehmigung (Abs. 1)	5–9
2.1	Notwendigkeit der Aussagegenehmigung	5–6
2.2	Reichweite des Genehmigungserfordernisses	7–9
3.	Erteilung der Genehmigung (Abs. 2)	10–14
3.1	Außenrepräsentanz durch den Bundestagspräsidenten	10
3.2	Verfahren innerhalb des Bundestages	11–14
4.	Versagungsgründe (Abs. 3)	15–19
4.1	Wortlaut des § 44 c Abs. 3	15–16
4.2	Aussagegenehmigung beim Bestehen einer gesetzlichen Zeugnispflicht	17–18
4.3	Aussagegenehmigung ohne gesetzliche Zeugnispflicht	19
5.	Parallelregelungen für Abgeordnete des EP und der Länder	20–21

1. Allgemeines

1.1 Entstehungsgeschichte

1 § 44 c wurde mit dem 17. Änderungsgesetz vom 4. November 1994 in das Abgeordnetengesetz eingefügt.[1] Schon vorher hatte es mehrfach Fälle gegeben, in denen Abgeordnete des Bundestages vor Gericht als Zeugen über die Erkenntnisse von Gremien des Bundestages vernommen werden sollten. Unter diesen Gremien waren auch solche, die über geheimhaltungsbedürftige oder zumindest vertrauliche Tatsachen Kenntnis erlangt hatten – namentlich Untersuchungsausschüsse und das Vertrauensmännergremium, der Vorläufer des Parlamentarischen Kontrollgremiums. Es stellte sich deshalb bereits anlässlich dieser Fälle die Frage nach der Notwendigkeit einer Aussagegenehmigung für Mitglieder des Bundestages.

Die jeweiligen Präsidenten des Deutschen Bundestages hatten die Genehmigungsbedürftigkeit in solchen Fällen stets bejaht. Die Rechtslage war indes alles andere als eindeutig, denn vor der Einführung des § 44 c war das Erfordernis einer Aussagegenehmigung für Abgeordnete des Bundestages nirgends ausdrücklich festgelegt. Versuche, es direkt aus der Verfassung, aus §§ 385 Abs. 2 i.V.m. 383 Abs. 1 Nr. 6 ZPO, aus § 376 ZPO, aus §§ 53, 54 StPO oder § 4 Abs. 4 der Geheimschutzordnung des Deutschen Bundestages (GSO) herzuleiten, waren stets der Kritik ausgesetzt. Zwar war das Interesse einem Schutz geheimzuhaltender Vorgänge unabweisbar. Andererseits wurde aber argumentiert, dass Abgeordnete, denen das Zeugnisverweigerungsrecht des Art. 47 GG zur Seite stehe, und die zudem der Strafandrohung des § 353 b Abs. 2 StGB ausgesetzt seien, die erforderliche Abwägung auch selbst vornehmen könnten.

Fraglich war auch, wer zur Erteilung einer solchen Aussagegenehmigung befugt sein solle. Die mit den Vorgängen befassten Bundestagspräsidenten hatten diese Befugnis stets für sich reklamiert – zumindest in den Fällen, in denen das Gremium nicht mehr existierte, in dem der geheimzuhaltende Vorgang entstanden war. Dies wurde ebenfalls aus § 4 Abs. 4 GSO abgeleitet; „herausgebende Stelle" sei in diesen Fällen der Präsident des Bundestages. Dem wurde wiederum entgegengehalten, der Präsident sei nicht Dienstvorgesetzter der Abgeordneten des Bundestages; insofern unterscheide sich die Sachlage grundlegend von den Fällen einer beamtenrechtlichen Aussagegenehmigung, aber auch von den Fällen einer Aussagegenehmigung für (ehemalige) Bundesminister und Parlamentarische Staatssekretäre[2]. Es sei zudem unlogisch, dass der Präsident, der gemäß § 353 b Abs. 4 StGB zuständig für die Erteilung der Ermächtigung zur Strafverfolgung sei, zuvor durch Aussagen über den Umfang der Geheimhaltungspflicht faktisch selbst über die Strafbarkeit bestimmen können solle. Wenn also überhaupt eine solche Genehmigung erforderlich sei, könne nur das Plenum entscheiden.

Diese Diskussion ist durch den Erlass des § 44 c AbgG beendet.

---

1 BGBl 1994 I, S. 3346, s.a. BT-Drs. 12/7777 und 12/7994.
2 S. §§ 61, 62 BBG, 39 BRRG, 6,7 BMinG, 7 ParlStG.

1.2 Aussagegenehmigung und Zeugnisverweigerungsrecht

Das Erfordernis einer Aussagegenehmigung begründet eine Ausnahme vom Grundsatz der Zeugnispflicht, der auch die Abgeordneten des Bundestages unterworfen sind. Eine weitere Ausnahme von diesem Grundsatz ist das Zeugnisverweigerungsrecht für Abgeordnete gemäß Art. 47 GG. Daraus erhebt sich die Frage, ob sich beide Rechtsinstitute gegenseitig beeinflussen. In diesem Sinne wird in der Literatur teilweise die Auffassung vertreten, eine Entbindung von der Verschwiegenheitspflicht – und eine solche liege bei Erteilung einer Aussagegenehmigung vor – lasse den Schutzzweck des Art. 47 Satz 1 GG entfallen. Die im allgemeinen Interesse liegende Vertrauensstellung des Abgeordneten verlange nur, dass dieser über Geheimzuhaltendes nicht ohne und gegen den Willen derjenigen Person oder Stelle aussage, um deren Geheimnis es gehe. Mit einer Entbindung von der Verschwiegenheitspflicht bestehe weder auf Seiten des Abgeordneten noch auf Seiten des Entbindenden ein schutzwürdiges Interesse mehr an einer rechtlichen Möglichkeit des Abgeordneten, das Zeugnis zu verweigern und noch weiterhin von der primär geltenden Aussagepflicht dispensiert zu werden.[3] Nach dieser Auffassung könnte sich ein Abgeordneter, dem eine Aussagegenehmigung erteilt wurde, soweit diese reicht auch nicht mehr auf sein Zeugnisverweigerungsrecht nach Art. 47 GG berufen.

Diese Ansicht steht jedoch bereits im Widerspruch zum Willen des Gesetzgebers. In den Materialien zu § 44 c wird ausdrücklich betont, mit der Erteilung der Aussagegenehmigung solle keine damit korrespondierende Aussageverpflichtung entstehen. Das jedem Mitglied des Bundestages nach Art. 47 GG zustehende Aussageverweigerungsrecht bleibe vielmehr unangetastet.[4] Die These vom Entfallen des Zeugnisverweigerungsrechts verkennt auch die ratio des Art. 47 GG. Das Zeugnisverweigerungsrecht als subjektiv-öffentliches Recht schützt die Entschließungsfreiheit des Abgeordneten. Es wirkt damit als Verstärkung des freien Mandats nach Art. 38 Abs. 1 Satz 2.[5] Das Zeugnisverweigerungsrecht entzieht sich somit der Dispositionsbefugnis des Bundestages[6] und seines Präsidenten und kann deshalb auch nicht im Wege einer Aussagegenehmigung in dessen Verfügungsgewalt gestellt werden.[7]

Zu einem anderen Ergebnis kann auch nicht die Betrachtung einfachgesetzlicher Normen, wie etwa § 385 Abs. 2 ZPO führen. Zwar geht diese Vorschrift von einem Entfallen des Zeugnisverweigerungsrechts im Falle der Entbindung von der Verschwiegenheitspflicht aus. Ein allgemeiner Rechtsgedanke kann daraus jedoch schon deshalb nicht abgeleitet werden, weil im Strafprozessrecht §§ 53 Abs. 1 Nr. 4, Abs. 2 und 54 Abs. 2 StPO solches für die Mitglieder des Bundestages aus-

---

[3] *Schulte K.*, Volksvertreter als Geheimnisträger – Zeugnisverweigerungsrecht und Verschwiegenheitspflicht des Abgeordneten des Deutschen Bundestages, Pfaffenweiler 1987, S. 173 f.; *Maunz Th.*, in: Maunz-Dürig-Herzog, Kommentar zum Grundgesetz, Art. 47 Rdn. 6.
[4] BT-Drs. 12/7777, S. 11.
[5] *Umbach D. C.*, in: Bonner Kommentar zum Grundgesetz (Bonner Kommentar), Art. 47 Rdn. 4; *Schneider H.-P.*, in: AK-GG, Art. 47 Rdn. 2.
[6] *Umbach D. C.*, aaO; *Schulze-Fielitz H.*, in: Dreier H. (Hrsg.), Grundgesetz-Kommentar, Art. 47 Rdn. 7.
[7] Ebenso: *Umbach D. C.*, aaO Rdn. 14; *Senge L.*, in: Karlsruher Kommentar zur StPO, § 53 Rdn. 25.

drücklich nicht anordnen. Im Übrigen ist Art 47 GG das höherrangige Recht, und einfachgesetzliche Normen können seine Regelungen nicht modifizieren oder außer Kraft setzen.

1.3 Verhältnis zum Untersuchungsausschussgesetz

4 Der Bundestag hat am 6. April 2001 ein Untersuchungsausschussgesetz (PUAG) beschlossen, das in seinem § 16 Abs. 2 ebenfalls Verschwiegenheitspflichten und die Notwendigkeit von Aussagegenehmigungen anordnet.[8] Diese Vorschrift bindet auch Abgeordnete, die Mitglieder in einem Untersuchungsausschuss sind, und ist deshalb insoweit gegenüber § 44 c die speziellere Regelung.[9] Für den Bereich der Untersuchungsausschüsse geht damit § 16 PUAG dem § 44 c vor.[10] Zum Verfahren für die Erteilung von Aussagegenehmigungen verweist § 16 PUAG allerdings auf § 44 c Abs. 2 und 3. Damit gelten die dort festgehaltenen Regelungen ebenso wie die internen Beteiligungspflichten, die sich in der Praxis des Bundestages entwickelt haben, auch im Anwendungsbereich des § 16 PUAG.[11]

2. Verschwiegenheitspflicht und Aussagegenehmigung (Abs. 1)

2.1 Notwendigkeit der Aussagegenehmigung

5 Absatz 1 legt zunächst fest, dass auch für die Abgeordneten des Deutschen Bundestages die Notwendigkeit einer Aussagegenehmigung besteht. Die Figur der Aussagegenehmigung bei bestehenden Verschwiegenheitspflichten ist aus dem Beamtenrecht bekannt (s. § 61 BBG und § 39 BRRG), besteht aber auch für Mitglieder der Bundesregierung und deren Parlamentarische Staatssekretäre (§§ 6 und 7 BMinG, § 7 ParlStG).[12] Allerdings ist der Status eines Abgeordneten mit dem eines Beamten nicht vergleichbar und unterscheidet sich auch grundlegend von dem eines Mitglieds der Bundesregierung: Das Grundgesetz stattet die Abgeordneten des Bundestages mit einem freien Mandat aus; sie sind an Aufträge und Weisungen nicht gebunden und nur ihrem Gewissen unterworfen (Art. 38 Abs. 1 Satz 2 GG). Dennoch bestehen gegen das Erfordernis einer Aussagegenehmigung für Abgeordnete keine durchgreifenden verfassungsrechtlichen Bedenken; insbesondere ist eine solche Genehmigung keine unzulässige Weisung im Sinne des Art. 38 GG.

---

8 S. BT-Drs. 14/5790, PlenProt. 14/165, S. 16144 ff. und BGBl. 2001 I, S. 1142 ff.
9 So auch der Bericht zur Beschlussempfehlung des federführenden Ausschusses für Wahlprüfung, Immunität und Geschäftsordnung (1. Ausschuss), wonach die allgemeinen Regelungen zu Verschwiegenheitspflicht und Erforderlichkeit einer Aussagegenehmigung, die für die Mitglieder des Bundestages in § 44 c festgelegt sind, einer speziellen (wiederholenden) Regelung im Untersuchungsausschussgesetz nicht entgegenstünden – s. BT-Drs. 14/7590, S. 19.
10 Anders als im Verhältnis zu § 49 (s. dazu 1. 2 zu § 49) ist dieser Vorrang umfassend; für die Mitglieder des Bundestages verbleibt im Bereich der Untersuchungsausschüsse für § 44 c kein Anwendungsbereich. Dies liegt daran, dass § 49 eine umfassende Verschwiegenheitspflicht anordnet, während § 44 c selbst keine dahingehende Verpflichtung enthält sondern nur greift, soweit sich eine solche Pflicht aus anderen Vorschriften ergibt (s. dazu unten 2. 2). Im Bereich der Untersuchungsausschüsse können sich Verschwiegenheitspflichten nur aus der GSO und aus § 16 Abs. 3 PUAG ergeben, und die Folgerungen aus diesen Pflichten sind in § 16 PUAG umfassend geregelt.
11 S. dazu unten 3. 1 f.
12 Zur Schweigepflicht der Angestellten s. § 9 BAT bzw. § 9 BAT-O.

§ 44 c Verschwiegenheitspflicht und Aussagegenehmigung

Dies ergibt sich aus der Existenz von Verschwiegenheitspflichten, die die Abgeordneten auch in Ansehung ihres freien Mandats verpflichten. Denn der Status der Abgeordneten besteht nicht als Selbstzweck, sondern dient dazu, das Funktionieren des Bundestags als solchem zu gewährleisten. Die Mandatsausübung kann deshalb immer nur im Kontext mit der Erfüllung der Aufgaben des Bundestags gesehen werden, der seinerseits diese Aufgaben nicht losgelöst von seinen Mitgliedern, sondern in der Gesamtheit seiner Mitglieder wahrnimmt. Diese Wechselbeziehung hat das Bundesverfassungsgericht in der sog. Wüppesahl-Entscheidung anschaulich dargestellt und dabei betont, dass die Rechte der Abgeordneten nur als Mitgliedschaftsrechte bestehen.[13] Es können deshalb auch die Rechte des einzelnen Abgeordneten eingeschränkt werden, um die sachgerechte Aufgabenerfüllung des Bundestags als solchem zu gewährleisten.

6

Zur Aufgabenerfüllung des Bundestages ist jedoch ein funktionierender Geheimschutz notwendig. Der Bundestag ginge andernfalls eines wesentlichen Teiles seiner Kontrollbefugnisse gegenüber der Bundesregierung verlustig. Denn ohne die Gewährleistung des notwenigen Geheimschutzes ist die Bundesregierung nicht verpflichtet, parlamentarischen Gremien wie z.B. Untersuchungsausschüssen Verschlusssachen vorzulegen, die Dienstgeheimnisse enthalten.[14] Im sogenannten Flick-Urteil ist das Bundesverfassungsgericht deshalb ganz selbstverständlich von einer Verschwiegenheitspflicht aufgrund parlamentsrechtlicher Regeln ausgegangen.[15] Der im Interesse des Bundestages bestehende Geheimschutz beschränkt deshalb die Freiheit der Mandatsausübung oder – anders ausgedrückt – die Freiheit des Mandats erlaubt nicht das Ausplaudern von Staats- oder Privatgeheimnissen.[16]

Ist aber das Bestehen von Verschwiegenheitspflichten kein unzulässiger Eingriff in die Mandatsfreiheit, so kann es die Entpflichtung in Form einer Aussagegenehmigung erst Recht nicht sein. Denn durch eine solche Entpflichtung wird der Umgang mit den in Rede stehenden Tatsachen überhaupt erst wieder in die Dispositionsfreiheit des einzelnen Abgeordneten gestellt.

Allenfalls könnte man noch überlegen, ob die Mandatsfreiheit den Abgeordneten nicht befugt, sich selbst die erforderliche Genehmigung zu erteilen. In dieselbe Richtung geht die Überlegung, aus Art. 47 GG ein Alleinentscheidungsrecht des betroffenen Abgeordneten herzuleiten. Es ist jedoch evident, dass eine solche Annahme dazu führen würde, einen wirksamen Geheimschutz zu vereiteln. Eine Verpflichtung, die einem Abgeordneten im Interesse des Bundestags als ganzem durch parlamentsrechtliche Regeln auferlegt wird, kann nicht durch eine Einzelentscheidung des Abgeordneten wieder hinfällig werden. Denn selbst bei einer pflichtgemäßen Gewissensentscheidung kann der Abgeordnete zu Ergebnissen kommen, die im Widerspruch zu den Interessen des Bundestags stehen.[17] Ebenso

---

13 Urteil vom 21. Februar 1989, – 2 BvE 1/88 –, BVerfGE 80, 188, 219.
14 So das Bundesverfassungsgericht im Urteil vom 15. Mai 1987 – 2 BvE 11, 15/83 –, BVerfGE 67, 100, 137.
15 BVerfGE 67, 100, 135.
16 Zu demselben Ergebnis kommt auch *Schulte K.*, aaO, S. 101. Er begründet dies allerdings – für den Fall einer gerichtlichen Zeugenaussage – mit der Überlegung, eine solche Aussage sei von vorn herein nicht vom Schutz des Art. 38 Abs. 1 S. 2 GG umfasst, denn eine Zeugenaussage vor Gericht sei keine Mandatsausübung, sondern eine staatsbürgerliche Pflicht.
17 *Schulte K.*, aaO, S. 146 und *Umbach D. C.*, aaO, Art. 47 Rdn. 12 begründen dieses Ergebnis mit dem allgemeinen Verbot der Rechtsordnung, dem Pflichtigen selbst die konkrete Entscheidung

wenig kann aus Art. 47 GG ein Alleinentscheidungsrecht des betroffenen Abgeordneten hergeleitet werden, denn diese Norm regelt nur das im Außenverhältnis bestehende Zeugnisverweigerungsrecht des Abgeordneten und besagt nichts über im Innenverhältnis zum Bundestag bestehende Geheimhaltungspflichten.[18]

2.2 Reichweite des Genehmigungserfordernisses

7 Eine Aussagegenehmigung ist erforderlich, wenn Angelegenheiten betroffen sind, die auf Grund eines Gesetzes oder nach den Bestimmungen der GO-BT der Verschwiegenheit unterliegen. Damit ordnet § 44c selbst keine Verschwiegenheitspflicht an, sondern setzt das Bestehen einer solchen Verpflichtung voraus. Er greift also nur dann, wenn sich eine solche Pflicht aus einer anderen Vorschrift ergibt. Dies ist beispielsweise der Fall bei §§ 4 ff. GSO, § 5 PKGrG, § 10 GO Gem. Ausschuss, § 6 Abs. 4 BVerfGG, § 10 a Abs. 2 BHO. Der Verschwiegenheitspflicht unterliegen auch die persönlichen Daten der nach § 44 b überprüften Abgeordneten, soweit diese Daten nicht als Bundestagsdrucksache veröffentlicht wurden[19] sowie kraft parlamentarischem Gewohnheitsrecht alle Tatsachen, die im Zusammenhang mit Immunitätsangelegenheiten bekannt wurden und nicht ebenfalls in einer Bundestagsdrucksache enthalten sind.

8 Ohne Aussagegenehmigung ist jedwede Äußerung über verschwiegenheitspflichtige Angelegenheiten unzulässig. Der Gesetzestext zählt die möglichen Formen solcher Äußerungen auf: Es sind Aussagen vor Gericht, außergerichtliche Aussagen, beispielsweise vor Staatsanwaltschaften oder Verwaltungsbehörden, aber auch vor Untersuchungsausschüssen des Bundestags und der Landtage, sowie sonstige Erklärungen gegenüber Dritten – sei es im privaten Kreis oder im Rahmen öffentlicher Veranstaltungen.

9 Zeitlich besteht die Notwendigkeit einer Aussagegenehmigung unbegrenzt. Sie trifft aktive Mandatsträger genauso wie ehemalige Mitglieder des Bundestages.

3. Erteilung der Genehmigung (Abs. 2)

3.1 Außenrepräsentanz durch den Bundestagspräsidenten

10 Die Genehmigung erteilt der Präsident des Deutschen Bundestages. Entsprechende Anträge der um die Genehmigung ersuchenden Gerichte, Behörden oder sonstigen Stellen und Personen sind deshalb an ihn zu richten. Allerdings besitzt der Präsident keinerlei Vorgesetztenfunktionen gegenüber den Mitgliedern des Bundestages. Seine Kompetenz erklärt sich ausschließlich aus der Notwendigkeit, nach außen für den Bundestag als Ansprechpartner und Entscheidungsträger in Erscheinung zu treten. Im Innenverhältnis ist der Präsident jedoch an das Votum gebunden, das der parlamentsintern hierfür zuständige 1. Ausschuss abgibt.[20] Eine im Widerspruch zu diesem Votum getroffene Entscheidung wäre allerdings dennoch nach außen hin wirksam.

---

zu überlassen, was das Befolgen oder Nichtbefolgen einer ihn bindenden gesetzlichen Rechtspflicht angeht.
18 Ebenso *Schulte K.,* aaO, S. 100, 102; *Umbach D. C.,* aaO.
19 S. dazu 5.3.4 zu § 44 b.
20 S. hierzu sogleich 3.2.

3.2 Verfahren innerhalb des Bundestages

Die von § 44 c erfassten Geheimhaltungspflichten bestehen im Interesse des Bundestags als Ganzem.[21] Die Aussagegenehmigung kann aber nicht durch eine Plenarentscheidung erteilt werden, da dies dem Geheimhaltungsinteresse evident zuwiderliefe. Statt dessen wird der Ausschuss für Wahlprüfung, Immunität und Geschäftsordnung (1. Ausschuss) als zuständiges Gremium für innere Angelegenheiten des Bundestags tätig. Aber auch der 1. Ausschuss darf in der Regel nicht allein entscheiden.

11

Soweit wie möglich ist immer auch das Gremium zu beteiligen, das mit der betreffenden geheimhaltungsbedürftige Angelegenheit befasst war. Denn nur dieses verfügt über die erforderlichen Sachverhaltskenntnisse, um anhand der Kriterien des Abs. 3 zu beurteilen, ob eine Aussagegenehmigung erteilt werden kann oder nicht. Nach einem Wechsel der Wahlperiode ist das Nachfolgegremium der laufenden Legislatur heranzuziehen. Existiert ein solcher Nachfolger nicht, sind zumindest der damalige Vorsitzende und der damalige Sekretariatsleiter zu befragen, sofern sie noch dem Bundestag bzw. der Bundestagsverwaltung angehören.

12

Sind Stellen außerhalb des Bundestages an der Entstehung der geheimzuhaltenden Angelegenheit beteiligt gewesen, so bestimmt Abs. 2 Satz 2 ausdrücklich, dass zur Erteilung der Aussagegenehmigung ihr Einvernehmen eingeholt werden muss. Diese Regelung korrespondiert mit § 3 Abs. 2 GSO, wonach bei Verschlusssachen, die dem Bundestag von außerhalb – insbesondere von der Bundesregierung – zugeleitet werden, die herausgebende Stelle den Geheimhaltungsgrad verbindlich auch für die Behandlung im Bundestag bestimmt. Das Einvernehmenserfordernis des Abs. 2 stellt sicher, dass eine solche Bestimmung auch nicht durch die Erteilung einer Aussagegenehmigung unterlaufen werden kann.

13

Der 1. Ausschuss hat nun die Aufgabe, dem Präsidenten einen Entscheidungsvorschlag vorzulegen. Hierzu muss er den Entscheidungsprozess koordinieren und zur Entscheidungsreife bringen, indem er die Voten der zu beteiligenden Stellen bzw. Personen einholt und – falls unterschiedliche Beurteilungen vorliegen – zwischen den Beteiligten vermittelt. Aus eigener Fachkompetenz kann er zu grundsätzlichen Fragen Stellung nehmen und ggf. Kompromissvorschläge ausarbeiten. Verweigern allerdings trotz alledem die gemäß Abs. 2 Satz 2 zu beteiligenden Stellen außerhalb des Bundestages ihr Einvernehmen, so kann auch der 1. Ausschuss nur empfehlen, die Genehmigung nicht zu erteilen.

14

4. Versagungsgründe (Abs. 3)

4.1 Wortlaut des § 44 c Abs. 3

Nach dem Wortlaut des Abs. 3 darf die Aussagegenehmigung nur versagt werden, wenn einer der dort abschließend aufgezählten Gründe vorliegt. Das Gesetz räumt damit dem Offenbarungsinteresse grundsätzlich den Vorrang vor dem Geheimhaltungsinteresse ein. Bei der Entscheidung über eine beantragte Aussagegenehmi-

15

---

21 S. dazu oben 2.1.

gung besteht also kein Ermessensspielraum; die Genehmigung muss vielmehr erteilt werden, wenn nicht einer der im Gesetz festgehaltenen Versagungsgründe besteht.

16 Anders als die Parallelregelungen für Beamte (§§ 62 Abs. 1 BBG; 39 Abs. 3 BRRG), aber auch für Mitglieder der Bundesregierung (§ 7 Abs. 1 BMinG) erstreckt der Wortlaut des § 44c Abs. 3 diesen Vorrang des Offenbarungsinteresses nicht nur auf den Fall der Genehmigung einer Zeugenaussage, sondern ohne Einschränkung auch auf alle Fälle der Genehmigung sonstiger Erklärungen. Dies erscheint bedenklich.

Intention des § 44c Abs. 3 ist es – ebenso wie die der genannten Regelungen für Beamte und Bundesminister – einen sachgerechten Ausgleich widerstreitender Interessen zu schaffen – nämlich zwischen dem staatlichen Geheimhaltungsinteresse einerseits und dem Offenbarungsinteresse andererseits. Für das Offenbarungsinteresse spricht aber in erster Linie das öffentliche Interesse an der Wahrheitsfindung beim Bestehen einer gesetzlichen Zeugnispflicht. Hinzu kommt, dass für Abgeordnete – und auch hierin unterscheiden sie sich grundlegend von Beamten sowie von Mitgliedern der Bundesregierung – keine generelle Pflicht zur Amtsverschwiegenheit besteht. Ihr Staus ist vielmehr auf Öffentlichkeit und Transparenz angelegt. Anders als §§ 61 BBG, 39 BRRG und auch 6 BMinG beschränkt § 44c Abs. 1 deshalb die Verschwiegenheitspflicht von vorn herein auf Fälle, in denen ein besonderes Geheimhaltungsbedürfnis besteht, das durch ein Gesetz oder die Geschäftsordnung des Bundestages angeordnet sein muss. Dass nun ausgerechnet hinsichtlich dieser ohnehin schon besonders sensiblen Angelegenheiten eine grundsätzliche Genehmigungspflicht bestehen soll auch wenn keine gesetzliche Zeugnispflicht vorliegt, erscheint wenig nachvollziehbar. Wahrscheinlich wurde dieser Gesichtspunkt im Gesetzgebungsverfahren schlicht übersehen.

Bei der Auslegung und Anwendung des § 44c Abs. 3 muss deshalb der jeweils unterschiedlichen Wichtigkeit des Offenbarungsinteresses gegenüber dem Geheimhaltungsinteresse Rechnung getragen werden. Nur für die Fälle, in denen eine gesetzliche Zeugnispflicht besteht, ist deshalb eine vertiefte Abwägung des Geheimhaltungsinteresses gegenüber dem Offenbarungsinteresse erforderlich, wobei auf die von der Rechtsprechung zum Beamtenrecht entwickelten Grundsätze zurückgegriffen werden kann. In den Fällen ohne gesetzliche Zeugnispflicht ist das Offenbarungsinteresse dagegen von vornherein nachrangig. Dies bedeutet im Einzelnen Folgendes:

4.2 Aussagegenehmigung beim Bestehen einer gesetzlichen Zeugnispflicht

17 Wird eine Aussagegenehmigung beantragt und unterliegt der betroffene Abgeordnete einer gesetzlichen Zeugnispflicht – dies betrifft insbesondere Aussagen in Gerichtsverfahren, aber auch vor parlamentarischen Untersuchungsausschüssen – muss zunächst geprüft werden, ob einer der vom Gesetz genannten Versagungsgründe vorliegt. Dies ist zum einen der Fall, wenn die Aussage dem Wohl des Bundes oder eines Landes Nachteile bereiten würde. Die Regelung berücksichtigt damit wichtige staatspolitische Interessen, denn es ist anerkannt, dass es verfassungsmäßig legitimierte staatliche Aufgaben gibt, die zu ihrer Erfüllung der Geheimhaltung bedürfen, ohne dass dagegen verfassungsrechtliche Bedenken bestehen.²² Solches kommt insbesondere in Betracht, wenn Belange der inneren und äußere Sicherheit der Bundesrepublik berührt sind, aber auch bei der Bekämpfung besonders gefährlicher Kriminalität, wie organisiertem Verbrechen.²³ Das Wohl des Bundes oder eines Landes kann aber auch bei Aussagen zu wirtschafts- oder finanzpolitischen Erkenntnissen betroffen sein.²⁴ Ein Nachteil ist gegeben, wenn durch die Offenbarung die künftige Erfüllung der Aufgaben einer staatlichen Stelle erschwert oder Leben, Gesundheit oder Freiheit von Personen gefährdet wären.²⁵

Der zweite Versagungsgrund schützt die Erfüllung öffentlicher Aufgaben. Im Rahmen des § 44c kommt es insbesondere auf die Aufgaben des Bundestages und der nach Absatz 2 im jeweiligen Einzelfall zu beteiligenden Stellen außerhalb des Bundestages an. Während hinsichtlich der Staatsinteressen Nachteile genügen, ist es für die Berücksichtigungsfähigkeit dieser Interessen erforderlich, dass die Aufgabenerfüllung durch die fragliche Aussage ernstlich gefährdet oder erheblich erschwert würde. Es muss also ein gravierender Eingriff in die Aufgabenerfüllung zu befürchten sein. Ein solcher läge z.B. vor, wenn der Bundestag im Falle einer Aussage befürchten müsste, künftig keine vertraulichen Informationen von der Bundesregierung mehr zu bekommen. Er könnte dann nämlich seine Kontrollbefugnisse gegenüber der Regierung nicht mehr wirksam ausüben.

18 Aus der Feststellung der vom Gesetzgeber für die Versagung der Aussagegenehmigung geforderten Voraussetzungen ergibt sich dann in der Regel zugleich das Übergewicht der in § 44c geschützten Geheimhaltungsinteressen. Das heißt, grundsätzlich darf auch beim Bestehen einer Zeugnispflicht die Aussagegenehmigung ohne weiteres versagt werden, wenn einer der gesetzlichen Versagungsgründe vorliegt. Eine nochmalige Abwägung der widerstreitenden Interessen ist dann nicht mehr erforderlich.²⁶

Anders ist aber zu verfahren, wenn verfassungsrechtlich geschützte Rechtsgüter berührt sein können und deshalb die widerstreitenden Interessen auch unmittelbar an ihnen zu messen sind. Dies ist bei der Verweigerung der Aussagegenehmigung im Strafprozess der Fall.²⁷ Die Besonderheit, dass sich staatliche Stellen an der Zurückhaltung von Beweismitteln beteiligen, begründet mit Blick auf den Anspruch des Angeklagten auf ein faires rechtsstaatliches Strafverfahren zusätzliche Anforderungen an den Entscheidungsprozess.²⁸ Deshalb dürften bei der Entscheidung über die Erteilung oder Versagung einer Aussagegenehmigung die von öffentlichen Stellen wahrzunehmenden Aufgaben – auch wenn sie noch so bedeutsame Anliegen betreffen – nicht schon allein als genügende Rechtfertigung betrachtet werden, um sich der grundsätzlich bestehenden Auskunftspflicht zu entziehen. Erforderlich ist vielmehr eine sorgfältige Abwägung der im Widerstreit stehenden verfassungsrechtlichen Rechtsgüter unter Berücksichtigung des gesamten konkre-

---

22 *Zängel S.*, Kommentar Bundesbeamtengesetz in: Fürst, Gesamtkommentar Öffentliches Dienstrecht, Loseblatt, § 62 Rdn. 10; Bundesverfassungsgericht, Beschluss vom 26. Mai 1981 – 2 BvR 215 / 81 –, BVerfGE 57, 250, 284.
23 BVerfGE 57, 250, 284.
24 *Zängel S.*, aaO.
25 *Zängel S.*, aaO.
26 Vgl. hierzu BVerwG, Urteil vom 24. Juni 1982 – BVerwG 2 C 91. 81 –, BVerwGE 66, 39, 42.
27 BVerwGE 66, 39, 43.
28 Vgl. BVerfGE 57, 250, 282 f.; BVerwGE 66, 39, 43.

ten Sachverhalts. Dabei werden regelmäßig die Schwere der Straftat und das Ausmaß der dem Angeklagten drohenden Nachteile einerseits und das Gewicht der einer bestmöglichen Aufklärung entgegenstehenden Umstände andererseits besonders bedeutsam. Zu berücksichtigen ist auch der Stellenwert des fraglichen Beweismittels im Rahmen der Beweislage.[29]

4.3 Aussagegenehmigung ohne gesetzliche Zeugnispflicht

19 In der anderen Fallgruppe besteht demgegenüber mangels einer Zeugnispflicht auch kein dem Geheimhaltungsinteresse widerstreitendes öffentlichen Interesse an der Wahrheitsfindung. Hier muss deshalb von vorn herein dem Geheimhaltungsinteresse der Vorrang eingeräumt werden. Deshalb wird in aller Regel allein das Bestehen einer durch Gesetz oder aufgrund der Geschäftsordnung des Bundestages angeordneten Verschwiegenheitspflicht im Sinne des Abs. 1 auch einen Versagungsgrund im Sinne des Abs. 3 rechtfertigen. Zumindest wird eine erhebliche Gefährdung der Aufgaben des Bundestages oder der nach Abs. 2 zu beteiligenden Stelle vorliegen, denn ohne eine solche Gefährdung liegt in der Regel auch kein Grund für die Anordnung einer besonderen Verschwiegenheitspflicht vor.

5. Parallelregelungen für Abgeordnete des EP und der Länder

20 Das EuAbgG enthält keine Bestimmung, die dem § 44 c vergleichbar wäre. Auch die GO-EP enthält keine Vorschriften zu Verschwiegenheitspflichten oder der Notwendigkeit von Aussagegenehmigungen für MdEPs.

21 Parallelvorschriften zu § 44 c haben von den Ländern nur Mecklenburg-Vorpommern und Thüringen erlassen. § 49 des AbgG MV und § 43 Thür. AbgG entsprechen der bundesrechtlichen Regelung. Daneben gibt es in den Geschäftsordnungen der Landtage von Bremen (§ 5), Hamburg (§ 56), Niedersachsen (§ 93) und Rheinland-Pfalz (§ 108) Regelungen zu Geheimhaltungs- oder Verschwiegenheitspflichten, die jeweils sehr unterschiedlich ausgestaltet sind. Regelungen über Aussagegenehmigungen werden dort nirgendwo getroffen.

---

29 BVerfGE 57, 250, 284 f.; BVerwGE 66, 39, 44.

Elfter Abschnitt
Fraktionen

§ 45 Fraktionsbildung

(1) Mitglieder des Bundestages können sich zu Fraktionen zusammenschließen.

(2) Das Nähere regelt die Geschäftsordnung des Deutschen Bundestages.

Parallelvorschriften im EuAbgG und in den Gesetzen der Länder:			
EuAbgG	–		
BadWürtt.	§ 1 FraktG	Nds.	§ 30
Bay.	Art. 1 FraktG	NW.	–
Berl.	§ 1 FraktG	RP.	§ 1 FraktG
Bbg.	§ 1 FraktG	Saarl	§ 1 FraktRG
Brem.	§ 36	Sachs.	§ 1 FraktRG
Hbg.	§ 1 FraktG	SachsAnh.	§ 1 FraktG
Hess.	§ 1 FraktG	SchlH.	§ 1 FraktG
MV.	§ 50	Thür.	§ 44

Literatur: *Achterberg N.*, Parlamentsrecht, Tübingen, 1984; *Besch J. Chr.*, Die Rechtsstellung parlamentarischer Gruppen – Parlamentsrecht in der Entwicklung, in: Brücken bauen und begehen, Festschrift für Knut Ipsen, hrsg. von Epping V. / Fischer H. / von Heinegg W. H., München, 2000; *Borchert H.*, Die Fraktion – eine eigenständige, demokratisch legitimierte Repräsentation im parteienstaatlichen System, AöR 1977, S. 210 ff.; *Demmler W.*, Der Abgeordnete im Parlament der Fraktionen, Berlin 1994; *Grigoleit K. J. / Kersten J.*, Der Ausschussvorsitz als parlamentarisches Amt. DÖV 2001, 368 ff. *Hagelstein B.*, Die Rechtsstellung der Fraktionen im Deutschen Parlamentswesen, Frankfurt, 1992; *Hauenschild W.-D.*, Wesen und Rechtsnatur der parlamentarischen Fraktionen, Diss. Berlin, 1968, *Hölscheidt S.*, Das Recht der Parlamentsfraktionen, Rheinbreitbach, 2001; *Jekewitz J.*, in: Schneider H.-P / Zeh W. (Hrsg.), Parlamentsrecht und Parlamentspraxis in der Bundesrepublik Deutschland, Berlin, 1989, S. 1021 ff.; *Kassing R.*, Das Recht der Abgeordnetengruppe, Berlin, 1988; *Kretschmer G.*, Fraktionen – Parteien im Parlament, Heidelberg, 1992; *Kürschner J.*, Die Statusrechte des fraktionslosen Abgeordneten, Berlin,1984; *Kürschner S.*, Das Binnenrecht der Bundestagsfraktionen, Berlin, 1995; *Linde A.*, Fraktionsfinanzierung in der parlamentarischen Demokratie: empirische Befunde und theoretische Reflexionen, Frankfurt, 2000; *Meyer H.*, Die Stellung der Parlamente in der Verfassungsordnung des Grundgesetzes, in: Schneider H. P. / Zeh W., Parlamentsrecht und Parlamentspraxis, Berlin / New York, 1989, S. 117 ff.; *ders.*, Die Fraktionen auf dem Weg zur Emanzipation von der Verfassung, in: Däubler-Gmelin H. / Kinkel K. / Meyer H. / Simon H. (Hrsg.), Gegenrede: Aufklärung – Kritik – Öffentlichkeit. Festschrift für Gottfried Mahrenholz, Baden-Baden, 1994, S. 319 ff.; *Neßler V.*, Europäische Willensbildung: die Fraktionen im Europaparlament zwischen nationalen Interessen, Parteipolitik und europäischer Integration, Schwalbach, 1997; *Ritzel H. G. / Bücker J. / Schreiner H. J.*, Handbuch für die Parlamentarische Praxis mit Kommentar zur

Geschäftsordnung des Deutschen Bundestages, Neuwied; *Schmidt-Jorzig E./Hansen F.*, Neue Rechtsgrundlagen für die Bundestagsfraktionen, NVwZ 1994, S. 1145 ff.; *Schindler P.*, Datenhandbuch zur Geschichte des Deutschen Bundestages1949–1999, Band I–III, Baden-Baden, 1999; *Schneider G. Chr.*, Die Finanzierung der Parlamentsfraktionen als staatliche Aufgabe, Berlin, 1997; *Schönberger K.*, Die Rechtsstellung der Parlamentsfraktionen, Diss. Tübingen,1990; *Stern K.*, Das Staatsrecht der Bundesrepublik Deutschland, Bd. 1, 2. Aufl., München, 1994, § 23; *Stevens B.*, Die Rechtsstellung der Bundestagsfraktionen – Eine Untersuchung auf der Grundlage des Fraktionsgesetzes, Frankfurt am Main, 2000; *Tschermak v. Seyenegg A.*, Die Fraktion im Deutschen Bundestag und ihre verfassungsrechtliche Stellung, Diss. Freiburg i. Breisgau, 1971; *Werberger E. M.*, Die staatsrechtliche Stellung der Bundestagsfraktion, Diss. Würzburg, 1959, *Wolters J.*, Der Fraktions-Status, Baden-Baden, 1996.

Übersicht

		Rdn.
1.	Allgemeines	1–5
2.	Zusammenschluss von Bundestagsmitgliedern zu Fraktionen (Abs. 1)	6–7
3.	Regelung des Näheren in der GO-BT (Abs. 2)	8–14
4.	Beginn und Ende der Fraktionsmitgliedschaft	15–17
5.	Abgeordneter und Fraktion	18–25
5.1	Wirkungen der Fraktionsmitgliedschaft	18–19
5.2	Fraktionszwang und Fraktionsdisziplin	20–21
5.3.	Rechtsstreitigkeiten zwischen Abgeordneten und der Fraktion	22–25
6.	Gruppen	26–27
7.	EuAbgG	28–29
8.	Landesrecht	30–31

1. Allgemeines

1 Das mit dem Sechzehnten Gesetz zur Änderung des Abgeordnetengesetzes vom 11. März 1994 mit Wirkung vom 1. Januar 1995 eingeführte Fraktionsgesetz[1] (§§ 45 bis 54 AbgG) ist integraler Bestandteil des Abgeordnetengesetzes des Bundes.[2] Es soll deshalb auch im Rahmen dieser Kommentierung Berücksichtigung finden. Angesichts der Komplexität dieser eigenständigen Thematik muss sich die Darstellung hier allerdings auf die wesentlichen praxis- und gesetzesrelevanten Grundzüge beschränken. Im Übrigen sei auf weiterführende Literatur, die sich in zahlreichen Abhandlungen hiermit befasst hat, verwiesen.[3]

2 Auslöser des Fraktionsgesetzes war die seinerzeit in wesentlichen Teilbereichen ungeklärte Rechtsstellung der Fraktionen, insbesondere das Fehlen von das Außenrechtsverhältnis betreffenden Normen gewesen. Zugleich sollte die staatliche Frak-

---

[1] BGBl. I S. 526.
[2] Vgl. *Stevens B.*, Die Rechtsstellung der Bundestagsfraktionen – Eine Untersuchung auf der Grundlage des Fraktionsgesetzes, Frankfurt am Main, 2000, S. 30, m.w.N.: „Für diesen Ort der Regelung spricht die Herleitung der Fraktionsrechte aus den Abgeordnetenrechten, während die Bedeutung der Fraktionen als ‚notwendige Einrichtungen des Verfassungslebens' für eine Verankerung im Grundgesetz gesprochen hätte." Dort (aaO, S. 31) auch zur Gesetzgebungskompetenz des Parlaments zur Regelung der Rechtsstellung der Fraktionen.
[3] S. die angegebene Literatur, insbesondere *Hölscheidt S.*, Das Recht der Parlamentsfraktionen, Rheinbreitbach, 2001, sowie zum Geschäftsordnungsrecht *Ritzel H. G./Bücker J./Schreiner H.J.*, Handbuch für die Parlamentarische Praxis mit Kommentar zur Geschäftsordnung des Deutschen Bundestages, Neuwied.

§ 45 Fraktionsbildung

tionsfinanzierung im Detail in Gesetzesform geregelt werden.[4] Der damals federführende Ausschuss für Wahlprüfung, Immunität und Geschäftsordnung hatte in seiner Beschlussempfehlung und dem Bericht vom 2. November 1993 betont, dass die Fraktionen im Deutschen Bundestag als die wichtigsten politischen Gliederungen des Parlaments sowohl innerhalb des Bundestages als auch nach außen eine klare Beschreibung ihrer Rechte und Pflichten brauchten. Die bestehenden Geschäftsordnungsregelungen reichten dafür nicht aus. Sie bedürften einer Ergänzung in gesetzlicher Form, soweit die Rechtsstellung der Fraktionen über den innerparlamentarischen Bereich hinauswirke.[5]

Der Begriff „Fraktion" bezeichnet den freiwilligen Zusammenschluss von Abgeordneten zum Zwecke der politischen Koordination ihrer parlamentarischen Arbeit und zum Durchsetzen gemeinsamer politischer Ziele.[6] Ausschlaggebendes Kriterium für den Zusammenschluss von Abgeordneten zu einer Fraktion im Deutschen Bundestag ist dieselbe Parteizugehörigkeit. Der Bundestag hat dem in § 10 Abs. 1 GO-BT Rechnung getragen, indem er die gleiche Parteizugehörigkeit zur grundsätzlichen Voraussetzung einer Fraktionsbildung erhoben hat.   3

Im Grundgesetz werden die Fraktionen nur in Art. 53a Abs. 1 Satz 2 GG erwähnt. Dies zeigt jedoch immerhin, dass ihre Existenz in der Verfassung vorausgesetzt wird.[7]   4

Die Fraktionen im Deutschen Bundestag sind dessen wichtigste politische Gliederungen; sie sind die „politischen Kraftzentren und Motoren des parlamentarischen Geschehens".[8] Sie fungieren als maßgebliche Faktoren der parlamentarischen Willensbildung[9] und haben den technischen Ablauf der Parlamentsarbeit in gewissem   5

---

4 Vgl. Entwurf eines Sechzehnten Gesetzes zur Änderung des Abgeordnetengesetzes (Fraktionsgesetz) vom 20. April 1993, Begründung Allgemeiner Teil, BT-Drs. 12/4756, S. 4f.
5 BT-Drs. 12/6067, S. 9.; vgl. auch *Schmidt-Jorzig E./Hansen F.*, Neue Rechtsgrundlagen für die Bundestagsfraktionen, NVwZ 1994, S. 1145.
6 Vgl. dazu näher Bundesverfassungsgericht, Urteil vom 5. April 1952 – 2 BvH 1/52 –, BVerfGE 1, 208 (223); Urteil vom 14. Juli 1959 – 2 BvE 2, 3/58 –, BVerfGE 10, 4 (14); Urteil vom 19. Juli 1966 – 2 BvF 1/65 –, BVerfGE 20, 56 (104 f.); Urteil vom 10. Dezember 1974 – 2 BvK 1/73, 2 BvR 902/73–, BVerfGE 38, 258 (273 f.); Beschluss vom 14. Dezember 1976 – 2 BvR 802/75 –, BVerfGE 43, 142 (147); Beschluss vom 3. November 1982 – 2 BvH 3/80 –, BVerfGE 62, 194 (202); Urteil vom 14. Januar 1986 – 2 BvE 14/83 und 4/84 –, BVerfGE 70, 324 (363); Urteil vom 13. Juni 1989 – 2 BvE 1/88 –, BVerfGE 80, 188 (231); Urteil vom 16. Juli 1991 – 2 BvE 1/91 –, BVerfGE 84, 304 (322), sowie die Eingangs angegebene Literatur; zum umstrittenen Rechtscharakter der Parlamentsfraktionen s. ausführlich *Hölscheidt S.*, Das Recht der Parlamentsfraktionen, aaO, S. 283 ff.; *Ritzel H. G./Bücker J./Schreiner H. J.*, aaO, Vorbem. II zu § 10; *Stevens B.*, aaO, S. 46 ff., jeweils m.w.N, sowie *Kretschmer G.*, Fraktionen – Parteien im Parlament, Heidelberg, 1992, S. 39 ff.; zu den Aussagen von Rechtsprechung und Literatur zum Fraktionsbegriff s. ferner *Stevens B.*, aaO, S. 31 ff
7 Zur historischen Entwicklung der Fraktionen in Deutschland s. statt vieler *Hagelstein B.*, Die Rechtsstellung der Fraktionen im Deutschen Parlamentswesen, Frankfurt, 1992, S. 8 ff.; *Hölscheidt S.*, Das Recht der Parlamentsfraktionen, aaO, S. 142 ff. und *Kürschner S.*, Das Binnenrecht der Bundestagsfraktionen, Berlin, 1995, S. 21 ff.
8 Vgl. Entwurf eines Sechzehnten Gesetzes zur Änderung des Abgeordnetengesetzes (Fraktionsgesetz) vom 20. April 1993, Begründung Allgemeiner Teil, BT-Drs. 12/4756, S. 4; zu den Funktionen einer Parlamentsfraktion ausführlich *Hölscheidt S.*, Das Recht der Parlamentsfraktionen, aaO, S. 246 ff.
9 Bundesverfassungsgericht, Beschluss vom 14. Dezember 1976 – 2 BvR 802/75 –, BVerfGE 43, 142 (149); Urteil vom 14. Januar 1986 – 2 BvE 14/83 und 4/84 –, BVerfGE 70, 324 (351), Urteil vom 13. Juni 1989 – 2 BvE 1/88 –, BVerfGE 80, 188 (219).

Maße zu steuern und damit zu erleichtern.[10] Die Funktionsfähigkeit des parlamentarischen Systems beruht entscheidend auf der Organisation des Bundestages in Fraktionen. Fraktionen sind keine Organe der Parteien, auch wenn sie ihnen eng verbunden bleiben. Nur durch die Fraktion kann die Partei im Parlament ihre Ziele verwirklichen.[11]

2. Zusammenschluss von Bundestagsmitgliedern zu Fraktionen (Abs. 1)

6 Nach § 45 Abs. 1 können sich die Mitglieder des Bundestages – und nur solche –[12] zu Fraktionen zusammenschließen. Mit dieser Vorschrift wollte der Gesetzgeber verfassungsrechtlichen Vorgaben für die Bildung der Fraktionen Rechnung tragen.[13] Die Bildung der Fraktionen hat ihre verfassungsrechtlich Grundlage in Art. 38 Abs. 1 GG, der dem einzelnen Abgeordneten das Recht gibt, sich mit anderen Abgeordneten zu einer Fraktion zusammenzuschließen.[14] Wegen Art. 38 Abs. 1 Satz 2 GG ist es die freie Entscheidung eines jeden Abgeordneten, ob er einer Fraktion beitritt oder nicht; auch steht ihm frei, ob er diese im Laufe der Wahlperiode wieder verlassen will. Die Voraussetzungen, die für die Bildung einer Fraktion des Deutschen Bundestages erfüllt sein müssen, normiert das Fraktionsgesetz indes nicht, weil deren Festlegung Bestandteil der parlamentarischen Geschäftsordnungskompetenz und -autonomie ist.[15] Einzelheiten werden deshalb in der Geschäftsordnung des Deutschen Bundestages geregelt (s. u. 3.). § 45 Abs. 2 stellt dies klar. Die Fraktionen haben ihrerseits eigene Geschäfts- oder Arbeitsordnungen erlassen.[16]

7 In der Praxis versammeln sich die in den Bundestag gewählten Abgeordneten in den ersten Tagen nach der Wahl und beraten über ihre Konstituierung, die nach Beginn einer neuen Wahlperiode wegen der Geltung des Diskontinuitätsgrundsatzes auch

---

10 Bundesverfassungsgericht, Urteil vom 14. Juli 1959 – 2 BvE 2, 3/58 –, BVerfGE 10, 4 (14); Urteil vom 19. Juli 1966 – 2 BvF 1/65 –, BVerfGE 20, 56 (104)
11 Zu den (auch institutionell verankerten) Verbindungslinien zwischen Partei und Fraktion vgl. *Wolters J.*, aaO, S. 45 ff. und *Stevens B.*, aaO, S. 50 ff., jeweils m.w.N.
12 *Stevens B.*, aaO, S. 85.
13 Vgl. Entwurf eines Sechzehnten Gesetzes zur Änderung des Abgeordnetengesetzes (Fraktionsgesetz) vom 20. April 1993, Begründung zu § 45, BT-Drs. 12/4756, S. 6.
14 Bundesverfassungsgericht, Urteil vom 14. Juli 1959 – 2 BvE 2, 3/58 –, BVerfGE 10, 4 (14); Urteil vom 19. Juli 1966 – 2 BvF 1/65 –, BVerfGE 20, 56 (104); Beschluss vom 14. Dezember 1976 – 2 BvR 802/75 –, BVerfGE 43, 142 (149); Urteil vom 14. Januar 1986 – 2 BvE 14/83 und 4/84 –, BVerfGE 70, 324 (363); Entwurf eines Sechzehnten Gesetzes zur Änderung des Abgeordnetengesetzes (Fraktionsgesetz) vom 20. April 1993, Begründung Allgemeiner Teil, BT-Drs. 12/4756, S. 4.
15 Bundesverfassungsgericht, Beschluss vom 14. Dezember 1976 – 2 BvR 802/75 –, BVerfGE 43, 142 (149); BayVerfG in BayVBl. 1976,431 (433); Entwurf eines Sechzehnten Gesetzes zur Änderung des Abgeordnetengesetzes (Fraktionsgesetz) vom 20. April 1993, Begründung Allgemeiner Teil, BT-Drs. 12/4756, S. 6.
16 Geschäftsordnung der Fraktion der SPD im Deutschen Bundestag i.d.F. vom 3. Juni 1997, Arbeitsordnung der CDU/CSU-Bundestagsfraktion der 14. Wahlperiode i.d.F. vom 12. April 2000, Geschäftsordnung der Fraktion BÜNDNIS 90/DIE GRÜNEN im Bundestag (14. Wahlperiode) vom 28. Oktober 1998, Geschäftsordnung der FDP-Fraktion im Deutschen Bundestag vom 12. November 1991; Geschäftsordnung der Fraktion der PDS im 14. Deutschen Bundestag i.d.F. vom 26. September 2000; s. auch 3. zu § 48.

für Fraktionen (s.u. 3.) gemäß § 54 Abs. 7 Satz 1 AbgG zur Vermeidung der Liquidation auch für solche Fraktionen erforderlich ist, die sich bereits in der abgelaufenen Wahlperiode konstituiert hatten.[17] Hierfür ist nach herrschender Meinung ein besonderer Konstituierungsakt erforderlich.[18] Nach § 10 Abs. 1 GO-BT können mindestens 5% der Mitglieder des Bundestages, die derselben Partei angehören, eine Fraktion bilden. § 10 Abs. 2 GO-BT schreibt die schriftliche Anzeige der Bildung einer Fraktion, ihrer Bezeichnung, die Namen der Vorsitzenden, der Mitglieder und der Gäste an den Bundestagspräsidenten vor (s. dazu näher u. 3.).

3. Regelung des Näheren in der GO-BT (Abs. 2)

Nach § 45 Abs. 2 regelt die GO-BT das Nähere über die Bildung der Fraktionen. Oben (2.) wurde bereits darauf hingewiesen, dass die Festlegung der Voraussetzungen, die für die Bildung einer Bundestagsfraktion erfüllt sein müssen, Bestandteil der Geschäftsordnungskompetenz und -autonomie ist. Sie sind daher der GO-BT vorbehalten.

Eine der zentralen Fragen der Fraktionsbildung war stets die gewesen, wie viele Mitglieder des Bundestages hierzu erforderlich sind. Die Anforderungen haben sich im Laufe der Parlamentsgeschichte mehrfach geändert. In seiner fünften Sitzung am 20. September 1949 hatte der 1. Deutsche Bundestag (bestehend aus acht Fraktionen: CDU/CSU, SPD, F.D.P., BP, DP, KPD, WAV und Zentrum)[19] beschlossen, die Geschäftsordnung des früheren Deutschen Reichstages mit gewissen Änderungen als vorläufige Geschäftsordnung zu übernehmen, um sich alsbald die Grundlage für eine sachlichen Arbeit zu schaffen.[20] Danach reichten zehn Abgeordnete für die Bildung einer Fraktion aus.[21] Die Geschäftsordnung des Bundestages, die dann am 6. Dezember 1951 verabschiedet wurde und am 1. Januar 1952 in Kraft trat, sah in § 10 Abs. 1 Satz 2 GO-BT 1951 keine Zahlenangaben bezüglich der Fraktionsmindeststärke vor, sondern verlangte einen Beschluss des Bundestages über die zur Bildung einer Fraktion notwendige Mitgliederzahl. Dieser Beschluss musste zu Beginn einer Wahlperiode gefasst werden und diente dem Zweck, es jedem Bundestag zu erleichtern, nach politischer Zweckmäßigkeit Zahlenrichtlinien für die Fraktionsstärke festzusetzen, ohne die betreffenden Geschäftsordnungsbestimmungen ändern zu müssen.[22] Mit Beschluss vom 16. Januar 1952 setzte der Bundestag die Mindestmitgliedsstärke für die laufende Wahlperiode auf 15 fest.

---

17 Zur Erstattung der Aufwendungen von Teilnehmern der Fraktionsversammlungen in diesem Zusammenhang s. 2. zu § 32, zur Frage der Liquidation 8. zu § 54.
18 Vgl. *Hauenschild W.-D.*, aaO, S. 42; *Achterberg N.*, Parlamentsrecht, Tübingen, 1984, S. 281; *Ritzel H. G. / Bücker J. / Schreiner H.J.*, aaO, § 10 I.1. d); *Kretschmer G.*, aaO, S. 51; *Stevens B.*, aaO, S. 82.
19 Vgl. *Schindler P.*, Datenhandbuch zur Geschichte des Deutschen Bundestages 1949 bis 1999, Bd. I–III, Baden-Baden, 1999, S. 903.
20 Vgl. BT-Drs. 1/18.
21 Vgl. zur Historie ausführlich *Kürschner J.*, aaO, S. 37 ff.
22 Hintergrund war es u.a., der KPD, die im Mai 1950 das 15. Mitglied verloren hatte, den Fraktionsstatus zu nehmen, vgl. *Hölscheidt S.*, Das Recht der Parlamentsfraktionen, aaO, S. 381; *Kürschner S.*, aaO, S. 38; *Schindler P.*, Datenhandbuch zur Geschichte des Deutschen Bundestages 1949–1999, Band I–III, Baden-Baden, 1999, S. 896 und S. 3095.

10 Im Rahmen der sog. „Kleinen Parlamentsreform" vom 27. März 1969 wurde in § 10 Abs. 1 Satz 1 GO-BT 1970 festgelegt, dass Fraktionen Vereinigungen von mindestens fünf Prozent der Mitglieder des Bundestages sind.[23] Das entspricht der in § 6 Abs. 6 BWG enthaltenen Sperrklausel.[24] Die Regelung gilt bis heute fort.[25] Mit der Festlegung der Fraktionsmindeststärke in der Geschäftsordnung selbst sind Änderungen nach § 126 GO-BT auch nur noch mit Zweidrittelmehrheit der anwesenden Mitglieder des Bundestages möglich. Bei einer Mitgliederzahl von 518 Abgeordneten lag die Fraktionsmindeststärke seinerzeit bei 26 Mitgliedern. Bis zum Ende der 11. Wahlperiode betrug die für die Fraktionsbildung notwendige Mitgliederzahl 26 Abgeordnete, im ersten gesamtdeutschen Parlament erhöhte sich die Zahl auf 34 Abgeordnete. Auch im 14. Deutschen Bundestag sind 34 Abgeordnete zur Fraktionsbildung erforderlich. Gäste[26] sind bei der Feststellung der Fraktionsstärke nicht mitzuzählen (§ 10 Abs. 3 GO-BT). Der Fünf-Prozent-Anteil ist im Übrigen nicht nach der gesetzlichen Mitgliederzahl des Bundestages zu berechnen, sondern nach seiner tatsächlichen.[27] Ein Quotient, der keine ganze Zahl ergibt, ist bei der Berechnung des Quorums nach oben aufzurunden.[28] Nach der Rechtsprechung des Bundesverfassungsgerichts ist es im Übrigen irrelevant, wie viele Mandate im Einzelfall zur Fraktionsbildung fehlen. Mit der Regelung einer Fraktionsmindeststärke verbinde sich zwangsläufig die Möglichkeit, dass ein Zusammenschluss von Abgeordneten die festgesetzte Zahl nur knapp verfehle.[29] Verfehlt ein Zusammenschluss von Abgeordneten die Fraktionsmindeststärke, kann er auf Antrag als Gruppe anerkannt werden (s. dazu u. 6.).

11 Nach § 10 Abs. 1 Satz 1 GO-BT müssen die Mitglieder des Bundestages, die eine Fraktion bilden wollen, ferner derselben Partei oder solchen Parteien angehören, die aufgrund gleichgerichteter Ziele in keinem Land miteinander im Wettbewerb stehen.[30] Der letzte Halbsatz von Satz 1 bewirkt, dass der Zusammenschluss von Mitgliedern der CDU und der CSU zu einer Fraktion nicht der Zustimmung des Bundestages bedarf.[31] Von Satz 1 abweichende Zusammenschlüsse bedürfen nach § 10 Abs. 1 Satz 2 GO-BT zur Anerkennung als Fraktion hingegen der Zustimmung

---

23 BT-Drs. 5/4008.
24 Vgl. *Ritzel H. G./Bücker J./Schreiner H. J.*, aaO, I.1.a) zu § 10; *Hölscheidt S.*, Das Recht der Parlamentsfraktionen, aaO, S. 381.
25 Zur verfassungsrechtlichen Zulässigkeit s. Bundesverfassungsgericht, Urteil vom 16. Juli 1991 – 2 BvE 1/91 –, BVerfGE 84, 304 (326); Beschluss vom 17. September 1997 – 2 BvE 4/95 –, BVerfGE 96, 264 ff.
26 Gäste können nur solche Abgeordnete sein, die nicht Mitglied einer anderen Fraktion sind, also parteilose oder fraktionslose Abgeordnete, vgl. *Ritzel H. G./Bücker J./Schreiner H. J.*, aaO, § 10 III. a) zu § 10.
27 Vgl. *Ritzel H. G./Bücker J./Schreiner H. J.*, aaO.
28 Vgl. *Ritzel H. G./Bücker J./Schreiner H. J.*, aaO, I.1.b) zu § 10; *Stevens B.*, aaO, S. 86.
29 Bundesverfassungsgericht, Beschluss vom 17. September 1997 – 2 BvE 4/95 –, BVerfGE 96, 264 (280); kritisch dazu *Hölscheidt S.*, Das Recht der Parlamentsfraktionen, aaO, S. 417.
30 Zustimmend zu dieser Regelung *Stevens B.*, aaO, S. 90 ff.; kritisch zum Nachweis der politischen Homogenität nur durch dasselbe Parteibuch *Hölscheidt S.*, Das Recht der Parlamentsfraktionen, aaO, S. 418 ff.; auch *Wolters J.*, aaO, S. 32, weist darauf hin, dass der Entscheidungsfreiheit der Abgeordneten mit der zwingend parteiorientierten Fraktionsbildung „in bemerkenswertem Widerspruch zur Rechtsprechung des Bundesverfassungsgerichts", wonach die Fraktionsbildung auf der in Ausübung des freien Mandats getroffenen Entscheidung der Abgeordneten beruhe, klare Grenzen gezogen werden.
31 Vgl. *Kretschmer G.*, aaO, S. 51; *Kürschner S.*, Das Binnenrecht der Bundestagsfraktionen,

des Bundestages. Das sind solche Zusammenschlüsse, denen es an der in Satz 1 geforderten parteipolitischen Homogenität fehlt.[32] Die Bestimmung soll verhindern, dass sich radikale Gruppen verschiedener politischer Richtungen, die selbst keine Fraktionsstärke erreichen, ungehindert zu einer Fraktion zusammenschließen, um die damit verbundenen Vorteile in Anspruch nehmen zu können.[33] Die h.M. anerkennt die Problematik, die sich aus der Zustimmungsbedürftigkeit und dem damit verbundenen Machtzuwachs für bestehende Parteien ergibt, rechtfertigt sie indessen mit der Begründung, dass große Fraktionen die Zusammenarbeit im Parlament erleichtern, weil sie bereits in sich einen Interessenausgleich vollziehen.[34] Wenn die Voraussetzungen des § 10 Abs. 1 Satz 1 GO-BT nicht vorliegen, ist die Zustimmung für den Fraktionsstatus konstitutiv.[35]

§ 10 Abs. 2 GO-BT bestimmt, dass die Bildung einer Fraktion, ihre Bezeichnung, die Namen der Vorsitzenden, Mitglieder und Gäste dem Präsidenten schriftlich mitzuteilen sind. Die formgerechte Mitteilung soll Voraussetzung für die Verbindlichkeit der Konstituierung sein,[36] ihr soll aber keine konstitutive Bedeutung zukommen.[37] **12**

Mit der Konstituierung werden die Fraktionen Träger der sich aus der GO-BT ergebenden Rechte. In der geltenden Geschäftsordnung des Bundestages haben Fraktionen eine herausragende Position. Die GO-BT gewährt ihnen eine Vielzahl von Rechten: bei der Wahl der Schriftführer, beim Ältestenrat, bei der Rededauer, bei den Ausschüssen, der Enquete-Kommission, den Plenarsitzungen, der Behandlung von Vorlagen, bei Anfragen und in besonderen Einzelfällen.[38] Fraktionen können noch in der dritten Beratung Änderungsanträge stellen, die Einsetzung einer Aktuellen Stunde oder die Vertagung eines Beratungspunktes oder einer Sitzung beantragen. Wegen der Ausgestaltung dieser und anderer Rechte der Fraktionen im Einzelnen wird auf die einschlägige Kommentierung bei *Ritzel H. G./Bücker J./Schreiner H.J.* verwiesen.[39] Mit ihrer Konstituierung werden die Fraktionen ferner antragsberechtigt in Verfassungsstreitigkeiten (als Teile des Verfassungsorgans Bundestag) und im Verfahren nach § 6 Abs. 3 und 4 Wahlprüfungsgesetz, sowie beschwerdeberechtigt nach § 48 BVerfGG im Verfahren gegen einen Beschluss des Bundestages über die Gültigkeit einer Wahl oder den Verlust der Bundestagsmitgliedschaft. **13**

Berlin, 1995, S. 39; *Ritzel H. G./Bücker J./Schreiner H.J.*, aaO, I.1.e) zu § 10; *Schönberger K.*, Die Rechtstellung der Parlamentsfraktionen, Diss. Tübingen,1990, S. 36.
32 Vgl. *Wolters J.*, aaO, S. 34.
33 So *Ritzel H. G./Bücker J./Schreiner H.J*, aaO, § 10 I.1. e); *Schönberger K.*, aaO, S. 37; zur Zulässigkeit der Homogenitätsklausel s. auch *Hölscheidt S.*, Das Recht der Parlamentsfraktionen, aaO, S. 419.
34 *Ritzel H. G./Bücker J./Schreiner H.J*, aaO, § 10 I.2.
35 Bundesverfassungsgericht, Urteil vom 16. Juli 1991 – 2 BvE 1/91 –, BVerfGE 84, 304 (318); *Hölscheidt S.*, Das Recht der Parlamentsfraktionen, aaO, S. 380.
36 Vgl. *Ritzel H. G./Bücker J./Schreiner H.J*, aaO, § 10 II. b), m.w.N.; *Hölscheidt S.*, Das Recht der Parlamentsfraktionen, aaO, S. 425.
37 *Achterberg N.*, aaO, S. 281; *Hauenschild W. D.*, aaO, S. 42, Fn. 23, *Schönberger K.*, aaO, S. 50; *Stevens B.*, aaO, S. 94; *Werberger E. A.*, aaO, S. 36 ff.; *Wolters J.*, aaO, S. 31 f.
38 *Hagelstein B.*, aaO, S. 55.
39 Weiterführend dazu auch *Hölscheidt S.*, Das Recht der Parlamentsfraktionen, aaO, S. 327 ff.; *Stevens B.*, aaO, S. 103 ff.; *Wolters J.*, aaO, S. 84 ff. und 239 ff.

14 Während der laufende Wahlperiode kann die Existenz einer Fraktion durch Absinken der Mitgliederzahl unter das Quorum, durch Selbstauflösung oder Parteiverbot beendet werden. In jedem Fall endet ihr Bestehen mit dem Zusammentritt eines neugewählten Bundestages, denn auch für Fraktionen gilt der Diskontinuitätsgrundsatz (vgl. § 54 Abs. 1 und 2. zu § 54).

3. Beginn und Ende der Fraktionsmitgliedschaft

15 Die Mitgliedschaft eines Abgeordneten in einer Fraktion entsteht regelmäßig durch seine Beteiligung an der Fraktionsbildung zu Beginn der Wahlperiode, mit der er konkludent seinen Fraktionsbeitritt erklärt, alternativ durch seinen Beitritt zu einem späteren Zeitpunkt, so z.B. im Falle des Fraktionswechsels oder des Nachrückens in den Bundestag.[40] Dem Abgeordneten steht es frei, ob er sich einer Fraktion anschließt oder nicht oder nach einem Beitritt wieder ausscheidet. Fraglich ist in diesem Zusammenhang, ob ein beitrittswilliger Abgeordneter einen Anspruch auf Aufnahme in die Fraktion hat oder ob die Fraktion sich weigern kann, einen parteiangehörigen Abgeordneten aufzunehmen.[41] Versteht man die Fraktion als vorgegebenen, zwangsläufigen Zusammenschluss von Abgeordneten derselben Partei,[42] so muss man konsequenterweise einen Anspruch des einzelnen bejahen. Mit der herrschenden Meinung ist aber davon auszugehen, dass die Fraktionsmitgliedschaft nicht automatisch entsteht und auch nicht etwa von der Partei erzwungen werden kann. Dies hat zur Folge, dass auch die Aufnahme eines Abgeordneten im freien Ermessen der Fraktion steht.[43]

16 Mit dem freiwilligen Fraktionsbeitritt akzeptiert der Abgeordnete die innerhalb der Fraktion geltenden Regeln, was für eine effiziente Fraktionsarbeit unerlässlich ist. Ein geschlossenes Auftreten der Fraktion nach außen erhöht überdies die Akzeptanz der politischen Entscheidungen.

17 Die Fraktionsmitgliedschaft endet mit dem Mandatsverlust, durch Tod, freiwilligen Austritt oder mit dem Ausschluss aus der Fraktion.[44] Ein weiterer Tatbestand ist der Verlust der Rechtsstellung als Fraktion während der Wahlperiode bzw. mit dem Ende der Wahlperiode (s. o. 2.).[45]

---

40 Vgl. auch *Hölscheidt S.*, Das Recht der Parlamentsfraktionen, aaO, S. 374 ff.; *Stevens B.*, aaO, S. 161.
41 Vgl. Fall des Abgeordneten Emeis, der im Dezember 1975 als Nachrücker in den Bundestag der 7. Wahlperiode nicht von der SPD-Fraktion aufgenommen wurde (stenografischer Bericht der 208. Bundestagssitzung der 7. WP am 10. Dezember 1975, S. 14315); vgl. auch *Stevens B.*, aaO, S. 161 ff.
42 So *Wolters J.*, Der Fraktions-Status, Baden-Baden, 1996, S. 231; *Meyer H.*, Die Stellung der Parlamente in der Verfassungsordnung des Grundgesetzes, in: Schneider H. P./Zeh W., Parlamentsrecht und Parlamentspraxis, Berlin/New York, 1989, S. 155; *ders.*, Die Fraktionen auf dem Weg zur Emanzipation von der Verfassung, in: Däubler-Gmelin H./Kinkel K./Meyer H./Simon H. (Hrsg.), Gegenrede: Aufklärung – Kritik – Öffentlichkeit. Festschrift für Gottfried Mahrenholz, Baden-Baden, 1994, S. 319; *Borchert H.*, Die Fraktion – eine eigenständige, demokratisch legitimierte Repräsentation im parteienstaatlichen System, AöR 1977, S. 210 ff. (229);
43 Vgl. *Hölscheidt S.*, Das Recht der Parlamentsfraktionen, aaO, S. 376 und 379; *Kretschmer G.*, aaO, S. 54; differenzierend *Stevens B.*, aaO, S. 163 ff.
44 So ausdrücklich § 1 Abs. 2 der Geschäftsordnung der Fraktion BÜNDNIS 90/DIE GRÜNEN im Bundestag (14. Wahlperiode); zum Fraktionsausschluss s. *Hölscheidt S.*, Das Recht der Parlamentsfraktionen, aaO, S. 472 ff., m.w.N.; *Stevens B.*, aaO, S. 166 ff.
45 *Hölscheidt S.*, Das Recht der Parlamentsfraktionen, aaO, S. 468; *Kretschmer G.*, aaO, S. 54.

4. Abgeordneter und Fraktion

4.1 Wirkungen der Fraktionsmitgliedschaft

Die Mitgliedschaft in einer Fraktion führt zu einer Potenzierung der Mitwirkungsmöglichkeiten des Abgeordneten.[46] Denn nur die Mitgliedschaft in der Fraktion sichert die Beteiligung an den parlamentarischen Prozessen, die in die Kompetenz der Fraktionen fallen und den Zugriff auf die Fraktionsorganisation zur Unterstützung bei der eigenen parlamentarischen Arbeit. Damit einher geht indes zugleich eine Spezialisierung und Beschränkung in der politischen Sacharbeit, die durch die arbeitsteilige Aufgabenwahrnehmung in der Fraktion bedingt und aus Gründer der Effizienz auch geboten ist. Das gilt nicht nur innerhalb der Fraktion, sondern auch für die parlamentarische Arbeit im Parlament und seinen Ausschüssen und sonstigen Gremien. Zwar verliert der Abgeordnete mit dem Fraktionsbeitritt einen Teil seiner eigenen Handlungs- und Entscheidungsmöglichkeiten. Dafür gewinnt seine Mandatsausübung jedoch an Effektivität und erhöht sich durch den Rückhalt in der Fraktion seine politische Durchsetzungsfähigkeit.[47]

Die Fraktion ist für den ihr angehörenden Abgeordneten das Forum, in das er seine politischen Ideen einbringen und in der Diskussion mit politisch Gleichgesinnten zunächst auf ihre Richtigkeit überprüfen kann, ehe er damit an die Öffentlichkeit tritt.[48] Dabei verlangt die für eine erfolgreiche Zusammenarbeit der Fraktion notwendige Herstellung eines einheitlichen Fraktionswillens von dem einzelnen Abgeordneten ein hohes Maß an Kompromiss- und Integrationsfähigkeit.[49] Ein breiter Rückhalt in der Fraktion gibt ihm dann die Chance, seine Vorstellungen in der Auseinandersetzung mit dem politischen Gegner durchzusetzen.

4.2 Fraktionszwang und Fraktionsdisziplin

Die sog. Fraktionsdisziplin, die als Bestreben einer Fraktion, ein einheitliches Auftreten in der parlamentarischen Arbeit durch vorbereitende innerfraktionelle Meinungs- und Willensbildung zu verstehen ist, begrenzt zwar die Freiheit des Abgeordneten, belässt ihm aber die Möglichkeit, im Konfliktfall auch anders als die Fraktion zu entscheiden. Dagegen schließt der Fraktionszwang abweichendes Verhalten aus. Die Fraktionsdisziplin wird für zulässig erachtet, denn ohne sie lässt sich die Geschlossenheit einer Fraktion nicht erreichen. Das wiederum gefährdet die Handlungsfähigkeit des Parlaments, zu deren Herstellung die Bildung ausreichender Mehrheiten erforderlich ist.

Mit der von Art 38 Abs. 1 Satz 2 GG garantierten Auftrags- und Weisungsungebundenheit wäre es jedoch nicht vereinbar, könnte eine Fraktion den Abgeordneten zu einem bestimmten Verhalten – vor allem bei parlamentarischen Abstimmungen – zwingen.[50]

---

46 *Demmler W.*, aaO, S. 495; *Linde A.*, Fraktionsfinanzierung in der parlamentarischen Demokratie: empirische Befunde und theoretische Reflexionen, Frankfurt, 2000, S. 41 f.; *Schneider G. Chr.*, Die Finanzierung der Parlamentsfraktionen als staatliche Aufgabe, Berlin, 1997, S. 25 f.
47 *Schneider G. Chr.*, aaO, S. 25 f.; ausführlich zu den Vor- und Nachteilen der Fraktionsmitgliedschaft *Hölscheidt S.*, Das Recht der Parlamentsfraktionen, aaO, S. 434 ff.
48 *Hauenschild W.-D.*, aaO, S. 121 f.
49 *Schneider G. Chr.*, aaO, S. 25.
50 Zu dieser Problematik vgl. eingehend *Hagelstein B.*, aaO, S. 133 ff.; *Hölscheidt S.*, Das Recht

4.3 Rechtsstreitigkeiten zwischen Abgeordneten und der Fraktion

22 Ihre Aufgabe, die parlamentarische Arbeit zufördern, berechtigt die Fraktion, Sanktionsmaßnahmen gegenüber dem einzelnen Abgeordneten zu ergreifen. Der Katalog der Disziplinarmittel der Fraktion reicht von Ordnungsmaßnahmen zur Aufrechterhaltung der Ordnung in der Fraktionsversammlung bis hin zum Ausschluss aus der Fraktion bei tiefgreifenden Pflichtverletzungen. Kritik, Missbilligung und durch Mehrheitsbeschluss erteilte Rügen sind zulässige Disziplinarmittel.[51] Letztlich nicht zu beanstanden sind auch die Androhung und Vollzug der Abwahl aus Fraktionsämtern oder der Ausschussrückruf.[52] Selbst die Drohung, jemanden von der Kandidatenliste zu streichen, wird noch für vertretbar gehalten, da niemand einen Anspruch darauf habe, für eine Parlamentswahl nominiert zu werden und es nicht Aufgabe der Fraktion ist, Kandidaten aufzustellen.[53]

23 Das einzelne Fraktionsmitglied ist gegenüber seiner Fraktion allerdings nicht schutzlos gestellt, obwohl die Regelungen der Fraktionsgeschäftsordnungen zur internen Streitschlichtung – sofern überhaupt vorhanden – dürftig sind. Ein Abgeordneter kann beispielsweise Beschwerde beim Fraktionsvorstand oder bei der Fraktionsversammlung einlegen.[54] Im Falle der Ablehnung von Vorlagen oder Anträgen durch den Vorstand kann er ebenfalls die Befassung der Fraktionsversammlung verlangen.[55]

24 Weil Abgeordnete als mit eigenen Rechten ausgestattete Teile eines obersten Verfassungsorgans anzusehen sind und ihnen ein eigener verfassungsrechtlicher Status zukommt, können sie eine behauptete Verletzung oder Gefährdung dieses Status durch eine Handlung oder Unterlassung der Fraktion aber auch im Organstreitverfahren – nicht jedoch mit der Verfassungsbeschwerde – vor dem Bundesverfassungsgericht geltend machen.[56]

25 Bei reinen Fraktionsgeschäftsordnungsverstößen wird schließlich der Verwaltungsrechtsweg für zulässig erachtet.[57]

---

der Parlamentsfraktionen, aaO, S. 438 ff.; *Kürschner S.*, aaO, S. 61 ff.; *Stevens B.*, aaO, S. 182 ff.; *Wolters J.*, aaO, S. 113 ff., jeweils m.w.N. zum Meinungsstand; zum Spannungsverhältnis zwischen Art. 38 Abs. 1 und Art. 21 Abs. 1 GG s. auch *Grigoleit K. J. / Kersten J.*, Der Ausschussvorsitz als parlamentarisches Amt, DÖV 2001, 364.
51 Vgl. *Hagelstein B.*, aaO, S. 142; *Stevens B.*, aaO, S. 187.
52 Zu letzterem ausführlich *Hölscheidt S.*, Das Recht der Parlamentsfraktionen, aaO, S. 463 ff., m.w.N.; *Grigoleit K. J. / Kersten J.*, aaO, S. 364 f.; zu Disziplinarmaßnahmen allgemein *Kürschner S.*, aaO, S. 130 ff.; *Stevens B.*, aaO, S. 186 ff.
53 *Hagelstein B.*, aaO, S. 142, m.N.
54 Vgl. *Hauenschild W.-D.*, aaO, S. 73; *Hagelstein B.*, aaO, S. 151; *Kürschner S.*, aaO, S. 160 f.; *Stevens B.*, aaO, S. 193 ff. (zu den fraktionsinterne Rechtsschutzmöglichkeiten).
55 *Kürschner S.*, aaO, S. 160.
56 Vgl. *Hagelstein B.*, aaO, S. 192; *Hölscheidt S.*, Das Recht der Parlamentsfraktionen, aaO, S. 480; allgemein zu prozessrechtlichen Problemen der Fraktionen *ders.*, aaO, S. 658 ff.; *Kürschner S.*, aaO, S. 160 ff.; *Schönberger K.*, aaO, S. 138 ff.; *Stevens B.*, aaO, S. 189 ff.
57 *Kürschner S.*, aaO, S. 164 ff. m.w.N. aus Rechtsprechung und Literatur; a.M. *Stevens B.*, aaO, S. 192 f.

5. Gruppen

Mitglieder des Bundestages, die sich zusammenschließen wollen, ohne die Fraktionsmindeststärke zu erreichen, können nach § 10 Abs. 4 Satz 1 GO-BT als Gruppe anerkannt werden. Aus Art. 38 Abs. 1 Satz 2 GG folgt nach der Rechtsprechung des Bundesverfassungsgerichts nämlich nicht nur das Recht der Abgeordneten, sich zu Fraktionen zusammenzuschließen, sondern auch die Berechtigung, sich in anderer Weise zu gemeinsamer Arbeit zusammenzufinden,[58] eben als Gruppe. Anders als die Formulierung in § 10 Abs. 4 Satz 1 GO-BT („*können* als Gruppe anerkannt werden") vermuten lässt, besteht nach der Rechtsprechung des Bundesverfassungsgerichts ein Anspruch auf Anerkennung, wenn auf sie nach dem angewandten Berechnungsverfahren zumindest ein Ausschusssitz entfällt.[59] Eine Mindeststärke ist hierfür nicht vorgeschrieben. Die Abgeordneten müssen ferner nicht Mitglieder derselben Partei sein, weil § 10 Abs. 1 GO-BT auf Gruppen keine Anwendung findet. Politische Homogenität der Mitglieder ist indes auch bei Gruppen zu verlangen, weil auch sie wie die Fraktionen zur Funktionsfähigkeit des Parlaments beizutragen haben.[60] Auch Gruppen sind verpflichtet, ihre Bildung, ihre Bezeichnung, die Namen der Vorsitzenden, Mitglieder und Gäste dem Präsidenten schriftlich mitzuteilen (§ 10 Abs. 4 Satz 2 GO-BT i.V.m. § 10 Abs. 2 GO-BT). Die Mitteilung enthält ausdrücklich oder konkludent den Antrag auf Anerkennung als parlamentarische Gruppe. Die Anerkennung wirkt konstitutiv und begründet die Rechte der Gruppe,[61] die bisher allerdings nicht „auch nur annähernd das den Fraktionen durch die GO-BT eingeräumte Ausmaß an Rechten" erreichen.[62]

In der 11. Wahlperiode hatte der Bundestag eine Anerkennung der auf Vorschlag der PDS von der Volkskammer in den Bundestag entsandten Abgeordneten, die die Mindeststärke nicht erreichen, als Fraktion abgelehnt und beschlossen, sie als Gruppe mit besonderem Status anzuerkennen.[63] In der 12. Wahlperiode hat der Bundestag die Gruppen von PDS/LL und Bündnis 90/Die Grünen als parlamentarische Gruppen gemäß § 10 Abs. 4 GO-BT anerkannt und diesen einen detaillierten Katalog von Gruppenrechten durch Bundestagsbeschluss zuerkannt.[64] Danach waren diese Gruppen berechtigt, insbesondere Mitglieder in Fachausschüsse, Untersuchungsausschüsse, Enquete-Kommissionen sowie in den Ältestenrat zu entsenden und bestimmte parlamentarische Vorlagen einzubringen.[65] Zudem erhielten sie Redezeit entsprechend ihrer Stärke im Verhältnis zu den Fraktionen. Eine Herabsetzung der Fraktionsmindeststärke und Anerkennung der PDS/LL mit ihren

---

[58] Bundesverfassungsgericht, Urteil vom 16. Juli 1991 – 2 BvE 1/91 –, BVerfGE 84, 304 (322); *Hölscheidt S.*, Das Recht der Parlamentsfraktionen, aaO, S. 427.
[59] Bundesverfassungsgericht, Urteil vom 16. Juli 1991 – 2 BvE 1/91 –, BVerfGE 84, 304 (324); *Hölscheidt S.*, Das Recht der Parlamentsfraktionen, aaO, S. 427f.; *Stevens B.*, aaO, S. 40.
[60] Vgl. auch *Hölscheidt S.*, Das Recht der Parlamentsfraktionen, aaO, S. 428f.
[61] S. zu alledem ausführlich *Ritzel H.G./Bücker J./Schreiner H.J.*, aaO, § 10 IV, sowie *Besch J. Chr.*, Die Rechtsstellung parlamentarischer Gruppen – Parlamentsrecht in der Entwicklung, in: Brücken bauen und begehen, Festschrift für Knut Ipsen, hrsg. von Epping V./Fischer H./von Heinegg W.H., München, 2000; *Hölscheidt S.*, Das Recht der Parlamentsfraktionen, aaO, S. 382f.; *Kassing R.*, Das Recht der Abgeordnetengruppe, Berlin 1988; *Stevens B.*, aaO, S. 40f.
[62] So *Besch J. Chr.*, aaO, S. 577.
[63] BT-Drs. 11/8169.
[64] BT-Drs. 12/149 und 12/150.
[65] S. dazu ausführlich *Besch J. Chr.*, aaO, S. 580f.

anfangs 17 Mitgliedern als Fraktion wurde jedoch abgelehnt; auch ein entsprechendes Organstreitverfahren blieb erfolglos.[66] Die für die 13. Wahlperiode vom Bundestag beschlossene Regelung zur Rechtsstellung der Gruppe der PDS,[67] die sich an der Rechtsprechung des Bundesverfassungsgerichts orientierte, hat das Bundesverfassungsgericht in seinem Beschluss vom 17. September 1997 unter Beibehaltung seiner Grundsätze mit ergänzenden Hinweisen ebenfalls bestätigt.[68]

6. EuAbgG

28 Art. 29 Abs. 1 GO-EP räumt den 626 Mitgliedern des EP aus über 100 Parteien in den 15 Mitgliedstaaten das Recht ein, ihrer politischen Zugehörigkeit entsprechende Fraktionen zu bilden, die nach Abs. 2 aber keine nationalen, sondern transnationale Zusammenschlüsse von Parlamentariern darstellen. Diese Tradition reicht zurück bis zur Gemeinsamen Versammlung der EGKS, die schon 1953 beschlossen hatte, den Abgeordneten das Recht zur Fraktionsbildung einzuräumen.[69] Hiervon haben die Abgeordneten des Europäischen Parlaments mehrheitlich – bis auf acht fraktionslose – Gebrauch gemacht und sich in zur Zeit acht europäischen Fraktionen zusammengeschlossen. Der Rechtsstatus der Fraktionen bestimmt sich nach der Geschäftsordnung des Europäischen Parlaments und nach der jeweiligen Fraktionsgeschäftsordnung.[70]

29 Die Fraktionen bereiten die politische Willensbildung im Europäischen Parlament vor, steuern diesen Prozess und nehmen so entscheidenden Anteil an der Aufgabenerfüllung des Parlaments. Im signifikanten Unterschied zu den Fraktionen nationaler Parlamente stehen sich die Fraktionen des Europäischen Parlaments jedoch nicht als Regierungs- und Oppositionsfraktionen gegenüber. Auch ist streitig, ob ihnen eine eigene Rechtsfähigkeit zukommt.[71]

7. Landesrecht

30 Grundlage der Fraktionsgesetze der Länder war ein Musterentwurf, auf den sich die Präsidenten der Landesparlamente auf ihrer 70. Konferenz am 11. Mai 1992 geeinigt hatten und der Formulierungsvorschläge für die Gesetzentwürfe der Länder

---

66 Vgl. Bundesverfassungsgericht, Urteil vom 16. Juli 1991 – 2 BvE 1/91 –, BVerfGE 84, 304 ff.; *Besch J. Chr.*, aaO, S. 582 ff.
67 BT-Drs. 13/684.
68 Bundesverfassungsgericht, Beschluss vom 17. September 1997 – 2 BvE 4/95 –, BVerfGE 96, 264 ff.; s. dazu näher *Besch J. Chr.*, aaO, S. 591 ff. und *Ritzel H. G./Bücker J./Schreiner H. J.*, aaO, § 10 3.
69 Vgl. *Neßler V.*, Europäische Willensbildung: die Fraktionen im Europaparlament zwischen nationalen Interessen, Parteipolitik und europäischer Integration, Schwalbach, 1997, S. 37, m.w.N.
70 *Bieber R.*, in: von der Groeben H./Thiesing J./Ehlermann C.-D. (Hrsg.), Kommentar zum EU-/EG-Vertrag, 5. Aufl., Baden-Baden, 1997, Art. 138 b EGV, Rdn. 12; *Jekewitz J.*, aaO, S. 1035 f.; zu den Fraktionen im Europäischen Parlament s. auch *Kretschmer G.*, aaO, S. 31 f.; im „Entwurf einer Stellungnahme zu wesentlichen Elementen des Abgeordnetenstatuts" des Ausschusses für Recht und Binnenmarkt vom 29. August 2001 sind jetzt erstmals Regelungen zum Fraktionsrecht enthalten. Nach Art. 12 des Entwurfs haben Abgeordnete das Recht, sich zu Fraktionen zusammenzuschließen. Art. 13 erklärt Fraktionen zu „rechtsfähigen Vereinigungen von Abgeordneten", die klagen und verklagt werden können (PE 294.967 – PA\447058DE.doc.).
71 So *Stevens B.*, aaO, S. 38, m.w.N.

enthielt.⁷² Als erstes Bundesland verabschiedete Bayern sein Fraktionsgesetz, sodann folgten die übrigen Länder.⁷³ Auch wenn die Fraktionsgesetze einiger Länder wesentlich detailliertere Vorschriften über den Rechtsstatus der Fraktionen enthalten (vgl. §§ 1 und 2 Bln. FraktG oder § 1 Rh-Pf.FraktG), so stimmen sie doch in Vielem mit denen des Bundes überein. Auf die Erläuterungen hierzu kann daher insoweit Bezug genommen werden. Soweit das Landesrecht eigenständige, abweichende Regelungen vorsieht, sind sie Gegenstand eigener Abhandlungen zum Recht der Parlamentsfraktionen geworden, auf die verwiesen werden kann.⁷⁴

Eine Sonderrolle nimmt derzeit noch Nordrhein-Westfalen ein. Es gibt dort bisher kein umfassendes Fraktionsgesetz. § 30 NW.AbgG regelt nur den Finanzstatus der Fraktionen. Das Gesetz beschränkt sich aber auf die strukturelle Aufgliederung der Fraktionszuschüsse in Grund- und Pro-Kopf-Betrag sowie Oppositionszuschlag. Alles weitere bleibt derzeit dem Haushaltsgesetz überlassen. In der laufenden Wahlperiode soll allerdings noch ein interfraktioneller Entwurf eines Fraktionsgesetzes in den Landtag eingebracht werden, der in den Grundzügen den der anderen Bundesländer entsprechen soll. **31**

§ 46 Rechtsstellung

(1) Die Fraktionen sind rechtsfähige Vereinigungen von Abgeordneten im Deutschen Bundestag.

(2) Die Fraktionen können klagen und verklagt werden.

(3) Die Fraktionen sind nicht Teil der öffentlichen Verwaltung; sie üben keine öffentliche Gewalt aus.

Parallelvorschriften im EuAbgG und in den Gesetzen der Länder:			
EuAbgG	–		
BadWürtt.	§ 1 FraktG	Nds.	§ 30
Bay.	Art. 1 FraktG	NW.	–
Berl.	§ 1 FraktG	RP.	§ 1 FraktG
Bbg.	§ 1 FraktG	Saarl	§ 2 FraktRG
Brem.	§ 37	Sachs.	§ 1 FraktRG
Hbg.	§ 1 FraktG	SachsAnh.	§ 1 FraktG
Hess.	§ 1 FraktG	SchlH.	§ 2 FraktG
MV.	§ 51	Thür.	§ 45

72 Anlage zu Punkt 4 der TO, Protokoll der 70. Sitzung, S. 50–55.
73 Bay.FraktG vom 26. März 1992 (GVBl. S. 39); Berl.FraktG vom 8. Dezember 1993 (GVBl. 591); Bbg FraktG vom 29. März 1994 (GVBl. I S. 86); BadWürtt.FraktG vom 12. Dezember 1994 (GBl. 639); Hbg.FraktG vom 20. Juni 1996 (GVBl. S. 134); Hess.FraktG vom 5. April 1993 (GVBl. S. 106); §§ 30 ff. Nds.AbgG, eingefügt durch FraktG vom 30. November 1992 (GVBl. S 311); §§ 48 ff. MV.AbgG, eingefügt durch FraktG vom 16. Juli 1993 (GVBl S 679); RP. FraktG vom 21. Dezember 1993 (GVBl S 642); Saarl.FraktG vom 13. November 1996 (AmtsBl. S. 1402); Sachs.FraktG vom 24. August 1998 GVBl S 459); SachsAnh.FraktG vom 5. November 1992 (GVBl S 768); SchlH.FraktG vom 18. Dezember 1994 (GVOBl. 1995 S 4); zu den Rechtsgrundlagen der Parlamentsfraktionen in den Landtagen s. auch *Hölscheidt* S., Das Recht der Parlamentsfraktionen, aaO, S. 180 ff.
74 Aktuell und ausführlich vor allem *Hölscheidt* S., Das Recht der Parlamentsfraktionen.

Elfter Abschnitt
Fraktionen

Literatur: *Hagelstein B.*, Die Rechtsstellung der Fraktionen im Deutschen Parlamentswesen, Frankfurt, 1992; *Hauenschild W.-D.*, Wesen und Rechtsnatur der parlamentarischen Fraktionen, Diss. Berlin, 1968, *Hölscheidt S.*, Das Recht der Parlamentsfraktionen, Rheinbreitbach, 2001; *Jekewitz J.*, in: Schneider H.-P / Zeh W. (Hrsg.), Parlamentsrecht und Parlamentspraxis in der Bundesrepublik Deutschland, Berlin, 1989, S. 1021 ff.; *Kretschmer G.*, Fraktionen – Parteien im Parlament, Heidelberg, 1992; *Kürschner J.*, Die Statusrechte des fraktionslosen Abgeordneten, Berlin,1984; *Kürschner S.*, Das Binnenrecht der Bundestagsfraktionen, Berlin, 1995; *Linde A.*, Fraktionsfinanzierung in der parlamentarischen Demokratie: empirische Befunde und theoretische Reflexionen, Frankfurt, 2000; *Meyer H.*, Die Fraktionen auf dem Weg zur Emanzipation von der Verfassung, in: Däubler-Gmelin H. / Kinkel K. / Meyer H. / Simon H. (Hrsg.), Gegenrede: Aufklärung – Kritik – Öffentlichkeit. Festschrift für Gottfried Mahrenholz, Baden-Baden, 1994; *Ritzel H. G. / Bücker J. / Schreiner H. J.*, Handbuch für die Parlamentarische Praxis mit Kommentar zur Geschäftsordnung des Deutschen Bundestages, Neuwied; *Schmidt-Jorzig E. / Hansen F.*, Neue Rechtsgrundlagen für die Bundestagsfraktionen, NVwZ 1994, S. 1145 ff.; *Schindler P.*, Datenhandbuch zur Geschichte des Deutschen Bundestages1949-1999, Band I–III, Baden-Baden, 1999; *Stevens B.*, Die Rechtsstellung der Bundestagsfraktionen – Eine Untersuchung auf der Grundlage des Fraktionsgesetzes, Frankfurt am Main, 2000, *Wolters J.*, Der Fraktions-Status, Baden-Baden, 1996.

Übersicht

		Rdn.
1.	Allgemeines	1–2
2.	Fraktionen als rechtsfähige Vereinigungen (Abs. 1)	3–5
3.	Fraktionen als Arbeitgeber	6–10
4.	Fraktionen als Klägerinnen und Beklagte (Abs. 2)	11–17
4.1	Verfassungsgerichtliche Verfahren	12–14
4.2	Verwaltungsgerichtliche Verfahren	15–16
4.3	Verfahren vor den ordentlichen Gerichten und den Arbeitsgerichten	17
5.	Abgrenzung zur öffentlichen Verwaltung (Abs. 3)	18
6.	Landesrecht	19

1. Allgemeines

1 Vor In-Kraft-Treten des Sechzehnten Gesetzes zur Änderung des Abgeordnetengesetzes (Fraktionsgesetzes vom 11. März 1994[1] gab es keine Vorschriften, die das Außenrechtsverhältnis der Bundestagsfraktionen regelten. Entsprechend umstritten waren ihre Rechte und Befugnisse zur Teilnahme am allgemeinen Rechtsverkehr, ihre Arbeitgebereigenschaft sowie ihre Aktiv- und Passivlegitimation in Gerichtsverfahren.[2] § 46 schließt diese Lücke, enthält im Übrigen aber keine – aus der Sicht der Parlamentspraxis auch nicht zwingend gebotene – Festlegungen zur rechtstheoretischen Einordnung des Status der Fraktionen.[3]

---

[1] BGBl. I S. 526.
[2] Vgl. Begründung zum Entwurf eines Sechzehnten Gesetzes zur Änderung des Abgeordnetengesetzes (Fraktionsgesetz) vom 20. April 1993, Teil A. II. 1., BT-Drs. 12/4756, S. 4.
[3] Vgl. Begründung zu § 46 des Entwurfs eines Sechzehnten Gesetzes zur Änderung des Abgeordnetengesetzes (Fraktionsgesetz) vom 20. April 1993, BT-Drs. 12/4756, S. 6.; kritisch zur Zurückhaltung des Gesetzgebers *Meyer H.*, Die Fraktionen auf dem Weg zur Emanzipation von der Verfassung, in: Däubler-Gmelin H. / Kinkel K. / Meyer H. / Simon H. (Hrsg.), Gegenrede: Aufklärung – Kritik – Öffentlichkeit. Festschrift für Gottfried Mahrenholz, Baden-Baden, 1994, S. 324; *Stevens B.*, Die Rechtsstellung der Bundestagsfraktionen – Eine Untersuchung auf der Grundlage des Fraktionsgesetzes, Frankfurt am Main, 2000, S. 45; *Wolters J.*, Der Fraktions-

§ 46 Abs. 1 normiert, dass Fraktionen rechtsfähige Vereinigungen von Abgeordneten des Deutschen Bundestages sind, (s. 2.), Abs. 2 betont ihre Befugnis zu klagen und verklagt zu werden (4.) und Abs. 3 stellt klar, dass die Fraktionen nicht Teil der öffentlichen Verwaltung sind und sie keine öffentliche Gewalt ausüben (5.). Die Hervorhebung im Gesetz, dass Fraktionen nicht Teil der öffentlichen Verwaltung sind, geht auf eine Empfehlung des Ausschusses für Wahlprüfung, Immunität und Geschäftsordnung zurück.[4] Im Übrigen entspricht das Gesetz inhaltlich der Fassung des Entwurfs.

2

2. Fraktionen als rechtsfähige Vereinigungen (Abs. 1)

Mit der Regelung in § 46 Abs. 1 wollte der Gesetzgeber zum einen unterstreichen, dass Fraktionen zwar „Gliederungen des Parlaments", diesem gegenüber aber rechtlich verselbständigt sind.[5] Zum anderen bewirkt die den Fraktionen gewährte Rechtsfähigkeit, dass sie als rechtlich selbständige Vereinigungen von Abgeordneten im Bundestag am allgemeinen Rechtsverkehr teilnehmen können.[6] Der von § 46 Abs. 1 vermittelte Status ist der einer juristischen Person.[7]

3

Um ihren parlamentarischen Aufgaben nachzukommen, müssen die Fraktionen nicht nur innerparlamentarisch tätig werden, sondern auch am allgemeinen Rechtsverkehr als eigenständige Träger von Rechten und Pflichten auftreten können.[8] Das heißt, sie müssen in der Lage sein, im eigenen Namen Verträge abzuschließen, z.B. Kauf-, Miet-, Leih- oder Leasingverträge zur Beschaffung von Sachmitteln. Das Recht, Verträge abzuschließen, umfasst namentlich die Befugnis, Arbeitsverträge einzugehen (s.u. 3.).[9] Fraktionen müssen ferner Eigentum erwerben können und in der Lage sein, dieses wieder zu veräußern; zur Verwaltung ihres Vermögens müssen sie über Bankkonten verfügen und ihre Rechtsgeschäfte abwickeln können.[10] All diese Voraussetzungen schafft § 46 Abs. 1, der den Fraktionen damit überhaupt erst eine ordnungsgemäße Personal- und Wirtschaftführung unter Einsatz eigenen Personals und eigener Sachmittel zur Erfüllung ihrer Aufgaben ermöglicht.[11]

4

Status, Baden-Baden, 1996, S. 252; befürwortend hingegen *Jekewitz J.* in : Schneider H.-P. / Zeh W. (Hrsg.), Parlamentsrecht und Parlamentspraxis in der Bundesrepublik Deutschland, Berlin, 1989, S. 1048; *Ritzel H. G. / Bücker J. / Schreiner H. J.*, Handbuch für die Parlamentarische Praxis mit Kommentar zur Geschäftsordnung des Deutschen Bundestages, Neuwied, Vorbem. II.2 zu § 10; *Schmidt-Jorzig E. / Hansen F.*, Neue Rechtsgrundlagen für die Bundestagsfraktionen, NVwZ 1994, S. 1146;
4 Vgl. Beschlussempfehlung und Bericht vom 2. November 1993, BT-Drs. 12 / 6067, S. 10.
5 Kritisch zu diesem Ansatz *Hölscheidt S.*, Das Recht der Parlamentsfraktionen, Rheinbreitbach, 2001, S. 174.
6 Vgl. Begründung zu § 46 des Entwurfs eines Sechzehnten Gesetzes zur Änderung des Abgeordnetengesetzes (Fraktionsgesetz) vom 20. April 1993, BT-Drs. 12 / 4756, S. 6.
7 S. auch *Hölscheidt S.*, aaO, S. 174; *Wolters J.*, aaO, S. 155.; str., vgl. *Stevens B.*, aaO, S. 60 ff., m.w.N.
8 Vgl. *Hagelstein B.*, Die Rechtsstellung der Fraktionen im Deutschen Parlamentswesen, § 23, S. 116 ff.; *Kretschmer G.*, Fraktionen – Parteien im Parlament, Heidelberg, 1992, S. 61.
9 Vgl. Begründung zu § 46 des Entwurfs eines Sechzehnten Gesetzes zur Änderung des Abgeordnetengesetzes (Fraktionsgesetz) vom 20. April 1993, BT-Drs. 12 / 4756, S. 6.
10 Vgl. *Hauenschild W.-D.*, Wesen und Rechtsnatur der parlamentarischen Fraktionen, Berlin 1968, S 76.
11 Vgl. Begründung zu § 46 des Entwurfs eines Sechzehnten Gesetzes zur Änderung des Abgeordnetengesetzes (Fraktionsgesetz) vom 20. April 1993, aaO.

Aus der rechtlich selbständigen Stellung der Fraktionen folgt, dass ihre Rechtsgeschäfte weder den Deutschen Bundestag noch den Bund binden.[12] Auch die Fraktionsmitglieder werden aus den Rechtsgeschäften einer Fraktion weder berechtigt noch verpflichtet.

5 Die – auch rechtsgeschäftliche – Vertretung der Fraktionen, insbesondere bei dem Abschluss von Verträgen, ist in den einzelnen Fraktionsgeschäftordnungen geregelt. Grundsätzlich obliegt sie dem Fraktionsvorsitzenden oder dem Fraktionsvorstand (Vertretung nach außen), während die Führung des laufenden Geschäftsbetriebes dem Geschäftsführenden Vorstand bzw. der Fraktionsgeschäftsführung übertragen ist.[13]

3. Fraktionen als Arbeitgeber

6 Da die in einer Fraktion anfallenden Arbeiten nicht allein von den Fraktionsmitgliedern zu bewältigen sind, beschäftigen ausnahmslos alle Bundestagsfraktionen eigene Mitarbeiter und haben mithin Arbeitgeberfunktion.[14] Der Kreis der Fraktionsmitarbeiter umfasst u.a. die persönlichen Referenten für die Mitglieder des Fraktionsvorstands, Fachreferenten für die Arbeitskreise, wissenschaftliche Assistenten, Pressesprecher und Schreibkräfte, Fahrer, Boten, IT-Spezialisten und weitere. Diese Mitarbeiter stehen nicht etwa in einem Dienstverhältnis zum Bund, sondern ausschließlich in einem Arbeitsverhältnis zu ihrer jeweiligen Fraktion.[15] Ihre Zahl hat parallel zu der steigenden Finanzausstattung der Fraktionen von Wahlperiode zu Wahlperiode stetig zugenommen.[16] Auf die Personalausgaben für Fraktionsmitarbeiter entfällt der weitaus größte Teil der Fraktionsmittel.[17]

7 Die mit den Fraktionen geschlossenen privatrechtlichen Arbeitsverträge unterliegen nicht unmittelbar der Geltung des BAT, denn die Fraktionen werden von seinem Geltungsbereich nicht erfasst. Fraktionsmitarbeiter sind insbesondere keine „Arbeitnehmer des Bundes" i.S.d. § 1 Abs. 1 lit. a) BAT. Die Geltung des BAT kann aber einzelvertraglich vereinbart werden. In der Begründung zum Gesetzentwurf wird diese Möglichkeit besonders betont. Danach sei es nicht ausgeschlossen, dass die Fraktionen ihre Arbeitsverträge an den Vorschriften des BAT orientieren und dessen Regelungen als Mindeststandard für die Arbeitsverhältnisse vorsehen. Sie

---

12 Vgl. Begründung zu § 46 des Entwurfs eines Sechzehnten Gesetzes zur Änderung des Abgeordnetengesetzes (Fraktionsgesetz) vom 20. April 1993, aaO.
13 § 11 der Geschäftsordnung der Fraktion der SPD im Deutschen Bundestag; §§ 5 und 7 der Arbeitsordnung der CDU/CSU-Bundestagsfraktion der 14. Wahlperiode; § 7 der Geschäftsordnung der Fraktion BÜNDNIS 90/DIE GRÜNEN im Bundestag; § 5 der Geschäftsordnung der F.D.P.-Fraktion im Deutschen Bundestag; §§ 8 und 9 der Geschäftsordnung der Fraktion der PDS im 14. Deutschen Bundestag.
14 Vgl. auch *Schmidt-Jorzig E./Hansen F.*, Neue Rechtsgrundlagen für die Bundestagsfraktionen, NVwZ 1994, S. 1147; *Stevens B.*, aaO, S. 217, m.w.N.
15 Vgl. Begründung zu § 46 des Entwurfs eines Sechzehnten Gesetzes zur Änderung des Abgeordnetengesetzes (Fraktionsgesetz) vom 20. April 1993, aaO.
16 Vgl. die Übersicht zur Zahl und Personalstruktur der Fraktionsmitarbeiter bei *Schindler P.*, Datenhandbuch zur Geschichte des Deutschen Bundestages 1949-1999, Band I–III, Baden-Baden, 1999, S. 1007 f.
17 Vgl. *Schindler P.*, aaO, S. 3259; *Linde A.*, Fraktionsfinanzierung in der parlamentarischen Demokratie: empirische Befunde und theoretische Reflexionen, Frankfurt, 2000, S. 149; *Hölscheidt S.*, aaO, S. 604: Meist mehr als zwei Drittel ihrer Mittel.

besäßen indes die Möglichkeit, die Besonderheiten der Arbeitsbedingungen bei der Ausgestaltung der Arbeits- und Lohnverhältnisse zu berücksichtigen und zugunsten ihrer Arbeitnehmer auch vom BAT abweichende arbeitsvertragliche Vereinbarungen einzugehen.[18] Das gilt selbstverständlich auch umgekehrt: Weil Fraktionen nicht an den BAT gebunden sind, können sie mit ihren Arbeitnehmern einzelvertraglich auch Standards vereinbaren, die unter denen des BAT liegen. Dienstvorgesetzter der Fraktionsangestellten ist der Geschäftsführende Fraktionsvorstand, bei der Fraktion Bündnis 90/Die Grünen die Fraktionsgeschäftsführung bei der F. D. P. und bei der PDS der (Erste) Parlamentarische Geschäftsführer.[19]

Häufig werden Beamte des Parlaments, aus den Bundesministerien oder aus den Ländern als Fraktionsmitarbeiter beschäftigt. Sie werden für diese Tätigkeit unter Wegfall der Besoldung beurlaubt.[20] Die Zeit der Beurlaubung kann als regelmäßige ruhegehaltsfähige Dienstzeit berücksichtigt werden, wenn spätestens bei Beendigung des Urlaubs schriftlich zugestanden worden ist, dass dieser öffentlichen Belangen oder dienstlichen Interessen dient (vgl. § 6 Abs. 1 Satz 2 Nr. 5 BeamtVG).[21] Rechtsgrundlage der Arbeitsverhältnisse zu den Fraktionen sind indessen auch hier privatrechtliche Arbeitsverträge. Hieraus resultierende Streitigkeiten gehören deshalb wie solche bei „originären" Fraktionsmitarbeitern vor die Arbeitsgerichte. Mit Ausnahme der F. D. P. haben alle Bundestagsfraktionen Personalvertretungen der Mitarbeiter eingerichtet,[22] obwohl sie weder dem sachlichen Geltungsbereich des Bundespersonalvertretungsgesetzes noch des Betriebsverfassungsgesetzes unterfallen.[23]

Streitig ist in diesem Zusammenhang, ob die von einer Fraktion geschlossenen Arbeitsverträge dem Diskontinuitätsgrundsatz unterliegen. Die Frage stellt sich nicht, wenn einzelvertraglich wirksam[24] eine Befristung des Arbeitsverhältnisses vereinbart wird, was sich schon aus Gründen der Rechtsklarheit stets empfiehlt, allerdings nicht immer beachtet wird. Sachlicher Grund für die Befristung ist dabei eben der Diskontinuitätsgrundsatz, dem die Fraktionen unterfallen.[25] Unbefristete

---

18 Vgl. Begründung zu § 46 des Entwurfs eines Sechzehnten Gesetzes zur Änderung des Abgeordnetengesetzes (Fraktionsgesetz) vom 20. April 1993, aaO, S. 6.; zum auch in diesem Zusammenhang zu beachtenden Gebot der wirtschaftlichen Verwendung der zur Verfügung gestellten staatlichen Mittel s. 2.2 zu § 53.
19 Vgl. hierzu *Stevens B.*, aaO, S. 215 ff.; § 28 der Geschäftsordnung der Fraktion der SPD im Deutschen Bundestag; § 5 der Arbeitsordnung der CDU/CSU-Bundestagsfraktion der 14. Wahlperiode; § 10 der Geschäftsordnung der Fraktion BÜNDNIS 90/DIE GRÜNEN im Bundestag; § 5 der Geschäftsordnung der F. D. P.-Fraktion im Deutschen Bundestag; § 10 der Geschäftsordnung der Fraktion der PDS im 14. Deutschen Bundestag.
20 Für den Bund nach § 13 Abs. 1 SUrlV; *Stevens B.*, aaO, S. 225.
21 Lag das Arbeitsverhältnis mit der Fraktion zeitlich vor der Begründung des Beamtenverhältnisses, kann die im Dienst der Fraktion zugebrachte Zeit nach § 11 Abs. 1 Nr. 1 lit. c) BeamtVG als ruhegehaltsfähige Dienstzeit berücksichtigt werden.
22 *Stevens B.*, aaO, S. 227.
23 Vgl. dazu *Hölscheidt S.*, aaO, S. 279, *Stevens B.*, aaO, jeweils m.w.N.
24 Ob der besondere Status der Fraktion, insbesondere mit Blick auf den Diskontinuitätsgrundsatz, als sachlicher Grund für eine wirksame Befristung des Arbeitsverhältnisses ausreicht, wird in der arbeitsgerichtlichen Rechtsprechung allerdings nicht einheitlich beurteilt, vgl. die Nachweise bei *Stevens B.*, aaO, S. 218 ff.
25 Str., vgl. *Wolters J.*, aaO, S. 51 f.; eingehend dazu auch *Stevens B.*, aaO, S. 217 ff., ferner *Jekewitz J.*, aaO, S. 1040; *Kretschmer G.*, aaO, S. 61.

Arbeitsverhältnisse enden mit dem Verlust der Rechtsstellung einer Fraktion, anders nur in den Fällen der Rechtsnachfolge (vgl. dazu 8. zu § 54).[26]

10 Mitarbeiter der Fraktionen dürfen weder für Zwecke der Mandatsausübung eines Abgeordneten noch für Zwecke der Partei eingesetzt werden, wenngleich die Abgrenzung zwischen Fraktions-, Partei- und Mandatsbezug einer Tätigkeit im Einzelfall nicht immer leicht sein dürfte.[27] Diese Leistungsbeschränkung ergibt sich unmittelbar aus § 50 Abs. 4 (s. dort 5.). Umgekehrt dürfen auch Abgeordnetenmitarbeiter nicht für die Fraktion arbeiten, weil der Abgeordnete sie nur zur Unterstützung bei *seiner* parlamentarischen Arbeit einsetzen darf (§ 12 Abs. 3 Satz 1 AbgG; s. 4.3 zu § 12). Die Abgrenzungsprobleme sind auch hier die nämlichen.[28]

4. Fraktionen als Klägerinnen und Beklagte (Abs. 2)

11 Weitere Folge der den Fraktionen eingeräumten Rechtsfähigkeit ist, dass sie vor Gericht sowohl als Klägerin als auch als Beklagte auftreten können (§ 46 Abs. 2).[29] Vor In-Kraft-Treten des Gesetzes vorhandene Zweifel über ihre Parteifähigkeit, insbesondere in zivilrechtlichen Verfahren oder Verfahren vor den Arbeitsgerichten, werden damit ausdrücklich behoben. Vor Gericht werden die Fraktionen ihren Geschäftsordnungen entsprechend vertreten (s.o. 2.).

4.1 Verfassungsgerichtliche Verfahren

12 Fraktionen sind im Organstreitverfahren vor dem Bundesverfassungsgericht parteifähig.[30] Denn nach Art. 93 Abs. 1 Nr. 1 GG i.V.m. § 63 BVerfGG können im Organstreitverfahren auch Teile oberster Bundesorgane Antragsteller oder Antragsgegner sein, sofern sie im Grundgesetz oder in der Geschäftsordnung eines obersten Bundesorgans mit eigenen Rechten ausgestattet sind. Auf Fraktionen als „ständige, der organisierten Staatlichkeit eingefügte Gliederungen des Deutschen Bundestages" trifft dies zu. Mögliche Organstreitverfahren der Fraktionen können nur den innerparlamentarischen Raum betreffen.[31] Der Antragsteller muss geltend machen, dass er selbst oder das Organ, dessen Teil er ist, durch ein Tun oder Unterlassen des Antragsgegners in Rechten oder Pflichten, die das Grundgesetz ihm gewährt oder auferlegt, verletzt oder unmittelbar gefährdet ist (§ 64 Abs. 1 BVerfGG). Die betroffenen Rechte können solche sein, die das Grundgesetz den Fraktionen selbst überträgt.[32] Im Wege der Prozessstandschaft können Fraktionen

---

26 Str., vgl. zum Meinungsstand ausführlich *Hölscheidt S.*, aaO, S. 273 ff., und *Stevens B.*, aaO, jeweils m.w.N.
27 Vgl. auch *Stevens B.*, aaO, S. 216, m.w.N.
28 Kritisch dazu *Linde A.*, aaO, S. 150 ff.
29 Deswegen wird § 46 Abs. 2 auch für überflüssig gehalten, vgl. *Hölscheidt S.*, aaO, S. 174, m.w.N.; *Schmidt-Jorzig E./Hansen F.*, aaO, S. 1147; *Wolters J.*, aaO, S. 157.
30 Zu den Organstreitverfahren von Fraktionen vgl. näher *Hölscheidt S.*, aaO, S. 658 ff.; *Stevens B.*, aaO, S. 203 ff.
31 Bundesverfassungsgericht, Urteil vom 5. April 1952 – 2 BvH 1/52 –, BVerfGE 1,208 (229); Beschluss vom 14. Dezember 1976 – 2 BvR 802/75 –, BVerfGE 43,142 (147); *Stevens B.*, aaO, S. 206.
32 Bundesverfassungsgericht, Urteil vom 14. Januar 1986 – 2 BvE 14/83 und 4/84 –, BVerfGE 70, 324 (351).

– nicht jedoch „Fraktionen im Ausschuss" –³³ auch Rechte des Organs Deutscher Bundestag geltend machen, was insbesondere für Oppositionsfraktionen von Bedeutung ist.³⁴ Abgeordnete können allerdings nicht als Fraktionsmitglieder in Prozessstandschaft für ihre Fraktionen klagen. Fraktionen müssen ihre Rechte selbst wahrnehmen.³⁵

Will sich ein Fraktionsmitglied gegen Sanktionsmaßnahmen der Fraktion – etwa einen Ausschluss aus der Fraktion – zur Wehr setzen, kann es ebenfalls im Organstreitverfahren das Bundesverfassungsgericht anrufen und die Verletzung eigener verfassungsmäßig verbürgter Rechte geltend machen.³⁶   **13**

Fraktionen sind nach § 48 Abs. 1 BVerfGG auch berechtigt, gegen einen Beschluss des Bundestages über die Gültigkeit einer Wahl oder den Verlust der Mitgliedschaft eines Abgeordneten Wahlprüfungsbeschwerde nach Art 41 Abs. 2 GG, § 13 Nr. 3 BVerfGG zu erheben. Schließlich können Fraktionen Verfassungsbeschwerde (Art. 93 Abs. 1 Nr. 4 lit. a) GG, §§ 13 Nr. 8 lit. a), 90 ff. BVerfGG) erheben. Dies gilt im Außenrechtsverhältnis – nicht als Teil des Organs Deutscher Bundestag – und auch nur dann, wenn die Verletzung eines Grundrechts, z.B. eines Prozessgrundrechts, geltend gemacht werden kann.³⁷   **14**

4.2 Verwaltungsgerichtliche Verfahren

Nicht sonderlich praxisrelevant, aber auch für Bundestagsfraktionen nicht auszuschließen sind Streitigkeiten, für die der Verwaltungsrechtsweg nach § 40 Verwaltungsgerichtsordnung eröffnet sein könnte, etwa dann, wenn eine Fraktion durch den Verwaltungsakt einer Behörde beschwert ist. Ihre Beteiligungsfähigkeit folgt aus § 61 Abs. 1 Nr. 1 VwGO (juristische Person).³⁸ Zulässigkeitsfragen werden sich hier allerdings häufig an der Abgrenzung der verwaltungsrechtlichen von der verfassungsrechtlichen Streitigkeit entzünden.   **15**

Ob das einzelne Fraktionsmitglied wegen Verstoßes der Fraktion gegen die Fraktionsgeschäftsordnung Klage vor dem Verwaltungsgericht erheben kann³⁹ oder ob ihm dies verwehrt ist, weil es sich bei diesen Streitigkeiten um solche verfassungsrechtlicher Art handelt, ist streitig⁴⁰ (vgl. auch unten 5. und 5.3 zu § 45), für den Fraktionsalltag aber ebenfalls wenig relevant.   **16**

---

33 Bundesverfassungsgericht, Urteil vom 17. Juli 1984 – 2 BvE 11, 15/83 –, BVerfGE 67, 100 (126); zur „Fraktion im Ausschuss" s. auch *Jekewitz J.*, aaO, S. 1043; Kretschmer *G., aaO, S. 74 f.*
34 *Stevens B.*, aaO, S. 208.
35 Bundesverfassungsgericht, Urteil vom 14. Januar 1986 – 2 BvE 14/83 und 4/84 –, BVerfGE 70, 324 (354).
36 Vgl. Bundesverfassungsgericht, Urteil vom 14. Januar 1986 – 2 BvE 14/83 und 4/84 –, BVerfGE 70, 324 (350); Urteil vom 13. Juni 1989 – 2 BvE 1/88 –, BVerfGE 80, 188 (208 f.); *Hölscheidt S.*, aaO, S. 480, *Kürschner S.*, Das Binnenrecht der Bundestagsfraktionen, Berlin, 1995, S. 161; *Stevens B.*, aaO, S. 173 f., jeweils m.w.N.
37 Vgl. *Hölscheidt S.*, aaO, S. 663; *Stevens B.*, aaO, S. 208 ff., jeweils m.w.N.
38 Vgl. auch *Stevens B.*, aaO, S. 213.
39 So *Kürschner S.*, aaO, S. 164 ff.; *Hagelstein B.*, aaO, S. 190; vgl. auch *Wolters J.*, aaO, S. 157; a.M. *Hölscheidt S.* aaO, S. 667.
40 So *Stevens B.*, aaO, S. 192 f.

4.3 Verfahren vor den ordentlichen Gerichten und den Arbeitsgerichten

17 Treten im Rahmen von privatrechtlichen Vertragsverhältnissen Streitigkeiten über dort begründete Rechte und Pflichten auf, ist eine Fraktion als rechtsfähige juristische Person gemäß § 50 Abs. 1 ZPO in einem zivilgerichtlichen Verfahren sowohl aktiv- als auch passiv legitimiert. Das gilt selbstverständlich auch für Verfahren vor den Arbeitsgerichten. Im Strafprozess kann eine Fraktion nie Beschuldigter, wohl aber Privat- oder Nebenkläger sein.[41]

5. Abgrenzung zur öffentlichen Verwaltung (Abs. 3)

18 Weil auch dies umstritten war, hat der Gesetzgeber in § 46 Abs. 3 klargestellt, dass Fraktionen nicht Teil der öffentlichen Verwaltung sind[42] und – eingefügt auf Empfehlung des Ausschusses für Wahlprüfung, Immunität und Geschäftsordnung[43] – dass sie keine öffentliche Gewalt ausüben. Fraktionen sind Organteile des Parlaments. Sie gehören als solche zur Legislative, nicht zur Exekutive, und nehmen parlamentarische Aufgaben wahr. Sie üben auch insofern keine öffentliche Gewalt aus, als ihre Entscheidungen keine Verwaltungsakte sind, die vor den Verwaltungsgerichten angefochten werden könnten, sondern Parlamentsakte, die alleine dem Parlamentsrecht unterworfen sind.[44]

6. Landesrecht

19 Dem § 46 vergleichbare Regelungen finden sich überwiegend auch in den Fraktionsgesetzen der Bundesländer. Auf vorstehende Erläuterungen kann daher im Wesentlichen Bezug genommen, im Übrigen wegen der Abweichungen im Detail auf weiterführende Literatur an anderer Stelle verwiesen werden.[45]

§ 47 Aufgaben

(1) Die Fraktionen wirken an der Erfüllung der Aufgaben des Deutschen Bundestages mit.

(2) Die Fraktionen können mit Fraktionen anderer Parlamente und parlamentarischen Einrichtungen national und international zusammenarbeiten.

---

[41] Vgl. auch *Hagelstein B.*, aaO, S. 129; *Hölscheidt S.* aaO, S. 667.
[42] Vgl. Begründung zu § 46 des Entwurfs eines Sechzehnten Gesetzes zur Änderung des Abgeordnetengesetzes (Fraktionsgesetz) vom 20. April 1993, aaO, S. 6.
[43] Vgl. Beschlussempfehlung und Bericht vom 2. November 1993, BT-Drs. 12/6067, S. 4.
[44] So wörtlich der Ausschuss für Wahlprüfung, Immunität und Geschäftsordnung, Beschlussempfehlung und Bericht vom 2. November 1993, BT-Drs. 12/6067, S. 10; *Hölscheidt S.* aaO, S. 323.
[45] Eine detaillierten Überblick zum Landesrecht bietet insbesondere *Hölscheidt S.*, aaO, S. 180 ff.

(3) Die Fraktionen und ihre Mitglieder können die Öffentlichkeit über ihre Tätigkeit unterrichten.

Parallelvorschriften im EuAbgG und in den Abgeordnetengesetzen der Länder:

EuAbgG	–			
BadWürtt.	§ 1 FraktG	Nds.	–	
Bay.	Art. 1 FraktG	NW.	–	
Berl.	§ 2 FraktG	RP.	§ 1 FraktG	
Bbg.	§ 1 FraktG	Saarl.	§ 3 FraktRG	
Brem.	§ 38	Sachs.	§ 1 FraktRG	
Hbg.	§ 1 FraktG	SachsAnh.	§ 1 FraktG	
Hess.	§ 1 FraktG	SchlH.	§ 3 FraktG	
MV.	§ 51	Thür.	§ 47	

Literatur: *Hölscheidt S.*, Das Recht der Parlamentsfraktionen, Rheinbreitbach, 2001; *Kretschmer G.*, Fraktionen – Parteien im Parlament, Heidelberg, 1992; *Linde A.*, Fraktionsfinanzierung in der parlamentarischen Demokratie: empirische Befunde und theoretische Reflexionen, Frankfurt, 2000; *Schmidt-Jorzig E./Hansen F.*, Neue Rechtsgrundlagen für die Bundestagsfraktionen, NVwZ 1994, S. 1145 ff.; *Stevens B.*, Die Rechtsstellung der Bundestagsfraktionen: eine Untersuchung auf der Grundlage des Fraktionsgesetzes, Frankfurt am Main, 2000; *Wolters J.*, Der Fraktions-Status, Baden-Baden, 1996.

Übersicht

		Rdn.
1.	Allgemeines	1
2.	Mitwirkung an der Aufgabenerfüllung des Bundestages (Abs. 1)	2–3
3.	Zusammenarbeit mit anderen Parlamenten und parlamentarischen Einrichtungen (Abs. 2)	4
4.	Öffentlichkeitsarbeit (Abs. 3)	5–8
5.	Landesrecht	9

1. Allgemeines

§ 47 des Gesetzes geht im Kern auf den Entwurf eines Sechzehnten Gesetzes zur **1** Änderung des Abgeordnetengesetzes (Fraktionsgesetz) vom 20. April 1993 zurück.[1] Der Ausschuss für Wahlprüfung, Immunität und Geschäftsordnung hat im Gesetzgebungsverfahren nur wenige Änderungen am Wortlaut des vorgeschlagenen Gesetzestextes vorgenommen, „um die gesetzgeberischen Ziele zu verdeutlichen oder Missverständnissen bei der Auslegung des Gesetzes vorzubeugen".[2] Seit dem In-Kraft-Treten des Gesetzes gilt die Bestimmung unverändert fort.

2. Mitwirkung an der Aufgabenerfüllung des Bundestages (Abs. 1)

Nach § 47 Abs. 1 wirken die Fraktionen an der Erfüllung der Aufgaben des Deut- **2** schen Bundestages mit.[3] Mit dieser sehr offenen Formulierung der parlamentari-

---

1 BT-Drs. 12/4756.
2 Beschlussempfehlung und Bericht vom 2. November 1993, BT-Drs. 12/6067, S. 10.
3 Zur Frage, ob aus der Zuweisung von Aufgaben und Rechten auch eine Verpflichtung der

schen Aufgaben der Fraktionen in Abs. 1 wollte der Gesetzgeber die Rechtsprechung des Bundesverfassungsgerichts zu den Fraktionsaufgaben aufgreifen.[4] Besondere Aufgabenbeschreibungen[5] enthalten darüber hinaus die Abs. 2 und 3.[6] Im Hinblick auf die staatliche Fraktionsfinanzierung kommt § 47 eine zentrale Bedeutung zu, weil durch die hier vorgenommene Aufgabenbeschreibung zugleich der Rahmen festgelegt wird, in dem die Fraktionen Sach- und Geldleistungen aus dem Bundeshaushalt nach § 50 Abs. 4 zulässigerweise verwenden dürfen.[7]

3 Der Gesetzgeber selbst zählt in der Gesetzesbegründung zu den wesentlichen, von Abs. 1 erfassten Aufgaben der Fraktionen die Mitwirkungs- und Koordinationsfunktion der Fraktionen bei der Ausübung der Gesetzgebungs-, der Kontroll-, der Wahl- und der Öffentlichkeitsaufgaben des Bundestages, die die Fraktionen insbesondere dadurch erfüllten, dass sie die Arbeitsteilung unter ihren Mitgliedern und im Bundestag organisierten, Initiativen vorbereiteten und aufeinander abstimmten sowie unterschiedliche Positionen zu verhandlungs- und verständigungsfähigen Einheiten zusammenfassten.[8]

3. Zusammenarbeit mit anderen Parlamenten und parlamentarischen Einrichtungen (Abs. 2)

4 Gemäß Abs. 2 können Bundestagsfraktionen mit Fraktionen anderer Parlamente und parlamentarischer Einrichtungen national und international zusammenarbeiten. Der Gesetzgeber hat es für notwendig erachtet klarzustellen, dass auch diese Aufgaben zu den zulässigerweise von den Fraktionen wahrgenommenen gehören.[9]

Fraktion abgeleitet werden kann, an der Erfüllung der Aufgaben des Deutschen Bundestages mitzuwirken, vgl. *Stevens B.*, Die Rechtsstellung der Bundestagsfraktionen: eine Untersuchung auf der Grundlage des Fraktionsgesetzes, Frankfurt am Main, 2000, S. 130 f.

4 Vgl. *Hölscheidt S.*, Das Recht der Parlamentsfraktionen, Rheinbreitbach, 2001, S. 175: „Das Gericht spricht allerdings nur davon, dass die Fraktionen den technischen Ablauf der Parlamentsarbeit in gewissem Grade steuern und damit erleichtern. Problematisch ist deshalb, dass sich die Begründung auf das Bundesverfassungsgericht stützt. Die Aufgabenbeschreibung ist indes zutreffend."

5 „Mit der Konsequenz der vollen staatlichen Finanzierbarkeit", so *Wolters J.*, Der Fraktions-Status, Baden-Baden, 1996, S. 158.

6 Kritisch dazu *Wolters J.*, aaO, S. 159: „Es bedarf keiner näheren Erläuterung, dass sich die hier besonders geregelten Fraktionsaktivitäten schwerlich aus der restriktiven Aufgabenbeschreibung des Bundesverfassungsgerichts ableiten lassen. Vielmehr handelt es sich bei der mit der nationalen und internationalen Zusammenarbeit verbundenen Reisetätigkeit der Fraktionen und bei der Öffentlichkeitsarbeit um solche Tätigkeiten, die die Fraktionen zwar seit langem praktizieren, deren Zulässigkeit aber – nicht zuletzt wegen ihrer hohen Kostenintensität – lebhaft umstritten ist, was insbesondere für die Öffentlichkeitsarbeit gilt."

7 Begründung zu § 47 des Entwurfs eines Sechzehnten Gesetzes zur Änderung des Abgeordnetengesetzes (Fraktionsgesetz) vom 20. April 1993, BT-Drs. 12/4756, S. 6 f. und 5. zu § 50; vgl. auch *Schmidt-Jorzig E./Hansen F.*, Neue Rechtsgrundlagen für die Bundestagsfraktionen, NVwZ 1994, S. 1148; *Wolters J.*, aaO, S. 158: „Auch hier geht es weniger um eine am Rechtsstatus orientierte Beschreibung ihrer Funktionen, als um den gegenständlichen Umfang ihres nunmehrigen Finanzierungsanspruchs gegen den Staat, wie die Bezugnahme in § 50 IV verdeutlicht."

8 Begründung zu § 47 des Entwurfs eines Sechzehnten Gesetzes zur Änderung des Abgeordnetengesetzes (Fraktionsgesetz) vom 20. April 1993, BT-Drs. 12/4756, S. 7; *Wolters J.*, aaO, S. 158.

9 Begründung zu § 47 des Entwurfs eines Sechzehnten Gesetzes zur Änderung des Abgeordnetengesetzes (Fraktionsgesetz) vom 20. April 1993, BT-Drs. 12/4756, S. 6 f.; zustimmend

Die Betonung auch der internationalen Zusammenarbeit geht auf eine Empfehlung des Ausschusses für Wahlprüfung, Immunität und Geschäftsordnung zurück. Dieser hatte angemerkt, dass zu den parlamentarischen Aufgaben, an deren Erfüllung die Fraktionen mitwirkten, im zusammenwachsenden Europa und in der weltweiten politischen Zusammenarbeit die interparlamentarische Kooperation gehöre.[10]

4. Öffentlichkeitsarbeit (Abs. 3)

§ 47 Abs. 3 regelt auf der Ebene des Gesetzes die politisch wie rechtlich heikle Frage der Öffentlichkeitsarbeit von Bundestagsfraktionen.[11] Danach können die Fraktionen und ihre Mitglieder die Öffentlichkeit über ihre Tätigkeit unterrichten. In der Gesetzesbegründung unterstrich der Gesetzgeber in diesem Zusammenhang die besondere Bedeutung des § 50 Abs. 4 Satz 2, wonach eine Öffentlichkeitsarbeit der Fraktionen für Parteien unzulässig bleibe, sie für Fraktionen aber andererseits nicht an die Einschränkungen gebunden sei, die das Bundesverfassungsgericht für die Öffentlichkeitsarbeit der Bundesregierung im Vorfeld von Wahlen aufgestellt habe, weil Fraktionen nicht Teil der öffentlichen Verwaltung seien (§ 46 Abs. 3).[12]

Der Ausschuss für Wahlprüfung, Immunität und Geschäftsordnung hat den Aufgabenkreis nach Abs. 3 mit seiner doppelten Zielrichtung nach innen und außen seinerzeit mit folgenden Worten skizziert: " Nicht zuletzt fällt unter die Aufgaben der Fraktionen, die Öffentlichkeit über die Willensbildung innerhalb der Fraktionen und des Parlaments zu unterrichten, um das parlamentarische Geschehen für die Bürger durchschaubar zu gestalten, die Akzeptanz parlamentarischer Entscheidungen zu fördern oder die offengebliebenen Entscheidungsprobleme zu benennen. Zu dieser Aufgabe gehört sowohl die Information der Fraktion und ihrer Gremien über die politischen Vorhaben und Leistungen der Fraktion selber wie auch ihrer Mitglieder als auch die Information der Fraktionsmitglieder an die Öffentlichkeit über ihre eigene Arbeit in der Fraktion oder über die Arbeiten ihrer Fraktion und zuständigen Fraktionsgremien. Formen und Mittel solcher Öffentlichkeitsarbeit sind vielfältig; zu ihnen zählen nicht nur Interviews und Presseerklärungen oder Broschüren, sondern auch Darstellungen der Inhalte jedweder politischer Willensbildung innerhalb der Fraktion und der Gremien der Fraktion, um nur einige Beispiele zu nennen."[13]

Die Öffentlichkeitsarbeit der Fraktionen wird wegen der „ausgeprägten Affinität der Fraktionen zu den Parteien" teilweise als problematisch empfunden.[14] Die

---

Linde A., aaO, S. 175; grundsätzlich ebenso *Hölscheidt S.*, aaO, S. 610, mit der Einschränkung, dass bei Auslandsreisen größerer Fraktionsdelegationen ein strenger Maßstab hinsichtlich des Fraktionsbezugs und deren Notwendigkeit angelegt werden solle.
10 Beschlussempfehlung und Bericht vom 2. November 1993, BT-Drs. 12/6067, S. 10.
11 Ausführlich zu dieser Problematik *Hölscheidt S.*, aaO, S. 604 ff.; s. auch *Kretschmer G.*, Fraktionen – Parteien im Parlament, Heidelberg, 1992, S. 171 ff.
12 Begründung zu § 47 des Entwurfs eines Sechzehnten Gesetzes zur Änderung des Abgeordnetengesetzes (Fraktionsgesetz) vom 20. April 1993, BT-Drs. 12/4756, S. 7; *Linde A.*, Fraktionsfinanzierung in der parlamentarischen Demokratie: empirische Befunde und theoretische Reflexionen, Frankfurt, 2000, S. 161, meint hingegen, die für die Regierung geltenden Maßstäbe seien nicht in vollem Umfang übertragbar.
13 Beschlussempfehlung und Bericht vom 2. November 1993, BT-Drs. 12/6067, S. 10.
14 Ausführlich dazu *Linde A.*, aaO, S. 159 ff.

Darstellung der eigenen politischen Arbeit unterscheide sich von der der Partei nur durch den Autor, nicht aber durch Tendenz und Ziel. Dies gefährde im Vorfeld von Wahlen die Geltung des Gleichheitsgrundsatzes für den politischen Wettbewerb, vor allem für bislang nicht im Parlament vertretene Parteien.[15] Dieser Sorge hatte der Gesetzgeber mit der Zweckbindung der staatlichen Leistungen in § 50 Abs. 4 und dem ausdrücklichen Verbot einer Verwendung für Parteiaufgaben im dortigen Satz 2 begegnen wollen. Die Schwierigkeit besteht allerdings auch hier darin, dass eine klare Trennung zwischen Partei- und Fraktionsbezug einer Öffentlichkeitsmaßnahme im Einzelfall oft nicht möglich sein wird.[16] *Linde* weist in diesem Zusammenhang jedoch zu Recht darauf hin, dass die Intention einer Missbrauchsverhinderung nicht dazu führen darf, eine an sich richtige und wichtige Art der Verwendung öffentlicher Mittel gänzlich zu unterbinden.[17]

8 Soweit neben den Fraktionen auch ihre Mitglieder die Öffentlichkeit unterrichten dürfen, erscheint dies im Hinblick auf die Finanzierung aus Fraktionsmitteln solange unproblematisch, soweit die Information strikten Fraktionsbezug hat.[18] Denn mit Fraktionsmitteln darf nicht die individuelle, mandatsbezogene Öffentlichkeitsarbeit eines Abgeordneten unterstützt werden, weil dies keine Fraktionsaufgabe ist und weil hierfür Leistungen nach § 12 (Amtsausstattung) gewährt werden. Die Abgrenzung im Einzelfall wird allerdings auch in diesen Fällen oft nicht einfach sein.[19]

5. Landesrecht

9 In den Bundesländern werden die Funktionen der Parlamentsfraktion zum Teil ausdrücklich und im Detail im Gesetz normiert; zumeist belassen es die Fraktionsgesetze jedoch bei einer allgemeinen Aufgabenbeschreibung, bei der auf die Mitwirkung bei der politischen Willensbildung und auf die Koordinationsfunktion der Fraktionen abgestellt wird.[20] Auf obige Anmerkungen kann deshalb verwiesen werden.

---

15 So *Wolters J.*, aaO, S. 159, m.w.N.
16 Zu möglichen Abgrenzungskriterien s. *Hölscheidt S.*, aaO, S. 607.
17 *Linde A.*, aaO, S. 66, m.N; zur Zulässigkeit der Öffentlichkeitsarbeit von Fraktionen im Wahlkampf, *ders.*, aaO, S. 160 ff.; vgl. auch *Hölscheidt S.*, aaO, S. 606: „Diese Sachlage erlaubt nicht den Schluss, wegen der Abgrenzungsschwierigkeiten zwischen zulässiger Öffentlichkeitsarbeit und unzulässiger Unterstützung der Parteiarbeit sei die eigene Öffentlichkeitsarbeit der Fraktionen insgesamt zu untersagen."
18 Kritisch *Wolters J.*, aaO, S. 160 f.
19 *Hölscheidt S.*, aaO, S. 609, macht auf verfassungsrechtliche Bedenken unter Gleichheitsgesichtspunkten (Besserstellung gegenüber Fraktionslosen und Gruppenmitgliedern) aufmerksam, berichtet indessen, in der Praxis jedenfalls der Bundestagsfraktionen werde eine individuelle Öffentlichkeitsarbeit von Abgeordneten nicht aus Fraktionsmitteln finanziert.
20 S. *Wolters J.*, aaO, S. 158.

§ 48 Organisation

(1) Die Fraktionen sind verpflichtet, ihre Organisation und Arbeitsweise auf den Grundsätzen der parlamentarischen Demokratie aufzubauen und an diesen auszurichten.

(2) Die Fraktionen geben sich eine eigene Geschäftsordnung.

Parallelvorschriften im EuAbgG und in den Abgeordnetengesetzen der Länder:			
EuAbgG	–		
BadWürtt.	§ 1 FraktG	Nds.	–
Bay.	–	NW.	–
Berl.	§ 6 FraktG	RP.	§ 1 FraktG
Bbg.	§ 2 FraktG	Saarl.	§ 4 FraktRG
Brem.	§ 39	Sachs.	§ 1 FraktRG
Hbg.	§ 1 FraktG	SachsAnh.	§ 1 FraktG
Hess.	§ 1 FraktG	SchlH.	§ 4 FraktG
MV.	§ 52	Thür.	§ 46

Literatur: *Hagelstein B.*, Die Rechtsstellung der Fraktionen im Deutschen Parlamentswesen, Frankfurt, 1992; *Hölscheidt S.*, Das Recht der Parlamentsfraktionen, Rheinbreitbach, 2001; *Kretschmer G.*, Fraktionen – Parteien im Parlament, Heidelberg, 1992; *Kürschner S.*, Das Binnenrecht der Bundestagsfraktionen, Berlin, 1995; *Ritzel H. G. / Bücker J. / Schreiner H. J.*, Handbuch für die Parlamentarische Praxis mit Kommentar zur Geschäftsordnung des Deutschen Bundestages, Neuwied; *Schmidt-Jorzig E. / Hansen F.*, Neue Rechtsgrundlagen für die Bundestagsfraktionen, NVwZ 1994, S. 1145 ff.; *Schneider G. Chr.*, Die Finanzierung der Parlamentsfraktionen als staatliche Aufgabe, Berlin, 1997; *Schönberger K.*, Die Rechtsstellung der Parlamentsfraktionen, Diss. Tübingen, 1990; *Stevens B.*, Die Rechtsstellung der Bundestagsfraktionen: eine Untersuchung auf der Grundlage des Fraktionsgesetzes, Frankfurt am Main, 2000; *Wolters J.*, Der Fraktions-Status, Baden-Baden, 1996.

Übersicht

		Rdn.
1.	Allgemeines	1–2
2.	Organisation und Arbeitsweise der Fraktionen (Abs. 1)	3–4
3.	Fraktionsgeschäftsordnung (Abs. 2)	5
4.	EuAbgG	6
5.	Landesrecht	7

1. Allgemeines

§ 48 des Gesetzes entspricht unverändert dem Entwurf eines Sechzehnten Gesetzes zur Änderung des Abgeordnetengesetzes (Fraktionsgesetz) vom 20. April 1993.[1] Die Bestimmung hat weder im weiteren Verlauf der Gesetzgebung noch zu einem späteren Zeitpunkt eine Änderung erfahren.

1

---

[1] BT-Drs. 12/4756, S. 2.

2 Mit der Vorschrift wollte der Gesetzgeber nur klarstellen, dass die Regelung der fraktionsinternen Organisation und Arbeitsweisen den Fraktionen vorbehalten ist, die dabei allerdings die Grundsätze der parlamentarischen Demokratie zu beachten haben.[2] Auch der federführende Ausschuss für Wahlprüfung, Immunität und Geschäftsführung betonte, dass der Gesetzentwurf die innere Selbständigkeit der Fraktionen außer Streit stelle. Im Rahmen des Grundgesetzes, der Gesetze und der Geschäftsordnung des Deutschen Bundestages sollten die Fraktionen ihre inneren Angelegenheiten in eigener Verantwortung regeln.[3]

2. Organisation und Arbeitsweise der Fraktionen (Abs. 1)

3 Fraktionen sind nach § 48 Abs. 1 verpflichtet, ihre Organisation und Arbeitsweise auf den Grundsätzen der parlamentarischen Demokratie aufzubauen und an diesen auszurichten. Wie Fraktionen ihre interne Organisation und Arbeitsabläufe regeln, ist ihnen grundsätzlich freigestellt. In Anerkennung der Fraktionsautonomie hat sich der Gesetzgeber zu Recht damit begnügt, eine Ausrichtung der Selbstorganisation der Fraktionen an den Grundsätzen der parlamentarischen Demokratie zu fordern. Diese Forderung ist allerdings unverzichtbar. Denn wenn Fraktionen als „ständige, der organisierten Staatlichkeit eingefügte Gliederungen des Deutschen Bundestages" mit öffentlichen Mitteln im Interesse des Gesamtparlaments liegenden, verfassungsrechtlich gebotene Aufgaben wahrnehmen, darf ihre Binnenorganisation den Grundsätzen eben der parlamentarischen Demokratie, der sie zu dienen haben, nicht widersprechen.[4]

4 Zu den wesentlichen Bestandteilen der Organisationsstruktur einer Fraktion zählen typischerweise die Fraktionsversammlung als umfassendes Beschlussorgan,[5] der Vorstand mit Fraktionsvorsitzendem und Stellvertretern als Leitungs- und Koordinationsorgan,[6] die Parlamentarische und die Fraktionsgeschäftsführung als Vollzugsmanagement,[7] sowie die Untergliederung in Arbeitskreise oder -gruppen.[8] Bezeichnung und Ausgestaltung im Einzelfall mögen dabei variieren. Eine Darstellung im Detail kann allerdings nicht Gegenstand dieser Gesetzeskommentie-

---

2 Vgl. Begründung Allgemein A. III. 1. des Entwurfs eines Sechzehnten Gesetzes zur Änderung des Abgeordnetengesetzes (Fraktionsgesetz) vom 20. April 1993, BT-Drs. 12/4756, S. 5.
3 Vgl. Beschlussempfehlung und Bericht vom 2. November 1993, BT-Drs. 12/6067, S. 10.
4 Vgl. auch *Hagelstein B.*, Die Rechtsstellung der Fraktionen im Deutschen Parlamentswesen, Frankfurt, 1992, S. 111 ff.; *Kretschmer G.*, Fraktionen – Parteien im Parlament, Heidelberg, 1992, S. 94 f.; *Schmidt-Jorzig E./Hansen F.*, Neue Rechtsgrundlagen für die Bundestagsfraktionen, NVwZ 1994, S. 1147.
5 S. dazu *Kretschmer G.*, aaO, S. 98 ff.; *Kürschner S.*, Das Binnenrecht der Bundestagsfraktionen, Berlin, 1995, S. 82 ff. und 94 ff.; *Schönberger K.*, Die Rechtsstellung der Parlamentsfraktionen, Diss. Tübingen, 1990, S. 60 ff.; *Stevens B.*, aaO, S. 142 ff.; *Wolters J.*, Der Fraktions-Status, Baden-Baden, 1996, S. 99 f.
6 *Kretschmer G.*, aaO, S. 113 ff.; *Kürschner S.*, aaO, S. 84 ff. und 112 ff.; *Schönberger K.*, aaO, S. 65 ff.; *Stevens B.*, aaO, S. 147 ff.; *Wolters J.*, aaO, S. 100 ff.
7 *Kürschner S.*, aaO, S 117 f.; *Schönberger K.*, aaO, S. 72 ff.; *Stevens B.*, aaO, S. 152 ff.; s. zu Parlamentarischen Geschäftsführern umfassend und aktuell auch *Petersen S.*, Manager des Parlaments. Parlamentarische Geschäftsführer im Deutschen Bundestag – Status, Funktion, Arbeitsweise, Opladen, 2000.
8 *Kretschmer G.*, aaO, S. 105 ff.; *Kürschner S.*, aaO, S. 87 ff. und 120 ff.; *Schneider G. Chr.*, Die Finanzierung der Parlamentsfraktionen als staatliche Aufgabe, Berlin, 1997, S. 29 f.; *Schönberger K.*, aaO, S. 77 ff.; *Stevens B.*, aaO, S. 154 ff.; *Wolters J.*, aaO, S. 107 ff.

rung sein. Auf die zahlreichen hierzu erschienenen Veröffentlichungen auch aus politikwissenschaftlicher Sicht sei deshalb verwiesen.[9]

3. Fraktionsgeschäftsordnung (Abs. 2)

§ 48 Abs. 2 verpflichtet die Fraktionen des Deutschen Bundestages, sich eine Geschäftsordnung zu geben.[10] Die Geschäftsordnung oder Arbeitsordnung fixiert die Grundlagen der fraktionsinternen Organisation und Arbeitsabläufe. Der Gesetzesbefehl des Abs. 1 (Ausrichtung an den Grundsätzen der parlamentarischen Demokratie) gilt deshalb auch für sie. Alle Bundestagsfraktionen haben sich eine Geschäftsordnung gegeben,[11] die bei manchen Abweichungen im Detail in den Grundstrukturen doch vielfach übereinstimmen.[12] Gemein ist ihnen eine überschaubare Regelungsdichte. Auffällig ist das weitgehende Fehlen schriftlich fixierter Streitschlichtungsmechanismen.[13] Fraktionsgeschäftsordnungen werden im Übrigen in der Praxis nicht für jede Wahlperiode neu konzipiert, sondern regelmäßig zu Beginn der Wahlperiode von der neu konstituierten Fraktion durch Beschluss schlicht übernommen.[14]

5

4. EuAbgG

Art. 29 GO-EP, der die Bildung der Fraktionen im Europäischen Parlament regelt, schreibt weder Mindeststandards für Organisation und Arbeitsweise der Fraktionen des Europäischen Parlaments vor, noch gibt die Bestimmung ihnen auf, eigene Geschäftsordnungen zu beschließen. Weil eine Arbeitsfähigkeit der Fraktionen ohne Festlegung der Grundlagen der Selbstorganisation aber nicht herzustellen wäre, haben sich die Fraktionen des Europäischen Parlaments im eigenen Interesse auch ohne ausdrückliche rechtliche Verpflichtung Geschäftordnungen gegeben.

6

---

9 S. die Nachweise bei *Hölscheidt S.*, Das Recht der Parlamentsfraktionen, Rheinbreitbach, 2001, S. 262.
10 Zur Rechtsnatur von Fraktionsgeschäftsordnungen vgl. *Hölscheidt S.*, Das Recht der Parlamentsfraktionen, aaO, S. 265, m.w.N.; *Kürschner S.*, aaO, S. 72 ff. (dort S. 80 ff. auch ein vergleichender Überblick über die Fraktionsgeschäftsordnungen); *Stevens B.*, aaO, S. 140 f.; *Wolters J.*, Der Fraktions-Status, Baden-Baden, 1996, S. 97 f.
11 Geschäftsordnung der Fraktion der SPD im Deutschen Bundestag i.d.F. vom 3. Juni 1997, Arbeitsordnung der CDU/CSU-Bundestagsfraktion der 14. Wahlperiode i.d.F. vom 12. April 2000, Geschäftsordnung der Fraktion BÜNDNIS 90/DIE GRÜNEN im Bundestag (14. Wahlperiode) vom 28. Oktober 1998, Geschäftsordnung der FDP-Fraktion im Deutschen Bundestag vom 12. November 1991; Geschäftsordnung der Fraktion der PDS im 14. Deutschen Bundestag i.d.F. vom 26. September 2000, abgedruckt bei *Ritzel H. G./Bücker J./Schreiner H. J.*, Handbuch für die Parlamentarische Praxis mit Kommentar zur Geschäftsordnung des Deutschen Bundestages, Neuwied; s. auch den Vergleich der Fraktionsgeschäftsordnungen im Überblick bei *Kürschner S.*, aaO, S. 80 ff.,
12 Zu den typischen Regelungsinhalten s. *Stevens B.*, aaO, S. 140; *Wolters J.*, aaO, S. 98.
13 Kritisch dazu *Stevens B.*, aaO, S. 193 ff., der aus dem in § 48 Abs. 1 normierten Grundsatz der innerfraktionellen demokratischen Ordnung folgert, dass den Mitgliedern fraktionsinterne Rechtsbehelfe zur Verfügung gestellt werden müssten.
14 *Hölscheidt S.*, Das Recht der Parlamentsfraktionen, aaO, S. 265; *Kretschmer G.*, aaO, S. 53; *Kürschner S.*, aaO, S. 71; *Schönberger K.*, aaO, S. 56; *Stevens B.*, aaO, S. 138; *Wolters J.*, Der Fraktions-Status, Baden-Baden, 1996, S. 31.

5. Landesrecht

7 Die Mehrzahl der Fraktionsgesetze der Bundesländer – mit Ausnahme von Nordrhein-Westfalen – enthalten ebenfalls dem § 48 verwandte Vorschriften, deren Regelungsdichte zum Teil aber deutlich über die des Bundesrechts hinausgeht.[15] Allerdings sind nicht in allen Bundesländern die Fraktionen verpflichtet, sich eine Geschäftsordnung zu geben. Nach einem Teil der Landesgesetze sind Landtagsfraktionen verpflichtet, ihre Geschäftordnungen zu veröffentlichen.[16] Im Bundesrecht fehlt eine solche Regelung.[17]

§ 49 Geheimhaltungspflicht der Fraktionsangestellten

(1) Angestellte der Fraktionen sind, auch nach Beendigung ihres Beschäftigungsverhältnisses, verpflichtet, über die ihnen bei ihrer Tätigkeit bekanntgewordenen Angelegenheiten Verschwiegenheit zu bewahren. Dies gilt nicht für Tatsachen, die offenkundig sind oder ihrer Bedeutung nach keiner Geheimhaltung bedürfen.

(2) Angestellte der Fraktionen dürfen, auch nach Beendigung ihres Beschäftigungsverhältnisses, ohne Genehmigung über solche Angelegenheiten weder vor Gericht noch außergerichtlich aussagen oder Erklärungen abgeben. Die Genehmigung erteilt der jeweilige Fraktionsvorsitzende.

(3) Unberührt bleibt die gesetzlich begründete Pflicht, Straftaten anzuzeigen und bei Gefährdung der freiheitlich demokratischen Grundordnung für deren Erhaltung einzutreten.

Parallelvorschriften für Abgeordnete des EP und der Länder:			
EuAbgG	–		
BadWürtt.	–	Nds.	–
Bay.	Art. 9 FraktG	NW.	–
Berl.	–	RP.	§ 12 FraktG
Bbg.	–	Saarl.	–
Brem.	–	Sachs.	§ 10 FraktRG
Hbg.	§ 9 FraktG	SachsAnh.	–
Hess.	–	SchlH.	§ 5 FraktG
MV.	§ 52 AbgG	Thür.	§ 48 AbgG

Literatur: *Battis U.*, Bundesbeamtengesetz, 2. Aufl., München, 1997, § 61; *Engels D.*, in: Bellers J. / v. Westphalen R., Parlamentslehre, 2. Aufl., München, 1996; *Hagelstein B.*, Die Rechtsstellung der Fraktionen im Deutschen Parlamentswesen, Frankfurt, 1992; *Hauenschild W.-D.*, Wesen und

---

15 Die Rechtslage in den Bundesländern wird ausführlich dokumentiert von *Hölscheidt S.*, Das Recht der Parlamentsfraktionen, aaO, S. 180 ff.
16 *Hölscheidt S.*, Das Recht der Parlamentsfraktionen, aaO, S. 264.
17 Solange die Bundestagsfraktionen ihre Geschäftsordnungen jedem Interessierten zur Kenntnis geben, scheint hier auch kein Regelungsbedarf zu bestehen; a.M. *Stevens B.*, aaO, S. 136, m.N.

Rechtsnatur der parlamentarischen Fraktionen, Diss., Berlin, 1968; *Jekewitz J.*, Das Personal der Parlamentsfraktionen: Funktion und Status zwischen Politik und Verwaltung, ZParl 1995, S. 395 ff.; *ders.*, Politische Bedeutung, Rechtsstellung und Verfahren der Bundestagsfraktionen, in: Parlamentsrecht und Parlamentspraxis in der Bundesrepublik Deutschland: ein Handbuch / hrsg. von Schneider H.-P. / Zeh W., Berlin, 1989, S. 1021 ff.; *Plog E. / Wiedow A. / Beck G. / Lemhöfer B.*, Kommentar zum Bundesbeamtengesetz mit Beamtenversorgungsgesetz, § 61, Neuwied; *Schmidt-Bens W.*, Finanzkontrolle und Fraktionen, ZRP 1992, S. 281 ff.; *Schönberger K.*, Die Rechtsstellung der Parlamentsfraktionen, Diss., Tübingen 1990; *Schütz E.*, Beamtenrecht des Bundes und der Länder, Heidelberg, Loseblatt, § 64; *Stevens B.*, Die Rechtsstellung der Bundestagsfraktionen, Frankfurt, 2000.

Übersicht

		Rdn.
1.	Allgemeines	1–4
1.1	Entstehungsgeschichte und Parallelvorschriften aus anderen Rechtsgebieten	1–2
1.2	Verhältnis zum Untersuchungsausschussgesetz	3–4
2.	Geheimhaltungspflicht der Fraktionsangestellten (Abs. 1)	5–12
2.1	Verpflichteter Personenkreis	5
2.2	Umfang und Inhalt der Geheimhaltungspflicht	6–12
2.2.1	Grundsatz der umfassenden Verschwiegenheitspflicht	6–8
2.2.2	Offenkundige Tatsachen und Tatsachen, die ihrer Bedeutung nach keiner Geheimhaltung bedürfen	9–10
2.2.3	Mitteilungen „im dienstlichen Verkehr"	11
2.2.4	Entscheidung über den Umfang der Geheimhaltungspflicht	12
3.	Aussagegenehmigung (Abs. 2)	13–18
3.1	Aussagegenehmigung als punktuelle Befreiung von der Geheimhaltungspflicht	13–15
3.2	Zuständigkeit zur Erteilung der Genehmigung	16–17
3.3	Kriterien für die Erteilung der Genehmigung	18
4.	Ausnahmen von der Geheimhaltungspflicht (Abs. 3)	19–21
5.	Parallelregelungen im EuAbgG und in den Abgeordnetengesetzen der Länder	22

1. Allgemeines

1.1 Entstehungsgeschichte und Parallelvorschriften aus anderen Rechtsgebieten

§ 49 wurde mit dem sog. Fraktionsgesetz, dem 16. Gesetz zur Änderung des Abgeordnetengesetzes vom 11. März 1994, eingefügt.[1] Der im Gesetzgebungsverfahren federführende Ausschuss für Wahlprüfung, Immunität und Geschäftsordnung (1. Ausschuss) hatte diese Regelung in Ergänzung der ihm überwiesenen Gesetzentwürfe[2] empfohlen, da vorher die Verschwiegenheitspflicht der Fraktionsangestellten und das Recht zur Erteilung einer Aussagegenehmigung nicht zweifelsfrei abgesichert waren. Der Bericht der Abgeordneten Hörster, Dr. Küster und Wolfgramm[3] beruft sich hierzu insbesondere auf die Erfahrungen aus Untersuchungsausschüssen und führt aus, die Verschwiegenheitspflicht der Fraktions-

1

---

1 BGBl. I, S. 526; s.a. BT-Drs. 12/4756, 12/5788 und 12/6067.
2 BT-Drs. 12/4756 und 12/5788.
3 BT-Drs. 12/6067, S. 9, 11.

angestellten sei parallel zu der Verschwiegenheitspflicht von Bundesministern und von Beamten eingefügt worden, um alle Informationen, die den Fraktionsmitarbeiterinnen und Fraktionsmitarbeitern in ihrer Funktion als Berater einer Fraktion zugingen, dem erforderlichen Vertrauensschutz zu unterwerfen.

2 Die Vorbilder für § 49 sind eindeutig im Beamtenrecht zu erkennen (§§ 61 BBG und 39 BRRG). Ähnlich ausgestaltet ist die Verschwiegenheitspflicht der Bundesminister und Parlamentarischen Staatssekretäre (§§ 6 BMinG, 7 ParlStG) und der Soldaten (§ 14 SoldatenG). In diesen Kontext fallen aber auch die Verschwiegenheitspflichten für Mitglieder des Bundestages gemäß § 44c sowie die Schweigepflicht der Angestellten nach § 9 BAT bzw. § 9 BAT-O.

1.2 Verhältnis zum Untersuchungsausschussgesetz

3 Der Bundestag hat am 6. April 2001 ein Untersuchungsausschussgesetz (PUAG) beschlossen, das in seinem § 16 Abs. 2 ebenfalls Verschwiegenheitspflichten und die Notwendigkeit von Aussagegenehmigungen anordnet.[4] Da diese Vorschrift u.a. auch für die Mitarbeiter der Fraktionen im Untersuchungsausschuss gilt, ist § 16 PUAG insofern als Spezialgesetz zu § 49 zu betrachten.[5]

Soweit die Regelungen des § 16 PUAG reichen, gehen sie denen in § 49 vor. Allerdings wird die Verschwiegenheitspflicht in § 16 Abs. 2 i.V.m. Abs. 1 PUAG ausdrücklich auf Verschlusssachen des Geheimhaltungsgrades VS-VERTRAULICH und höher beschränkt. Sonstige Angelegenheiten, die Fraktionsmitarbeiter im Zusammenhang mit der Tätigkeit eines Untersuchungsausschusses dienstlich bekannt werden, unterliegen deshalb weiterhin der Geheimhaltungspflicht nach § 49.[6]

4 Die Erteilung einer Aussagegenehmigung ist im Anwendungsbereich des PUAG dem Präsidenten des Bundestages vorbehalten. Da die Regelungen über die Aussagegenehmigung in § 16 Abs. 2 Satz 2 und 3 PUAG sich unmittelbar an die Regelung zur Verschwiegenheitspflicht anschließt, ist davon auszugehen, dass erstere sich genauso wie letztere lediglich auf die „in Absatz 1 bezeichneten Verschlusssachen" bezieht. Dies bedeutet, dass auch im Hinblick auf Aussagegenehmigungen § 16 PUAG nur insoweit anzuwenden ist, als Verschlusssachen des Geheimhaltungsgrades VS-VERTRAULICH oder höher betroffen sind. Die Erteilung über Aussagegenehmigungen im Hinblick auf sonstige Angelegenheiten der Untersuchungsausschüsse richtet sich weiterhin nach den allgemeinen Regeln; für die Angestellten der Fraktionen ist deshalb insoweit § 49 einschlägig.[7] Zum Verfahren verweist § 16 PUAG auf § 44c Abs. 2 und 3; wie dort sind die bundestagsinternen Beteiligungsregeln zu beachten.[8]

---

4   S. BT-Drs. 14/5790, PlenProt. 14/165, S. 16144 ff. und BGBl. 2001 I, S. 1142 ff.
5   So auch der Bericht zur Beschlussempfehlung des federführenden 1. Ausschusses, wonach die allgemeinen Regelungen zu Verschwiegenheitspflicht und Erforderlichkeit einer Aussagegenehmigung, die für die Fraktionsangestellten in § 49 festgelegt sind, einer speziellen (wiederholenden) Regelung im Untersuchungsausschussgesetz nicht entgegenstünden – s. BT-Drs. 14/7590, S. 19.
6   Zum Umfang der in § 49 angeordneten Geheimhaltungspflicht s. unten 2. 2.
7   Aber auch im Anwendungsbereich des § 49 ist für die Erteilung einer Aussagegenehmigung über Angelegenheiten eines Untersuchungsausschusses der Präsident des Bundestages und nicht der jeweilige Fraktionsvorsitzende zuständig; s. dazu unten 3. 2.
8   S. 3. 2 zu § 44c.

2. Geheimhaltungspflicht der Fraktionsangestellten (Abs. 1)

2.1 Verpflichteter Personenkreis

§ 49 bezieht sich auf die „Angestellten der Fraktionen". Das sind die Personen, deren Beschäftigungsverhältnis seine Grundlage in einer (arbeitsvertraglichen) Vereinbarung mit der Fraktion hat, die sog. Fraktionsmitarbeiter (vgl. auch 6. zu § 46).[9] Hierunter fällt zunächst das Personal, das die Fraktionen vom freien Arbeitsmarkt rekrutieren. § 49 gilt aber auch für die Beamten, die sich von ihrem Dienstherrn für ihre Tätigkeit bei der Fraktion befristet beurlauben lassen. Zu den Angestellten der Fraktionen zählen dagegen nicht die Angestellten und Mitarbeiter der politischen Parteien, die Mitarbeiter der Abgeordneten[10] sowie die Beamten und Angestellten der Bundestagsverwaltung.

2.2 Umfang und Inhalt der Geheimhaltungspflicht

2.2.1 Grundsatz der umfassenden Verschwiegenheitspflicht

Die Geheimhaltungspflicht bzw. Verschwiegenheitspflicht[11] nach § 49 ist – ebenso wie im Beamtenrecht – umfassend ausgestaltet.[12] Sie betrifft grundsätzlich alle Angelegenheiten, die den Fraktionsangestellten bei ihrer Tätigkeit bekannt werden. Dies sind sowohl solche Sachverhalte, mit denen die Fraktionsmitarbeiter dienstlich befasst sind, als auch solche, die mit der dienstlichen Tätigkeit in einem unmittelbaren oder mittelbaren Zusammenhang stehen. Die Verschwiegenheitspflicht umfasst schließlich auch solche Angelegenheiten, zu denen kein direkter dienstlicher Bezug besteht, von denen die Fraktionsmitarbeiter aber bei Gelegenheit ihrer dienstlichen Tätigkeit Kenntnis erlangt haben. Insbesondere fallen unter die Geheimhaltungspflicht nicht nur Angelegenheiten der Fraktionen und des Bundestages, sondern z.B. auch Privatgeheimnisse, von denen die Fraktionsangestellten in einem dienstlichen Zusammenhang Kenntnis erlangt haben.

Nicht erforderlich für das Bestehen der Geheimhaltungspflicht nach § 49 ist es, dass

---

9 Zur Arbeitgebereigenschaft der Fraktionen s. *Hagelstein B.*, Die Rechtsstellung der Fraktionen im Deutschen Parlamentswesen, Frankfurt, 1992, S. 123; *Jekewitz J.*, Politische Bedeutung, Rechtsstellung und Verfahren der Bundestagsfraktionen, in: Parlamentsrecht und Parlamentspraxis in der Bundesrepublik Deutschland: ein Handbuch / hrsg. von Schneider H.-P. / Zeh W., Berlin, 1989, S. 1052; *Schönberger K.*, Die Rechtsstellung der Parlamentsfraktionen, Diss., Tübingen, 1990, S. 87 f.; *Stevens B.*, Die Rechtsstellung der Bundestagsfraktionen, Frankfurt, 2000, S. 215 ff.; *Engels D.*, in: Bellers J. / v. Westphalen R., Parlamentslehre, 2. Aufl., München / Wien, 1996, S. 246; a.A. *Hauenschild W.-D.*, Wesen und Rechtsnatur der parlamentarischen Fraktionen, Diss., Berlin, 1968, S. 194 ff.; *Schmidt-Bens W.*, Finanzkontrolle und Fraktionen, ZRP 1992, S. 284.
10 Das Beschäftigungsverhältnis der Abgeordnetenmitarbeiter beruht ausschließlich auf einem Vertrag mit dem jeweiligen Abgeordneten, der die ihm daraus entstehenden Aufwendungen gegen Nachweis ersetzt erhält; vgl. § 12 Abs. 3.und 4. 7 zu § 12.
11 § 49 gebraucht beide Begriffe als Synonyme.
12 Zum Grundsatz der umfassenden Dienstverschwiegenheit im Beamtenrecht s. *Schütz*, Beamtenrecht, § 64 Rdn. 5 ff.; *Battis*, Bundesbeamtengesetz, § 61 Rdn. 3; *Plog E. / Wiedow A. / Beck G. / Lemhöfer B.*, Kommentar zum Bundesbeamtengesetz mit Beamtenversorgungsgesetz, Neuwied, § 61 BBG Rdn. 2.

eine Tatsache förmlich als Verschlusssache eingestuft ist;[13] die Pflicht nach § 49 besteht vielmehr unabhängig von einer solchen Einstufung.[14]

7 Soweit eine Tatsache der Geheimhaltungspflicht unterliegt, haben die Fraktionsangestellten hierüber gegenüber jedermann Stillschweigen zu bewahren, und zwar sowohl im dienstlichen Umfeld, als auch privat. Akten oder sonstige dienstliche Schriftstücke sind für Unbefugte unzugänglich zu verwahren. Soweit es sich um Verschlusssachen handelt, sind zusätzlich die Bestimmungen der GSO und der VSA zu beachten.

Abs. 2 umschreibt diese Pflicht mit dem Verbot, (ohne entsprechende Genehmigung) Aussagen zu machen oder Erklärungen abzugeben. Damit wird klargestellt, dass die Geheimhaltungspflicht auch dann greift, wenn es sich um Aussagen vor der Polizei, vor der Staatsanwaltschaft, vor einer Verwaltungsbehörde, einem Gericht oder einem parlamentarischen Untersuchungsausschuss handelt. Auch Erklärungen gegenüber Rechtsanwälten, Journalisten und Privatpersonen sind durch § 49 im Bereich bestehender Geheimhaltungspflichten grundsätzlich untersagt.[15]

8 Zeitlich besteht die Geheimhaltungspflicht unbeschränkt, d.h. sie gilt auch nach dem Ende des Beschäftigungsverhältnisses bei der jeweiligen Fraktion weiter fort.

2.2.2 Offenkundige Tatsachen und Tatsachen, die ihrer Bedeutung nach keiner Geheimhaltung bedürfen

9 Von dieser grundsätzlich umfassenden Pflicht zur Geheimhaltung nimmt § 49 diejenigen Tatsachen aus, die offenkundig sind oder ihrer Bedeutung nach keiner Geheimhaltung bedürfen.

Eine Angelegenheit ist offenkundig, wenn sie allgemein bekannt ist oder wenigstens die Möglichkeit besteht, dass jeder Interessierte von ihr Kenntnis nehmen kann.[16] Deshalb fallen öffentlich bekannt gemachte Angelegenheiten nicht mehr unter die Geheimhaltungspflicht. Dies ist insbesondere im Hinblick auf Bundestagsdrucksachen relevant, aber auch in Bezug auf Veröffentlichungen in amtlichen Publikationen, Amts- und Gesetzesblättern. Offenkundig sind auch Tatsachen, die in der Presse veröffentlicht wurden, und zwar auch dann, wenn diese Veröffentlichung erst durch Indiskretionen oder einen Verstoß gegen Verschwiegenheits-

---

13 Im Gegensatz dazu beziehen sich die Verschwiegenheitspflichten im Untersuchungsausschussgesetz nur auf förmliche Verschlusssachen; s. dazu oben 1. 2. Zur Einstufung vgl. §§ 2 und 3 GSO, 7 ff. VSA.
14 In diesem Zusammenhang ist allerdings darauf hinzuweisen, dass Verschlusssachen des Geheimhaltungsgrades VS-VERTRAULICH und höher gem. § 4 Abs. 3 GSO den Angestellten der Fraktionen genauso auch wie den Mitarbeitern der Abgeordneten nur dann zugänglich gemacht werden dürfen, wenn sie zum Umgang mit VS ermächtigt und zur Geheimhaltung förmlich verpflichtet worden sind. Die Befugnis für diese Ermächtigung und Verpflichtung hat der Präsident des Bundestages gem. § 4 Abs. 1 der Ausführungsbestimmungen zur GSO auf den Geheimschutzbeauftragten des Bundestages übertragen. Die förmliche Verpflichtung zur Geheimhaltung im Zusammenhang mit der Befugnis zum Umgang mit VS legt den Fraktionsmitarbeitern eine zusätzliche Pflicht auf, deren Inhalt sich mit der Pflicht aus § 49 und auch der aus § 16 PUAG teilweise überschneidet.
15 Zur Möglichkeit einer Aussagegenehmigung s. unten 3. 1.
16 *Plog E./Wiedow A./Beck G./Lemhöfer B.*, aaO, § 61 BBG Rdn. 6 b.

pflichten ermöglicht wurden. Die Geheimhaltungspflicht entfällt allerdings nur in dem Umfang, in dem die Veröffentlichung tatsächlich stattgefunden hat.

Vorgänge, die ihre Bedeutung nach keiner Geheimhaltung bedürfen, sind Tatsachen, bei denen es auf der Hand liegt, dass weder die jeweilige Fraktion noch der Bundestag oder eines seiner Gremien hier ein Interesse an Vertraulichkeit haben. 10

2.2.3 Mitteilungen „im dienstlichen Verkehr"

Anders als seine Vorbilder im Beamten- und Ministerrecht[17] nimmt § 49 seinem Wortlaut nach „Mitteilungen im dienstlichen Verkehr" nicht von der Geheimhaltungspflicht aus. Die Vorschrift muss im Interesse einer praktischen Handhabbarkeit aber dahingehend interpretiert werden, dass natürlich alle Mitteilungen erlaubt (und geboten) sind, die zur Erfüllung der den Fraktionsangestellten aus ihrem Beschäftigungsverhältnis obliegenden Verpflichtungen notwendig sind. Auch das Akteneinsichtsrecht der Mitglieder des Bundestages gem. § 16 GO-BT geht der Geheimhaltungspflicht nach § 49 vor. 11

2.2.4 Entscheidung über den Umfang der Geheimhaltungspflicht

Die Entscheidung, wie weit die Geheimhaltungspflicht im Einzelfall reicht, liegt bei den Fraktionsangestellten selbst. Sie haben also eigenverantwortlich zu prüfen, ob eine Tatsache offenkundig oder unbedeutend ist bzw. ob ihre Mitteilung zur Erfüllung dienstlicher Obliegenheiten notwendig ist. Dabei ist zu beachten, dass die Mitteilung eines Sachverhalts durchaus gegenüber einer Person erlaubt sein kann und gegenüber anderen nicht bzw. dass gegenüber derselben Person u.U. Auskünfte über die eine Angelegenheit erteilt werden dürfen, während hinsichtlich anderer die Vertraulichkeit zu wahren ist. Die Unterscheidung kann im Einzelfall schwierig sein; im Zweifel ist von einer Geheimhaltungspflicht auszugehen. 12

3. Aussagegenehmigung (Abs. 2)

3.1 Aussagegenehmigung als punktuelle Befreiung von der Geheimhaltungspflicht

§ 49 Abs. 2 eröffnet die Möglichkeit, durch Erteilung einer Aussagegenehmigung punktuell von der Geheimhaltungspflicht befreit zu werden. Die Vorschrift stellt ausdrücklich klar, dass gerichtliche und außergerichtliche Aussagen und Erklärungen einer solchen Genehmigung bedürfen. Damit sind in dem von Abs. 1 geschützten Bereich auch Aussagen vor Gerichten, Staatsanwaltschaften, der Polizei, Verwaltungsbehörden oder einem parlamentarischen Untersuchungsausschuss nur dann zulässig, wenn eine entsprechende Genehmigung erteilt wurde. Dies gilt unabhängig davon, ob der Fraktionsmitarbeiter hier als Zeuge, Sachverständiger, Partei, Betroffener, Beschuldigter, Angeklagter, Nebenkläger oder Privatkläger aussagen soll. Ebenso bedürfen Erklärungen z.B. gegenüber Rechtsanwälten, Journalisten oder Privatpersonen der Genehmigung, wenn es sich um Sachverhalte handelt, die den Fraktionsangestellten bei ihrer Tätigkeit für die jeweilige Fraktion bekannt geworden sind. 13

---

[17] §§ 61 BBG, 39 BRRG, 6 BMinG.

14 Eine Aussagegenehmigung befeit von der Geheimhaltungspflicht nur für diejenige Aussage bzw. Erklärung, für die sie jeweils erteilt wurde und auch nur in dem Umfang, in dem sie erteilt wurde. Die Genehmigung für eine Aussage oder Erklärung kann also auch auf bestimmte Tatsachen oder Sachverhaltskomplexe beschränkt werden.

15 Ebenso wie die Geheimhaltungspflicht besteht das Erfordernis einer Aussagegenehmigung auch nach dem Ende des Beschäftigungsverhältnisses bei der Fraktion weiter fort, wenn der Betroffene über Angelegenheiten aus seiner zurückliegenden Tätigkeit für eine Fraktion aussagen bzw. Erklärungen abgeben soll oder will.

3.2 Zuständigkeit zur Erteilung der Genehmigung

16 Nach dem Wortlaut des § 49 wird die Genehmigung (in jedem Fall) von dem jeweiligen Fraktionsvorsitzenden erteilt. Das ist bedenklich, weil Mitarbeiter der Fraktionen im Rahmen ihres Beschäftigungsverhältnisses auch von Angelegenheiten Kenntnis erlangen können, die nicht nur reine Fraktionsinterna sind, sondern den Bundestages als Ganzen betreffen. Dies ist insbesondere bei Kenntnissen aus der Arbeit der Ausschüsse der Fall.

Für den Sonderfall der Untersuchungsausschüsse hat § 16 PUAG deswegen eine andere Regelung getroffen: Im Anwendungsbereich dieser Vorschrift ist ausschließlich der Präsident des Bundestages zuständig zur Erteilung der Aussagegenehmigung[18] und zwar auch dann, wenn es um eine Aussagegenehmigung für Fraktionsangestellte geht. Der Bundestag ist mit dieser Regelung einer Empfehlung des 1. Ausschusses gefolgt, der diese Abweichung von dem Entwurf auf BT-Drs. 14/2518[19] mit der Erwägung begründete, dass eine Zuständigkeit des Fraktionsvorsitzenden nicht auf die Sachgestaltung des § 16 PUAG passe. Denn dieser betreffe nicht Fraktionsangelegenheiten, sondern Verschlusssachen im Bereich des Bundestages.[20]

Entsprechendes trifft auch für weite Teile des Anwendungsbereichs des § 49 zu. Einer Zuständigkeit des Fraktionsvorsitzenden auch für Angelegenheiten des Bundestages steht zunächst die Überlegung entgegen, dass über die Offenlegung dieser Sachverhalte nicht allein aus dem Blickwinkel einer Fraktion entschieden werden kann. Darüber hinaus würde sie zu Wertungswidersprüchen sowohl im Hinblick auf § 16 PUAG, als auch im Hinblick auf § 44c und § 4 Abs. 3 GSO führen.

Im Bereich der Untersuchungsausschüsse würde eine solche Handhabung bedeuten, dass der Präsident zur Erteilung der Aussagegenehmigung zuständig wäre, soweit Verschlusssachen betroffen sind. Für eine Aussage über sonstige Angelegenheiten des Untersuchungsausschusses, von denen der betroffene Fraktionsmitarbeiter Kenntnis erlangt hat, wäre dagegen der Fraktionsvorsitzende zuständig. Damit läge die Gefahr divergierender Entscheidungen auf der Hand. Dass solches zu praktisch nicht akzeptablen Ergebnissen führen kann wird deutlich wenn man bedenkt, dass Verschlusssachen und sonstige Angelegenheiten eines Untersu-

---

18 Unter Beachtung der im Innenverhältnis bestehenden Beteiligungspflichten, s. dazu oben 1. 2.
19 § 16 Gesetzentwurf der Fraktionen SPD und BÜNDNIS 90/DIE GRÜNEN.
20 BT-Drs. 14/5790, S. 20.

chungsausschusses in einem so engen Zusammenhang stehen können, dass u. U. die Aussage über das eine ohne das andere nicht möglich ist. Wenn in einem solchen Fall der Präsident zu einer anderen Beurteilung käme als der außerdem betroffene Fraktionsvorsitzende, so würde die Entscheidung des einen die des anderen desavouieren. Abgesehen davon wäre ein solcher Zuständigkeits- und Entscheidungswirrwarr nach außen, beispielsweise gegenüber einem Gericht, kaum zu vermitteln.

Entsprechendes gilt im Hinblick auf § 44 c. Auch hier könnte es zu ähnlich untragbaren Ergebnissen kommen, wenn über dieselbe Angelegenheit ein Mitglied des Bundestages und ein Fraktionsangestellter aussagen sollen und für die Aussagegenehmigung des ersteren der Präsident, aber für die des letzteren ein Fraktionsvorsitzender zuständig wäre.

Schließlich bestünden für Aussagegenehmigungen über Verschlusssachen außerhalb der Untersuchungsausschüsse Probleme im Hinblick auf § 4 Abs. 3 GSO. Denn die Ermächtigung zum Umgang mit Verschlusssachen und die förmliche Geheimhaltungsverpflichtung stellt die GSO auch für die Mitarbeiter der Fraktionen in den Zuständigkeitsbereich des Bundestagspräsidenten.[21] Es wäre deswegen ein nicht zu erklärender Widerspruch, wenn es den Fraktionsvorsitzenden gestattet sein sollte, eine Geheimhaltungspflicht (teilweise) aufzuheben, die durch den Präsidenten des Bundestages angeordnet worden ist.

Nach alledem ist § 49 Abs. 2 Satz 2 einschränkend dahingehend auszulegen, dass die **17** jeweiligen Fraktionsvorsitzenden nur insoweit für die Erteilung von Aussagegenehmigungen der Fraktionsmitarbeiter zuständig sind, als Angelegenheiten dieser Fraktion betroffen sind. Soweit es sich jedoch um Angelegenheiten des Bundestages handelt, ist der Präsident des Bundestages zuständig. Das Verfahren ist in diesem Fall entsprechend dem des § 44 c zu gestalten. Dies bedeutet insbesondere, dass der Präsident zwar nach außen hin die verbindliche Entscheidung trifft, im Innenverhältnis aber das Votum des 1. Ausschusses einzuholen hat. Dieser wiederum muss diejenigen Gremien und Stellen beteiligen, die über die erforderlichen Sachverhaltskenntnisse für die Entscheidung über eine eventuelle Aussagegenehmigung verfügen.[22]

3.3 Kriterien für die Erteilung der Genehmigung

§ 49 enthält keine eigene Regelung zu der Frage, welche Kriterien der Entscheidung **18** über die Erteilung oder Versagung einer Aussagegenehmigung zugrunde zu legen sind. Die Vorbilder der Vorschrift im Beamten- und Ministerrecht[23] bestimmen demgegenüber für den Fall einer Zeugenaussage, dass die Genehmigung nur dann versagt werden kann bzw. soll, wenn die Aussage dem Wohle des Bundes oder eines deutschen Landes Nachteile bereiten oder die Erfüllung öffentlicher Aufgaben ernstlich gefährden oder erheblich erschweren würde. Eine ähnliche Regelung mit denselben Kriterien enthält auch § 44 c Abs. 3. Insbesondere im Hinblick auf die letztgenannte Vorschrift ist zu bedenken, dass über eine Aussagegenehmigung nach Sachgesichtspunkten entschieden werden muss und es dafür keinen Unter-

---

[21] Dieser hat sie an den Geheimschutzbeauftragten delegiert.
[22] S. 3. zu § 44c.
[23] §§ 62 BBG, 39 Abs. 3 BRRG, 7 BMinG.

schied machen kann, ob ein Abgeordneter oder ein Mitarbeiter der Fraktionen vernommen werden soll. Zumindest beim Bestehen einer gesetzlichen Zeugnispflicht des betroffenen Fraktionsangestellten sollten deshalb die genannten Kriterien auch bei der Entscheidung über eine Aussagegenehmigung nach § 49 zugrundegelegt werden.[24] Dies gilt auch, soweit die Fraktionsvorsitzenden für die Genehmigung zuständig sind. Sind Stellen außerhalb des Deutschen Bundestages an der Entstehung der geheimzuhaltenden Angelegenheit beteiligt gewesen, so kann die Genehmigung in entsprechender Anwendung des § 44 c Abs. 2 Satz 2 nur im Einvernehmen mit ihnen erteilt werden.

4. Ausnahmen von der Geheimhaltungspflicht (Abs. 3)

19 Abs. 3 bestimmt, dass die gesetzlich begründete Pflicht, Straftaten anzuzeigen und bei Gefährdung der freiheitlich demokratischen Grundordnung für deren Erhaltung einzutreten, von der Geheimhaltungspflicht unberührt bleiben. Intention des Gesetzgebers war hier offenbar – entsprechend den Vorbildern im Recht der Beamten, Bundesminister und Soldaten – einen Ausgleich widerstreitender Pflichten vorzunehmen und gesetzlich angeordneten Offenbarungspflichten den Vorrang vor der Geheimhaltungspflicht zu geben. Die Regelung ist allerdings nicht in vollem Umfang geglückt.

20 Von der rechtlichen Konstruktion her unproblematisch ist der Nachrang der Geheimhaltungspflicht beim Bestehen einer gesetzlich begründeten Pflicht zur Anzeige geplanter Straftaten. Eine solche Pflicht ist in § 138 StGB mit Wirkung für jedermann angeordnet; sie trifft – beim Vorliegen der im Strafgesetzbuch näher beschriebenen Voraussetzungen – also auch die Mitarbeiter der Fraktionen. Allerdings besteht keine allgemeine Pflicht zur Anzeige bevorstehender Straftaten; § 138 StGB sieht dies nur bei der Vorbereitung besonders schwerer Delikte[25] vor. Die Geheimhaltungspflicht der Fraktionsangestellten entfällt deshalb nur insoweit, als eine Anzeigepflicht für die betreffende Straftat vom Gesetz ausdrücklich angeordnet wird und auch nur in dem Umfang, in dem das Gesetz die Anzeigepflicht beschreibt.

21 Problematisch erscheint § 49 Abs. 3, soweit er auch von einer Pflicht der Fraktionsangestellten ausgeht, bei Gefährdung der freiheitlich demokratischen Grundord-

---

24 Eingehend zu den einzelnen Versagungsgründen sowie zur Abwägung der bei der Entscheidung der zu berücksichtigenden Interessen s. 4. zu § 44 c. Dort werden auch eingehend die Unterschiede beim Bestehen bzw. Nichtbestehen einer gesetzlichen Zeugnispflicht erläutert.
25 Vorbereitung eines Angriffskrieges (§ 80 StGB), eines Hochverrats in den Fällen der §§ 81 bis 83 Abs. 1 StGB, eines Landesverrats oder einer Gefährdung der äußeren Sicherheit in den Fällen der §§ 94 bis 96, 97 a oder 100 StGB, einer Geld- oder Wertpapierfälschung in den Fällen der §§ 146, 151, 152 StGB oder einer Fälschung von Zahlungskarten und Vordrucken für Euroschecks in den Fällen des § 152 a Abs. 1 bis 3 StGB, eines schweren Menschenhandels in den Fällen des § 181 Abs. 1 Nr. 2 oder 3 StGB, eines Mordes, Totschlags oder Völkermordes (§§ 211, 212 oder 220 a StGB), einer Straftat gegen die persönliche Freiheit in den Fällen der §§ 234, 234 a, 239 a oder 239 b StGB, eines Raubes oder einer räuberischen Erpressung (§§ 249 bis 251 oder 255 StGB) oder einer gemeingefährlichen Straftat in den Fällen der §§ 306 bis 306 c StGB oder 307 Abs. 1 bis 3 StGB, des § 308 Abs. 1 bis 4 StGB, des § 309 Abs. 1 bis 5 StGB, der §§ 310, 313, 314 oder 315 Abs. 3 StGB, des § 315 b Abs. 3 StGB oder der §§ 316 a oder 316 c StGB sowie das Vorhaben bzw. die Ausführung einer Straftat nach § 129 a StGB (Bildung terroristischer Vereinigungen).

nung für deren Erhaltung einzutreten. Denn eine dahingehende „gesetzlich begründete Pflicht" ist – anders als für Bundesbeamte und Soldaten[26], aber auch für die Mitglieder der Bundesregierung[27] für die Mitarbeiter der Fraktionen jedenfalls nicht zu ermitteln. Insbesondere lässt sie sich auch nicht aus § 49 Abs. 3 selbst herleiten. Hiergegen spricht schon der Wortlaut der Vorschrift. Außerdem erscheint es unter verfassungsrechtlichen Gesichtspunkten äußerst fraglich, ob eine solche Einstandspflicht den Angestellten der Fraktionen tatsächlich auferlegt werden könnte; jedenfalls aber müsste eine solche Regelung in eindeutiger Weise getroffen werden.

Allerdings haben die Fraktionsangestellten – soweit sie Deutsche im Sinne des Grundgesetzes sind – gemäß Art. 20 Abs. 4 GG das Recht zum Widerstand gegen jeden, der es unternimmt, die verfassungsmäßige Ordnung zu beseitigen. § 49 Abs. 3 2. Alt. kann deshalb zumindest als Hinweis darauf verstanden werden, dass dieses Widerstandsrecht auch in Bezug auf die Verschwiegenheitspflicht der Fraktionsangestellten als Rechtfertigungsgrund für die Offenbarung an sich geheimhaltungsbedürftiger Tatsachen zu betrachten ist, wenn tatsächlich ein Angriff auf die verfassungsmäßige freiheitlich demokratische Grundordnung vorliegt und andere Abhilfe nicht möglich ist.

5. Parallelregelungen im EuAbgG und in den Abgeordnetengesetzen der Länder

Im EuAbgG ist keine Parallelvorschrift zu § 49 enthalten. Von den Ländern haben Mecklenburg-Vorpommern und Thüringen Regelungen zur Geheimhaltungspflicht der Fraktionsmitarbeiter in ihre Abgeordnetengesetze sowie Bayern, Hamburg, Rheinland-Pfalz, Schleswig-Holstein und Sachsen in ihre Fraktionsgesetze aufgenommen. § 9 Hbg.FraktG, § 5 SchlH.FraktG und § 12 RP.FraktG sind inhaltsgleich mit § 49. Die Regelungen in Art. 9 Bay.FraktG und § 53 MV.AbgG entsprechen ebenfalls im Wesentlichen den Vorschriften des Bundes; lediglich Regelungen wie in § 49 Abs. 3 über Ausnahmen von der Geheimhaltungspflicht wurden dort weggelassen. § 10 Abs. 1 Sachs.FraktG verzichtet darüber hinaus auch auf explizite Bestimmungen zu offenkundigen oder ihrer Bedeutung nach nicht geheimhaltungsbedürftigen Tatsachen (vgl. § 49 Abs. 1 Satz 2). Die Regelung in § 48 Thür.-AbgG schließlich geht in einigen Punkten über die des § 49 hinaus. So ist in Thüringen eine förmliche Verpflichtung zur Geheimhaltung von Gesetzes wegen vorgesehen und es wird – anders als in § 49, aber ähnlich wie in § 44 c Abs. 3 – eine Regelung darüber getroffen, in welchen Fällen eine Aussagegenehmigung versagt werden darf.

22

---

[26] S. §§ 52 Abs. 2 BBG, 8 SoldatenG.
[27] S. Art. 64 Abs. 2 i.V.m. 56 GG.

§ 50 Geld- und Sachleistungen

(1) Die Fraktionen haben zur Erfüllung ihrer Aufgaben Anspruch auf Geld- und Sachleistungen aus dem Bundeshaushalt.

(2) Die Geldleistungen setzen sich aus einem Grundbetrag für jede Fraktion, aus einem Betrag für jedes Mitglied und einem weiteren Zuschlag für jede Fraktion, die nicht die Bundesregierung trägt (Oppositionszuschlag), zusammen. Die Höhe dieser Beträge und des Oppositionszuschlages legt der Bundestag jährlich fest. Dazu erstattet der Präsident dem Bundestag im Benehmen mit dem Ältestenrat jeweils bis zum 30. September einen Bericht über die Angemessenheit der Beträge und des Oppositionszuschlages und legt zugleich einen Anpassungsvorschlag vor.

(3) Die Sachleistungen werden nach Maßgabe des Haushaltsgesetzes zur Nutzung erbracht.

(4) Leistungen nach Absatz 1 dürfen die Fraktionen nur für Aufgaben verwenden, die ihnen nach dem Grundgesetz, diesem Gesetz und der Geschäftsordnung des Deutschen Bundestages obliegen. Eine Verwendung für Parteiaufgaben ist unzulässig.

(5) Geldleistungen nach Absatz 1 können auf neue Rechnung vorgetragen werden.

Parallelvorschriften im EuAbgG und in den Abgeordnetengesetzen der Länder:			
EuAbgG	–		
BadWürtt.	§ 2/3 FraktG	Nds.	§ 31/32
Bay.	Art. 2/3 FraktG	NW.	§ 30
Berl.	§ 8 FraktG	RP.	§ 2 FraktG
Bbg.	§ 3 FraktG	Saarl.	§ 5 FraktRG
Brem.	§ 40	Sachs.	§ 2/3 FraktRG
Hbg.	§ 2 FraktG	SachsAnh.	§ 2/3 FraktG
Hess.	§ 2/3 FraktG	SchlH.	§ 6 FraktG
MV.	§ 54	Thür.	§ 49

Literatur: *v. Arnim H. H.*, Finanzierung der Fraktionen, Wiesbaden, 1993; *Becker F.*, Staatliche Zuwendungen an Parlamentsfraktionen und der Vorbehalt des Gesetzes, NWVBl. 1996, 361 ff.; *ders.*, Defizite im Fraktionsgesetz des Bundes: § 50 AbgG, ZParl 1996, 189 ff.; *ders.*, Die Einschränkung der Prüfungsbefugnis des Bundesrechnungshofes durch das Fraktionsgesetz, ZG 1996, 260 ff.; *Besch J. Chr.*, Die Rechtsstellung parlamentarischer Gruppen – Parlamentsrecht in der Entwicklung, in: Brücken bauen und begehen, Festschrift für Knut Ipsen, hrsg. von Epping V. / Fischer H. / von Heinegg W.H., München, 2000; *Bieber R.*, in: von der Groeben H. / Thiesing J. / Ehlermann C.-D. (Hrsg.), Kommentar zum EU-/EG-Vertrag, 5. Aufl., Baden-Baden, 1997, Art. 138 b EGV; *Cremer H.-J.*, Anwendungsorientierte Verfassungsauslegung – Der Status der Bundestagsabgeordneten im Spiegel der Rechtsprechung des Bundesverfassungsgerichts, Baden-Baden, 2000; *Damm S. M.*, Die europäischen politischen Parteien: Hoffnungsträger europäischer Öffentlichkeit zwischen nationalen Parteien und europäischen Fraktionsfamilien, ZParl 1999, 395 ff.; *Drysch Th.*, Parteienfinanzierung, Opladen, 1998; *Fensch H.-F.*, Die Veranschlagung der Fraktionskostenzuschüsse im Spannungsfeld zwischen freiem Mandat und Haushaltstransparenz, ZRP 1993, 209 f.; *ders.*, Gängelung der Fraktionen durch den Haushalt?,

KritV 1996, 379 ff.; *Fischer A.*, Abgeordnetendiäten und staatliche Fraktionsfinanzierung in den fünf neuen Bundesländern, Frankfurt, 1995; *Heuer E.*, Kontrollauftrag gegenüber den Fraktionen, in: Finanzkontrolle im repräsentativ-demokratischen System, hrsg. von Böning W. und v. Mutius A., Heidelberg, 1990, S. 107 ff.; *Hölscheidt S.*, Die Finanzen der Bundestagsfraktionen, DÖV 2000, 712 ff.; *ders.*, Funktionszulagen für Abgeordnete, DVBl. 2000, 1734 ff.; *ders.*, Das Recht der Parlamentsfraktionen, Rheinbreitbach, 2001; *Jäger C./Bärsch R.*, Dürfen Fraktionsmittel für Öffentlichkeitsarbeit eingesetzt werden? Eine Auseinandersetzung mit dem „Wüppesahl-Urteil", ZParl 1991, 204 ff.; *Jekewitz J.*, Politische Bedeutung, Rechtsstellung und Verfahren der Bundestagsfraktionen, in: Parlamentsrecht und Parlamentspraxis in der Bundesrepublik Deutschland: ein Handbuch / hrsg. von Schneider H.-P./ Zeh W., Berlin, 1989, 1021 ff.; *Linde A.*, Fraktionsfinanzierung in der parlamentarischen Demokratie: empirische Befunde und theoretische Reflexionen, Frankfurt, 2000; *Mardini M.*, Die Finanzierung der Parlamentsfraktionen durch staatliche Mittel und Beiträge der Abgeordneten, Diss., Frankfurt am Main, 1990; *Martin H.*, Staatliche Fraktionsfinanzierung in Rheinland-Pfalz, Berlin, 1995; *Meyer H.*, Die Fraktionen auf dem Weg zur Emanzipation von der Verfassung, in: Däubler-Gmelin H./ Kinkel K./Meyer H./Simon H. (Hrsg.), Gegenrede: Aufklärung – Kritik – Öffentlichkeit. Festschrift für Gottfried Mahrenholz, Baden-Baden, 1994, S. 319 ff.; *Morlock J.*, Gesetzliche Regelung des Rechtsstatus und der Finanzierung der Bundestagsfraktion, NJW 1995, S. 29 ff.; *ders.*, Durchsichtige Taschen oder schwarze Koffer? Die rechtliche Regulierung der Parteifinanzen und der Fall der CDU, in: Aus Politik und Zeitgeschichte, Beil. zur Wochenzeitung Das Parlament, Nr. 16 vom 14. April 2000, S. 6 ff.; *ders.*, Spenden – Rechenschaft – Sanktionen, Aktuelle Rechtsfragen der Parteienfinanzierung, NJW 2000, 761 ff.; *Müller U./Albrecht S.*, Fraktionen und Parteien: Getrennt durch den Spendenbegriff? Zur Anwendung des Parteiengesetzes auf Fraktionszuwendungen, DVBl. 2000, S. 1315 ff.; *Neßler V.*, Europäische Willensbildung: die Fraktionen im Europaparlament zwischen nationalen Interessen, Parteipolitik und europäischer Integration, Schwalbach, 1997; *Ritzel H. G./Bücker J./Schreiner H. J.*, Handbuch für die Parlamentarische Praxis mit Kommentar zur Geschäftsordnung des Deutschen Bundestages, Neuwied; *Schindler P.*, Datenhandbuch zur Geschichte des Deutschen Bundestages 1949 bis 1999, Bd. 3, Baden-Baden, 1999; *Schmidt-Jorzig E./Hansen F.*, Neue Rechtsgrundlagen für die Bundestagsfraktionen, NVwZ 1994, S. 1145 ff.; *Schneider G. Chr.*, Die Finanzierung der Parlamentsfraktionen als staatliche Aufgabe, Diss., Berlin, 1997; *Stevens B.*, Die Rechtsstellung der Bundestagsfraktionen – Eine Untersuchung auf der Grundlage des Fraktionsgesetzes, Frankfurt am Main, 2000; *Wolters J.*, Der Fraktions-Status, Baden-Baden, 1996.

Übersicht

		Rdn.
1.	Allgemeines	1–4
2.	Anspruch auf Geld- und Sachleistungen (Abs. 1)	5–8
3.	Geldleistungen (Abs. 2)	9–14
4.	Sachleistungen (Abs. 3)	15
5.	Zweckbindung der Leistungen (Abs. 4)	16–20
6.	Übertragbarkeit von Geldleistungen (Abs. 5)	21–22
7.	Leistungen an parlamentarische Gruppen	23–25
8.	Leistungen an einen fraktionslosen Abgeordneten	26
8.	EuAbgG	27–28
9.	Landesrecht	29–33

1. Allgemeines

1 § 50 regelt den Anspruch der Fraktionen auf Geld- und Sachleistungen aus dem Bundeshaushalt.[1] Die Norm entspricht inhaltlich weitgehend noch § 49 des Entwurfs eines Sechzehnten Gesetzes zur Änderung des Abgeordnetengesetzes (Fraktionsgesetz) vom 20. April 1993.[2] Mit dieser Bestimmung (und den folgenden) wollte der Gesetzgeber das bislang ausschließlich im Haushaltsplan geregelte Finanzierungssystem für Fraktionen kostenneutral in das Abgeordnetengesetz übernehmen und damit der Diskussion, ob und inwieweit die staatlichen Zahlungen an Fraktionen wegen der besseren Transparenz der Entscheidungsfindung in einem Gesetz, anstatt wie bisher nur im Haushaltsplan geregelt werden müssen, ein Ende bereiten.[3]

2 Nur § 50 Abs. 2 Satz 2 und 3 sind durch Art. 2 (Neunzehntes Gesetz zur Änderung des Abgeordnetengesetzes) des Gesetzes zur Neuregelung der Rechtsstellung der Abgeordneten vom 15. Dezember 1995[4] geändert bzw. eingefügt worden. Der Wegfall des bislang für entsprechend anwendbar erklärten § 30 Satz 1 (s. 1. zu § 30) erforderte eine Anpassung des § 50 Abs. 2 Satz 2 und eine Übernahme der bisherigen Regelung in § 30 Satz 1 in § 50 Abs. 2 Satz 3.

3 In der Literatur ist die Fraktionsgesetzgebung gerade mit Blick auf die §§ 50 ff. zum Teil auf scharfe Kritik gestoßen. *Meyer H.* meint etwa, die Fraktionsgesetze seien lediglich „Kinder des Geldhungers der Fraktionen".[5] Mehrheitlich wurde es indessen aus verfassungspolitischen Erwägungen und aus Gründen der Rechtssicherheit und -klarheit begrüßt, dass die Fraktionen endlich eine gesetzliche Grundlage und Absicherung auch ihres finanziellen Status im Abgeordnetengesetz erhalten haben.[6]

---

[1] Zur Ungleichbehandlung fraktionsloser Abgeordneter oder von Gruppen s. *Becker F.*, Defizite im Fraktionsgesetz des Bundes: § 50 AbgG, ZParl 1996, 189 ff.
[2] BT-Drs. 12/4756.
[3] Begründung zum Gesetzentwurf, aaO, S. 1 und 4 f.; s. auch Beschlussempfehlung und Bericht des Ausschusses für Wahlprüfung, Immunität und Geschäftsordnung vom 2. November 1993, BT-Drs. 12/6067; *Becker F.*, Staatliche Zuwendungen an Parlamentsfraktionen und der Vorbehalt des Gesetzes, NWVBl. 1996, 361; die Kritik am bisherigen Zuschnitt der Zuwendungen richtete sich in erster Linie auf die haushaltsrechtliche Zuordnung, die Art und Weise des Zustandekommens und die Kontrolle der Verwendung, so *Jekewitz J.*, Parlamentsrecht und Parlamentspraxis in der Bundesrepublik Deutschland: ein Handbuch/ hrsg. von Schneider H.-P./Zeh W., Berlin, 1989, 1021, 1051; vgl. auch *Fensch H.-F.*, Die Veranschlagung der Fraktionskostenzuschüsse im Spannungsfeld zwischen freiem Mandat und Haushaltstransparenz, ZRP 1993, 209; zur geschichtlichen Entwicklung der Fraktionszuschüsse nach 1949 s. *Schindler P.*, Datenhandbuch zur Geschichte des Deutschen Bundestages 1949 bis 1999, Bd. 3, Baden-Baden, 1999, S. 3243 ff.; *Wolters J.*, Der Fraktions-Status, Baden-Baden, 1996, S. 124 ff.
[4] BGBl. I S. 1718.
[5] *Meyer H.*, Die Fraktionen auf dem Weg zur Emanzipation von der Verfassung, in: Däubler-Gmelin H./Kinkel K./Meyer H./Simon H. (Hrsg.), Gegenrede: Aufklärung – Kritik – Öffentlichkeit. Festschrift für Gottfried Mahrenholz, Baden-Baden, 1994, S. 319 ff., 321; kritisch auch *Wolters J.*, aaO, S. 140 ff. Auch *Schmidt-Jorzig E./Hansen F.*, Neue Rechtsgrundlagen für die Bundestagsfraktionen, NVwZ 1994, S. 1145, 1147 ist der Meinung, das Fraktionsgesetz diene vorwiegend zur Legalisierung der einschlägigen Finanzverhältnisse.
[6] *Morlock M.*, Gesetzliche Regelung des Rechtsstatus und der Finanzierung der Bundestagsfraktion, NJW 1995, S. 29 ff.; *Schmidt-Jorzig E./Hansen F.*, Neue Rechtsgrundlagen für die Bundestagsfraktionen, NVwZ 1994, S. 1145 ff.; *Schneider G. Chr.*, Die Finanzierung der Parlamentsfraktionen als staatliche Aufgabe, Diss., Berlin, 1997, S. 79 f.; *Stevens B.*, Die Rechts-

Im Rahmen dieser Kommentierung kann die Fraktionsfinanzierung in ihrer ge- 4
setzlichen Ausgestaltung, rechtlichen Bewertung und praktischen Handhabung
allerdings nicht im Detail, sondern nur in ihren Grundzügen erörtert werden. Die
Thematik, die erst jüngst wieder erhebliche politische Aktualität erlangt hat,[7] ist
hierfür bei weitem zu komplex. Sie ist deshalb zu Recht Gegenstand eigener,
weiterführender Abhandlungen, auf die verwiesen wird, geworden.[8]

2. Anspruch auf Geld- und Sachleistungen (Abs. 1)

Wenn und insoweit die Tätigkeit der Fraktionen als Wahrnehmung einer verfas- 5
sungsrechtlich gebotenen Aufgabe qualifiziert wird, so ist es von Verfassung wegen
ebenfalls geboten, die ihnen dazu erforderlichen Mittel bereit zu stellen.[9] Abs. 1
normiert diesen Rechtsanspruch der Fraktionen auf Geld- und Sachleistungen aus
dem Bundeshaushalt auf der Ebene des einfachen Gesetzes.[10] Das Bundesverfassungsgericht hatte bereits in einer Entscheidung aus dem Jahr 1966 für Recht
erkannt, dass den Fraktionen als „ständige, der organisierten Staatlichkeit eingefügte Gliederungen des Deutschen Bundestages" öffentliche Mittel zur Erfüllung
ihrer im Interesse des Gesamtparlaments liegenden Aufgaben gewährt werden
dürfen.[11] In späteren Entscheidungen hat das Gericht diese Auffassung wiederholt
bestätigt.[12] Abs. 1 des § 50 knüpft daran an.[13] De facto handelt es sich um eine
staatliche Vollfinanzierung der parlamentarischen Aufgaben der Fraktionen.[14]

Das Fraktionsgesetz selbst gibt keine Parameter für die Bemessung der Höhe der 6
Geldleistungen, insbesondere keine Obergrenzen[15] vor. Ebenso wenig legt es den

---

stellung der Bundestagsfraktionen – Eine Untersuchung auf der Grundlage des Fraktionsgesetzes, Frankfurt am Main, 2000, S. 30.
7 S. dazu *Hölscheidt S.*, Die Finanzen der Bundestagsfraktionen, DÖV 2000, 712 ff.; *Müller U./
Albrecht S.*, Fraktionen und Parteien: Getrennt durch den Spendenbegriff? Zur Anwendung des
Parteiengesetzes auf Fraktionszuwendungen, DVBl. 2000, S. 1315 ff.
8 Insbesondere *Schneider G. Chr.*, Die Finanzierung der Parlamentsfraktionen als staatliche
Aufgabe, Diss., Berlin, 1997; *Mardini M.*, Die Finanzierung der Parlamentsfraktionen durch
staatliche Mittel und Beiträge der Abgeordneten, Diss., Frankfurt am Main, 1990 (dort auch zur
geschichtlichen Entwicklung der Fraktionsfinanzierung, S. 59 ff. und 102 ff.), *Linde A.*, Fraktionsfinanzierung in der parlamentarischen Demokratie: empirische Befunde und theoretische
Reflexionen, Frankfurt, 2000, und auch *Hölscheidt S.*, Das Recht der Parlamentsfraktionen,
Rheinbreitbach, 2001, S. 500 ff.
9 *Schneider G. Chr.*, aaO, S. 75, m.w.N; *Linde A.*, aaO, S. 51 ff.
10 *Wolters J.*, aaO, S. 163; zu den Geldleistungen der Abgeordneten an ihre Fraktion s. 5.
11 Urteil vom 19. Juli 1966 – 2 BvF 1/65 –, BVerfGE 20, 56,104; *Fischer A.*, Abgeordnetendiäten und staatliche Fraktionsfinanzierung in den fünf neuen Bundesländern, Frankfurt,
1995, S. 177 f.; *Schneider G. Chr.*, aaO, S. 71.
12 Urteil vom 3. November 1982 – 2 BvH 3/80 –, BVerfGE 62, 194, 202; Urteil vom 13. Juni
1989 – 2 BvE 1/88 –, BVerfGE 80, 188, 231; s. auch *Hölscheidt S.*, aaO, S. 714, m.w.N.; *Wolters J.*,
aaO, S. 128 ff.
13 Vgl. Begründung zu § 49 des Entwurfs eines Sechzehnten Gesetzes zur Änderung des
Abgeordnetengesetzes (Fraktionsgesetz) vom 20. April 1993, BT-Drs. 12/4756, S. 7.
14 So *Müller U./Albrecht S.*, Fraktionen und Parteien: Getrennt durch den Spendenbegriff? Zur
Anwendung des Parteiengesetzes auf Fraktionszuwendungen, DVBl. 2000, S. 1317; vgl. auch
Schneider G. Chr., aaO, S. 75: „Der Finanzierungsanspruch besteht nicht nur dahingehend, dass
die Fraktionen überhaupt dem Grunde nach von staatlicher Seite finanziert werden, sondern
verfassungsrechtlich ist eine Vollfinanzierung der Fraktionen im Sinne einer Abgeltung sämtlicher notwendiger Aufwendungen geboten."
15 Zum Meinungsstand der Forderung nach einer absoluten Obergrenze ähnlich der für die

Umfang der Sachleistungen, auf die die Fraktionen Anspruch haben, fest. Es regelt diese Ansprüche also nur dem Grunde nach. Die Konkretisierung der Ansprüche ist – wie bisher – Aufgabe des Haushaltsgesetzgebers (s.u. 3.).[16]

7 Haushaltsrechtlich betrachtet, handelt es sich bei der Fraktionsfinanzierung durch staatliche Leistungen um eine Sonderform der Bereitstellung von Haushaltsmitteln, die in dieser Form ohne Beispiel ist. Soweit es sich um Geldleistungen handelt, könnten diese – wie es in der Begründung zum Gesetzentwurf heißt – weder als Haushaltsmittel, noch als Zuwendungen oder Zuschüsse qualifiziert werden. Es seien keine Haushaltsmittel, weil die Fraktionen zwar der organisierten Staatlichkeit eingefügt, gleichwohl aber nicht mit dieser gleichzusetzen und folglich auch nicht Bund oder Bundesverwaltung im Sinne des Bundeshaushaltsrechts seien. Zuwendungen (i.S.d. § 23 BHO) seien es nicht, weil Fraktionen in die organisierte Staatlichkeit eingefügt seien und nicht außerhalb des Staates stünden. Schließlich handele es sich auch nicht um Zuschüsse, weil den Fraktionen ein Rechtsanspruch dieser zur Erfüllung ihrer Aufgaben notwendigen Leistungen eingeräumt werde.[17]

8 Statusrechtlich hat der Gesetzgeber die Fraktionsleistungen als gemeinschaftliche Amtsausstattung der in der Fraktion zusammengeschlossenen Parlamentsmitglieder begriffen. Die gemeinschaftliche Amtsausstattung trete neben die individuelle Amtsausstattung der Abgeordneten, wobei beide Arten der Amtsausstattung unterschiedlichen Zwecken dienten und deshalb nicht austauschbar seien.[18] Zu Recht betont schon der Gesetzentwurf unter Hinweis auf die Entscheidung des Bundesverfassungsgerichts vom 13. Juni 1989,[19] dass wegen der unterschiedlichen Zweckbestimmung der Leistungen die Fraktionsausstattung nicht für dieselben Zwecke verwendet werden dürfe, für die die Abgeordneten ihre individuelle Amtsausstattung erhalten.[20] Das gilt natürlich auch umgekehrt: Die den Abgeordneten zur Verfügung gestellte Amtsausstattung darf nicht für Fraktions- oder Parteizwecke eingesetzt werden (vgl. auch 1. zu § 12). So wie staatlichen Leistungen zwischen diesen beiden aus Haushaltsmitteln finanzierten Politikbereichen nicht beliebig ausgetauscht werden dürfen, gilt dies auch für den dritten großen Bereich der staatlichen Politikfinanzierung, den der Parteien.[21] § 50 Abs. 4 Satz 2 bestimmt ausdrücklich, dass eine Verwendung von Leistungen nach Abs. 1 für Parteiaufgaben unzulässig ist und § 25 Abs. 1 Nr. 1 ParteiG untersagt es den Parteien, Spenden von Parlamentsfraktionen oder -gruppen anzunehmen.[22]

Parteienfinanzierung auch bei der Fraktionsfinanzierung vgl. *Linde A.*, aaO, S. 116 ff.; *Fischer A.*, aaO, S. 204 ff.; *Schneider G. Chr.*, aaO, S. 130 ff.
16 Vgl. *Schmidt-Jorzig E./Hansen F.*, aaO, S. 1148.
17 Begründung zu § 49 des Entwurfs eines Sechzehnten Gesetzes zur Änderung des Abgeordnetengesetzes (Fraktionsgesetz) vom 20. April 1993, BT-Drs. 12/4756, S. 5; s. auch *Hölscheidt S.*, Das Recht der Parlamentsfraktionen, aaO, S. 501, m.N.
18 Begründung zu § 49 des Entwurfs eines Sechzehnten Gesetzes zur Änderung des Abgeordnetengesetzes (Fraktionsgesetz) vom 20. April 1993, BT-Drs. 12/4756, aaO.
19 BVerfGE 80, 188, 231.
20 BT-Drs. 12/4756, S. 5.
21 Zur strikten Trennung der drei Felder der staatlichen Politikfinanzierung s. auch *Linde A.*, aaO, S. 146 f.
22 Aktuell dazu „Bericht über die Rechenschaftsberichte 1996, 1997 und 1998 sowie über die Entwicklung der Finanzen der Parteien gemäß § 23 Abs. 5 des Parteiengesetzes", Unterrichtung durch den Präsidenten des Deutschen Bundestages vom 21. November 2000, BT-Drs. 14/4747,

3. Geldleistungen (Abs. 2)

Abs. 2 führt das bis zum In-Kraft-Treten des Sechzehnten Änderungsgesetzes ausschließlich im Haushaltsplan geregelte Finanzierungssystem für die Fraktionen in Satz 1 auch insofern weiter, als er ebenso wie jenes einen Grundbetrag, einen Pro-Kopf-Betrag und einen Oppositionszuschlag vorsieht.[23] Der Grundbetrag rechtfertigt sich aus der Überlegung, dass keine Fraktion ohne einen finanziellen Sockelbetrag zur Erfüllung der ihr nach dem Grundgesetz, diesem Gesetz und der GO-BT obliegenden Aufgaben im Stande wäre. Er stellt die Grundausstattung sicher. Der Pro-Kopf-Betrag für jedes Fraktionsmitglied soll dem anerkannt höheren Finanzbedarf einer größeren Fraktion Rechnung tragen.[24] Der Oppositionszuschlag schließlich soll in verfassungsrechtlich zulässiger Weise die Zusatzbelastung der Oppositionsfraktionen, die die eigentliche parlamentarische Kontrolle über die Regierung ausüben und die nicht im selben Maße wie die Regierungsfraktionen auf die Unterstützung durch die Ministerialbürokratie zählen können, ausgleichen.[25] Diese abstrakten Berechnungsparameter sollen schematisiert dem Proporz zwischen den Fraktionen auf der Ebene ihrer Finanzausstattung Rechnung tragen.[26]

S. 25; *Morlok M.*, Durchsichtige Taschen oder schwarze Koffer? Die rechtliche Regulierung der Parteifinanzen und der Fall der CDU, in: Aus Politik und Zeitgeschichte, Beil. zur Wochenzeitung Das Parlament, Nr. 16 vom 14. April 2000, S. 8: „Das Verbot, Spenden von Parlamentsfraktionen anzunehmen, dient der sauberen Abgrenzung von Fraktionen, die als Teilorgan des Staatsorgans Parlament zu verstehen sind, von den grundsätzlich privaten Parteien."; *ders.*, Spenden – Rechenschaft – Sanktionen, Aktuelle Rechtsfragen der Parteienfinanzierung, NJW 2000, 763: „Neben der offiziellen (summenmäßig und im relativen Anteil begrenzten) staatlichen Parteienfinanzierung sollen nicht auf Nebenwegen weitere staatliche Mittel den Parteien zugeführt werden. Hieraus erklärt sich das Verbot, Spenden von politischen Stiftungen oder Parlamentsfraktionen anzunehmen."; s. auch *Fischer A.*, aaO, S. 179 f.; *Hölscheidt S.*, aaO, S. 715, m.w.N.; *Mardini M.*, aaO, S. 115; *Martin H.*, Staatliche Fraktionsfinanzierung in Rheinland-Pfalz, Berlin, 1995, S. 47 f.; die Kommission unabhängiger Sachverständiger zu Fragen der Parteienfinanzierung empfiehlt, das bislang geltende Spendenannahmeverbot des § 25 Abs. 1 Satz 2 Nr. 1 PartG zu erweitern zu einem umfassenden Verbot jeglicher Finanztransfers zwischen Fraktion und Partei (mit Ausnahme vertraglich geregelter Leistungen gegen Rechnungsstellung) (vgl. Unterrichtung der Kommission unabhängiger Sachverständiger zu Fragen der Parteienfinanzierung vom 19. Juli 2001, BT-Drs. 14/6710, S. 46).
23 Im Haushaltsjahr 2001 beträgt der Soll-Ansatz für die Geldleistungen an die Fraktionen 61.319.000 € (119.929.000 DM). Der monatliche Grundbetrag für jede Fraktion ist auf 272.595,78 € (533.151 DM) und der monatliche Betrag für jedes Mitglied auf 5.173,77 € (10.119 DM) festgesetzt worden. Die Oppositionsfraktionen erhalten zusätzlich einen Zuschlag von 15 v. H. auf den Grundbetrag und von 10 v. H. auf den Betrag für jedes Mitglied. Im jüngsten Bericht nach § 50 AbgG vom 27. September 2001 hat der Bundestagspräsident im Benehmen mit dem Ältestenrat vorgeschlagen, ab dem Haushaltsjahr 2002 den Grundbetrag auf 279.056 € (545.786,10 DM) und den monatlichen Betrag je Mitglied auf 5.296 € (10.358,08 DM) zu erhöhen (BT-Drs. 14/7001).
24 Vgl. auch BVerfG, Urteil vom 16. Juli 1991 – 2 BvE 1/91 –, BVerfGE 84, 304, 334; *Hölscheidt S.*, Das Recht der Parlamentsfraktionen, aaO, S. 603.
25 Vgl. BVerfGE 84, 304, 333 f.; *Becker F.*, Defizite im Fraktionsgesetz des Bundes: § 50 AbgG; ZParl 1996, 197 ff.; *Drysch Th.*, Parteienfinanzierung, Opladen, 1998, S. 170; *Hölscheidt S.*, aaO, S. 715, *ders.*, Das Recht der Parlamentsfraktionen, aaO, S. 603; m.w.N.; *Linde A.*, aaO, S. 57 ff.; *Martin H.*, aaO, S. 95 ff.; *Morlok M.*, Gesetzliche Regelung des Rechtsstatus und der Finanzierung der Bundestagsfraktion, NJW 1995, S. 30; *Schneider G. Chr.*, aaO, S. 124 ff.
26 So *Schneider G. Chr.*, aaO, S. 123.

10 Die Höhe aller genannten Beträge hat der Bundestag nach Satz 2 jährlich (für das jeweilige Kalender- bzw. Rechnungsjahr, § 52 Satz 1) festzulegen.[27] Weil das Parlament nach der Kompetenzordnung des Grundgesetzes die Entscheidung über die Höhe der Fraktionsfinanzierung trifft und weil die Fraktionen als „Gliederungen des Deutschen Bundestages" die Begünstigten sind, entzündet sich auch hier wieder unter dem nämlichen Stichwort der „Selbstbedienung" die bereits von den Diäten her hinlänglich bekannte Diskussion über die Legitimation des Parlaments zur Entscheidung in eigener Sache. Sie soll hier nicht noch einmal wiedergegeben werden.[28]

11 Einen ersten Teilschritt des Festsetzungsverfahrens regelt das Gesetz in Satz 3. Er verpflichtet den Bundestagspräsidenten, im Benehmen mit dem Ältestenrat[29] jeweils bis zum 30. September einen Bericht über die Angemessenheit der Beträge und des Oppositionszuschlages sowie einen Anpassungsvorschlag vorzulegen.[30] In diesem wird der voraussichtliche Finanzbedarf der Fraktionen für das kommende Haushaltsjahr prognostiziert.[31] Wenn die Begründung zum Gesetzentwurf in diesem Zusammenhang zu beachten aufgibt, dass Fraktionen öffentliche Mittel nur in einer solchen Höhe bewilligt werden dürfen, wie dies zur Erfüllung der ihnen obliegenden Aufgaben erforderlich ist, so wiederholt sie unter Berufung auf dahin lautende Entscheidungen des Bundesverfassungsgerichts eine Selbstverständlichkeit, die ebenso selbstverständlich auch für die beiden anderen Bereiche der staatlichen Politikfinanzierung (Abgeordnete und Parteien) gilt.[32]

12 Aus der Gewährleistung des freien Mandats lässt sich übrigens ein Recht des einzelnen Abgeordneten auf eine bestimmte Höhe der Fraktionszuschüsse und auf die Regelung ihrer Verteilungskriterien jedenfalls dann nicht herleiten, wenn er einer Fraktion oder Gruppe angehört.[33]

13 Abweichend von § 11 Abs. 1, der die Abgeordnetenentschädigung in diesem Gesetz der Höhe nach selbst bestimmt, geht § 50 Abs. 2 Satz 2 für die Geldleistungen an die Fraktionen einen anderen Weg. Die Geldleistungen werden danach nicht hier,

---

27 Zur Entwicklung der Fraktionszuschüsse s. *Schindler P.*, Datenhandbuch zur Geschichte des Deutschen Bundestages 1949 bis 1999, Bd. 3, Baden-Baden, 1999, S. 3243 ff.
28 Vgl. statt dessen 2. 5 zu § 11; zum Streitstand speziell unter dem Blickwinkel der Fraktionsfinanzierung *Schneider G. Chr.*, aaO, S. 80 ff., m.w.N.; auch *Linde A.*, aaO, S. 134 ff.
29 Nach § 6 Abs. 3 Satz 3 GO-BT stellt der Ältestenrat den Voranschlag für den Haushaltseinzelplan des Bundestages auf, von dem der Haushaltsausschuss nur im Benehmen mit dem Ältestenrat abweichen kann. Der Ältestenrat ist demnach die für den Einzelplan zuständige Stelle im Sinne des § 27 BHO.
30 Zuletzt vom 28. September 2000, BT-Drs. 14/4151; zum Entscheidungsprozess bei der Festlegung des Umfanges der Fraktionsfinanzierung und des Verteilungsschlüssels s. *Linde A.*, aaO, S. 122 ff.
31 Vgl. *Schneider G. Chr.*, aaO, S. 116, m.N.; *Linde A.*, aaO, S. 115, kritisiert in diesem Zusammenhang, dass die Veranschlagung der Fraktionszahlungen nicht auf einer Bedarfsermittlung beruhe. Es fehlten objektive, verallgemeinerbare Informationen über die erforderliche Höhe der Aufwendungen von Fraktionen.
32 Begründung zu § 49 des Gesetzentwurfs, BT-Drs. 12/4756, S. 7; vgl. BVerfGE 20, 56, 105; 40, 296, 316; 80, 188, 231; Die mit der Erforderlichkeit der Mittel korrespondierende Zweckbindung der Geldleistungen – nur für Aufgaben der Fraktion – ist in Abs. 4 geregelt (s. 5.).
33 BVerfG, Urteil vom 3. November 1982 – 2 BvH 3/80 –, BVerfGE 62, 194, 201 f.; vgl. dazu auch *Cremer H.-J.*, Anwendungsorientierte Verfassungsauslegung – Der Status der Bundestagsabgeordneten im Spiegel der Rechtsprechung des Bundesverfassungsgerichts, Baden-Baden, 2000, S. 79 f.

sondern erst mit der Feststellung des Haushaltsplans durch das Haushaltsgesetz (Art. 110 Abs. 2 Satz 1 GG) rechtlich verbindlich festgelegt.[34] Die Mittel werden im Haushalt in Anerkennung der Fraktionsautonomie allerdings nur in pauschaler Form ausgewiesen (Globalveranschlagung).[35] Es gibt keine spezifizierte Ausweisung, wie sie bei einer Mittelbereitstellung für staatliche Stellen üblich ist. Dies erlaubt es den Fraktionen, ihre Aufgaben- und Ausgabenschwerpunkte, die sich innerhalb eines Haushaltsjahres beständig verändern können, selbst zu setzen und gegebenenfalls zu variieren, was bei einer titelmäßigen Ausweisung so nicht möglich wäre. Die pauschale Mittelausweisung trägt ferner dem berechtigten Anliegen der Fraktionen Rechnung, ihre politischen Vorhaben nicht zur Unzeit offenbaren zu müssen, was zu besorgen wäre, würden sie zu einer titelmäßigen Aufteilung bei der Bedarfsanmeldung gezwungen.[36] Im Ergebnis bedeutet die pauschale Mittelbereitstellung dann allerdings auch, dass die volle Verantwortung für die zweckentsprechende Mittelverwendung auf die Fraktionen übergeht.[37]

Weil die Fraktionen einen Rechtsanspruch auf Geldleistungen aus dem Bundeshaushalt haben, stehen ihnen die aufgrund dessen gewährten Mittel zur eigenen Bewirtschaftung zu. Auch das ist keine Neuerung durch das Abgeordnetengesetz, sondern wiederum nur eine Fortschreibung der bisherigen, allerdings nur in einem Haushaltsvermerk zum Einzelplan 02 Kapitel 02 01 Titel 684 01 geregelten Praxis, die auch die Zustimmung des Bundesverfassungsgerichts gefunden hat.[38] Dort heißt es, dass „die Mittel zur Selbstbewirtschaftung zugewiesen werden (dürfen)". Sie werden nach dem genannten Haushaltsvermerk monatlich abgerufen. **14**

---

34 Zu der streitigen Frage, ob § 50 Abs. 2 Satz 2 deswegen gegen den aus dem Demokratie- und Rechtsstaatsprinzip (Art. 20 Abs. 1 und 3 GG) abzuleitenden Vorbehalt des Gesetzes verstößt, vgl. *v. Arnim H. H.*, aaO, S. 45 ff.; *Becker F.*, Staatliche Zuwendungen an Parlamentsfraktionen und der Vorbehalt des Gesetzes, NWVBl. 1996, 361ff, m.w.N.; *Fischer A.*, aaO, S. 195 ff.; *Hölscheidt S.*, Das Recht der Parlamentsfraktionen, aaO, S. 593 ff.; *Mardini M.*, aaO, S. 128; *Martin H.*, aaO, S. 83 f.; *Schneider G. Chr.*, aaO, S. 137 ff., m.w.N.; über das Verfahren der Haushaltsaufstellung berichtet *Wolters J.*, beabsichtigte Erhöhungen der Fraktionszuschüsse würden in der Parlamentspraxis regelmäßig nicht schon in den Voranschlag und in den Haushaltsplanentwurf der Regierung eingestellt, sondern erst in der sog. Bereinigungssitzung des Haushaltsausschusses vor der 2. und 3. Lesung in den entsprechenden Titel des Einzelplanes 02 eingefügt (aaO, S. 130 f.). Das ist richtig. Wer darin aber eine Verdeckungsabsicht sieht, verkennt, dass es die Systematik des § 50 Abs. 2 Satz 3 ist, die diese zeitliche Reihung so vorgibt. Der Präsident muss seinen Anpassungsvorschlag eben erst bis zum 30. September eines Jahres vorlegen und nicht bereits im Frühjahr zu Beginn des Haushaltsaufstellungsverfahrens.
35 *Wolters J.*, aaO, S. 164.
36 Vgl. dazu *Fensch H.-F.*, Die Veranschlagung der Fraktionskostenzuschüsse im Spannungsfeld zwischen freiem Mandat und Haushaltstransparenz, ZRP 1993, 209 ff.; *ders.*, Gängelung der Fraktionen durch den Haushalt?, KritV 1996, S. 383; *Linde A.*, aaO, S. 136 ff.; auch *Martin H.*, aaO, S. 110: „Eine Pflicht zur titelmäßigen Differenzierung im Haushalt, für welche Zwecke eine Fraktion wie viel Mittel aufwenden darf, wäre damit unvereinbar; denn in diesem Fall könnte die Parlamentsmehrheit, die den Haushaltsplan durch Haushaltsgesetz feststellt, der Opposition die Mittelverwendung vorschreiben."; kritisch *v. Arnim H. H.*, Finanzierung der Fraktionen, Wiesbaden, 1993, S. 52 f. *Fischer A.*, aaO, S. 206 ff.
37 Vgl. zu den Modalitäten der Mittelbereitstellung und der (str.) Zulässigkeit der Bereitstellung der Geldleistungen in einem Globalbetrag *Schneider G. Chr.*, aaO, S. 92 ff., m.w.N. zum Streitstand; krit. auch *Heuer E.*, aaO, S. 112.
38 Vgl. Begründung zu § 49 des Gesetzentwurfs, BT-Drs. 12/4756, S. 7.

4. Sachleistungen (Abs. 3)

15 Abs. 3 schreibt vor, dass die den Fraktionen gewährten Sachleistungen nach Maßgabe des Haushaltsgesetzes zur Nutzung erbracht werden.[39] Zu den Sachleistungen zählen insbesondere Büro- und Sitzungsräume,[40] Büroeinrichtung, Telekommunikationsanlagen einschließlich Internetnutzung, Benutzung des Fahrdienstes, der Bibliothek und der Wissenschaftlichen Dienste des Deutschen Bundestages. Das Haushaltsgesetz bestimmt also Art und Umfang der Sachleistungen, das Abgeordnetengesetz hingegen die Zweckbestimmung und den rechtlichen Rahmen der Bereitstellung. Danach erhalten die Fraktionen die Sachleistungen nur „zur Nutzung", erwerben nicht etwa das Eigentum daran. Ebenso wie die Geldleistungen dürfen die Fraktionen Sachleistungen gemäß Abs. 3 nach Abs. 4 nur zur Erfüllung ihrer Aufgaben, nicht aber zur Erfüllung von Parteiaufgaben oder mit Blick auf die Abgeordneten mandatsbezogen verwenden (s. 5.).[41] Nehmen die Fraktionen also beispielsweise Fahrzeuge des Fahrdienstes des Bundestages in Anspruch, dürfen sie nicht für Mandatsfahrten eingesetzt werden, für die die Abgeordneten bereits die Kostenpauschale erhalten (vgl. 3. 2. 3 zu § 12).

5. Zweckbindung der Leistungen (Abs. 4)

16 Nach § 50 Abs. 4 Satz 1 dürfen die Fraktionen Leistungen nach Abs. 1 ausschließlich für Aufgaben verwenden, die ihnen nach dem Grundgesetz, diesem Gesetz und der Geschäftsordnung des Deutschen Bundestages obliegen.[42] In welchem Rahmen sich die Fraktionen hierbei zulässigerweise bewegen können, gibt implizit auch die Ausgabengliederung bei der Rechnungslegung (§ 52 Abs. 2 Nr. 2) vor (s. 3. zu § 52).

17 Satz 2 betont, dass insbesondere eine Verwendung für Parteiaufgaben unzulässig ist. Dadurch soll eine verfassungswidrige Umwegfinanzierung der Parteien verhindert werden.[43] Das Gesetz setzt insoweit Vorgaben der Rechtsprechung des Bundesverfassungsgerichts um. Denn bereits im Urteil vom 19. Juli 1966 hatte das Gericht ausgeführt:

> „Es wäre allerdings ein die Verfassung verletzender Missbrauch, wenn die Parlamente den Fraktionen Zuschüsse in einer Höhe bewilligen würden, die durch die Bedürfnisse der Fraktionen nicht gerechtfertigt wären, also eine verdeckte Parteienfinanzierung enthielten."[44]

---

39 S. auch Haushaltsvermerk Einzelplan 02, Kapitel 01, bei Ausgaben: „Sachleistungen nach § 50 Abs. 1 des Abgeordnetengesetzes werden aus den Hauptgruppen 5, 7 und 8 zur Nutzung erbracht."
40 Zum Hausrecht und zur Polizeigewalt in Fraktionsräumen vgl. *Hölscheidt S.*, Das Recht der Parlamentsfraktionen, aaO, S. 280 ff.
41 Vgl. Begründung zu § 49 des Gesetzentwurfs, BT-Drs. 12/4756, S. 7; *Hölscheidt S.*, Das Recht der Parlamentsfraktionen, aaO, S. 611.
42 Vgl. dazu die Übersicht über die Rechte einer Fraktion bei *Stevens B.*, aaO, S. 103 ff.; auch *Schneider G. Chr.*, aaO, S. 150.
43 Zur unzulässigen Wahlkampffinanzierung der Parteien aus Fraktionsmitteln BVerfG, Beschluss vom 19. Mai 1982 – 2 BvR 630/81 –, DÖV 1983, 153 ff.; s. auch *Hölscheidt S.*, aaO, S. 715; *Mardini M.*, aaO, S. 114; *Schmidt-Jorzig E./Hansen F.*, aaO, S. 1148.
44 – 2 BvF 1/65 –, BVerfGE 20, 56, 105.

Und in einer späteren Entscheidung vom 21. Februar heißt es zur Abgrenzung der **18** Fraktionszuschüsse von der Amtsausstattung der Abgeordneten:

> „Die Fraktionszuschüsse dienen ausschließlich der Finanzierung von Tätigkeiten des Bundestages, die den Fraktionen nach Verfassung und Geschäftsordnung obliegen ... Die Fraktionszuschüsse sind ... insoweit zweckgebunden ... Sollte ein Teil der Fraktionskostenzuschüsse für die gleichen Zwecke verwendet werden, für die der Abgeordnete eine Amtsausstattung (§ 12 AbgG) erhält, so müsste diese Verwendung durch den Bundestagspräsidenten unterbunden und durch den Bundesrechnungshof beanstandet werden."[45]

§ 50 Abs. 4 Satz 2 untersagt seinem Wortlaut nach ausschließlich eine Verwendung **19** von *Leistungen nach Abs. 1* für Parteiaufgaben. Das sind die vom Staat gewährten Geld- und Sachleistungen. Das Gesetz selbst trifft hingegen keine Aussage über die Verwendung anderer Mittel, z.B. von Fraktionsbeiträgen („Mandatsträgerabgaben")[46]. Hieraus wird abgeleitet, dass sie für Parteizwecke verwendet werden dürfen, zumal auch das Bundesverfassungsgericht in seinem Urteil vom 14. Juli 1986 ausgeführt hat, dass nicht erkennbar sei, weshalb Einnahmen der Parteien aus den Diäten der Fraktionsmitglieder als staatliche Parteienfinanzierung zu qualifizieren seien.[47] Damit knüpfte das Gericht an eine frühere Entscheidung (des Vorprüfungsausschusses) an, in der es festgestellt hatte, dass die aus öffentlichen Mitteln gewährte Alimentation der Abgeordneten uneingeschränkt dem privaten Lebensbereich zuzuordnen sei, innerhalb dessen der Einzelne, mit oder ohne faktische Zwänge, frei verfügen könne.[48] Nach anderer Auffassung kommt es dagegen nicht darauf an, aus welcher Quelle die Fraktionen Mittel erhalten haben. Eine Verwendung sei in jedem Fall allein für anerkannte Zwecke der Fraktionstätigkeit zulässig.[49] Man mag dieses Ergebnis politisch für wünschenswert halten.[50] Dem gel-

---

45 Vgl. Begründung zu § 49 des Gesetzentwurfs, BT-Drs. 12/4756, S. 7; BVerfGE 80, 188, 231; *Schneider G. Chr.*, aaO, S. 151 ff.
46 Zur umstrittenen rechtlichen Bewertung der Zulässigkeit von Mandatsträgerabgaben s. 7. zu § 11 und *Müller U./Albrecht S.*, Fraktionen und Parteien: Getrennt durch den Spendenbegriff? Zur Anwendung des Parteiengesetzes auf Fraktionszuwendungen, DVBl. 2000, S. 1320 ff.; *Hölscheidt S.*, aaO, S. 712 ff.; *ders.*, Das Recht der Parlamentsfraktionen, aaO, S. 654 ff. jeweils m.w.N.
47 – 2 BvE 2/84, 2 BvR 442/84 –, BVerfGE 73, 40, 100.
48 BVerfG, Beschluss vom 19. Mai 1982 – 2 BvR 630/81 –, DÖV 1983, 153, 154; ebenso *Mardini M.*, aaO, S. 115 f.
49 Vgl. *v. Arnim H. H.*, aaO, S. 25 ff.; *Heuer E.*, Kontrollauftrag gegenüber den Fraktionen, in: Finanzkontrolle im repräsentativ-demokratischen System, hrsg. von Böning W. und v. Mutius A., Heidelberg, 1990, S. 111; *Hölscheidt S.*, aaO, S. 716 f., m.w.N. zum Streitstand; *Morlok M.*, Durchsichtige Taschen oder schwarze Koffer? Die rechtliche Regulierung der Parteifinanzen und der Fall der CDU, in: Aus Politik und Zeitgeschichte, Beil. zur Wochenzeitung Das Parlament, Nr. 16 vom 14. April 2000, S. 11: „Diese Mitgliedsbeiträge (der Fraktionsmitglieder) sind Fraktionsmittel und fallen damit unter das Spendenannahmeverbot des § 25 Abs. 1 Satz 1 Nr. 1 PartG."; *ders.*, Spenden – Rechenschaft – Sanktionen, Aktuelle Rechtsfragen der Parteienfinanzierung, NJW 2000, S. 764; *Müller U./Albrecht S.*, aaO, S. 1323: „Auch hier fordert der strikte und formale Gleichheitssatz des Parteienrechts, dem Spendenverbot für jeglichen Finanzfluss aus einer ... Fraktion in Parteien hinein Geltung zu verschaffen. „Durchgeleitete" Mandatsträgerabgaben sind deshalb unzulässige Fraktionsspenden i. S. des Parteiengesetzes"; *Schneider G. Chr.*, aaO, S. 155 f., m.w.N.
50 *Morlok M.*, Spenden – Rechenschaft – Sanktionen, Aktuelle Rechtsfragen der Parteienfinanzierung, NJW 2000, S. 765, verweist in diesem Zusammenhang darauf, dass Parlaments-

tenden Recht dürfte es indessen nicht entsprechen. Das Abgeordnetengesetz schweigt bislang dazu, wie Fraktionen mit freien Mitteln umzugehen haben.[51]

20 Zu den nach diesem Gesetz zulässigen Tätigkeiten zählt neben der Mitwirkung an der Erfüllung der Aufgaben des Deutschen Bundestages (§ 47 Abs. 1) und der Zusammenarbeit mit anderen Fraktionen und parlamentarischen Einrichtungen (national wie international, § 47 Abs. 2)[52] die Information der Öffentlichkeit über die Arbeit der Fraktionen. Art und Umfang der eigenen Öffentlichkeitsarbeit der Fraktionen und insbesondere ihre Abgrenzung zur Öffentlichkeitsarbeit der Parteien sind aber nach wie vor umstritten (vgl. dazu näher § 47 Abs. 3 und die dortigen Anmerkungen).[53]

6. Übertragbarkeit von Geldleistungen (Abs. 5)

21 Geldleistungen gemäß Abs. 1 dürfen nach Abs. 5 „auf neue Rechnung vorgetragen" werden. Diese Formulierung wurde erst im Gesetzgebungsverfahren eingeführt.[54] Der ursprüngliche Entwurf war klarer. Dort hatte es geheißen, Geldleistungen nach Abs. 1 können auf den Fraktionshaushalt des folgenden Jahres übertragen werden.[55] Die Zielrichtung ist geblieben, allerdings ohne die ursprüngliche zeitliche Begrenzung auf den Fraktionshaushalt des folgenden Jahres. Die Fraktionen können also als Ausfluss ihres Rechtes zur Selbstbewirtschaftung (s.o. 3.) auch Rücklagen (vgl. § 52 Abs. 3 Nr. 2 lit. a) oder Rückstellungen (vgl. § 52 Abs. 3 Nr. 2 lit. b) aus Geldleistungen nach Abs. 1 bilden.[56] Der Gesetzgeber wollte die Fraktionen hierdurch in die Lage versetzen, über ein Rechnungsjahr hinaus Vorsorge für größere Ausgaben zu treffen, z.B. für die Abdeckung der Nachversicherung von Mitarbeitern, für Sozialpläne, politische Aktionen, größere Beschaffungsvorhaben sowie für den Fall der Liquidation.[57] Das Gesetz enthält keine Beschränkung hinsichtlich der Höhe der Rücklagen, die eine Fraktion bildet.[58]

---

fraktionen der Parteien ansonsten zu idealen Spendenwaschanlagen würden. Die Spendenbestimmungen des Parteiengesetzes würden ausgehebelt, weil Fraktionen im Gegensatz zu Parteien die Herkunft ihrer Mittel nicht offen legen müssten. Statt die Partei seiner Wahl, müsste ein Spender nur die dazugehörige Fraktion bedenken und wäre aller Einschränkungen und Publikationspflichten ledig. Eine solche Lesart des Gesetzes, welche zur Umgehung einlädt, müsse ausscheiden.

51 Davon zu unterscheiden ist die Rechtslage nach dem ParteiG. Denn nach § 25 Abs. 1 Nr. 1 ParteiG sind Parteien nicht berechtigt, Spenden von Parlamentsfraktionen oder -gruppen anzunehmen. Es wird die Meinung vertreten, das Verbot erfasse auch die freien Mittel der Fraktionen, vgl. *Morlok M.*, aaO., S. 764; *Müller U./Albrecht S.*, aaO., S. 1323 ff.
52 Vgl. *Schneider G. Chr.*, aaO, S. 168 ff.
53 Vgl. *Hölscheidt S.*, aaO, S. 715 f., m.w.N.; *Jäger C./Bärsch R.*, Dürfen Fraktionsmittel für Öffentlichkeitsarbeit eingesetzt werden? Eine Auseinandersetzung mit dem „Wüppesahl-Urteil", ZParl 1991, 204 ff.; *Schneider G. Chr.*, aaO, S. 161 ff.
54 S. Beschlussempfehlung und Bericht des Ausschusses für Wahlprüfung, Immunität und Geschäftsordnung vom 2. November 1993, BT-Drs. 12/6067, S. 6.
55 BT-Drs. 12/4756, S. 2.
56 Allgemein wird unter Rücklagen eine bloße Ansammlung von Kapital verstanden, während Rückstellungen zur Vorsorge für hinreichend konkrete, aber noch ungewisse zukünftige Verbindlichkeiten gebildet werden, vgl. *Schneider G. Chr.*, aaO, S. 177.
57 Vgl. Begründung zu § 49 des Gesetzentwurfs, BT-Drs. 12/4756, S. 8; zur Zulässigkeit der Bildung von Rücklagen krit. *Hölscheidt S.*, aaO, S. 719, m.w.N.; grds. zustimmend *Schneider G. Chr.*, aaO, S. 176 ff., m.w.N.
58 Kritisch dazu *Fischer A.*, aaO, S. 191 ff.; *Hölscheidt S.*, aaO, S. 719; ders., Das Recht der Parla-

Die gebildeten Rücklagen sind unter den Voraussetzungen des § 54 Abs. 7 auch nicht zum Ende einer Wahlperiode aufzulösen. Etwas anderes gilt aber dann, wenn die Rechtsstellung einer Fraktion (§ 46) nach § 54 Abs. 1 Nr. 1 (Erlöschen des Fraktionsstatus) oder Nr. 2 (Auflösung der Fraktion) entfällt. In diesen, die Liquidation bewirkenden Fällen sind Rücklagen aufzulösen und gemäß § 54 Abs. 4 Satz 1 an den Bundeshaushalt zurückzuführen, soweit sie nicht im Rahmen der Liquidation für die bestimmungsgemäßen Zwecke verwendet werden.[59]

7. Leistungen an parlamentarische Gruppen

Die §§ 50 ff. gelten unmittelbar nur für Fraktionen des Deutschen Bundestages, nicht hingegen für einen Zusammenschluss von Mitgliedern des Bundestages, der nach § 10 Abs. 4 GO-BT als Gruppe anerkannt worden ist,[60] denn bei der Verabschiedung des Fraktionsgesetzes ist ausdrücklich auf eine gesetzliche Normierung der Rechtsstellung parlamentarischer Gruppen verzichtet und einer Einzelfallregelung durch besonderen Beschluss des Bundestages der Vorzug gegeben worden.[61]

Das Bundesverfassungsgericht hatte nämlich bereits in einem Urteil vom 16. Juli 1991 festgestellt, dass als Gruppe im Sinne des § 10 Abs. 4 GO-BT anerkannte Zusammenschlüsse von Abgeordneten einen Anspruch auf eine angemessene Ausstattung mit sachlichen und personellen Mitteln haben, sofern auch Fraktionen solche gewährt werden. Bei der Bemessung des Grundbetrages dürfe dabei die Hälfte des den Fraktionen gewährten angesetzt werden, weil bei typisierender Betrachtungsweise davon ausgegangen werden könne, dass die von den Gruppen zu bewältigenden Aufgaben in der parlamentarischen Arbeit im Allgemeinen geringer

---

mentsfraktionen, aaO, S. 629 f.; *Linde A.*, aaO, S. 198 ff.; *Schneider G. Chr.*, aaO, S. 179 f.; *Wolters J.*, aaO, S. 167.
59 Vgl. Begründung zu § 49 des Gesetzentwurfs, BT-Drs. 12/4756, S. 8.
60 Allgemein zur Rechtsstellung parlamentarischer Gruppen: *Besch J. Chr.*, Die Rechtsstellung parlamentarischer Gruppen – Parlamentsrecht in der Entwicklung, in: Brücken bauen und begehen, Festschrift für Knut Ipsen, hrsg. von Epping V./Fischer H./von Heinegg W. H., München, 2000, S. 577 ff.
61 Vgl. dazu Beschlussempfehlung und Bericht des Ausschusses für Wahlprüfung, Immunität und Geschäftsordnung vom 2. November 1993, BT-Drs. 12/6067, S. 11: „Der 1. Ausschuss hat schließlich auf Antrag der Gruppe der PDS/Linke Liste und infolge der mitberatenden Stellungnahme des Innenausschusses zum Gesetzentwurf auf Drucksache 12/4756 die Frage erörtert, ob in dem Gesetzentwurf neben den Fraktionen auch die parlamentarischen Gruppen zu erwähnen sind. Der 1. Ausschuss hat von einer besonderen Regelung für das Recht der parlamentarischen Gruppe aus drei Gründen abgesehen. Zunächst ist der Ausnahmecharakter solcher innerparlamentarischer Gruppierungen nicht zu übersehen. Außerdem ist wegen der grundlegenden Entscheidung des Bundesverfassungsgerichts vom 25. Juni 1991 (BVerfGE 84, 304) ein Regelungsbedarf nicht mehr zu erkennen. Schließlich kann in der Praxis dann, wenn sich zu Beginn oder während einer laufenden Wahlperiode eine parlamentarische Gruppe bildet, auf einen gesonderten Beschluss des Deutschen Bundestages über die Rechtsstellung der jeweiligen parlamentarischen Gruppe nicht verzichtet werden. Der Vorschlag des Innenausschusses, die Prüfungskompetenz des Bundesrechnungshofes auch für Zuschüsse an parlamentarische Gruppen in § 53 Abs. 2 ausdrücklich festzuschreiben, kann und muss folglich in dem Beschluss des Deutschen Bundestages über die Anerkennung der parlamentarischen Gruppen realisiert werden, durch den nicht nur die staatlichen Leistungen an die Gruppen, sondern auch die Bedingungen ihrer Gewährung zu regeln sind."

als die Fraktionsaufgaben seien. Der Ausgleich der unterschiedlichen Größe von Gruppen oder Fraktionen erfolge stets durch die Abgeordnetenzuschläge.[62]

25 Dementsprechend hat der 13. Deutsche Bundestag vor In-Kraft-Treten (aber nach Verkündung) des Fraktionsgesetzes den Zusammenschluss von 30 PDS-Abgeordneten als Gruppe anerkannt und ihm u.a. folgenden Gruppenstatus eingeräumt:

> „2. Die Gruppe erhält für die 13. Wahlperiode folgende Rechte:
>
> ...
>
> h) Die Gruppe erhält die für ihre parlamentarische Arbeit erforderliche finanzielle, technische und personelle Unterstützung. Hierfür werden ihr der hälftige Grundbetrag sowie der Zuschlag entsprechend ihrer Stärke einschließlich der besonderen Zuschläge für die Opposition gewährt; sie erhält für den Zeitraum bis zum 31. Dezember 1994 einen ihrer Stärke entsprechenden Sondergrundbetrag und einen Anteil an den Zuschüssen für internationale Zusammenarbeit."[63]

In der Begründung zur Beschlussempfehlung des Ältestenrates heißt es dazu:

> „Die in der Beschlussempfehlung ausgesprochene Befristung der zu gewährenden Leistungen in Form eines Sondergrundbetrages und des Zuschusses für allgemeine internationale Zusammenarbeit bis zum 31. Dezember 1984 (Nr. 2 h) ergibt sich daraus, dass sich nach dem am 1. Januar 1995 in Kraft tretenden Fraktionsgesetz die Geldleistungen nur noch nach einem Grundbetrag und einem sog. Pro-Kopf-Betrag zusammensetzen und die finanziellen Leistungen an die Gruppen in Anlehnung an die der Fraktionen erfolgen."[64]

Im Hinblick auf die damit begründete parlamentarische Übung haben Gruppen im Sinne des § 10 Abs. 4 GO-BT auch künftig Anspruch auf Geld- und Sachleistungen aus dem Bundeshaushalt in Anlehnung an die den Fraktionen zustehenden, also in entsprechender Anwendung der §§ 50 ff.[65]

8. Leistungen an einen fraktionslosen Abgeordneten

26 Ein fraktionsloser Abgeordneter hat keinen Anspruch auf Zuschüsse für seine politische Arbeit, die wertmäßig der Unterstützung fraktionsgebundener Abgeordneter durch ihre Fraktionen entsprechen. Er kann auch keine Finanzausstattung verlangen, die derjenigen entspricht, die die Fraktionen erhalten. Denn die Frak-

---

62 – 2 BvE 1/91 –, BVerfGE 84, 304, 324 und 333 f.; ebenso Beschluss vom 17. September 1997 – 2 BvE 4/95 –, BVerfGE 96, 264, 281; zur Ausstattung fraktionsloser Abgeordneter und von Gruppen s. auch *Cremer H.-J.*, aaO, S. 105 f. und 109 f.; *Linde A.*, aaO, S. 231 ff.; *Martin H.*, aaO, S. 100 ff.
63 BT-Drs. 13/684; entsprechende Rechte hatte auch schon der 12. Deutsche Bundestag sowohl der Gruppe BÜNDNIS 90/DIE GRÜNEN mit Beschluss vom 21. Februar 1991 zuerkannt (BT-Drs. 12/149), als auch der Gruppe PDS/Linke Liste (BT-Drs. 12/150). Das Urteil des BVerfG vom 16. Juli 1991 bezieht sich auf diese Regelungen.
64 Zitiert nach *Ritzel H. G./Bücker J./Schreiner H. J.*, Handbuch für die Parlamentarische Praxis mit Kommentar zur Geschäftsordnung des Deutschen Bundestages, Neuwied, 2. h) zu § 10 GO-BT.
65 So ausdrücklich § 35 a Berl.AbgG für parlamentarische Gruppen im Abgeordnetenhaus von Berlin; vgl. auch *Wolters J.*, aaO, S. 235 f.

tionszuschüsse sind für die Finanzierung der der Koordination dienenden Parlamentsarbeit bestimmt. Im Falle eines fraktionslosen Abgeordneten fehlt es an diesem Koordinationsbedarf und demzufolge auch an einem Anspruch auf finanzielle Gleichstellung.[66]

9. EuAbgG

Art. 29 Abs. 1 GO-EP räumt den 626 Mitgliedern des EP aus über 100 Parteien in den 15 Mitgliedstaaten das Recht ein, ihrer politischen Zugehörigkeit entsprechende Fraktionen zu bilden, die nach Abs. 2 aber keine nationalen, sondern transnationale Zusammenschlüsse von Parlamentariern darstellen (s. 7. zu § 45). Diese Tradition reicht zurück bis zur Gemeinsamen Versammlung der EGKS, die schon 1953 beschlossen hatte, den Abgeordneten das Recht zur Fraktionsbildung einzuräumen.[67] Hiervon haben die Abgeordneten des Europäischen Parlaments mehrheitlich – bis auf acht fraktionslose – Gebrauch gemacht und sich in zur Zeit acht europäischen Fraktionen zusammengeschlossen. Der Rechtsstatus der Fraktionen bestimmt sich nach der Geschäftsordnung des Europäischen Parlaments und nach der jeweiligen Fraktionsgeschäftsordnung.[68]

Das nationale Recht sieht keine eigenen Leistungen an Fraktionen des Europäischen Parlaments vor. Insbesondere verweist das EuAbgG nicht auf den Elften Abschnitt des AbgG. Den Fraktionen werden jedoch im Rahmen des Haushaltsplans des Europäischen Parlaments finanzielle Mittel für ihre Aktivitäten zur Verfügung gestellt, deren Höhe unter anderem von der Zahl der Fraktionsmitglieder abhängig ist.[69] Rechtsgrundlage ist Art. 191 des Vertrages über die Gründung der Europäischen Union.[70] Auf der Ebene des Gesetzes erfolgt die Ausgestaltung im Einzelnen durch das Haushaltsgesetz aufgrund eines Haushaltsvoranschlags des Parlaments (vgl. Art. 165 GO-EP). Die Verteilung der Beiträge auf die einzelnen Fraktionen und die fraktionslosen Mitglieder wird auf der Grundlage eines Vorschlags der Fraktionsvorsitzenden vom Präsidium des EP beschlossen. Gemäß Beschluss des Präsidiums vom 14. Dezember 1998 muss jede Fraktion einen Jahresbericht über die Mittelverwendung im vergangenen Haushaltsjahr erstellen, der den Stand der Einnahmen und Ausgaben, eine Vermögensübersicht und eine von einem anerkannten externen Rechnungsprüfungsorgan ausgestellte Bescheinigung über die Ordnungsmäßigkeit der Rechnungsprüfung enthält. Der Bericht ist dem Präsidenten des EP vorzulegen, der ihn an den Rechnungshof der Europäischen Union weiterleitet. Der Rechnungshof überprüft, ob die Mittel rechtmäßig und ordnungsgemäß verwendet wurden. Sodann arbeitet der Ausschuss für die Haushaltskon-

---

66 BVerfGE 80, 188, 231; vgl. auch *Cremer H.-J.*, aaO, S. 109 f.; *Linde A.*, aaO, S. 233 f., und *Schulze-Fielitz H.*, Der Fraktionslose im Bundestag: Einer gegen alle?, DÖV 1989, 835.
67 Vgl. *Neßler V.*, Europäische Willensbildung: die Fraktionen im Europaparlament zwischen nationalen Interessen, Parteipolitik und europäischer Integration, Schwalbach, 1997, S. 37, m.w.N.
68 *Bieber R.*, in: von der Groeben H. / Thiesing J. / Ehlermann C.-D. (Hrsg.), Kommentar zum EU- / EG-Vertrag, 5. Aufl., Baden-Baden, 1997, Art. 138 b EGV, Rdn. 12.
69 Vgl. *Damm S. M.*, Die europäischen politischen Parteien: Hoffnungsträger europäischer Öffentlichkeit zwischen nationalen Parteien und europäischen Fraktionsfamilien, ZParl 1999, 398; zur Entwicklung der Haushaltsmittel für Fraktionen s. *Linde A.*, aaO, S. 303.
70 Vgl. zum früheren Vertragsrecht: *Linde A.*, aaO, S. 249.

trolle des EP einen Bericht über die vorschriftsmäßige Verwendung der Mittel aus, der dem Präsidium des EP zugeleitet wird.[71]

10. Landesrecht

29 Die landesrechtlichen Regelungen über den finanziellen Status der Fraktionen gleichen materiell in Vielem denen des Bundes. Das ist nicht weiter verwunderlich, weil ihnen Formulierungsvorschläge zugrunde liegen, die die Konferenz der Landtagsdirektoren und des Direktors beim Deutschen Bundestag erarbeitet hatte.[72] Mehrheitlich haben die Länder gesondert Fraktions- oder Fraktionsrechtsstellungsgesetze erlassen. Zum Teil haben sie wie der Bund die Fraktionsgesetze in einem eigenen Abschnitt in die Abgeordnetengesetze integriert (s.o. Parallelvorschriften).[73]

30 Allen aufgeführten Bundesländer gemeinsam ist die Unterscheidung zwischen Geld- und Sachleistungen bzw. sonstigen Leistungen sowie die Zweckbindung dieser Leistungen. Auch die strukturelle Gliederung der Geldleistungen in Grundbetrag, Pro-Kopf-Betrag und Oppositionszuschlag entspricht durchgängig der bundesrechtlichen Regelung, ebenso die Befugnis zur Bildung von Rücklagen. Eine weitere Gemeinsamkeit besteht darin, dass auch die landesrechtlichen Bestimmungen in ihrer überwiegenden Zahl die Geldleistungen der Höhe nach nicht selbst festsetzen, sondern dies wie beim Bund dem Haushaltsgesetz überlassen.[74] Nur Rheinland-Pfalz[75] und Niedersachsen[76] folgen diesem Beispiel nicht und weisen die Zahlbeträge im Fraktionsgesetz selbst offen aus.[77]

31 In fünf Bundesländern sehen die Gesetze ausdrücklich Regelungen für Anpassungen der Fraktionszuschüsse vor.[78] Überwiegend wird der Landtagspräsident verpflichtet, Bericht über die Anpassungsnotwendigkeit zu erstatten oder einen Anpassungsvorschlag zu unterbreiten.[79] In Berlin berichtet dazu eine vom Landtagspräsidenten berufene Sachverständigenkommission.[80]

32 Anders als im Bundesrecht ist der finanzielle Status von Zusammenschlüssen fraktionsloser Abgeordneter (Gruppen) in einer Reihe von Bundesländern gesetzlich ausdrücklich geregelt. Soweit dies der Fall ist, werden die Geld- und Sachleistungen in entsprechender Anwendung der für die Fraktionen geltenden Bestimmungen

---

71 Vgl. zu alledem *Linde A.*, aaO, S. 301 f. (Schreiben des Europäischen Rechnungshofes).
72 Vgl. *Schmidt-Jortzig E./Hansen F.*, aaO, S. 1145; *Wolters J.*, aaO, S. 139; zur Entwicklung der staatlichen Fraktionsfinanzierung in den Bundesländern s. auch *Drysch Th.*, aaO, S. 173 ff.
73 Aktuell und ausführlich zur Fraktionsfinanzierung in den Bundesländern *Hölscheidt S.*, Das Recht der Parlamentsfraktionen, aaO, S. 509 ff.; Zur Rechtslage in den fünf neuen Bundesländern ausführlich *Fischer A.*, aaO, S. 157 ff.; zur Rechtslage in Rheinland-Pfalz eingehend *Martin H.*, Staatliche Fraktionsfinanzierung in Rheinland-Pfalz, Berlin, 1995.
74 Zum Umfang und zur Zusammensetzung der Fraktionszahlungen in den Bundesländern s. *Linde A.*, aaO, S. 88 ff. und 279 ff.
75 § 2 Abs. 3 RP.FraktG.
76 § 31 Abs. 1 Nds.AbgG.
77 Vgl. *Drysch Th.*, aaO, S. 181: „Verfassungsrechtlich einwandfreie Fraktionsgesetze existieren lediglich in Niedersachsen und Rheinland-Pfalz, wo auch die exakte Höhe der Beträge aus dem Fraktionsgesetz hervorgeht."
78 Ausführlich dazu *Linde A.*, aaO, S. 126 ff.
79 Vgl. § 3 Abs. 3 Bbg.FraktG, § 31 Abs. 1 Nds.AbgG, § 49 Abs. 2 Thür.AbgG.
80 Vgl. § 8 Abs. 3 Berl.FraktG und ähnlich auch § 40 Abs. 2 Satz 2 Brem.AbgG.

erbracht. In Baden-Württemberg, Rheinland-Pfalz und Schleswig-Holstein bedarf es dazu einer vorherigen Entscheidung des Landtages.[81]

Eine Sonderrolle nimmt Nordhein-Westfalen ein. Es gibt dort bisher kein Fraktionsgesetz. Der Finanzstatus der Fraktionen ist in § 30 NW.AbgG nur sehr rudimentär geregelt. Das Gesetz beschränkt sich auf die bekannte strukturelle Aufgliederung der Fraktionszuschüsse in Grund- und Pro-Kopf-Betrag sowie Oppositionszuschlag. Alles weitere bleibt derzeit dem Haushaltsgesetz überlassen. In der laufenden Wahlperiode soll allerdings noch ein interfraktioneller Entwurf eines Fraktionsgesetzes in den Landtag eingebracht werden, der in den Grundzügen den anderen hier erörterten entsprechen wird.

33

§ 51 Haushalts- und Wirtschaftsführung, Buchführung

(1) Einzelheiten der Haushalts- und Wirtschaftsführung werden in Ausführungsbestimmungen geregelt, die der Ältestenrat nach Anhörung des Bundesrechnungshofes erlässt.

(2) Die Fraktionen haben Bücher über ihre rechnungslegungspflichtigen Einnahmen und Ausgaben sowie über ihr Vermögen zu führen. Dabei ist nach den Grundsätzen ordnungsgemäßer Buchführung unter Berücksichtigung des Gesetzeszwecks zu verfahren.

(3) Aus den Geldleistungen nach § 50 Abs. 1 beschaffte Gegenstände sind, wenn sie nicht zum kurzfristigen Verbrauch bestimmt oder nur von geringem Wert sind, zu kennzeichnen und in einem Nachweis aufzuführen.

(4) Die Rechnungsunterlagen sind fünf Jahre aufzubewahren.

Parallelvorschriften im EuAbgG und in den Abgeordnetengesetzen der Länder:			
EuAbgG	–		
BadWürtt.	§ 5 FraktG	Nds.	§ 33
Bay.	Art. 5 FraktG	NW.	–
Berl.	§ 8 FraktG	RP.	§ 3 FraktG
Bbg.	§ 9 FraktG	Saarl.	§ 6 FraktRG
Brem.	§ 41	Sachs.	§ 4 FraktRG
Hbg.	§ 3 FraktG	SachsAnh.	§ 5 FraktG
Hess.	§ 5 FraktG	SchlH.	§ 7 FraktG
MV.	–	Thür.	§ 53

Literatur: *Heuer E.*, Kontrollauftrag gegenüber den Fraktionen, in: Finanzkontrolle im repräsentativ-demokratischen System, hrsg. von Böning W. und v. Mutius A., Heidelberg, 1990, S. 107 ff.; *Morlok M.*, Spenden – Rechenschaft – Sanktionen, Aktuelle Rechtsfragen der Parteienfinanzierung, NJW 2000, S.. 761 ff.; *Schmidt-Jorzig E./Hansen F.*, Neue Rechtsgrundlagen für die Bundestagsfraktionen, NVwZ 1994, S. 1145 ff.; *Wolters J.*, Der Fraktions-Status, Baden-Baden, 1996.

---

[81] Vgl. § 10 Abs. 1 BadWürtt.FraktG, § 19 Berl.FraktG i.V.m. § 35 a Berl.AbgG, § 45 Brem.-AbgG, § 11 RP.FraktG, § 10 SchlH.FraktG.

Elfter Abschnitt
Fraktionen

Übersicht

		Rdn.
1.	Allgemeines	1–3
2.	Ausführungsbestimmungen des Ältestenrates zur Haushalts- und Wirtschaftsführung (Abs. 1)	4–5
3.	Buchführung (Abs. 2)	6–7
4.	Kennzeichnungs- und Inventarisierungspflicht (Abs. 3)	8–9
5.	Aufbewahrungspflicht (Abs. 4)	10

1. Allgemeines

1 § 51 regelt unmittelbar allein die Haushalts- Wirtschafts- und Buchführung der Fraktionen. Die Vorschrift entspricht in den Absätzen 1, 3 und 4 im Wesentlichen § 50 des Entwurfs eines Sechzehnten Gesetzes zur Änderung des Abgeordnetengesetzes (Fraktionsgesetz) vom 20. April 1993.[1] Absatz 2 in seiner geltenden Fassung geht auf einen Vorschlag des Ausschusses für Wahlprüfung, Immunität und Geschäftsordnung zurück.[2] Seit ihrem In-Kraft-Treten am 1. Januar 1995 hat die Norm keine Änderung erfahren.

2 Die Vorschrift gilt jedoch entsprechend für die Haushalts-, Wirtschafts- und Buchführung von parlamentarischen Gruppen im Sinne des § 10 Abs. 4 GO-BT, denen aufgrund eines Beschlusses des Bundestages Geld- und Sachleistungen in Anlehnung an die den Fraktionen zustehenden gewährt werden (vgl. 7. zu § 50).

3 In der Mehrzahl der Bundesländer gibt es vergleichbare Bestimmungen (s. o. Parallelvorschriften), allerdings von sehr unterschiedlicher Regelungsdichte.

2. Ausführungsbestimmungen des Ältestenrates zur Haushalts- und Wirtschaftsführung (Abs. 1)

4 Gemäß Abs. 1 sollen Einzelheiten der Haushalts- und Wirtschaftsführung der Fraktionen in Ausführungsbestimmungen geregelt werden, die der Ältestenrat nach Anhörung des Bundesrechnungshofes erlässt. Die Absicht des Gesetzgebers war es, die Haushalts- und Wirtschaftsführung der Fraktionen an diese Ausführungsbestimmungen zu binden. Die Ausführungsbestimmungen sollten vor allem die Gebote der wirtschaftlichen und ordnungsgemäßen Verwendung der den Fraktionen zur Verfügung gestellten Geld- und Sachleistungen konkretisieren.[3] Der Gesetzesbefehl ist bislang nicht vollzogen.

5 Die Regelung in Abs. 1 steht in sachlichem Zusammenhang mit § 53 Abs. 1, wonach der Bundesrechnungshof die wirtschaftliche und ordnungsgemäße Verwendung der den Fraktionen zur Verfügung gestellten Geld- und Sachleistungen zu prüfen hat. Prüfmaßstab für den Bundesrechnungshof sollten wiederum die – nicht existenten – Ausführungsbestimmungen des Ältestenrates sein. Der Zweck der Ausführungsbestimmungen sollte also ein doppelter sein: Einerseits sollten sie einen

---

[1] BT-Drs. 12/4756.
[2] Vgl. Beschlussempfehlung und Bericht des Ausschusses für Wahlprüfung, Immunität und Geschäftsordnung vom 2. November 1993, BT-Drs. 12/6067, S. 10.
[3] Vgl. Begründung zu § 50 des Gesetzentwurfs, BT-Drs. 12/4756, S. 8.

Beurteilungsspielraum für die Fraktionen statuieren und zum anderen Maßstab und Dichte der Finanzkontrolle durch den Bundesrechnungshof begrenzen.[4]

3. Buchführung (Abs. 2)

Abs. 2 Satz 1 verpflichtet die Fraktionen, Bücher über ihre rechnungslegungspflichtigen Einnahmen und Ausgaben (§ 52) sowie über ihr Vermögen zu führen. Satz 2 gibt vor, dass hierbei nach den Grundsätzen ordnungsgemäßer Buchführung unter Berücksichtigung des Gesetzeszweckes zu verfahren ist. Diese Präzisierung der Buchführungspflichten hatte seinerzeit der Ausschuss für Wahlprüfung, Immunität und Geschäftsordnung vorgeschlagen.[5] Der ursprüngliche Gesetzentwurf hatte den Fraktionen nur pauschal aufgegeben, über ihre Einnahmen und Ausgaben Buch zu führen. Die Gesetzesformulierung entspricht der des § 28 Satz 2 ParteiG. Dort ist für die Buchführung der Parteien anerkannt, dass insoweit die Vorschriften über die Führung von Handelsbüchern des Handelsgesetzbuches (§§ 238 ff. HGB, z.B. der Grundsatz der Vollständigkeit in § 246 Abs. 1 HGB) zumindest sinngemäß anzuwenden sind.[6] Nichts anderes kann für die Fraktionen gelten. 6

Auch Abs. 2 steht in systematischem Zusammenhang mit der Rechnungsprüfung nach § 53. Denn die Rechnungslegung nach § 52 und die Rechnungsprüfung nach § 53 setzen voraus, dass die Fraktionen über ihre Einnahmen und Ausgaben in einer Weise Buch führen, die insbesondere die Ausgaben öffentlichen Mitteln oder sonstigen Mitteln der Fraktionen zuordnet.[7] 7

4. Kennzeichnungs- und Inventarisierungspflicht (Abs. 3)

Fraktionen müssen Gegenstände, die sie aus Geldleistungen nach § 50 Abs. 1 beschafft haben, kennzeichnen und in einem Nachweis aufführen, sofern sie nicht zum kurzfristigen Verbrauch bestimmt oder nur von geringem Wert sind. Die letztere Einschränkung dient der Vermeidung unnötigen Verwaltungsaufwandes.[8] 8

Die Kennzeichnungs- und Inventarisierungspflicht erlangt z.B. im Zusammenhang mit § 54 Abs. 4 Satz 2 Bedeutung. Danach sind nach Beendigung der Liquidation einer Fraktion Vermögenswerte, die mit Geldleistungen nach § 50 Abs. 1 angeschafft wurden, an den Bundeshaushalt zurückzuführen. Zur Sicherstellung dieser Rückführungsverpflichtung bedarf es der Kennzeichnung und Inventarisierung der aus öffentlichen Mitteln beschafften Gegenstände.[9] 9

---

4 Vgl. *Schmidt-Jorzig E./Hansen F.*, Neue Rechtsgrundlagen für die Bundestagsfraktionen, NVwZ 1994, S. 1145, 1149.
5 Vgl. Beschlussempfehlung und Bericht des Ausschusses für Wahlprüfung, Immunität und Geschäftsordnung vom 2. November 1993, BT-Drs. 12/6067, S. 10.
6 Vgl. „Bericht über die Rechenschaftsberichte 1996, 1997 und 1998 sowie über die Entwicklung der Finanzen der Parteien gemäß § 23 Abs. 5 des Parteiengesetzes", Unterrichtung durch den Präsidenten des Deutschen Bundestages vom 21. November 2000, BT-Drs. 14/4747, S. 67; auch *Morlok M.*, Spenden – Rechenschaft – Sanktionen, Aktuelle Rechtsfragen der Parteienfinanzierung, NJW 2000, S. 766.
7 So die Begründung zu § 50 Abs. 2 des Gesetzentwurfs auf BT-Drs. 12/4756, S. 8; *Wolters J.*, Der Fraktions-Status, Baden-Baden, 1996, S. 167.
8 Vgl. Begründung zu § 50 Abs. 2 des Gesetzentwurfs auf BT-Drs. 12/4756, S. 8.
9 Vgl. auch *Heuer E.*, Kontrollauftrag gegenüber den Fraktionen, in: Finanzkontrolle im

5. Aufbewahrungspflicht (Abs. 4)

10 Abs. 5 verpflichtet die Fraktionen, Rechnungsunterlagen, die im Zusammenhang mit ihrer Haushalts-, Wirtschafts- und Buchführung stehen, über einen Zeitraum von fünf Jahren aufzubewahren.

§ 52 Rechnungslegung

(1) Die Fraktionen haben über die Herkunft und die Verwendung der Mittel, die ihnen innerhalb eines Kalenderjahres (Rechnungsjahr) gemäß § 50 Abs. 1 zugeflossen sind, öffentlich Rechenschaft zu geben.

(2) Die Rechnung ist wie folgt zu gliedern:

1. Einnahmen:
   a) Geldleistungen nach § 50 Abs. 1,
   b) sonstige Einnahmen;
2. Ausgaben:
   a) Summe der Leistungen an Fraktionsmitglieder für die Wahrnehmung besonderer Funktionen in der Fraktion,
   b) Summe der Personalausgaben für Fraktionsmitarbeiterinnen und -mitarbeiter,
   c) Ausgaben für Veranstaltungen,
   d) Sachverständigen-, Gerichts- und ähnliche Kosten,
   e) Ausgaben für die Zusammenarbeit mit Fraktionen anderer Parlamente,
   f) Ausgaben für die Öffentlichkeitsarbeit,
   g) Ausgaben des laufenden Geschäftsbetriebes,
   h) Ausgaben für Investitionen sowie
   i) sonstige Ausgaben.

(3) Die Rechnung muss das Vermögen, das mit Mitteln gemäß § 50 Abs. 1 erworben wurde, die Rücklagen, die aus diesen Mitteln gebildet werden, sowie die Forderungen und die Verbindlichkeiten ausweisen. Die Vermögensrechnung gliedert sich wie folgt:

1. Aktivseite:
   a) Geldbestände,
   b) sonstige Vermögensgegenstände,
   c) Rechnungsabgrenzung;
2. Passivseite:
   a) Rücklagen,
   b) Rückstellungen,
   c) Verbindlichkeiten gegenüber Kreditinstituten,
   d) sonstige Verbindlichkeiten,
   e) Rechnungsabgrenzung.

repräsentativ-demokratischen System, hrsg. von Böning W. und v. Mutius A., Heidelberg, 1990, S. 112 f.

(4) Die Rechnung muss von einem im Benehmen mit dem Bundesrechnungshof bestellten Abschlussprüfer (Wirtschaftsprüfer- oder Wirtschaftsprüfungsgesellschaft) auf die Einhaltung der Anforderungen der Absätze 2 und 3 geprüft werden und einen entsprechenden Prüfungsvermerk aufweisen. Die geprüfte Rechnung ist dem Präsidenten oder der Präsidentin des Deutschen Bundestages spätestens bis zum Ende des sechsten Monats nach Ablauf des Kalenderjahres oder des Monats vorzulegen, in dem die Geldleistungen nach § 50 Abs. 1 letztmals gezahlt wurden. Der Präsident oder die Präsidentin des Deutschen Bundestages können die Frist aus besonderen Gründen bis zu drei Monaten verlängern. Die geprüfte Rechnung wird als Bundestags-Drucksache verteilt.

(5) Solange eine Fraktion mit der Rechnungslegung in Verzug ist, sind Geld- und Sachleistungen nach § 50 Abs. 1 zurückzubehalten.

Parallelvorschriften im EuAbgG und in den Abgeordnetengesetzen der Länder:

EuAbgG –

BadWürtt.	§ 6/7 FraktG	Nds.	§ 33 a
Bay.	Art. 6 FraktG	NW.	–
Berl.	§ 8 FraktG	RP.	§ 4 FraktG
Bbg.	§ 10 FraktG	Saarl.	§ 7 FraktRG
Brem.	§ 42	Sachs.	§ 5 FraktRG
Hbg.	§ 3 FraktG	SachsAnh.	§ 6 FraktG
Hess.	§ 6 FraktG	SchlH.	§ 8 FraktG
MV.	§ 55	Thür.	§ 54

Literatur: *Becker F.*, Die Einschränkung der Prüfungsbefugnis des Bundesrechnungshofes durch das Fraktionsgesetz, ZG 1996, 260 ff.; *Fischer A.*, Abgeordnetendiäten und staatliche Fraktionsfinanzierung in den fünf neuen Bundesländern, Frankfurt, 1995; *Hölscheidt S.*, Die Finanzen der Bundestagsfraktionen, DÖV 2000, 712 ff.; *ders.*, Funktionszulagen für Abgeordnete, DVBl. 2000, 1734 ff.; *ders.*, Das Recht der Parlamentsfraktionen, Rheinbreitbach, 2001; *Linde A.*, Fraktionsfinanzierung in der parlamentarischen Demokratie: empirische Befunde und theoretische Reflexionen, Frankfurt, 2000; *Martin H.*, Staatliche Fraktionsfinanzierung in Rheinland-Pfalz, Berlin, 1995; *Müller U./Albrecht S.*, Fraktionen und Parteien: Getrennt durch den Spendenbegriff? Zur Anwendung des Parteiengesetzes auf Fraktionszuwendungen, DVBl. 2000, S. 1315 ff.; *Schmidt-Jorzig E./Hansen F.*, Neue Rechtsgrundlagen für die Bundestagsfraktionen, NVwZ 1994, S. 1145 ff.; *Schneider G. Chr.*, Die Finanzierung der Parlamentsfraktionen als staatliche Aufgabe, Diss., Berlin, 1997; *Wolters J.*, Der Fraktions-Status, Baden-Baden, 1996.

Übersicht

		Rdn.
1.	Allgemeines	1–4
2.	Verpflichtung zur öffentlichen Rechnungslegung (Abs. 1)	5–8
3.	Rechenschaft über Einnahmen und Ausgaben (Abs. 2)	9–14
4.	Rechenschaft über Vermögen, Rücklagen, Forderungen und Verbindlichkeiten (Abs. 3)	15
5.	Abschlussprüfung und Vorlage an den Präsidenten (Abs. 4)	16–19
6.	Verzug mit der Rechnungslegung (Abs. 5)	20
7.	Landesrecht	21

1. Allgemeines

1 § 52 regelt zusammen mit § 53 die Kontrolle über die Verwendung der den Fraktionen zur Verfügung stehenden staatlichen Mittel. In den Grundzügen entspricht der heutige § 52 dem § 51 des Gesetzentwurfs. Einige Ergänzungen und Präzisierungen der Buchführungspflichten in der Gesetz gewordenen Fassung sind auf Anregungen des Haushaltsausschusses bzw. des 1. Ausschusses zurückzuführen.[1]

2 Seit dem „Wüppesahl-Urteil" des Bundesverfassungsgerichts vom 13. Juni 1989[2] ist unstreitig, dass Fraktionen als integrierte Gliederungen des Bundestages grundsätzlich in den Anwendungsbereich des Art. 114 Abs. 2 Satz 1 GG fallen und insoweit einer Prüfung durch den Bundesrechnungshof unterliegen. Um diese Rechnungsprüfung (§ 53) zu ermöglichen, haben die Fraktionen über die ihnen zugeflossenen staatlichen Leistungen Buch zu führen und über ihre Einnahmen und Ausgaben öffentlich Rechnung zu legen. Diese Verpflichtung den Fraktionen aufzuerlegen, hielt der Gesetzgeber sowohl aus Gründen der Transparenz für erforderlich wie auch verfassungsrechtlich für geboten. Fraktionen, so heißt es in der Begründung zum Entwurf eines Sechzehnten Gesetzes zur Änderung des Abgeordnetengesetzes (Fraktionsgesetz) vom 20. April 1993, bildeten das Bindeglied zwischen dem Staat[3] und den Parteien.[4] Da diese zur öffentlichen Rechnungslegung verpflichtet seien, dürfe für die Fraktionen nichts anderes gelten.[5] Obwohl die Finanzwirtschaft der Fraktionen nicht Bestandteil der Haushaltsführung des Staates ist, gelten aufgrund dieser Entscheidung des Gesetzgebers[6] für sie grundsätzlich dieselben Nebenpflichten beim Umgang mit öffentlichen Mitteln wie für die staatliche Finanzwirtschaft.[7]

3 In der Literatur wird die besondere Bedeutung der öffentlichen Rechnungslegung hervorgehoben, weil den Fraktionen in Anerkennung ihrer verfassungsrechtlichen Stellung die Mittel in pauschaler Form bereitgestellt werden. Nur auf der Grundlage einer qualifizierten Rechnungslegung sei es den Parlamenten und der Öffentlichkeit möglich, die als parlamentarische Prognoseentscheidung getroffene Bemessung des erwarteten Finanzbedarfs der Fraktionen mit Blick auf eine eventuelle

---

1 Vgl. Beschlussempfehlung und Bericht des Ausschusses für Wahlprüfung, Immunität und Geschäftsordnung vom 2. November 1993, BT-Drs. 12/6067, S. 10.
2 – 2 BvE 1/88 –, BVerfGE 80, 188 ff.; s. auch *Becker F.*, Die Einschränkung der Prüfungsbefugnis des Bundesrechnungshofes durch das Fraktionsgesetz, ZG 1996, S. 264 *Müller U./Albrecht S.*, Fraktionen und Parteien: Getrennt durch den Spendenbegriff? Zur Anwendung des Parteiengesetzes auf Fraktionszuwendungen, DVBl. 2000, S. 1317.
3 Nach Art. 114 Abs. 1 GG hat der Bundesminister der Finanzen dem Bundestag und dem Bundesrat über alle Einnahmen und Ausgaben sowie über das Vermögen und die Schulden im Laufe des nächsten Rechnungsjahres zur Entlastung der Bundesregierung Rechnung zu legen. Das Entlastungsverfahren eröffnet die Möglichkeit, die Haushalts- und Wirtschaftsführung der Bundesregierung parlamentarisch zu diskutieren und so die politische Verantwortlichkeit der Regierung auch gegenüber der Öffentlichkeit darzustellen. S. *Schneider G. Chr.*, Die Finanzierung der Parlamentsfraktionen als staatliche Aufgabe, Diss., Berlin, 1997, S. 180, m.w.N.
4 Für Parteien folgt die Pflicht zur öffentlichen Rechenschaftslegung aus Art. 21 Abs. 1 Satz 4 GG und § 23 ParteiG.
5 BT-Drs. 12/4746, S. 5 f.; vgl. auch *Fischer A.*, Abgeordnetendiäten und staatliche Fraktionsfinanzierung in den fünf neuen Bundesländern, Frankfurt, 1995, S. 208 ff.
6 Nach a.A. soll die Verpflichtung zur Rechenschaftslegung aus Art. 21 Abs. 1 Satz 4 GG abzuleiten sein, s.d.N. bei *Schneider G. Chr.*, aaO, S. 181 in Fn. 454.
7 Vgl. *Schneider G. Chr.*, aaO, S. 181, m.w.N.

Anpassung der Mittel zu verifizieren. Außerdem bewirke die damit verbundene Darlegungslast eine Selbstkontrolle der Fraktionen bei der Mittelverwendung.[8] Kritiker der Fraktionsfinanzierung betonen in diesem Zusammenhang, die öffentliche Rechnungslegung sei notwendig, um eine Beurteilung der Erforderlichkeit und Angemessenheit der aufgrund einer Entscheidung des Parlaments „in eigener Sache" gewährten Fraktionsfinanzierung durch die Öffentlichkeit zu ermöglichen.[9]

§ 52 regelt unmittelbar nur die Rechnungslegung der Fraktionen. Die Vorschrift gilt jedoch entsprechend für parlamentarische Gruppen im Sinne des § 10 Abs. 4 GO-BT, denen aufgrund eines Beschlusses des Bundestages Geld- und Sachleistungen in Anlehnung an die den Fraktionen zustehenden gewährt werden (vgl. 7. zu § 50).

2. Verpflichtung zur öffentlichen Rechnungslegung (Abs. 1)

Nach § 52 Abs. 1 haben die Fraktionen über die Herkunft und die Verwendung der Mittel, die ihnen innerhalb eines Kalenderjahres (Rechnungsjahr) gemäß § 50 Abs. 1 zugeflossen sind, öffentlich Rechenschaft zu geben. Die Vorschrift regelt die Rechnungslegungspflicht dem Grunde nach. Die folgenden Absätze präzisieren diese Verpflichtungen und führen Sanktionen für den Fall der Nichterfüllung ein. In anderem Zusammenhang (3. zu § 51) wurde bereits darauf hingewiesen, dass bei der Rechnungslegung die Vorschriften über die Führung von Handelsbüchern nach §§ 238 ff. HGB sinngemäß anzuwenden sind.

Durch Art. 4 des Euro-Einführungsgesetzes vom 9. Juli 1998[10] werden die für die Rechnungslegung einschlägigen Vorschriften auf dem Gebiet des Bilanzrechts geändert. Bis zum 31. Dezember 2001 können die Fraktionen wählen, ob sie in DM oder in Euro Rechnung legen wollen. Ab 2002 ist die Rechnungslegung in Euro zwingend.[11]

Materiell erfasst die Rechnungslegungspflicht der Fraktionen ausschließlich die öffentlichen Mittel, die ihnen gemäß § 50 Abs. 1 zugeflossen sind. Damit sind nur die Geldleistungen aus dem Bundeshaushalt gemeint, nicht aber Mittelzuflüsse aus privaten Quellen (s. 3.).

Der Gesetzgeber ging davon aus, mit der durch die Rechnungslegung eintretenden Transparenz die Verantwortlichkeit der Fraktionen für den Umgang mit den staatlichen Mitteln gegenüber der Öffentlichkeit deutlich machen und dieser (der Öffentlichkeit) eine politisch wirksame Kontrolle des Finanzgebarens der Fraktionen ermöglichen zu können.[12]

---

8 So *Schneider G. Chr.*, aaO, S. 182.
9 Siehe die Nachweise bei *Schneider G. Chr.*, aaO, S. 182, Fn. 462; auch *Schmidt-Jorzig E. / Hansen F.*, Neue Rechtsgrundlagen für die Bundestagsfraktionen, NVwZ 1994, S. 1148, und *Martin H.*, Staatliche Fraktionsfinanzierung in Rheinland-Pfalz, Berlin, 1995, S. 112.
10 BGBl. I S. 1242.
11 Vgl. für die Parteien: „Bericht über die Rechenschaftsberichte 1996, 1997 und 1998 sowie über die Entwicklung der Finanzen der Parteien gemäß § 23 Abs. 5 des Parteiengesetzes", Unterrichtung durch den Präsidenten des Deutschen Bundestages vom 21. November 2000, BT-Drs. 14/4747, S. 67.
12 Begründung zu § 51 des Gesetzentwurfs, BT-Drs. 12/4756, S. 8.

3. Rechenschaft über Einnahmen und Ausgaben (Abs. 2)

9 Abs. 2 schreibt das Gliederungsprinzip für die Rechnungslegung bindend vor. Bei der Aufgliederung der Einnahmen und Ausgaben in der Rechnungslegung gemäß dieser Bestimmung wollte der Gesetzgeber einen Ausgleich zwischen dem Erfordernis öffentlicher Kontrolle einerseits und dem schützenswerten Interesse der Fraktionen andererseits, interne Überlegungen zu politischen Planungen und Strategien nicht zu offenbaren, schaffen.[13]

10 Nr. 1 benennt die Einnahmen, über die zuerst Rechenschaft zu geben ist. Das sind die Geldleistungen nach § 50 Abs. 1 (lit. a) und sonstige Einnahmen (lit. b). Umstritten ist, ob zu letzteren auch solche aus privaten Quellen, etwa die Fraktionsbeiträge der Bundestagsabgeordneten[14] oder von privaten Dritten gehören. Es wird die Auffassung vertreten, das für die Parteien formulierte Transparenzgebot des Art. 21 Abs. 1 Satz 4 GG müsse erst recht für das dem politischen Entscheidungsprozess weit nähere „Staatsorgan" der Fraktion gelten. Auch das Rechenschaftsgebot des Art. 114 GG, das grundsätzlich alle Einnahmearten erfasse, spräche für die Richtigkeit der Annahme, dass auch solche nicht-staatlichen Einnahmen publizitätspflichtig seien.[15] Rechtspolitisch mag man dieses Ergebnis vielleicht für wünschenswert halten. Der geltenden Rechtslage im Bund entspricht es indessen nicht. Denn die Rechnungslegungspflicht der Fraktionen beschränkt sich auf der Einnahmen- wie auch auf der Ausgabenseite nach § 52 Abs. 1 zweifelsfrei auf die nach § 50 Abs. 1 zugeflossenen – öffentlichen – Mittel. „Sonstige Einnahmen" sind danach nur die mit staatlichen Mitteln erzielten Einnahmen, insbesondere Zinserträge. In Übereinstimmung mit dieser Rechtslage beschränkt der Bundesrechnungshof seine Anforderungen an den Ausweis sonstiger Einnahmen zu Recht deshalb auf solche.

11 In Abs. 2 Nr. 2 lit. a) bis i) werden die Ausgabenkategorien aufgelistet, über die Rechnung gelegt werden muss. An erster Stelle (lit. a) wird die Summe der Leistungen an Fraktionsmitglieder für die Wahrnehmung besonderer Funktionen in der Fraktion genannt. Das Gesetz geht also implizit selbst davon aus, dass solche Funktionszulagen aus Geldleistungen nach § 50 Abs. 1 gezahlt werden dürfen. Dabei hatte sich der Gesetzgeber seinerzeit auf einen Beschluss der Konferenz der Präsidenten der Rechnungshöfe des Bundes und der Länder vom 11. Juni 1991 berufen, der beachtliche Gründe für die Zulässigkeit solcher Zahlungen anerkannt hatte.[16] Weil sich die Rechnungslegungspflicht nur auf die Summe der an Funktionszulagen gewährten Leistungen bezieht, muss die Einkommensstruktur der Funktionsträger in den Fraktionen nicht offen gelegt werden.[17]

---

13 Begründung zu § 51 des Gesetzentwurfs, BT-Drs. 12/4756, S. 8.
14 Zur rechtlichen Problematik dieser Beiträge s. bereits 7. zu § 11 und 5. zu § 50, jeweils m.w.N.
15 So *Müller U./Albrecht S.*, Fraktionen und Parteien: Getrennt durch den Spendenbegriff? Zur Anwendung des Parteiengesetzes auf Fraktionszuwendungen, DVBl. 2000, S. 1317.; vgl. auch *Hölscheidt S.*, Die Finanzen der Bundestagsfraktionen, DÖV 2000, 720; *Linde A.*, Fraktionsfinanzierung in der parlamentarischen Demokratie: empirische Befunde und theoretische Reflexionen, Frankfurt, 2000, S. 205.
16 Begründung zu § 51 des Gesetzentwurfs, BT-Drs. 12/4756, S. 8; zur Zulässigkeit von Funktionszulagen an Fraktionsmitglieder vgl. im Übrigen ausführlich 3.2.2 zu § 11.
17 Kritisch dazu *Wolters J.*, Der Fraktions-Status, Baden-Baden, 1996, S. 171; auch *Hölscheidt S.*, Funktionszulagen für Abgeordnete, DVBl. 2000, 1734 ff.; die Leistungen an Fraktionsmitglieder für die Wahrnehmung besonderer Funktionen in der Fraktion betrugen im Deutschen

Die Ausgabengliederung im Übrigen unterscheidet nach der Summe der Personal- 12
ausgaben für Fraktionsmitarbeiter (lit. b), den Ausgaben für Veranstaltungen (lit. c),
Sachverständigen-, Gerichts- und ähnlichen Kosten (lit. d), den Ausgaben für die
Zusammenarbeit mit Fraktionen anderer Parlamente (lit. e), den Ausgaben für die
Öffentlichkeitsarbeit (lit. f),[18] den Ausgaben des laufenden Geschäftsbetriebes (lit.
g), den Ausgaben für Investitionen sowie den sonstigen Ausgaben (lit. i). Mit dieser
Auflistung präzisiert das Gesetz wiederum implizit den Katalog der Aufgaben, für
die Leistungen nach § 50 Abs. 1 gemäß § 50 Abs. 4 zulässigerweise verwendet
werden dürfen.

In der Literatur wird bemängelt, die dem § 52 Abs. 2 Nr. 2 eigene Aufschlüsse- 13
lung nach Ausgabenarten und Ausgabenbereichen innerhalb einer Gesamtrech-
nung verhindere eine klare und eindeutige Zuordnung innerhalb der Aufgliederung.[19] Dabei wird allerdings übersehen, dass der Gesetzgeber einen Ausgleich
zwischen dem Erfordernis öffentlicher Kontrolle einerseits und dem schützenswerten Interesse der Fraktionen andererseits, interne Überlegungen zu politischen
Planungen und Strategien nicht zu offenbaren, schaffen musste. Dieser Ausgleich
kann nur im Wege der „praktischen Konkordanz", wie das Gesetz ihn beschreitet,
gefunden werden, damit beiden Rechtsgütern bestmöglich Rechnung getragen
wird.

Umstritten ist ferner, in welchem Umfang die Verwendung der „sonstigen Ein- 14
nahmen" (§ 52 Abs. 2 Nr. 1 lit. b) Gegenstand der Ausgabenrechnung sein müsse,
weil sich sonst die angestrebte Transparenz des Bedarfs und des Ausgabeverhaltens
der Fraktionen nicht erzielen lasse.[20] Dabei wird auch in diesem Zusammenhang
die Auffassung vertreten, unter „sonstigen Einnahmen" seien auch solche zu verstehen, die aus privaten Quellen kommen, eine Meinung, die nicht geteilt wird
(s.o.). Soweit aber Ausgaben mit Einnahmen aus staatlichen Mitteln (z.B. Zinser-
trägen) finanziert wurden, müssen sie selbstverständlich in der Ausgabenrechnung
nach § 52 Abs. 2 Nr. 2 erscheinen.

4. Rechenschaft über Vermögen, Rücklagen, Forderungen und Verbindlichkeiten (Abs. 3)

Abs. 3 verpflichtet die Fraktionen, das Vermögen, das mit Mitteln gemäß § 50 Abs. 1 15
erworben worden ist, die Rücklagen, die aus diesen Mitteln gebildet wurden, sowie
die Forderungen und Verbindlichkeiten auszuweisen. Auf Vorschlag des 1. Ausschusses ist die Vermögensrechnung nach Aktivseite und Passivseite jeweils mit

---

Bundestag im Kalenderjahr 1999: SPD 1.445.635,96 DM; CDU / CSU: 2.045.650,32 DM; Bündnis 90 / DIE GRÜNEN: 0,00 DM; F. D. P.: 865.795,00 DM; PDS: 240.000,00 DM (Quelle: Unterrichtung durch den Präsidenten des Deutschen Bundestages vom 4. September 2000 auf BT-Drs.
14/4040). Inzwischen erhalten auch die Fraktionsvorsitzenden und Parlamentarischen Geschäftsführer von Bündnis 90/DIE GRÜNEN besondere Leistungen aus Fraktionsmitteln
(Quelle: DER SPIEGEL, Nr. 8 vom 19. Februar 2001).
18 Zur Rechtsproblematik der Öffentlichkeitsarbeit von Fraktionen s. *Hölscheidt S.*, Das Recht
der Parlamentsfraktionen, Rheinbreitbach, 2001, S. 604 ff.
19 So *Schneider G. Chr.*, aaO, S. 182; *Wolters J.*, aaO, S. 171 ff.; krit. auch *Linde A.*, aaO, S. 204 ff.
20 Vgl. *Schneider G. Chr.*, aaO, S. 183.

weiteren Unterkategorien zu gliedern. Diese Ergänzung zum Gesetzentwurf sollte die Pflichten der Fraktionen verdeutlichen.[21]

5. Abschlussprüfung der Rechnung und Vorlage an den Präsidenten (Abs. 4)

16 Abs. 4 Satz 1 gibt den Fraktionen auf, die von ihnen erstellte Rechnung von einem im Benehmen mit dem Bundesrechnungshof bestellten externen Abschlussprüfer (Wirtschaftsprüfer oder Wirtschaftsprüfungsgesellschaft) auf die Einhaltung der Anforderungen der Abs. 2 und 3 prüfen und mit einem entsprechenden Prüfvermerk versehen zu lassen.[22] Die Verpflichtung zur Bestellung des Wirtschaftsprüfers im Benehmen mit dem Bundesrechnungshof geht auf einen Vorschlag des Haushaltsausschusses zurück, der erreichen wollte, dass die Auswahl des Prüfers öffentlichem Zweifel entzogen und der gedeihlichen Zusammenarbeit mit dem Bundesrechnungshof der Boden bereitet wird.[23]

17 Die geprüfte Rechnung ist dem Präsidenten nach Abs. 4 Satz 2 spätestens bis zum Ende des sechsten Monats nach Ablauf des Kalenderjahres oder des Monats vorzulegen, in dem die Geldleistungen nach § 50 Abs. 1 letztmalig gezahlt wurden. Aus besonderen Gründen kann der Präsident die Frist nach Satz 3 um bis zu drei Monate verlängern (zu den Sanktionen bei Fristüberschreitung s.u. 6.).[24]

18 Nach dem Wortlaut des Gesetzes ist der Präsident – anders als nach § 23 Abs. 3 ParteiG – nicht zur Prüfung der ihm vorgelegten Rechnung und der Mittelverwendung verpflichtet. Auch den Gesetzesmaterialien lässt sich ein Hinweis darauf nicht entnehmen. Im Gegenteil: In diesem Verfahrensabschnitt ist es nach der Begründung zu § 51 Abs. 4 des Gesetzentwurfs alleine die Aufgabe des Präsidenten, die vorgelegten Rechnungen als Bundestagsdrucksache zu publizieren, um dem Transparenzgebot Geltung zu verschaffen.[25] Der Bundesrechnungshof vertritt demgegenüber die Auffassung, der Bundestagspräsident sei auch ohne ausdrückliche Regelung im Abgeordnetengesetz in seiner Eigenschaft als mittelzuweisende Stelle gehalten, die den Fraktionen nach § 50 Abs. 1 zur Verfügung gestellten Geld- und Sachleistungen auf wirtschaftliche und ordnungsgemäße Verwendung hin zu prüfen. Die Intensität der Prüfung stehe – auch im Hinblick auf die besondere Stellung der Fraktionen – in seinem pflichtgemäßen Ermessen.[26] Dieser Meinung ist nicht zu folgen. Zum einen findet sie im Gesetz keine Stütze. Zum Anderen macht eine eigene – und damit doppelte – Prüfpflicht für den Präsidenten neben der dem Hof in § 53 zugeschriebenen keinen Sinn. Nicht einmal die Realisierbarkeit eventueller Rückforderungsansprüche bei zweckwidriger Mittelverwendung scheitert an der fehlenden Prüfverpflichtung des Präsidenten.[27] Die zur Verfolgung entsprechender

---

21 Beschlussempfehlung und Bericht des Ausschusses für Wahlprüfung, Immunität und Geschäftsordnung vom 2. November 1993, BT-Drs. 12/6067, S. 10.
22 Vgl. auch *Linde A.*, aaO, S. 208.
23 Vgl. Beschlussempfehlung und Bericht des Ausschusses für Wahlprüfung, Immunität und Geschäftsordnung vom 2. November 1993, BT-Drs. 12/6067, S. 10.
24 Zur Angemessenheit der Frist im Hinblick auf das Prüfvolumen und die rechtliche Strittigkeit vieler Fragen der Prüfmaterie s. *Hölscheidt S.*, aaO, S: 720; kritisch *Wolters J.*, aaO, S. 168.
25 BT-Drs. 12/4756, S. 8.
26 Für eine Prüfpflicht des Präsidenten auch *Linde A.*, aaO, S. 211 f.
27 Zur Rückzahlungsverpflichtung aus dem Gesichtspunkt des allgemeinen öffentlich-recht-

Forderungen notwendigen Kenntnisse hätte ihm gegebenenfalls der Bundesrechnungshof zu übermitteln.

Die nach Maßgabe des § 52 Abs. 4 Satz 1 daher nur von einem externen Abschlussprüfer geprüfte Rechnung wird nach Satz 4 als Bundestagsdrucksache verteilt.[28] Mit der Veröffentlichung als Bundestagsdrucksache wollte der Gesetzgeber – wie bereits erwähnt – dem Transparenzgebot Rechnung tragen.[29]

6. Verzug mit der Rechnungslegung (Abs. 5)

Abs. 5 sieht als Sanktionsmöglichkeit für den Fall, dass eine Fraktion mit der Rechnungslegung in Verzug ist, die Zurückbehaltung von Geld- und Sachleistungen nach § 50 Abs. 1 vor. Die Vorschrift darf allerdings nicht schematisch exekutiert werden. Dem Grundsatz der Verhältnismäßigkeit kommt in diesem Zusammenhang eine besondere Bedeutung zu. So rechtfertigen geringfügige zeitliche Verzögerungen bei der Rechnungslegung oder kleinere Unvollständigkeiten der vorgelegten Rechnung nicht etwa den dauernden oder vollständigen Zurückbehalt der staatlichen Geldleistungen, die monatlich abgerufen werden. Die verhängte Sanktion muss vielmehr in einem ausgewogenen Verhältnis zur Schwere des sie auslösenden Versäumnisses stehen. In der Praxis scheinen Unpünktlichkeiten bei der Rechnungslegung allerdings kaum eine Rolle zu spielen.[30]

7. Landesrecht

Bis auf Nordrhein-Westfalen haben alle Bundesländer die Rechnungslegungspflichten der Fraktionen in den Landesparlamenten gesetzlich geregelt. Die Vorschriften entsprechen in ihren wesentlichen Zügen der des Bundesrechts. Wie § 52 legen sie u.a. die Rechnungslegungspflicht dem Grunde nach fest, bestimmen die Gliederung der Rechnung, die Fristen zur Vorlage und als Sanktion bei Fristüberschreitung die (vollständige) Zurückbehaltung von Leistungen. Eine Ausnahme von Letzterem macht nur Sachsen. Dort sind im Falle der Fristversäumung nach § 5 Abs. 6 Sachs.FraktG lediglich 50 Prozent der Geldleistungen zurückzubehalten. Auf den Prüfvermerk eines unabhängigen Wirtschafts- oder Rechnungsprüfers verzichten nur die Bundesländer Hessen und Schleswig-Holstein. Mehrheitlich – bis auf Hamburg, das Saarland, Schleswig-Holstein und Thüringen – schreiben die Landesgesetze auch vor, dass die Fraktionsrechnungen zu veröffentlichen sind.

---

lichen Erstattungsanspruches bei Zweckverfehlung öffentlicher Mittel s. Entscheidung des Staatsgerichtshofs der Freien Hansestadt Bremen vom 19. Oktober 1996 – St 1/95 –, DVBl. 1997, S. 128 (LS).
28 S. zuletzt BT-Drs. 14/6652 vom 31. August 2001.
29 Vgl. Begründung zu § 51 des Gesetzentwurfs, BT-Drs. 12/4756, S. 8; *Linde A.*, aaO, S. 220 f.
30 *Linde A.*, aaO, S. 224.

§ 53 Rechnungsprüfung

(1) Der Bundesrechnungshof prüft die Rechnung sowie die den Fraktionen nach § 50 Abs. 1 zur Verfügung gestellten Geld- und Sachleistungen auf ihre wirtschaftliche und ordnungsgemäße Verwendung nach Maßgabe der Ausführungsbestimmungen gemäß § 51 Abs. 1.

(2) Bei der Prüfung sind die Rechtsstellung und die Aufgaben der Fraktionen zu beachten. Die politische Erforderlichkeit einer Maßnahme der Fraktionen ist nicht Gegenstand der Prüfung.

Parallelvorschriften im EuAbgG und in den Abgeordnetengesetzen der Länder:			
EuAbgG	–		
BadWürtt.	§ 9 FraktG	Nds.	§ 33 d
Bay.	Art. 8 FraktG	NW.	–
Berl.	§ 9 FraktG	RP.	§ 5 FraktG
Bbg.	§ 12 FraktG	Saarl.	§ 8 FraktRG
Brem.	§ 43	Sachs.	§ 7 FraktRG
Hbg.	§ 4 FraktG	SachsAnh.	§ 8 FraktG
Hess.	§ 7 FraktG	SchlH.	§ 9 FraktG
MV.	§ 56	Thür.	§ 55

Literatur: *v. Arnim H. H.*, Finanzierung der Fraktionen, Wiesbaden, 1993; *Becker F.*, Die Einschränkung der Prüfungsbefugnis des Bundesrechnungshofes durch das Fraktionsgesetz, ZG 1996, 260 ff.; *Fischer A.*, Abgeordnetendiäten und staatliche Fraktionsfinanzierung in den fünf neuen Bundesländern, Frankfurt, 1995; *Heuer E.*, Kontrollauftrag gegenüber den Fraktionen, in: Finanzkontrolle im repräsentativ-demokratischen System, hrsg. von Böning W. und v. Mutius A., Heidelberg, 1990, S. 107 ff.; *Hölscheidt S.*, Die Finanzen der Bundestagsfraktionen, DÖV 2000, 712 ff.; *Holtmann E.*, Der selbstbestellte Vormund des Parlaments. Oder: Wie Rechnungshöfe den Primat der Politik unterlaufen, ZParl 2000, 116 ff.; *Linde A.*, Fraktionsfinanzierung in der parlamentarischen Demokratie: empirische Befunde und theoretische Reflexionen, Frankfurt, 2000; *Mardini M.*, Die Finanzierung der Parlamentsfraktionen durch staatliche Mittel und Beiträge der Abgeordneten, Diss., Frankfurt am Main, 1990; *Martin H.*, Staatliche Fraktionsfinanzierung in Rheinland-Pfalz, Berlin, 1995; *Müller U./Albrecht S.*, Fraktionen und Parteien: Getrennt durch den Spendenbegriff? Zur Anwendung des Parteiengesetzes auf Fraktionszuwendungen, DVBl. 2000, S. 1315 ff.; *Schmidt-Jorzig E./Hansen F.*, Neue Rechtsgrundlagen für die Bundestagsfraktionen, NVwZ 1994, S. 1145 ff.; *Schneider G. Chr.*, Die Finanzierung der Parlamentsfraktionen als staatliche Aufgabe, Diss., Berlin, 1997.

Übersicht

		Rdn.
1.	Allgemeines	1–3
2.	Prüfung durch den Bundesrechnungshof (Abs. 1)	4–11
2.1	Prüfung der nach § 52 erstellten Rechnung	6
2.2	Prüfung der ordnungsgemäßen und wirtschaftlichen Verwendung der Geld- und Sachleistungen	7–8
3.	Einschränkung der Prüfungsbefugnis (Abs. 2)	9–11
4.	Landesrecht	12

1. Allgemeines

Mit § 53, der inhaltlich weitgehend § 52 des Gesetzentwurfs entspricht, wollte der Gesetzgeber die Kontrolle der den Fraktionen überlassenen öffentlichen Mittel durch den Bundesrechnungshof festschreiben. Dieser sollte – im grundlegenden Unterschied zur Buchprüfung des Wirtschaftsprüfers nach § 52 Abs. 4 Satz 1 – in verfassungsrechtlich begründeter Unabhängigkeit über Gegenstand, Intensität und Zeitpunkt der Prüfung entscheiden.[1]

Der Zusatz in § 53 Abs. 1, dass die Prüfung durch den Bundesrechnungshof „nach Maßgabe der Ausführungsbestimmungen gemäß § 51 Abs. 1" zu erfolgen habe, ist auf Vorschlag des 1. Ausschusses in das Gesetz eingefügt worden. Er soll den Kreis der vom Bundesrechnungshof anzuwendenden Prüfungsmaßstäbe verdeutlichen.[2] Bislang hat der Ältestenrat die vom Gesetz vorgesehenen Ausführungsbestimmungen allerdings nicht erlassen (1. zu § 51).

§ 53 regelt unmittelbar nur die Rechnungsprüfung der Fraktionen. Die Vorschrift gilt jedoch entsprechend für parlamentarische Gruppen im Sinne des § 10 Abs. 4 GO-BT, denen aufgrund eines Beschlusses des Bundestages Geld- und Sachleistungen in Anlehnung an die den Fraktionen zustehenden gewährt werden (vgl. 7. zu § 50).

2. Prüfung durch den Bundesrechnungshof (Abs. 1)

Nach § 53 Abs. 1 hat der Bundesrechnungshof die Rechnung (§ 52) sowie die den Fraktionen nach § 50 Abs. 1 zur Verfügung gestellten Geld- und Sachleistungen auf ihre wirtschaftliche und ordnungsgemäße Verwendung hin zu prüfen.

Die Finanzkontrolle bei den Fraktionen war und ist umstritten. Im „Wüppesahl-Urteil" vom 21. Februar 1989 hat das Bundesverfassungsgericht die aus Art. 114 Abs. 2 GG[3] folgende und vom Bundesgesetzgeber später in § 53 Abs. 1 einfachgesetzlich konkretisierte Befugnis des Bundesrechnungshofs zur Prüfung der Fraktionen hinsichtlich der Verwendung der ihnen zur Verfügung gestellten staatlichen Mittel mit folgenden Worten klargestellt:

---

[1] Entwurf eines Sechzehnten Gesetzes zur Änderung des Abgeordnetengesetzes (Fraktionsgesetz) vom 20. April 1993, BT-Drs. 12/4756, S. 6 und 8.
[2] Vgl. Beschlussempfehlung und Bericht des Ausschusses für Wahlprüfung, Immunität und Geschäftsordnung vom 2. November 1993, BT-Drs. 12/6067, S. 11; anders *Schneider G. Chr.*, Die Finanzierung der Parlamentsfraktionen als staatliche Aufgabe, Diss., Berlin, 1997, S. 184 f: „Der Gesetzgeber hat daher mit den Regelungen zur Rechnungsprüfung der Fraktionen eine spezialgesetzliche Ermächtigung der Rechnungshöfe geschaffen, für die ansonsten keine Rechtsgrundlage bestanden hätte."
[3] Vgl. ausführlich *Becker F.*, Die Einschränkung der Prüfungsbefugnis des Bundesrechnungshofes durch das Fraktionsgesetz, ZG 1996, 262 ff.; Rechtsgrundlage ist nicht § 91 Abs. 1 Nr. 3 BHO, weil die Fraktionen einen gesetzlichen Leistungsanspruch haben und deswegen keine „Zuwendungen" erhalten, vgl. auch *Schneider G. Chr.*, aaO, S. 184; ebenso *Mardini M.*, Die Finanzierung der Parlamentsfraktionen durch staatliche Mittel und Beiträge der Abgeordneten, Diss., Frankfurt am Main, 1990, S. 129; zum Streitstand s. auch *Fischer A.*, Abgeordnetendiäten und staatliche Fraktionsfinanzierung in den fünf neuen Bundesländern, Frankfurt, 1995, S. 211 ff.

„Der verfassungsrechtliche Prüfauftrag des Bundesrechnungshofes umfasst die Rechtmäßigkeit und Wirtschaftlichkeit der Verwendung von Fraktionszuschüssen in gleicher Weise und nach den gleichen verfassungsrechtlichen und haushaltsrechtlichen Maßstäben wie bei anderen Etatmitteln auch".[4]

Das „Ob" einer Rechnungsprüfung steht seither außer Streit, nicht indessen das „Wie".[5]

2.1 Prüfung der nach § 52 erstellten Rechnung

6 Dieser Teil des Prüfauftrages betrifft den mehr formalen Aspekt, ob die von der Fraktion erstellte Rechnung den gesetzlichen Vorgaben entsprechend, insbesondere den Gliederungsprinzipien des § 52 Abs. 2 und 3 folgend richtig und vollständig erstellt, von einem im Benehmen mit dem Bundesrechnungshof bestellten Abschlussprüfer geprüft und mit einem entsprechenden Prüfvermerk versehen worden ist.[6]

2.2 Prüfung der ordnungsgemäßen und wirtschaftlichen Verwendung der Geld- und Sachleistungen

7 Materieller Schwerpunkt der – nach Maßgabe des Abs. 2 begrenzten (s. 3.) – Prüfung durch den Bundesrechnungshof ist die wesentlich gewichtigere Frage der ordnungsgemäßen und wirtschaftlichen Verwendung der den Fraktionen nach § 50 Abs. 1 zur Verfügung gestellten Geld- und Sachleistungen. So wie sich die Rechnungslegungspflicht der Fraktionen nur auf die staatlichen Geld- und Sachleistungen erstreckt (s. 3. zu § 52), geht die Kontrollfunktion des Bundesrechnungshofs über die Verwendung der staatlichen Mittel nicht hinaus.[7] Die von ihm vorzunehmende Ordnungsmäßigkeitsprüfung umfasst dabei die Rechtmäßigkeit des Mitteleinsatzes, vor allem gemessen an der für die zulässige Verwendung von Fraktionszuschüssen maßgeblichen Bestimmung des § 50 Abs. 4. Denn auch wenn die Fraktionen einen Rechtsanspruch auf staatliche Geld- und Sachleistungen haben, bedeutet dies nicht, dass sie hierüber kraft ihrer Fraktionsautonomie beliebig verfügen dürften.[8] § 50 Abs. 4 Satz 2 verbietet insbesondere eine Verwendung für

---

4 BVerfGE 80, 188, 214; *Müller U./Albrecht S.*, Fraktionen und Parteien: Getrennt durch den Spendenbegriff? Zur Anwendung des Parteiengesetzes auf Fraktionszuwendungen, DVBl. 2000, S. 1317 f.; *Hölscheidt S.*, Die Finanzen der Bundestagsfraktionen, DÖV 2000, 720.
5 Vgl. zum Streitstand *v. Arnim H. H.*, Finanzierung der Fraktionen, Wiesbaden, 1993, S. 37 ff.; *Heuer E.*, Kontrollauftrag gegenüber den Fraktionen, in: Finanzkontrolle im repräsentativdemokratischen System, hrsg. von Böning W. und v. Mutius A., Heidelberg, 1990, S. 107 ff.; *Hölscheidt S.*, aaO, S. 720 f.; *Linde A.*, Fraktionsfinanzierung in der parlamentarischen Demokratie: empirische Befunde und theoretische Reflexionen, Frankfurt, 2000, S. 212 ff.; *Mardini M.*, aaO, S. 128 ff.; *Schmidt-Jorzig E./Hansen F.*, Neue Rechtsgrundlagen für die Bundestagsfraktionen, NVwZ 1994, S. 1148.; *Schneider G. Chr.*, aaO, S. 183 ff.
6 Vgl. auch *Müller U./Albrecht S.*, aaO, S. 1318.
7 Str., a.A. *Müller U./Albrecht S.*, aaO, S. 1318; krit. *Linde A.*, aaO, S. 215.
8 Vgl. Entwurf eines Sechzehnten Gesetzes zur Änderung des Abgeordnetengesetzes (Fraktionsgesetz) vom 20. April 1993, Begründung zu § 52 des Entwurfs, BT-Drs. 12/4756, S. 9: „Dies bedeutet, dass der Bundesrechnungshof das Finanzgebaren der Fraktionen – nicht anders als bei der Kontrolle der Bundesverwaltungen – darauf untersuchen darf, ob die Geld- und Sachleistungen im Rahmen der gesetzlich definierten Aufgaben und zu zulässigen Zwecken eingesetzt sowie wirtschaftlich verwendet worden sind."; s. auch *Heuer E.*, aaO, S. 110.

Parteiaufgaben. Ebenso unzulässig ist es, Fraktionsmittel für eben die Zwecke zu verwenden, für die Abgeordnete eine Amtsausstattung nach diesem Gesetz (§ 12) erhalten.[9] Aufgabe des Bundesrechnungshofes ist es also u.a. zu prüfen, ob eine Fraktion bei der Mittelverwendung gegen diese beiden Verbote verstoßen hat.

Die Prüfungskompetenz des Bundesrechnungshofes erstreckt sich ferner auf die Wirtschaftlichkeit des Mitteleinsatzes. Als „wirtschaftlich" wird eine Maßnahme gemeinhin dann bezeichnet, wenn die Bedeutung der durch sie erreichbaren Ziele den eingesetzten Aufwand an Zeit, Arbeitskraft und Finanzmittel als gerechtfertigt erscheinen lässt.[10] Auch hier gilt aber, dass der Bundesrechnungshof aufgrund seiner begrenzten Prüfdichte nur prüfen kann, ob innerhalb fraktionseigener Vorgaben die Gebote der Wirtschaftlichkeit und Sparsamkeit beachtet wurden.[11]

3. Einschränkung der Prüfungsbefugnis (Abs. 2)

Bei der Prüfung nach § 52 Abs. 1 hat der Bundesrechnungshof nach Abs. 2 Satz 1 die Rechtsstellung und die Aufgaben der Fraktionen zu beachten. Nach Satz 2 ist die politische Erforderlichkeit einer Maßnahme der Fraktionen nicht Gegenstand der Prüfung.

Der Gesetzgeber ging bei dieser Regelung davon aus, dass es die Besonderheit der Fraktionen als politische Gliederungen des Parlaments gebietet, dass ihnen ein prüfungsfreier Arkanbereich vorbehalten ist, der sich auf die Willensbildung und die Entscheidung der Frage bezieht, ob eine – gesetzlich zulässige – Aufgabenwahrnehmung im Einzelfall politisch erforderlich ist oder nicht. Denn insoweit – so heißt es in der Gesetzesbegründung – nähmen die Fraktionen an dem Prozess der parlamentarischen Willensbildung teil, die in Ausübung des verfassungsrechtlich gewährleisteten freien Mandats eines jeden Abgeordneten erfolge. Der Bundesrechnungshof habe demnach nicht die politischen Konzepte und auch nicht die Entscheidung einer Fraktion zu prüfen, ob sie im Einzelfall eine zulässige Aufgabe unter Einsatz der ihr zur Verfügung stehenden öffentlichen Mittel wahrnimmt.[12]

In der Literatur ist umstritten, ob der Gesetzgeber die Prüfungsbefugnis des Bundesrechnungshofes in der beschriebenen Weise beschränken durfte. Es wird die Auffassung vertreten, Bestandteil der Wirtschaftlichkeitsprüfung müsse auch die

---

9 *Becker F.*, aaO, S. 264 f.
10 *Becker F.*, aaO, S. 265, m.w.N; *Fischer A.*, aaO, S. 216, m.N.
11 *Schmidt-Jorzig E./Hansen F.*, aaO, S. 1149: „Der Bundesrechnungshof darf demzufolge nicht die politischen Konzepte, die einzelne Zielfixierung und ihre finanzielle Prioritätsbestimmung prüfen, sondern nur, ob innerhalb jener fraktionseigenen Vorgaben die Gebote der Wirtschaftlichkeit und Sparsamkeit beachtet worden sind, also das Ausgabeverhalten der Fraktionen sich im Rahmen der gesetzlichen Zweckbestimmung und einer rationalen Verwirklichung der eigenen Ziele hält."; vgl. auch *Heuer E.*, aaO, S. 113: „Mit viel Fingerspitzengefühl ist der ungeregelte Maßstab der Wirtschaftlichkeit zu handhaben. Die Arbeit in einer Fraktion ist vielfach nicht mit der in einer normalen Verwaltung zu vergleichen. Die Arbeitsziele und Arbeitsschwerpunkte, überhaupt die Nutzenseite der Wirtschaftlichkeitsbetrachtung, werden sich als politik- und im eigentlichen Sinne parlamentsbezogen weitgehend einer Bewertung durch den Rechnungshof entziehen."
12 Vgl. Entwurf eines Sechzehnten Gesetzes zur Änderung des Abgeordnetengesetzes (Fraktionsgesetz) vom 20. April 1993, Begründung zu § 52 des Entwurfs, BT-Drs. 12/4756, S. 9; zustimmend *Linde A.*, aaO, S. 214 f.

politische Erforderlichkeit der Mittelverwendung sein. § 53 Abs. 2 Satz 2 greife daher in den Gewährleistungsbereich des Art. 114 Abs. 1 Satz 2 GG ein.[13] Dem ist nicht zu folgen. Vielmehr betont *Becker F.* in diesem Zusammenhang zu Recht, dass eine „Vollkontrolle" der Fraktionen durch den Rechnungshof die grundgesetzlich verbürgte Freiheit des Mandats – und als deren Ausprägung die Fraktionsautonomie – einseitig belaste und auf diese Weise nicht den gebotenen Ausgleich zwischen den beiden einschlägigen Verfassungsnormen gewährleiste.[14] Die Relevanz des Meinungsstreits für die Parlamentspraxis des Bundestages ist gering. Deshalb braucht er hier nicht vertieft zu werden. Denn der Bundesrechnungshof ist selbst der Auffassung, dass der Vorbehalt eines prüfungsfreien Arkanbereichs sein Prüfungsrecht nicht unzulässigerweise einschränkt. Er werde wie bisher die Besonderheiten der Fraktionsaufgaben berücksichtigen. Dabei unterlägen politische Entscheidungen im Rahmen des geltenden Rechts nicht seiner Beurteilung.[15]

4. Landesrecht

12 Mit Ausnahme von Nordrhein-Westfalen, das noch kein Fraktionsgesetz erlassen hat, sehen die Fraktionsgesetze aller Bundesländer eine Prüfung der Rechnungen der Fraktionen durch den Rechnungshof vor. In Sachsen, Mecklenburg-Vorpommern und Thüringen obliegt die Aufgabe jeweils dem Präsidenten des Landesrechnungshofes (der in Sachsen auch einen Beauftragten benennen kann).[16] Maßstab der Prüfung durch den Rechnungshof ist wie beim Bund auch regelmäßig die Wirtschaftlichkeit und Ordnungsgemäßheit der Mittelverwendung (s.o. 2. 2). Ohne Ausnahme haben die Bundesländer in ihren Gesetzen schließlich die Prüfkompetenz der Rechnungshöfe vergleichbar der in § 53 Abs. 2 enthaltenen Regelung (s. dazu o. 3.) begrenzt.

§ 54 Beendigung der Rechtsstellung und Liquidation

(1) Die Rechtsstellung nach § 46 entfällt

1. bei Erlöschen des Fraktionsstatus,
2. bei Auflösung der Fraktion,
3. mit dem Ende der Wahlperiode.

(2) In den Fällen des Absatzes 1 Nr. 1 und 2 findet eine Liquidation statt. Die Fraktion gilt bis zur Beendigung der Liquidation als fortbestehend, soweit der

---

13 Vgl. die Nachweise bei *Becker F.*, aaO, S. 266 f. und *Schneider G. Chr.*, aaO, S. 186 ff.; allgemein zur Finanzkontrolle der Rechnungshöfe s. auch *Holtmann E.*, Der selbstbestellte Vormund des Parlaments. Oder: Wie Rechnungshöfe den Primat der Politik unterlaufen, ZParl 2000, 116 ff.
14 AaO, S. 269; vgl. auch *Schmidt-Jorzig E./Hansen F.*, aaO, S. 1149; *Hölscheidt S.*, aaO, S. 720; im Ergebnis auch *Martin H.*, Staatliche Fraktionsfinanzierung in Rheinland-Pfalz, Berlin, 1995, S. 120 ff. (128); *Schneider G. Chr.*, aaO, S. 186 ff.
15 Schreiben des Präsidenten des Bundesrechnungshofes vom 17. September 1993 an den Vorsitzenden des 1. Ausschusses; BT-Drs. 12/5650, S. 11; s. auch *Hölscheidt S.*, aaO, S. 720.
16 Vgl. § 7 Abs. 1 SachsFraktRG, § 56 Abs. 1 MV.AbgG, § 55 Abs. 1 Thür.AbgG.

Zweck der Liquidation dies erfordert. Die Liquidation erfolgt durch den Vorstand, soweit die Geschäftsordnung der Fraktion nichts anderes bestimmt.

(3) Die Liquidatoren haben die laufenden Geschäfte zu beenden, die Forderungen einzuziehen und die Gläubiger zu befriedigen. Sie sind berechtigt, zu diesem Zweck neue Geschäfte einzugehen und das Vermögen in Geld umzusetzen. Die Zweckbindung gemäß § 50 Abs. 4 ist zu beachten. Fällt den Liquidatoren bei der Durchführung der Liquidation ein Verschulden zur Last, so haften sie für den daraus entstehenden Schaden gegenüber den Gläubigern als Gesamtschuldner.

(4) Soweit nach der Beendigung der Liquidation nach § 50 Abs. 1 gewährte Geldleistungen verbleiben, sind diese an den Bundeshaushalt zurückzuführen. Das gleiche gilt für Vermögenswerte, die mit diesen Geldern angeschafft worden sind. Die Sachleistungen nach § 50 Abs. 3 sind derjenigen Stelle zurückzugeben, die die Sachleistung erbracht hat.

(5) Das verbleibende Vermögen der Fraktion ist dem Anfallsberechtigten zu überlassen. Anfallsberechtigt sind die in der Geschäftsordnung der Fraktion bestimmten Personen oder Stellen.

(6) Maßnahmen nach den Absätzen 4 und 5 dürfen erst vorgenommen werden, wenn seit dem Ereignis, das zum Verlust der Rechtsstellung nach § 46 geführt hat, sechs Monate verstrichen sind. Die Sicherung der Gläubiger hat nach § 52 des Bürgerlichen Gesetzbuchs zu erfolgen.

(7) Im Falle des Absatzes 1 Nr. 3 findet eine Liquidation nicht statt, wenn sich innerhalb von 30 Tagen nach Beginn der neuen Wahlperiode eine Fraktion konstituiert, deren Mitglieder einer Partei angehören, die durch eine Fraktion in der abgelaufenen Wahlperiode im Deutschen Bundestag vertreten war und die sich zur Nachfolgefraktion erklärt. In diesem Fall ist die neu konstituierte Fraktion die Rechtsnachfolgerin der alten Fraktion.

Parallelvorschriften im EuAbgG und in den Abgeordnetengesetzen der Länder:			
EuAbgG	–		
BadWürtt.	§ 4 FraktG	Nds.	§ 33 c
Bay.	Art. 4 / 10 FraktG	NW.	–
Berl.	§ 11 FraktG	RP.	§ 10 FraktG
Bbg.	§ 13 FraktG	Saarl.	§ 10 FraktRG
Brem.	§ 44	Sachs.	§ 9 FraktRG
Hbg.	§ 5 FraktG	SachsAnh.	§ 4 FraktG
Hess.	§ 4 FraktG	SchlH.	§ 11 FraktG
MV.	§ 57	Thür.	§ 57 / 58

Literatur: *Günther U.*, Ende einer Fraktion – Eine Reise durch juristisches Niemandsland, KJ 1993, 98 ff.; *Hölscheidt S.*, Das Recht der Parlamentsfraktionen, Rheinbreitbach, 2001; *Linde A.*, Fraktionsfinanzierung in der parlamentarischen Demokratie: empirische Befunde und theoretische Reflexionen, Frankfurt, 2000; *Martin H.*, Staatliche Fraktionsfinanzierung in Rheinland-Pfalz, Berlin, 1995; *Schmidt-Jorzig E. / Hansen F.*, Neue Rechtsgrundlagen für die Bundestagsfraktionen, NVwZ 1994, S. 1145 ff.; *Wolters J.*, Der Fraktions-Status, Baden-Baden, 1996.

Übersicht

		Rdn.
1.	Allgemeines	1–2
2.	Entfallen der Rechtsstellung nach § 46 (Abs. 1)	3–4
3.	Liquidation als Regelfall (Abs. 2)	5
4.	Durchführung der Liquidation .Abs. 3)	6–7
5.	Rückführung von Geld- und Sachleistungen nach § 50 (Abs. 4)	8
6.	Sonstiges Vermögen (Abs. 5)	9
7.	Zeitpunkt der Vermögensrückführung oder -überlassung und Gläubigersicherung (Abs. 6)	10
8.	Ausnahmen von der Liquidationsverpflichtung (Abs. 7)	11–12
9.	Landesrecht	13

1. Allgemeines

1 Die Vorschrift regelt erstmals in Gesetzesform die Beendigung der Rechtsstellung einer Fraktion und ihre Liquidation. Die heutige Fassung entspricht bis auf marginale redaktionelle Änderungen § 53 des Entwurfs eines Sechzehnten Gesetzes zur Änderung des Abgeordnetengesetzes (Fraktionsgesetz) vom 20. April 1993.[1] Sie weist in vielem Parallelen mit der im BGB (§§ 47 ff.) geregelten Vereinsliquidation auf, so dass bei Auslegungs- und Anwendungsproblemen die Rechtsprechung und Literatur zur Vereinsliquidation sinngemäß herangezogen werden kann. Dabei ist allerdings zu beachten, dass das Vereinsrecht davon ausgeht, dass die Sicherung des Vermögens für die Anfallberechtigten regelmäßig durch die Vereinsmitglieder erfolgt, die das Vereinsvermögen aufgebracht haben. Im Unterschied dazu ist das Fraktionsvermögen überwiegend auf staatliche Zuwendungen zurückzuführen, so dass dessen Schutz als Anfallsberechtigter in diesem Zusammenhang stärker zu berücksichtigen ist. In der Parlamentspraxis hat die Bestimmung bislang keine Rolle gespielt, weil seit ihrem In-Kraft-Treten noch keine Fraktion des Bundestages zu liquidieren war.[2]

2 § 54 regelt unmittelbar nur die Liquidation der Fraktionen. Die Vorschrift gilt jedoch sinngemäß für parlamentarische Gruppen im Sinne des § 10 Abs. 4 GO-BT, denen aufgrund eines Beschlusses des Bundestages Geld- und Sachleistungen in Anlehnung an die den Fraktionen zustehenden gewährt werden (vgl. 7. zu § 50 und unten 8.).

2. Entfallen der Rechtsstellung nach § 46 (Abs. 1)

3 § 54 Abs. 1 bestimmt drei Fälle des Erlöschens der Rechtsstellung einer Fraktion nach § 46 (s. dazu die dortigen Anm.): Bei Erlöschen des Fraktionsstatus (Nr. 1), bei Auflösung der Fraktion (Nr. 2) und mit dem Ende der Wahlperiode (Nr. 3). Der Fraktionsstatus erlischt, wenn die Voraussetzungen für die Bildung einer Fraktion

---

[1] BT-Drs. 12/4756.
[2] Zur Problematik vor In-Kraft-Treten des Fraktionsgesetzes s. *Günther U.*, Ende einer Fraktion – Eine Reise durch juristisches Niemandsland, KJ 1993, 98 ff.; zum geltenden Recht in Bund und Ländern *Hölscheidt S.*, Das Recht der Parlamentsfraktionen, Rheinbreitbach, 2001, S. 643 ff.; allgemein zum Fraktionsuntergang: *Linde A.*, Fraktionsfinanzierung in der parlamentarischen Demokratie: empirische Befunde und theoretische Reflexionen, Frankfurt, 2000, S. 235 f.

nach § 45 i.V.m. § 10 Abs. 1 GO-BT entfallen, also insbesondere dann, wenn die Zahl ihrer Mitglieder unter die nach § 10 Abs. 1 Satz 1 GO-BT erforderlichen fünf vom Hundert der Mitglieder des Bundestages sinkt.[3] Die Auflösung des mitgliedschaftlichen Zusammenschlusses ist nicht zwingend damit verknüpft. Die verbliebenen Mitglieder können beantragen, nach § 10 Abs. 4 GO-BT als Gruppe anerkannt zu werden. Die (korporative) Auflösung einer Fraktion erfolgt durch Mehrheitsbeschluss ihrer Mitglieder nach Maßgabe der jeweiligen Arbeits- oder Geschäftsordnung (Fraktionssatzung).[4] Schließlich erlischt die Rechtsstellung nach § 46 dem Diskontinuitätsgrundsatz entsprechend mit dem Ende der Wahlperiode, also vier Jahre nach dem ersten Zusammentritt oder mit der Auflösung des Bundestages (vgl. Art. 39 Abs. 1 Satz 2 GG).[5]

Mit dem Erlöschen ihrer Rechtsstellung geht die Fraktion sämtlicher Rechte nach diesem Gesetz und nach der GO-BT, insbesondere auch ihres Anspruches auf Geld- und Sachleistungen nach § 50 Abs. 1, verlustig, soweit dort nicht ausdrücklich – z.B. zum Zwecke der Durchführung der Liquidation – etwas anderes bestimmt ist. 4

3. Liquidation als Regelfall (Abs. 2)

Das Gesetz geht davon aus, dass grundsätzlich in allen Fällen des Absatzes 1 eine Liquidation der Fraktion nach den in den Abs. 2 bis 6 normierten Regeln erfolgt (zu der für die Parlamentspraxis essentiellen Ausnahme des Abs. 7 vgl. 8.).[6] Nach Abs. 2 Satz 2 wird dazu der Fortbestand der Fraktion bis zur Beendigung der Liquidation fingiert, allerdings nur eingeschränkt, nämlich soweit der Zweck der Liquidation dies erfordert. Für die Durchführung der Liquidation ist gemäß Satz 3 der Fraktionsvorstand zuständig, wenn die Fraktionsgeschäftsordnung nichts anderes bestimmt. 5

4. Durchführung der Liquidation (Abs. 3)

Gemäß § 54 Abs. 3 haben die Liquidatoren die laufenden Geschäfte zu beenden, die Forderungen einzuziehen und die Gläubiger zu befriedigen (Satz 1). Sie sind berechtigt, zu diesem Zweck neue Geschäfte einzugehen und das Vermögen in Geld umzusetzen (Satz 2) (vgl. auch § 49 Abs. 1 BGB). Dabei haben die Liquidatoren die Zweckbindung nach § 50 Abs. 4 zu beachten (vgl. 5. zu § 50). Der Bund haftet ebenso wenig für Verbindlichkeiten einer Fraktion wie das einzelne Fraktionsmitglied,[7] weil sie als rechtsfähige Vereinigung (§ 46 Abs. 1) rechtlich verselbständigt ist und ihre Mittel eigenverantwortlich bewirtschaftet.[8] 6

---

3 Vgl. *Wolters J.*, Der Fraktions-Status, Baden-Baden, 1996, S. 161 f.
4 Nach *Wolters J.*, aaO, S. 162, ein „nicht unbedingt der gesetzlichen Regelung bedürftiger Sachverhalt".
5 Vgl. auch *Schmidt-Jorzig E. / Hansen F.*, Neue Rechtsgrundlagen für die Bundestagsfraktionen, NVwZ 1994, S. 1149.
6 Vgl. Entwurf eines Sechzehnten Gesetzes zur Änderung des Abgeordnetengesetzes (Fraktionsgesetz) vom 20. April 1993, Begründung zu § 53 des Entwurfs, BT-Drs. 12/4756, S. 9.
7 Zur persönlichen Haftung von Fraktionsmitgliedern s. OLG Schleswig, Urteil vom 3. Mai 1995 – 15 U 16/94 –, JuS 1996, S. 554.
8 Vgl. auch *Martin H.*, Staatliche Fraktionsfinanzierung in Rheinland-Pfalz, Berlin, 1995, S. 130.

7 § 54 Abs. 3 Satz 4 regelt – vergleichbar dem § 53 BGB – die Haftung der Liquidatoren. Wenn ihnen bei der Durchführung der Liquidation ein Verschulden – Vorsatz oder Fahrlässigkeit – zur Last fällt, so haften sie für den daraus entstehenden Schaden gegenüber den Gläubigern als Gesamtschuldner.

5. Rückführung von Geld- und Sachleistungen nach § 50 (Abs. 4)

8 Abs. 4 Satz 1 verpflichtet die Liquidatoren, nach Beendigung der Liquidation verbleibende Geldleistungen nach § 50 Abs. 1 (s. dazu 3. zu § 50) an den Bundeshaushalt zurückzuführen. Das gleiche gilt nach Satz 2 für Vermögenswerte, die mit diesen Geldern angeschafft worden sind. Diese dürfen also eben so wenig von den Liquidatoren veräußert werden wie Sachleistungen nach § 50 Abs. 3 (vgl. 4. zu § 50).[9] Letztere sind nach § 54 Abs. 4 Satz 3 derjenigen Stelle zurückzugeben, die die Sachleistung erbracht hat. Das ist regelmäßig die Bundestagsverwaltung. Eine Rückführung von Geld- und Sachleistungen nach § 50 an andere, insbesondere an Parteien, ist unzulässig.[10]

6. Sonstiges Vermögen (Abs. 5)

9 Das verbleibende, nicht mit öffentlichen Mitteln nach § 50 Abs. 1 erworbene Vermögen der Fraktion ist nach Abs. 5 Satz 1 dem Anfallberechtigten zu überlassen. Anfallberechtigt sind dabei nach Satz 2 die in der Geschäftsordnung der Fraktionen bestimmten Personen oder Stellen. Weil dieses Vermögen nicht mit öffentlichen Mitteln erworben worden ist und deshalb auch nicht der Zweckbindung des § 50 Abs. 4 unterliegt (vgl. 5. zu § 50), hat der Gesetzgeber insoweit eine Rückführung an den Bundeshaushalt nicht für geboten erachtet.[11] Anfallberechtigte können hier deshalb auch Parteien sein.

7. Zeitpunkt der Vermögensrückführung oder -überlassung und Gläubigersicherung (Abs. 6)

10 Maßnahmen nach den Absätzen 4 und 5 dürfen nach § 54 Abs. 6 Satz 1 erst vorgenommen werden, wenn seit dem Ereignis, das zum Verlust der Rechtsstellung nach § 46 geführt hat, sechs Monate verstrichen sind. Zur Sicherung der Gläubiger der zu liquidierenden Fraktion verweist Abs. 6 Satz 2 unmittelbar auf § 52 BGB. Wie bei der Vereinsliquidation ist also bei einem bekannten Gläubiger, der sich nicht meldet, der geschuldete Betrag für den Gläubiger zu hinterlegen, sofern die Berechtigung zur Hinterlegung vorhanden ist (§ 52 Abs. 1 BGB). Bei einer zur Zeit nicht ausführbaren oder streitigen Verbindlichkeit darf das Vermögen dem Anfallberechtigten im Übrigen nur überlassen werden, wenn dem Gläubiger Sicherheit geleistet ist (§ 52 Abs. 2 BGB).

---

[9] Vgl. auch Entwurf eines Sechzehnten Gesetzes zur Änderung des Abgeordnetengesetzes (Fraktionsgesetz) vom 20. April 1993, Begründung zu § 53 des Entwurfs, BT-Drs. 12/4756, S. 9.
[10] Vgl. *Martin H.*, aaO, S. 130.
[11] Vgl. Entwurf eines Sechzehnten Gesetzes zur Änderung des Abgeordnetengesetzes (Fraktionsgesetz) vom 20. April 1993, Begründung zu § 53 des Entwurfs, BT-Drs. 12/4756, S. 10.

8. Ausnahme von der Liquidationsverpflichtung (Abs. 7)

Regelmäßig löst der Verlust des Status nach § 46 die Liquidation der Fraktion mit 11
den beschriebenen Folgen aus. Abweichendes gilt im Falle des Absatzes 1 Nr. 3
(Entfallen der Rechtsstellung mit dem Ende der Wahrperiode) gemäß Abs. 7 Satz 1
dann, wenn sich innerhalb von dreißig Tagen nach Beginn der neuen Wahlperiode
(mit der konstituierenden Sitzung des neugewählten Bundestages) eine Fraktion
konstituiert, deren Mitglieder einer Partei angehören, die durch eine Fraktion in der
abgelaufenen Wahlperiode im Bundestag vertreten war und die sich zur Nachfolgefraktion erklärt. In diesem Fall ist die neu konstituierte Fraktion nach Satz 2 die
Rechtsnachfolgerin der alten Fraktion und eine Liquidation findet nicht statt.

Beim Wechsel von der 13. zur 14. Wahlperiode des Bundestages stellte sich in der 12
Parlamentspraxis des Bundestages die Frage, ob die Vorschrift des Abs. 7 auch dann
zur Anwendung kommen kann, wenn – wie seinerzeit bei der PDS – eine Fraktion
die Rechtsnachfolge einer Gruppe antreten will, um so die Liquidation zu vermeiden. Der Ausschuss für Wahlprüfung, Immunität und Geschäftsordnung hat dazu
in seiner Auslegungsentscheidung vom 28. Mai 1998 festgestellt, dass spätestens
nach Ablauf der Wahlperiode grundsätzlich (wegen des Grundsatzes der personellen Diskontinuität, dem auch Angehörige einer Gruppe unterliegen) eine Verpflichtung zur Liquidation einer parlamentarischen Gruppe bestehe. Allerdings könne
vom Bundestag auch für parlamentarische Gruppen eine Regelung zur Vermeidung
der Liquidation beschlossen werden, wie es für Fraktionen durch Gesetz geschehen
sei. Zuständig, diese Regelung zu treffen, sei der neu konstituierte Bundestag.[12] Das
gilt sowohl für den Fall, dass sich eine Fraktion zur Nachfolgerin der parlamentarischen Gruppe erklärt, wie auch für den Fall der Nachfolge einer Gruppe durch eine
Gruppe. Weil finanzielle Leistungen an die Gruppen im Sinne des § 10 Abs. 4 GO-BT
in Anlehnung an die der Fraktionen, also entsprechend den §§ 50 ff., gewährt
werden (vgl. 7. zu § 50), spricht schließlich nichts dagegen, unter den Voraussetzungen des Abs. 7 auch die Nachfolge einer Fraktion durch eine Gruppe zuzulassen,
um die ansonsten notwendige Liquidation zu vermeiden. Die Entscheidung hierüber hat wiederum der Bundestag zu treffen.

9. Landesrecht

Mit Ausnahme von Nordrhein-Westfalen haben alle Bundesländer die mit der 13
Auflösung einer Fraktion verbundenen Folgen gesetzlich geregelt. Die Regelungsdichte ist allerdings durchaus unterschiedlich. So beschränken sich die Fraktionsgesetze der Länder Baden-Württemberg und Hessen im Wesentlichen auf
Vorschriften über die Rückgewähr empfangener Leistungen und über den Vermögensübergang bei Rechtsnachfolge mit dem Wechsel der Wahlperiode. Mehrheitlich
entsprechen die landesrechtlichen Bestimmungen in ihren Grundzügen – bei Abweichungen im Detail – jedoch dem Regelungsgehalt des § 54, so dass hierauf nicht
gesondert eingegangen zu werden braucht.

---

[12] Der dann auch so beschlossen hat, vgl. Sten. Prot. 1. Sitzung vom 26. Oktober 1998, S. 16 A;
Ritzel H. G./Bücker J./Schreiner H. J., Handbuch für die Parlamentarische Praxis mit Kommentar
zur Geschäftsordnung des Deutschen Bundestages, Neuwied, 4. zu § 10 GO-BT.

Zwölfter Abschnitt
Geltungsbereich, In-Kraft-Treten

§ 55 In-Kraft-Treten

(1) Dieses Gesetz tritt unbeschadet der Absätze 2 und 3 am 1. April 1977 in Kraft. Soweit nicht in diesem Gesetz, in § 121 des Deutschen Richtergesetzes in der Fassung der Bekanntmachung vom 19. April 1972 (BGBl. I S. 713), zuletzt geändert durch Artikel V des Gesetzes vom 18. Februar 1977 (BGBl. I S. 297), und in § 25 des Soldatengesetzes in der Fassung der Bekanntmachung vom 19. August 1975 (BGBl. I S. 2273), zuletzt geändert durch Artikel VI des Gesetzes vom 18. Februar 1977 (BGBl. I S. 297), etwas anderes bestimmt ist, treten gleichzeitig das Diätengesetz 1968 (BGBl. I S. 334), zuletzt geändert durch Artikel VIII des Gesetzes vom 18. Februar 1977 (BGBl. I S. 297), und das Gesetz über die Rechtsstellung der in den Bundestag gewählten Angehörigen des öffentlichen Dienstes vom 4. August 1953 (BGBl. I S. 777), zuletzt geändert durch das Gesetz vom 21. August 1961 (BGBl. I S. 1557), außer Kraft.

(2) Für Professoren an Hochschulen im Sinne des § 43 des Hochschulrahmengesetzes vom 26. Januar 1976 (BGBl. I S. 185) gelten die §§ 5 bis 7 und 9 mit Beginn der auf das In-Kraft-Treten dieses Gesetzes folgenden Wahlperiode.

Anmerkungen

§ 55 regelte die Einzelheiten des In-Kraft-Treten des Gesetzes in seiner ursprünglichen Fassung.

Für die aktuelle und künftige Gesetzesanwendung sind folgende Zeitpunkte für das In-Kraft-Treten weiterer Änderungen von Bedeutung:

- 1. Januar 2002
  - Umstellung der auf Deutsche Mark lautenden Beträge auf Euro in den §§ 11 Abs. 1, 12 Abs. 6 und 35 a Abs. 2
  - Anpassung und Umstellung der Kürzungsbeträge in den §§ 14 und 15 auf Euro
  - Rundung der Leistungen des Fünften und Sechsten Abschnitts auf volle Euro.
- Tag der konstituierenden Sitzung des 15. Deutschen Bundestages:
  - In-Kraft-Treten der Neufassung des § 29 Abs. 2 für die Mitglieder des Deutschen Bundestages
  - Erweiterung der Amtsausstattung nach § 12 Abs. 4 Satz 1 Nr. 4 um die bisher in der Kostenpauschale enthaltene Sprachkommunikation außerhalb des Sitzes des Bundestages über Festnetze.

- Tag der ersten Sitzung des 6. Europäischen Parlaments: In-Kraft-Treten der Neufassung des § 29 Abs. 2 für die in Deutschland gewählten Mitglieder des Europäischen Parlaments.

Sachregister

(Die erste Zahl bezeichnet den Paragraphen des Gesetzes, die zweite die Randnummer der Anmerkung)

Abgeordnete
- fraktionslose A. 50, 26
- schwerbehinderte A. s. Amtsausstattung

Abgeordnetenentschädigung
- Alimentationsgrundsatz 11, 65 f.
- Beginn des Anspruches auf A. 32, 4 ff.
- Begriff 11, 10
- Ende des Anspruches auf A. 32, 9
- Entscheidung in eigener Sache 11, 72 ff.
- Entstehen des Anspruchs auf A. 11, 78
- Europaabgeordnete 11, 95 ff.
- formalisierter Gleichheitssatz 11, 67 ff.
- Kürzung der A. wegen der Zuschüsse bei Pflegefällen 11, 92 ff.
- Landtagsabgeordnete 11, 106 ff.
- Maßstab der Angemessenheit 11, 56 ff.
- Orientierungsgröße 11, 59 ff.
- gestaffelte Annäherung an die Orientierungsgröße 11, 63 f.
- Rechtsweg bei Streitigkeiten über die A. 11, 134 ff.
- steuerliche Behandlung der A. 11, 112 ff.
- Übertragbarkeit und Pfändbarkeit der A. 31, 13
- Verzicht auf die A. 31, 8
- Verzicht auf Erhöhungen der A. 11, 52
- Zahlungsmodalitäten 32, 27 f.

Abgeordnetenmitarbeiter
- Aufgabenbereich 12, 42 ff.
- Ersatz von Aufwendungen für die Beschäftigung von A. s. Mitarbeiterpauschale
- Rechtsbeziehungen zwischen Abgeordneten, Bundestag und A. 12, 58 ff.

Abstimmung, namentliche
- Abzug von der Kostenpauschale bei Nichtteilnahme an einer A. 12, 35 ff.
- Begriff 12, 35
- Teilnahme an A. als Anwesenheitsnachweis 12, 17

Abwicklungspauschale
- Kostenpauschale als A. 32, 9

Alimentationsgrundsatz
- s. Abgeordnetenentschädigung

Altersentschädigung
- Anpassungsverfahren s. dort
- Anspruchsvoraussetzungen 19, 20
- Beginn des Anspruches auf A. 21, 8; 32, 13 ff.
- Bemessungsgröße der A. 20, 4 ff.
- Berechnung der Mitgliedszeiten 19, 21 ff.
- Berücksichtigung von Landtagszeiten dem Grunde nach 21, 4 f.
- Berücksichtigung der Zeit der Wahrnehmung der Ämter des Präsidenten und seiner Stellvertreter 20, 16 ff.
- Berücksichtigung von Volkskammerzeiten 21, 9 ff.
- Ende des Anspruches auf A. 32, 13 ff.
- Entwicklung der A. 19, 1 ff.
- Europaabgeordnete 19, 27 ff.; 20 20 ff.
- wegen Gesundheitsschäden s. dort
- Höhe der Altersentschädigung 20, 1 ff.; 20, 12 (aktuelles Recht), 20, 14 (Übergangsrecht)
- Konkurrenz von Übergangsgeld und A. 18, 40 ff.; 32, 17 ff.
- Landtagsabgeordnete 19, 37 ff.; 20, 23 ff.
- Reformüberlegungen 19, 43 ff.
- Rundung der A. 20, 19
- Steigerungssatz der A. 20, 7 ff.
- steuerliche Behandlung der A. 19, 41 ff.
- verfassungsrechtliche Grundlagen der A. 19, 12 ff.
- Verlust des Anspruches auf A. 32, 20 ff.
- Vorverlegung des Bezugszeitpunktes 19, 25 ff.
- Zahlungsmodalitäten 32, 27 f.
- s. auch Versorgung

Amtsaufwandsentschädigung
- für den Präsidenten und seine Stellvertreter 12, 69 f.

Amtsausstattung
- A. als Aufwandsentschädigung 12, 4 f.
- A. als Geldleistung (Kostenpauschale) 12, 6 ff.
- A. als Sachleistung 12, 61 ff.
- A. schwerbehinderter Abgeordneter 12, 81 ff.
- Entstehen der Ansprüche auf A. 12, 74; 32, 4 ff.
- Europaabgeordnete 12, 86 ff.
- Landtagsabgeordnete 12, 90 ff.
- Mitarbeiterpauschale 12, 38 ff.
- Sanktionen bei zweckwidriger Verwendung der A. 12, 75 ff.
- steuerliche Behandlung der A. 12, 95 ff.
- Übertragbarkeit und Pfändbarkeit der Ansprüche nach § 12 31, 11 f.
- Verzicht auf die A. 31, 8
- Wegfall des Anspruchs 13, 1 ff.
- s. auch Amtsaufwandsentschädigung

Amtszulagen
- für Ausschussvorsitzende 11, 88
- für Fraktionsvorsitzende und Parlamentarische Geschäftsführer 11, 89 ff.
- für den Präsidenten und seine Stellvertreter 11, 79 ff.
- Berücksichtigung der A. bei der Anrechnung 29, 60 ff.

Angestellte des öffentlichen Dienstes
- Begriff 8, 7
- Ruhen der Rechte und Pflichten aus dem Arbeitsverhältnis 8, 8
- Mandatszeit als Beschäftigungszeit 7, 12; 8, 8
- Wiederverwendung nach Beendigung des Mandats 8, 8

Angestellte öffentlich-rechtlicher Religionsgesellschaften
- Nichtanwendung der für Angestellte des öffentlichen Dienstes geltenden Bestimmungen 8, 8

Annahme der Wahl
- s. Wahl

Anpassungsverfahren
- Diätenkommission 30, 20 ff.
- Europaabgeordnete 30, 37 ff.
- Indexierung 30, 23 ff.
- Koppelung der Abgeordnetenentschädigung an die Bezüge im öffentlichen Dienst 30, 34 ff.
- Landtagsabgeordnete 30, 41 ff.
- nach § 30, 30, 12 ff

Anrechnung privater Einkünfte
- bei Abgeordnetenentschädigung und Versorgungsbezügen 29, 54 ff.
- beim Übergangsgeld 18, 19 f.

Anrechnung beim Zusammentreffen mehrerer Bezüge aus öffentlichen Kassen
- Abgeordnetenentschädigung und aktive Bezüge 29, 20 ff.
- Abgeordnetenentschädigung und passive Bezüge 29, 25 ff.
- Anzeigepflichten 26, 13
- Berücksichtigung der Amtszulage bei der A. 29, 60 ff.
- Europaabgeordnete 29, 67 ff.
- Grundsätze der A. 29, 18 f. und 58 f.
- Landtagsabgeordnete 29, 74 ff.
- Versorgungsansprüche und aktive Bezüge 29, 41 ff.
- Versorgungsansprüche und passive Bezüge 29, 46 ff.
- A. von Versorgungsbezügen nach dem Diätengesetz 1968 39, 2 ff.

Anwesenheitsliste
- alternative Anwesenheitsnachweise 12, 12 ff.
- Kürzung der Kostenpauschale bei Nichteintragung in die A. 12, 5 ff.

Anzeigepflichten
- s. Verhaltensregeln

Arbeitslosenversicherung
- Status der Abgeordneten in der A. 11, 125 ff.

Aufrundung
- der Leistungen des Fünften und Sechsten Abschnitts 33, 1 ff.

Ausführungsbestimmungen des Ältestenrates
- Ermächtigung zum Erlass 34, 3 ff
- zur Anpassung der Kostenpauschale 12, 28 ff.
- zum gemeinsamen Informations- und Kommunikationssystem 12, 66
- zur Mitarbeiterpauschale 12, 53 ff.
- zu § 10 a EuAbgG 34, 7
- für Reisen von Mitgliedern des Bundestages 17, 17
- Veröffentlichung von A. 34, 6

Aussagegenehmigung
- für Bundestagsabgeordnete 44c, 5 ff. und 17 ff.
- für Fraktionsangestellte 49, 13 ff.

Beamte
- Begriff 5, 6
- Hinausschieben des Besoldungsdienstalters nach Beendigung des Mandats 7, 3 ff.
- Inkompatibilität von Amt und Mandat 5, 6 ff.
- Mandatszeit als Dienstzeit im Sinne des Versorgungsrechts 7, 8
- Anrechnung der Mandatszeit auf laufbahnrechtliche Dienstzeiten 7, 10 f.
- Ruhen der Rechte und Pflichten aus dem Dienstverhältnis 5, 6 ff.
- Wiederverwendung nach Beendigung des Mandats auf Antrag 6, 4 ff.
- Wiederverwendung nach Beendigung des Mandats von Amts wegen 6, 7 ff.

Behinderungsverbot 2, 1 ff. und 17 ff.
- Beginn des Schutzes 2, 7
- Ende des Schutzes 2, 8 ff.
- geschützter Personenkreis 2, 11 ff.
- sachlicher Schutzbereich 2, 17 ff.

Beihilfe
- Beginn des Anspruches auf B. 32, 4 ff.
- B. für Mitglieder des Bundestages 27, 13 ff.
- B. für Versorgungsempfänger 27, 20 ff.
- Ende des Anspruches auf B. 32, 8 f.
- Europaabgeordnete 27, 31 ff.
- Frist zur Ausübung des Wahlrechts zwischen B. und Zuschuss 27, 29 f.
- Landtagsabgeordnete 27, 35
- Nachweispflicht bei der Pflegeversicherung
- Zahlungsmodalitäten 32, 27 f.
- Zuschuss zu den Kranken- und Pflegeversicherungsbeiträgen 27, 23 ff.

Benachteiligungsverbot 2, 22 ff
- s. auch Behinderungsverbot

Berufs- und Betriebszeiten
- Anrechnung der Mitgliedszeiten im Bundestag 4, 3
- betriebliche/überbetriebliche Altersversorgung 4, 4

Berufsunfähigkeit
- s. Gesundheitsschäden

Beschäftigung von Ehegatten
- s. Mitarbeiterpauschale

Bundesbeauftragter für die Unterlagen des Staatssicherheitsdienstes der ehemaligen DDR 44 b, 5

Bundestagsbüro
- als Sachleistung 12, 62 f.

Diäten
- Begriff 11, 2
- s. Abgeordnetenentschädigung

Diätenkommission
- s. Anpassungsverfahren

Dienstreise
- Ausführungsbestimmungen des Ältestenrates 17, 17
- Abgrenzung zur Mandatsreise 17, 5
- Begriff 17, 3
- Erstattung von Aufwendungen für Auslandsdienstreisen 17, 10 ff.
- Erstattung von Aufwendungen für Inlandsdienstreisen 17, 5 ff.
- Kostenerstattung für Europaabgeordnete 17, 19
- Teilnahme an D. als Anwesenheitsnachweis 12, 20 ff.
- Wegstreckenentschädigung 17, 16
- Zustimmungspflichtigkeit von D. 17, 4

Dienstwagen
- Benutzung von D. des Bundestages im Rahmen der Amtsausstattung (Fahrdienst) 12, 63
- Kürzung der Kostenpauschale bei der Benutzung personengebundener D. 12, 71 ff.
- steuerliche Behandlung der Nutzung von D. 12, 73

Dienstzeiten im öffentlichen Dienst
- Berücksichtigung der Mitgliedszeit als Dienstzeit 23, 19 ff.
- Hinausschieben des Besoldungsdienstalters bei Wiederverwendung 7, 3 ff.
- Hinausschieben des Besoldungsdienstalters bei Nichtwiederverwendung 7, 7
- Mandatszeit und Dienstzeit im Sinne des Versorgungsrechts 7, 8 f.
- Anrechnung der Mandatszeit auf laufbahnrechtliche Dienstzeiten 7, 10 f.
- Anrechnung bei Arbeitnehmern des öffentlichen Dienstes 7, 12; 8, 8

Ehrenbeamte
- Vereinbarkeit von Amt und Mandat 5, 7

Entschädigung
- s. Abgeordnetenentschädigung

Entscheidung in eigener Sache
- Abgeordnetenentschädigung 11, 72 ff.
- Leistungen an Fraktionen 50, 10

Erwerbsunfähigkeit
- s. Gesundheitsschäden

Fahrdienst
– s. Dienstwagen
Fiktiver Bemessungsbetrag
– für die Altersentschädigung nach Übergangsrecht 35 a, 11 ff.
– für das Übergangsgeld nach Übergangsrecht 35 a, 10
Funktionszulagen der Fraktionen
- Anrechnung der F. 29, 28
– Rechnungslegungspflicht 52, 11
– rechtliche Zulässigkeit 11, 89 ff.; 52, 11
Fraktionen
– Abgrenzung von F. zur öffentlichen Verwaltung 46, 18
– Abschlussprüfung der Fraktionsrechnung 52, 16 ff
– Aufgaben der F. 47, 2 ff.
– F. als Arbeitgeber 46, 6 ff.
– Beendigung der Rechtsstellung 45, 14; 54, 3 ff.
– Begriff 45, 3
– Europaabgeordnete 45, 28 f.
– Fraktionszwang und Fraktionsdisziplin 45, 20 f.
– Geldleistungen an F. s. dort
– Geschäftsordnungen der F. 48, 5
– Haushalts- und Wirtschaftsführung, Buchführung 51, 1 ff
– parteipolitische Homogenität 45, 11
– Kennzeichnungs- und Inventarisierungspflicht 51, 8 f.
– Landtagsabgeordnete 45, 30 f.
– Liquidation 54, 5 ff
– Mindeststärke 45, 9 f.
– Mitarbeiter von F. 46, 6 ff.
– Mitwirkung der F. an der Aufgabenerfüllung des Bundestages 47, 2 f.
– Öffentlichkeitsarbeit von F. 47, 5 ff.
– Organisation der F. 48, 3 f.
– Rechnungslegung der F. 52, 1 ff.; 52, 5 ff.; 52, 20
– Rechnungsprüfung der Fraktionsrechnung durch den Bundesrechnungshof 53, 1 ff.
– Rechte der F. 45, 13
– Rechtsnachfolge, Antritt der 54, 11
– Rechtsstellung der F. 46, 1 ff.
– Rechtsstreitigkeiten von F. (Aktiv-/Passivlegitimation) 46, 11 ff.
– Rechtsstreitigkeiten zwischen Abgeordneten und F. 45, 22 ff.
– Regelungen in der GO-BT 45, 8 ff.
– Sachleistungen an F. s. dort
– F. als rechtsfähige Vereinigungen 46, 3 ff.
– Zusammenarbeit mit anderen Parlamenten 47, 4
– Zusammenschluss zu F. 45, 6 ff.
Fraktionsangestellte
- Aussagegenehmigung für F. 49, 13 ff.
- Geheimhaltungspflicht der F. 49, 5 ff.
– s. Fraktionsmitarbeiter
Fraktionsbeiträge
– s. Mandatsträgerabgaben
Fraktionsdisziplin
– s. Fraktionen
Fraktionsmitgliedschaft
– Anspruch auf F. 45, 15
– Beginn und Ende der F. 45, 15 ff.
– Wirkungen der F. 45, 18 f.
Fraktionsmitarbeiter
– s. Fraktionen
Fraktionszwang
– s. Fraktionen
Freifahrtberechtigung
– Anspruch der Abgeordneten auf F. 16, 1 ff.
– Anspruchsbeginn 16, 6; 32, 4 ff.
– Ende des Anspruches auf F. 32, 10
– Jahresnetzkarte 16, 4
– Miles & More 16, 8
– für Europaabgeordnete 16, 10
– für öffentliche Verkehrsmittel am Sitz des Bundestages 16, 9; 12, 63

Gauck-Behörde 44 b, 5
Geheimhaltungspflicht
– der Fraktionsangestellten 49, 5 ff.
Geldleistungen an Fraktionen
– Anspruch der Fraktionen auf G. 50, 5 ff.
– Festsetzung der G. 50, 11 ff.
– Höhe der G. 50, 10
– Landtagsabgeordnete 50, 29 ff.
– Übertragbarkeit (Rücklagen) 50, 21 f.
– Zusammensetzung der G. 50, 9
– Zweckbindung 50, 16 ff.
Gesundheitsschäden
– Altersentschädigung wegen G. bei Berufs- und Mandatsunfähigkeit während der Zugehörigkeit zum Bundestag 22, 9 ff.
– Altersentschädigung wegen G. nach Übergangsrecht 22, 31 ff.
– Anspruch ehemaliger Abgeordneter auf Altersentschädigung wegen G. 22, 26 ff.
– Berufsunfähigkeit 22, 13

Sachregister

- Entstehen des Anspruches auf Altersentschädigung wegen G. 22, 21 f.; 32, 14
- Erwerbsunfähigkeit 22, 14
- Europaabgeordnete 22, 35 ff.
- Höhe der Altersentschädigung wegen G. 22, 18 ff.
- Landtagsabgeordnete 22, 41
- Nachweis der G. 22, 29 f.
- Mandatsunfähigkeit 22, 12
- unfallbedingte G. 22, 23 ff.
- Zahlungsmodalitäten 32, 27 f.

Gleichheitssatz, formalisierter
- Abgeordnetenentschädigung 11, 67 ff.

Gruppen, parlamentarische
- Anspruch auf Anerkennung als G. 45, 26
- Leistungen aus dem Bundeshaushalt für G. 50, 23 ff.
- Liquidation 54, 2
- Rechtsnachfolge 54, 12

Hochschullehrer
- s. Professoren

Hinterbliebenenversorgung
- Anrechnung 25, 24
- Anwendung sonstiger Vorschriften des BeamtVG 25, 26 ff.
- Beginn und Ende der Ansprüche 25, 19 ff.; 32, 16
- Europaabgeordnete 25, 31 ff.
- Landtagsabgeordnete 25, 36 ff.
- H. nach Übergangsrecht 25, 14 ff.
- Unterhaltsbeitrag für frühere Ehegatten 25, 25
- Witwengeld 25, 8 f.
- Waisengeld 25, 10
- Mindesthinterbliebenenversorgung 25, 11 ff.
- Zahlungsmodalitäten 32, 27 f.

Indexierung
- I. der Abgeordnetenentschädigung s. Anpassungsverfahren
- I. der Kostenpauschale 12, 27 ff.

Informations- und Kommunikationssystem des Bundestages, gemeinsames
- als Sachleistung 12, 66 ff.

Inkompatibilität von Amt und Mandat
- aktive Beamte 5, 6 ff.
- Beamte auf Widerruf im Vorbereitungsdienst 5, 14 ff.
- in den einstweiligen Ruhestand versetzte Beamte 5, 13
- Wahlbeamte auf Zeit 5, 7; 10, 2

- Professoren 5, 7; 9, 1
- Richter, Soldaten, Beamte und Soldaten auf Zeit 8, 2 ff.
- ehrenamtliche Richter 8, 4

Interessentenzahlungen s. Verhaltensregeln

Jahreshöchstbetrag, persönlicher
- im Rahmen der Amtsausstattung 12, 65

Kandidatur
- s. Wahlbewerbung

Kindergeld
- für Abgeordnete 11, 132 f.

Kommunale Wahlbeamte
- s. Wahlbeamte auf Zeit

Koppelung
- der Abgeordnetenentschädigung an die Bezüge im öffentlichen Dienst 11, 36 ff.; 30, 34 ff.

Kostenpauschale
- Anpassung der K. 12, 27
- Ausführungsbestimmungen des Ältestenrates zur K. 12, 28 ff.
- Beginn des Anspruches auf K. 32, 4 ff.
- Ende des Anspruches auf K. 32, 9
- Katalog der aus der K. zu bestreitenden Aufwendungen 12, 16 ff.
- Kürzung der K. beim Bezug anderer Tage- oder Sitzungsgelder 15, 1 ff.
- Kürzung der K. bei Nichteintragung in die Anwesenheitsliste 14, 5 ff.
- Kürzung der K. bei Nichtteilnahme an einer namentlichen Abstimmung oder einer Wahl mit Namensaufruf 12, 34 ff.
- Kürzung der K. bei der Nutzung personengebundener Dienstwagen 12, 71 ff.
- K. als nachweisfreie Monatspauschale 12, 6 ff.
- unterhaltsrechtliche Behandlung der K. 12, 33 ff.
- Veröffentlichung des Betrages der K. 34, 6
- Zahlungsmodalitäten 32, 27 f.

Krankenversicherung
- s. Beihilfe

Kündigungs- und Entlassungsschutz 2, 10 und 25 ff
- s. auch Behinderungsverbot

Mandatsausübung
- Schutz der freien M. 2, 1 ff.

Mandatsfahrten
- Abgrenzung zu Dienstreisen 17, 5
- innerhalb der Bundesrepublik 12, 25

Mandatsträgerabgaben
- Abzug als Werbungskosten 11, 115 f.
- Fraktionsbeiträge 50, 19; 52, 10

Mandatsunfähigkeit
- s. Gesundheitsschäden

Mehraufwendungen am Sitz des Bundestages
- Zweitwohnung 12, 22
- Umzugskosten 12, 23
- Verpflegungsmehraufwand 12, 22
- Mandatsfahrten innerhalb der Bundesrepublik 12, 25
- sonstige mandatsbedingte Kosten 12, 26

Mitarbeiterpauschale
- Beginn des Anspruches auf M. 32, 4 ff.
- Beschäftigungszweck 12, 42 ff.
- Ende des Anspruches auf M. 32, 11 f.
- Nachweis der Aufwendungen 12, 41
- ausgenommene Personengruppen 12, 47 ff.
- Rechtsbeziehungen zwischen Abgeordneten, Mitarbeitern und Bundestag 12, 58 ff.
- ergänzende Regelungen im Haushaltsgesetz und in Ausführungsbestimmungen des Ältestenrates 12, 51 ff.
- Übertragbarkeit des Anspruchs 12, 45 f.

Mitgliedschaft im Bundestag
- Erwerb 1, 2 ff.
- Hinweise auf M. s. Verhaltensregeln
- Verlust 1, 48 ff.
- Verzicht 1, 57

Mitgliedszeiten
- Berechnung der Mitgliedszeiten bei Wiedereintritt in den Bundestag nach Versorgungsabfindung 23, 23 f.
- s. auch Altersentschädigung

Mitteilungsverordnung
- Anwendung auf Zahlungen an Abgeordnete 11, 119

Nachversicherung
- Ausschluss der N. 23, 17 f.
- Europaabgeordnete 23, 28 ff.
- in einem berufsständischen Versorgungswerk 23, 15
- in der gesetzlichen Rentenversicherung 23, 14 ff.
- in einer zusätzlichen Alters- und Hinterbliebenenversorgung 23, 16
- Landtagsabgeordnete 23, 26 f.

Pairing
- als Anwendungsfall des § 14 Abs. 2 Satz 2 12, 42 ff

- Begriff 12, 42

Parteibeiträge
- s. Mandatsträgerabgaben

Pension
- s. Altersentschädigung

Pflegeversicherung
- s. Beihilfe

Präsidium
- Amtsaufwandsentschädigung 12, 69
- Amtszulage 11, 79 ff.
- Berücksichtigung der Zeit der Wahrnehmung der Ämter des Präsidenten und seiner Stellvertreter bei der Altersentschädigung 20, 16 ff.
- Dienstwagen 12, 71 ff.
- Leistungen an ehemalige Mitglieder des P. 12, 70

Professoren
- Anwendung der für Beamte geltenden Bestimmungen 10, 8
- Inkompatibilität von Amt und Mandat 5, 7; 10, 1
- Ruhen der Rechte und Pflichten aus dem Dienstverhältnis 5, 7
- kompatible Tätigkeiten neben dem Mandat 10, 7
- Wiederverwendung nach Beendigung des Mandats 10, 6

Renten
- „Riester-Rente" 11, 12; 23, 14
- Rückabwicklung von Rentenanwartschaften und Rentenansprüchen 21, 20 ff.

Ruhen der Rechte und Pflichten aus einem öffentlich-rechtlichen Dienstverhältnis
- eines in den Bundestag gewählten Beamten 5, 6 ff.
- eines in ein Beamtenverhältnis berufenen Mitglieds des Bundestages 5, 12
- eines in den einstweiligen Ruhestand versetzten Beamten 5, 13
- eines Beamten auf Widerruf im Vorbereitungsdienst 5, 14 ff.
- eines Professors 5, 7
- eines Soldaten oder Beamten auf Zeit 8, 6
- eines Wahlbeamten auf Zeit 10, 3 f.

Sachleistungen an Fraktionen
- Anspruch der Fraktionen auf S. 50, 5 ff.
- Art und Umfang 50, 15
- Landtagsabgeordnete 50, 29 ff.
- Zweckbindung 50, 16 ff.

Sanktionen
- bei Nichtausübung des Mandats 11, 139 ff
- bei zweckwidriger Verwendung der Amtsausstattung 12, 75 ff.

Schwangerschaft
- Mutterschutzfristen, Kürzung der Kostenpauschale während der M. 14, 31

Sicherungsmaßnahmen an Wohnungen
- Kostenerstattung für S. 12, 64

Sozialversicherung
- Status der Abgeordneten in der S. 11, 120 ff.

Spenden und geldwerte Zuwendungen
- s.Verhaltensregeln

Stasi-Überprüfung 44 b, 1 ff.
- auf Antrag 44 b, 15 ff.
- Beweismittel 44 b, 40 ff.
- Beweisführung und Beweiswürdigung, 44 b, 44 ff.
- Landesrecht 44 b, 54 ff.
- Rechtsschutz 44 b, 50 ff.
- Richtlinien zur Durchführung 44 b, 33 ff.
- Tätigkeit oder politische Verantwortung für das MfS/AfNS 44 b, 18 ff.
- Verfahren 44 b, 33 ff.
- Zuständigkeit des 1. Ausschusses 44 b, 29 ff.
- ohne Zustimmung des Betroffenen 44 b, 25 ff,

Steuern
- Abgeordnetenentschädigung 11, 112 ff.
- Amtsausstattung 12, 95 ff

Todesfallversicherung
- Fortsetzung der T. 41, 2 f.
- Umwandlung oder Auflösung der T. 42, 2 f.

Überbrückungsgeld für Hinterbliebene
- Ansprüche Hinterbliebener eines Mitglieds des Bundestages 24, 9 ff.
- Ansprüche Hinterbliebener eines ehemaligen Mitgliedes des Bundestages 24, 17 ff.
- Europaabgeordnete 24, 21 ff
- Landtagsabgeordnete 24, 25 f.
- sonstige Anspruchsberechtigte 24, 16

Übergangsgeld
- Anrechnungsbestimmungen 18, 19 ff.
- Anspruchsvoraussetzungen 18, 9 f.
- Anspruchshöhe
- Europaabgeordnete 18, 46 ff.
- Fälligkeit des Anspruchs 18, 37 ff.
- Konkurrenz von Ü. und Altersentschädigung 18, 40 ff.; 32, 17 ff.
- Landtagsabgeordnete 18, 57 ff.
- steuerliche und sozialversicherungsrechtliche Behandlung von Ü. 18, 61 ff.
- Tod des Anspruchsberechtigten 18, 34 ff.
- Verlust der Anspruches auf Ü. 18, 43 ff.
- Verzicht auf das Ü. 31, 9
- Wiedereintritt in den Bundestag 18, 32 f.
- Zahlungsmodalitäten 18, 30 f.
- Zweck des Ü. 18, 1 ff.

Übergangsregelungen
- für Angehörige des öffentlichen Dienstes 36, 1 ff.
- zum Elften Änderungsgesetz 35, 3 ff
- zum Neunzehnten Änderungsgesetz 35 a, 4 ff.

Umzugskosten
- s. Mehraufwendungen am Sitz des Bundestages

Unterhaltsbeitrag
- s. Hinterbliebenenversorgung

Unterstützung
- in Notfällen 28, 1 ff.; 32, 4 ff.

Untersuchungsausschussgesetz
- Verhältnis zu § 44 c 44, 4
- Verschwiegenheitspflichten nach dem U. 49, 3 f.

Verhaltensregeln 44 a, 1 ff.
- Anzeigepflichten 44 a, 14 ff. und 20
- verbotene Bezüge („Interessentenzahlungen") 44 a, 28 f.
- Hinweise auf Mitgliedschaft im Bundestag 44 a, 24
- Reformüberlegungen 44 a, 31 ff.
- Spenden und geldwerte Zuwendungen, 44 a, 21 ff.
- Verfahren in Zweifelsfällen 44 a, 26 f.
- Veröffentlichung von Angaben 44 a, 19

Verschwiegenheitspflicht
- von Bundestagsabgeordneten 44 c, 5 ff.

Versorgung
- für Zeiten vor Inkrafttreten des AbgG 38, 8 ff.
- Mischversorgung 35 a, 5 ff.; 38, 11 ff.
- nach dem Diätengesetz 1968 38, 2 ff
- vor 1968 ausgeschiedener Mitglieder 37, 1 ff.
- s. auch Altersentschädigung

Versorgungsabfindung
- Anspruchsvoraussetzungen 23, 7 f.
- Ansprüche der Hinterbliebenen 23, 25

- Europaabgeordnete 23, 28 ff.
- Höhe der V. 23, 9 ff.
- gekürzte V. 40, 2 f.
- Landtagsabgeordnete 23, 31 ff.
- s. auch Nachversicherung
- s. auch Dienstzeiten im öffentlichen Dienst

Versorgungsausgleich
- Durchführung des V.25 a, 18 ff.
- bei Ehescheidung von Abgeordneten 25 a, 9 ff.
- Europaabgeordnete 25 a, 26 f.
- Landtagsabgeordnete 25 a, 28
- V. und Anrechnung 25 a, 25
- Zahlungen aufgrund des öffentlich-rechtlichen V. 25 a, 23 f.

Verwendung im öffentlichen Dienst
- Begriff 26, 14; 29, 63 ff.

Verwendung in einer zwischen- oder überstaatlichen Einrichtung
- Begriff 29, 66

Verzicht
- auf die Abgeordnetenentschädigung 31, 8
- auf Leistungen nach §§ 12 und 18 ff. 31, 8 ff
- Europaabgeordnete 31, 16 f.
- Landtagsabgeordnete 31, 18

Wahl
- Annahme der W. 1, 42 ff.; 32, 5
- Bundestagswahl 1, 33 ff.

Wahl mit Namensaufruf
- Abzug von der Kostenpauschale bei Nichtteilnahme an einer W. 12, 35 ff.
- Begriff 12, 35
- Teilnahme an W. als Anwesenheitsnachweis 12, 19

Wahl mit Wahlausweis
- Gleichstellung der W. mit der Wahl mit Namensaufruf bezüglich der Rechtsfolgen des § 14 Abs. 2 Satz 1 12, 38

Wahlbeamte auf Zeit
- Inkompatibilität von Amt und Mandat 5, 7; 10, 2
- Ruhen der Rechte und Pflichten 10, 3 f.
- Wiederverwendung nach Beendigung des Mandats 10, 3

Wahlbewerbung
- Bundestagswahl 1, 12 ff.

Wahlkampfkosten
- steuerliche Behandlung 11, 117 f

Wahlkreisbüro
- Aufwendungen für das W. 12, 17 ff.
- Begriff 12, 19 f.

Wahlrecht
- Ausschluss vom W. 1, 6 ff.

Wahlvorbereitungsurlaub 3, 1 ff

Wahlvorschläge
- Bundestagswahl 1, 12 ff.

Wählbarkeit
- bei den Wahlen zum Bundestag 1, 3 ff.

Wiederverwendung nach Beendigung des Mandats
- auf Antrag des Beamten 6, 4 ff.
- von Amts wegen 6. 7 ff.
- von Angestellten des öffentlichen Dienstes 8, 8
- von Professoren 10, 6
- von Wahlbeamten 10, 3

Zeugnisverweigerungsrecht
- des Bundestagsabgeordneten 44 c, 2

Zuschuss zu den Kosten in Krankheits-, Geburts- und Todesfällen
- s. Beihilfe

Zweitwohnung
- s. Mehraufwendungen am Sitz des Bundestages